Transparente und intransparente Stiftungen

Europäische Hochschulschriften Recht

European University Studies in Law

Publications Universitaires Européennes de Droit

Band/Volume 6785

Florian Schütte

Transparente und intransparente Stiftungen

im Rechtsvergleich mit dem Fürstentum Liechtenstein

PETER LANG

Berlin - Bruxelles - Chennai - Lausanne - New York- Oxford

Bibliografische Information der Deutschen Nationalbibliothek
Die Deutsche Nationalbibliothek verzeichnet diese Publikation in der Deutschen Nationalbibliografie; detaillierte bibliografische Daten sind im Internet über http://dnb.d-nb.de abrufbar.

Zugl.: Hamburg, Bucerius Law School, Diss., 2023

H 360
ISSN 0531-7312
ISBN 978-3-631-91805-0
EBOOK 978-3-631-91806-7
E-PUB 978-3-631-91807-4
DOI 10.3726/b21776

Verlegt durch: Peter Lang GmbH, Berlin, Deutschland

info@peterlang.com http://www.peterlang.com

Diese Publikation wurde begutachtet.

Inhaltsübersicht

Inhaltsverzeichnis

Abkürzungsverzeichnis

ABGB	Allgemeines bürgerliches Gesetzbuch, Liechtenstein
AO	Abgabenordnung, Deutschland
AStG	Außensteuergesetz, Deutschland
BGB	Bürgerliches Gesetzbuch, Deutschland
BFH	Bundesfinanzhof, Deutschland
Brüssel-I-VO	Verordnung (EG) Nr. 44/2001 des Rates vom 22. Dezember 2000, über die gerichtliche Zuständigkeit und die Anerkennung und Vollstreckung von Entscheidungen in Zivil- und Handelssachen
Brüssel Ia-VO	Verordnung (EU) Nr. 1215/2012 des Rates vom 12. Dezember 2012, über die gerichtliche Zuständigkeit und die Anerkennung und Vollstreckung von Entscheidungen in Zivil- und Handelssachen
BuA	Bericht und Antrag [der Regierung an den Landtag des Fürstentums Liechtenstein]
BVerfG	Bundesverfassungsgericht, Deutschland
DBA	Doppelbesteuerungsabkommen
EGBGB	Einführungsgesetz zum Bürgerlichen Gesetzbuche, Deutschland
EFTA	Europäische Freihandelsassoziation
EO	Exekutionsordnung, Liechtenstein [Gesetz vom 24. November 1971 über das Exekutions- und Rechtssicherungsverfahren]
ErbStG	Erbschaftsteuer- und Schenkungsteuergesetz, Deutschland
EStG	Einkommensteuergesetz, Deutschland
EU-Amtshilferichtlinie	Richtlinie 2011/16/EU des Rates vom 15. Februar 2011 über die Zusammenarbeit der Verwaltungsbehörden im Bereich der Besteuerung und zur Aufhebung der Richtlinie 77/799/EWG
EUAHiG	EU-Amtshilfegesetzes, Deutschland

EuErbVO	Verordnung (EU) Nr. 650/2012 des Europäischen Parlaments und des Rates vom 4. Juli 2012 über die Zuständigkeit, das anzuwendende Recht, die Anerkennung und Vollstreckung von Entscheidungen und die Annahme und Vollstreckung öffentlicher Urkunden in Erbsachen sowie zur Einführung eines Europäischen Nachlasszeugnisses
EuGüVO	Verordnung (EU) 2016/1103 des Rates vom 24. Juni 2016 zur Durchführung einer Verstärkten Zusammenarbeit im Bereich der Zuständigkeit, des anzuwendenden Rechts und der Anerkennung und Vollstreckung von Entscheidungen in Fragen des ehelichen Güterstands
EuInsVO	Verordnung (EU) 2015/848 des Europäischen Parlaments und des Rates vom 20. Mai 2015 über Insolvenzverfahren
EU	Europäische Union
EWR	Europäischer Wirtschaftsraum
EWR-Abkommen	Abkommen vom 2. Mai 1992 über den Europäischen Wirtschaftsraum
FATF	Financial Action Task Force on Money Laundering
FL-StGB	Strafgesetzbuch, Liechtenstein
FL-ZPO	Liechtensteinische Zivilprozessordnung
GG	Grundgesetz, Deutschland
KO	Konkursordnung, Liechtenstein
KStG	Körperschaftsteuergesetz, Deutschland
HRV	Verordnung vom 11. Februar 2003 über das Handelsregister, Liechtenstein
IPR	Internationales Privatrecht
IPRG	Gesetz vom 19. September 1996 über das internationale Privatrecht, Liechtenstein
IZVR	Internationales Zivilverfahrensrecht
JN	Jurisdiktionsnorm, Liechtenstein [Gesetz vom 10. Dezember 1912 über die Ausübung der Gerichtsbarkeit und die Zuständigkeit der Gerichte in bürgerlichen Rechtssachen]

LugÜ	Lugano-Übereinkommen: Übereinkommen über die gerichtliche Zuständigkeit und die Anerkennung und Vollstreckung von Entscheidungen in Zivil- und Handelssachen, ABl.-EU L 339 vom 21.12.2007 – umgesetzt durch Beschluss 2009/430/EG des Rates – Abschluss des Übereinkommens über die gerichtliche Zuständigkeit und die Anerkennung und Vollstreckung von Entscheidungen in Zivil- und Handelssachen.
OGH	Fürstlicher Oberster Gerichtshof, Liechtenstein
öABGB[2]	Allgemeines bürgerliches Gesetzbuch, Österreich
öOGH	Oberster Gerichtshof, Österreich
PGR	Personen- und Gesellschaftsrecht, Liechtenstein
PrAGBGB	Preußisches Ausführungsgesetz zum Bürgerlichen Gesetzbuch, Deutschland
Rom I-VO	Verordnung (EG) Nr. 593/2008 des Europäischen Parlaments und des Rates vom 17. Juni 2008 über das auf vertragliche Schuldverhältnisse anzuwendende Recht (Rom I)
Rom II-VO	Verordnung (EG) Nr. 864/2007 des Europäischen Parlaments und des Rates vom 11. Juli 2007 über das auf außervertragliche Schuldverhältnisse anzuwendende Recht (Rom II)
Rom III-VO	Nicht amtliche Abkürzung für Verordnung (EU) Nr. 1259/2010 des Rates vom 20. Dezember 2010 zur Durchführung einer Verstärkten Zusammenarbeit im Bereich des auf die Ehescheidung und Trennung ohne Auflösung des Ehebandes anzuwendenden Rechts
RSO	Rechtssicherungs-Ordnung, Liechtenstein

2 Das Allgemeine Bürgerliche Gesetzbuch Österreichs wird – ebenso wie das liechtensteinische ABGB – offiziell mit den Buchstaben ABGB abgekürzt. Um Unklarheiten zu vermeiden, wird im Rahmen der nachfolgenden Arbeit das österreichische ABGB stets als öABGB bezeichnet. Dies schließt auch die Zitierung österreichischer Literatur ein.

SchlT PGR	Schlussabteilung zum Personen- und Gesellschaftsrecht, Liechtenstein
SEBG	Gesetz vom 25. November 2005 über die Beteiligung der Arbeitnehmer in der Europäischen Gesellschaft, Liechtenstein
SPV	Sorgfaltspflichtverordnung, Liechtenstein
SR	Sachenrecht, Liechtenstein
StGH	Staatsgerichtshof, Liechtenstein
StRV	Stiftungsrechtsverordnung, Liechtenstein
TIEA	Tax Information Exchange Agreement
TrHG	Treuhändergesetz, Liechtenstein
VL	Verfassung des Fürstentums Liechtenstein
ZGB	Zivilgesetzbuch, Schweiz

Einführung

A. Einleitung

Im Jahr 2018 hatte ein Fünftel der wohlhabendsten deutschen Familien einen wesentlichen Teil ihres Vermögens in Familienstiftungen eingebracht[3] und der Anteil privatnütziger Stiftungen an der Gesamtzahl von Stiftungen hat sich in den letzten Jahren von ca. 5 % auf beinahe 10 % verdoppelt.[4] Überdies haben die Paradise Papers[5] und die Pandora Papers[6] offenbart, dass nicht wenige Familien ihr Vermögen über verschiedene Holdingstiftungen oder -trusts im Ausland auf verdeckte Art und Weise halten. Obwohl der Begriff der Stiftung im allgemeinen Sprachgebrauch regelmäßig noch mit der gemeinnützigen Stiftung assoziiert wird, zeigt diese verstärkte Nutzung privatnütziger Stiftungen, vorwiegend in Form der Familienstiftung, dass die Stiftung sich mittlerweile als Rechtsform für die Vermögens- und Nachfolgeplanung etabliert hat.

Die Errichtung einer Familienstiftung ist regelmäßig durch zwei unabhängige Beweggründe motiviert: Zum einen soll langfristig eine effiziente Verwaltung des Familienvermögens sichergestellt und eine Aufteilung des Vermögens nach einem Erbfall verhindert werden. Zum anderen kann die Einschaltung einer Stiftung steuerlich vorteilhaft sein, vor allem dann, wenn sie im Ausland errichtet wird.

Diese Vorteile resultieren daraus, dass die Stiftung auf der einen Seite als juristische Person behandelt wird und entsprechend selbst Eigentümerin der eingebrachten Vermögenswerte werden kann. Auf der anderen Seite ist die Stiftung selbst eigentümerlos. Auf diese Weise entsteht ein vom Vermögen des Stifters getrenntes, eigenständiges Vermögen. Diese strikte Trennung führt dazu, dass weder von dem Stifter oder seinen Gläubigern auf das Vermögen der Stiftung

---

3 *Neßhöver/Bornefeld*, Manager Magazin 4.10.2018, abrufbar unter https://www.manager-magazin.de/premium/reichste-deutsche-liste-der-1001-reichsten-a-00000000-0002-0001-0000-000159721570 zuletzt abgerufen 30.10.2023.

4 https://www.stiftungen.org/stiftungen/zahlen-und-daten.html zuletzt abgerufen 30.10.2023.

5 *Eckstein/Strozyk/Strunz*, tagesschau.de 6.11.2017, abrufbar unter https://www.tagesschau.de/ausland/paradisepapers/paradisepapers-123.html zuletzt abgerufen 30.10.2023.

6 *International Consortium of Investigative Journalists*, Pandora Papers, abrufbar unter https://www.icij.org/investigations/pandora-papers/about-pandora-papers-leak-dataset zuletzt abgerufen 30.10.2023.

noch umgekehrt von der Stiftung oder ihren Gläubigern auf das Vermögen des Stifters zugegriffen werden kann. Die Stiftung als Rechtsform wird somit intransparent behandelt.

Bei der Nachfolgeplanung mit Hilfe einer selbstständigen und eigentümerlosen Stiftung liegt es jedoch – trotz der eigentlich strikten Trennung der Vermögen – häufig im Interesse des Stifters sicherzustellen, dass er und seine Nachkommen das Wirken der Stiftung in einem gewissen Maße beeinflussen können. Schließlich will der Stifter einer Familienstiftung die Versorgung seiner Nachkommen gewährleisten, sodass es nicht verwundert, wenn ebendiese auch eine Mitsprachemöglichkeit haben sollen. Dabei kann die Einflussnahme allerdings derart umfangreich werden, dass tatsächlich der Stifter oder die Destinatäre das wirtschaftliche Eigentum an den Vermögenswerten der Stiftung innehaben. In einem solchen Fall kann eine intransparente Behandlung der Stiftung als selbstständiger und eigentümerloser juristischer Person jedoch zu unbilligen Ergebnissen führen. Denn zum einen werden die Interessen von Pflichtteilsberechtigten und Gläubigern beeinträchtigt, wenn diese aufgrund der Intransparenz nicht auf das Vermögen der Stiftung zugreifen können, obgleich der Stifter oder die Destinatäre das Vermögen wie ihr eigenes beeinflussen. Zum anderen kann die Verzerrung der wirtschaftlichen Eigentümerstellung eine Korrektur bei der Besteuerung der beteiligten Akteure erforderlich machen. Dieser Interessenkonflikt zwischen der Einflussnahme und dem Schutz Dritter sowie einer adäquaten Besteuerung ist Gegenstand dieser Arbeit. Ihr Ziel ist es, Aussagen über die Zulässigkeit und die Folgen des Einflusses auf privatnützige Stiftungen und insbesondere Familienstiftungen treffen zu können.

Zu diesem Zweck werden die unterschiedlichen Einflussmöglichkeiten auf zivilrechtlicher Ebene untersucht und bewertet. Außerdem wird überprüft, in welchen Fällen die intransparente Behandlung einer Stiftung, also die strikte Trennung des Vermögens der Stiftung und der Einflussnehmenden, zugunsten des Drittschutzes und im Sinne der Besteuerung aufzuheben und die Stiftung damit transparent zu betrachten ist.

Vergleichend zu der Rechtslage in Deutschland wird das liechtensteinische Recht ausgewertet. Denn die liechtensteinische Stiftung ist bekannt für ihre Gestaltungsvarianten und vor allem die zahlreichen Einflussnahmemöglichkeiten von Stiftern und Destinatären auf die Stiftung. Aus diesem Grund wird sie vielfach zur Nachfolgeplanung und Verlagerung des Vermögens ins Ausland genutzt, weswegen ihr auch eine besondere praktische Relevanz zukommt. Der Vergleich der beiden Rechtsordnungen ermöglicht nicht nur eine Einordnung der Einflussmöglichkeiten in Deutschland, sondern eröffnet zudem die

Möglichkeit, liechtensteinische Ansätze zur Lösung der dargestellten Interessenkonflikte auf das deutsche Recht zu übertragen.

Auf dieser Basis können anschließend auch all jene zivilrechtlichen und steuerrechtlichen Problemfelder behandelt werden, die bei einer grenzüberschreitenden Beeinflussung, konkret der Beeinflussung einer liechtensteinischen Stiftung durch deutsche Stifter oder Destinatäre, entstehen können. Aufschlussreich ist in diesem Zusammenhang vor allem die Beantwortung der umstrittenen Frage,[7] wie sich der Einfluss auf eine liechtensteinische Stiftung auf deren Anerkennung in Deutschland auswirkt. Deutsche Gerichte haben bisher verschiedene Antworten gefunden, denen jedoch gemein ist, dass sie jeweils an Art und Umfang des Einflusses auf die Stiftung anknüpfen: Zum Teil wurde liechtensteinischen Stiftungen zivilrechtlich die Rechtspersönlichkeit aberkannt,[8] in anderen Fällen wurden sie steuerrechtlich transparent betrachtet[9] und in wiederum anderen Konstellationen zivil- und steuerrechtlich als eigenständiges Rechtssubjekt anerkannt.[10]

B. Gang der Arbeit

Damit die einzelnen Einflussmöglichkeiten bewertet werden können, wird im ersten Teil der Arbeit untersucht, auf welche Art und Weise sowie in welchem Umfang Einfluss auf die Stiftung genommen werden kann. Da das Fürstentum Liechtenstein bereits seit Jahrzehnten für seine privatnützigen Stiftungen bekannt ist, wird diese Aufarbeitung im simultanen Rechtsvergleich mit dem liechtensteinischen Recht durchgeführt. Zu diesem Zweck und für einen vollumfänglichen Überblick über die liechtensteinische Stiftung umfasst der Rechtsvergleich

7 Aufgrund mangelnder Tatsachenfeststellungen durch das FG offen gelassen in BFH, Urt. v. 22.12.2010 – I R 84/09, BStBl II 2014, 361; BFH, Urt. v. 8.2.2017 – I R 55/14, BFH/NV 2017, 1588.

8 OLG Düsseldorf, Urt. v. 27.3.2015 – I-16 U 108/14, WM 2016, 1488; OLG Düsseldorf, Teilurteil v. 30.4.2010 – I-22 U 126/06, ZEV 2010, 528.

9 BFH, Urt. v. 28.6.2007 – II R 21/05, BStBl II 2007, 669; BFH, Urt. v. 5.12.2018 – II R 9/15, BFHE 263, 283; FG München, Bescheid v. 18.8.2015 – 4 K 2442/12, EFG 2016, 40; FG München, Urt. v. 19.8.2015 – 4 K 1647/13, EFG 2015, 1824; FG Düsseldorf, Urt. v. 25.1.2017 – 4 K 2319/15 Erb, EFG 2017, 581; FG Münster, Urt. v. 11.12.2014 – 3 K 764/12, DStRE 2016, 1311.

10 BFH, Urt. v. 25.4.2001 – II R 14/98, BFH/NV 2001, 589; FG Düsseldorf, Urt. v. 2.4.2014 – 4 K 3718/12 Erb, EFG 2014, 855; FG Münster, Urt. v. 3.6.2014 – 9 K 5/08 K, EFG 2014, 2076; FG Münster, Urt. v. 14.8.2019 – 13 K 3170/17 K, EFG 2019, 1705.

nicht nur direkte Einflussmöglichkeiten, wie Weisungsrechte oder sog. Mandatsverträge, sondern auch die Grundstrukturen der Stiftung. Denn viele Einflussmöglichkeiten können sich direkt oder mittelbar aus der Ausgestaltung der Stiftung ergeben. Daher wird für die jeweilige Rechtsordnung anhand der einzelnen Merkmale der Stiftung überprüft, inwieweit diese geeignet sind, einen Einfluss auf die Stiftung zu ermöglichen und die Ergebnisse miteinander verglichen.

An dieser Stelle sei bereits auf eine Besonderheit des Rechtsvergleichs mit Liechtenstein hingewiesen: Der liechtensteinische Gesetzgeber setzt sich – im Hinblick auf die Größe des Fürstentums auch nicht überraschend – sehr intensiv mit den benachbarten Rechtsordnungen aus Österreich, Deutschland und teilweise der Schweiz auseinander.[11] Die Literatur und Rechtsprechung der Nachbarstaaten fließen auf diesem Wege auch in die Gesetzesbegründungen der liechtensteinischen Gesetze ein. Eine Analyse des liechtensteinischen Rechts als fremdem Recht ohne die eventuelle Bezugnahme auf die Literatur und Rechtsprechung der Nachbarstaaten, insbesondere Deutschlands, ist daher nicht möglich.

Der zweite Teil der Arbeit widmet sich im Detail der liechtensteinischen Stiftung in grenzüberschreitenden Sachverhalten. Denn die im ersten Teil aufgearbeiteten Spannungsfelder treten verstärkt in grenzüberschreitenden Konstellationen auf – insbesondere bei einem deutschen Stifter und seiner liechtensteinischen Stiftung. Davon umfasst ist zunächst der Themenkomplex der grenzüberschreitenden Durchsetzung von Ansprüchen, da ein ausreichender Schutz von Dritten nur bei ausreichenden Möglichkeiten zur gerichtlichen Geltendmachung der Ansprüche gewährleistet ist. Darauf folgt die Aufarbeitung der zivilrechtlichen Anerkennung der liechtensteinischen Stiftung: Das deutsche Zivilrecht wendet bei der Anerkennung juristischer Personen aus Mitgliedstaaten der EU und des EWR auf der Grundlage der europäischen Niederlassungsfreiheit im Sinne der Art. 49, 54 AEUV grundsätzlich die Gründungstheorie an.[12] Da es sich bei Liechtenstein um einen Mitgliedstaat des EWR handelt, wäre in diesem Fall liechtensteinisches Recht anwendbar. Sollten Stiftungen hingegen aufgrund einer mangelnden Erwerbstätigkeit nicht in den Anwendungsbereich der Art. 49, 54 AEUV fallen, wäre die Sitztheorie anwendbar.[13] Liechtensteinische

---

11 Vgl. beispielsweise BuA Nr. 13/2008, S. 43 ff. für die Übernahme des deutschen und österreichischen Begriffs des Handelsgewerbes im liechtensteinischen Recht.

12 Dazu im Detail S. 445 ff.

13 Jeweils m.w.N. *Hüttemann/Rawert* in Staudinger-BGB, Vor §§ 80–88, Rn. 423; *Weitemeyer* in MüKo-BGB, § 80, Rn. 312 ff.

Stiftungen dürften allerdings im Regelfall ohnehin ihren Sitz in Liechtenstein haben, weswegen auch in dieser Konstellation regelmäßig liechtensteinisches Recht Anwendung findet. Soll die Stiftung als juristische Person in Deutschland nicht anerkannt werden, könnte im Wege eines *ordre public*-Vorbehaltes nach Art. 6 EGBGB das entsprechende liechtensteinische Recht nicht angewandt werden, mit der Folge, dass die Stiftung als nicht existent und damit transparent betrachtet wird. Für die Ausnahmevorschrift des Art. 6 EGBGB wäre es erforderlich, dass die Anerkennung der ausländischen juristischen Person mit wesentlichen Grundsätzen des deutschen Rechts unvereinbar ist. Wann und ob ein solcher *ordre public*-Vorbehalt vorliegt, wird unter Bezugnahme auf den ersten Teil der Arbeit beantwortet werden.

Auf den Erkenntnissen des ersten und zweiten Teils aufbauend, wird die Stiftung im dritten und letzten Teil aus der steuerrechtlichen Perspektive betrachtet. Dort stellt sich regelmäßig die Frage, wem bestimmte Einnahmen zuzurechnen sind.[14] Bei ausländischen juristischen Personen ist entscheidend, ob diese steuerlich als eigenes Rechtssubjekt zu betrachten sind und damit eine sogenannte Abschirmwirkung entfalten. Soweit sie eine solche Wirkung entfalten, sind die Erträge grundsätzlich der juristischen Person zuzurechnen. Andernfalls wird die juristische Person transparent betrachtet und die Einnahmen werden den dahinterstehenden natürlichen oder juristischen Personen zugerechnet. Ob die juristische Person eine solche Wirkung entfaltet, wird bei der Anwendung der §§ 1, 2 KStG durch einen sogenannten Typenvergleich der ausländischen juristischen Person mit den deutschen juristischen Personen ermittelt. Im Rahmen des Typenvergleichs sind in einem ersten Schritt sämtliche Eigenschaften der ausländischen Rechtsform festzustellen und in einem zweiten mit den Merkmalen der deutschen juristischen Personen abzugleichen.[15] Diese Prüfung kann auf Grundlage der Ergebnisse des ersten und zweiten Teils der Arbeit durchgeführt werden. Abschließend werden diejenigen Konstellationen in den Blick genommen, in denen die ausländische juristische Person ein eigenes Steuerrechtssubjekt darstellt und in denen die Erträge der Stiftung trotzdem durch die Regelungen zur Zurechnung wirtschaftlichen Eigentums im Sinne des § 39 Abs. 2 Nr. 1 AO, den Vorschriften der §§ 41, 42 AO oder der Hinzurechnungsbesteuerung nach § 15 AStG dem Stifter, den Begünstigten oder anderen Einflussnehmenden zugeordnet werden.

---

14 Dazu im Detail S. 541 ff.

15 *Witt* in H/H/R-KStG, § 2, Rn. 42.

Teil I – Vergleich des Stiftungsrechts

A. Einführung

Im Vorfeld der eigentlichen Untersuchung wird im folgenden Abschnitt das Untersuchungsobjekt der privatnützigen Stiftung und die in der Praxis besonders häufige Variante der Familienstiftung definiert (I.).

Zudem wird die gemeinsame historische Vergangenheit des deutschen und liechtensteinischen Stiftungsrechts skizziert sowie jeweils ein Blick auf die spezifischen Entwicklungen des Stiftungsrechts in den beiden Rechtsordnungen im vergangenen Jahrhundert geworfen (II.). Denn wesentliche Aspekte der aktuellen Diskussion sind durch den historischen Werdegang der Rechtsform Stiftung geprägt und die Gründe dafür, dass sich das Stiftungsrecht der beiden Rechtsordnungen auseinanderentwickelt hat, bieten wichtige Grundlagen für das Verständnis der staatenspezifischen Regelungen.

Aufgearbeitet werden außerdem die grundrechtlichen Bezüge der Rechtsform Stiftung (III.). Denn ein etwaiger Grundrechtsschutz könnte sich entscheidend auswirken, wenn die Behörden über Maßnahmen gegenüber der Stiftung entscheiden. Zudem können eventuelle grundrechtliche Vorgaben die Zulässigkeit von Einschränkungen des Stifters bei der Wahl des Stiftungszwecks und der Stiftungsorganisation entscheidend beeinflussen.

I. Formen der privatnützigen Stiftung

Allen weiteren Ausführungen vorweg und ohne bereits auf die Unterschiede zwischen den beiden Rechtsordnungen im Detail einzugehen, bedarf es jedoch einer Definition der Stiftung des privaten Rechts, der Ausprägung der sog. privatnützigen Stiftung sowie der Sonderform der Familienstiftung:[16]

Unter einer Stiftung des privaten Rechts im Sinne der §§ 80 ff. BGB hat die bisher in Rechtsprechung und Literatur herrschende Ansicht in Deutschland eine nicht in einem Personenverband bestehende selbstständige juristische Person verstanden, welche in einem Stiftungsgeschäft durch den Errichter festgelegte Zwecke mit Hilfe eines diesen Zwecken gewidmeten Vermögens dauerhaft verfolgt.[17] Nach der Neufassung des BGB sieht § 80 Abs. 1 S. 1 BGB-Neu nunmehr

---

16 Zu den Hintergründen und einzelnen Merkmalen der Definitionen siehe unten S. 77 f.

17 BVerwG, Urt. v. 12.2.1998 – 3 C 55/96, BVerwGE 106, 177, 2546; BayObLG, Beschl. v. 25.10.1972 – BReg 2 Z 56/72, BayObLGZ 1972, 340, 342; statt vieler je m.w.N.

eine Legaldefinition vor, die ihrem Wortlaut nach jedoch im Wesentlichen der bisher herrschenden Definition entspricht.[18] Eine Stiftung des privaten Rechts ist demgemäß „eine mit einem Vermögen zur dauernden und nachhaltigen Erfüllung eines vom Stifter vorgegebenen Zwecks ausgestattete, mitgliederlose juristische Person".

Im Gegensatz zum deutschen Recht bietet das neue liechtensteinische PGR seit jeher eine Legaldefinition für privatrechtliche Stiftungen. Gemäß Art. 552 § 1 Abs. 1 S. 1 PGR ist eine Stiftung „ein rechtlich und wirtschaftlich verselbstständigtes Zweckvermögen, welches als Verbandsperson (juristische Person) durch die einseitige Willenserklärung des Stifters errichtet wird". Zusätzlich regelt Abs. 1 S. 2, dass der Stifter das bestimmt bezeichnete Stiftungsvermögen widmet und den unmittelbar nach außen gerichteten, bestimmt bezeichneten Stiftungszweck sowie Begünstigte festlegt.

In beiden Rechtsordnungen handelt es sich bei Stiftungen des privaten Rechts somit um selbstständige juristische Personen mit einem eigenen Zweck, einem Vermögen und einer Organisation.

Privatnützig ist eine Stiftung in beiden Rechtsordnungen regelmäßig dann, wenn sie nicht den besonderen Vorschriften für gemeinnützige Stiftungen unterliegt. Dies ergibt sich in Deutschland im Gegenschluss zu § 52 AO. In Liechtenstein wird die Privatnützigkeit zwar in Art. 552 § 2 Abs. 3 S. 1 PGR als überwiegende Verfolgung „privater oder eigennütziger Zwecke" definiert, allerdings wird auch in Liechtenstein die Verfolgung privatnütziger Zwecke letztlich nur von der Verfolgung gemeinnütziger Zwecke abgegrenzt, Art. 552 § 2 Abs. 2, Abs. 3 S. 2, 3 PGR.

Als Familienstiftung wird im Zivilrecht in Deutschland jede Stiftung betrachtet, die überwiegend oder ausschließlich im Interesse einer Familie oder bestimmter Familien errichtet worden ist.[19] Im deutschen Steuerrecht finden sich zwei konkrete Bezüge zu Familienstiftungen: Zum einen werden sie in

---

Hüttemann/Rawert in Staudinger-BGB, Vor §§ 80–88, Rn. 1; *Weitemeyer* in MüKo-BGB, § 80, Rn. 1.

18 Nach der Gesetzesbegründung soll diese Definition jedoch auch dazu führen, dass die nunmehr ausdrücklich geregelte Beziehung von Stiftungszweck und Vermögen, etwa die Form der „Stiftung und Co. KG", unzulässig sein soll. Die Beziehung von Zweck und Vermögen wird unter anderem im Hinblick auf die Selbstzweckstiftung aufgegriffen (S. 414 ff.). An dieser Stelle zur Kritik an der Einführung der Definition daher nur, *Burgard* in npoR 2021, 1, 1 f.

19 Statt vieler *Hüttemann/Rawert* in Staudinger-BGB, Vor §§ 80–88, Rn. 258, die Regelung findet sich wortgleich zum preußischen Recht auch in § 1 Abs. 1 Nr. 4 ErbStG.

§ 15 Abs. 2 AStG als „Stiftungen, bei denen der Stifter, seine Angehörigen und deren Abkömmlinge zu mehr als der Hälfte bezugsberechtigt oder anfallsberechtigt sind" definiert. Zum anderen knüpft die Regelung zur sog. Erbersatzbesteuerung in § 1 Nr. 4 ErbStG an die zivilrechtliche Definition an und fingiert alle 30 Jahre einen Erbfall für eine „Stiftung, sofern sie wesentlich im Interesse einer Familie oder bestimmter Familien errichtet ist […]."

In Liechtenstein sind reine Familienstiftungen nach Art. 552 § 2 Abs. 4 Nr. 1 PGR solche „Stiftungen, deren Stiftungsvermögen ausschließlich der Bestreitung der Kosten der Erziehung oder Bildung, der Ausstattung, der Unterstützung von Angehörigen einer oder mehrerer Familien oder ähnlichen Familieninteressen dienen". Dienen sie nur überwiegend solchen Zwecken, handelt es sich um gemischte Familienstiftungen (Nr. 2).

Die Einordnung einer Stiftung als privatnützig sowie ihre Einstufung als Familienstiftung funktioniert damit in beiden Staaten im Wesentlichen gleich. Im Folgenden kann daher immer dann von einer privatnützigen Stiftung ausgegangen werden, wenn sie nicht überwiegend gemeinnützige Zwecke verfolgt, und von einer Familienstiftung dann, wenn die Stiftung überwiegend einer oder mehreren Familien dient.

II. Überblick über die historische Entwicklung der Stiftung

Die Regelungen im Bereich der (privatnützigen) Stiftungen sind seit jeher in besonderem Maße von politischen, religiösen und moralischen Vorstellungen geprägt. Ein einleitender Überblick über den historischen Werdegang der Rechtsform der privatnützigen Stiftung erlaubt es daher, die einzelnen Aspekte der Stiftung, ihren gesellschaftspolitischen Zweck und konkrete Argumentationslinien besser einordnen zu können.[20]

Die Gebiete der heutigen Bundesrepublik und des Fürstentums Liechtenstein waren bis zu dessen Auflösung im Jahre 1806 Teil des Heiligen Römischen Reiches und können entsprechend auf eine gemeinsame Geschichte zurückblicken. Für die Darstellung der Historie wird daher in einem ersten Schritt der deutschsprachige Raum allgemein betrachtet. In einem zweiten Schritt wird zwischen den beiden einzelnen Staaten differenziert und die Entwicklung des

20 Im Folgenden kann nur ein grober Überblick über die Geschichte des Stiftungsrechts gegeben werden. Der interessierte Leser findet in *Liermann* in Geschichte des Stiftungsrechts, und *Borgolte*, Weltgeschichte als Stiftungsgeschichte jeweils eine vertiefte Auseinandersetzung.

Stiftungsrechts dargestellt, soweit sie für die Auseinandersetzung mit dem heutigen Recht wesentlich ist.

1. *Gemeinsame Vergangenheit*

Die Stiftung als Ausdruck des Wunsches, das eigene Vermögen unabhängig von der eigenen Existenz nach den eigenen Vorstellungen zu verwenden, kann weit in das vorchristliche Altertum zurückverfolgt werden. Freilich gab es zu jener Zeit weder den Ausdruck des „Stiftens“, noch entsprachen die damaligen Zuwendungen dem, was heute unter einer Stiftung als Akt der Zuwendung verstanden werden kann.[21] Das Vermögen wurde unter einer Zweckbestimmung an einen Dritten zur Verwaltung übertragen. Eine eigene Rechtspersönlichkeit besaß es nicht, was aufgrund des Entwicklungsstadiums des Rechts nicht überrascht. Stattdessen beschränkten sich die „Gaben“ oder „Weihen“ auf das, was heute als „fiduziarische Stiftung“ verstanden werden kann.[22]

In der heutigen Zeit schwingt beim alltäglichen Gebrauch des Wortes „Stiftung“ stets ein gemeinnütziges Handeln des Stifters als Unterton mit. Dies war jedoch nicht von jeher der Fall und ist es vielleicht auch nie in dem Maße gewesen, wie unser Sprachgebrauch es suggeriert. Ihren Anfang nahm die Stiftung in Zuwendungen, die ein vermögender „Stifter“ einem Dritten mit dem Zweck, Kulthandlungen zum Andenken des Stifters durchzuführen, zur Verfügung stellte. Dieser Dritte konnte ein Verwandter oder eine religiöse Institution sein. Der Stifter hoffte, durch das gesicherte Ahnengedenken und den entsprechenden Totenkult zu seinen Gunsten eine möglichst angenehme Existenz im Jenseits führen zu können. Wie *Liermann* es bereits auf den Punkt gebracht hat, steht damit „an der Schwelle des Stiftungsrechts [...] also primitiver Egoismus und nackte Furcht vor mangelnder Betreuung im Jenseits“.[23] Die ersten Stiftungen waren somit im wörtlichen Sinne „privatnützige“ Stiftungen.

Die später hinzugetretene gemeinnützige Färbung des Begriffs der Stiftung lässt sich in der Folge historisch aus der Entwicklung der Stiftung im vom Christentum geprägten Europa nachvollziehen. Neben der bestehenden Furcht vor dem Jenseits trat der christliche Gedanke der *caritas*, also der Nächstenliebe, zu den Beweggründen für eine Stiftung hinzu.[24] Gerade in den Anfängen des Christentums sowie im Mittelalter kann jedoch davon ausgegangen werden,

---

21 Vgl. *Liermann* in Geschichte des Stiftungsrechts, S. 2.

22 *Liermann* in Geschichte des Stiftungsrechts, S. 2.

23 *Liermann* in Geschichte des Stiftungsrechts, S. 2.

24 *v. Campenhausen* in Richter-StiftR, § 3, Rn. 1.

dass sich diese Beweggründe für lange Zeit nicht unterschieden haben. Die Motivation zu frommen Taten beziehungsweise Zuwendungen *ad piae causae* (frei: zu frommen Zwecken) wird nicht zuletzt in der Angst vor Strafen für ein sündhaftes Leben und in der Hoffnung auf Absolution begründet gewesen sein. Letztlich lag damit lange (und liegt sicher auch heute noch) einer Vielzahl von gemeinnützigen Stiftungsakten zumindest auch eine privatnützige Motivation zugrunde. Gleichwohl war mit der Stiftung *ad piae causae* die gemeinnützige Stiftung geboren und die rein privatnützige Stiftung vorerst verdrängt worden. Denn die beiden Motivationen wurden mit der Errichtung einer einzigen Stiftung, die gemeinnützige Zwecke verfolgte, verwirklicht.[25]

Die gemeinnützige Stiftung war es auch, die im hohen Mittelalter während der Ausformung des Stiftungswesens und des Stiftungsrechts eine erste rechtliche Form erhielt.[26] Von der Religion unabhängige privatnützige Stiftungen existierten im Christentum zu dieser Zeit noch nicht.[27] Aber auch im Islam waren die sogenannten *waqf ahti*, die einer Familienstiftung ähnlich waren, keine gänzlich von der Religion unabhängigen Stiftungen oder stiftungsähnlichen Gebilde, da die Förderung der Familie nach religiöser Vorstellung Vorteile im Jenseits versprach.[28] Allerdings gab es bereits zu dieser Zeit indirekt privatnützige Stiftungsakte. Ein wohlhabender Bürger konnte der Kirche eine Stiftung in Form einer „Altarpfründe" zukommen lassen. Wenn er diese durch einen verwandten Kleriker besetzte, konnte selbiger ein auskömmliches Einkommen erzielen.[29] Letztlich war diese Form der Familienunterstützung jedoch durch den Zölibat in der Generationennachfolge beschränkt. Eine privatnützige Stiftung im rechtlichen Sinne war in dieser Zeit jedoch ohnehin nicht notwendig, da die einzigen wohlhabenden Individuen regelmäßig Adlige gewesen sein dürften. Diese konnten durch das ihnen zustehende Hausrecht eine eigene Vermögenssphäre schaffen

25 *Borgolte*, Stiftung und Memoria, S. 20 f.; vgl. *v. Campenhausen* in Richter-StiftR, § 3, Rn. 15.

26 Ausführlich dazu *Liermann* in Geschichte des Stiftungsrechts, S. 78 ff.

27 *Frommhold* nimmt an, dass Familienstiftungen zwar im deutschen Rechtsgebiet als Weiterentwicklung des Familienfideikommisses entstanden sind, da es bis zum 15. Jahrhundert allerdings keine Quellen zur Gründung von Familienstiftungen gibt, sei anzunehmen, dass sie erstmals im 15. Jahrhundert, also im Spätmittelalter, auftauchten: *Frommhold* in AcP 1919, 87, 134 f.

28 *Borgolte* in Geschichte des Stiftungsrechts, Geschichte der Stitungen, S. 35.

29 *Liermann* in Geschichte des Stiftungsrechts, S. 114.

und ihre Nachfolgeplanung realisieren. Eine privatnützige Stiftung benötigten sie daher nicht.[30]

Dennoch wuchs die Anzahl an Stiftungen, wodurch es zu einem gesteigerten Interesse an ebenjenen kam und damit auch zu einer rechtlichen Ausformung der Stiftung an sich. Nachdem die Stiftung rechtlich konkretere Züge annahm und das sich entwickelnde Bankenwesen einen vereinfachten und abstrakten Zahlungsverkehr sowie die Verwahrung von Geldwerten ermöglichte, wurden auch die Verwendungszwecke für Stiftungen vielfältiger. Die Einführung der von der Kirche unabhängigen sog. „Kapitalstiftung" oder „Hauptgeldstiftung" ermöglichte schließlich die Stiftung zu weltlichen Zwecken, sodass es nicht verwundert, dass alsbald die ersten Familienunterhaltsstiftungen entstanden.[31] Vor dem Hintergrund der Umwälzungen im Zuge der Reformation bot sich eine weltliche Kapitalstiftung in höherem Maße an als eine kirchliche Stiftung, welche unter neuen Machthabern und einer anderen Glaubensrichtung wieder aufgelöst werden würde. Die im Jahre 1539 gegründete Welser Familienstiftung dient hier als Beispiel.[32] Die Welser Familie vereinte ihren gesamten Familienbesitz in einer Stiftung, welche durch die Familienältesten verwaltet werden sollte. Jeder Welser, der seinen Lebensunterhalt nicht selbst bestreiten konnte, sollte – ohne den Vermögensstamm anzugreifen – aus den Einnahmen der Stiftung einen Anteil zur eigenen Lebensführung erhalten. Mit dem Vermögenserhaltungsprinzip und einer detaillierten Bezeichnung der Begünstigten bestanden auch damals schon bei privatnützigen Stiftungen Charakterzüge, welche die Stiftung bis heute prägen.

Im Zeitalter der Aufklärung verfestigte sich die stiftungsfeindliche Furcht vor der „toten Hand". Demnach wurde befürchtet, dass der starre Wille der Verstorbenen wie eine tote Hand das Vermögen umklammere und eine zeitgemäße Verwendung desselben unmöglich mache. Diese Furcht begründete sich auf der einen Seite durch die Erfahrung mit Familienfideikommissen. Denn die in diesen angeordneten Veräußerungsverboten führten zu einer, auch volkswirtschaftlich nicht gewünschten, Erstarrung der (Grund- und Boden-)Verhältnisse.[33] Zudem begründeten sich die Befürchtungen aus der Menge der Besitztümer der Stiftungen. Bevor die Stiftungen durch erzwungene Konsolidierungen und erschwerte

---

30 Vgl. *Dutta*, Warum Erbrecht, S. 63 ff.

31 *Liermann* in Geschichte des Stiftungsrechts, S. 161.

32 Stiftungsurkunde: *Liermann* in Geschichte des Stiftungsrechts, S. 316.

33 *Liermann* in Geschichte des Stiftungsrechts, S. 223; *Tocqueville*, Democracy in America, Summary of Chapter III.

Finanzierungsmöglichkeiten faktisch zur Veräußerung ihres Grundbesitzes gezwungen wurden, war in Bayern zum Ende des 18. Jahrhunderts etwa die Hälfte des Grundbesitzes im Eigentum kirchlicher und weltlicher Stiftungen.[34] Auch wenn Bayern damit eher einen Extremfall darstellte, fand diese Angst doch Eingang in die Paulskirchenverfassung (§ 165 Abs. 2) von 1849, nach der „für die todte Hand [...] Beschränkungen des Rechts, Liegenschaften zu erwerben und über sie zu verfügen, im Wege der Gesetzgebung aus Gründen des öffentlichen Wohles zulässig [sind]". Ebenso wurde in § 170 Abs. 1 der Paulskirchenverfassung von 1849 das Familienfideikommiss abgeschafft.

Im Grunde war die Angst vor der Beherrschung von Vermögenswerten durch den Willen bereits Verstorbener eine Frage von wirtschaftlicher Stärke. Sie wurde auf der einen Seite häufig von Machthabern geschürt, um sich die Vermögenswerte der Stiftungen zuzueignen oder den Einfluss der Kirche zu brechen.[35] Auf der anderen Seite bedeutet die Furcht vor der „toten Hand" auch gleichzeitig die Erkenntnis eines der größeren Probleme einer freien Marktwirtschaft: Große Vermögen gewähren die Möglichkeit zum exponentiellen Wachstum und können letztlich das Vermögen in der Hand weniger konzentrieren. Diese von Marx „Akkumulation des Kapitals"[36] getaufte Wirkung hatten bereits die Fürsten im späten Mittelalter erkannt und versuchten regelmäßig dann, wenn der Einfluss der Stiftungen zu groß wurde, deren Rechte zu beschneiden oder sich ihr Kapital anzueignen.[37] In Stiftungen fand und findet die Akkumulation tatsächlich einen Höhepunkt. Denn anders als bei den Vermögen natürlicher Personen, kommt es bei Stiftungen mangels Erbfalls nicht mehr zu Teilungen des Vermögens.[38] Verbunden mit der Vorgabe, keine den Kapitalstamm schädigende Maßnahmen vorzunehmen, führt dies dazu, dass Stiftungsvermögen – zumindest in der Theorie – nicht kleiner werden. Wenn die kommenden Generationen der Familie den Vermögensstamm der Stiftung dann mit Zustiftung vergrößern, wächst diese stetig und kann ohne Teilungen über lange Zeiträume Teil des Akkumulationsprozesses sein.

Trotz der grundsätzlich eher stiftungsfeindlichen Stimmung fand im 19. Jahrhundert – angestoßen durch die testamentarische Errichtung eines Kunstinstituts

---

34 *Liermann* in Geschichte des Stiftungsrechts, S. 222.

35 *Liermann* in Geschichte des Stiftungsrechts, S. 223 f.

36 *Marx/Engels*, Das Kapital Bd. 1, Kapitel 23 (S. 640 ff.).

37 *v. Campenhausen* in Richter-StiftR, § 3, Rn. 23 ff.

38 Zu dieser aristokratischen Tendenz, *Tocqueville*, Democracy in America, Summary of Chapter III.

als Stiftung durch den Frankfurter Johann Friedrich Städel – eine rege Diskussion über die Rechtsfähigkeit der Stiftung statt.[39] Die rechtswissenschaftliche Auseinandersetzung mit dem Wesen der Stiftung sowie die fortschreitende Entwicklung der Rechtswissenschaft führten in der zweiten Hälfte des Jahrhunderts zur ersten Kodifizierung des Stiftungsrechts, zuerst in der Schweiz (1856),[40] später aber auch auf deutschem Gebiet in Sachsen und Baden.[41] Dabei waren von Anfang an bereits privatnützige Zwecke zulässig.[42] In den meisten Staaten dürfte seit der Abschaffung der Familienfideikommisse – und der Aufrechterhaltung dieses Verbots in Art. 155 WRV – ein entsprechend großes Bedürfnis für die Schaffung von Alternativen bestanden haben. Dieses Bedürfnis konnte durch die flexibleren Familienstiftungen befriedigt werden, wie die Steueramnestieverordnung aus dem Jahr 1931 zeigt:[43] Danach scheinen vor 1931 derart viele Deutsche ihr Vermögen in ausländischen Stiftungen angelegt zu haben, dass das Reichsfinanzministerium den Rückfluss von Vermögen aus der Auflösung ausländischer Familienstiftungen für einen gewissen Zeitraum steuerfrei stellte, um die Repatriierung der Vermögen zu ermöglichen.

2. *Das deutsche Stiftungsrecht*

a. *Entwicklungen vor 1949*

Mit der Einführung des Bürgerlichen Gesetzbuches zum 1.1.1900 erfuhr der privatrechtliche Teil des Stiftungsrechts seine erste einheitliche Kodifizierung in den §§ 80–88 BGB, die im Wesentlichen bis heute Bestand hat. Obwohl eine Vielzahl von Stiftungen aufgrund der großen Inflation zu Beginn der Weimarer Republik herbe finanzielle Einbußen erlitt und einige Stiftungen aufgelöst werden mussten,[44] wurde die Rechtslage nicht verändert. In der Zeit des Nationalsozialismus waren ursprünglich Veränderungen im Bereich des Stiftungsrechts vorgesehen, wurden jedoch nie durchgeführt. Das Stiftungsprivatrecht blieb damit unverändert. Faktisch führte jedoch die unrechtmäßige Behandlung vieler jüdischer und kirchlicher Stiftungen dazu, dass die deutsche Stiftungslandschaft gravierend verändert, beziehungsweise zerstört wurde.[45]

39 Siehe dazu ausführlich v. *Campenhausen* in Richter-StiftR, § 3, Rn. 44.
40 *Bluntschli*, PVG, §§ 50 ff.
41 *v. Campenhausen* in Richter-StiftR, § 3, Rn. 47.
42 Vgl. *Bluntschli*, PVG, § 53.
43 RStBl. 1931, 597, S. 597.
44 *v. Campenhausen* in Richter-StiftR, § 3, Rn. 52.
45 *v. Campenhausen* in Richter-StiftR, § 3, Rn. 54 ff.

b. Entwicklungen nach 1949

Wichtigste rechtliche Grundlage des Stiftungsrechts sind auch in der Bundesrepublik die Regelungen des BGB. Seit dessen Einführung besteht jedoch eine gespaltene Kompetenz zwischen Bund und Ländern. Zwar wurde auf dem 44. Deutschen Juristentag 1962 noch diskutiert, ob eine Kompetenz des Bundes für die Regelung der Stiftung besteht.[46] Da die Rechtslage, trotz der einzelnen landesrechtlichen Regelungen, insgesamt recht einheitlich war, bestand die Gefahr einer Rechtszersplitterung nach der vorherrschenden Meinung jedoch nicht, weswegen eine bundeseinheitliche Regelung nicht erforderlich gewesen sei.[47] Mit der Novellierung des Stiftungsrechts 2002 wurden wesentliche Grundzüge im BGB kodifiziert, welche spätestens seit der Föderalismusreform in den Kompetenzbereich des Bundesgesetzgebers fallen und daher verfassungskonform sind.[48] Durch die Regelungen zu den Anforderungen an das Stiftungsgeschäft und die Satzung wurden insbesondere einheitliche Maßstäbe geschaffen, welche die landesrechtlichen Regelungen ablösen.[49] Entscheidender Bestandteil der Reform war neben dem begrifflich klarstellenden Wechsel von einer Genehmigung hin zu einer Anerkennung, dass bisherige landesrechtliche Beschränkungen, etwa bei Familienstiftungen oder unternehmensverbundenen Stiftungen, im Zuge der Angleichung an das Bundesrecht entfallen sind.[50] In einer weiteren Reform wurde 2013 die Verbrauchsstiftung auch bundesgesetzlich geregelt.[51] Zuletzt haben sich die landesrechtlichen Vorschriften zum Teil angenähert, zum Teil aber auch in unterschiedliche Richtungen weiterentwickelt,[52] was ebenfalls zu Verunsicherungen geführt hat.[53]

c. Reform des Stiftungsrechts

Im Jahr 2014 wurde eine Bund-Länder-Arbeitsgruppe Stiftungsrecht ins Leben gerufen, um „zur Förderung des Stiftungswesens die stiftungsrechtlichen

---

46 *Hof* in v. Campenhausen/Richter, § 4, Rn. 2.

47 *v. Campenhausen/Stumpf* in v. Campenhausen/Richter, § 3, Rn. 7; v. *Campenhausen* in Richter-StiftR, § 3, Rn. 66

48 Dazu ausführlich *Weitemeyer/Franzius* in Landesstiftungsrecht, Rn. 1.16 ff. m.w.N.

49 *Hof* in v. Campenhausen/Richter, § 4, Rn. 4; vgl. auch *Stumpf* in Richter-StiftR, § 2, Rn. 17.

50 *Weitemeyer* in MüKo-BGB, § 80, Rn. 21.

51 *Weitemeyer* in MüKo-BGB, § 80, Rn. 24.

52 *Weitemeyer/Franzius* in Landesstiftungsrecht, Rn. 2.131 ff. m.w.N.

53 *Hof* in v. Campenhausen/Richter, § 4, Rn. 6.

Vorschriften auf Möglichkeiten der Vereinheitlichung, Vereinfachung und Zusammenführung zu überprüfen." Ende 2018 legte die Arbeitsgruppe ihren zweiten Bericht vor,[54] dessen Ziel es u.a. war es, alle Grundzüge der Stiftung deutlicher im BGB zu kodifizieren.[55] Überdies sollten bestimmte Stiftungsarten, wie die Stiftung auf Zeit, für unzulässig erklärt und einige Vorschriften zur Stiftungsorganisation konkretisiert werden.[56] Nach einem Professorenentwurf zur Stiftungsrechtsreform 2020,[57] veröffentlichte das Bundesministerium der Justiz und für Verbraucherschutz am 28.9.2020 einen Referentenentwurf eines Gesetzes zur Vereinheitlichung des Stiftungsrechts,[58] welcher in der Wissenschaft und auch in Teilen der Praxis kritisiert wurde.[59] Wenige Monate später erschien am 3.2.2021 der entsprechende Regierungsentwurf.[60] In einigen Punkten war darin die Kritik die berücksichtigt worden, an anderen Stellen blieb es jedoch bei den aus Sicht der Wissenschaft unbefriedigenden Regelungen.[61] Gleichwohl wurde der Entwurf am 24.6.2021 verabschiedet, am 22.7.2021 verkündet[62] und wird am 1.7.2023 überwiegend in Kraft treten.[63]

Inhaltlich könnte die Reform jedenfalls dazu dienen, einige der Rechtsunsicherheiten im Stiftungsrecht sowie die Unterschiede der Landesstiftungsrechte zu beseitigen.[64] Größere politische und grundlegende Fragen, etwa Einschränkungen bei der Zulässigkeit von Familienstiftungen oder Unternehmensstiftungen, geht die Reform jedoch nicht an und weitere, umfangreichere Reformen sind nach *Weitemeyer* erforderlich.[65]

---

54 Zweiter Bericht der Bund-Länder-Arbeitsgruppe 2018.

55 Zweiter Bericht der Bund-Länder-Arbeitsgruppe 2018, S. 3.

56 Zweiter Bericht der Bund-Länder-Arbeitsgruppe 2018, S. 3 f.

57 *Arnold*, et al. in ZIP, Sonderheft, Beilage zu Heft 10, S. 3, 3 ff.; *Weitemeyer* in NZG 2020, 569, 569 ff.

58 RefE v. 28.9.2020.

59 *Arnold*, et al. in npoR 2020, 294, 294 f.; *Arnold*, et al. in npoR 2021, 41, 41 f.; *Burgard* in npoR 2021, 1, 1 ff.; *Markworth* in NZG 2021, 100, 100 ff.; *Mehren/Lorenz* in DStR 2020, 2547, 2556 ff.

60 RegE v. 3.2.2020; später dann als BT-Drucks. 19/28173.

61 Vgl. *Arnold*, et al. in npoR 2021, 41, 41 f.; *Burgard* in ZStV 2021, 45, 45 f.

62 BGBl. I 2021, 2947.

63 BGBl. I 2021, 2947; zum Gesetzgebungsverfahren *Winkler* in ZStV 2021, 121, 121 ff.; zu der Reform s. auch *Weitemeyer* in MüKo-BGB, § 80, Rn. 25 ff.; *Hüttemann/Rawert* in ZIP 2021, 3, 3 ff.

64 *Hüttemann/Rawert* in ZIP 2021, 3, 44.

65 *Weitemeyer* in NZG 2020, 569, 579 f.

Aufgrund des Entwurfes wird zwar eine Flut an neuen Paragrafen in das BGB eingefügt, inhaltlich kommt es jedoch nur zu wenigen entscheidenden materiellen Änderung. Insbesondere auf die in dieser Arbeit behandelten Fragen hat die Reform, mit Ausnahme einiger Klarstellungen zum Stiftungszweck, keine Auswirkungen. Soweit einzelne Aspekte der Reform Auswirkungen auf wesentliche Einflussmöglichkeiten auf die Stiftung haben, werden sie im Rahmen der einzelnen Unterabschnitte beleuchtet. Diese Arbeit behandelt die Reform daher vorwiegend an den notwendigen Stellen und unter Angabe der neuen Regelungen als BGB-Neu.

3. *Das liechtensteinische Stiftungsrecht*

Unter den Familienstiftungen nimmt die liechtensteinische Stiftung aus verschiedenen Gründen eine exponierte Rolle ein: Anlässlich des millionenschweren Ankaufs einer CD mit den Steuerdaten von bis zu 1.000 deutschen Staatsangehörigen durch den Bundesnachrichtendienst[66] rückte sie 2008 besonders in den Fokus. Während in der Öffentlichkeit eine breit geführte Debatte um den Ankauf der CD und die aufgedeckte Steuerhinterziehung begann, nahmen die Steuerfahnder die Auswertung der Daten in Angriff. Dass die durch den Kauf der CD und die darauffolgenden Durchsuchungen erlangten Beweise verwertet werden durften, wurde mittlerweile höchstrichterlich festgestellt.[67] Nach unbestätigten Angaben sollen auf dieser CD nicht nur die Daten deutscher Staatsbürger, sondern auch ca. 4.000 Datensätze liechtensteinischer Privatstiftungen mit Verbindungen nach Deutschland vorhanden gewesen sein.[68] Heute dürfte ein Großteil der damals begonnenen Verfahren abgeschlossen sein und der deutsche Staat konnte Mehreinnahmen in Höhe von 807 Millionen Euro verzeichnen.[69]

---

66 Zur Verfassungsmäßigkeit des Ankaufs, BVerfG, Nichtannahmebeschluss v. 9.11.2010 – 2 BvR 2101/09, NJW 2011, 2417 sowie aus der Presse *Prange*, Handelsblatt 25.2.2008, „Der Mann, der die Steuerdaten klaute", abrufbar unter http://www.handelsblatt.com/finanzen/steuern-recht/steuern/lgt-nennt-informanten-der-mann-der-die-steuerdaten-klaute/2926234-all.html zuletzt abgerufen 30.9.2022; *Schmid*, Spiegel 14.2.2008, Zumwinkel von Polizei abgeholt, abrufbar unter https://www.spiegel.de/wirtschaft/verdacht-auf-steuerhinterziehung-zumwinkel-von-polizei-abgeholt-a-535211.html zuletzt abgerufen am 30.10.2023.

67 EGMR, Urt. v. 6.10.2016 – 33696/11, NJW 2018, 921, juris Rn. 32 ff.; BVerfG, Nichtannahmebeschluss v. 9.11.2010 – 2 BvR 2101/09, NJW 2011, 2417, juris Rn. 27 ff.

68 FAZ 22.7.2011, Bargeld durch eine geheime Stahltür, abrufbar unter https://www.faz.net/-gqg-as8 zuletzt abgerufen am 30.10.2023.

69 *Leyendecker*, Süddeutsche Zeitung 6.4.2010, Liechtenstein-CD beschert Staat 807 Millionen Euro, abrufbar unter https://www.sueddeutsche.de/geld/steuereinnah

Einer der wesentlichen Gründe für die Attraktivität des kleinen Fürstentums zwischen der Schweiz und Österreich lag – und liegt zum Teil auch noch – in der Verschwiegenheit seiner Institutionen. In Bezug auf die Stiftung stach insbesondere die Möglichkeit hervor, beinahe gänzlich anonym eine Privatstiftung (sog. nicht eingetragene Stiftung) zu errichten. Dies erleichterte nicht nur verschiedene Formen der Steuerhinterziehung, sondern konnte auch dabei helfen, andere – nicht strafrechtlich verfolgte – Ziele wie die Umgehung von Pflichtteilsansprüchen ermöglichen. Durch eine umfangreiche Reform des Stiftungsrechts im Jahre 2009 und die Unterzeichnung des multilateralen Abkommens zum Automatischen Informationsaustausch in Steuersachen (AIA Standard) ist der Standort Liechtenstein für Zwecke der Steuerflucht jedoch inzwischen um ein Vielfaches unattraktiver geworden. Dies hat bereits dazu geführt und wird auch in Zukunft weiter dazu führen, dass Stiftungen, die einst zu derartigen Zwecken gegründet wurden, aufgelöst oder widerrufen werden.[70]

Auf einer anderen Ebene hat die liechtensteinische Stiftung ihren Reiz behalten. Aufgrund der stiftungsfreundlichen Gesetzgebung im Fürstentum sowie der geringen Steuerlast für Stiftungen eignet sich Liechtenstein weiterhin für die Nachfolgeplanung. Auf der zivilrechtlichen Ebene erlaubt das liechtensteinische Recht ebenjene Einflussnahme, die sich Stifter einer Familienstiftung wünschen. Steuerlich kann eine Gestaltung in Liechtenstein für Stiftungen, die ein Familienunternehmen fortführen, nicht nur wegen der geringeren Steuerlast, sondern auch vor dem Hintergrund der deutschen Erbersatzbesteuerung nach § 1 Abs. 1 Nr. 4 ErbStG und den Ungewissheiten über die Zukunft von §§ 13a und 13b ErbStG eine Alternative darstellen: Denn das Fürstentum kennt die Erbersatzbesteuerung oder eine vergleichbare Besteuerung nicht.

Wenngleich seit 2008 fast 80 % der in Liechtenstein existierenden Stiftungen aufgelöst oder widerrufen wurden[71] und 2020 lediglich 8.693 Stiftungen verblieben, kommt weiterhin eine Stiftung auf vier Einwohner.[72] In Zukunft könnte die Angst vor einer Vermögensbesteuerung oder höherer Erbschaftsteuern in

men-liechtenstein-cd-beschert-staat-807-millionen-euro-1.10558 zuletzt abgerufen am 30.10.2023.

70 „Die Steuerhinterziehungsstiftungen sind ausgerottet", so *Dominique Jakob* im Interview mit *Blume*, Handelsblatt vom 1.7.2021, Ausgabe Nr. 124/21, S. 26–27.

71 Vgl. auch *Bösch* in 25 Jahre Liechtenstein-Institut, Alles beim Alten oder kein Stein mehr auf dem anderen?, S. 80; v. *Löwe*, Familienstiftung, S. 206.

72 Vgl. Rechenschaftsbericht der Regierung 2020, S. 143.

Deutschland zudem wieder zu einem „Run“[73] auf liechtensteinische Stiftungen führen.[74] Die liechtensteinische Stiftung hat damit insgesamt nur einen Teil ihrer Bedeutung eingebüßt und dürfte in Zukunft als steuergünstiges, aber legales Rechtsinstitut weiterhin relevant bleiben.

a. *Stiftungsrecht vor 2008*

Die Entwicklung des liechtensteinischen Stiftungsrechts unterscheidet sich lange Zeit nicht von derjenigen des Heiligen Römischen Reiches Deutscher Nation sowie, nach dessen Zusammenbruch, des Deutschen Bundes[75] als auch der Österreichisch-Ungarischen Monarchie.[76] Gesellschaftliche und rechtspolitische Tendenzen ähneln sich jedenfalls in Bezug auf Stiftungen und ihre gesetzlichen Ausformungen.[77] Für Einzelheiten zu der Rechtsentwicklung des vor 1926 nicht eigens kodifizierten und stark an das österreichische Recht angelehnten liechtensteinischen Stiftungsrechts sei an dieser Stelle auf die Ausführungen *Böschs* verwiesen.[78]

Der Grundstein für das heutige liechtensteinische Stiftungsrecht wurde am 5.11.1926 mit dem Beschluss des Personen- und Gesellschaftsrechts (PGR) gelegt, welches am 20.1.1926 erlassen wurde und am 19.2.1926 in Kraft trat.[79] Seine bisher umfassendste Änderung erlebte das seit 1926 kodifizierte liechtensteinische Stiftungsrecht durch die Totalrevision des Stiftungsrechts aus dem Jahre 2008, welche zum 1.4.2009 in Kraft trat. Das „alte“ Recht aus der Zeit vor

---

73 *Blume*, Handelsblatt Online 30.6.2021, abrufbar unter https://www.handelsblatt.com/politik/international/steuern-angst-vor-der-vermoegensteuer-der-neue-run-auf-stiftungen-in-liechtenstein/27377122.html zuletzt abgerufen am 30.10.2023.

74 *Blume*, Handelsblatt vom 1.7.2021, Ausgabe Nr. 124/21, S. 26–27; *Ritzer*, Süddeutsche Zeitung 29.9.2021, abrufbar unter https://www.sueddeutsche.de/wirtschaft/steuern-reiche-liechtenstein-1.5424146 zuletzt abgerufen am 30.10.2023.

75 *Kley* in Grundrechtspraxis, Geschichtliche Entwicklung, Rn. 11.

76 Vgl. *Bösch*, Liechtensteinisches StiftR, S. 16 f. Zu den groben geschichtlichen Zusammenhängen kann an dieser Stelle auf die Einleitung verwiesen werden, S. 39 ff. sowie *Liermann* in Geschichte des Stiftungsrechts, S. 78 ff.

77 Vgl. die Ausführungen zum „lateinischen Westen“ und dem deutschsprachigen Raum *Borgolte* in Geschichte des Stiftungsrechts, Geschichte der Stitungen, S. 6 sowie *Borgolte*, Enzyklopädie des Stiftungswesens Bd. 1, S. 23 ff. Zu der Zeit nach dem Zerfall des römischen Reiches genauer *Bösch*, Liechtensteinisches StiftR, S. 22 ff.

78 *Bösch*, Liechtensteinisches StiftR, S. 16 ff., sowie S. 63 ff.

79 Liechtensteinisches Gesetzblatt vom 19.2.1926; *Bösch*, Liechtensteinisches StiftR, S. 16 ff.

der Reform wird im Weiteren nicht Gegenstand der Arbeit sein und nur punktuell für die historischen und teleologischen Rahmenbedingungen des liechtensteinischen Rechts herangezogen.

Die seit 1926 geltende Fassung des liechtensteinischen Stiftungsrechts basierte im Wesentlichen auf dem schweizerischen Stiftungsrecht.[80] In der Folgezeit wurde das liechtensteinische Recht jedoch in Teilen unabhängig von den schweizerischen Regelungen weiterentwickelt, wodurch sich die beiden Normenregime voneinander entfernten.[81] Einer der für diese Arbeit relevantesten Unterschiede liegt in der Auseinanderentwicklung der Zulässigkeit der sogenannten vorbehaltlosen Familienunterhaltsstiftungen, also solcher Familienstiftungen, bei denen die Zahlung von Unterhalt nicht an bestimmte Voraussetzungen geknüpft ist.[82] Während das schweizerische Recht diese Art von Stiftungen zwar ursprünglich als zulässig erachtete, dann aber als Fortbildung des Familienfideikommisses wertete und in der Folge seit 1947[83] ablehnte, waren sie in Liechtenstein grundsätzlich zulässig und blieben dies auch.[84] Strittig war insoweit lediglich, ob die vorbehaltlos Unterhalt leistenden Familienstiftungen als gemischte Familienstiftung oder als „gewöhnliche Stiftung" einzuordnen waren, da diese jeweils unterschiedliche Aufsichtsregime mit sich brachten.[85]

Wie sich an diesem Beispiel zeigt, war das liechtensteinische Recht von Anfang an besonders stifterfreundlich und gewährte dem Stifter umfangreiche Freiheiten bei der Errichtung und Ausgestaltung der Stiftung.[86] Zusätzlich zu diesen Gestaltungsmöglichkeiten war dem liechtensteinischen Recht eine beschränkte Registerpublizität zu eigen: Zur Errichtung einer Stiftung war nach Art. 555 Abs. 1 und 2, 556 Abs. 1, 557 Abs. 1 PGR a.F. allein die Hinterlegung

---

80 *Bösch*, Liechtensteinisches StiftR, S. 22 ff.

81 *Bösch* in 25 Jahre Liechtenstein-Institut, Alles beim Alten oder kein Stein mehr auf dem anderen?, S. 82; *Santo-Passo* in LJZ 2005, 1, 2 f.

82 Ausführlich zu der Diskussion vor der Stiftungsrechtsreform *Bösch*, Liechtensteinisches StiftR, S. 114 ff.

83 Schweizer Bundesgericht, Urt. v. 3.5.1947, BGE 73 II 81 ff.; *Bösch*, Liechtensteinisches StiftR, S. 115.

84 *Bösch*, Liechtensteinisches StiftR, S. 114 ff.

85 *Jakob*, Liechtensteinische Stiftung, Rn. 118. Im Detail zur vorbehaltlosen Unterhaltsstiftung S. 412 ff.

86 Den Gesetzesmaterialien nach steht das PGR gar „auf dem Standpunkt einer möglichst freien Entfaltung des wirtschaftenden Menschen", *Marxer* in ZEuP 2004, 477, 493 unter Verweis auf den Kurzen Bericht zum Personen- und Gesellschaftsrecht (undatiert, wohl 1925), welcher wohl von *Wilhelm Beck* verfasst worden ist.

einer Stiftungsurkunde beim Stiftungsregister erforderlich. Die Stiftungsurkunde musste neben der Bezeichnung und dem Sitz der Stiftung nur den Zweck oder Gegenstand der Stiftung, ihren Vorstand sowie Bestimmungen über die Verwendung des Vermögens enthalten. In dem Fall, in dem eine Privatperson Begünstigte der Stiftung war, genügte es dabei, dass einzig die Vermögensverwaltung als Stiftungszweck genannt war. Dadurch bildete sich bis zur Reform des Stiftungsrechts eine Beratungspraxis, die es vielen Stiftern über eine treuhänderische Errichtung der Stiftung erlaubte, bei der Errichtung der Stiftung zu keinem Zeitpunkt in Erscheinung treten zu müssen. Der eigentliche Stifter konnte damit faktisch anonym bleiben.[87]

Die hohe Anzahl an Stiftungen am Anfang des neuen Jahrtausends – 2008 waren es noch beinahe 50.000 Stiftungen[88] gegenüber 35.168 Einwohnern[89] – lässt sich mit der Praxis der Vermögensverwaltung in Liechtenstein erklären. Die Stiftung wurde um die Jahrtausendwende häufig als kontoähnliche Anlagevariante angeboten. Vermögende (und in der Regel) ausländische Anleger konnten in der Stiftung ihr Kapital anlegen und so bei einer sehr geringen laufenden Besteuerung von pauschal ca. 1250 DM in Liechtenstein ihr Vermögen vergrößern.[90] Die bereits angesprochene Anonymität der Gründung der Stiftung sowie der fehlende internationale Informationsaustausch erlaubten – abhängig von den Umständen des Einzelfalls – in vielen Fällen eine Steuerhinterziehung in den Heimatländern des Stifters, insbesondere in Deutschland,[91] sowie das Vermögen von Ansprüchen ausländischer Gläubiger,[92] Ehegatten und insbesondere von Pflichtteilsberechtigten[93] abzuschirmen.

Diese Praxis war laut *Bösch* einer der treibenden Faktoren für den in Gründungen gemessenen Erfolg der liechtensteinischen Stiftung. Allerdings fehlte

87 *Bösch* in 25 Jahre Liechtenstein-Institut, Alles beim Alten oder kein Stein mehr auf dem anderen?, S. 86.

88 Rechenschaftsbericht der Regierung 2008, S. 369.

89 Liechtenstein in Zahlen 2007/2008, S. 10.

90 Vgl. *Wolf*, Das Gesetz des Schweigens, Focus 2000/23; Ab 2011 dann pauschal 1.200 CHF, *Roth*, Grundriss des neuen liechtensteinischen Steuerrechts, S. 69 f.

91 *Prange*, Handelsblatt 25.2.2008, „Der Mann, der die Steuerdaten klaute", abrufbar unter http://www.handelsblatt.com/finanzen/steuern-recht/steuern/lgt-nennt-informanten-der-mann-der-die-steuerdaten-klaute/2926234-all.html, zuletzt abgerufen am 30.9.2022.

92 *Jakob*, Liechtensteinische Stiftung, Rn. 12.

93 Zum Beispiel *Bösch* in LJZ 2003, 55, 55 ff. Weiterhin kritisch auch *Röthel* in AcP 2012, 157, 180 f.

dieser Praxis – unabhängig von den Problemen im Ausland – eine gesetzliche Grundlage, da auch das alte liechtensteinische Recht grundsätzlich mehr Organisationsstruktur und -substanz vorsah, als derartige Kontostiftungen aufweisen konnten. Entsprechend bestand eine gewisse Rechtsunsicherheit bezüglich der Zulässigkeit solcher Stiftungen.[94] Diese Unsicherheit wurde durch einen Beschluss des Fürstlichen Obersten Gerichtshofs (OGH) zu den Bestimmtheitserfordernissen an den Stiftungszweck verstärkt.[95] Demnach würden die bis zu diesem Zeitpunkt praktizierten Gewohnheiten bezüglich der Angabe über den Stiftungszweck nicht den gesetzlichen Anforderungen gerecht. Viele Stiftungen hätten nach dieser Rechtsprechung nicht eingetragen werden dürfen und wären damit nicht wirksam im Sinne des Art. 557 PGR a.F. entstanden. Der liechtensteinische Staatsgerichtshof (StGH) hob diesen Beschluss zwar noch im selben Jahr wieder auf,[96] die Bedenken aber waren geblieben und der Gesetzgeber sah sich gezwungen, Rechtssicherheit zu schaffen.

Neben diesen rechtlichen Problemen wurde der liechtensteinische Gesetzgeber international massiv unter Druck gesetzt.[97] Zum einen wurde ihm die Förderung der Steuerhinterziehung unterstellt[98] – ein Vorwurf, der bis heute besteht. Zum anderen nahm die Financial Action Task Force on Money Laundering (FATF), die Arbeitsgruppe für finanzielle Maßnahmen (gegen Geldwäsche) der OECD, Liechtenstein für ein Jahr in die Liste derjenigen Länder auf, die ernsthafte und systematische Probleme bei der Bekämpfung von Geldwäsche aufweisen.[99]

---

94 Insbesondere fehlte es an Gewissheit darüber, ob einzelne Vorschriften an österreichischem oder schweizerischem Recht angelehnt waren oder sich mittelweile so sehr von den rezipierten Rechtsordnungen entfernt hatten, dass diese nicht mehr als Auslegungshilfe dienen durften, dazu *Bösch*, Liechtensteinisches StiftR, S. 67 ff.

95 OGH, Beschl. v. 17.7.2003 – 1 CG.2002.262.

96 StGH, Entscheidung v. 18.11.2003 – StGH 2003/65.

97 *Jakob*, Liechtensteinische Stiftung, Rn. 13.

98 *Schmiese/Schäfers*, FAZ 21.2.2008, Steueroase Liechtenstein – Interview mit Regierungschef Otmar Hasler, abrufbar unter http://www.faz.net/aktuell/politik/ausland/steueroase-liechtenstein-berlin-sucht-das-problem-am-falschen-ort-1515273.html, zuletzt abgerufen am 30.10.2023.

99 *Financial Action Task Force on Money Laundering*, Annual Report 1999–2000, Annex A Rn. 35 und 64.

b. *Stiftungsrecht seit 2008*

Um die beschriebene Rechtsunsicherheit zu beseitigen und der internationalen Kritik zumindest teilweise zu begegnen, wurde eine „Totalrevision des Stiftungsrechts" durchgeführt. Ein erster Entwurf der im Jahr 2001 angestoßenen Reform wurde 2004 vorgelegt. Eine vorläufige Endfassung wurde 2008 im Zuge des sog. liechtensteinischen Steuerskandals[100] überarbeitet, am 26.6.2008 beschlossen und trat zum 1.4.2009 in Kraft.[101]

Obwohl die liechtensteinische Regierung aufgrund des Steuerskandals unter dem Druck ausländischer Regierungen stand, führte die Revision in Teilen zu einer Kodifizierung der bisherigen Beratungspraxis. Insbesondere blieb eine beinahe anonyme Gründung weiterhin möglich.[102] Wenngleich die Reform nicht dazu führte, dass wesentliche Kritikpunkte angegangen wurden,[103] so wurde sie dennoch partiell als Gegenmaßnahme zu den im Rahmen des Skandals aufgedeckten Missständen gedeutet.[104] Zudem hat sie dazu geführt, dass das liechtensteinische Stiftungsrecht nunmehr „als homogenes, in sich geschlossenes Gesamtgebilde" geregelt ist und keine Generalverweisung auf das Recht der Treuunternehmen mehr erfordert.[105]

Der internationale Druck konnte jedenfalls erreichen, dass entscheidende Aspekte durch Regelungen in anderen Rechtsgebieten aufgegriffen wurden. Denn als Mitglied des sogenannten MONEYVAL,[106] dem Expertenausschuss

---

100 *Amann/Kröger*, Spiegel 15.2.2008, Riesen-Skandal um Fürstenbank – reiche Deutsche bunkerten bis zu vier Milliarden Euro, abrufbar unter https://www.spiegel.de/wirtschaft/zwergstaat-im-zwielicht-riesen-skandal-um-fuerstenbank-reiche-deutsche-bunkerten-bis-zu-vier-milliarden-euro-a-535558.html zuletzt abgerufen am 30.10.2023.

101 Zu dem Werdegang der Revision ausführlich *Jakob*, Liechtensteinische Stiftung, Rn. 16 ff.

102 Dies ist auf Ebene des Stiftungsrechts auch weiterhin der Fall, allerdings führen die europäischen Geldwäscheregelungen dazu, dass die Anonymität in großen Teilen aufgehoben wird, siehe dazu unten S. 275 f.

103 *Bösch* in 25 Jahre Liechtenstein-Institut, Alles beim Alten oder kein Stein mehr auf dem anderen?, S. 91 ff.

104 *Tschütscher* in Neues Stiftungsrecht, Stiftungsreform, S. 3 f.; *Schmiese/Schäfers*, FAZ 21.2.2008, Steueroase Liechtenstein – Interview mit Regierungschef Otmar Hasler, abrufbar unter http://www.faz.net/aktuell/politik/ausland/steueroase-liechtenstein-berlin-sucht-das-problem-am-falschen-ort-1515273.html, zuletzt abgerufen am 30.10.2023.

105 *Jakob*, Liechtensteinische Stiftung, Rn. 29 und 22 f.

106 Committee of Experts on the Evaluation of Anti-Money Laundering Measures.

des Europarates für die Bewertung von Maßnahmen gegen Geldwäsche und Terrorismusfinanzierung, hat Liechtenstein Maßnahmen zur Bekämpfung von Geldwäsche eingeführt und ist – wenngleich einige Probleme verbleiben – mittlerweile vergleichsweise weit im Kampf gegen Geldwäsche fortgeschritten.[107] Dazu dürfte auch die Umsetzung der europäischen Richtlinien zur Bekämpfung der Geldwäsche viel beigetragen haben:[108] Zum einen müssen bei der Aufnahme von Geschäftsbeziehungen nach Art. 11 der Sorgfaltspflichtverordnung (SPV)[109] die Vertragspartner und ihre wirtschaftlichen Berechtigten überprüft werden. Zum anderen wurde 2019 das schon seit längerem angekündigte und diskutierte[110] sog. Verzeichnis der wirtschaftlichen Eigentümer[111] geschaffen. In diesem müssen nach Art. 2 Abs. 1 lit. b) Nr. 4 VwEG auch die Begünstigten einer Stiftung eingetragen werden.

Bezogen auf das Steuerrecht hat Liechtenstein mit der Unterzeichnung von Tax Information Exchange Agreements (TIEA), also der Vereinbarung, auf Anfrage einen Datenaustausch vorzunehmen, mit den USA und Deutschland[112] eine erste Öffnung vorgenommen. Im Rahmen des Automatischen Informationsaustausches (AIA) als Teil des Common Reporting Standard (CRS) der OECD hat Liechtenstein sich als „early adopter" ausgezeichnet und nimmt seit 2017 an diesem rückwirkend zum 1.1.2016 teil.[113]

Aufgrund der wesentlich gesteigerten Kooperationsbereitschaft des Fürstentums und der aktiven Partizipation am Automatischen Informationsaustausch

---

107 Vgl. dazu *Europarat/MONEYVAL*, Report on Fourth Assessment Visit, Executive Summary, S. 4 f.

108 In diesem Rahmen ist insbesondere die Richtlinie (EU) 2015/849 des Europäischen Parlaments und des Rates vom 20. Mai 2015 zur Verhinderung der Nutzung des Finanzsystems zum Zwecke der Geldwäsche und der Terrorismusfinanzierung hervorzuheben.

109 Verordnung vom 17. Februar 2009 über berufliche Sorgfaltspflichten zur Bekämpfung von Geldwäscherei, organisierter Kriminalität und Terrorismusfinanzierung, LGBl. 2009 Nr. 98.

110 *Schütte* in npoR 2018, 91, 94.

111 Gesetz vom 6. Dezember 2018 über das Verzeichnis der wirtschaftlichen Eigentümer inländischer Rechtsträger (VwEG), LGBl. 2019 Nr. 8.

112 Abkommen zwischen der Regierung der Bundesrepublik Deutschland und der Regierung des Fürstentums Liechtenstein über die Zusammenarbeit und den Informationsaustausch in Steuersachen, BGBl. II 2010, 950.

113 Gesetz vom 5. November 2015 über den internationalen automatischen Informationsaustausch in Steuersachen (AIA-Gesetz), LGBl. 2015 Nr. 55; dazu im Detail unten S. 599.

hat die oben skizzierte Variante der liechtensteinischen Stiftung als kontoähnliches Vermögensanlagevehikel ihren Reiz für Steuerhinterzieher verloren. Zusammen mit dem abschreckenden Effekt des Ankaufs der liechtensteinischen Steuer-CD und medienwirksamer Hausdurchsuchungen[114] dürfte dies wohl den Grund dafür darstellen, dass – wie bereits oben erwähnt – ungefähr 80 % der Privatstiftungen seit 2008 widerrufen oder beendigt worden sind.[115] Die verbliebenen Privatstiftungen dürften aufgrund der gesteigerten steuerlichen Kontrolle zu einem wesentlichen Teil tatsächlich selbstständige Vermögensmassen sein, welche die steuerliche Katharsis überlebt haben.

c. *Neben dem PGR anwendbares Recht*

Neben dem im PGR geregelten Stiftungsrecht sind auch allgemeine zivilrechtliche Vorschriften auf die Stiftung und ihre Rechtsverhältnisse anwendbar. Ein wesentlicher Teil der allgemeinen Vorschriften sowie das Recht der Schuldverhältnisse sind im Allgemeinen Bürgerlichen Gesetzbuch (ABGB) geregelt. Dieses entsprach bei seiner Einführung im Jahre 1812 durch eine fürstliche Verordnung gänzlich dem österreichischen Allgemeinen Bürgerlichen Gesetzbuch (öABGB).[116] Eine grundlegende Neukonzeption des liechtensteinischen Zivilrechts in den Zwanzigerjahren des 20. Jahrhunderts, angestoßen insbesondere durch *Emil Beck*, war nur zum Teil erfolgreich. Dabei sollte das gesamte Zivilrecht aufgrund einer politischen Abkehr des Fürstentums von Österreich an das Recht der Schweiz angenähert werden und diesem zu einem großen Teil entsprechen. So wurden das Sachenrecht 1922 sowie das Personen- und Gesellschaftsrecht 1925 jeweils in einem eigenen Gesetzbuch geregelt. Aufgrund eines politischen Machtwechsels wurden die anderen drei geplanten Gesetzbücher nie

---

114 So wurde u.a. das Anwesen des damaligen Vorstandsvorsitzenden der Deutschen Post, Klaus Zumwinkel, durchsucht, *Schmid*, Spiegel 14.2.2008, Zumwinkel von Polizei abgeholt, abrufbar unter https://www.spiegel.de/wirtschaft/verdacht-auf-steuerhinterziehung-zumwinkel-von-polizei-abgeholt-a-535211.html zuletzt abgerufen am 30.10.2023.

115 Vgl. *Bösch* in 25 Jahre Liechtenstein-Institut, Alles beim Alten oder kein Stein mehr auf dem anderen?, S. 80; s. auch v. *Löwe*, Familienstiftung, S. 206; von ursprünglich ca. 45.600 Stiftungen im Jahr 2008 sank die Anzahl zum 31.12.2020 auf ca. 8.700. Die Zahlen lassen sich den aktuellen Rechenschaftsberichten entnehmen, Rechenschaftsbericht der Regierung 2008, S. 369; Rechenschaftsbericht der Regierung 2020, S. 143.

116 Fürstliche Verordnung betreffend die Einführung des allgemeinen bürgerlichen Gesetzbuches vom 18.2.1812, S. 1.

umgesetzt.[117] Die immer noch im ABGB enthaltenen Vorschriften entsprechen daher in weiten Teilen weiterhin der österreichischen Grundlage und wurden auch nach diesem Vorbild weiterentwickelt und angepasst.[118] Bei der Auseinandersetzung mit den Vorschriften des ABGB wird daher, wie in der liechtensteinischen Praxis üblich,[119] im Rahmen dieser Arbeit auch auf Quellen aus Österreich zurückgegriffen, soweit von diesen Vorschriften nicht explizit abgewichen wird.

III. Grundrechtliche Bezüge des Stiftungsrechts

Um die Einleitung zu vervollständigen, werden nun die grundrechtlichen Bezüge der Stiftung dargestellt. Denn der Grundrechtsschutz des Stifters bei der Stiftungserrichtung und der eigene Grundrechtsschutz der Stiftung sind maßgeblich für die Ausgestaltung der Stiftung. Dies gilt insbesondere für die möglichen Stiftungszwecke und das Verhältnis der einmal errichteten Stiftung zu den Behörden.

1. Stiftung und Grundrechte in Deutschland

Soweit die Stiftung in Verbindung mit den Grundrechten betrachtet wird, sind zwei verschiedene Grundrechtsbezüge voneinander zu unterscheiden. Zum einen könnten dem Stifter Grundrechte bei der Errichtung der Stiftung zustehen. Neben dem Recht auf Eigentum (Art. 14 GG) und der allgemeinen Handlungsfreiheit (Art. 2 Abs. 1 GG) können auch die speziellen Freiheitsgrundrechte, beispielsweise die Religionsfreiheit (Art. 4 GG), betroffen sein. Zum anderen könnte die einmal errichtete Stiftung selbst Trägerin von Grundrechten werden (Art. 19 Abs. 3 GG). Weder in der Bundes- noch in den Landesverfassungen findet sich allerdings eine explizite Regelung zur Errichtung der Stiftung.[120] Abhängig von dem Grundrechtsschutz des Stifters bei der Stiftungserrichtung bedürften jegliche Einschränkungen bei der Errichtung möglicherweise einer verfassungsrechtlichen Rechtfertigung. Im Hinblick auf die Grundrechte der

---

117 Dazu im Detail *Bösch*, Liechtensteinisches StiftR, S. 16 ff. m.w.N. und vertiefenden Hintergründen.

118 Vgl. beispielsweise BuA Nr. 12/2012, S. 5 in dem bezüglich einer Änderung des Erbrechts auch weiterhin auf die enge Anlehnung an das Recht Österreichs abgestellt wurde.

119 BuA Nr. 12/2012, S. 5; vgl. auch *Bösch*, Liechtensteinisches StiftR, S. 179.

120 *Hüttemann/Rawert* in Staudinger-BGB, Vor §§ 80–88, Rn. 26; *Frowein*, Grundrecht auf Stiftung, S. 11; *Liermann* in Geschichte des Stiftungsrechts, S. 254 f.

Stiftung werden ihre potenziellen Grundrechte vorrangig dann relevant, wenn die Stiftungsbehörden die Stiftung auflösen oder ihren Zweck ändern wollen.

a. *Grundrechte des Stifters*

In der Diskussion um das „Grundrecht auf Stiftung"[121] sind zwei Fragen voneinander zu trennen. Im ersten Schritt stellt sich die Frage, ob sich aus den Grundrechten ein abstrakter Anspruch eines potenziellen Stifters gegenüber dem Gesetzgeber ergibt, welcher letzteren dazu verpflichtet, das Institut der selbstständigen Stiftung in der Rechtsordnung zur Verfügung zu stellen. Nachdem der Gesetzgeber in § 80 BGB die Stiftung als anerkennungsbedürftige Rechtsform geschaffen hat, kommt es im zweiten Schritt darauf an, in welchem Maße die Grundrechte Einfluss auf die Anerkennungsentscheidung haben. Die Beantwortung dieser Fragen entfaltet eine besonders große Relevanz, wenn das Recht, eine Stiftung zu errichten, als Teil eines Freiheitsgrundrechts zu betrachten ist. Zum einen bestünde dann in den Fällen, in denen besondere Stiftungsformen – wie die reine Selbstzweckstiftung – nicht zulässig sind, ein Rechtfertigungsaufwand für die Unzulässigkeit. Besteht hingegen kein Grundrecht, bleibt es bei einem einfachen Begründungsaufwand. Zum anderen wären Entscheidungen der Behörden sowohl bei Anerkennung der Stiftung als auch bei der Zweckänderung oder Auflösung nach § 87 BGB in einem anderen Licht zu sehen.

aa. *Grundrechtlicher Anspruch auf das Institut der Stiftung*

Obwohl der Gesetzgeber im Zuge der Reform des Stiftungsrechts 2002 in der Gesetzesbegründung von einem grundrechtlich gestützten Anspruch auf Errichtung einer Stiftung spricht,[122] bestehen weiterhin Zweifel, ob tatsächlich ein Grundrecht auf eine Stiftung existiert. Dabei ist auf Seiten derjenigen, die ein Grundrecht bejahen, zudem streitig, ob sich ein solches Recht aus der freien Verfügung über das Eigentum (Art. 14 GG) und der Allgemeinen Handlungsfreiheit (Art. 2 Abs. 1 GG) oder aus den spezielleren Grundrechten (Art. 4, 5, 6, 7 GG) in ihrem jeweiligen Wirkungsbereich ergibt.[123]

In den Fokus der Stiftungsrechtsöffentlichkeit rückte die Idee des „Grundrechts auf Stiftung" mit einem Gutachten von *Ballerstedt* und *Salzwedel* für den 44. Deutschen Juristentag 1962, in welchem die Autoren grundrechtliche

---

121 Zu dem Begriff *Frowein*, Grundrecht auf Stiftung, S. 11 ff.

122 BT-Drucks. 14/8765, S. 8.

123 Ausführlich zu der Fragestellung *Hüttemann/Rawert* in Staudinger-BGB, Vor §§ 80–88, Rn. 28 ff.; sowie *Weitemeyer* in MüKo-BGB, § 80, Rn. 53 ff.

Ansprüche auf die Errichtung einer Stiftung ablehnen.[124] Ihre Argumentation gegen mögliche Rechte aus Art. 14 GG oder Art. 2 Abs. 1 GG stützt sich im Wesentlichen auf den Gedanken, dass nur die Verfügungsmöglichkeiten und Handlungsfreiheiten unter Lebenden geschützt seien und die Stiftung als „tote Hand“[125] nicht unter diese Freiheit falle.[126] Diesem Ergebnis trat der Verfassungsrechtler *Frowein* anlässlich der Mitgliederversammlung des Stifterverbandes im Jahre 1976 mit einem Vortrag zum „Grundrecht auf Stiftung“ entgegen und legte damit den Grundstein für die bis heute anhaltende Diskussion.[127] Das Bestehen eines Grundrechts auf Stiftung leitet *Frowein* zum einen aus den speziellen Grundrechten (Art. 4, 5, 6, 7 GG) her, da der Stifter zu einer dauerhaften – genauer ewigen – Verwirklichung der Grundrechte auch eines ewigen Rechtsinstituts, also der Stiftung, bedürfe. Zur effektiven Wahrnehmung der Grundrechte sei daher die Errichtung einer Stiftung erforderlich.[128] Des Weiteren ergebe sich ein Recht aus der Allgemeinen Handlungsfreiheit nach Art. 2 Abs. 1 GG. Entgegen der Ansicht von *Ballerstedt/Salzwedel* schütze die Handlungsfreiheit die Verwirklichung der Persönlichkeit auch, wenn sie in der Errichtung einer „toten Hand“ liege.[129] Auch Art. 14 GG gewähre einen grundrechtlich geschützten Anspruch auf die Errichtung einer Stiftung, da die Erbrechtsinstitutsgarantie auch die Vermögenswidmung an eine Stiftung von Todes wegen umfasse.[130]

Wie auch von *Frowein* festgestellt, kann sich ein Recht auf Stiftung nicht aus Art. 14 GG ergeben, soweit dieser das Institut des Eigentums schützt.[131] Art. 14 GG gewährleistet den „Schutz der bestehenden und der neu entstehenden konkreten (Privat-)Rechte jedes einzelnen Rechtssubjekts“, dazu gehört die Pflicht des Gesetzgebers, „ein[en] Kernbestand von Normen zur Verfügung zu stellen, welche[r] die Existenz, die Funktionsfähigkeit und die Privatnützigkeit von Eigentum ermöglich[t]“.[132] Von dieser sogenannten Institutsgarantie sind

---

124 *Ballerstedt/Salzwedel*, Gutachten zum Stiftungsrecht für den 44. Dt. Juristentag, S. 67 ff.

125 Siehe S. 42 f.

126 *Ballerstedt/Salzwedel*, Gutachten zum Stiftungsrecht für den 44. Dt. Juristentag, S. 67 ff.

127 Abgedruckt in *Frowein*, Grundrecht auf Stiftung, S. 11 ff.

128 *Frowein*, Grundrecht auf Stiftung, S. 12 ff.

129 *Frowein*, Grundrecht auf Stiftung, S. 16.

130 *Frowein*, Grundrecht auf Stiftung, S. 16.

131 *Frowein*, Grundrecht auf Stiftung, S. 16.

132 Jeweils *Papier* in Maunz/Düring, Art. 14, 79. EL, Rn. 11.

unter anderem auch die Veräußerungsfreiheit und die Verfügungsbefugnis über das Eigentum umfasst.[133] Allerdings gilt diese Verfügungsfreiheit – ebenso wie die allgemeine Handlungsfreiheit in der Form der Privatautonomie[134] – nur in dem durch die bestehende Rechtsordnung gesetzten Rahmen.[135] Die Ausgestaltung der Rechtsordnung steht dem Gesetzgeber frei, solange er die Institutsgarantie nicht verletzt. Nur dann, wenn die Rechtsform der Stiftung von der Institutsgarantie des Eigentums umfasst ist, ergäbe sich aus Art. 14 GG ein Recht auf die Möglichkeit, eine Stiftung zu errichten. Dagegen spricht, dass die Institutsgarantie nur den Kern des Eigentums, also das Recht, Nutzungen aus einer Sache zu ziehen und unter Ausschluss Dritter über diese zu verfügen, gewährleisten soll und gerade kein darüberhinausgehendes Wirtschaftsverfassungssystem schafft.[136] Außerdem sei der Gesetzgeber verpflichtet, eine Vermögensbildung zu ermöglichen[137] sowie zur Wahrung des Wettbewerbs die Konzentration des selbigen in zu großen Mengen zu verhindern.[138] Eine Vermögensbildung ist allerdings auch ohne die Rechtsform der Stiftung möglich und der Gesetzgeber insofern nicht zwingend zur Schaffung einer solchen verpflichtet. Die Vermögensbildung als Teil der Institutsgarantie des Eigentums gewährt daher kein Recht auf Stiftung.[139] Zudem erhöhen Stiftungen die Gefahr von Vermögenskonzentration.[140] Hierdurch legt die Pflicht zur Vermeidung von Vermögenskonzentration eher eine Einschränkung der Zulässigkeit von Stiftungen nahe, als dass sich aus der Institutsgarantie des Art. 14 GG ein Recht auf Stiftung ableiten lässt.

---

133 *Papier/Shirvani* in Dürig/Herzog/Scholz-GG, Art. 14, Rn. 356.

134 Zur Allgemeinen Handlungsfreiheit innerhalb der Rechtsordnung *Sachs* in FS Leisner, Stiftungsgenehmigung, S. 960 sowie *Rawert* in FS Reuter, Grundrecht auf Stiftung, S. 1329.

135 *Papier* in Maunz/Düring, Art. 14, 79. EL, Rn. 299 f.; *Schulte*, Staat und Stiftung, S. 42.

136 *Papier* in Maunz/Düring, Art. 14, 79. EL, Rn. 30, im Gegensatz dazu sah die WRV in den Art. 151 ff. WRV detailliertere Vorschriften zum Wirtschaftsleben vor.

137 *Papier* in Maunz/Düring, Art. 14, 79. EL, Rn. 17.

138 *Papier* in Maunz/Düring, Art. 14, 79. EL, Rn. 16; dies gilt vor allem in Bezug auf die (wettbewerbsrechtliche) „Verhütung des Mißbrauchs wirtschaftlicher Machtstellung" nach Art. 74 Abs. 1 Nr. 16 GG.

139 *Frowein*, Grundrecht auf Stiftung, S. 16; zustimmend *Weitemeyer* in MüKo-BGB, § 80, Rn. 58.

140 Dazu ausführlich unten S. 403 ff. zu Unterhaltsstiftungen und S. 425 ff. zu Selbstzweckstiftungen.

Art. 14 GG gewährt neben der Institutsgarantie des Eigentums auch diejenige des Erbrechts (Abs. 1 S. 1). Entgegen *Froweins* Ansicht[141] umfasst aber auch diese Institutsgarantie nicht zwingend die Rechtsform der Stiftung. Kernbestandteile der Garantie sind die Testierfreiheit des Erblassers sowie das Recht des Erben, einen Teil der Erbmasse zu erhalten. Ihr – von den Wertungen des Art. 6 GG geprägter – Zweck ist der Schutz der familiären Gemeinschaft auch über den Tod hinaus.[142] Dem zukünftigen Erblasser wird durch die garantierte Möglichkeit, sein Vermögen zu vererben, überhaupt erst ein Anreiz geboten, ein Vermögen aufzubauen, welches seinen Bedarf zu Lebzeiten überdauert.[143] Diese Wertungen setzen jedoch nicht voraus, dass das Rechtsinstitut einer selbstständigen Stiftung existiert. Insbesondere bei der Familienstiftung wird deutlich, dass für die Stiftung im Gegenteil gerade keine Notwendigkeit existiert: Denn das Erbrecht schützt im Rahmen der Testierfreiheit das Recht, an einen bestimmten Empfänger gegebenenfalls zu einem bestimmten Zweck zu vererben.[144] Wird in diesem Rahmen an eine selbstständige Stiftung vererbt, trifft der Erbvorgang aber nur mittelbar das eigentliche Ziel der Zuwendung.[145] Schließlich wird im Falle einer Familienstiftung nicht der eigentliche Erbe, also der Destinatär, selbst Eigentümer der Erbmasse, sondern nur die Stiftung.

Natürlich kann die Testierfreiheit auch die Freiheit umfassen, an eine Stiftung zu vererben. Aber um sicherzustellen, dass sein Vermögen an das eigentliche Ziel, also die Destinatäre der Stiftung, fließt, wäre die Stiftung für den Erblasser nicht zwingend erforderlich. Die Stiftung verkompliziert im Ergebnis nur den Weg des Vermögens vom Erblasser zum Destinatär und ist somit nicht als Ausfluss der Testierfreiheit erforderlich. Dies gilt jedoch nur insoweit, als das eigentliche Ziel der Zuwendung ein eigenständiger Rechtsträger ist und es nicht – wie regelmäßig bei gemeinnützigen Stiftungen – erst der Schaffung eines Rechtsträgers bedarf, um einen abstrakten Zweck zu verfolgen. Darüber hinaus wäre in derartigen Fällen sogar das Recht der Erben auf die Erbmasse verletzt, wenn nicht durch den Pflichtteilsergänzungsanspruch (§ 2325 BGB) ein angemessener Ausgleich bestehen würde.[146] Sollte es dem Erblasser darauf ankommen,

141 *Frowein*, Grundrecht auf Stiftung, S. 16.

142 *Papier* in Maunz/Düring, Art. 14, 79. EL, Rn. 299 f.

143 Dazu ausführlich und m.w.N. *Dutta*, Warum Erbrecht, S. 151 ff.; vgl. dazu auch *Berg* in JuS 2005, 961, 961 f.

144 *Papier/Shirvani* in Dürig/Herzog/Scholz-GG, Art. 14, Rn. 407.

145 Insbesondere geht die herrschende Ansicht von der Unzulässigkeit der Selbstzweckstiftung aus, vgl. unten S. 416 ff.

146 *Papier/Shirvani* in Dürig/Herzog/Scholz-GG, Art. 14, Rn. 411.

eine angemessene Verwaltung der Erbmasse, insbesondere bei Unmündigkeit des Erben, sicherzustellen, so bieten andere Wege wie die (Dauer-)Testamentsvollstreckung (§ 2209 BGB) vergleichbare Möglichkeiten. Letztlich führt die Einschaltung einer ewigen privatnützigen Stiftung zu einer – in den auf den Stifter folgenden Generationen ausschließlich – privaten Erbrechtssetzung. Diese schränkt jedoch im Gesamtbild das Recht auf Erben eher ein, als es zu erweitern, und sieht sich daher tiefgreifender Kritik ausgesetzt.[147] Daher kann auch das Recht auf Erben jedenfalls kein Grundrecht auf die Stiftung begründen.

Mit der herrschenden Ansicht kann außerdem die Vorstellung *Froweins*, dass sich aus den besonderen Grundrechten der Art. 4, 5, 6, 7 GG ein Recht auf die Stiftung ergäbe, abgelehnt werden.[148] Auch für einen Anspruch aus diesen Grundrechten bedürfte es einer zwingenden Notwendigkeit einer Stiftung für die effektive Wahrnehmung der konkreten Grundrechte. An einer solchen fehlt es jedoch zu Lebzeiten des Stifters, da ihm andere Möglichkeiten der Grundrechtsausübung zur Verfügung stehen, beispielsweise eine Vereinsgründung oder die Gründung einer GmbH.[149] *Reuter* hat dem Vorliegen von Alternativen widersprochen, da ein Verein nur das Bedürfnis an kollektiver Teilhabe, die Stiftung hingegen auch das Interesse an individueller Teilhabe befriedigen könne.[150] Dagegen bleibt jedoch einzuwenden, dass zu Lebzeiten privatnützige Stiftungszwecke auch über eine GmbH und gemeinnützige Zwecke auch über eine gGmbH individuell verwirklicht werden können. Wie bereits dargelegt, kann das Vorhandensein der (g)GmbH aber nur als Beispiel dienen, um zu zeigen, dass die individuelle Teilhabe auch auf andere Weise als durch den Stiftungsweg verwirklicht werden kann. Die Existenz von Rechtsinstituten in der aktuellen Rechtsordnung muss jedoch von der Frage, ob abstrakt die Rechtsform der Stiftung grundrechtlich erforderlich ist, getrennt werden.

Das Beispiel einer Kunststiftung,[151] welche eine umfangreiche Sammlung des Stifters verwaltet und ausstellt, zeigt, dass es ohne die Errichtung einer Stiftung

---

147 Ausführlich *Dutta*, Warum Erbrecht, 47 ff. und 542 ff.

148 BVerwG, Urt. v. 24.3.2021 – 6 C 4/20, RR 2021, 607, juris Rn. 27; *Hüttemann/Rawert* in Staudinger-BGB, Vor §§ 80–88, Rn. 32; *Stumpf* in Richter-StiftR, § 2, Rn. 36; *Manssen*, Privatrechtsgestaltung, S. 218 f.; *Schulte*, Staat und Stiftung, S. 40 ff.; *Rawert* in FS Reuter, Grundrecht auf Stiftung, S. 1328 f.; mit Einschränkungen zugunsten der Errichtung religiöser Stiftungen *Weitemeyer* in MüKo-BGB, § 80, Rn. 63; gänzlich a.A. *Hof* in v. Campenhausen/Richter, § 4, Rn. 87 ff.

149 Dazu *Hüttemann/Rawert* in Staudinger-BGB, Vor §§ 80–88, Rn. 32.

150 *Reuter* in Stiftungsrecht in Europa, Stiftung und Staat, S. 147.

151 Zur Kunststiftung und dem Grundrechtsschutz *Hof* in v. Campenhausen/Richter, § 4, Rn. 91.

kaum möglich ist, über die eigene Lebensdauer hinaus bestimmte Zwecke zu verfolgen. Denn während eine solche Stiftung zu Lebzeiten durch eine andere Körperschaft oder den Stifter selbst ersetzt werden kann,[152] wäre die Durchsetzung seiner Vorstellungen nach seinem Tod kaum zwingend durchsetzbar. Zwar beweist das Beispiel des Folkwang-Museumsvereins aus Essen, dass das Instrument eines generationenüberdauernden Museumsvereins grundsätzlich praktikabel ist. Bei einem Verein stehen den Mitgliedern im Vergleich zum Vorstand einer Stiftung aber weitreichende Möglichkeiten zu, die Ziele abzuwandeln und zu verfolgen. Entsprechend kann der Grundrechtsschutz nicht über den Tod hinaus wahrgenommen werden.[153] Das deutsche Grundrechtssystem sieht allerdings gerade vor, dass die Grundrechtsfähigkeit mit dem Tode endet.[154] Eine Ausnahme stellt einzig das sogenannte postmortale Persönlichkeitsrecht aus Art. 1 und Art. 2 GG dar. Nur zum Schutz der besonders wichtigen Menschenwürde und damit auch der Persönlichkeit und Wahrung der Ehre der Toten wird für dieses Recht auch ein Schutz nach dem Tode angenommen.[155] Um diesen Schutz zu gewährleisten, bedarf es aber ebenfalls nicht der Rechtsform der Stiftung. Für den grundrechtlichen Anspruch auf die Möglichkeit, eine Stiftung zu errichten, fehlt es damit im Anwendungsbereich der Grundrechte an der zwingenden Notwendigkeit einer Stiftungserrichtung.[156] Eine Ausnahme wird teilweise für religiöse Stiftungen gemacht, da diese des ewigen Elements einer Stiftung bedürften.[157]

Mit einer vergleichbaren Argumentation lässt sich erst recht auch aus der allgemeinen Handlungsfreiheit aus Art. 2 Abs. 1 GG kein Recht auf Stiftungserrichtung

---

152 *Hüttemann/Rawert* in Staudinger-BGB, Vor §§ 80–88, Rn. 32.

153 *Frowein*, Grundrecht auf Stiftung, S. 13 f.

154 BVerfG, Beschl. v. 24.2.1971 – 1 BvR 435/68 „Mephisto", BVerfGE 30, 173, juris Rn. 61; statt vieler exemplarisch für Art. 5 GG, *Grabenwarter* in Dürig/Herzog/Scholz-GG, Art. 5, Rn. 26; die Annahme *Froweins* (S. 16), es gäbe in bestimmten Fällen ein solches Recht, widerlegt *Sachs* anschaulich in *Sachs* in FS Leisner, Stiftungsgenehmigung, S. 960 f.

155 BVerfG, Beschl. v. 24.2.1971 – 1 BvR 435/68 „Mephisto", BVerfGE 30, 173, juris Rn. 60; statt vieler *Di Fabio* in Dürig/Herzog/Scholz-GG, Art. 2, Rn. 226.

156 BVerwG, Urt. v. 24.3.2021 – 6 C 4/20, RR 2021, 607, juris Rn. 25 ff.; *Hüttemann/Rawert* in Staudinger-BGB, Vor §§ 80–88, Rn. 32; *Rawert* in FS Reuter, Grundrecht auf Stiftung, S. 1329.

157 *Hof* in v. Campenhausen/Richter, § 4, Rn. 87; *Stumpf* in Richter-StiftR, § 2, Rn. 36; *Weitemeyer* in MüKo-BGB, § 80, Rn. 63; a.A. *Rawert* in FS Reuter, Grundrecht auf Stiftung, S. 1328 f.

herleiten.[158] Zum einen ist bei der Ableitung von Leistungsansprüchen aus der allgemeinen Handlungsfreiheit aufgrund des weiten Schutzbereiches eine noch größere Zurückhaltung geboten als bei den besonderen Grundrechten. Insbesondere, soweit darauf abgestellt werden sollte, dass die Stiftungserrichtung Ausdruck der Allgemeinen Handlungsfreiheit ist, kann dies nicht zur Begründung eines Grundrechts auf Stiftung taugen, da Art. 2 Abs. 1 GG nur die Betätigung von in der Rechtsordnung bestehenden Rechten schützt.[159] Zum anderen kann der Schutzbereich des Art. 2 Abs. 1 GG für Handlungen, die über den Tod hinaus wirken, nicht weiter reichen als die Schutzbereiche der besonderen Grundrechte.

Eine Ansicht in der Literatur versucht ein Recht auf Stiftung in Anlehnung an Art. 2 Abs. 1 GG herzuleiten, indem sie bei der Ausübung der allgemeinen Handlungsfreiheit zwischen privat- und gemeinnützigen Stiftungen differenziert.[160] Privatnützige Stiftungen stellten immer eine Bevormundung und damit einen Eingriff in die Rechte der Begünstigten dar. Ein solcher Eingriff sei zwar im Erbrecht bei der Testamentsvollstreckung zeitweise tolerabel, nicht jedoch auf die unbestimmte Dauer einer Stiftung.[161] Bei gemeinnützigen Stiftungen gäbe es hingegen niemanden, der durch die Stiftung bevormundet werden könnte. Daher stünden gemeinnützigen Stiftungen keine Gegenrechte entgegen, und die Grundrechte des Stifters ließen sich nur über den Tod hinaus verwirklichen, wenn ihm das Institut der Stiftung zur Verfügung steht. Diese Argumentation kann jedoch nicht überzeugen: Denn entweder wird die Konstellation formal betrachtet und der Erblasser vererbt sein Vermögen an einen Dritten, also die Stiftung, wodurch der Destinatär nicht Erbe wird und somit ohnehin nicht der Dauertestamentsvollstreckung unterworfen wird. Oder alternativ wird davon ausgegangen, dass im Wege einer Gesamtbetrachtung der hinter der Stiftung stehende Destinatär als „Quasi-Erbe" der Testamentsvollstreckung unterworfen ist. Dann macht es wiederum keinen Unterschied, ob dieser Quasi-Erbe

---

158 I.E. auch *Hüttemann/Rawert* in Staudinger-BGB, Vor §§ 80–88, Rn. 40; gemeint ist an dieser Stelle ein Recht darauf, dass der Gesetzgeber das Institut der Stiftung zur Verfügung stellen muss, nicht die Folgefrage der Ausübung der Allgemeinen Handlungsfreiheit im Rahmen der bestehenden Rechtsordnung; *Rawert* in FS Reuter, Grundrecht auf Stiftung, S. 1329.

159 *Di Fabio* in Dürig/Herzog/Scholz-GG, Art. 2, Rn. 57.

160 So schon *Reuter* in Stiftungsrecht in Europa, Stiftung und Staat, S. 145 ff.; außerdem *Jakob*, Schutz der Stiftung, S. 109 f.; *Walz* in ZSt 2005, 133, 139 f.; differenzierend, im Ergebnis aber ein Recht auf Stiftung aus der allgemeinen Handlungsfreiheit ablehnend *Weitemeyer* in MüKo-BGB, § 80, Rn. 56 ff.

161 *Weitemeyer* in MüKo-BGB, § 80, Rn. 58.

eine Privatperson oder beispielsweise ein gemeinnütziger Sportverein ist. Insofern wären privat- und gemeinnützige Stiftungen aus dieser Perspektive gleich zu behandeln. Zuletzt bleibt ein entscheidender Kritikpunkt, dass sich diese Ansicht der grundgesetzlichen Wertung entzieht, nach welcher die Grundrechte nur zu Lebzeiten ausgeübt werden können.

Ein Grundrecht auf Stiftung in Form eines Anspruchs gegenüber dem Gesetzgeber auf das Rechtsinstitut der Stiftung besteht damit nicht.[162] Dieses Zwischenfazit setzt jedoch voraus, dass die Dauer der Grundrechtsfähigkeit einen Schluss auf die Ausübungsmöglichkeiten des Grundrechtsträgers zu Lebzeiten zulässt. Lehnt man dies ab und nimmt einen Schutz auch für den Zeitraum nach dem Ableben an, so ist die Rechtsform der Stiftung die Einzige, die es dem Stifter erlaubt, seine Vorstellungen auch nach seinem Tode bindend verwirklicht zu sehen. Gegen einen Schutz der Grundrechtspositionen nach dem Tod spricht im Anwendungsbereich der Eigentumsfreiheit auf systematischer Ebene jedoch vor allem die Existenz der Erbrechtsgarantie. Hätte der Verfassungsgeber einen Wirkungsbereich der Grundrechte über den Tod hinaus angenommen,[163] so hätte es der Erbrechtsgarantie nicht bedurft.[164] Denn der Grundrechtsträger hätte dann auch ohne die Erbrechtsgarantie grundrechtlich geschützte Verfügungen treffen können, die erst nach seinem Tod Wirkung entfalten sollten. Soweit der Gesetzgeber dies eingeschränkt hätte, wäre die Institutsgarantie des Art. 14 GG verletzt, da für einen wesentlichen Zeitraum (Ableben bis Unendlichkeit) die Verwendung des Eigentums nicht möglich gewesen wäre.

Damit bleibt festzuhalten, dass sich aus den Grundrechten kein Anspruch gegenüber dem Gesetzgeber auf die Existenz einer selbstständigen Stiftung innerhalb der Rechtsordnung ergibt.

---

162 So zuletzt auch BVerwG, Urt. v. 24.3.2021 – 6 C 4/20, RR 2021, 607, juris Rn. 27.

163 Wie oben bereits dargestellt, fehlt es jedoch mit Ausnahme der Menschenwürde und der mit ihr verbundenen Grundrechte an dem Wirkungsbereich über den Tod hinaus. Vgl. zur „postmortalen Dimension" des Eigentumsschutzes, die aber gerade nicht durch die Eigentumsfreiheit, sondern nur durch die Garantie des Erbrechts geschützt wird, *Dietlein* in Staatsrecht Bd. 4/1 [1. Auflage], § 113, S. 2320. In anderen Worten ist „eine Privatnützigkeit des Eigentums zugunsten des Eigentümers über den Tod hinaus nicht denkbar", *Wieland* in Dreier-GG, Art. 14, Rn. 82. Ebenfalls zu Eigenständigkeit der Erbrechtsgarantie neben der Eigentumsgarantie, *Axer* in BeckOK-GG, Art. 14, Rn. 141.

164 Vgl. zur zeitlichen Erweiterung, *Axer* in BeckOK-GG, Art. 14, Rn. 141.

bb. Grundrechte und der einfachgesetzliche Anspruch auf Stiftungserrichtung

Ein grundrechtlich gesicherter Anspruch auf die Errichtung einer Stiftung besteht zwar nicht, jedoch hat der Gesetzgeber die Rechtsform der Stiftung im Gesetz vorgesehen und damit seine Gestaltungsmöglichkeiten genutzt. Nach den §§ 80–88 BGB benötigt eine Stiftung für ihre Errichtung die Anerkennung durch die Stiftungsbehörde. Auf diese besteht seit der Gesetzesreform von 2002 ein einfachgesetzlicher Anspruch, soweit die Stiftung die gesetzlich normierten Voraussetzungen erfüllt. Damit hat sich der Gesetzgeber vom ursprünglichen Konzessionssystem hin zu einem System der Normativbedingungen gewandt.[165] Fraglich ist insofern, inwieweit die Grundrechte bei der Entscheidung der anerkennenden Behörde zu berücksichtigen sind. Im Rahmen der Anerkennungsentscheidung ist die Behörde dem Gesetzeswortlaut nach gebunden, soweit die entsprechenden Voraussetzungen vorliegen. Ihr steht damit kein Entscheidungsermessen bei der Anerkennungsentscheidung zu. Einzig bei der Wahrnehmung ihrer Befugnisse in Fällen des § 87 BGB kann die Behörde Ermessen ausüben.[166] In Bezug auf die Auslegung der unbestimmten Rechtsbegriffe der §§ 80, 87 BGB hat die Aufsichtsbehörde zwar keinen Beurteilungsspielraum, faktisch kann sie jedoch einen gewissen Einfluss nehmen.[167] Allerdings sind die Entscheidungen gerichtlich voll überprüfbar, was an sich bereits als regulierender Faktor dienen dürfte. Insgesamt muss dabei berücksichtigt werden, dass, wenn kein grundrechtlicher Anspruch auf die Stiftung besteht, aus den entsprechenden Grundrechten auch keine inhaltliche Bindung der Behörde bei der Auslegung von unbestimmten Rechtsbegriffen oder der Ermessensausübung im Rahmen des § 87 BGB hergeleitet werden kann.[168] Da diese Argumentation an den Inhalt der Grundrechte anknüpft, gilt sie nicht für Verfahrens- und Gleichheitsgrundrechte sowie die allgemeine Handlungsfreiheit. An der auf dem System der Grundrechte basierenden Aussage haben auch die Gesetzesnovelle von 2002 und die Aussage des Gesetzgebers, dass ein „grundrechtlich gestützter Anspruch auf Errichtung einer Stiftung" bestünde, keine Änderungen herbeigeführt. Soweit – wie auch hier – ein solcher Anspruch abgelehnt wird, stellt die Stiftungsgründung für den Stifter nur eine Ausübung seiner rechtlichen Möglichkeiten innerhalb der

---

165 *Stumpf* in S/S/S/P, B. § 80, Rn. 31 f.

166 Zur Anwendung der Grundrechte in Fällen des § 87 BGB siehe die Grundrechte der Stiftung S. 66 f.

167 Vgl. dazu *Hüttemann/Rawert* in Staudinger-BGB, Vor §§ 80–88, Rn. 130.

168 Sehr deutlich *Sachs* in FS Leisner, Stiftungsgenehmigung, S. 962 ff.

Rechtsordnung dar und muss entsprechend wie jede andere nicht grundrechtlich gebotene rechtliche Handlung behandelt werden. Die Rechte des Stifters bei der Anerkennung beschränken sich daher auf das Recht auf ein faires Verfahren, die Gleichheitsrechte aus Art. 3 GG sowie die Ausübung der allgemeinen Handlungsfreiheit nach Art. 2 Abs. 1 GG.[169]

b. Grundrechte der Stiftung

Während ein Grundrecht des Stifters auf die Stiftungserrichtung weiterhin strittig ist, besteht schon seit vielen Jahren Einigkeit, dass die Stiftung selbst grundrechtsfähig ist und durch Art. 19 Abs. 3 GG geschützt wird.[170] Da der Begriff der „inländischen juristischen Person“ im gemeinschaftsrechtlichen Kontext so auszulegen ist, als dass auch juristische Personen aus dem EU/EWR-Raum Grundrechtsschutz genießen,[171] kann der Umfang des Schutzes auch für die Aktivitäten liechtensteinischer Stiftungen in Deutschland relevant werden.

aa. Stiftungen und die Durchgriffstheorie

Wenngleich anerkannt ist, dass Stiftungen juristische Personen sind, stellt sich in der Literatur die Frage, wie die Anwendbarkeit des Art. 19 Abs. 3 GG auf Stiftungen mit der sogenannten Durchgriffstheorie zu vereinbaren ist.[172] Die Durchgriffstheorie begründet den Grundrechtsschutz für juristische Personen mit dem Durchgriff des Grundrechtsschutzes der dahinterstehenden natürlichen Personen.[173] An dieser Durchgriffsmöglichkeit fehlt es bei Stiftungen an sich, da sie keine Mitglieder haben, deren Rechte geschützt werden können. Auch ein Abstellen auf den Stifter eignet sich aufgrund der zeitlichen Begrenzung der Grundrechte auf die Lebensdauer des Stifters[174] und der Verselbstständigung der Stiftung grundsätzlich nicht.[175] Ebenso wenig kann auf die (potenziellen)

---

169 *Di Fabio* in Dürig/Herzog/Scholz-GG, Art. 2, Rn. 101 ff.; *Hüttemann/Rawert* in Staudinger-BGB, Vor §§ 80–88, Rn. 40.

170 So bereits *Ballerstedt/Salzwedel*, Gutachten zum Stiftungsrecht für den 44. Dt. Juristentag, S. 69; aktuell statt vieler *Weitemeyer* in MüKo-BGB, § 80, Rn. 66 f. m.w.N.

171 Statt vieler *Brüning* in Stern/Becker, Art. 19, Rn. 46 f.

172 *Hof* in v. Campenhausen/Richter, § 4, Rn. 116 f.; *Hüttemann/Rawert* in Staudinger-BGB, Vor §§ 80–88, Rn. 49; *Stumpf* in Richter-StiftR, § 2, Rn. 58.

173 BVerfG, Beschl. v. 2.5.1967 – 1 BvR 578/63, BVerfGE 21, 362, juris Rn. 22; zu der Durchgriffstheorie *Remmert* in Dürig/Herzog/Scholz-GG, Art. 19, Rn. 35 f. m.w.N.

174 Dazu siehe oben S. 57 ff.; a.A. *Weitemeyer* in MüKo-BGB, § 80, Rn. 67.

175 *Hof* in v. Campenhausen/Richter, § 4, Rn. 124; v. *Mutius* in Verwaltungsarchiv 1974, 87, 89.

Destinatäre abgestellt werden, da es diesen an der für die Grundrechtsausübung nötigen aktiven Entscheidung mangelt.[176] Zuletzt kann auch nicht auf den Vorstand einer Stiftung abgestellt werden, da dieser nur eine Organstellung innehat und allein für die Stiftung, nicht aber für sich selbst tätig wird.[177]

Bei der Argumentation ist jedoch grundsätzlich die allgemeine Grundrechtsträgerschaft einer privaten Stiftung von der Geltendmachung einzelner Grundrechte zu trennen: Dem Wortlaut des Art. 19 Abs. 3 GG nach gelten die Grundrechte auch für juristische Personen, soweit sie ihrem Wesen nach auf diese anwendbar sind. Die Norm hätte überspitzt ausgedrückt keinen Anwendungsbereich, wenn sie – dem Grundgedanken der Durchgriffstheorie folgend – nur juristische Personen mit dahinterstehendem personalem Substrat schützen würde.[178] Diese sind in ihrer kollektiven Grundrechtsausübung ohnehin durch die jeweiligen Grundrechte geschützt. So stellt auch das Bundesverfassungsgericht in einer Entscheidung zur Beschwerdefähigkeit einer nicht rechtsfähigen Partei in einem *obiter dictum* klar, dass nach Art. 19 Abs. 3 GG auch juristische Personen grundrechtsfähig sind, „obwohl sie nicht notwendig Vereinigungen von natürlichen Personen sind".[179] Dies bedeutet für private juristische Personen, dass sie grundsätzlich Träger von Grundrechten sein können, unabhängig davon, ob sie Mitglieder oder Gesellschafter haben oder nicht.[180] Es kommt daher nur für die Ausübung der einzelnen Grundrechte auf die von Art. 19 Abs. 3 GG geforderte wesensgleiche Gefährdungslage an.[181] Diese ist für jedes Grundrecht einzeln zu bestimmen.

Einige Grundrechte, wie die Menschenwürde nach Art. 1 Abs. 1 GG oder die Gleichberechtigung von Mann und Frau, Art. 3 Abs. 2 S. 1 GG, sind naturgemäß nicht auf juristische Personen anwendbar.[182] Bei anderen Grundrechten wie

---

176 *v. Mutius* in Verwaltungsarchiv 1974, 87, 89.

177 Dazu sehr deutlich v. *Mutius* in Verwaltungsarchiv 1974, 87, 89 f.

178 Vgl. dazu eindrücklich *Kämmerer*, Privatisierung, S. 468 m.w.N.

179 BVerfG, Urt. v. 3.6.1954 – 1 BvR 183/54, BVerfGE 3, 383, juris Rn. 34; so nimmt auch *Rüfner* an, dass das Verfassungsgericht für einen Eingriff in die Grundrechte einer juristischen Person nicht zwingend einen gleichlaufenden Eingriff in die Grundrechte der dahinterstehenden natürlichen Personen voraussetzt *Rüfner* in HStR Bd. IX, § 196, Rn. 64. In der Folge hält er trotzdem an der Durchgriffstheorie fest und will die Grundrechte aus denen des Stifters und etwaiger Begünstigter herleiten.

180 *Isensee* in HStR Bd. IX, § 199, Rn. 117 f. m.w.N.

181 *v. Mutius* in Verwaltungsarchiv 1974, 87; allgemein zur wesensgleichen Gefährdungslage *Remmert* in Dürig/Herzog/Scholz-GG, Art. 19, Rn. 27.

182 Vgl. *Isensee* in HStR Bd. IX, § 199, Rn. 91.

dem Schutz des Eigentums nach Art. 14 GG,[183] der Rechtsweggarantie im Sinne von Art. 19 Abs. 4 GG[184] oder dem Allgemeinen Gleichbehandlungsgrundsatz nach Art. 3 Abs. 1 GG können juristische wie natürliche Personen gleichermaßen schutzbedürftig sein. In diesen Fällen besteht regelmäßig eine wesensgleiche Gefährdungslage. Ein Großteil der Grundrechte schützt jedoch typischerweise natürliche Personen in ihrer Grundrechtsausübung und scheint kaum auf juristische Personen übertragbar – insbesondere dann, wenn das Grundrecht einen auf der individuellen Entfaltung einer Person beruhenden Akt, zum Beispiel die Kunst oder Wissenschaft, schützt.[185] Eine wesensgleiche Gefährdung wäre dann immer ausgeschlossen, da die juristische Person den Akt der individuellen Freiheit nicht selbst ausführen kann.[186] In diesen Fällen können grundsätzlich jedoch im Wege des Durchgriffs die hinter der juristischen Person stehenden Grundrechtsträger berücksichtigt werden. Dies ist bei der Stiftung als mitgliederloser juristischer Person nicht möglich. Wie zu zeigen ist, ist solch ein Durchgriff auch bei diesen Grundrechten weder bei Stiftungen noch bei Personenvereinigungen notwendig. Denn die meisten Grundrechte wirken über den Schöpfungsakt hinaus und schützen den natürlichen Grundrechtsträger damit nicht zwangsläufig exklusiv.

Zum Beispiel wird dem Schutz der Meinungsfreiheit, Art. 5 Abs. 1 S. 1 GG, nicht nur durch den Schutz desjenigen, der die Meinung äußert, sondern auch durch den Schutz der Verlagsgesellschaften, beziehungsweise desjenigen, der die Meinung verbreitet, Rechnung getragen.[187] Durch den Druck und die Verbreitung eines Mediums erbringt die Verlagsgesellschaft einen eigenen Beitrag bei der Ausübung der Wahrnehmung der Meinungsfreiheit. Eine juristische Person kann, wie das Beispiel zeigt, damit auch eigene Aspekte der Grundrechtsausübung abdecken. Diese müssen nicht zwingend die individuelle Entfaltung zum Gegenstand haben, sondern können sich gerade in der Verbreitung und Umsetzung der ursprünglichen Grundrechtsausübung einer natürlichen Person fortsetzen. Durch einen fördernden eigenen Beitrag zur schöpferischen Tätigkeit gerät die juristische Person jedoch automatisch in eine grundrechtstypische

---

183 *Remmert* in Dürig/Herzog/Scholz-GG, Art. 19, Rn. 29.

184 *Schmidt-Aßmann* in Dürig/Herzog/Scholz-GG, Art. 19, Rn. 43a.

185 *Remmert* in Dürig/Herzog/Scholz-GG, Art. 19, Rn. 27.

186 Eine Ausnahme bilden lediglich die Vereinigungen nach Art. 9 Abs. 3 GG, denn grundrechtlich ist konkret die Vereinigung zur Wahrung und Förderung der Arbeits- und Wirtschaftsbedingungen gewährleistet, nicht aber der individuelle „Arbeitskampf".

187 BVerfG, Stattgebender Kammerbeschluss v. 15.12.2004 – 2 BvR 2219/01, NJW 2005, 1341, juris Rn. 13.

Gefährdungslage und das Grundrecht ist dem Wesen nach anwendbar. Eines Durchgriffs auf dahinterstehende natürliche Personen bedarf es somit nicht.[188]

Die Grundrechte sind somit nach Art. 19 Abs. 3 GG auch unabhängig von dahinterstehenden natürlichen Personen auf solche juristischen Personen anwendbar, die staatsfern[189] sind und keine gesetzlich geregelten öffentlichen Aufgaben[190] übernehmen. Entsprechend können sich auch Stiftungen des privaten Rechts auf die Grundrechte berufen, sofern sie einer grundrechtlich geschützten Tätigkeit nachgehen.[191] Eine Kunststiftung kann sich etwa bei der Ausrichtung einer Ausstellung auf die Kunstfreiheit nach Art. 5 Abs. 3 GG berufen.[192]

bb. Grundrechtlich geschützte Betätigung von Familienstiftung

Nach diesem Fazit stellt sich die Frage, welche Grundrechte privatnützige Stiftungen und insbesondere Familienstiftungen[193] konkret in Anspruch nehmen können. Neben den ohnehin für juristische Personen geltenden Rechten des Schutzes des Eigentums nach Art. 14 GG,[194] der Rechtsweggarantie im Sinne von Art. 19 Abs. 4 GG[195] und dem allgemeinen Gleichbehandlungsgrundsatz nach Art. 3 Abs. 1 GG können sie sich bei einer entsprechenden Gefährdungslage schließlich auch auf die spezifischen Grundrechte berufen: Bei einer Familienstiftung könnte folglich Art. 6 Abs. 1 GG, also der Schutz der Ehe und Familie, anwendbar sein.

---

188 Vgl. *Isensee* in HStR Bd. IX, § 199, Rn. 117 f. m.w.N.; a.A. *Rüfner* in HStR Bd. IX, § 196, Rn. 64. Etwas anderes gilt für juristische Personen des öffentlichen Rechts, vgl. BVerfG, Beschl. v. 2.5.1967 – 1 BvR 578/63, BVerfGE 21, 362, juris Rn. 22 f.; BVerfG, Beschl. v. 14.4.1987 – 1 BvR 775/84, BVerfGE 75, 192, juris Rn. 16.

189 Zu dem Grundsatz, dass der Staat – und seine Institutionen – selbst nicht Träger von Grundrechten sein können und zur Bestimmbarkeit der staatlichen Beherrschung einer Stiftung, *Weitemeyer*, Rechtsgutachten zu Auflösungsmöglichkeiten der „Stiftung Klima- und Umweltschutz MV", S. 38 f.

190 BVerfG, Beschl. v. 31.10.1984 – 1 BvR 35/82, BVerfGE 68, 193, juris Rn. 39.

191 *Hüttemann/Rawert* in Staudinger-BGB, Vor §§ 80–88, Rn. 50; *Weitemeyer* nimmt i.E. zwar auch einen Grundrechtsschutz der Stiftung an, jedoch im Wege der Durchgrifftheorie als Fortwirkung einer Grundrechtsausübung des Stifters *Weitemeyer* in MüKo-BGB, § 80, Rn. 67.

192 Vgl. *Hof* in v. Campenhausen/Richter, § 4, Rn. 91.

193 Siehe zur Definition oben S. 38.

194 *Remmert* in Dürig/Herzog/Scholz-GG, Art. 19, Rn. 29.

195 *Schmidt-Aßmann* in Dürig/Herzog/Scholz-GG, Art. 19, Rn. 40.

Das Bundesverfassungsgericht hat jedoch die Anwendbarkeit des Art. 6 GG in einer Entscheidung von 1962 in einem *obiter dictum* auf natürliche Personen beschränkt.[196] Dieser Feststellung hat sich im Wesentlichen auch die Literatur angeschlossen.[197] Gegen diese pauschalisierende Ablehnung der Anwendung des Art. 6 GG wenden sich u.a. *Leisner* und *Hof*.[198] Auf den ersten Blick lässt sich in der Tat bezweifeln, dass die Rechtsprechung des Verfassungsgerichts ohne Weiteres auf Familienstiftungen übertragbar ist. Denn soweit der allgemeinen Systematik der Grundrechte gefolgt wird, können auch juristische Personen, die selbst nicht den Kernbestand eines Freiheitsrechts wahrnehmen, durch eine Tätigkeit zugunsten desselben einen Grundrechtsschutz nach Art. 19 Abs. 3 GG erhalten.[199] Damit Familienstiftungen beziehungsweise ihre Tätigkeit in den Schutzbereich des Art. 6 GG fallen, müsste Art. 6 GG jedoch überhaupt anwendbar sein.

Im Rahmen von Art. 6 GG ist der sachliche Schutzbereich freilich sehr eng definiert: Durch Art. 6 GG sollen die Ehe und Familie als „Lebensform“[200] vor staatlicher Einflussnahme geschützt werden.[201] Der Schutz der Ehe erstreckt sich dabei konkret auf die Freiheit, die Ehe zu schließen und das Zusammenleben in der Ehe zu gestalten.[202] Der Schutz der Familie umfasst hingegen einen „Anspruch gegen störende Einmischungen des Staates“ in die Familie als „engste Sozialbindung“.[203] Der persönliche Charakter des Zusammenlebens von Menschen und die Anknüpfung an das Zusammenleben sind somit entscheidende Voraussetzungen für die Eröffnung des Schutzbereichs.

Die Stiftung kann jedoch selbst nie eine solche Form des Zusammenlebens darstellen, sondern nur die Menschen in ihrer Ehe oder Familie unterstützen. Entsprechend kommt es darauf an, ob sie eine unterstützende Tätigkeit ausführt,

---

196 BVerfG, Urt. v. 24.1.1962 – 1 BvL 32/57, BVerfGE 13, 290.

197 *Badura* in Dürig/Herzog/Scholz-GG, Art. 6, Rn. 13; *Uhle* in BeckOK-GG, Art. 6, Rn. 21; aus einer stiftungsrechtlichen Perspektive *Hüttemann/Rawert* in Staudinger-BGB, Vor §§ 80–88, Rn. 53; *Jakob/Uhl* in BeckOGK, § 80 BGB, Rn. 102; *Schulte*, Staat und Stiftung, S. 55 f.; *Werner/Saenger*, Stiftung, S. 18.

198 *Hof* in v. Campenhausen/Richter, § 4, Rn. 192; *Leisner*, StiftRspr II, S. 103; *Leisner*, StiftRspr III, S. 165; ebenso eine Schutzwürdigkeit annehmend, *Stumpf* in Richter-StiftR, § 2, Rn. 64.

199 Siehe oben, S. 68.

200 *Badura* in Dürig/Herzog/Scholz-GG, Art. 6, Rn. 2.

201 *Ipsen* in HStR Bd. VII, § 154, Rn. 73 ff.

202 *Ipsen* in HStR Bd. VII, § 154, Rn. 6.

203 Jeweils *Ipsen* in HStR Bd. VII, § 154, Rn. 73.

die in den Schutzbereich des Art. 6 GG fällt. Dafür muss die unterstützende Leistung einen eigenen Beitrag zur Verwirklichung des Grundrechts leisten. Dabei sind grundsätzlich verschiedenste Arten der Unterstützung vorstellbar. Die typische Familienstiftung, deren Aufgabe sich regelmäßig auf die Verwaltung des Stiftungsvermögens und die Verteilung der Erträge an die Mitglieder der begünstigten Familie beschränkt, leistet typischerweise eine rein finanzielle Unterstützung.[204] Damit erleichtert die Familienstiftung zwar das Zusammenleben der Mitglieder einer Familie, da dieser Beitrag aber rein finanziell bleibt und nicht inhaltlich das soziale Gefüge der Familie ermöglicht oder verstärkt, fehlt es an einer eigenen Grundrechtsbetätigung.[205]

Indem der sachliche Schutzbereich des Art. 6 GG demnach regelmäßig bei Familienstiftungen nicht eröffnet ist, kann die Frage nach der persönlichen Grundrechtsträgerschaft dahinstehen.[206] Familienstiftungen können sich daher nicht auf Art. 6 GG berufen.

c. Zwischenfazit

Im Ergebnis lässt sich feststellen, dass sich sowohl der Stifter bei der Stiftungserrichtung als auch die einmal bestehende Stiftung nur auf den allgemeinen Gleichbehandlungsgrundsatz nach Art. 3 Abs. 1 GG, die Rechtsweggarantie im Sinne von Art. 19 Abs. 4 GG sowie den Schutz des Eigentums nach Art. 14 GG und die allgemeine Handlungsfreiheit berufen können. Da dem Stifter insgesamt – jedenfalls in Bezug auf privatnützige Stiftungen – kein grundrechtlich geschützter Anspruch auf das Rechtsinstitut der Stiftung zusteht, ist er in diesen vier Grundrechten jeweils auf diejenigen Handlungsformen verwiesen, die ihm der Gesetzgeber zur Verfügung stellt. Gleiches gilt für die einmal errichtete Familienstiftung, die nicht dem besonderen Schutz des Art. 6 GG unterliegt. Dieser Schluss hat weitreichende Konsequenzen. Mit wenigen Ausnahmen, wie etwa Kompetenzstreitigkeiten zwischen Bund und Ländern, richtet sich die Auswertung des Stiftungsrechts rein nach den einfach gesetzlichen Regelungen. Werden etwa bestimmte Stiftungszwecke im Gesetz für unzulässig befunden,

---

204 Vgl. *Hof* in v. Campenhausen/Richter, § 4, Rn. 192 f.

205 *Hof* lehnt die Anwendbarkeit von Art. 6 GG grundsätzlich ab, solange die Stiftung nicht überwiegend engeren familienbezogenen Zwecken dient, die nicht vermögensbezogen sind, *Hof* in v. Campenhausen/Richter, § 4, Rn. 192. Ebenso *Schulte*, Staat und Stiftung, S. 55.

206 Wenngleich eine Anwendbarkeit dem Wesen nach wohl auch abzulehnen wäre, wenn der sachliche Schutzbereich nie eröffnet sein kann.

kann sich der Stifter im Regelfall nicht auf seine Grundrechte berufen. Allein bei einer Gesetzesänderung kann sich für die einmal errichtete Stiftung die Frage stellen, ob die Gesetzesänderung faktisch zu einer Enteignung führt oder eine ausgleichspflichtige Inhalts- und Schrankenbestimmung darstellt.

Da sowohl Stifter als auch Stiftung einen gewissen Grundrechtsschutz, insbesondere den der allgemeinen Handlungsfreiheit, genießen, führt dieses Ergebnis jedoch in keinem Fall dazu, dass der Gesetzgeber von den rechtsstaatlichen Bestimmtheitsanforderungen entbunden ist.[207] Danach muss eine Vorschrift „[...] nach Inhalt, Gegenstand, Zweck und Ausmaß hinreichend bestimmt und begrenzt sein", so dass ihre Folgen für den „Staatsbürger voraussehbar und berechenbar" sind.[208] Eröffnet der Gesetzgeber dem Bürger mit einer Norm einen Handlungsspielraum, kann dieser zwar im Gesetz eingeschränkt werden. Jedoch verstößt eine faktische Einschränkung bei der behördlichen Rechtsanwendung, die nicht zumindest ansatzweise im Gesetz konkretisiert ist, gegen das Bestimmtheitsgebot. Bezogen auf den Stifter und die Stiftung bedeutet dies, dass Einschränkungen bei der Stiftungserrichtung, etwa beim Stiftungszweck, hinreichend bestimmt und begrenzt sowie für den Betroffenen voraussehbar und berechenbar sein müssen.

2. *Stiftung und Grundrechte in Liechtenstein*

Wenngleich die behördliche Teilhabe an der Errichtung und Aufsicht der Stiftung in Liechtenstein nur in einem geringeren Maße als in Deutschland stattfindet, wird auch in Liechtenstein gelegentlich das Verhältnis zum Staat relevant. Neben der Möglichkeit der Auflösung der Stiftung durch die Behörden sind die Grundrechte insbesondere bei der Auslegung unbestimmter Rechtsbegriffe ein entscheidender Maßstab, weswegen sie im Folgenden komprimiert dargestellt werden.

Liechtenstein ist nach Art. 2 S. 1 der liechtensteinischen Verfassung (LV) eine konstitutionelle Erbmonarchie auf demokratischer und parlamentarischer Grundlage.[209] Sowohl der Fürst als auch das Volk sind als Träger der Staatsgewalt anerkannt und beide an die Verfassung gebunden,

---

207 Zum Bestimmtheitsgebot ausführlich *Grzeszick* in Dürig/Herzog/Scholz-GG, Art. 20 VII, Rn. 58 ff.

208 Dazu jeweils BVerfG, Beschl. v. 10.10.1961 – 2 BvL 1/59, BVerfGE 13, 153, juris Rn. 21; außerdem *Grzeszick* in Dürig/Herzog/Scholz-GG, Art. 20 VII, Rn. 58.

209 Verfassung des Fürstentums Liechtenstein vom 5. Oktober 1921, LGBl. 1921 Nr. 15.

Art. 2 S. 2 LV.[210] Die einzelnen Grundrechte sind in den Art. 27bis LV ff.[211] geregelt und beinhalten neben einer Abwehrfunktion auch subjektive Ansprüche des Bürgers.[212] Die Entwicklung der liechtensteinischen Verfassungsauslegung und die Dimensionen der einzelnen Grundrechte orientieren sich explizit an der Rechtsprechung der Verfassungsgerichte der Nachbarstaaten.[213] Insofern wird die Rechtsprechung des deutschen Bundesverfassungsgerichts zum Teil direkt bei der Auslegung der Grundrechte berücksichtigt.[214]

a. Grundrechte des Stifters

Soweit ersichtlich wird im liechtensteinischen Recht keine mit dem deutschen Recht vergleichbare Debatte um ein Grundrecht des Stifters auf die Errichtung der Stiftung und die Grundrechte der Stiftung selbst geführt. *Bösch* leitet ein Recht natürlicher Personen auf die Errichtung einer Stiftung aus der in Art. 10 Abs. 1 PGR[215] – und damit nicht auf der Verfassungsebene – geregelten Handlungsfreiheit ab.[216] Aus dem Wortlaut des Art. 10 Abs. 1 PGR und der Aussage *Böschs* lässt sich jedoch nicht ableiten, ob dem Stifter in Liechtenstein – wie in Deutschland – nur das Recht zusteht, innerhalb des von der Zivilrechtsordnung festgelegten Rahmens zu handeln, oder ob ihm darüber hinaus ein originäres, von dieser Ordnung unabhängiges Recht zusteht, eine Stiftung zu errichten.

Eine Herleitung eines originären Rechts auf die Errichtung einer Stiftung aus den Spezialgrundrechten kann theoretisch auch in Liechtenstein in Betracht gezogen werden, da auch dort die Grundrechte subjektive Ansprüche begründen können.[217] Dabei erachtet das liechtensteinische Recht die Freiheit des

---

210 Vgl. ausführlich zur Geschichte der liechtensteinischen Verfassung und der Teilhabe des Volkes an der Staatsgewalt *Kley* in Grundrechtspraxis, Geschichtliche Entwicklung, Rn. 21 ff.

211 Die Art. 27bis und Art. 27ter wurden im Jahre 2005 nachträglich eingefügt, die Schreibweise entspricht der liechtensteinischen Gesetzesfassung, *Kley* in Grundrechtspraxis, Geschichtliche Entwicklung, Rn. 25.

212 *Kley* in Grundrechtspraxis, Geschichtliche Entwicklung, Rn. 34 f.

213 *Kley* in Grundrechtspraxis, Geschichtliche Entwicklung, Rn. 25.

214 Vgl. etwa zur Auslegung des allgemeinen Gleichheitssatzes, StGH, Urt. v. 14.5.2013 – StGH 2012/193, Rn. 3.3.

215 Dieser lautet: „Wer handlungsfähig ist, hat die Fähigkeit, durch seine Handlungen oder Unterlassungen privatrechtliche Rechte und Pflichten zu begründen, zu ändern, aufzuheben oder zu übertragen."

216 *Bösch*, Liechtensteinisches StiftR, S. 607.

217 *Kley* in Grundrechtspraxis, Geschichtliche Entwicklung, Rn. 34 f.

Eigentums allerdings in erster Linie als Eigentumsgarantie, gepaart mit dem Recht, Eigentum zu erwerben.[218] Geschützt sind damit, wie auch in Deutschland, nur die Wesenszüge des Eigentums im Rahmen einer Institutsgarantie. Konkret auf die Errichtung einer Stiftung bezogen bedeutet dies, dass zwar die grundsätzliche Möglichkeit über das Eigentum zu verfügen geschützt ist, nicht jedoch, dass jegliche Verfügungsart geschützt ist, sondern nur solche Verfügungen, die sich im Rahmen der Rechtsordnung halten. Es ist wiederum kein Grund ersichtlich, warum das Fehlen der Möglichkeit, eine Stiftung zu errichten, die Institutsgarantie des Eigentums verletzen sollte. Die einzig zwingende Notwendigkeit für die Rechtsform Stiftung – eine über den Tod hinausgehende Grundrechtsfähigkeit – wird in Liechtenstein in Anlehnung an die deutsche Verfassungsrechtsprechung abgelehnt.[219] Nach dem Tod wird der natürlichen Person grundsätzlich nur ein postmortales Persönlichkeitsrecht zuerkannt, für welches auf Deutschland verwiesen wird.[220] Im Rahmen dieses Verweises ist davon auszugehen, dass auch in Liechtenstein nur der Kernbereich der Menschenwürde nach dem Tod zu schützen ist und nicht die Grundrechtsausübung nach dem Tod ermöglicht werden soll. Für eine auf die Ewigkeit gerichtete Grundrechtsausübung, welche gegebenenfalls nur durch die Stiftung als ewiges Mittel erreicht werden kann, besteht daher auch in Liechtenstein kein verfassungsrechtlich gebotener Bedarf.

Da es in Liechtenstein an einem expliziten verfassungsrechtlichen Schutz der Familie und des Erbens fehlt, kann ein Recht auf Stiftung auch nicht aufgrund dieser Grundrechte als zwingend erachtet werden.

Eine verfassungsrechtlich geregelte allgemeine Handlungsfreiheit ähnlich dem Art. 2 Abs. 1 GG gibt es in Liechtenstein nicht. Die in Art. 32 Abs. 1 LV geregelte Freiheit der Person meint zwar nicht nur die Freiheit in ihrer räumlichen Bedeutung, also im Sinne eines Schutzrechts vor Freiheitsberaubung durch den Staat, sondern gilt zudem – in Anlehnung an die Rechtsprechung des schweizerischen Bundesgerichts – auch als Auffanggrundrecht für die „elementaren Erscheinungsformen der Persönlichkeitsentfaltung".[221] Im Gegensatz zum deutschen Recht ist der Schutzbereich damit enger und auf den Kernbereich der Persönlichkeitsentfaltung beschränkt.[222] Soweit aber eine zwingende

---

218 *Vallender/Vogt* in Grundrechtspraxis, Art. 34, Rn. 36 ff. sowie Rn. 48.
219 *Höfling* in Grundrechtspraxis, Träger der Grundrechte, Rn. 9.
220 *Höfling* in Grundrechtspraxis, Träger der Grundrechte, Rn. 9.
221 StGH, Urt. v. 22.2.1999 – StGH 1998/47, LES 2001, 73, Rn. 2.1; *Beck/Kley* in Grundrechtspraxis, Art. 32, Rn. 7 mit Verweis auf Art. 8 EMRK und m.w.N.
222 M.w.N.*Beck/Kley* in Grundrechtspraxis, Art. 32, Rn. 7.

Notwendigkeit der Stiftung für die Grundrechtsausübung im Rahmen der speziellen Grundrechte verneint wird, ist eine solche jedenfalls nicht als Kernbestand der Persönlichkeitsentfaltung anzusehen. Es verbleibt somit nur die einfachgesetzliche Handlungsfreiheit im Sinne des Art. 10 Abs. 1 PGR.

Dem Stifter steht im Ergebnis also auch in Liechtenstein kein Grundrecht auf Stiftung zu. Er ist stattdessen nur im Rahmen der Ausübung seiner einfachgesetzlichen Privatautonomie geschützt.[223]

b. *Grundrechte der Stiftung*

Dem liechtensteinischen Verfassungsrecht fehlt es an einer dem Art. 19 Abs. 3 GG entsprechenden Regelung. Gleichwohl genießen auch juristische Personen verfassungsrechtlichen Schutz. Dabei kommt es jedoch in besonderem Maße auf die dogmatische Begründung des Schutzes an. Grundsätzlich können die Überlegungen auch in Liechtenstein mit dem Durchgriff, also der Fernwirkung der Grundrechte der hinter der juristischen Person stehenden natürlichen Personen, beginnen.[224] Die auf deutscher Seite geführte Argumentation zu einem – unabhängig von einem Durchgriff geltenden – zwingenden Schutz durch Art. 19 Abs. 3 GG ist aufgrund des Fehlens einer entsprechenden Regelung jedoch nicht anwendbar.

Dennoch haben sowohl die Schweiz als auch Österreich und in der Folge auch Liechtenstein eine dem deutschen Vorbild der Regelung in Art. 19 Abs. 3 GG entsprechende Dogmatik entwickelt, nach der die wesensgemäße Anwendbarkeit des Grundrechts auf die juristische Person genügt.[225] Danach muss im Einzelfall geprüft werden, ob das entsprechende Grundrecht seinem Wesen nach nicht nur auf natürliche Personen, sondern auch auf juristische Personen anwendbar ist.[226] Wie in Deutschland wird insbesondere für die Eigentumsgarantie nach herrschender Ansicht eine wesensgemäße Anwendbarkeit angenommen, da auch die Stiftung Eigentümerin und in dieser Position gefährdet sein kann.[227]

---

223 *Bösch*, Liechtensteinisches StiftR, S. 607.

224 *Höfling* in Grundrechtspraxis, Träger der Grundrechte, Rn. 22 m.w.N.

225 St. Rspr. StGH, Urt. v. 22.2.1999 – StGH 1998/47, LES 2001, 73, Rn. 2.1 m.w.N.; *Höfling* in Grundrechtspraxis, Träger der Grundrechte, Rn. 23 f. m.w.N.

226 StGH, Urt. v. 22.2.1999 – StGH 1998/47, LES 2001, 73, Rn. 2.1.

227 *Vallender/Vogt* in Grundrechtspraxis, Art. 34, Rn. 29 m.w.N.

IV. Fazit

Die Hintergründe und wesentlichen Grundlagen für das deutsche und das liechtensteinische Stiftungsrecht unterscheiden sich nur in wenigen Punkten. Beiden Rechtsordnungen ist eine ähnliche verfassungsrechtliche Betrachtung gemein, nach der dem Stifter kein explizites Grundrecht auf die Errichtung der Stiftung zusteht. Dennoch ist der Stifter frei darin, im Rahmen der bestehenden Rechtsordnung eine Stiftung zu errichten, und er ist bei der Errichtung ebenjener durch die Grundrechte geschützt. Ebenso genießt die Stiftung in beiden Rechtsordnungen als juristische Person einen eigenen Grundrechtsschutz, durch den sie in ihrem Bestand und in ihrer Tätigkeit abgesichert ist.

Bezogen auf die Entwicklung des Stiftungsrechts haben beide Rechtsordnungen eine lange Tradition der Privatstiftung. Auf deutscher Seite war die Zulässigkeit von Privat-, insbesondere von Familienstiftungen, nicht immer unumstritten.[228] Nachdem sich dieser Streit seit der Stiftungsrechtsreform 2002 zumindest auf Gesetzesebene erledigt hat,[229] sind Familienstiftungen in beiden Rechtsordnungen grundsätzlich zulässig. In Liechtenstein hat sich eine Tradition einer besonders stark ausgeprägten Privatautonomie des Stifters bei der Errichtung der Stiftung gebildet. Als wesentliche Folge der umfangreichen Gestaltungsmöglichkeiten wurden zahlreiche Wege geschaffen, über die Einfluss auf die einmal errichtete Stiftung ausgeübt werden kann. Diese, auch durch die Reform von 2008 kaum beeinträchtigten, Einflussmöglichkeiten und ihre Folgen sind – neben dem Ruf Liechtensteins als Steueroase – der Hauptgrund für die Bedenken gegenüber liechtensteinischen Stiftungen. Denn die noch näher darzustellende abschirmende Wirkung der Stiftung gegenüber Gläubigern und Pflichtteilsberechtigten ruft vor allem dann Bedenken hervor, wenn der Stifter oder die Destinatäre weiterhin Einfluss auf das Stiftungsvermögen nehmen könnten. Diese Bedenken gegenüber vielfältigen Ausgestaltungsmöglichkeiten zeigen sich besonders deutlich, wenn vor einer „Verliechtensteinisierung“ gewarnt wird.[230] Im Folgenden wird daher untersucht, inwieweit diese

228 *Hof* in v. Campenhausen/Richter, § 4, Rn. 4 m.w.N.; vgl. auch allgemein *Stumpf* in Richter-StiftR, § 2, Rn. 18.

229 Siehe dazu oben S. 44 f.

230 So wörtlich im Rahmen von Reformüberlegungen in der Schweiz *Riemer* in Stiftungsrecht in Europa, Schweiz, S. 518; ebenfalls kritisch in der Schweiz *Studen* in Stiftung und Familie, Die Familienstiftung und der gesellschaftliche Wertekanon, S. 92 ff.; sowie in Deutschland *Weitemeyer* in MüKo-BGB, § 80, Rn. 182.

Einflussmöglichkeiten noch bestehen und in welchem Umfang Stiftungen in Deutschland beeinflusst werden können.

B. Stiftung des privaten Rechts

In Deutschland ist eine Stiftung des privaten Rechts eine nicht in einem Personenverband bestehende, selbstständige juristische Person, welche in einem Stiftungsgeschäft durch den Errichter festgelegte Zwecke mit Hilfe eines diesen Zwecken gewidmeten Vermögens dauerhaft verfolgt.[231] Nachdem es lange an einer Legaldefinition durch den Gesetzgeber gefehlt hatte, wird die Stiftung nach der Reform in § 80 Abs. 1 S. 1 BGB-Neu als „eine mit einem Vermögen zur dauernden und nachhaltigen Erfüllung eines vom Stifter vorgegebenen Zwecks ausgestattete, mitgliederlose juristische Person" definiert.[232] Die Reform hat damit letztlich die in der Literatur verwendete Stiftungsdefinition kodifiziert,[233] deren einzelne Voraussetzungen bisher auch in der Zusammenschau der §§ 80 ff. BGB und vor allem in den Anforderungen an das Stiftungsgeschäft, § 81 Abs. 1 S. 3 BGB, zu finden waren. Mithilfe dieser Definition kann die Stiftung zum einen sowohl von den unselbstständigen Stiftungen als auch den Körperschaften abgegrenzt werden.[234] Zum anderen unterscheidet sie das privatrechtliche Stiftungsgeschäft eindeutig von solchen rechtsfähigen Stiftungen des öffentlichen Rechts, welche durch Gesetz oder Verwaltungsakt errichtet werden.[235] Zudem enthält sie die drei wesentlichen Bestandteile des Stiftungsbegriffs: den Stiftungszweck, das Stiftungsvermögen und die Stiftungsorganisation.[236]

---

231 BVerwG, Urt. v. 12.2.1998 – 3 C 55/96, BVerwGE 106, 177, 2546; BayObLG, Beschl. v. 25.10.1972 – BReg 2 Z 56/72, BayObLGZ 1972, 340, 342; *Hüttemann/Rawert* in Staudinger-BGB, Vor §§ 80–88, Rn. 1 m.w.N.; *Weitemeyer* in MüKo-BGB, § 80, Rn. 1 m.w.N.

232 BGBl. I 2021, 2947.

233 Wenn auch der Wortlaut der Definition es nicht vermuten lässt, zeigt die Gesetzesbegründung doch, dass sich der Gesetzgeber teilweise ein Abweichen von der bisherigen Definition vorgestellt hat und nunmehr Stiftungen, die für die Erfüllung ihres Zwecks kein Vermögen benötigen, insbesondere im Fall der Übernahme der Komplementärstellung in einer Stiftung und Co. KG, nicht mehr zulässig sein sollen. BT-Drucks. 19/28173, S. 46; *Hüttemann/Rawert* in ZIP 2021, 3, 5; kritisch *Burgard* in npoR 2021, 1, 1 f.

234 *Hüttemann/Rawert* in Staudinger-BGB, Vor §§ 80–88, Rn. 2.

235 *Hüttemann/Rawert* in Staudinger-BGB, Vor §§ 80–88, Rn. 408.

236 *Rawert* in Stiftungsrecht in Europa, Stiftungsbegriff, S. 115.

Das neue liechtensteinische PGR erhielt im Gegensatz zum deutschen Recht bereits im Rahmen der letzten Reform eine Legaldefinition für privatrechtliche Stiftungen. Eine Stiftung ist gemäß Art. 552 § 1 Abs. 1 S. 1 PGR „ein rechtlich und wirtschaftlich verselbstständigtes Zweckvermögen, welches als Verbandsperson (juristische Person) durch die einseitige Willenserklärung des Stifters errichtet wird". In Art. 552 § 1 Abs. 1 S. 2 PGR ist außerdem geregelt, dass der Stifter das bestimmt bezeichnete Stiftungsvermögen widmet und den unmittelbar nach außen gerichteten, bestimmt bezeichneten Stiftungszweck sowie Begünstigte festlegt. Damit folgt die Neufassung des PGR der bis dahin in der Rechtspraxis üblichen Definition.[237] Der Gesetzeswortlaut legt mit dem Stiftungszweck sowie dem Stiftungsvermögen bereits die ersten beiden zwingenden Merkmale einer Stiftung fest. Ein weiteres, nicht direkt genanntes, jedoch auch im Wortlaut angelegtes Merkmal ist die Stiftungsorganisation, welche ihren Ausdruck in der Einrichtung einer „Verbandsperson" findet.

Werden also die grundlegenden Merkmale einer Stiftung im deutschen und liechtensteinischen Recht betrachtet, gibt es auf den ersten Blick große Überschneidungen. In beiden Rechtsordnungen sind die wesentlichen Attribute einer Stiftung der Stiftungszweck, das Stiftungsvermögen sowie die Stiftungsorganisation. Diese Erkenntnis überrascht jedoch nicht, da eine Stiftung ohne Zweck keine Stiftung sein könnte und es in keiner der Rechtsordnungen eine Möglichkeit gäbe, sie von einem bloßen Vermögen abzugrenzen. Ebenfalls bedarf es eines Vermögens, da sonst der Anlass für eine Verselbstständigung fehlte. Zudem ist bei einer selbstständigen juristischen Person eine gewisse organisatorische Verfestigung zwingend notwendig, damit die Selbstständigkeit durch handlungsfähige Organe wahrgenommen werden kann. Liegen diese Voraussetzungen vor, kann die Stiftung zur juristischen Person werden. Dies zieht insbesondere die Konsequenz mit sich, dass sie nach dem sog. Trennungsprinzip getrennt von dem Stifter, ihren Organen und den Begünstigten eine eigene Rechtspersönlichkeit erhält und damit auch Eigentümerin von Vermögen werden kann.[238]

---

237 *Jakob*, Liechtensteinische Stiftung, Rn. 35 zu Recht weist *Jakob* darauf hin, dass die eigentliche Definition in S. 1 durch die Ausführungen zu den Pflichten des Stifters verwässert wird; zu der vormals üblichen Definition *Müller/Bösch* in Int. Handb. StiftR, Liechtenstein, S. 1070, allerdings war diese Definition laut *Müller/Bösch* bereits im Gesetz angelegt, da die einzelnen Merkmale des heutigen Stiftungsbegriffs bereits als *essentialia negotii* für die Stiftungsgründung erforderlich waren.

238 Exemplarisch zum Trennungsprinzip je m.w.N., BGH, Urt. v. 8.7.1970 – VIII ZR 28/69, BGHZ 54, 222, juris Rn. 10; BGH, Urt. v. 5.11.1980 – VIII ZR 230/79, BGHZ 78, 335, juris Rn. 51; *Bachmann* in Großkomm-AktienR, § 1, Rn. 16 ff.

Die drei Voraussetzungen – der Stiftungszweck, das Stiftungsvermögen sowie die Stiftungsorganisation – bestehen damit in beiden Rechtsordnungen und werden im Folgenden daraufhin untersucht, ob sie dem Stifter, den Destinatären oder Dritten die Einflussnahme auf die Stiftung ermöglichen können. Der Vergleich der Rechtsordnungen wird zeigen, inwieweit diesbezüglich Unterschiede oder Gemeinsamkeiten bestehen.

I. Stiftungszweck

Der Stiftungszweck stellt die wichtigste der drei Komponenten der Stiftung dar. Die besondere Relevanz zeigt sich vor allem darin, dass auch Regelungen außerhalb des Stiftungszivilrechts, insbesondere des Stiftungssteuerrechts sowie des Aufsichtsrechts, von dem Zweck der Stiftung abhängen. Soweit es sich um zulässige Zwecke handelt, liegt der zivilrechtliche Fokus im Regelfall auf der Abgrenzung zwischen gemeinnützigen und privatnützigen Stiftungen.

1. Deutschland

In Deutschland wird die gemeinwohlkonforme Allzweckstiftung nach der gesetzgeberischen Konzeption als Leitbild angesehen.[239] Gemeinwohlkonformität ist jedoch keineswegs als Erfordernis eines gemeinnützigen Zwecks zu verstehen. Stattdessen beschreibt gemeinwohlkonform nur die Voraussetzung, dass ein Stiftungszweck nicht das Gemeinwohl gefährden darf (§ 80 Abs. 2 BGB). Entsprechend sind auf zivilrechtlicher Ebene sowohl gemeinnützige als auch privatnützige Zwecke zulässig. Neben der Einschränkung von Zwecken, die das Allgemeinwohl gefährden (§ 80 Abs. 2 BGB), sieht das Gesetz nur Beschränkungen bei kurzfristigen (§ 80 Abs. 2 BGB) oder unmöglichen Zwecken (§ 87 Abs. 1 BGB) vor. Da das Gesetz somit keine weiteren Beschränkungen für den Zweck festlegt – obwohl dem Gesetzgeber bei der Stiftungsrechtsreform 2002 auch Gesetzesentwürfe zur Verfügung standen, welche Beschränkungen bei möglichen Stiftungszwecken forderten – wird der Wille des Gesetzgebers so gedeutet, dass neben gemeinnützigen auch privatnützige Stiftungen im Wesentlichen unbeschränkt zulässig seien.[240]

---

239 BT-Drucks. 14/8765, S. 9; *Hüttemann/Rawert* in Staudinger-BGB, Vor §§ 80–88, Rn. 7 m.w.N.

240 *Burgard*, Gestaltungsfreiheit, S. 117 ff.; vgl. auch *Hof* in v. Campenhausen/Richter, § 4, Rn. 4; *Schwarz* in ZEV 2003, 306, 310.

Die Neufassung des § 82 S. 1 BGB-Neu, nach der nicht nur der Stiftungszweck, sondern die Stiftung selbst das Gemeinwohl nicht gefährden darf, führt insoweit zu keiner Änderung. Denn sie lässt die Einschränkungen hinsichtlich des Zwecks unberührt und soll letztlich verhindern, dass Stiftungen anerkannt werden, die zwar keinen gemeinwohlgefährdenden Zweck haben, deren Tätigkeit aber voraussichtlich zu einer Gemeinwohlgefährdung führen wird.[241]

Zu den privatnützigen Zwecken gehört unter anderem die Unterstützung von Privatpersonen. Werden konkret die Angehörigen des Stifters begünstigt, handelt es sich um eine Familienstiftung. Als solche wird im Zivilrecht in Anlehnung an Art. 1 § 1 Preußisches Ausführungsgesetz zum Bürgerlichen Gesetzbuch (PrAGBGB) jede Stiftung betrachtet, welche ausschließlich oder überwiegend im Interesse einer Familie oder bestimmter Familien errichtet worden ist.[242] Das Interesse der Stiftung definiert sich im Regelfall wirtschaftlich, wobei auch in Ausnahmefällen auf ideelle Interessen abgestellt werden kann, wenn die Stiftung beispielsweise philanthropische Traditionen der Familie weiterverfolgen soll.[243]

Im Steuerrecht wird in § 1 Abs. 1 Nr. 4 ErbStG an diese weite Definition angeknüpft. Zusätzlich wird in § 15 Abs. 2 AStG aber auch eine – engere – Legaldefinition der Familienstiftung geboten, nach der eine Familienstiftung dann vorliegt, wenn „der Stifter, seine Angehörigen und deren Abkömmlinge zu mehr als der Hälfte bezugsberechtigt oder anfallsberechtigt sind". Diese Definition entfaltet ihre Wirkung jedoch grundsätzlich nur im Außensteuerrecht, da sie vorrangig der Kapitalflucht ins Ausland und bestimmten Steuervermeidungsfällen vorbeugen soll.[244] Sie lässt sich daher nicht auf die zivilrechtliche Ebene übertragen.

Spätestens seit der Reform des Stiftungsrechts im Jahr 2002 bestehen keine Zweifel mehr, dass die Familienstiftung generell zulässig ist.[245] Die Diskussion über Familienstiftungen wurde durch die „Neufassung" des Gesetzes indes nicht beendet und Beschränkungen der Zulässigkeit werden weiterhin gefordert.[246]

---

241 BT-Drucks. 19/28173, S. 51 f.; *Hüttemann/Rawert* in ZIP 2021, 3, 10.

242 Statt vieler *Hüttemann/Rawert* in Staudinger-BGB, Vor §§ 80–88, Rn. 258, die Regelung findet sich wortgleich zum preußischen Recht auch in § 1 Abs. 1 Nr. 4 ErbStG.

243 *Weitemeyer* in MüKo-BGB, § 80, Rn. 180.

244 Vgl. zum Zweck des § 15 AStG *Kraft* in Kraft-AStG, § 15, Rn. 43 ff.; *Rundshagen* in F/W/B/S-AStR, [Stand 2014] § 15, Rn. 1.

245 Statt vieler *Richter* in Richter-StiftR, § 11, Rn. 29 m.w.N.

246 *Hüttemann/Rawert* in Staudinger-BGB, Vor §§ 80–88, Rn. 264 ff.; *Weitemeyer* in MüKo-BGB, § 80, Rn. 181 ff.; *Dutta*, Warum Erbrecht passim; *Neumann*, Unterhaltsstiftung passim.

Im Zuge der Reform 2021 sprach sich die Bund-Länder-Arbeitsgruppe Stiftungsrecht 2016 gegen eine Beschränkung der möglichen Stiftungszwecke aus[247] und auch der Professorenentwurf zur Stiftungsrechtsreform[248] sah keine Einschränkungen im Hinblick auf Familienstiftungen vor. Entsprechend enthält die Reform 2021 auch keine Änderungen und es kann von einer prinzipiellen Zulässigkeit der Familienstiftung ausgegangen werden. Da die einzelnen Kritikpunkte an der Familienstiftung gleichwohl eng mit den Fragen des Einflusses auf die Stiftung verbunden sind, werden sie im Rahmen der besonderen Stiftungszwecke noch genauer untersucht.[249]

a. Gemeinwohlvorbehalt

Gemäß § 80 Abs. 2 S. 1 BGB darf der Stiftungszweck das Gemeinwohl nicht gefährden. An einer Definition des Gemeinwohls fehlt es zwar im Gesetzestext, der Gesetzgeber hat in der Gesetzesbegründung jedoch auf ein Urteil des BVerwG zur „Republikaner Stiftung" verwiesen.[250] Demnach liegt eine Gemeinwohlgefährdung vor, „wenn es hinreichend wahrscheinlich sei, dass die Genehmigung der Stiftung und damit die Verfolgung des Stiftungszwecks zu einer Beeinträchtigung von Rechten oder Rechtsgütern führen würde, die unter dem Schutz der Verfassung stehen".[251] „Das ist der Fall, wenn eine auf Tatsachen gestützte, nicht bloß entfernte Möglichkeit der Rechtsgutbeeinträchtigung besteht."[252] In den Worten des Gesetzgebers bedeutet dies, „dass auch schon solche Stiftungszwecke, die sich an der Grenze der Rechtswidrigkeit bewegen und diese jederzeit überschreiten können, der Anerkennung der Stiftung als rechtsfähig entgegenstehen können."[253] Diese Formulierung eröffnet der Verwaltung einen sehr weiten Beurteilungsspielraum. Während das BVerwG davon ausgeht, dass dieser Spielraum mit dem Bestimmtheitsgebot aus Art. 20 Abs. 3 GG

---

247 Bericht der Bund-Länder-Arbeitsgruppe Stiftungsrecht 2016, S. 14.

248 Vgl. den Entwurf *Arnold*, et al. in ZIP, Sonderheft, Beilage zu Heft 10, S. 3, 3–5; vgl. zu offenen Fragen *Weitemeyer* in NZG 2020, 569, 580.

249 Dazu unten S. 378 ff.

250 BT-Drucks. 14/8277, S. 6; *Hüttemann/Rawert* in Staudinger-BGB, § 80, Rn. 37.

251 BVerwG, Urt. v. 12.2.1998 – 3 C 55/96, BVerwGE 106, 177 juris Rn. 28, der tatsächliche Wortlaut im Urteil und derjenige in der Gesetzesbegründung weisen leichte Formulierungsunterschiede auf.

252 Vorinstanz, OVG NRW, Urt. v. 8.12.1995 – 25 A 2431/94, NWVBl 1996, 181 juris Rn. 12.

253 BT-Drucks. 14/8765, S. 9.

vereinbar ist,[254] wird er in der Literatur sehr kritisch bewertet und teilweise für zu unbestimmt und damit verfassungswidrig erachtet.[255] Andere Stimmen fordern jedenfalls eine restriktive Auslegung.[256]

Wird die Norm systematisch betrachtet, ist *Hüttemann* und *Rawert* darin zuzustimmen, dass der Gemeinwohlvorbehalt nicht nur Fälle der Gesetzeswidrigkeit erfassen will. Dieser Schluss ergibt sich daraus, dass ein Stiftungsgeschäft mit einem Stiftungszweck, der selbst oder dessen Erfüllung einen Gesetzesverstoß bedeutet, ohnehin nach § 134 BGB nichtig ist.[257] Die Erfüllung des Stiftungszwecks wäre überdies rechtlich unmöglich und die Stiftung könnte ihren Zweck nie erfüllen. Für Fälle der Gesetzeswidrigkeit hätte es des Gemeinwohlvorbehalts also nicht bedurft[258] und dem Vorbehalt kommt insoweit kein eigener Anwendungsbereich zu.[259]

Vergleichbares gilt für einen Verstoß gegen die guten Sitten gemäß § 138 Abs. 1 BGB. Insofern wäre es auch im Rahmen des Urteils zur Republikaner Stiftung nicht erforderlich gewesen, den Gemeinwohlvorbehalt des § 4 Abs. 1 lit. a) StiftG NW a.F.[260] derart weit zu definieren. Sowohl das Oberverwaltungsgericht NRW[261] als auch das Bundesverwaltungsgericht[262] äußerten gravierende Bedenken, ob die zu genehmigende Stiftung mit dem Schutz der Menschenwürde und anderen Grundrechten in Einklang zu bringen wäre. Tatsächlich müsste eine Stiftung, deren Zweck die Menschenwürde oder andere Grundrechte missachtet, schon dem „Anstandsgefühl aller billig und gerecht Denkenden“[263] sowie den Grundprinzipien unserer Rechtsordnung[264]

254 BVerwG, Urt. v. 24.3.2021 – 6 C 4/20, RR 2021, 607, juris Rn. 28 ff.

255 *Muscheler* in NJW 2003, 3161, 3161 ff.

256 *Hüttemann/Rawert* in Staudinger-BGB, Vor §§ 80–88, Rn. 42; *Weitemeyer* in MüKo-BGB, § 80, Rn. 120 f. je m.w.N.

257 Zur Nichtigkeit in Fällen des § 134 BGB *Burgard*, Gestaltungsfreiheit, S. 126 f.; zur Anwendung des § 134 BGB auf Satzungen, wenn die Erfüllung gegen Gesetze verstoßen würde, KG Berlin, Beschl. v. 19.10.2011 – 25 W 73/11, Rpfleger 2012, 212, juris Rn. 20 ff.; *Armbrüster* in MüKo-BGB, § 134, Rn. 34.

258 *Hüttemann/Rawert* in Staudinger-BGB, § 80, Rn. 42; *Volkholz*, Privatautonomie, S. 118 ff.; *Muscheler* in NJW 2003, 3161, 3164.

259 Vgl. *Muscheler* in NJW 2003, 3161, 3162 f. den Gemeinwohlvorbehalt bei Aufhebung einer Stiftung auf Fälle der §§ 134, 138 BGB beschränkend auch *Weitemeyer* in MüKo-BGB, § 80, Rn. 45.

260 In der Fassung vom 21.6.1977.

261 OVG NRW, Urt. v. 8.12.1995 – 25 A 2431/94, NWVBl 1996, 181, juris Rn. 55 ff.

262 BVerwG, Urt. v. 12.2.1998 – 3 C 55/96, BVerwGE 106, 177, juris Rn. 30.

263 *Wendtland* in BeckOK-BGB, § 138, Rn. 16 f. m.w.N. insbesondere zur Rechtsprechung.

264 *Wendtland* in BeckOK-BGB, § 138, Rn. 18.

widersprechen und das Stiftungsgeschäft folglich aufgrund eines Verstoßes gegen die guten Sitten nach § 138 BGB nichtig sein.[265] Daher ist der Anwendungsbereich des Gemeinwohlvorbehalts auch außerhalb von Gesetzesverstößen aufgrund der Anwendung von § 138 BGB jedenfalls stark eingeschränkt.[266]

Ob der Gemeinwohlvorbehalt dennoch über einen eigenständigen Anwendungsbereich verfügt, wenn die Voraussetzungen der §§ 134, 138 BGB nicht erfüllt sind, ist umstritten. Denn nach der Gesetzesbegründung soll die Norm bereits bei einer „hinreichenden Wahrscheinlichkeit [...] einer Beeinträchtigung von Verfassungsrechtsgütern" einschlägig sein.[267] Dies wird in der Literatur als Verstoß gegen das Bestimmtheitsgebot und als unverhältnismäßiger Eingriff gewertet.[268] Das BVerwG hat die Norm jedoch als verfassungskonform erachtet,[269] und bei Familienstiftungen besteht weniger die Gefahr der Beeinträchtigung von Verfassungsrechtsgütern als von Verstößen gegen einfach gesetzliche Verbote oder die guten Sitten. Im Hinblick auf diese beiden Aspekte und die Tatsache, dass der Gemeinwohlvorbehalt nach der Reform 2021 in § 82 S. 1 BGB-Neu einen teilweise neuen Inhalt erhalten soll,[270] kann der Streit an dieser Stelle dahinstehen.

Nach der Reform 2021 orientiert sich der Gemeinwohlvorbehalt jedenfalls an dem polizeirechtlichen Gefahrenbegriff und greift danach bei Verstößen gegen Recht und Gesetz.[271] Wie von der Bund-Länder-Arbeitsgruppe Stiftungsrecht 2016 angestrebt,[272] wird der Vorbehalt neben dem Stiftungszweck in Zukunft zudem auf die Tätigkeit der Stiftung erstreckt, § 82 S. 1 BGB-Neu. Die Neufassung erleichtert jedoch vor allem die Arbeit der Behörden, da diese nun ohne Umwege eine Anerkennung der Stiftung verweigern können, wenn absehbar ist,

---

265 Für die Anwendung des § 138 BGB und dem Verhältnis zu den Grundrechten exemplarisch BVerfG, Beschl. v. 19.10.1993 – 1 BvR 567/89, BVerfGE 89, 214, juris Rn. 47 ff.

266 Vgl. *Muscheler* in NJW 2003, 3161, 3162 f. den Gemeinwohlvorbehalt bei Aufhebung einer Stiftung auf Fälle der §§ 134, 138 BGB beschränkend auch *Weitemeyer* in MüKo-BGB, § 80, Rn. 45.

267 BT-Drucks. 14/8765, S. 9.

268 *Hof* in v. Campenhausen/Richter, § 6, Rn. 326 ff.; *Hüttemann/Rawert* in Staudinger-BGB, § 80, Rn. 43; *Volkholz*, Privatautonomie, S. 206 f.

269 BVerwG, Urt. v. 24.3.2021 – 6 C 4/20, RR 2021, 607, juris Rn. 28.

270 BT-Drucks. 19/28173, S. 51.

271 BT-Drucks. 19/28173, S. 51; *Hüttemann/Rawert* in ZIP 2021, 3, 10; zu der Reform und den vorgesehenen Änderungen in Bezug auf den Gemeinwohlvorbehalt ausführlich, *Weitemeyer* in AcP 2017, 431, 456 ff.

272 Bericht der Bund-Länder-Arbeitsgruppe Stiftungsrecht 2016, S. 25 ff.

dass die Stiftung verfassungswidrige oder andere kriminelle Aktivitäten verfolgen wird.[273]

b. Besondere Anforderungen an den Stiftungszweck

Die grundlegenden Eigenschaften des Stiftungszwecks sind somit hinreichend umrissen. Überdies werden zwingende Anforderungen an die Stiftung im Kontext des Stiftungszwecks gestellt, auf die an dieser Stelle eingegangen wird.

aa. Möglichkeit der Erfüllung des Stiftungszwecks[274]

Die erste Voraussetzung ist, dass der Stiftungszweck erfüllbar sein muss. Dieser Voraussetzung kommt gerade im Hinblick auf mögliche externe Einflussnahmen noch die entscheidende Bedeutung hinzu, als dass die Stiftung zur Erfüllung ihres Zwecks über ein eigenes Vermögen verfügen können muss.[275] Die notwendige Erfüllbarkeit des Stiftungszwecks ergibt sich zum einen aus § 80 Abs. 2 S. 1 BGB, nach welchem die dauerhafte und nachhaltige Erfüllung des Stiftungszwecks gesichert erscheinen muss. Zum anderen aus einem Umkehrschluss zu § 87 BGB, nach dem die Stiftung bei Unmöglichkeit der Zweckerfüllung aufzulösen ist oder ihr Zweck zu ändern ist. Der Stiftungszweck darf damit nicht im Sinne des § 275 BGB tatsächlich oder rechtlich unmöglich sein. Die Fallgruppe der tatsächlichen Unmöglichkeit dürfte bei der Errichtung einer Stiftung jedoch nur selten relevant sein,[276] sondern müsste häufiger Fälle der Unmöglichkeit aufgrund einer Zweckerfüllung im Nachhinein betreffen und ist daher im Rahmen der Änderung des Stiftungszwecks zu behandeln. Auch Fälle der (anfänglichen) rechtlichen Unmöglichkeit[277] sollten nur in geringem Maße relevant sein, da Stiftungen, bei welchen die Erfüllung des Stiftungszwecks gegen geltendes Recht verstößt, bereits nicht anerkannt werden dürften.[278] Nach

---

273 Vgl. BT-Drucks. 19/28173, S. 51 f.

274 Im Rahmen des Stiftungszwecks ist nur auf die abstrakte Möglichkeit der Erfüllung einzugehen; zur konkreten Möglichkeit der Erfüllung durch das gewidmete Vermögen siehe S. 116 f.

275 Dazu unten S. 116 ff.

276 Etwa wenn das durch die Stiftung zu sanierende und zu fördernde Museum zwischen Antragstellung und Anerkennung abbrennt.

277 Vgl. zur rechtlichen Unmöglichkeit im Rahmen des § 275 BGB: *Riehm* in BeckOGK, § 275 BGB, Rn. 120 ff.

278 Vgl. dazu oben S. 81 f. mit Nachweisen.

§ 80 Abs. 1 S. 1 BGB-Neu ist die Erfüllung des Stiftungszwecks nunmehr in der Legaldefinition der Stiftung enthalten.

bb. Das Kriterium der Dauerhaftigkeit und die Stiftung auf Zeit

Die zweite in § 80 Abs. 2 S. 1 BGB und nun auch in § 82 S. 1 BGB-Neu geregelte Voraussetzung beinhaltet, dass die Erfüllung des Stiftungszwecks dauernd und nachhaltig gesichert erscheint. Wie lange die Stiftung tatsächlich „dauern" muss und in welchem Maße dies eine Trennung des Stifters vom Stiftungsvermögen bedeutet, ist letztlich für die Anforderungen an den Übergang des Stiftungsvermögens entscheidend, welche wiederum die relevanten Weichen für den Einfluss auf die Stiftung stellen.[279] Zudem kann sich die Frage stellen, ob Familienstiftungen auf Zeit, beispielsweise bis zum Ableben des Stifters, möglich sind.

Grundsätzlich soll sich der Stiftungszweck auf ein Unterfangen von unbestimmter Dauer richten.[280] Dies bedeutet jedoch nicht, dass der Stiftungszweck auf eine unbestimmte Dauer ausgerichtet sein muss.[281] Das Erfordernis einer dauernden Verfolgung des Stiftungszwecks soll vielmehr sicherstellen, dass es insgesamt gerechtfertigt ist, eine eigene juristische Person für das Vermögen zu schaffen und diese in den Rechtsverkehr einzubeziehen.[282] Dadurch soll ein angemessener Ausgleich zwischen dem Interesse des Rechtsverkehrs am Bestand juristischer Personen durch eine Mindestdauer der Stiftung auf der einen Seite sowie der Stifterfreiheit auf der anderen Seite geschaffen werden.[283]

Das Gesetz macht von diesem Grundsatz jedoch in § 80 Abs. 2 S. 2 BGB eine Ausnahme, indem es die Errichtung einer Stiftung auf Zeit, „deren Vermögen für die Zweckverfolgung verbraucht werden soll (Verbrauchsstiftung)", zulässt. Mit dieser Vorschrift wird zum einen eine Variante der Verbrauchsstiftung legaldefiniert. Zum anderen wird die Voraussetzung[284] aufgestellt, dass „die dauernde Erfüllung des Stiftungszwecks gesichert [erscheint], wenn die Stiftung für einen im Stiftungsgeschäft festgelegten Zeitraum bestehen soll, der mindestens zehn

279 Dazu unten S. 115 ff. zum Stiftungsvermögen und S. 156 ff. zum Vermögensübergang.

280 BT-Drucks. 14/8277, S. 6; *Hof* in v. Campenhausen/Richter, § 7, Rn. 34; *Suerbaum* in S/S/S/P, C., S. 121; zur historisch-teleologischen Begründung des Merkmals der Dauerhaftigkeit *Muscheler* in FS Werner, Verbrauchsstiftung, S. 129 f.; *Neuhoff* in ZStV 2014, 10, 10 ff.

281 BT-Drucks. 14/8765, S. 8; *Dutta* in Richter-StiftR, § 5, Rn. 7 f.; *Stumpf* in S/S/S/P, B. Vor. §§ 80–88 BGB, Rn. 14.

282 Vgl. *Weitemeyer* in MüKo-BGB, § 80, Rn. 136 f.

283 Vgl. auch BT-Drucks. 19/28173, S. 29.

284 Dazu sogleich.

Jahre umfasst", § 80 Abs. 2 S. 2 BGB. Die Vorschrift regelt damit jedoch nicht alle Varianten der Verbrauchsstiftung,[285] sondern nur den Fall der zeitbefristeten Verbrauchsstiftung, in dem ein Vermögen innerhalb einer gewissen Zeit aufgebraucht werden soll.[286] Daneben bestehen die zweckbefristete Verbrauchsstiftung, bei der das Vermögen (zeitunabhängig) für einen bestimmten Zweck zu verbrauchen ist, die reine Stiftung auf Zeit, bei der das Vermögen am Ende nicht aufgezehrt sein muss, sondern an den Anfallberechtigten ausgekehrt wird, und die reine zweckbefristete Stiftung, die mit der Zweckerreichung unabhängig von ihrem Vermögen endet.[287]

Wenngleich der Wortlaut („erscheint") den Eindruck erweckt, nur eine Regelvermutung für die zeitbefristete Verbrauchsstiftung aufzustellen,[288] wird – wohl aufgrund der Beschlussempfehlung des Finanzausschusses[289] und der Stellungnahme der Bundesregierung[290] – davon ausgegangen, dass es sich um eine feste Mindestlaufzeit für eine solche Stiftung handelt.[291] Zwar ist es relativ unstrittig, dass neben der zeitbefristeten Verbrauchsstiftung auch die anderen

285 Die in der Literatur häufig fehlende Differenzierung bei der Nutzung des Begriffs der Verbrauchsstiftung rührt aus der Zeit vor der Einführung des § 80 Abs. 2 S. 2 BGB her *Schiffer/Pruns* in NK-BGB, § 80, Rn. 40, denn nach der a.F. gab es keinen Grund für eine Abgrenzung.

286 *Weitemeyer* in MüKo-BGB, § 80, Rn. 147; *Reuter* in npoR 2013, 41, 46.

287 Zu den Begriffen im Detail *Weitemeyer* in MüKo-BGB, § 80, Rn. 142; in der Sache ähnlich, aber mit leicht unterschiedlichen Begrifflichkeiten *Schiffer/Pruns* in NK-BGB, § 80, Rn. 39 sowie wieder anders *Meyn* in Rote Seiten 2013 Nr. 3, 7; *Rawert* in npoR 2014, 1, 2.

288 So zu Recht *Stumpf* in S/S/S/P, B. § 80, Rn. 64 und *Weitemeyer* in MüKo-BGB, § 80, Rn. 145 deren Argumentation trotz des deutlichen Gesetzeswortlautes kaum aufgegriffen wird. Folgt man dem Grundsatz „die Grenze der Auslegung ist der Wortlaut", so ist die Annahme einer festen Zehnjahresgrenze zumindest begründungswürdig.

289 BT-Drucks. 17/12123, S. 23: „Mit der Änderung soll eindeutig klargestellt werden, dass bei Verbrauchsstiftungen nur dann von der dauernden Erfüllung des Stiftungszwecks ausgegangen werden kann, wenn sie für einen bestimmten Zeitraum errichtet werden, der mindestens zehn Jahre umfassen muss." Das „muss" deutet darauf hin, dass der Gesetzgeber hier keine Vermutung, sondern eine Voraussetzung aufstellen wollte.

290 BT-Drucks. 17/12037, S. 9.

291 So *Morsch* in jurisPK-BGB, [9. Auflage] § 80, Rn. 42 f.; *Pauli* in S/S/S/P, E., Rn. 20; *Reuter* in npoR 2013, 41, 46; *Tielmann* in NJW 2013, 2934, 2935. Eine Mindestlaufzeit von fünf Jahren annehmend *Hof* in v. Campenhausen/Richter, § 7, Rn. 34. Insgesamt a.A. *Dutta* in Richter-StiftR, § 5, Rn. 8.

drei genannten endlichen Stiftungsvarianten zulässig sind,[292] es stellt sich jedoch die Frage, ob auch diese für einen Mindestzeitraum bestehen müssen und wie lang ein solcher wäre. Eine klare Maßgabe sieht das Gesetz nicht vor. Wie schon vor der Gesetzesänderung durch das Gesetz zur Stärkung des Ehrenamts[293] wird auch für die anderen Varianten der Stiftung auf Zeit vertreten, dass die Stiftung mindestens zehn Jahre bestehen muss.[294] Andere Autoren fordern eine Mindestdauer von fünf Jahren,[295] während einige eine genaue Dauer für unangemessen halten.[296]

Für eine feste Mindestdauer – insbesondere mit einem Zeitraum von zehn Jahren – spricht, dass der Gesetzgeber die von der Literatur vollzogene Aufteilung in die vier verschiedenen Varianten der Verbrauchsstiftung und der Stiftung auf Zeit zumindest in den Gesetzesmaterialien nicht widerspiegelt. Insofern könnte der gesetzgeberische Wille auf alle Formen von Verbrauchsstiftungen auszudehnen sein. Gegen eine feste Mindestdauer von zehn Jahren spricht wiederum, dass der Regelung des § 80 Abs. 2 S. 2 BGB gerade keine Fernwirkung zu entnehmen ist.[297] Entsprechend gebietet sich in diesen Fällen eine Abwägung im Einzelfall, um einen angemessenen Ausgleich zwischen der Stifterautonomie und dem Schutz des Rechtsverkehrs zu finden. Dabei dürften feste Grenzen einem solchen Ausgleich zwar nicht gerecht werden; damit dem Schutz des Rechtsverkehrs durch eine gewisse Beständigkeit von Stiftungen jedoch überhaupt Rechnung getragen werden kann, scheinen Mindestdauern von jedenfalls fünf Jahren[298] sinnvoll. Letztlich ist allerdings mit *Schiffer/Pruns* festzuhalten, dass die in § 80 Abs. 2 S. 2 BGB genannte Zeitspanne von zehn Jahren einen deutlichen Anker für die Auslegung des Merkmals der „dauernden und nachhaltigen Erfüllung" setzt. Entsprechend wird die Verwaltung kaum von ihrer Praxis einer zehnjährigen Mindestdauer abweichen.[299]

Im Ergebnis handelt es sich bei der Frage nach einer Mindestdauer für Privatstiftungen vor allem um ein akademisches Problem. Zum einen wird der

292 Vgl. BT-Drucks. 14/8765, S. 8; *Hof* in v. Campenhausen/Richter, § 7, Rn. 34; *Stumpf* in S/S/S/P, B. Vor. §§ 80–88 BGB, Rn. 14; a.A. *Neuhoff* in ZStV 2014, 10, 12.

293 *Rawert* in npoR 2014, 1, 2 m.w.N.

294 *Schiffer/Pruns* in NK-BGB, § 80, Rn. 45.

295 *Hof* in v. Campenhausen/Richter, § 7, Rn. 34.

296 *Dutta* in Richter-StiftR, § 5, Rn. 8; *Stumpf* in S/S/S/P, B. § 80, Rn. 64; *Weitemeyer* in MüKo-BGB, § 80, Rn. 143.

297 *Weitemeyer* in MüKo-BGB, § 80, Rn. 143; *Meyn* in Rote Seiten 2013 Nr. 3, 12.

298 *Hof* in v. Campenhausen/Richter, § 7, Rn. 34.

299 *Schiffer/Pruns* in NK-BGB, § 80, Rn. 45.

Aufwand für die Errichtung einer Stiftung kurzfristig kaum durch die Vorteile einer eigenen Verwaltungs- und Vermögenseinheit kompensiert, da sich jene erst mittel- bis langfristig einstellen. Zum anderen ergeben sich keine rechtlichen Vorteile durch die Errichtung einer privatnützigen Verbrauchsstiftung: Jegliche Vermögenstransfers zur Sicherung des Vermögens vor potenziellen Gläubigern sind, soweit nicht ohnehin ein Fall des § 138 BGB vorliegt, erst ab dem Ablauf von zehn Jahren „sicher", §§ 129 ff. InsO, §§ 3 f. AnfG. Ebenso ist die Errichtung einer gemeinnützigen Stiftung (und der insofern steuerfreien Vermögensübertragung auf die Stiftung, § 13 Abs. 1 Nr. 16 lit. b S. 1 ErbStG) als temporärem Vermögensträger vor einer Übertragung auf einen potenziellen Erben nicht zielführend. Denn aufgrund der Zehnjahresfrist des § 13 Abs. 1 Nr. 16 lit. b S. 2 ErbStG wäre auch die Übertragung des Vermögens auf die gemeinnützige Stiftung nicht steuerfrei, sollte sie vor Ende der Frist wieder aufgelöst werden.[300]

Gleichwohl hat die Bund-Länder-Arbeitsgruppe Stiftungsrecht 2016 die Probleme der unklaren bisherigen Rechtslage erkannt und sich für eine Regelung der verschiedenen Varianten einer Stiftung auf Zeit ausgesprochen.[301] Die angestrebte Änderung, nach der rein zeitbefristete Stiftungen unzulässig werden sollten,[302] ist mit § 80 Abs. 1 S. 2 BGB-Neu Gesetz geworden.[303] Sollten Verbrauchsstiftungen ihr Vermögen bisher nur für die Zweckverfolgung verbrauchen, sieht der neue Wortlaut vor, dass das Vermögen zu verbrauchen „ist". Flankiert wird diese Anordnung mit der Voraussetzung, dass die Satzung einer Verbrauchsstiftung Bestimmungen enthalten muss, die den vollständigen Verbrauch des Stiftungsvermögens gesichert erscheinen lassen müssen, § 81 Abs. 2 Nr. 2 BGB-Neu. Der als Begründung für diese Neuregelung angeführten Gefahr, dass durch eine Stiftung auf Zeit Vermögensverhältnisse verschleiert und der Zugriff von Gläubigern auf das Vermögen erschwert wird,[304]

---

300 Dies würde sich beispielsweise anbieten um die Frist des Pflichtteilsergänzungsanspruchs nach § 2325 Abs. 3 S. 1 BGB beginnen zu lassen, bevor einige (mind. zehn) Jahre später die Stiftung aufgrund des Zeitablaufs beendet wird und die Erbmasse beim Erben als Anfallberechtigten nur einmal der ErbSt unterliegt. Nach § 15 Abs. 2 S. 2 ErbStG kann der Erwerb über die Stiftung zur Anwendbarkeit der gleichen Steuerklasse wie bei einem Direkterwerb vom Stifter führen.

301 Bericht der Bund-Länder-Arbeitsgruppe Stiftungsrecht 2016, S. 17.

302 Zweiter Bericht der Bund-Länder-Arbeitsgruppe 2018, S. 3.

303 BGBl. I 2021, 2947; BT-Drucks. 19/28173, S. 46; Kritisch *Hüttemann/Rawert* in ZIP 2021, 3, 6.

304 Bericht der Bund-Länder-Arbeitsgruppe Stiftungsrecht 2016, S. 17; *Hüttemann/Rawert* in ZIP 2021, 3, 6.

kann jedoch vor allem auf Ebene der möglichen Anfallberechtigten der Stiftung begegnet werden.[305] Eine Einschränkung der Stiftung auf Zeit wäre dafür nicht erforderlich gewesen.[306]

In Zukunft werden also Familienstiftungen auf Zeit nicht möglich sein und auch Stiftungen, welche die Förderung eines engen Personenkreises – zum Beispiel des Stifter-Ehepaars – bezwecken, könnten im Hinblick auf die absehbare Dauer der Stiftung als Verbrauchsstiftungen qualifiziert werden, deren Vermögen aufzubrauchen ist.

cc. Bestimmtheit

Letztlich kommt auch der Bestimmtheit des Stiftungszwecks eine nicht zu unterschätzende Bedeutung zu. Denn der Entscheidungsspielraum der Stiftungsorgane ist davon abhängig, wie weit oder eng der Stiftungszweck gefasst ist. Falls beispielsweise die Stiftungsorgane mit dem Stifter, den Destinatären oder jeweils nahestehenden Personen besetzt werden,[307] kann über einen weiten Stiftungszweck gegebenenfalls ein entscheidender Einfluss auf die Stiftung genommen werden. Dann wäre eine Trennung zwischen dem historischen Willen des Stifters und den aktuellen Vorstellungen der Einflussnehmer kaum möglich.

Der Stiftungszweck wird grundsätzlich wie jeder andere Ausdruck eines rechtlich relevanten Willens nach den allgemeinen Vorschriften ausgelegt.[308] Sobald die Stiftung errichtet wurde, beschränkt sich die Auslegung auf die in den Stiftungsdokumenten festgehaltenen Vorstellungen.[309] Der Stifter muss den Zweck dabei nicht detailliert niederlegen, sondern kann die Interpretation seines Willens anderen, insbesondere den Stiftungsorganen, überlassen. Dies bedeutet jedoch nicht, dass die inhaltlichen Anforderungen an den Stiftungszweck auf die besonderen Einschränkungen des § 80 BGB beschränkt sind. Um den Anforderungen an das Stiftungsgeschäft nach § 81 Abs. 1 BGB zu genügen, muss ein bestimmter Stiftungszweck festgelegt werden. Dabei muss berücksichtigt werden, dass ein zu enger Stiftungszweck kaum alle zukünftigen Entwicklungen berücksichtigen kann und die Möglichkeit zur nachträglichen Änderung nur

---

305 Dazu unten S. 169 f.

306 Vgl. ebenfalls kritisch zum Verbot der Stiftung auf Zeit, *Hüttemann/Rawert* in ZIP 2021, 3, 6.

307 Zur Besetzung der Stiftungsorgane unten S. 133 ff.

308 Zur Auslegung siehe unten S. 173 ff.

309 Auch dazu unten S. 153 f.

unter hohen Voraussetzungen in Sonderfällen[310] besteht. Der Stifter balanciert daher immer auf einem schmalen Grat zwischen ausreichender Bestimmtheit und angemessener Flexibilität. Die Gesetzesbegründung zu § 81 BGB bleibt in dieser Hinsicht sehr vage und sieht nur vor, dass „[...] der Stiftungszweck und die Maßnahmen zu seiner Verwirklichung so bestimmt wie möglich formuliert sein [sollen], ohne aber im Hinblick auf die Dauerhaftigkeit zu eng zu sein."[311] Zur Konkretisierung der Anforderungen an die Bestimmtheit des Stiftungszwecks wurden jedoch verschiedene Ansätze entwickelt, die im Folgenden hinsichtlich ihrer Tauglichkeit für Familienstiftungen überprüft werden.

Einen ersten Ansatz für die Bestimmtheitsanforderungen könnten *Hüttemann* und *Rawert* bieten, die Angaben zur Art und Weise der Zweckverwirklichung fordern.[312] Wenn die Maßnahmen zur Zweckverwirklichung in der Stiftungssatzung niedergelegt werden müssten, bestünde dadurch in gewissem Umfang die Möglichkeit, den Zweck weiter zu konkretisieren. Während diese Ansicht für gemeinnützige Stiftungen einen sinnvollen Ansatz darstellen kann, erzielt ihre Anwendung bei privatnützigen Stiftungen, vor allem bei Familienstiftungen, keinen Erkenntnisgewinn. Die Möglichkeiten, den Zweck einer Familienstiftung zu verwirklichen, sind in der Praxis begrenzt, da zumeist Zahlungen, Darlehen und die Gebrauchsüberlassung von Immobilien oder Gegenständen an Mitglieder der Familie als Tätigkeiten der Stiftung in Frage kommen. Einzig das potenzielle Betätigungsfeld der Pflege des Andenkens des Stifters und seiner Familie bietet eine Vielzahl an möglichen Aktivitäten. Da diese Aufgabe, vorausgesetzt, sie ist vorhanden, allerdings zumeist nur eine untergeordnete Rolle im Gefüge der zu verwirklichenden Zwecke einnehmen wird, kann eine Beschreibung der Art und Weise der Verwirklichung zwar hilfreich, aber kaum entscheidend sein. Die zuvor genannten Aufgabenfelder einer Familienstiftung sind zumeist identisch mit dem Stiftungszweck der Unterstützung einer Familie. Eine Verpflichtung des Stifters zur Selektion der Maßnahmen und deren Spezifizierung könnte einen für die Dauerhaftigkeit der Stiftung schädlichen (zu eng formulierten) Stiftungszweck ergeben.

---

310 Den Stiftungsorganen stehen bedingte Änderungsmöglichkeiten zu, soweit die Änderung in der ursprünglichen Stiftungssatzung vorgesehen war, dazu unten S. 312; außerdem verfügen die Stiftungsaufsichtsbehörden im Rahmen ihrer Befugnis nach § 87 BGB über die Möglichkeit, den Stiftungszweck zu ändern, dazu S. 291 ff.

311 BT-Drucks. 14/8765, S. 10.

312 *Hüttemann/Rawert* in Staudinger-BGB, § 81, Rn. 51; *Hüttemann* in ZHR 2003, 35, 51 f.; *Happ*, Stifterwille und Zweckänderung, S. 55 ff.; a.A. *Burgard*, Gestaltungsfreiheit, S. 121; *Dylla*, Weisungsfunktion, S. 91.

Nachdem konkrete Aussagen zur Zweckverwirklichung bei Familienstiftungen kaum zielführend sind, bedarf es eines anderen Maßstabs für die Bestimmtheit des Stiftungszwecks. Ein solcher könnte sich nach *Dylla* aus der Weisungsfunktion des Stiftungszwecks ergeben. Wird dem Stiftungszweck eine Weisungsfunktion zugesprochen, muss er wenigstens derart konkret gefasst sein, dass den Stiftungsorganen klare Handlungsweisen aufgezeigt werden.[313] Denn in den Worten des BGH soll er „den Stiftungsorganen einen eindeutigen und klar abgegrenzten Auftrag geben, um Rechtsunsicherheit, Willkür der Stiftungsverwaltung und ein Verzetteln der Stiftungsleistungen zu verhüten".[314] Der Auftragscharakter des Zwecks ergibt sich konkret aus der kategorischen Unterscheidung zwischen der mitgliederlosen Stiftung und den Körperschaften, in denen die Mitglieder die Ziele der Gesellschaft regelmäßig (neu) definieren können.[315] Da es der Stiftung an der Möglichkeit zur Neuorientierung fehlt, muss der Stiftungszweck bereits von Anfang an diese Orientierung für die Stiftungsorgane bieten können. Allerdings könnte für eine hinreichende Weisung bei einer Familienstiftung bereits die Konkretisierung einer Familie genügen.

Ebenso dürfte auch *Reuters* Argument der funktionslosen Stiftungsaufsicht wegen zu weiter Stiftungszwecke[316] bei Familienstiftungen nicht einschlägig sein. Denn soweit eine Familienstiftung immer die Förderung einer Familie vorsieht, kann die Aufsicht – falls das Landesrecht überhaupt eine Aufsicht vorsieht[317] – nur die Mittelverwendung zugunsten der gewählten Familie überprüfen.

Die drei Ansätze haben in Bezug auf die Bestimmtheitsanforderungen an den Zweck einer Familienstiftung nur die Erkenntnis erbracht, dass die Förderung einer oder mehrerer Familien den regulären Bestimmtheitsvoraussetzungen gerecht werden kann. Entsprechend könnte die nötige Bestimmtheit des Zwecks bei einer Familienstiftung bereits mit der Wahl der Familie erfüllt sein. Aufgrund der Einschränkungen bei der nachträglichen Änderung des Stiftungszwecks[318] entfalten die Anforderungen an die Bestimmtheit des Stiftungszwecks im Hinblick auf die Vermögenszuwendung eine besondere Relevanz. Ein sehr weit gefasster Stiftungszweck, der sich auf die Wahl einer zu fördernden Familie beschränkt, lässt dem Stiftungsvorstand einer Familienstiftung ein großes

313 *Dylla*, Weisungsfunktion, S. 87 ff.

314 BGH, Urt. v. 3.3.1977 – III ZR 10/74, BGHZ 68, 142, juris Rn. 39.

315 *Reuter* in MüKo-BGB, [6. Auflage 2012] § 80, Rn. 31; *Dylla*, Weisungsfunktion, S. 89 f.

316 *Reuter* in MüKo-BGB, [6. Auflage 2012] § 80, Rn. 31.

317 Siehe dazu unten S. 252 f.

318 Dazu unten S. 309 ff.

Maß an Freiheit bei der Umsetzung: Weder die konkret zu unterstützenden Familienmitglieder wären bezeichnet noch die Art und Weise, wie die Unterstützung aussehen soll.[319] Der Vorstand könnte daher – unter Berücksichtigung der Grundsätze von Treu und Glauben (§ 242 BGB) – sowohl die Destinatäre innerhalb der Familie austauschen als auch die Höhe oder Art der Beiträge variieren.[320] Soweit sich der Stifter wiederum selbst als Vorstand einsetzt, kann er die Konkretisierung des Stiftungszwecks nach seinen eigenen Vorstellungen durchsetzen. Ob er in diesen Fällen tatsächlich die Herrschaft über sein Vermögen aufgegeben hat, ist allerdings fraglich.[321] In der Realität ergibt sich das zusätzliche Problem, dass er zwar an die Stiftungssatzung gebunden ist,[322] soweit diese nicht über die Förderung einer Familie hinausgeht, steht ihm dabei aber – trotz einer verobjektivierten Auslegung – ein sehr weiter Interpretationsspielraum zu. Zudem dürfte sich die Satzungskonformität seines Handelns nur sehr eingeschränkt überprüfen lassen, da Destinatären regelmäßig keine klagbaren Rechte eingeräumt werden[323] und es gegebenenfalls an einer laufenden Stiftungsaufsicht fehlt.[324]

Das dargestellte Problemfeld zeigt, dass es angezeigt sein kann, höhere Bestimmtheitsanforderungen an den Stiftungszweck bei Privatstiftungen zu stellen, selbst wenn davon ausgegangen wird, dass sich der Stifter als Stiftungsvorstand grundsätzlich an die Satzung hält. Allerdings bedeutet eine konkretere Zwecksetzung immer zugleich eine Einschränkung der Privatautonomie des Stifters und potenziell der langfristigen Zweckverfolgung der Stiftung. Eine Rechtfertigung könnte sich jedoch aus dem Schutzbedürfnis Dritter ergeben: Wenngleich die Stiftungsorgane auch bei einer Familienstiftung im weiteren Sinne eine Weisung nach *Dylla*[325] erhalten und somit vor Haftungsansprüchen

---

319 Zur Zulässigkeit einer derart weiten Klausel siehe *Hüttemann*, welcher einzig die Festlegung auf einen bestimmten Kreis an Destinatären für notwendig hält, *Hüttemann* in FS Reuter, Stiftungszweck, S. 129.

320 Da dies keine Satzungsänderung darstellt, sind die landesrechtlichen Schutzvorschriften zugunsten von Destinatären nicht tangiert (vgl. zu den Rechten der Destinatäre bei Satzungsänderung *Hüttemann/Rawert* in Staudinger-BGB, § 85, Rn. 37). Den Familienmitgliedern stünden bei einer derart weiten Formulierung auch keine direkten Ansprüche auf eine finanzielle Unterstützung zu (dazu unten S. 278 ff. sowie BGH, Urt. v. 15.12.2016 – I ZR 63/15, ZIP 2017, 764, juris Rn. 28).

321 Entsprechende Rechtsfolgen werden unten erläutert, S. 186 ff.

322 *Hof* in v. Campenhausen/Richter, § 8, Rn. 127.

323 Dazu unten S. 261 ff.

324 Dazu unten S. 261 ff.

325 *Dylla*, Weisungsfunktion, S. 87 ff.

der Stiftung geschützt sind, verbleiben die Destinatäre und ihre Gläubiger sowie Gläubiger des Stifters als potenziell schützenswerte Dritte.

Der Schutz der Destinatäre kann eine Einschränkung jedoch nicht rechtfertigen. Destinatäre haben nur dann einen Anspruch auf Leistungen gegen die Stiftung, wenn die Satzung einen solchen vorsieht.[326] In allen anderen Fällen fehlt es an einem konkreten Anspruch und die Destinatäre sind Empfänger von freigebigen Zuwendungen. Als Empfänger freigebiger Zuwendungen sind sie jedoch grundsätzlich weniger schutzwürdig in ihrem Vertrauen auf den Erhalt und – wie § 134 InsO und § 4 AnfG zeigen[327] – auch auf den Behalt der Zuwendung. Wenngleich es im Einzelfall einen großen Unterschied für den jeweiligen Destinatär machen kann, ob er Leistungen durch die Stiftung erhält, ist er außerhalb der Grenzen von Treu und Glauben,[328] § 242 BGB, nicht schutzwürdig.

Eine Konkretisierung könnte stattdessen erforderlich sein, um die Gläubiger des Stifters zu schützen. Denn nur wenn er sich seines Vermögens endgültig entäußert hat, soll er seinen Gläubigern die Entreicherung entgegenhalten können.[329] Trotz der grundsätzlichen Trennung zwischen dem Stifter als natürlicher Person und der Stiftung als selbstständiger juristischer Person ist es fraglich, ob der Stifter sich des Vermögens entäußert hat, wenn er als Stiftungsvorstand aufgrund eines weit gefassten Stiftungszwecks faktisch frei über das Vermögen verfügen kann. Wenngleich sich ähnliche Bedenken auch bei einem Stifter-Stiftungsvorstand von gemeinnützigen Stiftungen stellen könnten, so fließen die Erträge des Vermögens in diesen Fällen jedenfalls gemeinnützigen Zwecken zu. Dass der Stifter gegebenenfalls den konkreten Empfänger auswählen kann und insoweit noch verfügungsähnliche Möglichkeiten hat, könnte dabei in Kauf genommen werden, da das Vermögen nicht mehr an ihn und seine Familie zurückfließt. Bei privatnützigen Stiftungen gestaltet sich die Situation zwar grundsätzlich identisch. Allerdings kann der Stifter-Stiftungsvorstand nicht nur zwischen gemeinnützigen Empfängern auswählen, sondern die Erträge

326 Dazu unten S. 261 ff.

327 Statt vieler *Weinland* in MüKo-AnfG, § 4, Rn. 1 m.w.N.

328 Wenn er beispielsweise 20 Jahre lang Destinatärszahlungen erhalten hat, könnte zu überlegen sein, ob die Stiftung die Zahlungen nach § 242 BGB nur unter Einhaltung einer gewissen „Kündigungsfrist" einstellen darf, damit sich der Destinatär darauf einstellen kann.

329 Dazu ausführlich unten S. 156 ff.

zwischen seinen Verwandten[330] und, je nach vertretener Ansicht,[331] auch an sich selbst verteilen oder sogar das Vermögen wieder ausschütten. Im Gegensatz zu vielen anderen Fragestellungen, die in den Themenkomplex der Entreicherung des Stifters fallen,[332] könnte damit bei einem nicht ausreichend bestimmten Stiftungszweck die Gefahr bestehen, dass durch die Stiftungserrichtung eine Haftungsexklave zugunsten des Stifters geschaffen wird. Die Besonderheit liegt darin, dass der Stifter faktisch selbst bestimmen kann, ob er Leistungen von der Stiftung erhält. In dieser Konstellation ist es unwahrscheinlich, dass die Stiftung im Insolvenzfall des Stifters Zahlungen an selbigen leistet. Den Gläubigern stünde dann nicht die Möglichkeit zu, in die Leistungen der Stiftung zu vollstrecken und sie wären damit allein auf den Schutz der § 134 InsO und § 4 AnfG beschränkt.[333] Wie an anderer Stelle zu zeigen ist, kann dem Schutz der Gläubiger jedoch auf verschiedenen Wegen – insbesondere durch eine Verschiebung des Beginns der Anfechtungsfristen – Rechnung getragen werden, sodass der Schutz der Gläubiger des Stifters kein zwingender Grund für höhere Konkretisierungsanforderungen ist.[334]

Während die Gläubiger des Stifters also einen ausreichenden Schutz genießen, stellt sich vielmehr das Problem einer Haftungsexklave der Destinatäre. Denn all jene Vorschriften, die an die Vermögenszuwendung des Stifters anknüpfen, wie §§ 129 ff. InsO und die §§ 1 ff. AnfG, sind im Verhältnis der Destinatäre zu ihren eigenen Gläubigern nicht anwendbar. Trotzdem können die Destinatäre, beispielsweise als Stiftungsvorstand, bei einem weit gefassten Stiftungszweck auf die gleiche Weise Einfluss nehmen, wie es oben für den Stifter skizziert wurde. Abgesehen von Extremfällen, in denen die Einflussnahme der Destinatäre zu einem Scheingeschäft – im Sinne einer verdeckten Schenkung des Stifters an die Destinatäre[335] – führt, könnten die Gläubiger der Destinatäre dann nicht auf das

330 Teilweise wird die sogenannte vorbehaltlose Unterhaltsstiftung abgelehnt, siehe dazu unten S. 403 f. Eine Vermögenszuwendung an Verwandte lässt sich aber auch dann realisieren, wenn Vorbehalte für notwendig erachtet werden.

331 Zur Stiftung für den Stifter unten S. 379. Auch wenn entgegen der hier vertretenen Ansicht die Stiftung für den Stifter abgelehnt wird, kann ihm faktisch durch die Kanalisierung der Erträge beispielsweise auf seinen Ehegatten ebenso ein wesentlicher Teil der Erträge zufließen.

332 Wie der Stiftung für den Stifter, S. 379; der inhaltlichen Ausgestaltung der Vermögensaufgabe bei der Vermögensausstattung, S. 156 ff. und nachträglichen Zuwendungen.

333 Bei Pflichtteilsberechtigten tritt der Schutz des § 2325 BGB und bei Ehegatten derjenige der §§ 1375, 1390 BGB hinzu.

334 Dazu unten S. 156 ff. und S. 173 ff.

335 Dazu unten S. 178 ff.

Vermögen der Stiftung zugreifen, obwohl dieses faktisch von den Destinatären kontrolliert wird.

Diesem Problem könnte durch die Ablehnung einer vorbehaltlosen Unterhaltsstiftung begegnet werden.[336] Allerdings ließe sich diese Unzulässigkeit – je nach Ausgestaltung – durch spezifisch erfüllbare Vorbehalte in der Satzung umgehen. Alternativ könnten – wie in Österreich nach Art. 1 § 15 PSG – die Begünstigten und ihre Verwandten von der Stellung als Stiftungsvorstand ausgeschlossen sein. Während dieser Ansatz zwar erfolgversprechend ist, kann die Verhinderung der oben dargestellten Missbrauchsmöglichkeiten auch weniger invasiv verwirklicht werden. Zudem besteht die Problematik, dass sich die Missbrauchsgefahr auch aus den Destinatären nahestehenden, aber nicht verwandten Personen ergeben kann. Stattdessen kann dem Problem begegnet werden, indem der Stiftungszweck und seine Verwirklichung bei Familienstiftungen genauer als bei anderen Stiftungen definiert werden müssen. Hierzu lässt sich *Hüttemanns* und *Rawerts* Ansatz, nach dem zur Bestimmtheit des Stiftungszwecks Regelungen zur Zweckverwirklichung erforderlich sein können,[337] streng auf Familienstiftungen anwenden. Dann müssten unter anderem klare Kriterien für die Auswahl der möglichen Destinatäre und die Leistungen an selbige in der Satzung bestimmt werden. Eine bloße Festlegung des potenziellen Destinatärskreis genügt dann nicht. Dadurch kann verhindert werden, dass den Gläubigern der Destinatäre Leistungen der Stiftung aufgrund einer Ermessensänderung des Stiftungsvorstands entzogen werden. Im Fall eines Stifter-Stiftungsvorstands führt dies zusätzlich zu einer stärkeren Verselbstständigung der Stiftung und der Entreicherung bei der Vermögensaufgabe wird in höherem Maße Rechnung getragen.

Im Ergebnis kann festgehalten werden, dass bei zu geringen Anforderungen an die Konkretisierung des Stiftungszwecks bei Familienstiftungen Missbrauchsrisiken bestehen. Um diesen wirksam zu begegnen, ist es erforderlich, entsprechend hohe Anforderungen an die Konkretisierung des Stiftungszwecks hinsichtlich der Art und Weise der Verwirklichung sowie Auswahl der zu fördernden Familienmitglieder zu stellen.

Die Stiftungsrechtsreform 2021 hat trotz Kritik[338] die Anforderungen an die Bestimmtheit des Stiftungszwecks, etwa durch Vorgaben bei der Art und

---

336 Zu dieser auch unten S. 403 ff.

337 *Hüttemann/Rawert* in Staudinger-BGB, § 81, Rn. 51 m.w.N.

338 *Hüttemann/Rawert* in ZIP 2021, 3, 8.

Weise der Zweckverwirklichung, nicht erhöht, sodass die Problematik weiterhin besteht.

2. Liechtenstein

Ähnlich dem deutschen Recht stellt der Stiftungszweck in Liechtenstein als „Herzstück“[339] das wichtigste Merkmal einer Stiftung dar.[340] Zum Stiftungszweck selbst findet sich in Art. 552 § 2 PGR zwar eine Regelung, welche entscheidende Voraussetzungen umschreibt, jedoch keine klare Definition bietet. Danach kommen sowohl gemeinnützige als auch privatnützige Zwecke in Betracht. Für die gemeinnützigen Zwecke verweist Art. 552 § 2 Abs. 2 PGR auf Art. 107 Abs. 4a PGR. Danach liegen gemeinnützige Zwecke immer dann vor, wenn durch ihre Erfüllung die Allgemeinheit gefördert wird, insbesondere karitative, humanitäre, wissenschaftliche, kulturelle, sittliche, soziale, sportliche oder ökologische Zwecke.

Die Privatnützigkeit ist in Art. 552 § 2 Abs. 3 PGR definiert. Privatnützig ist eine Stiftung dann, wenn sie „nach der Stiftungserklärung ganz oder überwiegend privaten oder eigennützigen Zwecken zu dienen bestimmt ist.“ Die Abgrenzung zwischen gemein- und privatnützigen Zwecken erfolgt bei gemischten Zwecken somit über die Intensität des zu verfolgenden Zwecks. Als Indikator dient nach Art. 552 § 2 Abs. 3 PGR das Verhältnis der auf die Zwecke entfallenden Leistungen. Im Zweifel, also wenn ein Überwiegen nicht festgestellt werden kann, ist eine gemeinnützige Stiftung anzunehmen. Abhängig von der Einordnung unterliegt die Stiftung unterschiedlichen weiteren Regelungen. Gemeinnützige Stiftungen dürfen zum Beispiel – und im Gegensatz zu privatnützigen – im Ausnahmefall selbst ein Gewerbe betreiben (Art. 552 § 1 Abs. 2 PGR) und unterliegen zwangsläufig der Stiftungsaufsicht (Art. 552 § 29 Abs. 1 PGR).[341]

Der Gesetzeswortlaut lässt insgesamt keine Zweifel an der Tatsache aufkommen, dass privatnützige Stiftungszwecke zulässig sind. Dabei ist jedoch zu beachten, dass nach Art. 552 § 1 Abs. 1 S. 2 Hs. 2 PGR ein Stiftungszweck in jedem Fall nach außen gerichtet[342] und bestimmt sein muss. Welche Zwecke unzulässig sind, ist zwar nicht in Art. 552 § 2 PGR geregelt, im Gegenschluss zu

339 OGH, Entscheidung v. 6.9.2001 – 6 Cg 195/99-49, LES 2002, 94, Rn. 9.1.

340 *Bösch*, Liechtensteinisches StiftR, S. 202 zur alten Rechtslage; die Reform des Stiftungsrechts hat insofern jedoch nicht zu anderen Wertungen geführt: *Jakob*, Liechtensteinische Stiftung, Rn. 41.

341 Zur Aufsicht siehe S. 269 ff.

342 Im Detail zu der Außenrichtung S. 423 ff.

Art. 552 § 21 Abs. 3 PGR sind jedoch alle gesetzeswidrigen und sittenwidrigen Zwecke unzulässig.

Außerdem definiert Art. 552 § 2 Abs. 4 PGR mit der reinen Familienstiftung (Abs. 4 Nr. 1) und der gemischten Familienstiftung (Abs. 4 Nr. 2) zwei Hauptanwendungsfälle der privatnützigen Stiftungen. Die reine Familienstiftung zeichnet sich dadurch aus, dass ihr Vermögen „ausschließlich der Bestreitung der Kosten der Erziehung oder Bildung, der Ausstattung oder Unterstützung von Angehörigen einer oder mehrerer Familien oder ähnlichen Familieninteressen" dienen darf. Soweit die Stiftung Zwecke verfolgt, die über diese Unterstützung hinausgehen, handelt es sich um eine gemischte Familienstiftung, die teilweise anderen Rechtsvorschriften unterliegt. Die wichtigste Form der gemischten Familienstiftung dürfte in diesem Zusammenhang die vorbehaltlose Unterhaltsstiftung sein, deren Auszahlungen regelmäßig nicht an die besonderen Voraussetzungen des Abs. 4 Nr. 1 geknüpft sind.[343] Ob eine Stiftung die in Nr. 1 beschriebenen unterstützenden Zwecke verfolgt, ist im Zweifel aufgrund einer Parallele zum Vollstreckungsrecht restriktiv zu bewerten.[344] Die Unterscheidung zwischen der reinen und der gemischten Familienstiftung wird im Wesentlichen bei der Zwangsvollstreckung gegen die Destinatäre relevant, denn nach Art. 552 § 36 Abs. 1 S. 1 PGR kann der Stifter einer reinen Familienstiftung bestimmen, dass die Ansprüche „zum Schutz der Familie"[345] nicht aufgrund von Vollstreckungsmaßnahmen eingezogen werden dürfen. Dies ist auch bei gemischten Familienstiftungen möglich, jedoch nach Art. 552 § 36 Abs. 1 S. 2 PGR nur insoweit, als sie „den Zwecken der Familienstiftung dient".[346]

a. Unzulässige Zwecke

Während das Gesetz in Art. 552 § 2 Abs. 1 PGR die zulässigen Zwecke nur positiv bestimmt, lassen sich die Grenzen der möglichen Zwecke aus einer Gesamtbetrachtung der anderen Vorschriften des Art. 552 PGR und den allgemeinen Vorschriften zu den Verbandspersonen ableiten. Da das liechtensteinische Recht die Stiftung seit der Reform in Art. 552 § 1 Abs. 1 S. 1 PGR ausdrücklich als Verbandsperson bezeichnet, können die Vorschriften über Verbandspersonen

343 Dazu auch unten S. 412 ff.

344 Siehe dazu unten S. 350 f.

345 BuA Nr. 13/2008, S. 119; *Gasser* in Gasser/StiftR, § 36, Rn. 1.

346 Dazu noch ausführlich S. 350 f.

im Gegensatz zur alten Rechtslage ohne Weiteres entsprechend auf Stiftungen angewandt werden.[347]

Dabei regelt Art. 107 Abs. 5 PGR, dass Personenverbindungen und Anstalten einschließlich Stiftungen von Gesetzes wegen grundsätzlich nicht „das Recht der Persönlichkeit" erlangen können, wenn sie zu unsittlichen oder widerrechtlichen Zwecken gegründet werden. Außerdem sieht Art. 124 Abs. 1 PGR vor, dass Verbandspersonen, deren tatsächlicher Gegenstand widerrechtlich oder unsittlich ist, aufgelöst werden können. Für Stiftungen werden diese Vorschriften zudem durch die Regelungen des Art. 552 PGR ergänzt: Gemäß Art. 552 § 20 Abs. 1 S. 1 und Abs. 4 Nr. 1 PGR wird für eine Stiftung mit gesetzes- oder sittenwidrigem Zweck keine Amtsbestätigung erteilt. Da eine Stiftung mit einem solchen Zweck nach Art. 107 Abs. 5 PGR im Grunde ohnehin keine Rechtspersönlichkeit erlangen kann, dürfte diese Regelung eigentlich keine besondere Rechtswirkung entfalten. Ferner regelt Art. 552 § 21 Abs. 3 PGR, dass eine Stiftung nach den allgemeinen Vorschriften aufzulösen ist, wenn diese „einen gesetz- oder sittenwidrigen Zweck verfolgt". Im Zusammenspiel der Normen entsteht die Stiftung jedenfalls formal zum Zwecke der Abwicklung, obwohl sie eigentlich keine Rechtspersönlichkeit erlangen könnte.[348]

Den Vorschriften ist gemein, dass sie auf eine Widerrechtlichkeit oder Unsittlichkeit des Zwecks der Verbandsperson oder der Stiftung abstellen. Ähnliches gilt nach Art. 124 Abs. 6 PGR außerdem für staatsgefährliche Verbandspersonen. Die Bewertung richtet sich nach der Generalklausel des § 879 ABGB, welcher nach Art. 5 Abs. 1 PGR auch im Personen- und Gesellschaftsrecht anwendbar ist.[349] Widerrechtlich ist ein Zweck dann, wenn ein entsprechendes Verbot explizit normiert ist, oder der Verbotszweck die Ungültigkeit erfordert.[350] Dabei ist darauf hinzuweisen, dass Verstöße gegen ausländisches Recht nicht zu einer Gesetzeswidrigkeit führen, jedoch eine Sittenwidrigkeit begründen können.[351] Sittenwidrig ist in Liechtenstein – ähnlich dem deutschen Recht – „was dem

347 Im Detail zur alten Rechtslage und Anwendbarkeit des allgemeinen Teils des PGR trotz der Verwendung des Begriffs „Verbandsperson" kritisch, aber i.E. bejahend, *Bösch*, Liechtensteinisches StiftR, S. 60 f.

348 Dazu im Detail unten S. 212 f.; an dieser Stelle bereits *Motal*, Grundfragen, S. 134 f.

349 *Bösch*, Liechtensteinisches StiftR, S. 469.

350 Zur insoweit und auch ansonsten wortgleichen Vorschrift im österreichischen Recht *Riedler* in Kodek/Schwimann-öABGB, § 879, Rn. 3 m.w.N.

351 *Riedler* in Kodek/Schwimann-öABGB, § 879, Rn. 3.

Rechtsgefühl der Rechtsgemeinschaft, [das heißt] aller billig und gerecht Denkenden, widerspricht."[352]

Im Kontext der unzulässigen Stiftungszwecke können im Folgenden zwei entscheidende Vorfragen im Hinblick auf die Anerkennung einer liechtensteinischen Stiftung in Deutschland beantwortet werden. Denn für die Anerkennung der ausländischen Stiftung[353] kommt es regelmäßig darauf an, ob die Stiftung wirksam in Liechtenstein errichtet wurde: Im Folgenden wird daher überprüft, ob eine Umgehung des deutschen Pflichtteils- oder Steuerrechts zu einer Widerrechtlichkeit oder Unsittlichkeit in Liechtenstein führen kann.

aa. Unzulässigkeit wegen der Umgehung deutschen Pflichtteilsrechts

Eine Unsittlichkeit nach liechtensteinischem Recht kommt grundsätzlich aufgrund einer (vorsätzlichen) Umgehung des deutschen Pflichtteilsrechts in Betracht. Eine solche Umgehung des Pflichtteilsrechts als Teil der „asset protection" scheint nach der einschlägigen Literatur ein häufiger Beweggrund für die Errichtung einer liechtensteinischen Stiftung zu sein.[354] Regelmäßig dürfte es in der Praxis im Interesse des Stifters liegen, weiterhin über die Stiftung Einfluss auf sein (ehemaliges) Vermögen nehmen zu können.

Auf den Erbfall wird nach Art. 29 IPRG[355] grundsätzlich das Recht des Staates angewandt, dem der Erblasser angehörte (Art. 10 Abs. 1 IPRG). Auch vor einem liechtensteinischen Gericht kommt es bei einem deutschen Erblasser somit zur Anwendung des deutschen Erbrechts.[356] Das deutsche Recht sieht in § 2325 Abs. 1 und 3 BGB generell einen Anspruch eines Pflichtteilsberechtigten gegen den Empfänger einer Schenkung des Erblassers vor.[357] Dabei werden schenkweise Leistungen innerhalb der letzten zehn Jahre vor dem Erbfall dem Nachlass hinzugerechnet (Abs. 1), wobei für jedes zwischen dem Erbfall und der Schenkung liegende Jahr ein Abschlag von 10 % gemacht wird (Abs. 3). Hat

---

352 *Riedler* in Kodek/Schwimann-öABGB, § 879, Rn. 8.

353 Dazu im Detail unten S. 460 ff.; der Streit um die Anwendung von Sitz- oder Gründungstheorie kann in den meisten Fällen dahinstehen, weil liechtensteinische Stiftungen regelmäßig ihren Sitz in Liechtenstein haben werden und entsprechend liechtensteinisches Recht anwendbar ist.

354 Vgl. *Heiss* in Liechtensteinisches Stiftungsrecht, Art. 552 § 38, Rn. 30; *Feick/Thon* in ZEV 2011, 404.

355 Gesetz vom 19. September 1996 über das internationale Privatrecht (IPRG), Liechtenstein.

356 Dazu im Detail unten S. 489.

357 Dazu ausführlich unten S. 361 ff.

der Pflichtteilsberechtigte weniger als den so errechneten Pflichtteil erhalten, steht ihm ein Ergänzungsanspruch zu. Durch die Anwendung deutschen Rechts könnte der Pflichtteilsberechtigte am Ende genau so gestellt sein wie in einer rein deutschen Konstellation.

Allerdings kann ein Pflichtteilsergänzungsanspruch in Liechtenstein nach Art. 29 Abs. 5 IPRG gegen eine liechtensteinische Stiftung nur in dem Umfang geltend gemacht werden, in dem er auch nach liechtensteinischem Recht besteht.[358] Es muss also zusätzlich zu der Anwendung deutschen Rechts auch liechtensteinisches Recht angewandt werden, um den Umfang des Ergänzungsanspruchs zu bestimmen. In Liechtenstein sind die Fristen, innerhalb derer freigebige Zuwendungen bei der Berechnung des Pflichtteils berücksichtigt werden, mit nur zwei Jahren, § 785 Abs. 3 ABGB, kürzer als die gestufte Zehnjahresfrist in Deutschland, § 2325 Abs. 3 BGB. Der zukünftige Erblasser könnte also durch die Errichtung einer Stiftung in Liechtenstein die Pflichtteilsanrechnung um acht Jahre verkürzen und so das deutsche Pflichtteilsrecht umgehen.[359] In vielen Fällen dürfte es Abhilfe schaffen, dass die Fristen der drittschützenden Vorschriften auch in Liechtenstein aufgrund der Vermögensopfertheorie verzögert beginnen.[360] Soweit diese jedoch nicht anwendbar ist, könnte eine solche Fristverkürzung dem Rechtsgefühl aller billig und gerecht Denkenden widersprechen.

Allerdings scheint es unwahrscheinlich, dass ein liechtensteinisches Gericht diesen Schluss tatsächlich ziehen würde. Denn das liechtensteinische Recht schützt die Interessen der Erben grundsätzlich durch ein eigenes Pflichtteilsrecht, §§ 784 ff. ABGB. Diese Vorschriften können durch eine Stiftungserrichtung nicht umgangen werden, da sowohl die ursprüngliche Stiftung als auch nachträgliche Zuwendungen bei der Berechnung des Pflichtteils zu berücksichtigen sind, § 785 ABGB. Indem die Pflichtteilsberechtigten in Liechtenstein damit ein Mindestmaß an Schutz genießen, kann eine Umgehung von über das positive Recht hinausgehenden Fristen nicht zu einer Unsittlichkeit im Sinne des § 879 ABGB führen. Schließlich würde ein liechtensteinisches Gericht mit einer anderen Bewertung seinem eigenen Recht damit eine gewisse Unzulänglichkeit bescheinigen. Zu diesem Ergebnis kommt auch der liechtensteinische StGH, der eine vergleichbare Wertung zum Durchgriff durch die Stiftung wegen besonderen Missbrauchs trifft: Der Durchgriff wegen der Benachteiligung von

358 Zu der Anwendung von Art. 29 Abs. 5 IPRG und der Begründung dieses Ergebnisses ausführlich unten S. 489 f.

359 Vgl. *Bösch* in ZStV 2016, 18, 20.

360 Dazu ausführlich S. 239 f.

Pflichtteilsberechtigten ist danach „im Lichte des Verhältnismässigkeitsgrundsatzes als *ultima ratio*" zu sehen, „zumal der Stifterwille dadurch im Gegensatz zur blossen gerichtlichen Durchsetzung des Pflichtteilsanspruchs gänzlich ignoriert wird".[361]

Im Ergebnis führt eine Umgehung des deutschen Pflichtteilsrechts – soweit sie überhaupt möglich ist[362] – in Liechtenstein nicht zu einer Unsittlichkeit des Stiftungszwecks.

bb. Unzulässigkeit wegen der Umgehung deutschen Steuerrechts

Schwieriger gestaltet sich die Bewertung der Umgehung deutschen Steuerrechts. Hierbei ist zwischen einer legalen Umgehung deutscher Vorschriften und einer Steuerhinterziehung zu unterscheiden: Die bloße Rechtswahl einer liechtensteinischen Stiftung, um von der geringeren Steuerlast von teilweise nur 1.800 CHF Mindestertragssteuer[363] im Jahr zu profitieren, fällt in den Bereich der Privatautonomie und stellt damit nach liechtensteinischen Maßstäben kein sittenwidriges Verhalten dar.[364] Außerhalb der legalen Gestaltungen stellt sich grundsätzlich die Frage nach dem Verhältnis einer Steuerhinterziehung zu der Widergesetzlichkeit oder Unsittlichkeit des § 879 ABGB. Diese Frage ist zwar durch den Beitritt Liechtensteins zu internationalen Austauschmechanismen[365] weniger relevant geworden, denn vermeintlich ohne Risiko eine Steuerhinterziehung zu begehen ist nun nicht mehr möglich.[366] In Altfällen und für den

361 StGH, Entscheidung v. 16.9.2002 – StGH 2002/17, Rn. 2.7.

362 Dazu noch unten S. 361 ff.

363 Vorausgesetzt, die Stiftung wird nach Art. 64 Abs. 8 SteG als Privatvermögensstruktur nur mit der Mindestertragssteuer besteuert. Vgl. zur Besteuerung der Stiftung in Liechtenstein, *Kühne* in PSR 2015, 68, 68 ff.; nach Art. 62 SteG beträgt die Mindestertragssteuer nunmehr 1.800 CHF; *Schneider/Gstöhl-Wachter* in UVR 2022, 89, 92.

364 Eine geringe Besteuerung wird jedoch auf ertragsteuerlicher Ebene nur dann vorliegen, wenn die Wirtschaftsgüter der Stiftung nicht über § 39 Abs. 2 AO oder § 15 Abs. 1 AStG deutschen Steuerpflichtigen zugerechnet werden, dazu noch ausführlich unten S. 560 ff.; jedenfalls unterliegt eine liechtensteinische Stiftung nicht der Erbersatzbesteuerung nach § 1 Abs. 1 Nr. 4 ErbStG, sodass in dieser Hinsicht die Steuerlast geringer ausfällt als bei einer deutschen Stiftung. Die legale Wahl einer steuergünstigeren Gestaltung ist aber auch nach deutschem und europäischem Recht unproblematisch vgl. etwa BFH, Urt. v. 16.3.1988 – X R 27/86, BStBl II 1988, 629, juris Rn. 14; EuGH, Urt. v. 12.9.2006 – C-196/04 „Cadburry Schweppes", Slg. 2006, I-7995-8054, 49.

365 Vgl. dazu ausführlich noch unten S. 599 f.

366 Dazu oben S. 52.

historischen Werdegang der liechtensteinischen Stiftung ist sie dennoch weiterhin von Bedeutung.

Im Stiftungskontext kommen mehrere Anknüpfungspunkte für eine Gesetzeswidrigkeit wegen einer Steuerhinterziehung in Betracht: Soweit die Stiftung mit Geldern aus einer Steuerhinterziehung errichtet oder nachträglich ausgestattet wurde, liegt eine Geldwäsche[367] im Sinne des § 165 Abs. 2 und Abs. 5 FL-StGB vor[368] und die Stiftungserrichtung ist bereits nach § 879 ABGB gesetzeswidrig.

Werden hingegen ihre laufenden Einkünfte nicht in Deutschland versteuert, können der wirtschaftliche Berechtigte oder die deutschen Begünstigten in Deutschland eine Steuerhinterziehung verwirklichen, wenn ihnen die Wirtschaftsgüter der Stiftung nach § 39 Abs. 2 AO beziehungsweise die Einkünfte nach § 15 AStG Stifter zugerechnet werden und sie dies nicht entsprechend erklären.[369] Durch das Behalten dieser Einkünfte wird seitens der Stiftung keine Geldwäsche verwirklicht, solange nicht entsprechende Gelder als separater Betrag im Vermögen der Stiftung konkretisiert werden können.[370] Auch wenn es nicht zu einer Hinzurechnung kommt, können die Destinatäre in Deutschland eine Steuerhinterziehung verwirklichen, wenn die Stiftung an ihre Begünstigten leistet und diese die Destinatärsleistungen nicht in ihrer Steuererklärung angeben.

Damit kommt es regelmäßig nur zu einer Steuerhinterziehung in Deutschland. Verstöße gegen ausländische Gesetze stellen jedoch keinen Gesetzesverstoß im Sinne des § 879 Abs. 1 ABGB dar, sodass die Steuerhinterziehung in

---

367 Hier wird der Einfachheit halber der in Deutschland gebräuchliche Begriff der „Geldwäsche" genutzt, in Liechtenstein wird jedoch grundsätzlich der Terminus „Geldwäscherei" genutzt und auch im Gesetz verwendet.

368 Die Vorschrift orientiert sich an § 261 StGB a.F. und wird entsprechend sehr eng ausgelegt. Sie erfasst in jedem Fall auch Fälle der Steuerhinterziehung im Ausland. Es läge aber nur dann eine Geldwäsche vor, wenn in Deutschland kein oder kein ausreichendes Vermögen (mehr) vorhanden sei. BuA Nr. 102/2018, S. 18 ff.

369 Zur Besteuerung im Detail unten S. 578 ff. Eine Steuerpflicht in Deutschland kann zustande kommen, wenn das Einkommen der Stiftung einem deutschen Steuerpflichtigen nach § 39 Abs. 2 AO zugerechnet wird, oder über § 15 AStG eine Hinzurechnung vorzunehmen wäre. Ebenfalls kann eine Steuerpflicht vorliegen, wenn die Ausschüttungen einer nicht beherrschten Stiftung nicht nach § 20 Abs. 1 Nr. 9 EStG versteuert werden.

370 BuA Nr. 102/2018, S. 18 ff. Siehe dazu auch in der rezeptionierten deutschen Vorschrift (§ 261 StGB a.F.), *Altenhain* in Kindhäuser/Neumann/Paeffgen-StGB, § 261 StGB a.F., Rn. 82 m.w.N.

Deutschland nur als Verstoß gegen die guten Sitten qualifiziert werden kann.[371] Dabei sind alle Umstände zu berücksichtigen, „[...] wobei es auf Inhalt, Zweck und Beweggrund des Geschäfts, also auf den Gesamtcharakter der Vereinbarung, ankommt."[372]

Stellt man auf den Gesamtcharakter des Stiftungsgeschäfts ab, kann eine Stiftung, bei welcher die Stifter faktisch über das Vermögen der Stiftung wie ihr eigenes verfügen können und welche allein mit dem Zweck der Steuerhinterziehung errichtet wurde, jedenfalls als sittenwidrig betrachtet werden.[373] Am anderen Ende der vorstellbaren Konstellationen kann eine Stiftung, die zu anderen Zwecken, wie der Nachfolgeplanung, errichtet wurde, bei einer Gesamtwürdigung nicht allein deswegen als sittenwidrig eingestuft werden, weil ein Begünstigter die Destinatärsleistungen bei seiner Steuererklärung verschweigt. Wenngleich regelmäßig eine Einzelfallbetrachtung erforderlich ist, dürfte der Gesamtcharakter des Geschäfts zumindest dann sittenwidrig sein, wenn die Stiftungserrichtung überwiegend der Steuerhinterziehung dienen sollte. Sofern auf deutscher Seite eine Steuerhinterziehung begangen wurde, liegt es umso näher, diese als überwiegenden Zweck zu werten, je leichter der Hinterziehende auf das Vermögen der Stiftung zugreifen konnte. Denn mit jeder Zugriffsmöglichkeit ähnelt die Stiftung mehr einem Konto, das der Steuerhinterziehung dient, als einer eigenständigen juristischen Person.

Bei den in Frage stehenden Stiftungen aus der Zeit vor der Totalrevision des Stiftungsrechts dürfte, in Anbetracht der offensichtlichen Gestaltungen, regelmäßig von dem überwiegenden Zweck der Steuerhinterziehung ausgegangen werden können. Im Fall des ehemaligen Vorstandsvorsitzenden der Deutschen Post, Zumwinkel, war beispielsweise „sämtlichen Beteiligten [...] bewusst, dass eine Besteuerung der im Ausland erzielten Mehreinkünfte nur dann vermieden werden kann, wenn die entsprechenden Gewinne im Rahmen der jährlichen Einkommensteuererklärung nicht angegeben werden".[374] Und „um das Risiko

371 Zur insoweit und auch ansonsten wortgleichen Vorschrift im österreichischen Recht *Riedler* in Kodek/Schwimann-öABGB, § 879, Rn. 3 m.w.N.

372 *Riedler* in Kodek/Schwimann-öABGB, § 879, Rn. 8 m.w.N.

373 Da die Steuerhinterziehung normalerweise einen Gesetzesverstoß nach nationalem Recht darstellt, tritt die Sonderkonstellation der Steuerhinterziehung im Ausland als sittenwidriges Geschäft selten auf. Vgl. aber etwa zur Sittenwidrigkeit eines Geschäftsbesorgungsvertrages, nachdem sich der Beauftragte zur Warnung vor der Gefahr der Entdeckung der Steuerhinterziehung verpflichtete, OGH, Urt. v. 4.2.2011 - CG 2009.162, 54.

374 LG Bochum, Urt. v. 26.1.2009 - 12 KLs 350 Js 1/08, BeckRS 2009, 9039, juris Rn. 20.

einer Entdeckung der beabsichtigten Einkommensteuerhinterziehung zu minimieren, fiel die Wahl [...] auf eine liechtensteinische Familienstiftung."[375]

Die Auswirkungen der Unwirksamkeit nach § 879 Abs. 1 ABGB sind jedoch begrenzt, denn die Nichtigkeitsfolgen des Art. 107 Abs. 5 PGR und des § 879 ABGB werden im Fall der Errichtung einer fehlerhaften Stiftung teleologisch reduziert,[376] sodass es nur zu einer Auflösung der Stiftung *ex-nunc* kommt.[377] Indem in Liechtenstein die Stiftungserrichtung bereits durch die Erklärung des Stifters erfolgt und eine Anerkennung nicht erforderlich ist, kann die Stiftung trotz der Sittenwidrigkeit errichtet werden. Zwar kann ein unzulässiger Zweck bei der Hinterlegung der Gründungsanzeige nach Art. 552 § 20 PGR aufgedeckt und nach Abs. 4 die Ausstellung einer Amtsbestätigung verweigert werden, woraufhin die Stiftung aufzulösen wäre. Bei einer Steuerhinterziehung im Ausland dürfte dies jedoch der Ausnahmefall sein und die Sittenwidrigkeit stattdessen erst nach einigen Jahren bekannt werden. Die bis zur Auflösung bestehende Stiftung kann während ihrer Existenz sowohl Eigentümerin als auch Steuersubjekt in Liechtenstein sein.

Im Ergebnis kann eine überwiegend zur Steuerhinterziehung errichtete damit zwar Stiftung sittenwidrig sein. Ein unwirksamer Stiftungszweck hindert das Entstehen einer Stiftung jedoch grundsätzlich nicht, sondern führt, soweit kein Scheingeschäft – auf das noch näher eingegangen wird[378] – vorliegt, nur nachträglich zur Auflösung der Stiftung.[379]

b. Besondere Anforderungen an den Stiftungszweck

Auch nach liechtensteinischem Recht gibt es besondere Anforderungen an den Stiftungszweck, welche die Rahmenbedingungen für die Gestaltung der Stiftungssatzung und damit verbundener Einflussnahme auf die Stiftung setzen.

aa. Möglichkeit der Erfüllung des Stiftungszwecks

In Liechtenstein ergibt sich die notwendige Erfüllbarkeit des Stiftungszwecks aus Art. 552 § 39 Abs. 2 Nr. 2 PGR, der den Stiftungsrat zu einem Auflösungsbeschluss verpflichtet, wenn der Stiftungszweck erreicht worden oder nicht mehr erreichbar ist. Das liechtensteinische Stiftungsrecht erfordert damit nur

375 LG Bochum, Urt. v. 26.1.2009 – 12 KLs 350 Js 1/08, BeckRS 2009, 9039, juris Rn. 22.
376 *Motal*, Grundfragen, S. 145.
377 Dazu unten im Detail S. 212 f.
378 Dazu unten S. 217 f.
379 *Schauer* in Liechtensteinisches Stiftungsrecht, Art. 552 § 1, Rn. 12.

die abstrakte Erfüllbarkeit des Stiftungszwecks. Es ist nicht erforderlich, dass der Stiftungszweck konkret mit dem aktuellen Stiftungsvermögen erfüllt werden kann. Stattdessen genügt es für die Errichtung der Stiftung, wenn ihr ein festes Mindestkapital von 30.000 CHF/EUR/USD zur Verfügung gestellt wird.[380]

bb. Stiftung auf Zeit und Verbrauchsstiftungen

Anders als in Deutschland fehlt es im Fürstentum an der Voraussetzung einer dauerhaften Zweckerfüllung. Der Gesetzeswortlaut „Die Stiftungserklärung hat jedenfalls zu enthalten: Dauer der Stiftung, falls diese begrenzt ist" lässt Stiftungen auf Zeit explizit zu, ohne dafür eine Mindestdauer zu fordern.[381] Indem Art. 552 § 6 Abs. 1 PGR die Versorgung von Begünstigten aus dem Stiftungsvermögen und den Stiftungserträgen für zulässig erklärt, sind auch Stiftungen mit Vermögensverbrauch erlaubt.[382] Wie im deutschen Recht hat die Frage nach der Zulässigkeit von zeitlich begrenzten Stiftungen sowohl weitreichende Folgen für die Voraussetzungen der Vermögensübertragung auf die Stiftung als auch auf die Gestaltung der Einflussnahme. Denn wenn es zulässig ist, dass Stiftungen nur vorübergehend errichtet werden und das Vermögen anschließend bei dem Stifter oder bestimmten Destinatären anfallen kann, ergeben sich daraus vielerlei Gestaltungsvarianten für die kurzfristige Auslagerung von Vermögen in eine Stiftung.

Tatsächlich dürfte sich das Missbrauchsrisiko jedoch in Grenzen halten. Denn sehr kurz existierende Stiftungen auf Zeit sind – zumindest für deutsche Stifter – regelmäßig abschreckend, da die Errichtung und der Auflösungsvorgang jeweils eine steuerpflichtige Vermögenszuwendung darstellen und in Deutschland eine Steuerbelastung von bis zu 50 % des jeweils übertragenen Betrags anfallen kann.[383]

cc. Bestimmtheit

Das liechtensteinische Recht sieht in Art. 552 § 1 Abs. 1 PGR vor, dass der Stiftungszweck „bestimmt bezeichnet" sein muss. Damit könnten sich für die Bestimmtheit des Stiftungszwecks in Liechtenstein ähnliche Probleme wie in Deutschland

---

380 Zu der in Liechtenstein nicht vorhandenen Mittel-Zweck-Relation zwischen Stiftungszweck und Stiftungsvermögen, siehe unten S. 129 f.

381 Art. 552 § 16 Abs. 1 Nr. 6 PGR.

382 *Gasser* in Gasser/StiftR, Art. 552 § 1, Rn. 13.

383 Ausführlich dazu *Adam*, Besteuerung ausländischer Familienstiftungen, S. 322; *Wassermeyer* in FR 2015, 149, 149 ff.

ergeben. Denn auch in Liechtenstein müsste der Zweck einer Familienstiftung zusätzlich durch Angaben zu den Begünstigten und gegebenenfalls durch Maßstäbe der Mittelverwendung konkretisiert werden. Abhängig von den Bestimmtheitsanforderungen könnte der Stifter sonst gleichermaßen in Liechtenstein als Stiftungsrat seinen eigenen Willen auslegen und dadurch – insbesondere im Hinblick auf die fehlende laufende Aufsicht – auch ohne die Gestaltungsrechte des Art. 552 § 30 Abs. 1 PGR (den Widerruf und die Änderung der Stiftung) und die damit verbundenen Folgen aktiv Einfluss auf die Stiftung nehmen.[384] Die Besetzung des Stiftungsrats nach Art. 552 § 24 Abs. 2 PGR mit mindestens zwei Personen, von denen eine ein Treuhänder gemäß Art. 180a PGR sein muss, könnte zwar Missbrauchsfälle verhindern. Da der Treuhänder jedoch regelmäßig durch den Stifter mandatiert wird, ist dies nicht zwingend anzunehmen.

Bei einer wörtlichen Auslegung des Art. 552 § 1 Abs. 1 S. 2 PGR müsste der Stifter neben dem Stiftungszweck auch die Begünstigten bezeichnen, damit ist jedoch nach den Gesetzesmaterialien[385] und der herrschenden Meinung[386] nur eine Bestimmbarkeit der Begünstigten gemeint. Da eine Privatstiftung auch im liechtensteinischen Recht auf eine unendliche Dauer angelegt sein kann, genügt die einmalige Bestimmung von Destinatären nicht, sondern eine allgemeine Bestimmbarkeit ist erforderlich. Entsprechend sieht das liechtensteinische Recht in Art. 552 § 16 Abs. 1 Nr. 4 PGR vor, dass bei der Zweckbestimmung einer Privatstiftung die Begünstigten konkret festgelegt werden oder sich anhand objektiver Merkmale bestimmen lassen müssen. Bei einer wörtlichen Auslegung dieser Vorschrift könnten diese Voraussetzungen dazu führen, dass der Stifter eine objektive Formel für die Bestimmung der Begünstigten festlegen muss. Deren Bestandteile könnten dann zwar vom Stiftungsrat ausgelegt werden, jedoch müsste sich die Objektivität der Merkmale auch auf Ebene der Auslegung fortsetzen, sodass der Stiftungsrat bei auslegungsbedürftigen Begriffen entsprechende Maßstäbe entwickeln müsste. Die Regelung kann entweder in der Stiftungssatzung oder in Beistatuten vorgenommen werden, Art. 552 § 16 Abs. 1 Nr. 4 und § 17 PGR. Dabei sind Regelungen in der Satzung oder den Beistatuten gleichrangig zu behandeln.[387] Eine Regelung in den Beistatuten führt lediglich zu einer größeren Anonymität der Begünstigten, da ihr Inhalt im Gegensatz zum

---

384 Ausführlich S. 333 f.

385 BuA Nr. 13/2008, S. 81.

386 *Schauer* in Liechtensteinisches Stiftungsrecht, Art. 552 § 1, Rn. 9 f. m.w.N.; *Gasser* in Gasser/StiftR, § 2, 26–28

387 Dazu auch *Lorenz* in Liechtensteinisches Stiftungsrecht, Art. 552 § 17, Rn. 4.

Stiftungszweck bei der Hinterlegung der Gründungsanzeige nicht offengelegt werden muss.

Wie gering die Anforderungen an eine rudimentäre Bestimmbarkeit der Destinatäre nach der Rechtsprechung im Einzelfall waren, zeigt sich an einer Entscheidung des StGH zu einer nach altem Recht errichteten Stiftung. In dieser Entscheidung wurde ohne weitere Ausführungen von der Zulässigkeit einer Satzung ausgegangen, welche vorsah, dass „der Stiftungsrat ermächtigt [ist], in separaten Beistatuten den Kreis der Begünstigten, den Umfang ihrer Begünstigung sowie den Zeitpunkt der Zuwendung nach freiem Ermessen festzulegen", sowie, dass es „im absolut freien Ermessen des Stiftungsrates [liegt], in Übereinstimmung mit dem Beirat, sollte es einen solchen geben, ob, wem, wann, wie oft, wo und in welcher Form (Einkommen und/oder Kapital) Zuwendungen gemacht werden".[388] Es bedurfte mithin weder der Festlegung eines Kreises potenzieller Begünstigter noch waren objektive Kriterien für die Förderung, etwa Bedürftigkeit, Leistung oder gewisse Meilensteine, nach der Rechtsprechung erforderlich. Da diese Entscheidung zu einer Stiftung erging, die nach altem Recht errichtet wurde und deren Vertrauen auf die vorige Rechtslage in die Urteilsfindung eingeflossen sein könnte,[389] kann sie nicht ohne Weiteres auf die neue Rechtslage übertragen werden.

Der liechtensteinische Gesetzgeber hat mit der Neuregelung jedoch nur die Bestimmbarkeit des Kreises der Begünstigten geregelt und es dabei für zulässig erachtet, dass sogar ein anderes Organ als der Stiftungsrat den konkreten Begünstigten aus dem Kreis auswählen kann.[390] Mit der Regelung des Art. 552 § 16 Abs. 1 Nr. 4 PGR wollte der Gesetzgeber jedoch nicht über die Rechtsprechung der liechtensteinischen Gerichte hinausgehen.[391] Der OGH hatte in den Jahren vor der Reform – bestätigt durch den StGH – entschieden, dass das

388 StGH, Urt. v. 1.7.2014 – StGH 2014/004, Tz. 2.5.2 f. Der Zweck der Stiftung war „die Verwaltung und Anlage von beweglichem und unbeweglichem Vermögen aller Art, das Halten von Beteiligungen und anderen Rechten, sowie die Durchführung der damit zusammenhängenden Geschäfte [sowie] die Zuwendung von Stiftungsbegünstigungen durch Verteilung von Erträgnissen des Stiftungsvermögens und/oder Verteilung von Stiftungsvermögen an bestimmte oder bestimmbare Begünstigte/Familienangehörige". Weitere Anhaltspunkte für eine Konkretisierung der Begünstigten und der Stiftungsaufgaben bot der Stiftungszweck nicht.

389 Vgl. zu dem Vertrauensschutz im Rahmen der Anwendung der Übergangsvorschriften *Jakob*, Liechtensteinische Stiftung, Rn. 648.

390 BuA Nr. 13/2008, S. 81.

391 BuA Nr. 13/2008, S. 81.

Stiftungserrichtungsgeschäft zumindest rudimentär erkennen lassen müsse, wie das Stiftungsvermögen verwendet und nach welchen zumindest überblicksartigen Kriterien der Kreis der Begünstigten gezogen wird.[392] Nach Art. 2 der Übergangsbestimmungen müssen auch solche Stiftungen, die vor der Reform errichtet worden sind, die Anforderungen des Art. 552 § 16 Abs. 1 Nr. 4 PGR erfüllen und können dabei, falls notwendig, auf Ausnahmerechte nach Art. 2 Abs. 2 und 3 der Übergangsbestimmungen zurückgreifen.[393] Im Ergebnis genügt es, wenn die objektiven Merkmale eine grobe Bestimmung der Begünstigten zulassen. Weitere Kriterien sind nicht erforderlich, solange es nicht im alleinigen Ermessen des Stiftungsrates liegt, wer als Begünstigter ausgewählt wird.[394]

Durch eine solch freie Ermessensausübung des Stiftungsrates wäre eine regelmäßige Neubestimmung der Begünstigten innerhalb des Kreises sowie der Höhe und Art der Leistungen möglich. Da sich der Stiftungsrat damit im Rahmen seiner Kompetenz bewegt, könnten auch die – ohnehin leicht einschränkbaren – Aufsichtsmöglichkeiten der Begünstigten nach Art. 552 §§ 7, 9 PGR nicht zu einer Einschränkung des Ermessensspielraums der gegebenenfalls mit dem Stifter besetzen Stiftungsorgane führen.[395] In Verbindung mit einer geringen Aufsichtsdichte und einer restriktiven Rechtsprechung[396] bei der Ermessensüberprüfung bestünde damit eine deutliche Möglichkeit des Stifters, Einfluss auf die Verteilung der Stiftungserträge zu nehmen.

Von einer allzu freien Formulierung des Stiftungszwecks scheint zumindest der OGH langsam Abstand zu nehmen und fordert konkretere Bestimmungen

392 OGH, Beschl. v. 17.7.2003 – 1 CG.2002.262; StGH, Entscheidung v. 18.11.2003 – StGH 2003/65 zu der Rechtsprechung auch *Schauer* in Liechtensteinisches Stiftungsrecht, Art. 552 § 1, Rn. 8; *Jakob*, Liechtensteinische Stiftung, Rn. 42. Die Rechtsprechung ist, allerdings auch zum alten Recht, noch einmal bestätigt worden, OGH, Entscheidung v. 6.3.2008 – 1 CG.2006.71, LES 2008, 279, 284.

393 Dazu auch ausführlich *Jakob*, Liechtensteinische Stiftung, Rn. 648 ff.

394 *Gasser* in Gasser/StiftR, § 2, 28.

395 Die Destinatäre sind – wie auch zum deutschen Recht gezeigt – kaum schutzwürdig, solange sie keinen Rechtsanspruch i.S.d. Art. 552 § 6 PGR haben, da es sich grundsätzlich um freigebige Zuwendungen handelt. Eine Überwachung durch die Destinatäre hätte aber faktisch zu einer Überwachung der Ermessensausübung und damit einer weniger freien Verfügbarkeit der Stiftungsorgane über das Vermögen führen können.

396 StGH, Urt. v. 1.7.2014 – StGH 2014/004, Tz. 2.5.1, „In reinen Ermessensentscheidungen hat sich das Gericht zurückzuhalten und nur dann einzuschreiten, wenn die Stiftungsorgane das ihnen zustehende Ermessen überschritten oder gar missbraucht haben […]".

in der Stiftungssatzung.[397] Eine Satzung mit dem Inhalt „Zweck der Stiftung ist die Bestreitung der Kosten der Erziehung und Bildung, der Ausstattung und Unterstützung hinsichtlich des allgemeinen Lebensunterhaltes von Angehörigen einer oder mehrerer bestimmter Familien sowie die Verfolgung ähnlicher Zwecke. Im Sinne des Reglements kann die Stiftung darüber hinaus auch Leistungen an natürliche oder juristische Personen, Institutionen u.a. erbringen."[398] wurde als „allgemein gehaltene Floskel" bewertet und ihr nur eine „untergeordnete Rolle" beigemessen.[399] Diese Aussage stellt grundsätzlich einen Schritt in die Richtung von höheren Bestimmtheitsanforderungen und damit mehr Rechtssicherheit dar, welche letztlich auch das Ziel der Totalrevision gewesen ist.[400]

Auch wenn diese Rechtsprechung als zu allgemein kritisiert wird,[401] führen offene Klauseln zu dem gravierenden Problem, dass die Regelungen zur Bestimmbarkeit der Begünstigten bei einer Familienstiftung regelmäßig inhaltsleer sind. Denn es liegt in der Natur einer Familienstiftung, dass der Kreis der Begünstigten objektiv bestimmbar ist, weil er sich auf einen oder mehr Familienstämme und gegebenenfalls deren Partner bezieht. Die zu fördernde Familie und gegebenenfalls auch weitere Begünstigte werden zu Anonymitätszwecken regelmäßig in einem Beistatut oder Reglement bestimmt. Wenn diese Dokumente jedoch – etwa in dem zuletzt genannten Beschluss des OGH[402] – durch den Stiftungsrat geändert oder ergänzt werden können, kommt dieser Festlegung nur eine eingeschränkte Wirkung zu. Letztlich kann es der Stiftung dann an ihrem Herzstück fehlen, wenn dieses dynamisch ausgetauscht oder erweitert werden kann. Das Streben nach höheren Anforderungen an die Bestimmtheit spiegelt letztlich – im Kern, aber nicht im Ausmaß – die im deutschen Recht von *Dylla* vorgebrachten Argumente zur Weisungsfunktion des Stiftungszwecks,[403] denn ohne eine konkretere Bestimmbarkeit der tatsächlichen Begünstigten oder klare ermessensleitende Vorgaben zu ihrer Auswahl fehlt es an klaren Maßstäben für die Organe.

Eine gewisse Einschränkung der Freiheiten der Stiftungsräte kann im Gesamtbild auch zum Teil als Reaktion auf einen Vertrauensverlust[404] in die Zunft der

---

397 OGH, Beschl. v. 1.2.2019 – 03 CG.2012.236, Rn. 8.2.3.3.; vgl. *Gasser* in Gasser/StiftR, § 2, 28.
398 OGH, Beschl. v. 1.2.2019 – 03 CG.2012.236, 8.
399 OGH, Beschl. v. 1.2.2019 – 03 CG.2012.236, Rn. 8.2.3.3.
400 BuA Nr. 13/2008, S. 5.
401 *Gasser* in Gasser/StiftR, § 2, 28.
402 OGH, Beschl. v. 1.2.2019 – 03 CG.2012.236, 9.
403 *Dylla*, Weisungsfunktion, S. 87 ff.
404 *Schwärzler/Hermann/Sahranavard* in PSR 2019, 93, 93 ff.

liechtensteinischen Treuhänder gesehen werden, welche in Liechtenstein zwingend einen Teil jedes Stiftungsrats darstellen.[405] Aufgrund von „ausufernden Honoraren und Kosten für die Verwaltung von Strukturen, der Verweigerung von Informationen über die Tätigkeit von Organen und der Ablehnung von Mandatsübertragungen auf andere Treuhänder“ sah sich die Branche in den vergangenen Jahren Kritik ausgesetzt.[406] Wenn durch klarere Vorgaben der Stiftungszweck deutlicher definiert werden muss, beugt dies einem allzu freien Walten der Treuhänder vor und könnte so das Vertrauen in die liechtensteinischen Treuhänder wieder stärken.

Allerdings weist *Gasser* darauf hin, dass viele bereits errichtete Stiftungen mit im obigen Sinne unbestimmten Klauseln errichtet wurden[407] und eine Änderung nicht ohne Weiteres möglich ist. Da diese Praxis in Anbetracht der zitierten StGH-Rechtsprechung[408] nicht verwundert, spricht der Vertrauensschutz der Stifter dieser Stiftungen dafür, dass die höheren Bestimmtheitsanforderungen vorrangig bei neu errichteten Stiftungen vorauszusetzen sind.

Im Ergebnis bedeutet die Entscheidung des OGH jedoch nicht, dass über einen weiten Stiftungszweck kein Einfluss mehr auf die Stiftung genommen werden kann. Denn selbst wenn der Stiftungszweck in Zukunft genauere Vorgaben zur Bestimmbarkeit der Destinatäre erfordert und diese nicht mehr gänzlich frei dem Stiftungsrat überlassen werden dürfen, gilt dies nur für den Stiftungszweck selbst. Nach der Entscheidung des OGH ist es zulässig, wenn der Stiftungsrat „bezüglich Art, des Umfangs und des Zeitpunkts jeglicher aus dem Stiftungskapital zu tätigenden Zahlung oder Abtretung [...] ausschließlich gemäss den Anweisungen der Erstbegünstigten zu handeln [hat].“[409] Insoweit kann die Entscheidung über die konkrete Erfüllung des Stiftungszwecks nach der neueren Rechtsprechung den Destinatären überlassen werden.

3. *Fazit*

In beiden Rechtsordnungen sind privatnützige selbstständige Stiftungen grundsätzlich zulässig. Die in Deutschland ursprünglich vertretene Ansicht, dass die zulässigen Stiftungszwecke im weiten Sinne auf gemeinnützige Zwecke zu

---

405 Dazu unten S. 142 ff.
406 *Schwärzler/Hermann/Sahranavard* in PSR 2019, 93, 93.
407 *Gasser* in Gasser/StiftR, § 2, 28.
408 StGH, Urt. v. 1.7.2014 – StGH 2014/004, Tz. 2.5.2 f.
409 OGH, Beschl. v. 1.2.2019 – 03 CG.2012.236, Rn. 8.2.3.3.

beschränken seien,[410] ist, soweit sie nach der Reform des Stiftungsrechts 2002 noch vertreten wird, eher eine politische. Gleichwohl bestehen in beiden Rechtsordnungen Bedenken gegen bestimmte Gestaltungsvarianten der privatnützigen Stiftung, auf die gesondert eingegangen wird.[411] Gemeinsamkeiten weisen das deutsche und das liechtensteinische Recht darüber hinaus bei den weiteren Anforderungen an den Stiftungszweck auf. Neben der Zulässigkeit der Stiftung auf Zeit sind in beiden Rechtsordnungen jeweils gesetzes- oder sittenwidrige Stiftungszwecke unzulässig.

In beiden Staaten genügt bei einer Familienstiftung jeweils die abstrakte Bestimmbarkeit der Begünstigten. Bezüglich der konkreten Umsetzung der Förderung der Familie bestehen jeweils kaum Anforderungen an eine Konkretisierung. Durch die Kombination mit organisationsrechtlichen Varianten zur Einflussnahme des Stifters erlaubt ein offener Stiftungszweck mit geringen Erfüllungsvorgaben jedoch zwangsläufig faktische Verfügungsmöglichkeiten des Stifters, der Destinatäre und gegebenenfalls Dritter über das Stiftungsvermögen.

Dem Ziel, diesen Einfluss auf der Ebene des Stiftungszwecks einzuschränken, steht regelmäßig die notwendige Flexibilität einer ewigen Stiftung bei der Wahl des Stiftungszwecks und seiner Umsetzung gegenüber. Entsprechend führen hohe Anforderungen an die Bestimmtheit zu schwer einschätzbaren Risiken für die ungewisse Zukunft. Im Ergebnis spricht daher viel dafür, den Einfluss auf die Stiftung – soweit dieser denn eingeschränkt werden soll – auf einer anderen Ebene als der des Stiftungszwecks zu begrenzen. Dies bedeutet jedoch nicht, dass die bestehenden Bestimmtheitsanforderungen zu senken sind. Denn durch die Möglichkeit der Zweckänderung in beiden Rechtsordnungen[412] kann der Stiftungszweck zur Not auch bei einer wesentlichen Änderung der Umstände noch angepasst werden.

II. Exkurs: Stiftungsgegenstand

Der Gegenstand der Stiftung ist zwar nicht Teil der Trias des Stiftungsbegriffs, gleichwohl ist er zwingend zur Erfüllung des Stiftungszwecks erforderlich. Wie bereits im Rahmen des Zwecks dargelegt, hängen Zweck und Gegenstand der Stiftung eng zusammen, da der Zweck durch den Gegenstand konkretisiert werden kann.

---

410 Dazu v. *Campenhausen/Stumpf* in Richter-StiftR, § 1, Rn. 9 m.w.N.

411 Siehe dazu unten S. 378 ff.

412 Dazu unten S. 290 ff.

1. Deutschland

In Deutschland kann grundsätzlich alles, was nicht gegen die guten Sitten, das Gesetz oder den Stiftungszweck verstößt, Gegenstand der Stiftung sein, also auch eine eigene wirtschaftliche Tätigkeit.[413] Bei den verschiedenen Möglichkeiten einer wirtschaftlichen Betätigung hat die Verbindung der Stiftung mit einem Unternehmen eine besonders herausgehobene Stellung. Der entsprechende Oberbegriff der unternehmensverbundenen Stiftung[414] umfasst all jene Stiftungen, welche im Wesentlichen mittelbar oder unmittelbar den Betrieb eines Unternehmens zum Gegenstand haben. Dabei kann die Stiftung entweder selbst aktiv gewerblich am Markt tätig sein oder einer vermögensverwaltenden Tätigkeit (je nach Ausgestaltung sog. Beteiligungsträgerstiftung oder Holdingstiftung)[415] nachgehen. Die vermögensverwaltende Tätigkeit stellt dabei insbesondere bei Familienstiftungen den Regelfall dar, da ein Großteil der Familienstiftung bereits bei der Errichtung mit Anteilen an Gesellschaften ausgestattet wird. Im Gegensatz zu der Errichtung mit Barvermögen kann bei

---

413 *Weitemeyer* in MüKo-BGB, § 80, Rn. 202 f.; *Rawert*, Genehmigungsfähigkeit, S. 22 ff. Auch die Bund-Länder Arbeitsgruppe geht in ihrem Bericht von 2016 weiterhin von einer Zulässigkeit der unternehmerischen Tätigkeit der Stiftung aus, Bericht der Bund-Länder-Arbeitsgruppe Stiftungsrecht 2016, S. 15. Eine vor allem von Reuter vertretene Einschränkung auf Basis einer analogen Anwendung des § 22 BGB wurde von ihm aufgegeben, *Reuter* in MüKo-BGB, [6. Auflage 2012] § 80, Rn. 103 ff.

414 Zu dem Begriff *Muscheler*, Stiftungsrecht, S. 321 f.; *Hüttemann/Rawert* in Staudinger-BGB, Vor §§ 80–88, Rn. 193; *Werner* in Erman-BGB, [14. Auflage] Vor §§ 80–88, Rn. 20; teilweise auch als „Unternehmensstiftung" z.B. *Richter* in Richter-StiftR, § 12, Rn. 1 bezeichnet. Die synonyme Verwendung des Begriffs „Unternehmensträgerstiftung", so u.a. *Kronke*, Stiftungstypus, S. 187, als Oberbegriff scheint hingegen, gegebenenfalls als Folger der Ausführungen von *Muscheler* aus dem Jahre 2005 (2011 ist lediglich eine unveränderte Neuauflage erschienen), abgenommen zu haben. Stattdessen wird der Begriff der Unternehmensträger nun treffend als Unterbegriff für all jene Stiftungen gebraucht, die unmittelbar Trägerin eines Unternehmens sind, so z.B. *Jakob/Uhl* in BeckOGK, § 80 BGB, Rn. 14.

415 Zu den Begriffen s. bspw. *Hüttemann/Rawert* in Staudinger-BGB, Vor §§ 80–88, Rn. 193. Nach *Rawert/Hüttemann* halten zwar sowohl die Beteiligungsträgerstiftung als auch die Holdingstiftung Beteiligungen an Personen- oder Kapitalgesellschaften – die Holdingstiftung fungiert jedoch zugleich als oberstes Organ für die Konzernverwaltung. Die aktive Tätigkeit der Holdingstiftung als Konzernmutter führt zu einer steuerlichen Einstufung ihrer Einkünfte als Gewerbeerträge und entsprechender Gewerbesteuerpflicht, da die Tätigkeit über die bloße Vermögensverwaltung hinausgeht, *Roth* in BeckOGK, § 80 BGB, Rn. 623.

der Errichtung einer Privatstiftung mit Unternehmensanteilen unter Umständen auch die Steuerfreistellung der §§ 13a, 13b ErbStG für Betriebsvermögen in Anspruch genommen werden, sodass die Errichtung der Stiftung mit einer geringen oder gänzlich ohne Steuerbelastung möglich ist.

2. Liechtenstein

In Liechtenstein dürfen Stiftungen kein nach kaufmännischer Art geführtes Gewerbe ausüben (Art. 552 § 1 Abs. 2 PGR) oder persönlich haftende Gesellschafterin einer Personengesellschaft sein (Abs. 3), soweit dies nicht zur Erfüllung eines gemeinnützigen Zwecks erforderlich ist. Zwar schweigt der Antrag der Landesregierung im Gesetzgebungsverfahren zu dem Telos dieser Einschränkung.[416] Das Verbot einer kaufmännischen Tätigkeit dürfte jedoch darin begründet sein, dass eine wirtschaftliche Tätigkeit auf Rechtsformen, die der Aufsicht oder einem Registerzwang unterliegen, begrenzt sein und dadurch dem Gläubigerschutz Rechnung tragen soll. Dies belegt insbesondere Art. 552 § 1 Abs. 3 PGR, welcher laut Antrag der Landesregierung speziell zur Verhinderung einer „Stiftung & Co. KG" geschaffen wurde.[417] Insoweit wird auch hier das Ziel der österreichischen Rezeptionsgrundlage verfolgt, eine mittelbare wirtschaftliche Betätigung der Stiftung als persönlich haftende Gesellschafterin mit Geschäftsführungsbefugnis in einer Personengesellschaft zu verhindern.[418] Anders als in Österreich können Stiftungen in Liechtenstein grundsätzlich die Geschäftsführung einer Gesellschaft übernehmen und insbesondere auch als Konzernspitze mit Leitungsgewalt tätig werden.[419]

Mit Art. 42 Abs. 3 HRV bietet das liechtensteinische Recht eine eigene Gewerbedefinition. Danach ist ein Gewerbe jede selbstständige, auf den dauernden Erwerb gerichtete wirtschaftliche Tätigkeit, wobei Gewinnstrebigkeit keine Voraussetzung ist. Allerdings orientiert sich das weitergehende Verständnis des Begriffs der kaufmännischen Tätigkeit am österreichischen und deutschen Gewerbebegriff.[420] Entsprechend ist für das Vorliegen eines Gewerbes eine Tätigkeit am Markt erforderlich.[421] Eine Tätigkeit am Markt übt nach der

416 BuA Nr. 13/2008, S. 46.

417 BuA Nr. 13/2008, S. 46.

418 BuA Nr. 13/2008, S. 46.

419 Zum Verbot der Stiftung als haftende Gesellschafterin einer Personengesellschaft ausführlich *Wohlgenannt*, Selbstzweckstiftungen, S. 104 ff. Zur Rezeptionsgrundlage BuA Nr. 13/2008, S. 46.

420 Vgl. dazu BuA Nr. 13/2008, S. 43 ff.

421 *Schmidt* in MüKoHGB, § 1, Rn. 20.

in Deutschland herrschenden und auch in den liechtensteinischen Gesetzesdokumenten zitierten Ansicht jedoch nur aus, wer Waren oder Leistungen anbietet.[422] Soweit eine Stiftung nur eine eigene Vermögensverwaltung betreibt, bietet sie weder Waren noch Leistungen am Markt an und ist damit nicht gewerblich tätig. Betrachtet man die deutsche Auslegung des Gewerbebegriffs, so wird dieses Ergebnis durch § 105 Abs. 2 HGB gestützt, nach welchem vermögensverwaltende Gesellschaften der Eintragung in das Handelsregister bedürfen, um zur OHG zu werden.[423] Die Zulässigkeit von Stiftungen als Vermögensverwalter (für eigenes Vermögen)[424] sowie als Konzernmutter entspricht inhaltlich dem Antrag der liechtensteinischen Landesregierung, welche die Anlage und Verwaltung von Vermögen auch nach der Stiftungsrechtsreform zulassen wollte.[425] Das in Deutschland vertretene Argument, dass sich eine Komplementärstellung der Stiftung verbiete, da die Stiftung sonst mit ihrem Vermögen nicht dauerhaft und nachhaltig ihren Zweck verfolgen könne,[426] lässt sich für das liechtensteinische Recht nicht vorbringen, da es – wie noch gezeigt wird – an mit dem deutschen Recht vergleichbaren Vorgaben zur Mittelverwendung fehlt.[427]

Im deutschen Steuerrecht wird davon ausgegangen, dass der steuerliche Rahmen der Vermögensverwaltung überschritten wird, wenn eine Holdingstiftung, die als aktiv waltende Konzernmutter nicht nur die relevanten Beteiligungen hält, sondern auch geschäftsleitende Aufgaben übernimmt.[428] Da bei der liechtensteinischen Interpretation auf deutsches Recht Bezug genommen wird, stellt sich die Frage, ob nicht auch besonders aktive Holdingstiftungen in Liechtenstein als Gewerbetreibende zu betrachten sind. Weil die gesellschaftsrechtlichen und die steuerlichen Gewerbedefinitionen jedoch teils voneinander abweichen, kann bei einer gesellschaftsrechtlichen Betrachtung nicht auf steuerrechtliche Wertungen abgestellt werden. Trotz der aktiven Wahrnehmung der Holdingaufgaben fehlt

---

422 BuA Nr. 13/2008, S. 43 f.; *Schmidt* in MüKoHGB, § 1, Rn. 28 m.w.N.

423 *Schmidt* in MüKoHGB, § 1, Rn. 28.

424 Würde die Stiftung fremdes Vermögen verwalten, so böte sie eine Leistung am Markt an und wäre damit gewerblich, vgl. BuA Nr. 13/2008, S. 44; *Jakob*, Liechtensteinische Stiftung, S. 123.

425 BuA Nr. 13/2008, S. 44 f.

426 Bericht der Bund-Länder-Arbeitsgruppe Stiftungsrecht 2016, S. 13; *Weitemeyer* in AcP 2017, 431, 439 f.

427 Dazu noch unten S. 129 f.

428 Konkret zur Stiftung, *Roth* in BeckOGK, § 80 BGB, Rn. 620 m.w.N.; allgemein zur Holding als gewerbliches Unternehmen *Neumann* in Gosch-KStG, § 14, Rn. 110 ff. m.w.N.

es laut *K. Schmidt* an einer anbietenden Tätigkeit am Markt, weswegen bereits nach der deutschen Definition eine konzernleitende Holding in der Regel nicht gewerblich tätig wäre.[429] Nach Art. 552 § 1 Abs. 2 Hs. 2 PGR ist die Einrichtung eines kaufmännischen Betriebes jedoch ohnehin bei privatnützigen Stiftungen zulässig, soweit die ordnungsgemäße Anlage und Verwaltung des Stiftungsvermögens dies erfordert. Damit sind all jene kaufmännischen Einrichtungen gemeint, die auch bei nicht am Markt tätigen juristischen Personen für ihre Tätigkeit erforderlich sein können. Der Antrag der Landesregierung zählt dazu beispielsweise die Beschäftigung von Mitarbeitern sowie die Einrichtung eines Rechnungswesens.[430] Im Ergebnis kann daher davon ausgegangen werden, dass in Liechtenstein auch Stiftungen möglich sind, die geschäftsleitend bei ihren Unternehmensbeteiligungen eingreifen. Hierdurch kann ein Einfluss auf die Stiftung mittelbar den Einfluss auf das im Stiftungsvermögen befindliche Unternehmen ermöglichen, was insbesondere bei der Einbringung von Familienunternehmen im Interesse des Stifters liegen kann.

III. Stiftungsvermögen

Das Stiftungsvermögen stellt in beiden Rechtsordnungen den zweiten der drei wesentlichen Aspekte des Stiftungsbegriffs dar. Es ist die notwendige Voraussetzung für die Verfolgung und Erfüllung des Stiftungszwecks und der eigentliche Grund für die Rechtsfähigkeit der Stiftung.[431] Die Frage, in welchem Umfang das Stiftungsvermögen der Stiftung zur Verfügung stehen muss, ist untrennbar mit den Möglichkeiten und Grenzen der Einflussnahme auf die Stiftung verbunden. Während die Auseinandersetzung mit den Anforderungen an den Vermögensübergang an späterer Stelle[432] vorgenommen wird, erfolgt in diesem Abschnitt vorerst nur ein Vergleich der grundsätzlichen Merkmale und Voraussetzungen des Stiftungsvermögens.

1. Deutschland

In Deutschland muss das Stiftungsvermögen in der Stiftungssatzung geregelt sein, § 81 Abs. 1 S. 3 Nr. 4 BGB. Das Vermögen besteht nach der bisherigen Definition dabei aus allen Vermögenswerten, die der Stiftung zur Verfolgung

---

429 *Schmidt* in MüKoHGB, § 1, Rn. 28.

430 BuA Nr. 13/2008, S. 44.

431 Vgl. *Jakob/Uhl* in BeckOGK, § 80 BGB, Rn. 146 ff.

432 Dazu unten S. 153 ff.

des Zwecks zugewendet werden, sowie zukünftigen Zuwendungen, mit denen sicher gerechnet werden kann.[433] Nach der Reform 2021 muss das Vermögen der Stiftung gewidmet werden, § 81 Abs. 1 Nr. 2 BGB-Neu.[434] Vor allem wird es nunmehr in § 83b BGB-Neu konkreter geregelt und in Grundstockvermögen und sonstiges Vermögen aufgeteilt, § 83b Abs. 1 BGB-Neu. Die einzelnen Bestandteile des Grundstockvermögens werden in § 83b Abs. 2 BGB-Neu aufgeführt. Das sonstige Vermögen besteht im Umkehrschluss aus allen anderen Vermögenswerten der Stiftung. Insbesondere gehören demnach die laufenden Erträge aus dem Stiftungsvermögen – sofern sie nicht von der Stiftung zum Grundstockvermögen bestimmt werden, § 83b Abs. 2 Nr. 3 BGB-Neu – zum sonstigen Vermögen.[435] Wesentliche Auswirkungen entfaltet diese Unterscheidung im Hinblick auf die nun bundesrechtlich geregelten Vorgaben bei der Verwaltung des Stiftungsvermögens.

Die gesetzlichen Anforderungen an das Stiftungsvermögen und an die Grundsätze seiner Verwaltung begrenzen den Handlungsspielraum der Stiftungsorgane bei der Verwendung entscheidend und können somit ein wichtiger Baustein bei der Regulierung des Einflusses auf die Stiftung sein. Denn je strenger die gesetzlichen Vorgaben sind, desto geringer sind die Möglichkeiten, durch einen Einfluss eine anderweitige Nutzung beziehungsweise Verteilung der Stiftungsressourcen zu erreichen. Daher werden die wesentlichen Grundsätze im Folgenden aufgearbeitet.

a. Erfüllung des Stiftungszwecks

Das Vermögen muss dazu geeignet erscheinen, die dauernde und nachhaltige Erfüllung des Stiftungszwecks sichern zu können, da sonst die Voraussetzungen für die Anerkennung nach § 80 Abs. 2 S. 2 BGB beziehungsweise § 82 S. 1 BGB-Neu nicht erfüllt sind. Ob das Stiftungsvermögen diese Voraussetzungen erfüllen kann, ist grundsätzlich vom Stifter mittels einer Prognoseentscheidung zu bewerten. Dabei muss er einschätzen, ob die Lebensfähigkeit der Stiftung bei einer Mittel-Zweck-Relation gewährleistet ist.[436] Die zuständige Stiftungsbehörde kann diese Prognoseentscheidung nicht selbst treffen, sondern darf im Rahmen der Anerkennungsentscheidung lediglich eine Plausibilitätskontrolle

---

433 *Weitemeyer* in MüKo-BGB, § 81, Rn. 40.

434 *Hüttemann/Rawert* in ZIP 2021, 3, 7.

435 *Hüttemann/Rawert* in ZIP 2021, 3, 13.

436 *Weitemeyer* in MüKo-BGB, § 81, Rn. 18; dies gilt weiterhin auch für die neue Rechtslage BT-Drucks. 19/28173, S. 51; *Hüttemann/Rawert* in ZIP 2021, 3, 9–10.

der Entscheidung des Stifters durchführen.[437] Denn soweit die Errichtung der Stiftung ein Ausdruck der Privatautonomie des Stifters ist und die Stiftungserrichtung nicht der Genehmigung, sondern nur der Anerkennung unterliegt, soll der Staat sein Urteil nicht über das des Bürgers stellen.[438]

Privatnützige Stiftungen dürften regelmäßig mit einem Kapital ausgestattet sein, das diese Voraussetzungen erfüllt. Denn im Gegensatz zu gemeinnützigen Stiftungen geht es dem Stifter weder darum, sich mit der Stiftung ein Denkmal zu setzen noch philanthropisch zu handeln, sondern vor allem um eine effektive Vermögensverwaltung zugunsten seiner Angehörigen. Die Errichtung eines selbstständigen Rechtsträgers wird bei einem geringen Vermögen aber im Verhältnis zu den Vorteilen regelmäßig zu aufwendig sein, zumal die Erträge nicht nur durch die Verwaltungsausgaben, sondern auch durch Steuern geschmälert werden. Außerdem bietet für den Fall des Ablebens die Testamentsvollstreckung bei kleineren Vermögen eine gute Alternative.[439] Soll hingegen lebzeitig der Familie etwas zugewendet werden, können die Zuwendungen auch direkt an die ausgewählten Angehörigen fließen.

Trotzdem kann die Kapitalausstattung auch bei privatnützigen Stiftungen insoweit relevant werden, als die Stiftung nicht über ihr gesamtes, sondern nur über einen Teil ihres Vermögens verfügen kann, weil sich der Stifter entweder Rechte an dem Vermögen vorbehalten hat oder weiterhin gravierenden Einfluss auf die Stiftung nehmen kann. Fehlt es in diesen – noch näher zu besprechenden[440] – Fällen an einer Bereicherung der Stiftung, kommt es darauf an, ob die Stiftung zumindest über ein Vermögen verfügen kann, das ausreicht, um die dauernde und nachhaltige Erfüllung des Stiftungszwecks zu ermöglichen.

Das Gesetz sieht für die Errichtung einer Stiftung – auch weiterhin[441] – kein Mindestkapital vor.[442] Solange es sich nicht um eine Verbrauchsstiftung[443]

---

437 *Weitemeyer* in MüKo-BGB, § 80, Rn. 130 ff.; dem zustimmend *Hüttemann/Rawert* in Staudinger-BGB, § 80, Rn. 26.

438 *Weitemeyer* in MüKo-BGB, § 80, Rn. 131.

439 Die dreißigjährige Frist für die Dauervollstreckung nach § 2210 BGB dürfte bei kleineren Vermögen kein Hindernis darstellen, da das Vermögen in dieser Zeit aufgebraucht sein dürfte.

440 Dazu unten S. 153 ff.

441 Kritisch *Hüttemann/Rawert* in ZIP 2021, 3, 9–10.

442 Entsprechende Überlegungen zur Einführung eines Mindestkapitals sind im letzten Jahrhundert vorwiegend auf Ablehnung gestoßen, dazu *Hüttemann/Rawert* in Staudinger-BGB, § 80, Rn. 27 ausführlich zu der Frage eines Mindestkapitals bei Stiftungen *Schwake*, Unternehmensstiftungen, S. 70 ff.

443 Siehe dazu oben S. 85 f.

handelt, setzt eine dauerhafte und nachhaltige Erfüllung jedoch zumindest eine „kritische Masse“ voraus, mit welcher eigene Erträge erwirtschaftet werden können. In der Praxis werden als Mindestvoraussetzung Werte von 25.000 EUR bis 50.000 EUR vertreten.[444] Die genannte Größenordnung kann aufgrund der fehlenden gesetzlichen Grundlage nur ein verwaltungsinternes Indiz für die Sicherung der dauerhaften und nachhaltigen Erfüllung darstellen. Die Anerkennungspraxis zeigt zudem, dass mehr als zehn Prozent der deutschen Stiftungen lediglich ein Ausstattungskapital von weniger als 50.000 EUR aufweisen konnten.[445] Allerdings kann bei fünfstelligen Beträgen gerade in Zeiten von Niedrigzinsen und einer eher risikoaversen Anlagepolitik die Verfolgung des Stiftungszwecks gefährdet sein.[446]

Auch wenn sich viele Stiftungszwecke faktisch mit Minimalerträgen noch auf irgendeine Art und Weise verfolgen lassen, führt die Errichtung von Stiftungen mit zu geringem Kapital doch – vor allem in Bezug auf gemeinnützige Stiftungen – zu einer möglichen Bedeutungslosigkeit der jeweiligen Stiftung. Hierbei stellt sich die Frage, ob in solchen Fällen die Schaffung einer eigenen Rechtspersönlichkeit überhaupt eine sinnvolle Maßnahme ist.[447] Im oben skizzierten Fall tritt dieses Problem jedoch nicht auf, denn obwohl die Stiftung trotz eines großen nominalen Kapitals nur über einen kleinen Teil des Vermögens verfügen kann, wird nach der Vorstellung aller Beteiligten eine eigene Rechtspersönlichkeit benötigt. Ohnehin birgt eine restriktivere Anerkennungspraxis der Stiftungsbehörden das Risiko einer Zweckmäßigkeitskontrolle, wenn hiermit der Gefahr einer Bedeutungslosigkeit aufgrund zu geringer Stiftungsvermögen begegnet werden soll.[448] Letztlich ist daher weiterhin der Gesetzgeber gefragt, eindeutigere Anerkennungsvoraussetzungen zu schaffen – oder Stiftungen mit einem geringen Kapital müssen hingenommen werden.

---

444 Für einen Überblick über die vertretenen Ansichten siehe *Godron* in Richter-StiftR, § 7, Rn. 8 ff. m.w.N.

445 *Bundesverband Deutscher Stiftungen e.V.*, Zahlen, Daten, Fakten zum deutschen Stiftungswesen 2017, S. 60.

446 Wird von optimistischen 5 % Zinsen ausgegangen, blieben einer Stiftung mit einem Errichtungsvermögen von 50.000 EUR jährliche Erträge von 2.500 EUR zur Verwirklichung ihrer Zwecke (ohne Verwaltungskosten). *Hüttemann/Rawert* halten stattdessen ein Grundstockvermögen in siebenstelliger Höhe für erforderlich, *Hüttemann/Rawert* in ZIP 2021, 3, 10.

447 Siehe zu dem Problem der Bedeutungslosigkeit auch *Hüttemann/Rawert* in ZIP 2013, 2136, 2137 f.

448 *Weitemeyer* in MüKo-BGB, § 80, Rn. 130 ff.

b. *Vermögenserhaltung*

Einer der prägenden Wesenszüge der Vermögensverwaltung der Stiftung ist die Erhaltung ihres Grundvermögens.[449] Das Stiftungsvermögen und die damit generierten Erträge stellen in vielen Fällen die wichtigste Einkommensquelle der Stiftung dar. Im Gegensatz zu Spenden und ähnlichen Zuwendungen kann das Vermögen weitaus verlässlicher und unabhängiger von der öffentlichen Meinung die Mittel für die Verfolgung des Stiftungszwecks erzeugen. Dies spiegelt sich in den Landesstiftungsgesetzen wider, die zum Großteil die Erhaltung des Stiftungsvermögens vorsehen[450] und ist nun auch in § 83c Abs. 1 S. 1 BGB-Neu explizit vorgesehen: „Das Grundstockvermögen ist ungeschmälert zu erhalten."

Soweit es sich nicht um eine Verbrauchsstiftung handelt, deren Vermögen aufgebraucht werden soll, kommt der Erhaltung des Stiftungsvermögens daher eine besondere Bedeutung zu. Entsprechend wirkt sich diese auch darauf aus, in welchem Umfang das Stiftungsvermögen zur Förderung der Destinatäre einer privatnützigen Stiftung genutzt werden darf.

Wenn von der Erhaltung des Stiftungsvermögens gesprochen wird, ist zunächst unklar, auf welchen wirtschaftlichen Maßstab (Substanz, Nominalwert, Ertragswert) Bezug genommen wird.[451] Bei einem systematischen Blick auf die Normen zeigt sich jedoch, dass es nach dem in § 80 Abs. 2 BGB niedergelegten Willen des Bundesgesetzgebers bei der Vermögenserhaltung vorrangig auf die Möglichkeit der dauerhaften und nachhaltigen Erfüllung des Stiftungszwecks ankommt.[452] Dabei kann weder eine Versteifung auf den Erhalt der Substanz noch auf den Nominalwert des Vermögens zum Ziel führen. Der Erhalt der Substanz ist kein geeigneter Maßstab, da er zum einen in vielen Fällen gerade dazu führen kann, dass nicht genug Mittel zur Förderung des Stiftungszwecks bereitstehen, weil die Substanz keine Erträge mehr abwirft. Zum anderen widerspricht die Unveräußerlichkeit der Substanz des Stiftungsvermögens insbesondere dem Zweck des historischen Verbots des Familienfideikommisses, mit dem

---

449 *Jakob*, Schutz der Stiftung, S. 62 m.w.N. sowie ausführlich *Hüttemann* in FG Flume, Vermögenserhaltung, S. 59 ff.

450 § 7 Abs. 2 BaWüStiftG Art. 6 Abs. 2 BayStG; § 3 StiftG Bln; § 7 Abs. 1 S. 1 BremStiftG; § 4 Abs. 2 StifG HA; § 6 Abs. S. 1 StiftG HE; § 6 Abs. 1 NStiftG; § 4 Abs. 2 StiftG NRW; § 7 Abs. 2 LStiftG (RhPf); § 6 Abs. 1 StiftG SL; § 4 Abs. 3 SächsStiftG; § 7 Abs. 2 StiftGLSA; § 4 Abs. 2 StiftG (Schl.-Hol.); § 8 Abs. 2 ThürStiftG; Das StiftGBdg, das StiftG M–V sehen keine Regelung über den Erhalt des Vermögens vor.

451 Ausführlich dazu *Reuter* in NZG 2005, 649, 649 ff.; dies bleibt auch weiterhin nicht geregelt *Hüttemann/Rawert* in ZIP 2021, 3, 16.

452 *Weitemeyer* in MüKo-BGB, § 85, Rn. 22 ff.

gerade die Bindung von Vermögensgegenständen verhindert werden sollte.[453] Ebenso wenig ergibt ein Abstellen auf den Nominalwert des Vermögens Sinn, da die Zweckerfüllung aufgrund einer inflationsbedingten Entwertung des Nominalwerts langfristig immer schwieriger wird.[454]

Die dauerhafte Förderung des Stiftungszwecks lässt sich daher am ehesten durch den Erhalt des Ertragswerts des Stiftungsvermögens erreichen.[455] Dadurch wäre, zumindest in der Theorie, sichergestellt, dass die Stiftung auf Dauer über die erforderlichen Mittel verfügt. In Ergänzung zu dieser Maßgabe kann auf die Ansicht *Hüttemanns* abgestellt werden, nach der sich die Erhaltung des Vermögens nach dem Stifterwillen richten soll, welcher regelmäßig ein Fortbestehen der Stiftung beinhalten wird.[456] Fraglich bleibt dann zwar, ob der Stifterwille oder die Wertung des § 80 Abs. 2 BGB in Streitfragen den Vorzug genießt.[457] Im Rahmen dieser Arbeit bedarf es einer Klärung dieser Frage jedoch nicht.

Schrumpft das Vermögen der Stiftung aufgrund falscher Anlageentscheidungen oder einer Rezession, kann die Erfüllung des Stiftungszwecks gefährdet sein, da möglicherweise keine ausbalancierte Mittel-Zweck-Relation mehr vorliegt. Im Extremfall kann dann eine Zweckänderung oder Auflösung der Stiftung geboten sein.[458] Allerdings können die Verluste bei privatnützigen Stiftungen mit zukünftigen Erträgen ausgeglichen werden.[459]

Im Ergebnis muss der Grundsatz der Vermögenserhaltung auch bei privatnützigen Stiftungen beachtet werden. Zuwendungen der Stiftung an die Destinatäre dürfen das Stiftungsvermögen daher regelmäßig nicht schmälern und die Möglichkeiten des Stiftungsvorstandes sind insoweit begrenzt, als auch eine Einflussnahme auf die Stiftung keine Abhilfe schaffen kann. Aufgrund der Zulässigkeit der Verbrauchsstiftung kommt diesem Grundsatz indes keine entscheidende Bedeutung mehr zu, da bei einer entsprechenden Satzungsgestaltung auch der Vermögensstamm zugunsten der Destinatäre aufgezehrt werden kann.

---

453 Dazu oben S. 39 ff.

454 *Weitemeyer* in MüKo-BGB, § 85, Rn. 25; *Burgard*, Gestaltungsfreiheit, S. 481 f.; *Hüttemann* in FG Flume, Vermögenserhaltung, S. 68; *Reuter* in NZG 2005, 649, 650.

455 So bereits *Carstensen*, Vermögensverwaltung, S. 58 ff.; dem folgend *Andrick/Suerbaum*, Stiftung und Aufsicht, S. 149 und *Burgard*, Gestaltungsfreiheit, S. 482 f.; kritisch und vor einer zu weit gehenden Thesaurierungsmöglichkeit warnend *Weitemeyer* in MüKo-BGB, § 85, Rn. 26 sowie *Reuter* in NZG 2005, 649, 650 f., dazu sogleich.

456 *Hüttemann* in FG Flume, Vermögenserhaltung, S. 88 f.

457 Vgl. dazu *Weitemeyer* in MüKo-BGB, § 85, Rn. 23 ff.

458 Siehe dazu unten S. 291 f.

459 *Weitemeyer* in MüKo-BGB, § 85, Rn. 25.

Dies gilt erst recht für die künftige Rechtslage, die eine solche Satzungsgestaltung in § 83c Abs. 2 BGB-Neu explizit vorsieht.

c. *Erträge und Mittelverwendung*

Wie bereits dargestellt, sind das Stiftungsvermögen und dessen Erhalt notwendige Voraussetzungen für die Erfüllung des Stiftungszwecks. Komplementär zu der Vermögenserhaltung, die letztlich die Grundlage für die Ertragschancen der Stiftung darstellt, ist die Verwendung der Erträge zur Erfüllung des Stiftungszwecks die zweite notwendige Voraussetzung.[460]

Wie diese Verwendung aussehen muss, ist für privatnützige Stiftungen und den Einfluss auf die Stiftung aus zwei Gründen relevant: Zum einen stellt sich die Frage nach Vorgaben für die Art und Weise der Verwendung der Erträge der Stiftung. Soweit solche Vorgaben existieren, bestimmen sie die Arbeit des Stiftungsvorstandes maßgeblich und würden einer anders lautenden Einflussnahme auf die Stiftung entgegenstehen. Zum anderen ist fraglich, ob es verboten ist, die Stiftungserträge nicht zu verwenden und entsprechend zu thesaurieren. Bei privatnützigen Stiftungen kann das Interesse bestehen, nicht sämtliche Erträge an die Destinatäre auszukehren, wenn die Erträge der Stiftung den notwendigen Unterhalt der Destinatäre um ein Vielfaches übersteigen. Denn jede Auskehrung ist mit einer Besteuerung auf Seiten der Destinatäre verbunden und führt dazu, dass eine Wiederzuwendung der Erträge an die Stiftung einer doppelten Steuerbelastung unterliegen würde. Speziell im Hinblick auf die praktizierte Einbringung großer Familienunternehmen in Familienstiftungen[461] dürfte regelmäßig das Interesse bestehen, nicht sämtliche Gewinne an die Destinatäre auszuschütten.

Die Verwendung der Erträge zugunsten des Stiftungszwecks ist in vielen Landesstiftungsgesetzen[462] und in Zukunft auch in § 83c Abs. 1 S. 2 BGB-Neu vorgesehen. Jedoch fehlt es an einer Legaldefinition der Verwendung zugunsten

---

460 Vgl. dazu auch *Jakob/Uhl* in BeckOGK, § 80 BGB, Rn. 151.

461 Ausführlich – und kritisch – zu dieser Praxis *Weitemeyer* in MüKo-BGB, § 80, Rn. 210 f.

462 Art. 6 Abs. 3 S. 1 BayStG; § 7 Abs. 3 S. 1 BremStiftG; § 4 Abs. 3 S. 1 StifG HA; § 6 Abs. 3 S. 1 StiftG HE; § 6 Abs. 2 S. 1 NStiftG; § 4 Abs. 3 StiftG NRW; § 7 Abs. 3 S. 1 LStiftG; § 6 Abs. 2 S. 1 StiftG SL; § 7 Abs. 3 StiftGLSA; § 4 Abs. 3 S. 1 StiftG (Schl.-Hol.); § 8 Abs. 3 S. 1 ThürStiftG; soweit eine gesetzliche Regelung fehlt, wird auf ein im Stiftungszweck enthaltenes Vorverständnis abgestellt, *Backert* in BeckOK-BGB, § 80, Rn. 8 unter Verweis auf *Seifart* in BB 1987, 1889, 1893 – dazu sogleich beim Admassierungsverbot.

des Stiftungszwecks. *Hüttemann* greift für einen Inhalt der Definition auf die Abgabenordnung, insbesondere § 55 Abs. 1 Nr. 5 AO, zurück. Danach umfasse die Verwendung zugunsten des Stiftungszwecks einen Verbrauch der Erträge für satzungsmäßige Zwecke sowie die Anschaffung von Vermögensgegenständen, die der Verwirklichung dieser dienen.[463] Der Verbrauch und die Anschaffung von Vermögensgegenständen liefern damit zwar keine klare Definition. Eine detaillierte (gesetzliche) Regelung der Verwendung ist jedoch weder sinnvoll noch erforderlich. Die Freiheit des Stifters bei der Wahl des Stiftungszwecks setzt sich grundsätzlich auch bei der Erfüllung des Stiftungszwecks fort. Letztlich sollte die einzige zwingende Voraussetzung sein, dass die Erträge tatsächlich auf irgendeine Art und Weise dem Stiftungszweck zugutekommen. Zusammengefasst bestehen inhaltlich – abgesehen von den allgemeinen Vorschriften wie den §§ 134, 138 BGB – keine Einschränkungen der Verwendungsmodalitäten.

In einem zweiten Schritt ist fraglich, ob neben den inhaltlichen Vorgaben auch eine zeitnahe Verwendung notwendig ist. Denn auch eine Thesaurierung der Stiftungserträge kann langfristig dem Stiftungszweck dienen, solange dieser irgendwann einmal gefördert wird. Ohne einen zeitlichen Rahmen für die Verwendung könnte eine Stiftung ihre Erträge damit über lange Zeit thesaurieren, um sie eines Tages einmal zugunsten der Erfüllung des Stiftungszwecks zu verbrauchen. Die sich bei der ewigen Thesaurierung aufdrängende Frage, ab welchem Zeitraum die Erfüllung des Stiftungszwecks gegebenenfalls zu sehr in den Hintergrund getreten ist, zeigt, dass möglicherweise eine Einschränkung notwendig ist. Neben einer zeitlichen Restriktion der Thesaurierung kommt aber auch ein generelles Verbot in Betracht.

Diskutiert wird diese Fragestellung unter dem Stichwort des sogenannten Admassierungsverbots (teilweise auch bei anderer Schwerpunktsetzung als Thesaurierungsverbot bezeichnet). Aufgrund dieses Verbots soll es dem Stiftungsvorstand verwehrt sein, die Erträge[464] der Stiftung dem Grundstockvermögen der Stiftung zuzuführen oder gar insgesamt zu thesaurieren.[465]

---

463 *Hüttemann* in Landesstiftungsrecht, Kapitel 16, Rn. 16.11.

464 Unter Erträgen sind in diesem Rahmen die rein wirtschaftlichen Erträge der Stiftung zu verstehen. Zuführungen zum Grundstockvermögen, wie zum Beispiel Zustiftungen, stellen grundsätzlich keine Erträge dar und sind daher nicht von derartigen Verboten betroffen vgl. *Burgard*, Gestaltungsfreiheit, S. 500 f.

465 Statt vieler *Godron* in Richter-StiftR, § 7, Rn. 24, der beide Begriffe beschreibt. Viele Autoren setzten den Schwerpunkt vor allem bei Admassierungsverboten, z.B. *Burgard*, Gestaltungsfreiheit, S. 494 oder *Helios/Friedrich* in Münch. HdB GesR Bd. V, § 96, Rn. 9.

Diese Verbote finden sich zwar nicht wörtlich im Gesetz wieder, insbesondere nicht unter der Bezeichnung der Admassierung, werden aber von der herrschenden Meinung als Kehrseite der Vermögensverwendung gesehen.[466] Zivilrechtlich ist insoweit jedoch nur vorgegeben, dass die Stiftung dauerhaft und nachhaltig in der Lage sein muss, ihren Stiftungszweck zu erfüllen, § 80 Abs. 2 S. 1 BGB. Dafür wird sie regelmäßig zumindest einen Teil ihrer Erträge benötigen. Das bisherige Bundesrecht gebietet damit nur, dass so viele Mittel für den Stiftungszweck genutzt werden müssen, wie erforderlich sind.[467] Dieser Grundsatz wird zunächst auch nicht durch das neue Stiftungsrecht abgeändert, da § 83c Abs. 1 S. 2 BGB-Neu ebenfalls nur vorsieht, dass die Zweckerfüllung mit den Nutzungen, beziehungsweise Erträgen des Grundstockvermögens, durchzuführen ist. Ein Umkehrschluss, auch alle Erträge direkt zur Verwirklichung zu nutzen, lässt sich daraus nicht ableiten.

In vielen Landesstiftungsgesetzen lässt sich jedoch ein Gebot der Verwendung sämtlicher Erträge zugunsten des Stiftungszwecks ausmachen.[468] Auch wenn damit eine Admassierung nicht verboten ist, begründet sich der Verbotscharakter aus einer in neun Landesstiftungsgesetzen geregelten Vorgabe. Danach sind Erträge nur ausnahmsweise von der Pflicht befreit, für die Erfüllung des Stiftungszwecks eingesetzt zu werden, wenn sie zur Werterhaltung dem Grundstockvermögen zugeführt werden.[469] Im Umkehrschluss ist die Zuführung in allen anderen Fällen unzulässig. Indem sich diese Vorschriften auf die

466 *Backert* in BeckOK-BGB, § 80, Rn. 7; *Godron* in Richter-StiftR, § 7, Rn. 24; *Helios/Friedrich* in Münch. HdB GesR Bd. V, § 96, Rn. 4; *Hof* in v. Campenhausen/Richter, § 9, Rn. 155; *Hüttemann* in Landesstiftungsrecht, Kapitel 16, Rn. 16.10; *Jakob/Uhl* in BeckOGK, § 80 BGB, Rn. 148; *Schwake* in Münch. HdB GesR Bd. V, § 79, Rn. 250; i.E. auch *Weitemeyer* in MüKo-BGB, § 85, Rn. 25; *Burgard*, Gestaltungsfreiheit, S. 494 f.; *Rawert* in BB 1991, Beilage zu Heft 6, 13; *Seifart* in BB 1987, 1889, 1893.

467 Ist der Stiftungszweck zum Beispiel die Zurverfügungstellung von Immobilien für Ausbildungszwecke und übersteigen die Erträge der Stiftung die Kosten der Unterhaltung, Sanierung und Verwaltung, ist keine Aussage über die Nutzung der restlichen Erträge getroffen.

468 Art. 6 Abs. 3 S. 1 BayStG; § 7 Abs. 3 S. 1 BremStiftG; § 4 Abs. 3 S. 1 StifG HA; § 6 Abs. 3 S. 1 StiftG HE; § 6 Abs. 2 S. 1 NStiftG; § 4 Abs. 3 StiftG NRW; § 7 Abs. 3 S. 1 LStiftG; § 6 Abs. 2 S. 1 StiftG SL; § 7 Abs. 3 StiftGLSA; § 4 Abs. 3 S. 1 StiftG (Schl.-Hol.); § 8 Abs. 3 S. 1 ThürStiftG.

469 Insgesamt sehen neun Landesstiftungsgesetze eine derartige Regelung vor: Art. 6 Abs. 3 S. 2 BayStG; § 7 Abs. 3 S. 1 BremStiftG; § 6 Abs. 2 S. 2 NStiftG; § 4 Abs. 3 StiftG NRW; § 7 Abs. 3 S. 2 LStiftG; § 6 Abs. 2 S. 1 StiftG SL; § 7 Abs. 3 StiftGLSA; § 4 Abs. 3 S. 1 StiftG (Schl.-Hol.); § 8 Abs. 3 S. 2 ThürStiftG.

Zuführung der Erträge zur Erhöhung des Grundkapitals beziehen, liegt es nahe, die verbotene Admassierung in der Zuführung von Erträgen zum Stiftungskapital, wie *Burgard* als eine nominelle Kapitalerhöhung, zu sehen.[470]

Eine Regelung, die nur in neun von sechzehn Bundesländern existiert, kann jedoch keinen bundesweiten Grundsatz begründen.[471] Erschwerend kommt hinzu, dass in fünf der neun Bundesländer eine Zuführung zum Grundstockvermögen ausdrücklich zulässig ist, wenn die Satzung dies vorsieht.[472] Im Hinblick auf diese Satzungsgestaltungsmöglichkeit kann nur in vier Ländern ein echtes Anhäufungsverbot für das Grundstockvermögen angenommen werden.

Neben dem Verständnis, dass nominelle Kapitalerhöhungen verboten seien, kann das Admassierungsverbot auch als Verbot der Thesaurierung im weiten Sinne, also nicht nur bezogen auf eine Mehrung des Grundstockvermögens, gewertet werden.[473] Dann wäre jegliche Anhäufung an Vermögenswerten, unabhängig von der bilanziellen Bewertung, grundsätzlich unzulässig. Einen solchen Ansatz wählen die Länder Bremen, Hamburg und das Saarland.[474] Allerdings lassen alle drei Länder – bei entsprechender Satzung – gleichzeitig die Zuführung der Erträge zum Grundstockvermögen zu. Es liegt daher nahe, dass (unabhängig von der bundesrechtlichen Vorgabe der Erfüllung des Stiftungszwecks) mit den Vorschriften kein grundsätzliches Thesaurierungsverbot, das sowohl grundsätzliche Vermögensmehrungen als auch Mehrungen des Grundstockvermögens umfasst, geschaffen werden sollte, sondern primär eine Regelung der Mittelverwendung gemeint sein könnte.

Im Rahmen der Stiftungsrechtsreform 2021 ist ein mögliches Admassierungsverbot jedoch jedenfalls abgeschafft worden, da § 83b Abs. 2 Nr. 3 BGB-Neu der Stiftung ermöglicht, sonstiges Vermögen zu Grundstockvermögen zu bestimmen. Nach der Gesetzesbegründung können „insbesondere Erträge, die nicht

470 *Burgard*, Gestaltungsfreiheit, S. 494.

471 Zwischen Landesrecht und einem möglichen eigenen bundesrechtlichen Verbot klar differenzierend *Hof* in v. Campenhausen/Richter, § 9, Rn. 155, zur „unübersichtlichen Lage“ auch *Arnold* in NZG 2007, 805, 806.

472 § 7 Abs. 3 S. 1 BremStiftG; § 6 Abs. 2 S. 2 NStiftG; § 4 Abs. 3 StiftG NRW; § 7 Abs. 3 S. 2 LStiftG; § 6 Abs. 2 S. 1 StiftG SL; außerdem wird darauf hingewiesen, dass das Land Hamburg zwar keine Regelung vorsieht, die einen oben beschriebenen Gegenschluss erlaubt, sondern nur das Verwendungsgebot enthält, gleichzeitig kann von diesem aber im Rahmen der Satzung eine Ausnahme getroffen werden, § 4 Abs. 3 S. 1 StifG HA.

473 Vgl. *Hof* in v. Campenhausen/Richter, § 9, Rn. 155.

474 § 7 Abs. 3 S. 1 BremStiftG; § 4 Abs. 3 S. 2 StifG HA; § 6 Abs. 2 S. 1 StiftG SL.

zwingend für die Erfüllung des Stiftungszwecks verwendet werden müssen, zu Grundstockvermögen bestimmt" werden.[475] Außerhalb von Thesaurierungsbestimmungen in der Satzung soll die Thesaurierung im pflichtgemäßen Ermessen der Stiftungsorgane stehen, wobei sie neben der Vermögenserhaltungspflicht auch darauf achten sollen, dass die Stiftung ihren Zweck erfüllt.[476]

Es verbleibt die Frage, ob die Anhäufung von Vermögenswerten in der Stiftung auch dann verboten ist, wenn die Stiftung trotz Admassierung ihren Zweck ausreichend verfolgt. Insbesondere bei einer Familienstiftung ist es vorstellbar, dass die Stiftung über ein derart großes Vermögen und entsprechend hohe Erträge verfügt, dass der Zweck, die Familienmitglieder zu unterstützen, erfüllt werden kann und gleichzeitig signifikante überschießende Erträge vorhanden sind. Diese könnten thesauriert werden, ohne dass die Erfüllung des Stiftungszwecks gefährdet ist.[477]

Dem steht auch die bei der Gründung der Stiftung regelmäßig überprüfte Mittel-Zweck-Relation[478] nicht entgegen. Denn soweit diese Relation im Rahmen der Lebensfähigkeitsprognose verwendet wird,[479] stellt sie eine Untergrenze für das erforderliche Stiftungskapital dar. Nach oben dürfte diese Relation jedoch im Grundsatz keine Grenzen setzen. Schließlich wird sie mit der nachhaltigen und dauerhaften Erfüllung des Stiftungszwecks begründet,[480] welche bei einem zu hohen Stiftungskapital oder Erträgen nicht gefährdet ist.

Stattdessen ist die Frage der Admassierungsverbote eigentlich eine Frage danach, ob Selbstzweckstiftungen – also Stiftungen, die letztlich nur ihr eigenes Vermögen mehren – zulässig sind.[481] Der grundsätzlichen Frage der Zulässigkeit von Selbstzweckstiftungen wird zwar an anderer Stelle gesondert

475 BT-Drucks. 19/28173, S. 54.
476 BT-Drucks. 19/28173, S. 54.
477 Vgl. dies explizit für zulässig haltend, *Godron* in Richter-StiftR, § 7, Rn. 26.
478 *Weitemeyer* in MüKo-BGB, § 81, Rn. 18.
479 *Weitemeyer* in MüKo-BGB, § 81, Rn. 18.
480 Ausführlich zur Lebensfähigkeit der Stiftung, *Hüttemann/Rawert* in Staudinger-BGB, § 80, Rn. 17 ff.
481 Vgl. auch zur neuen Rechtslage Hüttemann/Rawert, die die Grenze der nunmehr zulässigen Thesaurierung in der Selbstzweckstiftung sehen, *Hüttemann/Rawert* in ZIP 2021, 3, 14.

nachgegangen.[482] An dieser Stelle kann jedoch davon ausgegangen werden, dass reine Selbstzweckstiftungen – obgleich sie in der Praxis ohnehin kaum auftreten dürften[483] – in jedem Fall unzulässig sind.[484]

Bei der Frage, ob es zulässig ist, einen (Groß-)Teil der Erträge zu thesaurieren, kommt es damit darauf an, inwieweit die Thesaurierung tatsächlich der Förderung eines anderen Zwecks als dem Selbstzweck, im Fall der Familienstiftung etwa der Unterstützung einer Familie, dient, oder ob eine verdeckte Selbstzweckstiftung vorliegt.[485] Im Einzelfall muss dann von einer zulässigen, zeitweisen Thesaurierung abgegrenzt werden.[486]

Ein einfacher Weg wäre es, dabei auf die gemeinnützigkeitsrechtliche Vorgabe einer Verwendung innerhalb der nächsten zwei Jahre abzustellen (§ 55 Abs. 1 Nr. 5 AO). *Hüttemann* lehnt in diesem Zusammenhang zu Recht eine Übernahme ab, da im Stiftungszivilrecht keine vergleichbaren Vorgaben zu finden sind.[487] Ohne einen solchen festgelegten Zeitraum sind Thesaurierungen über viele Jahre hinweg zulässig.[488] Ein eindeutiger zeitlicher Maßstab zur Abgrenzung von zulässigen und unzulässigen Thesaurierungen besteht damit nicht.

Eine feste inhaltliche Abgrenzung – etwa eine Begrenzung auf eine Thesaurierung von maximal 10 % der Stiftungserträge – ist ebenfalls nicht erfolgversprechend, da sie weder den marktbedingten Anforderungen an die Verwaltung des Stiftungsvermögens noch den konkreten Bedürfnissen der geförderten Familie entspricht.

Nicht nur die zeitliche, sondern auch die inhaltliche Trennung zwischen einer zulässigen, zeitweise thesaurierenden Stiftung und einer unzulässigen Selbstzweckstiftung führt zu großen Abgrenzungsschwierigkeiten.[489] Zugunsten der

482 Dazu ausführlich unten S. 416 ff.

483 Selbst wenn konträr zu *Burgard*, Gestaltungsfreiheit, S. 155 davon ausgegangen wird, dass sog. Unternehmensselbstzweckstiftungen reine Selbstzweckstiftungen wären, dürften auch reine Unternehmensselbstzweckstiftungen selten sein, da der Stifter regelmäßig noch einen weiteren Zweck, wie etwa die Förderungen der Unternehmerfamilie, der Belegschaft oder gemeinnützige Ziele verfolgen wird, zu den Motivationen für (Teil-)Selbstzweckstiftungen noch unten, S. 416 ff.

484 Siehe unten S. 425 ff.

485 *Rawert* in NPLY 2003, Stiftung und Unternehmen, S. 9 f.

486 *Hüttemann* in Landesstiftungsrecht, Kapitel 16, Rn. 16.12 ff.

487 *Hüttemann* in Landesstiftungsrecht, Kapitel 16, 16.11.

488 *Hüttemann/Rawert* in Staudinger-BGB, § 81, Rn. 58.

489 So führt etwa *Rawert* aus, dass die „Erforschung der Stiftermotive zur Feststellung eines Umgehungstatbestandes die Anerkennungsbehörden überfordert", weswegen

Privatautonomie des Stifters, aufgrund potenzieller wirtschaftlicher Gegebenheiten und im Hinblick auf die neue Gesetzeslage, die in § 83b Abs. 2 Nr. 3 BGB-Neu der Stiftung die Möglichkeit einräumt, das Grundstockvermögen der Stiftung zu erhöhen,[490] kann jedoch nicht von einer Unzulässigkeit sämtlicher Thesaurierungen ausgegangen werden. Die Grenze zur unzulässigen Selbstzweckstiftung ist aber jedenfalls dann überschritten, wenn der andere Zweck nur rechtsmissbräuchlich vorgeschoben ist.[491] Ein Indiz für nur vorgeschobene, außerhalb der Stiftung liegende Zwecke könnte etwa dann vorliegen, wenn der Stiftungsvorstand die Erträge der Stiftung thesauriert, obwohl leistungsbedürftige Destinatäre vorhanden sind, denn dann würde das selbstnützige Interesse das fremdnützige überwiegen.[492] Als vereinfachter Abgrenzungsmaßstab kann die Verfolgung eines überwiegenden anderen Zwecks dienen.[493] Da privatnützige Stiftungen

---

lediglich Indizien für typische Gefährdungslagen entwickelt werden könnten, die dann im Einzelfall durch die Stiftung zu widerlegen seien, *Rawert* in NPLY 2003, Stiftung und Unternehmen, S. 10. Die beiden entwickelten Indizien, die Bindung an ein bestimmtes Unternehmen und eine Übereinstimmung der Unternehmensführung mit den Stiftungsorganen, sind jedoch speziell auf Unternehmensselbstzweckstiftungen ausgelegt. Zwar könnten sie auch bei Familienstiftungen, die an ein Unternehmen gebunden sind, angewandt werden. Sofern es der Familie aber gerade um ihren Unterhalt und nicht zwingend um das Unternehmen geht, helfen diese – ohnehin sehr strengen – Indizien nicht, da das Stiftungsvermögen diversifiziert ausgestaltet sein kann und nicht auf ein Unternehmen begrenzt sein muss. Auch die von *Hüttemann/Rawert* in Staudinger-BGB, Vor §§ 80–88, Rn. 274 aufgestellten Indizien zu Familienstiftungen, die vor allem an nicht erfolgende Destinatärsleistungen anknüpfen, helfen nur eingeschränkt. Denn problematisch ist vor allem der Fall, in dem die Stiftung alle Destinatäre ausreichend versorgt und nichtsdestotrotz über Vermögen zur Thesaurierung verfügt.

490 Etwa durch eine in der Satzung vorgesehene Bestimmung „einen bestimmten Prozentsatz der Erträge zur Erhöhung des Grundstockvermögens zu verwenden" *Hüttemann/Rawert* in ZIP 2021, 3, 14.

491 Ausführlich zur Selbstzweckstiftung noch unten S. 416 ff.; vgl. aber *Burgard*, Gestaltungsfreiheit, S. 153 ff., der nur dann von einer unzulässigen Selbstzweckstiftung ausgeht, wenn die Stiftung „selbstnützig [ist], sich also ausschließlich auf die Erhaltung und Verwaltung ihres eigenen Vermögens beschränk[t]"; zum Maßstab der Rechtsmissbräuchlichkeit zum liechtensteinischen Recht, in dem eine vergleichbare Abgrenzung erforderlich ist, *Jakob*, Liechtensteinische Stiftung, Rn. 49.

492 Vgl. *Hüttemann/Rawert* in Staudinger-BGB, Vor §§ 80–88, Rn. 274 zur verdeckten Familienselbstzweckstiftung.

493 Dazu unten S. 434 f.

regelmäßig nur einer begrenzten Stiftungsaufsicht unterliegen,[494] ist es zur Vermeidung eines Prinzipal-Agenten-Konflikts zudem erforderlich, dass ein effektives Aufsichtsorgan vorhanden ist, das die Arbeit der Stiftungsorgane überwacht, wenn die Stiftung einen Teil ihrer Erträge thesaurieren will.[495]

Vorbehaltlich der landesrechtlichen Regelungen wird in dieser Arbeit damit grundsätzlich von einer Zulässigkeit der Admassierung ausgegangen, solange keine Selbstzweckstiftung vorliegt und ein gewisses Maß an Aufsicht über die Stiftung besteht. Unter diesen Voraussetzungen bestehen keine Bedenken, wenn Stiftungen Erträge erzielen, die über den zur Erfüllung des Stiftungszwecks erforderlichen Betrag hinaus gehen.[496]

Für gemeinnützige Stiftungen ergibt sich aus dem Gebot der zeitnahen Mittelverwendung[497] nach § 55 Abs. 1 Nr. 5 S. 1 AO auf der steuerrechtlichen Ebene ein Admassierungsverbot. Als zwingende Voraussetzung für die Selbstlosigkeit nach § 55 AO kommt der zeitnahen Mittelverwendung eine hohe Bedeutung zu. Nur gewisse Ausnahmen für Rückstellungen nach § 62 AO sind erlaubt. Zwar liegt auch auf der steuerrechtlichen Ebene hiermit zuvorderst ein Gebot der Mittelverwendung und kein Verbot der Admassierung vor. Im Gegensatz zu der zivilrechtlichen Ebene ist die Nichtbefolgung des Gebotes jedoch sanktionsbewehrt, wodurch neben dem Gebot zugleich ein Verbot im eigentlichen Sinne geschaffen wird. Aus der steuerlichen Regelung lässt sich jedoch kein Schluss für das Zivilrecht ziehen, da es sich um ein anderes Rechtsgebiet mit einer anderen Zielsetzung handelt. Denn von gemeinnützigen Stiftungen kann es im Austausch für ihre Steuerbefreiung nach § 5 Abs. 1 Nr. 9 KStG insoweit erwartet werden, als das gesetzgeberische Ziel der Förderung der Gemeinnützigkeit auch zeitnah verwirklicht wird.[498]

Nicht unerwähnt soll an dieser Stelle bleiben, dass ein Inflationsausgleich[499] sowie der Ausgleich von vorangegangenen Verlusten unabhängig von einem Admassierungsverbot zulässig sind.[500]

---

494 Dazu unten S. 252 ff.

495 Dazu noch ausführlicher unten S. 416 ff.

496 Vgl. i.E. auch *Hüttemann/Rawert* in Staudinger-BGB, § 81, Rn. 68 ff.

497 Zum Begriff *Thiel* in DB 1992, 1900, 1903 f. m.w.N.

498 Zu der zeitnahen Mittelverwendung im Gemeinnützigkeitsrecht *Hüttemann*, Gemeinnützigkeits- und Spendenrecht, Rn. 5.75 f.

499 *Burgard*, Gestaltungsfreiheit, S. 495 f. m.w.N.

500 *Godron* in Richter-StiftR, § 7, Rn. 25; *Hof* in v. Campenhausen/Richter, § 9, Rn. 159 m.w.N.

2. *Liechtenstein*

Auch in Liechtenstein stellt das Stiftungsvermögen einen zwingenden Bestandteil der Stiftungsdefinition dar. Das Vermögen umfasst – wie in Deutschland – alle Vermögenswerte der Stiftung.[501]

a. *Das Mindestkapital und die Erfüllung des Stiftungszwecks*

Im Gegensatz zum deutschen Recht sieht das liechtensteinische Recht ein Mindestkapital von 30.000 CHF vor, welches in gleicher Höhe auch in EUR oder USD erbracht werden kann (Art. § 552 § 13 Abs. 1 PGR). Aufgrund dieser festen Summe fehlt es an einer Mittel-Zweck-Relation wie in Deutschland, und es kommt allein auf die Erbringung des Mindestkapitals an und nicht darauf, ob das Kapital für die Erfüllung des Zwecks ausreicht.[502] Bei den zahlreichen privatnützigen Stiftungen in Liechtenstein sollte regelmäßig ein ausreichendes Kapital vorhanden sein, da die Stiftungserrichtung für den Stifter sonst keinen Mehrwert erzeugen dürfte. Denn mit einem geringeren Betrag würden sich nur schwerlich die Aufgaben der Stiftung erfüllen sowie das Gehalt der Treuhänder begleichen lassen.

b. *Vermögenserhaltung und Mittelverwendung*

Im liechtensteinischen Stiftungsrecht fehlt es an besonderen Vermögensgrundsätzen wie der Vermögenserhaltung oder dem Gebot der Mittelverwendung zusammen mit einem Thesaurierungsverbot.[503]

Das Stiftungskapital stellt auch in Liechtenstein die Grundlage für die langfristige Erfüllung des Stiftungszwecks dar und müsste daher auf Dauer erhalten bleiben, wenn der Stiftungszweck auf ewig erfüllt werden soll. Allerdings hat der liechtensteinische Gesetzgeber mit der Voraussetzung des Mindestkapitals – welches erhalten bleiben muss – das darüber hinaus gehende Kapital von der zwingenden Erhaltung befreit.[504] Bei Verbrauchsstiftungen ist die Vermögenserhaltung ohnehin ausgeschlossen. Wird eine Privatstiftung errichtet, steht es dem Stifter frei, den Stiftungsorganen explizit die Vermögenserhaltung aufzutragen,

---

501 *Jakob*, Liechtensteinische Stiftung, Rn. 53.

502 Vgl. *Jakob*, der allerdings eine Näherung an eine Zweck-Mittel-Relation für sinnvoll hält, *Jakob*, Liechtensteinische Stiftung, Rn. 55.

503 *Jakob*, Liechtensteinische Stiftung, Rn. 56 f.; vgl. zum alten Recht auch *Bösch*, Liechtensteinisches StiftR, S. 192 f.

504 *Jakob*, Liechtensteinische Stiftung, Rn. 56 f.; vgl. zum alten Recht *Bösch*, Liechtensteinisches StiftR, S. 192 f.

ansonsten ist es Ausdruck seiner Stifterfreiheit, dass das Vermögen nicht erhalten werden muss.[505] Bei gemeinnützigen Stiftungen könnte sich letztlich die Frage stellen, ob die zweckgemäße Verwaltung (Art. 552 § 29 Abs. 3 PGR) zu einer jedenfalls teilweisen Vermögenserhaltungspflicht führt. Je nach Zweck kann der Vermögenserhalt erforderlich sein, damit der Zweck weiterhin mithilfe der Erträge adäquat verfolgt werden kann.

Wenngleich kein echtes Mittelverwendungsgebot besteht,[506] gebietet die Unzulässigkeit der reinen Selbstzweckstiftung nach Art. 552 § 1 S. 2 PGR faktisch, dass ein Teil der Erträge zugunsten eines außerhalb der Stiftung liegenden Zwecks verwendet wird. Wird ein solcher Zweck gefördert und gleichzeitig ein weiterer Teil der Erträge thesauriert, muss die Stiftung im Einzelfall zu einer verdeckten Selbstzweckstiftung abgegrenzt werden.[507] Letztere liegt nach den Gesetzesmaterialien zumindest dann vor, wenn die Stiftung „ausschliesslich Vermögen verwaltet und Gewinne dauerhaft thesauriert, ohne sie jemals auszuschütten".[508] Zur Abgrenzung soll es letztlich auf die Gegebenheiten des Einzelfalls ankommen,[509] sodass auch in Liechtenstein nur selten ein eindeutiges Ergebnis erwartet werden kann.[510]

Insoweit besteht damit auch in Liechtenstein das Risiko, dass die schwammige Abgrenzung, verbunden mit einer geringen Aufsicht[511] über privatnützigen Stiftungen, zu einer faktisch unbegrenzten Thesaurierungsmöglichkeit führt.

3. *Fazit*

a. *Das Mindestkapital und die Erfüllung des Stiftungszwecks*

Während das deutsche Recht auf ein Mindestkapital verzichtet und die notwendigen Mittel stattdessen dynamisch an dem zu verfolgenden Zweck misst, beschränkt sich das liechtensteinische Recht auf ein Mindestkapital. Wie dargelegt,[512] dürfte es bei privatnützigen Stiftungen regelmäßig nicht zu einer zu geringen Kapitalisierung kommen, da eine solche Stiftung keinen wirtschaftlichen Nutzen hätte und daher die Ziele der Vermögensnachfolge und -strukturierung

505 *Jakob*, Liechtensteinische Stiftung, Rn. 56 in Fn. 98.
506 *Jakob*, Liechtensteinische Stiftung, Rn. 57.
507 *Jakob*, Liechtensteinische Stiftung, Rn. 57.
508 BuA Nr. 13/2008, S. 42.
509 *Jakob*, Liechtensteinische Stiftung, Rn. 49.
510 Dazu siehe unten S. 438.
511 Dazu unten S. 269 f.
512 Dazu oben S. 84.

nicht erfüllen könnte. Eine tiefergehende Auseinandersetzung mit den Vorteilen des liechtensteinischen Mindestkapitals ist daher nicht erforderlich, zumal die Höhe von 30.000 EUR/CHF/USD weit unter den in Deutschland diskutierten Werten liegt.[513]

Bei privatnützigen Stiftungen kommt es stattdessen verstärkt auf die Folgen einer – am Stiftungszweck gemessenen – Überkapitalisierung der Stiftung an, aufgrund derer deutlich höhere Erträge zu erwarten sind, als für die Erfüllung des Stiftungszwecks erforderlich sind. Denn soweit eine beeinflusste Stiftung als eigentümerloses Vermögen ihren Grundstock immer weiter erhöhen kann, könnte sie als haftungsgeschützte Vermögensmasse beispielsweise über Generationen ein wachsendes Familienvermögen beherbergen, ohne dass Gläubiger auf dieses zugreifen könnten. Allerdings würde ein solcher Umstand nicht die grundsätzliche Erfüllbarkeit des Stiftungszwecks verhindern, und diese Thematik ist daher im Rahmen der Zulässigkeit besonderer Stiftungskonstellationen, insbesondere von Unterhaltsstiftungen, aufzugreifen.[514]

b. Vermögenserhaltung

Das in Deutschland geltende Gebot der Vermögenserhaltung kennt Liechtenstein nicht. Für privatnützige Stiftungen ist das Gebot allerdings weder in Deutschland noch in Liechtenstein von einer besonders großen Relevanz. Denn die in Frage stehenden privatnützigen Stiftungen dürften angesichts des zu verwaltenden Vermögens regelmäßig schon bei der Satzungsgestaltung einer angemessenen Beratung unterliegen, sodass entsprechende Satzungsregelungen Elemente einer Verbrauchsstiftung festschreiben können und so in vielen Fällen eine Umgehung des Gebots der Vermögenserhaltung möglich ist. In beiden Staaten kann – jedenfalls bei einer entsprechenden Satzungsgestaltung – das Stiftungsvermögen aufgezehrt werden, wodurch der Handlungsspielraum der Stiftungsorgane und damit auch der Einfluss dahinterstehender Personen wie dem Stifter und den Destinatären vergrößert wird.

Der Grundsatz der Vermögenserhaltung in Deutschland soll vorrangig die Allgemeinheit und die Destinatäre der gemeinnützigen Stiftungen vor Fehlentscheidungen der Stiftungsorgane schützen und eine möglichst unendliche Dauer der Zweckverfolgung ermöglichen. Soweit er diese Ziele bezweckt, kann er auch in Liechtenstein im Rahmen der Stiftungsaufsicht bei der Beurteilung der zweckkonformen Verwaltung einfließen und den Stiftungsrat zu einer nachhaltigeren

---

513 Auch dazu oben S. 84 ff.

514 Dazu unten S. 403 ff.

Vermögensverwendung verpflichten. Am Ende billigt das liechtensteinische Recht dem Stifter ein größeres Maß an Autonomie zu und überlässt es sowohl bei privat- als auch bei gemeinnützigen Stiftungen dem Stifter, ob er ein solches Vermögenserhaltungsgebot wie in Deutschland mit in die Stiftungsurkunde aufnimmt.

Obwohl in Liechtenstein der Vermögenserhaltungsgrundsatz nicht zwingend ist, sind Unterschiede im Vergleich der Rechtsordnungen nur geringfügig. Insbesondere weil in beiden Staaten eine (Teil-)Verbrauchsstiftung zulässig ist, können durch entsprechende Satzungsregelungen ohnehin Gestaltungen mit Vermögensverbrauch verwirklicht werden.

c. *Erträge und Mittelverwendung*

In Deutschland bestehen in einigen Bundesländern Thesaurierungsverbote und nach herrschender Meinung ist auch bundesweit die (langfristige) Admassierung der Erträge verboten.[515] Im Umkehrschluss bedeutet dies, dass jedenfalls ein mittelfristiges Mittelverwendungsgebot besteht. Auch in Liechtenstein dürfte eine unendliche Thesaurierung der Erträge an der Unzulässigkeit der Selbstzweckstiftung scheitern. Dennoch bestehen keine klaren Vorgaben für die Abgrenzung zwischen einer Selbstzweckstiftung und einer vorübergehenden Thesaurierung. Indem außerdem die gemischte Selbstzweckstiftung zulässig ist,[516] sind langfristige Thesaurierungen möglich, soweit auch ein weiterer Stiftungszweck verfolgt und gefördert wird.

IV. Stiftungsorganisation

Die Organisation der Stiftung bildet neben dem Stiftungszweck und dem Stiftungsvermögen in beiden Rechtsordnungen den letzten Teil des Stiftungsbegriffs. Ebenso wie das Vermögen ist die Organisation der Stiftung für die Verfolgung des Stiftungszwecks notwendig, da die Stiftung im Gegensatz zu den Körperschaften keine Eigentümer hat, die ihre Organisation gestalten könnten.[517] Da die Stiftungsorgane regelmäßig die tatsächliche Verfolgung des Stiftungszwecks prägen, sind die Gestaltung der Rechte und die Besetzung der Stiftungsorganisation das entscheidende Mittel der Einflussnahme auf die Stiftung. Wie die

515 Dazu oben S. 121.

516 Siehe unten S. 423 f.

517 Nur *Weitemeyer* in MüKo-BGB, § 80, Rn. 7 f. m.w.N.

Stiftungsorgane bestellt und abberufen und wie sie bei ihrer Arbeit beeinflusst werden können, wird daher im Folgenden untersucht.

1. Deutschland

In Deutschland waren bisher im Gesetz kaum Regelungen zur Organisation der Stiftung vorgesehen. Nach § 81 Abs. 1 S. 3 Nr. 5 BGB ist jedenfalls ein Stiftungsvorstand erforderlich und in den Regelungen der Landesgesetze wird regelmäßig von „den Stiftungsorganen" gesprochen, sodass außer dem Vorstand auch andere Organe vorstellbar sind.[518] Nunmehr enthält § 84 BGB-Neu Regelungen über die Stiftungsorgane und stellt klar, dass ein Stiftungsvorstand erforderlich ist (§ 84 Abs. 1 S. 1 BGB-Neu) und weitere Organe zulässig sind (§ 84 Abs. 4 BGB-Neu).

Ebenso werden die Rechte und Pflichten der Organmitglieder in § 84a BGB-Neu und die Beschlussfassung der Organe in § 84b BGB-Neu geregelt. Da diese Vorschriften im Wesentlichen zur Disposition des Stifters stehen und auch die Schaffung weiterer Organe neben dem Vorstand weitgehend dem Stifter überlassen ist, kann die Stiftungsorganisation auch nach der neuen Rechtslage weitgehend frei vom Stifter geschaffen werden.[519] Soweit der Stifter bei der Errichtung der Stiftung weitere Organe, zum Beispiel als Aufsichtsorgan, vorsieht, ist auch nach der Reform erforderlich, dass der Stiftungsvorstand handlungsfähig bleiben muss.[520] Die Stiftungsorganisation ergibt sich somit primär aus der Satzung.[521] Entsprechend wird nachfolgend auf die wesentlichen Prinzipien eingegangen, um diese im Anschluss mit dem detaillierteren liechtensteinischen Organisationsrecht zu vergleichen.

a. Stiftungsvorstand

Der Stiftungsvorstand ist nach den §§ 81 Abs. 1 S. 3 Nr. 5, 86 und 26 BGB, beziehungsweise § 84 Abs. 1 S. 1, Abs. 2 BGB-Neu, zwingend notwendig, um die Stiftung nach außen zu vertreten. Die Bezeichnung als Stiftungsvorstand ist nicht zwingend, solange die Vertreterstellung des Organs erkennbar ist. Dabei kann der Vorstand aus einer oder mehreren Personen bestehen.[522] Ist in der Satzung kein

518 Zum Beispiel in § 4 Abs. 1 StifG HA.

519 Vgl. *Arnold* in npoR 2021, 84, 85 f.; zu den Grenzen möglicher Gestaltungen nach bisherigem Recht, *Weitemeyer* in Autonomie im Recht, Stiftungsautonomie, S. 201 ff.

520 *Hüttemann/Rawert* in ZIP 2021, 3, 21; zur bisherigen Rechtslage *Weitemeyer* in MüKo-BGB, § 81, Rn. 45.

521 *Weitemeyer* in MüKo-BGB, § 80, Rn. 7.

522 Dazu jeweils *Weitemeyer* in MüKo-BGB, § 81, Rn. 45 m.w.N.

weiteres Organ vorgesehen, erfüllt der Stiftungsvorstand sämtliche Aufgaben im Innen- und im Außenverhältnis. Insbesondere obliegt ihm bei der Verfolgung des vom Stifter festgelegten Zwecks die Auslegung des Stifterwillens. Aufgrund der geringen Bestimmtheitsanforderungen an den Zweck einer Familienstiftung kann seine Auslegung dabei – verbunden mit der eingeschränkten Stiftungsaufsicht bei privatnützigen Stiftungen[523] – einen entscheidenden Stellenwert haben.

aa. Bestellung

Der Stifter ist bei der anfänglichen Bestellung eines Vorstandes nach § 81 Abs. 1 S. 3 Nr. 5 BGB und auch nach § 81 Abs. 1 Nr. 1 lit. d) BGB-Neu frei. Er kann sich selbst, Dritte oder auch eine juristische Person zum Vorstand der Stiftung berufen.[524] Dabei ist in Deutschland die Berufung eines Destinatärs zum Stiftungsvorstand unstreitig zulässig.[525] Ein Destinatär-Vorstand unterliegt zwar grundsätzlich dem Verbot des Insichgeschäfts nach § 181 BGB, indem sich die Vorschrift jedoch zur Gänze in der Satzung abbedingen lässt,[526] dürfte dies in den meisten Familienstiftungen kein Problem darstellen. Wie der Wortlaut des § 81 Abs. 1 S. 3 Nr. 5 BGB, beziehungsweise § 81 Abs. 1 Nr. 1 lit. d) BGB-Neu nahelegt, genügt es zur Vorstandsbestellung, wenn ein Bestellungsverfahren in der Satzung vorgesehen ist. Eine konkrete Person muss nicht ausgewählt worden sein.[527] Fehlt der einmal anerkannten Stiftung ein Vorstand, kann nach der alten Rechtslage der §§ 87, 29 BGB ein Notvorstand durch das Amtsgericht bestellt werden. Soweit das Amtsgericht nicht zuständig ist, kann gegebenenfalls das anwendbare Landesrecht in derartigen Fällen eine Bestellung durch die Stiftungsbehörde vorsehen.[528] Nach der neuen Rechtslage ist die Bestellung durch die Stiftungsbehörde nunmehr das vorgesehene Verfahren, § 84c Abs. 1 BGB-Neu. Neben die Berufung zum Vorstand tritt, jedenfalls bei entgeltlich tätigen

---

523 Dazu noch ausführlich unten S. 252 ff.

524 Vgl. zum Stifter als Vorstand etwa OLG Frankfurt, Beschl. v. 27.5.2010 – 20 W 175/10, NZG 2010, 181, juris Rn. 31; *Godron* in Richter-StiftR, § 6, Rn. 18; *Weitemeyer* in MüKo-BGB, § 86, Rn. 5. Auch nach der neuen Rechtslage ist die Vorstandsfähigkeit nicht beschränkt, BT-Drucks. 19/28173, S. 59.

525 Grundsätzlich zur Mitwirkung von Destinatären bei der Stiftungsorganisation *Hüttemann/Rawert* in Staudinger-BGB, § 85, Rn. 38 mit ausführlichen Nachweisen, außerdem zur Stellung des Destinatärs als Stiftungsvorstand *Feick/Thon* in ZEV 2011, 404, 405 f.

526 *Hüttemann/Rawert* in Staudinger-BGB, § 86, Rn. 20.

527 Dazu jeweils *Weitemeyer* in MüKo-BGB, § 81, Rn. 45 f.

528 Ausführlich *Muscheler* in FS Reuter, Notvorstand, S. 237 ff.

Vorständen, auch ein Dienstvertrag zwischen dem berufenen Vorstand und der Stiftung.[529]

Umstritten ist jedoch, ob das Berufungsrecht auf (externe) Dritte übertragen werden kann. Dann könnte etwa die Berufung des Stiftungsvorstands zu Lebzeiten des Stifters in sein Belieben und bei seinem Ableben in das eines bestimmten Familienmitglieds gestellt werden. Zum Teil wird dies im Ergebnis für zulässig gehalten, da der Dritte durch die Annahme der Aufgabe selbst Organstellung als Berufungsorgan erlangt und nicht mehr Dritter im eigentlichen Sinne sei. Er sei dann den Interessen der Stiftung verpflichtet und ein Missbrauch wäre nicht mehr zu befürchten.[530] Nach anderer Ansicht ist die Prämisse, nach der ein Dritter durch die Annahme der Berufungsaufgabe automatisch zum Kreationsorgan werde, abzulehnen. Stattdessen könne grundsätzlich auch ein Dritter zur Berufung berechtigt werden, ohne eine Organstellung zu erhalten. Da dieser dann aber nicht an die Interessen der Stiftung gebunden wäre und gleichzeitig nicht durch die Stiftungsaufsicht beaufsichtigt werden könne, liege in diesem Fall eine Aufsichtslücke vor. „Echte“ Dritte könnten daher nicht zur Berufung des Stiftungsvorstands berufen werden.[531] Abgesehen davon, dass die erste Ansicht den Vorteil der Einfachheit für sich in Anspruch nehmen kann, spricht gegen die zweite Ansicht zudem, dass das gleiche Aufsichtsproblem auch dann vorliegt, wenn der Stifter die Vorstandsposition an ein Amt bindet. Die Besetzung des Vorstandes als Inhaber eines Amtes, etwa des Bürgermeisteramtes, wird jedoch grundsätzlich für zulässig gehalten.[532] Da diejenigen, die eine Person in das jeweilige Amt befördern, in dem Beispiel also die Wähler, nicht den Interessen der Stiftung verpflichtet sind, können sich mittelbar die gleichen Probleme wie bei der Bestellung durch einen echten Dritten stellen. Eine Entscheidung in dieser Frage kann generell dahinstehen, da nach beiden Ansichten die Besetzung des Stiftungsvorstands faktisch an Dritte ausgegliedert werden kann. Ob dies im Wege einer Organwerdung[533] des Dritten oder durch die Bindung der Vorstandsstellung an ein Amt oder eine juristische Person geschieht, ist zumindest bei der Frage einer Einflussnahme auf die Stiftung nebensächlich. Denn

---

529 Dazu *Weitemeyer* in MüKo-BGB, § 86, Rn. 7 m.w.N.

530 *Hüttemann/Rawert* in Staudinger-BGB, § 81, Rn. 77 m.w.N.

531 *Weitemeyer* in MüKo-BGB, § 81, Rn. 47 m.w.N.

532 So auch *Weitemeyer* in MüKo-BGB, § 81, Rn. 46.

533 Die Bindung an die Interessen der Stiftung stellt nur einen Missbrauchsvorbehalt dar, denn solange keine groben Verfehlungen des zukünftigen Stiftungsvorstandes zu erwarten sind, kann das Kreationsorgan frei nach seinem Ermessen wählen.

jedenfalls kann das Berufungsrecht beispielsweise auf ein Familienmitglied übertragen werden. Im Hinblick auf den Einfluss der Destinatäre bietet allerdings die Ansicht, die einem zur Berufung der Organe beauftragten Dritten eine Organstellung einräumt, einen gravierenden Vorteil: Denn ist nicht der Stifter, sondern ein Destinatär zur Berufung des Vorstandes ermächtigt, kann durch die Organwerdung dieses Destinatärs eine Verpflichtung zur Stiftung entstehen, die einen rechtlichen Schutz vor der Verfolgung von Eigeninteressen bei der Wahl des Stiftungsvorstands darstellt und damit den Einfluss begrenzt.

Indem der Stifter sich selbst als Stiftungsvorstand einsetzen kann[534] oder durch die Beherrschung Dritter sicherstellen kann, dass ein ihm ergebener Stiftungsvorstand eingesetzt wird, hat er die Möglichkeit, auf die Tätigkeit der Stiftung auch nach der Errichtung Einfluss zu nehmen.[535] Dies stellt im deutschen Regelfall der gemeinnützigen Stiftung ein adäquates Ergebnis dar: Denn es erscheint nicht unangemessen, demjenigen, der sein Vermögen zu altruistischen Zwecken auf eine Stiftung überträgt, auch im Nachhinein die Möglichkeit zu gewähren, die Auslegung seines ursprünglichen Willens zu bestimmen.

Wenn die Stiftung jedoch privatnützige Zwecke verfolgt und die Erträge beispielsweise an die Stifterfamilie fließen sollen, ist es allerdings zweifelhaft, ob es genügt, „dem Stifter einzuschärfen, dass er der von ihm erstellten Satzung unterworfen bleibt“.[536] Angesichts der in der Praxis zulässigen offenen Satzungsgestaltungen bei Familienstiftungen kann der Stifter den Zweck jedoch ohnehin derart allgemein festlegen, dass jede Förderung der Familie dem Zweck genügt. Dadurch erhält er einen derart großen Handlungsspielraum, dass die Satzungsbindung regelmäßig nicht zum Problem werden dürfte. Wie noch zu zeigen ist, kann dem Einfluss durch den Stifter – soweit er als unbillig empfunden wird – zudem durch eine verlängerte Geltung drittschützender Vorschriften, wie dem Pflichtteilsergänzungsanspruch nach § 2325 BGB, begegnet werden.[537]

bb. Abberufung

Die Einflussnahme auf die Stiftung durch die Stiftungsorgane könnte dadurch vervollständigt werden, dass der Einflussnehmende das Recht hat, Organmitglieder, die nicht nach seinem Willen handeln, abzuberufen.

---

534 *Godron* in Richter-StiftR, § 6, Rn. 18.

535 Zu den als „Drittrechte“ bezeichneten faktischen Rechten auch *Jakob* in FS Werner, Stifterrechte, S. 106 f.

536 *Hof* in v. Campenhausen/Richter, § 8, Rn. 127.

537 Dazu ausführlich unten S. 186 f.

Im Gegensatz zur Bestellung des Vorstandes finden sich im bisherigen Bundesrecht keine Vorschriften über die Abberufung von Stiftungsvorständen. Allerdings lässt sich aus einigen Landesgesetzen und den Grundzügen des Zwecks der Rechtsaufsicht ein allgemeines Abberufungsrecht der Stiftungsbehörde entnehmen, wenn der Stiftungsvorstand sich grober Pflichtverletzungen schuldig macht oder sich als unfähig erweist.[538] Damit fallen sowohl die Bestellung des Vorstandes als auch die Regelung der Abberufung des selbigen in den Kompetenzbereich des Stifters bei der Satzungserrichtung. Soweit der Stifter dafür kein besonderes Organ einrichtet, ist das für die Bestellung zuständige Organ im Zweifel auch für die Abberufung zuständig.[539] Im Gegensatz zu der Bestellung sind dem Stifter jedoch Grenzen bei den Möglichkeiten der Abberufung gesetzt: Aufgrund der fehlenden Verweisung des § 86 BGB auf § 27 Abs. 3 BGB wird angenommen, dass eine jederzeitige Abberufbarkeit nicht statthaft ist und stattdessen ein sachlicher[540] oder ein wichtiger Grund vorauszusetzen ist.[541] Dies gilt nach herrschender Ansicht auch dann, wenn die Satzung eine jederzeitige Abberufungsmöglichkeit vorsieht.[542] Die Voraussetzung des wichtigen Grundes läuft außerdem parallel zur ebenso erforderlichen außerordentlichen Kündigung des Dienstvertrages, falls ein solcher besteht.[543] Diese Grundsätze dürften auch nach der neuen Rechtslage gelten. Diese verweist zwar in § 84a Abs. 1 BGB-Neu nunmehr auf das Auftragsrecht und nicht mehr auf Bestandteile des Vereinsrechts, sodass die Argumentation der fehlenden Verweisung auf § 27 Abs. 3 BGB nicht mehr greift.[544] Allerdings ist der Gesetzgeber von der ursprünglich vorgesehenen vollständigen Verweisung auf das Auftragsrecht abgerückt[545] und hat die Verweisung auf die §§ 664–670 BGB beschränkt.[546] Damit ist konkret die in § 671 Abs. 1 BGB geregelte jederzeitige Kündigung nicht mehr Teil der Verweisung, was insbesondere nach der entsprechenden Kritik

538 Ausführlich *Muscheler* in FS Reuter, Notvorstand, 265-237 m.w.N.

539 *Weitemeyer* in MüKo-BGB, § 81, Rn. 48.

540 *Hüttemann/Rawert* in Staudinger-BGB, § 81, Rn. 79 m.w.N.; *Weitemeyer* in MüKo-BGB, § 86, Rn. 11 m.w.N.

541 Speziell zur Notwendigkeit eines wichtigen Grundes, BGH, Urt. v. 28.10.1976 – III ZR 136/74, WM 1977, 168, juris Rn. 23.

542 *Weitemeyer* in MüKo-BGB, § 81, Rn. 48 m.w.N.

543 *Weitemeyer* in MüKo-BGB, § 86, Rn. 13 m.w.N.

544 Vgl. *Baßler/Stöffler/Blecher* in GmbHR 2021, 1125, 1129 f.

545 RegE v. 3.2.2020, S. 8; BT-Drucks. 19/28173, S. 10.

546 Vgl. BGBl. I 2021, 2947, S. 2948.

Burgards[547] als Indiz für einen Willen des Gesetzgebers, an der bisherigen Regelung festzuhalten, genügen dürfte.[548]

Die Möglichkeiten des Stifters zur Einflussnahme sind bei der Abberufung des Stiftungsvorstandes daher begrenzter als bei der Berufung. Auch wenn die Abberufung eingeschränkt ist, kann der Stifter einen Vorstand nach seinem Willen jedoch immer dann durchsetzen, wenn der Vorstand neu zu besetzen ist. Durch kurze Berufungszeiträume kann er über das Kreationsorgan beispielsweise in regelmäßigen Abständen den Vorstand austauschen. Ebenso dürfte sich ein Einfluss durch die Bindung der Vorstandsposition an ein Amt oder die Geschäftsführung einer juristischen Person realisieren lassen, wenn sich diese ohne wichtigen Grund neu besetzen lassen (z.B. § 38 Abs. 1 GmbHG). In beiden Fällen kann zudem angenommen werden, dass die Drohung, den Vorstand durch eine Neubesetzung austauschen zu können, ein gewisses Maß an Einfluss erzeugt.[549] Letztlich kann zudem festgehalten werden, dass keine der Einschränkungen besteht, wenn der Stifter sich selbst zum Vorstand auf Lebenszeit bestellt.

b. Art der Geschäftsführung und Mandatsverträge

Die Art und Weise der Geschäftsführung und die dabei für den Vorstand entstehenden Pflichten können in die Pflichten aus der eigentlichen Organstellung[550] und in die Pflichten aus dem Anstellungsverhältnis aufgeteilt werden. Im Fokus steht dabei insbesondere, inwieweit die Grenzen der Geschäftsführung die Einflussnahme auf die Stiftung ermöglichen oder einschränken.

Auf die Organstellung finden nach der bisherigen Rechtslage gemäß §§ 86 und 27 Abs. 3 BGB, soweit die Satzung keine anderen Regelungen vorsieht,[551] die Vorschriften über den Auftrag, also §§ 664–670 BGB, entsprechend

547 Zu der noch als Desiderata angebrachten Kritik an dem Regierungsentwurf *Burgard* in ZStV 2021, 45, 46 f.

548 Stattdessen von einer Liberalisierung ausgehend, *Baßler/Stöffler/Blecher* in GmbHR 2021, 1125, 1129 f.

549 Da der Verweis des § 86 auf § 27 Abs. 3 S. 2 BGB dispositiver Natur ist, dazu *Weitemeyer* in MüKo-BGB, § 80, Rn. 24, kann die Stellung als Vorstand an finanzielle Anreize gekoppelt sein.

550 Ausführlich dazu *Jakob*, Schutz der Stiftung, S. 210 ff.; *Schwintek*, Vorstandskontrolle, S. 96 ff.

551 Der Stifter kann in der Satzung zwar abweichende Regelungen vorsehen, allerdings sind die Vorschriften über den Auftrag nicht vollkommen dispositiv, dazu *Hof* in v. Campenhausen/Richter, § 8, Rn. 31 m.w.N.

Anwendung.[552] Nach der neuen Rechtslage verweist § 84a Abs. 1 S. 1 BGB-Neu nunmehr direkt auf die §§ 664–670 BGB. Der Vorstand muss die Vertretung der Stiftung daher regelmäßig persönlich (§ 664 BGB) erbringen und ist bei der Erfüllung seiner Aufgaben an den Stiftungszweck sowie die weiteren Inhalte der Stiftungssatzung gebunden.[553] Die Art und Weise, auf die der Stiftungszweck zu verfolgen ist, wird gesetzlich jedoch nur in Grundzügen definiert. Dabei treffen den Vorstand bei der Geschäftsführung grundsätzlich Sorgfaltspflichten (*duty of care*). Überdies unterliegt er allgemeinen Treuepflichten (*duty of loyalty*).[554] Die Sorgfaltspflichten werden insbesondere durch die Vorschriften zur Vermögensverwaltung, also der Erhaltung des Vermögens und den Grundsatz der Mittelverwendung, konkretisiert.[555] Die Treuepflichten gebieten dem Vorstand vor allem, sich vorbehaltlos für die Stiftung einzusetzen und seine Organstellung nicht auszunutzen. Entscheidend ist im Ergebnis der Spielraum, der dem Vorstand zwischen dem Gebot der Erhaltung des Vermögens, soweit dies nicht abbedungen wurde, und der Mittelverwendung zusteht. Zwar kann die Satzung Regelungen vorsehen, um dem Vorstand Leitlinien für die Mittelverwendung zu geben, jedoch muss ihm am Ende ein Ermessensspielraum verbleiben.[556] Wie auch in anderen Rechtsgebieten ist das Ermessen zwar durch Aufsichtsbehörden und das Gericht auf Fehler überprüfbar, jedoch darf die jeweils beurteilende Stelle ihr Ermessen nicht an die Stelle des Vorstandes setzen.[557] Die Stellung der Stiftungsorgane wird nach der Reform im Hinblick auf potenzielle Pflichtverletzungen nun gemäß § 84a Abs. 2 S. 2 BGB-Neu gestärkt, indem jetzt auch für Stiftungsorgane bei der Erfüllung von Geschäftsführungsaufgaben die Business-Judgment-Rule gilt.[558]

In Bezug auf die Familienstiftung mit einem abstrakt bestimmbaren Kreis an Begünstigten bedeutet die Freiheit der Organe bei ihrer Aufgabenerfüllung, dass der Stiftungsvorstand innerhalb dieses Kreises sein Ermessen in Bezug auf die Destinatäre und die konkrete Art und Weise der Leistungen an diese frei

---

552 Allerdings laufe dieser Verweis regelmäßig leer, da es häufig an einem Organ fehlt, das dem Vorstand Weisungen erteilen kann oder ihn überwacht, *Godron* in Richter-StiftR, § 6, Rn. 34.

553 *Hüttemann/Rawert* in Staudinger-BGB, § 86, Rn. 25.

554 Jeweils *Hüttemann/Rawert* in Staudinger-BGB, § 86, Rn. 26.

555 *Jakob*, Schutz der Stiftung, S. 211.

556 *Weitemeyer* in MüKo-BGB, § 86, Rn. 33 m.w.N.

557 *Weitemeyer* in MüKo-BGB, § 86, Rn. 33.

558 *Hüttemann/Rawert* in ZIP 2021, 3, 22.

ausüben kann, soweit die Satzung keine besonderen Regelungen vorsieht.[559] Dabei wäre es möglich, dass der Vorstand die Destinatäre regelmäßig austauscht oder die Leistungen variiert. Eine gänzlich zufällige Verteilung der Leistungen innerhalb des Begünstigtenkreises dürfte grundsätzlich zulässig sein. Dies unterstützt *Muscheler* mit der Annahme, dass es sich bei der konkreten Auswahl der Destinatäre durch den Vorstand um eine mittelbare Entscheidung des Stifters handle, die keiner Billigkeitskontrolle unterliege.[560] Auch unterliegt die Auswahl nicht unmittelbar dem grundrechtlichen Gleichheitsgebot, sondern kann nur an der Sittenwidrigkeit des § 138 Abs. 1 BGB gemessen werden. Zudem stellt sie kein Massengeschäft im Sinne des § 19 Abs. 1 Nr. 1 AGG dar, sodass auch das zivilrechtliche Benachteiligungsgebot nicht greift, welches etwa bei der alleinigen Förderung männlicher Nachkommen betroffen sein könnte.[561]

Ist der Vorstand jedoch ebenfalls der Stifter, kann eine adäquate Ermessensausübung seinerseits in Frage gestellt werden, wenn er die Leistungen an Familienmitglieder nach persönlichem Wohlwollen neu verteilt. Soweit keine besonderen Vorschriften in der Satzung bestehen, um die Verteilung der Leistungen an die Familienmitglieder zu konkretisieren, läge jedenfalls der Verdacht nahe, dass der Stifter-Stiftungsvorstand nicht seinen historischen, sondern aktuellen Willen auslegt und somit sachfremde Erwägungen bei der Ermessensentscheidung berücksichtigt. Soweit die Begünstigten jedoch keinen festgeschriebenen Anspruch aus der Satzung gegen die Stiftung haben[562] und das jeweilige Landesstiftungsrecht keine Aufsicht über privatnützige Stiftungen vorsieht, ist eine Ermessensüberprüfung ohnehin unwahrscheinlich. Schließlich kann der Stifter bei der Satzungserrichtung spätere Änderungen bei der Wahl der konkreten Destinatäre und dem Leistungsumfang auch dadurch legitimieren, dass er kontinuierlich überprüfbare Förderkriterien in die Satzung aufnimmt. Verdienste um die Familie, Ausbildungserfolge, unternehmerische Erfolge oder Bedürftigkeit bieten dabei vielfältige Möglichkeiten der ständigen Überprüfung. Zuletzt ist anzumerken, dass diese faktischen Einflussmöglichkeiten des Stifters als Stiftungsvorstand zumeist nur im Ausnahmefall geltend gemacht werden, etwa bei Verfehlungen einzelner Familienmitglieder oder gravierenden Zerwürfnissen. Wie bereits im Rahmen der möglichen Besetzung

---

559 Vgl. dazu *Muscheler*, der von einem „ungebundenen, freien Ermessen" spricht, *Muscheler* in WM 2003, 2213, 2220 f.

560 *Muscheler* in WM 2003, 2213, 2220 f.

561 Dazu jeweils m.w.N. *Weitemeyer* in MüKo-BGB, § 85, Rn. 50 f.

562 Dies ist strittig, im Detail dazu unten S. 267.

des Stiftungsvorstands angezeigt, kann die Geschäftsführung eines Destinatär-Vorstands durch die Unzulässigkeit von Insichgeschäften nach § 181 BGB eingeschränkt sein. Da sich diese jedoch abbedingen lässt,[563] dürfte sie in der Praxis kaum zu einer Einschränkung von Destinatär-Vorständen führen.[564]

Im Gegensatz zur liechtensteinischen Praxis[565] sind sogenannte Mandatsverträge, mit denen der Stifter den Stiftungsvorstand außerhalb der Stiftung an seine Ansichten bindet, in Deutschland unzulässig. Soweit ein Mandatsvertrag den Stiftungsvorstand zu einem Verstoß gegen die Sorgfaltspflichten anhielte, läge darin eine Anleitung zum Vertragsbruch und der Mandatsvertrag wäre nach § 138 Abs. 1 BGB nichtig.[566] Verpflichtet sich der Stiftungsvorstand lediglich im Rahmen seiner Ermessensausübung, den Maßgaben des Mandatierenden zu folgen, verstößt dies gegen die Treuepflicht des Stiftungsvorstands, da dieser jetzt nicht mehr vorbehaltlos und im alleinigen Interesse der Stiftung handelt.[567]

c. *Zwischenfazit*

In Bezug auf das deutsche Recht lässt sich festhalten, dass der Stifter als Stiftungsvorstand oder durch faktische Beeinflussung des Vorstands einen gravierenden Einfluss auf die Auslegung der Stiftungssatzung und damit auf die Tätigkeit der Stiftung nehmen kann. Dieser Einfluss wird im nächsten Hauptabschnitt eine wesentliche Grundlage darstellen, wenn die Frage beantwortet wird, ob der Stifter bei einer objektiven Betrachtung tatsächlich die Herrschaft über sein Vermögen aufgegeben hat.[568]

2. *Liechtenstein*

Im Gegensatz zum deutschen Recht kennt das liechtensteinische Recht in Art. 552 §§ 24–28 PGR detaillierte Regelungen zur Organisation der Stiftung und ihrer Organe. Dabei ist grundsätzlich in jeder Stiftung ein Stiftungsrat notwendig, der – wie der deutsche Vorstand – die Stiftung nach außen repräsentiert

---

563 *Hüttemann/Rawert* in Staudinger-BGB, § 86, Rn. 20.

564 Allerdings könnte die Abdingbarkeit in gewissen Situationen einzuschränken sein, dazu siehe unten S. 320 ff.

565 *Jakob*, Liechtensteinische Stiftung, S. 256 ff. m.w.N. Näheres dazu unten S. 146 f.

566 Zur Sittenwidrigkeit der Verleitung zum Vertragsbruch durch kollusives Zusammenwirken, *Jakl* in BeckOGK, § 138, Rn. 359 ff.

567 Vgl. zu sachfremden Erwägungen, die zu Ermessensfehlern führen, *Jakob/Picht* in BeckOGK, § 86 BGB, Rn. 36.

568 Dazu unten S. 178 ff.

und die Geschäfte der Stiftung führt, Art. 552 §§ 24–26 PGR. Ferner wird in Stiftungen, die der Aufsicht unterliegen, nach Art. 552 § 27 PGR eine Revisionsstelle eingerichtet. Neben diesen gesetzlichen Organen kann die Stiftung nach Art. 552 § 28 PGR auch weitere Organe einrichten, denen aber keine Vertretungsbefugnis zustehen darf. Tätigkeiten dieser Organe können unter anderem die Feststellung eines Begünstigten aus dem Begünstigtenkreis oder die Feststellung von Zeitpunkt, Höhe und Bedingung einer Ausschüttung sein, vorausgesetzt, die Satzung lässt in dieser Hinsicht einen Spielraum zu.[569] Auch in Liechtenstein schafft der Stifter die Organisation der Stiftung im Wesentlichen durch die Satzung, wobei er nach Art. 552 § 16 Abs. 1 PGR dazu gezwungen ist, gewisse Mindestinhalte zum Stiftungsrat sowie zur Vermögensverwendung zu regeln. Allerdings sieht das Gesetz für einige Aspekte dispositive Regelungen vor oder schafft einen gesetzlichen Regelfall, zum Beispiel bei der dreijährigen Amtszeit des Stiftungsrats, Art. 552 § 24 Abs. 3 PGR.

a. Stiftungsrat

In Liechtenstein ist der Stiftungsrat das notwendige Vertretungsorgan der Stiftung und damit das Pendant zum deutschen Stiftungsvorstand. Regelungen über die Bestellung, Abberufung, Funktionsdauer sowie Art der Geschäftsführung und Vertretungsbefugnis des Stiftungsrats sind dabei zwingende Bestandteile der Stiftungsurkunde, Art. 552 § 16 Abs. 1 Nr. 7 PGR.

Der größte Unterschied bei der Zusammensetzung des Stiftungsrats ist im Vergleich zum – auch dem neuen – deutschen Recht, dass der Stiftungsrat in Liechtenstein aus mindestens zwei Mitgliedern zusammengesetzt sein muss, Art. 552 § 24 Abs. 2 PGR. Die Bestellung zum Stiftungsrat ist nach Art. 552 § 24 Abs. 2 PGR nicht nur natürlichen Personen vorbehalten, sondern auch für juristische Personen möglich. Dabei muss mindestens eines der Mitglieder des Stiftungsrats ein liechtensteinischer Treuhänder sein oder eine im Rahmen des EWR anerkannte und gleichgestellte Zulassung besitzen, Art. 180a Abs. 1 PGR.[570] Die Treuhändervoraussetzung des Art. 180a Abs. 1 PGR können nach Art. 552 § 24 Abs. 2 und Art. 180a Abs. 2 PGR auch von juristischen Personen erfüllt werden. Treuhändern wird dadurch die strukturelle Voraussetzung zur Arbeit in größeren Einheiten sowie eine Haftungsbegrenzung

569 *Jakob*, Liechtensteinische Stiftung, Rn. 302.

570 Zur Zulässigkeit der Besetzung durch ausländische Treuhänder, *Heiss* in Kurzkommentar Stiftungsrecht, Art. 552 § 24, Rn. 6; *Rabanser* in Liechtensteinisches Stiftungsrecht, Art. 180a, Rn. 1 ff.

geboten.[571] Die Besetzung eines Stiftungsrats mit einer juristischen Person darf hingegen nicht dazu missbraucht werden, die wechselseitige Kontrolle der Mitglieder des Stiftungsrats zu unterlaufen, indem bei einem zweiköpfigen Stiftungsrat eine juristische Person und ihr Alleingesellschafter-Geschäftsführer den Stiftungsrat besetzen.[572]

Bei der ersten Besetzung und auch der Regelung für zukünftige Besetzungen ist der Stifter ansonsten frei. Der Stifter kann dabei auch selbst zum Stiftungsrat werden.[573] Eine Beschränkung wie in Österreich, nach der Begünstigte der Stiftung oder ihre Angehörigen von der Berufung zum Stiftungsrat ausgeschlossen sind, Art. 1 § 15 Abs. 2 PSG,[574] besteht in Liechtenstein nicht. Der liechtensteinische Gesetzgeber hatte sich bei der Reform des Stiftungsrechts zwar mit der österreichischen Vorschrift auseinandergesetzt, diese jedoch abgelehnt, weil sie sowohl rechtspolitisch verfehlt sei als auch zu großer Rechtsunsicherheit führe.[575] Das Argument der Rechtsunsicherheit begründete sich im Wesentlichen darauf, dass in Österreich unklar sei, ob Begünstigte außerhalb des Stiftungsrats in nicht vertretungsfähigen Organen der Stiftung tätig sein dürften, in denen sie aber gegebenenfalls trotzdem Einfluss auf den Stiftungsrat ausüben könnten. Eine solche, offenbar im Gesetzgebungsprozess erkannte Unsicherheit hätte sich jedoch durch eine entsprechende gesetzliche Regelung verhindern lassen. Als entscheidendes Argument verbleibt daher die fehlende „rechtspolitische Überzeugungskraft".[576]

Die liechtensteinische Regierung sah im Rahmen des Gesetzgebungsverfahrens in dem potenziellen Interessenkonflikt, wenn Destinatär und Vorstand in einer Person zusammenfallen, jedoch keine große Gefahr und verwies auf die Bindung des Stiftungsrats an die Pflichten aus Stiftungserklärung und Gesetz.[577] Aufgrund dieser Bindung könne davon ausgegangen werden, dass der Begünstigte den Interessen der Stiftung Vorrang vor seinen Interessen als Destinatär einräume.

---

571 *Gasser* in Gasser/StiftR, Art. 552 § 24, Rn. 7 m.w.N.

572 Stellungnahme der Regierung, BuA 85/2008, S. 30; *Heiss* in Liechtensteinisches Stiftungsrecht, Art. 552 § 24, Rn. 20; *Jakob*, Liechtensteinische Stiftung, Rn. 277.; a.A. *Gasser* in Gasser/StiftR, Art. 552 § 24, Rn. 12.

573 Stellungnahme der Regierung, BuA 85/2008, S. 30 f.; *Heiss* in Liechtensteinisches Stiftungsrecht, Art. 552 § 24, Rn. 21 m.w.N.; *Jakob*, Liechtensteinische Stiftung, Rn. 276.

574 Dazu auch v. *Löwe*, Familienstiftung, S. 218; *Csoklich* in PSR 2017, 114, 114 ff.

575 Stellungnahme der Regierung, BuA 85/2008, S. 31.

576 Stellungnahme der Regierung, BuA 85/2008, S. 31.

577 Stellungnahme der Regierung, BuA 85/2008, S. 31.

Die Ausmaße dieses – auch im deutschen Recht bestehenden – Konflikts hängen im Wesentlichen von den Anforderungen an die Konkretisierung des Stiftungszwecks, der Unterstützung und Auswahl der Begünstigten sowie den allgemeinen Regelungen zur Geschäftsführung[578] in Liechtenstein ab. Insbesondere weil die Zulässigkeit von Insichgeschäften nicht eindeutig geklärt ist, kann ein Vergleich erst im Anschluss an letztere erfolgen. Vorwegzunehmen ist jedoch, dass die Besetzung des Stiftungsrats mit Destinatären auch in Liechtenstein auf Zweifel stößt.[579]

aa. Bestellung

Wie auch in Deutschland ist die Ausgestaltung der Bestellung des Stiftungsrats im Wesentlichen dem Stifter überlassen. Indem diese Regelungen jedoch nach Art. 552 § 16 Abs. 1 Nr. 7 PGR zwingender Bestandteil der Satzung sind und bei der Hinterlegung der Gründungsanzeige die Mitglieder des Stiftungsrats feststehen müssen, Art. 552 § 20 Abs. 2 Nr. 6 PGR, wird sichergestellt, dass die Stiftung jedenfalls bei der Hinterlegung einen Stiftungsrat besitzt. Wie bereits ausgeführt, muss dabei mindestens eines der Mitglieder des Stiftungsrats ein liechtensteinischer Treuhänder sein oder eine im Rahmen des EWR anerkannte und gleichgestellte Zulassung besitzen, Art. 180a Abs. 1 PGR.[580] Außerdem kann die Stiftungsorganisation als Teil der Satzung im Nachhinein nur noch durch ein Änderungsrecht im Sinne des Art. 552 § 30 Abs. 1 PGR modifiziert werden.

Die einzige gesetzliche Regelung, die sich inhaltlich mit der Binnenorganisation der Stiftung befasst, ist Art. 552 § 24 Abs. 3 PGR, welcher die Bestellung des Stiftungsrats für eine Amtszeit von drei Jahren vorsieht und eine Wiederbestellung zulässt, sofern die Stiftungsurkunde nichts anderes vorsieht. Obwohl nach Art. 552 § 16 Abs. 1 Nr. 7 PGR eigentlich eine Regelung über die Funktionsdauer des Stiftungsrats erforderlich wäre, ist diese Zweifelsfallregelung unumgänglich, weil die Regelung über die Funktionsdauer nicht nach Art. 552 § 20 Abs. 2 PGR bei der Hinterlegung der Gründungsanzeige durch einen Treuhänder bestätigt[581] werden muss und somit eine Regelung trotz der gesetzlichen Vorgabe

578 Dazu unten S. 146 f.

579 *Heiss* in Liechtensteinisches Stiftungsrecht, Art. 552 § 24, Rn. 22.

580 Zur Zulässigkeit der Besetzung durch ausländische Treuhänder, *Heiss* in Kurzkommentar Stiftungsrecht, Art. 552 § 24, Rn. 6; *Rabanser* in Liechtensteinisches Stiftungsrecht, Art. 180a, Rn. 1 ff.

581 Zur Errichtung der Stiftung in Liechtenstein und der Hinterlegung der Gründungsanzeige im Detail noch unten S. 249 f.

fehlen kann. Fehlt es an einem Stiftungsrat, kann nach Art. 552 §§ 34, 35 PGR die Bestellung eines Stiftungsrats durch einen Richter beantragt werden.[582]

Eine mit der deutschen Diskussion zur Auswahl des Stiftungsrats durch Dritte vergleichbare Debatte wird in Liechtenstein nicht geführt. Da diese Debatte in Deutschland jedoch vor allem Haftungsfragen und eine inhaltliche Bindung der auswählenden Dritten in den Mittelpunkt der Betrachtung rückt und nicht die Einflussnahme Dritter an sich kritisiert,[583] bedarf es für das liechtensteinische Recht keiner weiteren Ausführungen.

bb. Abberufung

Der Stifter muss in der Stiftungssatzung nicht nur die Bestellung, sondern auch die Abberufung des Stiftungsrats regeln. Die Amtszeit kann dabei an eine gewisse Dauer oder das Erreichen eines bestimmten Lebensalters gebunden werden.[584] Außerdem ist der Stifter frei, weitere Gründe, wie das Verfehlen gewisser Anlageziele bei der Vermögensverwaltung, vorzusehen. Nach *Jakob* ist auch ein Abberufungsrecht zugunsten des Stifters oder eines Dritten zulässig.[585] *Bösch* hielt im alten Recht das Vorliegen eines wichtigen Grundes für eine Abberufung nicht für erforderlich, solange die Satzung ein Abberufungsvorbehalt vorgesehen habe.[586] Allein die Grundsätze von Treu und Glauben nach Art. 2 Abs. 1 PGR hätten das Kündigungsrecht einschränken können. Eine Einschränkung aus Treu und Glauben liege nach *Bösch* zum Beispiel dann vor, wenn die Abberufung wegen Ablehnung einer Weisung des Stifters erfolge, die inhaltlich dem Stiftungszweck widerspreche.[587] Die Praxis zeigt, dass unbeschränkte Abberufungsrechte auch in Stiftungssatzungen festgeschrieben wurden.[588]

---

582 *E contrario* zu der Möglichkeit der Beantragung einer Bestellung sei auch auf die Wirksamkeit der Stiftungserrichtung trotz fehlender Regelungen zu schließen, *Jakob*, Liechtensteinische Stiftung, Rn. 280.

583 Siehe dazu oben S. 135.

584 *Bösch*, Liechtensteinisches StiftR, S. 641; *Jakob*, Liechtensteinische Stiftung, Rn. 283.

585 *Jakob*, Liechtensteinische Stiftung, Rn. 283.

586 *Bösch*, Liechtensteinisches StiftR, S. 641; aber auch zum neuen Recht hält *Jakob* Einschränkungen für optional *Jakob*, Liechtensteinische Stiftung, Rn. 283.

587 *Bösch*, Liechtensteinisches StiftR, S. 641 f.; dem folgend *Ender* in Wandel im Stiftungsrecht, Abberufung, S. 84.

588 Beispielsweise durch ein unbeschränktes Neubesetzungsrecht, FG Hamburg, Urt. v. 17.12.2020 – 6 K 307/19, EFG 2021, 1003, juris Rn. 93.

b. Art der Geschäftsführung und Mandatsverträge

Der Stiftungsrat ist als Handlungsorgan der Stiftung verpflichtet, den Stiftungszweck zu erfüllen und sich dabei in den von der Stiftungssatzung gesetzten Leitlinien zu bewegen, Art. 552 § 24 Abs. 1 PGR. Ihm steht dabei naturgemäß in vielen Entscheidungen ein Spielraum zu, welcher eine Ermessensentscheidung erfordert.[589] Der Umfang seines Ermessens kann durch die Satzung eingeschränkt und auf diese Weise durch den Stifter gestaltet werden.[590] Das Zusammenspiel von Ermessen des Stiftungsrats und Vorstellungen des Stifters zeigt sich besonders deutlich bei der Verwaltung des Stiftungsvermögens. Dieses ist unter Beachtung des Stifterwillens entsprechend dem Zweck der Stiftung nach den Grundsätzen einer guten Geschäftsführung zu verwalten, Art. 552 § 25 Abs. 1 PGR. Gemäß Abs. 2 kann der Stifter darüber hinaus jedoch in der Stiftungsurkunde oder in Zusatzurkunden konkrete und verbindliche Verwaltungskriterien festlegen. Neben der insoweit im Gesetz angelegten Verwirklichung des Stiftungszwecks, der Erhaltung der Stiftung und guten Geschäftsführung sind nach *Jakob* außerdem der Gleichbehandlungsgrundsatz, gesetzliche Wertentscheidungen und die Belange der Begünstigten zu berücksichtigen.[591] Soweit dem Stiftungsrat nach der Satzung ein Ermessensspielraum verbleibt, kann die Ermessensausübung jedoch nur auf Ermessensfehler hin überprüft werden.[592] Dabei darf die Überprüfung eines Ermessensfehlgebrauchs, also der Gewichtung der jeweiligen Aspekte in der Abwägung, jedoch nicht dazu führen, dass dem Stiftungsrat faktisch sein Ermessen genommen wird.

Im Ausgangspunkt vergleichbar mit der deutschen Rechtslage[593] besteht dabei – vor allem bei einem Stifter oder Destinatär als Stiftungsrat – die Gefahr, dass sachfremde Erwägungen in die Entscheidung einbezogen werden, weil etwa ein aktueller und nicht der ursprüngliche Stifterwille berücksichtigt wird. Soweit die Förderung der Begünstigten jedoch im Ermessen des Stiftungsrats steht, könnten die Leistungen insgesamt, ihre Höhe oder auch die zeitlichen Abstände der Förderung regelmäßig innerhalb der Grenzen von Treu und Glauben

589 *Jakob*, Liechtensteinische Stiftung, Rn. 300.

590 *Jakob*, Liechtensteinische Stiftung, Rn. 302.

591 *Jakob*, Liechtensteinische Stiftung, Rn. 307, außerdem werden noch wirtschaftliche Gesichtspunkte genannt, die m.E. jedoch ohnehin in der Verwaltung des Vermögens nach den Grundsätzen einer guten Geschäftsführung enthalten sind.

592 OGH, Beschl. v. 4.11.2004 – 10 HG.2003.57-20, LES 2005, 410, Rn. 9; *Bösch*, Liechtensteinisches StiftR, S. 602; *Jakob*, Liechtensteinische Stiftung, Rn. 305.

593 Zur deutschen Rechtslage *Jakob/Picht* in BeckOGK, § 86 BGB, Rn. 36 m.w.N.

verändert werden. Ein potenzielles Kontrolldefizit könnte jedenfalls dann ausgeschlossen sein, wenn ein Destinatär bereits einmal gefördert worden ist und somit um die Existenz der Stiftung und seine Destinatärsstellung weiß. Zwar stehen den Ermessensbegünstigten, Art. 552 § 7 PGR, keine Leistungsansprüche gegen die Stiftung zu. Allerdings verbleiben ihnen grundsätzlich Informationsansprüche nach Art. 552 § 9 PGR, durch welche sie die Ermessensausübung überprüfen können.[594] Ebenso führt die zwangsläufige Berufung eines Treuhänders in den Stiftungsrat, Art. 180a PGR, dazu, dass gänzlich sachfremde Erwägungen unwahrscheinlich sind. Zwar ist aufgrund des hohen Stellenwerts der Treuhänderzunft für das Fürstentum und der damit verbundenen Integritätsstandards[595] davon auszugehen, dass die finanzielle Abhängigkeit des Treuhänders von der Stiftung – und anfänglich auch dem Stifter – die Entscheidungen der Treuhänder nicht zu sehr beeinflussen. Allerdings kann die Berufung mehrerer Destinatäre in den Stiftungsrat dazu führen, dass die Stimme des Treuhänders im Verhältnis an Gewicht verliert.

Vor allem hat der Stifter bei der Satzungsgestaltung die Möglichkeit, den Ermessensspielraum des Stiftungsrats besonders umfangreich zu gestalten. Dies kann sich insbesondere in Bezug auf die Leistungen an die Destinatäre der Stiftung anbieten, um nachträgliche Entwicklungen berücksichtigen zu können, ohne dass nach der bisherigen Rechtsprechung an den Einfluss Folgen geknüpft werden.[596] Nach der Rechtsprechung muss die Satzung zwar Informationen enthalten, „ob, wem, wann, wie oft, wo und in welcher Form (Einkommen und/oder Kapital) Zuwendungen gemacht werden".[597] Damit enden aber die notwendigen Angaben und insbesondere detaillierte Angaben zum Auswahlverfahren hinsichtlich der Destinatäre sind nicht erforderlich. Bei einem derart weiten Ermessen des Stiftungsrats dürfte der Nachweis einer sachfremden Erwägung des Stiftungsrats regelmäßig nur schwer zu erbringen sein und weder Informationsansprüche noch die mahnende Stimme des Treuhänders könnten den Einfluss des Stifters verhindern.

Ein Ermessensmissbrauch in Form der Berücksichtigung sachfremder Erwägungen kann jedoch regelmäßig dann vorliegen, wenn der Stifter mit dem

---

594 Siehe dazu unten S. 280.

595 Zuletzt kam es jedoch zu Vertrauensverlusten in Bezug auf ebenjene Treuhänder *Schwärzler/Hermann/Sahranavard* in PSR 2019, 93, 93 ff.

596 Siehe dazu unten S. 239 ff.

597 StGH, Urt. v. 1.7.2014 – StGH 2014/004, Tz. 2.5.2 f. ausführlich dazu auch oben, S. 107.

Stiftungsrat einen Mandatsvertrag geschlossen hat.[598] Denn Weisungen des Stifters in dem Mandatsverhältnis stellen nicht notwendigerweise den ursprünglichen Willen des Stifters dar, sondern wahrscheinlicher seinen gegenwärtigen Willen und können daher sachfremd sein. Soweit eine angewiesene Entscheidung durch den ursprünglichen Willen gedeckt ist, ist sie zwar nicht zwangsläufig ermessensfehlerhaft, jedoch ist es dann fraglich, aus welchem Grund eine Weisung des Stifters überhaupt notwendig war. Entsprechend legt dies zumindest nahe, dass sachfremde Erwägungen in die Entscheidung eingeflossen sind. Ohnehin können Mandatsverträge, die den Stiftungsrat dazu verpflichten, Entscheidungen zu treffen, die nicht der Stiftungssatzung entsprechen, als sittenwidrige Abreden nichtig sein, da sie eine Anleitung zum Vertragsbruch beinhalten.[599] Soweit sie nur Weisungen innerhalb des Ermessensspielraums des Stiftungsrats vorsehen, sind sie jedoch zulässig.[600]

Wie in Deutschland sind in Liechtenstein Insichgeschäfte von organschaftlichen Vertretern grundsätzlich unzulässig. Dabei sind für das Recht der juristischen Personen besondere Vorschriften in den Art. 175, 186 i.V.m. Art. 245 Abs. 1 PGR vorgesehen. Eine Möglichkeit, die Organmitglieder von dem Verbot des Insichgeschäfts zu befreien, besteht dabei nicht. Ferner gilt das allgemeine Vertretungsrecht nach den §§ 1002 ABGB, wobei die Zulässigkeit von Insichgeschäften allerdings zur Disposition des Vertretenen steht.[601] Obwohl Art. 245 Abs. 1 PGR eine entsprechende Anwendbarkeit der Vorschriften auf Stiftungen vorsieht, ist umstritten, ob und wie weit die Unzulässigkeit von Insichgeschäften bei Stiftungen mit Stiftungsräten, die gleichzeitig eine Destinatärsstellung innehaben, zur Anwendung kommen kann.[602] Bei einer reinen Auslegung der Normen schränkten Art. 175 Abs. 5 und 186 Abs. 3 PGR die Vorschriften jeweils insoweit ein, als sie nur dann auf Stiftungen Anwendungen

598 Vgl. zu Mandatsverträgen bei liechtensteinischen Stiftungen, *Jakob*, Liechtensteinische Stiftung, Rn. 256 ff.; *Büch*, Durchgriff, S. 147 ff.

599 Vgl. *Riedler* in Kodek/Schwimann-öABGB, § 879, Rn. 11 zur Sittenwidrigkeit von Kollusion; *Jakob* hält von vornherein nur solche Mandatsverträge für zulässig, bei denen sich die Weisungen innerhalb des Stiftungszwecks bewegen müssen, *Jakob*, Liechtensteinische Stiftung, Rn. 258 f.; vgl. auch *Büch*, Durchgriff, S. 152 ff.

600 *Jakob*, Liechtensteinische Stiftung, Rn. 258 f.

601 *Bydlinski* in Koziol-öABGB, § 1017, Rn. 5.

602 Zu dem gesamten Streit noch zum alten Recht *Bösch*, Liechtensteinisches StiftR, 168 ff., insb. 178; zum neuen Stiftungsrecht *Jakob*, Liechtensteinische Stiftung, Rn. 321 ff.; außerdem aktueller und mit den Reaktionen auf die Thesen *Jakobs*, *Motal*, Grundfragen, S. 292 m.w.N.

fänden, wenn der Stiftungsrat mindestens 30 stimmberechtigte Mitglieder hätte.[603] Faktisch dürfte dieser Ausnahmefall bei Familienstiftungen kaum eintreten. Nach einer Entscheidung des OGH, in der Art. 175 PGR inklusive des Abs. 5 für anwendbar gehalten wurde,[604] wurde die Geltung in einer späteren Entscheidung wieder abgelehnt.[605] Dabei bleibt unklar, ob jeweils die gesamte Norm unanwendbar sein solle – was durch die alternative, aber nicht überzeugende[606] Anwendung des Art. 250a PGR möglich erscheint – oder nur der jeweilige einschränkende Absatz nicht anzuwenden sei. Letzteres legt der Verweis auf *Bösch*[607] nahe, der an der angegebenen Fundstelle eine hohe Schutzbedürftigkeit der Stiftung fordert. *Jakob* weist allerdings darauf hin, dass der liechtensteinische Gesetzgeber bewusst die österreichische Regelung des Art. 1 § 15 Abs. 2 PSG nicht übernommen und Destinatäre als Stiftungsrat ausdrücklich zugelassen hat.[608] Diese wären bei einer Geltung der Art. 175, 186 PGR dann jedoch regelmäßig von ihrem Stimmrecht präkludiert. Insbesondere bei einem nur aus zwei Personen bestehenden Stiftungsrat wäre die Geschäftsführung in den meisten Fällen auf den Treuhänder beschränkt.[609]

Wie *Motal* aufzeigt, dürften sich die Interessen der Stiftung und der Begünstigten bei Anlageentscheidungen häufig decken, weswegen in diesen Konstellationen selten Konflikte zu erwarten seien.[610] Konflikte verbleiben dann vorwiegend im Bereich der Ausschüttungsentscheidungen. Folgt man der Ansicht *Jakobs* und lehnt die Anwendung der Art. 175, 186, 250a PGR ab, kämen die allgemeinen Vorschriften des ABGB zur Anwendung.[611] Dies hätte den Vorteil, dass der Stifter bei der Errichtung der Stiftung die Möglichkeit hätte, Insichgeschäfte zuzulassen. Im Ergebnis ließe sich diese Wertung auch auf die Tätigkeit von Begünstigten in anderen Stiftungsorganen übertragen, wenn unter anderem

---

603 *Jakob*, Liechtensteinische Stiftung, Rn. 321.

604 OGH, Urt. v. 6.12.2001 – 1 Cg 378/99-50, LJZ 2002, 41, 46 f.

605 OGH, Entscheidung v. 7.1.2009 – 1 CG.2006.303, LJZ 2009, 52, 53.

606 *Jakob*, Liechtensteinische Stiftung, Rn. 322 f.

607 *Bösch*, Liechtensteinisches StiftR, S. 178.

608 Dazu bereits oben, S. 144 f.

609 *Jakob*, Liechtensteinische Stiftung, Rn. 324.

610 *Motal*, Grundfragen, S. 296 f. soweit Konstellationen denkbar sind, in denen der Begünstigte zur Erzielung kurzfristiger Renditen besonders hohe Erträge generieren will und dadurch zulasten der Stiftung ein höheres Risiko eingehen will, könnte der Konflikt auch im Wege der Haftung des Stiftungsrates begegnet werden.

611 *Jakob*, Liechtensteinische Stiftung, Rn. 326; *Zollner* in Abwicklung von Stiftungen, Interessenkollisionen, S. 70 f.; nur teilweise zustimmend *Motal*, Grundfragen, S. 294 ff.

die Durchführung von besonders umfangreichen Geschäften der Zustimmung eines mit Begünstigten besetzten Aufsichtsorgans bedürfte.

c. *Zwischenfazit*

Die Regelungen zur Organisation der Stiftung und die Anforderungen an den Stiftungsrat sind in Liechtenstein verhältnismäßig detailliert geregelt. Angesichts der Notwendigkeit eines Treuhänders im Stiftungsrat und der wirtschaftlichen Relevanz des Treuhändergeschäfts für das Fürstentum überrascht dies nicht. Im Gegensatz zum österreichischen Recht kann der Destinatär in Liechtenstein auch nach der Reform eine Position als Stiftungsrat einnehmen.

Die Zulässigkeit dieser Besetzung birgt zwar die rechtliche Gefahr einer Bedeutungslosigkeit der Stiftungsratsstellung von Destinatären, da all ihre Entscheidungen der immanenten Gefahr von Insichgeschäften unterliegen. Diesem Problem lässt sich jedoch mit der von *Jakob* vertretenen Auslegung begegnen.[612] Durch die Anwendung der allgemeinen Vorschriften kann der Stifter bei der Errichtung der Stiftung entweder Insichgeschäfte explizit zulassen oder auf eine Regelung verzichten und den Stiftungsrat-Destinatären somit die Entscheidungsmacht in entsprechenden Fragestellungen entziehen. Während die Bindung des Stiftungsrats an die Satzung – gerade in Familienstiftungen und Konflikten auf persönlicher Ebene sowie bei Entscheidungen über die Leistungen an die Destinatäre – faktisch nur geringe Auswirkungen haben dürfte, ist die Stiftung doch im Ergebnis ausreichend geschützt oder das Risiko vom Stifter bewusst in Kauf genommen worden. Zudem kann der im Stiftungsrat vorhandene Treuhänder innerhalb des Rates eine gewisse Aufsichtsfunktion wahrnehmen, wenngleich seine Stimme bei größeren Stiftungsräten gegebenenfalls keinen ausschlaggebenden Unterschied machen kann.

Die Möglichkeit, den Stiftungsrat der Stiftung mit Destinatären zu besetzen, erlaubt dem Stifter und den Destinatären eine tiefgreifende Einflussnahme auf die Stiftung. In der Praxis dürfte diese Form des Einflusses selten sein. Soweit sich zu viele der Stiftungsräte dauerhaft im Ausland befinden und dort auch Entscheidungen treffen, könnte insbesondere aus der deutschen steuerlichen Perspektive ein Sitz der Geschäftsleitung in Deutschland und damit eine unbeschränkte Steuerpflicht im Sinne des § 1 Abs. 1 KStG angenommen werden.[613] Überdies dürfte eine Stiftungsratsbesetzung mit einem Destinatär dazu führen,

612 *Jakob*, Liechtensteinische Stiftung, Rn. 326.

613 Dies setzt voraus, dass die liechtensteinische Stiftung als Körperschaftsteuersubjekt betrachtet werden kann, dazu im Detail unten S. 543 ff.

dass gegenüber der deutschen Steuerverwaltung kaum nachweisbar wäre, dass das Vermögen dem Destinatär rechtlich und tatsächlich entzogen ist.[614] Ohnehin dient die liechtensteinische Stiftung als Vehikel der Vermögensplanung und -gestaltung im Wesentlichen Zwecken, die kein umfangreiches Tagesgeschäft bei der Verwaltung erfordern und daher an Familienfremde ausgelagert werden kann. Faktisch besteht somit nur ein mäßiges Risiko einer Einflussnahme auf die Stiftung durch den Destinatär als Stiftungsrat.

3. *Fazit*

In beiden Rechtsordnungen stehen dem Stifter sowie den Destinatären vielfältige Möglichkeiten zu, um durch das Leitungsorgan Einfluss auf die Arbeit der Stiftung zu nehmen. Diese lassen sich in zwei Kategorien zusammenfassen: Zum einen ist dies der faktische Einfluss des Stifters oder der Destinatäre durch die Mitgliedschaft in dem Leitungsorgan der Stiftung oder einem anderen Organ, welches wiederum Einfluss auf das Leitungsorgan ausüben kann. Zum anderen kann die Arbeit der Organe durch die Rechte des Stifters oder Dritter, das Leitungsorgan zu bestellen oder abzuberufen, beeinflusst werden.

Während die Einflussnahme Varianten der ersten Gruppe durch deutsche Stifter auf Stiftungen in Liechtenstein aufgrund des dargestellten Risikos einer Steuerpflicht der Stiftung in Deutschland[615] in der Praxis häufig vermieden werden dürften, ist eine solche Einflussnahme in Deutschland sehr gut vorstellbar. Die grundsätzlich geringen Bestimmtheitsanforderungen[616] an den Stiftungszweck, insbesondere in Verbindung mit „weichen" Zweckbestimmungen wie „Verdiensten um die Familie oder den Stifter", erlauben es dem Stifter-Stiftungsvorstand, sowohl seinen in der Satzung manifestierten Willen im Detail umzusetzen, als faktisch auch nachträgliche Vorstellungen im Wege der Ermessensausübung in die Tätigkeit der Stiftung einfließen zu lassen. Zwar ist letzteres grundsätzlich unzulässig und eine Stiftung könnte nach § 87 BGB und in Liechtenstein nach Art. 124 Abs. 1 und Art. 552 § 29 Abs. 1 Nr. 3 PGR[617] aufgelöst werden, faktisch dürfte es aufgrund der geringen Aufsichtsdichte aber nur selten zu einer Überprüfung kommen. Soweit der Wille des Stifters überprüft wird, muss er sich zwar grundsätzlich objektiv aus der Satzung ergeben, in Grenzfällen kommt

614 Auch dazu im Detail unten S. 560 ff.

615 Dazu im Detail S. 543 ff.

616 Dazu oben, S. 110.

617 Vorausgesetzt, der Stifter hat sich kein Änderungsrecht in der Satzung vorbehalten oder macht von diesem keinen Gebrauch.

der Auslegung des eigenen Willens durch den Stifter jedoch eine maßgebende Bedeutung zu. Die geringen Bestimmtheitsanforderungen an den Stiftungszweck lassen eine derartige Einflussnahme allerdings nicht nur durch einen Stifter-Stiftungsvorstand zu, sondern können, da der Stifter diese Möglichkeit auch einem Dritten einräumen könnte und es sich damit nicht um originäre Stifterrechte handelt,[618] auch durch einen Destinatär-Vorstand ausgeübt werden. Dieser Einfluss kann in beiden Rechtsordnungen im Hinblick auf die Notwendigkeit der Vermögensaufgabe, die körperschaftsähnliche Ausgestaltung der Stiftung und zuletzt in Bezug auf den Schutz der Gläubiger der Einflussnehmenden Probleme hervorrufen.

Auch die Einflussnahme Varianten der zweiten Kategorie können sowohl bei der Vermögensaufgabe des Stifters als auch bei der körperschaftsähnlichen Einflussnahme der Begünstigten zu Schwierigkeiten führen. Im Grundsatz muss dabei zwischen einer Beeinflussung der Stiftungsorgane im Rahmen des Zulässigen, also im Rahmen ihres Ermessens und des Stiftungszwecks, und einer außerhalb dessen liegenden Beeinflussung getrennt werden. Gegen eine unzulässige Beeinflussung können nicht nur andere Begünstigte, sondern auch die Stiftungsbehörden vorgehen. Die Möglichkeit der Stiftungsorgane, eine unzulässige Einflussnahme abzuwehren, besteht grundsätzlich in beiden Rechtsordnungen, da ein freies Abberufungsrecht in Deutschland generell nicht zulässig ist und in Liechtenstein ein Abberufungsrecht jedenfalls dann ausgeschlossen ist, soweit dadurch eine unzulässige Handlung erzwungen werden soll. Jedoch sind die Abwehrmaßnahmen der Organe in beiden Staaten stark eingeschränkt, soweit der Einfluss nicht durch eine Abberufung, sondern durch freie Besetzungsrechte, in Verbindung mit einer kurzen Berufungsdauer, ausgeübt wird. Die Möglichkeiten der Behörde sind begrenzt, da es frei nach dem Grundsatz „wo kein Kläger, da kein Richter" bei Einvernehmlichkeit der Destinatäre an einem potenziellen Kläger fehlt, der die Handlungen gegenüber der Behörde anzeigt. Da die staatliche Aufsicht in Liechtenstein[619] und vielen deutschen Bundesländern[620] für Familienstiftungen stark eingeschränkt ist, kann sie aufgrund des Informationsdefizits allein kaum gegen ein entsprechendes Handeln vorgehen. Nichtsdestotrotz steht der Aufsichtsbehörde bei wiederholtem und planmäßigem, satzungswidrigem Handeln die Möglichkeit zur Auflösung der Stiftung

618 *Jakob* in FS Werner, Stifterrechte, S. 106 f.

619 Dazu S. 269 f.

620 Dazu S. 252 f.

in Deutschland nach § 87 BGB und in Liechtenstein nach Art. 124 Abs. 1 und Art. 552 § 29 Abs. 1 Nr. 3 PGR zu.

C. Stiftungsgeschäft und Vermögenszuwendungen[621]

Damit die Stiftung ihren Zweck mit ihrem Vermögen erfüllen kann, muss sie errichtet werden und das Vermögen von ihrem Stifter erhalten. Im Folgenden wird sich zeigen, dass die inhaltlichen Anforderungen für Vermögenszuwendungen an die Stiftung von entscheidender Bedeutung für den Einfluss auf die Stiftung sind. Denn bei jeder Vermögenszuwendung an die Stiftung stellt sich die Frage, inwieweit der Zuwendende sich von dem Vermögen trennen muss – und damit verbunden, wie viel Einfluss er noch auf das Vermögen ausüben darf.

Da in beiden Rechtsordnungen die Vermögensübertragung sowohl bei der Stiftungserrichtung als auch im Wege einer nachträglichen Zuwendung stattfinden kann, wird im weiteren Verlauf jeweils zwischen diesen beiden getrennt.

I. Deutschland

Die Entstehung einer Stiftung erfordert nach § 80 Abs. 1 BGB, beziehungsweise § 80 Abs. 2 BGB-Neu, ein Stiftungsgeschäft und die Anerkennung der zu errichtenden Stiftung durch den Staat. Auf den privatrechtlichen Teil der Stiftungserrichtung, also das Stiftungsgeschäft, wird im Folgenden – zusammen mit späteren Vermögenszuwendungen an die Stiftung – eingegangen. Die Anerkennung wird an anderer Stelle behandelt.[622]

1. Rechtlicher Akt der Stiftungserrichtung

Das Stiftungsgeschäft unter Lebenden ist ein einseitiges Rechtsgeschäft, das durch eine nicht empfangsbedürftige Willenserklärung zustande kommt.[623] Es

---

621 Terminologischer Hinweis: In Deutschland werden sämtliche Zuwendungen an die Stiftung, die nicht Teil der ursprünglichen Vermögensausstattung sind, als Zustiftung bezeichnet. Dabei kann es dahinstehen, ob sie vom ursprünglichen Stifter oder einem Dritten stammen. In Liechtenstein wird bei nachträglichen Zuwendungen hingegen differenziert. Zuwendungen des Stifters werden als Nachstiftungen, Art. 552 § 13 Abs. 2 PGR, und Zuwendungen eines Dritten als Zustiftungen bezeichnet, Art. 552 § 13 Abs. 3 PGR. Zu der sporadischen Verwendung des Begriffs der Nachstiftung in Deutschland, *Jakob/Uhl* in BeckOGK, § 80 BGB, Rn. 200 dort Fn. 847.

622 Siehe dazu S. 248 im Rahmen der Stiftungsaufsicht.

623 Regelmäßig wird in der Literatur von einer einseitigen nicht empfangsbedürftigen Willenserklärung gesprochen, z.B. *Hüttemann/Rawert* in Staudinger-BGB, § 81, Rn. 2.

bedarf nach § 81 Abs. 1 S. 1 BGB, beziehungsweise § 81 Abs. 2 BGB-Neu, der Schriftform und muss nach § 81 Abs. 1 S. 2 BGB, „die verbindliche Erklärung des Stifters enthalten, ein Vermögen zur Erfüllung eines von ihm vorgegebenen Zweckes zu widmen“. Auch nach § 81 Abs. 1 Nr. 2 BGB-Neu muss der Stifter „zur Erfüllung des von ihm vorgegebenen Stiftungszwecks ein Vermögen widmen (gewidmetes Vermögen), das der Stiftung zu deren eigener Verfügung zu überlassen ist“.

Inhaltlich ist nach § 81 Abs. 1 S. 3 Nr. 5 BGB, beziehungsweise § 81 Abs. 1 Nr. 1 lit. d) BGB-Neu, außerdem eine Regelung über die Bildung des Vorstands der Stiftung erforderlich. Schließlich ist die Stiftung nur dann anzuerkennen, wenn die Erfüllung des Stiftungszwecks gesichert erscheint (§ 80 Abs. 2 S. 1 BGB). Soweit die Stiftung von Todes wegen errichtet wird (§ 83 BGB), handelt es sich um eine letztwillige Verfügung, die im Rahmen eines Testaments oder Erbvertrages getroffen werden kann,[624] im Grundsatz aber den gleichen Anforderungen unterliegt.[625]

Das Stiftungsgeschäft selbst lässt sich in zwei verschiedene rechtliche Akte aufteilen. Zum einen geht es um die inhaltliche Bestimmung von Zweck, Organisation und Vermögensplanung der Stiftung. Zum anderen muss zwingend ein Vermögen für diesen Inhalt bereitgestellt werden, damit sich die Stiftung als solche verselbstständigen kann. In anderen Worten kann diese Vermögensausstattung als Normativbedingung für die Entstehung der Stiftung betrachtet werden.[626] In der Wissenschaft werden diese beiden Vorgänge als organisationsrechtlicher und als vermögensrechtlicher Akt bezeichnet, weswegen auch von der Theorie der Zweiaktigkeit gesprochen wird.[627] Diese Zweiteilung zeigt sich nach der Reform 2021 auch deutlich in dem Aufbau des § 81 Abs. 1 BGB-Neu, der in Nr. 1 die organisationsrechtlichen und in Nr. 2 die vermögensrechtlichen Inhalte des Stiftungsgeschäfts regelt.

Im Folgenden werden jedoch diese Begrifflichkeiten getrennt, da dies im Rahmen der kommenden (analogen) Anwendung von Vorschriften auf einseitige Rechtsgeschäfte übersichtlicher ist. Entsprechend wird von einer empfangs- oder nicht empfangsbedürftigen Willenserklärung gesprochen und allein das durch sie begründete Rechtsgeschäft kann ein- oder zweiseitig sein, vgl. *Wendtland* in MüKo-BGB, § 133, Rn. 13 f.

624 *Hüttemann/Rawert* in Staudinger-BGB, § 83, Rn. 2.

625 § 83 BGB sieht jedoch Erleichterungen vor, wenn die Voraussetzungen des § 81 BGB nicht vollständig erfüllt worden sind.

626 *Weitemeyer* in MüKo-BGB, § 81, Rn. 21.

627 *Hüttemann/Rawert* in Staudinger-BGB, § 81, Rn. 18 f. m.w.N.; a.A. *Muscheler* in ZEV 2003, 41, 43 ff.

Als Rechtsgeschäft unterliegt die Stiftungserrichtung der allgemeinen Rechtsgeschäftslehre, sodass eine fehlende Form zur Nichtigkeit führen kann, § 125 BGB, und auch die Nichtigkeitsgründe der §§ 134, 138 BGB einschlägig sind. Ebenso sind die Vorschriften zur Vertretung und zu Irrtümern anwendbar.[628]

a. *Der organisationsrechtliche Akt*

Der organisationsrechtliche Teil der Stiftungserrichtung wird in der Stiftungssatzung festgehalten. Die Stiftungsurkunde muss nach § 81 Abs. 1 S. 3 BGB Regelungen über den Namen, den Sitz, den Zweck, das Vermögen und die Bildung des Vorstands der Stiftung enthalten. Ferner ergibt sich aus der Vorschrift des § 85 BGB, dass der Stifter „identitätsbestimmende Grundentscheidungen" nicht dem Ermessen der Stiftungsorgane überlassen darf, sondern diese Entscheidungen selbst in der Stiftungssatzung treffen muss.[629] Während für den Zweck und die Organisation der Stiftung im Wesentlichen auf die jeweiligen Ausführungen verwiesen werden kann,[630] unterscheidet sich das bereits behandelte Vermögen von dem in § 81 Abs. 1 S. 3 Nr. 4 BGB bezeichneten Vermögen. In der Stiftungsurkunde ist nicht das Vermögen im Sinne der Summe aller gegenwärtigen Vermögenswerte gemeint, sondern die Vermögensplanung der Stiftung insgesamt. Neben der anfänglichen Vermögensausstattung zählen bei dieser Planung auch eingeplante Zustiftungen und Spendenerwartungen, also zukünftige Vermögenswerte, zu dem Vermögen.[631] Die Vermögensplanung soll dazu dienen, eine Mittel-Zweck-Beziehung zwischen dem einzusetzenden Vermögen und dem zu erreichenden Zweck herzustellen.[632] Dieser weite Vermögensbegriff ermöglicht einen größeren Spielraum bei der Vermögensaufbringung und erlaubt es dem Stifter, auch dann eine Stiftung zu errichten, wenn er selbst nicht das gesamte Kapital aufbringen kann,[633] aber andere Quellen zu Zuwendungen bewegen kann. Bei Privat- und vor allem bei Familienstiftungen sind Zuwendungen von

---

628 *Weitemeyer* in MüKo-BGB, § 81, Rn. 9.

629 *Weitemeyer* in MüKo-BGB, § 81, Rn. 27 ff., dort auch zu den Anforderungen an Namen und Sitz der Stiftung im Detail.

630 Dazu S. 79 ff. (Zweck) und S. 133 ff. (Organisation).

631 *Weitemeyer* in MüKo-BGB, § 81, Rn. 39 f.

632 *Hüttemann/Rawert* in Staudinger-BGB, § 81, Rn. 22.

633 Zur Frage, ob nach dem weiten Vermögensbegriff für die Stiftungserrichtung auch die Ausstattung mit einem symbolischen Betrag (z.B. einem Euro) genügt, wenn die Erfüllung des Stiftungszwecks durch eine entsprechende Vermögensplanung und Zustiftungen gesichert ist, ausführlich *Jakob*, Schutz der Stiftung, S. 149 f.

dritter Seite nicht allzu wahrscheinlich. Jedoch sind spätere Zuwendungen des Stifters, beispielsweise bei einer schrittweisen Zustiftung von Unternehmensanteilen, durchaus vorstellbar.

b. Der vermögensrechtliche Akt

Der Rechtsnatur und den Voraussetzungen für die Vermögenszuwendung kommt sowohl vor dem Hintergrund einer potenziellen Gläubigerbenachteiligung als auch aus der steuerlichen Perspektive eine besondere Bedeutung zu. In der Diskussion wird die Frage nach der Rechtsnatur häufig mit der Frage nach den auf das vollendete Rechtsgeschäft anwendbaren Vorschriften vermengt. Der Vergleich mit dem liechtensteinischen Recht, insbesondere der sogenannten Vermögensopfertheorie, wird jedoch zeigen, dass sich die Trennung dieser Frage auch im deutschen Recht als vorteilhaft erweisen kann.

aa. Rechtsnatur der Vermögenswidmung

Die Rechtsnatur der Vermögenswidmung des Stifters lässt sich nicht eindeutig einem der bekannten Vertragstypen zuordnen. Als nicht-empfangsbedürftige Willenserklärung passt die Vermögenswidmung nur bedingt in das Schema der klassischen Verträge im Sinne der §§ 145 BGB. Im Gegensatz zu den anderen nicht-empfangsbedürftigen Willenserklärungen, der Auslobung nach § 657 BGB und insbesondere dem Testament nach § 1937 ff. BGB, fehlt es an einer expliziten, über § 81 BGB hinausgehenden Regelung zur Vermögensausstattung. Außerdem ist besonders, dass es bei der Stiftungserrichtung zwingend an der späteren zweiten Partei, dem Gläubiger der Vermögensausstattung, fehlt, da die Stiftung erst durch die Vermögenswidmung entstehen kann.[634] Insofern kann nicht – wie noch vor Inkrafttreten des BGB – angenommen werden, dass die Vermögenswidmung eine Schenkung darstellt.[635] Aufgrund ihrer Einzigartigkeit kann die Vermögenswidmung als ein Rechtsgeschäft *sui generis* betrachtet werden.[636] Diese Einordnung bringt jedoch einige Folgeprobleme mit sich. Zum einen müssen die Voraussetzungen eigens bestimmt werden und zum anderen ist fraglich, welche Vorschriften in welcher Art und Weise auf das Rechtsgeschäft anzuwenden sind.

---

634 *Hof* in v. Campenhausen/Richter, § 6, Rn. 35; *Tolksdorf*, Vermögensausstattung, S. 58 f.
635 Dazu *Burgard*, Gestaltungsfreiheit, S. 584 f. m.w.N.
636 Vgl. *Weitemeyer* in MüKo-BGB, § 81, Rn. 21 m.w.N.

bb. *Voraussetzungen der Vermögenswidmung und der Vermögensausstattung*

§ 81 Abs. 1 S. 2 BGB sieht als einzige inhaltliche Voraussetzung vor, dass der Stifter verbindlich erklären muss, „ein Vermögen zur Erfüllung eines [...] Zweckes zu widmen". Diese zwingende Widmung ist erforderlich, da eine Übereignung einzelner Vermögensgegenstände vor der Anerkennung der Stiftung nicht möglich ist. Sie bildet die Grundlage für die in § 82 BGB geregelte Übertragungspflicht des Stifters, aufgrund derer er nach der Anerkennung das gewidmete Vermögen auf die Stiftung übertragen muss. Der Wortlaut des § 82 BGB gibt damit vor, dass das Vermögen übereignet oder abgetreten werden muss. Danach bleibt jedoch offen, ob und gegebenenfalls in welchem Umfang der Stifter – analog zu den Voraussetzungen einer Zuwendung bei der Schenkung[637] – durch die Vermögensausstattung entreichert und die Stiftung bereichert werden muss,[638] oder ob eine rein formelle Übertragung der Vermögenswerte genügt. Dafür ist zuerst zu überprüfen, welche Anforderungen das Gesetz explizit an die Vermögensausstattung stellt, bevor auf systematische Erwägungen eingegangen werden kann.

(1) Bereicherung

Aus der Formulierung des § 80 Abs. 2 S. 1 BGB ergibt sich, dass das Stiftungsvermögen zumindest so umfangreich sein muss, dass der Stiftungszweck dauernd und nachhaltig erfüllt werden kann.[639] Die Stiftung kann dies nur dann erreichen, wenn sie in einem gewissen Umfang durch die Vermögensausstattung bereichert wird. Eine Bereicherung ist daher notwendig.[640]

Im Schenkungsrecht wird die Bereicherung als objektiv feststellbare, nicht nur formale, sondern materiell beständige Vermögensmehrung beschrieben.[641] Vergleichbare Voraussetzungen müssen auch an die Bereicherung im Rahmen

---

637 *Chiusi* in Staudinger-BGB, § 516, Rn. 8 ff.

638 An dieser Stelle sei bereits einmal auf die Arbeit von *Tolksdorf* zum Vorliegen der Schenkungsvoraussetzungen bei der Stiftungsausstattung hingewiesen, *Tolksdorf*, Vermögensausstattung, S. 75–193. Im Gegensatz dazu wird im Rahmen der vorliegenden Fragestellung jedoch überprüft, welche Voraussetzungen für die Vermögensausstattung notwendig sind, und nicht, welche Eigenschaften die Vermögensausstattung hat. Dabei gibt es Überschneidungen, jedoch kann nicht allgemeingültig auf *Tolksdorf* verwiesen werden.

639 Siehe dazu im Detail oben, S. 84 ff.

640 Zu den Auswirkungen der Neuregelung unten S. 160.

641 *Chiusi* in Staudinger-BGB, § 516, Rn. 29 m.w.N.

der Stiftungsausstattung gestellt werden, damit der Stiftungszweck überhaupt verfolgt werden kann.

(i) Vermögensvorteil

Wie bei der Schenkung[642] kann daher in einem ersten Schritt positiv überprüft werden, ob die Stiftung objektiv einen Vermögensvorteil erlangt hat. Dieser ist als Mehrung der Aktiva oder Minderung der Passiva des Beschenkten zu verstehen.[643] Hat sich der Stifter beispielsweise sämtliche Nutzungsrechte an einer gestifteten Sache während ihrer gesamten üblichen Nutzungsdauer vorbehalten, fehlt es bereits bei dieser bilanzgeprägten Sichtweise an einem Vorteil. Soweit der Stiftung aber eigene Nutzungsrechte zustehen, erlangt sie einen Vorteil in Höhe des Wertes ihrer Nutzungsrechte.

In einem zweiten Schritt ist negativ zu einem bloß formalen Vermögensvorteil abzugrenzen.[644] Dabei sind alle über die rein bilanzielle Betrachtung des Zuwendungsvorgangs hinaus gehenden Faktoren zu berücksichtigen. Dementsprechend muss auch überprüft werden, ob die Bereicherung durch Satzungsbestimmungen oder vertragliche Vereinbarungen eingeschränkt wird oder gar entfällt.[645] Ein rein formaler Vermögensvorteil lässt sich in der Praxis nur anhand einer Einzelfallabwägung der Nutzungsmöglichkeiten durch die Stiftung feststellen, bei der aber nicht nur die konkrete Übertragung des Vermögens, sondern die Gesamtumstände einbezogen werden müssen.

Dass die Stiftung durch ihren Zweck an einer gänzlich freien Verfügung gehindert ist, stellt grundsätzlich kein Problem für ihre Bereicherung dar. Denn der Zweck einer juristischen Person muss kategorisch von ihren vertraglichen Verpflichtungen abgegrenzt werden. Es steht einer Bereicherung daher nicht entgegen, wenn die Stiftung das zugewendete Vermögen zur Zweckerfüllung einsetzen muss.[646] Voraussetzung ist jedoch, dass sie dabei nicht durch andere Abreden zu sehr eingeschränkt ist, denn in diesen Fällen kann es an einer materiellen Bereicherung fehlen. Insbesondere darf sie nicht über schuldrechtliche

---

642 *Kühle* in jurisPK-BGB, § 516, Rn. 28.

643 *Chiusi* in Staudinger-BGB, § 516, Rn. 29 m.w.N.

644 *Chiusi* in Staudinger-BGB, § 516, Rn. 30.

645 Zum Beispiel Unveräußerlichkeitsgebote für bestimmte Vermögensgegenstände oder Entscheidungsvorbehalte des Stifters.

646 RG, Urt. v. 16.10.1908 – VII 595/07, RGZ 70, 15, 17 f.; BGH, Urt. v. 10.12.2003 – IV ZR 249/02, BGHZ 157, 178, juris Rn. 17 ff.; *Medicus* in FS Heinrich, Pflichtteilsergänzung, S. 390; *König*, Stiftung als Instrument der Nachlassplanung, S. 139 f.; *Muscheler*, Stiftungsrecht, S. 190; *Tolksdorf*, Vermögensausstattung, S. 133 m.w.N.

Bindungen an den aktuellen Willen des Stifters bezüglich der Vermögensnutzung gebunden sein. Dies wäre etwa der Fall, wenn der Stifter und der Stiftungsvorstand einen – in Deutschland unzulässigen – Mandatsvertrag[647] geschlossen haben und die Stiftungsorgane keinen freien Willen für die Stiftung bilden. Ebenso kann sich im Einzelfall ein strenges Vorgabenkorsett für die Nutzung des Vermögens in der Satzung auswirken. Es könnte etwa problematisch sein, wenn detaillierte Vorgaben für die Vermögensverwaltung bestehen, die dem Stiftungsvorstand keine Entscheidungsfreiheit lassen, oder wenn sich das Stiftungsvermögen in einer unveräußerlichen Beteiligung an einer Kapitalgesellschaft erschöpft, deren Geschäftsführer auf Lebenszeit der Stifter ist. Zwingend erforderlich ist aus der stiftungsrechtlichen Perspektive damit, dass die Stiftung ihren Zweck erfüllen kann und dabei auch eine eigene Entscheidungsgewalt hat. Denn ohne diese freie Entscheidung kann sie nur der Gläubigerbenachteiligung[648] dienen und verlöre ihre Existenzberechtigung als eigene juristische Person.[649]

(ii) Endgültigkeit der Zuwendung

Offen bleibt jedoch, ob die Bereicherung wie bei der Schenkung endgültig sein muss. Aufgrund der Möglichkeit der Errichtung einer Stiftung auf Zeit könnte davon ausgegangen werden, dass in solchen Fällen eine endgültige Bereicherung der Stiftung nicht erforderlich wäre, da auch die Stiftung nicht ewig existieren würde.[650] *Tolksdorf* zeigt jedoch, dass sich die Endgültigkeit ohnehin nur auf die Dauer der Existenz der Stiftung beziehe. Dies ergebe sich insbesondere aus der Parallelität zur Bereicherung einer natürlichen Person – dem Regelfall einer Schenkung –, bei der trotz der Sterblichkeit des Menschen eine Endgültigkeit der Bereicherung angenommen werde.[651]

---

647 Dazu bereits oben, S. 138 f.

648 Vgl. dazu im Detail zur Stiftung für den Stifter, S. 378 ff., und zu den Einflussmöglichkeiten des Stifters und der Destinatäre durch Satzungsänderungen, S. 320 ff.

649 Vgl. dazu, wenngleich i.E. weitaus strenger als hier, *Weitemeyer* in MüKo-BGB, § 80, Rn. 126. Allerdings wird sich im Folgenden zeigen, wie auch bei einer eingeschränkten Bereicherung der Schutz der Gläubiger erreicht werden kann.

650 Im Rahmen der Diskussion zur Stiftung für den Stifter vertritt *Burgard*, dass der Stifter sich aus diesem Grund nicht dauerhaft von seinem Vermögen trennen muss, *Burgard*, Gestaltungsfreiheit, S. 133 f. Dies schließt die Notwendigkeit einer endgültigen Bereicherung jedoch nicht aus, dazu sogleich.

651 *Tolksdorf*, Vermögensausstattung, S. 145 ff.

Während der Dauer der Stiftung könnte sich, soweit der herrschenden Ansicht im Hinblick auf die Unzulässigkeit der Selbstzweckstiftung[652] gefolgt wird, die Notwendigkeit der endgültigen Bereicherung zumindest zum Teil zwingend aus dem Admassierungsverbot[653] ergeben: Da dieses verhindern soll, dass die Stiftungserträge zum Grundstockvermögen der Stiftung hinzugefügt werden, muss die Stiftung bereits von Anfang an mit den zur Zweckverfolgung notwendigen Mitteln ausgestattet sein. Sie kann also ihren Vermögensstamm nicht über einen längeren Zeitraum hin mit zeitweise übertragenen Vermögensgegenständen erwirtschaften. Wenn ihr das Grundstockvermögen aber später entzogen werden könnte, dann könnte im Grundsatz schon bei Errichtung der Stiftung vorhersehbar sein, dass sie kein ausreichendes Vermögen zur dauerhaften Zweckerfüllung besäße. Allerdings könnten der Stiftung auch derart viele Vermögenswerte zugeordnet sein, dass sie den Verlust einiger dieser Gegenstände verkraften oder aufgrund nachträglicher Vermögenszuwendungen das ursprüngliche Grundstockvermögen ausgetauscht werden könnte. Das Admassierungsverbot führt daher nicht zu einer zwingenden Notwendigkeit der endgültigen Vermögensübertragung.

(iii) Zwischenergebnis

Im Ergebnis erfordert die Vermögensausstattung eine endgültige, nicht bloß formelle Bereicherung.[654] Diese Wertung gilt auch nach der Neufassung des § 81 Abs. 1 Nr. 2 BGB-Neu, welcher nunmehr verlangt, dass das Vermögen „der Stiftung zu deren eigener Verfügung zu überlassen ist". Zwar stellt der Wortlaut nun deutlicher auf eine Bereicherung der Stiftung ab, eine wesentliche inhaltliche Änderung der Rechtslage wurde jedoch nicht angestrebt. Stattdessen sollte nur verhindert werden, dass Stifter bei einer Stiftung von Todes wegen die Dauertestamentsvollstreckung über den Erbteil der Stiftung anordnen.[655] Indem § 81 Abs. 1 Nr. 2 BGB-Neu damit vorwiegend einen klarstellenden Charakter hat, lässt sich die Notwendigkeit einer nicht bloß formellen Bereicherung nicht allein aus der Neufassung begründen. Letztlich wird das bisherige Ergebnis gleichwohl durch diese Klarstellung bestätigt.

Der Vollständigkeit halber ist im Hinblick auf die Bereicherung an dieser Stelle noch einmal eine Abgrenzung von Familienstiftungen zu (meist

---

652 Dazu unten, S. 414 ff.

653 Dazu bereits oben, S. 121 f.

654 I.E. auch *Tolksdorf*, Vermögensausstattung, S. 147.

655 BT-Drucks. 19/28173, S. 48 f.

gemeinnützigen) Stiftungen erforderlich, soweit letztere Spenden entgegennehmen, um diese an bestimmte Empfänger weiterzuleiten. Denn nach einer Ansicht soll es für eine Bereicherung einer juristischen Person nicht genügen, wenn diese allein einen immateriellen Vorteil durch die Förderung des Satzungszwecks erhält, weil sie das erhaltene Vermögen sogleich weitergeben muss.[656] Diese Frage kann im Rahmen von Zuwendungen an Familienstiftungen regelmäßig dahinstehen, da diese das erhaltene Vermögen – allein aufgrund der erbschaftsteuerlichen Folgen – nicht direkt an Dritte weitergeben. Stattdessen behält die Stiftung das (Stamm-)Vermögen und ist damit nicht nur immateriell bereichert. Zwar ist sie in ihrer Verfügung über das Vermögen durch den Stiftungszweck eingeschränkt; wie oben bereits dargestellt, führt dies als inhärente Eigenschaft einer juristischen Person jedoch nicht zu einem gänzlichen Entfallen der materiellen Bereicherung.

(2) Entreicherung

Die Schenkung als Prototyp einer unentgeltlichen Zuwendung erfordert spiegelbildlich zur endgültigen Bereicherung des Beschenkten auch eine dauerhafte Entreicherung des Schenkers.[657] Entsprechend könnte eine solche Entreicherung auch bei der Vermögensausstattung der Stiftung erforderlich sein. Während sich die Notwendigkeit einer Bereicherung bei der Vermögensausstattung der Stiftung aus dem Gesetz entnehmen lässt, fehlt es jedoch an einer vergleichbar deutlichen Aussage zur Erforderlichkeit einer Entreicherung.[658]

Die erforderliche Vermögensentäußerung lässt sich dabei nicht im Umkehrschluss daraus herleiten, dass das Gesetz die Bereicherung[659] der Stiftung für notwendig erachtet. Zwar bedeutet die Bereicherung der Stiftung für den Stifter in den allermeisten Fällen eine Verminderung seiner Aktiva oder Erhöhung seiner Passiva. Allerdings besteht die hypothetische Möglichkeit, dass das Stiftungsvermögen ohne eine Vermögensminderung des Stifters geschaffen wird, beispielsweise durch einen Verzicht auf eine Opportunität (im Gegenschluss zu

---

656 Einzig *Chiusi* in Staudinger-BGB, § 516, Rn. 32; OLG Dresden, Urt. v. 2.5.2002 – 7 U 2905/01, NJW 2002, 3181, juris Rn. 20 ff.; a.A. *Koch* in MüKo-BGB, § 516, Rn. 12 m.w.N.; *Gehrlein* in BeckOK-BGB, § 516, Rn. 5; *Muscheler* in AcP 2003, 469, 477 f.; *Rawert* in NJW 2002, 3151, 3153.

657 Im Detail zu dieser Voraussetzung *Chiusi* in Staudinger-BGB, § 516, Rn. 15 ff.

658 Vgl. *Burgard*, Gestaltungsfreiheit, S. 134.

659 Dazu oben, S. 157.

§ 517 BGB), oder der Stifter zur Errichtung der Stiftung verpflichtet war und zu diesem Zweck ein bestimmtes Vermögen erhalten hatte.[660]

Allerdings könnte sich eine notwendige Vermögensentäußerung bei der Errichtung der Stiftung aus der strukturellen Nähe der Vermögensausstattung zur Schenkung sowie der Klassifikation der Zustiftung als Schenkung[661] ergeben. Die Ähnlichkeit von Schenkung und Stiftungsgeschäft hatte bereits der historische Gesetzgeber gesehen. Auf eine Einordnung der Stiftung als Schenkung wurde damals aber nur verzichtet, um eine direkte Anwendung bestimmter Vorschriften des Schenkungsrechts zu vermeiden und die Anwendung von der Rechtsfortbildung durch Rechtsprechung und Literatur abhängig zu machen.[662] Die in Frage stehenden Regelungen bezogen sich jedoch alle auf die bereits erfolgte Schenkung und nicht auf ihre Voraussetzungen.[663] Im Umkehrschluss liegt es nahe, dass der Gesetzgeber in der Anwendung der Schenkungsvoraussetzungen auf die Stiftungserrichtung kein Problem gesehen hat und unter Umständen sogar davon ausging, dass diese anwendbar sind. Diese vage Vermutung kann jedoch allein nicht das Erfordernis einer Entreicherung begründen.

Es verbleibt der Vergleich mit der rechtlichen Ausgestaltung der Zustiftung. Nach einhelliger Meinung ist die Zustiftung als Schenkung (unter Auflage) zu betrachten.[664] Im Rahmen der Zustiftung ist eine Vermögensentäußerung auf Seiten des Zustifters damit zwingend erforderlich. Da jedoch jegliche Form der Vermögensausstattung der Maxime unterliegt, dass der Stiftungszweck gefördert werden muss, wäre es fragwürdig, wenn strengere Anforderungen an die Vermögenszuwendung bei späteren Zustiftungen als bei der Errichtung gestellt werden. Gewisse Arten von Vermögensübertragungen wären dann nur noch im Rahmen der Errichtung, nicht mehr jedoch im Nachhinein möglich. Ein solches Auseinanderfallen ist im Gesetz jedoch nicht angelegt und wäre begründungsbedürftig. Stattdessen suggeriert das Gesetz sogar im Gegenteil, dass die Anforderungen an die ursprüngliche Zuwendung strenger als an nachträgliche sein müssten, da letztere nicht mehr die Zweckerfüllung ermöglichen, sondern lediglich fördern müssen.

---

660 Zu der zweiten Variante *König*, Stiftung als Instrument der Nachlassplanung, S. 138.

661 Dazu unten, S. 198 f.

662 *Weitemeyer* in MüKo-BGB, § 81, Rn. 21 m.w.N. zur Entstehungsgeschichte.

663 Materialien zum Bürgerlichen Gesetzbuch Bd. 1 (hrsg. *Mugdan*), S. 662. Dabei wird konkret Bezug auf die unerwünschte automatische Anwendung der Regelungen über Schenkungen im Hinblick auf das Pflichtteilsrecht und den Erbvertrag genommen.

664 *Flues*, Zustiftung, S. 18 ff.; *Jakob*, Schutz der Stiftung, S. 164 m.w.N.; dazu auch noch ausführlich unten S. 198 f.

Dieses Argument könnte durch einen Vergleich mit der steuerlichen Betrachtung der beiden Zuwendungsvarianten gestärkt werden. Nach § 7 Abs. 1 ErbStG wird die Zustiftung (Nr. 1) ebenso wie Stiftung (Nr. 8) als Schenkung kategorisiert. Aus der steuerlichen Wertung lassen sich allerdings auch im Erbschaft- und Schenkungsteuerrecht keine zwingenden Schlüsse für das Zivilrecht ziehen.[665] Obwohl die Besteuerung auf zivilrechtlichen Vorgängen basiert und das Schenkungsteuerrecht entsprechend auf dem Zivilrecht aufbaut, sind ihm eigene Wertungen und Regelungen inne.[666] Ausnahmsweise kann aber in diesem Fall der Vorstellung des Gesetzgebers von der Rechtsnatur der Zuwendung eine Ausstrahlungswirkung zukommen: Auch wenn die Bezeichnung aller freigebigen Zuwendungen hier als „Schenkung" nur die Schenkung im steuerlichen Sinne meint, die nicht mit der zivilrechtlichen deckungsgleich ist,[667] so sind jedoch allen in § 7 Abs. 1 ErbStG genannten Fällen einige Voraussetzungen gemein. Dazu gehört insbesondere der Vermögenstransfer im Sinne einer Entreicherung und einer Bereicherung.[668] Fehlt es an einem solchen, liegt keine Schenkung im steuerlichen Sinne vor und eine Besteuerung nach dem ErbStG wäre nicht angemessen.[669] Im Ergebnis geht das Steuerrecht somit von einem „echten" Transfer und damit einer notwendigen Entreicherung im Rahmen der Stiftungserrichtung aus.[670]

Insgesamt spricht daher eine hinreichende Menge an Argumenten für die Notwendigkeit einer Entreicherung bei der Stiftungserrichtung. Nach den Maßstäben des Schenkungsrechts ist eine entsprechende Entreicherung des Stifters anzunehmen, wenn sich seine Aktiva dauerhaft verringern oder seine Passiva sich dauerhaft erhöhen, er also „ärmer wird".[671] Die Entreicherung lässt sich spiegelbildlich zur Bereicherung in zwei einzelne Voraussetzungen – die Vermögensaufgabe im engeren Sinne und die Endgültigkeit derselben – aufteilen. Bei

---

665 Ebenso *Muscheler*, Stiftungsrecht, S. 189.

666 *Gottschalk* in T/G/J/G-ErbStG, Einführung, Rn. 29 (EGL 45, 2013).

667 *Gebel* in T/G/J/G-ErbStG, § 7, Rn. 2.

668 *Gebel* in T/G/J/G-ErbStG, § 7, Rn. 17.

669 In den meisten Fällen ist der Tarif des ErbStG im Vergleich zu dem des EStG vorteilhaft für den Beschenkten, vgl. § 19 ErbStG.

670 Die Betrachtung des Steuerrechts ist an dieser Stelle nur ein Indiz für die Vorstellung des Gesetzgebers in Bezug auf die Entreicherung und meint in keinem Fall den bereits von Medicus abgelehnten Schluss, dass die Stiftungserrichtung wegen § 7 Abs. 1 Nr. 4 ErbStG wie eine Schenkung zu betrachten ist, *Medicus* in FS Heinrich, Pflichtteilsergänzung, S. 384.

671 *Chiusi* in Staudinger-BGB, § 516, Rn. 15 f.

beiden Voraussetzungen ergeben sich jedoch im Hinblick auf die Stiftung und ihre Beeinflussung besondere Fragestellungen, die im Folgenden aufgearbeitet werden.

(i) Vermögensaufgabe im engeren Sinne

Die Errichtung der Stiftung bedeutet für den Stifter – bis auf den dargestellten Ausnahmefall – regelmäßig die bei einer Schenkung erforderliche Verminderung seiner Aktiva oder Erhöhung seiner Passiva.[672] Denn die Stiftung benötigt für ihre Entstehung zumindest einen Teilbetrag des zur Erfüllung des Zwecks notwendigen Vermögens im Wege der Vermögenszusage. Die Vermögenszusage erhöht als Verbindlichkeit die Passiva des Stifters und mindert später als Auszahlung seine Aktiva. Auf Seiten des Stifters liegt damit meist eine formale Vermögensminderung vor.

Vielmehr ist fraglich, ob spiegelbildlich zur materiellen Vermögensmehrung auch eine materielle Vermögensaufgabe erforderlich ist. Bei einer typischen Schenkung kann dies regelmäßig dahinstehen, da nur einer Person die Nutzungen zustehen können.[673] Eine solche Vermögensaufgabe könnte im Stiftungskontext bei vom Stifter beeinflussten Stiftungen aber unabhängig von dem Stiftungszweck fehlen. Denn obwohl der Stifter das Vermögen uneingeschränkt an die Stiftung überträgt, wodurch diese bereichert wird, kann er durch seinen Einfluss auf die Stiftung die Zweckinterpretation im Wesentlichen beeinflussen.

Dies zeigt sich insbesondere, wenn der Stifter selbst zum Vorstand der von ihm errichteten Stiftung wird,[674] und ihm ein offen gehaltener Stifterwille einen hinreichenden Ermessensspielraum bei der Verwendung des Vermögens ermöglicht. Wird beispielsweise – wie bei Familienstiftungen nicht unüblich – ein beherrschender Anteil an einem (Familien-)Unternehmen übertragen, kann der Stifter als Stiftungsorgan weiterhin über die Stiftung die Geschicke des Unternehmens leiten. Die anfallenden Erträge kann er für Reinvestitionen nutzen und Ausschüttungen nur in einem solchen Maße beschließen, wie sie für seinen Unterhalt und den seiner Familie erforderlich sind. Die Ausübung der Gesellschafterrechte in dem Unternehmen als Stiftungsvorstand und die zwar am Stiftungszweck orientierte, aber trotzdem mit einem Ermessensspielraum

---

672 *Chiusi* in Staudinger-BGB, § 516, Rn. 15 f.

673 Dingliche Rechte des Schenkers an der Schenksache oder Auflagen können zwar den Wert der Schenksache reduzieren, sie erlauben aber trotzdem regelmäßig eine Aussage darüber, ob noch eine Schenkung vorliegt.

674 Siehe dazu bereits oben, S. 133 f.

versehene Verwendung der Erträge führen dazu, dass sich die Verfügungsmöglichkeiten des Stifters nach der Vermögensausstattung kaum von den Möglichkeiten unterscheiden, die er noch als Eigentümer innehatte.

Nichtsdestotrotz dürfte die Stiftung in diesem Beispiel in ausreichendem Maße bereichert worden sein: Denn ihr stehen wesentliche Vermögenswerte zu, durch welche sie die notwendigen Erträge zur Erzielung des Stiftungszwecks erzielen kann.[675] Der Stifter kann und muss als Stiftungsvorstand zwar den Stiftungszweck verfolgen – soweit er diese Aufgabe auch ausübt, hindert sein potenzielles Eigeninteresse an der Verwaltung des (ehemaligen) Familienunternehmens die Bereicherung jedoch nicht.

Das Beispiel zeigt, dass die Entreicherung als eigenständige Voraussetzung bei beeinflussten Stiftungen keine Bedeutung erhält, solange sie nur als Kehrseite der Bereicherung erforderlich ist. Denn der Stiftung kommt die Nutzungsteilhabe zu und die Verwaltungsteilhabe steht Stiftung und Stifter parallel zu, sofern der Stiftungszweck eingehalten wird. Der Stifter hat damit nur die Nutzungs-, nicht aber die Verwaltungsteilhabe über sein Vermögen aufgegeben.[676] Es ist daher fraglich, ob unabhängig von der Bereicherung der Stiftung eine materielle Entreicherung des Stifters für die Vermögensausstattung erforderlich ist.

Im Rahmen der Schenkung wird nach herrschender Ansicht auch unabhängig von der Bereicherung des Beschenkten eine Entreicherung als Voraussetzung gefordert.[677] *Savigny* sah sie als „Grundlage aller Schenkung".[678] Hergeleitet wird die Voraussetzung im deutschen Rechtssystem zum einen aus dem Wortlaut des § 516 BGB, nach dem der Schenker „aus seinem Vermögen" den Beschenkten bereichern müsse.[679] Zum anderen sei es historisch[680] sowie im Umkehrschluss zu § 517 BGB keine Schenkung, wenn der Schenker lediglich auf eine Opportunität verzichte.[681] Außerdem grenze die Entreicherung die Schenkung

675 Vgl. zur Bereicherung durch die Möglichkeit der Zweckerfüllung RG, Urt. v. 16.10.1908 – VII 595/07, RGZ 70, 15, 17 f.; *Tolksdorf*, Vermögensausstattung, S. 133 m.w.N.

676 Vgl. zu den Begriffen der Verwaltungs- und Nutzungsteilhabe *Dutta*, Warum Erbrecht, S. 31 ff.

677 Statt vieler *Chiusi* in Staudinger-BGB, Vor §§ 516 ff., Rn. 43 m.w.N.

678 *v. Savigny*, System d. heutigen Röm. Rechts IV, S. 24.

679 Der erste Entwurf des BGB war insofern wohl deutlicher und forderte eine Minderung des Vermögens des Zuwendenden, *Harke* in BeckOGK, § 516, Rn. 49.

680 *v. Savigny*, System d. heutigen Röm. Rechts IV, S. 24 ff.

681 *Chiusi* in Staudinger-BGB, § 516, Rn. 16 f. m.w.N.

von anderen unentgeltlichen Rechtsgeschäften, wie dem Auftrag oder dem Darlehen, ab.[682]

Diese Begründung zeigt zwar, dass eine „Veräußerung“[683] notwendig ist, erlaubt jedoch nicht zwingend den Schluss auf die Notwendigkeit der materiellen Entreicherung. Denn auch bei einer formellen Vermögenstrennung kann zu anderen unentgeltlichen Rechtsgeschäften abgegrenzt werden und ein Verstoß gegen § 517 BGB liegt nicht vor. Wird die Entreicherung mit der Bereicherung des Beschenkten, die intrinsisch notwendig ist, oder der Unentgeltlichkeit, welche die Haftungserleichterungen des Schenkers sowie die Rückforderungsrechte rechtfertigt,[684] verglichen, fehlt es bei der Entreicherung an einem Zweck, welcher über die oben genannten hinausgeht.

Wie es bei *Savigny* bereits anklingt, wird die Voraussetzung der Entreicherung vorrangig bei der Insolvenzanfechtung überprüft.[685] Im Rahmen der Insolvenzanfechtung kommt der Entreicherung des unentgeltlich Zuwendenden eine besondere Bedeutung zu, weil Gläubiger vor weniger schutzwürdigen Vermögensverschiebungen geschützt werden sollen.[686] Wie auch bei anderen Vorschriften, die dem Schutz Dritter vor unbilligen Vermögensverschiebungen – etwa dem Pflichtteilsergänzungsanspruch – dienen, sollen sich Zuwendender und Leistungsempfänger nur dann auf die Entreicherung und den Ablauf der Anfechtungsfrist berufen können, wenn der Zuwendende auch tatsächlich nicht mehr auf das Vermögen zugreifen kann.[687] Damit unterscheidet sich jedoch das zugrundeliegende Telos bei der Insolvenzanfechtung von demjenigen bei der Zuwendung. Soweit die Entreicherung für den Leistungserfolg nur zu Abgrenzungszwecken und aufgrund der Voraussetzung des § 517 BGB erforderlich ist, genügt eine bloß formelle Entreicherung. Dies gilt jedoch nur auf der Ebene der Entreicherung – die Bereicherung muss weiterhin auch im materiellen Umfang vorliegen. Dieses Ergebnis wird letztlich auch durch die Rechtsprechung gestützt,

---

682 *v. Savigny*, System d. heutigen Röm. Rechts IV, S. 26 f.; aktuell auch *Chiusi* in Staudinger-BGB, § 516, Rn. 17.

683 *v. Savigny*, System d. heutigen Röm. Rechts IV, S. 24.

684 Zur Verknüpfung von Unentgeltlichkeit und Haftungserleichterungen *Harke*, Freigiebigkeit und Haftung, S. 89 ff.; zu den Privilegierungen auch *Chiusi* in Staudinger-BGB, § 516, Rn. 7.

685 Vgl. *v. Savigny*, System d. heutigen Röm. Rechts IV, S. 24.

686 *Borries/Hirte* in Uhlenbruck-InsO, § 129, Rn. 1 ff.

687 Vgl. zum Pflichtteilsergänzungsanspruch BGH, Urt. v. 27.4.1994 – IV ZR 132/93, BGHZ 125, 395, juris Rn. 14 f.; zuletzt OLG Düsseldorf, Urt. v. 11.4.2008 – I-7 U 70/07, ZEV 2008, 525, juris Rn. 32.

die davon ausgeht, dass der Leistungserfolg bei einer Schenkung auch dann eintreten kann, wenn der verschenkte Gegenstand „im Wesentlichen" weiter durch den Schenker genutzt wird.[688]

Für das Beispiel der beeinflussten Familienstiftung bedeutet dies, dass die Stiftung trotz der Beeinflussung grundsätzlich wirksam errichtet werden kann.

Darüber hinaus stellt sich die Frage, ob das bisher definierte formelle Entreicherungserfordernis auch bei einer sog. Stiftung für den Stifter, bei welcher der Stifter zugleich ein Destinatär ist, erfüllt werden kann. Die Zulässigkeit einer (reinen) Stiftung für den Stifter wird zwar von der herrschenden Ansicht prinzipiell abgelehnt.[689] Allerdings basiert ein wesentlicher Anteil der Begründung für die Ablehnung auf einem vermeintlich fehlenden Vermögensübergang aufgrund einer fehlenden Vermögensaufgabe. Darin könnte aber ein Zirkelschluss liegen. Um zu überprüfen, ob eine solche Stiftung an der Vermögensübertragung scheitert, wird daher im Folgenden unterstellt, dass eine solche Stiftung zulässig ist.

Auch in dieser Konstellation gilt, dass der Stiftung die vollen Nutzungsmöglichkeiten zustehen können, soweit sie über die Nutzung des Vermögens entscheiden und sie insgesamt ihren Zweck durch die Förderung des Stifters in Gänze erfüllen kann. Allerdings zieht nicht nur die Stiftung direkt die Nutzungen aus dem Vermögen, sondern der Stifter partizipiert ebenfalls, wenngleich auch nur mittelbar. Im Gegensatz zu dem oben beschriebenen Fall der beeinflussten Stiftung, in dem der Stifter die Nutzungs-, nicht aber die Verwaltungsteilhabe aufgegeben hat, hat der Stifter-Destinatär hingegen auch seine Nutzungsteilhabe nicht aufgegeben.

Bei einer teleologischen Betrachtung der Entreicherung liegt jedoch auch bei einer Stiftung für den Stifter eine ausreichende Entreicherung vor. Denn die Nutzungsteilhabe des Stifters beruht regelmäßig auf der Stiftungssatzung und damit einem anderen Rechtsgeschäft. Innerhalb der Zuwendung gibt er sein Vermögen grundsätzlich auf und eine Abgrenzung zu anderen Rechtsgeschäften, wie dem Auftrag oder dem Darlehen, ist möglich. Eine Entreicherung kann somit auch bei einer Destinatärsstellung des Stifters vorliegen.

Eine ähnliche, aber nicht gleiche Wertung trifft auch § 58 Nr. 6 AO.[690] Dieser sieht vor, dass eine Stiftung bis zu einem Drittel ihrer Einkünfte für die „angemessene" Unterstützung des Stifters und seiner Familie aufwenden darf, ohne

688 OLG Düsseldorf, Urt. v. 11.4.2008 – I-7 U 70/07, ZEV 2008, 525, juris Rn. 25 f.
689 Siehe S. 378 ff. und *Weitemeyer* in MüKo-BGB, § 80, Rn. 126 m.w.N.
690 In einigen Quellen zur Stiftung für den Stifter findet sich entsprechend der alten Rechtslage der Verweis auf § 58 Nr. 5 AO a.F.

ihren Status als gemeinnützig zu verlieren. Daraus folgert *Burgard*, dass der Stifter sich nicht auch mittelbar von seinem Vermögen trennen müsse und die Stiftung trotzdem bereichert sein könne.[691] Allerdings hat der Stifter in diesen Fällen sein Vermögen gerade auf einen anderen Rechtsträger mit gemischten Zwecken übertragen. Dieser entscheidet über die Nutzung des Vermögens und die Verwendung der Erträge. Nicht nur kann der Stifter also nicht mehr über die Nutzung des Vermögens entscheiden, sondern er profitiert auch nur noch eingeschränkt von diesem Vermögen: Denn die erwirtschafteten Erträge dienen grundsätzlich dem gemeinnützigen Zweck. Nur für den Betrag einer angemessenen Unterstützung können sie zugunsten des Stifters genutzt werden. Die Einschränkung des Unterhalts auf einen angemessenen Betrag und die Nennung der Grabpflege und Ehrung des Andenkens zeigen außerdem, dass nur ein eingeschränkter Betrag an den Stifter zurückfließen soll und eher eine Sicherung des Lebensstandards als eine „Nutzung" des Stiftungsvermögens durch den Stifter vorgesehen ist.[692] Letztlich ist das Drittel auch nicht allein zur Unterstützung des Stifters vorgesehen, sondern kann auch zur Unterstützung seiner gegebenenfalls zahlreichen Angehörigen genutzt werden. Insgesamt kann der Vergleich zu § 58 AO daher zwar nur eingeschränkt gezogen werden, die steuerliche Regelung bestätigt jedoch, dass eine Vermögensübertragung auf die Stiftung auch dann möglich ist, wenn der Stifter (teilweise) die Nutzungsteilhabe an dem übertragenen Vermögen innehat.

Im Ergebnis ist es für die Entreicherung des Stifters damit unproblematisch, wenn Stifter und Stiftung von der Vermögensmasse profitieren, solange der Stiftung ausreichende Entscheidungsrechte zustehen, da es sonst an der Bereicherung der Stiftung fehlt.

(ii) Dauerhaftigkeit und Endgültigkeit

Die zweite Voraussetzung der Entreicherung bei einer Schenkung ist die Dauerhaftigkeit der Vermögensaufgabe. Im Regelfall ist die Entäußerung – wie die Stiftung – dauerhaft und endgültig. Dabei kann insoweit auf die Ausführungen zur endgültigen Bereicherung verwiesen werden, als dass die Erfüllung des Stiftungszwecks regelmäßig entsprechend zur dauerhaften Bereicherung eine dauerhafte Entreicherung erfordern wird. Allerdings kann die Stiftung auch eine endliche Dauer haben, wenn ihr Zweck unmöglich geworden ist oder sie ohnehin nur auf eine begrenzte Zeit errichtet wurde. Nach § 88 BGB fällt ihr Vermögen dann

691 *Burgard*, Gestaltungsfreiheit, S. 134.
692 *Koenig* in Koenig-AO, § 58, Rn. 14.

entweder dem Fiskus oder einer in der Satzung bestimmten Person zu. Soweit diese Person nicht der Stifter ist, liegt weiterhin eine endgültige Vermögensaufgabe vor, sodass diese Voraussetzung bei jeder Übertragung automatisch mitverwirklicht ist. Wenn der Anfallberechtigte jedoch kein Dritter, sondern der Stifter selbst ist, fehlt es an dieser Automatik. Dies gilt vor allem dann, wenn die Stiftung ohnehin nur auf eine gewisse Zeit errichtet wurde. Damit müsste die Entreicherung zwar jedenfalls dauerhaft – bezogen auf die Lebensdauer der Stiftung – sein, nicht jedoch zwangsläufig endgültig.

Allerdings ist es umstritten, ob der Stifter selbst Anfallberechtigter seiner eigenen Stiftung sein kann. Wenn dies nicht möglich wäre, könnte die Frage nach der endgültigen Vermögensaufgabe dahinstehen, da das Vermögen der Stiftung auch nach ihrer Auflösung nicht an den Stifter zurückfließen könnte. *Jakob* und *Weitemeyer* halten es für ausgeschlossen, dass der Stifter selbst Anfallberechtigter sein kann.[693] *Burgard* hält eine derartige Gestaltung hingegen für zulässig.[694] Die Bund-Länder-Arbeitsgruppe Stiftungsrecht schien im Grundsatz auch eine Zulässigkeit der Anfallberechtigung des Stifters anzunehmen, soweit sie davon ausging, dass nur Stiftungen auf Zeit mit einer solchen Anfallberechtigung unzulässig seien.[695] *Hüttemann* und *Rawert* wollen diese Variante nicht vollkommen ausschließen, setzen aber voraus, dass neben dem Stifter noch weitere Anfallberechtigte vorhanden sind.[696]

Die Unzulässigkeit wird in Teilen damit begründet, dass es bei einer Anfallberechtigung des Stifters an einer endgültigen Vermögensaufgabe fehle.[697] Allerdings führt diese Begründung zu einem Zirkelschluss, wenn die Zulässigkeit der Anfallberechtigung des Stifters von der Endgültigkeit der Bereicherung abhängt, die Anfallberechtigung des Stifters aber gleichzeitig ein wesentliches Argument gegen die Erforderlichkeit einer endgültigen Vermögensaufgabe darstellt. Daher ist zu überprüfen, ob zwingende Erwägungen zumindest eines der beiden Argumente auch unabhängig voneinander erforderlich machen.

Wie auch die Voraussetzung der Vermögensaufgabe an sich ist auch ein möglicher endgültiger Charakter derselben nicht im Gesetz festgehalten. Wird die Erfüllung des Stiftungszwecks als Hauptziel der Stiftung angesehen, so genügt

---

693 *Jakob*, Schutz der Stiftung, S. 325; *Weitemeyer* in MüKo-BGB, § 80, Rn. 2.

694 *Burgard*, Gestaltungsfreiheit, S. 650 f.

695 Bericht der Bund-Länder-Arbeitsgruppe Stiftungsrecht 2016, S. 17; Zweiter Bericht der Bund-Länder-Arbeitsgruppe 2018, S. 3.

696 *Hüttemann/Rawert* in Staudinger-BGB, Vor §§ 80–88, Rn. 8.

697 *Jakob*, Schutz der Stiftung, S. 325.

es, wenn sie nach den oben dargelegten Maßstäben über das Vermögen verfügen kann und dadurch über die Dauer ihrer Existenz bereichert ist. Mithin könnte der zeitliche Aspekt des Vermögensübergangs auf die Dauerhaftigkeit der Stiftung begrenzt sein und die Endgültigkeit keine zwingende Voraussetzung darstellen.

Auch an dieser Stelle verhilft der Vergleich mit der Zustiftung und ihrer Einordnung als Schenkung zu einem Ergebnis. Wie bereits dargelegt, kommt der Vermögensausstattung eine besondere Bedeutung zu, weswegen ein Auseinanderfallen von ursprünglicher und nachträglicher Ausstattung nur dann zweckmäßig wäre, wenn die Anforderungen an die ursprüngliche Ausstattung höher wären als an nachfolgende Zuwendungen. Müsste aber die Zustiftung endgültig sein, die Zuwendung im Rahmen der Errichtung hingegen nicht, wäre genau die gegenteilige Konstellation verwirklicht. Insofern wäre davon auszugehen, dass auch die Vermögensaufgabe endgültig sein muss.

Soweit die zeitlich begrenzte Stiftung mit einer Schenkung verglichen wird, könnte aufgrund der Möglichkeit, den Schenkungsgegenstand an den Schenker zurückzugeben, eine Einschränkung des Ergebnisses erforderlich sein. Nach herrschender Ansicht fehlt es an einer Schenkung, wenn bereits bei der Vermögensübertragung eine Rückforderung des Schenkungsgegenstandes feststeht.[698] Allerdings werden in der Rechtsprechung im Schenkungsvertrag festgehaltene bedingte Rückforderungsrechte zugelassen, z.B., wenn der Bedingungseintritt von den Handlungen des Beschenkten abhängt.[699] Nach herrschender Ansicht soll sogar dann eine Schenkung vorliegen, wenn ein freier Widerrufsvorbehalt zugunsten des Schenkers besteht.[700] Wird diese Wertung auf die Stiftungsausstattung übertragen, so ist zwar grundsätzlich eine endgültige Vermögensaufgabe erforderlich. Dieses Verständnis der Endgültigkeit schließt allerdings nicht aus, dass das Vermögen an den Stifter zurückfließt.

Dieses Ergebnis ist auch im Hinblick auf den Gläubigerschutz angemessen: Denn als Anfallberechtigter der Stiftung ist der Stifter zwar nicht endgültig von seinem Vermögen getrennt, im Gegensatz zu einer endgültigen, aber unvollständigen Vermögensaufgabe entstehen bei einer Anfallberechtigung

---

698 *Chiusi* in Staudinger-BGB, § 516, Rn. 17 m.w.N.

699 Bei Verkauf der Schenksache OLG Karlsruhe, Urt. v. 20.9.2007 - 12 U 124/07, ZEV 2008, 245, 245.

700 *Chiusi* in Staudinger-BGB, § 516, Rn. 36; *Koch* in MüKo-BGB, § 516, Rn. 13. Allerdings liegt, solange das Widerrufsrecht besteht, keine Zuwendung i.S.d. Gläubigerschutzvorschriften wie etwa dem § 2325 BGB vor.

kaum Risiken für die Gläubiger des Stifters. Dies ergibt sich daraus, dass das Stiftungsvermögen im Falle der Aufhebung der Stiftung an den Stifter zurückfließt und die Gläubiger durch dieses Vermögen befriedigt werden können.[701] Beabsichtigen die Gläubiger auf das Vermögen des Stifters zuzugreifen und die Stiftung besteht zu dem Zeitpunkt noch, so ist nach § 829 ZPO auch die Pfändung künftiger Forderungen möglich, soweit diese hinreichend konkretisiert sind.[702] Sowohl der Schuldner, das Stiftungsvermögen in Liquidation, sowie der Rechtsgrund, welcher sich in der Stiftungssatzung finden lässt, sind derart konkret, als dass den Gläubigern des anfallberechtigten Stifters eine Pfändung möglich sein sollte.

Der Vergleich mit dem Widerruf der Stiftung im liechtensteinischen Recht wird zeigen, dass der Anfall des Vermögens beim Stifter nach einer gewissen Zeit allerdings nicht bedeutet, dass eine umfängliche Vermögensaufgabe bis zur Auflösung der Stiftung entbehrlich ist. Vielmehr muss die Entäußerung während des Bestehens der Stiftung gerade in voller Intensität gegeben sein, da die Stiftung ihre Zwecke sonst nicht erfüllen könnte. Aus dem gleichen Grund kann der Stifter die Vermögensausstattung nicht wie eine Schenkung mit einem Widerrufsvorbehalt verbinden, da sonst die dauerhafte und nachhaltige Erfüllung des Stiftungszwecks nicht möglich wäre.

Im Ergebnis bedeutet dies, dass der Stifter Anfallberechtigter der Stiftung sein könnte. In der Praxis dürfte die Anfallberechtigung des Stifters bei Familienstiftungen jedoch ohnehin eher die Ausnahme bilden, da ein Rückfluss des Vermögens an den Stifter regelmäßig sämtliche, insbesondere die steuerrechtlichen und nachfolgeplanerischen, Ziele einer Familienstiftung konterkariert.

(3) Unentgeltlichkeit

Als letzte Anforderung an eine Schenkung, die für einen Gleichlauf von Zustiftung und Vermögensausstattung entsprechend auch bei letzterer vorausgesetzt werden könnte, verbleibt die Unentgeltlichkeit der Zuwendung. Wenngleich diese selten in Frage stehen dürfte, kommt ihr als Tatbestandsmerkmal für zahlreiche drittschützende Vorschriften eine Bedeutung zu.

Während es für die Frage der Bereicherung sowie der Entreicherung keinen Unterschied gemacht hat, dass es sich bei der Stiftungserrichtung im Gegensatz zur Schenkung um ein einseitiges Rechtsgeschäft handelt, führt der fehlende

---

701 Vgl. zum Gläubigerzugriff bei der Stiftung für den Stifter, *Burgard*, Gestaltungsfreiheit, S. 134 f.

702 *Bendtsen* in Kindl/Meller-Hannich/Wolf, § 829, S. 19 f.

Vertragspartner bei einer potenziell zu fordernden „Einigung über die Unentgeltlichkeit“ zu Problemen.[703] Das Fehlen eines Partners bedeutet jedoch ebenfalls, dass niemand eine Gegenleistung erbringen könnte, sodass die Zuwendung auch nicht im vertraglichen Sinne entgeltlich sein kann. Insgesamt ist die Argumentation über den fehlenden Vertragspartner daher nicht zielführend. Vielmehr ist auf die „objektive Unentgeltlichkeit“ der Zuwendung einzugehen. Dabei kann das Verhältnis der Zuwendung zur späteren Tätigkeit der Stiftung überprüft werden. *Medicus* sieht die Unentgeltlichkeit bei einer Zuwendung an eine Stiftung dadurch eingeschränkt, dass der Stifter oder Zustifter bei der Zuwendung bereits um den Zweck der Stiftung weiß und – insbesondere bei Familienstiftungen – die Leistungen an die Destinatäre eine Gegenleistung darstellen.[704] *Muscheler* zeigt aber, dass ein Fehlen der Unentgeltlichkeit ohnehin nur dann angenommen werden könnte, wenn die Stiftung Leistungen übernähme, die unter eine Unterhaltspflicht des Stifters fallen würden, da er dann im Freiwerden von der Verpflichtung eine entgeltliche Gegenleistung erhielte.[705] Das entscheidende Argument ist jedoch auch an dieser Stelle, dass die Destinatärszahlungen nicht aufgrund der Zuwendungen, sondern aufgrund der Satzung erfolgen. Die Zweckverfolgung durch die Stiftung führt damit nicht zu einer Entgeltlichkeit der Zuwendung.[706] Entsprechend liegt im Zuwendungsverhältnis keine Gegenleistung, weswegen die Stiftungserrichtung regelmäßig als unentgeltlich zu betrachten ist.[707]

---

703 *Medicus* in FS Heinrich, Pflichtteilsergänzung, S. 383.

704 *Medicus* in FS Heinrich, Pflichtteilsergänzung, S. 383 f.

705 *Muscheler*, Stiftungsrecht, S. 190 f.

706 *Hüttemann/Rawert* in Staudinger-BGB, § 81, Rn. 27.

707 *Muscheler*, Stiftungsrecht, S. 190 f. In Ausnahmefällen kann eine entgeltliche Stiftungserrichtung jedoch möglich sein, wenn sich der Stifter vertraglich zur Errichtung einer Stiftung und einer Vermögensausstattung in einer bestimmten Höhe verpflichtet hat. So könnte beispielsweise ein (bekannter) Künstler auf seine Gage verzichten und stattdessen die Errichtung einer gemeinwohlkonformen Stiftung fordern, zu der sich der Auftraggeber verpflichtet. Zugegebenermaßen wird eine derartige Situation in der Praxis selten sein. Wahrscheinlicher ist eine Auftragserrichtung der Stiftung, bei welcher der Künstler noch als Stifter angesehen werden könnte.

c. *Auf die Stiftungserrichtung anwendbare Vorschriften*

aa. *Auf die Vermögensausstattung anwendbare Vorschriften und Auswirkungen fehlender Voraussetzungen*

Soweit der Stifter weiterhin Einfluss auf die Stiftung nehmen kann, lassen sich zwei Varianten unterscheiden. Ist der Einfluss des Stifters oder Dritter etwa aufgrund von Satzungsregelungen oder Mandatsverträgen derart stark, dass die Stiftung nicht bereichert ist, weil sie keine eigenen Entscheidungen treffen kann, kommt es nicht zu einer wirksamen Vermögensausstattung.

Ist der Einfluss hingegen schwächer und die Stiftung bereichert, ist eine wirksame Vermögensausstattung und Anerkennung der Stiftung möglich. Der Einfluss des Stifters auf die Stiftung wirkt sich dann nicht auf der Ebene der Vermögensausstattung, sondern erst auf der Ebene der drittschützenden Vorschriften aus.

Im Folgenden wird zuerst die Fallkonstellation einer fehlenden Bereicherung aufgearbeitet, bevor in einem zweiten Schritt die Anwendung der drittschützenden Vorschriften auf die Vermögensausstattung folgt und einige konkrete Einflussnahmemöglichkeiten des Stifters sowie seine Destinatärsstellung beleuchtet werden:

(1) Fehlende Bereicherung

Wie oben bereits dargelegt, kann ein Einfluss auf die Stiftung dazu führen, dass ihre Entscheidungsfreiheit derart eingeschränkt ist, dass sie zumindest in Teilen als nicht bereichert betrachtet werden muss.[708] An der eigenen Entscheidungsmöglichkeit fehlt es jedoch nur in Ausnahmefällen. Denn im Grundsatz kann die Stiftung auch bei einer Beeinflussung selbst die Früchte aus dem Vermögen ziehen und ist in der Folge durch die Erfüllung ihres Zwecks bereichert. Dass der Stifter oder die Destinatäre ebenfalls mittelbar Früchte aus dem Vermögen ziehen können, ist für die Bereicherung der Stiftung unerheblich. Die Rechtsprechung zeigt jedoch, dass es im Einzelfall gänzlich an der Entscheidungsgewalt der Stiftung fehlt.[709] Kann die Stiftung keine eigenen Entscheidungen treffen, ist das Verpflichtungsgeschäft der Vermögensausstattung (vorhersehbar) unwirksam und die Stiftung dürfte mangels Vermögensperspektive nach § 80 Abs. 1 BGB, beziehungsweise § 80 Abs. 2 S. 1 BGB-Neu, nicht anerkannt

---

708 Dazu oben S. 157 ff.

709 Vgl. zur parallelen Fragenstellung im Steuerrecht: BFH, Urt. v. 28.6.2007 – II R 21/05, BStBl II 2007, 669; sowie im Detail unten S. 560 ff.

werden. Wird sie trotzdem anerkannt, steht dem Stifter ein bereicherungsrechtlicher Anspruch zu, auf den seine Gläubiger zugreifen könnten, und es muss überprüft werden, ob die Stiftung – trotz Anerkennung – ein ausreichendes Vermögen für die Erfüllung des Stiftungszwecks zur Verfügung hat.

In diesen Fällen müsste die Vermögensübertragung gegebenenfalls als Scheingeschäft nach § 117 BGB betrachtet und in eine Treuhänderschaft oder einen Auftrag umgedeutet werden. Allerdings setzt ein Scheingeschäft nach § 117 BGB eine Willenserklärung, „die einem anderen gegenüber abzugeben ist", also eine empfangsbedürftige Willenserklärung, voraus. Die Stiftungserklärung ist jedoch eine nicht empfangsbedürftige Willenserklärung.[710] Entsprechend wird § 117 BGB teilweise nicht für anwendbar gehalten.[711] Andere Stimmen gehen hingegen von einer Anwendbarkeit des § 117 BGB aus.[712] Da bei der Stiftungserrichtung die zu errichtende Stiftung und die Vermögensausstattung durch die Stiftungsbehörde überprüft wird, dürfte es nur wenige Fälle in Deutschland geben, in denen eine Scheinerrichtung überhaupt funktioniert. In diesen ist eine analoge Anwendung des § 117 BGB jedoch statthaft, wenn eine vergleichbare Interessenlage vorliegt und eine Regelungslücke besteht:

Im Regelfall des Scheingeschäfts einigen sich zwei Parteien über die Nichtgeltung des Erklärten,[713] wirken also kollusiv zusammen, um den Schein zu erzeugen. Anders als bei anderen einseitigen Rechtsgeschäften, schafft sich der Stifter durch die Stiftungserklärung einen Vertragspartner, an den das gewidmete Vermögen übertragen wird. Als Schöpfung des Stifters müssen der Stiftung dann jedoch dessen Absichten und Vorstellungen zugerechnet werden, sodass sie wie ein kollusiver Vertragspartner behandelt werden kann. Dann bestehen wiederum zwei Parteien, die mit der Nichtgeltung des eigentlich Erklärten einverstanden sind, sodass eine vergleichbare Interessenlage vorliegt.

Eine planwidrige Regelungslücke besteht, weil einseitige Scheingeschäfte auch nicht von anderen Vorschriften erfasst werden. In vielen Fällen kann zwar die Anfechtbarkeit der Vermögensausstattung im Sinne der InsO und des AnfG

---

710 Der Streit wird auch im liechtensteinischen und österreichischen Recht geführt. Dort findet § 117 BGB seine Entsprechung in § 916 ABGB/öABGB, siehe dazu unten S. 214 ff.

711 Zur allgemeinen Rechtslage *Armbrüster* in MüKo-BGB, § 117, Rn. 2 m.w.N.; im Stiftungsrecht *Büch* in ZStV 2010, 176, 177 f.

712 Ohne Begründung *Werner/Saenger*, Stiftung, S. 182; dem folgend *Mecking* in Münch. HdB GesR Bd. V, § 87, Rn. 9; wohl auch für eine Anwendbarkeit des § 117 BGB, aber ebenfalls ohne konkrete Begründung *Jakob*, Schutz der Stiftung, S. 301.

713 *Singer* in Staudinger-BGB, § 117 BGB, Rn. 3.

dazu führen, dass ein ausreichender Schutz der Gläubiger des Stifters verwirklicht und damit der Rechtsverkehr geschützt wird.[714] Allerdings führen weder die Insolvenzanfechtung noch eine vorstellbare Annahme eines gesetzeswidrigen oder sittenwidrigen Geschäfts zur Geltung des verdeckten Geschäfts, sondern lediglich zur Anfechtbarkeit oder Nichtigkeit des durchgeführten Rechtsgeschäfts. Zudem besteht jedenfalls dann eine Regelungslücke, wenn Gläubiger der Destinatäre Ansprüche geltend machen. Denn dann kann die Anwendung drittschützender Vorschriften auf die Zuwendung des Stifters keine Abhilfe schaffen. Ist die Stiftungserrichtung aber letztlich eine verdeckte Schenkung des Stifters an den Destinatär, bestehen keine anderen Rechtsschutzmöglichkeiten für die Gläubiger, sodass eine Regelungslücke vorliegt und § 117 BGB analog angewandt werden kann.

Wendet man § 117 Abs. 1 BGB analog an, müssen die von ihr getätigten Geschäfte ohnehin nicht rückabgewickelt werden und eine Reduktion der Nichtigkeitsfolgen wie bei der fehlerhaften Gesellschaft wäre nicht erforderlich,[715] weil die Stiftung trotz der Nichtigkeit des Geschäfts durch die Anerkennung zur Rechtsperson wird.[716] Aufgrund des nichtigen organisationsrechtlichen Teils des Stiftungsgeschäfts muss die Stiftung jedoch wieder aufgelöst oder ihr Zweck geändert werden. In Bezug auf den vermögensrechtlichen Teil wird § 117 Abs. 1 BGB *ex-tunc* angewandt und die Vermögensausstattung wäre über die bereicherungsrechtlichen Ansprüche rückabzuwickeln.[717] Insoweit führt die Anwendung von § 117 Abs. 2 BGB wiederum dazu, dass die Vermögensübertragung als Treuhänderschaft oder einen Auftrag gewertet werden muss und ein Rechtsgrund besteht. Gleichwohl muss die Stiftung dann gegebenenfalls wegen eines unzureichenden Vermögens aufgelöst werden, weil sie, beziehungsweise der Stiftungsvorstand, als Treuhänderin nicht frei über das Vermögen verfügen kann.

Unabhängig von § 117 BGB kann es zu einer fehlenden Bereicherung der Stiftung kommen, wenn diese derart eingeschränkte Nutzungsrechte hat, dass sie

---

714 Dazu unten S. 176 ff.

715 Zur teleologischen Reduktion des § 142 BGB bei der fehlerhaften Gesellschaft, *Busche* in MüKo-BGB, § 142, Rn. 19. Die Frage, ob und inwieweit die Regeln über die fehlerhafte Gesellschaft überhaupt auf Scheingesellschaften (und Scheinstiftungen) anwendbar wären – dazu *Armbrüster* in MüKo-BGB, § 117, Rn. 3; *Singer* in Staudinger-BGB, § 117 BGB, Rn. 6 – kann aufgrund der Wirkung der Anerkennung ebenfalls dahinstehen.

716 *Stumpf* in S/S/S/P, B. § 80, Rn. 79.

717 Vgl. zur Rechtsgeschäftslehre und den Nichtigkeitsfolgen bei einer fehlerhaften Stiftungserrichtung, *Weitemeyer* in MüKo-BGB, § 81, Rn. 9.

im Rahmen der Mittel-Zweck-Relation im Zeitpunkt des Ausstattungsgeschäfts nicht ausreichend bereichert und die Zweckerfüllung gefährdet ist. Der Zweck muss in diesem Fall geändert oder die Stiftung nach § 87 Abs. 1 BGB aufgelöst werden. Gleiches gilt, wenn sie einen Zweck verfolgt, der sich als unmöglich oder gemeinwohlgefährdend herausstellt.[718]

(2) Grundsätzliche Anwendung drittschützender Vorschriften auf die Stiftungserrichtung

Soweit die Stiftung ausreichend bereichert ist und eine Vermögensausstattung vorliegt, müssen die anwendbaren Vorschriften bestimmt werden. Dabei stellt sich in einem ersten Schritt die Frage, ob die Zuwendung im Rahmen der Vermögensausstattung entgeltlich oder unentgeltlich erfolgt. War die Zuwendung entgeltlich, ist das Schenkungsrecht nicht anwendbar.[719] Außerdem kann in keinem Fall ein Pflichtteilsergänzungsanspruch nach § 2325 Abs. 1 BGB geltend gemacht werden, da es – unabhängig davon, ob für die Anwendung des § 2325 Abs. 1 BGB eine Schenkung erforderlich ist oder jede unentgeltliche Zuwendung genügt – jedenfalls an einer unentgeltlichen Zuwendung fehlt und der Zweck des § 2325 Abs. 1 BGB nicht betroffen ist. Aus dem gleichen Grund ist die Anfechtung unentgeltlicher Leistungen gemäß § 134 InsO und § 4 AnfG nicht möglich.

Wird hingegen von einer unentgeltlichen Zuwendung ausgegangen, muss in einem zweiten Schritt entschieden werden, inwieweit die schenkungsrechtlichen Vorschriften auf die erfolgte Vermögensausstattung anwendbar sind. Dies könnte fraglich sein, weil die Schenkung im Sinne der §§ 516 ff. BGB als zweiseitiges Rechtsgeschäft grundsätzlich die Annahme durch den Beschenkten voraussetzt.[720] Da die Stiftung erst im Rahmen der Vermögensausstattung entsteht, fehlt es an dem Äquivalent zum Beschenkten. Eine Meinung hält die Vermögensausstattung für derart ähnlich zur Schenkung, dass das Schenkungsrecht entsprechend angewendet werden kann.[721] Nach einer anderen Ansicht soll

718 S. 291 ff., zur Anwendung und Inhalt des § 87 BGB.

719 *Hinz*, Haftung der Stiftung für Verbindlichkeiten des Stifters, S. 89 ff. dort wird die Entgeltlichkeit vor allem aus der Zweckbindung der Stiftung abgeleitet, aufgrund derer eine Bereicherung der Stiftung fehle, wodurch das Stiftungsgeschäft im Ergebnis entgeltlich werde.

720 Zu der Fragestellung ausführlich *Chiusi* in Staudinger-BGB, Vor §§ 516 ff., Rn. 31 ff. m.w.N.

721 *Hüttemann/Rawert* in Staudinger-BGB, § 81, Rn. 26 ff.; *Tolksdorf* in BeckOGK, § 82 BGB, Rn. 30; *Hüttemann* in FS Werner, Stiftungsgeschäft, S. 93 ff.; für eine grundsätzliche Anwendbarkeit des Schenkungsrechts auch im Innenverhältnis, aber mit

nicht das gesamte Schenkungsrecht anwendbar sein, sondern sollen nur solche Normen analoge Anwendung finden, die im Außenverhältnis eine drittschützende Wirkung entfalten.[722]

Die beiden im Wesentlichen vertretenen Ansichten sind sich im Kern einig, dass diejenigen Vorschriften anwendbar sind, die dem Drittschutz dienen.[723] Dazu zählen vor allem die Anfechtung unentgeltlicher Leistungen nach § 134 InsO und § 4 AnfG sowie der Pflichtteilsergänzungsanspruch nach § 2325 BGB.[724] Dabei setzen § 134 InsO und § 4 AnfG nur eine unentgeltliche Leistung und keine Schenkung voraus und sind daher direkt anwendbar.[725]

Gleiches gilt für die Hinzurechnung von unentgeltlichen Zuwendungen bei der Berechnung des Vermögens im Rahmen des Zugewinnausgleichs nach § 1375 Abs. 2 Nr. 1 BGB. Demgegenüber muss die Anwendbarkeit des § 2325 BGB begründet werden, da dieser von einer Schenkung und nicht von einer unentgeltlichen Zuwendung spricht. Die für eine Analogie erforderliche vergleichbare Interessenlage liegt in dem Schutz der Erben vor einer unentgeltlichen Aufgabe des Vermögens des Erblassers. Der Pflichtteil als wesentliche Grundlage des Erbrechts[726] könnte sonst - auch in Deutschland - durch privatnützige Stiftungen auf Zeit zugunsten Dritter gänzlich umgangen werden. Die weiterhin erforderliche Regelungslücke ist zwar nicht im engeren Sinne planwidrig, weil sich der historische Gesetzgeber mit der Frage auseinandergesetzt hat. Aber da die Regelung bewusst offengelassen wurde, um der Literatur und Rechtsprechung die Lösung zu überlassen, ist die Analogie trotzdem statthaft.[727]

Wird außerdem davon ausgegangen, dass die Vorschriften zur Einrede des Notbedarfs (§§ 519 ff. BGB) und zu Verarmung des Schenkers (§§ 528 f. BGB) nicht nur einem Interessenausgleich im Innenverhältnis, sondern auch dem Drittschutz dienen, indem sie verhindern, dass Dritte Unterhalt für den

---

einer Beschränkung in Bezug auf § 530 BGB *Backert* in BeckOK-BGB, § 80, Rn. 51 f.; ebenso *Muscheler* in AcP 2003, 469, 486 ff.

722 *Weitemeyer* in MüKo-BGB, § 81, Rn. 22 ff.; *Burgard*, Gestaltungsfreiheit, S. 584 ff.; *Jakob*, Schutz der Stiftung, S. 178 ff.; *Jakob* in ZSt 2005, 99, 99 ff.

723 *Hüttemann/Rawert* in Staudinger-BGB, § 81, Rn. 26 ff.

724 Vgl. zum Pflichtteilsergänzungsanspruch auch BGH, Urt. v. 10.12.2003 - IV ZR 249/02, BGHZ 157, 178, juris Rn. 33.

725 *Hüttemann/Rawert* in Staudinger-BGB, § 81, Rn. 27.

726 Vgl. *Dutta*, Warum Erbrecht, S. 185 ff.

727 *König*, Stiftung als Instrument der Nachlassplanung, S. 145; *Tolksdorf*, Vermögensausstattung, S. 252 ff. m.w.N.; *Müller-Engels* in BeckOK-BGB, § 2325, Rn. 31 m.w.N.

verarmten Stifter aufwenden müssen, so sind mit dieser herrschenden Ansicht[728] alle im Rahmen dieser Arbeit relevanten Vorschriften des Schenkungsrechts anwendbar.[729]

Ferner könnten auch § 133 InsO und § 3 AnfG[730] analog anwendbar sein: § 133 Abs. 1 InsO setzt voraus, dass der Schuldner mit Gläubigerschädigungsabsicht gehandelt hat und der andere Teil des Rechtsgeschäfts diese Absicht oder die Zahlungsunfähigkeit des Schuldners kannte, und wusste, dass die Handlung Gläubiger benachteiligt. Die Vorschrift erfordert damit das Vorhandensein eines anderen Teils, der um die Gläubigerschädigung weiß. An diesem fehlt es bei der Errichtung einer Stiftung jedoch regelmäßig. Da der Stifter die Stiftung errichtet und die Rechtspersönlichkeit der Stiftung faktisch mit dem Wissen des Stifters geboren wird, besteht jedoch eine gleiche Interessenlage wie bei der regulären Anwendung von § 133 InsO. Um § 133 InsO analog auf die Stiftungserrichtung anwenden zu können, ist überdies eine Regelungslücke erforderlich. Diese könnte grundsätzlich unter Verweis auf § 138 Abs. 1 BGB abgelehnt werden, der in diesem Fall als Auffangtatbestand fungieren könnte. Gegen § 138 Abs. 1 BGB als Auffangregelung sprechen jedoch zwei Argumente. Zum einen unterscheiden sich die Rechtsfolgen von § 138 Abs. 1 BGB (Nichtigkeit) und § 133 InsO (Anfechtbarkeit). Zum anderen würde es gegen die im Anfechtungsrecht der InsO zum Ausdruck kommende gesetzgeberische Wertung verstoßen, wenn aufgrund einer Vorschrift des BGB eine Nichtigkeitsfolge eintritt, obwohl die konkreteren Voraussetzungen der InsO für eine an sich schwächere Rechtsfolge nicht erfüllt sind.[731] Ebenso wie § 138 Abs. 1 BGB kann auch § 528 BGB[732] nicht als Alternative dienen, da dieser nur bei Unterhaltsforderungen gegen den Schenker greift und damit anderen Gläubigern keinen ausreichenden Schutz bieten kann. Eine Regelungslücke und eine vergleichbare Interessenlage liegen somit vor und eine analoge Anwendung von § 133 InsO

728 *Weitemeyer* in MüKo-BGB, § 81, Rn. 25 m.w.N.

729 Für eine tiefere Auseinandersetzung mit dem Thema siehe *Hüttemann/Rawert* in Staudinger-BGB, § 81, Rn. 26 ff.; *Weitemeyer* in MüKo-BGB, § 81, Rn. 21 ff. je m.w.N.

730 Da § 3 AnfG inhaltlich im Wesentlichen § 133 InsO entspricht, wird die Diskussion im Folgenden nur für § 133 InsO geführt. Die Aussagen sind aber ebenfalls für § 3 AnfG gültig. Zum Verhältnis von § 133 InsO und § 3 AnfG ausführlich *Weinland* in MüKo-AnfG, § 3, Rn. 1 m.w.N.

731 Vgl. dazu ausführlich *Armbrüster* in FS Canaris, Anfechtbarkeit oder Nichtigkeit von Rechtshandlungen mit Gläubigerbenachteiligungsvorsatz, S. 23 ff.

732 Zur Anwendung von § 528 BGB auf Stiftungen, v. *Oertzen/Hosser* in ZEV 2010, 168, 171 f.

und § 3 AnfG ist statthaft. Das Anfechtungsrecht sperrt zudem in diesen Fällen die Anwendung des § 138 Abs. 1 BGB.[733]

Dies gilt selbst dann, wenn bei der Stiftungserrichtung von einem zweigeteilten Rechtsgeschäft ausgegangen wird. Zwar könnte angeführt werden, dass das Insolvenzrecht die Anwendung von § 138 Abs. 1 BGB auf das Ausstattungsgeschäft sperrt, ohne jedoch die Sperrwirkung auf den organisationsrechtlichen Teil zu erstrecken. Eine derartige Wertung führt allerdings zu einer realitätsfremden Aufteilung des Stiftungsgeschäfts und würde faktisch dazu führen, dass der *lex specialis* Grundsatz bei Stiftungserrichtungen mit Gläubigerbenachteiligungsabsicht nie greifen könnte. Entscheidet sich der Insolvenzverwalter nach § 133 InsO oder der Gläubiger nach § 3 AnfG zur Anfechtung, dürfte die Stiftung, deren Vermögensausstattung angefochten wird, danach nicht mehr über ein Vermögen, das zur Erfüllung ihres Stiftungszwecks ausreicht, verfügen, sodass sie nach § 87 BGB aufzulösen ist. Damit wird die Anfechtung regelmäßig auch das Ende der Stiftung mit sich bringen und eine Gefahr, dass eine Stiftung überlebt, die zu unbilligen Zwecken errichtet wurde, ist gering. Allein im Ausnahmefall der Stiftung für den Stifter – sollte sie für zulässig erachtet werden – entfällt die Sperrwirkung bis zur Anerkennung der Stiftung.[734]

Die drittschützenden Vorschriften der §§ 1375, 2325 BGB und §§ 133, 134 InsO sowie §§ 3, 4 AnfG sind folglich anwendbar.

(3) Drittschützende Vorschriften und fehlende materielle Entreicherung des Stifters

Nachdem die im Grundsatz auf die Stiftungserrichtung anwendbaren Vorschriften feststehen, kommt es in einem nächsten Schritt darauf an, wie sich der Einfluss des Stifters auf die Anwendung dieser Regelungen auswirkt. Im Fokus stehen dabei – mit Ausnahme der noch im Detail zu behandelnden Beweislast im Rahmen einer Anfechtung wegen einer Gläubigerschädigung[735] – die Anfechtungs- und Anrechnungsfristen der drittschützenden Vorschriften. Durch die zeitliche Begrenzung der Anfechtbarkeit und der Anrechnung soll Rechtsfrieden

---

733 Zur allgemeinen Sperrwirkung, wenngleich nicht in Bezug auf die Stiftungserrichtung, *Armbrüster* in FS Canaris, Anfechtbarkeit oder Nichtigkeit von Rechtshandlungen mit Gläubigerbenachteiligungsvorsatz, S. 42.

734 Siehe dazu unten S. 390 ff.

735 Dazu unten S. 186.

geschaffen und die Interessen der Leistungsempfänger gewahrt werden.[736] Die Notwendigkeit, Rechtssicherheit zu schaffen, setzt jedoch ein schützenswertes Interesse des Leistungsempfängers voraus. An einem solchen kann es bei einer Stiftung fehlen, wenn sie in großem Maße von ihrem Stifter beeinflusst wird.

Wie bereits im Rahmen der Entreicherung dargelegt, genügt es für das Zuwendungsgeschäft, wenn eine formelle Entreicherung vorliegt. Soweit bei der Anwendung der drittschützenden Vorschriften jedoch der Zeitpunkt der Vermögensübertragung bestimmt werden muss, kann in Frage gestellt werden, ob dieser bei einem wesentlichen Einfluss mit der Vermögensübertragung zusammenfällt. Stattdessen könnte dieser Zeitpunkt erst bei einer Aufgabe des Einflusses, mithin einer materiellen Entreicherung, anzunehmen sein. Die insoweit möglicherweise unterschiedliche Bewertung ergibt sich aus den unterschiedlichen teleologischen Blickwinkeln: Denn mit der Anfechtbarkeit der Vermögensübertragung und der Anrechnung der Vermögenswerte soll nicht die Unterscheidung zu anderen Rechtsinstituten, sondern der Gläubigerschutz erreicht werden. Wenn dieser im Fokus steht, wäre es unbillig oder auch „böslich",[737] wenn sich Stifter und Stiftung auf den Vermögensübergang berufen können, obwohl der Stifter (mittelbar) den Vermögensgegenstand wie einen eigenen nutzen könnte. Denn sonst könnte sich der Stifter tatsächlich ein im Wesentlichen pfändungssicheres Sondervermögen schaffen.[738] Der Vermögensempfänger – in diesem Fall die Stiftung – ist gegenüber den Gläubigern des Stifters oder Anrechnungsberechtigten aufgrund der Unentgeltlichkeit des Vermögenserwerbs sowie des Wissens um die fehlende Entreicherung nicht schutzwürdig. Daher ist für eine Vermögensaufgabe im Sinne der Anfechtungs- und Anrechnungsvorschriften eine materielle Entreicherung erforderlich. Solange die Entreicherung nur formell bleibt, beginnen die jeweiligen Fristen nicht zu laufen.

Die Rechtsprechung wendet eine vergleichbare Lösung bereits in einer ähnlichen Konstellation im Pflichtteilsrecht bei der Hinzurechnungsfrist des Pflichtteilsergänzungsanspruchs nach § 2325 Abs. 3 BGB an.[739] Hat ein Erblasser mehr

---

736 Vgl. z.B. den Entwurf eines Gesetzes zur Verbesserung der Rechtssicherheit bei Anfechtungen nach der Insolvenzordnung und nach dem Anfechtungsgesetz, BT-Drucks. 663/12, S. 1 ff.

737 BGH, Urt. v. 27.4.1994 – IV ZR 132/93, BGHZ 125, 395, juris Rn. 10.

738 Vgl. zur Stiftung für den Stifter *Weitemeyer* in MüKo-BGB, § 80, Rn. 126.

739 Vgl. BGH, Urt. v. 27.4.1994 – IV ZR 132/93, BGHZ 125, 395, juris Rn. 10 ff.; OLG Düsseldorf, Urt. v. 11.4.2008 – I-7 U 70/07, ZEV 2008, 525, juris Rn. 32; OLG Koblenz, Beschl. v. 5.3.2014 – 2 W 415/12, ZEV 2014, 361, juris Rn. 62 ff.; ausführlich aufgearbeitet durch *König*, Stiftung als Instrument der Nachlassplanung, S. 156 ff.; dazu auch *Herzog* in Staudinger-BGB, § 2325, Rn. 167 ff. m.w.N.

als zehn Jahre vor seinem Tod Vermögenswerte schenkweise übertragen, kann diese aber aufgrund einer dinglichen oder schuldrechtlichen Vereinbarung weiterhin nutzen, wird die Vermögensübertragung, welche die Hinzurechnungsfrist auslöst, erst angenommen, wenn der Erblasser die Nutzungsmöglichkeit aufgibt.[740] Im Kontext beeinflusster Stiftungen kommt es dabei nicht unbedingt auf den Vorbehalt dinglicher oder schuldrechtlicher Nutzungen an.[741] Denn wenn der Stifter entscheidenden Einfluss auf die Stiftung ausüben kann, bedarf es der jeweiligen Vorbehalte im Zuwendungsgeschäft nicht. Stattdessen ist fraglich, ob die satzungsgemäßen oder auch nur faktischen Einflussmöglichkeiten des Stifters ebenso zu behandeln sind und zu einer Verschiebung des Vermögensübergangs für die Zwecke der jeweiligen Fristen führen. Eine derartige Auslegung der drittschützenden Vorschriften würde sich dabei nicht auf das Pflichtteilsrecht beschränken, sondern müsste aufgrund der gleichen Interessenlage für sämtliche der hier anwendbaren Vorschriften gelten. Dies wird im Folgenden überprüft.

(4) Drittschützende Vorschriften und Destinatärsstellung des Stifters

Im Rahmen des Pflichtteilsrechts wird vertreten, dass bei einer Destinatärsstellung des Stifters ein verzögerter Fristbeginn, gegebenenfalls über eine analoge Anwendung des § 2325 Abs. 3 BGB, statthaft sei, wenn der Stifter klagbare Destinatärsansprüche gegen die Stiftung hat.[742] Dabei wird regelmäßig über Quoten der Begünstigung nachgedacht.[743] Wenn man mit dem BGH eine teleologische Auslegung des Zuwendungsvorgangs vornimmt,[744] könnte eine Verschiebung des Fristbeginns auch bei der Übertragung an Stiftungen erforderlich sein, wenn der Stifter weiter die von den Erträgen des Stiftungsvermögens profitiert.

Der Ansicht von *König* sowie der anderen bisher aufgeführten Autoren kann in Bezug auf die Destinatärsstellung des Stifters mit einem Anspruch aus der

---

740 BGH, Urt. v. 27.4.1994 – IV ZR 132/93, BGHZ 125, 395, juris Rn. 10 ff.; dazu auch *Schindler* in BeckOGK, § 2325, Rn. 251 ff.

741 Vgl. zu den Auswirkungen vorbehaltener Nutzung bei einer Vermögensübertragung an Stiftungen und deren Auswirkungen auf den Pflichtteilsergänzungsanspruch, *König*, Stiftung als Instrument der Nachlassplanung, S. 159.

742 *König*, Stiftung als Instrument der Nachlassplanung, S. 161; *Lehmann/Hahn* in Stiftung als Nachfolgeinstrument, § 15, Rn. 18; *Schauer* in npoR 2018, 49, 53 f.; v. *Löwe*, Familienstiftung, § 3 Rn. 15. Zu klagbaren Ansprüchen eines (Stifter-) Destinatärs noch unten S. 261 ff.

743 Dazu kritisch *Lehmann/Hahn* in Stiftung als Nachfolgeinstrument, § 15, Rn. 18.

744 BGH, Urt. v. 27.4.1994 – IV ZR 132/93, BGHZ 125, 395, juris Rn. 10 ff.

Satzung grundsätzlich gefolgt werden.[745] Wie von *Lehmann/Hahn* angemerkt wurde, ist mit einer festen Quote, etwa den von *König*[746] genannten 25 % des Gesamtnutzungswerts des Stiftungsvermögens, „wenig gewonnen".[747] Sie würde überdies dazu führen, dass Stifter mit besonders großen Vermögen, die nur einen geringeren Anteil der Erträge für ihre Lebensführung aufwenden müssen, anders als Stifter kleinerer Stiftungen behandelt würden, da dieselbe absolute Aufwendung bei geringeren Erträgen einen höheren relativen Anteil einnimmt. Weil das Eingreifen des Pflichtteilsrechts oder anderer drittschützender Vorschriften nicht daran scheitern kann, dass der Erblasser besonders wohlhabend ist, muss stattdessen jeglicher feste Anspruch des Stifters gegen die Stiftung zu einem verzögerten Fristbeginn führen.

Inhaltlich ließe sich bei einem klagbaren Anspruch allerdings die Frage aufwerfen, in welchem Umfang der verzögerte Fristbeginn anzunehmen ist. Denn soweit etwa eine Begünstigung des Stifters in Höhe von 25 % der jährlichen Stiftungserträge vorgesehen ist, darf die Begünstigung diese Grenze nicht überschreiten. In diesem Fall ist der Stifter – falls er keinen Einfluss auf die Stiftung nehmen kann[748] – jedenfalls in Höhe von 75 % des Vermögens auch materiell entreichert. Für die Begründung eines verzögerten Fristbeginns genügt damit im Grunde jeder klagbare Anspruch des Stifter-Destinatärs und ein Abstellen auf eine Quote ist nicht erforderlich. Soweit diese Ansprüche jedoch relativ begrenzt sind, gilt dies nur für den Teil, von dem der Stifter weiterhin profitiert.

Eine Ausnahme kann allerdings in solchen Fällen bestehen, in denen sich der Anspruch – in Anlehnung an § 58 Nr. 6 AO – auf denjenigen Teil der Erträge erstreckt, der zum Unterhalt des Stifters notwendig ist. Dies lässt sich durch die Wertung des § 528 BGB bestätigen, nach der ein Schenker, wenn er „außerstande ist, seinen angemessenen Unterhalt zu bestreiten und die ihm, seinen Verwandten, seinem Ehegatten, seinem Lebenspartner oder seinem früheren Ehegatten oder Lebenspartner gegenüber gesetzlich obliegende Unterhaltspflicht zu erfüllen, [...] von dem Beschenkten die Herausgabe des Geschenkes" verlangen kann. Da die Zuwendung an die Stiftung immer mit der Gefahr des Anspruchs

745 *König*, Stiftung als Instrument der Nachlassplanung, S. 161; *Lehmann/Hahn* in Stiftung als Nachfolgeinstrument, § 15, Rn. 18; *Schauer* in npoR 2018, 49, 53 f.; v. *Löwe*, Familienstiftung, § 3 Rn. 15.

746 *König*, Stiftung als Instrument der Nachlassplanung, S. 161.

747 Dazu kritisch *Lehmann/Hahn* in Stiftung als Nachfolgeinstrument, § 15, Rn. 18.

748 Unten S. 184 ff.

aus § 528 BGB belastet ist und dadurch aber kein verspäteter Fristbeginn erfolgt, spricht wenig dagegen, einen Unterhaltsvorbehalt als unschädlich zu werten.

Soweit der Stifter als Destinatär der Stiftung einen klagbaren Anspruch auf Destinatärsleistungen gegen die Stiftung hat, der nicht auf das zum Unterhalt des Stifters Notwendige beschränkt ist, beginnen die Fristen der drittschützenden Vorschriften erst dann zu laufen, wenn dem Stifter keine Ansprüche mehr gegen die Stiftung zustehen. Damit bleibt aber offen, wie die Konstellation zu bewerten ist, wenn der Stifter zwar Begünstigter der Stiftung ist, Leistungen an ihn aber im Ermessen der Stiftungsorgane stehen. Wenngleich auf den Einfluss des Stifters im nächsten Unterabschnitt noch detailliert eingegangen wird,[749] kann an dieser Stelle vorweggenommen werden, dass jedenfalls dann ein verzögerter Fristbeginn angenommen werden muss, wenn der Stifter die Ermessensentscheidung wesentlich, etwa als Stiftungsorgan, beeinflussen kann.[750]

Fehlt es dem Stifter an einer Beeinflussungsmöglichkeit der Ermessensentscheidung, geht *König* davon aus, dass der Fristbeginn nicht verschoben werden müsste. Denn der Stifter habe lediglich eine Exspektanz erhalten und könne das Vermögen nicht zwangsläufig weiternutzen.[751] Diesem Ergebnis kann nicht in der Pauschalität gefolgt werden. Soweit der Stifter Leistungen von der Stiftung erhält, mag er zwar die Entscheidung nicht beeinflusst haben, im Regelfall dürfte es sich aber um eine sehr konkretisierte Exspektanz des Stifters handeln. Denn im Zweifel hat der Stifter die ersten Stiftungsorgane bestellt und bei deren Bestellung seine Vorstellung offengelegt. Zudem gestaltet sich das Ergebnis aus der Perspektive der Gläubiger oder Pflichtteilsberechtigten grundsätzlich gleich, unabhängig davon, ob der Stifter einen Anspruch hatte oder nicht, und letztlich ein immenses Missbrauchsrisiko bestünde. Solange der Stifter Leistungen der Stiftung erhält, kann die Exspektanz als verwirklicht betrachtet werden, weswegen davon auszugehen ist, dass der Stifter sich nicht materiell entreichert hat. Insoweit muss auch im Fall der Ermessensbegünstigung des Stifters der Fristbeginn verschoben werden, bis der Stifter keine Leistungen mehr erhält. Zum Umfang desjenigen Vermögensteils, für den die Frist erst verzögert beginnt, behalten die Ausführungen zum klagbaren Anspruch ihre Gültigkeit.

---

749 Unten S. 184 ff.

750 So auch *König*, Stiftung als Instrument der Nachlassplanung, S. 162 f., der jedoch auch in diesem Fall einen verzögerten Fristbeginn nur dann annimmt, wenn der Stifter aufgrund einer Quote in der Satzung oder des Ermessens der Stiftungsorgane „25 % oder mehr des Gesamtnutzungswertes des Stiftungsvermögens" erhält.

751 *König*, Stiftung als Instrument der Nachlassplanung, S. 162 f.

Aufgrund der Schutzrichtung der beschriebenen Vorschriften führt eine Destinatärsstellung des Stifters mit wenigen Ausnahmen zu einem verzögerten Fristbeginn. Solange der Stifter sein Vermögen nicht materiell aufgegeben hat, beginnen somit die Fristen der §§ 1375, 2325 BGB, §§ 133 f. InsO und §§ 3, 4 AnfG nicht. Im Einzelfall kann die Destinatärsstellung des Stifters mit klagbaren Ansprüchen gegen die Stiftung aber auch insoweit zugunsten der Gläubiger berücksichtigt werden, als dass seine Ansprüche gepfändet werden. Der andauernden Vermögensteilhabe des Stifters kann damit *de lege lata* bereits ausreichend Rechnung getragen werden.[752]

(5) Drittschützende Vorschriften und Einfluss des Stifters auf die Stiftung

Wurde bisher die fehlende materielle Entreicherung im Hinblick auf eine fortdauernde mittelbare Vermögensteilhabe hin überprüft, wird im Folgenden die fehlende Aufgabe der Verwaltungsteilhabe aufgearbeitet. In diesem Zusammenhang wird von *König* vertreten, dass ein verzögerter Fristbeginn nicht erforderlich sei, wenn der Stifter als Stiftungsorgan zwar die Entscheidungen der Stiftung beeinflussen könnte, ihm mangels Destinatärsstellung aber keine Vermögenswerte zufließen können.[753] Dieser Schluss lässt jedoch außer Acht, dass die Verwaltung des Vermögens und die damit verbundenen Vorteile, wie ein gesellschaftlicher Status, aber auch finanzielle Möglichkeiten, beispielsweise Investitionsentscheidungen, bei dem Stifter verbleiben. Im Hinblick auf die Verwaltungsteilhabe des Stifters macht es zum Beispiel kaum einen Unterschied, ob er als Stiftungsvorstand auf Lebenszeit oder als Geschäftsführer-Gesellschafter einer Holdinggesellschaft sein Familienunternehmen steuert.[754] Kommt es nach den obigen Maßstäben auf eine materielle Entreicherung an, fehlt es bei einem wesentlichen Einfluss an einer solchen. Die unter anderem von *Weitemeyer* vorgetragenen Bedenken gegen eine Stiftung für den Stifter und das Entstehen eines haftungsabschirmenden Tresors[755] greifen bei der vorbehaltenen Verwaltungsteilhabe umso mehr, als dass der Stifter mit seinem Vermögen beinahe so agieren kann wie vor der Stiftungserrichtung. Wie bereits bei der Begünstigung des Stifters angeführt, wäre es dem besonders wohlhabenden Stifter, dem ein kleiner

752 Zur Berücksichtigung der Destinatärsstellung des Stifters im Detail auch S. 89 ff., 262 ff., 346 ff., 378 ff.

753 *König*, Stiftung als Instrument der Nachlassplanung, S. 166.

754 *Dutta*, Warum Erbrecht, S. 201 ff.

755 *Weitemeyer* in MüKo-BGB, § 80, Rn. 126 m.w.N.; zu dem Begriff *Schlüter*, Stiftungsrecht, S. 330.

Teil seines Vermögens für die private Lebensführung genügt, möglich, einen Großteil seines Vermögens auf die Stiftung zu übertragen und innerhalb der Stiftung mit diesem Vermögen abgeschirmt vor der privaten Haftung sowie ehe- und später pflichtteilsrechtlichen Ansprüchen zu agieren. Durch die Ermessensbegünstigung von Freunden oder Verwandten ließe sich wiederum im Notfall eine mittelbare Teilhabe an den Erträgen erreichen. Damit der Stifter materiell entreichert ist, muss er grundsätzlich sämtlichen rechtlich oder faktisch durchsetzbaren Einfluss auf die Stiftung aufgeben.

Das Ergebnis ist insoweit auch nicht unbillig, als dass es für den Stifter weiterhin möglich bleibt – außer es sollen Ansprüche (potenzieller) Gläubiger umgangen werden –, sämtliche Aktivitäten in der Rechtsform einer privatnützigen Stiftung durchzuführen.[756] Insbesondere kann er jedwede Spielart der Unternehmensnachfolge verwirklichen.[757] Im Ergebnis ähnelt die Stiftungserrichtung einer Stiftung von Todes wegen und einer entsprechenden Teilungsanordnung; mit dem Unterschied, dass der Stifter zu Lebzeiten bereits ein handlungsfähiges Sondervermögen geschaffen hat und erforderliche Planungen durchführen kann. Die Ausdehnung der Fristen der drittschützenden Normen führt im Ergebnis zu einem (umgekehrten) Haftungsdurchgriff[758] durch den Stifter auf die Stiftung, wodurch dem Gläubigerschutz Rechnung getragen wird, ohne dass es zu problematischen Einschränkungen des Stifters kommt.

Eine Einschränkung könnte an dieser Stelle für gemeinnützige Stiftungen zu machen sein, da diese der Aufsicht unterliegen und die Stiftungsorgane bei der Einhaltung des ursprünglichen Stifterwillens überwacht und damit konkreter gebunden sind. Zudem schränkt die Widmung des Vermögens an gemeinnützige

---

756 Steuerersparnisse bestehen aufgrund der Erbersatzbesteuerung nach § 1 Abs. 1 Nr. 4 ErbStG kaum. Zudem macht es für die Besteuerung – bei entsprechender Planung – keinen Unterschied, ob die Stiftung von Todes wegen oder unter Lebenden errichtet wird.

757 Auf diese Weise können zwar keine Pflichtteilsansprüche unliebsamer Erben umgangen werden, allerdings soll das Pflichtteilsrecht derartige Umgehungen ohnehin verhindern, sodass das Ergebnis sachgerecht ist.

758 Umgekehrt im Gegensatz zu dem klassischen Durchgriff durch eine juristische Person auf ihre Gesellschafter, zu dem Begriff im liechtensteinischen Recht auch *Jakob*, Liechtensteinische Stiftung, Rn. 708 – allerdings stellt der Durchgriff nach der hier vertretenen Ansicht kein eigenes Rechtsinstitut dar, sondern ist lediglich ein Ergebnis der Auslegung der Zuwendungstatbestände im Rahmen der drittschützenden Vorschriften.

Zwecke die Einflussmöglichkeiten derart ein, dass von einer Entreicherung gesprochen werden kann.[759]

Im Folgenden werden einige der Einflussmöglichkeiten des Stifters auf die Stiftung daraufhin überprüft, ob der so vermittelte Einfluss derart wesentlich ist, dass es an einer materiellen Entreicherung fehlt.

(i) Weisungen des Stifters in der Satzung

Die einfachste Möglichkeit für den Stifter, Einfluss auf die Stiftung zu nehmen, ist die detaillierte Niederschrift seiner Vorstellungen in der Stiftungssatzung. Im Grundsatz führen derartige Satzungsbestimmungen nicht dazu, dass es an einer Aufgabe der stifterlichen Verwaltungsteilhabe fehlt. Denn die Erfüllung des in der Satzung festgehaltenen Stiftungszwecks samt den Vorstellungen des Stifters zu seiner Erfüllung ist eine der Kernaufgaben der Stiftungsorgane. Auch wenn der Stifter den Organen Vorgaben zur Verfolgung des Zwecks in der Satzung gemacht hat, so hat er selbst keinen aktiven Einfluss mehr auf die Verwaltung und Verwendung des Vermögens. Durch den Verlust des aktiven Einflusses ist der Stifter auch materiell entreichert und ein verspäteter Fristbeginn ist daher weder erforderlich noch gerechtfertigt.

(ii) Stifter als Stiftungsorgan

Eine weitere Einflussnahmemöglichkeit des Stifters liegt in der Gestaltung der aktiven Stiftungsverwaltung als Teil oder alleiniges Mitglied eines Stiftungsorgans.[760] Dies kann nicht nur solche Fälle umfassen, in denen der Stifter zum offiziellen internen Stiftungsorgan wird, sondern auch solche, in denen dem Stifter als externem „Dritten" eine Entscheidungs- oder Beratungsfunktion eingeräumt wird.[761] Als Organ der Stiftung ist der Stifter jedoch wie jedes andere Organmitglied an den ursprünglichen Stifterwillen gebunden. Er kann in der Theorie

759 Auch wenn bei einigen wohlhabenden Stiftern die potenzielle private Nutzung des Stiftungsvermögens nicht notwendig wäre und sich ihre Vermögensnutzung ohnehin auf gemeinnützige Zwecke beschränken würde, kann diese Verwendungseinschränkung in Verbindung mit dem Nutzen für die Allgemeinheit und dem entsprechenden politischen Willen hinter dem Gemeinnützigkeitsrecht dazu führen, dass eine Entreicherung anzunehmen ist. Kritisch insoweit jedoch *Müller-Engels* in BeckOK-BGB, § 2325, Rn. 31 m.w.N.

760 Zum Stifter als Stiftungsorgan bereits oben S. 134 f.

761 Vgl. jeweils *Hüttemann/Rawert* in Staudinger-BGB, § 81, Rn. 77 m.w.N.; v. *Hippel*, Grundprobleme, S. 435 f.

Stifters daher ebenso fraglich, wie wenn er selbst Organmitglied ist. Soweit der Stifter oder die Stiftung nicht stichhaltige Argumente für eine kurze Berufungsdauer der Organe vorbringen können, ist demnach davon auszugehen, dass der Stifter nicht materiell entreichert ist.

(iv) Faktische Einflussnahme des Stifters

Wenngleich sich ein Großteil der nachträglichen Einflussmöglichkeiten des Stifters auf die Verwendung seines Vermögens in der Stiftung in der eigenen Berufung zum Stiftungsorgan oder der Bestellung oder Abberufung der Organe erschöpft, stehen ihm darüber hinaus weitere Möglichkeiten zur faktischen Beeinflussung zur Verfügung. Dazu zählen vorrangig die Besetzung der Stiftungsämter mit Verwandten, Freunden oder dem langjährigen Rechtsanwalt in dem Vertrauen, dass diese im Sinne des Stifters entscheiden werden.[769] Bei der rechtlichen Bewertung dieser Vorgänge stellt sich jedoch das Problem der Trennung legitimer Interessen, wie der Führung der Stiftung durch fähige und bewährte Personen, und der missbräuchlichen Verschleierung der „Herrschaftsverhältnisse". Rechtlich hat der Stifter sich schließlich auch gänzlich von seinem Vermögen getrennt und kann seinen Willen auf keine Art und Weise rechtlich gegenüber der Stiftung durchsetzen, sodass abstrakt eine Entreicherung kaum abgestritten werden kann. Faktisch kann er jedoch möglicherweise genauso umfangreich seine Interessen durchsetzen, wie wenn er selbst das jeweilige Stiftungsorgan besetzen würde. Eine sachgerechte Lösung läge darin, im Einzelfall zu überprüfen, ob der Stifter sich tatsächlich von seinem Vermögen getrennt hat oder mittelbar weiter über dessen Verwendung entscheiden kann. Im Regelfall ist eine fehlende Trennung des Stifters jedoch für einen außenstehenden Gläubiger kaum beweisbar.

Dieser Beweisschwierigkeit lässt sich auf zwei Wegen begegnen. Erstens könnte die verlängerte Auslegung der drittschützenden Vorschriften auf die Fälle begrenzt sein, in denen der Einfluss rechtlich gesichert ist oder der Gläubiger doch einen mittelbaren Einfluss des Stifters beweisen kann. Diese Lösung bürdet die Risiken faktischer Einflussnahme jedoch einseitig den Gläubigern auf. Alternativ könnte daher eine Beweislastumkehr zugunsten der Gläubiger des Stifters eingeführt werden, wenn relevante Ämter mit Personen besetzt sind,

---

769 Sollten die Organe dabei entgegen dem historischen Stifterwillen handeln, sind sie zwar haftbar, dazu bereits unter (iii.), allerdings ist es fraglich, wer die entsprechenden Ansprüche gegen die Organe durchsetzen soll. Zudem können Ansprüche der Stiftung gegen die Organe nicht zu einer Befriedigung der Gläubiger des Stifters führen.

die dem Stifter nahestehen, oder der Stifter auf sonstige Art und Weise gravierenden Einfluss nehmen kann.[770] Der Stiftung würden dann Begründungs- und Aufzeichnungspflichten für ihre Beschlüsse auferlegt werden.[771] Diese Regelung stellt zwar eine Belastung für die Stiftung dar, wäre dem Gläubigerschutz allerdings auch in hohem Maße dienlich. Zwar könnten auch die beeinflussten Stiftungsorgane ein Handeln im Rahmen des ursprünglichen Stiftungszwecks regelmäßig aus anderen Gründen als dem Einfluss des Stifters rechtfertigen. Der Begründungsaufwand verhindert jedoch eine reflexartige Übernahme nachträglicher Wünsche des Stifters. Umsetzbar wäre eine Beweislastumkehr bei der Organstellung von dem Stifter nahestehenden Personen im Prozess durch entsprechend hohe Anforderungen an das Merkmal der Entreicherung.[772] Vergleichbare Verschiebungen der Beweislast bestehen etwa im Pflichtteilsrecht, wenn der Empfänger einer vermeintlich unentgeltlichen Leistung, die potenziell dem Pflichtteilsergänzungsanspruch unterliegt, aufgrund seines überlegenen Wissens die Unentgeltlichkeit substantiiert bestreiten muss.[773]

(6) Zwischenfazit

Die bisherigen Ausführungen haben gezeigt, dass bei der Auslegung der drittschützenden Vorschriften, insbesondere der §§ 1375, 2325 BGB und der §§ 133, 134 InsO sowie der §§ 3, 4 AnfG, eine Notwendigkeit bestehen kann, den Zuwendungszeitpunkt erst dann zu verorten, wenn der Stifter sich tatsächlich und nicht nur formell von seinem Vermögen getrennt hat.[774] Wenngleich

---

770 So wird in der österreichischen Rechtsprechung bei einem Einfluss des Stifters auf die Stiftung eine Kenntnis der Stiftungsorgane bei der Gläubigerschädigungsanfechtung angenommen öOGH, Urt. v. 26.5.2010 – 3 Ob 1/10h, ZfS 2010, 116, 118; dazu auch unten S. 217 f.

771 Derartige Pflichten wären außerdem zugunsten der Überwachung des Einflusses der Destinatäre wünschenswert, dazu unten S. 317 ff.

772 Außerdem sei auf die in dieser Arbeit vertretene Beweislastumkehr bei der Stiftung für den Stifter verwiesen, unten S. 402.

773 BGH, Urt. v. 17.1.1996 – IV ZR 214/94, WM 1996, 684, juris Rn. 11 ff.; OLG München, Urt. v. 31.7.2019 – 7 U 3222/18, ZErb 2019, 257, juris Rn. 40.

774 Vgl. dazu auch *Jakob* in FS Werner, Stifterrechte, S. 110, der allerdings deutlich zurückhaltender in der Verlegung des Zeitpunkts bei nur faktischen Einflussmöglichkeiten, wie etwa der Organstellung des Stifters, ist. A.A. jeweils zum Pflichtteilsergänzungsanspruch nach § 2325 BGB *Fröhlich*, Die selbständige Stiftung im Erbrecht, S. 143 f.; *Schmid*, Stiftungsrechtliche Zuwendungen, S. 155; ablehnend und rein auf den Eintritt des rechtlichen Leistungserfolgs abstellend auch *Lange* in MüKo-BGB, § 2325, Rn. 67.

eine vergleichbare Auslegung bei einem vorbehaltenen Nießbrauch im Pflichtteilsrecht bereits grundsätzlich anerkannt ist,[775] führt sie bezogen auf die Vermögensausstattung einer Stiftung im Ergebnis zu einer Übernahme der sog. Vermögensopfertheorie aus dem österreichischen und liechtensteinischen Recht.[776]

Ob die Einflussnahmemöglichkeiten des Stifters die Vermögensaufgabe im Sinne der drittschützenden Vorschriften gehemmt haben, lässt sich letztlich nur einzelfallbezogen entscheiden. Dabei sind sowohl die rechtlichen als auch die faktischen Möglichkeiten auszuwerten. Eine enge Definition des Stiftungszwecks und eine daraus resultierende Limitierung der Handlungsoptionen des Stifters legen eine Vermögensaufgabe dabei grundsätzlich näher als eine weite Definition mit entsprechend weiten Handlungsoptionen. Trotz einer möglichen Verwaltungsteilhabe eines Stifters am Stiftungsvermögen dürfte er zum Beispiel regelmäßig sein Vermögen aufgeben, wenn die Stiftung gemeinnützig ist.

bb. Auslegung des Stifterwillens

Die Auslegung der Willenserklärung des Stifters bei der Stiftungserrichtung richtet sich prinzipiell nach der allgemeinen Vorschrift des § 133 BGB.[777] Als nicht empfangsbedürftige Willenserklärung ist bei der Auslegung der beiden Aspekte der Errichtungserklärung grundsätzlich in besonderem Maße auf den Willen des Stifters Rücksicht zu nehmen.[778] Sobald die Stiftung anerkannt wurde und damit in ihrer Rechtspersönlichkeit erstarkt, muss der organisationsrechtliche Teil der Erklärung allerdings, ebenso wie die Satzungen anderer juristischer Personen, nach der herrschenden Ansicht verobjektiviert ausgelegt werden.[779] Die Stiftungssatzung erhält durch die Anerkennung somit Normcharakter.[780] Der Stifterwille ist dann nur in dem Maße zu berücksichtigen, wie er zum Zeitpunkt der Errichtung der Stiftung in der Satzung festgehalten worden ist.[781] Die objektive Auslegung dient dabei primär der Orientierung der Organe der

775 Vgl. statt vieler, *Herzog* in Staudinger-BGB, § 2325, Rn. 167 ff. m.w.N.

776 Dazu unten S. 227.

777 Statt vieler *Hüttemann/Rawert* in Staudinger-BGB, § 81, Rn. 12 m.w.N.

778 Allgemein zur Auslegung nicht-empfangsbedürftiger Willenserklärungen *Busche* in MüKo-BGB, § 133, Rn. 11; zur Stiftungserrichtung *Hüttemann/Rawert* in Staudinger-BGB, § 81, Rn. 12 m.w.N.

779 Zum Streitstand ausführlich *Dylla*, Weisungsfunktion, S. 78 ff. m.w.N.

780 Statt vieler *Hüttemann/Rawert* in Staudinger-BGB, § 85, Rn. 7 m.w.N.; und *Weitemeyer* in MüKo-BGB, § 85, Rn. 19 m.w.N.

781 *Hüttemann/Rawert* in Staudinger-BGB, § 81, Rn. 13.

Stiftung[782] sowie der Aufsicht und Beurteilung der Arbeit der Stiftungsorgane durch die Begünstigten der Stiftung.

Für die Frage nach der Vermögensübertragung auf die Stiftung und einer möglichen Beherrschung der Stiftung spielt die Auslegung der Satzung eine kaum zu überschätzende Rolle. Selbst wenn der Stifter keinen direkten Einfluss mehr auf die Stiftung nehmen kann, verbleibt – je nach Ausgestaltung des Zwecks – bei der Auslegung seines Willens doch ein sehr weiter Spielraum. Die Aufgabe der Auslegung des Willens kommt dabei in erster Linie den handelnden Stiftungsorganen zu. Gerade in den Fällen, in denen der Stifter alleiniger Stiftungsvorstand der Stiftung ist, muss er im Nachhinein seinen Willen zum Zeitpunkt der Stiftungserrichtung regelmäßig neu auslegen. Es erscheint dabei jedoch realitätsfremd, davon auszugehen, dass der Stifter als Vorstand keine später hinzugetretenen Beweggründe in die Beurteilung seines Willens einfließen lässt. Indem die Aufsicht über Privatstiftungen in einigen Bundesländern limitiert ist[783] und die möglichen Ansprüche von Destinatären auf bestimmte Konstellationen begrenzt sind,[784] wird die Auslegung des Stifterwillens durch den Vorstand einer Privatstiftung ohnehin nur selten überprüft werden. Soweit eine verobjektivierte Auslegung der Satzung abgelehnt wird, könnte der aktuelle Stifterwillen die Verwendung des Stiftungsvermögens frei bestimmen.

Allerdings kommt der Auslegung, trotz der grundsätzlich kaum vorhandenen Aufsicht, ausnahmsweise bei der behördlichen Überprüfung der Voraussetzungen des § 87 Abs. 1 BGB sowie bei Rechtsstreitigkeiten mit Dritten auch im Außenverhältnis eine Bedeutung zu. Nicht selten wird dabei die Situation auftreten, dass die Auslegung der Organe und diejenige Dritter – auch bei einem verobjektivierten Maßstab – jeweils zu einem anderen Ergebnis gelangen. Eine möglichst genaue Orientierung der Auslegung am in der Stiftungsurkunde festgehaltenen Willen des Stifters wäre daher dringend erforderlich. Fraglich ist in diesem Zusammenhang, ob der Stifter durch eine Satzungsregelung eine verbindliche Instanz für die Bestimmung des Stifterwillens festlegen kann – bei einer Familienstiftung etwa einen Familienrat. Dieser könnte dann jeweils die Entscheidungen der Stiftungsorgane überprüfen und eine verbindliche Auslegung des Stifterwillens festlegen.

Im Anschluss an die Rechtsprechung des Reichsgerichts[785] wird in der Literatur vertreten, dass der Stifter unter Ausschluss des Rechtsweges ein

782 *Hüttemann/Rawert* in Staudinger-BGB, § 81, Rn. 13.

783 Dazu unten S. 252 ff. zur Aufsicht über privatnützige Stiftungen.

784 Dazu unten S. 261 f. zu den Ansprüchen der Destinatäre.

785 RG, Urt. v. 18.11.1920 – VI 357/20, RGZ 100, 230, 234.

Stiftungsorgan oder die Aufsichtsbehörde zu einer verbindlichen Auslegung berechtigen kann.[786] Für diese Möglichkeit wird angeführt, dass Stifter so ihren Willen besser absichern und konkretere Zwecke festlegen könnten und nicht auf Allzweckstiftungen verwiesen werden müssten.[787] Gegen diese Ansicht wird jedoch zu Recht angeführt, dass bei einer Interpretationshoheit eines Organs oder Dritter die Stiftungsaufsicht entmachtet würde.[788] Denn indem der Stiftungsvorstand als Interpretationsorgan seinen eigenen Kontrollmaßstab schaffen könnte, wäre weder die Stiftungsaufsicht in der Lage, ihn effektiv zu überprüfen, noch könnten die Stiftung oder Gläubiger der Stiftung, insbesondere Destinatäre, sinnvoll Ansprüche gegen ihn geltend machen.[789] Würde umgekehrt die Aufsichtsbehörde zur Auslegungsinstanz bestimmt, verlöre die Stiftung ihre Rechtsschutzmöglichkeiten gegenüber der Behörde, da deren Auslegung stets die „richtige wäre".[790]

Im Ergebnis kann der Stifter in der Satzung kein Interpretationsmonopol für einen Dritten schaffen. Sein Wille sollte sich daher möglichst umfangreich aus den Stiftungsdokumenten erschließen lassen. Auch wenn der Stifter dem Stiftungsvorstand – und damit gegebenenfalls sich selbst, wenn er alleiniger Stiftungsvorstand ist – nicht die Interpretationshoheit einräumen kann, verbleibt dem Vorstand trotzdem bei vielen Entscheidungen ein Ermessensspielraum bei der Auslegung des Stifterwillens. Die Möglichkeiten des Stifters zur Beherrschung der Stiftung als alleiniger Stiftungsvorstand sind letztlich nur gering eingeschränkt, können aber die oben aufgeführten Rechtsfolgen nach sich ziehen.[791]

d. Rechtsfehlerhafte Stiftungserrichtung und Widerruf

Nach den dargelegten Gestaltungsmöglichkeiten, mit denen Wege der Einflussnahme auf die Stiftung festgeschrieben werden können, stellt sich die Frage, wie fehlgeschlagene Gestaltungen, etwa bei einem unzulässigen Stiftungszweck, behandelt werden. Trotz der Überprüfung der Stiftung durch die Stiftungsbehörde im Rahmen der Anerkennungsentscheidung kann eine mit Fehlern

---

786 *Ellenberger* in Grüneberg, § 85, Rn. 2; *Wiese* in Erman-BGB, § 85, Rn. 9; mit Einschränkungen *Neuhoff* in Soergel-BGB, § 85, Rn. 6.

787 *Neuhoff* in Soergel-BGB, § 85, Rn. 6.

788 *Burgard*, Gestaltungsfreiheit, S. 201 f.; v. *Hippel*, Grundprobleme, S. 455.

789 *Hüttemann/Rawert* in Staudinger-BGB, § 85, Rn. 8; *Weitemeyer* in MüKo-BGB, § 85, Rn. 18.

790 *Hüttemann/Rawert* in Staudinger-BGB, § 85, Rn. 8; *Weitemeyer* in MüKo-BGB, § 85, Rn. 18.

791 Oben S. 186 ff.

behaftete Stiftung aufgrund einer Nachlässigkeit der Stiftungsbehörde oder Verdeckung des eigentlichen Zwecks errichtet worden sein.[792] Zudem wird an dieser Stelle auch der Widerruf der Stiftung kurz dargestellt, um ihn mit dem Widerruf einer liechtensteinischen Stiftung vergleichen zu können.

aa. Allgemeine Fehler

Sowohl das Stiftungsgeschäft als Rechtsgeschäft als auch die zugrundeliegende Willenserklärung unterliegen den allgemeinen Vorschriften. Das Stiftungsgeschäft kann daher nach den §§ 134, 138 BGB oder auch nach § 125 BGB nichtig sein.[793] Ebenso ist die Erklärung des Stifters nach den §§ 119 ff. BGB anfechtbar.[794] Wie bereits zu der Anwendung des § 117 BGB dargelegt, sind jedoch grundsätzlich nur solche Vorschriften anwendbar, die auch für nicht-empfangsbedürftige Willenserklärungen sowie einseitige Rechtsgeschäfte gelten.

bb. Widerruf

Da es sich bei der Stiftungserklärung um eine nicht empfangsbedürftige Willenserklärung handelt, kann sie nicht nach § 130 Abs. 1 S. 2 BGB widerrufen werden. Allerdings sieht § 81 Abs. 2 BGB ein gesondertes Widerrufsrecht für die Stiftungserklärung vor. Das Stiftungsgeschäft kann danach durch den Stifter so lange widerrufen werden, bis die Stiftung als rechtsfähig anerkannt wurde. Bei dem Stiftungsgeschäft unter Lebenden muss dabei zwischen einem Widerruf vor und einem Widerruf nach Antragsstellung bei der Behörde unterschieden werden. Soll die Errichtung bereits vor Antragstellung widerrufen werden, genügt, ebenso wie für die ursprüngliche Abgabe der Stiftungserklärung, eine nicht-empfangsbedürftige Willenserklärung.[795] Ist hingegen schon ein Antrag auf Anerkennung der Stiftung bei der Behörde gestellt, ist der Widerruf nach § 81 Abs. 2 S. 2 BGB amtsempfangsbedürftig.[796]

---

792 Vgl. zur Entstehung einer mängelbehafteten Stiftung *Hüttemann/Rawert* in Staudinger-BGB, § 80, Rn. 6 m.w.N.

793 *Hüttemann/Rawert* in Staudinger-BGB, § 81, Rn. 10.

794 Die Anfechtung kann jedoch erst dann geltend gemacht werden, wenn die Stiftung anerkannt wurde, da sie bis zu diesem Zeitpunkt frei widerrufen werden könnte *Hüttemann/Rawert* in Staudinger-BGB, § 81, S. 10, zu den zeitlichen Grenzen siehe auch unten S. 197 f. zur Heilung.

795 *Weitemeyer* in MüKo-BGB, § 81, Rn. 53; ausführlich auch *Muscheler* in ZStV 2017, 172, 175.

796 *Weitemeyer* in MüKo-BGB, § 81, Rn. 55 f.; *Muscheler* in ZStV 2017, 172, 175.

Der Widerruf der Stiftungserrichtungserklärung muss sowohl von dem Widerruf oder der Rücknahme des Antrags auf Anerkennung bei der Behörde[797] als auch von dem in Liechtenstein und Österreich möglichen Widerruf einer bereits errichteten Stiftung[798] abgegrenzt werden. Seine Rechtswirkung beschränkt sich lediglich darauf, dass das Entstehen der Stiftung verhindert wird, und führt nicht zu der Auflösung einer bereits bestehenden juristischen Person.

cc. Anfechtung

Während die Anfechtung des Stiftungsgeschäfts grundsätzlich möglich ist, kann der Stifter seine Willenserklärung erst nach der Anerkennung der Stiftung anfechten. Dies ergibt sich daraus, dass er bis zur Anerkennung das ganze Stiftungsgeschäft nach § 81 Abs. 2 S. 2 BGB widerrufen kann.[799] Auch inhaltlich ist die Anfechtung beschränkt. Betrachtet man die zwei Akte des Stiftungsgeschäfts, so kann nur der vermögensrechtliche, nicht aber der organisationsrechtliche Teil angefochten werden, da die Stiftung sich als Rechtsperson verselbstständigt hat und der Stifter organisationsrechtlich keinen Einfluss nehmen kann.[800] Der Stifter ist dadurch jedoch nur geringfügig beeinträchtigt, da ihn allein die finanziellen Verpflichtungen aus dem vermögensrechtlichen Teil des Stiftungsgeschäfts mit Pflichten belegen.[801]

dd. Folgen der fehlerhaften Errichtung

Obgleich die Aufsichtsbehörde das Vorliegen der Stiftungsvoraussetzungen überprüft, kann es vorkommen, dass eine Stiftung anerkannt wird, deren Stiftungsgeschäft fehlerhaft gewesen ist. Dies muss nicht zwangsläufig aus Fehlern der Behörde resultieren, sondern kann sich beispielsweise auch aus einer Anfechtung oder einer unerkannten Geschäftsunfähigkeit des Stifters ergeben. Ist das Stiftungsgeschäft nichtig und die Stiftung trotzdem durch die Aufsichtsbehörde anerkannt worden, entsteht sie nach der herrschenden Ansicht in der

---

797 Dazu *Weitemeyer* in MüKo-BGB, § 81, Rn. 56.
798 Dazu im Detail unten S. 333.
799 *Hüttemann/Rawert* in Staudinger-BGB, § 81, Rn. 10.
800 *Hüttemann/Rawert* in Staudinger-BGB, § 81, Rn. 10.
801 Außerdem wird die Stiftung – soweit nicht anderweitige Vermögensquellen bestehen – bei der Anfechtung des vermögensrechtlichen Teils ohnehin wegen fehlenden Vermögens aufzulösen sein *Hüttemann/Rawert* in Staudinger-BGB, § 81, Rn. 10.

Literatur trotz der Nichtigkeit.[802] Während das Reichsgericht ein Entstehen der Rechtspersönlichkeit abgelehnt hatte,[803] finden sich in der Literatur zudem auch vermittelnde Ansichten, nach denen das Entstehen von der Schwere des Fehlers abhängen soll.[804]

Wie auch bei dem Stiftungsgeschäft selbst muss bei der Betrachtung der Rechtsfolgen von Fehlern zwischen dem organisatorischen und dem vermögensrechtlichen Teil des Geschäfts sowie der Anerkennungsentscheidung differenziert werden. Nach *Hüttemann* und *Rawert* führen Mängel des Stiftungsgeschäfts regelmäßig nicht zu einer Nichtigkeit des Anerkennungsverwaltungsakts im Sinne von § 44 VwVfG oder dem jeweiligen Landesrecht.[805] Auf organisationsrechtlicher Ebene ist damit durch die Anerkennung ein Rechtsträger geschaffen worden. Ob dieser Rechtsträger wieder aufzulösen ist, muss dann nach § 87 BGB beurteilt werden. Im Gegensatz zum organisationsrechtlichen Teil entfaltet der vermögensrechtliche Teil aufgrund der Pflicht zur Vermögensübertragung nach § 82 S. 1 BGB weiterhin Wirkung gegenüber dem Stifter. Soweit der vermögensrechtliche Teil ebenfalls nichtig ist, kann sich der Stifter entsprechend auf die Nichtigkeit berufen und die Vermögensausstattung verweigern.[806] Hat er sein Vermögen schon übertragen, so kann er dieses nach den Vorschriften des Bereicherungsrechts zurückverlangen.[807] Indem der Stifter bei einem nichtigen Stiftungsgeschäft auf diese Weise der Stiftung ihre finanzielle Grundlage entziehen kann, führt eine Nichtigkeit im Ergebnis in vielen Fällen mangels weiteren Vermögens zu einer Auflösung der Stiftung aufgrund eines nicht zur Erfüllung des Stiftungszwecks ausreichenden Vermögens im Sinne von § 87 Abs. 1 BGB.[808]

---

802 *Hof* in v. Campenhausen/Richter, § 6, Rn. 264; *Hüttemann/Rawert* in Staudinger-BGB, § 80, Rn. 6; *Stumpf* in Richter-StiftR, § 4, Rn. 150 f.; *Weitemeyer* in MüKo-BGB, § 81, Rn. 2.

803 RG, Urt. v. 9.9.1942 - VIII 67/42, RGZ 170, 22, 24.

804 *Stumpf* in S/S/S/P, B. § 80, Rn. 36. Die Differenzierung nach der Schwere der Fehler kann zwar in einigen Sachverhalten Sinn ergeben und bei offensichtlich rechtswidrigen Stiftungen bestünde auch kein Schutzbedürfnis des Rechtsverkehrs, da dieser die Rechtswidrigkeit erkennen könnte. Allerdings ist bei derart gravierenden Defiziten auch eine Anerkennung der Stiftung unwahrscheinlich.

805 *Hüttemann/Rawert* in Staudinger-BGB, § 80, Rn. 6.

806 *Weitemeyer* in MüKo-BGB, § 81, Rn. 2.

807 *Hüttemann/Rawert* in Staudinger-BGB, § 81, Rn. 10.

808 Vgl. *Hüttemann/Rawert* in Staudinger-BGB, § 81, Rn. 10; *Weitemeyer* in MüKo-BGB, § 81, Rn. 2.

Indem die Stiftung durch die Anerkennung ohne Rücksicht auf die Fehler des Rechtsgeschäfts eine Rechtspersönlichkeit erhält, besteht sie jedenfalls so lange, bis sie nach § 87 Abs. 1 BGB aufgehoben wird. In dieser Zeit kann sie zum Ziel von Ansprüchen werden, wodurch der Schutz des Rechtsverkehrs ausreichend gewahrt wird; eine teleologische Reduktion der Nichtigkeitsfolgen wie nach den Grundsätzen der „fehlerhaften Gesellschaft“ ist nicht erforderlich.[809]

Die entscheidende Konsequenz aus dieser Behandlung einer rechtsfehlerhaften Stiftungserrichtung ist, dass der Stifter einen bereicherungsrechtlichen Anspruch gegen die Stiftung hat.[810] Soweit die Stiftung jedoch Teile ihres Vermögens verloren hat, ist dieser Anspruch des Stifters im Liquidationsfahren nur ein Anspruch von mehreren, der durch die Stiftung beglichen werden muss. Dadurch, dass dem Stifter der bereicherungsrechtliche Anspruch zusteht, kann er das (verbliebene) Vermögen jedoch unabhängig davon erhalten, ob er als Anfallberechtigter der Stiftung eingetragen ist oder nicht.

ee. Heilung der fehlerhaften Errichtung

Bevor der Antrag auf Anerkennung bei der Behörde gestellt wird, können Fehler bei der Stiftungserrichtung durch eine nicht-empfangsbedürftige Änderungserklärung geheilt werden. In dem Zeitraum zwischen Antragstellung und Anerkennung ist eine Heilung durch eine amtsempfangsbedürftige Willenserklärung möglich. Dies lässt sich jeweils daraus ableiten, dass der Stifter bis zur Anerkennung auf die jeweilige Weise auch die ganze Stiftung widerrufen könnte. Aus dem gleichen Grund kann der Stifter seine Willenserklärung auch erst nach der Anerkennung der Stiftung anfechten.[811] Ist die Stiftung trotz der Mängel des Stiftungsgeschäfts anerkannt worden, werden die Mängel nicht automatisch durch die Anerkennung geheilt.[812] Stattdessen obliegt es der Stiftungsbehörde zu überprüfen, ob die Voraussetzungen einer Auflösung oder Zweckänderung nach § 87 Abs. 1 BGB erfüllt sind.

---

809 *Hüttemann/Rawert* in Staudinger-BGB, § 81, Rn. 10; *Stumpf* in S/S/S/P, B. § 80, Rn. 79; a.A. *Jakob*, Schutz der Stiftung, S. 137.

810 *Weitemeyer* in MüKo-BGB, § 81, Rn. 9.

811 *Hüttemann/Rawert* in Staudinger-BGB, § 81, Rn. 10.

812 BVerwG, Urt. v. 26.4.1968 – VII C 103.66, BVerfGE 29, 314, juris Rn. 41; BGH, Urt. v. 9.2.1978 – III ZR 59/76, BGHZ 70 70, 313, juris Rn. 36; *Hüttemann/Rawert* in Staudinger-BGB, § 80, Rn. 6; *Roth* in BeckOGK, § 80 BGB, Rn. 304 f.; *Stumpf* in S/S/S/P, B. § 80, Rn. 36; *Weitemeyer* in MüKo-BGB, § 80, Rn. 111.

Sollten sich die Fehler des Rechtsgeschäfts insbesondere auf den vermögensrechtlichen Teil beziehen und mangelt es der Stiftung daher an Vermögen zur Erfüllung des Zwecks, kann sie durch die (nachträgliche) Zuführung einer ausreichenden Vermögensmasse vor einer Zwangsauflösung gerettet werden. Fehler bei dem organisationsrechtlichen Akt lassen sich aufgrund der Verselbstständigung der Stiftung im Nachhinein nur schwerlich beheben. Allerdings dürfte es aufgrund der Überprüfung des Stiftungsgeschäfts im Rahmen des Anerkennungsverfahrens ohnehin nur wenige rechtliche Fehler bei dem organisationsrechtlichen Akt geben. Ein Bedarf für eine Korrektur besteht überdies nur dann, wenn die Stiftung nicht bereits durch einen Vermögensentzug des Stifters ihrer für die Erfüllung des Stiftungszwecks erforderlichen Mittel beraubt wird und aus diesem Grund aufgelöst werden muss. Letztlich könnte sich die Korrektur aber durch die Berücksichtigung des Willens des Stifters bei einer Zweckänderung nach § 87 Abs. 2 BGB realisieren. Ein vergleichbares Vorgehen wird gemäß § 83 S. 2 BGB bei der Ergänzung einer unvollständigen Stiftungssatzung im Zuge einer Errichtung von Todes wegen angewandt.

2. *Vermögenszuwendungen nach der Errichtung, insbesondere Zustiftung*

Komplementär zur Vermögensausstattung der Stiftung stellen sich parallele Rechtsfragen zu den Auswirkungen des Einflusses auch in Bezug auf nachträgliche Zuwendungen. Da die nachträglichen Zuwendungen nicht notwendigerweise bei der Stiftungserrichtung in der Vermögensplanung vorgesehen waren, sind die Probleme insoweit intensiviert, als die nachträgliche Zuwendung – je nach der landesrechtlichen Aufsichtsdichte – bei privatnützigen Stiftungen gänzlich an der Stiftungsbehörde vorbei erfolgen kann.[813]

a. *Rechtsnatur und Voraussetzungen*[814]

Sobald die Stiftung errichtet wurde, kann ihr vom Stifter oder von Dritten Kapital nur noch im Wege zweiseitiger Rechtsgeschäfte oder per Testament zugewendet werden. Dabei sind Zuwendungen zum Grundstockvermögen der Stiftung, sogenannte Zustiftungen, von zum Verbrauch bestimmten Zuwendungen, bei gemeinnützigen Stiftungen regelmäßig als Spenden bezeichnet, zu trennen.[815]

813 Zu der landesrechtlichen Aufsicht noch ausführlich S. 248 ff.

814 *Flues*, Zustiftung, S. 18 ff. ausführlich zur Rechtsnatur der Zustiftung.

815 Vgl. *Jakob/Uhl* in BeckOGK, § 80 BGB, Rn. 200 m.w.N.; bei Privatstiftungen ist eine Zuwendung i.S.e. Spende eher unwahrscheinlich, da eine direkte Schenkung an den

Eine Zustiftung liegt nur dann vor, wenn die Vermögensübertragung nicht schon im Stiftungsgeschäft versprochen wurde, da diese Zuwendungen noch zur anfänglichen Stiftungsausstattung zählen.[816] Ob die nachträgliche Zuwendung zum Grundvermögen vom einstigen Stifter oder einer anderen Person getätigt wird, macht keinen Unterschied, weswegen in Deutschland die Bezeichnung Zustiftung sowohl für Zuwendungen des Stifters als auch Dritter verwendet werden kann. Insbesondere, soweit ein Dritter eine Zuwendung tätigt, muss die Zustiftung jedoch von einer potenziell gewünschten Errichtung einer unselbstständigen Stiftung abgegrenzt werden.[817]

Grundsätzlich könnten viele der bei der ursprünglichen Vermögensausstattung gestellten Fragen auch bei nachträglichen Zuwendungen aufgeworfen werden. Ein elementarer Unterschied zwischen der ursprünglichen Ausstattung und der nachträglichen Zuwendung ist jedoch, dass es sich bei der Vermögensausstattung der Stiftung mangels Vertragspartner des Stifters um ein einseitiges Rechtsgeschäft handelt. Bei der Zustiftung existiert hingegen ein Rechtsträger, mit dem ein Vertrag über die Zuwendung geschlossen werden kann. Aufgrund des unentgeltlichen Charakters der Zustiftung wird sie daher regelmäßig als Schenkung im Sinne des § 516 BGB[818] oder als Schenkung unter Auflage nach § 525 BGB[819] klassifiziert. Für die Zustiftung müssen deswegen die bereits im Rahmen der Stiftungserrichtung angesprochenen Voraussetzungen einer Schenkung vorliegen. Der Zuwendende muss daher sein Vermögen unentgeltlich aufgeben und der Zuwendungsempfänger eine nicht zwangsläufig deckungsgleiche und nicht bloß formelle Vermögensmehrung erhalten.[820] Ob es sich um eine reine Schenkung oder eine Schenkung unter Auflage handelt, hängt im Wesentlichen von der rechtlichen Qualität des Regelfalls einer nachträglichen Zuwendung ab – falls es einen solchen gibt. Im Hinblick auf den Einfluss des Stifters auf die Stiftung kommt dieser Abgrenzung insoweit eine Bedeutung zu, als dass sich über Auflagen bei Vermögenszuwendungen an die Stiftung ebenfalls ein langfristiger Einfluss erreichen lässt.

Destinatär regelmäßig steuerlich günstiger sein dürfte als die doppelte Steuerlast bei einer Zuwendung an eine Privatstiftung sowie diejenige, bei der Zuwendung an die Destinatäre.

816 *Weitemeyer* in MüKo-BGB, § 80, Rn. 252.

817 *Jakob/Uhl* in BeckOGK, § 80 BGB, Rn. 202; *Weitemeyer* in MüKo-BGB, § 80, Rn. 255; ausführlich auch *Flues*, Zustiftung, S. 52 ff.

818 *Jakob*, Schutz der Stiftung, S. 164.

819 *Weitemeyer* in MüKo-BGB, § 81, Rn. 42 f. m.w.N.

820 Dazu bereits oben S. 157 ff.

Jakob geht davon aus, dass jede Zuwendung grundsätzlich dem Vermögensstamm der Stiftung zufließen soll. Dann wäre wohl die Spende als Schenkung mit einer Verwendungsauflage zu bewerten, während die Zustiftung eine reine Schenkung darstellen würde.[821] Alternativ könnte jede nachträgliche Zuwendung einer Auflage bedürfen, die sich entweder in der Verwendung der Mittel oder in der Zugliederung zum Vermögensstamm erschöpft.[822] Keine Auflage ist jedenfalls die Verwendung der Mittel zur Zweckverwirklichung, da diese der Stiftung inhärent ist.[823] Dem Zustifter steht es jedoch frei, jegliche Auflagen mit der Stiftung zu vereinbaren und die Zuwendung beispielsweise an bestimmte Aspekte der Zweckverwirklichung zu binden und so Einfluss auf die Stiftung zu nehmen.

Da der Zustifter grundsätzlich in der Vereinbarung von Auflagen, die letztlich vor allem bedeuten, dass ihm ein klagbares Recht zusteht, frei ist, stellt sich jedoch die Frage, warum regelmäßig von einer Auflage ausgegangen wird. Entsprechend schlägt *Flues* vor, die Frage nach der konkreten Art der Schenkung und dem Vorliegen einer Auflage durch die Ermittlung des Parteiwillens im Einzelfall zu bestimmen.[824] Ob die Zustiftung oder die Spende den rechtlichen Standardfall einer nachträglichen Vermögenszuwendung darstellt, kann damit dahinstehen. Für die Durchführung der Auslegung lassen sich einige Anhaltspunkte finden.[825] Letztlich scheint es jedoch überzeugend davon auszugehen, dass grundsätzlich keine Auflage vereinbart wurde und die Stiftung in der Wahl der Verwendung, insbesondere der Zuführung zum Stammvermögen oder direkter Verwendung, frei ist. Denn wenn dem Zuwendenden ein einklagbares Recht wichtig gewesen wäre, hätte er eine Auflage vereinbart.[826]

Insgesamt muss die Zustiftung – wie auch die Vermögensausstattung – vor allem zu einer dauerhaften unentgeltlichen Bereicherung der Stiftung und einer dauerhaften Entreicherung des Stifters führen. Für den Inhalt der Voraussetzungen – vornehmlich die zeitlichen Anforderungen an die

---

821 *Jakob*, Schutz der Stiftung, S. 163 f.

822 *Hüttemann/Rawert* in Staudinger-BGB, Vor §§ 80–88, Rn. 368; *Weitemeyer* in MüKo-BGB, § 81, Rn. 42 f.; *Rawert* in DNotZ 2008, 5, 7.

823 Vgl. zu der Argumentation bereits oben S. 156 ff. Der Zweck der Stiftung entfaltet keine Wirkung in den Zuwendungsverhältnissen, sondern ergibt sich aus der Satzung, sodass er keine Auflage im schenkungsrechtlichen Sinne darstellt.

824 *Flues*, Zustiftung, S. 32 f.

825 Hohe Beträge könnten z.B. auf Zustiftungen und niedrige Beträge auf Spenden hindeuten.

826 Zum Ganzen ausführlich *Flues*, Zustiftung, S. 31 f.

Vermögenszuwendung – kann auf die Ausführungen zur Vermögensausstattung verwiesen werden. Die Bereicherung ist daher auch hier auf die Dauer der Existenz der Stiftung zu beschränken. Ebenso verhält es sich mit der Dauerhaftigkeit der Entreicherung, wenngleich bei Zustiftungen das Problem eines absehbaren Endes der Stiftung noch deutlicher auftreten kann, als bei der Vermögensausstattung, bei der regelmäßig eine gewisse Mindestdauer der Stiftung zu erwarten ist. Im Gegensatz zur Vermögensausstattung sind Zustiftungen nicht existenziell für die Möglichkeit der Zweckerfüllung der Stiftung, wodurch sich die Rechtsfolgen, gerade für die Stiftung, unterscheiden.[827]

b. Anwendbare Vorschriften und Auswirkung fehlender Voraussetzungen

Auch bei den anwendbaren Vorschriften lässt sich die Struktur mit derjenigen der auf die Vermögensausstattung anwendbaren Normen vergleichen. Soweit von einer Entgeltlichkeit der Zuwendung ausgegangen wird, ist das Schenkungsrecht nicht anwendbar.[828] Geht man jedoch von einer Unentgeltlichkeit aus, liegt regelmäßig eine Schenkung vor, auf die das gesamte Schenkungsrecht Anwendung findet. Ebenso ist der Pflichtteilsergänzungsanspruch nach § 2325 BGB direkt anwendbar sowie die Anfechtung nach §§ 133, 134 InsO und §§ 3, 4 AnfG. Außerdem können die nachträglichen Zuwendungen im Rahmen des Zugewinnausgleichs nach § 1375 Abs. 2 Nr. 1 BGB dem Vermögen eines Ehegatten hinzugerechnet werden.[829]

Ein anderes Ergebnis lässt sich nur erreichen, wenn man mit *Muscheler* in der Zustiftung eine Stifterwerdung des Zustifters sieht und entsprechend die §§ 80 ff. BGB anwendet.[830] Wie im Vergleich zum liechtensteinischen Recht,

---

827 Zumindest wenn der Definitionsansatz vertreten wird, nach welchem Zustiftungen, die Teil der ursprünglichen Vermögensplanung sind, nicht zu den eigentlichen Zustiftungen zählen, weswegen diese anderen Voraussetzungen unterliegen. Zu den Unterschieden sogleich.

828 Zu dieser kaum vertretenen Ansicht *Hinz*, Haftung der Stiftung für Verbindlichkeiten des Stifters, S. 89 ff.; *Neuhoff* in ZSt 2004, 90, 90 f.; beschränkt auf Stiftungen mit dem Zweck der Unterhaltsgewährung an unterhaltsberechtigte Angehörige des Stifters auch M. Fischer, Die Unentgeltlichkeit im Zivilrecht, 2002, 198.

829 § 1375 BGB führt zwar nur zu einer Hinzurechnung des verschenkten oder gestifteten Vermögens zum Endvermögen, wenn der Ehegatte aber nicht über ausreichende Mittel verfügt, um seine Verbindlichkeiten gegenüber dem anderen Ehegatten zu erfüllen, kann letzterer nach § 1390 BGB Ausgleichsansprüche gegen (beschenkte) Dritte geltend machen.

830 *Muscheler* in WM 2008, 1669, 1669 ff.

welches dem Stifter grundsätzlich eine stärkere Stellung einräumt, zu zeigen ist, gibt es aus der Perspektive des Zustifters nur eine geringe Motivation, im Nachhinein zum (Mit-)Stifter werden zu wollen. Aus einer nachträglichen Stifterwerdung erwachsen dem Zustifter ohnehin keine nennenswerten Rechte, die sich nicht auch durch eine Zuwendungsgestaltung erreichen ließen.[831] Zudem würde sich auch in Deutschland das Problem stellen, dass sich eigentlich auf die Lebzeiten des Stifters begrenzte Rechte auf ewig konservieren ließen[832] und das Verhältnis zwischen den Rechten der ursprünglichen und nachträglichen Stifter ungeklärt wäre.[833] Die Ansicht *Muschelers* ist damit abzulehnen.[834] Dies bedeutet jedoch nicht, dass durch einen Zustifter, der nicht auch der ursprüngliche Stifter ist, nicht die gleichen Probleme im Hinblick auf die Einflussnahme auf die Stiftung entstehen könnten. Denn auch ein Zustifter kann Destinatär oder Stiftungsorgan sein, wodurch eine mit der Vermögensausstattung durch den Stifter vergleichbare Interessenlage entsteht.

Ist eine der Voraussetzungen der Schenkung nicht erfüllt, so kommt es auch hier auf die individuelle Fallgestaltung an. Wurde etwa eine unbeschränkte Schenkung vereinbart, aber im Verfügungsgeschäft nicht das Geschuldete übertragen, so stünde der Stiftung weiterhin ein Anspruch gegen den Zustifter zu. Anders wäre die Situation zu bewerten, wenn die Zustiftungsvereinbarung dem Zustifter so viele Rechte zugesteht, dass es möglicherweise an einer Bereicherung der Stiftung oder einer Entreicherung des Zustifters fehlt. Im Gegensatz zur Vermögensausstattung hindert dies jedoch nicht die Anerkennung im Rahmen der Errichtung, sondern führt lediglich dazu, dass zu dem Zeitpunkt keine Schenkung vorliegt. Im Rahmen ihrer Privatautonomie sind die Parteien schließlich grundsätzlich frei, verschiedenste Abreden zu treffen, solange diese nicht

831 Zum Beispiel das Zustimmungsrecht des Stifters zur Änderung der Stiftungssatzung nach § 6 BaWüStiftG ließe sich auch durch eine entsprechende Rückübertragungsauflage realisieren.

832 Wie beispielsweise das Zustimmungsrecht aus § 6 BaWüStiftG.

833 Wenn beispielsweise der ursprüngliche Stifter zehn Millionen EUR gestiftet hat und der Zustifter mit einem Betrag von 10.000 EUR zum Mitstifter wird, könnte er gegebenenfalls durch die Verweigerung seiner Zustimmung wichtige Maßnahmen verhindern. Zwar kann die Frage gestellt werden, ob dann nicht stiftungsrechtliche Treuepflichten zwischen den Stiftern entstünden, dadurch nähert sich die Stiftung aber weiter an die von ihren Gesellschaftern abhängige Kapitalgesellschaft an und entfernt sich von der eigenständigen Vermögensmasse.

834 Ausführlich dazu mit einer näher an der These *Muschelers* und nicht allein an ihren Auswirkungen orientierten Argumentation *Flues*, Zustiftung, S. 18 ff.

sitten- oder rechtswidrig sind.[835] Insofern ist eine „Zuwendung" an eine Stiftung auch möglich, wenn die Stiftung dadurch nicht bereichert wird. Ein entsprechendes Rechtsgeschäft lässt sich keiner pauschalen Einordnung unterwerfen. Regelmäßig dürften derartige Geschäfte in der Nähe eines Treuhandvertrages, also einer Geschäftsbesorgung nach § 675 BGB, oder eines Verwahrvertrages nach § 688 BGB anzusiedeln sein.

Wenngleich die zivilrechtliche Bewertung beim Fehlen einer Voraussetzung somit vergleichsweise unproblematisch ist und das Eigentum an den zugestifteten Vermögensgegenständen auf die Stiftung übertragen werden kann, hat eine eingeschränkte Vermögensaufgabe auch in diesem Zusammenhang gravierende Folgen: Denn führt die Zuwendung zu einem Leistungserfolg, fehlt es aber im Hinblick auf den Gläubigerschutz an der Entreicherung des Zustifters, so wird die Übertragung des Vermögens im Anwendungsbereich weiterer Vorschriften – wie bereits im Rahmen der Vermögensausstattung zur Entreicherung dargelegt – erst dann angenommen, wenn der (Zu-)Stifter materiell entreichert ist. Dies hat zur Folge, dass die Fristen des Pflichtteilsergänzungsanspruchs (§ 2325 BGB), der Anfechtung (§§ 133, 134 InsO und §§ 3, 4 AnfG) sowie der Berechnung des Zugewinnausgleichs (§ 1375 Abs. 2 BGB) erst mit dem Vorliegen der materiellen Entreicherung beginnen.[836]

II. Liechtenstein

In Liechtenstein setzt die Errichtung einer Privatstiftung keinen staatlichen Mitwirkungsakt voraus.[837] Die Stiftung entsteht allein durch die Stiftungserklärung.[838] Wie bei der Auseinandersetzung mit dem deutschen Recht wird an

835 Auch wenn es sich um grundsätzlich rechts- oder sittenwidrige Geschäfte handelt, ist die Nichtigkeitsfolge dann zu reduzieren, wenn andere Vorschriften wie etwa § 133 InsO eine Sperrwirkung entfalten.

836 Siehe dazu bereits oben S. 190 f. Vgl. zum Schenkungsrecht außerdem OLG Düsseldorf, Urt. v. 11.4.2008 – I-7 U 70/07, ZEV 2008, 525, juris Rn. 14.

837 Im Gegensatz dazu erlangen gemeinnützige Stiftungen in Liechtenstein ihre Rechtsfähigkeit erst, wenn sie ins Öffentlichkeitsregister eingetragen werden, *Jakob*, Liechtensteinische Stiftung, Rn. 144. Die Finanzmarktaufsicht in Liechtenstein hatte bei der Reform zwar angeregt, dass die Hinterlegung zum konstitutiven Merkmal der Stiftung werden solle. Aber die Regierung hielt aufgrund der Sanktionen bei Nicht-Durchführung der Hinterlegung – dazu S. 205 – eine Gefahr für rechtswidriges Handeln für vernachlässigungswürdig, weswegen Stiftungen auch weiter ohne staatlichen Mitwirkungsakt errichtet werden können, BuA Nr. 13/2008, S. 76 f.

838 BuA Nr. 13/2008, S. 76 f.; *Jakob* in Liechtensteinische Stiftung, Rn. 154.

dieser Stelle nur auf das private Stiftungsgeschäft und spätere Vermögenszuwendungen eingegangen und staatliche Kontrollakte werden erst im Nachhinein behandelt.[839] Bei der Betrachtung ist zu berücksichtigen, dass der Stiftungsakt und seine rechtliche Einordnung nicht nur eine Schnittstelle von Stiftungsrecht und Schenkungsrecht, sondern zugleich ein Aufeinandertreffen der liechtensteinischen Fortentwicklung des schweizerisch geprägten alten Stiftungsrechts und des österreichisch geprägten ABGB darstellt.[840]

1. Rechtlicher Akt der Stiftungserrichtung

In Anlehnung an das österreichische Recht wird die Stiftungserrichtung in Liechtenstein nach herrschender Meinung – ebenso wie in Deutschland – in einen organisationsrechtlichen und einen vermögensrechtlichen Akt aufgespalten.[841] Sowohl der organisationsrechtliche als auch der vermögenswidmende Teil werden als nicht empfangsbedürftige Willenserklärungen betrachtet.[842]

a. Der organisationsrechtliche Akt

Die Notwendigkeit des organisationsrechtlichen Teils ergibt sich direkt aus dem Gesetz, konkret aus Art. 552 § 14 Abs. 1 S. 1 PGR, nach dem die Stiftung durch die Stiftungserklärung errichtet wird. Diese bedarf nach S. 2 der Schriftform sowie einer Beglaubigung der Unterschrift des Stifters und muss in der Form der Stiftungsurkunde gemäß Art. 552 § 16 PGR wiederum die wesentlichen Organisationsentscheidungen beinhalten.[843] Dazu gehören primär der Willen

---

839 Siehe dazu S. 249 f.

840 *Bösch*, Liechtensteinisches StiftR, S. 16 ff.; *Jakob*, Liechtensteinische Stiftung, Rn. 2.

841 *Heiss* in Liechtensteinisches Stiftungsrecht, Art. 552 § 14, Rn. 7 mit dem Hinweis auf Österreich; *Wanger*, Liechtensteinisches Stiftungsrecht, S. 54 f. geteilt wird diese Ansicht i.E. aber mit Bedenken von *Bösch*, der die Zweiaktigkeit hingegen aus der deutschen Literatur entnehmen will, *Bösch*, Liechtensteinisches StiftR, S. 186 f.

842 Wie auch im deutschen Recht wird in Liechtenstein von einer einseitigen nicht empfangsbedürftigen Willenserklärung gesprochen OGH, Urt. v. 7.3.2003 – 1 Cg 145/99-74, LES 2003, 100, 104; *Heiss* in Liechtensteinisches Stiftungsrecht, Art. 552 § 14, Rn. 6 f. Aufgrund der Parallelität der beiden Rechtsordnungen in Bezug auf ihre Rechtsgeschäftslehre ist jedoch auch in Liechtenstein die Verwendung der Termini „einseitiges Rechtsgeschäft" und „nicht empfangsbedürftige Willenserklärung" vorzugswürdig.

843 Der Stifter kann zwar einige Organisationsentscheidungen außerhalb der Stiftungsurkunde in Beistatuten regeln, allerdings bedürfen sie damit insgesamt einer Regelung im Rahmen der Stiftungserrichtung, wodurch sich i.E. keine abweichende Beurteilung des organisationsrechtlichen Aspekts der Stiftungserrichtung ergibt. Zur Regelung der

des Stifters zu Stiftungserrichtung (Art. 552 § 16 Nr. 1 PGR), der Zweck der Stiftung inklusive der Bestimmung der Begünstigten (Nr. 4), die Bestellung des Stiftungsrats (Nr. 7) sowie eine Bestimmung über die Verwendung des Vermögens im Falle der Auflösung (Nr. 8).[844] Die in der Urkunde festgehaltene Erklärung genügt, um die Stiftung zu errichten.[845] Allerdings muss die Errichtung der Stiftung gemäß Art. 552 § 20 Abs. 1 PGR innerhalb von 30 Tagen durch Hinterlegung einer Gründungsanzeige beim Amt für Justiz gemeldet werden. Unterlässt der Stiftungsrat der frisch errichteten Stiftung die Hinterlegung, kann er nach Art. 3 Abs. 3 StVR i.V.m. § 66c Abs. 1 Nr. 2 SchlT PGR mit einer Ordnungsbuße von bis zu CHF 10.000 bestraft werden.[846]

b. Der vermögensrechtliche Akt

Neben den organisationsrechtlichen Angaben muss die Stiftungsurkunde nach Art. 552 § 16 Nr. 3 PGR außerdem eine Vermögenswidmung enthalten, die betragsmäßig jedenfalls dem gesetzlichen Mindestkapital in Höhe von CHF/EUR/USD 30.000 entspricht.

Da die Stiftung zum Zeitpunkt der Vermögenswidmung noch nicht besteht, sondern erst durch die Urkunde entsteht, handelt es sich bei der Errichtung zwangsläufig um ein einseitiges Rechtsgeschäft. Daher kann die Vermögenswidmung auch keine Schenkung nach § 938 ABGB darstellen,[847] sondern wird auch in Liechtenstein stattdessen als Rechtsgeschäft *sui generis* betrachtet.[848]

Wie bereits dargelegt, fehlt es in Liechtenstein an einer zwingenden Relation zwischen der Erfüllung des Stiftungszwecks und dem Stiftungsvermögen.[849] Die

---

Stiftungserklärung in der Stiftungsurkunde *Lorenz* in Liechtensteinisches Stiftungsrecht, Art. 552 § 16, Rn. 4 ff.

844 Außerdem müssen organisatorische Entscheidungen über den Namen (Nr. 2), Errichtungsdatum (Nr. 5), Dauer der Stiftung (Nr. 6) getroffen werden und der Name des Stifters oder seines Stellvertreters festgehalten werden (Nr. 9). Zudem müssen nach Abs. 2 bestimmte weitere Regelungen in der Urkunde festgehalten werden, wenn der Stifter sich entscheidet, diese optionalen Regelungen zu treffen. Die Vermögensausstattung nach Nr. 3 muss ebenfalls in der Urkunde festgehalten werden, dazu sogleich.

845 BuA Nr. 13/2008, S. 76 f.; *Jakob* in Liechtensteinische Stiftung, Rn. 154.

846 Bei Falschangaben droht eine Strafe von bis zu 50.000 CHF, S. 211.

847 Vgl. zur Zweiseitigkeit der Schenkung zur wortgleichen österreichischen Regelung: *Parpapatits* in Kodek/Schwimann-öABGB, § 938, Rn. 1.

848 Zum alten Recht bereits OGH, Urt. v. 7.3.2003 – 1 Cg 145/99-74, LES 2003, 100, 104; *Jakob*, Liechtensteinische Stiftung, Rn. 132.

849 Siehe dazu bereits oben S. 129.

Stiftung kann sowohl errichtet werden als auch weiter existieren, wenn ihr Vermögen nicht dazu genügt, den Zweck effektiv zu verfolgen, soweit sie über das gesetzliche Mindestkapital verfügen kann und nicht überschuldet ist. Daraus ergibt sich auch bei der Stiftungsausstattung ein entscheidender Unterschied zum deutschen Recht. Wie im Folgenden gezeigt wird, differieren die Anforderung an die Aufbringung des Mindestkapitals und andere Zuwendungen an die Stiftung in einem weitaus größeren Umfang als in Deutschland. In diesem Unterabschnitt wird zugunsten der Vergleichbarkeit daher nur auf die Mindestkapitalausstattung eingegangen. In der Praxis wird bei der Vermögensausstattung ohnehin regelmäßig nur das Mindestkapital aufgebracht und weitere Vermögensausstattungen finden im Nachhinein statt, sodass diese Aufteilung der Realität entspricht.[850]

aa. Bereicherung

Notwendiger Bestandteil der Mindestkapitalaufbringung ist – ebenso wie in Deutschland – eine Bereicherung der Stiftung. Denn der Zweck eines Mindestkapitals, für potenzielle Gläubiger eine Mindestkapitalausstattung sicherzustellen und den Rechtsverkehr zu schützen, erfordert zwingend eine Vermögensmehrung der Stiftung bei einer bilanziellen Betrachtung.[851]

Zusätzlich muss die Stiftung gemäß Art. 552 § 20 Abs. 2 Nr. 11 PGR zum Zeitpunkt der Hinterlegung der Gründungsanzeige frei über das Mindestkapital der Stiftung verfügen können. In Liechtenstein sind die über die bilanzielle Vermögensmehrung hinausgehende materielle Bereicherung der Stiftung und eine damit verbundene Entreicherung des Stifters damit schon im Gesetz angelegt. Wie in Deutschland schadet es bei der Zuwendung grundsätzlich nicht, wenn sich der Stifter Rechte an den Vermögensgegenständen vorbehalten hat, soweit die Zuwendung insgesamt noch eine ausreichende Vermögensmehrung darstellt.[852] Schädlich ist es jedoch, wenn die Stiftung auf andere Art und Weise in ihrer Verfügung eingeschränkt ist und daher nicht frei über das

850 *Lorenz* in Liechtensteinisches Stiftungsrecht, Art. 552 § 13, Rn. 2; *Schneider/Gstöhl-Wachter* in UVR 2022, 89, 92.

851 Allgemein zum Zweck eines Mindestkapitals für Stiftungen in Bezug auf Österreich *Arnold* in Arnold-PSG, § 4, Rn. 14; in Liechtenstein scheint vor allem der Fiskus als Gläubiger an dem Mindestkapital interessiert gewesen zu sein: zum alten Recht *Bösch*, Liechtensteinisches StiftR, S. 189.

852 Vgl. zum österreichischen Recht *Parpapatits* in Kodek/Schwimann-öABGB, § 938, Rn. 8.

Vermögen verfügen kann.[853] Dies zeigt der Gesetzgeber insbesondere dadurch, dass er eine diesbezügliche Falschangabe unter Strafe von bis zu CHF 50.000 gestellt hat, Art. 3 Abs. 3 StVR i.V.m. § 66c Abs. 3 SchlT PGR.[854] Dennoch führt ein Fehlen der Bereicherung nicht automatisch zu einer Auflösung nach Art. 552 § 21 Abs. 3 PGR.[855] Es liegt aber nahe, dass eine Stiftung, die nicht über ihr Vermögen verfügen kann, auch ihren Zweck nicht erfüllen kann und – da eine Änderung aussichtslos wäre – nach Art. 552 § 39 Abs. 2 oder Abs. 4 aufgelöst werden muss. Die Voraussetzung der freien Verfügbarkeit des Stiftungsvermögens lässt somit darauf schließen, dass es auch in Liechtenstein auf eine nicht bloß formelle Bereicherung der Stiftung ankommt.

Dies lässt sich durch einen Vergleich des früheren liechtensteinischen Stiftungsrechts mit dem schweizerischen Recht bestätigen. Nach der damaligen Regelung war es nach der wortgleichen schweizerischen Vorschrift notwendig, dass unter Aufgabe des Vermögens des Stifters ein neuer Rechtsträger entstehe.[856] Die Schwerpunktsetzung bei der Entstehung der neuen juristischen Person zeigt, dass eine nicht bloß formelle Bereicherung der Stiftung zwingend erforderlich sein muss, da sonst diese Person nicht handlungsfähig werden kann. Die Gesetzesmaterialien sehen kein Abweichen von diesem Grundsatz vor, sondern stehen ganz im Lichte von „Rechtssicherheit und Vertrauen in das liechtensteinische Stiftungsrecht".[857]

Dabei könnte sich – wie in Deutschland – die Frage stellen, ob die Bereicherung auf Seiten der Stiftung auch dauerhaft sein muss. Die Tatsache, dass eine Stiftung auf Zeit möglich ist, sowie die Möglichkeit zum Widerruf der Stiftung führen auch in Liechtenstein nicht automatisch zu dem Schluss, dass die Vermögensausstattung nicht dauerhaft sein müsse. Denn die Funktion des Mindestkapitals gebietet es, dass die Ausstattung zwingend so lange vorliegt, wie die Stiftung existiert, da das Mindestkapital sonst nicht dem Gläubigerschutz dienen

853 So auch *Gasser* in Gasser/StiftR, Art. 552 § 13, Rn. 4 ff.

854 Dazu *Gasser* in Gasser/StiftR, Art. 552 § 20, Rn. 8.

855 Eine Auflösung nach Art. 552 § 39 Abs. 1 Nr. 1 PGR aufgrund der Eröffnung des Konkurses über das Vermögen der Stiftung ist in diesen Fällen unwahrscheinlich, da die formelle Übertragung der Vermögenswerte trotzdem zu einer Erhöhung der Aktiva führt und damit eine Überschuldung nicht allein aufgrund der mittelbaren Verfügungsmöglichkeiten des Stifters eintreten dürfte.

856 *Bösch*, Liechtensteinisches StiftR, S. 197 f. m.w.N.

857 BuA Nr. 13/2008, S. 80.

könnte. Wie auch in Deutschland kann sich die Dauer der Bereicherung damit letztlich nur auf die Dauer der Stiftung erstrecken.[858]

Im Ergebnis erfordert die Mindestkapitalausstattung in Liechtenstein auch nach der Totalrevision des Stiftungsrechts eine nicht bloß formelle Vermögensmehrung über die Dauer der Existenz der Stiftung.

bb. Entreicherung

Spiegelbildlich zur Bereicherung könnte auch in Liechtenstein eine Vermögensentäußerung des Stifters bei der Mindestkapitalausstattung erforderlich sein. Die zwingende Notwendigkeit einer formellen Entreicherung ergibt sich dabei als Kehrseite aus der Bereicherung. Denn der Stifter muss das Mindestkapital i.H.v. CHF/EUR/USD 30.000 unmittelbar im Anschluss an die Errichtung erbringen (im Umkehrschluss zu Art. 552 § 13 Abs. 3 PGR).

Die Frage, ob auch eine materielle Entreicherung erforderlich ist, könnte in Liechtenstein dadurch beantwortet sein, dass dem Stifter nach Art. 552 § 30 Abs. 1 PGR die Möglichkeit zusteht, den Zweck der Stiftung zu ändern[859] und er auf diesem Wege weiterhin über das Vermögen „verfügen" kann. Zwar liegt es trotz potenzieller Änderungen an den Stiftungsorganen, den Zweck zu verfolgen. Ob ihnen dann aber eine echte Entscheidungsmöglichkeit zusteht, oder ob sie sich ständig im Schatten eines „Damoklesschwerts" befinden, ist jedoch fraglich. Bei der Erbringung des Mindestkapitals hat das Änderungsrecht des Stifters allerdings keine großen Auswirkungen, denn innerhalb der ersten 30 Tage, also bis zur Hinterlegung der Gründungsanzeige der Stiftung, wird die Tätigkeit der Stiftung meist gering sein und eine Zweckänderung scheint wenig wahrscheinlich. Die Frage wird jedoch im Rahmen der nachträglichen Zuwendungen zu entscheiden sein.[860]

Da die Entreicherung nur als Kehrseite der zwingenden Bereicherung in Höhe des Mindestkapitals erforderlich ist, muss außerdem überprüft werden, ob diese Vermögensaufgabe spiegelbildlich zur Bereicherung dauerhaft sein muss. Dies ist jedoch unklar, weil das liechtensteinische Recht dem Stifter in Art. 552 § 30 Abs. 1 PGR erlaubt, die Stiftung zu widerrufen.

---

858 I.E. auch zum alten Recht *Bösch*, Liechtensteinisches StiftR, S. 198; zudem lässt sich die deutsche Argumentation zur Dauer der Bereicherung auch auf Liechtenstein übertragen, siehe dazu S. 168 f.

859 Dazu ausführlich unten S. 333 ff.

860 Dazu unten S. 227 f., dort wird auch der Fall behandelt, in dem das Ausstattungsvermögen das Mindestkapital überschreitet.

Ein Vergleich mit dem deutschen Recht, in dem eine – jedenfalls in Bezug auf die Dauer der Stiftung bezogene – Dauerhaftigkeit der Vermögensaufgabe aufgrund der dauerhaften und nachhaltigen Erfüllung des Stiftungszwecks zwingend erforderlich ist, zeigt, dass diese Begründung in Liechtenstein aufgrund einer fehlenden entsprechenden Voraussetzung sowie der fehlenden Mittel-Zweck-Relation nicht übertragbar ist. In Liechtenstein könnte daher im Gegensatz zu Deutschland weder eine dauerhafte noch eine endgültige Vermögensaufgabe erforderlich sein. Inhaltlich bedeutet dies jedoch in keinem Fall, dass die Intensität der Vermögensaufgabe bis zu dem Widerruf geringer sein darf.

Die Notwendigkeit einer dauerhaften Vermögensaufgabe ergibt sich grundsätzlich aus dem Zweck des Mindestkapitals: Da das Mindestvermögen die Funktionsfähigkeit der Stiftung und eine Mindesthaftmasse für ihre Gläubiger sichern soll, muss es über die gesamte Dauer der Stiftung zur Verfügung der Stiftungsorgane stehen und darf nicht auf anderem Wege zurückgefordert werden. Könnte der Stifter das Vermögen zurückfordern, widerspräche dies grundsätzlich dem Zweck des Mindestkapitals. Allerdings muss das Mindestkapital nach der Errichtung der Stiftung nicht mehr zwangsläufig aus den gleichen CHF 30.000 bestehen, die der Stifter ursprünglich zur Verfügung gestellt hat. Insofern wäre es vorstellbar, dass der Stifter das Mindestkapital unter der Bedingung zurückfordern kann, dass andere Vermögenswerte der Stiftung das Mindestkapital absichern. Faktisch dürfte sich dies im Einzelfall aber nur schwer nachprüfen lassen und die Gefahr einer missbräuchlichen Rückübertragung des Mindestkapitals könnte bestehen, wenn eine solche grundsätzlich zulässig wäre.[861] Daher ist eine nur vorübergehende Vermögensaufgabe abzulehnen und zumindest das Mindestkapital muss dauerhaft aufgegeben und übertragen werden.

Fraglich ist zuletzt, ob die Vermögensaufgabe auch endgültig sein muss.[862] Im Gegensatz zur Dauerhaftigkeit gebietet der Zweck des Mindestkapitals keine endgültige Entreicherung des Stifters, denn der Stiftung genügt es, dass ihr das Kapital so lange zusteht, wie sie existiert. Dass der Stifter das Mindestkapital nach ihrer Auflösung zurückerhalten könnte, steht daher nicht im Widerspruch zum Telos des Mindestkapitals. Im Gegensatz zum deutschen Recht bedarf es keiner Diskussion um die Frage, ob der Stifter Anfallberechtigter oder

861 In der Praxis dürfte auch kaum ein Bedürfnis nach der Rückübertragung des Mindestkapitals bestehen, da einem Mindestkapital mit einem Wert von CHF 30.000 regelmäßig nur eine untergeordnete Bedeutung zukommen dürfte, wenn ganze Familienunternehmen auf die Stiftung übertragen werden.

862 Dazu bereits oben S. 168 f.

Letztbegünstigter der Stiftung sein kann. Denn gemäß Art. 552 § 8 Abs. 3 PGR sieht bereits der Gesetzestext vor, dass der Stifter jedenfalls dann Letztbegünstigter der Stiftung sein kann, wenn er sich den Widerruf der Stiftung nach Art. 552 § 30 Abs. 1 PGR vorbehalten und keinen anderen Letztbegünstigten in der Stiftungssatzung vorgesehen hat. Zwar könnte diese gesetzlich geregelte Vermutung zu der Annahme verleiten, dass außerhalb eines Widerrufsrechts eine Letztbegünstigung des Stifters nicht möglich ist. Da die Stellung als Letztbegünstigter dem Stifter jedoch nur Informationsrechte nach Art. 552 § 9 Abs. 3 PGR gewährt und keine darüberhinausgehende Beeinflussung ermöglicht, ist nicht ersichtlich, warum eine Letztbegünstigung nur im Falle des Widerrufs zulässig sein sollte. Indem der Stifter Letztbegünstigter der Stiftung sein kann, muss die Vermögensaufgabe zwar dauerhaft, aber nicht endgültig sein.

Auch die Angst vor einer Haftungsexklave des Stifters führt nicht zu einer anderen Bewertung der Endgültigkeit: Abgesehen davon, dass das Widerrufsrecht in gewissem Maße pfändbar ist,[863] führt ein Widerruf der Stiftung gerade dazu, dass der Stifter, soweit er Letztbegünstigter der Stiftung ist, das Vermögen zurückerhält. Die gleiche Rechtsfolge gilt, wenn die Stiftung aus einem anderen Grund aufgelöst wird und der Stifter als Letztbegünstigter in der Satzung bestimmt ist. In diesem Fall wird damit gerade die potenzielle Haftungsexklave zugunsten des Stifters aufgelöst und dem Rechtsverkehr entsteht keine Gefahr.[864] Im Ergebnis muss daher die Vermögensaufgabe nicht endgültig sein.

Letztlich führt die Funktion des Mindestkapitals dazu, dass auch in Liechtenstein grundsätzlich eine dauerhafte Vermögensaufgabe erforderlich ist. Wie in Deutschland ist die Dauer aber auf die Existenz der Stiftung begrenzt,

---

863 Dazu unten S. 354 ff.

864 Wenn der Stifter nicht Letztbegünstigter der Stiftung ist, so fließt das Vermögen an den in der Satzung Bezeichneten oder an das Fürstentum (Art. 552 § 8 PGR) und der Effekt tritt nicht ein. War der Stifter aber nicht Letztbegünstigter, stellt sich gleichzeitig die Frage nach der Endgültigkeit nicht mehr. Die Gläubiger des Stifters stehen bei der Ausübung eines Widerrufsrechts nach Art. 552 § 30 Abs. 1 PGR zwar gegebenenfalls schlechter da, als wenn dem Gläubiger ein Rückübertragungsanspruch (aufgrund einer Insolvenzanfechtung) zustände, da der Widerrufsanspruch auf das verbleibende Vermögen der Stiftung nach der Liquidation gerichtet ist. Der Rückübertragungsanspruch wäre hingegen als Teil der Liquidationsmasse mit dem gleichen Rang wie die Ansprüche anderer Gläubiger zu begleichen, dazu sogleich. Da allerdings die Fristen für eine Anfechtung unentgeltlicher Geschäfte nach der h.M. bei einem vorbehaltenen Widerrufsrecht nicht beginnen, sind die Gläubiger zusätzlich geschützt, dazu unten S. 239 ff.

wobei der Stifter in Liechtenstein jedoch zusätzlich das Ende der Stiftung selbst herbeiführen kann.

c. *Auf die Vermögensausstattung anwendbare Vorschriften und Auswirkungen fehlender Voraussetzungen*

aa. Organisationsrechtlicher Akt

Die Voraussetzungen des organisationsrechtlichen Akts müssen insoweit erfüllt sein, als von dem Vorliegen einer Stiftungserklärung nach Art. 552 § 14 PGR gesprochen werden kann. Nur wenn dies der Fall ist, wird überhaupt eine Stiftung errichtet. Die Stiftungserklärung muss in der Form der Stiftungsurkunde wiederum die in Art. 552 § 16 PGR vorgesehenen Informationen enthalten. Diese Angaben werden dann bei der Hinterlegung der Gründungsanzeige nach Art. 552 § 20 PGR überprüft. Da sie vor der Hinterlegung gemäß Art. 552 § 20 Abs. 1 S. 3 PGR von einer fachkundigen Person kontrolliert werden, dürften zu dem Zeitpunkt der Hinterlegung der Anzeige keine Voraussetzungen mehr fehlen. Sind die hinterlegten Angaben inhaltlich fehlerhaft, so kann der Hinterlegende nach § 66c Abs. 3 SchlT PGR bei Vorsatz mit einer Buße von bis zu CHF 50.000 und bei Fahrlässigkeit von bis zu CHF 20.000 belegt werden.

(1) Allgemeine Fehler – insbesondere Willensmängel

Die Stiftungserrichtung kann als nicht empfangsbedürftige Willenserklärung Willensmängeln des erklärenden Stifters unterliegen. Liegt ein Mangel vor, kann der Stifter die Erklärung nach den allgemeinen Vorschriften der §§ 869 ff., insbesondere des § 870 Abs. 1 ABGB[865] und der §§ 871, 873 ABGB,[866] anfechten. Allerdings finden die Anfechtungsvorschriften nach ihrem Wortlaut grundsätzlich nur auf Willenserklärungen innerhalb zweiseitiger Rechtsgeschäfte Anwendung. § 876 ABGB erklärt sie jedoch auch dann für anwendbar, wenn es sich um sonstige empfangsbedürftige Willenserklärungen handelt, also auch solche, die einseitige Rechtsgeschäfte begründen.[867] Wenngleich es sich bei der Stiftungserklärung um eine nicht empfangsbedürftige Willenserklärung handelt, die lediglich ein einseitiges Rechtsgeschäft begründet, soll § 876 ABGB anwendbar

865 Anfechtung wegen List, ähnlich der arglistigen Täuschung im deutschen Recht, oder Furcht, ähnlich der Drohung im deutschen Recht, jeweils § 123 Abs. 1 BGB.

866 Anfechtung aufgrund eines Inhaltsirrtums, ähnlich der Regelung des § 119 Abs. 1 BGB.

867 *Bollenberger* in Koziol-öABGB, § 876, Rn. 1; *Riedler* in Kodek/Schwimann-öABGB, § 876, Rn. 1.

sein, da es sich jedenfalls um eine einseitige Erklärung handele.[868] Auf die Regelung des Art. 552 § 38 Abs. 2 PGR, nach welcher der Stifter und seine Erben die Stiftung wegen Willensmängeln gleich den allgemeinen Vorschriften auch nach der Eintragung anfechten können, käme es dann nicht mehr an. Dies deckt sich jedoch mit der Auffassung, dass Art. 552 § 38 Abs. 2 PGR deklaratorischer Natur ist.[869]

Die Rechtsfolge einer Nichtigkeit des Stiftungsgeschäfts aufgrund einer Anfechtung der Stiftung unterliegt jedoch ohnehin aus Gründen des Verkehrsschutzes den Grundsätzen der fehlerhaften Stiftung. Die Nichtigkeitsfolge ist aufgrund dieses schutzwürdigen Vertrauens Dritter teleologisch zu reduzieren, sodass die Stiftung nur *ex-tunc* aufgelöst werden kann.[870]

(2) Rechtsfolgen eines rechtswidrigen Stiftungszwecks

In Liechtenstein sieht Art. 107 Abs. 5 PGR grundsätzlich vor, dass Stiftungen, die zu unsittlichen oder widerrechtlichen Zwecken errichtet werden, von Gesetzes wegen das Recht der Persönlichkeit nicht erlangen können.[871] Allerdings hat der liechtensteinische Gesetzgeber bei der Stiftungsrechtsreform mit Art. 552 § 21 Abs. 3 PGR eine von Art. 107 Abs. 5 PGR abweichende Regelung geschaffen. Gemäß Art. 552 § 21 Abs. 1 PGR ist das Amt für Justiz als Stiftungsaufsichtsbehörde zu einer Prüfung der Gründungsanzeige berechtigt. Wenn es in diesem Rahmen feststellt, „dass die Stiftung einen gesetz- oder sittenwidrigen Zweck verfolgt, ist sie unter Anwendung der allgemeinen Vorschriften über die Verbandspersonen aufzulösen." (Abs. 3 S. 1). Im Gegensatz zu Art. 124 Abs. 1 PGR, der auf den tatsächlichen Gegenstand der Verbandsperson abstellt, bleibt es nach dem Wortlaut des Art. 552 § 21 Abs. 3 PGR zwar grundsätzlich offen, ob die Norm nur auf Stiftungen mit einem rechts- oder sittenwidrigen Zweck oder auch auf solche mit einem rechts- oder sittenwidrigen tatsächlichen Gegenstand anzuwenden ist. Da sie jedenfalls für Stiftungen mit einem rechts- oder sittenwidrigen Zweck gilt, stellt sich die Frage nach dem Verhältnis

---

868 *Gasser* in Gasser/StiftR, § 38, Rn. 38, unter Verweis auf OGH, Urt. v. 1.10.2012 – 03 CG.2011.73.

869 *Heiss* in Liechtensteinisches Stiftungsrecht, Art. 552 § 38, Rn. 45; *Jakob*, Liechtensteinische Stiftung, Rn. 140.

870 *Heiss* in Liechtensteinisches Stiftungsrecht, Art. 552 § 38, Rn. 51; *Motal*, Grundfragen, S. 150 f.; *Schurr* in Abwicklung von Stiftungen, Irrtum des Stifters, S. 42.

871 Dazu bereits oben S. 97.

zu Art. 107 Abs. 5 PGR.[872] Denn ausweislich der Gesetzesbegründung und des Wortlauts des Art. 552 § 21 Abs. 3 S. 2 PGR, der die anfängliche – im Gegensatz zur nachträglichen – Gesetzes- oder Sittenwidrigkeit als Grundfall ansieht, kann davon ausgegangen werden, dass auch Stiftungen mit einem anfänglich rechtswidrigen oder sittenwidrigen Zweck grundsätzlich durch die Stiftungserklärung errichtet werden können.[873] Damit steht Art. 552 § 21 Abs. 3 PGR jedoch im Gegensatz zu Art. 107 Abs. 5 PGR, nach dem die Stiftung mit anfänglich unzulässigem Zweck ohnehin keine Rechtspersönlichkeit erlangt.

Einen Anhaltspunkt kann ein Vergleich mit dem schweizerischen Recht bieten. Dort liegt in Art. 52 ZGB[874] sowie Art. 88 ZGB eine im weiteren Sinne ähnliche Rechtsstruktur vor, die laut *Bösch* als Rezeptionsgrundlage für die liechtensteinische Regelung im ABGB diente und deren Aufarbeitung daher als Ausgangspunkt für die Bearbeitung des liechtensteinischen Rechts ist.[875] Im schweizerischen Recht ist in der Literatur zu Art. 52 Abs. 3 ZGB anerkannt, dass die ursprüngliche Nichtigkeit als Rechtsfolge nicht in allen Fällen eine adäquate Behandlung ermöglicht, sondern schutzzweckorientiert überprüft werden muss, ob nicht Verkehrsschutzinteressen Vorrang genießen.[876] Ein solcher Fall könnte auch bei der Stiftung vorliegen: Sowohl im schweizer Recht, Art. 52 Abs. 2 ZGB, als auch im liechtensteinischen Recht, Art. 552 § 14 Abs. 1 PGR, erlangt die Familienstiftung durch das Errichtungsgeschäft ihre Rechtspersönlichkeit, ohne dass ein staatlicher Mitwirkungsakt erforderlich wäre. Diese fehlende staatliche Überprüfung kann dazu führen, dass die Stiftungsorgane eine vermeintlich wirksame Stiftung nach außen vertreten, obwohl diese nach Art. 107 Abs. 5 PGR nie wirksam entstehen konnte. Da die Rückabwicklung einer fehlerhaften Stiftung

---

872 BuA Nr. 13/2008, S. 94; vgl. *Gasser* in Gasser/StiftR, Art. 552 § 21, Rn. 2; *Schauer* in Liechtensteinisches Stiftungsrecht, Art. 552 § 1, Rn. 12.

873 BuA Nr. 13/2008, S. 94.

874 Art. 52 Abs. 3 ZGB: „Personenverbindungen und Anstalten zu unsittlichen oder widerrechtlichen Zwecken können das Recht der Persönlichkeit nicht erlangen." Der Begriff Anstalten in Abs. 3 bezieht sich dabei auf sämtliche juristische Personen, also auch auf Stiftungen. Zur Klassifikation in der Schweiz *Jakob* in KUKO-ZGB, Vor. Art. 80–89a, Rn. 2; konkret zur Geltung des Art. 52 Abs. 3 ZGB für Stiftungen, *Huguenin/Reitze* in BSK-ZGB, Art. 52 ZGB, Rn. 12; *Jakob* in KUKO-ZGB, Art. 52, Rn. 5.

875 *Bösch*, Liechtensteinisches StiftR, S. 471 f. wenngleich das Stiftungsrecht in Art. 552 PGR eine Reform erfahren hat, können *Böschs* Ausführungen zu den Art. 107, 134 PGR als Rezeption des schweizerischen Art. 52, 88 ZGB weiterhin Gültigkeit beanspruchen.

876 *Huguenin/Reitze* in BSK-ZGB, Art. 52 ZGB, Rn. 16 m.w.N.

ähnlichen Problemen unterliegt wie die Rückabwicklung fehlerhafter Körperschaften, könnte die Nichtigkeit nach einem Invollzugsetzen der Stiftung häufig eine nicht angemessene Rechtsfolge darstellen. Entsprechend wird im schweizerischen Recht ein formelles Bestehen der Stiftung angenommen, welches durch eine gerichtliche Entscheidung im Sinne des Art. 88 Abs. 2 ZGB beendet werden muss.[877]

Vor diesem Hintergrund kann davon ausgegangen werden, dass aufgrund der in Art. 552 § 21 Abs. 3 PGR geregelten Möglichkeit zur Auflösung einer Stiftung mit einem von Anfang an rechtswidrigen Zweck eine solche Stiftung zwar errichtet werden kann, aber *ex-nunc* aufzulösen ist.[878] Ob dieses Ergebnis im Wege einer teleologischen Reduktion des Art. 107 Abs. 5 PGR – vergleichbar mit der teleologischen Reduktion des § 142 BGB in Fällen der fehlerhaften Gesellschaft in Deutschland sowie dem übrigen liechtensteinischen Gesellschaftsrecht[879] – oder durch die Annahme eines *lex posterior* und *lex specialis* Vorrangs des Art. 552 § 21 Abs. 3 PGR[880] erzielt wird, kann dahinstehen. Bei einem rechtswidrigen Stiftungszweck müsste jedoch regelmäßig die Bestimmung der Begünstigten von Anfang an nichtig sein. Dies muss jedenfalls so weit gelten, wie die Satzung auf rechtswidrige Weise eine Begünstigtenstellung oder Ansprüche begründet. Denn ansonsten würde die teleologische Reduktion der Nichtigkeitsfolgen dazu führen, dass der rechtswidrigen Leistung ein Rechtsboden gegeben würde. Während dies grundsätzlich eine normale Folge der teleologischen Reduktion ist, hat der Stifter regelmäßig die Stiftungserrichtung allein in der Hand und dürfte demnach von der Verfolgung rechtswidriger Zwecke wissen. Die Begünstigten erhalten die Zuwendungen schließlich unentgeltlich. Damit wären weder der Stifter noch die Begünstigten im Vertrauen auf die Wirksamkeit der Zuwendungen schutzwürdig.

bb. Vermögensrechtlicher Akt

(1) Anwendbare Vorschriften

Grundsätzlich könnten die Ausführungen zu den Rechtsfolgen und den anwendbaren Vorschriften bezüglich allgemeiner Irrtümer auch auf die Vermögenszuwendung übertragen werden. Allerdings sieht das liechtensteinische Recht nach Art. 552 § 38 Abs. 1 PGR vor, dass Vermögenszuwendungen an die Stiftung als

877 *Grüninger* in BSK-ZGB, Art. 88/89, Rn. 11.

878 *Jakob*, Liechtensteinische Stiftung, Rn. 170, 581; *Motal*, Grundfragen, S. 143 f., 193 f.

879 *Motal*, Grundfragen, S. 145 f.

880 *Motal*, Grundfragen, S. 143 f.

Schenkung zu behandeln sind. Das Gesetz ordnet damit die Anwendung des Schenkungsrechts auf die Vermögensausstattung ausdrücklich an. Da spätere Zuwendungen ohnehin als Schenkungen qualifiziert werden, ist es unerheblich, ob Art. 552 § 38 Abs. 1 PGR nur auf die ursprüngliche Ausstattung anwendbar ist.[881] Aufgrund der Behandlung als Schenkung sind in Bezug auf den vermögensrechtlichen Teil die allgemeinen Anfechtungsvorschriften der §§ 869 ff. ABGB unstreitig anwendbar. Außerdem finden auf die Vermögensausstattung die Vorschriften über das Pflichtteilsrecht, insbesondere §§ 785 i.V.m. 951 ABGB, sowie diejenigen über die Gläubigerbenachteiligung, Art. 65 und 67 RSO, Anwendung.[882] Auch das strukturell vergleichbare österreichische Recht ordnet die Stiftungsausstattung in § 781 Abs. 2 öABGB als unentgeltliche Zuwendung ein, die im Rahmen des Pflichtteilsrechts als Schenkung zu betrachten ist.

Der allgemeine und unbefristete Anfechtungsanspruch wegen vorsätzlicher Benachteiligung der Gläubiger nach Art. 67 Abs. 1 RSO setzt grundsätzlich das Wissen des anderen Teils eines Rechtsgeschäfts um die Gläubigerschädigungsabsicht voraus. Da es sich bei der Stiftungserrichtung um ein einseitiges Rechtsgeschäft handelt und die Stiftung bei der Vornahme des Rechtsgeschäfts durch den Stifter noch nicht existiert, kann sie, genauer ihre Organe, nie um die Absicht wissen. Die Voraussetzung des Wissens um die Schädigungsabsicht dient grundsätzlich dem Ausgleich der Interessen des anderen Teils und der Gläubiger des schädigenden Schuldners. Nur dann, wenn der andere Teil nicht gutgläubig ist, soll es angemessen sein, ihm die Rückabwicklung des Rechtsgeschäfts gegen einen im Zweifel zahlungsunfähigen Vertragspartner aufzuerlegen[883] und die Haftungsmasse für die anderen Gläubiger zu vergrößern. Da die neu errichtete

---

881 Vgl. *Heiss* in Liechtensteinisches Stiftungsrecht, Art. 552 § 38, Rn. 1; für eine Geltung des Art. 552 § 38 Abs. 1 PGR auf sämtliche Zuwendungen *Gasser* in Gasser/StiftR, § 38, Rn. 4.

882 *Heiss* in Liechtensteinisches Stiftungsrecht, Art. 552 § 38, Rn. 40; *Bösch*, Liechtensteinisches StiftR, S. 728 f., dazu unten ausführlich S. 363. Zum alten Recht siehe auch OGH, Beschl. v. 17.7.2003 – 1 CG.2002.262, 104 zur Anwendung des Pflichtteilsrechts.

883 Bei unentgeltlichen Rechtsgeschäften muss der andere Teil zwar das erhaltene Vermögen zurück übertragen, der Schuldner schuldet ihm aufgrund der Unentgeltlichkeit jedoch keine Rückübertragung der Gegenleistung. Der andere Teil steht damit bei unentgeltlichen Geschäften zumeist nicht schlechter als ohne das Rechtsgeschäft. Allerdings könnte ihm auch bei unentgeltlichen Geschäften ein Anspruch gegen den Schuldner zustehen, wenn etwa eine geschenkte Immobilie umfangreich saniert wurde und zurück übertragen werden muss.

Stiftung nie um die Absicht des Stifters wissen kann, könnte Art. 67 RSO daher nie auf die Vermögensausstattung anwendbar sein.

Wenn aber zweiseitige Rechtsgeschäfte anfechtbar sind, bei denen der andere Teil um die Schädigungsabsicht wusste oder hätte wissen müssen, könnte in einem Erst-Recht-Schluss auch die Stiftungserrichtung als einseitiges Rechtsgeschäft anfechtbar sein. Denn bei der Stiftungserrichtung „implantiert" der Stifter die Schädigungsabsicht in die Stiftung. Ohne diesen Erst-Recht-Schluss könnte der Stifter-Schuldner sonst einseitig sein Vermögen durch die Schaffung einer eigenen Rechtspersönlichkeit seinen Gläubigern entziehen. Entsprechend kann der Gläubigerschutz für die Gläubiger des Stifters als vorrangig vor dem Bestandsinteresse der rechtsmissbräuchlich errichteten Stiftung angesehen werden. Alternativ könnte die Stiftungserrichtung ohnehin als Verstoß gegen ein gesetzliches Verbot oder gegen die guten Sitten gemäß § 879 ABGB nichtig sein.[884]

Für eine Anwendbarkeit des Art. 67 RSO auf die Stiftungserrichtung spricht ebenfalls, dass Art. 552 § 38 Abs. 1 PGR Vermögenszuwendungen an die Stiftung „gleich einer Schenkung" für anfechtbar erklärt. Sämtliche Vorschriften zur Anfechtung einer Schenkung, insbesondere Art. 65 RSO und die §§ 785 ff. i.V.m. 951 RSO, regeln grundsätzlich aber die Anfechtbarkeit zweiseitiger unentgeltlicher Rechtsgeschäfte. Wenn diese Vorschriften trotz ihres zweiseitigen Charakters auf die einseitige Vermögenszuwendung bei der Stiftungserrichtung anwendbar sind, ist es nur konsequent, auch den allgemeinen Anfechtungsanspruch auf die Stiftungserrichtung anzuwenden.[885]

Zuletzt kann eine Parallele zu der Regelung des Scheingeschäfts nach § 916 ABGB gezogen werden. Auch die Unwirksamkeit des Scheingeschäfts und Geltung des verdeckten Geschäfts setzt „einen anderen" voraus, dem gegenüber die Scheinerklärung abgegeben wird. Bei einer ähnlichen Interessenlage wird auch dort gefordert, dass die Norm auf Stiftungserrichtungen anzuwenden sei.[886]

---

884 Zur Nichtigkeit nach § 879 ABGB und der möglichen Anwendung der Art. 107 Abs. 5, Art. 124 Abs. 3 und Art. 552 § 21 Abs. 3 PGR, siehe unten S. 306 f.

885 Dieser ist nach herrschender Ansicht, trotz des Wortlauts „Vertrag", auch auf einseitige Rechtsgeschäfte anwendbar, *Riedler* in Kodek/Schwimann-öABGB, § 879, Rn. 1. Zu den weiteren Voraussetzungen und der zeitlichen Fristbestellung, siehe auch S. 225 ff. zu nachträglichen Zuwendungen.

886 Dazu sogleich. Im Ergebnis auch *Bösch*, Liechtensteinisches StiftR, S. 476; OGH, Beschl. v. 7.5.1998 – 4 C 376/96, LES 1998, 332, 337; a.A. OGH, Urt. v. 6.12.2001 – 1 Cg 378/99-50, LJZ 2002, 41, 51; *Gasser* in Gasser/StiftR, § 1, Rn. 5.

Der vermögensrechtliche Teil der Stiftungserrichtung kann – im Gegensatz zum organisationsrechtlichen Teil – mit *ex-tunc* Wirkung angefochten werden. Die Anfechtung der Vermögensausstattung kann in der Folge dann allerdings dazu führen, dass die Stiftung vermögenslos wird und nach Art. 552 § 39 Abs. 1 Nr. 1 oder Abs. 2 Nr. 2 aufzulösen ist.[887]

(2) Fehlender Vermögensübergang

Soweit der vermögensrechtliche Akt betroffen ist, darf es nicht an der freien Verfügung der Stiftung über das Mindestkapital fehlen. Diese Voraussetzung ist als einzige nicht in der Stiftungsurkunde enthaltene Angabe auch bei der Hinterlegung der Gründungsanzeige erforderlich und muss bestätigt werden. Fehlt es an der freien Verfügbarkeit, kann die Stiftung nicht hinterlegt werden. Wird sie unter einer Falschangabe trotzdem hinterlegt, drohen nach § 66c Abs. 3 SchlT PGR Bußen von bis zu CHF 50.000. Da viele liechtensteinische Stiftungen nicht durch den wirtschaftlichen Stifter selbst, sondern durch einen Treuhänder errichtet werden,[888] kann aufgrund dieser Regelung jedoch davon ausgegangen werden, dass die Stiftung regelmäßig jedenfalls über das Mindestkapital frei verfügen können wird.

Sollte die Stiftung im Ausnahmefall nicht über das Vermögen verfügen können,[889] kommt es für die Rechtsfolge auf den Grund der fehlenden Verfügungsmöglichkeit an. Hat der Stifter das Vermögen, entgegen den Angaben in der Gründungsanzeige, der Stiftung noch nicht oder nicht in vollem Umfang zur Verfügung gestellt, kann die Stiftung den Anspruch gegen den Stifter geltend machen und gegebenenfalls auch durchsetzen lassen. Kann der Stifter hingegen noch organisationsrechtlich oder faktisch über das Vermögen verfügen, muss differenziert werden: Soweit die Stiftung eine ausreichende eigene Verfügungsmacht genießt und nur der Stifter seinen Einfluss auf das Vermögen nicht gänzlich aufgegeben hat, ist bei der Fristberechnung der nach den sogleich aufzuzeigenden Maßstäben anwendbaren Gläubigerschutzvorschriften im Sinne der Vermögensopfertheorie davon auszugehen, dass die Frist erst zu dem Zeitpunkt beginnt, an dem der Stifter seinen Einfluss tatsächlich aufgegeben hat.[890]

887 *Jakob*, Liechtensteinische Stiftung, Rn. 140.

888 *Heiss* in Liechtensteinisches Stiftungsrecht, Art. 552 § 14, Rn. 19 ff.; *Jakob*, Liechtensteinische Stiftung, Rn. 179.

889 Dazu mehr bei nachträglichen Zuwendungen, S. 239 ff.

890 Zur Vermögensopfertheorie unten S. 227.

Ist sein Einfluss hingegen derart umfangreich, dass die Stiftung nicht frei verfügen kann, oder führt ein Mandatsvertrag dazu, dass der Stiftungsrat an den Willen des Stifters gebunden ist, so könnte ein Scheingeschäft nach § 916 ABGB angenommen werden.

Da der Wortlaut des § 916 ABGB eine Willenserklärung voraussetzt, die einem anderen gegenüber abgegeben wurde, kann § 916 ABGB allerdings direkt nur auf nachträgliche Zuwendungen und nicht auf die Vermögensausstattung im Rahmen der Stiftungserrichtung angewandt werden.[891] Aufgrund der insoweit deutlichen[892] Rechtsprechung in Liechtenstein ist die analoge Anwendung des § 916 ABGB auf die Stiftungserrichtung wenig Erfolg versprechend.[893]

Trotz des klaren Urteils wird aufgrund der teilweisen Anwendung des § 916 ABGB[894] an dieser Stelle untersucht, ob die für eine Analogie erforderlichen Voraussetzungen vorliegen: Die notwendige Regelungslücke besteht, weil weder die Insolvenzanfechtung nach Art. 67 RSO wegen vorsätzlicher Gläubigerbenachteiligung, welche überdies auch analog angewandt werden müsste,[895] noch die Annahme eines gesetzeswidrigen oder sittenwidrigen Vertrages nach

891 OGH, Urt. v. 6.12.2001 – 1 Cg 378/99-50, LJZ 2002, 41, 51; *Gasser* in Gasser/StiftR, § 38, Rn. 41; *Motal*, Grundfragen, S. 149; *Büch* in ZStV 2010, 176, 177 f.; v. *Cube* in NZG 2010, 17, 18 f.; *Söffing* in LJ 2010, 76, 78. Wenngleich sich die liechtensteinischen Gerichte und einige Autoren mit der Frage des Durchgriffs auf die Stiftung im Zusammenhang mit Scheingeschäften beschäftigt haben, so wurde ein solcher häufig abgelehnt, ohne jedoch auf die Frage einzugehen, ob § 916 ABGB (analog) anwendbar ist, z.B: StGH, Entscheidung v. 16.9.2002 – StGH 2002/17, Rn. 2.5; *Körner/Schwarz* in DStR 2015, 2501, 2501 ff. Das OLG Stuttgart beruft sich überdies in seiner Rechtsprechung bei der Annahme eines Scheingeschäfts bei der Errichtung einer liechtensteinischen Stiftung auf eine (auch zum Urteilszeitpunkt) überholte liechtensteinische Rechtsprechung und setzt sich mit der Frage nach der Anwendbarkeit des § 916 ABGB nicht auseinander. Allerdings lässt sich am OGH – zumindest bis zu dem genannten Urteil des StGH – eine Rechtsprechungslinie nachvollziehen, in der § 916 ABGB im Grundsatz tatsächlich angewandt wird, ohne dass zwischen Stiftungserrichtung und nachträglichen Zuwendungen differenziert wird, OGH, Beschl. v. 8.1.1998 – 2 C 133/95-70, LJZ 1998, 111, 115; OGH, Beschl. v. 7.5.1998 – 4 C 376/96, LES 1998, 332, 337; OGH, Beschl. v. 7.3.2002 – 12 Rs 2001.00330-16, LES 2003, 193, 4.

892 „Die Regelung über Scheingeschäfte ist also auf eine einseitige, nicht empfangsbedürftige Willenserklärung von vorherein und unter keinen Umständen anwendbar." OGH, Urt. v. 6.12.2001 – 1 Cg 378/99-50, LJZ 2002, 41, 51.

893 Wie der OGH auch *Gasser* in Gasser/StiftR, § 1, Rn. 5.

894 *v. Löwe/Pelz* in BB 2005, 1601, 1602.

895 Dazu oben S. 215 f.

§ 879 ABGB zu einer Geltung des verdeckten Geschäfts führen, sondern lediglich zur Anfechtbarkeit oder Nichtigkeit[896] des durchgeführten Rechtsgeschäfts. Gleiches gilt, wenn man zwar die Anwendung des § 916 ABGB ablehnt, jedoch aus dem ernsthaften Mangel des Stifters zur Aufgabe seines Vermögens eine sogenannte Mentalreservation in Bezug auf die Errichtung der Stiftung ableitet und somit eine der *essentialia negotii* fehlt, wodurch die Erklärung nichtig wird.[897]

Im Gegensatz zu dem grundsätzlichen Zurücktreten der Nichtigkeitsfolge im Anwendungsbereich der Art. 107 Abs. 5, Art. 124 und Art. 552 § 21 Abs. 3 PGR ist eine Einschränkung der Nichtigkeitsfolgen im Rahmen des § 916 ABGB nicht erforderlich. Dadurch, dass das gewollte Geschäft gilt, kann eine Rückabwicklung aller Geschäftsbeziehungen vermieden werden, indem die Rechtsbeziehungen der vermeintlichen Stiftungen auf das tatsächliche Geschäft übertragen werden.[898] Dabei wird dem Gläubigerschutz in zusätzlichem Maße Rechnung getragen, indem sich die Gläubiger bei Redlichkeit nicht nur auf das gewollte Geschäft, sondern auch auf das Scheingeschäft berufen und so das für sie günstigere Geschäft wählen können.[899] Eine *ex-tunc* Nichtigkeit der Stiftung und die Geltung des gewollten Geschäfts schützen damit den Rechtsverkehr in besonderem Maße und eine Reduktion der Rechtsfolgen wäre nicht erforderlich.

Eine vergleichbare Interessenlage liegt darin, dass verschleiernde Rechtshandlungen sowohl bei zweiseitigen als auch bei einseitigen Rechtsgeschäften vorgenommen werden können. Der durch § 916 ABGB verwirklichte Schutz des Rechtsverkehrs ist bei der Errichtung genauso notwendig, da die Stiftung „automatisch“ die Vermögensausstattung annimmt. Dies ähnelt im Ergebnis der Fallgruppe einseitiger Rechtsgeschäfte, in welchen ein Dritter in Kenntnis des Scheincharakters auf das einseitige Rechtsgeschäft eingeht.[900] Durch den

---

896 Wie bereits oben angemerkt, gilt dieser auch für einseitige Rechtsgeschäfte, *Riedler* in Kodek/Schwimann-öABGB, § 879, Rn. 1. Außerdem kann, wenn die Stiftung selbst zu missbräuchlichen Zwecken errichtet worden ist, eine Nichtigkeit nach den Art. 107 Abs. 5 PGR vorliegen, die allerdings bei der Stiftung nur zu einer Auflösung *ex-nunc* führt, Art. 124 und Art. 552 § 21 Abs. 3 PGR, dazu S. 212 ff.

897 *Schauer* in Das neue liechtensteinische Stiftungsrecht, Zwischenbilanz, S. 78; dem folgend *Motal*, Grundfragen, S. 149.

898 Dritte könnten dann beispielsweise statt der Stiftung das Treuhandvermögen in Anspruch nehmen.

899 *Binder/Kolmasch* in Kodek/Schwimann-öABGB, § 916 öABGB, Rn. 15.

900 Ebenso *Bösch*, Liechtensteinisches StiftR, S. 476 unter Verweis auf *Binder/Kolmasch*, welche die wortgleiche österreichische Regelung auch auf einseitige Rechtsverhältnisse, insbesondere Auslobungen, anwenden wollen, wenn sie zum Schein im

Automatismus der Gründung wird das dem § 916 ABGB zugrunde liegende kollusive Handeln zwar nicht durch eine Handlung, aber dafür im Ergebnis mitverwirklicht. Dies liegt insbesondere daran, dass es an einem Kontrollmechanismus durch einen Dritten, der auf das einseitige Rechtsgeschäft eingehen müsste und es dabei überprüfen könnte, fehlt. Zudem weist *Bösch* darauf hin, dass der Normzweck, Geschäfte nach ihrer wahren Beschaffenheit zu beurteilen und die Täuschung Dritter zu vermeiden, in den Fällen der Stiftungserrichtung ebenso einschlägig ist.[901]

Für eine vergleichbare Interessenlage spricht außerdem, dass die Insolvenzanfechtung unter anderem den Nachweis der Absicht des Schuldners voraussetzt, Art. 67 Abs. 3 RSO, und auch die Annahme eines gesetzes- oder sittenwidrigen Geschäfts nach § 879 ABGB bürdet dem beeinträchtigten Dritten die Beweislast auf. Demgegenüber lässt sich der Beweis eines Scheingeschäfts durch das tatsächlich durchgeführte verdeckte Geschäft leichter erbringen als eine Schädigungsabsicht. In der Praxis könnte zwar gegen die Analogie insgesamt vorgebracht werden, dass die Gefahr einer Scheinstiftung ohnehin kaum besteht, da bei der Stiftungserrichtung die freie Verfügbarkeit des Stiftungsvermögens überprüft wird. Allerdings bezieht sich diese Überprüfung nur auf das Mindestkapital der Stiftung, Art. 552 § 20 Abs. 2 Nr. 11 PGR.[902] Entsprechend verbliebe ein Anwendungsbereich für die Analogie, wenn das Ausstattungsvermögen das Mindestkapital überschreitet. Da die meisten Stiftungen in Liechtenstein ohnehin nur mit dem Mindestkapital errichtet werden,[903] dürfte es jedoch nur wenige Fälle geben, in welchen § 916 ABGB analog zur Anwendung käme.

Ohne die Analogie könnte die Vermögensausstattung trotzdem wegen eines Verstoßes gegen ein gesetzliches Verbot oder gegen die guten Sitten gemäß § 879 ABGB, welcher nach Art. 5 Abs. 1 PGR anwendbar ist,[904] nichtig sein. Dies liegt insbesondere deswegen nahe, weil der StGH in seiner Rechtsprechung nur bei akuter Missbrauchsabsicht von der Nichtigkeit des Scheingeschäfts ausgeht, ohne dabei auf eine Norm abzustellen.[905] Die hohe Voraussetzung für die Missbrauchsabsicht deutet folglich auf eine Nichtigkeit gemäß § 879 ABGB hin, nach

---

Einverständnis mit einer anderen Person vorgenommen werden, *Binder/Kolmasch* in Kodek/Schwimann-öABGB, § 916 öABGB, Rn. 3.

901 *Bösch*, Liechtensteinisches StiftR, S. 476.

902 Auch dazu siehe bereits ausführlich S. 205 ff.

903 *Lorenz* in Liechtensteinisches Stiftungsrecht, Art. 552 § 13, Rn. 2.

904 *Bösch*, Liechtensteinisches StiftR, S. 469.

905 StGH, Entscheidung v. 16.9.2002 – StGH 2002/17, Rn. 2.6.

welchem bei einer missbräuchlichen Rechtsausübung ein subjektives Element beim Ausübenden erforderlich ist.[906] Im Vergleich zur Analogie hätte dies jedoch den Nachteil, dass das umgangene Geschäft nicht als wirksam zu betrachten ist. Zuletzt käme auch eine Widerrechtlichkeit oder Unsittlichkeit der Stiftung an sich im Sinne der Art. 107 Abs. 5, Art. 124 Abs. 3 und Art. 552 § 21 Abs. 3 PGR in Betracht, wenn sie allein zu missbräuchlichen Zwecken gegründet worden ist. Der dafür erforderliche Nachweis dürfte jedoch regelmäßig umfangreicher als derjenige für die Missbräuchlichkeit der Vermögensübertragung sein.

Die Voraussetzungen für eine analoge Anwendung des § 916 ABGB auf die ursprüngliche Vermögensausstattung lägen damit vor[907] und ihre Anwendung könnte einen Gleichlauf der unstreitig gegebenen Anwendbarkeit des § 916 ABGB auf nachträgliche Zuwendungen[908] und der Vermögensausstattung ermöglichen. Andernfalls könnte der Stifter die Anwendung von § 916 AGBG dadurch vermeiden, dass sämtliche Mittel im Wege der Ausstattung auf die Stiftung übertragen werden.[909]

d. Auslegung des Stifterwillens

Die Stiftungserklärung des Stifters kann grundsätzlich nach der allgemeinen Regelung des § 914 ABGB ausgelegt werden. Dieser gilt zwar dem Wortlaut nach nur für Verträge, kann jedoch ebenso auf die Auslegung einseitiger Rechtsgeschäfte angewandt werden.[910] Da sich das einseitige Rechtsgeschäft durch nur

---

906 *Riedler* in Kodek/Schwimann-öABGB, § 879, Rn. 10.

907 So auch im Ergebnis, aber ohne Begründung sowie direkter Anwendung des § 916 ABGB v. *Löwe/Pelz* in BB 2005, 1601, 1602.

908 Die in der liechtensteinischen Rechtsprechung grundsätzlich für zulässig gehaltene Durchführung von Strohmanngeschäften durch den Einsatz eines Treuhänders wird weder durch die direkte noch die analoge Anwendung des § 916 ABGB beeinträchtigt. Denn hier soll nicht ein Geschäft zwischen Treuhänder und einem Dritten zu einem Geschäft zwischen Treugeber und Drittem gemacht werden, sondern lediglich das Treuhandverhältnis als solches behandelt werden. Zu der Rechtsprechung: „In einem [...] Fall der nicht deklarierten fiduziarischen Treuhandschaft fungiert der Treuhänder als Strohmann des als Treugeber nach außen nicht deklarierten Hintermannes. Nach heute herrschender Literatur und Rechtsprechung sind die fiduziarischen Treuhandgeschäfte deshalb nicht als Scheingeschäfte zu behandeln, sondern auf Grund der Vertragsfreiheit grundsätzlich als zulässig anzusehen." OGH, Urt. v. 6.12.2001 - 1 Cg 378/99-50, LJZ 2002, 41, 51.

909 Dazu auch ausführlich im Hinblick auf nachträgliche Zuwendungen, S. 239 ff.

910 Zur allgemeinen Anwendung des § 914 ABGB auf einseitige Rechtsgeschäfte zur identischen österreichischen Regelung *Binder/Kolmasch* in Kodek/Schwimann-öABGB,

eine Partei auszeichnet, ist auch nur der Wille der einen Partei, also des Stifters, maßgeblich.[911] Wie im deutschen Recht kommt es daher auf den Willen des Stifters zum Zeitpunkt der Errichtung der Stiftung an.[912] Indem es jedoch bei der Stiftung unter Lebenden möglich ist, den Stifter zu seinem Willen zum Zeitpunkt der Errichtung zu befragen,[913] besteht dabei unweigerlich ein Spielraum zugunsten des Stifters, nachträgliche Umstände bei der Beschreibung seines vermeintlich ursprünglichen Willens einfließen zu lassen. Dieser Gefahr – die auch in Deutschland auftritt[914] – wird insoweit begegnet, als die Auslegung zwingend mit der Stiftungsurkunde konform sein muss und außerhalb der Gründungsdokumente liegende Umstände nur dann berücksichtigt werden können, wenn sie in diesen auf irgendeine Art und Weise angedeutet wurden.[915]

Ein möglicher Einfluss des Stifters bei der Auslegung wäre darüber hinaus eingeschränkt, wenn bei der Auslegung des Stiftungsgeschäfts zwischen der Vermögensausstattung und dem organisationsrechtlichen Teil differenziert wird.[916] Der vermögensrechtliche Teil kann dabei als schenkungsähnliches Geschäft gemäß der herrschenden Ansicht nach dem oben beschriebenen Grundsatz ausgelegt werden.[917] Zwar entsteht die nicht eintragungspflichtige Privatstiftung durch den Erklärungsakt, wodurch sich eine Differenzierung zwischen den verschiedenen Stadien der Errichtung erübrigt, allerdings könnte der organisationsrechtliche Aspekt auch in Liechtenstein aufgrund der Verselbstständigung der Stiftung verobjektiviert auszulegen sein. Dabei wird in der österreichischen[918] und liechtensteinischen Literatur[919] vertreten, dass es an einem Anlass zu einer objektivierten Auslegung fehle und daher an dem Grundsatz der willensgeprägten Auslegung festzuhalten sei. Auch der OGH geht grundsätzlich von der Auslegung der Stiftungsdokumente nach dem Willensprinzip aus, schränkt dies

---

§ 914, Rn. 1; zum liechtensteinischen Stiftungsrecht *Hier*, Unternehmensstiftung, S. 50 f.; *Jakob*, Liechtensteinische Stiftung, Rn. 136.

911 *Heiss* in Liechtensteinisches Stiftungsrecht, Art. 552 § 14, Rn. 8 m.w.N.

912 *Jakob*, Liechtensteinische Stiftung, Rn. 137.

913 *Jakob*, Liechtensteinische Stiftung, Rn. 137.

914 Dazu oben S. 191 ff.

915 OGH, Entscheidung v. 6.9.2001 – 6 Cg 195/99-49, LES 2002, 94, 101; *Heiss* in Liechtensteinisches Stiftungsrecht, Art. 552 § 14, Rn. 9 m.w.N.; *Jakob*, Liechtensteinische Stiftung, Rn. 138.

916 *Heiss* in Liechtensteinisches Stiftungsrecht, Art. 552 § 14, Rn. 12 m.w.N.

917 *Heiss* in Liechtensteinisches Stiftungsrecht, Art. 552 § 14, Rn. 12 m.w.N.

918 *Böhler*, Stiftung in Österreich, S. 36 f.

919 *Heiss* in Liechtensteinisches Stiftungsrecht, Art. 552 § 14, Rn. 12.

jedoch insoweit ein, als sich Änderungsrechte nach Art. 552 § 30 Abs. 1 PGR zwingend aus dem Wortlaut der Stiftungsdokumente ergeben müssen und strikt nach diesen interpretiert werden müssen.[920] Der OGH begründete dies in seinem Urteil vorwiegend durch die Beeinträchtigung von Drittrechten und den Destinatären.[921] Diese sind jedoch nicht nur durch die Ausübung von Änderungs- und Widerrufsrechten betroffen, sondern grundsätzlich durch fast jede Handlung der Stiftung durch ihre Organe. Nach dieser Argumentation müsste die objektive Auslegung daher auf alle Stiftungsdokumente ausgedehnt werden. Da der OGH jedoch zugleich von einer willensbezogenen Auslegung ausging, kann diese zur alten Rechtslage ergangene Rechtsprechung, wenngleich in der Sache richtig, nicht auf andere Aspekte der Auslegung ausgedehnt werden.[922] Ohnehin nehmen die Gestaltungsrechte – damals in Art. 559 PGR a.F. geregelt – im Gefüge des Stiftungsrechts eine Sonderstellung ein, weswegen jedenfalls in Bezug auf diese Rechte eine objektive Auslegung erforderlich ist. Als für die Existenz der Stiftung besonders schwerwiegende Rechte bedurften die Gestaltungsrechte, auch nach der alten Rechtslage, der Schriftform und mussten gesondert vorbehalten werden. Im Hinblick auf die grundsätzlich restriktive Auslegung dieser Vorschriften[923] wäre es widersprüchlich gewesen, wenn die Gestaltungsrechte nicht rein nach dem in der Satzung festgehaltenen Inhalt zu beurteilen gewesen wären, sondern durch die willensbezogene Auslegung unscharf hätten bleiben können.

Entscheidend kann für eine verobjektivierte Auslegung des organisationsrechtlichen Akts angeführt werden, dass die Organe der Stiftung bei ihrem Handeln eines nachvollziehbaren und überprüfbaren Maßstabs, an dem ihr Handeln gemessen wird, bedürfen. Wird der Wille des Stifters nicht verobjektiviert nach Maßgabe der Satzung ausgelegt, sondern durch eine nur teilweise überprüfbare Konkretisierung des Stifters, sind die Haftungsrisiken für die Stiftungsorgane kaum überschaubar. Auch bei der Beurteilung von Ansprüchen Dritter, insbesondere der Begünstigten, gebietet der Schutz Dritter und des Rechtsverkehrs

---

920 OGH, Entscheidung v. 6.9.2001 – 6 Cg 195/99-49, LES 2002, 94, 100 f.

921 OGH, Entscheidung v. 6.9.2001 – 6 Cg 195/99-49, LES 2002, 94, 100.

922 Dies lässt sich aus einer späteren Entscheidung des OGH schließen, nach der auch außerhalb der Stiftungsurkunde liegende Umstände berücksichtigt werden können, soweit es dafür einen Anhaltspunkt in der Satzung gibt, OGH, Entscheidung v. 6.3.2008 – 1 CG.2006.71, LES 2008, 279, LS 1a.

923 Dazu S. 333 ff.

eine verobjektivierte Auslegung der Stiftungsdokumente, damit rechtssichere und nachvollziehbare Entscheidungen getroffen werden können.

Ein Bedürfnis nach einer über die Stiftungsdokumente hinausgehenden willensbasierten Auslegung besteht bei der Errichtung einer Stiftung ohnehin nur in eingeschränktem Maße. Wesentliche Aspekte der Ausgestaltung der Stiftung richten sich nach dem Zweck der Stiftung, diesen kann der Stifter fast frei wählen. Damit der Zweck nachhaltig und in seinem Sinne verfolgt werden kann, steht es dem Stifter frei, seine Motivationen zur Errichtung der Stiftung und Verfolgung des Zwecks in den Stiftungsdokumenten etwa in einer Präambel oder einem „*letter of wishes*“[924] festzuhalten. Der Stifter kann auf diese Weise nachhaltig das Ermessen und Handeln des Stiftungsrats leiten, indem er ihm weitere Anhaltspunkte zur Bestimmung des Stifterwillens zur Verfügung stellt.[925] Ein solches Schreiben ermöglicht, auch bei einer verobjektivierten Auslegung der Stiftungsdokumente, eine ausreichende Berücksichtigung seines Willens. Soweit der in den Dokumenten festhaltbare Wille zu organisatorischen Fragen keine zufriedenstellende Auslegung ermöglicht, ist schließlich fraglich, ob eine über die Dokumente hinausgehende Auslegung überhaupt in der Lage wäre, den Willen des Stifters im Zeitpunkt der Errichtung genauer zu bestimmen.

e. *Exkurs: Stiftungserrichtung durch einen Stellvertreter*

Die Stiftungserrichtung kann ausweislich des Art. 552 § 14 Abs. 2 PGR nicht nur durch den Stifter selbst, sondern auch durch einen direkten oder indirekten Stellvertreter durchgeführt werden. Wird der Stifter durch einen direkten Stellvertreter vertreten, bedarf es einer gesonderten Vollmacht Art. 552 § 14 Abs. 3 PGR. Häufiger als die direkte Stellvertretung ist in der Praxis jedoch der Fall der indirekten Stellvertretung.[926] In diesem Fall wird die Stiftung nicht durch einen Stellvertreter im Namen des Vertretenen errichtet, sondern durch einen Treuhänder im eigenen Namen.[927] Der sogenannte Machtgeber, also der wirtschaftliche Stifter, gilt auch in diesem Fall gemäß Art. 552 § 4 Abs. 3 PGR als Stifter und kann die entsprechenden Stifterrechte, insbesondere die Gestaltungsrechte des Art. 552 § 30 Abs. 1 PGR, ausüben. Dies hat im Gegensatz zur direkten

924 *Jakob*, Liechtensteinische Stiftung, Rn. 215 f. m.w.N.

925 *Jakob*, Liechtensteinische Stiftung, Rn. 215 f. m.w.N.

926 *Heiss* in Liechtensteinisches Stiftungsrecht, Art. 552 § 14, Rn. 22; ausführlich zu dieser auch als treuhänderische Stiftungserrichtung bezeichneten Praxis *Jakob*, Liechtensteinische Stiftung, Rn. 178 ff.

927 *Heiss* in Liechtensteinisches Stiftungsrecht, Art. 552 § 14, Rn. 22.

Stellvertretung grundsätzlich den Vorteil einer vollumfänglichen Anonymität des eigentlichen Stifters. Er ist zwar nach Art. 552 § 4 Abs. 3 S. 3 PGR dem Stiftungsrat durch den indirekten Stellvertreter bekannt zu geben, sein Name muss jedoch weder in der Stiftungsurkunde noch in der gesonderten Bevollmächtigung erscheinen, sodass gegenüber der Stiftungsaufsicht bei der Hinterlegung der Gründungsanzeige eine vollständige Anonymität möglich ist. Diese Anonymität zu wahren, war erklärtes Ziel bei der Reform des Stiftungsrechts.[928] Dies verwundert angesichts der Tatsache, dass gerade diese Anonymität zahlreiche Fälle von Geldwäsche und Steuerhinterziehung ermöglicht hatte und die Bekämpfung dieser Symptome eigentlich eine wesentliche Motivation zur Überarbeitung des Stiftungsrechts gewesen ist.[929] Die ausnahmsweise Offenlegung des Hintermanns nach Art. 552 § 36 Abs. 2 PGR kann zwar im Einzelfall einem Dritten die Durchsetzung von Ansprüchen erleichtern, führt jedoch grundsätzlich nicht zu mehr Transparenz.[930] Aufgrund des automatischen Informationsaustauschs sowie der Vorgaben der Vierten Geldwäscherichtlinie zur Einführung eines Transparenzregisters ist eine Anonymität des eigentlichen Stifters gegenüber den Behörden mittlerweile jedoch ohnehin nicht mehr auf Dauer möglich.[931]

2. Vermögenszuwendungen nach der Errichtung

Die nachträgliche Vermögenszuwendung an die Stiftung nimmt im liechtensteinischen Recht eine besonders wichtige Rolle ein, da – wie bereits dargelegt – viele Stiftungen nur mit dem Mindestkapital errichtet und daher die entscheidenden Vermögenswerte regelmäßig erst im Nachhinein zugewendet werden. Entsprechend kommt es bei der Frage der Auswirkungen der Einflussnahme auf die Stiftung vor allem auf die Voraussetzungen dieser nachträglichen Zuwendungen an.

a. Rechtsnatur und Voraussetzungen

aa. Rechtsnatur nachträglicher Zuwendungen

Wie bereits angedeutet, kennt das liechtensteinische Recht zwei Varianten von Zuwendungen nach der Errichtung: Soweit die Zuwendung durch den Stifter getätigt wird, handelt es sich gemäß Art. 552 § 13 Abs. 2 PGR um eine „Nachstiftung".

---

928 BuA Nr. 13/2008, S. 54.

929 *Jakob*, Liechtensteinische Stiftung, Rn. 14.

930 *Jakob*, Liechtensteinische Stiftung, Rn. 194.

931 *Hosp/Moosbrugger* in ZfS 2017, 12, 12 ff.

Bei Zuwendungen Dritter liegen hingegen „Zustiftungen" vor (Abs. 3). Da das liechtensteinische Recht zumindest für Privatstiftungen keine mit dem deutschen Recht vergleichbaren Vermögensgrundsätze kennt,[932] braucht in Liechtenstein nicht zwischen Zuwendungen auf das Grundstockkapital der Stiftung und Zuwendungen zur Verwendung differenziert zu werden.

Weil die Stiftung bei Zuwendungen nach der Errichtung bereits existiert, handelt es sich bei der Zuwendung um ein zweiseitiges Rechtsgeschäft.[933] Wie auch auf der deutschen Seite muss bei der weiteren Frage nach der rechtlichen Qualifikation zwischen einer unselbstständigen Stiftung und einer Schenkung (unter Auflage) differenziert werden.[934] Bei der Abgrenzung bedeutet die Zweckbindung der Stiftung und ihres Vermögens jedoch nicht, dass es sich immer um eine Auflagenschenkung handelt, die wiederum als unselbstständige Stiftung zu behandeln wäre.[935] Zwar gibt der Stiftungszweck von Anfang an eine bestimmte Art und Weise der Vermögensnutzung vor, allerdings ist dies in gewissem Maße allen juristischen Personen inhärent. Die Stiftung kann mit dem zugewendeten Vermögen ihren Zweck erfüllen und ist dadurch jedenfalls ideell bereichert.[936] Die Tatsache, dass der Zuwendende als Stifter diesen Zweck gesetzt hat oder durch ein Änderungsrecht wandeln kann, führt nicht zu einer anderen Bewertung, da dies für den Vorgang der Vermögensübertragung irrelevant ist. Weil der Zweck der Stiftung bereits vorher feststand und aus einem anderen Rechtsgeschäft resultiert, stellt er ebenso wenig eine Auflage dar wie gesetzliche Einschränkungen bei der Vermögensverwendung. Als Nachstifter – der Zustifter kann keine dieser Möglichkeiten für sich beanspruchen – überträgt er in dem zweiseitigen Rechtsverhältnis sein Vermögen somit ohne eine Auflage.

Dieses Ergebnis lässt sich im Vergleich zu einer echten Schenkung unter Auflage[937] bestätigen: Schenkt der Schenker eine Sache an eine Person, die ihre Intention erklärt hat, einen bestimmten Zweck zu verfolgen, so liegt darin keine Auflage. Der Schenker hat jedoch auch keine Möglichkeit, die Zweckverfolgung durch die Person mit seiner Schenksache durchzusetzen. Diese Möglichkeit hat er nur, wenn er die Schenkung mit der Auflage[938] versieht, nach der der Beschenkte zu einer

932 Siehe zur Vermögensverwendung und dem Erhalt des Stiftungsvermögens oben, S. 119.

933 *Lorenz* in Liechtensteinisches Stiftungsrecht, Art. 552 § 13, Rn. 3 f.

934 *Lorenz* in Liechtensteinisches Stiftungsrecht, Art. 552 § 13, Rn. 3.

935 *Lorenz* in Liechtensteinisches Stiftungsrecht, Art. 552 § 13, Rn. 3.

936 Vgl. dazu auch zum deutschen Recht S. 198 ff.

937 Zur Schenkung unter Auflage zum wortgleichen österreichischen Recht *Parpapatits* in Kodek/Schwimann-öABGB, § 938, Rn. 22 ff.

938 Die Schenkung unter Auflage ist in Liechtenstein nicht explizit im Gesetz geregelt. Es entspricht aber der herrschenden Ansicht zum wortgleichen österreichischen Schenkungsrecht, dass eine Schenkung unter Auflage möglich ist, ohne die Unentgeltlichkeit

zweckkonformen Nutzung der Sache verpflichtet ist. Nur in der zweiten Variante liegt eine Auflagenschenkung vor. An einer solchen Abrede fehlt es jedoch bei der Nachstiftung regelmäßig, weswegen normalerweise keine Auflagenschenkung vorliegen dürfte. Soweit eine entsprechende Auflage oder Nutzungsregelung fehlt, handelt es sich daher nicht um eine Schenkung unter Auflage oder eine unselbstständige Stiftung. Indem die Stiftung regelmäßig über das ihr übertragene Vermögen verfügen kann, erlangt sie in dieser Hinsicht außerdem eine Entscheidungsgewalt, die über ihre Möglichkeiten bei einer Auflagenschenkung hinausgeht.

Die vorgehenden Ausführungen bedeuten jedoch nicht, dass in Liechtenstein Auflagenschenkungen ausgeschlossen wären. Da es sich um ein zweiseitiges Rechtsgeschäft handelt, sind die Parteien grundsätzlich frei, verschiedenste Abreden zu treffen. Allein die Annahme, dass die reine Form der Nach- und Zustiftung eine Schenkung unter Auflage darstellt, ist abzulehnen. Entsprechend kann der Zu- oder Nachstifter der Stiftung beispielsweise auch die Auflage vorgeben, das zugewendete Vermögen dem Stammvermögen der Stiftung zuzuschlagen oder es zum Verbrauch bestimmen.

bb. Voraussetzungen nachträglicher Zuwendungen

Geht man somit von einer Schenkung aus, so setzt die nachträgliche Zuwendung in Liechtenstein und Österreich nach herrschender Ansicht eine dauerhafte, unentgeltliche Überlassung einer Sache in das Eigentum eines anderen voraus.[939] Da es sich um ein zweiseitiges Rechtsverhältnis handelt, muss die Stiftung der nachträglichen Zuwendung zustimmen.

(1) Überlassung des Vermögens und Verfügung durch die Stiftung

Die Überlassung des Vermögens an die Stiftung stellt einen der am meisten diskutierten Aspekte des liechtensteinischen Stiftungsrechts dar. Bevor auf die Herleitung der einzelnen Voraussetzungen der Überlassung und die Folgen einzelner Gestaltungen eingegangen wird, ist jedoch klarzustellen, dass in der Diskussion zwischen zwei Fragen zu trennen ist. Einerseits stellt sich die Frage, was die Voraussetzungen einer Schenkung sind und wann diese erfüllt sind. Andererseits ist fraglich, ob in bestimmten Fallkonstellationen – gerade bei einem vorbehaltenen Widerrufs- oder Änderungsrecht – gewisse Modifikationen bei

---

der Schenkung zu gefährden. Die Auflage wird rechtlich zumeist als Auftrag i.S.d. §§ 709 ff. ABGB zu bewerten sein. Dazu *Bollenberger* in Koziol-öABGB, § 938, Rn. 7.

939 *Parpapatits* in Kodek/Schwimann-öABGB, § 938, Rn. 1.

der Anwendung des Schenkungsrechts und der damit verbundenen Regelungen notwendig sind.[940]

Die Anforderungen an die Vermögensübertragung bei einer Schenkung unterscheiden sich im Grundsatz in Liechtenstein kaum von denjenigen in Deutschland. Neben der Unentgeltlichkeit des Schenkungsgeschäfts bedarf es der dauerhaften Übertragung der Schenksache. Der Übertragungsvorgang entspricht im Wesentlichen den deutschen Voraussetzungen der Bereicherung und der Entreicherung. Die Verbindung beider Elemente in der Überlassung erlaubt es jedoch, einen einfacheren Ansatz bei der rechtlichen Bewertung des Vermögensübergangs zu wählen. Dies zeigt sich bei dem fast mit dem liechtensteinischen Recht identischen österreichischen Schenkungsrecht, welches bei der Bestimmung der Überlassung von einem wirtschaftlichen Schenkungsbegriff ausgeht.[941]

Ob die Stiftung auch bei einer wirtschaftlichen Betrachtung Empfängerin des Vermögens ist, wenn sie weiterhin von dem Stifter beeinflusst werden kann, wird im Folgenden für die typischen Einflussnahmekonstellationen überprüft:

(i) Widerruf der Stiftung und Änderung des Stiftungszwecks

Zu den umstrittensten Merkmalen des liechtensteinischen Stiftungsrechts zählt die Möglichkeit des Stifters, sich bei der Stiftungserrichtung das Recht zum Widerruf der Stiftung oder zur Änderung der Stiftungssatzung vorzubehalten, Art. 552 § 30 Abs. 1 PGR.

Folgt man dem wirtschaftlichen Schenkungsbegriff des ABGB, kann bereits das Vorliegen einer Bereicherung der Stiftung angezweifelt werden. Eine wirtschaftliche Bereicherung setzt, ähnlich der Vermögensausstattung der Stiftung, eine freie Verfügung der Stiftung über den Zuwendungsgegenstand voraus. Während es bei vielen der bereits zum deutschen Recht diskutierten Einflussnahmemöglichkeiten grundsätzlich möglich erscheint, dass die Stiftung innerhalb ihrer Zweckbindung frei über das überlassene Vermögen verfügt, wird diese Verfügungsmöglichkeit durch die Rechte des Art. 552 § 30 Abs. 1 PGR eingeschränkt.

---

940 Dabei ist insbesondere der Fristbeginn bei Anfechtungs- und Hinzurechnungsvorschriften gemeint. Die steuerrechtlichen Wertungen (vor allem die deutsche) orientieren sich zwar an den zivilrechtlichen Vorgängen, allerdings liegt der Schwerpunkt auf der Bereicherung einer Person und nicht wie im Schenkungsrecht auf der Vermögensaufgabe der zuwendenden Person.

941 *Eccher* in Kodek/Schwimann-öABGB, § 785, Rn. 3 m.w.N.; *Limberg*, Privatstiftung und Erbrecht, S. 20 ff.

Zum einen kann ein Änderungsrecht des Stifters ständige Zweckänderungen ermöglichen.[942] Diese müssten dann zwar durch den Stiftungsrat ausgeführt und der geänderte Zweck jedes Mal neu angezeigt werden, gleichwohl ist eine laufende Einflussnahme des Stifters möglich. Eine derartige Ausübung des Änderungsrechts hat jedoch die Konsequenz, dass die Stiftung wie eine Körperschaft „beherrschbar" wird. Die fehlende Selbstständigkeit der Stiftung in solchen Fällen stößt in Liechtenstein auf Kritik.[943] Da eine körperschaftliche Ausgestaltung zur Stiftung „wesensfremd" sei, solle die Reichweite der Gestaltungsrechte grundsätzlich restriktiv ausgelegt werden.[944] Wie bereits im Rahmen der Stiftungsorganisation gezeigt wurde, ist die körperschaftliche Ausgestaltung aber vor allem aus Gründen des Gläubigerschutzes problematisch.[945] Aufgrund ihrer Pfändbarkeit stehen die Gestaltungsrechte nach Art. 552 § 30 Abs. 1 PGR dem Gläubigerschutz jedoch nicht zwingend entgegen.[946]

Stattdessen kann bei einer häufigen Änderung des Stiftungszwecks in Frage gestellt werden, ob die Nachstiftung tatsächlich eine Zuwendung an die Stiftung dargestellt hat. Denn eine zumindest auf eine gewisse Dauer angelegte Verfolgung des Stiftungszwecks durch eine selbstständige Stiftung dürfte durch eine regelmäßige Änderung des Zwecks kaum umsetzbar sein. Fraglich ist dann, ob ein Scheingeschäft im Sinne des § 916 ABGB vorgelegen hat und eine Treuhandstiftung, eine reguläre Treuhänderschaft oder ein Auftrag[947] verdeckt werden

---

942 Der Stifter ist bei der Einräumung des Änderungsrechts und der entsprechenden Bestimmung des Umfangs desselben frei. Ob die Stiftung über ihr Vermögen frei verfügen kann, ist regelmäßig eine Einzelfallentscheidung. In der folgenden Argumentation wird daher vorerst auf den Fall des unbeschränkten Änderungsrechts abgestellt.

943 Zum alten Recht aber weiterhin gültig *Bösch*, Liechtensteinisches StiftR, S. 651 ff.; *Jakob*, Liechtensteinische Stiftung, Rn. 61, 225 ff.

944 OGH, Urt. v. 6.12.2001 – 1 Cg 378/99-50, LJZ 2002, 41, 52; *Gasser* in Gasser/StiftR, § 30, Rn. 9; wie bereits im Rahmen der Stiftungsorganisation gezeigt wurde, ist die körperschaftliche Ausgestaltung nicht unbedingt wegen des „Wesens" der Stiftung problematisch, sondern vor allem aus Gründen des Gläubigerschutzes, S. 151 ff. Allerdings wird zu zeigen sein, dass das Änderungsrecht dem Gläubigerschutz nicht entgegensteht.

945 Siehe dazu oben, S. 151 ff.

946 Siehe dazu ausführlich unten, S. 354 ff.

947 In Liechtenstein ist die Treuhänderschaft im TrHG gesondert geregelt und es werden gewisse Ansprüche an die Zulassung als Treuhänder gestellt. Die Stiftung selbst dürfte diese Voraussetzungen häufig nicht erfüllen. Allerdings sind Treuhänder in der Praxis aufgrund der Regelung des Art. 180a PGR regelmäßig Teil des Stiftungsrats. Diese könnten dann bei einer Bewertung nach § 916 ABGB als Treuhänder gewertet werden.

sollte. Die Zuwendung wäre dann als Nachstiftung nichtig und müsste nach ihrer wahren Beschaffenheit beurteilt werden.[948]

Gleichzeitig sind die Gestaltungsrechte jedoch im Gesetz vorgesehen und wurden somit als kompatibel mit der Rechtsform der Stiftung bewertet. Eine Abgrenzung zwischen einer Stiftung mit vorbehaltenen Gestaltungsrechten und anderen Rechtsgeschäften und die entsprechende Anwendung des § 916 ABGB oder eine grundsätzliche Umdeutung darf also nicht dazu führen, dass Art. 552 § 30 Abs. 1 PGR seinen Anwendungsbereich verliert, indem sämtliche Stiftungen mit vorbehaltenen Gestaltungsrechten als Scheingeschäfte qualifiziert werden. § 916 ABGB kann daher nur bei einer rechtsmissbräuchlichen Verwendung der Rechtsform Stiftung angewandt werden.[949]

Nachdem die Nutzung des Änderungsrechts durch die Regelungen des Scheingeschäfts begrenzt ist, stellt sich im Weiteren die Frage, ob die Stiftung bei einem vorbehaltenen und potenziell nur sporadisch ausübbaren oder ausgeübten Änderungsrecht die vollen Verfügungsmöglichkeiten über den Zuwendungsgegenstand erlangt hat. Das wesentliche Problem liegt dabei darin, dass die Stiftung im Regelfall – abgesehen vom Änderungsrecht – über das Vermögen verfügen kann, gleichzeitig jedoch ein Einfallstor für den Stifter besteht, selbst ebenfalls mittelbar, aber letztlich rechtlich durchsetzbar über das Vermögen zu verfügen. Bei einem Blick auf das Widerrufsrecht gestaltet sich die Bewertung – vorerst – einfach: Solange die Stiftung nicht widerrufen wurde, kann sie in vollem Umfang bereichert sein. Im Fall des Widerrufs wird sie zwar nach Art. 552 § 40 PGR liquidiert, wodurch ihre Bereicherung jedoch nicht eingeschränkt ist. Übt der Stifter hingegen sein Änderungsrecht aus, steht das Vermögen grundsätzlich davor und danach der Stiftung zu. In dem Moment der Ausübung könnte ihm jedoch die Verfügungsmacht zustehen. Generell ließe sich hier der Einwand vorbringen, dass er nicht unmittelbar über das Vermögen verfügt, sondern nur mittelbar. Vielmehr könnte man annehmen, dass er nur insoweit auf das Vermögen Einfluss nimmt wie bereits im Rahmen der Stiftungserrichtung. Aufgrund der Einmaligkeit der Stiftungserrichtung lassen

Außerdem gilt das TrHG nur für eine geschäftsmäßige, also mit Gewinnerzielungsabsicht ausgeübte, Tätigkeit, Art. 2 und 3 TrHG. Die Stiftung könnte alternativ auch als Beauftragte unentgeltlich tätig sein.

948 Zur Anwendung des § 916 ABGB auf die Vermögensausstattung bei der Errichtung der Stiftung, S. 218.

949 So der StGH auch zu der parallel gelagerten Frage nach einem Durchgriffsanspruch aus dem allgemeinen Verbot Rechtsmissbräuchlichen Verhaltens, StGH, Entscheidung v. 16.9.2002 – StGH 2002/17, 16.

sich die beiden Konstellationen jedoch schwerlich vergleichen. Die Frage nach der ausreichenden Verfügungsmacht lässt sich auch nicht dadurch beantworten, dass der wirtschaftliche Schenkungsbegriff auch bei der Bereicherung als Maßstab zugrunde gelegt wird, da die Stiftung einen Großteil der Zeit bereichert sein kann.

Die Lösung der Frage nach der Bereicherung lässt sich auf zivilrechtlicher Ebene in einer Betrachtung der möglichen Behandlung des Änderungsrechts finden: Würde das Vorliegen einer Schenkung abgelehnt und die Schenkung erst dann als verwirklicht angesehen, wenn die entsprechenden Voraussetzungen erfüllt sind, wäre dies erst der Fall, wenn das Änderungsrecht erlischt. Zugleich würde die Ablehnung einer Schenkung dazu führen, dass kein Verpflichtungsgeschäft zustande kommt. Ohne das Verpflichtungsgeschäft fehlte es dann jedoch an der in Liechtenstein und Österreich erforderlichen Kausalität für das Verfügungsgeschäft.[950] Das Verfügungsgeschäft könnte dann nicht wirksam werden und die Stiftung würde zumindest so lange nicht Eigentümerin werden können, bis das Änderungsrecht aufgehoben wird oder es durch den Tod des Stifters erlischt.[951] Dann würde das Änderungsrecht jedoch dazu führen, dass eine Eigentumsübertragung an die Stiftung im Schenkungswege nicht möglich wäre. Da die Gestaltungsrechte des Art. 552 § 30 PGR im Gesetz vorgesehen sind und nicht dazu führen sollen, dass die Stiftung nicht mehr zum Zuwendungsempfänger werden kann, ist diese Auslegungsvariante abzulehnen.

Auch wenn davon ausgegangen wird, dass ein für das Verfügungsgeschäft kausales Rechtsgeschäft auch durch ein anderes Verpflichtungsgeschäft begründet werden kann, ergibt sich keine abweichende Bewertung. Denn wenngleich Art. 552 § 13 Abs. 2 und 3 PGR den Wortlaut „Zuwendungen" benutzen, müssten dies nicht zwangsläufig Schenkungen sein. Dabei stellt sich unweigerlich die Folgefrage, wie die Zuwendung dann zu qualifizieren wäre. Ein Rechtsgeschäft, in dem sich ein Eigentümer dazu verpflichtet, sein Eigentum an jemanden zu übertragen, sich zugleich aber wesentliche Entscheidungen vorbehält oder sich die Möglichkeit einräumt, die Entscheidungsmacht wiederzuergreifen, wäre dann regelmäßig als Treuhandstiftung, als reine Treuhänderschaft oder als Auftrag zu bewerten. Im Ergebnis würde dies bedeuten, dass ein Änderungsrecht regelmäßig dazu führt, dass (Nach-)Stiftungen nicht möglich sind, sondern ein

950 Kausalitätsprinzip *Koziol/Welser/Kletečka*, Grundriss des bürgerlichen Rechts, Rn. 755.

951 Zum Kausalitätsprinzip *Koziol/Welser/Kletečka*, Grundriss des bürgerlichen Rechts, Rn. 755.

Treuhand- oder Auftragsverhältnis vorliegt. Da auch dieses Ergebnis nicht in Einklang mit der gesetzlichen Wertung der Art. 552 § 30 PGR gebracht werden kann, darf auch nicht davon ausgegangen werden, dass Änderungsrechte regelmäßig ein Treuhandverhältnis begründen.

Wenngleich die Zahl der vorbehaltenen Änderungsrechte aufgrund der in Liechtenstein übernommenen Vermögensopfertheorie abnehmen dürfte, so wird es jedoch nicht die Intention des Gesetzgebers in Liechtenstein gewesen sein, nachträgliche Zuwendungen zum Grundstockvermögen der Stiftung bei einem vorbehaltenen Änderungsrecht faktisch auszuschließen. Das Änderungsrecht stellt somit eine der liechtensteinischen Stiftung inhärente Besonderheit dar, die nicht verhindern kann, dass die Stiftung bereichert wird.

Die bisherigen Ausführungen zum Änderungsrecht lassen sich auch auf die Frage übertragen, ob ein vorbehaltenes Änderungs- oder Widerrufsrecht als „Damoklesschwert" die Stiftungsorgane faktisch derart einschränken kann, dass die Stiftung durch ihre Organe nicht frei über die Zuwendung verfügen kann. Schließlich könnte der Stifter immer mit der Ausübung der Gestaltungsrechte drohen und so die Organe beeinflussen. Eine solche Beeinflussung könnte jedoch die Bereicherung ohnehin nur dann hindern, falls sie derart gravierend ausfällt, dass von einem Scheingeschäft (§ 916 ABGB) ausgegangen werden müsste. Denn aus dem Zuwendungsgeschäft selbst ergeben sich in diesem Fall keine gesonderten Einschränkungen der Bereicherung, sodass das Vorliegen einer solchen angenommen werden kann.

Wie bei der Bereicherung kann bei einer wirtschaftlichen Betrachtung eines Vorbehalts eines der Gestaltungsrechte des Art. 552 § 30 Abs. 1 PGR auch die Aufgabe des Vermögens durch den Stifter in Frage gestellt werden. Allerdings können die Ausführungen zu der Bereicherung der Stiftung spiegelbildlich auf die Entreicherung übertragen werden.

(ii) Bedeutung für den Inhalt der Stiftungssatzung

Die inhaltlichen Voraussetzungen der Schenkung sind bei der Errichtung der Stiftung nicht nur im Hinblick auf die Gestaltungsrechte des Art. 552 § 30 Abs. 1 PGR zu berücksichtigen, sondern auch bei der Gestaltung der Satzung generell.

Eine Stiftungssatzung, die dem Stiftungsrat sowohl bei der Anlage des Stiftungsvermögens als auch bei der Verwendung detaillierte Vorgaben macht, könnte entsprechend der oben dargelegten Maßstäbe dazu führen, dass die Stiftung bei einer wirtschaftlichen Betrachtung nicht über das Vermögen verfügen kann oder der Stifter sich spiegelbildlich nicht entreichert hat. Dass es aufgrund der Gestaltung[952] der Stiftungssatzung nicht zu einer Vermögensüberlassung kommt, kann jedoch nur in extremen Einzelfällen der Fall sein. Denn die Erfüllung des Zwecks hindert die Bereicherung der Stiftung grundsätzlich nicht. Die Ablehnung einer Überlassung setzt daher voraus, dass die Stiftung bei der Erfüllung des Zwecks keine Auswahlmöglichkeit hat, weil sämtliche Entscheidungen bereits in der Stiftungssatzung getroffen sind und nicht geändert werden dürfen.[953]

Wenngleich derart detaillierte Regelungen aufgrund des Ewigkeitscharakters der Stiftung auf lange Sicht eine Gefahr für die Stiftung, eine sinnvolle Zweckverwirklichung und ihr Vermögen darstellen, sind solche Satzungen vorstellbar. Gerade die Möglichkeit des Stifters, sich Änderungs- oder Widerrufsrechte vorzubehalten, könnte eine entsprechende Satzungsgestaltung provozieren. Es verbleibt jedoch die Gefahr einer Erstarrung der Satzung aufgrund der fehlenden Übertragbarkeit der Stifterrechte.[954] Die Möglichkeiten zur Satzungsänderung durch die Stiftungsorgane nach Art. 552 § 31 PGR reichen inhaltlich nicht so weit wie die Gestaltungsrechte des Stifters und können den Verlust seiner Rechte in einem plötzlichen Todesfall entsprechend nicht zur Gänze kompensieren.[955] Zudem verbleiben all diejenigen Fälle, in denen der Stifter auf den Vorbehalt dieser Rechte verzichtet, um ein Vermögensopfer im Sinne des Pflichtteils- und Insolvenzrechts auszulösen.[956] Insgesamt dürfte die Anzahl der Stiftungssatzungen, in denen der Stiftung gar keine Entscheidungsmacht zusteht und in denen jede Entscheidung durch den Stifter festgelegt wurde, daher begrenzt sein.

Sollte die Überlassung des Vermögens aufgrund des Inhalts der Stiftungssatzung trotzdem zweifelhaft sein, muss im Einzelfall überprüft werden, ob ein Fall eines Rechtsmissbrauchs oder eines Scheingeschäfts nach § 916 ABGB vorliegt. Liegt kein Scheingeschäft vor, kann es nur dann an einer Bereicherung der Stiftung fehlen, wenn feste Vorgaben in der Stiftungssatzung die Verfügungsmöglichkeit derartig einseitig dem Stifter zuweisen, dass es nicht zu einem mittelbaren, sondern nur zu einem direkten Einfluss auf das Vermögen der Stiftung

---

952 Gestaltungen meint in diesem Zusammenhang nur feste inhaltliche Weisungen in der Satzung und keine statuarischen Weisungsrechte. Dazu sogleich, S. 234.

953 Hat die Stiftung grundsätzlich ein Ermessen bei ihrem Handeln, wird dieses aber faktisch durch den Stifter ausgeübt, liegt ein anderer Fall vor, dazu S. 234 ff.

954 Dazu unten S. 333 ff.

955 Vgl. *Heiss* der insoweit von einer Notkompetenz spricht *Heiss* in Liechtensteinisches Stiftungsrecht, Art. 552 § 31, Rn. 12.

956 Dazu sogleich.

kommt. Damit tritt nicht die im Stiftungskontext typische „Dopplung“ der Verfügungsmöglichkeit auf, sondern sie verbleibt bei dem Stifter.

(iii) Bedeutung für Mandatsverträge und statuarische Weisungsrechte

Eine bloß formelle Vermögensmehrung im eigentlichen Sinne kann sich in Liechtenstein vorrangig aus Mandatsverträgen des Stifters mit dem Stiftungsrat und sogenannten statuarischen Weisungsrechten ergeben.

Wie bereits gezeigt, sind Mandatsverträge nur dann zulässig, wenn sie den in der Stiftungssatzung festgelegten Entscheidungen nicht widersprechen.[957] Allerdings besteht die Möglichkeit, dass ein Mandatsvertrag dem Stiftungsrat bei einer Ermessensentscheidung eine bestimmte Entscheidung vorgibt und damit aber im Rahmen des Zulässigen bleibt. In diesen Fällen muss eine Einzelfallabwägung zwischen der dadurch entstehenden Entscheidungsmacht des Stifters und derjenigen der Stiftung getroffen werden. Im Regelfall kann jedoch davon ausgegangen werden, dass der Stifter mit Hilfe der Mandatsverfügung die Entscheidungsmacht über das zugewendete Vermögen behält und die Stiftung entsprechend nicht bereichert ist.[958] Besonders anschaulich lässt sich auch diese Annahme durch einen Vergleich zu einer Schenkung mit einer bedingten Rückübertragung bestätigen: Eine Bereicherung im schenkungsrechtlichen Sinne liegt bei einer bedingten Rückübertragungsverpflichtung immer nur dann vor, wenn der Eintritt der Bedingung durch den Beschenkten ausgelöst wird und nicht durch den Schenker beeinflusst werden kann. In diesem Fall liegt es in der Sphäre des Beschenkten, die Bedingung eintreten zu lassen. Es kommt bei der Bereicherung entsprechend darauf an, dass der Empfänger die Möglichkeit hat – egal, wie wahrscheinlich sie ist – den Eintritt der Bedingung zu verhindern. Setzt man das Herbeiführen des Bedingungseintritts mit einer Ermessensentscheidung des Stiftungsrats gleich, zeigt sich, dass ein Mandatsvertrag ausgerechnet das Entscheidungselement, durch welches die Bereicherung erst möglich wird, wieder dem Stifter zuführt.

Mandatsverträge des Stifters mit dem Stiftungsrat führen daher in den meisten Fällen dazu, dass die Stiftung selbst nicht frei über das Vermögen verfügen kann.[959] In der Praxis dürfte dieses Ergebnis jedoch nicht dazu führen,

---

957 Dazu bereits oben S. 147; vgl. auch *Jakob*, Liechtensteinische Stiftung, Rn. 256 ff.

958 So hat auch der OGH im Fall einer Mandatsvereinbarung in Verbindung mit einer Erstbegünstigung des Stifters entschieden: OGH, 7.12.2012 – 3 CG.2011.93, ZfS 2013, 54, 55; vgl. *Büch*, Durchgriff, S. 129 ff.

959 *Jakob/Studen* in npoR 2011, 4, 8.

dass sämtliche Gründungsanzeigen nach den oben beschriebenen Vorschriften inhaltlich falsch sind, weil die Stiftung nicht über das Mindestkapital verfügen kann, und mit einer Ordnungsbuße zu belegen sind. Zumeist beschränkt sich das Errichtungskapital auf den gesetzlich vorgeschriebenen Mindestbetrag. Größere Vermögen und wertvolle Vermögensgegenstände werden erst im Wege einer späteren Nachstiftung in die Stiftung eingebracht.[960] Über die CHF 30.000 wird die Stiftung aber meist frei – auch in dem beschriebenen engeren Sinne – verfügen können, weswegen die Richtigkeit der Gründungsanzeige nicht gefährdet ist.

Bei besonders umfangreichen Mandatsverträgen liegt es zudem nahe, von einem Scheingeschäft im Sinne des § 916 ABGB auszugehen.[961] Der mandatierte Stiftungsrat könnte, je nach Ausgestaltung, eher wie ein Treuhänder denn wie ein Stiftungsrat handeln. Aufgrund der notwendigen Mandatierung eines Treuhänders nach Art. 180a PGR ist es wahrscheinlich, dass auch eine zur Treuhandtätigkeit befugte Person Teil des Stiftungsrats ist. Da die Mandatsverträge zwar Teil der liechtensteinischen Praxis,[962] nicht jedoch des Gesetzes sind, muss § 916 ABGB nicht derart restriktiv angewandt werden wie bei den Gestaltungsrechten.[963]

Vergleichbares könnte im Ausnahmefall für statuarische Weisungsrechte gelten.[964] Soweit diese dem Stifter auch nach der Stiftungserrichtung eine Weisungskompetenz gegenüber dem Stiftungsrat einräumen, schränken sie letzteren derart in seinen Entscheidungen ein, dass die Stiftung nicht frei über das Vermögen verfügen kann. Auch wenn sie im Gegensatz zu Mandatsverträgen regelmäßig als Teil der Satzung nicht im Konflikt mit der Stiftungssatzung an sich stehen dürften und ein Vertragsbruch nicht im Raum steht, kann es bei einer wirtschaftlichen Betrachtung an einer Überlassung an die Stiftung fehlen, wenn dem Stifter sämtliche Entscheidungskompetenzen übertragen werden.

Damit kann die zivilrechtliche Übertragung des Eigentums im Grundsatz sowohl bei Mandatsverträgen als auch bei statuarischen Weisungsrechten gefährdet sein. In Bezug auf das Vermögen, über das die Stiftung nicht frei verfügen kann, läge dann entweder ein Scheingeschäft vor oder es muss davon ausgegangen werden, dass der Leistungserfolg des Zuwendungsgeschäfts nie

---

960 *Lorenz* in Liechtensteinisches Stiftungsrecht, Art. 552 § 13, Rn. 2.

961 So im Ergebnis auch *Bösch*, Liechtensteinisches StiftR, S. 770 f. der allerdings offen lässt, ob sich die Nichtigkeit auf § 916 ABGB begründet oder auf einer Mentalreservation.

962 *Jakob*, Liechtensteinische Stiftung, Rn. 256 f.

963 Vgl. dazu oben S. 240 ff.

964 Dazu *Jakob*, Liechtensteinische Stiftung, Rn. 260 ff.

eingetreten ist. Soweit kein Scheingeschäft angenommen wird, ist es jedoch im Ergebnis kaum von Relevanz, ob dem Stifter ein – gegebenenfalls von seinen Gläubigern pfändbarer – Bereicherungsanspruch gegen die Stiftung zusteht, weil es an dem kausalen Verpflichtungsgeschäft fehlt, oder ob die Gläubiger die Zuwendung über die drittschützenden Vorschriften angreifen können.

(iv) Bedeutung für freie Abberufungsrechte

Hat der Stifter sich oder einem Dritten in der Satzung ein freies Abberufungsrecht in Bezug auf den Stiftungsrat vorbehalten, kann für die Bewertung nicht pauschal auf die Ausführungen zu Mandatsverträgen verwiesen werden. Denn während die Weisungsrechte aus Mandatsverträgen dem Stifter einen klagbaren, gegebenenfalls mit Schadensersatzansprüchen ausgestatteten Anspruch einräumen, erlaubt ein freies Abberufungsrecht keine rechtliche, sondern nur eine faktische Durchsetzbarkeit seines Willens in der Stiftung.

Diese Eigenschaft teilt das Abberufungsrecht mit den Gestaltungsrechten des Art. 552 § 30 Abs. 1 PGR, welche inhaltlich allerdings noch über das Abberufungsrecht hinausgehen. Auch wenn mit *Böschs* Ansicht zum alten Recht ein freies Abberufungsrecht für zulässig erachtet wird, reicht die daraus folgende faktische Weisungsmöglichkeit nur bis zu der Grenze von Treu und Glauben – und somit bis zum Inhalt dessen, was innerhalb des Stiftungszwecks zulässig ist.[965] Durch diese Begrenzung wurde der Stiftung das Vermögen bei wirtschaftlicher Betrachtung überlassen und das Abberufungsrecht hindert den Vermögensübergang entsprechend nicht.

(v) Bedeutung für den Stifter als Stiftungsrat

Als Stiftungsorgan – und gegebenenfalls als leitendes Organ – kann der Stifter größtmöglichen Einfluss auf die Stiftung nehmen. Im Gegensatz zu Weisungsrechten oder der Widerrufsmöglichkeit drückt sich dieser Einfluss bei einer Organstellung direkt aus. Da der Stifter als Organ jedoch der Stiftung gegenüber verpflichtet ist, ergeben sich zumindest im Hinblick auf die Überlassung des Vermögens keine Probleme. Insofern kann im Wesentlichen auf die Ausführungen zum deutschen Recht verwiesen werden, da sich eine ähnliche Interessenlage präsentiert.[966] Weil gemäß Art. 180a PGR neben dem Stifter auch ein Treuhänder Mitglied des Stiftungsrats sein muss, ist zusätzlich ein Mindestmaß an Kontrolle gewährleistet. Die Entscheidungen des Stifters als Organ können

965 *Bösch*, Liechtensteinisches StiftR, S. 641 f.

966 Siehe oben S. 186 ff.

daher nicht zur Gänze willkürlich sein und eine Überlassung des Vermögens ist möglich.

(vi) Zwischenfazit

Im Ergebnis führen die Einflussnahmemöglichkeiten auf die Stiftung auch bei der wirtschaftlichen Betrachtung der Überlassung regelmäßig nicht zu einem Scheitern des Zuwendungsvorgangs. Nur in besonderen Ausnahmefällen, wenn der Einfluss so erdrückend ist, dass die Stiftung faktisch nicht über das zugewendete Vermögen verfügen kann, ist ein Scheingeschäft im Sinne des § 916 ABGB anzunehmen.

(2) Dauerhaftigkeit der Überlassung

Die Übertragung des Vermögens muss nicht nur dem wirtschaftlichen Schenkungsbegriff genügen, sondern zudem auch dauerhaft sein. Die grundsätzliche Notwendigkeit einer dauerhaften Überlassung ergibt sich in Liechtenstein bei nachträglichen Zuwendungen aus dem Unwiderruflichkeitsgrundsatz des liechtensteinischen Schenkungsrechts (§ 946 ABGB). Vergleichbar zur deutschen Rechtslage werden von diesem Grundsatz zwar in den §§ 947 ff. ABGB Ausnahmen gemacht, diese gelten aber nur für eng eingegrenzte Fälle wie der Dürftigkeit des Schenkers (§ 947 ABGB) oder des Undankes des Beschenkten (§ 948 ABGB). Aus dem Unwiderruflichkeitsgrundsatz ergibt sich zudem, dass der Begriff „dauerhaft" im Sinne von „endgültig" zu verstehen ist. Denn sonst könnte auch jede Überlassung über eine gewisse Dauer als dauerhaft verstanden werden.

Wie bereits zur Mindestkapitalaufbringung dargelegt, bedeutet die Möglichkeit zum Vorbehalt eines Widerrufs- oder Änderungsrechts grundsätzlich nicht, dass die Dauerhaftigkeit der Überlassung in Liechtenstein insgesamt einzuschränken ist. Denn eine Rückübertragung kann nur mittelbar durch die Ausübung eines der Gestaltungsrechte des Art. 552 § 30 Abs. 1 PGR, also dem Widerruf der Stiftung oder der Änderung ihres Zwecks, herbeigeführt werden.[967] Dabei ist die Stiftung auch im Fall ihres Widerrufs über ihre gesamte Lebensdauer bereichert. Der Zu- oder Nachstifter ist auf der anderen Seite zumindest spiegelbildlich über die Dauer der Stiftung entreichert. Außerdem zeigt sich im Gegensatz zur Mindestkapitalausstattung bei nachträglichen Zuwendungen der Unterschied zwischen einer Rückübertragung und einer Rückerlangung des

967 Zu den Gestaltungsrechten im Detail S. 333 f.

Vermögens bei einem Widerruf der Stiftung noch deutlicher: Bei einem Widerruf der Stiftung nach Art. 552 § 30 Abs. 1 PGR unmittelbar nach der Errichtung wird nur das Mindestkapital zurückübertragen und eine hypothetische Rückübertragung wäre dem Liquidationsanspruch sehr ähnlich.[968] Wird die Stiftung hingegen erst nach einer späteren Zustiftung widerrufen, so wirken sich alle bis dahin erfolgten Handlungen der Stiftung, beziehungsweise ihrer Organe, auf die Liquidationsmasse aus, da der widerrufende Stifter nur erhält, was nach Ausgleich aller Ansprüche gegen die Liquidationsmasse verbleibt, Art. 552 § 8 PGR. Der Anspruch des Letztbegünstigten unterscheidet sich damit unter Umständen deutlich von einem reinen Rückübertragungsanspruch. Der widerrufende Stifter steht dann möglicherweise erheblich schlechter als derjenige da, der einen Anspruch auf Rückübertragung einer Zuwendung hat.

Zudem stellt der Widerruf ohnehin eine Sonderregelung dar, da er im organisationsrechtlichen und nicht im vermögensrechtlichen Teil der Errichtung geregelt ist. Indem der Widerruf zur Auflösung der Stiftung als juristischer Person führt, hat seine Ausübung durch den Stifter primär eine organisationsrechtliche Komponente. Die vermögensrechtlichen Folgen sind nur eine Konsequenz und dem Organisationsrecht im Grundsatz nachgeordnet. Dabei zeigt sich die prominente Stellung des Widerrufs unter anderem an der Notwendigkeit, den entsprechenden Vorbehalt bei Errichtung der Stiftung in der Satzung zu verankern. Die Widerrufsmöglichkeit stellt damit eine Ausnahme dar und bedeutet nicht, dass der Stifter vergleichbare andere Maßnahmen treffen darf oder sich weitere ähnliche Rückforderungsrechte vorbehalten kann.

(3) Unentgeltlichkeit

Die Notwendigkeit der Unentgeltlichkeit der Überlassung ergibt sich in Liechtenstein bereits aus dem Wortlaut des § 938 ABGB. Wie auch im deutschen Recht kommt der Unentgeltlichkeit der nachträglichen Zuwendung jedoch eine geringe Bedeutung zu. Die Stiftung kann mit potenziellen Geldgebern sowohl entgeltliche als auch unentgeltliche Zuwendungen vereinbaren. Aufgrund der nicht erforderlichen Mittel-Zweck-Relation der Zuwendung[969] hat die

---

968 Allerdings ist auch an dieser Stelle noch einmal auf den entscheidenden Unterschied hinzuweisen, dass der Rückübertragungsanspruch ein Anspruch gegen die Liquidationsmasse ist. Widerruft der Stifter die Stiftung, so fließt ihm lediglich das Vermögen zu, das nach Ausgleich aller Ansprüche gegen die Liquidationsmasse verbleibt, Art. 552 § 8 PGR.

969 Dazu oben S. 129.

Entgeltlichkeit zwar einen Einfluss darauf, welche Normen anwendbar sind, es ergeben sich jedoch keine stiftungsrechtlichen Besonderheiten.

(4) Exkurs: Nachträgliche Einräumung der Stifterstellung

Abschließend ist kurz auf den Zusatz des Art. 552 § 13 Abs. 3 PGR einzugehen, nach dem der Zustifter durch die Zustiftung nicht zum Stifter wird. Dieser Zusatz zeigt einmal mehr die besondere Relevanz der unübertragbaren Stifterrechte und die einzigartige Stellung des Stifters im Organisationsgefüge. Es verbleibt jedoch die von *Jakob* aufgeworfene Frage aus dem österreichischen Recht, ob trotz dieser gesetzlichen Konzeption gegebenenfalls eine statuarische Regelung möglich ist, durch welche ein Zustifter die Stifterstellung erwerben kann.[970] Wäre eine nachträgliche Stifterwerdung auf diese Weise zulässig, könnten sich Dritte in die Stiftung „einkaufen" und von innen Einfluss auf die Stiftung nehmen. Im Hinblick auf die deutliche gesetzliche Regelung wird eine statuarische nachträgliche Gewährung der Stifterstellung jedoch nicht im Sinne des Gesetzgebers gewesen sein.[971]

Dies ergibt sich vor allem aus dem Grundsatz der Unübertragbarkeit der Stifterrechte nach Art. 552 § 30 Abs. 1 S. 2 PGR. *Torggler* zeigt für das österreichische Recht, aus dem der Meinungsstreit schließlich stammt, bei einer insgesamt vergleichbaren Rechtslage, dass die im Nachhinein ausübbaren exklusiven Stifterrechte auf den Widerruf und die Änderung der Stiftungsdokumente begrenzt sind.[972] Alle anderen Stifterrechte sind entweder nur bei Errichtung der Stiftung ausübbar oder können durch eine entsprechende Satzung auch Nicht-Stiftern übertragen werden. Wenn dies jedoch die einzigen Rechte sind, die mit einer nachträglichen Stifterstellung ausgeübt werden können, würde auf diese Art und Weise zwangsläufig die Unübertragbarkeit des Art. 552 § 30 Abs. 1 S. 2 PGR umgangen.[973] Angesichts dessen wird eine nachträgliche Stifterwerdung abgelehnt.[974]

---

970 *Jakob*, Liechtensteinische Stiftung, Rn. 239 m.w.N.; ausführlich *Torggler* in FS Doralt, offene Privatstiftung, S. 653 ff.

971 Die Gesetzesmaterialien gehen jedoch leider nicht auf diesen Zusatz ein.

972 *Torggler* in FS Doralt, offene Privatstiftung, S. 657 f.

973 Für Österreich, *Diregger/Winner* in Aktuelle Fragen (2001), Fragen der Gestaltungsfreiheit, S. 117.

974 Zum gesamten Streitstand in Österreich eindrücklich *Torggler* in FS Doralt, offene Privatstiftung, S. 659 f.

b. *Anwendbare Vorschriften und Auswirkungen einer fehlenden materiellen Entreicherung*

Auf nachträgliche Vermögenszuwendungen findet in Liechtenstein vollumfänglich das Schenkungsrecht Anwendung. Ob sich dies aus Art. 552 § 38 Abs. 1 PGR, der nach teilweise vertretener Auffassung nur auf die ursprüngliche Vermögensausstattung anwendbar ist,[975] oder aus der Qualifikation der Zu- und Nachstiftung als Schenkung ergibt, kann dahinstehen. Auch auf nachträgliche Zuwendungen sind daher die Vorschriften über das Pflichtteilsrecht, insbesondere §§ 785 i.V.m. 951 ABGB, sowie diejenigen über die Gläubigerbenachteiligung (Art. 65 und 67 RSO) anwendbar. Diese Vorschriften sind Gegenstand der folgenden Ausführungen.

Neben der generell wirkenden Absichtsanfechtung nach Art. 67 RSO, wenn der Stifter bei der Vermögenszuwendung mit dem Vorsatz der Gläubigerbenachteiligung handelt, können Gläubiger die Vermögenszuwendung an die Stiftung gemäß Art. 552 § 38 Abs. 1 PGR auch „gleich einer Schenkung" anfechten.[976] Gemäß Art. 65 Abs. 1 Nr. 1 RSO können alle unentgeltlichen Verfügungen eines Schuldners und damit auch die Zuwendung an die Stiftung angefochten werden, die er innerhalb eines Jahres vor Bewilligung der Zwangsvollstreckung getätigt hat.

Außerhalb der für alle Gläubiger geltenden Vorschriften der RSO existieren zugunsten bestimmter Gläubigergruppen, zu denen der Zuwendende ein persönliches Näheverhältnis hat, noch zwei weitere drittschützende Vorschriften. Schenkungen des Zuwendenden können von Pflichtteilsberechtigten des Zuwendenden bei der Berechnung des Pflichtteils nach § 785 ABGB in Anschlag gebracht werden. Ebenso können nach Art. 84 Abs. 1 EheG Minderungen des ehelichen Vermögens, die auf eine Weise geschehen sind, die der Gestaltung der Lebensverhältnisse der Ehegatten während der ehelichen Lebensgemeinschaft widersprechen und denen der andere Ehegatte nicht zugestimmt hat, bei der Berechnung der Aufteilungsmasse hinzugerechnet werden. Die Anwendung des Art. 84 Abs. 1 EheG ist somit nicht auf unentgeltliche Rechtsgeschäfte begrenzt. Sowohl die Hinzurechnung bei der Berechnung des Pflichtteils,

975 *Heiss* in Liechtensteinisches Stiftungsrecht, Art. 552 § 38, Rn. 40; für eine Geltung des Art. 552 § 38 Abs. 1 PGR auf sämtliche Zuwendungen *Gasser* in Gasser/StiftR, § 38, Rn. 4.

976 Die Frage, ob der Verweis des Art. 552 § 38 Abs. 1 PGR nur für die Vermögensausstattung oder sämtliche Zuwendungen gilt, kann dahinstehen, da spätere Zuwendungen ohnehin als Schenkungen zu qualifizieren sind, dazu auch oben S. 214 f.

§ 785 Abs. 3 ABGB, als auch die der Aufteilungsmasse, Art. 84 Abs. 1 EheG, sind auf solche Zuwendungen begrenzt, die bis zu zwei Jahre vor dem Berechnungszeitpunkt durchgeführt wurden.

Der Pflichtteilberechtigte kann, soweit sich bei einer Berechnung des Pflichtteils unter Hinzurechnung der Zuwendungen ein Fehlbetrag zum tatsächlich erhaltenen Betrag ergibt, auch von Dritten eine Deckung des Fehlbetrages verlangen, § 951 ABGB. Ist hingegen der zuwendende Ehegatte durch die Zuwendung derart entreichert, dass sein verbleibendes Vermögen nicht ausreicht, um den Aufteilungsanspruch zu begleichen, stehen dem Ehegatten keine mit § 951 ABGB oder § 1390 BGB vergleichbaren Möglichkeiten zu. Stattdessen kann er nur die allgemeinen Anfechtungsansprüche gegenüber Dritten geltend machen.[977]

All diesen Vorschriften ist gemein, dass sie zum Schutz des Zuwendungsempfängers Fristen für die Anfechtbarkeit oder die Hinzurechnung vorsehen. Soweit aber die Vermögenszuwendung an die Stiftung im obigen Sinne unvollkommen war, weil die Stiftung aufgrund des Änderungsrechts nicht gänzlich frei über das Vermögen verfügen konnte, oder der Stifter durch das Widerrufsrecht sein Vermögen nicht endgültig aufgegeben hat, führt die Anwendung dieser Vorschriften zu unbilligen Ergebnissen. Die Fristen beginnen nach dem Wortlaut der Vorschriften jeweils mit der Durchführung des Zuwendungsgeschäfts.

Das Zuwendungsgeschäft kann aber – wie gezeigt – auch dann wirksam durchgeführt werden, wenn sich der Stifter Gestaltungsrechte nach Art. 552 § 30 Abs. 1 PGR vorbehalten hat oder anderweitig Einfluss auf die Stiftung nehmen kann. Dadurch steht dem Stifter jedoch grundsätzlich die Möglichkeit zu, sich Teile des Vermögens oder das ganze Vermögen durch die Ausübung des Rechts (mittelbar) wieder zu eigen zu machen oder laufend Einfluss auf die Stiftung zu nehmen. Die Zuwendung ist dann zwar in den meisten Fällen trotz der eingeschränkten Entreicherung des Stifters wirksam. Würden die jeweiligen Fristen der drittschützenden Vorschriften mit einem solchen unvollkommenen Zuwendungsgeschäft beginnen, könnte sich der (Nach-)Stifter gegenüber seinen Gläubigern auf das fehlende Vermögen berufen, gleichzeitig aber noch durch die Stiftung über selbiges verfügen. Eine solche Konstellation widerspricht vor allem dann wesentlichen Grundzügen des Gläubigerschutzes, wenn die Gläubiger aufgrund des Fristablaufs keine Möglichkeit mehr haben, das unentgeltliche Geschäft anzufechten. Gleichwohl könnte der Gläubigerschutz in derartigen Fällen, solange der Stifter lebt und die Gestaltungsrechte nach

977 Dazu auch *Wilhelm*, Anfechtung von Stiftungen, S. 134 f.

Art. 552 § 30 Abs. 1 PGR noch bestehen, durch eine Pfändung der Gestaltungsrechte gewahrt werden.[978]

Allerdings scheitert der Gläubigerschutz, sobald diese Rechte nicht mehr pfändbar sind, und sofern Hinzurechnungsvorschriften betroffen sind. In vielen Fällen tritt der Untergang der Gestaltungsrechte oder der anderen Einflussmöglichkeiten mit dem Tod des Stifters ein, da die Rechte nicht übertragbar sind. Soweit ein Gläubiger nach dem Untergang der Rechte versucht, das unentgeltliche Geschäft anzufechten oder den Pflichtteils- oder der Aufteilungsanspruch zu berechnen, wäre auf den Zeitpunkt des ursprünglichen Geschäfts abzustellen und die Ansprüche wären regelmäßig verjährt, obwohl der Stifter bis zur Aufgabe der Rechte noch auf sein Vermögen zugreifen konnte.

Um der Besonderheit der im Gesetz vorgesehenen Gestaltungsrechte und die durch sie mögliche Einflussnahme Rechnung zu tragen, sind die Vorschriften nach der in der österreichischen Literatur[979] und Rechtsprechung[980] vertretenen und in Liechtenstein übernommenen Vermögensopfertheorie[981] so auszulegen, dass die jeweiligen Fristen erst dann beginnen, wenn der Stifter sein Vermögen „geopfert" hat, indem er auf Änderungs- oder Widerrufsrechte verzichtet hat. Diese Auslegung führt zwar zulasten der Stiftung zu einem besonders ausgeprägten Gläubigerschutz. Dies ist jedoch insoweit gerechtfertigt, als die Stiftung ohnehin kein Vertrauen bezüglich ihrer dauerhaften Eigentümerstellung bilden kann, da der Stifter jederzeit seine Gestaltungsrechte hätte ausüben können oder die Satzungsgestaltung von Anfang an mit dem „Makel" des Einflusses behaftet war.

Diese ursprünglich zu den Gestaltungsrechten des Art. 552 § 30 PGR[982] entwickelte Theorie lässt sich ihrer Begründung nach auch auf andere Fälle

---

978 Dazu siehe S. 347 f.

979 Ausführlich *Wilhelm*, Anfechtung von Stiftungen, S. 36 ff. m.w.N.

980 öOGH, 5.6.2007 – 10 Ob 45/07a, JBl 2007, 780, 782 f. m.w.N.

981 OGH, 7.12.2012 – 3 CG.2011.93, ZfS 2013, 54, 54 ff.; *Gasser* in Gasser/StiftR, § 38, Rn. 15 ff.; *Heiss* in Liechtensteinisches Stiftungsrecht, Art. 552 § 38, Rn. 13 ff.; *Jakob*, Liechtensteinische Stiftung, Rn. 668; *Schauer* in Liechtensteinisches Stiftungsrecht, Art. 552 § 30, Rn. 10 m.w.N.; *Büch*, Durchgriff, S. 129 ff.; *Bösch* in ZStV 2016, 18, 20 f.

982 An dieser Stelle könnte sich außerdem die Frage stellen, ob eine Beschränkung des Änderungsrechts, etwa auf reine Satzungsänderungen, dazu führen kann, dass ein Vermögensopfer bereits bei Errichtung der Schenkung ausgelöst wird. Allerdings gibt es kaum Satzungsinhalte, deren Änderung sich der Stifter sinnvollerweise vorbehalten könnte, die nicht zugleich auch geeignet sind, seinen Einfluss gegenüber der Stiftung durchzusetzen. Entsprechend können beispielsweise ein Austausch der Destinatäre,

übertragen, in denen der Stifter sein Vermögen nicht geopfert hat, also nicht vollständig materiell entreichert ist.[983] Nach *Bösch* ist das erforderliche Vermögensopfer regelmäßig im Wege einer Einzelfallbetrachtung zu bewerten, bei der „wesentliche Umstände" insbesondere Mandatsverträge, die Erstbegünstigung des Stifters, die Organstellung des Stifters sowie faktische Umstände einzubeziehen sind.[984]

III. Fazit

Bei der Frage nach der Legitimität und Vollständigkeit einer Zuwendung müssen in beiden Rechtsordnungen die Aspekte der Bereicherung der Stiftung und der Entreicherung des Stifters getrennt werden:

Während eine fehlende Bereicherung der Stiftung, insbesondere bei der ursprünglichen Vermögensausstattung, in Deutschland das Entstehen der Stiftung verhindern kann, ist dies in Liechtenstein aufgrund der fehlenden Mittel-Zweck-Relation zwischen Stiftungsvermögen und Zweckerfüllung grundsätzlich kein Entstehungshindernis, solange die Stiftung zumindest über das Mindestkapital verfügen kann. Ohnehin dürfte eine Bereicherung in beiden Ländern – zumindest bei einmal wirksam errichteten Stiftungen – kaum in Frage stehen, solange davon ausgegangen wird, dass sich eine fehlende Entreicherung des Stifters nicht auf die Bereicherung auswirkt, weil die Stiftung durch die Förderung eines jeglichen Zwecks, also auch des Stifters, bereichert sein kann. Vergleichbares gilt für nachträgliche Zuwendungen, bei welchen die Unterschiede zwischen dem deutschen und liechtensteinischen Recht deutlich geringer sind. Überdies besteht zumindest im Bereich der hier untersuchten privatnützigen Stiftungen kaum eine vorstellbare Konstellation, in der eine der Parteien ein Interesse daran haben könnte, die Stiftung nicht nach den dargestellten Maßstäben zu bereichern. Das Missbrauchsrisiko in Bezug auf die Bereicherung ist daher gering.

Anders gestaltet sich die Situation in Bezug auf die Frage der Entreicherung. Im Regelfall dürfte es auch hier dem Interesse aller beteiligten Parteien entsprechen, dass eine jedenfalls formelle und vollständige Übertragung der Vermögenswerte stattfindet. Abhängig von den konkreten Umständen des Einzelfalls ist es jedoch vorstellbar, dass dem Stifter die Einflussnahme auf die Stiftung und

---

eine Änderung der Begünstigungsmodalitäten oder auch eine Änderung der Vorschriften über die Organbestellung nicht zu einem Vermögensopfer führen.

983 *Bösch*, Liechtensteinisches StiftR, S. 714 ff.; *Bösch* in PSR 2013, 52, 55; konkret zum Pflichtteilsrecht *Stöckl*, S. 117.

984 *Bösch* in PSR 2013, 52, 57.

damit auf sein Vermögen weiterhin möglich ist. Während dies in Liechtenstein konkret im Gesetz angelegt ist, sind derartige Möglichkeiten in Deutschland nur faktischer Natur. Aus der Perspektive der Stiftung selbst ist diese Einflussnahme im Grundsatz unproblematisch, solange sie sich im Rahmen des Stiftungszwecks bewegt, denn die Stiftung ist indifferent in Bezug auf die Frage, wie ihr Stiftungszweck konkret verwirklicht wird. Auch aus Sicht der Gläubiger der Stiftung stellt die Einflussnahme kein Problem dar: Entweder bewegt sie sich im Rahmen des Stiftungszwecks und ist damit nur Ausdruck des allgemeinen Risikos der Gläubiger der Stiftung oder sie führt zu Handlungen außerhalb des Stiftungszwecks und die Stiftung (oder ihr Insolvenzverwalter) kann Ansprüche gegen die Stiftungsorgane geltend machen. Die einzige Gruppe, für die eine mangelnde Entreicherung des Stifters durch einen verbleibenden Einfluss auf die Stiftung potenzielle negative Auswirkungen haben könnte, sind die Gläubiger des Stifters, der ihnen die Entreicherung im Insolvenzfall entgegenhalten könnte.

Diesem Missbrauchspotenzial zu begegnen, wird mit einer engeren Definition des Stiftungsbegriffs versucht, indem etwa die Stiftung für den Stifter als unzulässig erachtet wird. Allerdings lässt sich der Einfluss, wie gezeigt, aber in ähnlichem Maße auf vielen anderen faktischen Wegen erreichen – trotz eines Verbots bestimmter Stiftungszwecke. Überdies führen solcherlei Verbote immer dann zu Abgrenzungsschwierigkeiten, wenn diese Zwecke mit unstreitig legitimen gemischt werden. In der Praxis müsste eine geplante Gläubigerbenachteiligung in Deutschland ohnehin mit sehr langer Hand geplant werden, um die zehnjährige Anfechtungsfrist der § 133 InsO, § 3 AnfG zu umgehen, und dürfte damit entsprechend selten sein. Auch wenn es an einer Gläubigerbenachteiligungsabsicht fehlt und damit nur die vierjährige Frist der § 134 InsO, § 4 AnfG gilt, lässt es sich aber nur schwer vertreten, warum der Stifter sein ganzes Leben lang Leistungen erhalten können soll, obwohl er sich seiner Schulden durch eine Restschuldbefreiung entledigen könnte. Dies gilt jedoch nur insoweit, wie der Stifter keinen Anspruch auf spätere Leistungen hat, oder diese faktisch durchsetzen kann. Ansonsten würden Zuwendungen an eine Stiftung wesentlich anders behandelt als solche an Freunde und Angehörige. Auch außerhalb einer Zahlungsunfähigkeit des Stifters ergeben sich ähnliche Spannungen bei der Aushebelung des Pflichtteilsrechts und eherechtlicher Ansprüche.

Statt den Spielraum des Stifters durch eine Verengung möglicher Stiftungszwecke zu beschneiden, jedenfalls aber, um den Entwicklungen in der Praxis zur „asset protection“[985] – insbesondere über unternehmensverbundene

985 Vgl. dazu den Beitrag „Schutz des Vermögens von Familienstiftungen vor dem Zugriff

Familienstiftungen[986] – zu begegnen, kann der Unbilligkeit und Missbrauchsgefahr bei Einflussnahmemöglichkeiten des Stifters aber auf anderem Wege begegnet werden. Wenn letztlich die Gläubiger des Stifters geschützt werden sollen, ist die naheliegendste Lösung, solche Vorschriften anzuwenden, die den Gläubigerschutz bezwecken. Die dabei bestehenden Defizite lassen sich, wie gezeigt, dadurch beheben, dass der Übertragungsakt im Rahmen der gläubigerschützenden Vorschriften erst in dem Moment als verwirklicht betrachtet wird, in dem der Stifter oder Zuwender sämtliche Einflussmöglichkeiten aufgegeben hat und tatsächlich entreichert ist.

In Liechtenstein ist dies spätestens seit der Übernahme der (österreichischen) Vermögensopfertheorie bereits anerkannt.[987] In Deutschland sind derartige Gedanken dem Schenkungsrecht nicht vollständig fremd und wären geeignet, den Gläubigerschutz im Stiftungskontext zu erreichen, ohne dass der Stifter in seiner Freiheit bei der Wahl des Stiftungszwecks beschränkt werden müsste.

IV. Anwendung auf Doppelprivatstiftungen

Abschließend muss der Frage nachgegangen werden, ob sich der Gedanke des fehlenden Vermögensopfers auch bei rein privatnützigen Doppelstiftungen – hier als „Doppelprivatstiftung" bezeichnet – fruchtbar machen lässt.

Die Gestaltung der Doppelstiftung stammt aus dem Steuer- und Gemeinnützigkeitsrecht.[988] In dieser Konstellation bestehen zwei Stiftungen, die ihr Vermögen in einer Gesellschaft poolen. Dabei bringt die gemeinnützige Stiftung den Großteil des Vermögens ein. Die andere Stiftung folgt privatnützigen Zwecken und bringt nur geringe Vermögenswerte ein. In der Gesellschaft erhält die privatnützige Stiftung trotz ihrer geringeren Kapitalbeteiligung die Stimmrechtsmehrheit. Dadurch kann sie jedoch alle Geschäftsführungsaufgaben übernehmen oder entsprechende Organe besetzen und trifft faktisch die Entscheidungen. Ferner sind die Bezugsrechte ebenfalls abweichend von der Kapitalbeteiligung ausgestaltet. Die privatnützige Stiftung erhält somit meist ausreichende Erträge

---

von Gläubigern der Begünstigten" von *Feick/Thon* in ZEV 2011, 404, 405 ff.

986 Vgl. zu der Tendenz der Praxis zu unternehmensverbundenen Familienstiftungen, *Weitemeyer* in MüKo-BGB, § 80, Rn. 211.

987 *Bösch* in PSR 2013, 52, 55 ff.; *Bösch* in LJZ 2014, 15, 15 ff.

988 Ausführlich zu dieser Struktur zum Beispiel *Bierman/Koslowski* in Unternehmensnachfolge, § 9, Rn. 37 ff.; *Richter* in Münch. HdB GesR Bd. V, § 80, Rn. 197 ff.; *Ihle* in RNotZ 2009, 621, 634; *Werner* in ZEV 2012, 244, 249 ff.; mit steuerlichem Fokus auch *Binz/Sorg* in ZEV 2005, 520, 520.

für die Leistung an ihre Begünstigten und kann das Vermögen nach den Vorstellungen des Stifters – und gegebenenfalls unter dessen Einflussnahme – verwalten, ohne an das Gemeinnützigkeitsrecht gebunden zu sein. Gleichzeitig können aber bei der Übertragung des Vermögens vom Stifter auf die gemeinnützige Stiftung die steuerlichen Erleichterungen in Anspruch genommen werden.

Die Struktur der Doppelstiftung kann zur Umgehung der Beherrschung einer Stiftung, bei gleichzeitiger Einflussnahme auf das Vermögen, auch mit zwei privatnützigen Stiftungen genutzt werden. Dabei wird die privatnützige Stiftung aus der originalen Doppelstiftung zu einer „beherrschten" privatnützigen Stiftung. Die gemeinnützige Stiftung wird hingegen durch eine „unabhängige" privatnützige Stiftung ersetzt. Diese „Doppelprivatstiftung" kann mehrere Funktionen erfüllen:

Zum einen können dadurch steuerliche Vorteile bei der Hinzurechnungsbesteuerung des § 15 AStG erreicht werden. Denn in Bezug auf die unabhängige Stiftung könnte das Vermögen der Einflussnahme der Familie im Sinne des § 15 Abs. 6 Nr. 1 AStG entzogen sein. Dies hängt grundsätzlich davon ab, ob der Begriff des rechtlich und tatsächlich entzogenen Vermögens auch auf die mittelbare Einflussnahme erstreckt wird. Denn im Fall der unabhängigen Stiftung ist die direkte Nutzungsteilhabe der Familie rechtlich und tatsächlich entzogen. Durch die gemeinsame Tochtergesellschaft der Stiftungen gibt die Familie hingegen nicht die Verwaltungsteilhabe an dem Vermögen auf.[989] Da die Familie aber das Ausschüttungsverhalten der Stiftung nicht kontrollieren kann, könnte trotzdem eine Trennung angenommen werden. Ähnliches legt auch ein BMF-Schreiben zur Entreicherung des Stifters im Hinblick auf die Schenkungsteuer nahe, welches einzig auf das Verhältnis von Stifter zu Stiftung und nicht auf etwaige Tochtergesellschaften der Stiftung abstellt.[990]

Neben weiteren potenziellen steuerlichen[991] Vorteilen einer Doppelprivatstiftung, auf die an dieser Stelle nicht weiter eingegangen werden soll, kann diese Konstellation aber auch einen gravierenden Einfluss auf die Anwendung der Vermögensopfertheorie haben. Denn nach den oben dargestellten Grundsätzen muss der Stifter nur seinen Einfluss auf das zugewendete Vermögen aufgegeben

989 Ausführlich zu der Unterscheidung zwischen Nutzungs- und Verwaltungsteilhabe *Dutta*, Warum Erbrecht, S. 30 ff. m.w.N.

990 BMF, Schreiben v. 16.9.2004, IV A 4-S 1928-120/04, Rn. 19. Vgl. zu der nicht unumstrittenen Auslegung je m.w.N. *Vogt* in Brandis/Heuermann, § 15 AStG, Rn. 85; *Kalenberg/Reichert* in IStR 2016, 140, 143.

991 Dazu noch unten aber im Ergebnis ablehnend S. 587 f.

haben, damit er sich gegenüber Dritten auf die Entreicherung berufen kann, und die entscheidenden Fristen beginnen. Davon kann in Bezug auf die unabhängige Stiftung regelmäßig ausgegangen werden. Für die Bewertung des Einflusses auf die Vermögenssubstanz über die Gesellschaft lassen sich in der Folge zwei Ansätze unterscheiden:

Zum einen kann und muss das Vermögen der beherrschten Stiftung höher angesetzt werden, als es ihre Kapitalbeteiligung suggerieren würde. Schließlich hat sie im Regelfall disproportional viele Stimm- und Bezugsrechte, die den Wert ihrer Anteile an der Tochtergesellschaft erhöhen.[992] Da der Stifter in Bezug auf das Vermögen der beherrschten Stiftung seine Herrschaftsrechte nicht aufgegeben hat, wäre diesbezüglich die Vermögensopfertheorie anwendbar.

Zum anderen könnte aufgrund der Verwaltungsteilhabe des Stifters in der Tochtergesellschaft auch in Bezug auf das Vermögen der unabhängigen Stiftung von einer fehlenden Entreicherung ausgegangen werden. Hiervon ist m.E. jedoch aus verschiedenen Gründen Abstand zu nehmen: Letztlich wurde die Vermögensopfertheorie vorrangig mit dem Argument des Gläubigerschutzes begründet. Nur bei einer echten Entreicherung soll sich der Stifter auf die Aufgabe des Vermögens berufen können. Ist die Stiftung zur Gänze unabhängig, ist der Stifter grundsätzlich in diesem Sinne entreichert. Auch wenn er in der Gesellschaft die Entscheidungen trifft und somit die wesentliche Verwaltungsteilhabe behält, hat er keine Entscheidungsmöglichkeiten über die Verwendung der Erträge. Will er erreichen, dass die Erträge sicher an ihn oder Angehörige fließen, dann muss er konkrete Ansprüche in der Satzung einräumen. Diese wären aber von Gläubigern pfändbar. Bezeichnet er solche Ansprüche nicht konkret, kann er sich nie sicher sein, ob die Stiftung tatsächlich an ihn leistet. Sollte sie an ihn leisten, wären diese Leistungen aber auch wieder dem Zugriff der Gläubiger ausgesetzt. Dem Gläubigerschutz ist somit auch dann ausreichend Rechnung getragen, wenn die unabhängige Stiftung bei Doppelprivatstiftungen regelmäßig nicht der Vermögensopfertheorie unterfällt.

Voraussetzung ist in diesem Fall aber, dass die Stiftung tatsächlich unabhängig ist. Denn aus der Kombination der beiden Stiftungen mit der Gesellschaft können sich Einflussnahmemöglichkeiten ergeben, auf die bisher nicht eingegangen wurde. Eine solche Möglichkeit liegt zum Beispiel vor, wenn die Statuten der eigentlich weisungsunabhängigen Stiftung die dauerhafte, ausschließliche

---

992 Zu diesem Ansatz bei „echten" Doppelstiftungen aber unabhängig von der Vermögensopfertheorie *Ihle* in RNotZ 2009, 621, 638; *Werner* in ZEV 2012, 244, 247.

und unaufhebbare Anlage des Stiftungsvermögens in der von der privatnützigen Stiftung beherrschten Gesellschaft vorsehen.

Es bleibt festzuhalten, dass die Vermögensopfertheorie auch bei Doppelprivatstiftungen nicht ohne Anwendungsbereich ist. Denn zum einen findet sie unbeschränkt Anwendung auf die beherrschte Stiftung, bei der im Rahmen der Vermögensbewertung die Gesellschaftsverhältnisse in der Tochtergesellschaft berücksichtigt werden müssen. Zum anderen ist ein besonders strenger Maßstab an die Unabhängigkeit der vermeintlich unabhängigen Stiftung zu stellen. Hat der Stifter nicht sämtliche Einflussnahmemöglichkeiten aufgegeben, ist auch dort die Vermögensopfertheorie anwendbar.

D. Stiftungsaufsicht

Vor dem Hintergrund eines potenziellen Missbrauchs der Stiftung oder der Einflussmöglichkeiten des Stifters kann der Stiftungsaufsicht eine gravierende Bedeutung bei der Prävention zu kommen: So kann sie beispielsweise verhindern, dass Stiftungen mit unzulässigen Zwecken errichtet werden. Im Hinblick auf die einmal errichtete Stiftung kann sie die Arbeit der Stiftungsorgane maßgeblich beeinflussen. Denn wie bereits dargestellt, besitzen die Stiftungsorgane bei der Verfolgung des Stiftungszwecks teilweise große Handlungsspielräume. Je umfangreicher die Stiftungsorgane bei ihrer Arbeit beaufsichtigt werden, desto vorsichtiger dürften ihre Entscheidungen in Grenzfällen ausfallen und eine Einflussnahme, die sich nicht mehr im Rahmen des Stiftungszwecks bewegt, könnte verhindert werden. Zuletzt wird die Aufsicht relevant, wenn die Stiftung beendet oder ihr Zweck geändert werden muss, weil sie etwa ihr Vermögen verloren hat oder ihr Zweck unzulässig geworden ist.

I. Errichtung

1. Deutschland

Stiftungen des privaten Rechts bedürfen zur Erlangung der Rechtspersönlichkeit in Deutschland nach § 80 Abs. 1 BGB, beziehungsweise § 80 Abs. 2 BGB-Neu, der Anerkennung durch die zuständige[993] Landesbehörde. Die Anerkennung hat dabei konstitutive Wirkung.[994] Auf Antrag des Stifters überprüft die Stiftungsbehörde, ob die in § 80 Abs. 2 S. 1 BGB und § 81 Abs. 1 BGB geregelten

---

993 Zur Zuständigkeit detailliert, *Hüttemann/Rawert* in Staudinger-BGB, § 80, Rn. 7 f.

994 Statt vieler *Weitemeyer* in MüKo-BGB, § 80, Rn. 110 f.

Voraussetzungen für die Anerkennung vorliegen. Neben den leicht kontrollierbaren Inhalten des § 81 Abs. 1 S. 3 BGB kommt primär der Prüfung der Lebensfähigkeit der Stiftung sowie der Zulässigkeit des Zwecks eine eigene Bedeutung zu. Wie bereits zum Stiftungsvermögen dargelegt,[995] wird in Bezug auf die dauerhafte und nachhaltige Erfüllung des Stiftungszwecks lediglich die Prognoseentscheidung des Stifters im Rahmen einer Plausibilitätskontrolle überprüft.[996] Die Überprüfung der Gemeinwohlgefährdung beschränkt sich nach der vorzugswürdigen Ansicht auf die Verhinderung rechtswidriger Stiftungszwecke und deckt sich insoweit mit den §§ 134, 138 BGB, nach welchen ein Stiftungsgeschäft mit gesetzes- oder sittenwidrigem Zweck ohnehin nichtig wäre. Liegen alle Voraussetzungen für die Anerkennung der Stiftung vor und ist keines der negativen Tatbestandsmerkmale erfüllt, hat der Stifter einen gebundenen Anspruch auf die Errichtung der Stiftung.[997] Die Stiftungsbehörde hat damit nur bei der Auslegung der beiden unbestimmten Rechtsbegriffe in einem engen Rahmen überhaupt einen Entscheidungsspielraum.[998] Durch die Reform wird die Anerkennung nunmehr in § 82 BGB-Neu i.V.m. § 81 Abs. 1–3 BGB-Neu geregelt, ohne dass es zu wesentlichen Änderungen[999] der bisherigen Rechtslage kommt.[1000]

2. *Liechtenstein*

Privatnützige Stiftungen in Liechtenstein sind im Regelfall nicht nach Art. 552 § 14 Abs. 4 PGR eintragungspflichtig und bedürfen daher zu ihrer Errichtung – im Gegensatz zu gemeinnützigen Stiftungen – nach dem erklärten Willen des Gesetzgebers[1001] keines konstitutiv wirkenden staatlichen Mitwirkungsaktes.[1002] Nur wenn die privatnützige Stiftung ausnahmsweise ein nach kaufmännischer Art geführtes Gewerbe betreibt, ist sie nach Art. 552 § 14 Abs. 4 PGR eintragungspflichtig und der Eintragung kommt eine

995 Dazu auch, oben S. 116.

996 *Weitemeyer* in MüKo-BGB, § 80, Rn. 130 ff.; *Hüttemann/Rawert* in Staudinger-BGB, § 80, Rn. 26.

997 *Weitemeyer* in MüKo-BGB, § 80, Rn. 107 ff.

998 *Weitemeyer* in MüKo-BGB, § 80, Rn. 109.

999 Zu der Änderung, dass nunmehr auf die Gemeinwohlgefährdung durch die Stiftung insgesamt und nicht nur durch den Stiftungszweck abgestellt wird, bereits oben S. 84.

1000 BT-Drucks. 19/28173, S. 51.

1001 BuA Nr. 13/2008, S. 76 f.

1002 Siehe dazu auch oben, S. 203 f.

konstitutive Wirkung zu. Wenngleich eine Eintragung nicht zwingend ist, besteht doch nach Art. 552 § 14 Abs. 5 PGR die Möglichkeit einer freiwilligen Eintragung. In der Praxis wird diese jedoch selten wahrgenommen, wobei allerdings angemerkt werden kann, dass sich die Zahl der eingetragenen Stiftungen – bei einer insgesamt abnehmenden Zahl an Stiftungen – beinahe vervierfacht hat.[1003]

Statt einer Eintragung bedarf es in Liechtenstein lediglich der Hinterlegung der Gründungsanzeige der Stiftung beim Amt für Justiz, Art. 552 § 20 Abs. 1 PGR. Im Gegensatz zu einer Handelsregistereintragung dient die Hinterlegung der Gründungsanzeige nicht der laufenden Einsichtmöglichkeit (potenzieller) Vertragspartner, sondern der „Überwachung der Eintragungspflicht und Verhütung von Stiftungen mit gesetz- oder sittenwidrigem Zweck sowie zur Vermeidung von Umgehungen einer allfälligen Aufsicht".[1004] Im Rahmen der Gründungsanzeige muss ein ordentlicher Treuhänder gemäß Art. 552 § 20 Abs. 1 PGR die Richtigkeit der Angaben bestätigen. Auf diese Weise findet eine „privatwirtschaftliche" Vorkontrolle im Hinblick auf die Zulässigkeit des Stiftungszwecks und auf die Erfüllung der sonstigen Voraussetzungen statt.[1005] Soweit die Hinterlegung der Gründungsanzeige erfolgt ist, stellt das Amt für Justiz daraufhin nach Art. 552 § 20 Abs. 4 S. 1 PGR eine Amtsbestätigung über die Hinterlegung aus. Diese wird nur dann nicht erteilt, wenn sich aus der Gründungsanzeige ein unzulässiger Stiftungszweck ergibt oder die Behörde feststellt, dass die Stiftung eintragungspflichtig ist. Im Ergebnis beschränkt sich die staatliche Aufsicht bei der Errichtung auf diese beiden Prüfungsschritte, denen keine konstitutive Wirkung zukommt. Da die Stiftung in Liechtenstein somit allein durch den Stifter selbst errichtet werden kann, sind zwar auch Stiftungen mit unzulässigem Zweck möglich. Sobald die Unzulässigkeit bekannt wird, wären sie dann durch ein Gericht aufzulösen.[1006] Durch das Zusammenspiel der Überprüfung durch einen Treuhänder und die Amtsbestätigung ist die Gefahr für den Rechtsverkehr jedoch begrenzt.

1003 Nach Angaben der liechtensteinischen Regierung hatten zum 31.12.2016 weniger als ca. 3,3 % der privatnützigen Stiftungen von der Möglichkeit Gebrauch gemacht, da nur 474 von 14.398 privatnützigen Stiftungen eingetragen waren, Rechenschaftsbericht der Regierung 2016, S. 258, 261. Die Zahl der eingetragenen Stiftungen ist mittlerweile auf 1.759 von 10.452, also ca. 16 % gestiegen, Rechenschaftsbericht der Regierung 2020, S. 143.

1004 BuA Nr. 13/2008, S. 88.

1005 *Jakob*, Liechtensteinische Stiftung, Rn. 160.

1006 Zur Errichtung von Stiftungen mit einem rechtswidrigen Stiftungszweck und dem Verhältnis zu At. 107 Abs. 5 PGR siehe im Detail oben, S. 212 f.

3. *Fazit*

Soweit die – zum Teil strafbewehrte[1007] – Überprüfung der Voraussetzungen der Gründungsanzeige durch den Treuhänder als mittelbare staatliche Aufsicht gewertet wird, steht die Überprüfung der Stiftung bei Errichtung der Stiftung in Liechtenstein nicht hinter der Überprüfung in Deutschland zurück. Aufgrund der konstitutiven Wirkung der Anerkennung in Deutschland kommt dem Anerkennungsprozess im Grundsatz aber eine größere Bedeutung zu als der zweistufigen Überprüfung bei der Gründungsanzeige in Liechtenstein. Im Ergebnis führen sowohl die staatliche Kontrolle in Deutschland als auch die geteilte Aufsicht in Liechtenstein dazu, dass (offensichtlich) unzulässige Stiftungszwecke verhindert werden können.

Der wesentliche Unterschied in der Aufsicht bei der Errichtung der Stiftung liegt stattdessen in der Überprüfung der Vermögensausstattung: Die Behörde ist in Deutschland zwar darauf verwiesen zu überprüfen, ob der Stifter eine vernünftige Prognose bezüglich der nachhaltigen Verfolgung des Stiftungszwecks mit dem Vermögen getroffen hat. Gleichwohl kann sie das Verhältnis von Zweck und Mittel auf offensichtliche Missverhältnisse kontrollieren. Bei der Familienstiftung dürfte sich selten das Problem eines zu geringen Stiftungsvermögens stellen, sondern die Mittel dürften das zur Zweckerfüllung zwingend erforderliche Vermögen regelmäßig deutlich überschreiten. Ist das Vermögen eindeutig größer als erforderlich, dienen sämtliche Vermögenserträge, die nicht an die Destinatäre fließen, potenziell dem Selbstzweck der Stiftung. Dies kann dann – nicht nur in Deutschland – zu Problemen führen, soweit die Selbstzweckstiftung als unzulässig erachtet wird. In Deutschland kann diese Überausstattung bereits bei der Anerkennung der Stiftung überprüft und entsprechend behandelt werden. In Liechtenstein ist die vermögensbezogene Überprüfung bei der Errichtung hingegen auf die Verfügbarkeit der CHF 30.000 Mindestvermögen beschränkt. Wenngleich die Aufsichtsbehörde dort auch im Nachhinein die Auflösung der Stiftung anordnen kann, führt die schwache Überprüfung der geplanten Vermögensstruktur dazu, dass die geringe Aufsichtsdichte über privatnützige Stiftungen eine Aufdeckung einer entsprechenden Überkapitalisierung unwahrscheinlich macht. Vergleichbares gilt jedoch auch für deutsche Stiftungen in Bundesländern mit einer weniger intensiven Aufsicht über privatnützige Stiftungen, wenn ungeplante oder zumindest unangekündigte Zustiftungen erst nach der Anerkennung getätigt werden.

1007 Siehe dazu oben S. 211.

II. Laufende Aufsicht

Neben der staatlichen Aufsicht bei der Errichtung wird auch die einmal errichtete Stiftung laufend beaufsichtigt. Eine solche Aufsicht kann sowohl den direkten als auch den mittelbaren Einfluss des Stifters und Dritter entscheidend begrenzen, indem ein Handeln innerhalb des Stiftungszwecks durch Stiftungsexterne sichergestellt wird. Eine derartige Aufsichtsfunktion kann dabei in jedem Fall durch staatliche Einrichtungen ausgeübt werden. Außerdem können Private diese Funktion wahrnehmen, wenn ihnen entsprechende Mittel zur Verfügung stehen und Anreize für die Ausübung der Aufsicht bestehen. Daher ist im Folgenden in einem ersten Schritt zu überprüfen, inwieweit Familienstiftungen einer staatlichen oder privaten laufenden Aufsicht unterliegen. In einem zweiten Schritt stellt sich die Frage, inwieweit die Aufsicht den Einfluss des Stifters einschränken kann. Die Aufsichtsmaßnahmen der behördlichen Zweckänderung und Auflösung der Stiftung sind aufgrund ihrer gravierenden Folgen dabei jedoch auszuklammern und an anderer Stelle zu behandeln.[1008]

1. Deutschland

a. Durch staatliche Stellen

Während sowohl gemeinnützige als auch privatnützige Stiftungen in Deutschland der Anerkennung durch die Stiftungsbehörde bedürfen, bestehen in vielen Bundesländern Unterschiede in Bezug auf die laufende Aufsicht. Diese sind nach der bisherigen Rechtslage derart gravierend, dass teilweise von einer Rechtszersplitterung gesprochen wird.[1009]

In einem ersten Schritt lässt sich der Grundsatz feststellen, nach dem gemeinnützige Stiftungen in allen Ländern der Aufsicht unterliegen, wobei es jedoch Ausnahmen für kirchliche[1010] und staatlich verwaltete Stiftungen[1011] gibt. Die Länder Mecklenburg-Vorpommern, Sachsen, Sachsen-Anhalt und Thüringen differenzieren nicht zwischen gemeinnützigen und privatnützigen Stiftungen, weswegen dort für beide Varianten das gleiche Aufsichtsrecht gilt.[1012] In den

---

1008 Siehe dazu S. 290 ff.

1009 *Jakob/Uhl* in BeckOGK, § 80 BGB, Rn. 565.

1010 Wie auch die Aufsicht über privatnützige Stiftungen ist diese nicht einheitlich geregelt, ausführlich dazu *Jakob/Uhl* in BeckOGK, § 80 BGB, Rn. 586 ff.

1011 Etwa Art. 10 Abs. 1 S. 1 BayStG.

1012 *Gollan/Richter* in Landesstiftungsrecht, Kapitel 30, Rn. 25; dies dürfte auf dem Stiftungsgesetz der DDR beruhen, welches ebenfalls keine Trennung zwischen privat- und gemeinnützigen Stiftungen kannte. Das Land Brandenburg bildet dabei die

anderen Ländern werden privat- oder familiennützige Stiftungen hingegen zum Teil von der Aufsicht freigestellt.[1013] Während einige Länder[1014] die teilweise Freistellung nur auf Familienstiftungen beziehen, gilt sie in anderen Ländern[1015] für alle privatnützigen Stiftungen. Soweit alle privatnützigen Stiftungen umfasst sind, gilt die teilweise Freistellung entsprechend auch für die Familienstiftung.[1016] Umgekehrt sollen die Vorschriften über Familienstiftungen nicht ohne Weiteres analog auf andere privatnützige Stiftungen anwendbar sein, da nach der bundesweiten Reform des Stiftungsrechts und den darauffolgenden Novellierungen der Landesstiftungsrechte keine Regelungslücke mehr vorliege.[1017] Ob die Stiftung privat-, familien- oder gemeinnützige Zwecke verfolgt, wird in den einzelnen Gesetzen unterschiedlich geregelt, wobei die Zuordnung vorwiegend nach dem überwiegend verfolgten Zweck durchgeführt wird.[1018]

Inhaltlich sind die Einschränkungen der Aufsicht entweder derart ausgestaltet, als dass Familienstiftungen nur bestimmten Aufsichtsmaßnahmen unterliegen,[1019] oder als dass die Aufsichtsmaßnahmen an höhere Voraussetzungen[1020] gebunden sind, als es für gemeinnützige Stiftungen der Fall wäre.

Ausnahmen und hat eine gesonderte Regelung zu Familienstiftungen (nicht aber anderen privatnützigen Stiftungen) eingeführt, *Gollan/Richter* in Landesstiftungsrecht, Kapitel 30, Rn. 10.

1013 § 13 Abs. 2 BaWüStiftG; § 10 Abs. 2 StiftG Bln; § 4 Abs. 3 S. 2 StiftGBbg; § 17 BremStiftG; § 5 Abs. 1 S. 2 StifG HA; § 10 Abs. 2 NStiftG; § 6 Abs. 3 StiftG NRW; § 9 Abs. 1 S. 3 LStiftG (RhPf); § 10 Abs. 3 StiftG SL; § 19 StiftG (Schl.-Hol.).

1014 § 13 Abs. 2 BaWüStiftG; § 10 Abs. 2 StiftG Bln; § 4 Abs. 3 S. 2 StiftGBbg; § 17 BremStiftG; § 21 Abs. 2 StiftG HE; § 19 StiftG (Schl.-Hol.).

1015 § 5 Abs. 1 S. 2 StifG HA; § 10 Abs. 2 NStiftG; § 6 Abs. 3 StiftG NRW; § 9 Abs. 1 S. 3 LStiftG (RhPf); § 10 Abs. 3 StiftG SL.

1016 *Gollan/Richter* in Landesstiftungsrecht, Kapitel 30, Rn. 14.

1017 *Gollan/Richter* in Landesstiftungsrecht, Kapitel 30, Rn. 26.

1018 Zu den Einzelheiten und Sonderfällen *Gollan/Richter* in Landesstiftungsrecht, Kapitel 30, Rn. 20.

1019 § 13 Abs. 2 BaWüStiftG (Ausnahmen von Anzeigepflichten); § 10 Abs. 2 StiftG Bln (Beschränkung der Aufsicht auf die Überwachung der Zusammensetzung der Stiftungsorgane); § 17 BremStiftG (Beschränkung auf die Sicherstellung der Handlungsfähigkeit der Stiftung unter Nennung einzelner Maßnahmen); § 10 Abs. 3 StiftG SL (Beschränkung auf die Bestellung von Mitgliedern der Stiftungsorgane und damit verbundenen Informationspflichten).

1020 § 4 Abs. 3 S. 2 StiftGBbg (Aufsicht nur insoweit, als dass Bestand und Betätigung der Stiftung nicht dem Gemeinwohl zuwiderlaufen); § 5 Abs. 1 S. 2 StifG HA, § 21 Abs. 2 StiftG HE, § 9 Abs. 1 S. 3 LStiftG (RhPf) (jeweils Aufsicht nur insoweit, als dass Bestand und Betätigung der Stiftung nicht öffentlichem Interesse

Als Sonderfall ist zuletzt das Bayerische Stiftungsgesetz anzusprechen, in welchem die Aufsicht nach Art. 10 Abs. 1 S. 1 BayStG auf Stiftungen, die „öffentliche Zwecke“ verfolgen, beschränkt ist.[1021] Nach Art. 1 Abs. 3 S. 2 BayStG handelt es sich dabei im Wesentlichen um Zwecke, die auch von den in §§ 52 ff. AO erfasst werden, wenngleich nach dem BayStG eine Förderung der Allgemeinheit nicht erforderlich ist und somit der Anwendungsbereich weiter ist als derjenige der §§ 52 ff. AO.[1022] Da die meisten Familienstiftungen keine öffentlichen Zwecke im Sinne des Art. 1 Abs. 3 S. 2 BayStG erfüllen, unterstehen sie im Gegenschluss regelmäßig nicht der Aufsicht, wenngleich eine Familienstiftung, die auch öffentliche Zwecke verfolgt, vorstellbar wäre und dann nach Art. 10 Abs. 1 S. 1 BayStG der Aufsicht unterläge. Indem die laufende Aufsicht auf Stiftungen mit öffentlichen Zwecken beschränkt ist, findet in Bayern damit grundsätzlich nur eine Eingangskontrolle bei der Errichtung einer privatnützigen Stiftung statt.[1023]

Nach der Reform des Bundesrechts 2021 könnten die Unterschiede in der Aufsicht zwischen gemeinnützigen und privatnützigen Stiftungen abnehmen und nunmehr auch privatnützige Stiftungen der vollständigen Aufsicht zu unterwerfen sein. Nach *Hüttemann/Rawert* sei dies aus § 83 Abs. 2 BGB-Neu abzuleiten, da der Bundesgesetzgeber dort unterschiedslos anordnet, dass die Stiftungsbehörden „bei der Aufsicht über die Stiftung den bei der Errichtung der Stiftung zum Ausdruck gekommenen Willen des Stifters zu beachten“ haben. Durch die bundesrechtliche Regelung entfalle nach Art. 31 GG die Kompetenz der Länder, bei der Aufsicht zwischen privatnützigen und gemeinnützigen Stiftungen zu differenzieren.[1024] Dies ergibt sich allerdings nicht zwingend aus dem Wortlaut der Norm, da dieser auch dahingehend verstanden werden kann, als

zuwiderlaufen); § 10 Abs. 2 NStiftG (Beschränkung auf die Sicherstellung der Handlungsfähigkeit der Stiftung); § 6 Abs. 3 StiftG NRW (Aufsicht nur insoweit, als dass Betätigung der Stiftung nicht gesetzlich geschützten Interessen zuwiderlaufen); § 19 StiftG (Schl.-Hol.) (Aufsicht nur insoweit, als sicherzustellen ist, dass der Bestand der Stiftung gewahrt bleibt und sie sich im Einklang mit den Rechtsvorschriften betätigt).

1021 Art. 1 Abs. 3 S. 2 BayStG: „Als öffentliche Zwecke gelten die der Religion, der Wissenschaft, der Forschung, der Bildung, dem Unterricht, der Erziehung, der Kunst, der Denkmalpflege, der Heimatpflege, dem Schutz der natürlichen Lebensgrundlagen, dem Sport, den sozialen Aufgaben oder sonst dem Gemeinwohl dienenden Zwecke.“

1022 *Gollan/Richter* in Landesstiftungsrecht, Kapitel 30, Rn. 20.

1023 Dazu jeweils *Gollan/Richter* in Landesstiftungsrecht, Kapitel 30, Rn. 20.

1024 *Hüttemann/Rawert* in ZIP 2021, 3, 42; *Suerbaum* in Andrick/Suerbaum-StiftGNRW, § 6, S. 40 ff.

dass allein inhaltliche Vorgaben für die Arbeit der Stiftungsbehörden gemacht werden. Diese Vorgaben kämen dann nur zum Tragen, wenn und soweit die Stiftung überhaupt beaufsichtigt wird. Für diese Auslegung spricht auch die Gesetzesbegründung. Denn aus dieser ist nicht ersichtlich, dass eine derart weitreichende Änderung, wie die zwingende Aufsicht für alle privatnützigen Stiftungen, erreicht werden sollte. Vielmehr sollte stattdessen deutlich geregelt werden, dass der Wille des Stifters auch für die Stiftungsbehörden bei der Stiftungsaufsicht maßgeblich ist.[1025] Wenngleich die bisher sehr eingeschränkte Aufsicht über privatnützige Stiftungen einen zu großen Einfluss auf die Stiftung nicht verhindern kann, lässt sich eine gegebenenfalls wünschenswerte Änderung dieser Rechtslage nicht aus der Neuregelung des § 83 Abs. 2 BGB-Neu ableiten.

Nachdem festgestellt werden konnte, dass – mit Ausnahme der vier genannten neuen Bundesländer – in allen Bundesländern die Aufsicht über Familienstiftungen in irgendeiner Form eingeschränkt ist, kann nun überprüft werden, welche Mittel der behördlichen Aufsicht zur Verfügung stehen und inwieweit diese dazu geeignet sind, den Einfluss des Stifters zu begrenzen. Neben den an dieser Stelle zu betrachtenden Möglichkeiten steht, wie eingangs angedeutet, allen Stiftungsbehörden, auch der Behörde in Bayern, nach dem vorrangigen Bundesrecht gemäß § 87 BGB das Recht zu, die Stiftung aufzulösen oder den Stiftungszweck zu ändern, soweit diese gegen das Gemeinwohl verstößt oder die Erreichung des Zwecks unmöglich geworden ist.[1026] Aufgrund ihrer besonderen Stellung wird diese bundesgesetzliche Regelung jedoch gesondert behandelt.[1027]

Die Aufsichtsmittel der Stiftungsbehörden lassen sich dabei in zwei Kategorien aufteilen. Zum einen finden sich Maßnahmen, welche die Zusammensetzung der Stiftungsorgane betreffen. Zum anderen bestehen Maßnahmen mit dem Zweck, die Überwachung der Arbeit der Stiftungsorgane zu ermöglichen, und wenn erforderlich, Ersatzvornahmen zu treffen.

Die Regelungen im Hinblick auf die Zusammensetzung der Organe dienen zum einen dazu, die Handlungsfähigkeit der juristischen Person sicherzustellen. Denn die Stiftung hat aufgrund ihrer eigenständigen Struktur – im Gegensatz zu den Gesellschaftern oder Mitgliedern anderer juristischer Personen – keine weitere Instanz, die den Vorstand im Notfall austauschen könnte.

Ist kein Vertreter der Stiftung mehr vorhanden, hat die Behörde nach der bisherigen Rechtslage allerdings nur eine unterstützende Rolle. Fehlt der Stiftung

---

1025 BT-Drucks. 19/28173, S. 52.

1026 *Gollan/Richter* in Landesstiftungsrecht, Kapitel 30, Rn. 58.

1027 S. 290 ff.

ein handlungsfähiges Organ, besteht nach dem gemäß Art. 31 GG vor etwaigen landesrechtlichen Regelungen vorrangigen Bundesrecht mit den §§ 86, 29 BGB eine Möglichkeit zur Notbesetzung der Organe durch das Amtsgericht. Eine Maßnahme der Behörde wäre in diesem Fall nur subsidiär und ihre Aufgabe beschränkt sich gegebenenfalls auf die Antragstellung beim Amtsgericht.[1028] Nach der Reform 2021 werden die Notmaßnahmen nunmehr stiftungsspezifisch in § 84c BGB-Neu geregelt. Wichtigster Unterschied zum bisherigen Recht ist, dass nicht mehr das Amtsgericht zuständig ist, sondern die Stiftungsbehörde selbst.[1029] Sie ist dabei nicht mehr auf die Notbestellung von Organen beschränkt und kann stattdessen auch befristet einzelne Organmitglieder mit einer Einzelgeschäftsführungsbefugnis ausstatten. Im Hinblick auf die Kontrolle der Einflussnahme auf die Stiftung kommt der Notbestellung von Organmitgliedern allerdings kaum eine Bedeutung zu, da eine beeinflusste privatnützige Stiftung regelmäßig nicht ohne Organmitglieder dastehen dürfte, beziehungsweise Satzungsregelungen bestehen, die eine Neubesetzung auch ohne ein Einschreiten der Behörde ermöglichen.

Im Gegensatz dazu könnte die landesrechtlich geregelte Abberufung eines Mitglieds eines Stiftungsorgans grundsätzlich ein taugliches Mittel sein, um den faktischen Einfluss des Stifters durch die Besetzung der Stiftungsorgane einzuschränken.[1030] Die Abberufung setzt regelmäßig eine grobe Pflichtverletzung oder sonstige Unfähigkeit zur ordnungsgemäßen Geschäftsführung voraus. Eine grobe Pflichtverletzung liegt vor, wenn ein Organmitglied „seine Kompetenzen in schwerwiegender Weise und mehrfach missbraucht, die Funktions- oder Vermögensinteressen grob vernachlässigt oder sich beharrlich weigert, den Stiftungszweck zu erfüllen".[1031] Die Beurteilung der groben Pflichtverletzung richtet sich dabei nach der Bedeutung der Folgen für die Stiftung und dem Grad des Verschuldens.[1032] Eine Unfähigkeit zur ordnungsgemäßen Geschäftsführung setzt hingegen fachliche, gesundheitliche oder charakterliche Gründe voraus, welche das Organmitglied an der Ausübung seiner Aufgaben hindern.[1033] Die Definitionen zeigen durch die hohen Voraussetzungen, dass die Abberufung

---

1028 *Weitemeyer* in MüKo-BGB, § 80, Rn. 78.

1029 BT-Drucks. 19/28173, S. 62 f.

1030 Die Abberufung des Stiftungsvorstands ist grundsätzlich in allen Ländern vorgesehen, *Schulte* in Landesstiftungsrecht, Kapitel 29, Rn. 37.

1031 *Schlüter/Stolte* in Stiftungsrecht, Kapitel 3, Rn. 30.

1032 *Schulte* in Landesstiftungsrecht, Kapitel 29, Rn. 37.

1033 *Schulte* in Landesstiftungsrecht, Kapitel 29, Rn. 38.

als besonders eingriffsintensive Maßnahme grundsätzlich restriktiv zu nutzen ist.[1034] Gleichwohl kann die Abberufung eines vom Stifter zur Kontrolle der Stiftung eingesetzten Organmitglieds in der Theorie den Einfluss des Stifters auf die Stiftung brechen. Allerdings dürften die Voraussetzungen, insbesondere ein schwerwiegender Missbrauch der Kompetenzen, selten erfüllt sein. Zum einen führen die Anforderungen an die Bestimmtheit des Stiftungszwecks zusammen mit dem Ermessen des Stiftungsvorstands zu einem umfangreichen Handlungsspielraum der Organe, welcher Pflichtverletzungen unwahrscheinlich macht. Zum anderen müsste es sich um schwerwiegende und gegebenenfalls mehrfache Pflichtverletzungen handeln. In der ermessensfehlerhaften Aufteilung der Stiftungsleistungen zwischen Destinatären durch den Stiftungsvorstand kann jedoch kaum ein schwerwiegendes Fehlverhalten gesehen werden. Schließlich handelt das Organ grundsätzlich satzungsgemäß, wenn die Erträge an Destinatäre verteilt werden. Der Ermessensfehler kann daher zwar eine Pflichtverletzung darstellen, jedoch dürften die Voraussetzungen einer schwerwiegenden Pflichtverletzung nur selten erfüllt sein. Nur ein besonderes hohes Verschulden des Organs, etwa eine vorsätzliche Aussetzung einer bereits mehrere Jahre gewährten Destinatärsleistung mit Schädigungsabsicht, könnte dazu führen, dass die Pflichtverletzung als grob zu betrachten wäre.

Auch die Voraussetzungen einer Unfähigkeit der ordnungsgemäßen Geschäftsführung dürften nur im Ausnahmefall vorliegen. Wenngleich eine charakterliche Ungeeignetheit häufig dann vorstellbar wäre, wenn ein Begünstigter zum Stiftungsvorstand wird und somit regelmäßig Interessenkonflikte vorliegen, dürfte eine Befreiung solcher Mitglieder von der Regelung des § 181 BGB in der Satzung dazu führen, dass diese Konflikte keine Ungeeignetheit begründen.

Sämtliche Maßnahmen in Bezug auf die Stiftungsorgane können daher im Ergebnis kaum dazu beitragen, den Einfluss des Stifters auf die Arbeit der Stiftung durch die Besetzung der Organe einzuschränken. In welchem Umfang die einzelnen Landesrechte die Maßnahmen einschränken, kann daher dahinstehen.[1035] Da der Stifter in Deutschland in der Wahl des Landes, in dem die Stiftung errichtet werden soll, grundsätzlich frei ist, wäre – bei einer entsprechend geplanten Stiftungserrichtung – demnach immer eine Errichtung in Bayern

---

1034 Zur hohen Eingriffsintensität und deshalb häufig erforderlichen Abmahnungen, *Schulte* in Landesstiftungsrecht, Kapitel 29, Rn. 41.

1035 Eine ausführliche Aufarbeitung findet sich aber beispielsweise in *Gollan/Richter* in Landesstiftungsrecht, Kapitel 30, Rn. 34 ff.

möglich, und die „Gefahr" einer Kontrolle der Organe durch die Stiftungsaufsicht könnte so umgangen werden.

Die Aufsichtsmaßnahmen der zweiten Kategorie betreffen primär die Arbeit der Stiftung. Diese kann durch eine zwingende Abgabe eines Jahresberichts, Anzeigepflichten für bestimmte Geschäfte der Stiftung, Genehmigungsvorbehalte sowie Anordnungen und Ersatzvornahmen der Behörde überwacht werden: Die Abgabe eines Jahresberichts erlaubt der Behörde zwar kein Tätigwerden, sie ist jedoch für die Durchführung anderer Aufsichtsmaßnahmen zwingend erforderlich, da die Behörde nur auf diese Weise über die Arbeit der Stiftung Informationen erlangen kann. Allerdings müssen Familienstiftungen nur in fünf Bundesländern einen Jahresbericht einreichen, ohne dass eine Gefährdung der Stiftung oder öffentlicher Interessen erforderlich ist.[1036] Zur Information der Behörde über die Tätigkeit der Stiftung wären zwar grundsätzlich auch Anzeigepflichten in Verbindung mit Genehmigungsvorbehalten der Behörde geeignet. Allerdings gibt es ohnehin nur wenige Länder, die eine Anzeigepflicht mit Genehmigungsvorbehalt vorsehen, und allein in Schleswig-Holstein gilt diese Regelung auch für Familienstiftungen.[1037] Da dort die Aufsicht gemäß § 19 StiftG (Schl.-Hol.) jedoch nur insoweit ausgeübt wird, als sicherzustellen ist, dass der Bestand der Stiftung gewahrt bleibt und sie sich im Einklang mit den Rechtsvorschriften betätigt, gibt es auf das ganze Bundesgebiet bezogen kaum Fälle, in denen Handlungen von Familienstiftungen einem Genehmigungsvorbehalt unterliegen.

Als letzte Handlungsmöglichkeit der Behörde verbleibt somit der Dreiklang der Beanstandung, der Anordnung und der Ersatzvornahme.[1038] In einem ersten Schritt kann die Aufsicht Handlungen der Stiftung, die gegen das Gesetz oder die Satzung verstoßen, beanstanden und verbieten. Wenn diese trotzdem

---

1036 Die Pflicht zur Einreichung von Jahresberichten findet sich in folgenden Gesetzen: § 9 Abs. 2 BaWüStiftG; § 4 Abs. 2 Nr. 2 StiftG M-V; § 6 Abs. 2 und 3 SächsStiftG; § 7 Abs. 5 StiftGLSA; § 12 Abs. 2 ThürStiftG. Die Länder Brandenburg (§ 4 Abs. 3 S. 2 StiftGBbg) und NRW (§ 6 Abs. 3 StiftG NRW) stellen privatnützige Stiftungen explizit und ohne Vorbehalt von der Pflicht zur Abgabe eines Jahresberichts frei. In den übrigen Ländern ergibt sich die Freistellung nur aus der allgemeinen Beschränkung der Aufsicht, kann also im Ausnahmefall bei Vorliegen der entsprechenden Voraussetzung einschlägig sein, dazu *Gollan/Richter* in Landesstiftungsrecht, Kapitel 30, Rn. 51 f.

1037 *Gollan/Richter* in Landesstiftungsrecht, Kapitel 30, Rn. 54.

1038 Ausführlich zu diesen drei Maßnahmen und ihrem Verhältnis zueinander *Fischer* in Richter-StiftR, § 8, Rn. 120 ff.

durchgeführt werden oder wenn die Stiftung nach Gesetz oder Satzung notwendige Handlungen unterlässt, kann die Behörde im Wege der Anordnung die Stiftung zu bestimmten Handlungen verpflichten. Kommt die Stiftung weder der Beanstandung noch der Anordnung nach, kann die Behörde die Handlung selbst durchführen und die Kosten dieser Ersatzvornahme der Stiftung auferlegen. Diese Maßnahmen sind, wenn teilweise auch unter erhöhten Voraussetzungen, in 13 der Landesstiftungsgesetze grundsätzlich auch für Familienstiftungen vorgesehen. Einzig Bayern, Berlin und das Saarland verzichten auf eine Anwendung dieser Vorschriften auf Familienstiftungen.[1039]

Die genannten Maßnahmen setzten jedoch alle eine Verpflichtung der Stiftung aus Rechtsvorschriften[1040] oder der Satzung voraus[1041] und unterliegen damit hohen Anforderungen. Da die staatlichen Maßnahmen wegen der Grundrechte der Stiftung prinzipiell subsidiär zu einem eigenen Handeln der Stiftung sind,[1042] dienen sie im Ergebnis vor allem dazu, ein Mindestmaß an Handlungsfähigkeit der Stiftung sicherzustellen und gesetzeswidriges Handeln zu vermeiden. Zudem bestätigt sich der Ausnahmecharakter der Regelungen, jedenfalls im Hinblick auf Familienstiftungen, in der Freistellung von der Übermittlung von Jahresberichten sowie von Informationspflichten. Wenn die Behörde nicht über die Vorgänge in der Stiftung informiert werden muss, ist sie nur ganz ausnahmsweise in der Lage, überhaupt Beschlüsse der Stiftung zu beanstanden.

Im Ergebnis zeigen die Ausführungen zur laufenden Stiftungsaufsicht durch die Behörden, dass – mit Ausnahme der vier Länder, die keine Unterscheidung zwischen Familienstiftungen und gemeinnützigen Stiftungen treffen – nur eine oberflächliche Aufsicht über Familienstiftungen besteht. Wird die Intensität der Stiftungsaufsicht auf das gesamte Bundesgebiet bezogen betrachtet, so kann für die internationale Vergleichbarkeit aufgrund des möglichen Forum-Shoppings innerhalb Deutschlands nur der niedrigste Aufsichtsstandard herangezogen werden. Entsprechend ist das bayerische Aufsichtsrecht, welches keine Stiftungsaufsicht für Privat- und insbesondere Familienstiftungen vorsieht, als Bezugspunkt für die staatliche Aufsicht heranzuziehen.

1039 *Gollan/Richter* in Landesstiftungsrecht, Kapitel 30, Rn. 55 ff.

1040 Als Rechtsvorschriften sind neben dem geschriebenen Gesetz auch Rechtsverordnungen und ungeschriebenes Recht, insbesondere Gewohnheitsrecht, zu verstehen, *Hof* in v. Campenhausen/Richter, § 10, Rn. 196.

1041 Z.B. § 13 BremStiftG.

1042 *Fischer* in Richter-StiftR, § 8, Rn. 147; *Hof* in v. Campenhausen/Richter, § 10, Rn. 193.

Das Fehlen beziehungsweise die teilweise starken Einschränkungen der Aufsicht über Familienstiftungen lassen sich rechtspolitisch dadurch begründen, dass eine Aufsicht auch nicht erforderlich ist. Gemeinnützige Stiftungen auf der einen Seite haben meist keinen konkreten Begünstigten, der die Arbeit der Stiftungsorgane im Detail überwacht und eine adäquate Verfolgung des Stiftungszwecks sicherstellt. In Familienstiftungen auf der anderen Seite ist der Kreis der Begünstigten bereits auf eine bestimmbare Personengruppe beschränkt. Die Begünstigten haben dabei ein intrinsisches Interesse, die ihnen potenziell zustehenden Leistungen von der Stiftung zu erhalten und können daher selbst für ein ordnungsgemäßes Handeln der Stiftung sorgen.[1043] Diese Argumentation führt dazu, dass Familienstiftungen zumindest auf aufsichtsrechtlicher Ebene körperschaftsähnlich bewertet werden, da die Begünstigten Aufgaben übernehmen, die den Eigentümern einer Kapitalgesellschaft ähnlich sind.[1044] Im Ergebnis scheint diese Wertung auch politisch gewollt, da sich jedenfalls die Bund-Länder Arbeitsgruppe Stiftungsrecht in ihrem Bericht von 2016 explizit gegen ein verpflichtendes und unabhängiges Kontrollorgan für Stiftungen, die nur einer eingeschränkten Aufsicht unterliegen, ausgesprochen hat[1045] und ein solches auch nicht Teil der Reform geworden ist. Neben dem Argument der Aufsicht durch die interessierten Privaten wird teilweise auch das Argument vorgebracht, dass der Bestand von Familienstiftungen nicht im öffentlichen Interesse liege und eine Aufsicht daher nur in einem geringeren Umfang erforderlich sei.[1046]

b. Durch Private

Die geringe staatliche Aufsichtsdichte über privatnützige Stiftungen könnte jedoch dadurch ausgeglichen werden, dass Aufsichtsmaßnahmen rechtlich und faktisch von der Stiftung selbst und ihren Begünstigten übernommen werden, also durch Private durchgeführt werden. Das Verhältnis zwischen der Aufsicht durch Private und der Beeinflussung der Stiftung wird daher Gegenstand der folgenden Ausführungen sein.

1043 *Gollan/Richter* in Landesstiftungsrecht, Kapitel 30, Rn. 67; *Weitemeyer* in MüKo-BGB, § 85, Rn. 29.

1044 Vgl. *Gollan/Richter* in Landesstiftungsrecht, Kapitel 30, Rn. 31 ff.

1045 Bericht der Bund-Länder-Arbeitsgruppe Stiftungsrecht 2016, S. 22 f.

1046 *Müller*, Staatsaufsicht und Deregulierung, S. 131.

aa. Stiftungsorgane

In Deutschland ist eine Stiftungsaufsicht durch Private, beziehungsweise die Auslagerung der staatlichen Aufsicht auf Private, kaum gesetzlich vorgesehen. Allerdings können etwa nach § 8 Abs. 2 BaWüStiftG bestimmte Aufsichtsmaßnahmen der Behörde entfallen, „wenn und solange eine ordnungsgemäße Überwachung der Verwaltung durch ein in der Stiftungssatzung vorgesehenes unabhängiges Kontrollorgan gewährleistet erscheint". Zu diesen Aufsichtsmaßnahmen gehören die Beanstandung von unzulässigen Maßnahmen der Stiftungsorgane (§ 10 BaWüStiftG) und entsprechenden Ersatzvornahmen (§ 11 BaWüStiftG) sowie die Abberufung und Bestellung von Organmitgliedern (§ 12 BaWüStiftG). Die ebenfalls entfallenden Anzeigepflichten im Sinne des § 13 Abs. 1 BaWüStiftG gelten hingegen nach § 13 Abs. 2 BaWüStiftG ohnehin nicht für Familienstiftungen. Wenn die Stiftung jedoch nicht den Anzeigepflichten des § 13 Abs. 1 BaWüStiftG unterliegt, ist ein Eingreifen der Behörde bei unzulässigen Maßnahmen praktisch unwahrscheinlich. Faktisch dürfte sich das Entfallen der Aufsichtsmaßnahme aufgrund des Bestehens eines Kontrollorgans daher vorwiegend auf die Abberufung und Bestellung von Stiftungsorganen auswirken.

Abgesehen von dieser Regelung können die Stiftungsorgane keine gesetzlichen Aufsichtsfunktionen wahrnehmen. Dem Stifter bleibt es zwar unbenommen, trotzdem stiftungsinterne Aufsichtsorgane oder -mechanismen zu errichten. Diese können auch ein gutes Mittel sein, um den Stiftungsvorstand zu überwachen und satzungswidriges Handeln zu verhindern. Im Ergebnis sind sie jedoch trotzdem kaum dazu geeignet, den Einfluss auf die Stiftung tatsächlich zu verhindern. Denn da weitere Organe und damit auch ihre Aufsichtsfunktionen optional sind, kann der Stifter sie nach Belieben ausgestalten und dafür sorgen, dass sie seinen Einfluss nicht einschränken können oder diesen gerade sicherstellen.

bb. Destinatäre und ihre Ansprüche

Im Gegensatz zu den optionalen Aufsichtsorganen besitzen die meisten privatnützigen Stiftungen zwingend konkrete Destinatäre oder einen Kreis potenzieller Destinatäre. Nach der rechtspolitischen Konzeption sollen diese, ähnlich den Eigentümern einer Kapitalgesellschaft, in gewissem Maße Aufsichtsfunktionen übernehmen.[1047] Die Aufsichtsmöglichkeiten der Destinatäre sind dabei an die

---

1047 Vgl. *Gollan/Richter* in Landesstiftungsrecht, Kapitel 30, Rn. 31 ff.

Ausgestaltung ihrer Begünstigung geknüpft. Entsprechend ist in einem ersten Schritt auf die Leistungsansprüche der Destinatäre einzugehen, bevor in einem zweiten Schritt auf andere Rechte gegenüber der Stiftung eingegangen wird.

(1) Leistungsansprüche

Wie bereits im Rahmen der Bestimmtheit des Stiftungszwecks dargelegt wurde, obliegt es dem Stifter, den Kreis der Begünstigten sowie die weiteren Voraussetzungen der Begünstigung im Rahmen der Stiftungssatzung festzulegen. Nach der herrschenden Ansicht ist es dabei grundsätzlich möglich, den Destinatären klagbare Ansprüche gegenüber der Stiftung einzuräumen.[1048] In der Praxis widerspricht ein klagbarer Anspruch jedoch häufig den Interessen des Stifters.[1049] Der Stifter will regelmäßig gerade kein konkretes Familienmitglied unwiderruflich und unbegrenzt fördern, sondern die Förderung durch die Stiftung flexibel gestalten und gegebenenfalls von bestimmten Kriterien abhängig machen. Ob ein klagbarer Anspruch zugunsten der Destinatäre oder eine bloße Ermessensausübung der Organe vorgesehen ist, bestimmt sich nach dem Inhalt der Stiftungssatzung: Besteht kein Entscheidungsspielraum der Organe bezüglich der Auswahl der Destinatäre, so liegt ein klagbarer Anspruch vor.[1050] Ein solcher kann dabei jedoch auch explizit ausgeschlossen werden.[1051] Regelmäßig werden die Destinatärsleistungen an Voraussetzungen gekoppelt, die ein Ermessen der Stiftungsorgane zulassen, wodurch aber noch kein klagbarer Anspruch entsteht.[1052] Ein solcher entsteht in diesem Fall erst dann, wenn die Organe den jeweiligen Berechtigten einseitig mit einer Leistung bedacht haben.[1053]

Soweit dem Begünstigten ein klagbarer Anspruch zusteht, kann er diesen auch mit einer entsprechenden Leistungsklage geltend machen und letztlich dafür sorgen, dass die Stiftung ihren Zweck erfüllt. Durch die potenzielle klageweise Durchsetzung der Leistung wird der Destinatär somit faktisch zum Teil der Stiftungsaufsicht.

1048 BGH, Urt. v. 7.10.2009 – Xa ZR 8/08, ZIP 2009, 2393, juris Rn. 12; BGH, Urt. v. 15.12.2016 – I ZR 63/15, ZIP 2017, 764, juris Rn. 22; *Weitemeyer* in MüKo-BGB, § 85, Rn. 39 m.w.N.

1049 *Hüttemann/Rawert* in Staudinger-BGB, § 85, Rn. 41; vgl. auch den „Praxistipp" zur Vermeidung von klagbaren Ansprüchen, *Bieniek* in SB 2021, 76, 76 ff.

1050 *Jakob/Picht* in BeckOGK, § 85 BGB, S. 28 f. m.w.N.

1051 *Jakob/Picht* in BeckOGK, § 85 BGB, S. 28 f. m.w.N.

1052 *Jakob/Picht* in BeckOGK, § 85 BGB, S. 29 m.w.N.

1053 *Jakob/Picht* in BeckOGK, § 85 BGB, S. 29.

Allerdings sind die aus dem Leistungsanspruch erwachsenden Möglichkeiten nur bedingt zur Überwachung eines möglichen groben Fehlverhaltens der Stiftungsorgane geeignet. Denn der Destinatär ist bei Zahlungsunwilligkeit der Organe hauptsächlich darauf beschränkt, eine Vollstreckung gegen die Stiftung zu beantragen. Haben die Organe vorwerfbar unzureichend gewirtschaftet und kann die Stiftung die Leistung daher nicht mehr begleichen, oder verweigern die Organe die Auszahlung an den Destinatär aus anderen Gründen, haften sie aufgrund der Trennung der juristischen Person und ihrer Organe grundsätzlich nur der Stiftung. Ein eigener vertraglicher Schadensersatzanspruch des Begünstigten gegen die Organe ergibt sich aus dem Begünstigungsverhältnis grundsätzlich nicht. Kommt es zu einer Insolvenz der Stiftung, kann der Insolvenzverwalter gegebenenfalls Ansprüche der Stiftung gegen ihre ehemaligen Organe geltend machen. Überdies kann der Destinatär die Organe auch direkt nach § 823 Abs. 2 BGB in Anspruch nehmen, soweit ein Schutzgesetz verletzt wurde,[1054] sowie nach §§ 86 und 42 Abs. 2 S. 2 BGB bei einer Insolvenzverschleppung der Organe.[1055] Auch wenn der Destinatär zwar ein eigenes Interesse an der Überwachung der Stiftung hat, sind seine Möglichkeiten aus dem klagbaren Anspruch damit im Ergebnis sehr begrenzt und haben letztlich nur einen Drohcharakter, da sie meist erst dann greifen, wenn es bereits zu spät ist.

Steht den Destinatären kein definierter und somit kein klagbarer Anspruch im oben genannten Sinne zu, hängen die Destinatärsleistungen im Wesentlichen von den Entscheidungen der Stiftungsorgane ab. Wenn es jedoch auf eine Ermessensentscheidung ankommt, könnte in einer Parallele zum öffentlichen Recht wenigstens ein Anspruch des Destinatärs auf eine ermessensfehlerfreie Entscheidung des Stiftungsvorstands bestehen.[1056] Die Diskussion vermeidet die Frage

---

1054 Zu den möglichen Schutzgesetzen *Schwintek*, Vorstandskontrolle, S. 206 ff. Nach *Schwintek* sind weder die Satzung, noch die landesrechtlichen Bestimmungen geeignete Schutzgesetze für eine Haftung nach § 823 Abs. 2 BGB. Auch eine Untreue (§ 266 StGB) führe im Ergebnis nicht zu einer Haftung, denn die dafür erforderliche Vermögensbetreuungspflicht bestünde lediglich gegenüber der Stiftung und nicht gegenüber dem Destinatär. Letztlich sei eine Haftung nach § 823 Abs. 2 BGB vor allem in Verbindung mit einem Betrug § 263 StGB denkbar.

1055 *Schwintek*, Vorstandskontrolle, S. 208 f.

1056 Detailliert hat sich vor allem *Thymm* mit der Frage auseinandergesetzt, *Thymm*, Kontrollproblem, S. 302 ff.; ebenso *Schwintek*, Vorstandskontrolle, S. 297 ff. Darüber hinaus gehen *Ebersbach*, Handbuch des dt. Stiftungsrechts, S. 114; und wohl auch *Muscheler* in WM 2003, 2213, 2120 von einer (teilweise eingeschränkten) Zulässigkeit aus. Abgelehnt wird ein solcher Anspruch hingegen von *Jakob/Picht* in BeckOGK, § 85 BGB, S. 56 ff.

nach einem solchen Anspruch stattdessen regelmäßig, indem ein direkter Leistungsanspruch entweder verneint oder bejaht wird.[1057] Wenngleich viele Argumente, insbesondere die Unabhängigkeit der Stiftungsorgane und die potenzielle Einschränkung des Stifterwillens, gegen eine Überprüfung des Ermessens sprechen,[1058] ist ein Anspruch auf eine ermessensfehlerfreie Entscheidung zwingend erforderlich, um ein Mindestmaß an der durch Eigeninteresse motivierten Aufsicht zu realisieren.[1059] Da ein ermessensfehlerhaftes Handeln der Organe letztlich ein satzungs- oder rechtswidriges Handeln darstellt, welches die Stiftung zu Schadensersatzansprüchen gegen die Organe berechtigt, ähnelt die Fragestellung in gewissem Maße auch der Diskussion zur *actio pro fundatione*.[1060] Im Gegensatz zur Ansicht *Reuters*, der im Anschluss an *Jhering*[1061] die *actio pro fundatione* aus guten Gründen auch in Form einer Popularklage für zulässig erachtet hat,[1062] wäre der Anspruch des potenziellen Destinatärs auf ermessensfehlerfreie Entscheidung des Vorstands einer Familienstiftung sogar auf den deutlich kleineren Kreis aller potenziellen Begünstigten beschränkt und würde nicht das Ausmaß einer echten Popularklage annehmen müssen.

Schließlich muss bei der Entscheidung über die Frage nach der Zulässigkeit einer Klage auf Feststellung der ordnungsgemäßen Ermessensausübung der Unterschiede zwischen Familienstiftungen und gemeinnützigen Stiftungen Rechnung getragen werden. Rechtspolitisch liegt ein wesentlicher Unterschied in der Aufsichtsintensität über diese Stiftungen. Während gemeinnützige Stiftungen der staatlichen Kontrolle unterliegen, muss die weniger beaufsichtigte Familienstiftung anderen Aufsichtsmechanismen unterliegen und die Rechte der Destinatäre müssen entsprechend gestärkt werden.

1057 Vgl. *Thymm*, Kontrollproblem, S. 303. Das OLG-Hamm hat beispielsweise zwar die Überprüfbarkeit der Ermessensausübung des Stiftungsvorstandes bejaht, in dem Fall bestand jedoch grundsätzlich ein Leistungsanspruch zugunsten des Begünstigten, der nur ausnahmsweise aufgrund besonderer Umstände, deren Vorliegen im Ermessen des Vorstandes lag, entfallen sollte. Ein eigener Anspruch, der klageweise geltend gemacht werden kann, wurde damit nicht zugesprochen, OLG Hamm, Urt. v. 17.10.1991 – 22 U 12/91, NJW-RR 1992, 451, juris Rn. 27.

1058 *Thymm*, Kontrollproblem, S. 303 ff.

1059 Im Ergebnis *Schwintek*, Vorstandskontrolle, S. 300 f.

1060 Dazu, wenngleich i.E. ablehnend, *Jakob*, Schutz der Stiftung, S. 338 f.

1061 v. *Jhering*, Geist des römischen Rechts Teil 3, S. 359.

1062 *Reuter* in NPLY 2002, Die Haftung des Stiftungsvorstands, S. 172 ff.; aktuell *Weitemeyer* in MüKo-BGB, § 85, Rn. 31; a.A. *Hüttemann/Rawert* in Staudinger-BGB, § 85, Rn. 50 m.w.N.

Ein anderer Unterschied liegt in der Bestimmung eines zumindest umrissenen Destinatärskreises in der Satzung von Familienstiftungen. Die herrschende Ansicht lehnt in Bezug auf gemeinnützige Stiftungen das Feststellungsinteresse potenzieller Destinatäre für Feststellungsklagen mit dem Ziel, die Destinatärseigenschaft feststellen zu lassen, ab.[1063] Bei einer Familienstiftung ist der Kreis der Destinatäre hingegen grundsätzlich bereits stark beschränkt und es besteht – zwar abhängig von der konkreten Satzungsgestaltung[1064] – daher grundsätzlich immer ein abstraktes Rechtsverhältnis zwischen dem Destinatär und der Stiftung. Innerhalb dieses Stiftungs-Destinatärs-Verhältnisses kann der Vorstand zwar sein Ermessen ausüben und dabei regelmäßig auch einzelnen Destinatären keine Leistungen zusprechen. Im Gegensatz zu gemeinnützigen Stiftungen mit tausenden potenziellen Begünstigten läge dann bei jedem Begünstigten einer Familienstiftung prinzipiell ein wertloser Anspruch vor, der erst durch das Ermessen des Vorstands mit Wert ausgefüllt wird. Dann bestünde im Ergebnis jedoch zugunsten jedes Mitglieds des Destinatärskreises in jedem Jahr ein neu zu bewertender Anspruch, dessen Höhe gerichtlich im Wege der Feststellungsklage festgestellt werden könnte.[1065]

Wenngleich nach den vorangegangenen Ausführungen vieles für einen Anspruch auf eine ermessensfehlerfreie Entscheidung spricht, besteht ein solcher in der Praxis nicht.[1066] Trotz eines entsprechenden Vorschlags aus der Wissenschaft[1067] wurde zudem auch die *actio pro fundatione* nicht im Rahmen der Stiftungsrechtsreform 2021 implementiert,[1068] sodass davon ausgegangen werden kann, dass konkrete Klagemöglichkeiten auch weiterhin nicht bestehen sollen.

Zuletzt ist auf den Anspruch des Anfallberechtigten im Sinne von § 88 BGB einzugehen. Anfallberechtigt ist, wer in der Stiftungssatzung als derjenige bestimmt worden ist, dem nach der Auflösung der Stiftung ihr Vermögen zufließen soll. Ihm steht nur ein Anspruch auf das Vermögen zu, das nach dem – gemäß

1063 BGH, Urt. v. 15.12.2016 – I ZR 63/15, ZIP 2017, 764, juris Rn. 41 ff.; *Weitemeyer* in MüKo-BGB, § 85, Rn. 46.

1064 Hier wird von einer „offenen Satzung" ausgegangen, die die Auswahl der konkret zu fördernden Destinatäre sowie den Umfang der Leistungen in das Ermessen der Organe stellt.

1065 A.A. *Müller*, Staatsaufsicht und Deregulierung, S. 168, die eine Gefahr ausufernder Klagen sieht.

1066 *Hof* in v. Campenhausen/Richter, § 6, Rn. 170 m.w.N.

1067 *Arnold*, et al. in ZIP, Sonderheft, Beilage zu Heft 10, S. 3, 8.

1068 *Burgard* in npoR 2021, 11, 11.

§ 88 S. 3 und §§ 47–53 BGB durchzuführenden – Liquidationsverfahren verbleibt. Fehlt es an einer solchen Bestimmung, fällt das Geld dem Fiskus zu. In diesem Fall findet jedoch keine Liquidation statt, sondern der Fiskus wird nach § 88 S. 3 und § 46 BGB Gesamtrechtsnachfolger der Stiftung, wenn nicht der Landesgesetzgeber einen anderen Anfallberechtigten bestimmt hat.[1069] Nach der hier vertretenen Ansicht stehen die Voraussetzungen der Vermögensausstattung und bei der nachträglichen Zuwendung die Voraussetzungen der Schenkung der Anfallberechtigung des Stifters nicht entgegen.[1070] Als wichtigstes dogmatisches Argument gegen die Zulässigkeit der Anfallberechtigung des Stifters gilt, dass der Stifter durch die Anfallberechtigung eine Haftungsexklave schaffen könne, auf die zwar er selbst, nicht aber seine Gläubiger zurückgreifen könnten.[1071] Wenngleich die Gefahr einer Haftungsexklave des Stifters zulasten seiner Gläubiger in anderen Konstellationen real sein kann,[1072] ist die Anfallberechtigung nur bedingt geeignet, eine echte Exklave zu bilden. Zum einen führt die hohe Steuerlast der zwei Übertragungsvorgänge[1073] dazu, dass ein Großteil des Vermögens ohnehin an den Staat abfließen würde und die Vermögensverschiebung insofern unattraktiv ist. Zum anderen sind Gläubiger grundsätzlich auch über die Schenkungs- und Insolvenzanfechtungsvorschriften geschützt, sodass eine besonders langfristige Planung durch den Stifter erforderlich wäre. Außerdem ist sowohl die ursprüngliche Stiftungssatzung als auch die Aufhebung der Stiftung durch die Stiftungsbehörde zu genehmigen, sodass Satzungen mit dem Ziel der Gläubigerschädigung verhindert werden können. Letztlich führt die Anfallberechtigung auch zu einem Rückfluss der Vermögenswerte zum Stifter, sodass Gläubiger bei ihm auf das Vermögen zugreifen könnten. Soweit die Auflösung der Stiftung, etwa bei einer Stiftung auf Zeit, erst nach Ablauf der Restschuldbefreiung im Sinne der §§ 286 ff. InsO terminiert ist, gehört diese Erwerbschance wie ein Anwartschaftsrecht bereits zur Insolvenzmasse und kann dem Gläubiger

---

1069 *Weitemeyer* in MüKo-BGB, § 88, Rn. 1.

1070 Dazu bereits oben S. 169 f.; a.A. *Weitemeyer* in MüKo-BGB, § 80, Rn. 2.

1071 *Weitemeyer* in MüKo-BGB, § 80, Rn. 182.

1072 Siehe dazu ausführlich unten S. 320 f.

1073 Bei einer reinen Stiftung für den Stifter und einem großen Vermögen könnte sie bei zwei Übertragungen zwei Mal mit der Schenkungsteuer belastet werden. Selbst wenn in Anlehnung an die Rechtsprechung des FG Rheinland-Pfalz das Stiftungskapital als Nennkapital qualifiziert wird und die Rückübertragung des Kapitals nicht der Körperschaftsteuer unterfällt (FG Rheinland-Pfalz, Urt. v. 31.7.2019 – 1 K 1505/15, EFG, 1604), lässt § 7 Nr. 9 S. 1 ErbStG keinen Zweifel daran, dass es zumindest erbschaftsteuerlich zu einer Doppelbelastung kommt.

entsprechend zur Befriedigung dienen.[1074] Die Anfallberechtigung könnte entsprechend nur dann eine Gefahr für die Gläubiger des Stifters darstellen, wenn er selbst die Auflösung herbeiführen kann. Derartige Auflösungsbedingungen sind jedoch ohnehin unzulässig, da sie ein dem deutschen Recht fremdes Widerrufsrecht des Stifters erschaffen würden.[1075] Im Ergebnis kann daher auch der Stifter selbst Anfallberechtigter sein und ihm steht ein entsprechender Leistungsanspruch zu. Da der Leistungsanspruch jedoch erst bei Auflösung der Stiftung entsteht, ist er nicht dazu geeignet, eine laufende Aufsicht der Stiftung sicherzustellen.

(2) Auskunftsansprüche und andere Rechte

Höchst umstritten ist, ob und inwieweit den Destinatären neben einem eventuellen Leistungsanspruch weitere Rechte gegenüber der Stiftung zustehen können, wenn solche nicht in der Satzung vorgesehen sind. Soweit die rechtspolitische Begründung für die geringe staatliche Aufsicht über privatnützige Stiftungen in der Kontrollfunktion der Begünstigten gesehen wird,[1076] müssten die Destinatäre auch über entsprechende Rechte verfügen, um die Kontrolle ausüben zu können.

Wie in vielerlei anderer Hinsicht steht es dem Stifter frei, klagbare Kontroll- und Aufsichtsrechte zugunsten der Destinatäre zu regeln[1077] und die Organe etwa dazu verpflichten, den Destinatären jährlich einen Stiftungsbericht zur Verfügung zu stellen. Sind solche Rechte nicht in der Satzung geregelt, hängt das Bestehen potenzieller Kontrollrechte von der Art der Destinatärsstellung ab. Soweit ein klagbarer Leistungsanspruch zugunsten eines Destinatärs besteht, ergeben sich aus diesem Anspruch i.V.m. § 242 BGB Informationsansprüche des Destinatärs, wenn der Anspruch nicht bereits der Höhe nach in der Satzung

1074 Zu Anwartschaften in der Insolvenzmasse, *Hirte/Praß* in Uhlenbruck-InsO, § 35, Rn. 267.

1075 Dazu unten S. 330 f. – Wie das liechtensteinische Recht zeigt, würden die Gläubiger jedoch durch ein solches Recht nicht schlechter gestellt, da sie dieses Recht selbst pfänden könnten und auf diese Weise Zugriff auf das Vermögen der Stiftung hätten. Selbst wenn Auflösungsbedingungen, die vom Willen des Stifters abhängen, zulässig wären, würde die Anfallberechtigung des Stifters entsprechend keine Gefahr für seine Gläubiger darstellen.

1076 Vgl. zur Überwachungsfunktion der Destinatäre *Weitemeyer* in MüKo-BGB, § 85, Rn. 29.

1077 *Jakob/Picht* in BeckOGK, § 85 BGB, S. 33 f.

festgelegt ist, sondern von Variablen wie den jährlichen Erträgen abhängt.[1078] Ferner lassen sich aus dem Gesetz grundsätzlich keine weiteren Rechte der Destinatäre gegenüber der Stiftung ableiten.[1079]

Nach herrschender Ansicht ist es den Destinatären überdies verwehrt, die Stiftungsaufsichtsbehörde – die jedenfalls die Möglichkeiten des § 87 BGB ausüben könnte – zum Tätigwerden zu verpflichten.[1080] Gleichwohl könnten die Destinatäre, sollten sie zufällig Informationen über ein satzungs- oder rechtswidriges Verhalten der Organe Kenntnis erlangen, der Behörde gegenüber Meldung erstatten und hoffen, dass diese von sich aus tätig wird.

(3) Weitere Aufsichtsmöglichkeiten

Die Übernahme der Aufsichtsfunktionen durch die Destinatäre der Stiftung ist nicht auf die Leistungsansprüche und damit verbundenen Informationsansprüche beschränkt. Die Destinatäre können überdies auch Teil der Stiftungsorgane werden oder eigene Verwaltungs- und Mitwirkungsfunktionen erfüllen.[1081]

Zuletzt sei angemerkt, dass die herrschende Ansicht dem Stifter aufgrund des Erstarrungsprinzips nach Errichtung der Stiftung keine originären Aufsichtsmöglichkeiten mehr zubilligt,[1082] sondern er lediglich nach einigen Landesrechten vor einer Zweckänderung anzuhören ist.[1083] Er kann sich jedoch bei der Errichtung der Stiftung Kontrollrechte vorbehalten oder sich selbst als Aufsichtsorgan einsetzen.[1084]

1078 BGH, Urt. v. 7.10.2009 – Xa ZR 8/08, ZIP 2009, 2393, juris Rn. 24; *Hüttemann/Rawert* in Staudinger-BGB, § 85, Rn. 47 m.w.N.; *Jakob*, Schutz der Stiftung, S. 184 f.; *Schwintek*, Vorstandskontrolle, S. 304 ff. m.w.N.

1079 *Hof* in v. Campenhausen/Richter, § 6, Rn. 170 m.w.N.

1080 *Hüttemann/Rawert* in Staudinger-BGB, § 85, Rn. 48 m.w.N.; a.A. *Weitemeyer* in MüKo-BGB, § 85, Rn. 32 m.w.N.

1081 Zur Besetzung der Stiftungsorgane mit Begünstigten und der Problematik im österreichischen Recht, siehe oben S. 142; allgemein zu Verwaltungs- und Mitwirkungsfunktionen auch *Hüttemann/Rawert* in Staudinger-BGB, § 85, Rn. 38.

1082 Vgl. *Weitemeyer* in MüKo-BGB, § 85, Rn. 32.

1083 *Weitemeyer* in MüKo-BGB, § 85, Rn. 35 m.w.N., landesrechtliche Regelungen, welche die Zweckänderung von der Zustimmung des Stifters abhängig machen, seien wegen eines Verstoßes gegen das insoweit nach § 87 BGB vorrangige Bundesrecht unwirksam.

1084 *Wernicke* in ZEV 2003, 301, 303.

c. Zwischenfazit

Zusammenfassend lässt sich die Aufsicht über Familienstiftungen allenfalls noch als rudimentär bezeichnen. Mit dem Abschluss des Anerkennungsprozesses wird die Familienstiftung in vielen Ländern fast zur Gänze aus der staatlichen Aufsicht entlassen. Anstelle der staatlichen Aufsicht ist zwar eine Überwachung der Stiftung durch Private, insbesondere spezielle Aufsichtsorgane oder durch Destinatäre möglich, jedoch nicht zwingend. Wird davon ausgegangen, dass es aus verschiedenen Gründen nicht im Interesse des Stifters liege, den Destinatären bereits in der Satzung konkrete Ansprüche einzuräumen, fehlt es den potenziellen Begünstigten nach einer aktuell sehr verbreiteten Ansicht an klagbaren Rechten, durch die eine privatrechtliche Überwachung möglich wäre. Will der Stifter im Nachhinein als Organ oder durch die Organe Einfluss auf die Stiftung nehmen, fehlt es damit in fast allen Fällen an einer Überwachungsinstanz, die ein ermessensfehlerfreies oder jedenfalls satzungskonformes Handeln überprüfen könnte.

2. Liechtenstein

a. Durch staatliche Stellen

aa. Allgemeines

Parallel zu der staatlichen Mitwirkung bei der Errichtung der Stiftung wird auch bei der laufenden Aufsicht zwischen den eingetragenen und nicht eingetragenen Stiftungen unterschieden. Nur gemeinnützige – und damit eintragungspflichtige – Stiftungen sowie alle privatnützigen Stiftungen, für die eine Eintragung im Handelsregister in der Satzung vorgesehen ist, unterliegen nach Art. 552 § 29 Abs. 1 PGR der staatlichen Aufsicht. Andere privatnützige Stiftungen werden damit grundsätzlich nicht der staatlichen Aufsicht unterworfen. Der Stifter kann aber bei Errichtung der Stiftung oder bei einer vorbehaltenen Satzungsänderung auch nachträglich wählen, die Stiftung der staatlichen Aufsicht zu unterstellen. Auf diese Weise kann durch die Stiftungsaufsichtsbehörde nach Art. 552 § 29 Abs. 3 PGR eine zweckmäßige Verwaltung des Stiftungsvermögens sichergestellt werden. Allerdings müssen die Stiftungen auch zu den Kosten der Aufsicht beitragen und für einzelne Aufsichtsleistungen Gebühren aufbringen, Art. 13 und 14 StRV. Zum Ende des Jahres 2019 wurde von dieser *Opt-in* Möglichkeit jedoch nur bei 25 Stiftungen Gebrauch gemacht.[1085] All jene

1085 Rechenschaftsbericht der Regierung 2020, S. 147 und damit acht Stiftungen mehr als noch 2016, Rechenschaftsbericht der Regierung 2016, S. 260.

privatnützigen Stiftungen, die vom Stifter nicht freiwillig der Aufsicht unterworfen wurden oder die ins Handelsregister eingetragen müssen, sind damit im Wesentlichen aufsichtsfrei.[1086]

Wenngleich die allermeisten privatnützigen Stiftungen nicht der regulären staatlichen Aufsicht unterliegen, sieht jedoch auch das liechtensteinische Recht eine Art Notaufsicht durch die Gerichte vor.[1087] Gemäß Art. 552 § 29 Abs. 4 PGR und Art. 552 § 35 Abs. 1 PGR kann der Richter von Amts wegen tätig werden. Im Rahmen des Art. 552 § 29 Abs. 4 PGR bedarf es dafür eines Verdachts auf strafrechtlich relevantes Verhalten, welcher insbesondere durch eine Mitteilung entsprechender Bedenken durch die Staatsanwaltschaft hervorgerufen werden kann. Für ein Tätigwerden nach Art. 552 § 35 Abs. 1 PGR genügt bereits jegliche Art eines dringlichen Falls. Auch im Rahmen des Art. 552 § 35 Abs. 1 PGR stellt jedenfalls der Verdacht auf eine strafbare Handlung durch ein Stiftungsorgan einen dringenden Fall dar. Ebenso kann eine Meldung der Staatsanwaltschaft oder eine Meldung der Stiftungsbehörde bei der Überprüfung der Gründungsanzeige einen dringlichen Fall begründen, ist aber nicht zwingend erforderlich.[1088] Dabei stehen dem Richter inhaltlich die gleichen Möglichkeiten zur Verfügung, die ihm ansonsten bei aufsichtspflichtigen Stiftungen zustehen.[1089] Er kann in solchen Fällen also Anordnungen gegenüber der Stiftung treffen (Art. 552 § 29 Abs. 3 PGR) sowie – bis auf den Zweck – alle anderen Inhalte der Stiftungssatzung (Art. 552 § 34 PGR) ändern.[1090]

bb. Art. 552 § 29 Abs. 3 PGR

Nach der Konzeption des Gesetzgebers nimmt Art. 552 § 29 Abs. 3 PGR eine Schlüsselstellung im liechtensteinischen Stiftungsrecht nach dessen Reform ein.[1091] Die Vorschrift stellt der Stiftungsaufsichtsbehörde in S. 2 und 3 im Grundsatz weitreichende Informationsrechte gegenüber der Stiftung und anderen Behörden zur Verfügung, damit diese eine zweckkonforme Verwaltung und Verwendung des Stiftungsvermögens überwachen kann. Diese Aufsicht wird

---

1086 *Jakob*, Liechtensteinische Stiftung, Rn. 473.

1087 Dazu auch *Jakob*, Liechtensteinische Stiftung, Rn. 513.

1088 Siehe dazu auch BuA Nr. 13/2008, S. 117. Nach Art. 552 § 35 Abs. 1 PGR sind neben der Staatsanwaltschaft alle Stiftungsbeteiligten zur Antragstellung berechtigt. Auf diese Weise machen sich Private die staatlichen Mechanismen zu eigen, weitere Ausführungen daher unten, S. 278 ff.

1089 *Gasser* in Gasser/StiftR, § 35, Rn. 2; BuA Nr. 13/2008, S. 117.

1090 Zu den Möglichkeiten der Zweckänderung und Auflösung unten S. 301 f.

1091 BuA Nr. 13/2008, S. 111.

nach S. 4 dadurch gestärkt, dass die Aufsichtsbehörde beim Richter außerdem im Außerstreitverfahren weitere Anordnungen, wie die Kontrolle und Abberufung der Stiftungsorgane, die Durchführung von Sonderprüfungen oder die Aufhebung von Beschlüssen der Stiftungsorgane, beantragen kann. All diese Anordnungen kann der Richter nicht nur auf Antrag der Stiftungsaufsichtsbehörde bei einer eingetragenen Stiftung treffen, sondern auch bei allen anderen Stiftungen, wenn er im Wege des Art. 552 § 35 Abs. 1 PGR von Amts wegen oder auf Antrag eines der Stiftungsbeteiligten tätig wird. Einzige Voraussetzung für eine Anordnung im Sinne des Art. 552 § 29 Abs. 3 S. 4 PGR ist, dass sie inhaltlich geboten ist, um eine zweckgemäße Verwaltung und Verwendung des Stiftungsvermögens sicherzustellen. Das Gebotenheitserfordernis ist dabei in Abhängigkeit von der Eingriffsintensität besonders restriktiv auszulegen. Neben dem Wortlaut der Gebotenheit spricht dafür auf systematischer Ebene auch der Vergleich zu Art. 552 § 33 Abs. 1 Nr. 2 PGR und Art. 552 § 34 Abs. 1 Nr. 2 PGR, die ein Einschreiten des Richters in Bezug auf Satzungsänderungen unter den Vorbehalt stellen, dass die Änderungen nicht durch die Stiftung selbst durchgeführt werden können.[1092] Das Gericht kann seine Anordnungskompetenzen daher nur dann ausüben, wenn keine anderen Möglichkeiten mehr zur Verfügung stehen. Nichtsdestotrotz haben staatliche Stellen in Liechtenstein im Ergebnis sehr umfangreiche Möglichkeiten, um in den aktiven Betrieb einer Stiftung einzugreifen, sofern dies erforderlich ist.

cc. Art. 552 § 34 PGR

Art. 552 § 34 PGR erlaubt dem Richter Inhalte der Stiftungssatzung (außer dem Stiftungszweck) zu ändern. Die Vorschrift setzt voraus, dass die Änderung der Stiftungssatzung durch den Richter „zur Wahrung des Stiftungszwecks, insbesondere zur Sicherung des Fortbestands der Stiftung und zur Sicherung des Stiftungsvermögens, zweckmäßig ist (Nr. 1) und die Stiftungsurkunde nicht den Stiftungsrat oder ein anderes Stiftungsorgan mit der Änderung der anderen Inhalte betraut hat (Nr. 2)“.[1093] Art. 552 § 34 PGR erlaubt dem Richter im

1092 Zur Subsidiarität der Abberufung von Stiftungsorganen durch den Richter, wenn noch andere Möglichkeiten der Abberufung zur Verfügung stehen, OGH, Beschl. v. 7.5.2010 – 10 HG.2008.5, Rn. 13.1 f.; *Gasser* in Gasser/StiftR, Art. 552 § 29, Rn. 42 f.; vergleichbar auch zum alten Recht *Bösch*, Liechtensteinisches StiftR, S. 578 f.

1093 Zu der Frage, ob die Befugnisse des Richters auch dann ausgeschlossen sind, wenn sich der Stifter ein Änderungsrecht nach Art. 552 § 30 Abs. 1 PGR vorbehalten hat, siehe die Diskussion unten S. 283 f.

Außerstreitverfahren unter den genannten Voraussetzungen nicht nur eine Änderung der Satzungsbestimmungen über die Organisation der Stiftung, sondern aller Satzungsinhalte außer dem Zweck der Stiftung und stellt damit eine sehr weite Eingriffsgrundlage dar. Daher ist die Zweckmäßigkeit restriktiv im Sinne eines Erforderlichkeitskriteriums auszulegen, da die Voraussetzung ansonsten nur eine Minimalhürde für das Tätigwerden darstellen würde. Gegen eine restriktive Auslegung spricht zwar, dass der Gesetzgeber den Wortlaut der Vorgängervorschrift Art. 565 Abs. 1 PGR a.F. von „die Abänderung [der Satzung] dringend erheischt" auf „zweckmäßig" geändert hat. Allerdings wollte der Gesetzgeber an dieser Stelle ausweislich der Gesetzesmaterialien keine umfangreiche inhaltliche Änderung vornehmen, sondern die Vorschrift nur an das „neue Zusammenspiel von Stiftungsaufsichtsbehörde und richterlicher Tätigkeit" anpassen.[1094] Gestärkt wird die restriktive Auslegung auch durch einen Vergleich zu Art. 552 § 32 PGR, in dessen Rahmen für eine Änderung der Satzungsbestimmungen durch die Stiftungsorgane ein sachlich gerechtfertigter Grund ausreichend ist. Da der Stifter den Organen ein Änderungsrecht nach Art. 552 § 32 PGR in der Satzung einräumen muss, sind derartige Satzungsänderungen eher durch seinen Willen legitimiert als richterliche Änderungen. Aufgrund dieser Legitimation müssen Änderungen durch die Organe geringeren Anforderungen unterliegen als diejenigen eines Richters. Auch nach dieser Argumentation muss „zweckmäßig" restriktiver ausgelegt werden als „sachlich gerechtfertigt".[1095]

b. Durch Private

In Liechtenstein kommt der Aufsicht der Stiftung durch Private angesichts der geringen staatlichen Aufsicht ein hoher Stellenwert zu.[1096] Entsprechend haben Überwachungsmöglichkeiten Privater umfänglich Eingang in das Gesetz gefunden. Die private Aufsicht ist grundsätzlich in eine stiftungsinterne Kontrolle, etwa durch besondere Organe, und eine stiftungsexterne Kontrolle, primär durch die Destinatäre, aufzuteilen.[1097]

1094 BuA Nr. 13/2008, S. 116 f.

1095 Zu dem Vergleich von Art. 552 § 32 und 34 PGR *Rick* in Liechtensteinisches Stiftungsrecht, Art. 552 § 33–35, Rn. 22 f.; unter Verweis auf *Bösch*, Liechtensteinisches StiftR, S. 631 ff. für die Legitimation aus dem Stifterwillen.

1096 *Jakob*, Liechtensteinische Stiftung, Rn. 474.

1097 *Jakob* fasst beide Varianten der privaten Aufsicht in Abgrenzung zur externen staatlichen Aufsicht unter dem Schlagwort der „internen Governance" zusammen, *Jakob*, Liechtensteinische Stiftung, Rn. 474. Da an dieser Stelle der Begünstigte als

aa. Stiftungsorgane

Die große Freiheit des Stifters bei der Gestaltung der Stiftungssatzung erlaubt ihm, stiftungsinterne Aufsichtsorgane zu schaffen, welche die Arbeit des Stiftungsrats überwachen oder anderen Aufsichtsaufgaben nachgehen können, Art. 552 § 28 PGR.[1098] Einzige Voraussetzung ist, dass ihre Bestellung als Teil der fakultativen Satzungsinhalte nach Art. 552 § 16 Abs. 2 Nr. 3 PGR geregelt wurde.[1099]

Soweit diese Organe bestimmte Anforderungen erfüllen, können sie auch staatliche Überwachungsaufgaben übernehmen oder Aufsichtsrechte der Begünstigten ausschließen.[1100] Zwingende gemeinsame Voraussetzung für alle der im Folgenden zu betrachtenden Kontrollorgane, die eine solche Rechtswirkung herbeiführen sollen, ist dabei jedoch ihre Unabhängigkeit von der Stiftung nach Art. 552 § 11 Abs. 3 und § 27 Abs. 2 S. 1 PGR,[1101] wodurch sie letztlich stiftungsextern agieren. Das prominenteste der Organe, welches eine eigene Rechtswirkung nach außen entfaltet, ist die in Art. 552 § 27 PGR geregelte Revisionsstelle. Sie kann gemäß Art. 191a PGR mit einem Wirtschaftsprüfer, einer Revisionsgesellschaft, einem Treuhänder oder Verbandspersonen und Treuunternehmen mit einer Treuhänderbewilligung besetzt werden. Eine Revisionsstelle wird für beaufsichtigte Stiftungen im Ausserstreitverfahren durch ein Gericht bestellt[1102] und prüft einmal im Jahr, ob das Stiftungsvermögen zweckgemäß verwaltet und eingesetzt wird, Art. 552 § 27 Abs. 1 und 4 PGR. Das Ergebnis der Prüfung muss dem Stiftungsrat und der Stiftungsaufsicht mitgeteilt werden, wobei jedoch eine Bestätigung über die ordnungsgemäße Verwaltung der Stiftung genügt, wenn es keinen Grund zu einer Beanstandung gibt.

---

potenzieller Gläubiger der Stiftung als von der Stiftung getrennte Entität betrachtet wird, meint die Bezeichnung „stiftungsexterne Aufsicht“ in diesem Unterabschnitt die Überwachung der Stiftung durch private Elemente, die nicht der Stiftungsorganisation selbst angehören.

1098 *Jakob*, Liechtensteinische Stiftung, Rn. 411 ff.

1099 Sie dürfen außerdem nach Art. 552 § 28 Abs. 1 S. 2 PGR nicht vertretungsbefugt sein, was jedoch bei Aufsichtsorganen ohnehin nicht der Regelfall sein dürfte.

1100 Zur Einschränkung der Begünstigtenrechte und den Begünstigtenrechten generell siehe, S. 280 ff.

1101 Zu den Voraussetzungen siehe sogleich.

1102 In diesem Verfahren nimmt die Stiftungsaufsichtsbehörde nach Art. 552 § 27 Abs. 1 S. 2 PGR Parteistellung.

Allerdings kann die Aufsichtsbehörde auch bei der Bestätigung der ordnungsgemäßen Verwaltung detailliert Auskunft über alle bekannt gewordenen Tatsachen von der Revisionsstelle verlangen.[1103]

Für privatnützige Stiftungen, die nicht der Aufsicht unterliegen, ist eine Revisionsstelle nicht erforderlich. Gleichwohl können auch nicht beaufsichtigte Stiftungen nach Art. 552 § 11 PGR ein solches Kontrollorgan schaffen. Dabei kommen gemäß Art. 552 § 11 Abs. 2 PGR drei Wege in Betracht. Bei allen drei Varianten ist es – wie oben bereits angedeutet – zwingend erforderlich, dass das Kontrollorgan unabhängig von der Stiftung ist. Das Kontrollorgan darf nach Art. 552 § 11 Abs. 3 und § 27 Abs. 2 PGR daher weder einem anderen Stiftungsorgan angehören (Nr. 1), noch in einem Arbeitsverhältnis zur Stiftung stehen (Nr. 2), enge verwandtschaftliche Beziehungen zu Mitgliedern von Stiftungsorganen haben (Nr. 3) oder Begünstigter der Stiftung sein (Nr. 4).

Die erste der drei Möglichkeiten eines Kontrollorgans ist nach Art. 552 § 11 Abs. 2 Nr. 1 PGR die Einrichtung einer „echten Revisionsstelle“ im Sinne des Art. 552 § 27 PGR. Dabei wird auch in diesem Fall die Revisionsstelle durch das Gericht bestimmt. Allerdings kommt der Stiftungsaufsichtsbehörde in diesem Verfahren naturgemäß keine Parteistellung zu.[1104] Neben der Bestellung einer Revisionsstelle im Außerstreitverfahren kann der Stifter namentlich genannte natürliche Personen, welche über ausreichende Fachkenntnisse auf dem Gebiet des Rechts und der Wirtschaft verfügen, um ihre Aufgaben erfüllen zu können, zum Kontrollorgan berufen. Während sich die Revisionsstelle nach Nr. 1 noch durch eine besondere Neutralität und fachliche Kompetenz ausgezeichnet hat, rückt der Fokus bei den in Nr. 2 bezeichneten Personen auf die persönliche Vertrauensbeziehung zum Stifter.[1105] Entsprechend kann Vertrauensperson in diesem Sinne, wie auch durch den Wortlaut vorgegeben, nur eine natürliche Person sein und dies darüber hinaus auch nur solange, wie sie noch durch einen Stifter bestellt wurde.[1106] Letztlich kann sich auch der Stifter nach Nr. 3 selbst zum Kontrollorgan berufen, an ihn werden keine fachlichen Voraussetzungen gestellt, da bereits in der Gesetzesbegründung davon ausgegangen wird, dass ein Stifter eine solch verantwortungsvolle Aufgabe nur dann übernimmt, wenn er sich der Verantwortung gewachsen sieht.[1107] Nach *Lorenz* soll

---

1103 *Heiss* in Liechtensteinisches Stiftungsrecht, Art. 552 § 27, Rn. 20.

1104 BuA Nr. 13/2008, S. 69; *Lorenz* in Liechtensteinisches Stiftungsrecht, Art. 552 § 11, Rn. 8.

1105 BuA Nr. 13/2008, S. 70; *Jakob*, Liechtensteinische Stiftung, Rn. 403 ff.

1106 Dazu jeweils *Lorenz* in Liechtensteinisches Stiftungsrecht, Art. 552 § 11, Rn. 9 f.

1107 BuA Nr. 13/2008, S. 71.

das Telos der Norm gebieten, dass dies – wie bei der Berufung von Vertrauenspersonen nach Nr. 2 – nur dann möglich ist, wenn es sich bei dem Stifter um eine natürliche Person handelt.[1108]

Wie auch die Revisionsstelle nach Art. 552 § 27 Abs. 4 PGR muss das Kontrollorgan gemäß Art. 552 § 11 Abs. 4 PGR einmal jährlich die Verwendung des Stiftungsvermögens überprüfen und dem Stiftungsrat einen Bericht über die Überprüfung vorlegen, der bei einer ordnungsgemäßen Verwaltung durch eine Bestätigung derselben ersetzt werden kann. Da die Stiftung nicht der Aufsicht unterliegt, bedarf es keiner Übermittlung des Berichts oder der Bestätigung an die Aufsichtsbehörde. Wurde allerdings das Vermögen nicht zweckkonform verwendet, muss dies den Begünstigten und dem zuständigen Gericht mitgeteilt werden.

bb. Registerführung und Auskunftsansprüche gegen die Behörde

Wenngleich privatnützige Stiftungen grundsätzlich nicht der regulären Aufsicht unterliegen, muss nach Art. 552 § 20 Abs. 1 PGR die Gründungsanzeige bei der Stiftungsbehörde hinterlegt werden. Die Hinterlegung führt zwar nicht zur Eintragung der Stiftung in das Handelsregister oder ein vergleichbares öffentliches Register, allerdings sammelt und verwaltet die Behörde die Daten der hinterlegten Stiftungen trotzdem, um ein Minimum an Auskünften gegenüber Dritten erteilen zu können.

Die ausnahmsweise Einsicht in die bei der Hinterlegung eingereichten Unterlagen richtet sich nach Art. 955a PGR. Dieser sieht in Abs. 2 vor, dass Dritte durch das Amt für Justiz eine Bestätigung über die Existenz oder Nicht-Existenz einer potenziellen nicht eingetragenen Stiftung erhalten können. Weitere Auskunfts- und Einsichtnahmerechte stehen Dritten nach Abs. 2 nicht zu. Der Verwaltungsgerichtshof sah in dieser sehr begrenzten Auskunft eine Verletzung der grundrechtlichen Ansprüche auf Gewährung des rechtlichen Gehörs (Art. 31 Abs. 1 LV), den gesetzlichen Richter (Art. 33 Abs. 1 LV) sowie auf Beschwerdeführung (Art. 43 LV) und des Anspruchs auf die Bereitstellung von ordentlichen Gerichten (Art. 97 ff. LV), da es einem Dritten ohne weitere Informationen nicht möglich wäre, Klage gegen die Stiftung zu erheben.[1109] Um den grundrechtlichen Anforderungen gerecht zu werden, wurde nach dem Urteil des Verwaltungsgerichtshofs Art. 955a Abs. 1 PGR dergestalt abgeändert, als dass neben den Behörden oder der Stiftung auch Dritte mit einem berechtigten

1108 *Lorenz* in Liechtensteinisches Stiftungsrecht, Art. 552 § 11, Rn. 11.
1109 VGH, Urt. v. 20.7.2015 – VGH 2015/060, LJZ 2015, 191, 192.

Interesse (teilweise) Auskunft über die Hinterlegungsunterlagen erhalten können.[1110] Der erweiterte Auskunftsanspruch zugunsten Dritter ist jedoch nach der Vorstellung des Gesetzgebers inhaltlich auf die Bekanntgabe des Repräsentanten der Stiftung begrenzt.[1111] Zudem genügt nicht jedes allgemeine Interesse, sondern nur ein insoweit qualifiziertes Interesse, als zum Beispiel ein Rechtsanspruch geltend gemacht werden soll.[1112]

Aufgrund der 4. Geldwäsche Richtlinie,[1113] an die Liechtenstein als Mitglied des EWR gebunden ist, wurde mit Wirkung zum 1.8.2019 das Verzeichnis der wirtschaftlichen Eigentümer der liechtensteinischen juristischen Personen eingeführt.[1114] Am 1.4.2021 wurde dieses dann durch das Verzeichnis der wirtschaftlich berechtigten Personen von Rechtsträgern (VwbP)[1115] abgelöst, welches der Umsetzung der 5. Geldwäsche Richtlinie[1116] dient. Das nicht öffentliche Verzeichnis muss unter anderem nach Art. 6 i.V.m. Art. 4 VwbPG Angaben zu den wirtschaftlich berechtigten Personen[1117] enthalten. Zu diesen zählen nach Art. 3 Nr. 6 lit. c) der 5. Geldwäsche Richtlinie sowohl der Stifter

1110 BuA Nr. 68/2016, S. 47 f.

1111 BuA Nr. 68/2016, S. 48.

1112 BuA Nr. 68/2016, S. 48.

1113 Richtlinie (EU) 2015/849 des Europäischen Parlamentes und des Rates vom 20. Mai 2015 zur Verhinderung der Nutzung des Finanzsystems zum Zwecke der Geldwäsche und der Terrorismusfinanzierung, zur Änderung der Verordnung (EU) Nr. 648/2012 des Europäischen Parlaments und des Rates und zur Aufhebung der Richtlinie 2005/60/EG des Europäischen Parlaments und des Rates und der Richtlinie 2006/70/EG der Kommission.

1114 Geregelt im Gesetz vom 6. Dezember 2018 über das Verzeichnis der wirtschaftlichen Eigentümer inländischer Rechtsträger (VwEG), dazu bereits oben S. 52; vgl. auch Vernehmlassungsbericht LNR 2016-976.

1115 Gesetz vom 3. Dezember 2020 über das Verzeichnis der wirtschaftlich berechtigten Personen von Rechtsträgern (VwbPG).

1116 Richtlinie (EU) 2018/843 des Europäischen Parlaments und des Rates vom 30. Mai 2018 zur Änderung der Richtlinie (EU) 2015/849 zur Verhinderung der Nutzung des Finanzsystems zum Zwecke der Geldwäsche und der Terrorismusfinanzierung und zur Änderung der Richtlinien 2009/138/EG und 2013/36/EU.

1117 Definiert in Art. 2 Abs. 1 lit a) VwbPG als: „eine natürliche Person, auf deren Veranlassung oder in deren Interesse eine Transaktion oder Tätigkeit ausgeführt oder eine Geschäftsbeziehung letztlich begründet wird. Im Falle von Rechtsträgern ist es auch diejenige natürliche Person, in deren Eigentum oder unter deren Kontrolle der Rechtsträger letztlich steht.“

als auch die Begünstigten einer Stiftung. Die Eintragung erfolgt dabei nach Art. 4 Abs. 4 lit. c) VwbPG auch bei nicht eintragungspflichtigen Stiftungen.

Daten über Stiftungen aus dem Register können – außer gegenüber Behörden, Finanzinstituten und Sorgfaltspflichtigen[1118] – nur gegenüber solchen Dritten offengelegt werden, die nach Art. 17 Abs. 5 lit. d) VwbPG ein berechtigtes Interesse glaubhaft machen können. Ein solches Interesse liegt gemäß Art. 17 Abs. 6 VwbPG nur dann vor, wenn „die beantragten Daten im Rahmen der Bekämpfung von Geldwäscherei, Vortaten der Geldwäscherei und Terrorismusfinanzierung" genutzt werden sollen. Auch wenn ein berechtigtes Interesse besteht, kann die Offenlegung nach Art. 18 Abs. 2 VwbPG eingeschränkt werden, wenn überwiegende schutzwürdige Interessen der betroffenen wirtschaftlich berechtigten Personen vorliegen. Dazu zählen zum Beispiel die erhöhte Gefahr, Opfer von Straftaten zu werden, oder der Schutz Minderjähriger.

Die Erforderlichkeit des berechtigten Interesses und die Einschränkungen der Auskunftsmöglichkeiten aufgrund zu befürchtender Straftaten könnten zu einer restriktiven Herausgabe von Auskünften zugunsten der wirtschaftlich Berechtigten führen. Dabei sollte aber bei der Umsetzung der Richtlinie auch der Umfang und die Verfügbarkeit der durch Art. 955a Abs. 1 PGR abfragbaren Informationen vergrößert werden, um den MONEYVAL Empfehlungen gerecht zu werden.[1119] Nach der Neufassung des Gesetzes[1120] können nicht nur solche Informationen abgefragt werden, die zur Erhebung einer Klage erforderlich sind, sondern im Wesentlichen all jene, die bei der Hinterlegung der Stiftung angegeben werden müssen, genauer die in Art. 552 § 20 Abs. 2 Nr. 1–7 und PGR aufgeführten Angaben.[1121] Zur Erteilung einer Auskunft berechtigt ist nicht mehr nur jeder, der ein berechtigtes Interesse wie einen Rechtsanspruch geltend machen kann, sondern jedermann.[1122] Da es den Privatstiftungen nach Art. 552 § 16 Abs. 1 Nr. 4 PGR jedoch möglich ist, die Bestimmung der Begünstigten in ein Beistatut auszulagern, wären die wesentlichen Aspekte der Vertraulichkeit der Begünstigten durch die Änderung des Art. 955a Abs. 1 PGR kaum betroffen.

1118 Vgl. Art. 13–16 VwbPG.

1119 Vernehmlassungsbericht LNR 2016-976, S. 117 f.

1120 LGBl. 2020 Nr. 520.

1121 Nicht umfasst sind somit nur die in Nr. 8, 9 und 11 vorgesehenen Bestätigungen des Treuhänders über das Vorliegen bestimmter Voraussetzungen, welche keinen großen inhaltlichen Mehrwert für einen Antragsteller haben dürften.

1122 Vernehmlassungsbericht LNR 2016-976, S. 117 f.; BuA Nr. 60/2020, S. 13 f.

Wenngleich die Neuregelung nicht zu so viel Transparenz führt wie ein öffentliches Verzeichnis der wirtschaftlichen Eigentümer, besteht nun erstmals überhaupt die Möglichkeit einer minimalen Aufsicht durch die interessierte Öffentlichkeit. Durch die deutlich strengeren Vorschriften und Mechanismen zur Vorbeugung von Geldwäsche und Steuerhinterziehung sinkt zudem die Wahrscheinlichkeit dieser Straftaten und eine Aufsicht durch die Öffentlichkeit scheint daher insgesamt unwahrscheinlich.

cc. Destinatäre und ihre Ansprüche gegen die Stiftung

Wie auch in Deutschland erachtet die gesetzgeberische Konzeption eine geringere staatliche Aufsicht über privatnützige Stiftungen für ausreichend, da bei den Begünstigten der Stiftung ein eigenes Interesse daran besteht, die Geschäftsführung der Stiftung zu überwachen. In Liechtenstein sieht das Gesetz einige konkrete Regelungen zu möglichen Aufsichtsmaßnahmen durch die Destinatäre vor.[1123] Da diese in besonderem Maße von den Leistungsansprüchen der Destinatäre gegen die Stiftung abhängen, werden in einem ersten Schritt die verschiedenen Leistungsansprüche aufgearbeitet, bevor in einem zweiten Schritt auf aufsichtsähnliche Maßnahmen eingegangen wird.

(1) Leistungsansprüche

Das liechtensteinische Recht kennt vier verschiedene Typen von Begünstigten, Art. 552 § 5 Abs. 2 PGR, und sieht in Art. 552 § 5 Abs. 1 PGR eine Legaldefinition[1124] für den Begünstigten allgemein vor. Die ersten beiden Kategorien von Begünstigten sind gemäß Art. 552 § 5 Abs. 2 Nr. 1 und 2 i.V.m. § 6 PGR solche mit einem Rechtsanspruch auf die Begünstigung. Dabei steht dem sogenannten Begünstigungsberechtigten nach § 6 Abs. 1 ein der Höhe nach bestimmter oder bestimmbarer Vorteil unmittelbar aus der Satzung zu. Diesen Anspruch kann er klageweise geltend machen und so sicherstellen, dass zumindest in Bezug auf ihn der Stiftungssatzung gemäß gehandelt wird. Auch dem

---

1123 Ausführlich zur aktuellen Rechtsprechung, *Gasser/Thun-Hohenstein* in PSR 2019, 103, 103 ff.

1124 Als Begünstigter gilt diejenige natürliche oder juristische Person, die mit oder ohne Gegenleistung tatsächlich, unbedingt oder unter bestimmten Voraussetzungen oder Auflagen, befristet oder unbefristet, beschränkt oder unbeschränkt, widerruflich oder unwiderruflich, zu irgendeinem Zeitpunkt während des Rechtsbestands der Stiftung oder bei ihrer Beendigung in den Genuss eines wirtschaftlichen Vorteils aus der Stiftung (Begünstigung) kommt oder kommen kann.

Anwartschaftsberechtigten steht nach Abs. 2 unmittelbar aus der Satzung ein Recht auf eine bestimmte oder bestimmbare Leistung der Stiftung zu, welches jedoch unter den Eintritt einer bestimmten Bedingung gestellt wird. Ähnlich der klassischen Anwartschaftsdefinition muss diese Stellung unentziehbar geworden sein, damit von einer Anwartschaftsbegünstigung gesprochen werden kann.[1125] Sobald die entsprechende Bedingung eingetreten ist, wird der Anwartschaftsbegünstigte zum Begünstigungsberechtigten und kann die Erfüllung des Anspruchs von der Stiftung verlangen und gegebenenfalls klageweise durchsetzen.

Die Begünstigtenstellung der ersten beiden Kategorien wird somit jeweils durch einen festen Anspruch gegen die Stiftung bestimmt. Wie zum deutschen Recht bereits ausgeführt, wird es jedoch regelmäßig nicht im Interesse des Stifters liegen, verbindliche Ansprüche zugunsten konkreter Begünstigter in der Satzung festzuschreiben.[1126]

Statt einer konkreten Begünstigung einzelner Destinatäre kann der Stifter entsprechend auch einen Kreis potenzieller Begünstigter festlegen und es in das Ermessen der Stiftungsorgane stellen, wer aus diesem Kreis in welchem Rahmen gefördert wird. Diese sog. Ermessensbegünstigten werden in Art. 552 § 7 Abs. 1 S. 1 PGR definiert. Damit ein Begünstigter zum Ermessensbegünstigten wird, muss er zum Kreis der potenziell Begünstigten gehören und seine Begünstigung darf nach S. 2 nicht von einer Bedingung abhängen. Eine Anwartschaft auf eine Ermessensbegünstigung genügt somit explizit nicht. Im Gegensatz zu den Begünstigten nach Art. 552 § 6 PGR hat der Ermessensbegünstigte keinen klagbaren Anspruch auf die Leistung. Erst dann, wenn das zuständige Organ sein Ermessen im Wege eines Beschlusses zugunsten des Begünstigten ausgeübt hat, entsteht ein Leistungsanspruch. Bis dahin soll dem Ermessensbegünstigten jedoch ein Anspruch auf eine ermessensfehlerfreie Entscheidung zustehen. Denn ein solcher sei den Art. 552 §§ 29, 35 PGR immanent.[1127] Dieses Ergebnis ist nicht nur im Hinblick auf die Stiftungsaufsicht durch Private zu begrüßen,[1128] sondern in Liechtenstein auch aufgrund der Kontrollrechte nach Art. 552 § 9 PGR (dazu sogleich) systematisch zwingend notwendig. Denn die Kontrollrechte hätten sonst nur einen eingeschränkten Nutzen, wenn die Destinatäre nicht selbst klagen könnten, sondern auf die Anrufung der Behörden wegen rechtswidrigen Handelns der Stiftungsorgane beschränkt wären.

1125 *Jakob*, Liechtensteinische Stiftung, Rn. 428.

1126 Siehe oben S. 262 sowie *Hüttemann/Rawert* in Staudinger-BGB, § 85, Rn. 41.

1127 *Jakob*, Liechtensteinische Stiftung, Rn. 430.

1128 Dazu bereits oben zum deutschen Recht S. 262 f.

Eine Sonderstellung nimmt der in Art. 552 § 8 PGR geregelte Letztbegünstigte ein. Ihm stehen im Gegensatz zu den anderen Begünstigten keine Leistungen aus den laufenden Erträgen der Stiftung zu. Stattdessen fließt ihm im Fall der Auflösung der Stiftung das Vermögen derselben nach Liquidation zu. Der Letztbegünstigte hat entsprechend bis zur Liquidation der Stiftung keine Leistungsansprüche gegen die Stiftung. Wird kein Letztbegünstigter in der Satzung bestimmt, wird der Staat gemäß Art. 552 § 8 Abs. 2 PGR zum Letztbegünstigten. Nur dann, wenn der Stifter die Auflösung der Stiftung durch einen Widerruf nach Art. 552 § 30 Abs. 1 PGR auslöst, gilt er nach Art. 552 § 8 Abs. 3 PGR bei Fehlen einer Satzungsbestimmung automatisch als Letztbegünstigter.

(2) Auskunftsansprüche

Wie im deutschen Recht und in Anlehnung an Jakobs entsprechende Ausführungen,[1129] wird auch in Liechtenstein ein Informationsanspruch des Destinatärs angenommen. Ein solcher besteht dann, wenn dem Begünstigten ein klagbarer Leistungsanspruch zusteht, der in der Höhe nicht festgeschrieben ist und dessen Berechnung durch die Stiftungsorgane entsprechend überprüft werden muss. Die Rechtsgrundlage ist der Grundsatz von Treu und Glauben nach Art. 2 PGR.[1130] Inhaltlich umfasst der Anspruch alle Informationen, die erforderlich sind, damit der Begünstigte die Höhe seines Anspruchs bestimmen kann.

Neben den aus den Leistungsansprüchen resultierenden Informationsrechten der Destinatäre können potenzielle Begünstigte auf verschiedenen Wegen Informationen von der Stiftung über deren Geschäftsführung und ihre eigene Begünstigtenstellung verlangen:

Soweit eine Person vermutet, berechtigterweise Begünstigte einer Familienstiftung zu sein, kann sie über den bereits erwähnten Art. 955a Abs. 1 PGR bei dem Amt der Justiz sowohl eine Bestätigung über die Existenz der Stiftung als auch die nach Art. 552 § 20 Abs. 2 Nr. 1–7 und 10 PGR erforderlichen Angaben beantragen. Mit diesen Informationen – und natürlich auch dann, wenn sie vorher um ihre potenzielle Begünstigtenstellung bei der in Frage stehenden Stiftung wusste – kann sie sich an die Stiftung wenden.

In den meisten Fällen dürfte sich der Stiftungsrat gegenüber den Destinatären oder möglichen Destinatären ohnehin kooperativ zeigen und ihnen die entsprechenden Informationen gewähren. Ist dies nicht der Fall, hat der Begünstigte nach Art. 552 § 9 Abs. 1 PGR die Möglichkeit, soweit es seine Rechte betrifft,

---

1129 *Jakob*, Schutz der Stiftung, S. 184 f.

1130 *Lorenz* in Liechtensteinisches Stiftungsrecht, Art. 552 § 11, Rn. 16 m.w.N.

Einsicht in die Stiftungsurkunde, die Stiftungszusatzurkunde und allfällige Reglemente zu nehmen. Dieser Anspruch setzt grundsätzlich eine Begünstigtenstellung im Sinne des Art. 552 § 5 PGR voraus. Handelt es sich bei dem Anspruchsteller also nicht um einen Begünstigten in diesem Sinne, insbesondere um eine Person, der lediglich eine Anwartschaft auf eine Ermessensbegünstigung zusteht, besteht ein Anspruch nicht und die Organe können die Auskunft verweigern.[1131] Ist der Anspruchssteller hingegen ein Begünstigter, ist ihm die Einsicht nach Art. 552 § 9 Abs. 1 PGR zu gewähren. Ferner kann er nach Abs. 2 zur Überprüfung der Berichterstattung und Rechnungslegung Einsicht in alle Geschäftsbücher und Papiere nehmen und Abschriften herstellen sowie alle Tatsachen und Verhältnisse, insbesondere das Rechnungswesen, persönlich oder durch einen Vertreter prüfen und untersuchen.

(3) Sonstige Rechte der Destinatäre

Zeigt sich die Stiftung in Bezug auf die konkreten Informationsansprüche nicht kooperativ, kann der Begünstigte nach Art. 552 § 35 Abs. 1 PGR das Gericht anrufen, damit dieses im Außerstreitverfahren seine Befugnisse nach Art. 552 § 29 Abs. 3 PGR ausübt. Erforderlich ist dafür ein Antrag eines Stiftungsbeteiligten. Beteiligte im Sinne des Art. 552 § 35 PGR sind alle in Art. 552 § 3 PGR aufgeführten Personen, also der Stifter (Nr. 1), alle Begünstigten (Nr. 2–5) sowie die Organe der Stiftung und ihre Mitglieder (Nr. 6).[1132] Art. 552 § 35 PGR setzt außerdem voraus, dass die Stiftung nicht der Aufsicht unterliegt. Bei beaufsichtigten Stiftungen ist Art. 552 § 34 PGR hingegen direkt anwendbar.

Grundsätzlich kommt bei einem rechtswidrigen Handeln der Stiftungsorgane eine Anordnung des Richters nach Art. 552 § 29 Abs. 3 PGR in Betracht. Soweit die Organe dieser nicht nachkommen, kann er überdies den Austausch der Stiftungsorgane anordnen. Der Austausch der Stiftungsorgane ist zwar als *ultima ratio* zu betrachten, er ist aber möglich, wenn die weitere Ausübung der Organfunktion objektiv die Zweckverwendung des Stiftungsvermögens gefährdet oder beeinträchtigt und kein milderes Mittel zur Verfügung steht.[1133] Davon ist insbesondere dann auszugehen, „wenn sich ein Stiftungsorgan in einem dauernden oder schwerwiegenden Interessenkonflikt befindet oder seine Pflichten nachhaltig verletzt".[1134] Soweit die Abberufung eine Reaktion auf vergangene

1131 *Lorenz* in Liechtensteinisches Stiftungsrecht, Art. 552 § 9, Rn. 12.
1132 Insoweit deutlich, BuA Nr. 13/2008, S. 117.
1133 *Gasser* in Gasser/StiftR, Art. 552 § 29, Rn. 43 m.w.N.
1134 OGH, Beschl. v. 7.5.2010 – 10 HG.2008.5, Rn. 13.2.

Pflichtverletzungen ist, müssen diese besonders schwerwiegend gewesen sein, da die Abberufung keine Sanktionswirkung haben, sondern die Stiftung und ihre Begünstigten schützen soll.[1135] Wenn auch die einzelne Pflichtverletzung bei der Verwehrung von Auskunfts- und gegebenenfalls auch Leistungsansprüchen im Einzelfall nur gering sein mag, gefährdet die andauernde Nichterfüllung von Ansprüchen aus der *ex-ante* Perspektive die Funktion der Privatstiftung und rechtfertigt somit die Abberufung des Stiftungsorgans.

Besteht eine strukturelle Fehlorganisation, kann der Richter im Außerstreitverfahren auf Antrag des Beteiligten gemäß Art. 552 § 35 PGR in Verbindung mit Art. 552 § 34 PGR auch die Stiftungsorganisation an sich ändern. Auch wenn das Zweckmäßigkeitserfordernis des Art. 552 § 34 PGR nach den obigen Ausführungen restriktiv ausgelegt werden muss, dürften die Voraussetzungen für eine Satzungsänderung erfüllt sein, wenn diese strukturell ein satzungswidriges Verhalten der Organe ermöglicht. In derartigen Fällen kann die Befugnis des Richters jedoch an dem negativen Tatbestandsmerkmal des Art. 552 § 34 Abs. 1 Nr. 2 PGR scheitern, wenn und soweit die Stiftungsorgane im Sinne des Art. 552 § 32 PGR selbst zur Änderung der Satzungsbestimmungen über die Stiftungsorganisation berechtigt sind.[1136] Die Ausnahme des Art. 552 § 34 Abs. 1 Nr. 2 PGR gilt jedoch nur insoweit, wie die Organe berechtigt sind. Da es nicht fernliegend scheint, dass der Stifter von der grundsätzlichen Satzungsänderungsbefugnis der Organe jedoch die Änderungskompetenz in Bezug auf die Regelungen über die Organe selbst ausgeschlossen hat, wäre der Richter folglich zur Änderung befugt.

Das Vorgehen der Stiftungsbeteiligten im Wege des Art. 552 § 35 PGR durch die Art. 552 § 29 Abs. 3 und § 34 PGR ermöglicht den Begünstigten somit einen umfangreichen Rechtsschutz vor einem satzungswidrigen Verhalten der Stiftungsorgane.

(4) Ausschluss der Auskunftsansprüche

(i) Art. 552 § 9 Abs. 2 PGR

Die Rechte des Art. 552 § 9 Abs. 2 PGR dürfen allerdings gemäß Abs. 2 S. 3 nicht in missbräuchlicher Weise ausgeübt werden oder dem Interesse der Stiftung oder

---

1135 OGH, Beschl. v. 7.5.2010 – 10 HG.2008.5, Rn. 13.2; *Gasser* in Gasser/StiftR, Art. 552 § 29, Rn. 43.

1136 Zum Verweis des Art. 552 § 34 Abs. 1 Nr. 2 PGR auf Art. 552 § 32 PGR, *Rick* in Liechtensteinisches Stiftungsrecht, Art. 552 § 33–35, Rn. 28.

anderer Begünstigter entgegenlaufen. Sie dürfen nach Abs. 2 S. 4 ausnahmsweise zum Schutz des Begünstigten verweigert werden.

Ein Missbrauch kann immer dann angenommen werden, wenn die Ausübung des Informationsanspruchs nicht den Kontrollinteressen des Begünstigten als Überwacher der Stiftung dient, sondern anderen Zwecken.[1137] Auch wenn sich die Missbrauchseinschränkung nach Abs. 2 S. 3 dem Wortlaut nach nur auf das Recht zur Auskunftserteilung über die Arbeit der Stiftung und nicht auch auf die Einsicht in die Stiftungsdokumente erstreckt, gilt für letztere eine vergleichbare Einschränkung aus dem allgemeinen Verbot der rechtsmissbräuchlichen Rechtsausübung nach Art. 2 Abs. 2 PGR.[1138] Nicht vom allgemeinen Verbot des Rechtsmissbrauchs umfasst sind die Auskunftsverweigerungsrechte der Stiftung bei entgegenstehenden Interessen der Stiftung oder anderer Begünstigter.[1139] Ein widerstreitendes Interesse anderer Destinatäre oder der Stiftung kann nur dann angenommen werden, wenn konkrete Geheimhaltungsinteressen vorliegen, die in einer Abwägung das Kontrollinteresse des anspruchsstellenden Begünstigten überwiegen. Eine reine Berufung auf das allgemeine Persönlichkeitsrecht anderer Destinatäre genügt nicht.[1140] Ohnehin dürfte dieses durch die Einsichtnahme in die Geschäftsführung kaum intensiver betroffen sein als durch die Einsicht in die Stiftungsdokumente, die schließlich nicht unter einem solchen klar gesetzlich geregelten Vorbehalt steht.

Die Möglichkeit der Stiftung, die Auskunft „zum Schutz des [antragsstellenden] Begünstigten" (Abs. 2 S. 4) zu verweigern, soll dem Schutz eines Begünstigten vor einem „spoiling effect" dienen.[1141] Der Gesetzgeber hatte befürchtet, dass ein Begünstigter durch die weitgehenden Auskunftsansprüche und den Einblick in die Vermögenswerte der Stiftung dazu motiviert sein könnte, etwa seine Ausbildung und andere Bereiche seiner Lebensplanung zu vernachlässigen.[1142] Die Ausnahme des Selbstschutzes des Begünstigten darf jedoch nur restriktiv angewandt werden, damit das Kontrollrecht seine Wirkung nicht verliert und die Stiftung nicht zum Pädagogen wird.[1143]

1137 *Lorenz* in Liechtensteinisches Stiftungsrecht, Art. 552 § 9, Rn. 74.
1138 *Lorenz* in Liechtensteinisches Stiftungsrecht, Art. 552 § 9, Rn. 77.
1139 *Lorenz* in Liechtensteinisches Stiftungsrecht, Art. 552 § 9, Rn. 86.
1140 *Lorenz* in Liechtensteinisches Stiftungsrecht, Art. 552 § 9, Rn. 84.
1141 *Jakob*, Liechtensteinische Stiftung, Rn. 492.
1142 BuA Nr. 13/2008, S. 66.
1143 *Jakob*, Liechtensteinische Stiftung, Rn. 492.

(ii) Art. 552 § 10 PGR

Weitaus relevanter als die Einschränkungen der Informationsrechte durch die letzten beiden Sätze des Art. 552 § 9 Abs. 2 PGR dürften in der Praxis die Einschränkungen des Art. 552 § 10–12 PGR sein. Nach Art. 552 § 10 PGR sind die Auskunftsrechte des Art. 552 § 9 PGR ausgeschlossen, wenn sich der Stifter ein Widerrufsrecht nach Art. 552 § 30 Abs. 1 PGR vorbehalten hat und Letztbegünstigter der Stiftung ist. Da seine Letztbegünstigung bei einem Widerruf nach Art. 552 § 8 Abs. 3 PGR regelmäßig vermutet wird, muss sich der widerrufsberechtigte Stifter nicht bereits in der Satzung als Letztbegünstigter eingesetzt haben, soweit niemand anderes eingesetzt ist.[1144] Nach der Gesetzesbegründung sollen die Informationsrechte gegenüber der Stiftung in diesem Fall allein dem Stifter zustehen.[1145] Dies ergibt sich allerdings nicht direkt aus dem Wortlaut des Art. 552 § 10 Abs. 1 PGR. Dem Stifter als Letztbegünstigtem stehen die entsprechenden Rechte nach Art. 552 § 9 Abs. 3 PGR eigentlich erst ab dem Zeitpunkt der Auflösung der Stiftung zu.[1146] Die herrschende Meinung nimmt jedoch – den Gesetzesmaterialien folgend – an, dass sie dem Stifter auch schon vor dem Widerruf zustehen,[1147] was sich überdies auch in einem Gegenschluss zu Art. 552 § 10 Abs. 2 PGR bestätigen lässt, welcher die Informationsansprüche bei mehreren Stiftern allen Stiftern zu spricht.[1148] Laut den Gesetzesmaterialien sei der Ausschluss angezeigt, weil die Vermögensinteressen noch bei dem Stifter und nicht bei den Begünstigten lägen.[1149]

Wie *Jakob* anmerkt, widerspricht diese Begründung dem Verständnis einer Stiftung in einigen anderen Rechtsordnungen[1150] und passt auch nicht zwingend in das liechtensteinische System. Denn auch dann, wenn der Stifter sich ein Widerrufsrecht vorbehalten hat, steht die Stiftung ab der Errichtung weder im Eigentum des Stifters, noch ist sie und ihr Vermögen als eigentumsähnlich zu betrachten. Die Gestaltungsrechte des Art. 552 § 30 Abs. 1 PGR erlauben dem Stifter zwar eine gewisse Einflussnahme, allerdings sind beides spezielle Rechte

---

1144 *Gasser* in Gasser/StiftR, Art. 552 § 10, Rn. 1; *Jakob*, Liechtensteinische Stiftung, Rn. 496.

1145 BuA Nr. 13/2008, S. 67.

1146 *Lorenz* in Liechtensteinisches Stiftungsrecht, Art. 552 § 10, Rn. 2.

1147 BuA Nr. 13/2008, S. 67; *Gasser* in Gasser/StiftR, Art. 552 § 10, Rn. 1; *Jakob*, Liechtensteinische Stiftung, Rn. 496.

1148 *Lorenz* in Liechtensteinisches Stiftungsrecht, Art. 552 § 10, Rn. 2.

1149 BuA Nr. 13/2008, S. 67.

1150 *Jakob*, Liechtensteinische Stiftung, Rn. 496 ff.

mit Ausnahmecharakter, die nicht zu einer Vermischung der Vermögenssphäre des Stifters und der Stiftung führen sollen. Aus ähnlichen Gründen wurden auch Mandatsverträge zwischen Stifter und Stiftungsrat für im Wesentlichen unzulässig erachtet.[1151] Die Auskunftsbeschränkung der Destinatäre lässt sich stattdessen daraus begründen, dass der Stifter grundsätzlich jederzeit die Aufsicht der Stiftung übernehmen kann und daher keine anderen Kontrolleure notwendig sind. Wie auch in der Stellungnahme der Regierung vorgetragen, ist der Stifter schließlich aufgrund seines schöpferischen Wirkens – und der potenziell geminderten Liquidationssumme nach einem Widerruf – daran interessiert, dass die Stiftungsorgane satzungskonform tätig werden.[1152] Da seine Vermögensinteressen nur mittelbar für seine Motivation, die Aufsicht auszuüben, relevant sind, sollten sie aber eigentlich nicht als Begründung für den Ausschluss der Rechte der Begünstigten dienen.

Bereits die Gesetzesmaterialien gehen davon aus, dass der Stifter auf die Kontrolle nicht verzichten darf, damit keine kontrollfreien Stiftungen entstehen.[1153] Entsprechend dieser Wertung ist nach *Jakob* anzunehmen, dass die Regelung insoweit trotzdem zur Disposition des Stifters steht, als dass er sich zwar den Widerruf vorbehält, die Aufsichtsfunktionen jedoch nicht von ihm, sondern den Destinatären ausgeübt werden können.[1154] Schließlich muss außerdem eine Nichtwahrnehmung der Aufsichtsfunktion durch den Stifter aufgrund des Telos der Norm zu einem Wiederaufleben der Kontrollrechte der Destinatäre führen.[1155] Dafür scheint der von *Jakob* vorgeschlagene Weg einer entsprechenden Anwendung des Art. 552 § 11 Abs. 6 PGR angemessen, weil dann die Stiftung nachweisen müsste, dass der Stifter seine Aufsichtsaufgaben wahrnimmt. Da die Regierung in ihrer Stellungnahme zur Einführung des Art. 552 § 10 PGR jedoch explizit eine angedachte Rechtspflicht des Stifters zur effektiven Wahrnehmung der Kontrolle abgelehnt hat,[1156] ist ein Wiederaufleben der Destinatärsrechte – außer in Missbrauchsfällen – wenig Erfolg versprechend. Auf diese Weise kann sich jedoch eine Schutzlücke für die Begünstigten ergeben, da ein kollusives Zusammenwirken des Stifters und der Stiftungsorgane zulasten der (potenziell) Begünstigten möglich ist. Dies lässt sich bei einem vorbehaltenen

1151 Siehe dazu S. 146 f.
1152 Stellungnahme der Regierung, BuA 85/2008, S. 23.
1153 BuA Nr. 13/2008, S. 67.
1154 *Jakob*, Liechtensteinische Stiftung, Rn. 497.
1155 *Jakob*, Liechtensteinische Stiftung, Rn. 497.
1156 Stellungnahme der Regierung, BuA 85/2008, S. 23.

Widerrufsrecht des Stifters rechtfertigen, da der Stifter dem Begünstigten durch den Widerruf schließlich sämtliche zukünftigen Leistungen durch die Stiftung nehmen könnte.

Ferner ist fraglich, ob mit *Lorenz* Art. 552 § 10 PGR auch dann angewendet werden kann, wenn der Stifter sich Änderungsrecht nach Art. 552 § 30 Abs. 1 PGR vorbehalten hat.[1157] Gegen diese Ansicht spricht, dass der Widerruf keinesfalls im Änderungsrecht enthalten ist, sondern ein eigenes Recht darstellt, dessen Grenzen gerade nicht durch ein Änderungsrecht überschritten werden dürfen.[1158] Ein Erst-Recht-Schluss ist insoweit nicht zulässig. In Betracht kommt allerdings grundsätzlich eine Analogie, da zumindest dann eine vergleichbare Interessenlage besteht, wenn der Stifter durch eine Änderung des Stiftungszwecks auch die Begünstigung des Destinatärs aufheben könnte. Dem Begünstigten kommt dann im Ergebnis eine ebenso wenig gesicherte Rechtsposition zu wie im Fall des Widerrufs. Gegen eine vergleichbare Interessenlage spricht jedoch, dass das Vermögen durch ein Änderungsrecht nicht wie durch ein Widerrufsrecht gänzlich zurück an den Stifter fließen kann,[1159] weswegen sich seine Motivation für eine Aufsicht stärker aus dem Schutz seiner Schöpfung – und nicht aus eigenen Vermögensinteressen – speisen müsste und insoweit in einem geringeren Maße vorhanden ist. Außerdem machen die Gesetzesmaterialien deutlich, dass kontrollfreie Stiftungen vermieden werden sollen. Dieses Ziel lässt sich auf einer privaten Kontrollebene jedoch am besten verwirklichen, wenn die Begünstigten, welche unmittelbare finanzielle Interessen an einer ordnungsgemäßen Geschäftsführung der Stiftung haben, die Aufsichtsaufgaben übernehmen. Entsprechend wären Ausnahmen von der Kontrolle durch die Destinatäre restriktiv auszulegen und auch eine planwidrige Regelungslücke scheint fraglich. Da die Zweckänderung und der Widerruf nicht ausreichend vergleichbar sind und eine Regelungslücke fraglich ist, kann eine analoge Anwendung des Ausschlusses der Informationsrechte nach Art. 552 § 10 PGR abgelehnt werden.

(iii) Art. 552 § 11 PGR

Auch wenn der Stifter sich den Widerruf der Stiftung nicht vorbehalten will, etwa um die Auswirkungen der Vermögensopfertheorie zu vermeiden, kann er die Auskunftsrechte der Begünstigten beschränken. Schafft der Stifter durch Regelung in der Stiftungserklärung ein Kontrollorgan im Sinne des

---

1157 *Lorenz* in Liechtensteinisches Stiftungsrecht, Art. 552 § 10, Rn. 3.
1158 Siehe dazu S. 333 f. und *Bösch*, Liechtensteinisches StiftR, S. 628.
1159 *Bösch*, Liechtensteinisches StiftR, S. 628.

Art. 552 § 11 Abs. 2 PGR,[1160] sind die Informationsrechte der Begünstigten gemäß Art. 552 § 11 Abs. 1 PGR auf die Auskunft über den Zweck und die Organisation der Stiftung sowie seine eigenen Rechte gegenüber der Stiftung begrenzt. Zur Überprüfung der Angaben soll der Begünstigte Einsicht in die Stiftungsurkunde, die Stiftungszusatzurkunde und die Reglemente erhalten. Nach den Gesetzesmaterialien soll diese Einsichtnahmemöglichkeit allerdings streng auf die eigene Rechtsstellung begrenzt sein, sodass der Begünstigte zum Beispiel kein Recht darauf hat, die Identität der anderen Begünstigten zu erfahren.[1161] Allerdings hat der Begünstigte nach Abs. 5 das Recht, den Bericht des Kontrollorgans zu verlangen, wodurch ihm eine Mindesteinsicht in die laufende Geschäftsführung gewährt wird.[1162] Will der Begünstigte seine Auskunftsrechte geltend machen und wird ihm die Auskunft durch die Stiftung verweigert, muss die Stiftung das Vorliegen der Voraussetzungen des Art. 552 § 11 Abs. 2 und 3 PGR beweisen.

(iv) Art. 552 § 12 PGR

Zuletzt schließt Art. 552 § 12 PGR die Informationsrechte des Art. 552 § 9 PGR dann aus, wenn die Stiftung unter der Aufsicht der Stiftungsbehörde steht. Dies passt zu dem Gesamtkonzept, nach dem die Begünstigten die staatliche Aufsicht ersetzen sollen, was in diesem Fall nicht erforderlich ist.

(v) Gerichtliche Kontrolle und Informationsansprüche aus dem Leistungsverhältnis

Während die Informationsansprüche der Begünstigten aus Art. 552 § 9 PGR zum Teil oder in Gänze ausgeschlossen werden können, steht den Begünstigten immer die Möglichkeit zu, als Beteiligte im Wege des Art. 552 § 35 PGR das Gericht anzurufen. Ebenso wenig können die Informationsansprüche aus der Leistungsbeziehung bei Begünstigen mit einem klagbaren Anspruch durch die Art. 552 § 10–12 PGR ausgeschlossen werden. Gleichwohl kommt den Informationsansprüchen des Art. 552 § 9 und des Art. 955a PGR eine besondere Bedeutung zu, da ein Begünstigter jedenfalls ein Mindestmaß an Informationen über die Stiftung benötigt, um gerichtlich gegen selbige vorzugehen.

1160 Siehe zu den Anforderungen an ein solches Organ bereits oben, S. 273 f.
1161 BuA Nr. 13/2008, S. 68.
1162 *Jakob*, Liechtensteinische Stiftung, Rn. 504.

c. *Zwischenfazit*

Das liechtensteinische Recht sieht umfangreiche Regelungen zur privaten Aufsicht über die Privatstiftungen vor. Dadurch kann die auf ein Minimum zurückgefahrene staatliche Aufsicht im Wesentlichen ersetzt werden. Die Begünstigten einer Stiftung übernehmen aufgrund ihres eigenen finanziellen Interesses an der ordnungsgemäßen Geschäftsführung der Stiftungsorgane wesentliche Aufsichtsfunktionen, die nur dann eingeschränkt sind, wenn der Stifter die Stiftung selbst überwacht oder ein gesondertes unabhängiges Kontrollorgan einrichtet. Ergänzt wird die Kontrolle durch die hilfsweise Anrufung des Gerichts nach Art. 552 § 35 PGR in Verbindung mit den umfangreichen Eingriffsmöglichkeiten der Art. 552 § 29 Abs. 3 und § 34 PGR. Zuletzt wurde einem der wesentlichen Kritikpunkte am liechtensteinischen Stiftungsrecht vor der Reform – der Anonymität der Stiftung und den damit verbundenen Hindernissen bei der gerichtlichen Inanspruchnahme der Stiftung – mit den Auskunftspflichten der Behörde nach Art. 955a PGR begegnet.

Die weitreichenden Kontrollmöglichkeiten der Begünstigten führen im Ergebnis auch dazu, dass dem Gläubigerschutz in größerem Maße als zuvor Rechnung getragen wird. Durch die Vollstreckung in diese Rechte können Gläubiger im Insolvenzfall des Begünstigten die Arbeit der Stiftung im Detail überwachen und verhindern, dass die Stiftung ihren Leistungsverpflichtungen gegenüber dem zahlungsunfähigen Destinatär nicht nachkommt oder ihr Ermessen fehlerhaft ausübt.

3. *Fazit*

Im Ergebnis kann festgestellt werden, dass bei einem Vergleich der beiden Rechtsordnungen das Mindestmaß an Aufsicht über privatnützige Stiftungen in Liechtenstein umfangreicher konzipiert ist als in Deutschland.

Bei der Errichtung der Stiftung ist die in Deutschland erforderliche Anerkennung der Stiftung zwar grundsätzlich ein stärkeres Aufsichtsinstrument als die liechtensteinische Hinterlegung. Letztere steht aufgrund der Überprüfung durch einen Treuhänder und der Überprüfung der Gründungsanzeige durch die Behörde jedoch nicht weit hinter der deutschen Anerkennung zurück.

Bei der laufenden Aufsicht sieht das liechtensteinische Recht hingegen einen umfangreicheren Mindeststandard vor. Ähnlich dem deutschen Recht existieren staatliche Auflösungsrechte und Änderungsrechte für den Notfall, die im Einzelnen eine passgenaue Lösung ermöglichen. Neben der staatlichen Aufsicht stehen den Destinatären aber weitreichende Informationsansprüche zu, mit deren Hilfe sie die Arbeit der Stiftungsorgane überwachen können. Die Stiftung kann zusätzlich für eine bessere Kontrolle – oder um die Informationsrechte der Begünstigten einzuschränken – mit stiftungsinternen sowie stiftungsunabhängigen Kontrollorganen ausgestattet werden, um ein ordnungsgemäßes Verhalten des Stiftungsrats sicherzustellen. Im Gesamtbild wird so gewährleistet, dass die Arbeit des Stiftungsrats immer durch die Destinatäre oder eine unabhängige Partei überwacht werden kann. Einzig, wenn sich der Stifter den Widerruf vorbehält und die Aufsicht an sich reißt, ist die Kontrolle auf ihn beschränkt. Die Destinatäre sind also bis auf den letztgenannten Fall vor der Willkür des Stifters, die er gegebenenfalls durch die Beeinflussung der Organe ausübt, geschützt. Im Fall des Widerrufsrechts ist die gesamte Existenz der Stiftung ohnehin von der Willkür des Stifters abhängig, sodass der Aufsichtsverlust der Destinatäre kaum ins Gewicht fällt.

Soweit die Interessen der Destinatäre gewahrt sind, bleibt ein rechtlicher und ein tatsächlicher Einfluss des Stifters oder der Destinatäre auf die Stiftung jedoch – wie bereits im Rahmen der Stiftungsorganisation angesprochen – aus Gläubigerschutzaspekten problematisch. Denn die „Lagerung“ des Privatvermögens in der eigentümerlosen Stiftung bei gleichzeitigem, umfangreichem, aktivem Einfluss des Stifters oder Destinatärs führt im Grundsatz zu einer Haftungsexklave zulasten von Gläubigern. Die bisherigen Ausführungen haben gezeigt, dass der Gefährdung potenzieller Gläubiger durch den im Wege der Stiftungsorganisationen vermittelten Einfluss über die Stiftungsaufsicht in Deutschland kaum begegnet werden kann. In Liechtenstein ermöglichen die Informationsrechte des Destinatärs hingegen, die Voraussetzung und den Umfang einer möglichen Begünstigung zu erforschen und eine Leistungsklage auf Begünstigung zu erheben. Indem die Informations- und Leistungsansprüche keine höchstpersönlichen Rechte sind, können sie Gegenstand der Vollstreckung sein, damit den Gläubigern dienen und so eine Haftungsenklave insoweit verhindern, als ein streng satzungskonformes Verhalten der Organe durchgesetzt werden kann. Den Informationsansprüchen kommt dabei eine besondere Bedeutung zu, da aufgrund der fehlenden öffentlichen Register und Aufsicht über Familienstiftungen für Außenstehende ein Überblick über die möglichen pfändbaren Ansprüche sonst kaum zu erlangen wäre.

Sind die Informationsansprüche in Liechtenstein aufgrund eines vorbehaltenen Widerspruchsrechts des Stifters ausgeschlossen, besteht eine Möglichkeit zur Pfändung der Informations- und Leistungsansprüche zwar nicht, allerdings kann wiederum das Widerrufsrecht des Stifters Gegenstand der Vollstreckung sein.[1163] Im Ergebnis besteht nur dann eine Schutzlücke für Dritte, wenn der

---

1163 Dazu siehe unten S. 354 f.

Stifter zwar ein Widerrufsrecht hat, faktisch aber die Destinatäre bereits einen derart wesentlichen Einfluss auf die Stiftung ausüben, dass eine Überwachung erforderlich erscheint. Abgesehen davon, dass diese Fallkonstellation selten sein dürfte, da derjenige Stifter, der sich ein Widerrufsrecht vorbehält, meist noch keine tiefgreifenden Entscheidungen an Dritte übertragen wird, muss das Widerrufsrecht gerade bei Familienstiftungen im Kontext der Vermögensopfertheorie gesehen werden. Da die Begünstigten der Stiftung, denen ein im obigen Sinne entscheidender Einfluss zukommt, meist auch Erben des Stifters sein dürften, kann der Gläubiger des begünstigten Erben grundsätzlich auch nach dem jeweiligen Pflichtteilsrecht durch Pfändung des Anspruchs gegen die Vermögenszuwendung an die Stiftung vorgehen.[1164] Indem die Frist für die Pflichtteilsansprüche erst mit dem Tod oder dem Erlöschen des Widerrufsrechts des Stifters einhergeht, kann der Gläubiger insoweit gegebenenfalls nach dem Tod des Stifters entsprechende Rechte durchsetzen.

In der Zusammenschau hat Liechtenstein einen höheren Mindeststandard für die Aufsicht über Familienstiftungen und trägt insbesondere dem wesentlichen Interesse des Gläubigerschutzes deutlicher Rechnung. Zwar sehen einige Landesstiftungsgesetze in Deutschland eine intensivere Aufsicht vor. Bei dem Vergleich der staatlichen Aufsicht im Hinblick auf das Potenzial, die Einflussnahme Dritter auf die Stiftung zu überwachen und entsprechend mögliche missbräuchliche Gestaltungen zu verhindern, muss jedoch der jeweils niedrigste Standard als Maß genommen werden. Dies ergibt sich daraus, dass ein Stifter, der eine spätere Einflussnahme plant, das Landesrecht mit der jeweils geringsten Aufsicht für seine Stiftung wählen kann.

III. Zweckänderung und Auflösung der Stiftung durch die Behörde

Die Aufsichtsbehörden können – unter den noch näher zu bezeichnenden Voraussetzungen – den Zweck der Stiftung ändern oder die Stiftung als eigenständiges Rechtssubjekt gänzlich auflösen. Diese behördlichen Maßnahmen können auf der einen Seite den Einfluss auf die Stiftung begrenzen, indem unzulässige Stiftungsgestaltungen aufgelöst oder verändert werden. Auf der anderen Seite stehen dem Stifter teilweise identische Einflussnahmemöglichkeiten zur

1164 Im liechtensteinischen Recht dürfte der Pflichtteilsanspruch ebenso wie in Österreich, aber im Gegensatz zu Deutschland pfändbar sein, *Nemeth* in Kodek/Schwimann-öABGB, § 764, Rn. 2 f.

Verfügung. Die Voraussetzungen für ein behördliches Handeln und im Überblick auch die entsprechenden Rechtsfolgen werden daher an dieser Stelle einer genauen Untersuchung unterzogen, um sie im nächsten Abschnitt mit den Möglichkeiten des Stifters vergleichen zu können.

1. Deutschland

Gemäß § 87 BGB kann die zuständige Behörde der Stiftung einen anderen Zweck geben, wenn der bisherige Zweck unmöglich geworden ist oder die Zweckerfüllung das Gemeinwohl gefährdet. Diese Vorschrift ermöglicht jedoch nicht nur die Zweckänderung, sondern erlaubt der Behörde unter den gleichen Voraussetzungen zudem die Zusammenlegung oder Auflösung von Stiftungen.[1165] Parallel existieren landesrechtliche Vorschriften zur Änderung des Stiftungszwecks, die – soweit sie die behördliche Änderung des Stiftungszwecks regeln – aufgrund der vorrangigen bundesrechtlichen Regelung nach Art. 31 GG keine Anwendung mehr finden.[1166] Durch die Reform sind die Regelungen zur Satzungsänderung (§§ 85, 85a BGB-Neu), die Zulegung und Zusammenlegung (§§ 86–86h BGB-Neu) und die Aufhebung der Stiftung (§ 87a BGB-Neu) deutlich detaillierter geworden und nunmehr auf verschiedene Vorschriften verteilt.

a. Tatbestandsvoraussetzungen des § 87 BGB

aa. Unmöglichkeit der Zweckerfüllung

Die wichtigste Voraussetzung für die Zweckänderung oder die Auflösung ist bislang die Unmöglichkeit der Zweckerfüllung gewesen. Durch die Reform sind die Tatbestandsvoraussetzungen aufgeweicht worden und es wird nun in den

1165 Allerdings ist die Behörde bei der Wahl der jeweiligen Maßnahme durch den Grundsatz der Verhältnismäßigkeit eingeschränkt.

1166 *Weitemeyer* in MüKo-BGB, § 87, Rn. 5 m.w.N. Die bei *Hüttemann/Rawert* in Staudinger-BGB, § 87, Rn. 4 zitierten abweichenden Ansichten betreffen zum Teil nicht die Anwendbarkeit landesrechtlicher Vorschriften im Bereich der behördlichen Zweckänderung, sondern gehen nur von einer Anwendbarkeit des Landesrechts bei der Ausgestaltung der Zweck- beziehungsweise Satzungsänderung durch Stiftungsorgane aus (*v. Hippel*, Grundprobleme, S. 451 f.; *Richter/Gummert* in Münch. HdB GesR Bd. V, § 117, Rn. 17). Einzig *Hof* in v. Campenhausen/Richter, § 7, Rn. 154 deutet eine Anwendbarkeit der landesrechtlichen Regelungen an, meint aber wohl nur die Möglichkeit einer ergänzenden Anwendung, da er an anderer Stelle deutlich auf die Wirkung des Art. 31 GG abstellt, *Hof* in v. Campenhausen/Richter, § 10, Rn. 307 und 352.

verschiedenen Vorschriften darauf abgestellt, dass die Stiftung ihren Zweck nicht mehr dauerhaft und nachhaltig erfüllen kann.[1167] Da dies jedenfalls immer dann der Fall ist, wenn die Zweckerfüllung unmöglich geworden ist, lassen sich die folgenden Ausführungen auch auf die Rechtslage nach der Reform übertragen:

(1) Tatsächliche Unmöglichkeit

In diese Gruppe fallen zum einen alle Fälle der tatsächlichen Unmöglichkeit nach § 275 Abs. 1 BGB. Dazu zählen neben der Unmöglichkeit aufgrund eines Sachumstandes, wie der Zerstörung des durch die Stiftung zu unterhaltenden Museums oder des Verlusts des Stiftungsvermögens auch Fälle, in denen der Zweck erfüllt wurde.

Der Verlust des Stiftungsvermögens nimmt dabei sowohl in der Praxis als auch in der Dogmatik eine besonders hervorgehobene Position ein. Wird der Verlust des Stiftungsvermögens in der Fallgruppe der tatsächlichen Unmöglichkeit verortet,[1168] so würde der zum allgemeinen Schuldrecht entwickelte Grundsatz umgangen, nach dem jeder Schuldner für seine finanzielle Leistungsfähigkeit einzustehen hat.[1169] Die Erfüllung des Stiftungszwecks besteht zwar regelmäßig, im Gegensatz zu der Leistung in den meisten Schuldverhältnissen, nicht aus einer einzelnen, klar definierten Leistung. Gleichwohl gibt es auch Schuldverhältnisse, bei denen keine einzelnen Leistungen, sondern nur ein ganzes Ergebnis geschuldet ist. Schuldet der Schuldner etwa die Errichtung eines Gebäudes, besteht diese Leistung aus mehreren Einzelleistungen. Soweit nun der Bauherr nicht mehr über ausreichend finanzielle Mittel verfügt, um den Architekten oder den Maurer mit den entsprechenden notwendigen Arbeiten zu beauftragen, würde er trotzdem nicht nach § 275 Abs. 1 BGB frei werden. Auch wenn es sich bei der Erfüllung des Stiftungszwecks nicht um ein klassisches Schuldverhältnis handelt, kann § 275 Abs. 1 BGB in derartigen Fällen eigentlich nicht zu einer Unmöglichkeit im rechtlichen Sinne führen. Zweck des § 87 Abs. 1 BGB ist es jedoch, den Behörden die Möglichkeit zu gewähren, Stiftungen, die ihren Zweck nicht mehr verfolgen können, als „zwecklose" Rechtsgebilde aufzulösen oder zu verändern.[1170] Damit die Vorschrift diesem Zweck gerecht werden kann, muss

---

1167 Vgl. zur neuen Rechtslage *Beyer* in ZStV 2021, 161, 162.

1168 VG München, Urt. v. 23.1.2013 – M 7 K 11.5908, juris, juris Rn. 25; *Backert* in BeckOK-BGB, § 87, Rn. 3; *Hof* in v. Campenhausen/Richter, § 11, Rn. 62; *Hüttemann/Rawert* in Staudinger-BGB, § 87, Rn. 5; *Richter* in Richter-StiftR, § 9, Rn. 35; *Stumpf* in S/S/S/P, B. § 87, Rn. 9; *Weitemeyer* in MüKo-BGB, § 87, Rn. 8.

1169 *Caspers* in Staudinger-BGB, § 275, Rn. 74 f.; *Lorenz* in BeckOK-BGB, § 276, Rn. 39.

1170 *Hüttemann/Rawert* in Staudinger-BGB, § 87, Rn. 2.

über die Unmöglichkeit im Sinne des BGB in erweiterter Auslegung auch die Unmöglichkeit im faktischen Sinne umfasst sein.[1171]

Unabhängig davon, ob man dieser Auslegung folgt, ergeben sich Schwierigkeiten bei der Subsumtion unter den Verlust des Vermögens. Während dieser unstreitig vorliegt, wenn tatsächlich das ganze Vermögen der Stiftung untergegangen ist, wird die Abgrenzung schwierig, wenn nur Teile des Vermögens untergegangen sind. Als Beispiel kann die von *Hüttemann/Rawert* genannte Stiftung zur Förderung von Studenten durch Stipendien dienen.[1172] Wenn diese jährlich 100 Stipendien vergeben hat und sich nun ihr Vermögen, und damit auch ihre Erträge, um 50 Prozent verringert, so würde man davon ausgehen, dass ihr Zweck noch nicht unmöglich geworden ist, wenn sie im Jahr noch 50 Stipendien verteilen kann. Konnte die Stiftung hingegen von Anfang an nur ein einziges Stipendium vergeben, so kann sie bereits bei einer 25-prozentigen Minderung von Vermögen und Erträgen kein vollständiges Stipendium mehr ausgeben und die Erfüllung ihres Stiftungszwecks wäre damit faktisch unmöglich (soweit man nicht annimmt, dass die Vergabe von Teilstipendien der Zweckerfüllung genügt, dazu sogleich). Ob sie trotz eines (Teil-)Verlustes ihres Vermögens noch dazu fähig ist, ihren Zweck zu erfüllen, kann im Ergebnis nicht an relativen Maßstäben gemessen werden. Vielmehr ist darauf abzustellen, ob das verbliebene Vermögen noch absolut dazu genügt, den Stiftungszweck nach dem Willen des Stifters zu erfüllen. Dies kann zu verneinen sein, wenn der Stifter bei seiner Willenskundgabe den Stiftungszweck und den Stiftungsgegenstand miteinander verbunden hat.[1173] In diesen Fällen wäre die Erfüllung des Stiftungszwecks als faktisch unmöglich anzusehen. Insgesamt ist eine enge und restriktive Auslegung der Unmöglichkeit geboten, um vorschnelle Stiftungsauflösungen durch müde gewordene Stiftungsvorstände und die Behörden zu verhindern.[1174]

1171 i.E. ebenso für eine über den § 275 Abs. 1 BGB hinausgehende Auslegung, allerdings nur für Fälle, in denen die Stiftung nicht mehr ausreichende Erträge generiert: *Hüttemann/Rawert* in Staudinger-BGB, § 87, Rn. 6.

1172 Vgl. *Hüttemann/Rawert* in ZIP 2013, 2136, 2141.

1173 Bezogen auf das Beispiel der Stipendien vergebenden Stiftung wäre dies der Fall, wenn der Stifter explizit die Vergabe eines Vollstipendiums als Zweck der Stiftung vorgesehen hat. War der Stiftungszweck hingegen nur die Förderung von Studenten, so entspricht auch die Vergabe eines Teilstipendiums noch dem Stiftungszweck.

1174 Vgl. zu diesem Argument *Weitemeyer* in MüKo-BGB, § 87, Rn. 10 f.

(2) Rechtliche Unmöglichkeit

Zum anderen kann an dieser Stelle auch die rechtliche Unmöglichkeit nach § 275 Abs. 1 BGB eine eigene Wirkung entfalten, wenn die Verwirklichung des Stiftungszwecks rechtlich nicht mehr gefördert werden kann. Eine solche rechtliche Unmöglichkeit tritt zum Beispiel dann ein, wenn der Stiftungszweck verboten wird. Verstößt die Erfüllung des Stiftungszwecks hingegen bereits bei Errichtung der Stiftung gegen geltendes Recht oder gegen die guten Sitten, so ist das Stiftungsgeschäft nach §§ 134, 138 Abs. 1 BGB nichtig.[1175] Soweit der Verstoß, beispielsweise aufgrund einer Gesetzesänderung oder der Änderung eines Normverständnisses, jedoch erst im Nachhinein auftritt, so finden § 275 Abs. 1 BGB und § 87 Abs. 1 BGB Anwendung. Sollte eine Stiftung fälschlicherweise anerkannt worden sein, obwohl ihre Zweckerfüllung von Anfang an unmöglich war, ist § 87 Abs. 1 BGB hilfsweise auch anwendbar.[1176]

(3) Unmöglichkeit im Sinne von § 275 Abs. 2 BGB

Die Unmöglichkeit im Sinne des § 87 Abs. 1 BGB könnte jedoch nicht nur als tatsächliche oder rechtliche Unmöglichkeit nach § 275 Abs. 1 BGB zu verstehen sein, sondern auch die praktische Unmöglichkeit[1177] des § 275 Abs. 2 BGB umfassen.[1178] In der Praxis dürfte der Anwendungsbereich von § 275 Abs. 2 BGB allerdings ohnehin nur selten eröffnet sein. Zum einen führt § 275 Abs. 2 BGB nicht dazu, dass der Leistende aufgrund von unzureichenden Mitteln von finanziellen Leistungen befreit wird (s.o.).[1179] Zum anderen erfordert § 275 Abs. 2 BGB

1175 Vgl. zum Verhältnis von § 134 BGB und § 275 BGB, *Riehm* in BeckOGK, § 275 BGB, Rn. 107 f.

1176 *Hüttemann/Rawert* in Staudinger-BGB, § 87, Rn. 7; *Stumpf* in S/S/S/P, B. § 87, Rn. 10; *Weitemeyer* in MüKo-BGB, § 87, Rn. 9.

1177 Da teilweise die Begriffe „praktische", „tatsächliche" und „wirtschaftliche" Unmöglichkeit synonym genutzt werden, sei an dieser Stelle darauf hingewiesen, dass die wirtschaftliche Unmöglichkeit seit der Schuldrechtsreform an sich nicht unter § 275 Abs. 2 BGB fällt, sondern nur im Rahmen des § 313 BGB berücksichtigt werden kann. Der eng auszulegende § 275 Abs. 2 BGB findet nur auf ein Auseinanderfallen von Aufwand und Leistungsinteresse Anwendung und damit auf die von *Lorenz* als „praktische" Unmöglichkeit bezeichnete Form Anwendung, *Lorenz* in BeckOK-BGB, § 275, Rn. 58; BT-Drucks. 14/6040, S. 130; zur wirtschaftlichen Unmöglichkeit i.V.m. § 87 BGB s. *Weitemeyer* in MüKo-BGB, § 87, Rn. 8.

1178 *Hüttemann/Rawert* in Staudinger-BGB, § 87, Rn. 5; *Weitemeyer* in MüKo-BGB, § 87, Rn. 8; a.A. *Backert* in BeckOK-BGB, § 87, Rn. 3.

1179 *Lorenz* in BeckOK-BGB, § 276, Rn. 39.

im konkreten Fall ein Missverhältnis zwischen dem Leistungsinteresse an der Erfüllung des Stiftungszwecks im Vergleich zum ursprünglich dafür erforderlichen Aufwand. Fälle, in denen die Stiftung nicht mehr über ausreichende finanzielle Mittel verfügt, um den Stiftungszweck weiter nachhaltig verfolgen zu können, fallen damit aufgrund der Rechtsnatur der einzelnen Zahlungsverpflichtung nicht in den Anwendungsbereich des Abs. 2 (zu dieser Fallgruppe sogleich). Der Anwendungsbereich ist daher auf nicht finanzielle Leistungen beschränkt. Zudem setzt er faktisch voraus, dass der Stiftungszweck klare Leistungen beschreibt. Hat der Stiftungsvorstand einen Spielraum bei der Erfüllung des Stiftungszwecks, führt dies häufig dazu, dass eine verhältnismäßige Form der Erfüllung gefunden werden kann. Letztlich könnte der Anwendungsbereich nur in Ausnahmefällen eröffnet sein. Beispielsweise dann, wenn der Stiftungszweck darin besteht, dass eine Immobilie der Öffentlichkeit zur Verfügung gestellt werden soll, diese jedoch zerstört wird und nur mit unverhältnismäßigem Aufwand wiederhergestellt werden kann.

(4) Geringe oder überschießende Erträge

Im Kontext der rechtlichen Unmöglichkeit wird regelmäßig diskutiert, ob über diese auch solche Fälle gelöst werden können, in denen die Stiftung zu geringe oder zu große Erträge für die Erfüllung des Stiftungszwecks zur Verfügung hat. Insbesondere bei Familienstiftungen, bei denen die Höhe der für die Erfüllung des Stiftungszwecks notwendigen Beträge stark schwanken kann, kommt diesen Fallgruppen eine große Bedeutung zu.

Fallen die Erträge einer Stiftung, beispielsweise aufgrund einer Niedrigzinsphase, über einen Zeitraum besonders niedrig aus, kann die Verfolgung des Stiftungszwecks in zwei unterschiedlichen Varianten gefährdet oder gar unmöglich sein.

Sind die Erträge derart gering, dass die Stiftung ihre Aufgaben nicht mehr erfüllen kann, ohne das Stiftungsvermögen anzugreifen, liegt darin ein potenzieller Verstoß gegen die entsprechenden landesrechtlichen Regelungen zur Wahrung des Stiftungsvermögens.[1180] Ein solcher Gesetzesverstoß dürfte die Erfüllung des Stiftungszwecks damit für die Stiftung subjektiv unmöglich im Sinne des § 275 Abs. 1 BGB machen.

Soweit die Erträge der Stiftung jedoch nicht derart gering sind, dass das Stiftungsvermögen aufgebraucht werden muss, sie aber trotzdem den Stiftungszweck

1180 Zum Grundsatz der Vermögenswahrung S. 119 f. sowie *Godron* in Richter-StiftR, § 7, Rn. 21 m.w.N.

nicht in einem sinnvollen Umfang fördern kann, stellt sich die Frage, ob auch hier ein Fall der Unmöglichkeit vorliegt. Nach dem von *Hüttemann/Rawert* vertretenen Lebensfähigkeitskonzept liegt in einer teleologischen Auslegung des § 87 BGB auch dann ein Fall von Unmöglichkeit vor, „wenn das ursprüngliche Lebensfähigkeitskonzept des Stifters (endgültig) gescheitert ist".[1181] Ähnlich der bereits oben diskutierten Frage nach dem Vorliegen des Verlusts des Stiftungsvermögens stellt sich bei diesem Konzept die Frage, wann eine „Lebensunfähigkeit" vorliegt. Entsprechend der zum Vorliegen der Unmöglichkeit gegebenen Antwort muss auch an dieser Stelle das Ergebnis ausfallen: Das von *Hüttemann/Rawert* vertretene Lebensfähigkeitskonzept erweitert letztlich nur den Anwendungsbereich von § 87 BGB, indem den Behörden erlaubt werden soll, die Stiftung allein aufgrund geringer Erträge auch ohne den vollständigen Verlust des Stiftungsvermögens aufzulösen. Da aber viel dafür spricht, auch den Verlust des Stiftungsvermögens restriktiv auszulegen, verbleibt kein Raum für eine erweiternde Auslegung des § 87 BGB auf Fälle, in denen das Stiftungsvermögen nicht untergegangen ist. Auch in diesem Zusammenhang überwiegen die von *Weitemeyer* vorgebrachten Bedenken, dass eine zu weite Auslegung des § 87 BGB den Stiftungsorganen und Behörden ermöglicht, unliebsame Stiftungen entgegen dem Stifterwillen aufzulösen.[1182] Dieses Risiko stellt sich in besonderem Maße bei Privatstiftungen, weil die Destinatäre häufig auch die Anfallberechtigten der Stiftung sind und ein verstärktes Interesse haben könnten, möglichst schnell das gesamte Vermögen zu erlangen und nicht auf die Destinatärszahlungen verwiesen zu werden.

Im Ergebnis bedeutet dies, dass geringe Erträge und die daraus gegebenenfalls resultierende „Lebensunfähigkeit" allein nicht die Voraussetzung des § 87 BGB erfüllen können. Die von *Hüttemann/Rawert* identifizierten Probleme[1183] lassen sich nach der hier vertretenen Auffassung über die Auslegung des Stifterwillens bezüglich des Umfangs des Stiftungszwecks lösen. Soweit diesem zufolge auch geringe Erträge für die Erfüllung genügen, hat die Stiftung noch eine Daseinsberechtigung und ist nicht „zwecklos".[1184]

1181 *Hüttemann/Rawert* in Staudinger-BGB, § 87, Rn. 6; *Hüttemann/Rawert* in ZIP 2013, 2136, 2140 ff.

1182 *Weitemeyer* in MüKo-BGB, § 87, Rn. 10 f.

1183 *Hüttemann/Rawert* in ZIP 2013, 2136.

1184 Nichtsdestotrotz wäre die von den beiden Autoren (*Hüttemann/Rawert* in ZIP 2013, 2136, 2140) postulierte restriktivere Auslegung der Voraussetzungen zur Errichtung einer Stiftung volkswirtschaftlich sicherlich ein sinnvoller Ansatz, mit dem viele Folgeprobleme vermieden werden könnten.

Mit der Stiftungsrechtsreform und dem damit verbundenen Wechsel von der Unmöglichkeitsvoraussetzung auf die nicht mehr mögliche dauerhafte und nachhaltige Erfüllung des Stiftungszwecks hat sich der Gesetzgeber jedoch scheinbar in § 87 Abs. 1 S. 1 BGB-Neu der Lebensfähigkeitstheorie angeschlossen,[1185] sodass diese in Zukunft maßgeblich sein dürfte. Allerdings begegnet § 87a Abs. 2 BGB-Neu jedenfalls zum Teil den Bedenken, dass Stiftungen aufgrund der herabgesetzten Voraussetzungen überstürzt aufgelöst werden könnten.[1186] Denn aus dem systematischen Zusammenspiel der behördlichen Satzungsänderung (§ 85 BGB-Neu) und der behördlichen Aufhebung (§ 87a BGB-Neu, insb. Abs. 2) zeigt sich, dass die Auflösung der Stiftung die ultima ratio für die Behörde darstellen muss und entgegenstehende Entscheidungen ermessensfehlerhaft sein dürften.

Überdies wird in der Literatur diskutiert, ob auch Stiftungen, deren Erträge weitaus größer sind als zur Erfüllung des Zwecks notwendig, in den Anwendungsbereich des § 87 BGB fallen. *Weitemeyer* ist in dieser Hinsicht insoweit zuzustimmen, als in derartigen Fällen kaum von einer (tatsächlichen) Unmöglichkeit der Erfüllung des Zwecks im Wortsinne gesprochen werden kann.[1187] Allerdings kann die Begründung für die Unmöglichkeit an dieser Stelle auf der Dogmatik zur Selbstzweckstiftung aufbauen. Soweit man die Selbstzweckstiftung als unzulässig oder nur unter bestimmten Voraussetzungen als zulässig ansieht,[1188] kann in Fällen der deutlich überschießenden Stiftungserträge zumindest ein Indiz für eine rechtliche Unmöglichkeit gesehen werden. Denn in diesen Konstellationen würde sich zumindest ein Teil des Zwecks faktisch in die Vergrößerung des Stiftungsvermögens wandeln und die Stiftung wäre damit als partielle Selbstzweckstiftung zu betrachten. Die Verfolgung des Stiftungszwecks wäre dann jedenfalls teilweise unzulässig und damit rechtlich unmöglich im Sinne des § 275 Abs. 1 BGB.[1189]

1185 *Hüttemann/Rawert* in ZIP 2021, 3, 24 f.

1186 Vgl. zu den Gefahren von niedrigen Auflösungsvoraussetzungen, *Weitemeyer* in MüKo-BGB, § 87, Rn. 10 f.

1187 *Weitemeyer* in MüKo-BGB, [7. Auflage 2015] § 87, Rn. 6; zustimmend *Hüttemann/Rawert* in Staudinger-BGB, § 87, Rn. 5.

1188 Dazu unten S. 414 ff.

1189 i.E. auch *Weitemeyer* in MüKo-BGB, § 87, Rn. 13, die die Auflösung einer verdeckten Selbstzweckstiftung jedoch in der Fallgruppe der Gemeinwohlgefährdung verortet.

bb. Gefährdung des Gemeinwohls

Auch bei einer Gemeinwohlgefährdung steht der Stiftungsaufsicht das Recht zu, den Stiftungszweck zu ändern oder die Stiftung aufzuheben. Bezüglich des Akts der Gemeinwohlgefährdung kann vorweg mit der überzeugenden herrschenden Ansicht davon ausgegangen werden, dass nur im Falle einer das Gemeinwohl gefährdenden Erfüllung des Stiftungszwecks an sich, und nicht bereits bei einem rechtswidrigen Handeln der Stiftungsorgane, eine Maßnahme nach § 87 BGB möglich ist.[1190]

Das Gemeinwohl wird nach *Hof* durch die Erfüllung des Stiftungszwecks gefährdet, „wenn der Stiftungszweck Gesetze verletzt oder Grundentscheidungen der Rechts- und Verfassungsordnung widerspricht".[1191] *Rawert/Hüttemann* kritisieren hingegen, dass nach dem Willen des Gesetzgebers die Definition des Gemeinwohls nach der Gesetzesreform der Definition des § 80 Abs. 2 S. 1 BGB entsprechen soll.[1192] Eine Gemeinwohlgefährdung liegt dann vor, „wenn es hinreichend wahrscheinlich sei, dass die Genehmigung der Stiftung und damit die Verfolgung des Stiftungszwecks zu einer Beeinträchtigung von Rechten oder Rechtsgütern führen würde, die unter dem Schutz der Verfassung stehen".[1193] Der Gesetzgeber nennt § 87 Abs. 1 BGB und das Urteil zur „Republikaner

1190 *Backert* in BeckOK-BGB, § 87, Rn. 3; *Fischer* in Richter-StiftR, § 8, Rn. 102; *Hof* in v. Campenhausen/Richter, § 10, Rn. 379; *Hüttemann/Rawert* in Staudinger-BGB, § 87, Rn. 8; *Weitemeyer* in MüKo-BGB, § 87, Rn. 3.

1191 *Hof* in v. Campenhausen/Richter, § 10, Rn. 310; *Schiffer/Pruns* in NK-BGB, § 87, Rn. 10.

1192 *Hüttemann/Rawert* in Staudinger-BGB, § 87, Rn. 8; die Gesetzesbegründung zitiert das Urteil zur „Republikaner Stiftung" allerdings grundsätzlich nur zum neuen Gemeinwohlvorbehalt des § 80 Abs. 2 S. 1 BGB. § 87 Abs. 1 BGB wird nur einmal erwähnt: „Sofern es um die Gemeinwohlgefährdung als Voraussetzung für eine hoheitliche Zweckänderung oder Aufhebung der Stiftung geht, ist nach der genannten Entscheidung für die Annahme der Gemeinwohlgefährdung gemäß § 87 BGB auch der Verstoß gegen einfaches Gesetzesrecht ausreichend. Dieser Grundsatz gilt gleichermaßen für die Prüfung der Gemeinwohlverträglichkeit im Hinblick auf den Anspruch auf Anerkennung einer Stiftung als rechtsfähig." BT-Drucks. 14/8277, S. 9. Auch *Stumpf* in S/S/S/P, B. § 87, Rn. 13 nehmen an, dass eine Gemeinwohlgefährdung bereits vorliegt, wenn die Gefährdung nur droht.

1193 BVerwG, Urt. v. 12.2.1998 – 3 C 55/96, BVerwGE 106, 177 juris Rn. 28, der tatsächliche Wortlaut im Urteil und derjenige in der Gesetzesbegründung weisen leichte Formulierungsunterschiede auf.

Stiftung“[1194] allerdings nur im Zusammenhang mit einem Verstoß gegen einfaches Gesetzesrecht.

Während der Anwendungsbereich des Gemeinwohlvorbehalts nach § 80 Abs. 2 S. 1 BGB umstritten ist,[1195] stellt sich die Frage nach der Verfassungskonformität im Rahmen des § 87 Abs. 1 BGB nicht in der gleichen Weise. Denn betrachtet man mögliche Gefahren für das Gemeinwohl vor Errichtung der Stiftung im Sinne von § 80 Abs. 2 S. 1 BGB, so muss *ex-ante* eine Prognoseentscheidung getroffen werden, die die Stifterfreiheit über Gebühr einschränken könnte. Ist hingegen in Fällen des § 87 Abs. 1 BGB *ex-post* über die Auflösung oder Zweckänderung der Stiftung aufgrund einer Gemeinwohlgefährdung zu entscheiden, so bedarf es nach der Gesetzesbegründung – soweit man sie wörtlich versteht – keiner Prognoseentscheidung. Stattdessen können nur bisherige Tatsachen, insbesondere Gesetzesverstöße, zu einem Einschreiten der Behörde führen.[1196] Wie die Definition von *Hof* ausdrückt, ist damit das Tatbestandsmerkmal der „Gefährdung“ bei Anwendung des § 87 Abs. 2 BGB nicht im Sinne einer zukünftigen Gefährdung, sondern einer gegenwärtigen oder vergangenen Gefahr für das Gemeinwohl, mithin im Sinne einer verwirklichten Gefahr zu interpretieren.

b. Rechtsfolge bei Unmöglichkeit oder Gemeinwohlgefährdung

Sind die Voraussetzungen des § 87 BGB erfüllt, kann die Stiftungsaufsichtsbehörde der Stiftung eine andere Zweckbestimmung geben oder sie aufheben. Der Wortlaut des § 87 BGB – „kann“ – suggeriert zwar ein vollständiges Ermessen der Behörde bezüglich der Auflösung oder Zweckänderung der Stiftung. Nach herrschender Ansicht ist diese Formulierung jedoch fehlleitend. Soweit die Voraussetzungen des § 87 Abs. 1 BGB erfüllt sind, gibt es keinen Anlass, gefährliche oder überflüssige Stiftungen bestehen zu lassen, und der Behörde steht daher kein Entschließungsermessen zu.[1197] Sie ist vielmehr zum Handeln verpflichtet.

1194 BVerwG, Urt. v. 12.2.1998 – 3 C 55/96, BVerwGE 106, 177.

1195 Dazu oben S. 81 f.

1196 Daher ist *Weitemeyer* in MüKo-BGB, § 80, Rn. 121 f. zuzustimmen, dass der Verweis auf § 87 BGB und vergleichbare Vorschriften für andere juristische Personen in der Gesetzesbegründung zum Gemeinwohlvorbehalt des § 80 Abs. 2 BGB insofern fehlgeht.

1197 *Arnold* in Landesstiftungsrecht, Kapitel 27, Rn. 32; *Backert* in BeckOK-BGB, § 87, Rn. 4; *Hof* in v. Campenhausen/Richter, § 10, Rn. 368; *Hüttemann/Rawert* in Staudinger-BGB, § 87, Rn. 2; *Weitemeyer* in MüKo-BGB, § 87, Rn. 4; a.A. *Stumpf* in S/S/S/P, B. § 87, Rn. 15 ff.

Ebenso steht ihr im Regelfall kein Ermessen bei der Auswahl der Art der zu treffenden Maßnahme zu, da sie an den Grundsatz der Verhältnismäßigkeit gebunden ist und vorrangig das mildere Mittel wählen muss. Bei der Auswahl ist die Behörde grundsätzlich auf die Maßnahmen der Zweckänderung und der Aufhebung beschränkt, da diese die Einzigen sind, die im Fall des Vorliegens der Tatbestandsvoraussetzung noch eine Abhilfe versprechen. Allein die Zusammenlegung der Stiftung mit einer anderen Stiftung oder die Zulegung zu einer anderen Stiftung können als Sonderformen der Zweckänderung in Kombination mit der Auflösung das Problem einer unmöglich gewordenen Erfüllung des Stiftungszwecks noch lösen.[1198] Als grundsätzlich milderes Mittel wäre die Zusammenlegung dann möglicherweise der gänzlichen Auflösung vorzuziehen.[1199] Bei ihrer Entscheidung muss die Behörde jedoch immer den Stifterwillen berücksichtigen. Im Einzelfall soll daher auch die Zusammenlegung oder Auflösung als eigentlich eingriffsintensivere Maßnahmen der Zweckänderung vorgehen können.[1200] Da dies jedoch nur ausnahmsweise der Fall sein dürfte, beschränkt sich ihr Ermessen in den meisten Fällen auf ein Auswahlermessen innerhalb der Maßnahme.

Wie bereits in dem Diskussionsentwurf für ein neues Stiftungsrecht vorgesehen war,[1201] hat die Subsidiarität behördlichen Handelns in den jeweiligen Vorschriften ihren expliziten Niederschlag gefunden. Das Handeln der Stiftungsorgane selbst ist damit vorrangig, wenn die Organe den Zweck ändern (§ 85a Abs. 2 BGB-Neu), die Stiftung zu- oder zusammenlegen (§ 86b Abs. 2 BGB-Neu) oder die Stiftung auflösen können (§ 87a Abs. 1 BGB-Neu).

c. *Regelungen des Landesstiftungsrechts*

Die bundesrechtliche Regelung des § 87 BGB lässt, soweit die Aufhebung der Stiftung oder die Änderung ihres Zwecks betroffen ist, als nach Art. 31 GG vorrangige Regelung keine abweichenden oder ergänzenden landesrechtlichen Regelungen zu.[1202]

1198 *Hüttemann/Rawert* in Staudinger-BGB, § 87, Rn. 12 ff. m.w.N.

1199 *Hüttemann/Rawert* in ZIP 2013, 2136, 2142.

1200 *Arnold* in Landesstiftungsrecht, Kapitel 27, 33; *Fischer* in Richter-StiftR, § 8, Rn. 103; *Hüttemann/Rawert* in Staudinger-BGB, § 87, Rn. 20 *Weitemeyer* in MüKo-BGB, § 87, Rn. 1; *Hof* sieht die Aufhebung grundsätzlich nicht als milderes Mittel an *Hof* in v. Campenhausen/Richter, § 10, Rn. 368.

1201 Diskussionsentwurf Februar 2018, S. 8 ff.

1202 *Hüttemann/Rawert* in Staudinger-BGB, § 87, Rn. 3 m.w.N.; inwieweit daher landesrechtliche Regelungen der Zusammenlegung oder Zulegung eine

d. *Rechtsfolge der Auflösung*

Wird die Stiftung durch die Behörde aufgelöst, kommt – wie in allen anderen Fällen der Auflösung der Stiftung – § 88 BGB zur Anwendung. Auch dann, wenn die Auflösung nicht durch die Behörde im Wege des § 87 BGB angeordnet wird, bedarf es für die Auflösung als Gegenstück zur Anerkennung grundsätzlich eines behördlichen Auflösungsakts.[1203] Die einzigen Ausnahmen, in denen keine Auflösungsanordnung erforderlich ist, sind der Wegzug der Stiftung ins Ausland sowie der Zeitablauf einer Stiftung auf Zeit.[1204] Für den Prozess der Auflösung kommt es darauf an, ob in der Satzung der Stiftung ein Letztbegünstigter im Sinne des § 88 S. 1 BGB bestimmt worden ist, oder ob das Vermögen nach § 88 S. 2 BGB dem Fiskus zufällt.[1205] Durch die Verweisung des § 88 S. 3 BGB auf das Vereinsrecht tritt bei einem Vermögensanfall beim Fiskus nach § 46 BGB eine Gesamtrechtsnachfolge ein, weswegen eine Liquidation nicht erforderlich ist.[1206] In allen anderen Fällen ist nach § 88 S. 3 BGB und den §§ 47–53 BGB eine Liquidation der Stiftung durchzuführen und nur das Liquidationsergebnis an den Letztbegünstigten auszukehren.

2. *Liechtenstein*

Wie die Ausführungen zeigen werden, kommt der Zweckänderung und Auflösung der Stiftung durch die Stiftungsbehörden in Liechtenstein nur eine untergeordnete Rolle zu. Bei beaufsichtigten Stiftungen, also auch bei den wenigen privatnützigen Stiftungen, die der Aufsicht unterstehen, kann die Stiftungsbehörde beim Richter im Außerstreitverfahren nicht nur die bereits erwähnte Änderung anderer Inhalte nach Art. 552 § 34 PGR beantragen, sondern auch die Änderung des Zwecks gemäß Art. 552 § 33 PGR. Außerdem kann die Aufsichtsbehörde als Vertreterin des öffentlichen Rechts gemäß Art. 124 PGR gerichtlich die Auflösung der Stiftung anstreben, wenn der Gegenstand der Stiftung widerrechtlich oder unsittlich geworden ist.[1207]

Kompetenzüberschreitung der Länder darstellen, ist umstritten, bedarf vorliegend aber keiner Klärung, ausführlich dazu *Weitemeyer* in MüKo-BGB, § 87, Rn. 21 ff. m.w.N.

1203 *Weitemeyer* in MüKo-BGB, § 88, Rn. 1.

1204 *Weitemeyer* in MüKo-BGB, § 88, Rn. 2.

1205 Zur Frage, ob der Stifter Letztbegünstigter seiner Stiftung sein kann, siehe oben S. 168 f.

1206 *Weitemeyer* in MüKo-BGB, § 88, Rn. 2.

1207 Zur generellen Anwendbarkeit der Art. 123 ff. PGR *Jakob*, Liechtensteinische Stiftung, Rn. 567.

Die Freistellung aller nicht eingetragenen privatnützigen Stiftungen von der Stiftungsaufsicht in Liechtenstein führt dazu, dass die Stiftungsaufsichtsbehörden keine Möglichkeit zur Zweckänderung oder Auflösung der Stiftung aus der laufenden Aufsicht haben. Sie kann allerdings, soweit der Zweck von Anfang an widerrechtlich oder unsittlich war und sie dies bei der Überprüfung der Gründungsanzeige bemerkt, gemäß Art. 552 § 21 Abs. 3 S. 1 PGR die Auflösung der Stiftung nach den allgemeinen Vorschriften, also Art. 124 PGR, verlangen. Dabei bleiben allerdings explizit die Regelungen der Art. 552 §§ 31 und 33 PGR vorbehalten. Es soll daher überprüft werden, ob die Stiftungsorgane nach Art. 552 § 31 PGR oder ein Richter im Außerstreitverfahren nach Art. 552 § 33 PGR den unzulässigen Zweck in einen zulässigen Zweck ändern können. Nur wenn eine „Rettung" der Stiftung nicht möglich ist, soll die Stiftung aufgelöst werden.[1208] Wenngleich damit sämtliche Möglichkeiten der Stiftungsaufsichtsbehörde genannt sind, bestehen außerhalb der Aufsichtsbehörde weitere Möglichkeiten, mit denen ein Mindeststandard an Kontrolle und Aufsichtsmaßnahmen sichergestellt wird.

a. Zweckänderung Art. 552 § 35 i.V.m. 33 PGR

aa. Voraussetzungen

Wie bereits im Rahmen des satzungswidrigen Verhaltens dargelegt, kann jeder Stiftungsbeteiligte im Sinne des Art. 552 § 3 PGR nach Art. 552 § 35 Abs. 1 PGR ein Tätigwerden des Richters im Ausserstreitverfahren beantragen.[1209] Der Richter kann dann, wie im Falle eines Antrags der Aufsichtsbehörde bei eingetragenen Stiftungen, seine Befugnisse nach Art. 552 § 33 PGR ausüben. Neben den Stiftungsbeteiligten kann auch die Staatsanwaltschaft Antragstellerin nach Art. 552 § 35 Abs. 1 PGR sein. Der Stiftungsbehörde kommt nach der Vorstellung des Gesetzgebers grundsätzlich keine Antragslegitimation oder Parteistellung zu, soweit ihr Antragsbegehren nicht auf der Überprüfung der Gründungsanzeigen nach Art. 552 § 21 Abs. 3 PGR beruht.[1210]

Eine Zweckänderung nach Art. 552 § 35 i.V.m. § 33 PGR ist nach Art. 552 § 33 Abs. 1 Nr. 2 PGR nur dann zulässig, wenn – wie auch bei der Änderung anderer Satzungsinhalte erforderlich[1211] – nicht in der Satzung der Stiftung eine Änderungsbefugnis zugunsten eines Stiftungsorgans vorgesehen

---

1208 BuA Nr. 13/2008, S. 94.

1209 Ausführlich zu den Anträgen durch private Beteiligte, unten S. 278 ff.

1210 BuA Nr. 13/2008, S. 117.

1211 Dazu bereits oben S. 281 f.

ist.[1212] Fehlt es an einer solchen Befugnis, muss eine der vier Voraussetzungen des Art. 552 § 33 Abs. 1 Nr. 1 PGR erfüllt sein. Abs. 1 Nr. 1 umfasst dabei Fälle, in denen der Zweck unerreichbar, unerlaubt oder vernunftwidrig geworden ist. Außerdem kann der Zweck geändert werden, wenn sich die Verhältnisse derart geändert haben, dass der Zweck eine andere Bedeutung oder Wirkung erlangt hat, so dass die Stiftung dem Willen des Stifters entfremdet ist.

Die wichtigste Fallgruppe einer Unerreichbarkeit des Zwecks, bei der eine Zweckänderung in Betracht kommt, dürfte in Bezug auf Familienstiftungen der Wegfall eines oder aller Destinatäre darstellen. Allerdings kann der Wegfall auch dazu führen, dass der Stiftungszweck unerlaubt wird. Dies kann bei Stiftungen mit Familien- und Unternehmensbezug etwa der Fall sein, wenn der Wegfall eines Destinatärs dazu führt, dass allein ein Unternehmen als Destinatär der Stiftung verbleibt. Denn dadurch entsteht eine Unternehmensselbstzweckstiftung, deren Zweck zwar nicht unerreichbar, nach einer Ansicht jedoch unerlaubt ist.[1213]

Eine Änderung der Verhältnisse ist ausnahmsweise dann vorstellbar, wenn der vom Stifter intendierte (kleine) Kreis der Destinatäre unüberschaubar groß geworden ist und die Förderung der Familie dadurch eine andere Bedeutung erlangt hat.

bb. Rechtsfolge

Liegen die Voraussetzungen des Art. 552 § 33 Abs. 1 PGR vor, kann der Richter den Stiftungszweck ändern. Dabei ist er nach Art. 552 § 33 Abs. 2 PGR an den mutmaßlichen Willen des Stifters gebunden. Dies bedeutet zum einen, dass der ursprüngliche Stifterwille im Lichte der Änderung an einem aufgrund der geänderten Umstände hypothetischen Willen gemessen werden muss.[1214] In der Praxis dürfte die Bindung regelmäßig dazu führen, dass sich die Änderung auf ein Minimum beschränkt.[1215]

cc. Ausschluss aufgrund privater Änderungsrechte?

Bei der Anwendung von Art. 552 § 35 Abs. 1 PGR stellt sich jedoch die Frage, ob die Möglichkeiten des Richters gegebenenfalls ausgeschlossen sind, wenn die

1212 Vgl. *Gasser* in Gasser/StiftR, Art. 552 § 33, Rn. 2.

1213 Dies ist abhängig von der Entscheidung zur Selbstzweckstiftung, siehe oben S. 442 f.

1214 *Rick* in Liechtensteinisches Stiftungsrecht, Art. 552 § 33–35, Rn. 17.

1215 *Rick* in Liechtensteinisches Stiftungsrecht, Art. 552 § 33–35, Rn. 19; *Bösch*, Liechtensteinisches StiftR, S. 629 f.

Stiftungsorgane zur Zweckänderung berechtigt sind.[1216] Eine solche Einschränkung liegt nahe, weil sowohl die Vorschrift zur richterlichen Zweckänderung (Art. 552 § 33 Abs. 1 Nr. 2 PGR) als auch diejenige zur richterlichen Änderung anderer Vorschriften (Art. 552 § 34 Abs. 1 Nr. 2 PGR) bei beaufsichtigten Stiftungen voraussetzen, dass das jeweilige Änderungsrecht nicht den Stiftungsorganen zugewiesen ist. Der Wortlaut von Art. 552 § 35 Abs. 1 PGR spricht allerdings deutlich von der Ausübung der Befugnisse der §§ 33–34 durch den Richter, sodass es sich um eine Rechtsfolgenverweisung zu handeln scheint. Dann gingen die Befugnisse des Richters jedoch bei nicht beaufsichtigten Stiftungen weiter als bei beaufsichtigten Stiftungen. Dies widerspricht allerdings zum einen der gesetzgeberischen Vorstellung, dass der Richter „im Wesentlichen dieselben Anordnungs- und Gestaltungsmöglichkeiten wie bei den der Aufsicht unterstehenden Stiftungen" habe.[1217] Zum anderen passt dies nicht zu der allgemeinen Konzeption des Stiftungsrechts in Liechtenstein, nach der nicht beaufsichtigte Stiftungen grundsätzlich seltener zum Subjekt staatlicher Maßnahmen werden als beaufsichtigte Stiftungen. Um die Subsidiarität staatlichen Handelns zu wahren, geht *Gasser* insoweit konsequent von einer teleologischen Reduktion des Art. 552 § 35 Abs. 1 PGR aus, sodass dieser nicht angewendet werden kann, wenn Stiftungsorgane eine entsprechende Änderungskompetenz besitzen.[1218]

In eine vergleichbare Richtung geht die teilweise bejahte Folgefrage, ob auch ein vorbehaltenes Änderungsrecht des Stifters nach Art. 552 § 30 Abs. 1 PGR zu einer Einschränkung der richterlichen Befugnisse im Sinne der Art. 552 § 33 Abs. 1 Nr. 2 PGR und Art. 552 § 34 Abs. 1 Nr. 2 PGR führt.[1219] Zwar ist der Stifter kein Stiftungsorgan im Sinne der Vorschriften, sodass die beiden Normen nicht direkt anwendbar sind.[1220] Da die Ausnahmen jeweils einen Ausdruck der Subsidiarität des richterlichen Handelns sind, könnte das Gleiche aber auch gelten, wenn sich der Stifter ein Recht zur Änderung vorbehalten hat, da auch in diesem Fall die Satzung jeweils ohne den Richter geändert werden könnte.[1221]

1216 *Gasser* in Gasser/StiftR, § 35, Rn. 4.

1217 BuA Nr. 13/2008, S. 117.

1218 *Gasser* in Gasser/StiftR, § 35, Rn. 4.

1219 Allerdings ohne zwischen Art. 552 § 33 und 34 PGR zu differenzieren, *Rick* in Liechtensteinisches Stiftungsrecht, Art. 552 § 33–35, Rn. 14.

1220 *Rick* in Liechtensteinisches Stiftungsrecht, Art. 552 § 33–35, Rn. 14.

1221 *Rick* in Liechtensteinisches Stiftungsrecht, Art. 552 § 33–35, Rn. 14.

Soweit Art. 552 § 33 Abs. 1 Nr. 2 PGR direkt oder analog angewandt wird, führt dies faktisch dazu, dass die Stiftungsorgane oder der Stifter zur Änderung des unzulässig gewordenen Stiftungszwecks verpflichtet werden. Kommen sie dieser Aufgabe nicht nach, verfällt die Subsidiarität und der Richter kann tätig werden.[1222]

Zudem kann keine zweckgemäße Verwendung des Vermögens zugunsten des Zwecks mehr erfolgen, solange der Zweck unzulässig ist. Kommen die Organe ihrer Pflicht zur Änderung des Zwecks nicht nach, können sie daher nach Art. 552 § 29 Abs. 3 PGR durch das Gericht abberufen werden. Weigert sich hingegen der Stifter im Rahmen der analogen Anwendung der Norm, den Zweck zu ändern, wäre die Alternative allein die Auflösung der Stiftung. Der Richter kann somit jedenfalls genügend Druck aufbauen, um mittelbar eine Änderung des Stiftungszwecks durchzusetzen.[1223]

b. Auflösung wegen Vermögenslosigkeit

Verfügt die Stiftung nicht mehr über ein ausreichendes Vermögen, um ihren Verpflichtungen nachzukommen, muss der Stiftungsrat gemäß Art. 6 Abs. 1 KO Konkurs anmelden. Wird der Konkurs eröffnet, muss die Stiftung durch gerichtlichen Beschluss nach Art. 552 § 39 Abs. 1 Nr. 1 PGR in Verbindung mit Art. 10 Abs. 1 KO aufgelöst werden. Gleiches gilt gemäß Art. 552 § 39 Abs. 1 Nr. 2 PGR in Verbindung mit Art. 10 Abs. 3 KO, wenn der Konkursantrag abgelehnt wird, weil das verbleibende Vermögen voraussichtlich nicht zur Deckung der Kosten des Konkursverfahrens genügen wird. Grundsätzlich führt ein geringeres Vermögen der Stiftung nicht zwangsläufig zu einer Nichterfüllbarkeit des Stiftungszwecks im deutschen Sinne, da es in Liechtenstein keiner Mittel-Zweck-Relation zwischen Vermögen und Zweckerfüllung bedarf.[1224] Soweit das Vermögen sich jedoch derart vermindert, dass ein Konkurs im Raum steht, trifft den Stiftungsrat regelmäßig auch die Pflicht zu überprüfen, ob der Stiftungszweck noch erreichbar ist, oder ob ein Auflösungsbeschluss nach Art. 552 § 39 Abs. 2 Nr. 2 PGR gefasst werden muss.[1225]

1222 Vgl. *Gasser* in Gasser/StiftR, Art. 552 § 33, Rn. 2.

1223 Im Ergebnis auch *Gasser* in Gasser/StiftR, Art. 552 § 33, Rn. 3.

1224 Dazu siehe bereits oben S. 129 f.

1225 *Gasser* in Gasser/StiftR, § 39, Rn. 6; *Jakob*, Liechtensteinische Stiftung, Rn. 565.

c. Auflösung Art. 552 § 39 Abs. 1 Nr. 3 PGR

Gemäß Art. 552 § 39 Abs. 1 Nr. 3 PGR wird die Stiftung aufgelöst, wenn ein Gericht die Auflösung beschlossen hat. Neben den konkursrechtlichen Beschlüssen nach Abs. 1 Nr. 1 und 2, welche ebenfalls durch einen Richter getroffen werden,[1226] stellt diese Norm das Haupteinfallstor für die Anwendbarkeit der allgemeinen Regelungen und die Mitwirkung staatlicher Stellen an der Auflösung der Stiftung dar. Dabei muss jedoch im Einzelfall berücksichtigt werden, inwieweit die stiftungsrechtlichen Regelungen *leges speciales* zu den allgemeinen Vorschriften sind.[1227]

aa. Art. 124 PGR

Gemäß Art. 124 Abs. 1 PGR sind juristische Personen, deren Gegenstand widerrechtlich oder unsittlich ist, durch richterlichen Beschluss aufzulösen. Dabei kann, bezogen auf die Stiftung, ein Stiftungsbeteiligter oder ein Vertreter des öffentlichen Rechts eine entsprechende Klage auf dem ordentlichen Rechtsweg verfolgen. Allerdings soll Art. 124 Abs. 1 PGR im Stiftungsrecht im Verhältnis zu Art. 552 §§ 31 und 33 PGR, die bei Unsittlichkeit des Zwecks eine Änderung desselben durch die Stiftungsorgane oder den Richter vorsehen und insoweit *leges speciales* zu Art. 124 PGR sind, nur subsidiär anwendbar sein.[1228] Erst dann, wenn eine Zweckänderung nicht möglich ist, soll die Stiftung aufgelöst werden.

Möglicherweise muss jedoch an dieser Stelle differenziert werden, da der Wortlaut einen Unterschied zwischen den beiden Vorschriften suggeriert, der sich in einem teilweise abweichenden Anwendungsbereich widerspiegelt. Indem Art. 124 Abs. 1 PGR vom Gegenstand der juristischen Person spricht und die Art. 552 §§ 31 und 33 PGR vom Zweck der Stiftung, besteht insoweit keine Deckungsgleichheit.

Allerdings könnten in Art. 124 PGR entgegen dem Wortlaut der Norm sowohl Zweck als auch Gegenstand der juristischen Person gemeint sein.[1229] Grundsätzlich trennt das PGR zwar zwischen Zweck und Gegenstand, was insbesondere der Vergleich zu der bereits angesprochenen Nichtigkeitsvorschrift des Art. 107 PGR zeigt. Die Überschrift des Art. 124 PGR „Wegen

---

1226 *Jakob*, Liechtensteinische Stiftung, Rn. 562 ff.

1227 *Jakob*, Liechtensteinische Stiftung, Rn. 561.

1228 BuA Nr. 13/2008, S. 94; *Rick* in Liechtensteinisches Stiftungsrecht, Art. 552 § 33–35, Rn. 9.

1229 Zum neuen Recht auch *Motal*, Grundfragen, S. 111; die Frage wird bereits zum alten Recht aufgeworfen *Bösch*, Liechtensteinisches StiftR, S. 467 ff.

Widerrechtlichkeit oder Unsittlichkeit des Zweckes usw." deutet jedoch darauf hin, dass die Norm sowohl unzulässige Gegenstände als auch Zwecke erfassen will. Gegen ein weites Verständnis der Norm spricht allerdings, dass Abs. 6 die vorherigen Absätze auch dann für anwendbar erklärt, wenn nicht Zweck und Mittel der juristischen Person staatsgefährdend sind. Dass Zweck und Mittel vom Gegenstand abgegrenzt werden, legt nahe, die Norm nicht pauschal auf widerrechtliche Zwecke und Mittel anzuwenden. Mit Verweis auf die schweizerische Rezeptionsgrundlage, nach der Zweck, Gegenstand und Mittel umfasst sind sowie Fehler im Gesetzgebungsverfahren, begründet *Bösch* letztlich eine umfassende Anwendbarkeit des Art. 124 PGR.[1230] Auch der europarechtliche Hintergrund[1231] der Entstehung der Norm deutet eher auf ein weites Verständnis hin, da die Richtlinie auf Gesellschaften zugeschnitten war.[1232] Deren Gegenstand entspricht auf der Ebene der Stiftung eher dem deutlich wichtigeren Zweck als dem reinen Gegenstand der Stiftung. Zudem deuten die spanische und englische Fassung der Richtlinie, die beide die jeweils weiteren Begriffe des „*objects*" und „*objeto*" verwenden, darauf hin, dass ohnehin sowohl Zweck als auch Gegenstand gemeint sind. *Böschs* Ansicht ist zuletzt auch im Hinblick auf den Gesetzgeber zu folgen,[1233] der Art. 124 PGR für anwendbar hält, wenn er bei nachträglich unzulässig gewordenen Zwecken nur „zunächst" eine Rettung für vorzugswürdig erachtet.[1234]

Im Ergebnis kann die Anwendbarkeit des Art. 124 PGR in den allermeisten Fällen jedoch dahinstehen, da die Art. 552 § 31 und 33 PGR regelmäßig eine Änderung des unzulässigen Zwecks ermöglichen dürften. Zudem muss der Stiftungsrat nach Art. 552 § 39 Abs. 2 Nr. 2 PGR einen Auflösungsbeschluss fassen, wenn der Zweck erreicht wurde oder nicht mehr erreicht werden kann. Sobald der Zweck unzulässig ist, weil er unsittlich oder widerrechtlich ist, sind auch alle Rechtsgeschäfte zur Verfolgung dieses Zwecks nach § 879 Abs. 1 ABGB nichtig.

1230 *Bösch*, Liechtensteinisches StiftR, S. 467 ff.

1231 Ursprünglich Erste Richtlinie des Rates vom 9. März 1968 zur Koordinierung der Schutzbestimmungen, die in den Mitgliedstaaten den Gesellschaften i.S.d. Art. 58 Abs. 2 des Vertrages im Interesse der Gesellschafter sowie Dritter vorgeschrieben sind, um diese Bestimmungen gleichwertig zu gestalten (68/151/EWG); mittlerweile ersetzt durch Richtlinie (EU) 2017/1132 des Europäischen Parlaments und des Rates vom 14. Juni 2017 über bestimmte Aspekte des Gesellschaftsrechts; jeweils Art. 11.

1232 *Bösch*, Liechtensteinisches StiftR, S. 467.

1233 I.E. auch *Motal*, Grundfragen, S. 199.

1234 BuA Nr. 13/2008, S. 94.

Da der Stiftungszweck auf diese Weise nicht mehr verfolgt werden kann, muss der Stiftungsrat einen entsprechenden Auslegungsbeschluss treffen und könnte dazu auch über die oben beschriebenen Wege durch das Gericht gezwungen werden.

Letztlich verbleibt ein eigener Anwendungsbereich des Art. 124 PGR, wenn der Gegenstand der Stiftung oder die Mittel der Zweckerreichung widerrechtlich oder unsittlich werden. Allerdings dürfte nach dem System des Art. 552 PGR im Fall eines unzulässigen Gegenstandes gemäß Art. 552 § 32 und 34 PGR vorrangig die entsprechende Satzungsvorschrift zu ändern sein. Bei unzulässigen Mitteln der Zweckerreichung wären hingegen Maßnahmen gegen die entsprechenden Stiftungsorgane einer Auflösung der Stiftung vorzuziehen.

bb. Art. 971 PGR

Zuletzt gelten für eingetragene Privatstiftungen außerdem die allgemeinen Regeln über die Auflösung und Liquidation von Verbandspersonen gemäß Art. 971 PGR, nach denen eine Auflösung einer eingetragenen juristischen Person von Amts wegen vorgesehen ist.[1235]

cc. Rechtsfolge

Wurde ein Auflösungsbeschluss im Sinne des Art. 552 § 39 PGR gefasst, wird die Stiftung gemäß Art. 552 § 40 PGR nach den allgemeinen Vorschriften (Art. 130 ff. PGR) liquidiert. Wurden sämtliche Verbindlichkeiten der Stiftung beglichen, fällt das verbleibende Vermögen dem Letztbegünstigten zu. Ist ein Letztbegünstigter nicht in der Satzung bezeichnet, fällt das Vermögen nach Art. 552 § 8 Abs. 2 PGR dem Land zu.

3. Fazit

In beiden Rechtsordnungen kann der Staat Stiftungen, deren Zweck nicht mehr erreichbar oder unzulässig geworden ist, auflösen oder den Zweck zu einem erreichbaren und zulässigen ändern. Dabei ist in beiden Rechtsordnungen der Wille des Stifters zu berücksichtigen. Das liechtensteinische Recht wählt dabei – wie bei der laufenden Aufsicht – insgesamt jedoch einen Ansatz, der diese Aufgaben primär privaten Akteuren, insbesondere den Stiftungsorganen, zuweist. Erst, wenn diese gescheitert sind, schreitet hilfsweise der Staat ein. Dies überzeugt insoweit, als ohnehin der Wille des Stifters berücksichtigt

---

1235 *Gasser* in Gasser/StiftR, § 39, Rn. 3; *Jakob*, Liechtensteinische Stiftung, Rn. 561.

werden müsste und so Wege eingeschlagen werden können, die der Stifter bei Errichtung der Stiftung vorgesehen hat. Durch die Reform des deutschen Stiftungsrechts 2021 sind die Möglichkeiten zur stiftungsinternen Zweckänderung vereinheitlicht, klarer geregelt[1236] und mit einem expliziten Subsidiaritätsvorbehalt versehen worden, sodass nun auch das deutsche Recht diese Aufsichtsaufgaben verstärkt privaten Instanzen überlässt.

Der größte Unterschied zwischen den Rechtsordnungen begründet sich (weiterhin) aus einer Fernwirkung des Verhältnisses zwischen Zweckerfüllung und Vermögen der Stiftung. Während geringe Erträge und Vermögensminderungen in Deutschland schnell zu einer Unerreichbarkeit des Stiftungszwecks führen, sorgt das Fehlen einer Mittel-Zweck-Relation in Liechtenstein dafür, dass der Zweck sich deutlich länger erfüllen lässt als in Deutschland.

E. Satzungsänderung und Beendigung der Stiftung durch Private

Die Änderung des Stiftungszwecks und die Beendigung der Stiftung stellen die beiden tiefgreifendsten rechtlichen Einflussnahmemöglichkeiten auf die einmal gegründete Stiftung dar. Nachdem bereits eingehend auf die Änderung des Zwecks und die Auflösung der Stiftung durch die Behörden eingegangen wurde, folgen an dieser Stelle die Möglichkeiten des Stifters und der Stiftungsorgane.

I. Deutschland

Die Möglichkeiten des Stifters und der Stiftungsorgane zur Änderung der Satzung der Stiftung und gegebenenfalls auch zur Auflösung der Stiftung sind bislang höchst umstritten gewesen.

1. Rechte des Stifters

Nach ganz herrschender Ansicht stehen dem Stifter mit einer Ausnahme keine an seine Stiftereigenschaft anknüpfenden Rechte zu.[1237] Regelmäßig ist es allerdings für den Stifter möglich, sich eine Organstellung in der Stiftung einzuräumen und in dieser Funktion oder als Teil des Stiftungsvorstandes die Geschicke

---

1236 Dazu im Detail noch im folgenden Abschnitt.

1237 *Godron* in Richter-StiftR, § 6, Rn. 102; *Hof* in v. Campenhausen/Richter, § 8, Rn. 99 f. m.w.N.

der Stiftung zu lenken.[1238] Das einzige echte Recht des Stifters wird im Folgenden, zusammen mit seinen Rechten aus dem Stiftungs- und Zuwendungsakt, behandelt:

a. *Anhörungs- und Zustimmungsrechte*

Die Anhörung des Stifters im Falle der Änderung des Stiftungszwecks oder der Auflösung der Stiftung ist das einzige, im Wesentlichen unumstrittene, originäre Recht des Stifters.[1239] Wenngleich eine Anhörung des Stifters im Gegensatz zur Anhörung des Stiftungsvorstandes im Rahmen des § 87 Abs. 3 BGB nicht vorgesehen ist, wird eine Anhörungspflicht zugunsten des Stifters aus seiner Beteiligtenstellung gemäß § 28 VwVfG hergeleitet.[1240] Überdies sehen einige Landesstiftungsgesetze Zustimmungsvorbehalte des Stifters vor.[1241] Diese Zustimmungsvorbehalte werden in der Literatur als unvereinbar mit § 87 BGB betrachtet.[1242] Da sie sich sämtlich auf Satzungsänderungen durch die Stiftungsorgane und nicht auf hoheitliche Änderungen oder Auflösungen nach § 87 BGB beziehen, kann dem jedoch nur dann zugestimmt werden, wenn neben § 87 BGB überhaupt kein Raum für landesrechtlich erlaubte organschaftliche Satzungsänderungen bestünde.

In Zukunft dürften die §§ 85 ff. BGB-Neu als abschließende bundesgesetzliche Regelungen[1243] zur Satzungsänderung, Zusammenlegung und Auflösung der Stiftung die landesrechtlichen Regelungen verdrängen, sodass allein die Anhörung nach § 28 VwVfG verbleibt.[1244]

b. *Widerruf*

Ein „echter“ Widerruf der einmal errichteten Stiftung ist in Deutschland nicht möglich. Der Stifter kann seine Stiftung grundsätzlich nur bis zur Anerkennung nach Maßgabe des § 81 Abs. 2 BGB, beziehungsweise § 81a BGB-Neu,

---

1238 Bürdet er den Stiftungsorganen auf, seine Zustimmung zu bestimmten Geschäften einzuholen, wird er ebenfalls zum Stiftungsorgan, so dass kein gesonderter Fall vorliegt.

1239 *Hüttemann/Rawert* in Staudinger-BGB, § 87, Rn. 21; *Weitemeyer* in MüKo-BGB, § 87, Rn. 28.

1240 *Hüttemann/Rawert* in Staudinger-BGB, § 87, Rn. 22.

1241 § 6 S. 4 BaWüStiftG; § 7 Abs. 2 NStiftG; § 7 Abs. 2 StiftG SL; § 9 Abs. 2 SächsStiftG; § 5 Abs. 1 StiftG (Schl.-Hol.).

1242 *Hüttemann/Rawert* in Staudinger-BGB, § 87, Rn. 22 m.w.N.

1243 BT-Drucks. 19/28173, S. 64.

1244 *Hüttemann/Rawert* in ZIP 2021, 3, 27.

widerrufen.[1245] Nach der Anerkennung ist ein Widerruf der Stiftung an sich zwar ausgeschlossen, da die Vermögensausstattung der Stiftung jedoch wie eine Schenkung behandelt wird, ist nach herrschender Ansicht die Rückforderung wegen Verarmung des Schenkers nach den §§ 528 f. BGB als drittschützende Vorschrift anwendbar.[1246] Während eine analoge Anwendung der §§ 528 ff. BGB grundsätzlich akzeptiert wird, ist dies im Hinblick auf die §§ 530 ff. BGB, also wegen schwerer Verfehlungen oder groben Undanks der Stiftung, umstritten.[1247] Da das Vorliegen der Voraussetzungen in der Praxis jedoch nur selten der Fall sein dürfte[1248] und eine grobe Verfehlung nicht bereits in jedem Handeln gegen den Stifterwillen liegt, bedarf es an dieser Stelle keiner weiteren Auseinandersetzung.[1249] Eine Rückforderung nach den schenkungsrechtlichen Vorschriften führt nicht automatisch zu einer Auflösung der Stiftung. Allerdings kann die Rückforderung von Vermögenswerten durch den Stifter im Einzelfall dazu führen, dass die Stiftung nicht mehr über ein ausreichendes Vermögen verfügt, um den Stiftungszweck zu erreichen, und eine Auflösung nach § 87 BGB notwendig ist.[1250]

1245 Dazu sowie zur Anfechtung fehlerhafter Erklärungen bereits ausführlich oben S. 194 ff.

1246 *Hüttemann/Rawert* in Staudinger-BGB, § 81, Rn. 29; *Weitemeyer* in MüKo-BGB, § 81, Rn. 25; zur analogen Anwendung drittschützender Vorschriften auf die Vermögensausstattung siehe bereits oben S. 173 ff.

1247 Dafür *Hüttemann/Rawert* in Staudinger-BGB, § 81, Rn. 29 m.w.N.; dagegen *Weitemeyer* in MüKo-BGB, § 81, Rn. 24 m.w.N.

1248 Im Grundsatz dazu *Hüttemann/Rawert* in Staudinger-BGB, § 81, Rn. 31.

1249 Während es im Allgemeinen nicht allzu häufig vorkommen sollte, dass die Stiftung durch ihre Organe schwere Verfehlungen gegenüber dem Stifter begeht, ist dies aufgrund der persönlichen Beziehungen bei Familienstiftungen, insbesondere bei einer Organstellung anderer Familienmitglieder, möglich. Jedoch muss in diesen Fällen genau zwischen Verfehlungen der Stiftungen – die zu einem Widerruf berechtigen könnten – und Verfehlungen der Destinatäre – die nicht zu einem Widerruf berechtigen – zu trennen. Da letztere Fallgruppe deutlich häufiger auftreten dürfte als Verfehlungen der Stiftung, kann die Wertung von *Hüttemann/Rawert* auf die Gruppe der Familienstiftungen übertragen werden. Dem Stifter bleibt es zur Vorbeugung letzterer Fälle unbenommen, in der Satzung eine entsprechende Änderung der Destinatärsstellung bei Verfehlungen vorzusehen.

1250 Im Gegensatz zu einer Rückforderung nach § 528 BGB dürfte eine Auflösung nach § 530 BGB allerdings nicht nur im Ausnahmefall, sondern im Regelfall zu einer Auflösung der Stiftung führen, da sie im Fall des § 530 BGB ihr Ausstattungsvermögen zurückgeben müsste. Im Falle des § 528 BGB ist die Rückforderung bereits nach dem Wortlaut auf den Umfang des Notbedarfs beschränkt und dürfte damit

Da nachträgliche Zuwendungen echte Schenkungen darstellen, finden die §§ 528 ff. BGB in ihrer Gesamtheit uneingeschränkt Anwendung. Indem nachträgliche Zuwendungen jedoch nur selten Teil des Ausstattungsvermögens sind, ist die Stiftung regelmäßig ohne Berücksichtigung dieser Zuwendungen anerkannt worden. Entsprechend führt eine Rückforderung dieser Vermögenswerte nur im Ausnahmefall dazu, dass die Stiftung nicht mehr über ein ausreichendes Vermögen für die Erfüllung des Stiftungszwecks verfügt.

Diese Möglichkeiten des Stifters, ausnahmsweise Vermögenswerte von der Stiftung zurückzufordern, führen im Ergebnis zwar nicht zu einem Widerruf der Stiftung, können jedoch im Einzelfall eine Auflösung wegen Vermögenslosigkeit erforderlich machen. Die gleichen Folgen führen die drittschützenden Anfechtungsrechte von Gläubigern oder Erben des Stifters herbei, wenn im Insolvenzfall die Vermögensausstattung angefochten wird, und gegebenenfalls, wenn im Erbfall ein Pflichtteil gefordert wird.[1251]

2. *Rechte der Stiftungsorgane*

Die Möglichkeiten der Stiftungsorgane, die Satzung der Stiftung zu ändern (a.) oder die Stiftung aufzulösen (b.) sind bisher landesrechtlich geregelt. Nach der Reform 2021 finden sich die Regelungen zur Satzungsänderung, insbesondere der Zweckänderung nunmehr abschließend in den §§ 85 f. BGB-Neu (c.).

a. *Änderung der Satzung*

Alle Landesstiftungsgesetze sehen Regelungen zur Änderung der Satzung durch die Stiftungsorgane vor.[1252] Innerhalb dieser Regelungen und bei der Bewertung dieser Vorschriften muss jedoch zwischen der Änderung des Zwecks (aa.) und der Änderung sonstiger Satzungsinhalte (bb.) differenziert werden.

---

in vielen Fällen nicht zu einer großen Gefahr für die Stiftung werden. Zum Umfang des Anspruchs aus § 528 BGB auch *Koch* in MüKo-BGB, § 528, Rn. 5 m.w.N.

1251 Siehe dazu im Detail zur Vermögensausstattung S. 173 f. und zu nachträglichen Zuwendungen S. 201 f.

1252 § 6 BaWüStiftG; Art. 5 Abs. 4 BayStG; § 5 Abs. 1 StiftG Bln; §10 Abs. 1 StiftGBbg; § 8 Abs. 1 BremStiftG; § 7 Abs. 1 StifG HA; § 9 Abs. 1 StiftG HE; § 9 Abs. 1 StiftG M-V; § 7 NStiftG; § 5 StiftG NRW; § 8 Abs. 1 LStiftG (RhPf); § 7 StiftG SL; § 9 Abs. 1 SächsStiftG; § 9 Abs. 1 StiftGLSA; § 5 Abs. 1 StiftG (Schl.-Hol.); § 9 Abs. 1 ThürStiftG.

aa. Zweckänderung[1253]

15 der 16 Landesgesetze, welche Satzungsänderungen erlauben, lassen im Grundsatz auch die Änderung des Stiftungszwecks zu.[1254] Allerdings unterscheiden sich die Voraussetzungen für eine Zweckänderung zwischen den einzelnen Landesrechten. In den meisten Ländern hängt die Zweckänderungsbefugnis der Stiftungsorgane im Wesentlichen von der Stiftungssatzung ab. Dabei variiert jedoch die Regelungstechnik. Während in einigen Ländern[1255] eine Änderung bereits dann zulässig ist, wenn die Satzung dem nicht entgegensteht, muss die

1253 Als Zweckänderungen werden solche Änderungen des Zwecks verstanden, die nicht bereits in der ursprünglichen Stiftungssatzung als Rechtsfolge für den Eintritt einer Bedingung vorgesehen waren und den Stiftungsorganen somit keine Wahl lassen.

1254 Der neue § 9 Abs. 1 StiftGLSA lässt zwar insgesamt noch Satzungsänderungen und auch die Zusammen- und Zulegung der Stiftung zu, allerdings nur insoweit, wie der Zweck der Stiftung nicht geändert wird, also keine Zweckänderungen.
Teilweise wird angenommen, dass der Verweis des Art. 8 Abs. 1 BayStG auf § 87 BGB dazu führe, dass in Bayern keine Zweckänderungen durch die Stiftungsorgane zulässig sind. Dazu *Reuter* in Landesstiftungsrecht, Kapitel 3, Rn. 26; v. *Hippel* in Landesstiftungsrecht, Kapitel 23, Rn. 6. Obwohl die Formulierung des Art. 5 Abs. 4 BayStG grundsätzlich auch die Interpretation zu lässt, nach der Zweckänderungen durch die Organe möglich sind, ergebe sich aus dem System des BayStG, dass Art. 8 Abs. 1 BayStG nicht nur hoheitliche Zweckänderungen meint, sondern auch Änderungen durch die Stiftungsorgane.
Der von *von Hippel* und *Reuter* angenommene systematische Zusammenhang besteht im BayStG jedoch nicht. Während Art. 5 Abs. 4 BayStG die Satzungsänderung – inklusive der Zweckänderung – durch die Stiftungsorgane regelt, dient der Verweis des Art. 8 Abs. 1 BayStG lediglich den Regelungen der hoheitlichen Zweckänderung; *Störle* in Voll/Störle-BayStG, Art. 5, Rn. 12. Systematisch lässt sich dies dadurch stützen, dass auch alle anderen in Art. 8 BayStG aufgeführten Maßnahmen hoheitlicher Natur sind; zum Anwendungsbereich des Art. 8 BayStG *Störle* in Voll/Störle-BayStG, Art. 8, Rn. 1 ff. Art. 8 Abs. 1 BayStG stellt damit nur einen deklaratorischen Verweis auf das ohnehin vorrangige Bundesrecht dar. Auch in der Literatur zur alten Fassung des BayStG halten *Pohley/Backert* eine Zweckabänderung durch die Organe grundsätzlich für zulässig und lehnen nur vollständige Zweckänderungen ab, wodurch sich die Begründung aus dem System des BayStG erübrigt, *Pohley/Backert* in Pohley/Backert-BayStG, Art. 9, Rn. 5; *Pohley/Backert* in Pohley/Backert-BayStG, Art. 15, Rn. 1.2.

1255 §10 Abs. 1 StiftGBbg; § 7 Abs. 1 StifG HA; § 7 NStiftG; § 5 StiftG NRW; § 8 Abs. 1 LStiftG (RhPf).

Änderungsbefugnis in anderen Ländern[1256] Teil der Satzung sein. In eine dritte Kategorie fallen Länder, die eine Änderung grundsätzlich für zulässig halten und dabei keine Aussagen über Regelungen in der Satzung treffen.[1257] Darüber hinaus erfordern einige Landesgesetze, dass sich – manchmal auch wesentliche – Umstände geändert haben müssen. Die Voraussetzungen treten in einigen Fällen kumulativ neben die notwendige Satzungsregelung.[1258] In anderen Ländern kann die Änderung wesentlicher Umstände als eigenständige Alternative eine Änderung der Satzung ermöglichen.[1259] In Hessen stellt sie zwar eine kumulative Voraussetzung dar, kann jedoch durch die Satzung abbedungen werden.[1260]

Die landesrechtlichen Regelungen, welche eine organschaftliche Änderung des Stiftungszwecks vorsehen, sind jedoch höchst umstritten. Nach der in der Literatur herrschenden Meinung sind Zweckänderungen durch die Stiftungsorgane letztlich unzulässig.[1261] Dies ergebe sich im Wesentlichen daraus, dass die landesrechtlichen Änderungsvorschriften gegen den bundesrechtlichen Vorbehalt des Stiftungsgeschäfts verstoßen und damit insoweit unwirksam sind.[1262] Im Gegensatz dazu sollen Zweckänderungen nach anderen Ansichten im Grundsatz, entsprechend den landesrechtlichen Regelungen, zulässig sein. Innerhalb dieser Ansichten wird zum Teil jedoch gefordert, dass eine Änderung des Zwecks durch die Organe zwingend Anforderungen wie den in § 87 BGB geregelten oder vergleichbaren Voraussetzungen unterliegen müsse.[1263] Andere halten hingegen auch solche Ermächtigungen der Organe in der Satzung für zulässig, die

---

1256 § 14 Abs. 2 BaWüStiftG; § 5 Abs. 1 StiftG Bln; § 8 Abs. 1 BremStiftG; § 7 StiftG SL; § 9 Abs. 1 SächsStiftG; § 9 Abs. 1 StiftGLSA; § 5 Abs. 1 StiftG (Schl.-Hol.); § 9 Abs. 1 ThürStiftG.

1257 In Bayern enthält Art. 5 Abs. 4 BayStG keinen ausdrücklichen Vorbehalt, dass die Satzung nicht entgegenstehen darf; gleiches gilt in Mecklenburg-Vorpommern § 9 Abs. 1 StiftG M-V; in Hessen ist eine Satzungsregelung ebenfalls nicht erforderlich, kann jedoch die weiteren Voraussetzungen erleichtern § 9 Abs. 2 StiftG HE.

1258 § 7 Abs. 1 StifG HA; § 9 Abs. 2 S. 1 StiftG HE; § 5 StiftG NRW; § 8 Abs. 2 LStiftG (RhPf); § 5 Abs. 1 Nr. 2 StiftG (Schl.-Hol.).

1259 § 8 Abs. 1 BremStiftG; § 7 Abs. 1 NStiftG; § 7 Abs. 1 StiftG SL; § 9 Abs. 1 Nr. 2 SächsStiftG.

1260 § 9 Abs. 2 S. 2 StiftG HE.

1261 *Backert* in BeckOK-BGB, § 87, Rn. 2; *Hüttemann/Rawert* in Staudinger-BGB, § 87, Rn. 24; *Weitemeyer* in MüKo-BGB, § 87, Rn. 5 f.; *Happ*, Stifterwille und Zweckänderung, S. 104 ff.

1262 *Weitemeyer* in MüKo-BGB, § 87, Rn. 5.

1263 *v. Hippel* in Landesstiftungsrecht, Kapitel 23, Rn. 33 ff. mit einer umfangreichen Aufarbeitung der verschiedenen forderbaren Voraussetzungen und w.N.

keine Anforderungen für die Zweckänderung vorsehen.[1264] Wie *D. Schauer* zur Zusammenlegung zeigt, werden die Vorschriften aber jedenfalls von den Behörden als Grundlage für die Erteilung von Genehmigungen für Zweckänderungen genutzt,[1265] und da es in der Sache an einem Kläger fehlt, kommt es regelmäßig auch nicht zu gerichtlichen Verfahren.[1266]

Mögliche kompetenzrechtliche Verstöße können jedoch im Folgenden dahinstehen, weil sich der Gesetzgeber – nachdem dies bereits im Diskussionsentwurf thematisiert wurde[1267] – im Rahmen der Reform 2021 für eine Einführung einer Zweckänderungsmöglichkeit für die Organe im Bundesrecht entschieden hat.[1268] Die Materie wird nunmehr bundesgesetzlich geregelt und das Landesrecht verdrängt.

In Bezug auf die inhaltliche Ausgestaltung des Landesrechts verbleibt allein die Frage, unter welchen Voraussetzungen die Zweckänderung zulässig ist. Eine Auseinandersetzung mit der Argumentation kann zum einen auch für das Bundesrecht nach der Reform 2021, insbesondere die Auslegung der „Änderung

---

1264 *Burgard*, Gestaltungsfreiheit, S. 353 ff., der allerdings eine autonome Änderungsbefugnis nur zugunsten des Stifters und der Destinatäre für zulässig erachtet; *Schiffer/Pruns* in NK-BGB, § 87, S. 3.

1265 *Schauer*, Zusammenführung rechtsfähiger Stiftungen, S. 147 f. *D. Schauer* führt die Argumentation jedoch im Hinblick auf die Genehmigung von Zusammenlegungen, wenn die Organe nicht im Stiftungsgeschäft ermächtigt wurden. Nach der genannten herrschenden Meinung sind jedoch sämtliche Vorschriften, also auch solche, durch welche Änderungen durch die Organe bei einer entsprechenden Satzung für zulässig erklärt werden, nichtig. *D. Schauers* Argumentation zu potenziellen Klägern und einem möglichen Vorgehen gegen die landesrechtlichen Vorschriften lässt sich aber auch entsprechend in diesem Zusammenhang führen.

1266 Die Stiftungsorgane haben die Zweckänderung angestrebt und werden entsprechend nicht gegen ihre eigene Änderung vorgehen. Die Destinatäre haben selbst dann, wenn ihnen ein Rechtsanspruch gegen die Stiftung zusteht, keine Klagebefugnis vor dem Verwaltungsgericht gegen die Genehmigung der Zweckänderung. Dazu *Schauer*, Zusammenführung rechtsfähiger Stiftungen, S. 148 mit ausführlichen Nachweisen aus der Rechtsprechung.
Die Stiftungsbehörde könnte zwar im Wege der Remonstration eine Normenkontrolle nach Art. 93 Abs. 1 Nr. 2 GG durch die jeweilige Landesregierung anstreben. Dazu *Schauer*, Zusammenführung rechtsfähiger Stiftungen, S. 145, Allerdings wird es häufig nicht im Interesse der Landesregierung liegen, das Risiko einzugehen, die eigenen Vorschriften für verfassungswidrig erklären zu lassen.

1267 Diskussionsentwurf Februar 2018, S. 65 ff.

1268 BGBl. I 2021, 2947.

wesentlicher Verhältnisse" in § 85 BGB-Neu, relevant werden. Zum anderen ist sie für die Einordnung der Rechte der Stiftungsorgane im Rechtsvergleich erforderlich.

Wenngleich die meisten Landesgesetze den Anschein erwecken, dass eine Zweckänderung durch die Organe bei einer entsprechenden Satzungsermächtigung in das freie Belieben der Organe gestellt werden kann,[1269] sind sich viele Autoren einig, dass die Vorschriften trotzdem restriktiv auszulegen sind. Dabei lassen sich keine kategorischen Abgrenzungen zwischen den unterschiedlichen geforderten Einschränkungen der organschaftlichen Zweckänderung treffen, sondern nur die unterschiedlichen Begründungsansätze trennen. Neben mögliche Einschränkungen aus dem Bundesrecht[1270] treten verschiedene systematische Erwägungen.[1271] Die meisten dieser Ansichten wollen Einschränkungen des Landesrechts im weiteren Sinne aus dem „Wesen der Stiftung" ableiten. Dabei kann das „Wesen" der Stiftung allerdings nur eingeschränkt als Begründung dienen, da dem Wesensargument als Typusargument keine Tatbestandsqualität zukommt.[1272] Es beschreibt allerdings in anschaulicher Weise all jene Argumente, die sich auf systematischer Ebene aus Besonderheiten der Stiftung ergeben.[1273] Dabei sind vornehmlich die Argumentationslinien zur Stiftungsautonomie[1274] und korporativen Elementen[1275] im Stiftungsrecht hervorzuheben. Beide Argumentationslinien werden im Folgenden überprüft. Während die Stiftungsautonomie dabei als Ausprägung von Haftungsbedenken (1.) verstanden wird, beruhen die Bedenken gegen korporative Elemente auf einem Kontrolldefizit (2.)

1269 *v. Hippel* in Landesstiftungsrecht, Kapitel 23, Rn. 34.

1270 Zur Übersicht v. *Hippel* in Landesstiftungsrecht, Kapitel 23, Rn. 37 ff.; im Detail *Hüttemann/Rawert* in Staudinger-BGB, § 85, Rn. 14; *Weitemeyer* in MüKo-BGB, § 85, Rn. 7 m.w.N.; gegen kompetenzrechtliche Einschränkungen *Burgard*, Gestaltungsfreiheit, S. 358 f.; v. *Hippel* in Landesstiftungsrecht, Kapitel 23, Rn. 29 f.; v. *Hippel*, Grundprobleme, S. 453; *Happ*, Stifterwille und Zweckänderung, S. 108 f.; s. auch *Jakob/Picht* in BeckOGK, § 85 BGB, S. 7 f.; *Jakob*, Schutz der Stiftung, S. 204 f.; *Reuter* in AcP 2007, 1, 12 ff.

1271 Ein Überblick findet sich bei *Burgard*, Gestaltungsfreiheit, S. 349 ff. sowie bei v. *Hippel*, Grundprobleme, S. 421 ff.

1272 Ausführlich zum „Wesen" in der Argumentation *Burgard*, Gestaltungsfreiheit, S. 52 ff. m.w.N.

1273 *Hoppe*, Die abhängige Stiftung, S. 42 ff.

1274 *Hüttemann/Rawert* in Staudinger-BGB, § 85, Rn. 14.

1275 *Hüttemann/Rawert* in Staudinger-BGB, § 85, Rn. 11.

(1) Einschränkungen aus Haftungserwägungen

Im Hinblick auf die Stiftungsautonomie wird angenommen, dass diese grundsätzlich verbiete, auf Sonderinteressen Rücksicht zu nehmen, und Dritte die Willensbildung der Stiftung beeinflussen könnten.[1276] Daher seien auch Zweckänderungsmöglichkeiten ausgeschlossen.[1277] Weder der Wortlaut der zitierten BGH-Entscheidung noch das Prinzip der Autonomie, hier verstanden als Unabhängigkeit von Stiftungsexternen im Allgemeinen, lassen allerdings einen direkten Schluss auf die (Un-)Zulässigkeit von Satzungsänderungen durch die Stiftungsorgane zu. Stattdessen kann sich dadurch lediglich ein Verbot für Zweckänderungen durch Externe begründen lassen.[1278] Wenn der Stifter den Stiftungsorganen aber statuarisch eine Zweckänderungskompetenz einräumen kann, ist die Unabhängigkeit jedoch nicht gefährdet, da dies gerade dem ursprünglichen Konzept des Stifters entspricht. In diesem Fall ist dann jedoch auch der Schritt zur Einräumung der Zweckänderungsbefugnis zugunsten eines Dritten, etwa dem Stifter selbst, nicht weit.[1279]

In Bezug auf die Stiftungsautonomie steht – wie so häufig im Zivilrecht – im Kern eine haftungsbezogene Frage zur Debatte. Neben den Themenkomplex der Haftung des Stifters tritt eine, im Rahmen der Zweckänderung deutlich seltener betrachtete, zweite haftungsbezogene Frage nach der Gefahr von Haftungsexklaven der Einflussnehmenden. Interessanterweise stehen sich beide Probleme diametral gegenüber:

(i) Stiftungsautonomie und Durchgriffshaftung

Einerseits stellt sich bei allen juristischen Personen das auch als Durchgriffshaftung[1280] bezeichnete Problem, dass trotz eines rechtlich durchsetzbaren Einflusses Dritter auf die Organe einer juristischen Person grundsätzlich nur die juristische Person und gegebenenfalls ihre handelnden Organe für die Handlung haften.[1281] Die anweisenden Dritten könnten hingegen nicht haftbar gemacht

---

1276 BGH, Urt. v. 22.1.1987 – III ZR 26/85, BGHZ 1987, 344, juris Rn. 30.

1277 *Hüttemann/Rawert* in Staudinger-BGB, § 85, Rn. 14 m.w.N.

1278 Allerdings behandelt neben *Hüttemann/Rawert* auch *Burgard* die Frage in diesem Zusammenhang *Burgard*, Gestaltungsfreiheit, S. 360 f.

1279 Ob der Änderungsbefugte bei der Zweckänderung tatsächlich „Dritter" ist, wird im Folgenden noch zu prüfen sein.

1280 Ausführlich dazu statt vieler nur *Schmidt*, Gesellschaftsrecht, S. 217 ff. m.w.N.

1281 *Reuter* in MüKo-BGB, [7. Auflage] Vor § 21, Rn. 19 f.; *Schmidt*, Gesellschaftsrecht, S. 217 f.

werden.[1282] Um diesem Problem vorzubeugen, sollen juristische Personen im Grundsatz autonom agieren können. Etwaige zulässige Durchbrechungen, etwa bei der Konzernierung im Sinne der §§ 291 ff. AktG, sind entsprechend mit Durchgriffshaftungen versehen oder lassen sich aus den unmittelbaren finanziellen Auswirkungen auf den Eigentümer rechtfertigen.[1283] Bei der Stiftung fehlt aufgrund ihrer Eigentümerlosigkeit jedoch in jedem Fall ein dahinterstehender, potenziell haftbarer Träger, den die finanziellen Folgen des Einflusses treffen würden. Ein einflussnehmender Dritter könnte daher insoweit kaum haftbar gemacht werden.[1284] Zusätzlich fehlt es an einer mit Gesellschaftsanteilen vergleichbaren Interessenlage, nach der die Gesellschafter jedenfalls aufgrund des Eigentums an den Anteilen ein intrinsisches Interesse daran haben, Fehlentscheidungen zu vermeiden. Die Stiftung müsste daher zwingend autonom sein.[1285]

Diese Autonomie ist jedoch fraglich, wenn die Stiftungsorgane durch Dritte beeinflusst werden können, beziehungsweise beeinflusst, werden. Es kommt daher darauf an, ob die Autonomie nur durch ein Verbot der Zweckänderung erreicht werden kann, oder ob die Einflussnehmenden haftbar gemacht werden können. Eine Ansicht zieht etwa einen Vergleich zum Konzerngesellschaftsrecht und versucht, die Stiftung als abhängiges Unternehmen im Sinne des § 17 Abs. 1 AktG zu qualifizieren.[1286] Allerdings soll auch nach diesen Meinungen keine konzernrechtliche Haftung im Sinne der § 311 ff. AktG innerhalb eines faktischen Konzerns fingiert werden, da die Vorschriften nicht anwendbar sind. Es verblieben damit nur Treuepflichten und Schädigungsverbote.[1287] Überzeugenderweise lässt sich eine Haftung, inklusive Treuepflichten, stattdessen daraus herleiten, dass der einflussnehmende Dritte durch die Einflussnahme automatisch zum Organ der Stiftung wird.[1288] Anerkannt ist die Organwerdung eines

1282 *Schmidt*, Gesellschaftsrecht, S. 219 f., das Problem der Haftbarkeit bezieht sich nicht allein auf finanzielle Forderungen, sondern umfasst nach Schmidt beispielsweise auch Fragen des Durchgriffs auf Dritte für Aussagezwecke und andere Pflichten.

1283 Vgl. *Schmidt*, Gesellschaftsrecht, S. 233 ff.

1284 *Reuter* in MüKo-BGB, [7. Auflage] Vor § 21, Rn. 20; *Jeß*, Verhältnis des lebenden Stifters zur Stiftung, S. 41 f.; *Rawert*, Genehmigungsfähigkeit, S. 93 f.

1285 *Reuter* in MüKo-BGB, [7. Auflage] Vor § 21, Rn. 20.

1286 *Hoppe*, Die abhängige Stiftung, S. 100 ff.

1287 *Burgard*, Gestaltungsfreiheit, S. 590 f.; *Hoppe*, Die abhängige Stiftung, S. 165 ff.

1288 *v. Hippel*, Grundprobleme, S. 435 f. der sie vor allem aus einer Parallele zum Vereinsrecht (dort S. 388) ableitet; *Muscheler* in ZSt 2003, 67, 77.

Dritten bereits in den Fällen, in denen ein Stiftungsexterner bei der Berufung des Stiftungsvorstands zum Organ der Stiftung wird.[1289]

In Österreich ist beispielsweise zwar eine Organwerdung allein aufgrund der Berechtigung zur Bestellung des Vorstandes durch den öOGH abgelehnt worden.[1290] Allerdings wird auch dort eine Organstellung desjenigen angenommen, der wesentlichen Einfluss auf die Geschäftsführung nehmen kann.[1291] Zudem begegnet das österreichische Recht der Einflussnahme auf die Stiftung ohnehin mit einem anderen Konzept und setzt auf eine kontrollierte Einflussnahme, sodass die dortigen Rechtssätze nicht ohne Weiteres übertragen werden.[1292]

Der Lösungsansatz der Organwerdung des Einflussnehmenden umgeht zugegebenermaßen das eingangs skizzierte Problem der Haftung Stiftungsexterner, indem die Haftung durch die Integration des Dritten in die Stiftung erreicht wird. Die Lösung der Organwerdung Einflussnehmender passt jedoch insoweit zu der Rechtsprechung des BGH,[1293] der eine rechtlich durchsetzbare Einflussnahme von außen kritisiert hatte, und führt dazu, dass die Stiftungsautonomie einer Zweckänderung nicht entgegensteht. Letztlich intensiviert die Organeigenschaft eines Einflussnehmenden das noch zu behandelnde Problem der korporativen Elemente im Stiftungsrecht.

Wenn aber grundsätzlich jeder, der den Zweck ändert oder die Änderung beeinflusst, als Organ haftet, stellt sich die Frage, an welchem Maßstab sein Handeln gemessen wird. Soweit der Zweck geändert wird, kann er selbst nicht als Maßstab dienen. Die Zweckänderung kann daher nur an dem Willen des Stifters gemessen werden.[1294] Für die Bewertung des regulären Handelns ist jeweils immer der zu dem jeweiligen Zeitpunkt gesetzte Zweck einschlägig. Da jede Änderung durch die Behörden genehmigt werden muss, ist ein Missbrauchspotential für spontane Änderungen gering.

Bei der Zweckänderung, soweit sie nicht ohnehin durch Unmöglichkeit geboten ist, muss neben dem Willen des Stifters auch – zumindest nach den

---

1289 *Weitemeyer* in MüKo-BGB, § 86, Rn. 6; *Lunk/Rawert* in NPLY 2001, Stiftungsvorstände, S. 96.

1290 öOGH, Rechtssatz v. 12.12.2002 – 6 Ob 291/02s mit einer restriktiven Auslegung des Organbegriffs des Art. 1 § 14 PSG.

1291 *v. Hippel*, Grundprobleme, S. 436 m.w.N.

1292 So verbietet Art. 1 § 15 Abs. 2 PSG etwa die Berufung von Destinatären zum Vorstand, während an anderer Stelle Satzungsänderungsrechte (Art. 1 § 33 PSG) und Widerrufsrechte (Art. 1 § 34 PSG) vorbehalten werden können.

1293 BGH, Urt. v. 22.1.1987 – III ZR 26/85, BGHZ 1987, 344, juris Rn. 30.

1294 Zum Verhältnis der Zweckänderung und dem Willen des Stifters unten S. 325.

Grundsätzen von Treu und Glauben – das Vertrauen der Destinatäre berücksichtigt werden, wenn ihnen in der Stiftungssatzung ein Anspruch eingeräumt war. Allerdings dürfte es in diesem Fall fraglich sein, ob es überhaupt dem Willen des Stifters entspricht, dass diesen Destinatären nach der Änderung des Zwecks kein Anspruch mehr zustehen soll.

(ii) Haftungsexklave[1295]

Andererseits stellt sich das Problem einer Haftungsexklave.[1296] Denn die Möglichkeit der Zweckänderung würde es dem Ändernden erlauben, effektiv die Verwendung des Stiftungsvermögens zu bestimmen, ohne selbst über Vermögen zu verfügen, auf das seine eigenen Gläubiger zugreifen könnten.

Können die Stiftungsorgane selbst, gegebenenfalls ohne besondere Voraussetzungen, den Zweck der Stiftung ändern, stellt dies ein Einfallstor für einen auch rechtlich durchsetzbaren Einfluss des Stifters, der Destinatäre oder sonstiger Dritter dar. Als Teil des entsprechenden Stiftungsorgans oder als eigenes Zweckänderungsorgan könnten sowohl Stifter als auch Destinatäre regelmäßig den Zweck der Stiftung ändern. Wenn dabei keine Anforderungen an die Voraussetzungen und die Rechtsfolgen gestellt werden, könnten die zur Zweckänderung Befugten mittelbar frei über das Stiftungsvermögen verfügen. Während bereits gezeigt wurde, dass sie dann zwar als Organe der Stiftung durch Treue- und andere Sorgfaltspflichten der Stiftung gegenüber gebunden sind und so die Gläubiger der Stiftung geschützt werden, fehlt es an einem entsprechenden Schutz für die Gläubiger des Zweckänderers.

In Bezug auf den Stifter stehen sämtliche Vermögensübertragungen unter dem Vorbehalt der Gläubigerschädigung und der entsprechenden Insolvenz- und Gläubigeranfechtung.[1297] Grundsätzlich sind die Beweismöglichkeiten und damit die Erfolgsaussichten bei einer Anfechtung aufgrund der Zehnjahresfrist der § 133 Abs. 1 InsO, § 3 Abs. 1 S. 1 AnfG gering, wenn der Stifter einen Großteil seines Vermögens langfristig vorsorglich und ohne konkreten Anlass in eine

1295 Alternativ könnte das Problem der Haftungsexklave auch als umgekehrte Durchgriffshaftung bezeichnet werden, da durch den Stifter oder den Destinatär auf die Stiftung durchgegriffen wird, zu dem Begriff auch *Jakob*, Liechtensteinische Stiftung, Rn. 708.

1296 *Jeß*, Verhältnis des lebenden Stifters zur Stiftung, S. 41 f., der die Haftungsexklave allerdings als körperschaftliches Element bewertet und im Weiteren nur auf den *numerus clausus* der Rechtsformen verweist. Auch v. *Hippel*, Grundprobleme, S. 433 f. verneint hingegen die Gefahr einer Haftungsexklave, dazu sogleich.

1297 Dazu im Detail auch S. 346 ff.

Stiftung auslagert.[1298] Diesen Beweisproblemen kann jedoch durch Anwendung der Vermögensopfertheorie im deutschen Recht und der damit ermöglichten Schenkungsanfechtung nach § 134 InsO, § 4 AnfG vorgebeugt werden.[1299]

Ebenso – und nicht durch die Vermögensopfertheorie verhinderbar – spiegelt sich die Gefahr aber bei den Destinatären der Stiftung. Diese würden schließlich nie ihr eigenes Vermögen auslagern. Denn im Falle einer Familienstiftung ersetzt die Vermögensübertragung an die Stiftung regelmäßig eine Schenkung des Stifters an den Destinatär. Soweit der Destinatär den Zweck der Stiftung ändern kann, ist er faktisch dazu in der Lage, über ein Vermögen zu verfügen, auf das seine Gläubiger nie Zugriff erlangen könnten. Denn im Haftungsfall des Destinatärs könnte dieser den Zweck in einen anderen Zweck als die eigene Förderung ändern. Zwar ist der Destinatär nie Eigentümer des Vermögens geworden und der Gläubiger konnte daher gegebenenfalls kein schützenswertes Vertrauen auf die Eigentümerstellung seines Schuldners bilden.[1300] Bestünde ein freies Änderungsrecht, würde die Stiftung und die korrelierende Destinatärseigenschaft aber regelmäßig einen Ersatz für eine Erbschaft darstellen und ein nennenswertes Privatvermögen der Destinatäre hinfällig machen.

Im Gegensatz zu der Frage der Haftungsexklave der Destinatäre bei der noch zu behandelnden[1301] vorbehaltlosen Unterhaltsstiftung stünde in diesem Fall nicht nur das „Wie“ und „Wann“ der Förderung einzelner Destinatäre in Frage, sondern die gesamte Verwendung des Stiftungsvermögens. Der potenzielle Wegfall des – aus Perspektive des Destinatärs als Korsett wirkenden – Stiftungszwecks führt daher dazu, dass der Destinatär wie ein Eigentümer über das Stiftungsvermögen herrschen könnte. Da die Vermögensopfertheorie keine Abhilfe schaffen kann, wird der Gläubigerschutz somit bei gänzlich freien Änderungsrechten umgangen.

Im Ergebnis kann die Antwort auf die Frage nach der Möglichkeit einer autonomen Zweckänderung durch die Organe nun insoweit beantwortet werden, als auf systematischer Ebene jedenfalls eine gänzlich freie Zweckänderung abgelehnt werden muss, weil aufgrund der aufgezeigten Gefahr sonst der Gläubigerschutz unterlaufen werden könnte. Diese Wertung erlaubt zumindest auch eine

---

1298 Für eine vorsätzliche Gläubigerbenachteiligung i.S.d. § 133 InsO genügt jedoch auch die Benachteiligung potenzieller Gläubiger, die allerdings gegebenenfalls schwer nachweisbar ist, *Kayser* in MüKo-InsO, § 133, Rn. 13 ff.

1299 Dazu bereits oben S. 173 ff.

1300 Dazu auch S. 403 f.

1301 Dazu noch unten S. 403 ff.

teilweise Antwort auf die Frage nach den Voraussetzungen eines Zweckänderungsrechts. Dem Gläubigerschutz kann nur dann Rechnung getragen werden, wenn die Zweckänderung entweder als unzulässig betrachtet oder an bestimmte Voraussetzungen geknüpft wird:

Ein prinzipieller Ausschluss der Zweckänderung zur Verhinderung von Haftungsexklaven sollte aber vor dem Hintergrund der Privatautonomie des Stifters nur dann eine Lösung sein, wenn sich in der Interessenabwägung zwischen Privatautonomie und Gläubigerschutz kein milderes Mittel finden lässt, das beiden Interessen gerecht wird.

Ginge man also grundsätzlich von einer Zulässigkeit der statuarischen Ermächtigung zur Zweckänderung aus, wäre die restriktivste Grenze eine an die Voraussetzungen des § 87 Abs. 1 BGB anknüpfende. Dann wäre eine Zweckänderung nur möglich, wenn der Stiftungszweck unzulässig oder nicht mehr erreichbar wäre. Im Ergebnis bliebe dann auch die vorzugswürdige Subsidiarität des Verwaltungshandelns gewahrt.

Etwas weniger restriktiv wäre eine Bezugnahme auf den Gedanken des § 313 BGB. Übertragen auf die statuarische Änderungsermächtigung hieße dies, dass eine schwerwiegende Veränderung der Umstände, die zur Wahl des Stiftungszwecks geführt haben, eingetreten sein muss. Auch diese Einschränkung wird mit anderer Begründung als Alternative zu dem vermeintlich kompetenzwidrigen Bundesrecht vertreten.[1302] Denkbar wären auch geringere Anforderungen, wie die landesrechtlich geregelte der Änderung wesentlicher Voraussetzungen.[1303] In beiden Fällen besteht jedoch das Problem einer Definition der schwerwiegenden oder wesentlichen Änderungen. Besonders deutlich wird dies bei einem Blick auf die Grundgedanken des § 313 BGB. Zum einen kann die dort vorgesehene Anpassung des Vertragsinhalts nur bedingt dazu dienen, einen Zweck zur Gänze zu ändern, da eine Anpassung grundsätzlich das Bestehen des Vertragszwecks erfordert.[1304] Zum anderen passt die in § 313 BGB vorgesehene Risikoverteilung generell nicht zu einseitigen Rechtsgeschäften und erst recht nicht zu der Errichtung einer Stiftung.[1305] Im Gegensatz zu zweiseitigen Rechtsgeschäften kann es bei einseitigen Rechtsgeschäften immer nur einen

1302 *Fritsche* in ZSt 2009, 21, 32, da § 313 BGB jedoch grundsätzlich ein zweiseitiges Rechtsgeschäft erfordert, müsste die Norm dann ohnehin analog angewandt werden, dazu ausführlich und ablehnend *Finkenauer* in MüKo-BGB, § 313, Rn. 50.

1303 Z.B. § 8 Abs. 1 BremStiftG.

1304 *Weitemeyer* in MüKo-BGB, § 85, Rn. 8.

1305 A.A. *Wiesner*, Korporative Strukturen bei der Stiftung, S. 82.

Irrenden geben. Für diesen Fall genügen jedoch die Vorschriften zur Anfechtung. Einer Vorschrift für den Fall eines Irrtums beider Parteien bedarf es für einseitige Rechtsgeschäfte daher nicht.[1306] Fehlt die andere Partei, wäre es möglich, dass derjenige, der eine Anpassung durchführen will, selbst die notwendigen Veränderungen der Umstände herbeiführt. Im Rahmen der ursprünglichen Risikoverteilung gilt entsprechend das Verbot widersprüchlichen Verhaltens. Derjenige, der die Umstände ändert, ist entsprechend von der Anpassung präkludiert.[1307]

Bei einem Stiftungsorgan, das die Umstände ändert, passt dieser – auf gegenseitige Verhältnisse gerichtete – Grundsatz nicht und wird insbesondere dann problematisch, wenn ein Organwalter die Umstände als Privatperson ändert und dann als Organ den Zweck ändert. Denn ohne die für zweiseitige Rechtsgeschäfte typischen kontrastierenden Positionen fehlt es an einem Gegenüber, das den *venire contra factum propium* Einwand erheben könnte. Dies gilt insbesondere, weil den Destinatären im Regelfall kein klagbarer Anspruch eingeräumt wird. Möglich wäre es allerdings, dass die Stiftungsbehörde bei der Genehmigung der Zweckänderung nicht nur das Vorliegen der Voraussetzungen für die Änderung des Zwecks überprüft, sondern auch, ob ein Fall widersprüchlichen Verhaltens vorliegt. Eine entsprechende Verursachung dürfte jedoch tatsächlich schwer nachweisbar sein, ginge im Zweifel zu Lasten der Stiftung und würde einen großen Mehraufwand für die Behörde bedeuten.

Vergleichbare Bedenken lassen sich auch gegen die weniger konkret umrissenen wesentlichen Veränderungen im Sinne der landesrechtlichen Vorschriften geltend machen. Die Veränderung von Umständen eignet sich aufgrund der schweren Überwachung und der offenen Definition somit nicht als Einschränkung für die Zweckänderung.

Letztlich könnten auch personale Einschränkungen die Gefahr einer Haftungsexklave reduzieren. *Burgard* schlägt in diese Richtung gehend, wenngleich aus anderen Beweggründen und in Kombination mit weiteren Voraussetzungen, vor, autonome Zweckänderungsrechte allein auf den Stifter und die Destinatäre zu beschränken.[1308] Wie die bisherigen Ausführungen zur Haftungsexklave nahelegen, ist die Gefahr jedoch dann am größten, wenn den Destinatären der

---

1306 Ausführlich dazu *Finkenauer* in MüKo-BGB, § 313, Rn. 50, der daher auch eine Analogie ablehnt.

1307 BGH, Urt. v. 3.5.1995 – XII ZR 29/94, BGHZ 129, 297, juris Rn. 33; *Finkenauer* in MüKo-BGB, § 313, Rn. 75.

1308 *Burgard*, Gestaltungsfreiheit, S. 382 f.

Stiftung die Möglichkeit zur Zweckänderung zusteht, sodass diese Lösung dem Gläubigerschutz nicht gerecht wird. Eine Beschränkung auf den Stifter könnte – soweit man davon ausgeht, dass der auf diese Weise vermittelte Einfluss den Beginn der Fristen der drittschützenden Vorschriften hindert – zumindest insoweit überzeugen, als nur derjenige den Zweck ändern kann, dessen Gläubiger über die drittschützenden Vorschriften geschützt sind. Zielführender dürfte *de lege ferenda* jedoch eine Regelung wie Art. 1 § 15 Abs. 2 PSG in Österreich sein, nach der eine Berufung eines Destinatärs oder eines seiner Angehörigen zum Stiftungsvorstand ausgeschlossen ist. Dadurch könnten jedenfalls die mittelbare Verfügungsmacht von Destinatären und Haftungsexklaven der Destinatäre verhindert werden.

Zuletzt ist auf *von Hippel* einzugehen, der die Ansicht vertritt, dass Haftungsexklaven in der Realität nicht auftreten können, weil die einflussnehmenden Personen der Stiftung als Organe verpflichtet seien und dadurch haftbar gemacht werden können.[1309] Dieser Ansatz kann dabei helfen, gravierende Pflichtverletzungen der Einflussnehmer zu ahnden. Er kann jedoch nicht dazu dienen, die Organe für satzungskonformes Handeln haftbar zu machen. Wenn die Organe entsprechend in zulässiger Weise den Zweck oder sonstige Bestimmungen ändern, kann dies – auch wenn es die Gläubiger der Begünstigten schädigt – nicht zu einer Verletzung der Organpflichten und damit auch nicht zu einer Haftung führen.

Im Ergebnis kann festgehalten werden, dass die Zweckänderung durch die Stiftungsorgane eine Gefahr für die Gläubiger der Destinatäre darstellt. Die Gläubiger der Stiftung sowie die Gläubiger des Stifters sind hingegen ausreichend geschützt. Die Haftungsexklave der Destinatäre kann auf zwei Wegen verhindert werden. Entweder wird ihr über eine personale Beschränkung der möglichen Stiftungsvorstände begegnet. Allerdings ist davon auszugehen, dass eine solche Einschränkung nicht immer einen vollständigen Schutz vor einem Einfluss der Destinatäre gewährleisten kann.[1310] Oder die Gefahr kann drastisch gesenkt werden, wenn die Zweckänderung nicht zugelassen oder nur unter den Voraussetzungen des § 87 BGB erlaubt wird. Wenngleich dadurch die Flexibilität der Stiftungsorgane abnimmt, kann so zumindest die beinahe vollständige Verfügungsmacht der Destinatäre verhindert und der Gläubigerschutz gewährleistet werden. Aus der Perspektive des Gläubigerschutzes ist es daher

1309 *v. Hippel*, Grundprobleme, S. 433 ff.

1310 Dazu oben S. 151 ff.

vorzugswürdig, eine Zweckänderung zu verbieten oder nur unter hohen Voraussetzungen zuzulassen.

(2) Einschränkungen aufgrund eines Kontrolldefizits

Zuletzt könnten weitere Einschränkungen erforderlich sein, um einem Kontrolldefizit zu begegnen. In der Literatur werden in diesem Zusammenhang vorwiegend Einschränkungen der Zweckänderung aufgrund eines vermeintlichen Verbots korporativer Elemente im Stiftungsrecht diskutiert.[1311] Zudem werden Einschränkungen aus dem Willen des Stifters abgeleitet.[1312]

Dieser Diskussion vorweg gehen muss, dass sich das Verbot korporativer Elemente – neben dem im Folgenden zu behandelnden Kontrollkonflikt – auch aus einem „*numerus clausus* der Rechtsformen" ergeben soll.[1313] Allerdings zeigt *Burgard*, dass ein solcher *numerus clausus* nur die Auswahlmöglichkeiten, nicht aber die Ausgestaltungsmöglichkeiten begrenzt.[1314]

Vergleicht man die Positionen zum Verbot korporativer Elemente und der Vorstellung vom zwingenden Stifterwillen, zeigt sich, dass die Begründungsansätze dabei im Wesentlichen auf ähnlichen Bedenken basieren: vorgebracht wird, dass die Stiftung kein personales Substrat hat, das einen Willen bilden könne. Der einzige Wille ist derjenige des Stifters, der durch die Stiftung und ihre Organe auf ewig ausgeführt wird. Wenn die Organe einmal Ermessen ausüben müssten, wäre dies als fortwirkender Stifterwille zu werten.[1315] Gleiches gilt jedoch auch dann, wenn den Stiftungsorganen hypothetisch eine vollständige Zweckänderung erlaubt wird und sie die Möglichkeit erhalten, einen eigenen Willen zu bilden. Denn auch das insoweit umfangreichere Ermessen ist Ausdruck des Stifterwillens.[1316] Im Ergebnis führt eine Aufhebung des Stifterwillens jedoch

1311 Ausführlich, wenn auch im Ergebnis ablehnend v. *Hippel*, Grundprobleme, S. 391 ff., 421 ff. je m.w.N.; *Hüttemann/Rawert* in Staudinger-BGB, § 85, Rn. 11 ff.; *Jakob/Picht* in BeckOGK, § 85 BGB, Rn. 6.

1312 *Hüttemann/Rawert* in Staudinger-BGB, § 85, Rn. 11; BVerwG, Beschl. v. 29.11.1990 – 7 B 155/90, Rn. 3; a.A. *Burgard*, Gestaltungsfreiheit, S. 367 ff.

1313 *Hüttemann/Rawert* in Staudinger-BGB, § 85, Rn. 11; *Jeß*, Verhältnis des lebenden Stifters zur Stiftung, S. 40 f.

1314 *Burgard*, Gestaltungsfreiheit, S. 70 f.; *Burgard* in npoR 2019, 106, 108; v. *Hippel*, Grundprobleme, S. 424 f., der Gestaltungen in den Grenzen der §§ 134, 138 BGB für zulässig erachtet; kritisch *Weitemeyer* in MüKo-BGB, § 85, Rn. 5.

1315 *Hüttemann/Rawert* in Staudinger-BGB, § 85, Rn. 11.

1316 *v. Hippel*, Grundprobleme, S. 423 f.

dazu, dass – ähnlich wie bei der noch zu behandelnden Selbstzweckstiftung[1317] – ein Kontrollvakuum entsteht.[1318] Denn wenn der Zweck geändert wird, kann er selbst nicht als Maßstab dienen und es besteht mit dem abstrakten Stifterwillen nur ein begrenzter Kontrollmaßstab für die Zweckänderung der Stiftungsorgane. Im Gegensatz zu Körperschaften, deren Organe der Überwachung durch die Eigentümer oder Mitglieder unterliegen, könnten korporative Elemente im Stiftungsrecht zumindest in dieser Ausprägung zu einem Kontrolldefizit führen.

Eine solche Beschränkung der Änderung auf den Willen des Stifters ist in manchen Landesrechten bereits vorgesehen und wird auch auf die Landesgesetze übertragen, in denen es an einer expliziten Regelung fehlt.[1319] Während der Wille des Stifters grundsätzlich einen dauerhaften Maßstab für die Bewertung der Änderung des Zwecks darstellt, ist fraglich, ob viele Stifterwillen überhaupt ausreichend umfangreich definiert sind. Insbesondere, wenn der Zweck ausgetauscht werden soll, kann der ursprüngliche Zweck nur sehr eingeschränkt als Mittel zur Erforschung des Stifterwillens dienen. Erforderlich wäre stattdessen, dass der Stifter in der Stiftungsurkunde, gegebenenfalls in Form einer Präambel, wesentliche Motivationen für die Errichtung der Stiftung niederlegt und auf diese Weise auch die Findung alternativer Zwecke ermöglicht. Dass dies grundsätzlich möglich ist, zeigt die Wertung des § 87 Abs. 2 S. 1 BGB, der davon ausgeht, dass auch bei unmöglich gewordenen Zwecken der Wille des Stifters bei der Suche nach einem neuen Zweck dienlich sein kann. Im Ergebnis kann eine Zweckänderungsbefugnis nur dann zulässig sein, wenn der Stifterwille in einer ausreichenden Form definiert ist und eine Bewertung nachträglicher Zweckänderungen erlaubt. Da die Behörde entsprechende Satzungen bei der Anerkennung der Stiftung zur Gänze vorgelegt bekommt, könnte ein entsprechendes Verhältnis bei der Anerkennung berücksichtigt und vorausgesetzt werden.

Sofern die Zweckänderung mit einer solchen Einschränkung verbunden wird, wäre eine korporative Willensbildung der Stiftungsorgane nicht mehr mit einem Kontrollvakuum verbunden. Denn soweit ihnen ein Ermessen zu steht, muss sich die Entscheidung immer am Willen des Stifters messen lassen und eine gänzlich autonome und kontrollfreie Entscheidungsfindung ist nicht möglich.

1317 Siehe dazu unten S. 430 ff.

1318 Ähnlich auch *Dylla*, Weisungsfunktion, S. 212 ff., der eine Unzulässigkeit des freien Ermessens der Organe positiv aus der Weisungsfunktion des Stiftungszwecks ableitet.

1319 Vgl. zum Stifterwillen, wenn der Stifter die Freiheit zur Änderung gewähren will, v. *Hippel* in Landesstiftungsrecht, Kapitel 23, Rn. 36 m.w.N.; ansonsten auch *Stumpf* in S/S/S/P, B. § 85, Rn. 33.

Für Familienstiftungen entfaltet diese Einschränkung jedoch nur eine geringe Relevanz, da die planmäßige Gestaltung durch den Stifter meist zu Satzungen führen dürfte, welche ohnehin nur Zweck- und Satzungsänderungen in einem von ihm gesetzten Rahmen erlauben. Zudem wird im Regelfall der Austausch der Destinatäre in Frage stehen, welcher ohnehin keinen vollständigen Zweckaustausch darstellt, da die Stiftung eine Familienstiftung bleibt.[1320]

(3) Zwischenergebnis

Die Ausführungen haben gezeigt, dass insbesondere aufgrund von Haftungsbedenken im Ergebnis viel für die Ansichten von *Weitemeyer*[1321] und *Hüttemann/Rawert*[1322] spricht, die insgesamt keine Zweckänderungen zulassen wollen. Geht man davon aus, dass staatliches Handeln grundsätzlich subsidiär sein soll, überzeugen hingegen diejenigen Ansichten, die auch für Zweckänderungen durch Private die Voraussetzungen des § 87 BGB fordern.[1323] Die unter (1.) (i) angesprochenen personenbezogenen Einschränkungen, vornehmlich im Hinblick auf die österreichische Regelung, deren Ausschluss von Destinatären aus dem Stiftungsvorstand auch ein Vorbild für das deutsche Recht sein könnte, wahren ebenfalls die Subsidiarität des staatlichen Handelns und erlauben zugleich ein höheres Maß an Privatautonomie. In Kombination mit den unter (2.) genannten Einschränkungen wären die Stiftungsorgane zudem auch in diesem Fall an den Stifterwillen im weiteren Sinne gebunden.

In der Praxis sind Zweckänderungen durch die Organe – zumindest bis zum Inkrafttreten der Reform des Bundesrechts – grundsätzlich nach den landesrechtlichen Regelungen möglich. Der offene Wortlaut dieser Regelung lässt vermuten, dass die in der Praxis gelebten Einschränkungen der Normen nur oberflächlich sind und in etwa den Vorstellungen *von Hippels* entsprechen, der autonome Änderungen innerhalb der Kategorien gemein- und privatnützig für zulässig hält, soweit sie dem mutmaßlichen Stifterwillen nicht widersprechen.[1324]

1320 In der Praxis werden entsprechende Klauseln zu Satzungsänderungen jedenfalls in Formularhandbüchern empfohlen *Krauß* in Beck'sche Online-Formulare Vertrag, 18.1.2 Familienstiftung, § 13.

1321 *Weitemeyer* in MüKo-BGB, § 87, Rn. 5.

1322 *Hüttemann/Rawert* in Staudinger-BGB, § 87, Rn. 24.

1323 In diese Richtung etwa *Schauer*, Zusammenführung rechtsfähiger Stiftungen, S. 106 ff.; *Stumpf* in S/S/S/P, B. § 85, Rn. 34.

1324 *v. Hippel* in Landesstiftungsrecht, Kapitel 23, Rn. 62 f.

bb. Änderung sonstiger Bestimmungen

Während die Zulässigkeit der Zweckänderung durch die Organe, insbesondere aufgrund einer möglicherweise fehlenden Kompetenz der Landesgesetzgeber, umstritten ist, werden sonstige Satzungsänderungen nach der ganz herrschenden Meinung grundsätzlich für zulässig und notwendig gehalten.[1325] Dabei wird zum Teil verlangt, dass sich die tatsächlichen Verhältnisse wesentlich geändert haben,[1326] zum Teil werden aber auch keine spezifischen Voraussetzungen gefordert, falls eine Änderungsermächtigung in der Satzung enthalten ist.[1327]

Auf den ersten Blick stellt sich die Frage, wann eine wesentliche Änderung der tatsächlichen Verhältnisse vorliegt.[1328] Da sich jedoch beinahe alle Ansichten darüber einig sind, dass die Anforderungen an eine einfache Satzungsänderung geringer sind als diejenigen für eine Zweckänderung, kommt es vordergründig auf die Unterscheidung zwischen Zweckänderungen und sonstigen Satzungsänderungen an. Bei Familienstiftungen sind dabei insbesondere ein Austausch der Destinatäre sowie die Änderung der Auszahlungsmodalitäten von Bedeutung. Grundsätzlich stellt der Austausch der Destinatäre keine Zweckänderung im engeren Sinne dar, denn der Zweck der Stiftung bleibt grundsätzlich die Förderung einer Familie. Allerdings besteht eine derart enge Verbindung zwischen dem Zweck „Familienstiftung“ und dem zu fördernden Personenkreis, dass davon auszugehen ist, dass ein Austausch aller Destinatäre der Zweckänderung gleichsteht und jedenfalls nur unter den entsprechenden Voraussetzungen vorzunehmen ist.[1329] Problematisch ist hingegen der Fall, in dem nur innerhalb des Destinatärskreises die Destinatäre getauscht werden, da dann auch der auf den Destinatärskreis konkretisierte Zweck bestehen bleibt.[1330] Um den genannten Risiken zu begegnen, könnte es erforderlich sein, die gleichen Anforderungen wie an die Zweckänderung zu stellen. Allerdings wäre der Stiftungsvorstand dann in besonderem Maße in seinen Handlungsmöglichkeiten und seinem

---

1325 *Hüttemann/Rawert* in Staudinger-BGB, § 85, Rn. 18 m.w.N.; *Weitemeyer* in MüKo-BGB, § 85, Rn. 11 f. m.w.N.

1326 *Hüttemann/Rawert* in Staudinger-BGB, § 85, Rn. 19 f.

1327 *v. Hippel* in Landesstiftungsrecht, Kapitel 24, Rn. 39.

1328 Dazu ausführlich *Hüttemann/Rawert* in Staudinger-BGB, § 85, Rn. 20 f.

1329 *Stumpf* in S/S/S/P, B. § 85, Rn. 34.

1330 Siehe zu der vergleichbaren Abgrenzung im liechtensteinischen Recht unten S. 339 f.

Ermessen eingeschränkt, da er zwar am Anfang aus einem Personenkreis die Destinatäre wählen darf, danach aber keine echte Wahl mehr hat.[1331]

Stattdessen kann dem Risiko einer Haftungsexklave sachgerechter begegnet werden, wenn der Stiftungsvorstand bei der Auswahl und dem Austausch der Destinatäre grundsätzlich besonderen Begründungs- und Nachweispflichten unterworfen wird. Derartige Pflichten bei allen Änderungen der Satzung oder des Beiwerks, die zu einem Tausch der Destinatäre im Rahmen des ursprünglichen Destinatärskreises führen, erlauben es sowohl den getauschten Destinatären als auch deren Gläubigern, die Ermessensentscheidung des Stiftungsvorstands zu überprüfen. Auf diese Weise könnte einem Missbrauch der Stiftung als Haftungsexklave begegnet werden.

Soweit andere destinatärsbezogene Bestandteile der Stiftungssatzung betrachtet werden, etwa die Änderung der Ausschüttungsmodalitäten, lassen sich auch solche Satzungsaspekte identifizieren, die eine größere Nähe zum Stiftungsgegenstand als zum Stiftungszweck aufweisen. Diese weisen ebenso wie die vollständige Zweckänderung ein Missbrauchsrisiko auf. Denn eine Haftungsexklave ließe sich nicht nur durch einen Tausch der Destinatäre, sondern ebenfalls durch eine Veränderung der Ausschüttungsmodalitäten erreichen. Ein umfassender Gläubigerschutz kann nur dann erreicht werden, wenn die Einschränkungen für die Änderung des Stiftungszwecks auch auf die Änderung destinatärsbezogener Satzungsbestandteile übertragen werden. Hilfsweise ließe sich die teilweise geforderte Voraussetzung der Änderung wesentlicher Umstände insoweit mit Inhalt anreichern, dass ein positiver Nachweis eines Umstandes, der außerhalb der Einflussmöglichkeiten liegt, erforderlich ist. Dadurch könnte sichergestellt werden, dass die Satzungsänderung – auch nicht mittelbar – der Einflussnahme des Stifters oder der Destinatäre dient. Dieses Ziel ließe sich allgemein auch dadurch fördern, dass – wie zum Tausch der Destinatäre dargelegt – Satzungsänderungen jeweils einer ausführlichen Begründung bedürfen. Durch die Begründung dürfte es Gläubigern leichter fallen, die Entscheidungen des Stiftungsrats zu überprüfen und missbräuchliche Entscheidungen anzugreifen. In Verbindung mit einer engen Definition der wesentlichen Umstände kann eine Begründungspflicht einen Großteil der Gefahren verhindern und ist dabei deutlich weniger eingriffsintensiv als die Einschränkungen im Hinblick auf vollständige Zweckänderungen.

1331 Konsequenterweise müsste die Voraussetzung dann auch für die Auswahl neuer Destinatäre (ohne die Aufgabe der bisherigen Begünstigten) gelten, da die Ansprüche der neuen Destinatäre regelmäßig die Ansprüche der bisherigen verringern.

Dem Missbrauchspotential kann hingegen nicht dadurch begegnet werden, dass die Stiftungsbehörde jegliche Satzungsänderungen grundsätzlich genehmigen muss. Aufgrund des Grundrechtsschutzes der Stiftung besteht regelmäßig ein Rechtsanspruch auf die Genehmigung, soweit die landesrechtlichen Voraussetzungen erfüllt sind und die Stiftung weiterhin anerkennungsfähig ist.[1332]

Jedenfalls zulässig sind solche Satzungsänderungen, die der Stifter in der ursprünglichen Satzung mit Voraussetzungen und Rechtsfolgen antizipiert hat.[1333]

b. Beendigung

An die organschaftliche Auflösung der Stiftung sind die gleichen Voraussetzungen wie an eine Zweckänderung zu stellen.[1334] Anderenfalls hätten Organe und gegebenenfalls die dahinterstehenden Destinatäre oder der Stifter ein faktisches Widerrufsrecht in Bezug auf die Stiftung und könnten diese nach freiem Belieben auflösen. Die Rechtsfolgen der Auflösung gleichen in diesem Fall denen der behördlichen Auflösung.[1335]

Eine Besonderheit bei der Auflösung kann sich allerdings dann ergeben, wenn der Stifter in der Satzung feste Auflösungsgründe festgelegt hat. In diesen Fällen bestünde selbst nach der Ansicht *Hüttemanns/Rawerts*[1336] eine Regelung des „Ob" in der Satzung sowie durch die Auflösung eine konkrete Ausgestaltung der Rechtsfolge. In der Konsequenz der bisher aufgegriffenen Ansichten ist wohl davon auszugehen, dass die Voraussetzungen für eine Auflösung nicht an eine Erklärung oder Handlung der Stiftungsorgane anknüpfen dürfen, da die Auflösung sonst mittelbar in das Ermessen der Organe gestellt werden könnte.[1337]

Problematisch ist allerdings, inwieweit dies auch für Ereignisse gelten kann, die durch Dritte, den Stifter oder die Destinatäre ausgelöst werden. Das Risiko einer in diesem Sinne offenen Auflösungsmöglichkeit liegt darin, dass zugunsten des Anfallberechtigten eine flexible Auflösung der Stiftung ermöglicht wird. Diese kann dabei Ansprüche der Destinatäre beenden und auf diese Weise die Ansprüche der Gläubiger der Begünstigten schwächen. Als Beispiel kann etwa die vorgesehene Auflösung der Stiftung bei der Aufgabe des Familienbetriebs

---

1332 Exemplarisch *Andrick* in Andrick/Suerbaum-StiftGNRW, § 5, Rn. 34 f.

1333 *Hüttemann/Rawert* in Staudinger-BGB, § 87, Rn. 14.

1334 Vgl. auch *Hüttemann/Rawert* in Staudinger-BGB, § 87, Rn. 24.

1335 Siehe oben S. 300.

1336 *Hüttemann/Rawert* in Staudinger-BGB, § 85, Rn. 14.

1337 Die Erfüllung des Stiftungszwecks stellt dabei eine notwendige Ausnahme dar.

sein, wenn die entsprechende Entscheidung zugleich in der Hand der Destinatäre liegt. Während die Auflösung eines traditionsreichen und umfangreichen Familienbetriebs kaum einen missbrauchsanfälligen Anknüpfungspunkt darstellt, dürften die Hemmungen der Auflösung einer kleinen, gegebenenfalls vermögensverwaltenden Unternehmung für die Destinatäre deutlich geringer sein. Wenngleich das Beispiel zeigt, dass eine Abgrenzung kaum trennscharf vorgenommen werden kann, dürfte sich das Problem in der Praxis in Deutschland kaum stellen. Zum einen muss die Satzung bei der Anerkennung überprüft sowie ein Auflösungsbeschluss durch die zuständige Behörde genehmigt werden, sodass die Aufsicht missbräuchliche Auflösungen verhindern kann. Zum anderen sollte die hohe Erb- und Schenkungsteuerbelastung bei zwei Besteuerungsvorgängen eine entscheidende Abschreckungswirkung entfalten.[1338] Im Ergebnis besteht in Deutschland damit kein relevantes Risiko einer Gläubigerschädigung auf diesem Wege.

c. *Stiftungsrechtsreform*

Wie bereits im Diskussionsentwurf angelegt,[1339] enthalten die §§ 85 ff. BGB-Neu nunmehr bundesrechtliche Regelungen zur Änderung der Stiftungssatzung durch die Stiftungsorgane (§ 85a Abs. 1 BGB-Neu) und hilfsweise der Behörden (§ 85a Abs. 2 BGB-Neu).

Das neue Stiftungsrecht unterscheidet in den ersten drei Absätzen des § 85 BGB-Neu zwischen der Zweckänderung oder erheblichen Zweckbeschränkung (Abs. 1), der sonstigen Zweckänderung und Änderung anderer prägender Bestimmungen (Abs. 2) sowie der Änderung sonstiger Satzungsbestimmungen (Abs. 3).[1340] Die Zweckänderung oder erhebliche Zweckbeschränkungen (Abs. 1) setzen dabei voraus, dass entweder der Zweck nicht mehr dauernd und nachhaltig erfüllt werden kann (Nr. 1) oder dass der Zweck das Gemeinwohl gefährdet. Für sonstige Zweckänderungen oder die Änderung anderer prägender Bestimmungen nach Abs. 2 genügt es hingegen, wenn sich die Verhältnisse seit Errichtung der Stiftung wesentlich verändert haben. Die Änderung sonstiger

---

1338 Bei besonders großen Vermögensmassen kann die Belastung durch zwei Übertragungen bis zu 75 % (100*0,5 + 50*0,5) des ursprünglichen Vermögens aufzehren, wenn die Übertragung auf die Stiftung (§ 7 Abs. 1 Nr. 8 ErbStG) und der Erwerb als Anfallberechtigter (§ 7 Abs. 1 Nr. 9 ErbStG) nach § 15 Abs. 2 S. 1 und 2 ErbStG jeweils der Steuerklasse III unterliegen.

1339 Diskussionsentwurf Februar 2018, S. 65 ff.

1340 Dazu im Detail *Hüttemann/Rawert* in ZIP 2021, 3, 24 ff.

Satzungsbestimmungen (Abs. 3) unterliegt allein dem Vorbehalt, dass sie der Erfüllung des Stiftungszwecks dienen muss.

Besonders entscheidend in der Gestaltungspraxis dürfte jedoch sein, dass der Gesetzgeber die Regelungen des § 85 Abs. 1 BGB-Neu zur Disposition des Stifters gestellt hat.[1341] Nach Abs. 4 kann er die Änderungskompetenzen nicht nur ausschließen oder beschränken (S. 1), sondern auch eine weitergehende Satzungsänderungskompetenz in der Stiftungssatzung festschreiben (S. 2), wenn Inhalt und Ausmaß der Änderungsermächtigung hinreichend bestimmt festgelegt sind (S. 3). Der Wortlaut von S. 3 erlaubt dabei zwar die Auslegung, dass der Stifter den Organen eine unbegrenzte Änderungskompetenz einräumen darf – denn auch eine unbegrenzte Ermächtigung lässt keine Zweifel an ihrem Inhalt offen. Der Wille des Gesetzgebers sieht jedoch explizit vor, dass den Organen „keine Blanko- oder Pauschalermächtigung zur Änderung der Satzung“ erteilt werden dürfe.[1342] Zudem muss er „Leitlinien und Orientierungspunkte für die Satzungsänderungen“ vorgeben.[1343]

Durch die klare bundesgesetzliche Regelung und die Notwendigkeit inhaltlicher Vorgaben ist auf der einen Seite eine unbegrenzte Einflussnahme durch Satzungsänderungen jedenfalls mit Inkrafttreten der Reform nicht mehr möglich. Allerdings beseitigt sie auf der anderen Seite jegliche Zweifel daran, dass Satzungsänderungen durch die Organe dem Grunde nach auch ohne die hohen Hürden der §§ 85 Abs. 1 bis 3 BGB-Neu zulässig sein können, wenn die Satzung entsprechend gestaltet wurde. Unter der Annahme, dass Familienstiftungen regelmäßig bei der Satzungserstellung beraten werden, kann davon ausgegangen werden, dass die Satzung – soweit durch die Beteiligten gewünscht – regelmäßig eine solche Ermächtigung enthält und so auch im Nachhinein eine Einflussnahme möglich ist. Der beschriebene Konflikt zwischen Interessen der Stiftungsbeteiligten und Gläubigern besteht daher weiterhin und der vorgeschlagene erhöhte Begründungsaufwand für Änderungen im Hinblick auf die Leistungsverteilung ist daher weiterhin zu fordern.

Anders als von einigen Ländern im Rahmen der Bund-Länder-Arbeitsgruppe gefordert,[1344] ist ein originäres Änderungsrecht zugunsten des Stifters nicht Teil der Reform geworden. Allerdings kann sich der Stifter in der Satzung selbst als zuständiges Organ für mögliche Zweckänderungen nach § 85a Abs. 1 BGB-Neu

1341 BT-Drucks. 19/28173, S. 67.
1342 BT-Drucks. 19/28173, S. 68.
1343 BT-Drucks. 19/28173, S. 68.
1344 Bericht der Bund-Länder-Arbeitsgruppe Stiftungsrecht 2016, S. 81 ff.

bestimmen. Eine darüberhinausgehende gesetzliche Zuständigkeit für die Änderung wäre daher ohnehin nicht erforderlich.

II. Liechtenstein

1. Rechte des Stifters

Die stark ausgeprägten Möglichkeiten der Einflussnahme des Stifters durch den Widerruf der Stiftung oder die Änderung des Stiftungszwecks stellen eine der wichtigsten Eigenschaften der liechtensteinischen Stiftung dar und sind einer der Hauptgründe für die Beliebtheit dieser juristischen Person.

Der Stifter kann sich gemäß Art. 552 § 30 Abs. 1 PGR sowohl das Recht zum Widerruf der Stiftung als auch das Recht zur Änderung des Stiftungszwecks vorbehalten. Beide Rechte können nicht abgetreten oder vererbt werden (Art. 552 § 30 Abs. 1 PGR) und müssen in der Stiftungsurkunde (Art. 552 § 30 Abs. 1 und § 16 Abs. 2 Nr. 4 PGR) festgehalten werden. Die Möglichkeit zum Vorbehalt dieser Gestaltungsrechte steht außerdem nur natürlichen Personen zu (Art. 552 § 30 Abs. 2 PGR). Die fehlende Abtretbar- und Vererblichkeit sowie die Bindung an natürliche Personen werden teilweise als Ausdruck der höchstpersönlichen Rechtsnatur des Widerrufs- und Änderungsrechts gesehen.[1345] Der Stifter kann bei diesen Rechten jedoch vertreten werden, was in Art. 552 § 30 Abs. 3 PGR explizit vorgesehen ist[1346] und gravierende Folgen für die Vollstreckbarkeit in diese Rechte hat.[1347] Formal stellen sie jeweils ein Gestaltungsrecht dar, das durch eine einseitige Willenserklärung ausgeübt werden kann.[1348]

Weder der Widerruf noch die Zweckänderung durch den Stifter unterliegen nach dem Gesetzeswortlaut des Art. 552 § 30 PGR besonderen Voraussetzungen. Bei der Änderung des Stiftungszwecks ergibt sich jedoch ein Formerfordernis aus Art. 553 § 16 Abs. 1 Nr. 4 PGR. Damit die Stiftungsurkunde ein Mindestmaß an Rechtssicherheit bieten kann, muss der geänderte Zweck in der insoweit abgeänderten Stiftungsurkunde festgehalten werden. Diese wiederum bedarf der Schriftform und der Unterschrift des Stifters, Art. 552 § 14 S. 2 PGR.[1349] Für den

---

1345 *Jakob*, Liechtensteinische Stiftung, Rn. 236; zu der Frage siehe auch unten S. 354 f.

1346 *Jakob*, Liechtensteinische Stiftung, Rn. 237.

1347 Dazu unten S. 354 f.

1348 *Schauer* in Liechtensteinisches Stiftungsrecht, Art. 552 § 30, Rn. 6.

1349 Schauer spricht insofern von einer analogen Anwendung, *Schauer* in Liechtensteinisches Stiftungsrecht, Art. 552 § 30, Rn. 6. Da sich die Schriftform allerdings nur auf die Urkunde und nicht auf die Errichtung bezieht, wird hier jedoch davon ausgegangen, dass eine reguläre Anwendung genügt.

Widerruf fehlt es an direkt anwendbaren Formerfordernissen für die Ausübung. Spiegelbildlich zur Errichtung sind jedoch die gleichen Voraussetzungen analog anzuwenden, da sowohl eine Regelungslücke besteht und die Interessenlage aufgrund der sowohl bei Gründung als auch Auflösung erforderlichen Warnfunktion vergleichbar ist.[1350]

Wenn sich der Stifter ein Änderungsrecht vorbehält, ist er in der Ausgestaltung frei. Er kann sich selbst Beschränkungen bei den Änderungsmöglichkeiten auferlegen, muss dies aber nicht tun.[1351] Besonderer Aufmerksamkeit bedürfen dabei die Fragen nach der Einführung eines Widerrufsrechts sowie der Änderung in eine Verbrauchsstiftung, die ihr gesamtes Kapital an den Stifter ausschüttet. Im österreichischen Recht wird im Wege einer systematischen Auslegung davon ausgegangen, dass ein Widerrufsrecht nicht im Wege der Zweckänderung geschaffen werden kann.[1352] Auch in Liechtenstein liegt ein entsprechender Schluss nahe, denn die Vorschriften sind beinahe identisch. Der Stifter muss sich sowohl nach § 34 PSG als auch nach Art. 553 § 30 Abs. 1 PGR das Recht zum Widerruf vorbehalten. Gemäß § 34 PSG muss der Vorbehalt im Rahmen der Stiftungserklärung, die grundsätzlich frei geändert werden kann, erfolgen. In Liechtenstein sieht Art. 552 § 30 Abs. 1 PGR allerdings einen Vorbehalt in der Stiftungsurkunde und nicht in der änderbaren Erklärung vor. Damit könnte die nachträgliche Einführung des Widerrufs in Liechtenstein auch nach dem reinen Wortlaut ausgeschlossen sein. Die Stiftungsurkunde spiegelt jedoch nur als Dokument den Inhalt der Stiftungserklärung. Entsprechend erfassen die Änderungsmöglichkeiten des Stifters auch einen Großteil der in der Stiftungsurkunde (Art. 552 § 16 PGR) festgehaltenen Regelungen. Insofern könnte auch der Widerruf noch nachträglich eingefügt werden. Letztlich ist aber der Argumentation aus der österreichischen Diskussion zu folgen:[1353] Der Widerruf ist auf gesetzlicher Ebene eine Ausnahme vom Grundsatz der Ewigkeit der Stiftung und unterliegt daher besonderen Voraussetzungen. Die fehlende Übertragbarkeit des Rechts ist dabei ein Indiz für eine möglichst restriktive Handhabung des Rechts. Entsprechend ist eine restriktive Auslegung geboten und der Widerruf kann nicht nachträglich im Wege der Änderung Eingang in die Stiftungsurkunde finden.[1354]

1350 *Schauer* in Liechtensteinisches Stiftungsrecht, Art. 552 § 30, Rn. 6.

1351 *Schauer* in Liechtensteinisches Stiftungsrecht, Art. 552 § 30, Rn. 5.

1352 *Arnold* in Arnold-PSG, § 33, Rn. 45 m.w.N.

1353 *Arnold* in Arnold-PSG, § 33, Rn. 45 m.w.N.

1354 So auch ganz herrschende Ansicht in Österreich öOGH, 16.6.2011 – 6 Ob 72/11y, wbl 2011, 621, 621 f. Ähnlich auch der OGH in Liechtenstein, der eine Ausschüttung

In der Folge stellt sich die Frage nach der Zulässigkeit der Änderung der Stiftung in eine Verbrauchsstiftung, die ihr gesamtes Kapital an den Stifter ausschüttet, oder nach der Änderung der Dauer der Stiftung auf eine Woche. Im Ergebnis wäre damit faktisch das gleiche Ergebnis erreicht wie bei einem Widerruf der Stiftung. Entsprechend wird in Österreich zu der Verkürzung der Dauer vertreten, dass dies eine unzulässige Umgehung der Vorschriften zum Widerruf der Stiftung darstellt.[1355] Dem ist zuzustimmen und die Argumentation auch auf das liechtensteinische Recht zu übertragen, da es sonst nicht nur überflüssig wäre, dass der Widerruf bei Errichtung der Stiftung vorbehalten werden muss, sondern es bestünde insgesamt keine Notwendigkeit für den Widerruf, da er immer durch eine direkte Ausschüttung ersetzbar wäre.

Eine Beschränkung des eigenen Änderungsrechts und Widerrufsrechts kann im Einzelfall beispielsweise vorgesehen werden, wenn der Stifter eine mögliche zwangsweise Änderung des Zwecks im Laufe eines Vollstreckungsverfahrens verhindern will. Dies gilt natürlich nur für langfristige Planungen; bei einem konkret absehbaren Bevorstehen einer Vollstreckung wäre eine Begrenzung des Änderungsrechts aufgrund der konkret beabsichtigten Gläubiger Benachteiligung nach Art. 67 Abs. 1 RSO anfechtbar.

Hat der Stifter sein Widerrufsrecht ausgeübt, wird die Stiftung liquidiert und das verbleibende Vermögen fällt nach Art. 552 § 8 PGR dem Letztbegünstigten zu.[1356] Als Besonderheit ist an dieser Stelle Art. 552 § 8 Abs. 3 PGR zu erwähnen, nach dem der widerrufende Stifter selbst – statt des Landes – zum Letztbegünstigten der Stiftung wird, soweit keine Regelung über die Letztbegünstigung in der Stiftungsurkunde vorhanden ist.

2. *Rechte der Stiftungsorgane*

Im Gegensatz zum bisherigen deutschen Bundesrecht kennt das liechtensteinische Recht in den Art. 552 §§ 31, 32 PGR eindeutige Regelungen zur Änderung der Stiftungssatzung sowie in den Art. 552 § 39 Abs. 2 PGR zur Auflösung der Stiftung durch die Stiftungsorgane.

---

des gesamten Stiftungsvermögens nur dann für zulässig erachtet hat, wenn ein Widerrufsrecht vorbehalten wurde, OGH, Urt. v. 5.3.2010 – 6 CG.2005.232, PSR 2010, 142, 143.

1355 *Arnold* in Arnold-PSG, § 33, Rn. 45.

1356 Vgl. dazu bereits oben, S. 308.

a. Änderung der Satzung

aa. Zweckänderung

Nach Art. 552 § 31 PGR kann der Zweck der Stiftung durch ein Stiftungsorgan geändert werden. Voraussetzungen für eine Änderung des Zwecks durch ein Stiftungsorgan sind zum einen nach Abs. 2 Hs. 2, dass der Stifter in der Stiftungsurkunde ein Stiftungsorgan zur Zweckänderung berechtigt hat (1). Zum anderen muss der Zweck nach Abs. 1 unerreichbar, unerlaubt oder vernunftwidrig geworden sein oder die Verhältnisse müssen sich derart geändert haben, dass die Stiftung dem Willen des Stifters entfremdet ist (2). Liegen diese Voraussetzungen vor, kann das ermächtigte Organ den Zweck der Stiftung ändern. Die Änderung muss gemäß Abs. 2 Hs. 1 inhaltlich jedoch dem Willen des Stifters entsprechen.

(1) Ermächtigung und berechtigte Organe

Erste Voraussetzung für eine Zweckänderung durch ein Organ ist nach Abs. 2, dass ein Stiftungsorgan in der Stiftungsurkunde ausdrücklich dazu ermächtigt wurde. Dabei kann die Kompetenz grundsätzlich jedem Organ der Stiftung und nicht nur dem Stiftungsrat eingeräumt werden. Unzulässig soll nach *Heiss* aber die Einräumung des Änderungsrechts zugunsten Dritter sein.[1357]

Wenngleich der Schutz der Stiftung eine Beschränkung des Änderungsrechts auf Stiftungsorgane nahelegt, kann sich – vergleichbar zur deutschen Rechtslage – die Frage stellen, ob nicht jeder Dritte, den der Stifter in der Stiftungsurkunde mit der Änderung der Stiftungssatzung betraut, automatisch zu einem Stiftungsorgan wird, wenn er diese Kompetenz wahrnimmt. Da das liechtensteinische Recht nach Art. 552 § 28 Abs. 1 PGR grundsätzlich die Schaffung einer Vielzahl von Stiftungsorganen zulässt, solange die Vertretungsbefugnis nach außen allein dem Stiftungsrat zu steht, kann die Stiftungsurkunde in der Form ausgelegt werden, dass ein „Dritter", dem der Stifter das Recht zur Zweckänderung einräumt, zu einem Zweckänderungsorgan wird. Der ursprünglich Dritte ist damit als Stiftungsorgan dem Interesse der Stiftung verpflichtet und ihr im Zweifel haftbar. Gegen diese Auslegung könnte vor allem sprechen, dass die Vorgängervorschrift des Art. 552 § 31 PGR explizit vorsah, dass der Stifter einem Dritten die Befugnis zur Zweckänderung einräumen könne und eine entsprechende Regelung im

1357 *Heiss* in Liechtensteinisches Stiftungsrecht, Art. 552 § 31, Rn. 9.

neuen Recht fehlt.[1358] Da der Stifter bei der Einräumung einer Zweckänderungskompetenz aber ohnehin regelmäßig nur ausgewählten Personen außerhalb der Stiftung das Recht zur Zweckänderung einräumen wird und diese Personen zur Vorsicht in der Stiftungsurkunde zu einem Sonderorgan ernennen kann, dürfte sich das Problem in der Praxis kaum stellen. Sollte es doch auftreten, ließe die oben beschriebene Auslegung aber eine Organwerdung des Zweckänderers zu.

(2) Unerreichbarkeit des Stiftungszwecks

Nach Art. 552 § 31 Abs. 1 PGR muss der Stiftungszweck zudem unerreichbar, unerlaubt oder vernunftwidrig geworden sein oder die Verhältnisse müssen sich derart geändert haben, dass die Stiftung dem Willen des Stifters entfremdet ist. Die hohen Voraussetzungen zeigen, dass der Gesetzgeber das Änderungsrecht der Stiftungsorgane nur für Ausnahmefälle vorgesehen hat.[1359]

(3) Wille des Stifters

Wurde das entsprechende Stiftungsorgan in der Stiftungsurkunde ermächtigt und liegen die Voraussetzungen des Abs. 1 vor, kann der Stiftungszweck geändert werden. Die Änderung muss dabei jedoch dem Willen des Stifters entsprechen. Auch wenn die genaue Änderung des Stiftungszwecks damit grundsätzlich eine Entscheidung des handelnden Organs ist, kann es sein Ermessen nur innerhalb der durch den Willen des Stifters gesetzten Grenzen ausüben.[1360] Voraussetzung ist jedoch, dass sich zumindest ein mutmaßlicher Wille des Stifters feststellen lässt. Soweit für diesen keine Anhaltspunkte in den Stiftungsdokumenten gefunden werden können, muss die Stiftung in den Fällen der Unerreichbarkeit oder der Unerlaubtheit des Stiftungszwecks aufgelöst werden.[1361] Im Fall einer Familienstiftung dürfte der Wegfall der Destinatäre einer der häufigeren Gründe für eine Zweckänderung sein. Solange weitere Angehörige des Stifters vorhanden sind, können diese zu neuen Destinatären gemacht werden, wenn es keine Anhaltspunkte gibt, dass der Stifter andere Familienmitglieder gerade nicht zu Begünstigten machen wollte. Außerhalb des Wegfalls der Destinatäre kommt

1358 Art. 566 Abs. 2 a.F. „Die Stiftungsurkunde oder das Statut können auch vorsehen, dass ein Stiftungsorgan oder ein Dritter die Änderung des Zweckes vornehmen können…"; vgl. zur alten Rechtslage auch *Gasser* in Gasser/StiftR, Art. 552 § 31, Rn. 2.

1359 *Heiss* in Liechtensteinisches Stiftungsrecht, Art. 552 § 31, Rn. 11 f.

1360 BuA Nr. 13/2008, S. 115.

1361 BuA Nr. 13/2008, S. 115; *Heiss* in Liechtensteinisches Stiftungsrecht, Art. 552 § 31, Rn. 16; *Jakob*, Liechtensteinische Stiftung, Rn. 295.

vor allem die Unerreichbarkeit des Zwecks wegen mangelnden Vermögens in Betracht. Wird die Unerreichbarkeit des Zwecks in dieser Konstellation durch zu hohe in der Satzung festgelegte Leistungen an die Destinatäre verursacht, kann der Leistungsumfang im Wege einer Satzungsänderung nach Art. 552 § 32 PGR geändert werden. Verfügt die Stiftung hingegen über ein derart geringes Vermögen, dass der Zweck insgesamt nicht mehr verfolgt werden kann, ist eher eine Auflösung im Sinne des Art. 552 § 39 Abs. 2 PGR einschlägig. Im Ergebnis dürfte sich aber in den meisten Fällen, in denen die Voraussetzungen des Art. 552 § 31 PGR vorliegen, auch ein mutmaßlicher Stifterwille bilden lassen.

(4) Verhältnis zu Art. 552 § 39 PGR

Wie bereits im vorangegangenen Absatz angeklungen, überschneiden sich die Anwendungsbereiche von Art. 552 § 31 und § 39 Abs. 2 PGR. Nach Art. 552 § 39 Abs. 2 Nr. 2 PGR muss der Stiftungsrat die Stiftung auflösen, wenn der Stiftungszweck erreicht oder nicht mehr erreichbar ist. Die Vorschrift ist damit nur zum Teil deckungsgleich mit Art. 552 § 31 Abs. 1 PGR, da vernunftwidrige Zwecke und eine Entfremdung der Stiftung vom Willen des Stifters nicht zu einer Unerreichbarkeit im Sinne des Art. 552 § 39 Abs. 2 Nr. 2 PGR führen. Zwar ist auch die Unerlaubtheit des Zwecks nicht von Nr. 2 umfasst, allerdings sind unerlaubte Rechtsformen nach anderen Maßstäben bereits durch staatliche Stellen aufzulösen, sodass ohnehin ein anderes Regelungsregime anwendbar ist.[1362] Soweit die Vorschrift dennoch deckungsgleich ist, hat die Anwendung des Art. 552 § 31 PGR zugunsten des Bestandes der Stiftung Vorrang.[1363] In den Fällen der Vernunftwidrigkeit und Entfremdung besteht zwar eine Anwendungslücke, innerhalb derer zugunsten des Bestehens der Stiftung eine Existenz mit einer entfremdeten Zweckverfolgung hingenommen wird. Dies ist jedoch insoweit mit dem Willen des Stifters vereinbar, als dass dieser einem Organ eine Zweckänderungskompetenz hätte einräumen können. Zudem können Stiftungsbeteiligte nach Art. 552 § 35 PGR einen Richter anrufen, um eine Zweckänderung nach Art. 552 § 33 PGR zu erwirken.[1364]

1362 Dazu bereits oben S. 305 f.

1363 BuA Nr. 13/2008, S. 115; *Heiss* in Liechtensteinisches Stiftungsrecht, Art. 552 § 31, Rn. 16; *Jakob*, Liechtensteinische Stiftung, Rn. 295.

1364 Dazu unten S. 342 f.

(5) Zwischenfazit

Das liechtensteinische Recht sieht damit explizite Vorschriften zur Änderung des Stiftungszwecks durch die Organe vor. Allerdings ist eine Änderung nur unter hohen Voraussetzungen möglich. Da diese regelmäßig der Sphäre des Stifters oder der Organe entzogen sind, erlauben sie keine Einflussnahme des Stifters[1365] oder der Destinatäre möglich und die entsprechende Gefahr einer Haftungsexklave wird verhindert.

bb. Änderung sonstiger Bestimmungen

(1) Voraussetzungen

Auch die Änderung sonstiger Bestimmungen ist in Liechtenstein in Art. 552 § 32 PGR eigens geregelt. Erforderlich für eine Satzungsänderung ist gemäß S. 1, dass die Satzung ein solches Änderungsrecht zugunsten des Stiftungsrats oder eines anderen Stiftungsorgans explizit vorsieht. Ferner muss nach S. 2 ein sachlich gerechtfertigter Grund für die Änderung vorliegen. Die Voraussetzung des sachlichen Grundes ist nach den Gesetzesmaterialien nicht zu eng auszulegen, um eine anpassbare und damit effiziente Stiftungsverwaltung zu ermöglichen.[1366] Eine Grenze ist nur bei willkürlicher oder missbräuchlicher Ausübung der Kompetenz zu ziehen.[1367] Während diese Voraussetzungen als Mindestanforderungen nicht zur Disposition des Stifters stehen, kann er die Befugnis zur Änderungskompetenz der Organe beschränken.

(2) Rechtsfolgen und Abgrenzung zur Zweckänderung

Liegen die Voraussetzungen vor, darf die Satzung geändert werden, soweit der Stiftungszweck bei der Änderung gewahrt wird. Diese inhaltliche Anforderung an die Änderung ist erforderlich, da sonst die deutlich höheren Voraussetzungen des Art. 552 § 31 PGR unterlaufen werden könnten.[1368] Eine der wesentlichen Schwierigkeiten ist entsprechend die Abgrenzung zwischen einer Zweckänderung und einer Änderung der sonstigen Bestimmungen.[1369] Eine Änderung sonstiger Satzungsbestimmungen liegt immer dann vor, wenn Satzungsbestandteile

---

1365 Der Stifter kann sich zwar die Gestaltungsrechte nach Art. 552 § 30 PGR vorbehalten, da diese jedoch pfändbar sind, besteht keine Gefahr einer Haftungsexklave. Dazu unten S. 354 ff.

1366 BuA Nr. 13/2008, S. 116.

1367 BuA Nr. 13/2008, S. 116.

1368 *Heiss* in Liechtensteinisches Stiftungsrecht, Art. 552 § 32, Rn. 1.

1369 *Gasser* in Gasser/StiftR, Art. 552 § 32, Rn. 2 f.

geändert werden, die eine inhaltliche Gestaltung des Stiftungszwecks darstellen und bei einer fehlenden Regelung Teil des Ermessens der Stiftungsorgane sein könnten. Entsprechend sieht auch die ständige Rechtsprechung in Liechtenstein vor, dass die Auswahl und der Austausch der Destinatäre innerhalb des vom Stifter ursprünglich bestimmten Destinatärskreises keine Änderung des Stiftungszwecks darstellt,[1370] da nur eine Änderung der *essentialia negotii* zu einer Änderung des Stiftungszwecks führe.[1371] Gleiches gilt entsprechend auch für Änderungen bei den Leistungen der Stiftung an die Begünstigten. Im Umkehrschluss zu der Rechtsprechung kann außerdem darauf geschlossen werden, dass ein Austausch der Destinatäre mit Personen außerhalb des ursprünglichen Begünstigtenkreises eine Änderung des Stiftungszwecks darstellt oder einer solchen zumindest gleichgestellt werden muss.

Wie auch in Deutschland, kann eine solche Änderungsmöglichkeit der Stiftungsorgane dazu führen, dass eine Haftungsexklave zugunsten des Stifters oder der Destinatäre entsteht. Denn im Gegensatz zu den Gestaltungsrechten des Stifters nach Art. 552 § 30 PGR sind diese faktischen Einflussnahmerechte nicht pfändbar.[1372] Sie können entsprechend nicht den Gläubigern zur Befriedigung entsprechender Ansprüche dienen. Eine Lösung für dieses Problem könnte auch in Liechtenstein in erhöhten Aufzeichnungs- und Begründungspflichten liegen, die Gläubigern oder den Gerichten eine bessere Überprüfung der Entscheidungen der Stiftungsorgane in diesem sensiblen Bereich ermöglichen. Alternativ erlaubt der wirtschaftliche Schenkungsbegriff im Hinblick auf den Stifter, die Vermögensopfertheorie auch dann anzuwenden, wenn der Stifter faktisch einen besonderen Einfluss auf die Stiftung genommen hat. Die Vermögenszuwendungen wären dann auch in diesem Fall so lange anfechtbar,[1373] wie eine Gläubigerschädigung verhindert werden könnte. Allerdings erlaubt dies nur einen Schutz vor einem missbräuchlichen Einfluss des Stifters, nicht aber der Destinatäre.

b. Auflösung

Gemäß Art. 552 § 39 Abs. 1 Nr. 4 PGR wird die Stiftung aufgelöst, wenn der Stiftungsrat die rechtsgültige Auflösung beschlossen hat. Einen solchen Beschluss

---

1370 StGH, Entscheidung v. 10.12.2008 – StGH 2008/56, LS 1a; OGH, Entscheidung v. 6.3.2008 – 1 CG.2006.71, LES 2008, 279; *Gasser* in Gasser/StiftR, Art. 552 § 32, Rn. 3.

1371 *Gasser* in Gasser/StiftR, Art. 552 § 32, Rn. 2 f. m.w.N.

1372 Dazu unten S. 354.

1373 Ausführlich dazu S. 352 f.

muss der Stiftungsrat nach Abs. 2 fassen, wenn ihm ein zulässiger Widerruf des Stifters zugegangen ist (Nr. 1), der Stiftungszweck erreicht oder nicht mehr erreichbar ist (Nr. 2), die in der Stiftungsurkunde vorgesehene Dauer abgelaufen ist (Nr. 3), oder andere in der Stiftungsurkunde dafür genannte Gründe gegeben sind (Nr. 4). Wenngleich das Erreichen oder Nicht-Erreichen je nach Fallkonstellation eine gewisse Auslegung durch den Stiftungsrat benötigen kann, liegen die Auflösungsgründe der Nr. 1–3 im Wesentlichen außerhalb der Einflusssphäre des Stiftungsrats, der Destinatäre und – abgesehen von den Gestaltungsrechten des Art. 552 § 30 PGR – des Stifters. Anders hingegen könnte die Auflösung bei sonstigen in der Stiftungsurkunde genannten Gründen zu bewerten sein, da diese Gründe nicht näher bezeichnet werden. Die Systematik des Art. 552 PGR gebietet allerdings, dass Nr. 4 nicht dazu genutzt werden darf, ein verdecktes Widerrufsrecht zu schaffen, indem eine Willensbekundung eines Dritten als Grund genannt wird.[1374] Gleiches muss in der Konsequenz auch für alle Gründe gelten, die unmittelbar oder mittelbar durch die Stiftungsorgane herbeigeführt werden können, da sonst ein mittelbares Widerrufsrecht geschaffen werden könnte, ohne automatisch die Voraussetzungen der Vermögensopfertheorie auszulösen oder pfändbare Rechte zu schaffen. Ausgenommen ist davon notwendigerweise nur die Erfüllung des Stiftungszwecks.

Entsprechend stellt sich auch in Liechtenstein die Abgrenzungsfrage zwischen legitimen externen Gründen für die Beendigung und vorgeschobenen Gründen, die ein quasi Widerrufsrecht ermöglichen. Im Gegensatz zum deutschen Recht führt die fehlende Aufsicht über privatnützige Stiftungen dazu, dass weder die ursprüngliche Satzungsregelung noch die Auflösungsentscheidung eigenständig durch staatliche Stellen überprüft werden kann. Insbesondere die eingeschränkte Gründungsaufsicht birgt das Risiko, dass Auflösungsgründe festgehalten werden, die den Stiftungsorganen faktisch eine freie Auflösung ermöglichen. Bei einer Betrachtung aus der Gläubigerschutzperspektive zeigt sich jedoch, dass auch in Liechtenstein ein gewisser Schutz besteht. Gemäß Art. 552 § 39 Abs. 5 PGR kann ein Stiftungsbeteiligter den Richter im Außerstreitverfahren anrufen und beantragen, einen grundlos ergangenen Auflösungsbeschluss aufzuheben. Ein Gläubiger eines Destinatärs könnte entsprechend einen Auflösungsbeschluss überprüfen lassen. Auch wenn formell ein Auflösungsgrund vorläge, könnte bei

1374 *Hammermann* in Liechtensteinisches Stiftungsrecht, Art. 552 § 39, Rn. 16 mit dem Beispiel, dass sich auf diese Weise nicht auch – entgegen Art. 552 § 30 Abs. 2 PGR – eine juristische Person ein Widerrufsrecht vorbehalten kann. Ebenso *Jakob*, Liechtensteinische Stiftung, Rn. 576.

einer Umgehung der in Art. 552 § 30 PGR geregelten Voraussetzungen von der Nichtigkeit des Aufhebungsgrundes oder bei einer Gläubigerschädigungsabsicht jedenfalls von der Nichtigkeit des Aufhebungsbescheides ausgegangen werden (Art. 2 PGR sowie Art. 5 Abs. 1 PGR, § 879 ABGB). Insgesamt stehen Gläubiger der Destinatäre somit nicht schutzlos dar. Gleichwohl birgt die Überprüfung des Aufhebungsbeschlusses im Nachhinein das Risiko, dass die Stiftung ihr Vermögen bereits an die Letztbegünstigten verteilt hat und der Gläubiger seine Ansprüche nur eingeschränkt durchsetzen kann.

Diesem Missstand kann nur begrenzt durch den Ausschluss der Destinatäre oder des Stifters von der Organstellung oder einer restriktiven Haltung in Bezug auf Insichgeschäfte bei der Beschlussfassung innerhalb der Stiftungsorgane begegnet werden, da die faktische Beeinflussung der anderen Organträger weiterhin möglich ist.[1375] Es verbleibt damit zwar eine Haftung der Stiftungsorgane, wenn diese pflichtwidrig handeln. Liegen jedoch die objektiven Voraussetzungen eines Auflösungsgrundes vor, wird eine Auflösung der Stiftung nur selten pflichtwidrig sein.

Da Stifter und Destinatäre der Stiftung im Regelfall jedoch im Ausland ansässig und steuerpflichtig sind, besteht in Liechtenstein, ebenso wie in Deutschland, aufgrund möglicher Steuerbelastungen bei der Übertragung von Vermögenswerten auf die Letztbegünstigten eine geminderte Gefahr der Gläubigerschädigung durch den dargestellten Quasi-Widerruf.

3. *Anrufung des Gerichts*

Wurden die Organe in der Stiftungsurkunde selbst nicht zur Änderung des Zwecks oder sonstiger Satzungsbestimmungen berechtigt, können sie den Richter nach Art. 552 § 35 PGR im Außerstreitverfahren anrufen und eine Änderung der entsprechenden Inhalte beantragen.[1376]

1375 Wie bereits angemerkt dürften Stifter und Destinatäre der Stiftung aus steuerlichen Erwägungen nur im Ausnahmefall in Liechtenstein Mitglieder der Stiftungsorgane sein.

1376 Zu den Möglichkeiten des Richters nach Art. 552 § 35 PGR siehe bereits oben zur Änderung des Zwecks S. 302 ff. sowie zur Änderung sonstiger Bestimmungen S. 269 ff.

4. *Zwischenfazit*

Der liechtensteinische Ansatz, nach dem die Änderung der *essentialia negotii* durch die Organe nur bei ausdrücklicher Ermächtigung und hohen inhaltlichen Voraussetzungen erlaubt wird, ermöglicht dem Stifter, durch die Stiftungsorgane ein Mindestmaß an Flexibilität für zukünftige Ereignisse zu bewahren. Zugleich bleibt das staatliche Handeln auf diese Weise nur als subsidiäre Möglichkeit und nicht als Regelfall. Die Bindung an den Stifterwillen führt darüber hinaus in jedem Fall dazu, dass die Interessen des Stifters gewahrt bleiben. Aus Gläubigerperspektive birgt die verhältnismäßig leichte Änderung sonstiger Bestimmungen durch die Organe gewisse Risiken, denen *de lege lata* nur schwer begegnet werden kann. Begründungs- und Aufzeichnungspflichten könnten bei diesen Gefahren Abhilfe schaffen. Eine weitere Gefahr für Gläubiger liegt in der Kopplung der Auflösungsmöglichkeit der Stiftung an stiftungsexterne, aber beeinflussbare Vorgänge. Wenngleich die Möglichkeiten des Gläubigers, gegen diesen Missbrauch vorzugehen, im Ergebnis nur eingeschränkt wirksam sind, besteht das Risiko in der Praxis nur begrenzt und wird letztlich unter das allgemeine Risiko im Geschäftsverkehr fallen, da Schuldner regelmäßig ihre Vermögenswerte weitergegeben haben können.

III. Fazit

Ein Vergleich der Satzungs- und Zweckänderungsrechte gestaltet sich schwierig, da die unterschiedlichen deutschen Landesrechte Änderungen zwar in gewissem Maße erlauben, gleichzeitig aber die Voraussetzungen umstritten sind. Im Hinblick auf diese Zersplitterung ist die Vereinheitlichung der Materie durch die bundesgesetzliche Regelung begrüßenswert. Allerdings eröffnet die Möglichkeit, die Stiftungsorgane zur Satzungsänderung zu ermächtigen, nunmehr bundesgesetzlich signifikante Einflussnahmemöglichkeiten auf die Stiftung – insbesondere dann, wenn der Stifter sich oder ausgewählte Destinatäre als Organmitglieder mit entsprechender Berechtigung einsetzt.

In Liechtenstein bestehen seit langem in Art. 552 § 30 PGR klare Regelungen über die besonders intensiven Gestaltungsrechte des Stifters sowie detaillierte Vorschriften über die Änderung des Zwecks und sonstiger Bestimmungen durch die Organe. Dabei wird der Gefahr für Gläubiger des Stifters in Liechtenstein auf zwei Wegen begegnet. Zum einen sind Geschäfte, die mit Gläubigerschädigungsabsicht geschlossen wurden, nach Art. 67 Abs. 1 RSO unbegrenzt anfechtbar.[1377]

1377 Die Schädigungsabsicht dürfte nach 30 Jahren aber trotzdem schwer

Zum anderen haben die Gläubiger in Liechtenstein die Möglichkeit, in das Zweckänderungsrecht – und auch in das Widerrufsrecht – zu vollstrecken.[1378] Dadurch wird eine Haftungsexklave des Stifters unmöglich gemacht. Den Destinatären kann wiederum kein Änderungsrecht eingeräumt werden und zumindest Zweckänderungen durch die Stiftungsorgane sind nach der Gesetzeslage nur im Ausnahmefall möglich. Die Frage nach einer Haftungsexklave stellt sich dort also nicht in dem gleichen Umfang.

In beiden Staaten ist die Gefahr von Änderungen durch die Stiftungsorgane als Agenten ohne Prinzipal erkannt worden, sodass jeweils bei sämtlichen Änderungen gefordert wird, dass sie dem (mutmaßlichen) Willen des Stifters entsprechen müssen. Im Gegensatz zu der Problematik der fehlenden Kontrolle unterscheidet sich die Rechtslage in Bezug auf die Gefahr von Haftungsexklaven durch Stiftungen und entsprechende gravierende Lücken für den Gläubigerschutz jedenfalls in der Herangehensweise und möglicherweise auch im Ergebnis: Im liechtensteinischen Recht ist das Risiko im Hinblick auf die Stifterrechte erkannt und durch die Vollstreckbarkeit in diese Rechte und die Vermögensopfertheorie gebannt worden. Ähnliches gilt für die Zweckänderung der Stiftung durch die Organe, die an hohe Voraussetzungen gebunden ist und kaum zum Missbrauch geeignet sein dürfte. Allein die Änderung sonstiger Bestimmungen – unter die auch der Austausch der Destinatäre innerhalb des Destinatärskreises fällt – kann ein Problem darstellen. Auch wenn man annimmt, dass sich die Vermögensopfertheorie auch auf einen durch den Stifter besetzten oder beeinflussten Stiftungsrat anwenden lässt, würde es trotzdem an einem Mittel fehlen, um eine Haftungsexklave einflussnehmender Destinatäre der Stiftung zu verhindern. *De lege lata* kann in Liechtenstein damit in den meisten, aber nicht in allen Konstellationen ein umfassender Gläubigerschutz verwirklicht werden.

In Deutschland waren – soweit überhaupt zulässig – Zweckänderungen durch die Stiftungsorgane bisher an substanzielle Voraussetzungen geknüpft. Nach der Reform dürften sie hingegen unter geringeren Voraussetzungen möglich sein. Denn wenn der Stifter von der Ermächtigungsmöglichkeit des § 85 Abs. 4 BGB-Neu Gebrauch macht, muss er lediglich ihren Inhalt und ihr Ausmaß festlegen. Sonstige Satzungsänderungen, deren Zulässigkeit nicht unumstritten war, sind nunmehr ebenfalls und – je nach Satzung fast unbeschränkt – zulässig. Auch in Deutschland können damit Lücken im Gläubigerschutz entstehen. Hier erstrecken sich diese Lücken bei Anwendung der Vermögensopfertheorie jedoch

nachzuweisen sein.

1378 Dazu im Detail S. 354 f.

zumindest nicht auf die Einflussnahme durch den Stifter. Die unklare Gesetzeslage in Deutschland ermöglichte es bisher – je nach Auslegung des Bundes- oder Landerechts –, eine Änderung bestimmter Satzungsinhalte grundsätzlich für unzulässig zu werten und den Gläubigerschutz auf diese Weise zu verwirklichen. Durch die neu eingeführten Satzungsänderungsmöglichkeiten könnten sich in Deutschland im Hinblick auf den Einfluss der Destinatäre aber in Zukunft die gleichen Probleme wie in Liechtenstein stellen.

Im Ergebnis stellen Zweckänderungen in beiden Ländern bisher keine gravierende Gefahr für den Rechtsverkehr dar. Die Änderung sonstiger Satzungsbestandteile kann jedoch in beiden Staaten auch nach der bisherigen Rechtslage zu einem Risiko führen. Trotzdem spricht für eine Zulässigkeit von Satzungsänderungen insgesamt – wie auch in den liechtensteinischen Gesetzesmaterialien genannt[1379] – in beiden Rechtsordnungen vor allem der Gedanke der effizienten Verwaltung der Stiftung sowie eine möglichst zweckmäßige Verfolgung der Vorstellungen des Stifters, die Änderungen erforderlich machen können. Gestärkt wird dies durch den Grundsatz der Privatautonomie, nach dem der Stifter möglichst frei über die Ausgestaltung der Stiftung bestimmen können soll. Um die Privatautonomie des Stifters mit dem Schutz des Rechtsverkehrs in Einklang zu bringen, könnten in beiden Rechtsordnungen erhöhte Begründungspflichten für die Änderung von sonstigen Satzungsbestandteilen gefordert werden. Nur dann, wenn die Organe die konkret antizipierte Effizienzsteigerung oder sonstige Notwendigkeit der Änderung nachweisen können, wäre in Deutschland die Änderung zu genehmigen und in Liechtenstein die Änderung wirksam. Für den Gläubiger ermöglicht dies eine bessere Überprüfbarkeit und einen deutlicheren Schluss, ob die Gründe für die Änderung nur vorgeschoben waren oder eine Änderung tatsächlich notwendig war.

Die Auflösung der Stiftung als Möglichkeit der Einflussnahme ist zwar in beiden Rechtsordnungen grundsätzlich möglich, wenn der Stifter entsprechende Gestaltungen in der Satzung vorgenommen hat. In der Praxis ist dieses Mittel jedoch aufgrund der Steuerbelastung der Übertragungsvorgänge derart unattraktiv, dass ein Missbrauch nahezu ausgeschlossen ist.[1380]

1379 BuA Nr. 13/2008, S. 116.

1380 Es ist zwar vorstellbar, dass der Vermögenszufluss von in Liechtenstein aufgelösten Stiftungen gegebenenfalls von deutschen Steuerpflichtigen unzulässigerweise nicht versteuert wird, aufgrund des AIA sowie des Transparenzregisters ist die Gefahr einer Entdeckung derart gewachsen, dass das Risiko einer Entdeckung eine Steuerhinterziehung die möglichen Vorteile klar überwiegt.

F. Die Stiftung als Anspruchsgegner für Dritte

Im Rahmen der Ausführungen zur Aufsicht über die Stiftung durch Private, insbesondere durch die Destinatäre der Stiftung, wurde bereits auf die Informations- sowie die Leistungsansprüche der Begünstigten gegen die Stiftung eingegangen.[1381] Im Folgenden werden darüber hinaus verschiedene Konstellationen behandelt, in denen Gläubiger des Stifters oder der Destinatäre Ansprüche gegen die Stiftung, insbesondere gepfändete Ansprüche, geltend machen können. Denn je umfangreicher ihre Möglichkeiten sind, auf das Stiftungsvermögen zuzugreifen, desto weniger Gefahren birgt der Einfluss auf die Stiftung, weil ihre Nutzung als Haftungsexklave ausscheidet.

I. Vollstreckung gegen Stifter und Destinatäre und die Folgen für die Stiftung

Werden gegen den Stifter oder die Destinatäre der Stiftung Ansprüche geltend gemacht, stellt sich die Frage, inwieweit Ansprüche oder Gestaltungsrechte durch den Gläubiger gepfändet und gegen die Stiftung geltend gemacht werden können. Ebenso könnte die Stiftung aufgrund des unentgeltlichen Charakters der ursprünglichen Vermögensausstattung und entsprechender Rückforderung nachträglicher Zuwendungen im Wege eines Durchgriffes selbst zum Schuldner werden.

1. Deutschland

Im Grundsatz stellen Stifter und Stiftung nach der Anerkennung der Stiftung zwei gänzlich unterschiedliche Rechtssubjekte dar. Entsprechend können Gläubiger des Stifters nicht auf das Vermögen der Stiftung zugreifen. Gleiches gilt für die Trennung der Stiftung von ihren Destinatären. Allerdings bestehen für die Gläubiger des Stifters oder der Destinatäre Wege, auf denen sie versuchen können, auch auf das Vermögen der Stiftung zuzugreifen. Einerseits können Gläubiger Ansprüche der Destinatäre gegen die Stiftung pfänden und auf diese Weise Leistungen von der Stiftung verlangen. Andererseits können Gläubiger die Vermögenszuwendung an sich angreifen, indem sie diese im Sinne der InsO und des AnfG anfechten oder eine Rechtsmissbräuchlichkeit der Stiftungserrichtung nachweisen.

1381 S. 260 ff. für Deutschland; S. 272 ff. für Liechtenstein.

a. Pfändung von Ansprüchen der Destinatäre

Gläubiger der Destinatäre können Ansprüche von Destinatären gegen die Stiftung sowie entsprechende Zahlungen pfänden. Zwar sind fortlaufende Einkünfte aus Stiftungen nach § 850b Abs. 1 Nr. 3 ZPO grundsätzlich unpfändbar: Wenn der Gläubiger jedoch keine anderweitige Befriedigung erlangen kann, können sie nach § 850b Abs. 2 ZPO wie Arbeitseinkommen gepfändet werden. Es gelten dabei die Beschränkungen des § 850c ZPO für ein unpfändbares Mindesteinkommen. Wie jedoch bereits gezeigt, haben Destinatäre nur dann klagbare und pfändbare Ansprüche gegen die Stiftung, wenn ihnen ein solcher in der Satzung explizit eingeräumt wurde.[1382] Entsprechend selten stehen den Gläubigern diese Ansprüche zur Pfändung zur Verfügung. Spricht man potenziellen Destinatären einen Anspruch auf ermessensfehlerfreies Handeln zu,[1383] könnte dieser durch den Insolvenzverwalter geltend gemacht werden und von der Stiftung Leistungen oder von ihren Organen gegebenenfalls Schadensersatz gefordert werden, wenn dem Destinatär fehlerhafterweise Zahlungen vorenthalten wurden. In Kombination mit Begründungspflichten für gewisse destinatärsbezogene Entscheidungen wären Gläubiger der Destinatäre umfangreich vor einer, die Vermögensverhältnisse verschleiernden, Einflussnahme der Destinatäre auf die Stiftung geschützt.[1384] Wird ein entsprechender Anspruch hingegen abgelehnt, stehen dem Gläubiger eines Destinatärs kaum weitere Möglichkeiten zur Verfügung. Im Ausnahmefall kann ein Anspruch nach § 826 BGB gegen die Stiftungsorgane in Betracht kommen, wenn Stiftungsleistungen allein aus dem Grund, die Insolvenzmasse nicht zu vergrößern, ausgesetzt werden. Aufgrund der schwierigen Beweislage wird sich dies durch einen Gläubiger aber nur selten beweisen lassen.

b. Pfändung von Ansprüchen des Stifters[1385]

Wie bereits im Rahmen der anwendbaren Vorschriften festgestellt, finden die Anfechtungsvorschriften der §§ 133, 134 InsO und §§ 3, 4 AnfG sowohl auf die ursprüngliche Vermögensausstattung als auch auf spätere Zustiftungen

---

1382 Dazu oben S. 261 ff.; um einer Pfändung von Destinatärsrechten vorzubeugen, wird daher in der Praxis empfohlen, diese nicht in klagbarer Form einzuräumen, *Bisle* in DStR 2012, 525, 526 f.

1383 Dazu oben S. 263 f.

1384 Solche Begründungspflichten könnten zum Beispiel bei der Änderung sonstiger Satzungsbestimmungen erforderlich sein, dazu oben S. 328 f.

1385 Ausführlich auch *Jakob*, Schutz der Stiftung, S. 301 ff.; *Jakob* in ZSt 2005, 99, 99 ff.

Anwendung.[1386] Gläubiger des Stifters können entsprechend die Zuwendungen an die Stiftung angreifen. Unumstritten ist dabei die Anwendung der Absichtsanfechtung nach § 133 InsO und § 3 AnfG sowie der Sonderfälle der §§ 130–132 InsO,[1387] wobei letztere bei Vermögensübertragungen auf Stiftungen nur eine untergeordnete Rolle spielen dürften. Da es sich bei beiden Varianten der Vermögensübertragung um unentgeltliche Leistungen des Stifters handelt, können ebenfalls § 134 InsO und § 4 AnfG angewandt werden.[1388] Nach *Jakob* sind § 134 InsO und § 4 AnfG jedoch insoweit teleologisch zu reduzieren, als dass nur zugunsten solcher Gläubiger von dem Anfechtungsrecht Gebrauch gemacht werden darf, deren Forderungen schon vor der Errichtung der Stiftung bestanden haben.[1389] Angesichts der Vierjahresfrist führe dies zu einem angemessenen Schutz der Bestandsinteressen der Stiftung. Vor allem bestünden ausnahmsweise kaum schutzwürdige Interessen der Gläubiger. Denn denjenigen, die nach der Stiftungserrichtung Forderungen gegen den Schuldner erworben haben, würde mit der Anfechtbarkeit ein „Zufallsgeschenk" in der Insolvenz zuteilwerden. Soweit der Stifter missbräuchlich gehandelt hat, indem er etwa kurz vor Begründung der Verbindlichkeit eine Stiftung errichtet hat, wären ohnehin § 133 InsO und § 3 AnfG anwendbar. *Jakobs* Aussage zu einem Zufallsgeschenk ist in einigen Fällen zuzustimmen, da der spätere Gläubiger sich über die Bonität seines Schuldners hätte informieren können. Dabei hätte er festgestellt, dass nicht der Stifter, sondern die Stiftung Eigentümerin der Vermögenswerte ist. Auf die Eigentümerstellung des Stifters hätte er dann nicht vertrauen können.

Nicht zwingend in Konflikt steht *Jakobs* teleologische Reduktion mit der Anwendung der Vermögensopfertheorie.[1390] Denn in diesen Fällen hat der Stifter sich nicht entreichert und kann diese Entreicherung keinem seiner Gläubiger entgegenhalten. Zudem wird die Vermögenszuwendung an die Stiftung gedanklich auf den Zeitpunkt der tatsächlichen Entreicherung verlagert, sodass der Anspruch des Gläubigers regelmäßig vor der Zuwendung entstanden sein dürfte. Zwar könnte dagegensprechen, dass das Eigentum auch in diesem Fall bereits formal auf die Stiftung übergegangen ist und der Stifter somit

---

1386 Dazu oben bereits S. 173 ff. zur Vermögensausstattung und S. 201 f. zu den nachträglichen Zuwendungen.

1387 *Jakob* in ZSt 2005, 99, 99 f.; zu der Anfechtung nach der KO mit ähnlichen Ergebnissen, *Hinz*, Haftung der Stiftung für Verbindlichkeiten des Stifters, S. 127.

1388 *Hüttemann/Rawert* in Staudinger-BGB, § 81, Rn. 27 m.w.N.; *Tolksdorf* in BeckOGK, § 82 BGB, Rn. 57; *Tolksdorf*, Vermögensausstattung, S. 274.

1389 *Jakob* in ZSt 2005, 99, 103 f.

1390 Dazu oben S. 186 ff.

keine Eigentümerstellung mehr innehat, auf die der Gläubiger bei Abschluss des Vertrages vertrauen könnte. Allerdings hat der Stifter zu diesem Zeitpunkt zum einen immer noch wesentliche Einflussmöglichkeiten auf das Vermögen, sodass eine Behandlung wie ein Eigentümer nicht unangemessen ist. Zum anderen wäre sonst – bei einer frühzeitigen Stiftung – eine echte Haftungsexklave zugunsten des Stifters möglich. Selbst wenn die Stiftung für den Stifter abgelehnt wird, hätte der Stifter ein Sondervermögen geschaffen, über das er herrschen kann, ohne dass gegen ihn gerichtete Ansprüche dieses Vermögen schmälern könnten, da die Anfechtung nach § 134 InsO und § 4 AnfG auf die Ansprüche vor der Stiftungserrichtung beschränkt wäre. Insbesondere könnte der Stifter die Förderung seiner Familie überwachen. Der Ansicht *Jakobs* kann daher im Ergebnis zwar gefolgt werden, bei einem umfangreichen Einfluss des Stifters verbleibt aufgrund der Vermögensopfertheorie jedoch nur ein eingeschränkter Anwendungsbereich.

Soweit die Vermögensopfertheorie auch im deutschen Recht angewandt wird, beginnen die jeweiligen Anfechtungsfristen somit insgesamt erst dann, wenn der Stifter tatsächlich seinen Einfluss auf die Stiftung aufgegeben hat. Gläubiger des Stifters können somit im Einzelfall auch noch lange nach der Stiftungserrichtung die Zuwendung anfechten.

c. *Stiftungserrichtung als Rechtsmissbrauch*

Als letzte Variante können Gläubiger des Stifters oder der Destinatäre einen Rechtsmissbrauch geltend machen. Wie bereits gezeigt, findet die Regelung des § 117 BGB über Scheingeschäfte nicht nur auf nachträgliche Zuwendungen, sondern auch auf die Stiftungserrichtung analog Anwendung.[1391] Da für die analoge Anwendung aus der Perspektive der Gläubiger des Stifters aufgrund der Anwendbarkeit der Vermögensopfertheorie selten eine Regelungslücke besteht, dient sie vorwiegend dem Schutz der Gläubiger der Destinatäre. Nur auf diese Weise können verdeckte Schenkungen des Stifters an die Destinatäre angemessen behandelt und den Gläubigern eine Zugriffsmöglichkeit gewährt werden.[1392]

Neben der Annahme eines Scheingeschäfts wird teilweise auch eine allgemeine Durchgriffshaftung nach § 242 BGB angenommen.[1393] Da ein umfangreicher Anfechtungsschutz zusammen mit der Anwendung des § 117 BGB jedoch einen ausreichenden Rechtsschutz Dritter vor rechtsmissbräuchlichem Verhalten

1391 Dazu oben S. 173 ff.

1392 Dazu oben. S. 243.

1393 *Jakob*, Schutz der Stiftung, S. 301 m.w.N.

bietet, bedarf es der Anwendung von § 242 BGB nicht. Zudem sei – wie bereits im Rahmen der Begründung der analogen Anwendung des § 117 BGB ausgeführt – auch an dieser Stelle angemerkt, dass aufgrund der Anerkennungsbedürftigkeit der Stiftung in vielen Fällen besonders rechtsmissbräuchliche Gestaltungen durch die Stiftungsbehörde als Verstoß gegen §§ 134, 138 BGB erkannt werden dürften und damit als unerlaubt verhindert werden können.

2. *Liechtenstein*

Ähnlich dem deutschen Recht ist es dem Gläubiger des Schuldners grundsätzlich möglich, Ansprüche gegen die Stiftung, insbesondere im Wege des Sicherungsverfahrens, der Zwangsvollstreckung oder des Konkurses, einzuziehen. Eine solche Einziehung setzt allerdings voraus, dass dem Schuldner ein Leistungsanspruch, bei einer Stiftung zumeist ein Anspruch auf einen Vorteil aus dem Stiftungsvermögen oder dessen Erträgen, zur Verfügung steht.[1394] Besteht hingegen kein konkreter Anspruch, weil der Destinatär nur ermessensbegünstigt ist, wird es dem Gläubiger zum einen schwerfallen, einen einzuziehenden Anspruch zu bestimmen. Zum anderen droht bei einer Ermessensberechtigung im Sinne des Art. 552 § 7 PGR darüber hinaus die Gefahr, dass der Stiftungsrat die Leistung an einen Destinatär aussetzt, wenn es wahrscheinlich ist, dass die Zahlung eingezogen wird. Diesem Problem kann jedoch mit den bereits begründeten erhöhten Nachweispflichten für Stiftungsorgane beim Begünstigtenwechsel vorgebeugt werden.[1395]

Der Gläubiger kann jedoch nicht nur in Geldforderungen des Schuldners, sondern auch in dessen Gestaltungsrechte vollstrecken (Art. 242 f. EO) sowie ihn zur Abgabe von Willenserklärungen zwingen oder deren Rechtswirkung herbeiführen (Art. 267 EO).

a. *Pfändung von Ansprüchen der Destinatäre*

Dem Destinatär stehen in Bezug auf die Stiftung im Regelfall kaum Gestaltungsrechte zu, die für den Gläubiger sinnvoll auszuüben sind, allerdings kann er als Begünstigungs- oder Anwartschaftsberechtigter Inhaber von Leistungsansprüchen sein.[1396] Diese Leistungsansprüche können von dem Gläubiger nach den allgemeinen Regeln der RSO gepfändet werden.

1394 Vgl. *Heiss* in Liechtensteinisches Stiftungsrecht, Art. 552 § 36, Rn. 7.

1395 Dazu oben S. 312 ff.

1396 Dazu oben S. 278 ff.

Eine Ausnahme von dem Recht des Gläubigers, die Forderungen des Schuldners einzuziehen, ist jedoch dann möglich, soweit es sich bei dem Schuldner um den Destinatär einer Familienstiftung handelt. Nach Art. 552 § 36 Abs. 1 PGR kann der Stifter einer Familienstiftung bestimmen, dass die Ansprüche nicht aufgrund der eingangs angeführten Vollstreckungsmaßnahmen eingezogen werden dürfen. Eine solche Bestimmung, falls sie erwünscht ist, muss nach Art. 552 § 16 Abs. 2 Nr. 6 PGR in der Satzung geregelt werden. Eine vollständige Sperrwirkung entfaltet sie jedoch nur für reine Familienstiftungen (S. 1), also dann, wenn der Anspruch „der Bestreitung der Kosten der Erziehung oder Bildung, der Ausstattung oder Unterstützung [...] oder ähnlichen Familieninteressen" dient, Art. 552 § 2 Abs. 4 Nr. 1 PGR. Sie gilt jedoch nicht, wenn dieser Unterhalt vorbehaltlos gewährt wird, denn in diesen Fällen liegt keine Familienstiftung, sondern eine gemischte Familienstiftung vor.[1397] Der Vollstreckungsschutz gilt allerdings teilweise auch für gemischte Familienstiftungen, dann jedoch nur insoweit, als der Anspruch nur vorbehaltlich der benannten Voraussetzungen realisiert werden kann (S. 2). Er gilt außerdem nur für den Anspruch selbst; wurde ein Anspruch schon beglichen, kann in den ausgezahlten Betrag bei dem Destinatär vollstreckt werden.[1398] Zudem betrifft die Vollstreckungsbeschränkung nur eine „Begünstigungsberechtigung oder Anwartschaftsberechtigung, bzw. einzelne Ansprüche daraus". Die typischen Konstellationen, in denen gerade keine festen Ansprüche vorgesehen sind, sondern die Begünstigung im Ermessen der Organe steht, Art. 552 § 7 PGR, sind von der Beschränkung somit nicht erfasst.

Bei der Reform des Stiftungsrechts wurde dem Gläubigerschutz eine höhere Priorität eingeräumt. Insbesondere gilt die Ausnahme nur für die Ansprüche auf bedingte Unterhaltsleistungen. Die in Art. 552 § 2 Abs. 4 Nr. 1 PGR geregelten zulässigen Bedingungen setzen regelmäßig eine Art von „Bedarfssituation" voraus.[1399] Dadurch sind die bedingten Ansprüche nicht nur dem Grunde nach begrenzt, sondern auch der Höhe nach auf den zur Deckung der Bedürftigkeit notwendigen Betrag.[1400] Geldbeträge, die für den Unterhalt der Familie und die Erziehung und Ausbildung der Kinder erforderlich sind, werden in Art. 210 Abs. 1 lit. b. EO aber ohnehin als unpfändbar erklärt. Vor dem Hintergrund des Willens des Gesetzgebers zum Gläubigerschutz bei Familienstiftungen

---

1397 Dazu oben S. 96.

1398 *Heiss* in Liechtensteinisches Stiftungsrecht, Art. 552 § 36, Rn. 7.

1399 BuA Nr. 13/2008, S. 48.

1400 BuA Nr. 13/2008, S. 119.

und der Vergleichbarkeit mit den unpfändbaren Geldbeträgen im Sinne des Art. 210 EO kann davon ausgegangen werden, dass der Anwendungsbereich des Art. 552 § 36 Abs. 1 PGR nicht überdehnt werden soll. Dies lässt sich vorrangig dadurch erreichen, dass Art. 552 § 2 Abs. 4 Nr. 1 PGR restriktiv ausgelegt wird.[1401]

Eine gravierende Missbrauchsgefahr besteht im Ergebnis nicht, da der Anwendungsbereich des Vollstreckungsprivilegs begrenzt ist und in die einmal geleisteten Zahlungen vollstreckt werden kann. Die Gläubiger sind in diesem Fall besser geschützt als bei einer Ermessensbegünstigung, über die ein Stiftungsrat entscheidet, der von den Destinatären besetzt oder beherrscht wird. Denn wenn diese sich dann regelmäßig gegen Leistungen aussprechen, gäbe es keine Ansprüche oder Leistungen, in welche die Gläubiger vollstrecken könnten.

b. Pfändung von Ansprüchen und Rechten des Stifters

Dem Stifter stehen allein aufgrund seiner Stiftereigenschaft keine konkreten Leistungsansprüche gegen die Stiftung zu. Ist der Stifter aber zugleich Destinatär, können in diesem Verhältnis Leistungsansprüche bestehen und in dem bereits ausgeführten Rahmen vollstreckt werden. Überdies kann der Gläubiger bis zu vier weitere Vollstreckungsvarianten gegen den Stifter und die Stiftung wählen. Dabei stehen dem Gläubiger die Anfechtung der Vermögensübertragung an die Stiftung nach der RSO sowie eine allgemeine Durchgriffshaftung aus einem eigenen Recht zur Verfügung. Außerdem kann der Gläubiger in die Gestaltungsrechte des Stifters, insbesondere den Widerruf der Stiftung und die Satzungsänderung, vollstrecken, soweit sich der Stifter diese vorbehalten hat.

aa. Anfechtung

Als erste Möglichkeit steht dem Gläubiger die Anfechtung der Stiftung zu. Dabei ist die Anfechtung „gleich einer Schenkung“ in Art. 552 § 38 Abs. 1 PGR geregelt.[1402] Nach Art. 65 Abs. 1 lit. a) RSO können unentgeltliche Verfügungen und Schenkungen des Schuldners angefochten werden, soweit der Schuldner nicht zu ihnen verpflichtet war oder sie nicht einer sittlichen Pflicht oder Rücksichten des Anstandes entsprachen.[1403] Eine sittliche Pflicht liegt laut dem Gesetz unter

---

1401 Vgl. *Gasser* in Gasser/StiftR, § 36, Rn. 3.

1402 Ausführlich zur Schenkungsanfechtung im liechtensteinischen Recht *Wilhelm*, Anfechtung von Stiftungen, S. 80.

1403 Zuwendungen an gemeinnützige Zwecke sind, soweit sie sich in einem angemessenen Umfang bewegen, ebenfalls nicht anfechtbar.

anderem dann vor, wenn der Schuldner eine angemessene Lebensversicherung für Frau und Kinder eingegangen ist. Der Gläubiger trägt zwar die Beweislast, Art. 65 Abs. 2 RSO, allerdings muss er nur die Unentgeltlichkeit der Zuwendung nachweisen. Es kommt dabei nicht auf den Zeitpunkt der Entstehung der Schuld an (Art. 64 Abs. 2 RSO),[1404] sondern allein darauf, ob die Zuwendung innerhalb eines Jahres vor der Bewilligung der Zwangsvollstreckung vorgenommen wurde. Hat der Stifter allerdings seinen Einfluss auf die Stiftung bei der Errichtung der Stiftung nicht aufgegeben, fehlt es an einer Entreicherung, sodass der Zeitpunkt der Zuwendung nicht eintritt oder so lange aufgeschoben wird, bis der Stifter tatsächlich entreichert ist.[1405]

Neben der Anfechtung unentgeltlicher Zuwendungen kann der Gläubiger auch allgemeine Anfechtungstatbestände geltend machen, soweit diese erfüllt sind.[1406] Erwähnenswert ist in diesem Zusammenhang der allgemeine Anfechtungsanspruch wegen absichtlicher Gläubigerschädigung nach Art. 67 Abs. 1 RSO. Dieser kann zwar ohne Rücksicht auf den Zeitpunkt der Vornahme der Handlung geltend gemacht werden, sobald die Rechtshandlung jedoch Wirksamkeit gegenüber den Gläubigern erlangt hat, muss innerhalb von fünf Jahren Anfechtungsklage erhoben werden, Art. 74 RSO. Die Wirksamkeit liegt vor, sobald das Rechtsgeschäft vermögensrechtlich die Haftungsmasse mindert.[1407] Der allgemeine Anfechtungsanspruch nach Art. 67 RSO setzt aber voraus, dass der andere Teil des Rechtsgeschäfts wusste oder hätte erkennen können,[1408] dass der Zuwendende seine Gläubiger benachteiligen wollte.[1409] Dies ist zwar nach den Umständen des Einzelfalles zu bewerten, ein Einfluss des Stifters

---

1404 Dies war vor der Reform des Stiftungsrechts unklar. Der Gesetzgeber geht jedoch nun von einer Anwendbarkeit der Art. 64, 65 RSO aus, BuA Nr. 13/2008, S. 123; *Jakob*, Liechtensteinische Stiftung, Rn. 706.

1405 Zum Zeitpunkt der Schenkung im Hinblick auf die sog. Vermögensopfertheorie siehe S. 239 ff.

1406 *Jakob*, Liechtensteinische Stiftung, Rn. 707.

1407 *Wilhelm*, Anfechtung von Stiftungen, S. 92 m.w.N.

1408 „Es genügt, wenn der Dritte nach den tatsächlichen Umständen des Einzelfalles […] im Stande gewesen war, die Absicht des Schuldners zu erkennen, […].“, Art. 67 Abs. 2 RSO.

1409 In der österreichischen Rechtsprechung wird vertreten, dass statt des Vertreters der Stiftung auch die Kenntnis der Begünstigten genügen könne. Dies ergebe sich vor allem bei einer im österreichischen Anfechtungsrecht gebotenen wirtschaftlichen [also einer transparenten] Betrachtungsweise, öOGH, Urt. v. 26.5.2010 – 3 Ob 1/10h, ZfS 2010, 116, 118.

auf die Stiftung kann jedoch darauf hindeuten, dass die Stiftung zumindest um die Absicht des Stifters hätte wissen können. Die Beweislast für alle Tatumstände obliegt dabei grundsätzlich dem anfechtenden Gläubiger, Art. 67 Abs. 3 RSO.[1410] Der öOGH ist indes bei einer Einflussnahme des Stifters von einer Kenntnis der Gläubigerschädigungsabsicht ausgegangen.[1411] Wenngleich diese Rechtsprechung als konsequente Fortführung der Vermögensopfertheorie auch in Liechtenstein Zustimmung finden könnte,[1412] ist sie nur in Ausnahmefällen erforderlich. Kann der Stifter schließlich derart viel Einfluss auf die Stiftung nehmen, dass es gerechtfertigt ist, sein Wissen der Stiftung zuzurechnen, kann er sich ohnehin nicht auf die Entäußerung seines Vermögens berufen. In diesem Fall beginnt die Frist der Schenkungsanfechtung nach Art. 552 § 38 Abs. 1 PGR i.V.m. Art. 65 Abs. 1 Nr. 1 RSO erst mit der vollständigen Entäußerung, sodass zumeist noch diese, leichter beweisbare, Anfechtung gewählt werden kann.[1413]

Vergleichbar mit dem deutschen Recht könnte das spezielle Anfechtungsregime für Handlungen, die mit Gläubigerschädigungsabsicht vorgenommen wurden, die allgemeine Nichtigkeitsfolge für rechts- oder sittenwidrige Verträge nach § 879 ABGB sperren.[1414]

bb. Widerruf und Änderung

Die zweite und die dritte Möglichkeit des Gläubigers setzen voraus, dass sich der Stifter das Recht zum Widerruf der Stiftung oder zur Satzungsänderung nach Art. 552 § 30 Abs. 1 PGR vorbehält. Ist dies der Fall, könnte der Gläubiger ihn gerichtlich zur Ausübung dieses Rechts zwingen. Der Gesetzgeber wollte eine Vollstreckbarkeit in die Gestaltungsrechte des Stifters ursprünglich explizit verbieten.[1415] Diese Regelung wurde jedoch nicht in das überarbeitete Stiftungsrecht aufgenommen, sodass eine Vollstreckung in diese Rechte nicht per se ausgeschlossen ist.

1410 Insbesondere da es genügt, wenn ein Mitglied des Stiftungsrats Kenntnis hat oder hätte haben müssen und der Stifter selbst Teil des Stiftungsrats sein kann, *Wilhelm*, Anfechtung von Stiftungen, S. 88 f.

1411 öOGH, Urt. v. 26.5.2010 – 3 Ob 1/10h, ZfS 2010, 116, 118.

1412 Entschieden a.A., jedoch ohne an dieser Stelle auf die Vermögensopfertheorie einzugehen, *Wilhelm*, Anfechtung von Stiftungen, S. 91.

1413 Außerdem sei auf die in dieser Arbeit vertretene Beweislastumkehr bei der Stiftung für den Stifter verwiesen, unten S. 402.

1414 Siehe zum deutschen Recht, S. 382 ff.

1415 BuA Nr. 12/2012, S. 119 und 173.

Allerdings stellen sowohl das Widerrufsrecht als auch das Änderungsrecht nach der herrschenden Ansicht höchstpersönliche Rechte dar.[1416] Auch wenn das Recht als sonstiger Vermögensgegenstand gepfändet werden könnte, so wäre es doch nicht durch den Gläubiger ausübbar.[1417] Ebenso könnte der Stifter daher nicht zur Ausübung dieses Rechts, konkret zur Abgabe einer entsprechenden Willenserklärung nach Art. 267 EO, gezwungen werden. Allerdings soll der Stifter bei der Ausübung des Rechts nicht nur indirekt (Art. 552 § 30 Abs. 3 PGR), sondern auch direkt vertreten werden können.[1418]

Entsprechend wird es in der Literatur für möglich gehalten, dass der Stifter bei der Ausübung der Willenserklärung zwangsweise gerichtlich vertreten wird und der Stellvertreter die Rechte im Vollstreckungssinne ausübt.[1419] Dieser Weg und dieses Ergebnis entsprechen dem erklärten Willen des Gesetzgebers, der eine Vollstreckung – ganz im Sinne der österreichischen Rechtsprechung[1420] – zugunsten eines verbesserten Gläubigerschutzes ermöglichen wollte.[1421]

Während der Inhalt der Vertretung bei einem Widerruf keine schwierigen Fragen aufwirft, ergeben sich jedoch Probleme, soweit eine Vollstreckung in das Änderungsrecht vorgenommen werden soll. Es stellt sich dann die Frage, wie der Vertreter entscheiden kann. Ob, und wenn ja, welche Grenzen bestehen, hängt davon ab, ob die Stifterrechte tatsächlich höchstpersönlicher Natur sind. Grundsätzlich liegt es schon aufgrund des Wortsinnes nahe, dass ein Recht, welches nicht übertragbar ist, ein (höchst-)persönliches ist. Allerdings impliziert die Bezeichnung sowie der Vergleich zu anderen höchstpersönlichen Rechten (wie der Eheschließung), dass die Rechtsausübung ebenfalls einen Kernbereich der Persönlichkeit berührt. Auf rechtliche Maßstäbe projiziert bedeutet dies, dass niemand die Entscheidung für den Rechtsinhaber treffen kann. In Österreich, auf dessen Recht und Rechtsprechung in der liechtensteinischen Gesetzesbegründung verwiesen wurde, ist die fehlende Übertragbarkeit entsprechend nur eine von zwei notwendigen Bedingungen für ein höchstpersönliches Recht. Ebenso darf dort der Berechtigte bei der Ausübung des Rechts nicht vertreten

---

1416 *Heiss* in Liechtensteinisches Stiftungsrecht, Art. 552 § 36, Rn. 20.

1417 Dazu *Jakob*, Liechtensteinische Stiftung, Rn. 709 f.

1418 BuA Nr. 13/2008, S. 113; *Schauer* in Liechtensteinisches Stiftungsrecht, Art. 552 § 30, Rn. 7.

1419 *Heiss* in Liechtensteinisches Stiftungsrecht, Art. 552 § 36, Rn. 20; *Jakob*, Liechtensteinische Stiftung, Rn. 709 f.; kritisch *Wilhelm*, Anfechtung von Stiftungen, S. 101 ff.

1420 öOGH, Entscheidung v. 26.4.2006 – OGH 3 Ob 217/05s, JBl 2007, 106; ausführlich auch *Clavora* in PSR 2012, 152, 154 ff.

1421 Stellungnahme der Regierung, BuA 85/2008, S. 11 f.

werden.[1422] Aufgrund der Vertretungsmöglichkeit beim Widerruf der österreichischen Privatstiftung hält der öOGH das Widerrufsrecht in Österreich entsprechend auch nicht für ein höchstpersönliches Recht.[1423]

Dieser Weg ist nach *Büch*[1424] auch für Liechtenstein angezeigt.[1425] Auf dogmatischer Ebene wird der Rechtsprechung des öOGH gefolgt, da sich die höchstpersönliche Qualität und die Vertretung widersprechen.[1426] Die Problematik der Mischung eines höchstpersönlichen Rechts mit einer Stellvertretung offenbart sich parallel zur Dogmatik auch auf einer praktischen Ebene, soweit in ein Änderungsrecht vollstreckt werden soll. Im Gegensatz zu einem Widerruf, bei dem das Gericht noch eine eindeutige Entscheidung treffen kann, besteht bei einem Änderungsrecht ein weitaus größerer Spielraum an verschiedenen Maßnahmen, sodass eine klare Anordnung kaum möglich ist. Soll eine Unterhaltsstiftung beispielsweise in eine Verbrauchsstiftung gewandelt oder bei einer unternehmensverbundenen Stiftung das Unternehmen veräußert werden? Diese Entscheidung ist regelmäßig eine schwierige. Vollstreckungsrechtliche Grundsätze wie das Verbot des Exekutionsvollzuges über das erforderliche Ausmaß (Art. 14 EO) bilden dafür Anhaltspunkte. Soweit eine persönliche Entscheidung getroffen werden soll, müssten allerdings auch persönliche Aspekte einfließen. Eine entsprechende Regelung dafür existiert zwar nicht, da das Treffen einer persönlichen Entscheidung grundsätzlich nicht vorgesehen ist. Aus Rücksicht auf die Persönlichkeitsrechte des Stifters wäre eine solche Rücksichtnahme aber geboten.[1427] Das Gericht müsste sich dann bei der Änderung gegebenenfalls, wie

---

1422 öOGH, Beschl. v. 11.9.2003 – 6 Ob 106/03m, SZ 2003, 105, 10 f.; dazu ausführlich *Kalss* in Aktuelle Fragen (2014), Stellung der Gläubiger, S. 121 ff.

1423 öOGH, Beschl. v. 11.9.2003 – 6 Ob 106/03m, SZ 2003, 105, 12.

1424 *Büch* in PSR 2016, 129, 132 f.

1425 Hielte man sich nur an den Wortlaut des Art. 552 § 30 Abs. 3 PGR und ginge nur von einer indirekten Stellvertretungsmöglichkeit aus, so wäre die Diskussion nicht zu führen, da die indirekte Stellvertretung (die vergleichbar mit der deutschen Botenschaft ist) eine konkrete inhaltliche Anweisung durch den wirtschaftlichen Stifter voraussetzt. Die Gesetzesbegründung geht jedoch auch von der Möglichkeit einer direkten Stellvertretung aus BuA Nr. 13/2008, S. 113, weswegen sich die Frage nach der rechtlichen Qualität des Widerrufs- und Änderungsrechts stellt. Dazu *Jakob*, Liechtensteinische Stiftung, Rn. 238 m.w.N.

1426 öOGH, Beschl. v. 11.9.2003 – 6 Ob 106/03m, SZ 2003, 105.

1427 Zum österreichischen Recht, *Clavora* in PSR 2012, 152, 155 f.; vgl. zu der Anwendung familienrechtlicher Sonderbestimmungen bei der Vertretung *Jakob*, Liechtensteinische Stiftung, Rn. 238 m.w.N.

der Stiftungsrat (Art. 552 § 31 Abs. 2 PGR), an dem mutmaßlichen Willen des Stifters orientieren, um einen schonenden Eingriff vorzunehmen. Die persönliche Entscheidung wird dadurch aber nie ersetzt und es verbleibt das Problem, dass eine Änderung zu Ausschüttungszwecken an Gläubiger selten Teil des echten Stifterwillens gewesen sein wird. Nur derjenige Teil des Willens, der durch die gerichtlich durchgesetzte Vertretung ersetzt wird, kann dann eine (Teil-) Änderung des Zwecks rechtfertigen.

Lehnt man hingegen – wie in Österreich – die höchstpersönliche Rechtsnatur ab,[1428] so stellen sich bei der Vollstreckung zwar immer noch gewisse Schwierigkeiten, die persönlichen Aspekte wären aber nicht mehr in dem Maße zu berücksichtigen und die Begründung ließe sich dogmatisch leichter nachvollziehen.

Der Widerruf ist für den Gläubiger naturgemäß nur dann erwägenswert, wenn der Stifter selbst oder niemand sonst Letztbegünstigter der Stiftung ist, da nur dann das Vermögen an den Stifter zurückfällt (vgl. Art. 552 § 8 PGR). Bei der Änderung des Stiftungszwecks sind viele Änderungsmöglichkeiten vorstellbar. Zwar erlaubt das Änderungsrecht nicht die Einführung eines Widerrufsrechts, allerdings dürfte eine Änderung in eine Verbrauchsstiftung, die ihr gesamtes Kapital an den Stifter ausschüttet, zulässig sein. Gegebenenfalls muss aus diesem Grund die Ausschüttung auf einen langen Zeitraum gestreckt werden,[1429] allerdings könnte man im Hinblick auf den wenig schutzwürdigen Stifter und die – abhängig von dem Vorhandensein anderer Destinatäre ebenfalls nicht schutzwürdige Stiftung – ausnahmsweise auch eine beschleunigte Ausschüttung zulassen.

cc. Verhältnis der Anfechtung zu Widerruf und Änderung

Folgt man der Vermögensopfertheorie, so stellt sich die Frage nach dem Verhältnis von Anfechtung der Vermögenszuwendung und der Pfändung der Gestaltungsrechte durch Gläubiger des Stifters. Grundsätzlich könnte fraglich sein, ob eine Pfändung der Gestaltungsrechte je sachgerecht ist. Schließlich findet die Vermögensopfertheorie in vielen Fällen Anwendung, in denen Gestaltungsrechte vorbehalten sind. Oftmals ist die Anfechtung für den Gläubiger dabei die effektivere Lösung, denn dann entsteht ein Rückgewähranspruch gegen das Stiftungsvermögen vor der Liquidation der Stiftung statt gegen das Liquidationsergebnis im Falle eines Widerrufs. Bei der Pfändung eines Änderungsrechts dürfte es in finanzieller Hinsicht kaum gravierende Unterschiede zur Anfechtung geben, da

1428 *Büch* in PSR 2016, 129, 132 f.

1429 Siehe hierzu S. 333 ff.

die Zahlung wie bei der Anfechtung aus dem Stiftungsvermögen und nicht aus dem Liquidationserlös zu bestreiten wäre. Allerdings hat die Anfechtung in diesem Zusammenhang den Vorteil, dass das Problem, auf wessen Willen in welchem Umfang abzustellen ist, nicht auftritt. Dafür ist die Anfechtung immer die „eingriffsintensivere" Lösung. Daher wäre es – soweit nicht das gesamte Stiftungsvermögen zur Deckung der Forderungen erforderlich ist – angemessen, der Pfändung des Änderungsrechts Vorrang einzuräumen, da so noch ein Kompromiss aus dem Erhalt der Stiftung und der Gläubigerbefriedigung möglich ist. Allerdings tritt die Notwendigkeit der Pfändung oder Anfechtung nur dann auf, wenn der änderungsberechtigte Stifter den Zweck der Stiftung selbst ändern könnte und sich Vermögenswerte ausschütten lassen könnte, um die Gläubiger zu befriedigen. Tut er dies nicht, ist zweifelhaft, ob sein Interesse am Bestand der Stiftung groß genug ist, um ein Vorrangverhältnis zwischen Änderungsrecht und Anfechtung anzunehmen.

Wenn eine Anfechtung oder eine Pfändung von Gestaltungsrechten möglich ist, lässt sich damit kein grundsätzlicher Vorrang der einen oder anderen Maßnahme erkennen. Im Regelfall wird die Anfechtung das adäquate Mittel für den Gläubiger des Stifters sein, da ihm dann die gesamten Vermögenswerte der Stiftung zur Verfügung stehen. Da der Stifter im Falle eines Änderungsrechts auch selbst tätig werden könnte, ist sein Interesse am Bestand der Stiftung grundsätzlich wenig schutzwürdig, wenn er dies nicht tut. Allerdings wird im Einzelfall, etwa wenn nur geringe Beträge des Stiftungsvermögens zu Gläubigerbefriedigung erforderlich sind, die Pfändung des Änderungsrechts vorrangig sein, damit es nicht zu einer Überpfändung von Vermögenswerten kommt.

c. *Stiftungserrichtung als Rechtsmissbrauch*

In Extremfällen soll es Gläubigern des Stifters nach *Jakob* außerdem möglich sein, unabhängig von Ansprüchen des Stifters gegen die Stiftung auf das Vermögen im Rahmen einer „umgekehrten Durchgriffshaftung" zuzugreifen.[1430] Dies resultiere aus den Grundsätzen zum allgemeinen Rechtsmissbrauchsverbot im Sinne des Art. 2 PGR. Ein Durchgriffsanspruch wäre dann einschlägig, wenn er in „tatsächlicher Hinsicht einen derart beherrschenden Einfluss auf das operative Stiftungsleben ausübt, dass von einer Trennung des Stifter- und Stiftungsvermögens nicht gesprochen werden kann".[1431] Dabei waren sich OGH[1432] und

1430 *Jakob*, Liechtensteinische Stiftung, Rn. 708.

1431 *Jakob*, Liechtensteinische Stiftung, Rn. 708.

1432 OGH, Beschl. v. 7.3.2002 – 12 Rs 2001.00330-16, LES 2003, 193, 4.

StGH[1433] uneinig, ob eine subjektive Missbrauchskomponente für die Anwendung der Durchgriffshaftung notwendig ist. Der OGH ging auf Basis seiner bisherigen Rechtsprechung davon aus, dass es bei einer Benachteiligung von Pflichtteilsberechtigten zu einer Durchgriffshaftung kommen könne.[1434] Ein subjektives Element setzte der OGH dabei nicht explizit voraus. Der StGH sah in dieser Entscheidung eine Rechtsprechungsänderung, da bisher eine subjektive Komponente erforderlich gewesen sei. Weil der Durchgriff zu einer „Verneinung der rechtlichen Existenz der Stiftung" führe, müsse er jedoch „im Lichte des Verhältnismässigkeitsgrundsatzes als ultima ratio mit grosser Zurückhaltung Verwendung finden". Im Ergebnis sei eine subjektive Komponente zur Wahrung der Verhältnismäßigkeit erforderlich, weswegen der StGH im weiteren Verfahren eine Durchgriffshaftung ablehnte.[1435]

Nachdem die verschiedenen Einflussmöglichkeiten des Stifters aufgearbeitet und bewertet wurden,[1436] kann festgestellt werden, dass die Rechtsprechung des OGH und StGH nicht zu einem allgemeinen Durchgriffsanspruch ausgeweitet werden kann, soweit Gläubiger des Stifters auf das Stiftungsvermögen zugreifen wollen. Alle vorstellbaren Konstellationen, in denen der Stifter einen substanziellen Einfluss auf die Stiftung nimmt, können mit der Vermögensopfertheorie gelöst werden. Dies hat zudem den Vorteil, dass der Gläubiger nur nachweisen muss, dass der Stifter Einfluss genommen hat, und nicht, dass er dabei auch eine subjektive Missbrauchskomponente erfüllt hat. Im Ergebnis stimmt dies mit einem Ansatz des OGH überein, der die subjektive Missbrauchskomponente im Rahmen der Durchgriffshaftung für überflüssig erachtete.[1437] Wird die Vermögensopfertheorie differenziert angewandt, kann damit zugleich den Bedenken des StGH begegnet werden, der in einer allgemeinen Durchgriffshaftung die Gefahr sah, dass ein Widerspruch zu den gesetzlich zulässigen Gestaltungsrechten geschaffen wird,[1438] denn die Existenz der Stiftung wird auf diese Weise nicht regelmäßig verneint.

1433 StGH, Entscheidung v. 16.9.2002 – StGH 2002/17, Rn. 2.7.

1434 OGH, Beschl. v. 7.3.2002 – 12 Rs 2001.00330-16, LES 2003, 193, 4 i.V.m. OGH, Beschl. v. 8.1.1998 – 2 C 133/95-70, LJZ 1998, 111, 115.

1435 StGH, Entscheidung v. 16.9.2002 – StGH 2002/17, 17.

1436 Dazu oben S. 227 ff.

1437 OGH, Beschl. v. 7.3.2002 – 12 Rs 2001.00330-16, LES 2003, 193, 4. Allerdings ist dem StGH in dem konkreten Fall zuzustimmen, dass es – soweit er für anwendbar gehalten wird – notwendig ist, ein subjektives Element zu fordern, dazu sogleich im Rahmen der Ausnahme für die Benachteiligung von Pflichtteilsberechtigten.

1438 StGH, Entscheidung v. 16.9.2002 – StGH 2002/17, 17.

Neben der bisher geschilderten Durchgriffshaftung könnte – wenngleich dies nicht Teil der Ansicht *Jakobs* zur umgekehrten Durchgriffshaftung ist[1439] – auch ein Durchgriffsanspruch der Gläubiger von Destinatären angedacht werden, da im Verhältnis zu einflussnehmenden Destinatären die Vermögensopfertheorie keine Anwendung findet. Allerdings lässt sich der Gläubigerschutz auch in dieser Konstellation verwirklichen, ohne dass auf allgemeine Grundsätze abgestellt werden muss, wenn ein Scheingeschäft im Sinne des § 916 ABGB angenommen wird.[1440] Als speziellere Vorschrift wäre § 916 ABGB grundsätzlich einem allgemeinen Anspruch vorzuziehen. Da eine Schenkung oder eine Treuhänderschaft als verdeckte Rechtsgeschäfte aber im Einzelfall an der konkreten Ausgestaltung der Begünstigung scheitern könnten, verbliebe bei einem trotzdem vorhandenen Einfluss ein Anwendungsbereich für diesen Durchgriffsanspruch. Fraglich ist insoweit nur, ob ein solcher Anspruch ein subjektives Missbrauchselement voraussetzt und ob die Einflussrechte des Stifters automatisch ein Indiz für diese Absicht darstellen.[1441] Wenngleich dem Gläubigerschutz deutlich besser Rechnung getragen werden könnte, wenn ein subjektives Element nicht erforderlich ist oder aus den objektiven Umständen abgeleitet werden kann, steht eine solche Auslegung im Konflikt mit den gesetzlich erlaubten Möglichkeiten der Einflussnahme, wie etwa der Besetzung des Stiftungsrats. Zudem legt die dogmatische Herleitung aus dem allgemeinen Verbot rechtsmissbräuchlichen Handelns die Notwendigkeit einer subjektiven Komponente nahe. Im Ergebnis wäre damit eine Missbrauchsabsicht auf Seiten beider Beteiligter erforderlich.

Ein weiterer Fall, in dem ein Anspruch aus dem allgemeinen Verbot rechtsmissbräuchlichen Handelns im Sinne von Art. 2 PGR begründet werden könnte, ist derjenige, in dem Pflichtteilsberechtigte durch die Stiftung rechtsmissbräuchlich um ihre Ansprüche gebracht werden.[1442]

Im Ergebnis kann festgehalten werden, dass die spezielleren Vorschriften bereits einen weitreichenden Gläubigerschutz gewährleisten und daher grundsätzlich nicht auf das allgemeine Rechtsmissbrauchsverbot zurückgegriffen werden muss. Soweit aber nicht nur Gläubiger des Stifters, sondern auch Gläubiger der Destinatäre betroffen sind oder besondere pflichtteilsrechtliche

1439 *Jakob*, Liechtensteinische Stiftung, Rn. 708.

1440 Dazu siehe oben S. 218 sowie OGH, Beschl. v. 8.1.1998 – 2 C 133/95-70, LJZ 1998, 111, 115.

1441 *Jakob*, Liechtensteinische Stiftung, Rn. 708.

1442 Dazu unten im Rahmen der Pflichtteilsansprüche S. 363.

Konstellationen vorliegen, könnten § 916 ABGB und die allgemeine Durchgriffshaftung den Gläubigerschutz wahren.

3. *Zwischenfazit*

Die bisherigen Ausführungen haben gezeigt, dass in beiden Rechtsordnungen verschiedenste Möglichkeiten bestehen, um dem Gläubigerschutz – sowohl in Bezug auf Gläubiger des Stifters als auch der Destinatäre – gerecht zu werden. Insbesondere in den für einen Missbrauch anfälligen Konstellationen, in denen der Stifter sich wesentliche Einflussmöglichkeiten vorbehält und durch die Stiftungserrichtung seinen Gläubigern sein Vermögen entziehen will, könnten Unbilligkeiten durch die umfängliche Anwendung der Vermögensopfertheorie – zeitlich unbefristet – verhindert werden.[1443] In Bezug auf Nicht-Stifter Destinatäre sind die Missbrauchsrisiken zwar deutlich geringer und Gläubiger aufgrund eines fehlenden Vertrauens auf ein Vermögen des Destinatärs auch weniger schutzwürdig. Nichtsdestotrotz können in beiden Staaten die Regelungen über Scheingeschäfte in Extremfällen für Abhilfe sorgen. Der in Liechtenstein vorhandene Durchgriffsanspruch bei rechtsmissbräuchlicher Gestaltung kann darüber hinaus in allen anderen Fällen Abhilfe schaffen.

II. Pflichtteilsansprüche gegen die Stiftung

Während im vorherigen Abschnitt Ansprüche gegen den Stifter und die Destinatäre sowie spezielle, aus diesen ableitbare Ansprüche gegen die Stiftung überprüft wurden, geht es im Folgenden um originäre Verbindlichkeiten der Stiftung, die sich aus der Person des Stifters begründen.

1. *Deutschland*

Nicht nur die insolvenzrechtlichen Anfechtungsvorschriften, sondern auch der erbrechtliche Pflichtteilsergänzungsanspruch nach § 2325 BGB und § 2329 BGB sind auf die Stiftungserrichtung und nachträgliche Zuwendungen anwendbar.[1444] Im Rahmen des § 2325 BGB können grundsätzlich Schenkungen – und auch die Zuwendung im Rahmen einer Vermögensausstattung –, die der Erblasser in den letzten zehn Jahren vor seinem Ableben getätigt hat, der Erbmasse

---

1443 Dazu oben, Deutschland S. 179 ff., Liechtenstein S. 239 ff.

1444 Dazu oben S. 173 ff.; exemplarisch auch BGH, Urt. v. 10.12.2003 – IV ZR 249/02, BGHZ 157, 178, juris Rn. 33.

hinzugerechnet werden.[1445] Auf dieser Basis wird dann erneut der Pflichtteil eines Erben ermittelt, wobei die Zuwendung für jedes seit der Schenkung vergangene Jahr mit einem um zehn Prozent verminderten Wert angesetzt wird. Nach § 2329 Abs. 1 BGB kann der Pflichtteilsberechtigte dann gegebenenfalls vom Beschenkten die Herausgabe der Schenksache verlangen oder sich nach Abs. 2 einen entsprechenden Wert ersetzen lassen. Bei der Berechnung des Pflichtteils kann die Vermögensopfertheorie insoweit angewandt werden, als der Zeitpunkt einer Zuwendung an die Stiftung erst dann anzunehmen ist, wenn der Stifter sämtliche wesentlichen Einflussmöglichkeiten aufgegeben hat.[1446]

Eine entscheidende, aber bereits hinreichend behandelte Folgefrage ist, ob sich pflichtteilsberechtigte Destinatäre Leistungen der Stiftung nach § 2327 BGB wie Geschenke des Stifters auf ihren Pflichtteil anrechnen lassen müssen.[1447] Im Ergebnis ist mit den Argumenten *Weitemeyers* der Rechtsprechung des Reichsgerichts zu folgen, das eine vollständige Anrechenbarkeit angenommen hatte.[1448] Für eine Anrechenbarkeit spricht dabei insbesondere, dass die Leistungen der Stiftung den Wert des Nachlasses erhöht hätten, wenn der Stifter die Stiftung nicht errichtet hätte. Um dieser wirtschaftlichen Betrachtung gerecht zu werden, müssen die Leistungen nach § 2327 BGB den Anspruch des Destinatärs erhöhen und gleichzeitig auf seinen Anspruch angerechnet werden.[1449] Allerdings ist der Anspruch auf solche Leistungen einzuschränken, die in den letzten zehn Jahren

---

1445 Entsprechend wird von einigen Autoren empfohlen, Stiftungen möglichst frühzeitig durchzuführen, damit diese Frist abläuft, *Werner* in ZSt 2005, 83, 87. Gänzlich a.A. *Medicus* in FS Heinrich, Pflichtteilsergänzung, S. 390 f., der bei Verfolgung eigennütziger Zwecke nicht von einer Unentgeltlichkeit ausgeht. Dazu bereits oben S. 173 ff.

1446 Insoweit deutlich auch OLG Koblenz, Beschl. v. 5.3.2014 – 2 W 415/12, ZEV 2014, 361, juris Rn. 62 ff.; *Jakob* in FS Werner, Stifterrechte, S. 110.; a.A. die bereits bei rein rechtlicher Erfüllung der Zuwendungsvoraussetzungen einen Fristbeginn annimmt *Fröhlich*, Die selbständige Stiftung im Erbrecht, S. 143 f.; *Schmid*, Stiftungsrechtliche Zuwendungen, S. 153 f.

1447 Zum Ganzen ausführlich *Weitemeyer* in MüKo-BGB, § 82, Rn. 9 f. m.w.N.; sowie im Detail auch *König*, Stiftung als Instrument der Nachlassplanung, S. 191 ff. m.w.N.

1448 RG, Urt. v. 30.4.1903 – IV 29/03, RGZ 54, 399, 401.

1449 *Weitemeyer* in MüKo-BGB, § 82, Rn. 10; *Schmid*, Stiftungsrechtliche Zuwendungen, S. 167; a.A. *Hüttemann/Rawert* in Staudinger-BGB, § 82, Rn. 13 m.w.N., die nur solche Leistungen der Stiftung nach § 2327 BGB einbeziehen wollen, auf die der Destinatär aufgrund einer Satzungsregelung einen klagbaren Anspruch hatte. Alle anderen Leistungen würden auf der Ermessensausübung der Organe beruhen und könnten daher nicht in den Anwendungsbereich des § 2327 BGB fallen.

vor dem Ableben des Erblassers erbracht wurden, um einen Gleichlauf mit den Fristen des § 2325 Abs. 3 BGB zu erreichen.

Grundsätzlich könnte überdies ein Scheingeschäft im Sinne des § 117 BGB angenommen werden, wenn die Stiftungserrichtung letztlich nur eine verschleierte Schenkung des Stifters an die Destinatäre darstellt.[1450] In Bezug auf das Pflichtteilsrecht führt dies in Deutschland jedoch nicht zu einem anderen Ergebnis als die einfache Anwendung der §§ 2325, 2329 BGB, da es in Deutschland im Grundsatz keinen Unterschied macht, ob der Stifter-Erblasser sein gesamtes Vermögen auf die Stiftung oder einen Dritten überträgt.

2. *Liechtenstein*

Die wesentlichen Regelungen zum Pflichtteilsrecht finden sich in Liechtenstein in den §§ 784 ff. ABGB sowie in § 951 Abs. 1 ABGB. Nach § 785 Abs. 1 ABGB sind Schenkungen des Erblassers bei der Berechnung des Nachlasses hinzuzurechnen. Davon ausgenommen sind Schenkungen, die der Erblasser aus Einkünften ohne Schmälerung seines Stammvermögens, zu gemeinnützigen Zwecken, in Entsprechung einer sittlichen Pflicht oder aus Rücksichten des Anstandes gemacht hat. Weitaus relevanter ist jedoch, dass darüber hinaus auch solche Schenkungen nicht berücksichtigt werden, die der Erblasser früher als zwei Jahre vor seinem Tod an nicht pflichtteilsberechtigte Personen gemacht hat.

Genügt der Nachlass nach der Hinzurechnung nicht, um den Anspruch des Pflichtteilsberechtigten zu begleichen, kann dieser seinen Pflichtteil nach § 951 Abs. 1 ABGB von dem Beschenkten fordern. Zwar spricht § 785 Abs. 1 ABGB grundsätzlich nur von Schenkungen, allerdings gilt die Vorschrift aufgrund von Art. 552 § 38 Abs. 1 PGR auch für die Vermögensausstattung bei der Stiftungserrichtung[1451] – der in Liechtenstein aber meist ohnehin nur eine untergeordnete Rolle zukommt.

a. *Einbeziehung des Stiftungsvermögens*

Die Vermögensopfertheorie kann auch in diesem Rahmen dazu führen, dass eine verwirklichte Zuwendung bei der Berechnung des Pflichtteilsanspruchs erst

1450 Siehe zur Anwendung des § 117 BGB bereits oben, S. 173 f.; *Scherer/Bregulla-Weber* in NJW 2016, 382, 382 f. scheinen alternativ auch ein Treuhandverhältnis zwischen Stifter und Stiftungsrat anzunehmen, bei dem das Vermögen dann bei dem Tod des Stifters in seinen Nachlass falle.

1451 So zur wortgleichen Regelung im alten Stiftungsrecht, OGH, Urt. v. 7.3.2003 – 1 Cg 145/99-74, LES 2003, 100, 104, außerdem siehe oben S. 214 ff.

dann anzunehmen ist, wenn der Stifter seine wesentlichen Einflussrechte aufgegeben hat. Soweit diese Rechte bis zum Tod des Stifters bestanden haben, kann dann gegebenenfalls das gesamte Stiftungsvermögen Teil der für die Pflichtteilsberechnung relevanten Erbmasse werden.[1452] Neben der Vermögensopfertheorie bei einem Einfluss des Stifters kann auch die Regelung zum Scheingeschäft aus § 916 ABGB zu einer Einbeziehung des Stiftungsvermögens bei der Pflichtteilsberechnung führen, wenn die Stiftung aufgrund eines gravierenden Einflusses eines Destinatärs faktisch eine verdeckte Schenkung darstellt.[1453] Die allgemeine und unbefristete Gläubigerschädigungsanfechtung nach § 67 RSO ist hier hingegen nicht anwendbar, da der Stifter nie Schuldner des Pflichtteilsanspruchs sein kann.

Liegt kein wesentlicher Einfluss von Stiftern oder Destinatären vor, könnte ausnahmsweise der Anwendungsbereich des Anspruchs aus dem allgemeinen Verbot rechtsmissbräuchlichen Handelns im Sinne von Art. 2 PGR eröffnet sein, wenn durch die Zuwendung an die Stiftung Vermögenswerte aus der Pflichtteilsberechnung ausgeschlossen werden. Die Rechtsfolgen eines solchen allgemeinen Anspruchs würden dann zu einer Hinzurechnung des gestifteten Vermögens zum Nachlass des Stifters führen, wenn er damit seine pflichtteilsberechtigten Erben benachteiligen wollte – unabhängig davon, wer tatsächlich Begünstigter der Stiftung ist. Einem solchen Anspruch kann grundsätzlich entgegengehalten werden, dass die Hinzurechnung von unentgeltlichen Zuwendungen an Nicht-Pflichtteilsberechtigte – wie etwa eine Stiftung[1454] – nach § 785 Abs. 3 ABGB auf zwei Jahre begrenzt ist und dies in der Konsequenz auch zu einer Sperrwirkung für Ansprüche aus dem allgemeinen Rechtsmissbrauchsverbot führen könnte.

Gegen dieses Argument spricht, dass ein Anspruch aus Art. 2 PGR noch ein subjektives Missbrauchselement voraussetzt und § 785 Abs. 3 ABGB daher keine Spezialwirkung entfalten kann. Allerdings zeigt die vom Gesetzgeber in § 785 Abs. 3 ABGB getroffene Wertung, die nicht auf die Motivation des Erblassers eingeht, dass der Erblasser grundsätzlich und unabhängig von seinen Motiven frei in seinen Verfügungen ist und Rechtssicherheit bereits innerhalb von zwei Jahren erreicht werden soll. Daher ist prinzipiell davon auszugehen, dass § 785 Abs. 3 PGR nach Ablauf von zwei Jahren zu einer Sperrwirkung für einen allgemeinen Anspruch auf einen Durchgriff auf das Stiftungsvermögen führt.[1455] Das Gleiche gilt für die parallel gelagerte Frage, ob das Zuwendungsgeschäft

1452 Zum österreichischen Recht, *Eccher* in Kodek/Schwimann-öABGB, § 785, Rn. 4.

1453 Zum österreichischen Recht, *Limberg*, Privatstiftung und Erbrecht, S. 44 ff.

1454 *Eccher* in Kodek/Schwimann-öABGB, § 785, Rn. 4.

1455 StGH, Entscheidung v. 16.9.2002 – StGH 2002/17, Rn. 2.7.

als sittenwidriges, da Pflichtteilsberechtigte benachteiligendes, Geschäft nach § 879 Abs. 1 ABGB nichtig ist. Damit wäre der Anspruch auf Durchgriffshaftung beinahe im Ergebnis ausgeschlossen, da alle Zuwendungen an die Stiftung innerhalb der letzten zwei Jahre ohnehin unter § 785 ABGB fallen.

Ein Anwendungsbereich kann nur in einem Sonderfall angenommen werden, da ein gänzlicher Ausschluss jedenfalls immer dann zu Unbilligkeiten führt, wenn der Nicht-Pflichtteilsberechtigte, der die Zuwendung erhält, eine Stiftung ist, die Pflichtteilsberechtigte fördert. Denn auf diese Weise kann durch die Zwischenschaltung einer Stiftung die Regelung des § 785 Abs. 3 PGR leicht umgangen werden, da statt an einen Pflichtteilsberechtigten an einen Nicht-Pflichtteilsberechtigen geleistet wird und die Hinzurechnung nach zwei Jahren ausgeschlossen ist.[1456] Um auch bei Zuwendungen an Stiftungen den Unterschieden in der Behandlung von Zuwendungen an Pflichtteilsberechtigte und Nicht-Pflichtteilsberechtigte konsequent gerecht zu werden, bestehen zwei Möglichkeiten: Zum einen könnte § 785 ABGB analog angewandt werden.[1457] Zum anderen könnte ausnahmsweise ein Anwendungsbereich für den Durchgriffshaftungsanspruch aus Art. 2 PGR auch über die zwei Jahre hinaus bestehen oder ein sittenwidriges Geschäft im Sinne des § 879 Abs. 1 ABGB vorliegen.

Eine analoge Anwendung von § 785 ABGB auf das gesamte Stiftungsvermögen erfordert eine gleiche Interessenlage und eine Regelungslücke. Letztere ist grundsätzlich gegeben, da sowohl ein potenzieller Anspruch aus Art. 2 PGR als auch eine Nichtigkeit des Zuwendungsgeschäfts nach § 879 ABGB jeweils ein subjektives Rechtsmissbrauchselement voraussetzen und daher höhere Anforderungen stellen. Fraglich ist jedoch, ob, beziehungsweise wann, eine vergleichbare Interessenlage vorliegt. Entscheidendes Kriterium muss in einem ersten Schritt sein, ob und inwieweit der Pflichtteilsberechtigte tatsächlich Begünstigter der Stiftung ist. Grundsätzlich muss der Pflichtteilsberechtigte einen konkreten Anspruch auf Leistungen der Stiftung haben, also Begünstigter mit Rechtsanspruch sein, da sonst die Konstellation nicht mit derjenigen einer direkten Zuwendung des Stifters an den Pflichtteilsberechtigten vergleichbar ist.[1458] Wie

1456 Siehe dazu mit einem anderen Ansatz, von den Regelungen zum Vermächtnis herkommend, *Eccher* in Kodek/Schwimann-öABGB, § 785, Rn. 4a.

1457 Zur analogen Anwendung von § 785 ABGB im österreichischen Recht *Schauer* in NZ 1993, 251, 251 ff., allerdings nur in Bezug auf Zuwendungen aus dem Stiftungsvermögen – dazu siehe auch sogleich.

1458 Siehe parallel zur Anwendung auf spätere Zuwendungen *Schauer* in NZ 1993, 251, 251 ff.

bereits mehrfach im Rahmen dieser Arbeit angeführt, liegt es bei Familienstiftungen aus vielerlei Gründen jedoch nur selten im Interesse des Stifters, den Begünstigten einen konkreten Anspruch gegenüber der Stiftung einzuräumen.

Es stellt sich daher die Frage, wie eine Ermessensbegünstigung eines Pflichtteilsberechtigten zu bewerten ist, und gegebenenfalls, wie ein Einfluss des Stifters zu bewerten ist. Entgegen *M. Schauers* Ansicht bei der parallelen Frage zur Anwendung von § 785 ABGB auf Zuwendungen der Stiftung an Pflichtteilsberechtigte macht es in diesem Zusammenhang keinen Unterschied, ob der Stifter noch einen Einfluss auf das Stiftungsvermögen hat.[1459] Kann der Stifter selbst noch einen gravierenden Einfluss auf die Stiftung und deren Vermögensanlage und Mittelverwendung nehmen, dann ist der Anwendungsbereich der Vermögensopfertheorie ohnehin eröffnet und eine analoge Anwendung von § 785 ABGB wäre regelmäßig hinfällig. Hat der Stifter hingegen keine Möglichkeit, auf rechtliche oder tatsächliche Weise eine Begünstigung eines bestimmten Ermessensbegünstigten zu erreichen, besteht keine vergleichbare Interessenlage, da die Zuwendungen dann nur noch eingeschränkt dem Stifter zugerechnet werden können.[1460] Zwar können auch bei einer einflusslosen Ermessensbegünstigung eines Pflichtteilsberechtigten gefühlte Unbilligkeiten vorliegen, diese sind dann jedoch nicht im Wege einer analogen Anwendung von § 785 ABGB in Bezug auf das Stiftungsvermögen zu lösen. Denn ein Stifter, der sein Vermögen aufgegeben hat, besitzt keine Garantie für eine tatsächliche Begünstigung der gewünschten Destinatäre. Dies entspricht dem Ergebnis eines Vergleichs mit einer Schenkung des Erblassers an den Ehegatten eines Pflichtteilsberechtigten, die letztlich eine Zuwendung darstellt, die nach § 785 Abs. 3 ABGB nicht mehr bei der Berechnung des Pflichtteils berücksichtigt wird.[1461] Im Ergebnis kann § 785 ABGB daher nur analog angewandt werden, soweit ein Pflichtteilsberechtigter ein Begünstigter mit Rechtsanspruch ist. Gibt es neben einem Pflichtteilsberechtigten noch weitere Begünstigte der Stiftung, so kann § 785 ABGB jedenfalls nur in dem Verhältnis der Zuwendungen auf das Vermögen der Stiftung angewandt werden.

1459 *Schauer* in NZ 1993, 251, 251 ff.

1460 Insoweit ist *M. Schauer* zuzustimmen, der ebenfalls davon ausgeht, dass eine analoge Anwendung abzulehnen ist, wenn die Zuwendung dem Stifter nicht mehr aktiv zugerechnet werden kann.

1461 Pflichtteilsberechtigte stehen aber nicht gänzlich schutzlos da, zu weiteren Rechten und Möglichkeiten siehe sogleich sowie im Rahmen der Einbeziehung von Erträgen aus dem Stiftungsvermögen.

Des Weiteren kann sich ein Anwendungsbereich für den Durchgriff aus dem Verbot rechtsmissbräuchlichen Handelns ergeben. Zwischen diesem und der analogen Anwendung des § 785 ABGB bestehen in der Rechtsfolge in diesem Fall keine Unterschiede. Zwar erlaubt dieser Durchgriff dem Gläubiger des Stifters im Grunde nur, auf das Stiftungsvermögen zuzugreifen. In Pflichtteilskonstellationen bedarf es aber zwingend der Hinzurechnung der Vermögenswerte zur Pflichtteilsmasse, da sonst ohnehin kein Anspruch entsteht, aufgrund dessen auf das Stiftungsvermögen zugegriffen werden könnte. Insofern erlaubt Art. 2 PGR in diesen Fällen nur einen Anspruch auf Hinzurechnung zum Pflichtteil, der eigentliche Durchgriff lässt sich im Weiteren dann durch die allgemeinen pflichtteilsrechtlichen Regelungen erreichen. Der Unterschied zu der analogen Anwendung des § 785 ABGB liegt dabei in den Voraussetzungen. Wie bereits festgestellt wurde, greift die Analogie nur dann, wenn einem Pflichtteilsbegünstigten ein Rechtsanspruch zusteht, dafür jedoch unabhängig von der Motivation des Stifters. Ein Anspruch aus Art. 2 PGR kann hingegen auch bei einer Ermessensbegünstigung eines Pflichtteilsberechtigten greifen und setzt im Gegenzug jedoch auch ein subjektives Missbrauchselement beim Stifter voraus. Dies widerspricht nicht der gesetzgeberischen Wertung hinter § 785 Abs. 3 ABGB, nach der der Erblasser bei allen Zuwendungen an Nicht-Pflichtteilsberechtigte in seiner Entscheidung frei ist, da es sich um eine mittelbare Zuwendung an Pflichtteilsberechtigte handelt. Auch wenn es bei einer Ermessensbegünstigung an der im Rahmen des § 785 ABGB geforderten direkten Zurechnung fehlt, stellt das subjektive Element einer gezielten Benachteiligung eines Pflichtteilsberechtigten durch die Errichtung einer Stiftung den nötigen Konnex her. Im Ergebnis ist somit davon auszugehen, dass im Falle einer Ermessensbegünstigung eines Pflichtteilsberechtigten bei gleichzeitig vorliegender Benachteiligungsabsicht ein Anspruch auf Hinzurechnung aus Art. 2 PGR anzunehmen ist.

Die analoge Anwendung von § 785 ABGB bei Begünstigten mit Rechtsanspruch sowie der Anspruch auf Hinzurechnung aus Art. 2 PGR bei Ermessensbegünstigung und Benachteiligungsabsicht gewähren den Pflichtteilsbegünstigten in Bezug auf das Stiftungsvermögen einen umfangreichen Schutz.

b. Einbeziehung der Leistungen aus den Stiftungserträgen und der Stiftungserträge

Neben der Einbeziehung des Stiftungsvermögens in die Berechnung des Pflichtteils kann zusätzlich auch die Einbeziehung der Leistungen aus den Stiftungserträgen und der Stiftungserträge zum Schutz der Pflichtteilsberechtigten erforderlich sein.

Dabei werden die Stiftungserträge bei einer Hinzurechnung des Stiftungsvermögens in jedem Fall insoweit berücksichtigt, als sie sich noch im Vermögen der Stiftung befinden, da der Wert des hinzurechenbaren Vermögens im Sinne des § 794 ABGB im Zeitpunkt des Erbfalls zu bestimmen ist und bei einer Anwendung der § 785 ABGB und Art. 2 PGR entsprechend das gesamte Vermögen der Stiftung einzubeziehen wäre. Dies ist im Fall einer Hinzurechnung des Stiftungsvermögens zum Pflichtteil für den effektiven Schutz der Pflichtteilsberechtigten geboten.[1462] Wegen der unbefristeten Hinzurechnung des Stiftungsvermögens zum Pflichtteil könnten sich sonst gravierende Unterschiede zwischen dem ursprünglich gestifteten Wert und dem Wert im Erbfall ergeben. Im Ergebnis sind daher auch sämtliche Stiftungserträge von der (anteiligen) Hinzurechnung umfasst, wenn das Stiftungsvermögen aufgrund eines Anspruchs aus § 785 ABGB analog oder Art. 2 PGR zum Pflichtteil hinzugerechnet werden kann.[1463]

Ferner könnten auch bereits an pflichtteilsberechtigte Destinatäre ausgezahlte Leistungen in die Hinzurechnung einzubeziehen sein. Wie im deutschen Recht spricht in dieser Konstellation viel dafür, jedenfalls die von der Stiftung aufgrund eines Rechtsanspruchs[1464] oder die im Fall einer Ermessensbegünstigung in Verbindung mit einem Rechtsmissbrauchselement erhaltenen Leistungen im Rahmen der Anwendung des § 785 Abs. 1 ABGB zum Nachlass hinzuzurechnen. Dies trägt der Tatsache Rechnung, dass, obgleich das Stiftungsvermögen nicht in rechtsmissbräuchlicher Weise an die Stiftung übertragen wurde, gleichzeitig durch die Zuwendungen aber das Pflichtteilsrecht umgangen wird. Dies gilt im Gegensatz zum deutschen Recht umso mehr, da die Hinzurechnung von Leistungen an Pflichtteilsberechtigte unbegrenzt zulässig ist und der Stifter bei der Stiftungserrichtung das Vermögen auch in gewissem Umfang an den Pflichtteilsberechtigten hätte verschenken können.

Überdies könnte es auch erforderlich sein, Leistungen an einen pflichtteilsberechtigten Destinatär hinzuzurechnen, wenn dieser kein Begünstigter mit Rechtsanspruch ist und auch keine Ermessensbegünstigung mit Rechtsmissbrauchselement vorliegt. Denn im Unterschied zum im vorherigen Abschnitt behandelten Stiftungsvermögen bedeutet die erfolgte Leistung an den Destinatär, dass sich die abstrakte Möglichkeit der Begünstigung auch final verwirklicht hat. Anders als im Vergleich mit einer Schenkung an den Ehegatten des

---

1462 Zum österreichischen Recht, *Limberg*, Privatstiftung und Erbrecht, S. 57 f.

1463 Zum österreichischen Recht, *Schauer* in NZ 1993, 251, 258.

1464 Zum österreichischen Recht, *Schauer* in NZ 1993, 251, 258.

Pflichtteilsberechtigten hat die stiftungsrechtliche Zweckbindung des Vermögens eine Richtung für die Vermögensverwendung vorgegeben und diese hat sich realisiert. Jegliche Leistung der Stiftung an Pflichtteilsberechtigte ist im Ergebnis daher zur allgemeinen Pflichtteilsmasse hinzuzurechnen.[1465]

3. *Zwischenfazit*

In beiden Rechtsordnungen genießen Pflichtteilsberechtigte einen gewissen Minimalschutz gegen unentgeltliche Zuwendungen des Erblassers, insbesondere bei Zuwendungen an eine Privatstiftung. Während sich in vielerlei Aspekten ein Gleichlauf zwischen dem deutschen und liechtensteinischen Recht zeigt, ergibt sich ein wesentlicher Unterschied daraus, dass das liechtensteinische Recht Zuwendungen an Pflichtteilsberechtigte und Nicht-Pflichtteilsberechtigte ungleich behandelt. Aufgrund dieser Regelung bedarf es zwar rechtlicher Umwege, um den Schutz der Pflichtteilsberechtigten zu erreichen, auf diese Weise kann jedoch im Einzelfall sachgerechter Schutz verwirklicht werden. Vorteilhaft an den Regelungen im liechtensteinischen Recht ist, dass bereits auf gesetzlicher Ebene durch die Anknüpfung an die Pflichtteilsberechtigung des Zuwendungsempfängers zwischen den eher rechtsmissbräuchlichen Vermögensverschiebungen an bestimmte Pflichtteilsberechtigte und Dritte differenziert wird. Gleichwohl sind in beiden Rechtsordnungen die Anwendung der Vermögensopfertheorie sowie der Vorschriften zum Scheingeschäft die schärfsten Rechtsmittel zugunsten der Pflichtteilsberechtigten, mit denen die gravierenden Fälle von Rechtsmissbrauch gelöst werden können. Die erweiterte Hinzurechnung von Stiftungsleistungen an Pflichtteilsberechtigte zum Pflichtteil kann letztlich den Schutz in beiden Rechtsordnungen in angemessener Weise ergänzen.

III. Eherechtliche Ansprüche gegen die Stiftung

Nach der allgemeinen Gläubigerschädigung und der Umgehung pflichtteilsrechtlicher Ansprüche wird abschließend aufgearbeitet, inwieweit die Stiftung möglichen eherechtlichen Ansprüchen ausgesetzt sein kann.

1465 A.A. zum österreichischen Recht *Limberg*, Privatstiftung und Erbrecht, S. 61 ff. m.w.N.

1. Deutschland

Ähnlich wie bei den Regelungen über die Berechnung von Pflichtteilsansprüchen und die gegebenenfalls erforderlichen Ausgleichsansprüche von Pflichtteilsberechtigten gegen die Stiftung funktionieren die Ausgleichsansprüche im Rahmen der Auflösung einer Zugewinngemeinschaft. Diesen Regelungen kommt jedoch in der Praxis keine vergleichbare Bedeutung zu, da das Recht der Zugewinngemeinschaft durch Ehevertrag abdingbar ist und die Schnittmenge derjenigen, die eine Privatstiftung zur Umgehung eherechtlicher Ansprüche errichten, gleichzeitig jedoch keinen Ehevertrag abschließen, gering sein dürfte. Nach § 1375 Abs. 2 BGB sind bei der Berechnung des Zugewinnausgleichs diejenigen unentgeltlichen Zuwendungen des Ehepartners zu den Gesamtwerten hinzuzurechnen, die nicht einer sittlichen Pflicht entsprochen haben oder Anstandsschenkungen waren. Ähnlich dem Pflichtteilsrecht ist die Hinzurechnung auf Zuwendungen begrenzt, die innerhalb von zehn Jahren vor Beendigung des Güterstandes gemacht wurden, ohne dass es dabei jedoch eine Minderung um zehn Prozent des Wertes pro Jahr gibt, § 1375 Abs. 3 BGB. Allerdings entfällt die Hinzurechnung, wenn der andere Ehegatte der Zuwendung zugestimmt hat. Derjenige Ehegatte, dem am Ende ein Ausgleichsanspruch zusteht, kann von dem Dritten, der von dem anderen Ehegatten eine unentgeltliche Zuwendung erhalten hat, in diesem Fall also der Stiftung, Wertersatz fordern, soweit der ausgleichspflichtige Ehegatte nicht über ein ausreichendes Vermögen verfügt, § 1390 Abs. 1 BGB. Identisch zum Pflichtteilsrecht sind diese Vorschriften sowohl auf die Vermögensausstattung als auch nachträgliche Zuwendungen an die Stiftung anwendbar.[1466]

Entsprechend der grundsätzlich in dieser Arbeit vertretenen Linie ist der Zuwendungszeitpunkt erst dann anzunehmen, wenn der Stifter tatsächlich seinen Einfluss auf die Stiftung aufgegeben hat und auch materiell entreichert ist. Solange dies nicht der Fall ist, muss das Stiftungsvermögen zum Endvermögen hinzugerechnet werden. § 1375 Abs. 3 BGB führt jedoch auch hier zu einer Nichtberücksichtigung der Zuwendung, wenn der andere Ehegatte der Stiftungserrichtung zugestimmt hat.

Ist der Stifter selbst Begünstigter seiner Stiftung und kann keinen Einfluss auf die Stiftung nehmen, so ist davon auszugehen, dass eine Hinzurechnung der Zuwendungen an die Stiftung nach zehn Jahren im Sinne des § 1375 Abs. 3 BGB nicht mehr in Betracht kommt. Dies gilt selbst in dem unwahrscheinlichen Fall,

1466 Dazu oben, S. 173 ff.

in dem der Stifter bereits zehn Jahre vor Aufhebung des Güterstandes explizit mit der Absicht handelt, den potenziellen Anspruch des Ehegatten zu verringern, da sonst die zehnjährige Frist der Gläubigerschädigungsanfechtung nach § 133 InsO und § 3 AnfG sowie die Wertung des § 1375 Abs. 2 Nr. 3 und Abs. 3 BGB umgangen würde. Wenngleich dem ausgleichsberechtigten Ehegatten damit ein Zugriff auf das Stiftungsvermögen versagt bleibt, so sind doch jedenfalls sämtliche Leistungen, die der Stifter von der Stiftung bis zur Trennung erhält, zu berücksichtigen. Die Ausnahme für die Nichtberücksichtigung von Schenkungen an einen Ehegatten bei der Berechnung des Zugewinns nach § 1374 Abs. 2 BGB kann – unabhängig davon, ob die Leistung der Stiftung an den Stifter eine Schenkung darstellt – nicht angewandt werden. Dies lässt sich daraus begründen, dass die Vermögenszuwendung jedenfalls den Umständen nach zu den Einkünften zuzurechnen ist, da sie im Wesentlichen als zum Verbrauch durch die eheliche Gemeinschaft bestimmt angesehen werden kann.[1467] Sollte diese Ausnahme nicht anwendbar sein, weil etwa die Stiftung die Zuwendung mit einem bestimmten Zusatz versieht, so wäre § 1374 Abs. 2 BGB jedenfalls insoweit teleologisch zu reduzieren, als dass Zuwendungen einer durch den Zuwendungsempfänger selbst errichteten Stiftung nicht zum Anfangsvermögen hinzugerechnet werden dürfen und damit Teil des Zugewinns werden können. Wie auch im liechtensteinischen Recht ist dies nicht nur auf Zahlungen aus rechtlich durchsetzbaren Ansprüchen des Stifters gegen die Stiftung zu beschränken, sondern muss auch für solche Zahlungen gelten, die aus einer Ermessensausübung der Stiftungsorgane resultieren.[1468]

Darüber hinaus bleibt fraglich, wie Leistungen der Stiftung an den Nicht-Stifter Ehegatten zu behandeln sind. Leistungen des ausgleichspflichtigen Ehegatten an den anderen Ehegatten sind zwar grundsätzlich Vermögensminderungen, würden aufgrund des unentgeltlichen Charakters aber nach § 1375 Abs. 2 Nr. 1 BGB trotzdem zum Endvermögen hinzugerechnet. Da der andere Ehegatte jedoch regelmäßig zustimmen wird, findet § 1375 Abs. 2 BGB aufgrund von Abs. 3 keine Anwendung und das Vermögen des einen Ehegatten erhöht sich zulasten des anderen.[1469] Ergänzend wertet § 1380 BGB Zahlungen des einen Ehegatten an den anderen im Zweifel als Vorauszahlung auf den Ausgleichsanspruch.

1467 Zur Behandlung von Schenkungen, die dem Verbrauch durch die Ehegatten dienen, *Thiele* in Staudinger-BGB, § 1374, Rn. 47 f.

1468 Siehe dazu im nächsten Abschnitt.

1469 *Jakob*, Schutz der Stiftung, S. 322 f.; speziell zu § 1375 *Koch* in MüKo-BGB, § 1375, Rn. 43.

Abschließend fallen diejenigen unentgeltlichen Zuwendungen des einen an den anderen Ehepartner nicht in den Anwendungsbereich des § 1374 Abs. 2 BGB und werden entsprechend nicht als Teil des Anfangsvermögens gewertet.[1470] Entsprechendes muss auch für Leistungen einer durch einen Ehegatten errichteten Stiftung an den anderen Ehegatten gelten, soweit dem ausgleichsberechtigten Ehegatten bei Stiftungserrichtung ein Anspruch auf die Stiftungsleistungen eingeräumt wurde, sowie auf solche Leistungen, die aufgrund einer Ermessensausübung der Stiftungsorgane gewährt wurden.[1471]

2. Liechtenstein

Das liechtensteinische Recht zur Aufteilung des ehelichen Vermögens bei Aufhebung der Ehe gleicht strukturell dem deutschen Recht. Grundsätzlich ist der während der Ehe erzielte Vermögenszuwachs zwischen den Ehegatten aufzuteilen. Dabei sind nach Art. 84 Abs. 1 EheG sämtliche Vermögensminderungen – nicht nur Schenkungen – zur Aufteilungsmasse hinzuzurechnen, wenn dadurch das eheliche Vermögen in einer Weise verringert wurde, die der Gestaltung der Lebensverhältnisse der Ehegatten während der ehelichen Lebensgemeinschaft widerspricht. Ähnlich der pflichtteilsrechtlichen Regelung ist die Hinzurechnung nach Art. 84 Abs. 1 EheG auf solche Zuwendungen begrenzt, die bis zu zwei Jahre vor dem Berechnungszeitpunkt durchgeführt wurden. Der tatsächliche Zuwendungszeitpunkt kann im Rahmen der Vermögensopfertheorie jedoch deutlich nach dem offiziellen Zuwendungsmoment liegen.[1472] Entscheidender Unterschied zum Pflichtteilsrecht und dem deutschen Zugewinnausgleich ist jedoch, dass dem Ehegatten keine mit § 951 ABGB oder § 1390 BGB vergleichbaren Möglichkeiten zustehen. Er kann stattdessen nur die allgemeinen Anfechtungsansprüche und Pfändungsrechte gegenüber Dritten geltend machen, wenn der zuwendende Ehegatte durch die Zuwendung derart entreichert ist, dass sein verbleibendes Vermögen nicht ausreicht, um den Aufteilungsanspruch zu begleichen.[1473] Im Gegensatz zum Pflichtteilsrecht kommt in diesen Fällen auch

---

1470 Statt vieler *Scheller/Sprink* in BeckOK-BGB, § 1374, S. 32 m.w.N.

1471 A.A. *Jakob*, Schutz der Stiftung, S. 323, der diese Argumentation nur auf Leistungen anwenden will, die aufgrund eines Rechtsanspruchs geleistet wurden; *Schmid*, Stiftungsrechtliche Zuwendungen, S. 209 f.; mit umfangreicherer Begründung, warum auch Leistungen, die aus einer Ermessensausübung herrühren, erfasst sind, siehe unten zum liechtensteinischen Recht.

1472 *Wilhelm*, Anfechtung von Stiftungen, S. 131 ff.

1473 *Wilhelm*, Anfechtung von Stiftungen, S. 134 f.

die Anfechtung wegen Gläubigerbenachteiligung aus Art. 67 RSO in Betracht, da der scheidende Ehegatte schließlich Gläubiger des Ausgleichsanspruchs sein kann. Im Zusammenspiel von Vermögensopfertheorie und Pfändung der Gläubigerrechte sowie der Anfechtung nach Art. 67 RSO wird so ein ausreichender Schutz verwirklicht, auch wenn der ausgleichspflichtige Ehegatte entreichert ist.

Wenngleich Art. 67 RSO grundsätzlich anwendbar ist, so stellt sich doch das Problem, dass eine Gläubigerstellung eines Ehegatten eine Hinzurechnung von unentgeltlichen Leistungen zur Aufteilungsmasse voraussetzt. Eine Hinzurechnung ist jedoch auf zwei Jahre befristet. Alle Zuwendungen des Stifters zu einer Stiftung wären damit nach zwei Jahren nicht mehr in die Aufteilung einzubeziehen und der andere Ehegatte würde entsprechend nicht oder nur in geringerem Umfang überhaupt zum Gläubiger der Stiftung, sodass Art. 67 RSO gegebenenfalls nicht zur Anwendung kommt. Grundsätzlich könnte diesem Problem mit einer analogen Anwendung des Art. 67 RSO begegnet werden, wenn durch eine Rechtshandlung eine gesetzliche Gläubigerstellung verhindert wird.

Eine vergleichbare Interessenlage ist jedoch fraglich. Denn die Zweijahresfrist des Art. 84 Abs. 2 EheG könnte eine Sperrwirkung für Handlungen entfalten, die vor diesem Zweijahreszeitraum vorgenommen wurden. Wenn die Vorschriften für eine Hinzurechnung nach dem EheG abschließend sind, darf eine Hinzurechnung nicht indirekt durch Art. 67 RSO vorgenommen werden. Dafür spricht grundsätzlich, dass im Gegensatz zum Pflichtteilsrecht nicht zwischen primär rechtsmissbräuchlichen (Übertragung an andere Pflichtteilsberechtigte) und primär zulässigen Übertragungen (Übertragung an Dritte) unterschieden wird. Dies könnte den Schluss erlauben, dass der Ehegatte in seiner Entscheidung frei sein soll und nach zwei Jahren Rechtsfrieden eintritt – unabhängig von der Motivation des Schenkers. Grundsätzlich intendiert das Eherecht jedoch den Schutz der Ehe, dem eine explizit mit Schädigungsabsicht durchgeführte Vermögenszuwendung entscheidend widersprechen würde. Eine Sperrwirkung ist bei dem Hinzutreten des rechtsmissbräuchlichen Elements daher abzulehnen. Eine vergleichbare Interessenlage liegt damit vor.

Allerdings fehlt es an einer Regelungslücke: Der Zweijahreszeitraum im Rahmen des Art. 84 EheG wird generell von dem Zeitpunkt aus berechnet, an dem die häusliche, geistige, seelische, körperliche oder wirtschaftliche Gemeinschaft der Ehegatten aufgehoben wird.[1474] Entfernt ein Ehegatte nun einen Großteil der ehelichen Vermögenswerte in rechtsmissbräuchlicher Absicht aus dem

1474 Zur Definition der Aufhebung der ehelichen Lebensgemeinschaft, *Wilhelm*, Anfechtung von Stiftungen, S. 130 m.w.N.

Ehevermögen, kann von einer Aufhebung der geistigen Gemeinschaft gesprochen werden, sodass eine Hinzurechnung bereits im Rahmen des Art. 84 EheG möglich wäre. Einer analogen Anwendung des Art. 67 RSO bedarf es daher nicht, damit rechtsmissbräuchliche Vermögensverschiebungen auch länger als zwei Jahre vor der eigentlichen Trennung berücksichtigt werden können.

Die Stiftungserrichtung führt damit grundsätzlich zu einem Ausscheiden der Stiftungsmasse aus dem Vermögen des stiftenden Ehegatten. Allerdings kann der Zeitpunkt des Ausscheidens im Rahmen der Vermögensopfertheorie zu modifizieren sein.

Fraglich ist darüber hinaus jedoch, wie Leistungen der Stiftung an die Ehegatten zu behandeln sind: Dies kann zum einen Leistungen der Stiftung an den stiftenden Ehegatten betreffen sowie zum anderen Leistungen der Stiftung an den anderen Ehegatten.

Im Grundsatz sind – wie im deutschen Recht – Schenkungen Dritter an einen Ehegatten gemäß Art. 75 EheG nicht bei der Aufteilung der Vermögenswerte zu berücksichtigen. Dies wäre in Bezug auf Stiftungsleistungen an den Stifter jedoch ein unbilliges Ergebnis, da der Stifter diese Zuwendungen mit seiner Stiftung „erkauft“ hat. In Bezug auf eine Begünstigung mit Rechtsanspruch lässt sich bereits unter Billigkeitsaspekten anzweifeln, ob sich der Stifter überhaupt in vollem Umfang von seinem Vermögen getrennt hat. Rechtlich trennt er sich zwar von seinem Vermögen, erhält im selben Moment jedoch einen, meist zeitlich und in der Höhe bedingten, Anspruch auf Leistungen der Stiftung. Sein Vermögen erhöht sich in diesem Moment daher zwingend um einen Anspruch aus eigenen Leistungen, die letztlich nur formal von einem Dritten gewährt werden. Art. 75 EheG ist daher insoweit teleologisch zu reduzieren, als dass Zuwendungen einer Stiftung an den Stifter nicht bei der Hinzurechnung ausgenommen werden, wenn der Stifter einen Rechtsanspruch auf die Stiftungsleistungen hat.[1475] Dies muss nicht nur für bereits durch die Stiftung gewährte Leistungen gelten, sondern auch für zukünftige Leistungen, die im Zeitpunkt der Ehescheidung hinreichend bestimmt und quantifizierbar sind.

Wilhelm will es bei dieser teleologischen Reduktion belassen und auf Leistungen an den Stifter, die auf einer Ermessensbegünstigung beruhen, weiterhin Art. 75 EheG anwenden, da die Begünstigung nicht mehr dem Stifter, sondern vielmehr den entscheidenden Stiftungsorganen zuzurechnen sei.[1476] Wenngleich der Stifter in diesem Fall seine Einflussrechte im Sinne der

1475 *Wilhelm*, Anfechtung von Stiftungen, S. 140 f.

1476 *Wilhelm*, Anfechtung von Stiftungen, S. 140 f.

Vermögensopfertheorie aufgegeben haben dürfte, geht dieser Schluss nicht weit genug. Im Gegensatz zum Pflichtteilsrecht kann zwar Art. 67 RSO angewandt werden und so rechtsmissbräuchlichen Handlungen Rechnung getragen und Leistungsansprüche gepfändet werden. Gleichwohl ist die Errichtung der Stiftung durch den Stifter mit angelegter eigener Ermessensbegünstigung nur eine Wette des Stifters, später eigenes Vermögen, gegebenenfalls vermehrt durch eine sinnvolle Anlage bei geringer Steuerbelastung, zurückzuerhalten. Auch in diesem Fall hilft der Vergleich der Stiftungserrichtung mit der Schenkung an einen Freund.[1477] Bei der Schenkung liegt grundsätzlich eine Vermögensminderung vor, die allerdings innerhalb der Frist des Art. 84 EheG nicht zu berücksichtigen ist. Nach Ablauf der Frist ist das Vermögen aber prinzipiell vollständig gemindert und etwaige „Rückschenkungen" des Freundes an den Schenker wären vom Anwendungsbereich des Art. 75 EheG umfasst. Im Gegensatz zu dieser Schenkung ist der Stiftungserrichtung bei Einräumung einer Ermessensbegünstigung eine Leistungserwartung inhärent, weswegen eine unterschiedliche Behandlung gerechtfertigt ist.[1478] Dies widerspricht nicht der ansonsten in dieser Arbeit vertretenen Linie, die in vielen Situationen trotz dieser Erwartung aufgrund des Ermessensspielraums der Stiftungsorgane grundsätzlich von einer Vermögenstrennung ausgeht, da das Vermögen in diesen Fällen zurückgewährt wurde und somit keine Transparenz zwischen Stifter und Stiftung geschaffen wird.

Auch wenn sich der stiftende Ehegatte vollständig von seinem Vermögen getrennt hat, hat er durch seine Satzungsgestaltung jedoch i.E. weiterhin einen hinreichenden Konnex zwischen den Leistungen und dem ursprünglichen Vermögen geschaffen, sodass Art. 75 EheG auch in diesem Fall zu reduzieren ist. Die Reduktion kann sich aber aufgrund des bestehenden Entscheidungsspielraums der Stiftungsorgane nur auf solche Leistungen beschränken, die bereits an den Stifter gewährt wurden.[1479]

1477 Ohne dass von sittenwidrigen Umgehungsabsichten ausgegangen werden kann.

1478 Eine solche Erwartung ist nur ausnahmsweise in dem unwahrscheinlichen und realitätsfernen Fall abzulehnen, wenn der Stifter den Begünstigtenkreis derart weit gefasst hat, dass eine letztlich erfolgte Begünstigung eher einem Zufall gleicht und daher keine berechtigte Erwartung bestand – etwa, wenn der Stifter ein Stipendium seiner Stiftung erhält. Für die in Frage stehenden Familien- und Privatstiftungen dürfte der Kreis der potenziellen Ermessensbegünstigten hingegen stets ausreichend konkretisiert sein.

1479 Sollte sich die Ermessenbegünstigung für die nahe Zukunft bereits derart konkretisiert haben, dass dem Stifter ein Rechtsanspruch zusteht, sind diese Leistungen entsprechend zu behandeln.

Durch die Beschränkung auf Leistungen, die entweder durch einen Rechtsanspruch gesichert sind oder aufgrund einer Ermessensbegünstigung bereits gewährt wurden, wird zugleich sichergestellt, dass die in der Befristung der Hinzurechnung zum Ausdruck kommende gesetzgeberische Wertung, nach der ein Ehegatte insoweit frei verfügen können soll, nicht unterlaufen wird. Denn in beiden Fällen ist das Vermögen bereits wieder zurück in das Vermögen des Ehegatten geflossen, sei es als Leistung oder als Anspruch.

Leistungen der Stiftung an den anderen Ehegatten können im Grundsatz ähnlich wie im deutschen Recht behandelt werden. In Liechtenstein sind Schenkungen des einen an den anderen Ehegatten zum einen nicht vom Anwendungsbereich des Art. 84 Abs. 1 EheG umfasst, da sie der ehelichen Lebensführung nicht widersprechen dürften, und werden daher nicht zur Aufteilungsmasse als Teil des Vermögens des schenkenden Ehegatten hinzugerechnet. Zum anderen sind sie auf Seiten des beschenkten Ehegatten nach Art. 75 Abs. 1 EheG nicht von dem einzubeziehenden Vermögen umfasst, da es sich nicht um Schenkungen eines Dritten handelt. Im Ergebnis findet insoweit ein Vermögenstransfer zwischen den Ehegatten statt und die Beiträge der Ehegatten zur Aufteilungsmasse verschieben sich entsprechend.

Leistet nun statt des einen Ehegatten die Stiftung an den anderen Ehegatten, muss Entsprechendes gelten und Art. 75 Abs. 1 EheG ist ebenfalls teleologisch zu reduzieren. In Bezug auf Leistungen, die auf einem Rechtsanspruch des Ehegatten beruhen, bedarf es kaum eines Begründungsaufwands, da der stiftende Ehegatte diesen Anspruch mit seiner Stiftung „erkauft“ und entsprechend kein wesentlicher Unterschied zu einer zeitlich bedingten Schenkung vorliegt. Besteht hingegen kein Rechtsanspruch, sondern handelt es sich um eine Ermessensbegünstigung, so kann auf die Argumentation zur Behandlung von Leistungen der Stiftung an den Stifter verwiesen werden. Durch die überhaupt erst vom Stifter geschaffene Möglichkeit der Begünstigung wird eine hinreichende Verbindung zwischen der Vermögenswidmung des Stifters und den Leistungen der Stiftung geschaffen, die sich durch die tatsächliche Leistung verwirklicht. Wie oben bereits ausgeführt, können daher aber nur solche Leistungen aufgrund einer Ermessensbegünstigung umfasst sein, die schon erfolgt oder konkretisiert sind. Diese Wertung ist darüber hinaus deswegen angebracht, weil ansonsten innerhalb der Hinzurechnungsfrist die Vermögensausstattung auf Seiten des stiftenden Ehegatten zum Vermögen hinzugerechnet werden könnte, gleichzeitig aber auf Seiten des anderen Ehegatten Leistungen der Stiftung unberücksichtigt blieben.

3. *Zwischenfazit*

Wie auch Pflichtteilsberechtigte werden Ehegatten des Stifters durch die vorhandenen Vorschriften dem Grunde nach hinreichend geschützt. Besonderheit im Eherecht ist dabei jeweils, dass außerdem die Vorschriften zum Gläubigerschutz einen sekundären Schutz vermitteln, wobei jedoch eine Gläubigerstellung des anderen Ehegatten nur dann entstehen kann, wenn die an die Stiftung übertragenen Vermögenswerte dem Vermögen des stiftenden Ehegatten hinzugerechnet werden können. In Deutschland wird dieser Schutz über eine Frist erreicht, die mit derjenigen der Insolvenzanfechtung identisch ist. In Liechtenstein ist die Hinzurechnungsfrist zwar deutlich kürzer; indem der relevante Trennungszeitpunkt bei einer intendierten Benachteiligung des anderen Ehegatten durch die Stiftungserrichtung jedoch deutlich früher angenommen werden kann, liegt ein hinreichender Schutz vor, der hilfsweise durch die analoge Anwendung von Art. 67 RSO ergänzt werden kann. Damit sind in beiden Rechtsordnungen mit paralleler Argumentation Leistungen der Stiftung an den Stifter oder den anderen Ehegatten zu dem jeweiligen Vermögen hinzuzurechnen und die jeweilige Ausnahme für Schenkungen Dritter muss teleologisch reduziert werden. Die Privatstiftung stellt daher im Ergebnis in beiden Rechtsordnungen keine Gefahr für die Umgehung eherechtlicher Ausgleichsansprüche dar.

IV. Fazit

Die Ausführungen haben gezeigt, dass die Stiftung weder in Deutschland noch in Liechtenstein die befürchtete Haftungsexklave zugunsten des Stifters darstellen kann. Sowohl Gläubiger als auch Ehegatten und Pflichtteilsberechtigte sind durch die komplementär verlaufende Anwendung von Vermögensopfertheorie und Anfechtungsregelungen ausreichend geschützt. In vielen Fällen dürften diese einen umfangreicheren Schutz vermitteln als es bei langfristigen Vermögensverschiebungen innerhalb einer Familie oder unter Freunden möglich wäre.

Die Gefahr von Haftungsexklaven kann sich allerdings zugunsten von Stiftungsdestinatären verwirklichen. Denn wenn die Destinatäre nicht auch selbst Stifter der Stiftung sind, fehlt es an einem Vermögensübergang, der grundsätzlich der erforderliche Anknüpfungspunkt für die gläubigerschützenden Vorschriften ist. Da die Destinatäre aber nie Eigentümer des Stiftungsvermögens waren, ist es umstritten, ob die Stiftung überhaupt eine echte Haftungsexklave darstellt, und gegebenenfalls, ob diese überhaupt negativ zu bewerten ist. Im Wesentlichen geht die Problematik damit auf die rechtspolitische Frage nach der

Zulässigkeit vorbehaltloser Unterhaltsstiftungen zurück und wird daher an entsprechender Stelle eingehender behandelt.[1480]

Im Gegensatz zu den rechtlich bestehenden Ansprüchen und Anfechtungsrechten kann die Durchsetzung derselbigen jedoch aufgrund einer gravierenden Informationsasymmetrie zwischen Anspruchsberechtigten und der Stiftung oder dem Stifter ein Hindernis für einen effektiven Schutz darstellen. Wie im Abschnitt zur Stiftungsaufsicht aber gezeigt, hat sich die Lage in Liechtenstein – wo bis vor einigen Jahren kaum gesetzliche Informationsansprüche bestanden – zugunsten einer effektiveren Anspruchsdurchsetzung verbessert. Durch die Umsetzung der Geldwäscherichtlinien der EU und die umfangreichere Erfassung wirtschaftlicher Berechtigter kann eine weitere Verbesserung der Möglichkeiten erwartet werden.

G. Besondere Stiftungszwecke

Abgesehen von den gesetzlich unzulässigen Stiftungszwecken (§§ 80 Abs. 2, 87 Abs. 1, 134, 138 BGB sowie Art. 107 Abs. 5, Art. 124 Abs. 3, Art. 552 § 20 Abs. 4, Art. 552 § 21 Abs. 3 PGR und §§ 878, 879 ABGB) gibt es in beiden Rechtsordnungen drei mehr oder weniger umstrittene Stiftungszwecke. Diese sind die sogenannte Stiftung für den Stifter sowie die Familienstiftung, insbesondere in Form der vorbehaltlosen Unterhaltsstiftung, und letztlich die Selbstzweckstiftung in all ihren Facetten. Ihnen ist gemein, dass sie in der Praxis bei Familienstiftungen vorwiegend dann für einen Stifter interessant werden, wenn er oder seine Nachfahren Einfluss auf die Stiftung und die Gewährung von Destinatsleistungen ausüben können. Umgekehrt kann jedoch auch das Bedürfnis für eine Einflussnahme auf die Stiftung oder für privatnützige Stiftungen grundsätzlich abnehmen, wenn diese Stiftungszwecke nicht oder nur eingeschränkt zulässig sind. Nach der intensiven Auseinandersetzung mit vielen der relevanten Vorfragen kann nun auch auf diese Stiftungszwecke eingegangen werden:

I. Stiftung für den Stifter

Als Stiftung für den Stifter wird im Allgemeinen eine Stiftung verstanden, deren Zweck allein die Unterstützung des Stifters ist. Indem beide Rechtsordnungen grundsätzlich auch befristete Stiftungen zulassen, besteht zwar kein Konflikt zwischen dem endlichen Leben des Stifters mit dem Ewigkeitsgedanken der

---

1480 Dazu unten S. 403 ff.

Stiftung mehr. Dennoch ist die Zulässigkeit dieses Stiftungszwecks aus guten Gründen umstritten:

1. Deutschland

In Deutschland ist die Stiftung für den Stifter nach herrschender Ansicht unzulässig.[1481] Dies wird im Wesentlichen mit zwei Argumentationslinien begründet: Zum einen mangele es in diesen Fällen an der im deutschen Recht vorausgesetzten Vermögensübertragung auf die Stiftung.[1482] Zum anderen würde die Zulässigkeit einer Stiftung für den Stifter ermöglichen, ein „dem eigenen Wohl dienendes Sondervermögen zu schaffen" und so das Vermögen unerreichbar für die Gläubiger des Stifters zu machen. Durch eine derartige Haftungsexklave könne der Stifter seinen Gläubigern den Zugriff auf die Vermögenssubstanz verwehren und damit den Gläubigerschutz unterlaufen.[1483]

a. Vermögensübergang

Sowohl die Vermögensausstattung im Rahmen des Stiftungsgeschäfts als auch die spätere Zustiftung enthalten Elemente einer Schenkung beziehungsweise werden als schenkungsähnlich betrachtet.[1484] Wie eine Schenkung[1485] erfordern beide Zuwendungsvarianten daher eine Vermögensübertragung in Form einer dauerhaften Vermögensentäußerung auf Seiten des Stifters und einer endgültigen Vermögensmehrung auf Seiten der Stiftung. An der Vermögensentäußerung soll es jedoch bei einer Stiftung für den Stifter fehlen, da er das Vermögen nicht endgültig aufgeben würde.[1486]

1481 *Hüttemann/Rawert* in Staudinger-BGB, Vor §§ 80–88, Rn. 8; *Weitemeyer* in MüKo-BGB, § 80, Rn. 126; *Jakob*, Schutz der Stiftung, S. 51 f.; *Rawert* in Stiftungsrecht in Europa, Stiftungsbegriff, S. 116; *Reuter* in AcP 2007, 1, 21 f.; In Bezug auf die reine Stiftung für den Stifter auch *Dutta* in Richter-StiftR, § 5, Rn. 18; a.A. *Burgard*, Gestaltungsfreiheit, S. 132 ff.; *Hof* in v. Campenhausen/Richter, § 7, Rn. 60; *Kronke*, Stiftungstypus, S. 140, 225 (ohne Begründung); *Oppel*, Familienstiftungen, S. 70 ff.; *Schiffer/Pruns* in NK-BGB, § 80, Rn. 68; *Stumpf* in S/S/S/P, B. Vor. §§ 80–88 BGB, Rn. 8.

1482 Zur Rechtsnatur und den Voraussetzungen des Schenkungsgeschäfts bereits oben S. 153 ff. sowie *Hüttemann/Rawert* in Staudinger-BGB, § 81, Rn. 27.

1483 *Rawert* in Stiftungsrecht in Europa, Stiftungsbegriff, S. 116; *Weitemeyer* in MüKo-BGB, § 80, Rn. 126.

1484 Dazu oben im Detail S. 156 ff. und S. 198 ff.

1485 Vgl. zum Schenkungsrecht *Chiusi* in Staudinger-BGB, § 516, Rn. 8.

1486 Vgl. *Weitemeyer* in MüKo-BGB, § 80, Rn. 126.

Dass es an einer Vermögensübertragung fehle, wird auf deutscher Seite von einigen Stimmen in der Literatur abgelehnt, da sich aus dem Gesetz keine zwingenden Anhaltspunkte für eine solche ergäben.[1487] Jedenfalls könne eine Stiftung sogar nach § 58 Nr. 6 AO[1488] bis zu einem Drittel ihrer Einkünfte zur Versorgung des Stifters (und seiner Familie) nutzen, ohne ihren Status als gemeinnützig zu verlieren. Außerdem sei eine Stiftung auf Zeit möglich, deren Anfallberechtigter der Stifter sein kann, in diesen Fällen würde er sich nie endgültig von seinem Vermögen trennen. Damit mache der Gesetzgeber deutlich, dass ein Vermögensübergang auch dann vorliegen könne, wenn der Stifter Leistungen der Stiftung erhält oder er Anfallberechtigter der Stiftung ist. Eine Stiftung für den Stifter sei daher zumindest teilweise zulässig.[1489]

Wie schon im Rahmen der Anforderungen an die Vermögensübertragung dargelegt,[1490] erfordert diese zwar grundsätzlich eine Aufgabe des Vermögens durch den Stifter. Es genügt dabei jedoch eine formelle Aufgabe des Vermögens. Dies legt auch der Vergleich mit einer Schenkung nahe, bei der eine, mit einem dinglichen Wohnrecht auf Lebenszeit belastete, Immobilie übertragen wird. In dem Schenkungsfall erhält der Beschenkte das Eigentum an der Immobilie, kann aber erst nach einer gewissen Zeit (häufig nach dem Ableben des Schenkers) selbst die Nutzungen ziehen. Der Schenker verliert hingegen rechtlich das Eigentum und kann nur noch gewisse Nutzungen ziehen. Bei einer wirtschaftlichen Betrachtung[1491] hat der Beschenkte damit auf absehbare Zeit zwar nur das nicht nutzbare Eigentum an der Sache bekommen, trotzdem aber einen wirtschaftlichen Vorteil erhalten, da er Eigentümer einer Immobilie geworden ist und diese zum Beispiel mit einer Hypothek belasten kann.[1492] Ebenso erhielte die Stiftung für den Stifter das Eigentum und kann dies bis zum Ableben des Stifters nutzen. Wirtschaftlich betrachtet, hat sie damit einen Vorteil erlangt. Bei einer Gesamtreflexion mag dieser zwar zweifelhaft sein, da die Stiftung über ihre Satzung gebunden ist, zugunsten des Stifters zu handeln. Soweit ihr Zweck

1487 Mit eingehender Begründung, *Burgard*, Gestaltungsfreiheit, S. 134; *Schiffer/Pruns* in NK-BGB, § 80, Rn. 71; sowie *Oppel*, Familienstiftungen, S. 71.

1488 In vielen Quellen findet sich entsprechend der alten Rechtslage der Verweis auf § 58 Nr. 5 AO a.F.

1489 *Schiffer/Pruns* in NK-BGB, § 80, Rn. 70; *Burgard*, Gestaltungsfreiheit, S. 134.

1490 Dazu oben S. 161 ff.

1491 Zur wirtschaftlichen Betrachtungsweise bei Schenkungen: statt vieler *Chiusi* in Staudinger-BGB, § 516, Rn. 27 ff. m.w.N.

1492 So auch die steuerliche Wertung im Rahmen des § 7 Abs. 1 ErbStG.

jedoch gerade die Unterstützung des Stifters ist, handelt sie nur zweckgemäß und hat somit durch die Möglichkeit der Zweckerfüllung einen „Vorteil" erlangt.

In diesem Zusammenhang ist die Regelung des § 58 Nr. 6 AO allerdings nur eingeschränkt aussagekräftig. Nach dieser abgabenrechtlichen Vorschrift führt die Verwendung von bis zu einem Drittel der Stiftungserträge, „um in angemessener Weise den Stifter und seine nächsten Angehörigen zu unterhalten, ihre Gräber zu pflegen und ihr Andenken zu ehren", nicht dazu, dass die Stiftung die Steuervergünstigung für gemeinnützige Stiftungen verliert. Die Regelung stellt allerdings eine besondere Ausnahmevorschrift dar, die auch nur einen „angemessenen" Unterhalt des Stifters zulässt, und erlaubt gerade nicht, dass generell ein Drittel der Stiftungserträge ausgeschüttet wird.[1493] Zudem gleicht diese Regelung dem Rechtsgedanken des § 528 BGB, der bei Verarmung des Schenkers die Rückforderung einer Schenkung zulässt. Übertragen auf die Stiftung und das Gemeinnützigkeitsrecht könnte sich die Funktion des § 58 Nr. 6 AO darauf beschränken, verhindern zu wollen, dass der Stifter, der altruistisch sein Vermögen einer gemeinnützigen Stiftung vermacht hat, seinen Unterhalt nicht mehr bestreiten kann. Damit lässt sich der Norm jedoch keine allgemeingültige Aussage über die Zulässigkeit einer Stiftung für den Stifter entnehmen.

Im Ergebnis kommt es für die Durchführung der Vermögensübertragung auf die Stiftung grundsätzlich nur auf die formelle Entreicherung des Zuwendenden an, sodass die Anforderungen an die Vermögensübertragung nicht gegen eine Stiftung für den Stifter sprechen.

Davon zu trennen ist die Frage nach der – auch materiell notwendigen – Bereicherung der Stiftung.[1494] Eine Bereicherung der Stiftung ist bei der Förderung des Stifters nicht prinzipiell ausgeschlossen, da die Förderung des Stifters gerade Zweck der Stiftung wäre und die Stiftung daher das Vermögen für ihren eigenen Zweck nutzt. Zu keinem anderen Ergebnis führt die Tatsache, dass bei der Stiftung für den Stifter ein erhöhtes Interesse des Stifters besteht, die Stiftung zu beeinflussen, da er als Begünstigter Erträge und Vermögen der Stiftung auch an sich selbst ausschütten lassen könnte. Denn eine Einflussnahme ist im Hinblick auf die Bereicherung der Stiftung unschädlich, solange der Einfluss nicht dazu führt, dass der Stiftungszweck nicht mehr erfüllt wird. Zwar können dem Stifter im Einzelfall derart umfangreiche Einflussmöglichkeiten zustehen, dass es der Stiftung an einer Verfügungsmacht über das Vermögen fehlt.[1495] Dabei

1493 *Gersch* in Klein-AO, § 58, Rn. 40.

1494 Dazu im Detail oben S. 157 ff.

1495 Vgl. von einer Stiftungsreife sprechend *Schiffer/Pruns* in NK-BGB, § 80, Rn. 71.

handelt es sich jedoch um ein allgemeines Problem des Vermögensübergangs und nicht um eine Besonderheit der Stiftung für den Stifter,[1496] sodass sich aus diesem Sonderfall keine Auswirkungen auf die Zulässigkeit der Stiftung für den Stifter ergeben.

Soweit die Bedenken gegen eine Stiftung für den Stifter in einer fehlenden Vermögensaufgabe begründet sind, handelt es sich vielmehr um Fragen des Gläubigerschutzes und der Anwendung gläubigerschützender Vorschriften. Die Stiftung für den Stifter scheitert damit nicht per se an den Voraussetzungen der Vermögensübertragung.

b. Gläubigerschutz

Wenn der Stifter sein Vermögen in eine eigentümerlose Stiftung auslagert, die allein dazu bestimmt ist, ihn zu fördern und ihm Destinatärsleistungen gewährt, mit welchen er seine Ausgaben finanzieren kann, besteht die Gefahr, dass er sein Vermögen seinen Gläubigern entziehen kann.[1497]

Ob es tatsächlich zu einer unzulässigen Haftungsexklave kommt und ob die Gefahr besteht, dass der Gläubigerschutz umgangen werden kann, wird von einigen Autoren in Deutschland angezweifelt.[1498] Zum einen sei kaum ein Unterschied zu anderen Konstellationen erkennbar, in denen ein Schuldner sein Vermögen – zulässigerweise – auf Dritte überträgt. Beispielsweise seien Familienstiftungen zugunsten des Ehepartners oder anderer Familienmitglieder nach herrschender Ansicht zulässig und der Schuldner könne so sein Vermögen dem Zugriff des Gläubigers entziehen und später selbst noch mittelbar über seinen Ehepartner von dem Vermögen profitieren.[1499] Auch ist grundsätzlich eine Übertragung an Angehörige oder Vertrauenspersonen möglich. Zum anderen sei der Gläubigerschutz durch die gläubigerschützenden Vorschriften ausreichend gewahrt.[1500]

Dem ersten Argument der Befürworter der Zulässigkeit einer Stiftung für den Stifter kann mit *Weitemeyer*[1501] entgegengehalten werden, dass es einen

---

1496 Vgl. dazu S. 173 ff.

1497 Statt vieler *Weitemeyer* in MüKo-BGB, § 80, Rn. 126.

1498 *Burgard*, Gestaltungsfreiheit, S. 132 ff.; *Oppel*, Familienstiftungen, S. 72; *Schiffer/Pruns* in NK-BGB, § 80, Rn. 69 f.; *Stumpf* in S/S/S/P, B. Vor. §§ 80–88 BGB, Rn. 8.

1499 Insbesondere sei die reine Stiftung für den Stifter ohnehin ein theoretisches Konstrukt, da der Stifter regelmäßig andere Personen in den Destinatärskreis aufnehme und damit die Stiftung für den Stifter und andere der Regelfall sei, *Burgard*, Gestaltungsfreiheit, S. 135.

1500 *Schiffer/Pruns* in NK-BGB, § 80, Rn. 69 f.; *Burgard*, Gestaltungsfreiheit, S. 134 f.

1501 *Weitemeyer* in MüKo-BGB, § 80, Rn. 126.

wesentlichen Unterschied darstellt, ob sich der Stifter gänzlich (zugunsten eines Familienmitglieds) von seinem Vermögen trennt oder ob das Vermögen nur von einem anderen Rechtsträger allein zu seinen Gunsten gehalten wird. Angesichts hoher Scheidungsraten und einer Vielzahl von Familienfehden gerade dann, wenn es um große Vermögen geht, ist die Hemmschwelle für den Stifter weitaus höher, sich zugunsten einer anderen Person von seinem Vermögen zu trennen als zu seinen eigenen Gunsten. Bei einer reinen Stiftung für den Stifter, in der es an anderen Destinatären fehlt, liegt damit eine gravierend andere Interessenlage vor als bei den grundsätzlich zulässigen Übertragungen auf Familienmitglieder, sodass es an der Vergleichbarkeit fehlt. Dies gilt in abgeschwächter Form auch bei gemischten Stiftungen für den Stifter, die neben dem Stifter auch die Familie des Stifters versorgen sollen. In diesen Fällen fließt zwar ein Teil des Vermögens nicht mehr an den Stifter zurück, in der Satzung ist jedoch – anders als im Regelfall der Schenkung an Verwandte – angelegt, dass er von den Erträgen des Vermögens profitiert. Die Fallkonstellationen sind daher nicht vergleichbar und eine gleiche Behandlung ist entsprechend nicht geboten. Dies bedeutet jedoch nicht automatisch, dass die Stiftung für den Stifter unzulässig ist.

Stattdessen entscheidet sich die Diskussion vielmehr bei der Frage nach einem ausreichenden Gläubigerschutz: Der Kern der Argumentation derjenigen, die die Gefahr einer Haftungsexklave geltend machen, besteht darin, dass der Stifter sich ein gesondertes und eigentümerloses Vermögen schafft, auf das seine Gläubiger jedenfalls nach Ablauf der insolvenz- und zivilrechtlichen Anfechtungsfristen, insbesondere der §§ 133, 134 InsO und §§ 3, 4 AnfG, nicht mehr zugreifen könnten.[1502] Nach einigen Ansichten sei der Gläubiger aufgrund von Gläubigerschutzvorschriften, insbesondere durch die Anfechtung (§§ 129 ff. InsO, §§ 3 f. AnfG), hingegen hinreichend geschützt.[1503] Außerhalb der jeweiligen Anfechtungs- oder Rückforderungsfristen unterliege er nur dem allgemeinen Risiko, dass der Schuldner sein Vermögen aufbraucht. Nach *Burgard* ist jegliche Gefahr der Haftungsexklave ohnehin dadurch gebannt, dass im Fall einer vorsätzlichen Gläubigerschädigung ein sittenwidriges Geschäft nach § 138 Abs. 1 BGB vorläge und das Rechtsgeschäft damit nichtig sei.[1504] Im Folgenden wird daher – unter der hypothetischen Annahme der Zulässigkeit der Stiftung für den Stifter – überprüft, inwieweit die Gläubigerschutzvorschriften zu einem effektiven Schutz der Gläubiger führen können.

1502 Statt vieler, *Weitemeyer* in MüKo-BGB, § 80, Rn. 126.
1503 *Burgard*, Gestaltungsfreiheit, S. 135; dem folgend *Oppel*, Familienstiftungen, S. 72.
1504 *Burgard*, Gestaltungsfreiheit, S. 135.

aa. Allgemeines[1505]

Eingangs kann festgehalten werden, dass sich das Problem einer Haftungsexklave nach der hier vertretenen Ansicht überhaupt nur dann stellen kann, wenn der Stifter keinen Einfluss auf die Stiftung nehmen kann. Denn soweit ihm Einflussmöglichkeiten zustehen, fehlt es an einer materiellen Entreicherung des Stifters und sowohl die Fristen der §§ 133, 134 InsO und §§ 3, 4 AnfG als auch der §§ 1375, 2325 BGB beginnen erst ab dem Zeitpunkt der vollständigen Entreicherung zu laufen. Seine Gläubiger genießen in diesem Fall einen vollumfänglichen Schutz. Dies gilt unabhängig davon, ob es sich um eine reine oder eine gemischte Stiftung für den Stifter handelt.[1506]

Im Anwendungsbereich der §§ 133, 134 InsO und §§ 3, 4 AnfG sowie der §§ 1375, 2325 BGB müssen Gläubiger des Stifters ihre Ansprüche innerhalb von zehn Jahren nach der Entreicherung (vier im Rahmen der § 134 InsO, § 4 AnfG) geltend machen, wenn sie die Zuwendung anfechten[1507] oder den Hinzurechnungsbetrag im Rahmen des Pflichtteilsrechts beziehungsweise des Zugewinnausgleichs erhöhen wollen.

Während die Gläubiger des Stifters innerhalb dieser Fristen ausreichend geschützt sind, stellt sich die eigentliche Frage, wie ihr Schutz nach dem Fristablauf zu bewerten ist. Dabei könnte die Destinatärsstellung des einflusslosen Stifters auch nach Ablauf der jeweiligen Frist im Wege einer teleologischen Reduktion dazu führen, dass ein Gläubigerschutz gewährleistet wird. Dies wird im Rahmen der § 133 InsO, § 3 AnfG überprüft, da die vorsätzliche Gläubigerschädigung eine besonders unbillige Fallgruppe darstellt. Wenn ein Gläubigerschutz selbst im Falle einer Schädigungsabsicht des Stifters bei Gutgläubigkeit der Organe oder nach Ablauf der Frist nicht erreicht werden kann, ließe dies einen Rückschluss auf die Haftungsexklave zu.

1505 Im Stiftungszusammenhang entfaltet § 133 Abs. 4 InsO keine Relevanz, auch wenn eine Auswirkung auf Familienstiftungen naheläge. Denn seine Beweislastumkehr bei Geschäften mit nahestehenden Personen ist weder bei der Vermögensausstattung noch bei nachträglichen Zuwendungen notwendig. Da es sich bei beiden Geschäften um unentgeltliche Geschäfte handelt, ist die Anfechtung unentgeltlicher nach § 134 InsO mit einer doppelt so langen Frist regelmäßig einfacher für den Gläubiger.

1506 Dazu ausführlich S. 173 ff.

1507 In diesem Abschnitt gilt, dass die Formulierung der Anfechtung nach §§ 133, 134 InsO durch „die Gläubiger“ die Anfechtung durch den Insolvenzverwalter meint, die letztlich für die Gläubiger als Gesamtheit erfolgt.

bb. *Anwendung von § 133 InsO und § 3 AnfG bei einseitiger Schädigungsabsicht*[1508]

§ 133 InsO und § 3 AnfG sind auch auf die Stiftungserrichtung analog dann anwendbar, wenn allein der Stifter mit Gläubigerschädigungsabsicht handelt, da die Stiftung bei Abgabe der Willenserklärung noch nicht errichtet war, aber mit dieser Absicht errichtet wird und daher nicht schutzwürdig ist.[1509] Ein wenig anders gelagert ist die Situation in Bezug auf nachträgliche Zuwendungen. Bei diesen existiert mit den für die Stiftung handelnden Stiftungsorganen grundsätzlich ein Erklärungsempfänger. Soweit dieser um die Gläubigerschädigung weiß, können § 133 InsO und § 3 AnfG direkt angewandt werden. Fehlt es dem Empfänger an diesem Wissen, besteht grundsätzlich kein Anfechtungsrecht. Nach *Armbrüster* ist auch in diesem Fall die subsidiäre Anwendung von § 138 Abs. 1 BGB gesperrt.[1510] Dies würde jedoch dazu führen, dass der Stifter gegebenenfalls trotz expliziter Gläubigerschädigungsabsicht sein Vermögen auf die Stiftung übertragen und trotzdem noch insolvenzsicher von diesem profitieren kann.[1511] Wenngleich sein Einfluss auf die Stiftung stark eingeschränkt sein muss, widerspricht es dem allgemeinen Gläubigerschutzgedanken (und dem Rechtsgefühl), wenn die Möglichkeiten der Gläubiger nun im Wesentlichen auf die Anfechtung unentgeltlicher Zuwendungen nach § 134 InsO und § 4 AnfG beschränkt sind und eine Anfechtung nur noch innerhalb von vier statt zehn

---

1508 In der folgenden Betrachtung werden insolvenzstrafrechtliche Delikte, insbesondere § 283 StGB, nicht tiefergehend betrachtet – obwohl sie eine Restschuldbefreiung in der Insolvenz verhindern könnten, § 290 InsO –, da sie regelmäßig eine drohende oder eingetretene Zahlungsunfähigkeit voraussetzen. Diese Tatbestandvoraussetzung dürfte in der Regel erst innerhalb der vier Jahre vor der Insolvenz eintreten. Jegliche Stiftungserrichtungen oder nachträgliche Zuwendungen unterlägen dann aber ohnehin der Anfechtung für unentgeltliche Geschäfte, weswegen der Versagung der Restschuldbefreiung keine Relevanz mehr zukommt.

1509 Dazu bereits oben S. 176 ff.

1510 *Armbrüster* in FS Canaris, Anfechtbarkeit oder Nichtigkeit von Rechtshandlungen mit Gläubigerbenachteiligungsvorsatz, S. 42.

1511 An dieser Stelle ist davon auszugehen, dass der Stifter tatsächlich sämtliche Verfügungsmöglichkeiten aufgegeben hat und somit der Zeitpunkt der Zuwendung nicht verlagert werden muss. Ansonsten könnten Gläubiger die Zuwendung ohnehin aufgrund der verzögerten Entreicherung im Rahmen der Vermögensopfertheorie auch nach Ablauf der eigentlichen Anfechtungsfrist über die Schenkungsanfechtung nach § 134 InsO oder § 4 AnfG anfechten.

Jahren nach der Zuwendung zulässig ist. Um diesem Problem zu begegnen, sind zwei Lösungswege vorstellbar.

Zum einen könnte ausnahmsweise ein Vorliegen weiterer Umstände angenommen werden, welche es rechtfertigen würden, die Sperrwirkung des Anfechtungsrechts zu durchbrechen.[1512] Zum anderen könnte es auch in diesem Fall zu einer analogen Anwendbarkeit von § 133 InsO und § 3 AnfG kommen. Da es – aufgrund der Austauschbarkeit der beiden Geschäfte für den Stifter – grundsätzlich angemessener wäre, wenn sich die Wirkung seines Gläubigerschädigungsvorsatzes nicht unterschiedlich auf Stiftungserrichtung und Zustiftungen auswirkt, ist die analoge Anwendung von § 133 InsO und § 3 AnfG vorzugswürdig. Im Gegensatz zur Stiftungserrichtung lässt sich die vergleichbare Interessenlage nicht aus dem „angeborenen" Wissen der Stiftung ziehen. Stattdessen muss auf den Normzweck abgestellt werden. § 133 InsO und § 3 AnfG setzen die Kenntnis der Gläubigerschädigung durch den anderen Teil voraus, da eine Anfechtung nach der gesetzgeberischen Wertung nur in diesem Fall gerechtfertigt ist. Ansonsten ist der andere Teil im Vertrauen auf das Rechtsgeschäft schutzwürdig. Eine ähnliche Wertung lässt sich in den anderen Anfechtungsvorschriften, § 134 InsO und § 4 AnfG, finden, die eine Anfechtung nur bei unentgeltlichen Leistungen vorsehen.[1513] Damit ist grundsätzlich auch die Stiftung schutzwürdig, wenn ihre Organe keine Kenntnis von der Gläubigerschädigungsabsicht hatten. Handelt es sich bei der Stiftung jedoch um eine reine Stiftung für den Stifter, fehlt es im Ergebnis an der Schutzwürdigkeit der Stiftung, denn auch, wenn die Stiftung als Rechtspersönlichkeit getrennt vom Stifter besteht, so ist er doch der Einzige, der von dem Stiftungsvermögen profitiert. Aufgrund seiner Gläubigerschädigungsabsicht kann er in Bezug auf spätere (im Zweifel ohnehin nicht als rechtlich durchsetzbarer Anspruch gestaltete) Destinatärsleistungen kein Vertrauen bilden. Zwar ist grundsätzlich nicht auf die Schutzwürdigkeit der Destinatäre abzustellen, da die Stiftung ihr Vermögen jedoch nur zugunsten eines einzigen Destinatärs verwenden darf, ist eine Förderung des Stifters automatisch und es besteht eine derart enge Bindung zwischen Stifter und Destinatär, dass dessen missbräuchliche Rechtsausübung ausnahmsweise auf die

---

1512 Zu dieser Ausnahme von der Sperrwirkung, *Armbrüster* in FS Canaris, Anfechtbarkeit oder Nichtigkeit von Rechtshandlungen mit Gläubigerbenachteiligungsvorsatz, S. 29.

1513 Auch wenn § 134 InsO und § 4 AnfG aufgrund der Unentgeltlichkeit nachträglicher Zuwendungen an die Stiftung regelmäßig auch anwendbar sind, können sie den Gläubigern des Stifters aufgrund einer deutlich kürzeren Anfechtungsfrist nur ein geringeres Maß an Schutz bieten.

Stiftung durchschlägt. Damit läge im Fall der reinen Stiftung für den Stifter eine vergleichbare Interessenlage vor. Die für die Analogie erforderliche Regelungslücke lässt sich ebenso wie bereits im Rahmen der Anwendung des § 133 InsO und § 3 AnfG auf die Stiftungserrichtung begründen.[1514] Wird hypothetisch von einer Zulässigkeit der Stiftung für den Stifter ausgegangen, können § 133 InsO und § 3 AnfG im Ergebnis direkt auf nachträgliche Zuwendungen angewandt werden, wenn die Stiftungsorgane von der Gläubigerschädigungsabsicht des Stifters wissen, oder analog, wenn dieses Wissen fehlt. Bei der reinen Stiftung für den Stifter bedarf es außerdem nicht des Beweises der Schädigungsabsicht.[1515]

Damit verbleibt die Frage nach Anwendung der beiden Vorschriften auf gemischte Stiftungen für den Stifter, also, wenn auch noch andere Destinatäre, wie Familienmitglieder, unterstützt werden, oder gemeinnützige Zwecke verfolgt werden. Wie auch bei der Anwendung auf reine Stiftungen für den Stifter, können § 133 InsO und § 3 AnfG direkt auf nachträgliche Zuwendungen angewandt werden, wenn die Stiftungsorgane die Gläubigerschädigungsabsicht des Stifters kennen. Fehlt es an diesem Wissen, kommen auch bei einer gemischten Stiftung für den Stifter eine analoge Anwendung der § 133 InsO und § 3 AnfG oder eine subsidiäre Anwendung des § 138 Abs. 1 BGB in Betracht. Während im Rahmen der reinen Stiftung für den Stifter eine vergleichbare Interessenlage darüber begründet werden konnte, dass aufgrund der singulären Zwecksetzung zugunsten des Stifters bei missbräuchlicher Absicht ein schutzwürdiges Vertrauen der Stiftung auf die Zuwendung fehlt, greift diese Argumentation bei gemischten Stiftungen nicht. Indem die Stiftung bei einer reinen Stiftung für den Stifter ihre Leistungen nur zugunsten dieses Stifters verwenden kann, hat dieser zwar möglicherweise keinen konkreten Anspruch auf Stiftungsleistungen, aufgrund mangelnder Alternative ist eine Vermögensausschüttung an ihn jedoch sehr wahrscheinlich. Treten nun weitere Destinatäre neben den Stifter, fehlt die Sicherheit einer Ausschüttung an den Stifter.[1516] Die Vermögenssphären von Stifter und Stiftung können daher nicht ohne Weiteres vermengt werden. Stattdessen ist der Stiftung nun ein schutzwürdiges Interesse zuzuerkennen, solange die Stiftungsorgane keine Kenntnis der Schädigungsabsicht hatten. Es fehlt damit an der vergleichbaren Interessenlage und eine analoge Anwendung von § 133 InsO oder § 3 AnfG ist daher im Grundsatz abzulehnen. Haben die

1514 Dazu oben S. 173 ff.

1515 Dazu noch ausführlich unten S. 390 ff.

1516 Hätte er sich in der Satzung konkrete Ansprüche eingeräumt, wären diese Ansprüche pfändbar und seine Gläubiger könnten zumindest in diese Ansprüche vollstrecken.

weiteren Destinatäre neben dem Stifter jedoch nur einen marginalen Stellenwert und erhalten derart geringe Leistungen, dass ihre Destinatärsstellung nur vorgeschoben scheint, kann auch bei einer formal gemischten Stiftung für den Stifter im Einzelfall eine analoge Anwendung der § 133 InsO, § 3 AnfG statthaft sein. Dieses Ergebnis wird insgesamt mit dem Vergleich einer Schenkung an gute Freunde gestärkt – einem grundsätzlich nicht in Frage stehenden Vorgang.[1517] Schenkt eine Person einen großen Teil ihres Vermögens an einen gutgläubigen Freund, gegebenenfalls mit dem freundschaftlichen Zusatz, dass der Beschenkte im Notfall auch für sie sorgen solle, läuft die Anfechtungsfrist der § 134 InsO, § 4 AnfG nach vier Jahren ab und eine Anfechtung nach § 133 InsO, § 3 AnfG ist je nach Beweislage nicht möglich. Dass sich der Beschenkte später revanchiert, ist dabei wahrscheinlich, aber nicht zwingend.

Soweit die regulären Tatbestandsvoraussetzungen der § 133 InsO, § 3 AnfG nicht erfüllt sind, würde eine Anwendung von § 138 Abs. 1 BGB besondere hinzutretende Umstände erfordern, damit die § 133 InsO, § 3 AnfG keine Sperrwirkung entfalten.[1518] Denn grundsätzlich sind die § 133 InsO und § 3 AnfG als *lex specialis* vorrangig anwendbar und sperren die Anwendung der allgemeinen Vorschriften.[1519] Im Regelfall dürfte sich jedoch die Sittenwidrigkeit allein auf die Gläubigerschädigung beziehen und damit nur das Insolvenzrecht Anwendung finden. Die Anwendung von § 138 Abs. 1 BGB ist damit auch dann in Bezug auf nachträgliche Zuwendungen durch § 133 InsO, § 3 AnfG gesperrt, wenn der Stifter mit Schädigungsabsicht handelte, die Stiftungsorgane aber gutgläubig waren.[1520]

Im Ergebnis führt eine Gläubigerschädigungsabsicht des Stifters ohne Wissen der Stiftungsorgane damit nur im Fall der reinen oder überwiegenden Stiftung für den Stifter zu einer Anfechtbarkeit nach § 133 InsO, § 3 AnfG. Bei einer gemischten Stiftung für den Stifter sind die § 133 InsO, § 3 AnfG hingegen nicht teleologisch zu reduzieren und entfalten zudem Sperrwirkung gegenüber § 138 BGB.

1517 *Oppel*, Familienstiftungen, S. 73.

1518 Vgl. dazu oben S. 173 ff.

1519 *Raupach* in BeckOK-InsO, § 133, Rn. 3. Im Detail zum Verhältnis der Vorschriften, *Armbrüster* in FS Canaris, Anfechtbarkeit oder Nichtigkeit von Rechtshandlungen mit Gläubigerbenachteiligungsvorsatz, S. 26 f.

1520 A.A. *Burgard*, Gestaltungsfreiheit, S. 135, der § 138 BGB grundsätzlich bei Gläubigerschädigungsabsicht anwenden will.

cc. *Anwendung von § 133 InsO und § 3 AnfG nach Ablauf der Anfechtungsfrist*

Neben dem Problem der einseitigen Gläubigerschädigungsabsicht ist fraglich, ob die Sonderform der Stiftung die zehnjährige Anfechtungsfrist der § 133 InsO, § 3 AnfG beeinflusst. Im Gegensatz zu anderen Rechtsgeschäften ist die auf die Ewigkeit angelegte Stiftung kein kurzlebiges Rechtsgeschäft, sondern kann ohne Weiteres Jahrzehnte überdauern. Ein erfolgreicher Unternehmer, der seine Unternehmensanteile frühzeitig in eine Stiftung einbringt, könnte sich nach Ablauf der Anfechtungsfrist tatsächlich eine Haftungsexklave schaffen und sein gesamtes Leben auf Leistungen der Stiftung setzen.[1521] Wenngleich Gläubiger diese Leistungen pfänden können, wäre ihnen der Zugriff auf das Stiftungsvermögen verwehrt. Um den Gläubigern trotzdem eine Befriedigung zu ermöglichen, könnten die § 133 InsO, § 3 AnfG aber teleologisch reduziert und bei Stiftungen für den Stifter eine Ausnahme von der Zehnjahresfrist gemacht werden.

Bei einer teleologischen Betrachtung der § 133 InsO und § 3 AnfG soll die Anfechtungsfrist grundsätzlich zu Rechtsfrieden führen. Aufgrund der erforderlichen Kenntnis der Benachteiligungsabsicht durch den anderen Teil hat dieser ansonsten kein schutzwürdiges Interesse. Eine teleologische Reduktion der Anfechtungsfrist kann daher nicht allein durch das jedenfalls kollusionsähnliche Handeln der Beteiligten und die daraus resultierende geringe Schutzwürdigkeit begründet werden, da dieses Handeln ohnehin Tatbestandsvoraussetzung der Anfechtung ist. Darüber hinaus hat der Gesetzgeber bei der Einführung den vorher bestehenden Anfechtungszeitraum von 30 Jahren im Jahr 1992 als nicht mehr zeitgemäß empfunden.[1522] Da trotz der rechtsmissbräuchlichen Motivation der Beteiligten die Frist auf zehn Jahre verkürzt wurde, ist es grundsätzlich nicht im Sinne des Gesetzgebers, durch eine teleologische Reduktion die Anfechtungsfrist der § 133 InsO, § 3 AnfG zu verlängern. Eine teleologische Reduktion ist daher nicht statthaft. Dies muss selbst bei der Stiftung für den Stifter gelten.

1521 In der Realität ist die Gefahr jedoch eingeschränkt, da regelmäßig das Vermögen aus Unternehmensanteilen bestehen dürfte. Die Wahrscheinlichkeit, dass der Stifter sich dann freiwillig einer Privatinsolvenz unterzieht, wenn es dem Unternehmen gut geht, dürfte gering sein. Begründet sich die finanzielle Notlage hingegen aus einer Schwäche des Unternehmens, wäre der Stifter ohnehin insolvent, sodass die Auslagerung wertloser Unternehmensanteile in die Stiftung keine wirkliche Gläubigerschädigung herbeiführt.

1522 BT-Drucks. 12/2443, S. 160; *Borries/Hirte* in Uhlenbruck-InsO, § 133, Rn. 33.

Im Ergebnis dürfte sich die Unbilligkeit jedoch in Grenzen halten, da die Gläubiger bei einem Einfluss des Stifters durch die Vermögensopfertheorie sowie die Pfändbarkeit von Leistungen der Stiftung an den Stifter geschützt werden.

dd. Konsequenzen für die Anwendung der § 133 InsO, § 3 AnfG und verbleibende Anwendbarkeit des § 138 BGB

Teilweise wird in der Literatur vertreten, dass Stiftungen für den Stifter per se nur der Gläubigerschädigung dienen könnten und entsprechend kein legitimes Interesse an ihnen bestünde.[1523] Dem könnte insoweit zuzustimmen sein, als es sich um die realitätsferne Variante der reinen und endlichen Stiftung für den Stifter handelt, die nur den Stifter zu seinen Lebzeiten fördert und nach seinem Ableben aufzulösen ist, ohne dass das Vermögen zur Verfolgung weiterer Zwecke genutzt werden soll.[1524] Handelt es sich hingegen um gemischte Varianten, könnte eine hinreichende Motivation bestehen.

Soll etwa die Nachfolgeplanung zu Lebzeiten des Stifters finalisiert werden, aber erst nach dem Ableben des Stifters Wirkung gegenüber den Nachfahren entfalten, zugleich aber auch der Lebensunterhalt des Stifters aus dem Vermögen bestritten werden, bestünde ein nicht zwingend durch eine Gläubigerschädigungsabsicht geprägtes Interesse – obwohl die Stiftung bis zum Ableben des Stifters eine reine Stiftung für den Stifter wäre.[1525] Zwar könnte der Stifter seinen Unterhalt auch dadurch sicherstellen, dass er sich einen Nießbrauch an einigen der zugewandten Vermögenswerte vorbehält.[1526] Eine derartige Gestaltung leidet jedoch daran, dass der Stiftung die Verwaltung des Vermögens erschwert wird, wenn dieses mit einem Nießbrauch belastet ist. In diesem von *Oppel* als Stufenmodell bezeichneten System, in dem Stifter die Möglichkeit hätten, auch zu Lebzeiten noch eine Feinjustierung der Nachfolgeplanung vorzunehmen,[1527] besteht nach hier vertretener Ansicht keine Gefahr für Gläubiger, soweit der Stifter tatsächlich noch Einfluss auf die Ausgestaltung der Arbeit der Stiftung hat. Besitzt der Stifter nämlich noch einen derart großen Einfluss auf die Stiftung, dass er ihr Wirken beeinflussen kann, etwa als Stiftungsvorstand, fehlt es an einer materiellen Entreicherung und die Fristen für die Anfechtung nach

---

1523 *Weitemeyer* in MüKo-BGB, § 80, Rn. 126.

1524 So auch Stimmen, die der Stiftung für den Stifter grundsätzlich positiver gegenüberstehen, *Oppel*, Familienstiftungen, S. 71 f.

1525 *Oppel*, Familienstiftungen, S. 72.

1526 *Weitemeyer* in MüKo-BGB, § 80, Rn. 126.

1527 *Oppel*, Familienstiftungen, S. 72.

§§ 133, 134 InsO und §§ 3, 4 AnfG sowie für die Hinzurechnungen nach §§ 2325, 1375 BGB begännen, nicht zu laufen.[1528] Fehlt es dem Stifter hingegen an einer solchen Einflussmöglichkeit, besteht kein legitimes Interesse an einer solchen Stiftung. Denn der Stifter kann gerade keine Nach- oder Feinjustierung in der Nachfolgeplanung vornehmen. Als einzige Motivation ist dann die potenzielle Gläubigerschädigung vorstellbar. Nahe liegt in derartigen Gestaltungen die Vermutung, dass neben der langfristigen Gläubigerschädigung[1529] auch Pflichtteilsansprüche umgangen werden sollen oder den Gläubigern des Stifters jedenfalls die Geltendmachung von Ansprüchen prozessual erschwert werden soll. Denn im Gegensatz zur Stiftung auf den Todesfall hätte die Gestaltung im Stufenmodell den „Vorteil", dass gegebenenfalls Vermögen bereits vor den Ansprüchen von Pflichtteilsberechtigten „in Sicherheit gebracht" worden ist, da die Hinzurechnungsfristen des Pflichtteilsrechts abgelaufen wären.[1530]

Im Zwischenergebnis können damit bei gemischten Stiftungen für den Stifter legitime Zwecke vorliegen, bei reinen oder zeitverzögerten Stiftungen für den Stifter ist jedoch die Gläubigerbenachteiligung der einzige vorstellbare Zweck, wenn der Stifter keinen Einfluss mehr auf die Stiftung nehmen kann. Fraglich ist insoweit, wie damit umzugehen ist und ob eine rechtliche Lösung gefunden werden kann.

Zum einen kann jedenfalls bei der Anwendung des § 133 InsO davon ausgegangen werden, dass für die Zuwendung an eine Stiftung für den Stifter aufgrund des zwingend gläubigerschädigenden Charakters automatisch die Voraussetzung der Gläubigerschädigungsabsicht fingiert wird. Dies deckt sich insoweit mit den obigen Ausführungen, dass eine Kenntnis des anderen Teils nicht erforderlich ist, beziehungsweise bei der Stiftungserrichtung fingiert wird.[1531] Der Insolvenzverwalter müsste somit die Schädigungsabsicht nicht nachweisen. Da der Stifter keine Gegenleistung erhält, ist regelmäßig auch die objektive Gläubigerschädigungsvoraussetzung des § 129 InsO erfüllt. Die Voraussetzungen des § 133 InsO wären damit immer gegeben.

1528 Siehe dazu bereits oben S. 173 ff.

1529 *Weitemeyer* in MüKo-BGB, § 80, Rn. 126.

1530 Die zehnjährige Frist, innerhalb derer Schenkungen bei der Berechnung des Pflichtteilsanspruchs unberechtigt bleiben (§ 2325 Abs. 3 BGB), würde dann bereits mit der Übertragung auf die Stiftung für den Stifter greifen und damit mit einer gewissen Wahrscheinlichkeit zum Todesfall bereits abgelaufen sein.

1531 Dazu oben S. 385 f.

Zudem könnte trotz der generellen Sperrwirkung der § 133 InsO, § 3 AnfG in diesem Fall eine Ausnahme angebracht sein und die Stiftungserrichtung als sittenwidrig und damit nichtig im Sinne von § 138 Abs. 1 BGB gewertet werden.[1532] Die Aufhebung der Sperrwirkung ließe sich verschiedentlich begründen. Zum einen ist das Stiftungsgeschäft ein langlebiges Rechtsgeschäft und bedarf daher gegebenenfalls einer anderen Bewertung als reguläre Geschäfte. Dies zeigt sich insbesondere im Vergleich zu der Übertragung von Vermögenswerten an Familienangehörige oder andere Vertrauenspersonen, wenn diese und der Schuldner mit Gläubigerschädigungsabsicht handeln. In diesen Fällen verjährt das Anfechtungsrecht der Gläubiger des Schenkers nach zehn Jahren, für eine Anwendung des § 138 Abs. 1 BGB ist, wie bereits dargelegt, darüber hinaus kein Raum. Entscheidender Unterschied zu der Stiftung für den Stifter ist in diesen Fällen, dass der Empfänger der Leistung das Vermögen 15 oder 20 Jahre später zwar wieder zurück an den Schenker übertragen kann, dazu aber jedenfalls nicht rechtlich verpflichtet ist.[1533] Wenn die Stiftung für den Stifter aber durch ihre Satzung verpflichtet ist, dem Stifter Leistungen zu gewähren, bestehen für ihn keine Zweifel und kein Risiko, zumindest die Früchte oder Teile seines Vermögens wieder erhalten zu können. Zum anderen bedarf es bei derartigen Stiftungen für den Stifter grundsätzlich keiner umfangreichen Beweisführung, da ein legitimer Zweck fehlt. Für die Stiftungsbehörde wäre die Sittenwidrigkeit der Stiftung somit leicht erkennbar. Die unterschiedliche Interessenlage zwischen „typischen“ Gläubigerschädigungsgeschäften und die vergleichbar einfache Beweisführung könnten daher ausnahmsweise eine teleologische Reduktion der Sperrwirkung der § 133 InsO, § 3 AnfG erlauben. § 138 Abs. 1 BGB wäre damit im Fall der genannten Arten der Stiftung für den Stifter anwendbar. Damit könnte die Stiftungsbehörde der Stiftung die Anerkennung wegen Sittenwidrigkeit nach § 138 Abs. 1 BGB verweigern.

Ohne die Anerkennung wären die Gläubiger des Stifters vor einer Haftungsexklave geschützt. Wird die Stiftung aber trotzdem anerkannt und würde die Sperrwirkung der § 133 InsO, § 3 AnfG reduziert, stünde dem Stifter grundsätzlich ein (durch die Gläubiger pfändbarer) bereicherungsrechtlicher Rückforderungsanspruch wegen Bereicherung ohne Rechtsgrund zu, § 812 Abs. 1 S. 1 Alt. 1 BGB.

1532 *Burgard* geht zwar im Ergebnis von der Anwendbarkeit des § 138 Abs. 1 BGB aus, thematisiert die Sperrwirkung des Insolvenz- und Anfechtungsrechts jedoch nicht, *Burgard*, Gestaltungsfreiheit, S. 135.

1533 Wäre er rechtlich verpflichtet, könnten Gläubiger den Anspruch des Schuldners pfänden und wären so ohnehin geschützt.

Dieser verjährt jedoch nach § 199 Abs. 1 i.V.m. Abs. 4 BGB innerhalb von zehn Jahren nach der Vermögensübertragung und damit in der gleichen Zeitspanne wie das Anfechtungsrecht des Gläubigers aus § 133 InsO, § 3 AnfG, welches auf die einmal errichtete und ausgestattete Stiftung auch wieder vorrangig und exklusiv anzuwenden wäre. Nach Ablauf dieser Frist könnte die Stiftungsbehörde allerdings aufgrund der Nichtigkeit des Rechtsgeschäfts eine Zweckänderung herbeiführen oder die Stiftung auflösen. Im Fall der Zweckänderung dürften die Gläubiger grundsätzlich trotz Nichtigkeit kaum eine Befriedigung erfahren. Wird die Stiftung hingegen aufgelöst, kommt es darauf an, wer als Anfallberechtigter in der Satzung der Stiftung festgelegt ist. Nur wenn dies der Stifter ist, könnten Gläubiger dann auf das ihm zustehende Vermögen zugreifen. In diesem Ausnahmefall ginge die Wirkung des § 138 BGB faktisch über die Frist für die Anfechtbarkeit nach § 133 InsO und § 3 AnfG hinaus, obwohl der Gesetzgeber gerade nach zehn Jahren Rechtsfrieden einkehren lassen wollte.[1534] Vor diesem Hintergrund ist fraglich, ob die Sperrwirkung der § 133 InsO, § 3 AnfG auch bei einer grundsätzlichen Reduktion nicht ohnehin zehn Jahre nach der Stiftungserrichtung wieder eintreten müsste, damit dem Willen des Gesetzgebers Rechnung getragen wird.

Nach dieser Betrachtung spricht vieles dafür, dass die Sperrwirkung der § 133 InsO, § 3 AnfG nur vor der Errichtung der Stiftung aufzuheben ist und § 138 BGB dazu dienen kann, dass der Stiftung aufgrund von Sittenwidrigkeit die Anerkennung versagt wird. Wird sie trotzdem errichtet, kommt den Gläubigern des Stifters allerdings zugute, dass die Voraussetzungen der §§ 129, 133 InsO und § 3 AnfG als gegeben bewertet werden können und eine umfangreiche Beweisführung nicht erforderlich ist.

c. *Exkurs: Pflichtteilsumgehung*

Wenngleich thematisch eher bei der Familienstiftung und nicht bei der Stiftung für den Stifter anzusiedeln, ist an dieser Stelle aufgrund der dogmatischen Nähe zum Gläubigerschutz auch auf die Folgen einer absichtlichen Umgehung des Pflichtteilsrechts einzugehen. Sollen durch die Stiftungserrichtung die Ansprüche pflichtteilsberechtigter Erben umgangen werden, könnte auch dies eine Sittenwidrigkeit begründen. Denn zum einen führen die Regelungen des Pflichtteilsrechts zu einer gänzlich anderen Rechtsfolge als die Anwendung von § 138 BGB, sodass eine Sperrwirkung nicht derart naheliegt wie bei den Regelungen der InsO und des AnfG. Zum anderen ist das Pflichtteilsrecht – im

1534 BT-Drucks. 12/2443, S. 160; *Borries/Hirte* in Uhlenbruck-InsO, § 133, Rn. 33.

Gegensatz zu dem allgemeinen Gläubigerschutz – nicht Ausdruck einer privatrechtlichen Regelung, sondern Ausdruck des verfassungsrechtlichen Verwandtenerbrechts[1535] und könnte deswegen eines besonderen Schutzes bedürfen.

Nach der herrschenden Meinung kommt eine Sittenwidrigkeit nach § 138 BGB jedoch nicht in Betracht, wenn der Erblasser absichtlich das Pflichtteilsrecht umgehen wollte.[1536] Der BGH hat insoweit in zwei Urteilen von 1972 klargestellt, dass der Erblasser in seiner Testierfreiheit grundsätzlich nicht durch § 138 BGB einzuschränken ist. Das Pflichtteilsrecht schaffe insoweit einen angemessenen Ausgleich. Nur bei Hinzutreten weiterer Umstände könne im Ausnahmefall eine Sittenwidrigkeit gemäß § 138 BGB angenommen werden.[1537] Das OLG Hamm hat dies beispielsweise selbst dann abgelehnt, wenn der Erblasser die Begünstigung seiner Enkel von einem Pflichtteilsverzicht seines enterbten Kindes abhängig macht.[1538]

Im Ergebnis geht § 2325 BGB trotz der unterschiedlichen Rechtsfolge als speziellere Vorschrift dem § 138 BGB vor und entfaltet eine Sperrwirkung, weswegen für die Anwendung des § 138 BGB regelmäßig kein Raum bleibt, wenn der Erblasser seine Erbfolge unter Ausschluss einiger Erben über eine Stiftung regelt.

d. Zwischenfazit

Im Ergebnis scheitert die Stiftung für den Stifter damit nicht an der fehlenden Möglichkeit einer Vermögensübertragung auf eine solche Stiftung. Die häufig geltend gemachte Sorge vor einer Haftungsexklave des Stifters und die damit verbundenen Bedenken einer Gläubigerschädigung können ebenfalls nicht dazu führen, dass sämtliche Varianten der Stiftung für den Stifter unzulässig sind. Denn die Gläubigerschutzvorschriften greifen grundsätzlich auch bei der Vermögensausstattung und nachträglichen Zuwendungen und gewähren so den Gläubigern des Stifters den vom Gesetzgeber intendierten Schutz. Kann der Stifter weiterhin Einfluss auf die Stiftung nehmen, beginnen die Fristen in

---

1535 *Papier/Shirvani* in Dürig/Herzog/Scholz-GG, Art. 14, Rn. 411.

1536 BGH, Urt. v. 10.2.1972 – V ZR 148/69, JZ 1972, 283, juris Rn. 20 ff.; BGH, Urt. v. 21.6.1972 – IV ZR 221/69, BGHZ 59, 132, juris Rn. 13; *Gietl* in Dauner-Lieb/Grziwotz, § 2325, Rn. 2; *Lange* in MüKo-BGB, § 2325, Rn. 16; *Looschelders* in NK-BGB, § 138, Rn. 297; *Schindler* in BeckOGK, § 2325, Rn. 150; *Weidlich* in Grüneberg, § 2325, Rn. 1; immerhin von einem begrenzten Schutz ausgehend *Bock* in Kroiß/Ann/Mayer, § 2325, Rn. 3; *Müller-Engels* in BeckOK-BGB, § 2325, Rn. 1.

1537 BGH, Urt. v. 10.2.1972 – V ZR 148/69, JZ 1972, 283, juris Rn. 20 ff.; BGH, Urt. v. 21.6.1972 – IV ZR 221/69, BGHZ 59, 132, juris Rn. 13.

1538 OLG Hamm, Beschl. v. 11.1.2005 – 15 W 391/03, ZEV 2006, 167.

den Gläubigerschutzvorschriften bis zur Aufgabe des Einflusses nicht zu laufen. Kann er hingegen keinen Einfluss mehr nehmen, können Gläubiger ihre Ansprüche nur innerhalb der Anfechtungsfristen geltend machen und spätere Zahlungen der Stiftung an den Stifter oder entsprechende Ansprüche pfänden.

Einzig im Fall der endgültigen oder langfristigen reinen Stiftung für den Stifter kann die allgemeine Sittenwidrigkeit nach § 138 Abs. 1 BGB dazu dienen, der Stiftung eine Anerkennung zu versagen. Denn bei einer reinen Stiftung für den Stifter gibt es keine schützenswerte Motivation und sie kann, falls der Stifter seinen Einfluss aufgegeben hat, nur der potenziellen Gläubigerschädigung dienen. Ihr Stiftungszweck ist damit sittenwidrig und das Stiftungsgeschäft nichtig.

Die in der Literatur vorherrschende vollständige Ablehnung dieses Stiftungszwecks kann daher nicht überzeugen und eine gemischte Stiftung für den Stifter ist – primär im Hinblick auf die Privatautonomie[1539] – für zulässig zu erachten. Letztlich dürfte sie in der Praxis ohnehin kaum in der umstrittenen Reinform vorkommen.[1540]

2. *Liechtenstein*

Im Gegensatz zum deutschen Recht wird die Stiftung für den Stifter in Liechtenstein grundsätzlich für zulässig gehalten. Erlaubt sind damit nach der herrschenden Ansicht also auch Stiftungen mit dem Zweck, den Stifter selbst zu unterstützen.[1541] Da sich dies aber nicht ohne Weiteres aus dem Gesetzeswortlaut ergibt, ist sie auch in Liechtenstein nicht unumstritten und bedarf für einen Vergleich der Rechtsordnungen einer genaueren Betrachtung:

a. *Wortlaut*

Die Zulässigkeit der Stiftung für den Stifter könnte sich nach der Reform des Stiftungsrechts bereits aus dem Gesetz selbst ergeben. Art. 552 § 2 Abs. 3 PGR definiert die privatnützige Stiftung als Stiftung, die *privatnützige* oder *eigennützige* Zwecke verfolgt. Der Begriff der Eigennützigkeit kann dabei nicht aus der Perspektive der Stiftung verstanden werden. Dies ergibt sich zum einen aus dem

---

1539 *Hof* in v. Campenhausen/Richter, § 7, Rn. 60.

1540 Sie können aber beispielsweise dann auftreten, wenn der Stifter einer Familienstiftung unverheiratet und kinderlos bleibt, wie etwa aus dem Sachverhalt einer BFH Entscheidung hervorgeht, BFH, Urt. v. 9.12.2009 – II R 22/08, BStBl II 2010, 363, juris Rn. 1.

1541 *Hier*, Unternehmensstiftung, S. 57; *Jakob*, Liechtensteinische Stiftung, Rn. 45; *Jakob*, Schutz der Stiftung, S. 53 f.; kritisch dazu *Bösch*, Liechtensteinisches StiftR, S. 613 ff.

systematischen Vergleich mit den anderen beiden Zweckrichtungen sowie aus der vom Gesetzgeber intendierten Unzulässigkeit der noch zu besprechenden Selbstzweckstiftung,[1542] welche der hauptsächliche Ausdruck der Eigennützigkeit einer Stiftung wäre. Stattdessen muss die Eigennützigkeit aus der Sichtweise des Stifters verstanden werden. Eigennützig würde dann letztlich explizit die Förderung des Stifters meinen und damit jegliche Diskussion überflüssig machen.[1543] Aus den Gesetzesmaterialien lässt sich jedoch nicht erschließen, dass der Gesetzgeber die von *Bösch* geforderte Klarstellung[1544] in Bezug auf die Stiftung für den Stifter mit dieser Formulierung in das Gesetz aufnehmen wollte.[1545] Stattdessen kann bei der Auslegung der drei Begriffe die Privatnützigkeit in einem ersten Schritt als konträr zur Gemeinnützigkeit verstanden werden. Alle nicht gemeinnützigen Zwecke sind damit privatnützig. Innerhalb dieser weiten Privatnützigkeit soll die Eigennützigkeit wiederum alle Zwecke abdecken, die nicht im weiteren Sinne privatnützig sind, sondern einen Eigennutz des Stifters darstellen. Trotzdem erklärt das Gesetz die Stiftung für den Stifter nicht ausdrücklich für zulässig. Denn schließlich sind auch Zwecke vorstellbar, die dem Stifter nutzen, nicht aber dazu führen, dass Stiftungsleistungen an ihn ausgeschüttet werden.

b. A maiore ad minus *Zulässigkeit der Stiftung für den Stifter in Liechtenstein*

Statt aus dem Wortlaut wird die Zulässigkeit der Stiftung für den Stifter in der liechtensteinischen Literatur *a maiore ad minus* aus der Möglichkeit zum Widerruf der Stiftung nach Art. 552 § 30 PGR hergeleitet.[1546] Auf den ersten Blick wirkt dieser Schluss naheliegend: Wenn der Stifter schon in der Lage ist, die Stiftung zu widerrufen und so das gesamte Stiftungsvermögen wieder zurückzuerlangen, dann könnte es als „Minus" gelten, wenn er als Begünstigter Ausschüttung für Ausschüttung jeweils einen Teil des Vermögens zurückerhält. Bei

1542 BuA Nr. 13/2008, S. 42; dazu auch unten S. 423 f.

1543 So wohl *Jakob*, Liechtensteinische Stiftung, Rn. 44 f., der jedoch im Ergebnis die Zulässigkeit der Stiftung für den Stifter trotzdem aus dem im nächsten Abschnitt dargestellten *a maiore ad minus* Argument herleitet und nicht aus dem geänderten Gesetzeswortlaut des eigennützigen Stiftungszwecks.

1544 *Bösch*, Liechtensteinisches StiftR, S. 613 f.

1545 BuA Nr. 13/2008, S. 47 ff.

1546 *Jakob*, Schutz der Stiftung, S. 53 ff.; *Jakob*, Liechtensteinische Stiftung, Rn. 442.

genauerer Untersuchung kann dieser *a maiore ad minus* Schluss jedoch nicht überzeugen.

Grundsätzlich setzt ein *a maiore ad minus* Schluss eine Folgerung vom Größeren auf das Kleinere voraus.[1547] Erforderlich ist entsprechend immer etwas „Größeres" beziehungsweise „Allgemeines", welches grundsätzlich in dem Widerruf gesehen wird.[1548] Leitet man den *a maiore ad minus* Schluss im Wege eines Syllogismus[1549] her, um den vermeintlichen Schluss in diesem Fall zu reproduzieren, so bedarf es zweier Prämissen, um zur Schlussfolgerung zu gelangen. Schwierig ist dabei, die zweite Prämisse zu bilden, da die erste Prämisse sowie die Schlussfolgerung bereits vorgegeben sind.

Die erste Prämisse, der „Obersatz", müsste lauten: Dem Stifter stehen der Widerruf der Stiftung und alle schwächeren Rechte zu. Die zweite Prämisse, der „Untersatz", hieße: Die Stiftung für den Stifter ist ein schwächeres Recht. Damit gelänge man zu der Schlussfolgerung, dass dem Stifter die Stiftung für den Stifter erlaubt sein muss.

An dieser Stelle zeigt sich, warum der *a maiore ad minus* Schluss in diesem Zusammenhang nicht überzeugen kann: Obersatz und Untersatz müssen in Bezug auf den sog. „Mittelbegriff", also den Konnektor zwischen der ersten und zweiten Prämisse, übereinstimmen. Wenn man diese Vorgabe beachtet, dann ist der Untersatz regelmäßig falsch. Denn die Stiftung für den Stifter müsste – wie der Widerruf – ein Recht des Stifters darstellen. Dies ist jedoch nicht der Fall, vielmehr umschreibt der Begriff der Stiftung für den Stifter einen möglichen Zweck der Stiftung.[1550] Ein voraussetzungsloser *a maiore ad minus* Schluss kann somit nicht nachvollzogen werden.

Gleichwohl lässt sich der wirtschaftliche *a maiore ad minus* Schluss, nach dem auch eine „Teilauskehrung" zulässig sein müsste, wenn die Auskehrung

---

1547 *Schneider/Schnapp*, Logik, § 36.

1548 *Jakob*, Liechtensteinische Stiftung, Rn. 45 m.w.N. zur Rechtslage nach der Reform; *Rawert* in Stiftungsrecht in Europa, Stiftungsbegriff, S. 116 ebenso wie *Hier* zum alten Recht. Beide verweisen letztlich auf *Hier*, Unternehmensstiftung, S. 57. *Hier* spricht in dem relevanten Absatz anfangs zwar von der Zulässigkeit der Stiftung für den Stifter, jedoch nicht explizit von einem *a maiore ad minus* Schluss aufgrund des Widerrufsrechts.

1549 *Schneider/Schnapp*, Logik, § 36.

1550 Als Gegenbeispiel für einen zulässigen *a maiore ad minus* Schluss: Dem Stifter stehen der Widerruf der Stiftung und alle schwächeren Rechte zu. Die Zweckänderung einer bestehenden Stiftung ist ein schwächeres Recht. Der Stifter kann den Zweck der Stiftung ändern.

des gesamten Stiftungsvermögens an den Stifter zulässig ist, gut nachvollziehen. Überträgt man diesen wirtschaftlichen Schluss auf die rechtliche Ebene, so müsste im Untersatz statt der Stiftung für den Stifter der Teilwiderruf der Stiftung stehen. Eine parallele Argumentation ließe sich unabhängig vom Widerruf über die Letztbegünstigung im Sinne des Art. 552 § 8 PGR erreichen. Wenn der Stifter im Fall der Vollauflösung der Stiftung das Stiftungsvermögen erlangen kann, dann muss dies auch im Fall der „Teilauflösung" der Fall sein. Der Unterschied zwischen den beiden Argumentationslinien ist, dass die Rückübertragung des Vermögens im Falle des Widerrufs durch den Stifter zwingend initiiert ist, während sie bei der Auflösung nicht oder nur mittelbar durch den Stifter veranlasst wird. Beide Schlüsse haben im Ergebnis zwei Gemeinsamkeiten: Zum einen erlauben sie, dass die Vermögenswerte der Stiftung an den Stifter zurückfließen. Zum anderen setzen sie beide voraus, dass dies in der Satzung der Stiftung festgelegt ist (Art. 552 § 30 Abs. 1 PGR für den Widerruf und Art. 552 § 30 Abs. 1 PGR für die Letztbegünstigung).

Im Ergebnis lässt sich damit feststellen, dass ein *a maiore ad minus* Schluss zwar grundsätzlich möglich ist. Im Wesentlichen begründet dieser Schluss allerdings nur die Zulässigkeit der Vermögensverwendung zugunsten des Stifters. Da aber der Stiftungszweck wesentlicher Wegweiser für die Mittelverwendung ist, muss dieser Schluss insoweit erweitert werden können, als dass ein auf die Mittelverwendung zugunsten des Stifters gerichteter Stiftungszweck – also die Stiftung für den Stifter – zulässig ist. Dieser führt jedoch – nicht wie in der Literatur angenommen – zu einer unbeschränkten Zulässigkeit der Stiftung für den Stifter in Liechtenstein: Soll die Zulässigkeit dieses Stiftungszwecks im Wege eines *a maiore ad minus* Schlusses begründet werden, muss das „Minus" den gleichen Voraussetzungen unterliegen wie das „Maius". Entsprechend ist daher eine Satzungsregelung erforderlich. Genauer bedeutet dies, dass es für die Förderung des Stifters nicht genügt, wenn er nur Ermessensbegünstigter nach Art. 552 § 7 PGR ist, sondern eine Begünstigung mit Rechtsanspruch nach Art. 552 § 6 PGR ist erforderlich, um eine mit Art. 552 § 8 und § 30 PGR vergleichbare Rechtssicherheit zu gewährleisten.

Dieser *a maiore ad minus* Schluss spricht grundsätzlich dafür, dass die Stiftung für den Stifter in Liechtenstein zulässig ist. Im Folgenden wird dieser Schluss jedoch an schützenswerten Interessen zu messen sein, die die Vergleichbarkeit mit dem Widerruf oder der Letztbegünstigung wieder aufheben könnten.

c. Vermögensübergang

Wie im deutschen Recht könnte auch im Fürstentum der Einwand erhoben werden, dass es bei einer Stiftung für den Stifter an der Vermögensübertragung fehlt, da der Stifter sich nicht gänzlich von seinem Vermögen trenne.[1551]

Die Thematik der Entäußerung muss in zwei Fragestellungen aufgeteilt werden. Zum einen ist die Intensität der Entäußerung, zum anderen die Dauer der Entäußerung des Vermögens zu betrachten. Die Intensität der Entäußerung spielt bei der Frage nach der Zulässigkeit der Stiftung für den Stifter kaum eine Rolle, da der Stiftungszweck nicht zwingend eine vollständige Aufgabe aller relevanten direkten und mittelbaren Einflussmöglichkeiten erfordert. Die Dauer der Vermögensaufgabe entfaltet hingegen grundsätzlich eine gewisse Relevanz für die Frage nach der Zulässigkeit der Stiftung für den Stifter. Wenngleich viel dafürspricht – wie im deutschen Recht –, die Entäußerung nur für die Dauer der Existenz der Stiftung erforderlich zu halten, so kann in Liechtenstein jedenfalls aufgrund des Widerrufsrechts nach Art. 552 § 30 PGR und der Zulässigkeit der Letztbegünstigung des Stifters nach Art. 552 § 8 PGR davon ausgegangen werden, dass es dem Vermögensübergang auf die Stiftung prinzipiell nicht entgegensteht, wenn der Stifter das Vermögen zurückerhält.[1552]

Das Erfordernis eines Vermögensübergangs führt im Ergebnis daher nicht dazu, dass der Zweck einer Stiftung für den Stifter per se ausgeschlossen ist. Allerdings legt die Begründung über das Widerrufsrecht und die Letztbegünstigung auch an dieser Stelle nahe, dass eine Begünstigung des Stifters konkret in der Satzung vorbehalten sein muss.

d. Gläubigerschutz

Die bisherigen Ausführungen haben gezeigt, dass die Stiftung für den Stifter nicht ausdrücklich zulässig ist, jedoch die Verwendung der Stiftungsmittel zugunsten des Stifters *a maiore ad minus* bei einer entsprechenden Satzungsregelung zulässig wäre. Unabhängig von diesem Schluss könnten jedoch besonders schützenswerte Interessen gegen die Zulässigkeit der Stiftung für den Stifter sprechen.[1553]

1551 Zu den Voraussetzungen der Entäußerung im Detail siehe oben S. 205 ff. zur Stiftungserrichtung und S. 227 ff. zu nachträglichen Vermögenszuwendungen.

1552 Siehe dazu im Detail S. 228 f.

1553 In der Logik des *a maiore ad minus* Schlusses müsste – sofern man ein Überwiegen schützenswerter Interessen annimmt – dann kann davon ausgegangen werden, dass die Mittelverwendung zugunsten des Stifters während der Existenz der Stiftung keinen zulässigen Unterfall der Mittelverwendung zugunsten des Stifters darstellt.

Wie auch in Deutschland liegt der eigentliche Grund für die Ablehnung der Stiftung für den Stifter im Wesentlichen im Gläubigerschutz.[1554]

Als Gläubiger des Stifters, derer er sich durch die Errichtung der Stiftung entledigen will, kommen auch in Liechtenstein drei Gruppen von Personen in Betracht. Erstens sämtliche originäre Gläubiger aus Rechtsgeschäften oder gesetzlich entstehenden Ansprüchen. Zweitens Ehegatten des Gläubigers, deren Ausgleichsanspruch verringert oder gemindert werden soll. Zuletzt kann die Stiftung dazu dienen, die Ansprüche der Pflichtteilsberechtigten des Stifters zu umgehen, auch wenn diese rechtlich gesehen keine Gläubiger des Stifter-Erblassers selbst sind. Dabei ist in jedem Fall davon auszugehen, dass die Stiftung nicht durch den Stifter kontrolliert oder in relevanter Weise beeinflusst wird. Denn in diesen Fällen fände die Vermögensopfertheorie Anwendung. Durch eine Anfechtbarkeit der unentgeltlichen Vermögenszuwendung oder eine entsprechende Hinzurechnung würde den Gläubigern des Stifters ein ausreichender Schutz gewährt. Insbesondere, solange der Stifter sich ein Widerrufs- oder Änderungsrecht nach Art. 552 § 30 PGR vorbehält, können Gläubiger eine gerichtliche Vertretung erzwingen und damit die Ausübung dieses Rechts forcieren und eine Haftungsexklave kann nicht entstehen.[1555]

Wie im deutschen Recht kann grundsätzlich die Frage aufgeworfen werden, ob eine reine Stiftung für den Stifter überhaupt einem legitimen, nicht gläubigerschädigenden Zweck dienen kann. Insoweit könnte entsprechend auf die obigen Ausführungen verwiesen und eine endgültige oder langfristige reine Stiftung für den Stifter auch in Liechtenstein als rechtsmissbräuchlich betrachtet werden. In Liechtenstein gibt es jedoch eine Besonderheit, die diese Argumentation überflüssig macht: Selbst dann, wenn es an diesen Gestaltungsrechten fehlt und die Vermögensopfertheorie nicht aus anderen Gründen anwendbar ist, wird keine Haftungsexklave geschaffen und der Gläubigerschutz nicht unterlaufen. Denn einem geschädigten Gläubiger steht neben der Anfechtung unentgeltlicher Rechtsgeschäfte im ersten Jahr nach dem Rechtsgeschäft (Art. 552 § 38 Abs. 1 PGR in Verbindung mit Art. 65 Abs. 1 lit. a) RSO) in jedem Fall die allgemeine Anfechtung nach Art. 67 Abs. 1 RSO zu. Im Gegensatz zu den deutschen Vorschriften der § 133 InsO, § 3 AnfG kann er Rechtshandlungen des Schuldners über Art. 67 Abs. 1 RSO zeitlich unbefristet anfechten, wenn dieser die (beweisbare) Absicht hatte, den Gläubiger zu schädigen. Da die Stiftung in

1554 *Bösch*, Liechtensteinisches StiftR, S. 613 f.; vgl. auch *Rawert* in Stiftungsrecht in Europa, Stiftungsbegriff, S. 116 f.

1555 Dazu oben S. 352 ff.

Liechtenstein nicht der Anerkennung bedarf und grundsätzlich erst einmal entstehen könnte und dann aufzulösen wäre, ist es nicht notwendig, das Anfechtungsregime über eine grundsätzliche Rechtsmissbräuchlichkeit zu umgehen. Weil die Gläubiger durch Art. 67 Abs. 1 RSO zeitlich unbegrenzt geschützt sind, stellt sich überdies die Frage nach der Behandlung von weit in der Zukunft liegenden potenziellen Schädigungen nicht.

Im Rahmen der Anfechtung kommt der Frage, ob es sich um eine reine oder eine gemischte Stiftung für den Stifter handelt, allerdings wieder eine eigene Bedeutung zu. Wie zum deutschen Recht dargestellt, kann die reine Stiftung für den Stifter keinen Zweck erfüllen, außer die Verfolgung von Ansprüchen durch die Gläubiger des Stifters jedenfalls prozessual zu erschweren. Damit ließe sich in diesem Fall eine Beweislastumkehr zugunsten des Gläubigers des Stifters annehmen. Ein Gegenbeweis des Stifters wäre dann im Grundsatz möglich, aber eine erfolgversprechende Argumentation ist schwer vorstellbar. Handelt es sich hingegen um eine nicht nur formell gemischte Variante der Stiftung für den Stifter, muss der Gläubiger den Beweis der Schädigungsabsicht antreten.

Den eherechtlichen Gläubigern und den potenziellen Pflichtteilsberechtigten stehen ebenfalls entsprechende Anfechtungs- oder Hinzurechnungsansprüche zu, die eine unbillige Benachteiligung verhindern.[1556] Sind bei diesen Vorschriften die – zugegebenermaßen kurzen – Fristen abgelaufen, sind diese Sonderregelungen zwar nicht mehr anwendbar. Allerdings ließe sich im Eherecht sowohl über eine zeitliche Verlagerung des Auseinanderlebens als auch die allgemeine Gläubigerschädigungsanfechtung ein Ausgleich schaffen.[1557] Im Pflichtteilsrecht entspricht es hingegen gerade der gesetzgeberischen Wertung, dass ein Zugriff auf die Erbmasse nicht mehr zulässig sein soll – unabhängig von den Motiven des Stifters.

Der gesamten Argumentation könnte entgegengehalten werden, dass einige der Missbrauchsrisiken bereits im Grundsatz vermieden werden könnten, wenn die Stiftung für den Stifter für unzulässig erklärt würde. Allerdings treten – wie gezeigt – fast alle Probleme auch dann auf, wenn die Stiftung für den Stifter unzulässig wäre, aber andere privatnützige Zwecke verfolgt werden können, da dann Freunde oder Familienmitglieder durch die Stiftung unterstützt werden. Stattdessen ist eine teilweise Stiftung für den Stifter im Ergebnis gläubigerfreundlicher, als wenn der Stifter gar nicht begünstigt wäre. Unabhängig davon, ob man – wie hier angeregt[1558] – eine Satzungsregelung und Begünstigung mit

---

1556 Dazu siehe oben S. 363 ff. zum Pflichtteilsrecht und S. 372 ff. zum Eherecht.
1557 Dazu bereits oben S. 372 ff.
1558 Siehe oben S. 396 f.

Rechtsanspruch für den Stifter voraussetzt, wenn dieser durch die Stiftung gefördert werden soll, so stehen Gläubiger in jedem Fall besser da, als wenn der Stifter keine pfändbaren Rechtsansprüche oder Ansprüche auf ordnungsgemäße Ermessensausübung gegen die Stiftung hätte, weil diese ausschließlich Dritte fördert.

Da Gläubiger des Stifters über die verschiedenen Einzelvorschriften ausreichend geschützt sind, spricht die Gefahr einer Haftungsexklave auch in Liechtenstein nicht zwingend dafür, Stiftungen für den Stifter über eine Unzulässigkeit des Stiftungszwecks zu verhindern.

e. Zwischenfazit

Die Stiftung für den Stifter ist in Liechtenstein nicht ausdrücklich im Gesetz für zulässig erklärt worden, allerdings ist dies aufgrund der Privatautonomie des Stifters so lange nicht erforderlich, wie der Stiftungszweck nicht unzulässig ist. Da sich die Unzulässigkeit weder aus dem Gesetz noch aus vorrangigen Schutzinteressen ergibt, sind Stiftungen für den Stifter im Grundsatz zulässig. Des in der Literatur angeführten *a maiore ad minus* Schlusses bedarf es dafür nicht zwingend. Stattdessen führt dieser Schluss dazu, dass die Stiftung für den Stifter in Liechtenstein aufgrund ihrer strukturellen Nähe zum Widerruf der Stiftung nach Art. 552 § 30 Abs. 1 PGR und der Letztbegünstigung des Stifters nach Art. 552 § 8 Abs. 1 PGR eine explizite Begünstigung des Stifters mit Rechtsanspruch in der Satzung erfordert. Zugleich hat die Ausgestaltung der Stiftung eine Auswirkung auf die Anwendung der gläubigerschützenden Vorschriften. Denn soweit es sich um eine reine Stiftung für den Stifter handelt, kann regelmäßig von einer Gläubigerschädigungsabsicht im Sinne von Art. 67 Abs. 1 RSO ausgegangen werden, sodass es dem Stifter obläge, den Gegenbeweis anzutreten.

3. Vergleich und Fazit

Während in Deutschland die reine Stiftung für den Stifter nach der herrschenden Meinung abgelehnt wird, gibt es in Liechtenstein nur wenige Bedenken gegen einen solchen Stiftungszweck.[1559] Stattdessen kann die Stiftung für den Stifter in beiden Rechtsordnungen in den meisten Fällen – das heißt, solange es sich nicht um eine reine Stiftung für den Stifter handelt – für zulässig erachtet werden. Insbesondere bedarf es der Gestaltungsrechte wie Art. 552 § 30 PGR nicht unbedingt, um die Zulässigkeit dieses Stiftungszwecks zu begründen. Vielmehr lässt

---

1559 Für Deutschland S. 379 ff.; für Liechtenstein S. 395 ff.

sich die Zulässigkeit dieses Stiftungszwecks in beiden Staaten aus der Privatautonomie des Stifters bei der Errichtung der Stiftung herleiten. Da im Grundsatz jeweils ein ausreichender Gläubigerschutz besteht, sind – außer bei der reinen Stiftung für den Stifter – kaum Einschränkungen erforderlich.

Neben dem Vorbehalt der Stifterförderung in der Stiftungssatzung in Liechtenstein ist auf prozessualer Ebene eine weitere Einschränkung zu fordern. Zwar bestehen im Fall der Stiftung für den Stifter hinreichende Möglichkeiten für die Gläubiger des Stifters, die vornehmlich in den deutlich missbräuchlichen Fällen der Einflussnahme auch mit wenigen Beweisschwierigkeiten wahrnehmbar sind. Allerdings wird die Befriedigung der Gläubiger faktisch dadurch erschwert, dass Ansprüche gegen den Stifter über den Durchgriff auf die Stiftung geltend gemacht werden müssten. Da keine Fallkonstellation ausgemacht werden konnte, in der eine Auslagerung bei einer reinen und endgültigen Stiftung für den Stifter nicht der Verschleierung von Vermögensverhältnissen oder der Erschwerung der gesetzlichen Durchsetzung dienen sollte, könnte der Gläubigerschutz die Privatautonomie in diesen Fällen einschränken: Es könnte daher bei einer reinen Stiftung für den Stifter regelmäßig vermutet werden, dass die Vermögenszuwendung mit Gläubigerschädigungsabsicht ausgeführt wurde. Nur im Ausnahmefall wird der Stifter dies widerlegen können. Liegt hingegen eine gemischte Stiftung für den Stifter vor, greift diese Beweislastumkehr nicht, solange den anderen Zwecken nicht lediglich eine völlig untergeordnete Alibi-Funktion zukommt.

II. Zulässigkeit von Unterhaltsstiftungen

Nach der Stiftung für den Stifter, bei welcher der Empfänger der Begünstigung in Frage stand, wird im Folgenden auf die Unterhaltsstiftung eingegangen, bei der die Voraussetzungen für die Begünstigung im Fokus stehen. Die Unterhaltsstiftung im weiteren Sinne bezweckt den Unterhalt ihrer Destinatäre. Regelmäßig handelt es sich bei den Destinatären um Angehörige des Stifters, weswegen eine Unterhaltsstiftung häufig ebenfalls eine Familienstiftung ist.

1. Deutschland

Spätestens seit der Reform des Stiftungsrechts 2002 bestehen *de lege lata* keine Zweifel mehr, dass privatnützige Stiftungen, insbesondere in ihrer Ausprägung als Familienstiftung, generell zulässig sind.[1560] In Frage gestellt wird jedoch, ob

1560 Statt vieler *Richter* in Richter-StiftR, § 11, Rn. 29 m.w.N.

dies auch für die sogenannte Unterhaltsstiftung gilt. Dabei ist begrifflich zwischen zwei, im Verhältnis zueinander nicht exklusiven, Ausformungen der Unterhaltsstiftung zu unterscheiden: zum einen der reinen Unterhaltsstiftung,[1561] die begrifflich allein dem Unterhalt einer Familie oder anderen dem Stifter nahestehenden Destinatären dient.[1562] Zum anderen der voraussetzungslos berechtigenden Unterhaltsstiftung, die häufig der Familienstiftung gleichgestellt wird.[1563] Im folgenden Abschnitt wird allerdings die Bezeichnung Unterhaltsstiftung verwendet, da es für die weiteren Ausführungen keinen Unterschied machen kann, ob nur die Familie oder außerdem noch weitere, dem Stifter nahestehende, Personen gefördert werden.

Die voraussetzungslos berechtigende Unterhaltsstiftung stellt häufig, aber nicht zwangsläufig, einen Unterfall der reinen Unterhaltsstiftung dar. Die reine Unterhaltsstiftung bezweckt allein die Förderung der Destinatäre. Dabei kann der Unterhalt an Voraussetzungen, wie eine Ausbildung oder sonstige Bedürftigkeit, gekoppelt sein, er kann jedoch auch voraussetzungslos gewährt werden. Bei einer voraussetzungslos berechtigenden Unterhaltsstiftung wird der Unterhalt, wie der Name andeutet, ohne weitere Voraussetzungen gewährt. Das bedeutet jedoch nicht, dass der Stiftungszweck allein auf den Unterhalt gerichtet ist.[1564] Als Nebenzweck könnten auch andere Zwecke verfolgt werden. Diese begriffliche Differenzierung ist für die folgenden Fragestellungen zwingend, da es einen wesentlichen Unterschied macht, ob das wirkliche Problem in der voraussetzungslosen Gewährung von Unterhalt, in der Förderung generell oder in der Kombination der beiden Faktoren gesehen wird.

Wie bereits einleitend dargestellt, bestehen seit der Anerkennung der Familienstiftung keine Zweifel mehr, dass eine privatnützige Stiftung ihre Destinatäre fördern darf. Wird die Unterhaltsstiftung als politisch unerwünscht und als den

---

1561 Der Begriff, nicht die hier verwendete Definition, wird zum Beispiel im Staudinger BGB genutzt, *Hüttemann/Rawert* in Staudinger-BGB, Vor §§ 80–88, Rn. 267.

1562 Der Begriff ist zwar vorbelastet, da er häufig für die Kombination der beiden hier angesprochenen Typen der Unterhaltsstiftung genutzt wird. Da an anderen Stellen solche Stiftungen mit einer Zweckkonzentration auf einen einzelnen Zweck auch als „reine" Stiftung bezeichnet werden, soll hier auch von der reinen Unterhaltsstiftung gesprochen werden.

1563 Z.B. *Jakob/Uhl* in BeckOGK, § 80 BGB, Rn. 564; *Weitemeyer* in MüKo-BGB, § 80, Rn. 180 f.

1564 Damit die Stiftung den Namen Unterhaltsstiftung verdient, sollten aber zumindest mehr als die Hälfte der Erträge für den Unterhalt bestimmt sein.

Leumund des Rechtsinstituts der Stiftung gefährdend eingestuft,[1565] ist diese Frage entsprechend grundsätzlich auf der politischen Ebene zu lösen und nicht über die restriktive Auslegung des BGB. Allerdings könnten der vorbehaltlosen Unterhaltsstiftung auch rechtliche Gründe entgegenstehen und (rechts-)politische Bedenken über die Einfallstore der unbestimmten Rechtsbegriffe auf die zivilrechtliche Bewertung Einfluss nehmen. Wie in Bezug auf die Stiftung für den Stifter bereits ausgeführt, ist dies jedoch nicht der Gläubigerschutz zugunsten der Gläubiger des Stifters. Stattdessen könnten der Schutz der Gläubiger der Destinatäre sowie die Gesetzgebung zur Abschaffung des Familienfideikommisses Argumente gegen Unterhaltsstiftungen darstellen.

a. Gläubigerschutz

Der Gläubigerschutz ist im Verhältnis von Stiftung und Nicht-Stifter-Destinatären im Grundsatz weniger gefährdet als im Verhältnis von Stifter zu Stiftung. Stehen den Destinatären maßgebliche Einflussrechte auf die Stiftung zu, kann im Ausnahmefall im Wege des Scheingeschäfts auf das Stiftungsvermögen zugegriffen werden.[1566] Können die Destinatäre keinen Einfluss auf die Stiftung nehmen, haben die Gläubiger im Grundsatz zwar keine Durchgriffsmöglichkeiten. Allerdings sind sie auch nicht geschädigt, da die Destinatäre nie Vermögen besaßen, auf dessen potenzielle Pfändung die Gläubiger vertrauen durften. Stattdessen wird das Vermögen der Destinatäre durch die Stiftungsleistungen gemehrt, sodass sie – und mittelbar auch die Gläubiger – auf mehr Vermögenswerte zugreifen können als ohne die Stiftung.[1567] Dem wird durch *Reuter*[1568] und *Weitemeyer*[1569] entgegengehalten, dass der Gläubigerschutz nicht nur den Schutz vor unbilligen Vermögensentziehungen beinhalte. Vielmehr basiere der Schutz – auch – auf der Idee, dass der Schuldner aus einem eigenen Interesse an der Lebensführung um seine eigene Leistungsfähigkeit bemüht ist. Wenn er seinen Lebensunterhalt aber nicht mehr selbst bestreiten müsse, sondern sämtliche Leistungen durch ein ausgelagertes Vermögen erhalte, fehle es in an einer Incentivierung und Gläubiger seien weniger geschützt. Wenngleich die

1565 Dazu *Neumann*, Unterhaltsstiftung, S. 309 ff.

1566 Siehe oben S. 173 ff. Allerdings ist auch aus Gläubigerschutzaspekten davon auszugehen, dass den Destinatären kein Recht zur Änderung des Stiftungszwecks ohne das Vorliegen weiterer (hoher) Voraussetzungen zusteht, S. 320 ff.

1567 *Burgard*, Gestaltungsfreiheit, S. 132; *Dylla*, Weisungsfunktion, S. 130 f.

1568 *Reuter* in GS Eckert, Wiederbelebung der Fideikommisse, S. 691 ff.

1569 *Weitemeyer* in MüKo-BGB, § 80, Rn. 186.

Gültigkeit dieses Aspekts des Gläubigerschutzes nicht zu bestreiten ist, kann diesem Schluss und den Wertungen für vorbehaltlose Stiftungsleistungen nicht gefolgt werden. Denn aus der Perspektive des Begünstigten – und damit der entscheidenden Sicht für die Motivation – steht er durch die Stiftung im Ernstfall nicht unbedingt schlechter oder besser da, als wenn er aus eigenem Antrieb sein Vermögen erwirtschaftet. Wenn er zur Gänze überschuldet ist, können seine Gläubiger sowohl seinen Arbeitslohn als auch seine Stiftungsleistungen pfänden, solange er ein Minimum für seinen eigenen Unterhalt zur Verfügung hat. Überdies steht es Gläubigern frei, die Bonität ihres Schuldners in Frage zu stellen, wenn dieser seinen Lebensunterhalt nur durch eine Stiftung finanziert bekommt. Entsprechend könnten sie relevante Rechtsgeschäfte nur gegen eine entsprechende Absicherung durch die Stiftung eingehen.[1570]

Ein vergleichbares Argument könnte lauten, dass die Begünstigung in einer Familienstiftung faktisch die direkte Erbenstellung ersetzt. Gläubiger des Destinatärs könnten jedoch auf eine Erbschaft spekuliert haben. Allerdings sind ihre Interessen nicht schützenswert. Denn zum einen könnte der Erblasser auch sein gesamtes Vermögen verschwendet haben und eine Erbschaft käme nicht zustande. Den Gläubigern des potenziellen Erben stände dann keine rechtliche Möglichkeit zu, die Verschwendung des Erblassers anzugreifen und die Haftungsmasse des Erben wäre nie vergrößert. Zum anderen muss eine Parallele zum Pflichtteilsrecht gezogen werden. Der Pflichtteil des Erben wäre der einzige Teil des Vermögens, den der Erbe auch bei einer Stiftungserrichtung noch selbst direkt erlangen könnte. Allerdings beschränkt § 852 Abs. 1 ZPO die Pfändbarkeit von Pflichtteilsansprüchen auf solche, die durch Vertrag anerkannt wurden oder rechtshängig geworden sind. Für die Erwartung von Gläubigern des Erben bedeutet dies, dass sie auch in Bezug auf den Pflichtteil kein Vertrauen auf einen Vermögenserhalt des Erben bilden können.

Damit können die Gläubiger des Destinatärs zwar grundsätzlich nicht darauf vertrauen, dass der Destinatär als Erbe einen Teil des Vermögens des Erblasser-Stifters erhalten hätte. Allerdings führt die Destinatärsstellung gerade dazu, dass der Destinatär doch zum „Quasi-Erben" wird. Daher könnte jedenfalls in diesem Fall ein Schutz notwendig sein. Eine besondere Schutzwürdigkeit seiner Gläubiger besteht jedoch auch in diesem Fall nicht. Denn die Konstellation ähnelt dem

---

1570 Die Interessenslage und die Möglichkeiten der Gläubiger gestalten sich natürlich im Fall der Stiftung für den Stifter, in dem der Stifter tatsächlich einmal ein Vermögen besessen hat, anders. Auf die entsprechenden Schutzmaßnahmen der Gläubiger wurde aber bereits im Rahmen der Stiftung für den Stifter eingegangen.

Fall, in dem der Erblasser das gesamte Vermögen auf einen anderen Verwandten vererbt, der den Schuldner mit laufenden Zahlungen unterstützt. Steht dem Schuldner dabei ein Anspruch aus einem Vermächtnis gegen diesen Dritten zu, ist der Schuldner bereichert und in den Anspruch sowie die gewährten Leistungen kann durch die Gläubiger vollstreckt werden. Fehlt es an einem Anspruch, kann nur in eventuelle erhaltene Leistungen vollstreckt werden. Die gleichen Möglichkeiten haben die Gläubiger jedoch auch dann, wenn der Erblasser sein gesamtes Vermögen auf eine Stiftung überträgt und dem Erben-Schuldner eine Destinatärsstellung einräumt. Insgesamt sind die Gläubiger von Destinatären daher nicht deshalb schützenswerter, weil die Destinatärsstellung die Erbenstellung ersetzt.

Eine Gefahr für Gläubiger besteht damit nicht. Das Argument der Motivation der Destinatäre und der Ersatz der Erbenstellung wird allerdings im Rahmen der Betrachtung gesellschaftspolitischer Konflikte wieder aufzugreifen sein.[1571]

b. Familienfideikommiss

Damit verbleibt als – rechtliches oder politisches – Argument gegen vorbehaltlose Ausschüttungen im Wesentlichen die Abschaffung des Familienfideikommisses[1572] und damit die Frage, ob die vorbehaltlos ausschüttende Familienstiftung, die ihm besonders ähnlich ist, eine „Wiederbelebung"[1573] dieser Kommisse darstellt. Ob eine Familienstiftung einem Familienkommiss überhaupt ähnelt, kann hier jedoch dahinstehen.[1574] Denn gleich zu Anfang kann darauf hingewiesen

1571 Dazu sogleich S. 408 f.

1572 Ein Familienfideikommiss war – wenn auch nicht unumstritten – im Grundsatz ein Sondervermögen, welches wesentliche Vermögensgegenstände (meist Grund und Boden adeliger Landbesitzer) einer Familie beinhaltete. Dieses Sondervermögen wurde meist von dem Familienältesten verwaltet. Die Vermögensgegenstände waren darüber hinaus meist unveräußerlich. Mit den Erträgen des Kommisses wurden die Mitglieder der Familie gefördert. Ausführlich und m.w.N. *Reuter* in GS Eckert, Wiederbelebung der Fideikommisse, S. 678 ff. Vgl. dazu auch § 155 Abs. 2 WRV und die Auflösungsanordnung in § 1 FamFidErlG (Gesetz über das Erlöschen der Familienfideikommisse und sonstiger gebundener Vermögen, außer Kraft seit 30.11.2007).

1573 Der Begriff stammt aus einen Beitrag *Reuters* mit dem Titel „Wiederbelebung der Fideikommisse im Rechtskleid der privatnützigen Stiftung?", soll an dieser Stelle aber nur auf die vorbehaltlos ausschüttende Familienstiftung bezogen sein und nicht – wie in *Reuters* Beitrag – auf sämtliche Familienstiftungen. Siehe *Reuter* in GS Eckert, Wiederbelebung der Fideikommisse, S. 677 ff.

1574 Ein Vergleich findet sich zum Beispiel bei *Weitemeyer* in MüKo-BGB, § 80, Rn. 183 f. m.w.N.

werden, dass grundsätzlich keine eigene rechtliche Grundlage besteht, aufgrund derer eine Familienstiftung, die einem Familienfideikommiss gleicht, verboten wäre.[1575] Insbesondere ist Art. 155 Abs. 2 S. 2 WRV – unabhängig davon, wie und ob er zu einem Verbot von den in Frage stehenden Stiftungen führen könnte – nicht mehr Teil der deutschen Verfassung. Eine Unzulässigkeit dieses Stiftungszwecks leitet *Reuter* daher auch nicht aus dem Verstoß gegen die WRV, sondern aus der Sittenwidrigkeit des Zwecks im Sinne des § 138 BGB her.[1576] Denn wenngleich das Verbot des Familienfideikommisses nicht mehr Teil der Verfassung ist, wirke doch der Zweck des Verbots, eine freie Gewerbeordnung zu schaffen, die nicht durch Veräußerungsverbote beschränkt ist, weiter fort. Diese Argumentation ist im Hinblick auf die im nächsten Abschnitt behandelte Gefahr einer Vermögenskonzentration zwar unterstützenswert, der entscheidende Unterschied zwischen Familienstiftungen und Familienfideikommissen liegt aber darin, dass Familienstiftungen nicht mehr der strikten Unveräußerbarkeit von Vermögenswerten unterworfen sind. Entsprechend kann die Sittenwidrigkeit im Regelfall nicht durch die Beschränkung der Gewerbeordnung hergeleitet werden.

Stattdessen vertraten *Däubler*[1577] und *Rawert*[1578] und vertritt *Neumann*,[1579] dass sich die Unzulässigkeit möglicherweise über die Beschränkung erbrechtlicher Vermögensbindung begründen lässt. Dieser Idee liegen zwar nachvollziehbare Gedanken zugrunde, allerdings kann sie aufgrund der rechtlichen Eigenständigkeit der Stiftung im Ergebnis nicht überzeugen.[1580]

c. *Sittenwidrigkeit, Gemeinwohl und gesellschaftspolitische Bedenken*

Ohnehin scheint die Anknüpfung an Art. 155 Abs. 2 S. 2 WRV und erbrechtliche Beschränkungen eher vorgeschoben. Vielmehr geht es, wie *Reuter* deutlich macht, darum, dass ein „Fideikommiss ein Privatrechtsinstitut des Ständestaates" ist und daher „mit einer auf Freiheit und Gleichheit gegründeten

---

1575 *Reuter* in GS Eckert, Wiederbelebung der Fideikommisse, S. 686 ff.

1576 *Reuter* in GS Eckert, Wiederbelebung der Fideikommisse, S. 689.

1577 *Däubler* in JZ 1969, 499, 499.

1578 *Rawert* in Staudinger-BGB, [Alt Aufl. 1995] Vor §§ 80 ff., S. 132 ff.

1579 *Neumann*, Unterhaltsstiftung, S. 143 ff.

1580 *Dylla*, Weisungsfunktion, S. 127 f. m.w.N.; teilweise wird die Auslagerung auf die Privatstiftung aber der Beschränkung der Vermögensnutzung gleichgestellt, so etwa *Weitemeyer* in MüKo-BGB, § 80, Rn. 188.

Demokratie […] schlechthin unvereinbar" ist.[1581] Auch wenn die Familienstiftung – in Deutschland – den gleichen Regeln unterliegt wie andere Steuersubjekte und daher finanziell keine großen Vorteile bietet, erlaubt sie faktisch eine Vermögenskonzentration zugunsten ausgewählter Familien.[1582] Insbesondere eine erbrechtlich vorgesehene „Zersplitterung" des Vermögens findet im Regelfall nicht mehr statt.[1583] Die gleichen Bedenken, die in dieser Hinsicht gegen die Familienfideikommisse bestehen, gelten daher auch für eine Familienstiftung, wenn diese die gleichen Funktionen wie ein Familienfideikommiss erfüllt.

Diese Unvereinbarkeit kann jedoch nur dann zu einer Unzulässigkeit der vorbehaltlosen Unterhaltsstiftung führen, wenn sie sich klar am Gesetz festmachen lässt. Hier ließe allenfalls eine Sittenwidrigkeit nach § 138 BGB aufgrund eines Verstoßes gegen die demokratische (und nicht ständische) Grundordnung vorstellen. Die Gefahr einer neuen Ständeordnung ist auch dem Gesetzgeber nicht verborgen geblieben und hat die Einführung der Erbersatzbesteuerung provoziert, wodurch keine beziehungsweise weniger steuerliche Anreize mehr bestehen.[1584] Das eigentliche gesellschaftliche Risiko liegt jedoch nicht in möglichen steuerlichen Vorteilen – auch wenn diese katalysierend wirken würden –, sondern in der Tatsache, dass mit der Familienstiftung fast alle Schwierigkeiten der Vermögensnachfolge umschifft werden können. Faktisch wird durch das Fehlen der Erbstreitigkeiten die Bildung großer Vermögensmassen über Generationen erst ermöglicht. Dies gilt zwar im Kern für alle Familienstiftungen, wie in den nächsten Absätzen zu zeigen ist, erhalten sie die von *Reuter* kritisierte Prägung des Ständestaates aber insbesondere dann, wenn sie vorbehaltlos und damit letztlich uneingeschränkt an die Destinatäre leisten.[1585] Denn wenn Leistungen allein aufgrund der Zugehörigkeit zu einer Familie und damit auf der Geburt beruhen und ohne Voraussetzungen getätigt werden, stellt dies die Neuinterpretation des Sondervermögens einer Adelsfamilie dar.

1581 *Reuter* in GS Eckert, Wiederbelebung der Fideikommisse, S. 693. Vgl. auch zu den aristokratischen Tendenzen bei mangelnder Vermögenstrennung im Erbfall, *Tocqueville*, Democracy in America, Summary of Chapter III.

1582 Kritisch insoweit *Burgard* in npoR 2019, 106, 107, der ein gesellschaftspolitisches Problem ablehnt, da es zu wenige Familienstiftungen gebe. Bei über 1.300 Familienstiftungen und über 7 % privatnütziger Stiftungen im Jahr 2021 handelt es sich jedoch nicht mehr um eine Randerscheinung, vgl. *Bundesverband Deutscher Stiftungen e.V.*, Zahlen, Daten, Fakten zum deutschen Stiftungswesen 2021, S. 7, 33.

1583 Vgl. dazu auch *Dutta*, Warum Erbrecht, S. 295 ff.

1584 Vgl. *Hof* in v. Campenhausen/Richter, § 9, Rn. 157.

1585 *Reuter* in GS Eckert, Wiederbelebung der Fideikommisse, S. 693.

Wenngleich Unterhaltsstiftungen ein soziales Ungleichgewicht im Staat durch eine vermögensbasierte Ständeordnung ermöglichen können, ist fraglich, ob dies zur Annahme einer Sittenwidrigkeit genügt. Denn auch wenn das skizzierte Ergebnisszenario eines Geldadels nicht mit der freiheitlich demokratischen Grundordnung vereinbar ist, kann dies nur insoweit der Familienstiftung zugeordnet werden, als dass sie eine bessere und weniger streitanfällige Organisationsform bietet. Im Kern könnte das gleiche Ziel also auch von Familiendynastien erreicht werden: Voraussetzung wäre dafür „nur", dass ein harmonisches Zusammenleben über Generationen hin funktioniert und keine Erbstreitigkeiten auftreten (was aber selten der Fall zu sein scheint). Zudem hat der Gesetzgeber mit der Erbersatzbesteuerung zumindest auf steuerlicher Ebene faktisch eine Abwägung zwischen der Gefahr von der Begünstigung vermögender Familien und legitimen Interessen der Unternehmensnachfolge getroffen. Die Familienstiftung vereinfacht eine Kapitalbildung somit zwar, sie ist aber nicht der Kern des Problems. Die eigentlichen Probleme der Vermögenskonzentration sind stattdessen in der Politik und Gesellschaft zu suchen. Familienstiftungen, die diese Probleme zwar mittelbar fördern, leisten mit ihrer Funktion der Streitvermeidung jedoch per se keinen Beitrag, der gegen „das Anstandsgefühl aller billig und gerecht Denkenden"[1586] verstößt. Die Voraussetzungen des § 138 BGB sind daher in Bezug auf die Unterhaltsstiftung nicht erfüllt.

Vorstellbar ist hingegen, dass die vorbehaltlose Gewährung von Stiftungsleistungen in Verbindung mit der Gefahr einer dadurch geschaffenen Ständeordnung zu einer Sittenwidrigkeit führt. Wenn § 138 BGB den Wertmaßstab des Grundgesetzes[1587] schützen soll, ist auch die freiheitlich demokratische Grundordnung geschützt. Diese ist durch die Vermögenskonzentration vorwiegend dann gefährdet, wenn die Begünstigten der Stiftung ohne besondere Voraussetzungen Stiftungsleistungen erhalten können. Denn dadurch wird eine dem Adel vergleichbare Stellung geschaffen. Insofern könnte *Reuter* zuzustimmen und die vorbehaltlos leistende Unterhaltsstiftung als sittenwidrig einzustufen sein.[1588] Diese gravierende Einschränkung für Familienstiftungen über § 138 BGB zu erreichen, wird zwar der Funktion der Vorschrift als Einfallstor für die Verfassung – konkret in der Ausprägung des Gleichheitsgrundsatzes – gerecht. Angesichts der Aussage der Bund-Länder-Gruppe bei der Beratung zur Modernisierung des Stiftungsrechts, nach der „keine Gründe für eine Einschränkung

---

1586 *Wendtland* in BeckOK-BGB, § 138, Rn. 16 f.

1587 *Wendtland* in BeckOK-BGB, § 138, Rn. 17.

1588 *Reuter* in GS Eckert, Wiederbelebung der Fideikommisse, S. 693.

oder gar ein Verbot der Familienstiftung"[1589] bestünden, widerspräche ein derart weites Verbot wohl den Vorstellungen des Gesetzgebers. § 138 BGB kann daher nicht zu einer Einschränkung führen.

Soweit ein eigenständiger Anwendungsbereich des § 80 Abs. 2 BGB angenommen wird,[1590] ließe sich anführen, dass die durch Vermögenskonzentration geschaffene soziale Ungleichheit als Gefährdung des Gemeinwohls betrachtet werden könnte. Damit hätte die vorbehaltlos unterstützende Unterhaltsstiftung keinen zulässigen Stiftungszweck im Sinne des § 80 Abs. 2 BGB. Laut der Gesetzesbegründung und unter Verweis auf das Bundesverwaltungsgericht liegt eine Gefährdung nur vor, „wenn es hinreichend wahrscheinlich, also eine nicht bloß entfernt liegende Möglichkeit ist, dass die Erlangung der Rechtsfähigkeit und die damit verbundene Verfolgung des Stiftungszwecks durch die dann rechtsfähige Stiftung zu einer Beeinträchtigung von Verfassungsrechtsgütern führen würde".[1591]

Allerdings stellt sich an dieser Stelle bereits die Schwierigkeit, welches das konkret verletzte Verfassungsgut sein könnte. Am naheliegendsten könnte eine Verletzung von Art. 20 Abs. 1 GG angenommen werden, nach dem es sich bei der Bundesrepublik um einen „sozialen" Staat handelt. Als Staatsstrukturprinzip ist es jeder Änderung entzogen[1592] und eine Gefährdung der Sozialstaatlichkeit stellt eine Beeinträchtigung von Verfassungsrechtsgütern dar. Dieser Schluss setzt jedoch voraus, dass die Vermögenskonzentration überhaupt im Widerspruch zu dem in Art. 20 Abs. 1 GG vorgesehenen Sozialstaat steht. Allerdings ist der Inhalt des Sozialstaatsprinzips kaum für sich allein konkretisierbar[1593] und Art. 20 Abs. 1 GG enthält im Grundsatz kein selbstständiges Egalisierungsgebot.[1594] Eine weitergehende Auseinandersetzung mit dem Inhalt des Art. 20 Abs. 1 GG kann somit unterbleiben. Denn – wie bereits zur Anwendung von § 138 BGB angemerkt – ist das Problem der Vermögenskonzentration nicht konkret stiftungsbezogen, sondern könnte in ähnlichem Maße auch in anderen Konstellationen auftreten. Würde aber in diesen Konstellationen, etwa der durch eine Familie gehaltenen GmbH, eine Verfassungsgefahr angenommen werden, müsste die gesamte gegenwärtige Vermögensaufteilung in der Bundesrepublik

1589 Bericht der Bund-Länder-Arbeitsgruppe Stiftungsrecht 2001, S. 46 f.
1590 Dazu oben, S. 81 ff.
1591 BT-Drucks. 14/8765, S. 9; BVerwG, Urt. v. 12.2.1998 – 3 C 55/96, BVerwGE 106, 177.
1592 BVerfG, Urt. v. 30.6.2009 – 2 BvE 2/08, juris Rn. 217.
1593 *Grzeszick* in Dürig/Herzog/Scholz-GG, Art. 20 VIII, Rn. 2 ff.
1594 *Grzeszick* in Dürig/Herzog/Scholz-GG, Art. 20 VIII, Rn. 34.

in Frage gestellt werden. Um das Staatsziel des sozialen Staates zu verwirklichen, kann der Gesetzgeber zwar tätig werden und in den Grenzen der Verfassung eine Umverteilung vornehmen, zu einer automatischen Verfassungswidrigkeit von Vermögenskonzentrationen führt Art. 20 Abs. 1 GG jedoch nicht.

Wenngleich im Ergebnis einige nachvollziehbare politische Gründe gegen Familienstiftungen, insbesondere gegen vorbehaltlos begünstigende Stiftungen, sprechen, lassen sich diese jedoch an keiner Stelle adäquat im Gesetz festmachen. Entsprechend sind Unterhaltsstiftungen rechtlich zulässig und werden in der Praxis auch genutzt, wie in der Öffentlichkeit bekannte Stiftungen zeigen.[1595] Alle weiteren und gegebenenfalls wünschenswerten Änderungen dieser Rechtslage obliegen dem Gesetzgeber.

2. Liechtenstein

In Liechtenstein ist die reine Unterhaltsstiftung, soweit sie die Förderung einer oder mehrerer Familien bezweckt, als reine Familienstiftung in Art. 552 § 2 Abs. 4 Nr. 1 PGR geregelt. Eine Kategorisierung als reine Familienstiftung setzt jedoch voraus, dass die Förderung an eine bestimmte Voraussetzung geknüpft ist.[1596] Vorbehaltlose Unterhaltsstiftungen sind somit keine reinen Familienstiftungen. Allerdings sollen sie nach dem expliziten Willen des Gesetzgebers als gemischte Familienstiftung nach Art. 552 § 2 Abs. 4 Nr. 2 PGR möglich sein.[1597] Bei einer gemischten Familienstiftung können neben den in Nr. 1 benannten Zwecken auch weitere gemein- oder privatnützige Zwecke verfolgt werden. Der Unterschied zwischen der reinen und der gemischten Familienstiftung beschränkt sich jedoch allein darauf, dass der Stifter nach Art. 552 § 36 Abs. 1 PGR die Möglichkeit der Gläubiger der Destinatäre, auf die Zahlungen der Stiftung zuzugreifen, beschränken kann, soweit es sich um eine Familienstiftung handelt, sog. Vollstreckungsprivileg.[1598] Gemischt meint insofern nicht zwingend, als außerhalb der Familie liegende Zwecke verfolgt werden, sondern kann auch eine Mischung der privilegierten Zwecke nach

---

1595 Z.B. die „Aldi-Stiftungen", also die Markus Stiftung, die Jakobus Stiftung sowie die Lukas Stiftung.

1596 Das Gesetz sieht explizit die Unterstützung der Erziehung oder Bildung, der Ausstattung oder Unterstützung von Angehörigen oder ähnlichen Familieninteressen vor.

1597 BuA Nr. 13/2008, S. 47; *Schauer* in Liechtensteinisches Stiftungsrecht, Art. 552 § 2, Rn. 12; *Jakob*, Liechtensteinische Stiftung, Rn. 116 f.; a.A. *Hüttemann/Rawert* in Staudinger-BGB, Vor §§ 80–88, Rn. 267.

1598 *Schauer* in Liechtensteinisches Stiftungsrecht, Art. 552 § 2, Rn. 13.

Art. 552 § 2 Abs. 4 Nr. 1 PGR und der vorbehaltlosen Förderung der Familienmitglieder bedeuten.[1599] Wie bereits ausgeführt, ist dieses Privileg der Höhe nach beschränkt, sodass der Gläubigerschutz nicht in wesentlichen Aspekten unterlaufen wird.[1600]

Ferner steht dieser Stiftungszweck in Liechtenstein nicht im Konflikt mit den Grundzügen des Familienfideikommisses, da letzterer in Liechtenstein unter gewissen Voraussetzungen nach den Art. 829 ff. PGR ohnehin weiterhin zulässig ist.[1601] Aus diesem Grund und vor dem Hintergrund, dass es sich bei Liechtenstein um ein Fürstentum handelt, lassen sich die zum deutschen Recht genannten Argumente zu einer potenziellen Unsittlichkeit der Rechtsform nicht auf Liechtenstein übertragen.

Schließlich kommt auch dem Argument der Haftungsexklave bei einer vorbehaltlosen Unterhaltsstiftung in Liechtenstein nur eine untergeordnete Bedeutung zu. Gläubiger des Stifters sind durch eine weite Anwendung der Vermögensopfertheorie ausreichend geschützt. Gläubiger der Destinatäre sind dagegen, wie bereits erwähnt, nur eingeschränkt schutzwürdig. Die einzige Konstellation, in der ein gewisses Maß an Schutz angemessen sein könnte, wäre diejenige, in der die Gläubiger auf die Erbenstellung des Destinatärs vertrauen und der Destinatär aber durch eine Alleinerbenstellung der Stiftung keine Vermögenswerte erbt. Während dies in Deutschland aufgrund der grundsätzlichen Unpfändbarkeit von Pflichtteilsansprüchen keine schutzwürdige Erwartung war, könnte im liechtensteinischen Recht eine andere Wertung vorzunehmen sein. Da Pflichtteilsansprüche in Liechtenstein pfändbar sind,[1602] können Gläubiger von potenziellen Erben grundsätzlich darauf vertrauen, dass die Erben zumindest ein Minimum an Vermögen erhalten werden. Da dieser Anspruch pfändbar ist, werden Gläubiger der Erben-Destinatäre jedoch wirksam geschützt[1603] und können diese Ansprüche gesetzlich durchsetzen.

Die vorbehaltlos leistende Unterhaltsstiftung ist damit in Liechtenstein als gemischte Familienstiftung uneingeschränkt zulässig.

1599 Siehe dazu auch oben S. 350.

1600 Siehe oben, S. 350 f.

1601 Vgl. dazu *Jakob*, Liechtensteinische Stiftung, S. 50.

1602 *Nemeth* in Kodek/Schwimann-öABGB, § 764, Rn. 2 f.

1603 Vgl. zur Einbeziehung des Stiftungsvermögens bei der Berechnung von Pflichtteilsansprüchen, oben S. 363 f.

3. Fazit zur Zulässigkeit von Unterhaltsstiftungen

In beiden Rechtsordnungen sind Unterhaltsstiftungen im Ergebnis zulässig, unabhängig davon, ob die Leistungen an ihre Destinatäre an besondere Voraussetzungen geknüpft sind oder vorbehaltlos gewährt werden. Während in Deutschland prinzipielle Bedenken gegen ein Rechtsinstitut bestehen, das im Grundsatz eine Wiedereinführung eines (Geld-)Adels ermöglicht, gibt es derartige Sorgen in Liechtenstein hingegen kaum. Eine Erklärung für die fehlende Auseinandersetzung mit dieser Frage könnte sich daraus ergeben, dass Liechtenstein als konstitutionelle Erbmonarchie der Idee einer adelsähnlichen Institution kaum ablehnend gegenüberstehen dürfte und dies nicht als gesellschaftlich problematisch empfunden wird.

III. Selbstzweckstiftung und Unternehmensselbstzweckstiftung

Die Frage, ob die Stiftung selbst ihr eigener Zweck sein kann, stellt in beiden Rechtsordnungen ein viel diskutiertes Problem im Stiftungsrecht dar. Neben dem offensichtlichen Bezug zum Stiftungszweck hat die Zulässigkeit dieses Zwecks weitreichende Folgen für die Verwendung der Stiftungserträge und wirft weitere Fragen bei der Stiftungsorganisation auf. Sie betrifft damit die drei Kernbestandteile der Stiftung. Zudem kommt es bei (beeinflussten) Familienstiftungen deutlich häufiger zu der Konstellation, dass die Stiftungserträge denjenigen Betrag übersteigen, der für die Förderung der Destinatäre erforderlich ist. In der Folge ist fraglich, wann und ob eine etwaige Thesaurierung dieser Beträge dazu führen kann, dass die Stiftung die Prägung einer Selbstzweckstiftung erhält. Die Problematik der Selbstzweckstiftung kann daher an dieser Stelle nicht unkommentiert bleiben.

Bei der Frage nach der Zulässigkeit der Selbstzweckstiftung können vier verschiedene Grundtypen unterschieden werden, die anhand von zwei Kriterien voneinander abzugrenzen sind. Auf der einen Seite steht die Unterscheidung zwischen der reinen und der gemischten Selbstzweckstiftung: Die reine Selbstzweckstiftung ist dabei eine solche, bei welcher der Zweck nur die Förderung der eigenen Vermögensmehrung der Stiftung vorsieht. Eine gemischte Selbstzweckstiftung ist hingegen eine solche, bei der neben der Vermögensmehrung noch andere Zwecke explizit verfolgt werden. Auf der anderen Seite können echte und unechte Formen unterschieden werden: Bei einer echten Selbstzweckstiftung beschränkt sich der Selbstzweck auf die Mehrung des Vermögens, ohne dabei mittelbar weitere Zwecke zu verfolgen.[1604] Bei einer unechten

1604 Ein rein auf die Vermögensmehrung gerichteter Zweck ohne mittelbare Ziele ist die

Selbstzweckstiftung werden hingegen mittelbar durch die Vermögensförderung weitere Zwecke mitverwirklicht, ohne dass diese explizit als Zweck festgelegt werden.[1605] Überschneidungen wie die unechte reine Selbstzweckstiftung sind möglich.[1606]

Das Problem der Selbstzweckstiftung wird regelmäßig im Zusammenhang mit der Unternehmensselbstzweckstiftung diskutiert. Als Unternehmensselbstzweckstiftung ist eine Stiftung zu verstehen, deren Zweck auf die Fortführung des Unternehmens gerichtet ist. Im Gegensatz zu anderen Nebenzwecken, beispielsweise der Unterstützung der Familie des Stifters mit einem sehr geringen Prozentsatz der Erträge, werden potenzielle Nebenzwecke bei der Unternehmensselbstzweckstiftung durch das Unternehmen regelmäßig nur mittelbar erreicht.

Auf irgendwie geartete Nebenzwecke kommt es, unabhängig davon, ob sie mittelbar oder unmittelbar verfolgt werden, deshalb an, weil sie regelmäßig Ausdruck des für die Stiftungserrichtung erforderlichen Motivs sind. Der Akt des Stiftens diente bereits in der Antike im weiteren Sinne dazu, die eigene Existenz auch im Totenreich zu sichern und sich selbst ein Denkmal zu setzen.[1607] Auf die heutige Zeit übertragen, lässt sich der Wunsch nach einem eigenen Denkmal auf das Fortleben durch das selbst aufgebaute Unternehmen übertragen.[1608] Solange das Unternehmen – in dessen Firma sich häufig auch der Name des Gründers wiederfindet – besteht, überlebt auch sein Andenken.[1609] Dadurch,

---

reine Anlage des Vermögens.

1605 Ein Selbstzweck, mit dem mittelbar weitere Ziele verwirklicht werden sollen, wäre etwa die Förderung eines Tochterunternehmens der Stiftung, wodurch mittelbar auch Arbeitsplätze erhalten werden können.

1606 In Anlehnung an die vorherige Fußnote könnte der reine Selbstzweck einer Unternehmensträgerstiftung darin liegen, sich selbst zu unterstützen. Zugleich könnten dadurch die genannten mittelbaren Ziele (Arbeitsplatz-/Standorterhaltung) erfüllt werden.

1607 Dazu bereits in der Einleitung S. 39 f.

1608 Eine derart eigennützige Motivation hält *Hier* für ausgeschlossen, *Hier* in Wandel im Stiftungsrecht, Stiftungszweck, S. 36; wie hier aber *Hof* in v. Campenhausen/Richter, § 7, Rn. 3.

1609 An dieser Stelle ist strikt zwischen Motiv und Zweck zu trennen. Das Motiv ist in diesem Beispiel, ein Denkmal zu schaffen. Der Zweck der Stiftung ist entsprechend der Erhalt des Unternehmens. Das Motiv begründet an dieser Stelle nur, warum der Stifter allein das Unternehmen unterhalten will und nicht auch noch andere Zwecke fördert. Zur Trennung von Zweck und Motiv ausführlich *Wohlgenannt*, Selbstzweckstiftungen, S. 57 ff.

dass ein Motiv möglich ist, zeigt sich, dass es sich bei Selbstzweckstiftungen mit Nebenzwecken nicht um ein rein akademisches Problem handelt.[1610] Für eine reine Selbstzweckstiftung, in der nur ein Vermögen stetig angehäuft wird, ist ein Motiv des Stifters jedoch nur schwer vorstellbar.

Wie bereits eingangs erwähnt, entfaltet die Frage der Zulässigkeit der Selbstzweckstiftung für viele Privatstiftungen, insbesondere Familienstiftungen, vor allem dann eine große Relevanz, wenn die Erträge die für die Familienförderung notwendige Summe übersteigen. Dieses Phänomen kann beispielsweise deshalb auftreten, weil das Stiftungsvermögen von Anfang an viel mehr Erträge abwirft, als es die Förderung einer Familie erfordern würde. Möglich ist aber auch, dass sich überschießende Erträge daraus ergeben, dass die Anteile an einem Unternehmen in die Stiftung eingebracht wurden und dieses aufgrund eines guten Wachstums deutlich mehr Gewinne erzielt als bei der Errichtung der Stiftung. Die unterschiedlichen Beispiele zeigen, dass es sich nicht allein um eine Fragestellung bei der Errichtung der Stiftung handelt, sondern sie jederzeit im ewigen Leben der Stiftung auftreten kann. In diesem Fall gilt es zu klären, ob es zulässig ist, dass die Erträge auch genutzt werden dürfen, um das Vermögen der Stiftung zu vergrößern und die Stiftung insoweit faktisch zur (Teil-)Selbstzweckstiftung wird. Wäre dies nicht der Fall, dürfte die Attraktivität von privatnützigen Stiftungen für Zwecke der Vermögensnachfolge deutlich abnehmen, da sich ein Großteil an Stiftern nicht damit zufriedengeben dürfte, dass ihr in der Stiftung gesammeltes (Familien-)Vermögen nicht wachsen darf. Im Folgenden wird daher in einem ersten Schritt überprüft, ob und gegebenenfalls warum die Selbstzweckstiftung in Deutschland und Liechtenstein unzulässig ist. In einem zweiten Schritt werden die Vorbehalte detaillierter untersucht, um eine Lösung für die adäquate Behandlung von (faktischen) Teilselbstzweckstiftungen zu finden. Da sich in beiden Rechtsordnungen in dieser Hinsicht beinahe identische Probleme stellen, kann Schritt zwei für beide Rechtsordnungen gemeinsam erfolgen.

1. Deutschland

Die Unzulässigkeit der Selbstzweckstiftung ergibt sich nach herrschender Meinung in Deutschland (unter anderem) aus der Unvereinbarkeit eines

---

1610 Wenngleich eine reine Unternehmensselbstzweckstiftung trotzdem sehr selten sein dürfte, da viel eher eine Mischung aus verschiedenen Zwecken vorkommen wird, so auch *Schiffer* in ZSt 2003, 252, 253.

entsprechenden Stiftungszwecks mit dem Stiftungsbegriff.[1611] Dieser setzt voraus, dass die Stiftung einen im Stiftungsgeschäft festgelegten Zweck mit Hilfe eines diesen Zwecken gewidmeten Vermögens dauerhaft verfolgt. Würde dieser Zweck allein in der Stiftung selbst und ihrer Vermögensmehrung liegen, ergäbe sich ein Zirkelschluss. *Riemer* sieht in ihr ein *„perpetuum mobile"*,[1612] dem *Rawert* und *Hüttemann* „als Gebilde ohne Nutzen und Funktion" die Anerkennung verweigern wollen.[1613]

Es überzeugt jedoch nicht, die Unzulässigkeit der Selbstzweckstiftung allein über die Nutzlosigkeit der Stiftung zu begründen. Zum einen führen selbst jene Stiftungen, die keinen nach außen gerichteten Zweck zum Ziel haben, zu einem gemeinwirtschaftlichen Mehrwert. Dies zeigen sogar die der Selbstzweckstiftung kritisch gegenüberstehenden *Hüttemann/Rawert*, die auf die Arbeitsplätze der Stiftungsmitarbeiter und der kontoverwaltenden Bankangestellten abstellen,[1614] sowie *Burgard*[1615] und *Hof* für die Unternehmensselbstzweckstiftungen.[1616] Zum anderen sieht das Gesetz nur eine Beschränkung des Stiftungszwecks bei gemeinwohlgefährdenden Zwecken vor. Auch wenn man davon ausginge, dass eine Unternehmensselbstzweckstiftung ohne Nutzen ist, so wäre die Nutzlosigkeit kein zwingendes Argument gegen eine Zulässigkeit, da sie jedenfalls das Gemeinwohl nicht schädigt.

Wenngleich die Stiftung nicht nutzlos im engeren Sinne ist, ist *Hüttemann/Rawert* doch zuzustimmen, dass es kaum Beweggründe für eine reine Selbstzweckstiftung geben dürfte. Allerdings lassen sich einige Motive für Unternehmensselbstzweckstiftungen sowie faktische Selbstzweckstiftungen finden. Insbesondere bei Familienstiftungen könnten die Stiftungserträge das zur Unterstützung der Destinatäre notwendige Vermögen um ein Vielfaches übersteigen, sodass die Stiftung faktisch zumindest zum Teil dem Selbstzweck dient, wenn sie ihre Erträge thesauriert.

Der Stiftungsbegriff, in seiner durch die Literatur geprägten Form, kann nicht dazu dienen, die Unzulässigkeit der Selbstzweckstiftung zu begründen.

1611 BFH, Urt. v. 18.11.2009 – II R 46/07, BFH/NV 2010, 898; *Burgard*, Gestaltungsfreiheit, S. 154; *Hof* in v. Campenhausen/Richter, § 7, Rn. 62; *Rawert* in Stiftungsrecht in Europa, Stiftungsbegriff, S. 117; *Weitemeyer* in MüKo-BGB, § 80, Rn. 127; insgesamt ablehnend auch *Dutta* in Richter-StiftR, § 5, Rn. 14.

1612 *Riemer* in Stiftungsrecht in Europa, Schweiz, S. 517.

1613 *Hüttemann/Rawert* in Staudinger-BGB, Vor §§ 80–88, Rn. 224.

1614 *Hüttemann/Rawert* in Staudinger-BGB, Vor §§ 80–88, Rn. 225.

1615 *Burgard*, Gestaltungsfreiheit, S. 150 ff.

1616 *Hof* in v. Campenhausen/Richter, § 7, Rn. 64.

Subsumiert man – unter der Hypothese, der Selbstzweck wäre zulässig – unter den klassischen Stiftungsbegriff der nicht in einem Personenverband bestehenden selbstständigen juristischen Person, welche in einem Stiftungsgeschäft durch den Errichter festgelegte Zwecke mit Hilfe eines diesen Zwecken gewidmeten Vermögens dauerhaft verfolgt,[1617] so erschließt sich die Unvereinbarkeit mit dem Begriff nicht zwingend. Jedenfalls schließt diese Definition den Selbstzweck nicht per se aus, solange der Zweckbegriff nicht zusätzlich mit einer erweiterten Bedeutung aufgeladen ist. Ohnehin kann der Stiftungsbegriff nur das leisten, wofür ihm eine gesetzliche Grundlage zur Verfügung steht, und nicht selbst die Auslegung vorgeben.[1618] Ansonsten könnte die Privatautonomie des Stifters durch eine Definition des Stiftungsbegriffs eingeschränkt werden, ohne dass es je zu der notwendigen Rechtfertigung käme.[1619] Insbesondere vor dem Hintergrund des gesetzlichen Gemeinwohlvorbehaltes ist daher für ein weites Verständnis der Stiftung zu plädieren, das bei entsprechender Rechtfertigung wieder eingeschränkt werden kann. Für die einzelnen Wesensbestandteile der Stiftung finden sich diese Informationen im Gesetz, ob es auch Anhaltspunkte für eine Unzulässigkeit der Selbstzweckstiftung gibt, wird im Folgenden überprüft:

Wesentliche Anknüpfungspunkte für die Gegner der Selbstzweckstiftung sind § 81 Abs. 1 S. 2 BGB, der die Widmung des Vermögens „zur Erfüllung eines von ihm [dem Stifter] vorgegebenen Zwecks“ vorsieht, sowie § 80 Abs. 2 BGB, der dem Vermögen gegenüber dem Zweck eine dienende Aufgabe zuweist.[1620] Letztere Argumentation unterliegt jedoch der Gefahr eines Zirkelschlusses.[1621] Denn würde man den Selbstzweck als Zweck zulassen, so könnte das Vermögen dem Zweck der Vermögensmehrung dienen. Gleichwohl muss der herrschenden Ansicht zugegeben werden, dass es in einem derartigen Fall an dem klassischen Über-Unterordnungsverhältnis einer dienenden Funktion des Stiftungszwecks fehlt. Überzeugen kann diese Wertung dennoch nicht. Jedenfalls dann, wenn das Vermögen aus einer juristischen Person besteht, die durch die Stiftung gefördert

1617 BayObLG, Beschl. v. 25.10.1972 – BReg 2 Z 56/72, BayObLGZ 1972, 340, 342; BVerwG, Urt. v. 12.2.1998 – 3 C 55/96, BVerwGE 106, 177, 2546; *Hüttemann/Rawert* in Staudinger-BGB, Vor §§ 80–88, Rn. 1.

1618 Dazu auch *Schiffer/Pruns* in NK-BGB, § 80, Rn. 57.

1619 Vgl. auch *Volkholz*, Privatautonomie, S. 178.

1620 *Dutta* in Richter-StiftR, § 5, Rn. 14; *Hüttemann/Rawert* in Staudinger-BGB, Vor §§ 80–88, Rn. 224; *Weitemeyer* in MüKo-BGB, § 80, Rn. 127; *Werner* in Erman-BGB, [14. Auflage] Vor §§ 80–88, Rn. 25; *Burgard*, Gestaltungsfreiheit, S. 154; in Teilen auch *Hof* in v. Campenhausen/Richter, § 7, Rn. 62.

1621 *Schiffer/Pruns* in NK-BGB, § 80, Rn. 59.

werden soll, liegt eine klarere Abgrenzung zwischen Stiftung und Person vor – also beispielsweise im Fall der Unternehmensselbstzweckstiftung – und ein dienendes Verhältnis ist vorstellbar. Solange diesem Einwand dadurch begegnet werden kann, dass das Vermögen in eine eigenständige juristische Person ausgegliedert wird, hat er keine große Aussagekraft, da sich jeglicher potenzielle Selbstzweck durch die Zwischenschaltung einer Investitionsholding erreichen ließe. Diskutiert wird diese Konstellation regelmäßig unter dem Stichwort der Unternehmensselbstzweckstiftung.[1622] Diese verfolgt neben der Kontinuität der eigenen Existenz auch Zwecke wie die Beschäftigung der Mitarbeiter und stärkt dabei den jeweiligen Wirtschaftsstandort. Somit besteht auch ein außerhalb der Stiftung liegender Zweck. Im Ergebnis ist es kaum abstreitbar, dass auch die Unternehmensselbstzweckstiftung einen irgendwie gearteten Zweck erfüllt. In diesen Konstellationen tritt zwar eine hohe Steuerbelastung auf, da sowohl die Ausschüttung an die Holding als auch die nachträgliche Zuwendung an die Stiftung steuerpflichtig wären. Damit werden aber der Stiftung die Stiftungserträge, wenn auch in geringerer Höhe, wieder zugeführt. Letztlich stellt die Frage nach dem dienenden Verhältnis im übertragenen Sinne stattdessen einen Ausdruck des bei der Selbstzweckstiftung auftretenden Prinzipal Agenten Problems dar.[1623]

Einige Autoren lösen das skizzierte Problem des Verhältnisses von Zweck und Vermögen, indem sie eine Stiftung für zulässig halten, in der der eigentlich unzulässige Selbstzweck mit einem weiteren Zweck kombiniert wird. Durch diesen Nebenzweck würden sich dann die angesprochenen Probleme erledigen, da das Vermögen auch diesem Zweck dienen könnte. Eine gemischte Selbstzweckstiftung wäre entsprechend zulässig.[1624] Der Aufteilungsgedanke geht jedoch an sich fehl. Denn die Selbstzweckstiftung bliebe insgesamt unzulässig, weil sie im Ergebnis einen zulässigen Nebenzweck und einen unzulässigen (Haupt-)Zweck hätte. Dies ist jedoch mit dem Rechtsgedanken des § 139 BGB unvereinbar und führt überdies zu Abgrenzungsschwierigkeiten.

§ 80 Abs. 2 BGB sieht außerdem vor, dass das Stiftungsvermögen die Zweckverfolgung ermöglichen muss. Dies ist nur mit einer entsprechenden

---

1622 Vgl. etwa *Dutta* in Richter-StiftR, § 5, Rn. 16; *Hof* in v. Campenhausen/Richter, § 7, S. 64 m.w.N.

1623 Dazu unten S. 430 ff.

1624 *Hof* in v. Campenhausen/Richter, § 7, Rn. 63; *Burgard*, Gestaltungsfreiheit, S. 147 ff.; *Schwake*, Unternehmensstiftungen, S. 146 ff.; a.A. *Weitemeyer* in MüKo-BGB, § 80, Rn. 207 ff.

Vermögensausstattung erreichbar. *Hüttemann/Rawert* leiten auch aus dem Erfordernis der angemessenen Vermögensausstattung eine Unzulässigkeit der Selbstzweckstiftung ab. Wäre sie zulässig, würde zur dauerhaften und nachhaltigen Erfüllung des Zwecks auch ein symbolischer „einziger Euro reichen". Dann wäre aber die Vorschrift insgesamt überflüssig.[1625] Dies kann jedoch aus zwei Gründen nicht überzeugen: Zum einen sprechen *Hüttemann/Rawert* an anderer Stelle selbst davon, dass die Vermögensausstattung relativ zum angestrebten Stiftungszweck zu bewerten ist.[1626] Auch wenn man davon ausginge, ein einziger Euro könnte genügen (dazu gleich) und die Regelung wäre nicht notwendig, so hätte die Norm bei einer relativen Betrachtung für alle anderen Stiftungszwecke jedoch weiterhin einen Anwendungsbereich.[1627] Zum anderen vernachlässigt dieser Ansatz, dass bei der Anerkennung auch die Verwaltungskosten zu berücksichtigen wären. Eine sinnvolle Vermögensmehrungsstruktur, eine passende Organstruktur[1628] sowie sonstige Verwaltungskosten setzten faktisch also ein deutlich höheres – wenngleich nur faktisches – Mindestkapital voraus. Der überspitzt gemeinte Euro dürfte also nicht im Geringsten dafür ausreichen, einen Überschuss der Erträge über die Verwaltungskosten zu erwirtschaften. Im Gegenteil müsste es eine signifikante ursprüngliche Vermögensausstattung gegeben haben, damit überhaupt Erträge erwirtschaftet werden können. Aus § 80 Abs. 2 BGB lässt sich also auch in dieser Hinsicht keine Unzulässigkeit der Selbstzweckstiftung herleiten.

Auf Ebene des Bundesrechts geht *Schiffer* davon aus, dass sich aber eine Unzulässigkeit der reinen Selbstzweckstiftung aus § 87 Abs. 2 BGB ergibt.[1629] Dieser setze voraus, dass einen Personenkreis gibt, dem die Erträge des Stiftungsvermögens zustattenkommen sollen. Das zeige, dass sich die Stiftung von ihren Destinatären unterscheiden müsse, also der Erhalt ihres Vermögens selbst nicht Zweck der Stiftung sein kann. Wie oben bereits zu §§ 80, 81 BGB festgestellt, gelangt auch dieser Ansatz an seine Grenzen, wenn das Stiftungsvermögen aus einer juristischen Person besteht. Handelt es sich bei dem Vermögen

---

1625 *Hüttemann/Rawert* in Staudinger-BGB, Vor §§ 80–88, Rn. 224.

1626 *Hüttemann/Rawert* in Staudinger-BGB, § 80, Rn. 21 m.w.N.

1627 *Schiffer/Pruns* in NK-BGB, § 80, Rn. 64; Eine Stiftung mit dem Zweck den Bau eines Teilchenbeschleunigers zu finanzieren, würde mit einem Euro nicht sehr viel erreichen.

1628 Da die Organe weder als Familienmitglieder in einer Familienstiftung noch aus altruistischen Motiven zur Unterstützung einer gemeinnützigen Stiftung tätig werden, würde die Organisation auch laufende Kosten mit sich bringen.

1629 *Schiffer/Pruns* in NK-BGB, § 80, Rn. 65.

zum Beispiel im Wesentlichen um die Beteiligung an einer AG, so kann die AG Destinatär im Sinne des § 87 Abs. 2 BGB sein, da sie eine von der Stiftung unterschiedliche Person ist. Da *Schiffer* und *Pruns* aber auch von der Zulässigkeit der Unternehmensselbstzweckstiftung ausgehen, ist dies in sich konsequent. Selbst wenn der Begründung der Unzulässigkeit über § 87 Abs. 2 BGB gefolgt wird, ergeben sich schwerwiegende Abgrenzungsprobleme und das Verbot der Selbstzweckstiftung wäre – wie bereits gezeigt – ohnehin zwecklos, wenn es durch eine Holdinggesellschaft umgangen werden kann.

Teilweise wird auch davon ausgegangen, das Verbot der Selbstzweckstiftung ergäbe sich aus dem sogenannten Admassierungsverbot,[1630] welches in einzelnen Landesgesetzen zu finden ist.[1631] Die elf Landesgesetze, die eine entsprechende Regelung vorsehen, besagen jedoch regelmäßig nur, dass die Erträge zur Erfüllung des Stiftungszwecks eingesetzt werden müssen.[1632] Nur in vier dieser Landesstiftungsgesetze erlauben die Regelungen, nach denen die Zuführung von Stiftungsmitteln zum Grundstockvermögen nur ausnahmsweise zulässig ist, den Umkehrschluss, dass die Stiftungserträge regelmäßig nicht zur Mehrung des Grundstockvermögens genutzt werden dürfen.[1633] Allerdings lassen diese landesrechtlichen Vorschriften darüber hinaus keinen klaren Schluss auf die Unzulässigkeit der Selbstzweckstiftung zu. Zum einen funktioniert diese Auslegung nur dann, wenn der Stiftungszweck nicht der Selbstzweck sein kann. Denn sonst könnte die Regelung auch in dem Sinne verstanden werden, als dass nur dann eine Verwendung der Stiftungserträge zur Förderung des Grundstockvermögens ausgeschlossen ist, wenn der Stiftungszweck gerade nicht der Selbstzweck, sondern ein anderer ist. Eine solche Lesart ließe sich etwa damit begründen, dass in derartigen Fällen aufgrund einer Prinzipal-Agent-Problematik[1634] den Stiftungsorganen die Möglichkeit der Mehrung genommen werden soll, wenn sie nicht vom Stifter explizit gewünscht ist.

Zum anderen erlauben die Vorschriften keinen Schluss auf die komplette Unzulässigkeit der Selbstzweckstiftung: Der Gesetzeswortlaut lässt zwar keine

---

1630 Dazu im Detail oben S. 121 f.

1631 *v. Campenhausen/Stumpf* in Richter-StiftR, § 1, Rn. 12.

1632 Art. 6 Abs. 3 BayStG; § 7 Abs. 3 S. 1 BremStiftG; § 4 Abs. 3 S. 1 StifG HA; § 6 Abs. 3 S. 1 StiftG HE; § 6 Abs. 2 S. 2 NStiftG; § 4 Abs. 3 StiftG NRW; § 7 Abs. 3 LStiftG; § 6 Abs. 2 StiftG SL; § 7 Abs. 3 StiftGLSA; § 4 Abs. 3 S. 1 StiftG (Schl.-Hol.); § 8 Abs. 3 ThürStiftG.

1633 Art. 6 Abs. 3 S. 2 BayStG; § 7 Abs. 3 StiftGLSA; § 4 Abs. 3 S. 1 StiftG (Schl.-Hol.); § 8 Abs. 3 S. 2 ThürStiftG.

1634 Dazu unten S. 430 ff.

Zweifel daran, dass die Stiftungserträge nicht genutzt werden dürfen, um das Nennkapital der Stiftung zu erhöhen. Dies schließt allerdings nicht per se jede Form der Selbstzweckstiftung aus, da etwa bei der Förderung eines Unternehmens nur mittelbar das Stiftungsvermögen erhöht würde. Indem das Gesetz jedoch die dauerhafte Erhöhung des Nennkapitals, also einen wesentlichen Aspekt der Selbstzweckstiftung, in Abgrenzung zu den Verwendungen zugunsten des Stiftungszwecks definiert, liegt dieser Definition die Annahme zugrunde, dass die Admassierung des Grundkapitals kein Stiftungszweck sein kann. Damit dürfte auf systematischer Ebene auch die mittelbare Admassierung des Stiftungskapitals ausgeschlossen sein. Dennoch schließen diese Vorschriften direkt weder eine langfristige, nicht auf eine Erhöhung des Stammkapitals gerichtete Thesaurierung, noch die Gewährung finanzintensiver, aber nicht bilanzfähiger Vorteile an eine Tochtergesellschaft aus.

Abgesehen von diesen Ländern kann weder die Unzulässigkeit der Nennkapitalerhöhung durch die Erträge noch die Unzulässigkeit der Selbstzweckstiftung aus dem Gesetz abgeleitet werden. Denn wäre die Selbstzweckstiftung als solche zulässig, dann wäre eine Mehrung des Stiftungsvermögens auch eine zweckkonforme Nutzung der Erträge. In den Ländern, in denen die Unzulässigkeit der Vermögensmehrung durch die Erträge aus der Stiftung unter den Vorbehalt der Satzung gestellt wird, kann die im vorigen Absatz getroffene Definitionsunterscheidung nicht übernommen werden. Schließlich erlaubt der Wortlaut in diesen Ländern auch eine Auslegung, nach der die Nennkapitalvermehrung nur einen besonderen Stiftungszweck darstellt und nur besonderen Voraussetzungen unterliegt.

Mit Ausnahme der vier genannten Bundesländer ließ sich bisher eine Unzulässigkeit der Selbstzweckstiftung nicht eindeutig am Gesetz festmachen. Nach der Stiftungsrechtsreform 2021 hat der Gesetzgeber jedoch die Stiftung klarer im Gesetz definiert. Ähnlich zu der bisherigen Fassung des § 81 Abs. 1 S. 2 BGB enthält der Wortlaut des § 80 Abs. 1 BGB-Neu nun die Formulierung, es handele sich bei der Stiftung um eine „mit einem Vermögen zur […] Erfüllung eines vom Stifter vorgegebenen Zwecks ausgestattete […] juristische Person". Damit nimmt das Über-Unterordnungsverhältnis zum einen eine prominentere Stellung ein. Zum anderen stellt die Gesetzesbegründung klar, dass sich „der Zweck einer Stiftung […] nicht in der Erhaltung des eigenen Vermögens erschöpfen" kann.[1635] Eine reine Selbstzweckstiftung ist daher jedenfalls nach der neuen Rechtslage unzulässig. Zudem legt die Aussage des Gesetzgebers, keine grundlegenden

1635 BT-Drucks. 19/28173, S. 46.

Änderungen vornehmen zu wollen,[1636] nahe, dass die Selbstzweckstiftung auch nach der bisherigen Intention des Gesetzgebers unzulässig gewesen ist.

Daher kann an dieser Stelle dahinstehen, ob die oben aufgeführten Bedenken einer fehlenden ausreichend bestimmten gesetzlichen Grundlage für die Unzulässigkeit der reinen Selbstzweckstiftung am Ende zu einer Zulässigkeit dieses Zwecks hätten führen können. Mit der herrschenden Ansicht zum bisherigen Recht kann daher davon ausgegangen werden, dass die Selbstzweckstiftung unzulässig ist.[1637]

Die Unzulässigkeit der Selbstzweckstiftung gilt grundsätzlich auch für gemischte, verdeckte oder faktische Selbstzweckstiftungen.[1638] In der Praxis treten faktische Teilselbstzweckstiftungen, vor allem in der Form der angesprochenen privatnützigen Stiftungen, die signifikant mehr Erträge erzielen, als zur Erfüllung des Zwecks erforderlich ist, nichtsdestotrotz auf und werden weder – wie in der Literatur gefordert[1639] – aufgelöst noch erfahren sie die möglicherweise notwendigen Zweckänderungen.[1640] Daher werden die Auswirkungen des Verbots der Selbstzweckstiftung auf faktische Selbstzweckstiftungen nach einem Blick auf die Rechtslage in Liechtenstein genauer untersucht.[1641]

2. *Liechtenstein*

Auch im liechtensteinischen Recht wird die Selbstzweckstiftung für unzulässig erachtet. Dies ergibt sich in Liechtenstein jedoch unzweifelhaft aus dem Gesetz, konkret aus Art. 552 § 1 Abs. 1 S. 2 Hs. 2 PGR, wonach ein „unmittelbar nach außen gerichteter Stiftungszweck" erforderlich ist, sowie der Rechtsgeschichte der Vorschrift, welche mit dem erklärten Ziel geschaffen wurde, Selbstzweckstiftungen zu verhindern.[1642] Mit diesem Ergebnis stimmt die Literatur, jedenfalls in Bezug auf die reine Selbstzweckstiftung, überein.[1643]

1636 BT-Drucks. 19/28173, S. 29.

1637 Statt vieler an dieser Stelle nur *Hüttemann/Rawert* in Staudinger-BGB, Vor §§ 80–88, Rn. 225; *Weitemeyer* in MüKo-BGB, § 80, Rn. 127 je m.w.N.

1638 *Hüttemann/Rawert* in Staudinger-BGB, Vor §§ 80–88, Rn. 273 f.; *Weitemeyer* in MüKo-BGB, § 80, 193 f. u. 210 ff.

1639 *Hüttemann/Rawert* in Staudinger-BGB, Vor §§ 80–88, Rn. 274; *Weitemeyer* in MüKo-BGB, § 80, Rn. 193 f.

1640 Vgl. *Weitemeyer* in MüKo-BGB, § 80, Rn. 194 und den Verweis auf den Sachverhalt von OLG Koblenz, Urt. v. 17.12.2001 – 12 U 1334/01, NZG 2002, 135, juris Rn. 2 ff.

1641 Dazu sogleich unten S. 425.

1642 BuA Nr. 13/2008, S. 42.

1643 *Schauer* in Liechtensteinisches Stiftungsrecht, Art. 552 § 1, Rn. 13 ff.; zum alten Recht *Bösch*, Liechtensteinisches StiftR, S. 209; *Jakob*, Liechtensteinische Stiftung,

Soweit das Gesetz einen unmittelbar nach außen gerichteten Zweck voraussetzt, könnte dafür grundsätzlich auch die Verfolgung eines weiteren (Neben-) Zwecks genügen, da nach dem Wortlaut nicht ausschließlich ein nach außen gerichteter Zweck verfolgt werden muss. Ebenso verfolgen alle Stiftungen, bei denen die Förderung ihres Vermögens vorgesehen ist und deren Vermögen aus einer eigenen Rechtspersönlichkeit (z.B. eine AG) besteht, einen unmittelbar nach außen gerichteten Zweck, da die Rechtsform und nicht die Stiftung gefördert wird.[1644] Letztlich verfolgt die Stiftung damit aber als mittelbar Geförderte trotzdem ihren Selbstzweck. Wenngleich der reine Wortlaut des Art. 552 § 1 PGR kein Hindernis darstellt, zielt die Gesetzesbegründung derart klar auf das Verbot der Selbstzweckstiftung,[1645] dass die Norm daher teleologisch auszulegen ist und die Förderung von eigenen Vermögensgegenständen zur Vergrößerung des Vermögens nicht als nach außen gerichteter Zweck genügen kann.

Jedoch bleiben sowohl das Gesetz als auch die Entstehungsgeschichte der Vorschrift eine Aussage über die Zulässigkeit einer teilweisen Selbstzweckstiftung und den Umfang des bei einer Zulässigkeit erforderlichen Nebenzwecks schuldig. Soweit die Stiftung in der zum deutschen Recht geschilderten Konstellation signifikant überschießender Erträge neben der Förderung des Selbstzwecks auch die Familie fördert, wäre ein nach außen gerichteter Zweck im Sinne der Vorschrift vorhanden. Aus dem Fehlen einer Klärung der Frage nach dem Umfang des Nebenzwecks durch die Reform, trotz einer entsprechenden Diskussion in der Praxis, wird von einigen Autoren geschlossen, dass jeder Umfang genügt, soweit er nicht vorgeschoben ist.[1646] Der insoweit klare Wortlaut und die Entstehungsgeschichte der Norm sind deutliche Indizien für die Zulässigkeit bei gemischten Zwecken. Gleichwohl überrascht diese unterschiedliche Wertung, da nach der Gesetzesbegründung grundsätzlich die Selbstzweckstiftung insgesamt unzulässig sein sollte. Ließe man sie nun zum Teil zu, widerspräche dies dem

---

Rn. 46; *Schauer* in Neues Stiftungsrecht, Grundelemente des neuen Rechts, S. 17; *Wohlgenannt*, Selbstzweckstiftungen, S. 180; *Schurr* in LJZ 2011, 68, 70.

1644 *Marxer*, Wirtschaftsrecht, S. 86; *Schurr* in Wandel im Stiftungsrecht, Begünstigtenrechte, S. 104 f.; vgl. auch *Hier* in Wandel im Stiftungsrecht, Stiftungszweck, S. 37. *Hier* vergleicht die Förderung der Rechtsform mit einem Park, der im Eigentum der Stiftung steht. Wenn die Stiftung den Park fördert, würde auch niemand einen Selbstzweck annehmen, da der Zweck nach außen gerichtet sei; a.A. *Wohlgenannt*, Selbstzweckstiftungen, S. 43.

1645 BuA Nr. 13/2008, S. 42.

1646 *Schauer* in Liechtensteinisches Stiftungsrecht, Art. 552 § 1, Rn. 16; *Jakob*, Liechtensteinische Stiftung, Rn. 48 ff.; *Wohlgenannt*, Selbstzweckstiftungen, S. 40 f.

Willen des Gesetzgebers. Möglicherweise gehen von der Selbstzweckstiftung aber auch weniger Gefahren aus, wenn sie mit einem anderen Zweck verbunden ist. In diesem Fall wäre die unterschiedliche Behandlung von gemischten und reinen Selbstzweckstiftungen gerechtfertigt. Dieser Frage wird sogleich im Rahmen des Rechtsvergleichs nachgegangen.

Im Ergebnis ist damit in Liechtenstein die reine Selbstzweckstiftung unzulässig. Stiftungen, die hingegen zu einem Teil einen Selbstzweck verfolgen und zum anderen einen Nebenzweck, sind nach dem Gesetzeswortlaut und der wohl herrschenden Meinung ebenso zulässig,[1647] wie Unternehmensselbstzweckstiftungen.[1648]

3. *Stellungnahme zu den Argumentationslinien*

Im deutschen Recht werden sämtliche Formen der Selbstzweckstiftung grundsätzlich abgelehnt. Auf der anderen Seite sprechen sich einige Stimmen in der Literatur, beispielsweise *Hof*,[1649] für eine Zulässigkeit von Unternehmensselbstzweckstiftungen aus. Wenngleich sich die Unzulässigkeit der reinen Selbstzweckstiftung spätestens nach der Stiftungsrechtsreform 2021 am Gesetz festmachen lässt, führen die Umgehung dieses Verbots durch die Zwischenschaltung eines Unternehmens und die in der Praxis vorhanden Familienstiftungen mit überschießenden Erträgen zu Abgrenzungsfragen. In Liechtenstein wird die reine Selbstzweckstiftung ebenso als unzulässig abgelehnt. Bei der Reform des Stiftungsrechts hat dies auch Einzug in das Gesetz gefunden (Art. 552 § 1 Abs. 1 S. 2 PGR). Nach dem Wortlaut der Norm muss jedoch nur ein Stiftungszweck nach außen gerichtet sein. Der insofern deutliche Wortlaut dürfte nach der wohl herrschenden Meinung[1650] nicht gegen die Zulässigkeit der gemischten Selbstzweckstiftung sprechen.

Ohne Zweifel ist die Frage nach der Behandlung der Selbstzweckstiftung in beiden Rechtsordnungen umstritten. Die von der Literatur angenommene Zulässigkeit der gemischten Selbstzweckstiftung in Liechtenstein stellt dabei einen gravierenden Unterschied zum deutschen Recht dar, in dem es an einer derart klaren Aussage fehlt. Allerdings erscheint die teilweise Zulässigkeit von Selbstzweckstiftungen in Liechtenstein aufgrund des Wortlauts und vor dem Hintergrund der Gesetzesbegründung nicht unbedingt zwingend.

1647 Zusätzlich zu den bereits genannten, *Wohlgenannt*, Selbstzweckstiftungen, S. 151.

1648 *Schurr* in Wandel im Stiftungsrecht, Begünstigtenrechte, S. 104 f.

1649 *Hof* in v. Campenhausen/Richter, § 7 Rn. 63 f.

1650 Insb. *Jakob*, Liechtensteinische Stiftung Rn. 49.

Im Folgenden wird daher überprüft, ob die Unzulässigkeit der reinen Selbstzweckstiftung auch solche Stiftungen unzulässig macht, die grundsätzlich einen nach außen gerichteten Zweck verfolgen, jedoch außerdem (faktisch) dem Selbstzweck dienen. Dies wäre mangels einer deutlichen gesetzlichen Regelung in beiden Rechtsordnungen jedenfalls dann anzunehmen, wenn die Kombination eines zulässigen Zwecks mit einem teilweisen Selbstzweck den gleichen Bedenken begegnet wie die reine Selbstzweckstiftung. Entsprechend werden die historischen, wirtschaftlichen und politischen Motive für die Ablehnung der Selbstzweckstiftung aufgearbeitet und untersucht, ob und inwieweit sie auch gegen gemischte Selbstzweckstiftungen sprechen.

Teilweise kann bei dieser Untersuchung auf *Walz* und *Fischer* rekurriert werden, die sich eine parallele Frage bereits zu den Admassierungsverboten im Non-Profit Recht gestellt haben.[1651] Denn wie auch von den Autoren festgestellt, ist das Verbot von Admassierungen letztlich nur ein Folgeproblem der Selbstzweckstiftungsproblematik.

In einem ersten Schritt werden die politischen und volkswirtschaftlichen Motive für die Ablehnung der Selbstzweckstiftung aufgearbeitet. Danach wird auf die rechtssystematische und -politische Frage eines Kontrollproblems in derartigen Stiftungen eingegangen. Aufgrund dieser Ergebnisse kann dann die Auseinandersetzung mit der eigentlichen Frage der Behandlung von (faktischen) Teilselbstzweckstiftungen beziehungsweise nach der nötigen Intensität des nach außen gerichteten Zwecks beginnen.

a. *„Tote Hand" Problematik*[1652] *und Vermögenskonzentration*

Abstrakt besteht bei Selbstzweckstiftungen in erhöhtem Maße die Gefahr der volkswirtschaftlich problematischen Bindung von nennenswerten Vermögenswerten in einer einzelnen Vermögensmasse.[1653] Dies gilt insbesondere dann, wenn die Vermögenswerte einem Veräußerungsverbot unterliegen, beispielsweise, wenn die Anteile an einem gehaltenen Unternehmen laut Satzung nicht veräußerlich sind und die Stiftung auf ewig an das Unternehmen gebunden ist. Historisch speiste dieses volkswirtschaftliche Problem die „tote Hand"

1651 *Walz/Fischer* in NPLY 2004, Thesaurierungsverbote, S. 163 ff.; ihnen folgend *Helios/Friedrich* in Münch. HdB GesR Bd. V, § 96, Rn. 9; *Friedrich*, Anlage des Stiftungsvermögens, S. 101.

1652 Zu der historischen Furcht vor der „toten Hand" S. 42 f.

1653 Ob konkret eine Gefahr besteht, haben *Walz/Fischer* aber 2004 angezweifelt, *Walz/Fischer* in NPLY 2004, Thesaurierungsverbote, S. 165 f.

Problematik, also die Angst, die Verstorbenen könnten große Vermögensmengen auch aus dem Jenseits heraus in einem starren Griff halten. Diese Furcht wurde vor allem durch die Familienfideikommisse mit ihrem Fokus auf Immobilien – an sich ein schon dem Wortsinne nach unbewegliches Wirtschaftsgut – gefördert, als einzelne Stiftungen und Kommisse wesentliche Anteile aller bestehenden Immobilien unveräußerlich auf sich vereinigten.[1654] Wäre eine Selbstzweckstiftung zulässig, so könnte der Griff aus dem Jenseits noch stärker wirken, als es die Vermögensveräußerungsverbote der Vergangenheit vermeintlich getan haben, da das Stiftungsvermögen ewig wachsen würde. War zumindest die Stiftung selbst durch die notwendige Erfüllung ihres Zwecks noch zu einem Mindestmaß an Wandel gezwungen, weil sich ihre Destinatäre der Zeit angepasst haben, so wäre dies bei einer nur auf sich selbst bezogenen Stiftung nicht der Fall.

Die damalige Situation, in der Immobilien für viele die einzige dauerhafte und ertragreiche Vermögensanlagemöglichkeit darstellten, dürfte jedoch kaum gänzlich neu aufleben.[1655] Immobilien machen mittlerweile nur noch eine von vielen Investmentkategorien aus. Sämtliche andere Investmentformen sind zu einer konstanten Veränderung und Anpassung gezwungen, um am Markt erfolgreich zu sein. Eine starre Haltung, wie sie in Bezug auf Immobilien möglich war, würde heutige Unternehmen schwerlich am Markt bestehen lassen. Damit ist die Angst vor der „toten Hand" zwar nicht gebannt, schließlich bestimmt der Wille des Stifters trotzdem noch die Nutzung des Vermögens – durch die Marktteilnahme ist jedoch ein Mindestmaß an Flexibilität gewährleistet und der Griff etwas gelockert.

Gleichwohl könnten einzelne große Vermögensmassen, die allein auf die Mehrung des eigenen Vermögens gerichtet sind, zu einer Unwucht in der Marktwirtschaft führen und damit volkswirtschaftlich unerwünschte Effekte hervorrufen. *Hof* beschreibt diese Gefahr sehr anschaulich anhand des Beispiels von der Stiftung des Herrn Thellusion in England aus dem 19. Jahrhundert, dessen Vermögen nach seinem Tod in eine Stiftung eingebracht und 65 Jahre lang thesauriert werden sollte. Damaligen Berechnungen zufolge hätte das Vermögen dann den britischen Staatshaushalt übertroffen.[1656] Allerdings zeigt *Sitkoff* anhand einer

---

1654 Siehe dazu S. 43; sowie insbesondere die Menge an Immobilien, die im 18. Jahrhundert in Bayern im Besitz von Stiftungen waren, dazu *Liermann* Geschichte des Stiftungsrechts, S. 222.

1655 *Walz/Fischer* in NPLY 2004, Thesaurierungsverbote, S. 166.

1656 *Hof* in v. Campenhausen/Richter, § 7, Rn. 61, dort in Fn. 130.

historischen Auswertung des Thellusion Falles, dass eine Vermögensmasse nur unter sehr außergewöhnlichen Umständen eine solche Unwucht erreichen kann. Voraussetzung wäre grundsätzlich, dass sie über eine sehr lange Zeit einen Wertzuwachs erfährt, der größer ist als der Marktdurchschnitt.[1657] Indem die Stiftung den gleichen Marktgesetzen unterliegt wie alle anderen Marktteilnehmer, ist die Gefahr einer überproportionalen Vermögensakkumulation nicht größer als bei einer GmbH, die auf Dauer keine Ausschüttungen vornimmt.[1658] Ebenso wäre es – auch unter der Annahme der Unzulässigkeit der Selbstzweckstiftung – den Destinatären der Stiftung grundsätzlich möglich, die von der Stiftung erhaltenen Leistungen wieder an die Stiftung zu übertragen. Zwar würde die Steuerlast den verfügbaren Betrag mindern und die Rückzahlung wäre von der Kooperation der Destinatäre abhängig, die Gefahr der überproportionalen Vermögenskonzentration würde so aber ebenfalls geschaffen. Die volkswirtschaftliche Gefahr einer Unwucht, wie im Fall des Herrn Thellusion befürchtet wurde, scheint daher unbegründet. Selbst dann, wenn eine so gravierende Unausgewogenheit angenommen wird, handelt es sich doch um ein grundsätzliches Problem, das konsequenterweise jegliche Vermögensakkumulation verbieten müsste und nicht als einzige Ausprägung das Verbot jeglicher Form der Selbstzweckstiftung zur Folge haben dürfte.

Die „tote Hand“ Problematik könnte sich jedoch – trotz der veränderten Investitionslandschaft – genau in dem Anwendungsfall ansatzweise wiederfinden lassen, der ursprünglich Auslöser für die Angst vor der „toten Hand“ war.[1659] Stiftungen, welche große Immobilienportfolios halten und in welchen ein Verkauf der einzelnen Immobilien der Satzung nach ausgeschlossen ist, könnten theoretisch einen Großteil aller am Markt verfügbaren Immobilien aufkaufen und nicht wieder verkaufen. Dies würde zu dem gesellschaftlichen Problem führen, dass nur noch ein geringer Anteil an Grundstücken am Markt verfügbar wäre und für Privatpersonen kaum Raum für Immobilieneigentum bestünde. Die Tatsache, dass eine Stiftung, welche risikoarm investiert und auf Fremdfinanzierung verzichtet, mit einer hohen Wahrscheinlichkeit – wie von

1657 *Sitkoff* in Nw. U. L. Rev. (2006) Vol. 100 No. 1, 5 f.

1658 Ohne Begründung gehen auch *Helios/Friedrich* in Münch. HdB GesR Bd. V, § 96, Rn. 9 und *Friedrich*, Anlage des Stiftungsvermögens, S. 101 davon aus, dass sich in jüngerer Zeit die Ansicht durchsetzen würde, nach der der Allgemeinheit durch eine Vermögensansammlung durch Ansammlung der Erträge kein Schaden entstünde.

1659 Dazu bereits am Anfang S. 42; sowie insbesondere die Menge an Immobilien, die im 18. Jahrhundert in Bayern im Besitz von Stiftungen waren, dazu *Liermann* in Geschichte des Stiftungsrechts, S. 222.

Sitkoff dargelegt[1660] – nicht mit dem Markt mithalten kann, schadet in diesem Fall nicht. Im Gegensatz zu der an sich nur Vermögen anhäufenden Stiftung ist die Immobilien erwerbende Stiftung auf einem begrenzten Markt tätig. Jedes Grundstück, welches die Stiftung erwirbt, erhöht ihren Marktanteil und führt bei einer unendlichen Lebensdauer der Stiftung am Ende zu einer marktbeherrschenden Stellung. Dabei schadet es kaum, dass sich die Rendite der Stiftung an sich unter dem Marktdurchschnitt bewegt. Aufgrund der zwingenden Nachfrage nach Immobilien wird immer ein Mindesteinkommensfluss bei der Stiftung vorhanden sein, mit dem Instandhaltungsarbeiten und Investitionen möglich wären. Auch wenn andere Marktteilnehmer ein besseres Angebot machen könnten, bestünde die Wahrscheinlichkeit, dass das Angebot der Stiftung trotzdem nachgefragt wird und die allgemeinen Marktgesetze nur eingeschränkt gelten. Entsprechende Überlegungen lassen sich grundsätzlich auch bei allen anderen Märkten für begrenzte Ressourcen anstellen. Immobilien stellen dabei jedoch trotzdem den anschaulichsten Fall dar, weil Wohnraum als Grundbedürfnis alle Menschen betrifft und es an einer alternativen Ressource mangelt.

Allerdings zeigt das Beispiel der „Ostimmobilien", dass auch auf dem Immobilienmarkt schwerwiegende Fehlinvestitionen möglich sind.[1661] Entsprechend kann davon ausgegangen werden, dass sich auch die rein immobilienorientierte Stiftung irgendwann dem Markt unterwerfen müsste. Trotzdem lassen sich die Ängste vor bis zum Monopol wachsenden Immobilienstiftungen nicht gänzlich beseitigen. Da ein solches Monopol aber auch durch eine Kapitalgesellschaft erreicht werden kann, wenn die Gesellschafter nicht auf die Ausschüttungen angewiesen sind, beschränkt sich das Problem nicht auf die Selbstzweckstiftung.

Soweit man von einer Gefahr für die Gesellschaft, beziehungsweise den Markt, durch immer größer werdende Stiftungen ausgeht, ist schließlich fraglich, ob es sinnvoll ist, dass die Marktregelung auf Ebene des Stiftungszwecks

---

1660 *Sitkoff* in Nw. U. L. Rev. (2006) Vol. 100 No. 1, 5 f.

1661 Exemplarisch zu den fehlgeschlagenen Investitionen in Ostdeutschland: *Balzli/Bott*, „Die bluten alle ganz böse", Der Spiegel 2003/6, 78; statistische Daten finden sich im Bericht „Immobilienmarkt ostdeutsche Bundesländer und Berlin 2015" der Deutsche Genossenschafts-Hypothekenbank AG. Dieser zeigt (S. 18) für die Immobilien aller Unternehmen im GdW (Bundesverband deutscher Wohnungs- und Immobilienunternehmen e.V.), dass die „neuen" Bundesländer (ohne Berlin) auch im Jahre 2014 noch mit Leerstandsquoten von 6,9 %–11,6 % zu kämpfen hatten, zum Vergleich: die Leerstandsquote betrug zum gleichen Zeitpunkt in den „alten" Bundesländern (außer im Saarland) 0,8 %–3 %. Zudem wurden im Zeitraum von 1998–2014 fast 315.000 Immobilien abgerissen.

vorgenommen wird. Dies erscheint willkürlich. Denn neben der bereits angesprochenen ewig thesaurierenden GmbH, bei der die gleiche Gefahr auftreten kann, sind schließlich auch den Zustiftungen zu einer Stiftung keine Grenzen gesetzt. Falls ein Destinatär einer Privatstiftung die erhaltenen Zahlungen wieder zustiften würde, fiele zwar eine hohe Steuerbelastung an, der Kern des Problems eines stetig wachsenden Vermögens bestünde jedoch auch in diesem Fall. Diesen beiden Konstellationen ist – im Gegensatz zur Selbstzweckstiftung – gemein, dass jeweils die Gesellschafter oder die Destinatäre kaum verbindlich zur Thesaurierung, beziehungsweise Zustiftung, verpflichtet werden können. Dieser Unterschied, der im nächsten Abschnitt behandelt wird, ändert jedoch nichts an dem Grundsatz, dass die Vermögenskonzentration im Grunde möglich ist. Nur aus der Angst vor der „toten Hand" und der entsprechenden Vermögenskonzentration lässt sich die Ablehnung der Selbstzweckstiftung im Ergebnis somit nicht begründen. Entsprechende Regelungen zur Vorbeugung von marktbeherrschenden Stellungen wären ohnehin sachgerechter im Bereich des Wettbewerbsrechts angesiedelt.[1662]

b. Prinzipal-Agenten-Problem[1663]

Ein Problem juristischer Personen insgesamt und insbesondere der Rechtsform der Stiftung ist ein Sonderfall des sogenannten Prinzipal-Agenten-Problems.[1664] Dieses tritt immer dann auf, wenn ein Prinzipal einen Agenten beauftragt für ihn tätig zu werden. Der Beauftragte hat aufgrund seiner Beteiligung an der Ausführung regelmäßig einen Informationsvorsprung gegenüber dem Auftraggeber. Das Dilemma liegt darin, dass der Agent nicht zwingend die gleichen Ziele verfolgt wie der Prinzipal. Aufgrund des Informationsdefizits kann der Auftraggeber aber den Beauftragten nur eingeschränkt überwachen. In der ökonomischen Theorie führt dies dann insbesondere zu sogenannten Agenturkosten, die der Prinzipal aufwenden muss, um doch noch eine Überwachung sicherzustellen.

Ein klassisches Beispiel für dieses Problem ist regelmäßig die AG. Viele Anteilseigner (Prinzipale) bestellen einen Vorstand (Agent), um die Geschicke der Gesellschaft zu leiten. Vornehmlich bei vielen Kleinanlegern kann das Handeln des Vorstands allerdings kaum überprüft werden und es besteht die Gefahr,

---

1662 Vgl. etwa die Anknüpfung an Marktanteile im Rahmen der Fusionskontrolle im GWB.

1663 Nicht zur Selbstzweckstiftung, aber der parallelen Frage der Admassierungsverbote bereits *Walz/Fischer* in NPLY 2004, Thesaurierungsverbote, S. 166 ff.

1664 *Jensen/Meckling* in Journal of Financial Economics 1976, 305.

dass der Vorstand sein eigenes Wohl über dasjenige der Gesellschafter stellt. Daher wird zudem ein Aufsichtsrat geschaffen, der den Vorstand kontrolliert und damit ein Mindestmaß an Kontrolle gewährleistet und sicherstellt, dass die Interessen der Gesellschafter gewahrt werden.

Bei der Stiftung als mitglieder- und eigentümerloser Rechtsform fehlt es jedoch gewissermaßen an einem aktiven Prinzipal.[1665] Als Prinzipal sind im Grundsatz drei verschiedene Stakeholder vorstellbar: der Stifter, die Stiftung selbst beziehungsweise ihr Zweck und die Destinatäre. Abhängig davon, wer bei einer Stiftung der Prinzipal ist, fehlt es bei einem Selbstzweck der Stiftung an einem Prinzipal und der Agent würde gegebenenfalls ohne Kontrollinstanz existieren.

aa. *Stifter als Prinzipal*

Als erster Prinzipal kommt der Stifter in Betracht.[1666] Da er der Stiftung sein Vermögen zuwendet, hat er grundsätzlich ein Interesse daran, dass der Stiftungsvorstand seine Vorstellungen möglichst genau umsetzt. Gegen den Stifter als Prinzipal spricht jedoch zum einen, dass bei natürlichen Personen irgendwann einmal der Prinzipal versterben wird und ein neuer Prinzipal gesucht werden muss.[1667] Wenn dieser im Zweck oder den Destinatären gefunden wird, ist jedoch fraglich, warum diese „Ersatzprinzipale" nicht von Anfang an Prinzipale der Stiftung sind. Zum anderen darf der Stifter genau genommen nur das Interesse haben, dass sein Wille bei der Errichtung der Stiftung umgesetzt wird. Eine spätere subjektive Auslegung seines Willens begegnet Bedenken im Hinblick auf eine übermäßige Einflussnahme des Stifters auf die errichtete Stiftung. Geht man davon aus, dass sich der Stifter an diese Maxime hielte, dann wäre es wiederum nicht zwingend, dass der Stifter Prinzipal ist, denn diese reine Überwachungsfunktion könnte von jedem wahrgenommen werden. Vor allem aber passt der Stifter kaum in das Schema des Prinzipal-Agenten Dilemmas, da die Arbeit des Stiftungsvorstands ihm grundsätzlich nicht mehr materiell, sondern nur ideell zugutekommt.[1668] Selbst dann, wenn man annimmt, dass die ideellen Interessen des Stifters den materiellen gleichgestellt werden könnten,[1669]

1665 *Jakob*, Schutz der Stiftung, S. 206 ff. m.w.N.; aktueller *Burgard* in ZStV 2015, 1, 3 m.w.N.

1666 *Koss* in Nonprofit-Organisationen, Prinzipal-Agenten-Konflikte, S. 205 f.

1667 *Jakob*, Schutz der Stiftung, S. 207 m.w.N.

1668 Ist der Stifter auch Destinatär, kann anderes gelten, siehe dazu sogleich.

1669 So nimmt etwa *Koss* an, dass die Stiftungserrichtung für den Stifter insgesamt einen Nutzen hätte und die Zweckerfüllung Teil dieser Nutzenfunktion sei, *Koss* in

mangelt es dem Stifter regelmäßig an Möglichkeiten, Konsequenzen aus einem nicht sachgerechten Handeln der Stiftungsorgane zu ziehen.[1670] Solange ihm keine Organstellung eingeräumt ist, kann er lediglich versuchen, die Stiftungsaufsicht oder im Extremfall die Staatsanwaltschaft anzurufen. Dass er schon dem Grunde nach kein Prinzipal mehr ist, zeigt sich abschließend darin, dass ihm im Regelfall keine Informationsrechte gegenüber der Stiftung zustehen und so das klassische Informationsdefizit zwischen Stifter und Stiftung nicht zum Tragen kommen kann. Das gesteigerte Interesse des Stifters begründet daher keine Prinzipalstellung. Etwas anderes kann nur im Einzelfall in Liechtenstein gelten, wenn sich der Stifter den Widerruf der Stiftung vorbehalten hat. Denn in diesem Fall können ihn die Auswirkungen des Handelns der Stiftungsorgane treffen und ihm stehen Informationsrechte zu. Allerdings führt auch in Liechtenstein die Endlichkeit des Stifters dazu, dass nach seinem Ableben ein Ersatzprinzipal gesucht werden muss.

bb. Stiftung als Prinzipal

Der Stifter kommt unter anderem deswegen nicht als Prinzipal in Betracht, weil sich sein Wille mit der Stiftungserrichtung verselbstständigt. Stattdessen könnte aber gerade jener Wille als Prinzipal betrachtet werden. Da der Wille des Stifters letztlich der wesensgebende Charakterzug der Stiftung ist und sie nur zur Erfüllung des Stiftungszwecks „lebt", könnte stattdessen die Stiftung selbst Prinzipal sein. Da sie Trägerin des Vermögens ist, habe sie im Grunde auch die gleichen Interessen wie ein Prinzipal.[1671] Diese Ansicht überzeugt in der Hinsicht, dass die Stiftung im Gegensatz zum Stifter ein deutliches Interesse am Handeln des Stiftungsvorstands hat, da ihre Möglichkeiten der Zweckerfüllung direkt von den Auswirkungen der Handlungen abhängen. Allerdings ist *Koss* insoweit zuzustimmen, als sich aus der Tatsache, dass die Stiftung eine juristische Person ist, Probleme ergeben.[1672] Zwar kann *Koss*, der eine Prinzipalstellung von juristischen Personen mangels eigener Ziele ablehnt, nicht in Bezug

Nonprofit-Organisationen, Prinzipal-Agenten-Konflikte, S. 205. Nur ausnahmsweise kann der Stifter noch mittelbar einen materiellen Nutzen aus der Zweckförderung ziehen, wenn eine Stiftung zur Förderung des Sports Sportplätze finanziert und der Stifter ein entsprechendes Bauunternehmen besitzt. Dies kann aber nicht zur generellen Begründung materieller Interessen dienen, so dass seine Interessen im Regelfall ideeller Natur sein müssen.

1670 *Wagner/Walz*, Zweckerfüllung gemeinnütziger Stiftungen, S. 45.

1671 *Jakob*, Schutz der Stiftung, S. 207.

1672 *Koss* in Nonprofit-Organisationen, Prinzipal-Agenten-Konflikte, S. 205.

auf alle juristischen Personen gefolgt werden, da die meisten juristischen Personen letztlich nur die Vorstellungen ihrer Mitglieder oder Gesellschafter spiegeln und somit doch Ziele haben und eine Nutzenfunktion bilden könnten. Bei der Stiftung sind zwar auch Ziele vorhanden, diese müssen jedoch von natürlichen Personen interpretiert werden. Im Regelfall ist dies der Stiftungsvorstand. Dann fallen aber diejenigen Personen, welche die Ziele der Stiftung aus abstrakten Vorstellungen ableiten, und diejenigen, die sie in Taten umsetzen, zusammen. Wenn aber der Agent den Willen des Prinzipals ausformt, ist die Anwendung der Prinzipal-Agenten-Theorie zwar abstrakt möglich, in der Praxis ist aber kaum eine Differenzierung durchführbar.[1673] An der praktischen Schwierigkeit kann aber die Prinzipalstellung der Stiftung nicht scheitern – vielmehr muss es stattdessen im Interesse des Stifters liegen, eine effiziente Kontrolle des Stiftungsvorstands sicherzustellen.[1674] Allerdings tritt bei jeder Kontrollinstanz, die der Stifter schaffen kann, wieder ein eigenes Prinzipal-Agenten-Problem auf. Dennoch dürfte die Trennung von Exekutiv- und Aufsichtsfunktionen zu weniger eigeninteressiertem Handeln führen.

In Liechtenstein ist eine gewisse Kontrolle des Vorstandes und neutralere Auslegung des Stifterwillens dadurch gewährleistet, dass ein Treuhänder Teil des Stiftungsrats ist. Zwar kann auch ein Treuhänder eigene Ziele verfolgen. Das Berufsethos und potenzielle Konsequenzen bei Handeln aus Eigeninteresse gewährleisten jedoch ein Mindestmaß an Neutralität und Schutz der Stiftungsinteressen.

Im Ergebnis kann daher die Stiftung beziehungsweise der Wille des Stifters Prinzipal sein.

cc. Destinatäre als Prinzipal

Zuletzt könnten auch die Destinatäre der Stiftung Prinzipale sein. Im Gegensatz zum Stifter, der keine finanziellen Interessen mehr hat und sich im Regelfall aller Einwirkungsmöglichkeiten begeben hat, haben die Destinatäre ein finanzielles Interesse am Handeln des Stiftungsvorstands und können dieses gegebenenfalls mit Auskunfts- und Leistungsansprüchen durchsetzen.[1675] Allerdings sind alle Interessen der Destinatäre regelmäßig nur mittelbar, da ihnen nur die Stiftungserträge zufließen können, sie aber nicht an dem Stiftungsvermögen beteiligt sind.

1673 Außer im Fall des offensichtlichen Fehlverhaltens des Agenten.

1674 *Jakob*, Schutz der Stiftung, S. 208.

1675 *Wagner/Walz*, Zweckerfüllung gemeinnütziger Stiftungen, S. 45 f.; *Walz/Fischer* in NPLY 2004, Thesaurierungsverbote, S. 166.

Vielmehr ist die Förderung der Destinatäre stattdessen nur eines der Ziele der Stiftung, kann aber keine Prinzipalstellung der Destinatäre begründen. Etwas anderes kann nur dann gelten, wenn ihnen ein fester und bezifferter Anspruch auf Stiftungsleistungen eingeräumt ist. In diesem Fall könnte eine Misswirtschaft dazu führen, dass die Ansprüche direkt gefährdet sind. Bei einer ordnungsgemäßen Verwaltung haben die Destinatäre hingegen kein Interesse an Stiftungserträgen, die ihre Ansprüche übersteigen.

Wenn auch die Destinatäre nicht Prinzipale im eigentlichen Sinne sind, kommt ihnen doch im Gefüge der Stiftung eine wesentliche Überwachungsfunktion zu. Im Gegensatz zu anderen juristischen Personen fehlen der Stiftung aber nicht nur kontrollierende Gesellschafter oder Mitglieder. Indem sie im Grundsatz nur sich selbst gegenüber verantwortlich ist, unterliegt sie auch nicht den Marktgesetzen, die die Stiftung und ihre Organe zu effizientem Handeln zwingen würden.[1676] Da der Stifter regelmäßig keine Ansprüche gegen die Stiftung hat, ist es Aufgabe der Destinatäre in ihrem eigenen Interesse, die Arbeit der Stiftungsorgane zu beaufsichtigen. Bei privatnützigen Stiftungen tritt verstärkend der Umstand hinzu, dass es häufig an einer umfangreicheren staatlichen Aufsicht fehlt, sodass die Destinatäre die Einzigen sind, die eine Aufsicht der Stiftungsorgane durchsetzen könnten.[1677]

Destinatäre nehmen mit der Ausnahme der bezifferten Leistungsansprüche daher keine direkte Prinzipalstellung ein. Stattdessen sind sie gegebenenfalls mittelbarer Prinzipal und können wichtige Aufsichtsfunktionen erfüllen.

dd. Ergebnis und Auswirkung auf die Selbstzweckstiftung

In Bezug auf die Selbstzweckstiftung ist die Stiftung in jedem Fall Prinzipal, da sie sowohl Stiftung als auch Destinatär ist – auch wenn der Ansicht gefolgt würde, der Stifter sei Prinzipal, dann müsste jedenfalls nach seinem Tode sein Wille, und damit die Stiftung, Prinzipal werden. Die Prinzipalstellung der Stiftung, verbunden mit dem Wegfall der Destinatäre als Kontrollinstanz, führt damit zu einem gravierenden Prinzipal-Agenten-Problem. Den Prämissen folgend ist es daher nur wahrscheinlich, dass die Stiftungsvorstände irgendwann ihre eigenen Interessen vor diejenigen der Stiftung stellen.[1678] Dies gilt bei privatnützigen

1676 *Walz/Fischer* in NPLY 2004, Thesaurierungsverbote, S. 166.

1677 Dazu siehe bereits oben S. 260 für Deutschland und S. 272 für Liechtenstein.

1678 In Bezug auf Non-Profit Stiftungen *Walz/Fischer* in NPLY 2004, Thesaurierungsverbote, S. 166.

Stiftungen umso mehr, da durch die eingeschränkte Stiftungsaufsicht kaum das Risiko besteht, aufzufallen.

Auch im Fall der Unternehmensselbstzweckstiftung, in dem in Form des Unternehmens ein Destinatär und damit eine Kontrollinstanz besteht, ist das Prinzipal-Agenten-Problem kaum aufgehoben, da der Stiftungsvorstand für die Stiftung als Eigentümerin des Unternehmens handelt und daher in vielerlei Hinsicht auf das Unternehmen einwirken kann. Einige gesellschaftsrechtliche Regelungen, wie die Beteiligung von Arbeitnehmern im Aufsichtsrat nach § 96 AktG in Deutschland oder im Aufsichtsorgan einer SE nach Art. 1 SEBG[1679] in Liechtenstein, erlauben zwar eine gewisse Kontrolle durch die Arbeitnehmer. Wird jedoch eine Holdinggesellschaft, in der eine Arbeitnehmermitbestimmung nicht erforderlich ist, zwischengeschaltet, ließe sich diese Aufsicht leicht umgehen. Von einer effektiven Aufsicht kann daher nicht ausgegangen werden.

Im Ergebnis stellt sich damit ein sehr ausgeprägtes Prinzipal-Agenten-Problem. Fraglich ist nun, welche Auswirkungen dies auf die rechtliche Bewertung der Zulässigkeit von Selbstzweckstiftungen hat. Im Gegensatz zum US-amerikanischen Recht hat der deutsche Gesetzgeber dieses Problem nicht zum Anlass genommen, um Admassierungsverbote zu schaffen[1680] – und damit auch die gemischte Selbstzweckstiftung zu verbieten.[1681]

Bei der Bewertung dieses Dilemmas muss bei der Selbstzweckstiftung in zwei Stufen vorgegangen werden. In einem ersten Schritt ist klarzustellen, dass die konkrete Auslegung des Stiftungszwecks in allen Stiftungsformen den Organen obliegt. Im Grundsatz unterscheidet sich die Selbstzweckstiftung in dieser Hinsicht daher nicht von anderen Stiftungen. Insbesondere dürfte der Zweck inhaltlich bestimmt genug sein, da den Stiftungsorganen klar vorgegeben werden kann, wie der Zweck zu fördern ist. Das Prinzipal-Agenten-Dilemma besteht damit bei jeder Stiftung und erfordert allein deswegen noch keine Sonderbehandlung der Selbstzweckstiftung.

In einem zweiten Schritt kann jedoch einbezogen werden, wie die jeweiligen Stiftungen mit diesem Problem umgehen. Das Beispiel der gemeinnützigen

1679 Außerhalb der SE gibt es in Liechtenstein keine Arbeitnehmermitbestimmung, *Viedebæk Munkholm*, Arbeitnehmermitbestimmung in Europa, S. 5.

1680 Zu Thesaurierungsverboten, *Walz/Kötz* Non Profit Law Yearbook 2004, S. 47.

1681 Denn nach hier vertretener Auffassung bestehen „echte" Admassierungsverbote im deutschen Recht nur akzessorisch zur Unzulässigkeit der Selbstzweckstiftung, da ansonsten Admassierungen nach der zukünftigen Rechtslage auch explizit zulässig sind, S. 121 ff.

Stiftung zeigt in beiden Rechtsordnungen, dass ein großes Maß an staatlicher Aufsicht dazu führen kann, jedenfalls einen Mindeststandard an objektiver Überwachung der Organe einzuhalten. Bei „normalen" privatnützigen Stiftungen ist die staatliche Stiftungsaufsicht sowohl in Liechtenstein als auch in Deutschland nur sehr eingeschränkt vorhanden oder ließe sich leicht umgehen. Wie gezeigt[1682] wird in diesen Fällen die objektivere staatliche Aufsicht jedoch durch eine interessengetriebene Aufsicht durch Private, speziell durch die Destinatäre, ersetzt. Bei der Selbstzweckstiftung fehlt es allerdings sowohl an der staatlichen Aufsicht als auch an den Destinatären und damit im Grundsatz an einer Kontrollinstanz. Ohne eine solche Aufsicht besteht ein gesteigertes Risiko von eigener Vorteilsnahme durch die Organe der Stiftung.

Allerdings muss dies nicht zwingend einen Grund darstellen, aus dem die Selbstzweckstiftung für unzulässig betrachtet wird. Denn der Stifter hätte es bei der Errichtung der Stiftung in der Hand, eine entsprechende Kontrollinstanz zu schaffen und hätte sich schließlich auch für den speziellen Zweck der Selbstzweckstiftung entschieden. Indes könnte in der gänzlich fehlenden Kontrolle eine nicht ausreichende Bestimmtheit des Stiftungszwecks gesehen werden. Dies gilt insbesondere dann, wenn – wie in Deutschland – dem Stiftungszweck eine Weisungsfunktion zugewiesen wird.[1683] Denn der Stiftungszweck kann diese Funktion faktisch nur eingeschränkt erfüllen, wenn keine Instanz zur Überprüfung besteht.[1684] Auch wenn dem Grunde nach ein Stiftungszweck besteht, der wie andere Stiftungszwecke konkret ausgestaltet werden kann, führt die fehlende Überwachung der Zweckauslegung dazu, dass der Bestimmtheit kaum eine Bedeutung zukommt. Allein im Falle strafrechtlich relevanter Handlungen oder bei der Insolvenz der Stiftung würde ein eigeninteressiertes Handeln der Stiftungsorgane auffallen.

Insofern kann das Prinzipal-Agenten-Problem sich auf rechtlicher Ebene derart auswirken, als dass der Stiftungszweck im Fall der Selbstzweckstiftung nicht hinreichend konkretisiert wäre und die Stiftungsorgane an keinem Maßstab gemessen werden können. Dies könnte zwei Konsequenzen haben. Zum einen

---

1682 S. 260 ff. für Deutschland und S. 272 ff. Liechtenstein.

1683 Siehe oben S. 89.

1684 Zur Weisungsfunktion des Stiftungszwecks im Verhältnis zur Selbstzweckstiftung grundsätzlich *Dylla*, Weisungsfunktion, S. 116 – allerdings wird dort die Zulässigkeit der Selbstzweckstiftung bereits wegen der dienenden Funktion des Stiftungszwecks abgelehnt, sodass eine Auseinandersetzung mit dem Prinzipal-Agent-Problem nicht stattfindet.

müsste bei einer Teilselbstzweckstiftung jedenfalls noch ein anderer Zweck hinzukommen, der den Selbstzweck überwiegen müsste. Das Überwiegen des anderen Zwecks ist deshalb erforderlich, weil der herrschende Zweck letztlich die Tätigkeit der Stiftung dominiert und nur in diesem Fall eine Überwachung der Organe möglich ist. Zum anderen wäre eine objektive Kontrollinstanz notwendig, welche die Stiftungsorgane überwacht, wenn nicht sichergestellt ist, dass die Zuwendungsempfänger aus dem anderen Zweck eine adäquate Überwachung durchführen. Neben der Möglichkeit des Stifters, solche Kontrollorgane zu schaffen, kann auch der Treuhänder im Stiftungsrat in Liechtenstein als Beispiel für eine solche Instanz dienen. In diesen Fällen stellt sich das Prinzipal-Agenten-Dilemma nicht gravierender als in anderen Stiftungstypen, sodass darüber dann keine Unzulässigkeit begründet werden könnte.

Im Ergebnis führt das Prinzipal-Agenten-Problem somit dazu, dass Selbstzweckstiftungen nur dann zulässig sein könnten, wenn neben dem Selbstzweck ein weiterer Zweck besteht und entweder die Destinatäre oder ein unabhängiges Kontrollorgan die Ausführung des Stiftungszwecks überwachen, da es sonst an der Bestimmtheit des Stiftungszwecks fehlt.

c. Gesellschaftliche Betrachtung und Gemeinwohl

Wechselt man von der (volks-)wirtschaftlichen Betrachtung hin zu einer rechtlichen beziehungsweise rechtspolitischen, so spiegelt sich in der (Unternehmens-)Selbstzweckstiftung das Problem der Familienfideikommisse wider. Während oben bereits diskutiert wurde, dass bei entsprechender Stiftungssatzung – wie bei einem Fideikommiss – Vermögenswerte dem Markt auf lange Zeit entzogen wären,[1685] stellt sich auch bei der Selbstzweckstiftung ein gesellschaftspolitisches Problem.[1686] Reine Selbstzweckstiftungen dürften allein aufgrund einer fehlenden Motivation kaum realitätsnah sein. Entsprechend wären Selbstzweckstiftungen im Regelfall entweder Unternehmensselbstzweckstiftungen – und auch diese dürften als Reinform unwahrscheinlich sein – oder Familienstiftungen, die zum Teil dem Selbstzweck dienen.[1687] Wären Selbstzweckstiftungen zulässig, würden die bei der vorbehaltlosen Unterhaltsstiftung aufgezeigten gesellschaftlichen Probleme noch um ein Vielfaches verstärkt.[1688] Denn das

---

1685 Dazu S. 426 ff.

1686 Vgl. dazu bereits im Rahmen der Zulässigkeit von Familienstiftungen oben S. 403 ff.

1687 *Rawert* in Staudinger-BGB, [Alt Aufl. 1995] Vor §§ 80 ff., Rn. 9.

1688 *Burgard* sieht vergleichbare Perpetuierungsprobleme auch bei gemeinnützigen Stiftungen, *Burgard* in npoR 2019, 106, 107.

Stiftungsvermögen – und damit das der Familie zugedachte Vermögen – würde dann letztlich immer weiterwachsen können. Damit würde die Vermögenskonzentration weiter intensiviert. Wenngleich dies volkswirtschaftlich gegebenenfalls nur ein eingeschränktes Problem darstellt, würde dies doch jedenfalls zu einem gesellschaftlichen Konflikt führen.

Obwohl die Gefahr derartiger Vermögenskonzentrationen dazu verlockt, jeden Stiftungszweck, der sie erleichtert, abzulehnen, fehlt es dazu doch an einer hinreichenden gesetzlichen Grundlage. In Deutschland kann sie insbesondere nicht aus der Gemeinwohlgefährdung oder den §§ 134, 138 BGB abgeleitet werden.[1689] In Liechtenstein sind derartige Vermögensanhäufungen hingegen klar erlaubt und können daher nicht zur Unzulässigkeit der Selbstzweckstiftung führen. Trotz der genannten gesellschaftlichen Risiken besteht kein ausreichender gesetzlicher Anknüpfungspunkt, um die Selbstzweckstiftung zu verbieten. Selbst dann, wenn mit dem Stiftungsrecht dieses politische Ziel verfolgt werden soll, sind zahllose Umgehungsmöglichkeiten durch Holdinggesellschaften vorstellbar, die – in Verbindung mit der geringen Aufsicht über privatnützige Stiftungen – faktisch Selbstzweckstiftungen erlauben würden. Wie bereits mehrfach in diesem Abschnitt erwähnt, ist es überdies in keiner der Rechtsordnungen unzulässig, dass die Stiftungsleistungen als nachträgliche Zuwendungen an die Stiftungen zurückfließen. Auch wenn dies in Deutschland zu einer hohen Steuerbelastung führen würde, will das Gesetz damit in beiden Staaten nicht die Vermögenskonzentration verhindern.

d. *Abgrenzung und Zweckintensität*

Die Gründe für die Unzulässigkeit der reinen Selbstzweckstiftung – also ein unlösbares Prinzipal-Agenten-Problem und kein ausreichend bestimmter Stiftungszweck – können im Ergebnis auch auf gemischte Selbstzweckstiftungen übertragen werden. Die Gefahr der unkontrollierbaren Organe kann auch bei Stiftungen auftreten, die nur teilweise und gegebenenfalls faktisch ihren Selbstzweck verfolgen, solange sie nicht überwiegend einen anderen Zweck verfolgen. Im Einzelfall stellt sich daher die Frage, wann eine Stiftung ihren Selbstzweck verfolgt, oder lediglich zulässigerweise ihre Erträge thesauriert.

In Liechtenstein tritt dieses Problem sehr explizit auf, da nur „ein" nach außen gerichteter Zweck erforderlich ist und somit jeder Nebenzweck zu einer zulässigen gemischten Selbstzweckstiftung führen könnte. *Jakob* stellt dabei heraus, dass eine Abgrenzung anhand rein zeitlicher und ausschüttungsbezogener

1689 Dazu oben S. 403 ff.

Schranken nicht zielführend sein könne, da sie nicht den Ausgestaltungsmöglichkeiten der Stiftung gerecht werde. Stattdessen sei im Einzelfall zu prüfen, ob mit Ausschüttungen zu rechnen sei oder ob eine rechtsmissbräuchliche Gestaltung vorliege.[1690]

In Deutschland schlagen Hüttemann und Rawert einen Indizienkatalog vor, um zwischen einer Familienstiftung und einer verdeckten Selbstzweckstiftung abzugrenzen.[1691] Hauptkriterium ist nicht nur bei diesen beiden, sondern auch bei anderen Autoren, das Ausschüttungsverhalten der Stiftung. Denn dieses könnte zeigen, dass „der Schwerpunkt des Stiftungszwecks auf der Förderung der Destinatäre liegt und diese Zahlungen nicht nur getätigt werden, um den wahren Zweck der Stiftung, die Mehrung und Verwaltung des eigenen Vermögens, zu verdecken".[1692] Nicht jede Thesaurierung mache eine Stiftung zu einer Selbstzweckstiftung.[1693]

In beiden Rechtsordnungen wird damit zumindest im Wesentlichen an die Ausschüttungen der Stiftung angeknüpft. Bei Stiftungen mit einem kleinen bis mittelgroßen Stiftungsvermögen ist dies auch ein tauglicher Maßstab. Erzielt eine Stiftung etwa Erträge in Höhe von einer Million Euro im Jahr, wäre es bei der Förderung eines zehnköpfigen Destinatärskreises realitätsnah, dass ein Großteil der Erträge an die Mitglieder ausgeschüttet wird. Wird stattdessen nur ein geringer Prozentsatz an einen einzelnen Destinatär ausgekehrt, kann sich die Frage stellen, ob eine verdeckte Selbstzweckstiftung vorliegt. Erzielt dieselbe Stiftung hingegen 300 Millionen Euro an Erträgen im selben Jahr, überschreiten die Stiftungserträge wahrscheinlich die zur Förderung der Destinatäre notwendige Summe. Erhält nun jeder Destinatär eine Million, verblieben immer noch 290 Millionen zur Thesaurierung.

In Liechtenstein fehlt es grundsätzlich an einer Mittel-Zweck-Relation,[1694] sodass die überschießenden Erträge in der Abwandlung kein Problem darstellen. Die Stiftung verfolgt in diesem Fall einen vollwertigen Stiftungszweck – insbesondere sollten die Destinatäre mit einer Million im Jahr auch ausreichend versorgt sein. Im Grundsatz liegt damit eine zulässige Stiftungsform vor. Natürlich kann aber in Zweifel gezogen werden, ob bei dem Ungleichgewicht der Zwecke

---

1690 *Jakob*, Liechtensteinische Stiftung, Rn. 49; so auch *Wohlgenannt*, Selbstzweckstiftungen, S. 151 f.

1691 *Hüttemann/Rawert* in Staudinger-BGB, Vor §§ 80–88, Rn. 274.

1692 *Oppel*, Familienstiftungen, S. 79 f.

1693 *Oppel*, Familienstiftungen, S. 79.

1694 Siehe oben S. 129.

faktisch eine verdeckte Selbstzweckstiftung vorliegt. Ein solcher Schluss würde aber entweder bedeuten, dass im Ergebnis auch in Liechtenstein eine, das Stiftungsvermögen der Höhe nach begrenzende, Mittel-Zweck-Relation eingeführt wird, da der Stifter die Stiftung nicht mit einem zu großen Vermögen ausstatten dürfte. Alternativ könnte die Stiftung auch gezwungen sein, deutlich mehr auszuschütten, als eigentlich zur Erfüllung des Stiftungszwecks erforderlich wäre. Beides scheint mit dem ansonsten liberalen liechtensteinischen Stiftungsrecht kaum vereinbar.

Auch in Deutschland gibt es – soweit der hier vertretenen Ansicht zu Admassierungsverboten gefolgt wird[1695] – kaum eine allgemeingültige Mittel-Zweck-Relation, die das Stiftungsvermögen nach oben begrenzt.[1696] Entsprechend wäre eine Stiftung wie in der Abwandlung des Beispiels grundsätzlich zulässig. Ein anderer Schluss bedeutet, wie in Liechtenstein, entweder, dass die Mittel-Zweck-Relation erweitert werden müsste, oder zwangsläufig die Erträge ausgekehrt werden müssen, auch wenn sie den Stiftungszweck übersteigen. Gegen eine Erweiterung der Mittel-Zweck-Relation spricht, dass es prinzipiell nicht als problematisch erachtet wird, wenn die Stiftung mehr Vermögen erhält als zur ursprünglichen Zweckerfüllung erforderlich ist.[1697] Gegen die vollständige Mittelverwendung spricht hingegen, dass es an einer dem § 55 Abs. 1 Nr. 5 AO entsprechenden Regelung für privatnützige Stiftungen fehlt.

In beiden Rechtsordnungen gestaltet sich die Abgrenzung von unzulässigen Selbstzweckstiftungen und zulässigen Thesaurierungen oder Überausstattungen bereits in dem Beispiel schwierig. Sie wird beinahe unmöglich, soweit die Stiftung Alleineigentümerin einer Holdinggesellschaft ist und die Hoheit über deren Ausschüttungen besitzt. Insbesondere scheint es fragwürdig, Stiftungen für unzulässig zu erklären, deren Erträge den zur Erfüllung des Stiftungszwecks notwendigen Betrag sprengen.

Im Folgenden wird auf Basis der bisherigen Ergebnisse ein anderer, weniger ausschüttungsbezogener Maßstab vorgeschlagen: Da der überzeugendste Grund für die Unzulässigkeit der reinen Selbstzweckstiftung das Kontrolldefizit ist,

---

1695 Siehe oben S. 121 ff.

1696 Wenngleich nicht an die Höhe anknüpfend hält *Hushahn* die Mittel-Zweck-Relation als treibende Kraft für die Unzulässigkeit der Unternehmensselbstzweckstiftung, *Hushahn*, Unternehmensv. Stiftungen, S. 93 ff. Letztlich scheint er damit jedoch nicht die Mittel-Zweck-Relation im Hinblick auf die Höhe des Stiftungsvermögens zu meinen, sondern die Vermögen-Zweck-Relation im Allgemeinen.

1697 *Hüttemann/Rawert* in Staudinger-BGB, § 81, Rn. 65.

das bei einem Agenten auftritt, der sein eigener Prinzipal ist, dann könnte die Abgrenzung vorrangig anhand der Gefahr eines solchen Kontrolldefizits vorzunehmen sein.[1698]

Da die Stiftung ihr Vermögen zu Erfüllung des Stiftungszwecks einsetzen soll, kann im Grundsatz davon ausgegangen werden, dass die Stiftung sämtliche Erträge an die Destinatäre ausschüttet. Dies könnte sie grundsätzlich auch dann tun, wenn die Erträge den eigentlich für die vorgesehenen Destinatärsleistungen vorgesehenen Betrag übersteigen.

Möglicherweise sprechen in diesem Fall aber Belange der Destinatäre gegen eine komplette Ausschüttung, da sie nicht den gesamten Betrag benötigen und das Geld vorzugsweise in der Stiftung belassen würden. Im Hinblick auf das Kontrolldefizit wäre dies so lange kein Problem, wie die Destinatäre die Entscheidungsgewalt innehaben. Denn wenn die Destinatäre jedes Jahr erneut entscheiden können, ob sie sämtliche Erträge erhalten wollen, oder ob die Stiftung Teile der Erträge thesaurieren soll, besteht nicht die Gefahr, dass die Stiftungsorgane aufsichtslos gegen den Willen der Destinatäre handeln. Eine endgültige Entscheidungsgewalt der Destinatäre im Hinblick auf die Thesaurierung könnte daher die Gefahr eines Kontrolldefizits beseitigen.

Dem steht prinzipiell nicht entgegen, dass regelmäßig den Destinatären kein klagbarer Anspruch eingeräumt wird und das Vermögen vor dem „unbegrenzten Zugriff von Familienmitgliedern" immunisiert werden soll.[1699] Denn letztlich muss die Stiftung ohnehin einen oder mehrere zu fördernde Destinatäre aus dem Kreis der potenziellen Destinatäre wählen, um ihren Stiftungszweck zu erfüllen und könnte diesen auch die Wahl hinsichtlich der Thesaurierung überlassen.

Eine derartige Abgrenzung hätte außerdem den Vorteil, dass Gläubiger der Destinatäre besser geschützt sind. Denn wenn eine regelmäßige Wahlmöglichkeit der Destinatäre über die Ausschüttung sämtlicher Erträge besteht, könnten die Destinatäre im Notfall gerichtlich verpflichtet werden, die vollständige Ausschüttung zu verlangen und Gläubiger besser befriedigt werden.

Zudem ließe sich dieser Maßstab auch dann anwenden, wenn die Stiftung im Wesentlichen Eigentümerin einer Holdinggesellschaft ist. Ob die Organe der Stiftung darauf hinwirken, die Erträge der Holding in dieser zu belassen oder an

---

1698 Vgl. auch *Hüttemann/Rawert*, die den fehlenden Einblick der Destinatäre in das Innenleben der Stiftung für ein Indiz für eine verdeckte Selbstzweckstiftung halten, *Hüttemann/Rawert* in Staudinger-BGB, Vor §§ 80–88, Rn. 274.

1699 Vgl. *Hüttemann/Rawert* in Staudinger-BGB, Vor §§ 80–88, Rn. 275.

die Stiftung auszuschütten, könnte – abseits wirtschaftlicher Gesichtspunkte in der Holding – ebenfalls zur Entscheidung der Destinatäre gestellt werden.

Letztlich würde auf diese Weise auch ein Gleichlauf mit dem Umstand erreicht, dass die Destinatäre einer Stiftung die erhaltenen Stiftungsleistungen auch direkt wieder als nachträgliche Zuwendungen an die Stiftung übertragen und so in jedem Fall zulässigerweise das Vermögen der Stiftung vergrößern könnten.

Im Ergebnis ließe sich über die Entscheidungsgewalt der Destinatäre ein klarer Abgrenzungsmaßstab finden, um zwischen einer verdeckten (unzulässigen) Teilselbstzweckstiftung und einer zulässigen privatnützigen Stiftung, die einen Teil ihrer Erträge thesauriert, zu differenzieren. Soweit für das liechtensteinische Recht eine gemischte Selbstzweckstiftung für zulässig gehalten wird, lässt sich diese Argumentation jedenfalls auf den überwiegenden Teil der Stiftungserträge übertragen, da ansonsten der klare gesetzgeberische Wille, Selbstzweckstiftungen zu verhindern, unterlaufen würde.

4. *Fazit zur Selbstzweckstiftung*

Die Selbstzweckstiftung ist in beiden Rechtsordnungen nach der herrschenden Meinung grundsätzlich unzulässig. Gleichwohl können faktische Teilselbstzweckstiftungen vorkommen. Um diese adäquat zu unzulässigen Selbstzweckstiftungen abgrenzen zu können, wurden in diesem Abschnitt die Anknüpfungspunkte für die Unzulässigkeit der Selbstzweckstiftung untersucht: Als Gründe konnten dabei nur die fehlende Bestimmtheit des Stiftungszwecks sowie die gänzlich fehlende Überwachung der Stiftungsorgane und das daher besonders ausgeprägte Prinzipal-Agenten-Dilemma überzeugen. Um diese Gefahren auszuschließen, ist in beiden Rechtsordnungen ein weiterer (überwiegender) Stiftungszweck erforderlich, an dem die Stiftungsorgane gemessen werden können.

Als Maßstab für die Abgrenzung zwischen einer unzulässigen Selbstzweckstiftung und einer zulässigen Stiftung, die einen Teil ihrer Erträge thesauriert, wurde vorgeschlagen, an eine Entscheidung der Destinatäre anzuknüpfen. Denn auf diese Weise könnten die Destinatäre als Prinzipale ein Mindestmaß an Überwachung der Stiftungsorgane sicherstellen.

Auch wenn ein Abgrenzungsmaßstab gefunden werden konnte, verstärken nicht nur Selbstzweckstiftungen, sondern auch thesaurierende Stiftungen das gesellschaftspolitische Risiko der Vermögenskonzentration. Allerdings nicht in Bezug auf die Unveräußerlichkeit von Vermögenswerten wie beim Familienfideikommiss, sondern bezüglich der Vermögenskonzentration auf bestimmte Destinatärsgruppen. Die Argumentationen gegen den Familienfideikommiss und die Selbstzweckstiftung zeigen, dass im Stiftungsrecht versucht wird, derartige Vermögenskonzentrationen zu verhindern. Allerdings illustriert das Beispiel der Selbstzweckstiftung, dass das Stiftungsrecht nicht dazu geeignet ist, diese Aufgabe zu erfüllen, solange privatnützige Stiftungen grundsätzlich zulässig sind.

H. Zwischenfazit zum ersten Teil

Die Ausführungen haben vor allem eines gezeigt: In beiden Rechtsordnungen bestehen umfangreiche Einflussmöglichkeiten auf die Stiftung. Dabei unterscheiden sich die liechtensteinische Stiftung und die deutsche Stiftung letztlich weniger als ursprünglich vermutet und als der schlechte Ruf der liechtensteinischen Stiftung nahelegen würde. Die unterschiedliche Wahrnehmung geht teilweise so weit, dass die strukturelle Vergleichbarkeit der beiden Stiftungen in Frage gestellt wird.[1700] Dies hat verschiedene Gründe:

Allen voran steht wohl die fehlende Aufklärung über die Ausgestaltungsmöglichkeiten der deutschen Privatstiftung. Dies beginnt damit, dass ein wesentlicher Teil der Bevölkerung bereits gar nicht darüber informiert ist, dass es neben gemeinnützigen Stiftungen auch eine privatnützige Variante gibt. Weiterhin wird häufig übersehen, dass die Regelungsdichte für privatnützige Stiftungen deutlich geringer ist als diejenige für gemeinnützige Stiftungen. Zuletzt wird weder der fehlenden Aufsicht über privatnützige Stiftungen noch den Einflussmöglichkeiten des Stifters und der Destinatäre in Deutschland ausreichend Rechnung getragen. Die umfangreichen Gestaltungsoptionen führen ohne Aufsicht zu gravierenden faktischen Einflussmöglichkeiten. Das Beispiel der „Aldi-Stiftungen“[1701] zeigt, wie intensiv in einer Familienstiftung auch in Deutschland durch die Familienmitglieder Einfluss ausgeübt werden kann. In der öffentlichen Wahrnehmung führt die Einflussnahme bei Personenidentität von Begünstigten und Stiftungsvorständen gar zu dem Eindruck, die Stiftung stünde „im Eigentum der Albrecht Familie“.[1702]

Das liechtensteinische Recht ist in Bezug auf die Einflussnahmemöglichkeiten nur in geringem Maße liberaler. Zwar stechen die Gestaltungsrechte des Art. 552 § 30 Abs. 1 Art. 552 § PGR in der Betrachtung hervor. Aufgrund der Verbindung

1700 BFH, Urt. v. 8.2.2017 – I R 55/14, BFH/NV 2017, 1588.

1701 Gemeint sind die Markus Stiftung, die Jakobus Stiftung sowie die Lukas Stiftung.

1702 So der Wikipedia Artikel zur Albrecht Familie https://de.wikipedia.org/wiki/Albrecht_(Unternehmerfamilie) abgerufen am 28.3.2022; der Artikel zur Markus Stiftung enthielt die gleiche Angabe, https://de.wikipedia.org/wiki/Markus-Stiftung abgerufen am 25.11.2019. Er wurde nunmehr (Stand: 28.3.2022) korrigiert und spricht nur noch davon, dass die beiden anderen „Aldi-Stiftungen“ unter der Kontrolle von Mitgliedern der Familie stehen.

ihrer Unübertragbarkeit und der entsprechenden Berücksichtigung dieser Rechte im Rahmen der Vermögensopfertheorie mit der Möglichkeit der gerichtlichen Vertretung sieht das liechtensteinische Recht zugleich jedoch einen klar definierten Gläubigerschutz vor. Im Gegensatz zum deutschen Recht führt die gesetzlich angeordnete Einbindung eines Vermögensverwalters zudem zu einem Mindestmaß an Satzungstreue und ein gänzlich freies „Durchregieren" der Familienmitglieder sollte nicht möglich sein.

Aus diesem Vergleich lässt sich der Schluss ziehen, dass die Privatstiftung in beiden Rechtsordnungen sehr körperschaftsähnlich ausgestaltet werden kann. Wenngleich sich in Deutschland wichtige Stimmen in der Literatur gegen eine solche Ausgestaltung aussprechen,[1703] so sind doch wesentliche Elemente in der Praxis bereits körperschaftsähnlich ausgestaltet. Entsprechend ist es – wie in Liechtenstein – erforderlich, dass auf diese Ausgestaltungen angemessen reagiert wird. Das liechtensteinische Recht zeigt mit der Vermögensopfertheorie, wie einem solchen Einfluss Rechnung getragen werden kann. Ihre Anwendung ist auch in Deutschland unumgänglich, wenn einem Missbrauch des Rechtsinstituts der Stiftung vorgebeugt werden soll. Soweit die Vermögensopfertheorie umfänglich angewandt wird, kann jedenfalls die Nutzung der Stiftung als Haftungsexklave oder zur sonstigen Gläubigerschädigung wie auch zur Umgehung des Pflichtteilsrechts durch den Stifter verhindert werden. Der körperschaftlichen Ausgestaltung kann im Hinblick auf den Stifter auf diese Weise angemessen begegnet werden.

Problematischer erweist sich diese Ausgestaltung, wenn der Destinatär in den Fokus rückt. Denn im Gegensatz zum Stifter war der Destinatär nie Eigentümer des Vermögens, kann aber trotzdem Einfluss auf die Stiftung ausüben. Aus rechtlicher Perspektive bleibt es fraglich, ob ein Einfluss des Destinatärs überhaupt ein Problem darstellt. Der Stiftung haftet er als (faktisches) Organ jedenfalls bei satzungswidrigem Handeln. Seine Gläubiger konnten hingegen grundsätzlich nie auf seine Eigentümerstellung vertrauen, da er nie Eigentümer des Stiftungsvermögens wurde. Das gesellschaftliche Problem eines möglicherweise auf diesem Wege entstehenden Geldadels reicht in Liechtenstein keinesfalls und in Deutschland wohl ebenfalls nicht, um eine Sittenwidrigkeit zu begründen. Soweit ein echter Missbrauch der Stiftung vorliegt, bieten die Regelungen zum Scheingeschäft ein Mindestmaß an Schutz. Ansonsten lässt sich der Einfluss der Destinatäre insgesamt nur durch das Zusammenspiel verschiedenster Vorschriften verhindern. Ein politischer Wille,

1703 *Hüttemann/Rawert* in Staudinger-BGB, § 85, Rn. 11 m.w.N.; *Weitemeyer* in MüKo-BGB, § 80, Rn. 8 m.w.N.

solche Einschränkungen einzuführen, ist aber in beiden Rechtsordnungen kaum erkennbar.

Am Ende bleibt festzuhalten, dass der körperschaftlichen Ausgestaltung der Stiftung in beiden Rechtsordnungen mit Blick auf den Stifter mit verschiedenen Rechtsinstrumenten begegnet werden kann, sodass sie insoweit kein Problem darstellt. Im Hinblick auf die Destinatäre mangelt es zwar an (zivil-)rechtlichen Mitteln, ob diese überhaupt notwendig sind, ist jedoch zweifelhaft. Das gesellschaftliche Risiko, das sich aus dem Einfluss des Destinatärs ergibt, kann ohnehin auf andere Art und Weise gelöst werden. Denn außer für die – in diesem Fall nur eingeschränkt schutzwürdigen – Gläubiger des Destinatärs kommt es auf seinen Einfluss primär bei der Frage nach einer angemessenen Besteuerung und das wirtschaftliche Eigentum an dem Stiftungsvermögen an. Im Steuerrecht lassen sich passende Instrumente finden, um der körperschaftlichen Ausgestaltung der Stiftung – sowohl in Bezug auf den Stifter als auch die Destinatäre – adäquat zu begegnen. Nach den Ausführungen zur zivilrechtlichen grenzüberschreitenden Anerkennung der liechtensteinischen Stiftung in Deutschland wird auf diese steuerrechtliche Zuordnungsfrage einzugehen sein.

Teil II – Stiftungen im transnationalen Gesellschaftsrecht

Nachdem im ersten Teil der Einfluss auf die Stiftung im Rahmen eines umfangreichen Rechtsvergleichs untersucht wurde, können nun die Auswirkungen auf grenzüberschreitende Sachverhalte aufgearbeitet werden. Denn abhängig von der Anerkennung der Stiftung sowie der Durchsetzung von Ansprüchen kann die Gefahr bestehen, dass Regelungen des Stiftungsrechts und des Gläubigerschutzes durch die Verlagerung der Stiftung ins Ausland unterlaufen werden können. Aus deutscher Perspektive kommt für eine Stiftungserrichtung im Ausland, insbesondere Liechtenstein, in Betracht. Denn aufgrund der Größe des Fürstentums sind liechtensteinische Stiftungen naturgemäß intensiv in den internationalen (Wirtschafts-)Verkehr eingebunden. Zudem bestehen auch wegen der gleichen Sprache und der geografischen Nähe besonders enge Verbindungen nach Deutschland.

Im Folgenden steht aufgrund der Praxisrelevanz die Errichtung einer Stiftung in Liechtenstein durch einen deutschen Stifter im Fokus. Bevor jedoch die einzelnen Fallgruppen aufgearbeitet werden können, in denen Ansprüche gegen die Stiftung in Liechtenstein – insbesondere durch Destinatäre und Gläubiger des Stifters in Deutschland – erhoben werden können, müssen im ersten Abschnitt dieses Teils einige Prinzipien des internationalen Rechts aufgearbeitet werden, die für die Auswertung unabdingbar sind (A.).

Darauf folgt die konkrete Anwendung dieser Regelungen auf das Verhältnis Deutschland und Liechtenstein (B.), welche mit der Vorfrage der international privatrechtlichen Einordnung der Stiftung selbst beginnt. Dann werden als Erstes die Ansprüche der Destinatäre gegen die Stiftung behandelt. Unabhängig davon, ob der Stifter die Stiftung beeinflusst, sind hier verschiedene Anspruchskonstellation vorstellbar. Diese reichen von reinen Leistungsansprüchen hin zu der Geltendmachung von Informationsrechten. Als zweite Kategorie folgt die Geltendmachung von Pflichtteilsergänzungsansprüchen gegen die Stiftung. Vornehmlich dann, wenn der hier vertretenen Vermögensopfertheorie gefolgt wird, dürften Pflichtteilsergänzungsansprüche eine besonders wichtige Fallgruppe darstellen. Die dritte Konstellation stellen die, nur in Deutschland materiell rechtlich bestehenden,[1704] eherechtlichen Ansprüche gegen einen Dritten bei

1704 Dazu und zur Anwendung von Art. 67 RSO in diesen Fällen bereits oben, S. 372.

unzureichender Ausgleichsmasse dar. Die Interessenlage ähnelt der pflichtteilsrechtlichen – aufgrund von Eheverträgen sollte dieser Fall jedoch seltener auftreten. Zuletzt müssen diejenigen Ansprüche aufgearbeitet werden, die sich aus der Anfechtung von Rechtsgeschäften eines insolventen Stifters ergeben.

Letztlich wird auf die ausnahmsweise Nicht-Anerkennung der Rechtspersönlichkeit einer ausländischen juristischen Person aufgrund eines *ordre public*-Vorbehalts im Sinne des Art. 6 EGBGB einzugehen sein (C.).

Zur allgemeinen Einordnung sind an dieser Stelle jedoch bereits einige Ergebnisse vorwegzunehmen. Dazu zählt als Erstes die fehlende Harmonisierung des deutschen und liechtensteinischen Internationalen Privatrechts (IPR) und Internationalen Zivilverfahrensrechts (IZVR). Dadurch kann es vorkommen, dass aus deutscher Perspektive das deutsche und aus liechtensteinischer Perspektive das liechtensteinische Recht anwendbar ist. Da die Rechtsordnungen aber insbesondere im Rahmen des Pflichtteilsrechts und auch bei der Ausgestaltung offizieller Einflussnahmemöglichkeiten auf die Stiftung unterschiedliche Regelungen vorsehen, kann die Wahl des Gerichts und Rechts zu unterschiedlichen Ergebnissen führen. Als zweite Problematik tritt die eingeschränkte grenzüberschreitende Durchsetzbarkeit von Ansprüchen hinzu. Da es sich in fast allen Konstellationen um Ansprüche gegen die Stiftung handeln wird, kann in vielen Fällen nur eine Klage in Liechtenstein zum Erfolg führen. Abhängig von der Vermögenssituation der Stiftung kann jedoch gegebenenfalls auch auf ihre Vermögensgegenstände in Deutschland zugegriffen werden.

Es wird daher häufig im Interesse des Stifters liegen, eine Rechts- und Gerichtswahl schon bei der Stiftungserrichtung vorzunehmen, um möglichst vielen vorstellbaren Konflikten vorzubeugen. Diese dürfte in den meisten Fällen zugunsten des liechtensteinischen Rechts und der dortigen Gerichte ausfallen, da das liechtensteinische Recht die Interessen des Stifters häufiger intensiver schützt. Der Fokus wird daher auf dieser Konstellation liegen.

A. Grundsätze bei grenzübergreifenden Streitigkeiten

Will eine deutsche Person Ansprüche gegen eine liechtensteinische Stiftung geltend machen, steht am Anfang die Frage, wo dies überhaupt möglich ist. Vor welchem Gericht die Klage erhoben wird, hat weitreichende Konsequenzen. Denn regelmäßig richten sich das anwendbare Prozessrecht[1705] und das IPR[1706]

1705 *Toussaint* in BeckOK-ZPO, § 38, Rn. 12 m.w.N.

1706 BGH, Urt. v. 7.4.1993 – XII ZR 266/91, NJW 1993, 2305, juris Rn. 7; v. *Hein* in MüKo-BGB, Einleitung IPR, Rn. 318 m.w.N.

nach der *lex fori*, also den Regelungen der Rechtsordnung des entscheidenden Gerichts. Die möglicherweise wichtigste Folge bezieht sich jedoch auf die Möglichkeit, eine Entscheidung eines Gerichts überhaupt durchsetzen zu können. Denn wie noch zu zeigen ist, ist eine grenzübergreifende Durchsetzung von Urteilen im Verhältnis Deutschland-Liechtenstein kaum möglich. Auf die Durchsetzbarkeit von Entscheidungen wird hier daher als erstes eingegangen (I.).

Die Zuständigkeit eines Gerichts hängt wiederum von der Materie ab und wird daher erst im nächsten Abschnitt behandelt. Allerdings können die Durchsetzbarkeitsproblematik sowie Unterschiede im IPR und materiellen Recht dazu führen, dass, abweichend von der originären Zuständigkeit, einem Gericht eine ausschließliche Zuständigkeit durch die Parteien eingeräumt wird. Ebenfalls möglich ist die Wahl der Schiedsgerichtsbarkeit. Wenngleich auch die Zulässigkeit der Wahl des Gerichts oder der Schiedsgerichtsbarkeit untrennbar mit der jeweiligen Materie zusammenhängt, wird an dieser Stelle der Vorfrage nachgegangen, nach welchem Recht wiederum die Wahl des Gerichts oder der Schiedsgerichtsbarkeit zu bewerten ist (II.).

Abschließend werden die Grundsätze des deutschen und liechtensteinischen IPR dargestellt, um eine Basis für die Bewertung der einzelnen Fallgruppen zu schaffen (III.).

I. Grenzüberschreitende Durchsetzung von Entscheidungen ausländischer Gerichte

Der Durchsetzung von Ansprüchen und der Vollstreckbarkeit ausländischer gerichtlicher Entscheidungen in Liechtenstein kommt eine besondere Bedeutung zu, denn davon hängt im Wesentlichen ab, an welchem Standort ein Verfahren anhängig gemacht wird. Wie eingangs angekündigt, steht hier die Geltendmachung von Ansprüchen deutscher Personen gegen eine liechtensteinische Stiftung im Vordergrund. Da Urteile liechtensteinischer Gerichte in Liechtenstein unstrittig vollstreckbar sind, wird nur die Durchsetzung des Urteils eines deutschen Gerichts in Liechtenstein überprüft.

Die grenzübergreifende (gerichtliche) Durchsetzung von Ansprüchen richtet sich in Liechtenstein grundsätzlich nach staatsvertraglichen Regelungen. Nach Art. 52 EO sind ausländische Durchsetzungsansprüche nur dann exekutionsfähig, soweit „dies in Staatsverträgen vorgesehen oder die Gegenseitigkeit durch Staatsverträge oder durch Gegenrechtserklärung der Regierung verbürgt ist". Die beiden wichtigsten Staatsverträge zur internationalen Durchsetzung von Ansprüchen sind das Lugano Übereinkommen (LugÜ)[1707] und die Brüssel I-VO,[1708] beziehungsweise die aktuelle Brüssel Ia-VO.[1709] Das LugÜ entspricht dabei in vielerlei Hinsicht der Brüssel Ia-VO.[1710] Liechtenstein ist jedoch weder dem LugÜ beigetreten, noch ist das Fürstentum an die Brüssel Ia-VO Verordnung gebunden.[1711] Liechtenstein muss daher aus deutscher Perspektive im Hinblick auf das IZVR als Drittstaat behandelt werden. Als einzige Vereinbarungen zur grenzüberschreitenden Durchsetzung von Urteilen bestehen zwei Vollstreckungsabkommen mit der Schweiz und mit Österreich. Urteile von deutschen Gerichten können damit nicht direkt in Liechtenstein vollstreckt werden.[1712]

Dennoch besteht die Möglichkeit zu einem sogenannten Rechtsöffnungsverfahren.[1713] Diesem geht ein sogenanntes Schuldentriebverfahren (§§ 580 ff. FL-ZPO) voraus, das mit dem deutschen Mahnverfahren vergleichbar ist. In diesem beantragt der Gläubiger einen Zahlbefehl gegen den Schuldner, auf dessen Grundlage er – bei fehlendem Widerspruch – die Vollstreckung beantragen könnte. Widerspricht der Schuldner diesem Zahlbefehl, kann der Gläubiger beim Landgericht diesen Widerspruch im Rechtsöffnungsverfahren aufheben lassen, Art. 49 Abs. 1 RSO. Die Aufhebung dieses Widerspruches bedarf des Beweises des Bestehens der Forderung durch eine öffentliche Urkunde. Eine solche Urkunde kann grundsätzlich auch das Urteil eines ausländischen Gerichts darstellen.[1714]

1707 Übereinkommen über die gerichtliche Zuständigkeit und die Anerkennung und Vollstreckung von Entscheidungen in Zivil- und Handelssachen, ABl.-EU L 339 vom 21.12.2007 – umgesetzt durch Beschluss 2009/430/EG des Rates – Abschluss des Übereinkommens über die gerichtliche Zuständigkeit und die Anerkennung und Vollstreckung von Entscheidungen in Zivil- und Handelssachen.

1708 Verordnung (EG) Nr. 44/2001 des Rates vom 22.12.2000 über die gerichtliche Zuständigkeit und die Anerkennung und Vollstreckung von Entscheidungen in Zivil- und Handelssachen.

1709 Verordnung (EU) Nr. 1215/2012 des Europäischen Parlaments und des Rates vom 12. Dezember 2012 über die gerichtliche Zuständigkeit und die Anerkennung und Vollstreckung von Entscheidungen in Zivil- und Handelssachen.

1710 *Gottwald* in MüKo-ZPO, LugÜ Präambel, Rn. 1 f.

1711 *Hausmann/Caspers* in Internat. Erbrecht, Rn. 246.

1712 Vgl. *Hausmann/Caspers* in Internat. Erbrecht, Rn. 246; *Frick* in LJ 2010, 106, 110. Zu dem Problem bereits 1976, damals noch in der Hoffnung, dass eine grenzüberschreitende Durchsetzung innerhalb der nächsten 30 Jahre möglich werden würde, BGH, Urt. v. 10.12.1976 – V ZR 145/74, BGHZ 68, 16, 16 ff.

1713 OG, Beschl. v. 20.1.2003 – 7 Rö.2002.116, LES 2003, 166, 169; *Hausmann/Caspers* in Internat. Erbrecht, S. 249; *Gierhake*, Vermögensschutz, S. 303 ff.; *Frick* in LJ 2010, 106, 110.

1714 *Frick* in LJ 2010, 106, 110.

Auch wenn besondere Voraussetzungen an das Urteil zu stellen sind – es darf beispielsweise nicht unter formalen Fehlern zustande gekommen sein – kann die Rechtsöffnung im Ergebnis durch ein ausländisches Urteil betrieben werden.[1715] Die Vorteile des Rechtsöffnungsverfahrens sind letztlich aber gering, denn der Schuldner kann gegen die Rechtsöffnung eine sogenannte Aberkennungsklage (Art. 53 RSO) einreichen. Diese Klage führt dazu, dass der Prozess vor dem Landgericht neu aufgerollt wird. Zwar sind im Grundsatz Kläger und Beklagter vertauscht. Die Beweislast bleibt aber gemäß Art. 53 Abs. 3 RSO die gleiche wie im ursprünglichen Prozess. Abhängig von den Parteien kann das Verfahren somit in Liechtenstein erneut stattfinden. Der Gläubiger hätte entsprechend auch von Anfang an in Liechtenstein Klage erheben können.[1716]

Zuletzt ist auf die Durchsetzbarkeit von Schiedssprüchen einzugehen. Liechtenstein ist im Rahmen der Schiedsgerichtsbarkeit deutlich internationaler aufgestellt als bei der ordentlichen Gerichtsbarkeit und ist 2011 dem New Yorker Übereinkommen[1717] über die Anerkennung und Vollstreckung ausländischer Schiedssprüche beigetreten.[1718] Entsprechend sind Schiedssprüche ausländischer Schiedsgerichte in Liechtenstein vollstreckbar – wobei jedoch nur solche aus anderen Unterzeichnerstaaten anerkannt werden.[1719] Dies sollte bei 161 beigetretenen Staaten, inklusive Deutschland, Österreich, der Schweiz und den USA, jedoch den Regelfall darstellen.[1720]

Zusammenfassend lässt sich festhalten, dass ein deutscher Gläubiger einer liechtensteinischen Stiftung seine Ziele vor deutschen ordentlichen Gerichten nur eingeschränkt erreichen kann. Selbst wenn ihm ein vollstreckbarer Titel zugesprochen wird, scheitert die Durchsetzung an der Vollstreckbarkeit dieses Titels in Liechtenstein. Das Rechtsöffnungsverfahren ist wenig erfolgversprechend, wenn der Schuldner eine Zahlung bereits vor den deutschen Gerichten verweigert hat. Zwar kommt dem Urteil eines deutschen Gerichts gegebenenfalls eine Indizwirkung in einem Prozess vor einem liechtensteinischen Gericht zu, aber auch diese macht ein Verfahren in Deutschland kaum attraktiver.

1715 *Frick* in LJ 2010, 106, 110.
1716 *Frick* in LJ 2010, 106, 110.
1717 New Yorker Übereinkommen über die Anerkennung und Vollstreckung ausländischer Schiedssprüche vom 10. Juni 1958.
1718 *Gasser* in PSR 2012, 109, 110.
1719 *Gasser/Nueber* in Austrian Yearbook on International Arbitration 2018, Arbitration Of Foundation And Trust Disputes In Liechtenstein, S. 25.
1720 https://uncitral.un.org/en/texts/arbitration/conventions/foreign_arbitral_awards/status2 zuletzt abgerufen am 30.9.2022.

Grundsätzlich effizienter sollte daher die Geltendmachung des Anspruchs vor einem liechtensteinischen Gericht sein. Dies bedeutet jedoch nicht automatisch, dass liechtensteinisches Recht anzuwenden ist, denn auch das liechtensteinische IPR sieht für einige Fälle die Anwendung ausländischen Rechts vor.

Ein deutsches Urteil kann nur dann auch gegenüber einer liechtensteinischen Stiftung eine direkte Wirkung erlangen, wenn die Stiftung selbst Vermögen in Deutschland besitzt, in welches vollstreckt werden kann. Das in Deutschland belegene Vermögen ließe sich durch die Einbringung in eine liechtensteinische Tochtergesellschaft allerdings vor dem Zugriff schützen, da Gläubiger und Eigentümer des Vermögens auseinanderfielen. Zudem könnte nicht in die Anteile an der liechtensteinischen Tochtergesellschaft vollstreckt werden, wenn diese von der Stiftung in Liechtenstein gehalten werden. Zwar könnte im Rahmen eines wirtschaftlichen Unternehmens- beziehungsweise Schuldnerbegriffs, wie ihn der EuGH bei Kartellverstößen angenommen hat,[1721] auch überlegt werden, Stiftung und Tochtergesellschaft als einen einheitlichen Schuldner zu betrachten. Diese Auslegung stößt jedenfalls bei Doppelprivatstiftungen[1722] an ihre Grenzen. Zudem ist sie auch ansonsten aufgrund des allgemeinen Trennungsprinzips zwischen juristischen Personen schwerlich mit geltendem Recht vereinbar.[1723] Dies gilt zumindest, solange die Grenzen der Gläubigerschädigung (vgl. § 133 InsO, § 3 AnfG), des Scheingeschäfts (§ 117 BGB) sowie der sitten- (§ 138 BGB) oder rechtswidrigen (§ 134 BGB) Geschäfte nicht überschritten sind.

Die Schwierigkeiten bei der Vollstreckbarkeit von Entscheidungen ausländischer ordentlicher Gerichte bestehen hingegen nicht bei der Wahl des Schiedsverfahrens. Da die vormalige Anonymität des Stifters bei Stiftungserrichtungen in Liechtenstein häufig ein Beweggrund für die Standortwahl gewesen ist, scheint das nicht öffentliche Schiedsverfahren für Stifter, die ihre internen Familienstreitigkeiten nicht im Rahmen der Öffentlichkeit diskutiert sehen wollen, ohnehin eine passendere Lösung zu sein. Überdies können Schiedsrichter über ein gewisses Spezialwissen in Bezug auf die – teilweise untrennbar mit der Stiftung verbundenen – Familienverhältnisse verfügen und daher sachgerechtere Entscheidungen treffen. Trotz aller Vorzüge des Schiedsverfahrens soll an dieser Stelle ein strukturelles Problem nicht unerwähnt bleiben: Gerade Leistungs- und

1721 EuGH, Urt. v. 14.3.2019 – C-724/17 „Vantaan kaupunki", ZIP 2019, 1087, juris Rn. 47.

1722 Dazu siehe oben S. 245.

1723 Instruktiv zum Trennungsprinzip im Zwangsvollstreckungsrecht in Bezug auf die Vollstreckung gegen eine Konzerngesellschaft *Weller/Benz/Zimmermann* in NZG 2019, 1121, 1123 f. m.w.N.

Auskunftsansprüche der Begünstigten sind nicht nur Selbstzweck, sondern erfüllen gleichzeitig eine Aufsichtsfunktion gegenüber den Stiftungsorganen bei einer ansonsten beinahe aufsichtslosen Stiftung.[1724] Wird nun ein Großteil[1725] aller Streitigkeiten der Schiedsgerichtsbarkeit unterworfen, entfällt jegliche Möglichkeit zur öffentlichen Kontrolle dieser Stiftungen.[1726]

II. Gerichtsstands- und Schiedsvereinbarungen

Deutschland und Liechtenstein besitzen jeweils eigene Vorschriften zur Zuständigkeit ihrer Gerichte. Dies kann im Grundsatz dazu führen, dass ein Anspruchsteller sowohl vor ein deutsches als auch vor ein liechtensteinisches Gericht ziehen kann. Allerdings kann im Einzelfall die Wahl eines ausschließlichen Gerichtsstands sowie die Wahl der Schiedsgerichtsbarkeit die Zuständigkeit der Gerichte erheblich beschränken. Eingangs werden dazu einige Grundsätze zu der Frage, an welches Recht bei Gerichtsstands- oder Schiedsvereinbarungen angeknüpft werden muss, aufgearbeitet. Bevor der gesetzmäßige Gerichtsstand und die Zulässigkeit von Gerichtsstands- und Schiedsvereinbarungen genauer betrachtet werden, steht daher in diesem Abschnitt die internationale Anknüpfung für die Wirksamkeit dieser Vereinbarungen in internationalen Sachverhalten im Fokus. Denn parallel zu der faktischen Interessenlage bei der grenzüberschreitenden Durchsetzung von Entscheidungen ist es auch bei der Bewertung der Wirksamkeit von Gerichtsstands- und Schiedsklauseln relevant, welches Gericht in der Streitsache angerufen wird.

a. Deutschland

Die Vereinbarung eines Gerichtsstands richtet sich in Deutschland primär nach der vorrangig und auch auf Drittstaatensachverhalte anwendbaren Brüssel Ia-VO.[1727] Hat der Beklagte jedoch keinen Wohnsitz (nach Art. 63 Abs. 1 lit. a) Brüssel Ia-VO ist bei juristischen Personen ihr Sitz entscheidend) in einem Mitgliedstaat, ist gemäß Art. 6 Abs. 1 Brüssel Ia-VO das nationale Recht für die Beurteilung des Gerichtsstands anwendbar. In Deutschland ist der Gerichtsstand im Allgemeinen in den §§ 12–37 ZPO geregelt.

1724 Dazu ausführlich bereits oben S. 278 ff.

1725 Einige behördliche Aufsichtsmaßnahmen sind nicht schiedsfähig, vgl. zur parallelen Rechtslage in Österreich, die auch vom OGH zu Rate gezogen wird, *Hausmaniger* in Fasching/Konecny-öZPO, § 582, Rn. 46/2.

1726 *Lorenz* in Liechtensteinisches Stiftungsrecht, Art. 552 § 9, Rn. 63.

1727 *v. Hein* in MüKo-BGB, Art. 3 EGBGB, Rn. 36.

Im Rahmen einer Zuständigkeitsvereinbarung nach Art. 25 Abs. 1 Brüssel Ia-VO wäre die Zuständigkeit zwar an der Brüssel Ia-VO zu messen – dies gilt jedoch nur, wenn eine Prorogation zugunsten eines mitgliedstaatlichen Gerichts vereinbart wurde.[1728] Da Liechtenstein kein Mitgliedstaat im Sinne der Verordnung ist, liegt keine Prorogation im Sinne des Art. 25 Abs. 1 Brüssel Ia-VO vor, wenn die Zuständigkeit eines liechtensteinischen Gerichts vereinbart ist. Von Art. 25 Brüssel Ia-VO umfasst wäre hingegen die – unwahrscheinliche – Prorogation zugunsten eines deutschen Gerichts.

Für die Bewertung einer Gerichtsstandsvereinbarung, beziehungsweise Anordnung, wenn sie einseitig in der Stiftungssatzung getroffen wird, ist bei Auslandsberührung regelmäßig das Vertragsstatut der in Frage stehenden Streitigkeit maßgeblich.[1729] Dies gilt jedenfalls dann, wenn sie vor Klageerhebung getroffen wurde.[1730] Soweit ein deutsches Gericht angerufen wird, ist nach dem *lex fori* Grundsatz das dabei anzuwendende Recht nach den Regeln des (deutschen) internationalen Privatrechts zu ermitteln.[1731] Da es sich bei Liechtenstein für diese Zwecke um einen Drittstaat handelt, findet Art. 3 Abs. 1 EGBGB nicht direkt, aber entsprechend Anwendung.[1732]

Unabhängig von der Anknüpfung für die Bewertung der materiellen Wirksamkeit überprüft ein deutsches Gericht die prozessrechtliche Zulässigkeit einer Gerichtsstandsvereinbarung nach der *lex fori*, also dem deutschen Recht.[1733] Für die Zulässigkeit einer Gerichtsstandsvereinbarung sind dabei vor allem §§ 38, 40 ZPO relevant. Nicht der Anknüpfung in der Hauptsache unterliegt überdies das Personalstatut der Parteien. Entsprechend ist das Personalstatut nach der *lex fori*, also vor einem deutschen Gericht gemäß den Regelungen des deutschen IPR, zu ermitteln. Danach bestimmt sich die Rechts- und Handlungsfähigkeit von Personen nach (Art. 7 Abs. 1 EGBGB). Bei natürlichen Personen wird an ihre Staatsangehörigkeit und hilfsweise an den gewöhnlichen Aufenthalt angeknüpft.[1734] Bei juristischen Personen ist umstritten, ob sich das

1728 Zu Art. 25 Brüssel Ia-VO im Verhältnis zu Drittstaaten, *Gottwald* in MüKo-ZPO, Art. 25 Brüssel Ia-VO, Rn. 7.

1729 *Patzina* in MüKo-ZPO, § 38, Rn. 27; *Toussaint* in BeckOK-ZPO, § 38, Rn. 2 f.

1730 BGH, Urt. v. 29.2.1968 – VII ZR 102/65, BGHZ 49, 384, juris Rn. 21.

1731 LG München I, Urt. v. 11.8.2017 – 33 O 8184/16, MDR 2017, 667, juris Rn. 43.

1732 Vgl. LG München I, Urt. v. 11.8.2017 – 33 O 8184/16, MDR 2017, 667, juris Rn. 43; *Wendland* in BeckOGK, Art. 3 Rom I-VO, Rn. 141.1.

1733 BGH, Urt. v. 20.1.1986 – II ZR 56/85, NJW 1986, 1438, juris Rn. 13; *Toussaint* in BeckOK-ZPO, § 38, Rn. 12.

1734 *Münch* in MüKo-ZPO, § 1029, Rn. 46 m.w.N.

Personalstatut nach dem Sitz- oder dem Gründungsort richtet – dazu im Detail noch im nächsten Abschnitt.[1735]

Die Wirksamkeit der Anordnung der Schiedsgerichtsbarkeit richtet sich grundsätzlich nach dem von den Parteien, beziehungsweise dem Anordnenden, gewählten Recht.[1736] Wenngleich eng mit der Wirksamkeit der Schiedsklausel verbunden, muss getrennt davon die Frage beantwortet werden, nach welchem Recht die Schiedsfähigkeit zu beurteilen ist. Dabei ist wiederum zwischen der subjektiven und der objektiven Schiedsfähigkeit zu differenzieren. Die subjektive Schiedsfähigkeit umfasst die Rechts- und Geschäftsfähigkeit der Handelnden, während die objektive Schiedsfähigkeit die sachliche Unterwerfung der Streitigkeit unter die Schiedsgerichtsbarkeit meint.[1737] Fehlt es an der subjektiven Schiedsfähigkeit, kann der Schiedsspruch nach § 1059 Abs. 2 Nr. 1 lit. a) ZPO aufgehoben werden.[1738] War die Sache nicht objektiv schiedsfähig, kann der Schiedsspruch nach § 1059 Abs. 2 Nr. 2 lit. a) ZPO aufgehoben werden. Unstrittig richtet sich die subjektive Schiedsfähigkeit nach dem Personalstatut der Parteien. Weniger deutlich entschieden ist hingegen die Anknüpfung der objektiven Schiedsfähigkeit. Allerdings reicht es an dieser Stelle, mit der herrschenden Ansicht davon auszugehen, dass sie sich nach der *lex fori* des entscheidenden Gerichts richtet.[1739] Wird also bei einem deutschen Gericht beantragt, ein Schiedsurteil nach § 1059 ZPO aufzuheben, richtet sich die Frage nach der objektiven Schiedsfähigkeit nach dem deutschen Recht.

b. Liechtenstein

Das liechtensteinische Recht folgt bei der Anknüpfung einem ähnlichen System wie das deutsche Recht: Bei Gerichtsstandsvereinbarungen richtet sich die Wirksamkeit grundsätzlich nach dem gewählten Recht, Art. 11, 8 IPRG. Ob eine Gerichtsstandsvereinbarung der Parteien aber überhaupt möglich ist, muss hingegen an dem Prozessrecht der *lex fori*, also vor einem liechtensteinischen Gericht am liechtensteinischen Recht gemessen werden. Ebenfalls nach der *lex fori* sind alle Anknüpfungen des IPR vorzunehmen, soweit diese nicht durch

---

1735 Dazu ausführlich noch unten S. 460.

1736 Ausführlich zu dieser Frage *Epping*, Schiedsvereinbarung, S. 39 ff.

1737 *Münch* in MüKo-ZPO, § 1029, Rn. 45 ff.

1738 Vgl. auch zur Bewertung der subjektiven Schiedsfähigkeit BGH, Urt. v. 8.6.2010 – XI ZR 349/08, NZG 2011, 468, juris Rn. 22 f.

1739 *Münch* in MüKo-ZPO, § 1030, Rn. 22 ff. m.w.N.; *Epping*, Schiedsvereinbarung, S. 201 ff.

eine Rechtswahlvereinbarung einem anderen Recht zugeordnet wurden oder werden konnten, vgl. Art. 5 Abs. 1 IPRG. Auch nach liechtensteinischem Recht richtet sich das anwendbare Personalstatut bei natürlichen Personen nach der Staatsangehörigkeit oder hilfsweise dem gewöhnlichen Aufenthalt dieser Person, Art. § 10 Abs. 1 IPRG i.V.m. Art. 9 PGR. Bei juristischen Personen ist das Recht des Staates anzuwenden, in dem die Person errichtet wurde, Art. 232 PGR.

Auch in Bezug auf Schiedsvereinbarungen gleicht die Anknüpfungssituation der deutschen Rechtslage: Während sich die Wirksamkeit der Schiedsklausel grundsätzlich nach dem von den Parteien gewählten Recht richtet,[1740] hängt die subjektive Schiedsfähigkeit von dem Personalstatut der Parteien ab und die objektive Schiedsfähigkeit wird nach der *lex fori* des jeweiligen Gerichts bewertet.[1741]

c. *Fazit*

Die Beurteilung der Wirksamkeit von Gerichtsstands- und Schiedsvereinbarungen folgt in beiden Rechtsordnungen dem gleichen Muster. Wie noch im Rahmen der einzelnen Fallgruppen auszuwerten ist, kann die Anknüpfung an die *lex fori* aber zu unterschiedlichen Ergebnissen führen. Außerdem besteht in beiden Staaten ein *ordre public*-Vorbehalt, der auch auf das für Gerichtsstands- und Schiedsvereinbarungen ermittelte Recht angewendet wird, Art. 6 EGBGB und Art. 6 IPRG.

III. Anknüpfung im IPR und Rechtswahl

Als letzte Grundlage werden im Folgenden das allgemeine Kollisionsrecht in beiden Rechtsordnungen sowie die Grundsätze zur Rechtswahl ausgewertet. Das Kollisionsrecht dient dabei der Zuordnung eines bestimmten Anknüpfungsgegenstands an das für die Beurteilung maßgebliche Recht.[1742] Die Schwierigkeit bei der Anwendung des Kollisionsrechts besteht regelmäßig in der als Qualifikation bezeichneten „Subsumtion unter den Anknüpfungsgegenstand einer Kollisionsnorm“.[1743]

Wenngleich im Rahmen der einzelnen Fallgruppen noch auf die konkreten Rechtsquellen eingegangen wird, sind einleitend zwei Hinweise

---

1740 Zur wortgleichen und in Liechtenstein rezipierten österreichischen Vorschrift *Hausmaniger* in Fasching/Konecny-öZPO, § 581, Rn. 265 ff.

1741 *Hausmaniger* in Fasching/Konecny-öZPO, § 581, Rn. 278.

1742 *v. Hein* in MüKo-BGB, Einleitung IPR, Rn. 109 m.w.N.

1743 *v. Hein* in MüKo-BGB, Einleitung IPR, Rn. 113 m.w.N.

angebracht: Während das IPR, also das Kollisionsrecht, traditionell von dem IZVR getrennt war, hat die europarechtliche Regelung vieler Teilbereiche des grenzüberschreitenden Rechts zu einer Verschmelzung der beiden Rechtsgebiete geführt.[1744] Es werden daher – zumindest aus deutscher Perspektive – teilweise sowohl im Rahmen des IZVR als auch des IPR die gleichen Gesetze heranzuziehen sein.

Zweitens ist Liechtenstein im Gegensatz zu Deutschland kein Mitglied der EU, sondern lediglich des EWR. Richtlinien und Verordnungen der Union finden auf die drei Mitglieder des EWR, die nicht auch Mitglieder der EU sind (Island, Liechtenstein, Norwegen), keine unmittelbare Anwendung. Stattdessen kann ein gemeinsamer Ausschuss der drei Staaten nach den Art. 102 und 103 EWR-Abkommen entscheiden, diese in den Anhang des Abkommens aufzunehmen und sie somit bindend zu machen. Dies ist zwar für viele Verordnungen und Richtlinien bereits geschehen,[1745] im Bereich des IZVR und IPR waren die drei Staaten jedoch sehr zurückhaltend und haben die entsprechenden Verordnungen nicht übernommen.

1. Deutschland

In Deutschland ist das Kollisionsrecht in den Art. 3–49 EGBGB sowie in zahlreichen europarechtlichen und völkerrechtlichen Vorschriften geregelt, von denen einige auch in Art. 3 EGBGB aufgeführt sind. Die notwendige Subsumtion unter die Anknüpfungspunktgegenstände erfolgt vor deutschen Gerichten zwangsläufig nach dem *lex fori* Prinzip.[1746] Da die Anwendung europarechtlicher Verordnungen und Richtlinien im Verhältnis zu Liechtenstein nicht unkompliziert ist, kann keine allgemeine Aussage über die Anwendbarkeit dieser Vorschriften getroffen werden. Entsprechend muss bei den einzelnen Anknüpfungsgegenständen jeweils individuell überprüft werden, ob deutsches, europäisches oder staatsvertragliches IPR anzuwenden ist. Vorweggenommen werden kann an dieser Stelle jedoch, dass jedenfalls neben der bereits erwähnten verfahrensrechtlichen Brüssel Ia-VO auch die Rom Verordnungen, also Rom I-VO,[1747]

1744 *v. Hein* in MüKo-BGB, Einleitung IPR, Rn. 342 m.w.N.

1745 Vgl. die regelmäßig veröffentlichten „Beschlüsse des Gemeinsamen EWR-Ausschusses, für die die verfassungsrechtlichen Anforderungen nach Artikel 103 des EWR-Abkommens erfüllt sind".

1746 *v. Hein* in MüKo-BGB, Einleitung IPR, Rn. 118.

1747 Verordnung (EG) Nr. 593/2008 des Europäischen Parlaments und des Rates vom 17. Juni 2008 über das auf vertragliche Schuldverhältnisse anzuwendende Recht

Rom II-VO[1748] und Rom III-VO[1749] sowie die EuGüVO[1750] und die EuErbVO[1751] grundsätzlich ebenfalls in Sachverhalten mit Drittstaatenbezug vorrangig anwendbar sind.[1752]

Abhängig vom Anknüpfungsgegenstand können die Parteien auch das anwendbare Recht in der Hauptsache und das anwendbare IPR wählen. So sehen etwa Art. 3 Rom I-VO, Art. 14 Rom II-VO, Art. 42 EGBGB die Möglichkeit zur Rechtswahl vor. Insbesondere in Rechtsgebieten, in denen es typischerweise eine schwächere Partei gibt und das deutsche Recht entsprechende Schutzvorschriften vorsieht, kann das anwendbare Recht jedoch nicht frei gewählt werden.[1753]

Gemäß Art. 4 Abs. 1 S. 1 EGBGB umfasst eine Verweisung auf das Recht eines anderen Staates grundsätzlich auch das IPR des anderen Staates. Verweist das Recht des anderen Staates wieder auf deutsches Recht zurück (sogenannter *Renvoi*) finden die deutschen Sachvorschriften, also das deutsche materielle Recht, Anwendung.[1754]

(„Rom I"). Dazu *Ferrari* in Ferrari-Internationales Vertragsrecht, Art. 2 Rom I-VO, Rn. 1 m.w.N.

1748 Verordnung (EG) Nr. 864/2007 des Europäischen Parlaments und des Rates vom 11. Juli 2007 über das auf außervertragliche Schuldverhältnisse anzuwendende Recht („Rom II"). Dazu ebenfalls *Ferrari* in Ferrari-Internationales Vertragsrecht, Art. 2 Rom I-VO, Rn. 1 m.w.N.

1749 Verordnung (EU) Nr. 1259/2010 des Rates vom 20. Dezember 2010 zur Durchführung einer Verstärkten Zusammenarbeit im Bereich des auf die Ehescheidung und Trennung ohne Auflösung des Ehebandes anzuwendenden Rechts. Vgl. *Winkler von Mohrenfels* in MüKo-BGB, Vor. Art. 1 Rom III-VO, Rn. 9.

1750 Verordnung (EU) 2016/1103 des Rates vom 24. Juni 2016 zur Durchführung einer Verstärkten Zusammenarbeit im Bereich der Zuständigkeit, des anzuwendenden Rechts und der Anerkennung und Vollstreckung von Entscheidungen in Fragen des ehelichen Güterstands; die universelle Anwendung ergibt sich aus Art. 20 EuGüVO.

1751 Verordnung (EU) Nr. 650/2012 des europäischen Parlaments und des Rates vom 4. Juli 2012 über die Zuständigkeit, das anzuwendende Recht, die Anerkennung und Vollstreckung von Entscheidungen und die Annahme und Vollstreckung öffentlicher Urkunden in Erbsachen sowie zur Einführung eines Europäischen Nachlasszeugnisses. Dazu *Schmidt* in BeckOGK, Art. 20 EuErbVO, Rn. 18.

1752 *v. Hein* in MüKo-BGB, Art. 3 EGBGB, Rn. 36.

1753 *v. Hein* in MüKo-BGB, Einleitung IPR, Rn. 38 m.w.N.

1754 Zum Begriff und den Wirkungen eines Renvoi im Detail v. *Hein* in MüKo-BGB, Art. 4 EGBGB, Rn. 1 ff.

2. *Liechtenstein*

Das IPR des Fürstentums Liechtenstein ist im Wesentlichen im IPRG geregelt. Da Liechtenstein – trotz seiner Mitgliedschaft im EWR – das europäische Kollisionsrecht nicht übernommen hat, ist jedenfalls im Verhältnis zu Deutschland lediglich nationales Recht anwendbar. Systematisch gleicht das liechtensteinische IPR dem deutschen Recht. Dabei bringt Art. 2 IPRG deutlich zum Ausdruck, dass die Qualifikation nach der *lex fori*, also liechtensteinischem Recht, erfolgt. Gemäß Art. 11 Abs. 1 IPRG ist eine Rechtswahl im Rahmen des Vertragsrechts, Art. 39 Abs. 1, des Ehegüterrechts, Art. 20 IPRG, sowie in einigen Fällen des Erbrechts Art. 29 Abs. 3 IPRG möglich.

Im Gegensatz zum deutschen Recht umfasst ein Verweis auf fremdes Recht nach Art. 5 Abs. 1 IPRG grundsätzlich nicht das fremde IPR. Nach Art. 11 IPRG bezieht sich eine Rechtswahl im Zweifel nur auf das Sach- und nicht das Verweisungsrecht. Den Parteien steht damit aber die Möglichkeit offen, auch das fremde IPR explizit zu wählen. Für den Fall, dass das fremde IPR dann auf liechtensteinisches Recht verweist, kommt es auch hier zu einem *Renvoi* (Art. 5 Abs. 1 S. 2 IPRG).

3. *Fazit*

Im Ergebnis gleichen sich das liechtensteinische und das deutsche IPR in vielerlei Hinsicht. Beide Rechtsordnungen trennen zwischen Qualifikation und Anknüpfungsgegenstand, wobei die Qualifikation dabei zwingend nach der lex fori erfolgt. Ebenso ist in beiden Staaten für bestimmte Anknüpfungsgegenstände eine Rechtswahl zulässig, systematisch besteht der größte Unterschied zwischen den Rechtsordnungen darin, dass das Liechtenstein Recht als Standard nicht den Mitverweis auf das IPR des fremden Rechts vorsieht.

B. Einzelne Fallgruppen

Nachdem auf den vorangegangenen Seiten die erforderlichen Grundlagen des IPR und des IZVR aufgearbeitet wurden, kann nun das jeweils anwendbare Recht für einzelne relevante Fallgruppen bestimmt werden.

Als Erstes ist dabei auf die Frage einzugehen, welches Personalstatut für die liechtensteinische Stiftung maßgeblich ist (a.). Wurde dies beantwortet, kann in einem nächsten Schritt auf die Ansprüche der Destinatäre gegen die Stiftung eingegangen werden (b.). Darauf folgt die Geltendmachung von Pflichtteilsergänzungsansprüchen gegen die Stiftung (c.). Drittens wird der – nur in Deutschland materiell rechtlich bestehende[1755] – eherechtliche Anspruch gegen einen Dritten bei unzureichender Ausgleichsmasse behandelt (d.). Als letzte Fallgruppe müssen diejenigen Ansprüche aufgearbeitet werden, die sich aus der Anfechtung von Rechtsgeschäften eines insolventen Stifters ergeben (e.).

Die Frage nach dem Personalstatut kann dabei grundsätzlich unabhängig von konkreten Ansprüchen beantwortet werden, weswegen die Bearbeitung einer anderen Struktur folgt als bei den Punkten (b.)–(d.). Zudem ist im Hinblick auf die Fragestellung dieser Arbeit vorrangig die deutsche Sichtweise bezüglich des Personalstatuts relevant, sodass der Prüfungsumfang limitiert ist.

In den Konstellationen (b.)–(d.) werden zunächst kollisionsrechtlich das anwendbare Recht und die Optionen zu seiner Wahl ausgewertet. Danach werden der grundsätzliche Gerichtsstand und die Wege, ihn mit einer Satzungsregelung oder einer Abrede ausschließlich zu bestimmen, betrachtet. Abschließend wird auf die Möglichkeit eingegangen, den Weg vor die ordentlichen Gerichte im Wege einer Schiedsklausel auszuschließen.

I. Personalstatut der Stiftung

Nach welchem Recht das Personalstatut der Stiftung zu bewerten ist, stellt einen der entscheidenden Aspekte bei der liechtensteinischen Stiftung dar. Denn abhängig von dem Personalstatut ist, ob die Stiftung eine eigene Rechtspersönlichkeit besitzt und damit das Trennungsprinzip auslöst.[1756] Wie noch zu zeigen ist, resultieren die Probleme dabei jedoch nicht aus dem grundsätzlichen Personalstatut. Stattdessen treten die eigentlichen Besonderheiten immer dann auf, wenn der Stiftung aufgrund eines *ordre public*-Vorbehalts die Rechtsfähigkeit ausnahmsweise aberkannt werden soll. Dies wird im Rahmen des letzten Abschnitts (C.) noch eingehend behandelt. An dieser Stelle wird daher nur das im Standardfall anzuwendende Personalstatut betrachtet.

1. Deutschland

a. Personalstatut bei juristischen Personen generell

Die Frage, welches Personalstatut auf eine juristische Person anwendbar ist, stellt ein immer wiederkehrendes Problem in Rechtsprechung und Forschung dar. Eine gesetzliche Regelung besteht im deutschen Kollisionsrecht nicht.[1757] Auch

1755 Dazu und zur Anwendung von Art. 67 RSO in diesen Fällen bereits oben, S. 372.

1756 Dazu bereits oben Fn. 238.

1757 *Kindler* in MüKo-BGB, IntGesR, Rn. 4.

kann für das Recht der juristischen Personen nicht auf gemeinschaftsrechtliche Vorschriften zurückgegriffen werden, da die Rom I-VO für diesen Bereich nicht anwendbar ist (Art. 1 Abs. 2 lit. f Rom I-VO). Stattdessen wird grundsätzlich auf die gewohnheitsrechtlich geltende Sitztheorie zurückgegriffen.[1758] Für Gesellschaften besagt diese, dass sich das anwendbare Personalstatut nach dem Recht des Staates, in dem die Gesellschaft ihren (Haupt-)Verwaltungssitz hat, richtet. Der Ort der Hauptverwaltung ist bei Gesellschaften derjenige Ort, an dem die Geschäftsführung und die entsprechenden Vertretungsorgane die grundlegenden Entscheidungen der Unternehmensführung treffen und die laufenden Geschäfte abgewickelt werden,[1759] sog. Sandrock'sche Formel.[1760]

Die Sitztheorie hat mittlerweile jedoch aufgrund der Rechtsprechung des EuGH einen Großteil ihrer Bedeutung verloren und wird meist nur noch bei der Behandlung von Gesellschaften aus „Drittstaaten" angewandt.[1761] Denn der EuGH hat mit seinen Entscheidungen in den Rechtssachen „Centros",[1762] „Überseering"[1763] und „Inspire Art"[1764] die Gründungstheorie als Maßstab für die Anerkennung von EU/EWR Gesellschaften festgeschrieben. Danach kommt es nicht auf den Sitz, sondern den Ort der Gründung der juristischen Person an. Zwar bleibt die Anwendung der Gründungstheorie mit guten Argumenten umstritten;[1765] dadurch, dass die deutschen Gerichte die EuGH-Rechtsprechung übernommen haben,[1766] bestehen an ihrer Maßgeblichkeit für die Praxis jedoch keine Zweifel mehr. Im Gegensatz zu Richtlinien und Verordnungen der EU gelten die Grundfreiheiten der Union auch unbeschränkt für und gegen die drei Mitglieder des EWR (vgl. Art. 2 Abs. 2 EWR-Abkommen). Indem es sich bei Liechtenstein um einen EWR-Mitgliedstaat handelt, findet auf liechtensteinische Gesellschaften somit auch das liechtensteinische Personalstatut Anwendung.

1758 *Kindler* in MüKo-BGB, IntGesR, Rn. 5.

1759 *Wall* in Hausmann/Odersky, § 18, Rn. 8.

1760 *Sandrock* in FS Beitzke, Überlagerungstheorie, S. 669, 683 ff.

1761 Vgl. etwa zur Schweiz BGH, Urt. v. 27.10.2008 – II ZR 158/06, DStR 2009, 59, juris Rn. 12 ff.

1762 EuGH, Urt. v. 9.3.1999 – C-212/97 „Centros", DStRE 1999, 625.

1763 EuGH, Urt. v. 5.11.2002 – C-208/00 „Überseering", IStR 2002, 809.

1764 EuGH, Urt. v. 30.9.2003 – C-167/01 „Inspire Art", IStR 2003, 849.

1765 *Kindler* in MüKo-BGB, IntGesR, Rn. 367 m.w.N.

1766 Zum Beispiel BGH, Urt. v. 12.7.2011 – II ZR 28/10, BGHZ 190, 242–251.

b. Personalstatut bei ausländischen Stiftungen und die liechtensteinische Stiftung

Ebenso wie das gesellschaftsrechtliche Kollisionsrecht ist auch das deutsche Stiftungskollisionsrecht nicht gesetzlich geregelt. Entsprechend ist daher regelmäßig auf die Grundsätze des Internationalen Gesellschaftsrechts zurückzugreifen.[1767] Dies bedeutet, dass grundsätzlich die Sitztheorie Anwendung findet, wenn nicht die Gründungstheorie aufgrund europarechtlicher Vorgaben vorrangig anwendbar ist.

Für die meisten in Frage stehenden liechtensteinischen Stiftungen kann die Frage nach der anwendbaren Theorie jedoch ohnehin dahinstehen: Soweit die Anwendbarkeit der Gründungstheorie bejaht wird, wäre das liechtensteinische Recht als Recht des Gründungsstaates maßgeblich. Wendet man hingegen die im Gewohnheitsrecht geltende Sitztheorie an, kommt es nach der Sandrock'schen Formel auf den Sitz des Stiftungsrats an. Dieser trifft – nach der gesetzgeberischen Konzeption – die wesentlichen Geschäftsentscheidungen und kümmert sich, soweit sie vorliegen, um die laufenden Geschäfte. Der Sitz des Stiftungsrats dürfte sich aber aus zwei Gründen bei den allermeisten Stiftungen in Liechtenstein befinden. Zum einen werden liechtensteinische Stiftungen regelmäßig unter anderem deshalb errichtet, um von der günstigen Besteuerung der Stiftung in Liechtenstein zu profitieren.[1768] Diese steuerlichen Vorteile würden aber entfallen, wenn die Stiftung ihren Sitz tatsächlich in Deutschland hätte und somit in Deutschland unbeschränkt steuerpflichtig im Sinne des § 1 Abs. 1 Nr. 4 KStG würde. Im Rahmen dieser Stiftungen wird daher verstärkt darauf geachtet, dass Entscheidungen nicht in Deutschland, sondern in Liechtenstein getroffen werden, um eine Sitzverlegung zu verhindern. Zum anderen muss der Stiftungsrat einer liechtensteinischen Stiftung nach Art. 180a Abs. 1 PGR jedenfalls mit einem Treuhänder besetzt sein, der im Regelfall in Liechtenstein ansässig ist.[1769] Die Chance, dass trotz Beteiligung des Treuhänders (aus Unachtsamkeit)

1767 BGH, Urt. v. 8.9.2016 – III ZR 7/15, ZIP 2016, 2060, juris Rn. 11; *Weitemeyer* in MüKo-BGB, § 80, Rn. 312.

1768 Selbst wenn die Erträge in Deutschland im Wege der Hinzurechnungsbesteuerung bei den Destinatären versteuert werden, entfällt nach heutiger Gesetzesanwendung jedenfalls die Erbersatzbesteuerung (in Deutschland in § 1 Abs. 1 Nr. 4 ErbStG geregelt).

1769 Die Anforderungen des TrHG führen auf verschiedenen Ebenen dazu, dass der Treuhänderberuf i.S.d. TrHG im Wesentlichen von in Liechtenstein ansässigen Personen und Gesellschaften ausgeübt wird. Denn für juristische Personen ist für die Beratung im Inland (die zumindest zu Beginn im Inland stattfinden muss), ein Sitz in Liechtenstein erforderlich, Art. 14 Abs. 1 lit. c) TrHG. Auch für ausländische Treuhänder,

Entscheidungen im Ausland getroffen werden und auf diese Weise der Verwaltungssitz nach Deutschland wandert, ist daher gering. Damit kann festgestellt werden, dass im Regelfall auf liechtensteinische Stiftungen auch nach der Sitztheorie liechtensteinisches Recht anzuwenden ist. Eine Rückverweisung im Sinne des Art. 4 Abs. 1 EGBGB, etwa bei liechtensteinischen Stiftungen mit einem deutschen Stifter, besteht grundsätzlich nicht. Denn das liechtensteinische Recht folgt gemäß Art. 232 PGR der Gründungstheorie. Entsprechend stellt Art. 232 Abs. 1 PGR klar, dass eine nach (liechtensteinischem) inländischem Recht errichtete „Verbandsperson" auch inländischem Recht unterliegt. Wie andere Vorschriften des allgemeinen Teils des PGR ist auch Art. 232 PGR gemäß Art. 245 Abs. 1 PGR auf Stiftungen anzuwenden, da die Stiftung in Art. 552 § 1 Abs. 1 S. 1 PGR als Verbandsperson definiert wird.

Gleichwohl sind Konstellationen vorstellbar, in denen sich der Verwaltungssitz der liechtensteinischen Stiftung in Deutschland befindet. Für diese Fälle muss die Frage nach der Anwendung der Sitztheorie[1770] oder der Gründungstheorie[1771] beantwortet werden.[1772] Entgegen dem deutschen Gewohnheitsrecht könnte die Gründungstheorie anwendbar sein, wenn sie europarechtlich vorgegeben ist. Allerdings ist fraglich, ob die EuGH-Rechtsprechung zu der Gründungstheorie auch auf Stiftungen anwendbar ist. Denn die Rechtsprechung in „Centros",[1773] „Überseering"[1774] und „Inspire Art"[1775] wird im Wesentlichen auf die Niederlassungsfreiheit nach Art. 49, 54 AEUV gestützt. Entscheidender Bestandteil der Niederlassungsfreiheit ist nach dem Wortlaut von Art. 49 AEUV jedoch eine Erwerbstätigkeit der juristischen Person. Eine solche ist regelmäßig dann gegeben, wenn eine entgeltliche Tätigkeit im Wirtschaftsverkehr angeboten wird. Dabei kommt es jedoch nicht zwangsläufig auf eine Gewinnerzielungsabsicht an.[1776] Viele der im Fokus dieser Arbeit stehenden Familienstiftungen

---

die natürliche Personen sind, müssen jährlich vielfältige Nachweise erbracht werden. Insgesamt dürften liechtensteinische Treuhänder daher im Wesentlichen in Liechtenstein ansässig sein.

1770 Jeweils m.w.N. *Hüttemann/Rawert* in Staudinger-BGB, Vor §§ 80–88, Rn. 423; *Weitemeyer* in MüKo-BGB, § 80, Rn. 314 ff.

1771 Die Anwendbarkeit der Gründungstheorie ausführlich bejahend, *Geisler*, Selbständige Stiftung, S. 132 ff.

1772 Im Einzelfall differenzierend etwa *Spickhoff* in FS Werner, Internat. Privatrecht, S. 248 f.

1773 EuGH, Urt. v. 9.3.1999 - C-212/97 „Centros", DStRE 1999, 625.

1774 EuGH, Urt. v. 5.11.2002 - C-208/00 „Überseering", IStR 2002, 809.

1775 EuGH, Urt. v. 30.9.2003 - C-167/01 „Inspire Art", IStR 2003, 849.

1776 Zur Definition der Erwerbstätigkeit *Schlag* in EU-Kommentar, Art. 49 AEUV, Rn. 22.

bieten jedoch keine entgeltliche Leistung im Wirtschaftsverkehr an und gehen somit keiner Erwerbstätigkeit im Sinne des Art. 49 AEUV nach. Vielmehr ist es liechtensteinischen Privatstiftungen nach Art. 552 § 1 Abs. 2 PGR sogar versagt, ein Gewerbe zu führen. Stattdessen beschränkt sich die Tätigkeit dieser Privatstiftungen regelmäßig auf die Vermögensverwaltung. Zwar hat der EuGH in der Rechtssache „Stauffer"[1777] festgestellt, dass auch die aktive Vermietung von Grundstücken – also eine traditionell eher vermögensverwaltende Tätigkeit – in den Anwendungsbereich der Niederlassungsfreiheit fallen kann.[1778] Da die Niederlassungsfreiheit nur auf das Anbieten einer Tätigkeit am Markt abstellt, könne schließlich auch eine an sich vermögensverwaltende Tätigkeit von dem Schutz umfasst sein, wenn sie am Markt angeboten wird. Privatstiftungen, die sich regelmäßig nur auf das Halten von Beteiligungen und die bloße Anlage von Vermögenswerten konzentrieren, werden jedoch nicht aktiv am Markt tätig[1779] und fallen somit nicht in den Anwendungsbereich der Niederlassungsfreiheit.[1780]

Eine europarechtlich gebotene Anwendung der Gründungstheorie bei privatnützigen Stiftungen gibt es daher nicht.[1781] Ohnehin kann angezweifelt werden, ob eine pauschale Übernahme der Rechtsprechung zu Gesellschaften auf Stiftungen überhaupt durchführbar wäre, da Stiftungen und das Stiftungsaufsichtsrecht in mancherlei Hinsicht nicht mit Gesellschaften vergleichbar sind.[1782]

c. *Zwischenergebnis*

Nach den obigen Ausführungen kann festgehalten werden, dass auf liechtensteinische Stiftungen mit Sitz in Liechtenstein im Regelfall das liechtensteinische Personalstatut, also liechtensteinisches Recht, anwendbar ist.[1783] Dies gilt

---

1777 EuGH, Urt. v. 14.9.2006 – C-386/04 „Stauffer", DStR 2006, 1736.

1778 EuGH, Urt. v. 14.9.2006 – C-386/04 „Stauffer", DStR 2006, 1736, juris Rn. 19; *Geisler*, Selbständige Stiftung, S. 150 ff.

1779 *Geisler*, Selbständige Stiftung, S. 151; vgl. auch *Geibel* in BeckOGK, § 80 BGB, Rn. 890 ff. m.w.N.

1780 *Jakob* in Richter-StiftR, § 30, Rn. 36; *Jakob/Uhl* in BeckOGK, § 80 BGB, Rn. 885 ff.; *Hey* in IStR 2009, 181, 183 f.; *Kindler* in NZG 2016, 1335, 1336.

1781 Dazu ausführlich *Weitemeyer* in MüKo-BGB, § 80, Rn. 316 ff. m.w.N.; a.A. *Schurr* in Stiftung und Familie, Liechtensteinische Vermögensstrukturen, S. 117 ff.; *Feick/Schwalm* in NZG 2021, 334, 338 ff.

1782 *Hüttemann/Rawert* in Staudinger-BGB, Vor §§ 80–88, Rn. 423; *Jakob* in Richter-StiftR, § 30, Rn. 41 f.; *Weitemeyer* in MüKo-BGB, § 80, Rn. 318.

1783 Siehe auch exemplarisch OLG Düsseldorf, Teilurteil v. 30.4.2010 – I-22 U 126/06, ZEV 2010, 528, juris Rn. 42; sowie die Gutachten IPG 1970, Nr. 2 [München], S. 16; IPG 1975, Nr. 1 [Hamburg], S. 8 f.

unabhängig davon, ob der Sitz- oder der Gründungstheorie gefolgt wird. Wie bereits im letzten Abschnitt dargelegt, kann aus verschiedenen Gründen davon ausgegangen werden, dass eine liechtensteinische Stiftung ihren Sitz auch in Liechtenstein hat. Entsprechend ist in den meisten Fällen nach deutschem IPR liechtensteinisches Recht anwendbar.

Da das liechtensteinische Recht explizit der Gründungstheorie folgt, Art. 232 Abs. 1 PGR, ist auch nach liechtensteinischem IPR liechtensteinisches Recht anwendbar. Ein *Renvoi*, also eine Rück- oder Weiterverweisung auf fremdes Recht, beziehungsweise hier deutsches Recht im Sinne des Art. 4 Abs. 2 EGBGB, existiert in diesen Fällen nicht, sodass in jedem Fall das dortige Recht angewandt wird.

Wird eine Stiftung wirksam in Liechtenstein errichtet, muss daher bei der Behandlung der Stiftung in Deutschland das liechtensteinische Recht angewendet werden. Soweit nicht ausnahmsweise ein *ordre public*-Vorbehalt einschlägig ist, muss die Stiftung grundsätzlich als eigenes Rechtssubjekt akzeptiert werden.[1784]

d. Sonderfall der liechtensteinischen Stiftung mit Sitz in Deutschland

Geht man davon aus, dass das Europarecht nicht zu einer zwingenden Anwendung der Gründungstheorie führt, wäre eine wirksam in Liechtenstein errichtete Stiftung, die ihren Sitz nach Deutschland verlegt, bei der Anwendung der Sitztheorie dem deutschen Recht unterworfen. Da es an einer Anerkennung der Stiftung durch die Stiftungsbehörden und Vorschriften für eine identitätswahrende Sitzverlegung fehlt, erlangt die Stiftung grundsätzlich keine automatische Rechtspersönlichkeit in Deutschland.[1785] Eine Neuerrichtung in Deutschland ist zwar möglich – falls sie vom Stifterwillen gedeckt ist –, kann jedoch nicht über

1784 RG, Urt. v. 16.12.1913 – II 523/13, RGZ 83, 367, 368; OLG Stuttgart, Urt. v. 9.6.1964 – 13/6 U 4/64, NJW 1965, 1139; *Großfeld* in Staudinger, IntGesR, Rn. 167; *Weitemeyer* in MüKo-BGB, § 80, Rn. 312 f. m.w.N.; *Geisler*, Selbständige Stiftung, S. 83 ff.; *Schönle* in NJW 1965, 1112, 1114.

1785 *Weitemeyer* in MüKo-BGB, § 80, Rn. 314 m.w.N.; durch die Neufassung des § 87a Abs. 2 Nr. 3 BGB-Neu, könnte jedoch ein „schleichender Wandel hin zur Gründungstheorie“ geschehen sein, *Feick/Schwalm* in NZG 2021, 525, 533. Im Umkehrschluss könnten nicht nur aus Deutschland wegziehende Stiftungen ihre Rechtspersönlichkeit vorübergehend behalten, sondern auch nach Deutschland ziehende Stiftungen vorübergehend – zumindest bis zur Unterwerfung unter die deutsche Stiftungsaufsicht – als Rechtsperson anerkannt werden.

das Problem hinweghelfen, dass die Stiftung für einen gewissen Zeitraum nicht bestand.

In der Folge stellt sich das Problem, wie die nach Deutschland gezogene Stiftung zu behandeln ist. Dafür lässt sich keine pauschale Lösung finden, sondern eine Einzelfallbetrachtung ist notwendig. Regelmäßig dürfte die Besetzung des Stiftungsrats mit mindestens einem Treuhänder dazu führen, dass von einer unselbstständigen Stiftung auszugehen ist. Konkret hat dann die ehemals rechtsfähige Stiftung ihr Vermögen zur treuhänderischen Verwaltung an den Treuhänder übertragen. Dies ist insofern auch sachgerecht, als die Sitzverlegung in den meisten Fällen nur dadurch begründet wird, dass Mitglieder des Stiftungsrats die wesentlichen Entscheidungen in Deutschland treffen. Die Mitglieder des vermeintlichen Stiftungsrats fassen jedoch weiterhin Beschlüsse, welche in der Folge als Weisungen gegenüber dem Treuhänder gewertet werden können.

e. *Umfang des Personalstatuts*

Ist das Personalstatut einer juristischen Person einmal bestimmt, muss sein Umfang definiert werden. Dieser wird durch Subsumtion unter die entsprechende Kollisionsnorm ermittelt. Der Umfang des Personalstatuts ist daher eine Frage der Qualifikation und somit nach der *lex fori* zu beantworten. Nach der deutschen Vorstellung umfasst das Personalstatut grundsätzlich alle spezifisch durch das Recht dieser juristischen Person geregelten Rechtsverhältnisse, regelt also, „unter welchen Voraussetzungen die juristische Person entsteht, lebt und vergeht".[1786] Bezogen auf eine Gesellschaft bedeutet dies, dass Außen- und Innenverhältnisse der Korporation abschließend geregelt sind.[1787] Werden die gesellschaftsrechtlichen Grundsätze zur internationalen Anknüpfung entsprechend auf Stiftungen angewandt, unterfallen die Errichtung, die Subjektfähigkeit, die Organisation sowie die Beendigung und Liquidation der Stiftung folglich dem Personalstatut.[1788]

Im Hinblick auf das Ziel dieser Arbeit, die Auswirkungen des Einflusses des Stifters und Dritter auf die Stiftung sowie der Teilhabe am Vermögen der Stiftung

1786 BGH, Urt. v. 11.7.1957 – II ZR 318/55, NJW 1957, 1433, 1434.

1787 *Kindler* in MüKo-BGB, IntGesR, Rn. 524.

1788 Vgl. *Hüttemann/Rawert* in Staudinger-BGB, Vor §§ 80–88, Rn. 419; *Weitemeyer* in MüKo-BGB, § 80, Rn. 312; *Hoffmann* in Int. Handb. StiftR, § 10, Rn. 2 ff.; *Kronke* in Stiftungen in Deutschland und Europa, Stiftung im IPR und IZVR, S. 373 ff.; *Spickhoff* in FS Werner, Internat. Privatrecht, S. 251; *Naumann zu Grünberg* in ZEV 2012, 569, 574.

zu untersuchen, könnte vor allem von Bedeutung sein, ob damit auch die Vermögensausstattung und nachträgliche Vermögensausstattungen vom Personalstatut umfasst sind. Dies könnte grundsätzlich aufgrund des unentgeltlichen Charakters der beiden Geschäfte zweifelhaft sein und sie in den Anwendungsbereich des Schenkungsstatuts rücken.

Ginge man von einer Schenkung aus, wäre – vorbehaltlich einer Rechtswahl – gemäß Art. 4 Abs. 2 Rom I-VO, das Recht des Staates anwendbar, „in dem die Partei, welche die für den Vertrag charakteristische Leistung zu erbringen hat, ihren gewöhnlichen Aufenthalt hat". Bei einer Schenkung ist die Zuwendung des Schenkers die charakteristische Leistung,[1789] sodass bei einer Zuwendung eines deutschen Stifters deutsches Recht anzuwenden wäre. Gegen eine Anwendung des Schenkungsstatuts spricht jedoch, dass jedenfalls die Vermögensausstattung als eine von zwei wesentlichen Komponenten des Stiftungsgeschäfts aufgrund ihrer Bedeutung für die Stiftungserrichtung und des zwingenden Funktionszusammenhangs dem Stiftungsstatut unterfallen muss.[1790]

Daran schließt die Folgefrage an, ob auch nachträgliche Zuwendungen[1791] noch vom Stiftungsstatut umfasst sind.[1792] Dabei ließe sich auch für Zwecke des IPR grundsätzlich zwischen Zustiftungen, also solchen Zuwendungen, die dem Stammvermögen der Stiftung zufließen sollen, und sonstigen Vermögenszuwendungen unterscheiden. Hinsichtlich sonstiger Zuwendungen, beispielsweise Spenden, fehlt es an einem besonderen organisationsrechtlichen Bezug zur Stiftungssatzung. Sie unterfallen daher nicht dem Stiftungsstatut.[1793] Zustiftungen weisen hingegen aufgrund der Vergrößerung des Stiftungsvermögens einen konkreteren Bezug zu der Stiftungsorganisation auf. Teilweise wird daher vertreten, dass Zustiftungen auch dem Stiftungsstatut unterfallen.[1794] Jedenfalls ist insofern die Annahme einer Zustiftung als Grundlagengeschäft der Stiftung[1795] eine

1789 *Martiny* in MüKo-BGB, Art. 4 Rom I-VO, Rn. 214.

1790 *Geisler*, Selbständige Stiftung, S. 84 ff.; *Naumann zu Grünberg* in ZEV 2012, 569, 574.

1791 Zu den Einzelheiten siehe oben S. 198 f.

1792 Dazu *Spickhoff* in FS Werner, Internat. Privatrecht, S. 252 f. der jedoch überprüft, ob die Zuwendungen dem Vertragsstatut unterfallen und nur aufgrund der Ausweichklausel des Art. 4 Abs. 3 Rom I-VO durch die besondere Nähe zur Stiftung ausnahmsweise dem gleichen Recht wie die Stiftung unterliegen. Tatsächlich den Umfang des Stiftungsstatuts überprüfend, *Naumann zu Grünberg* in ZEV 2012, 569, 574.

1793 Vgl. *Spickhoff* in FS Werner, Internat. Privatrecht, S. 252 f.

1794 *Naumann zu Grünberg* in ZEV 2012, 569, 574.

1795 *Weitemeyer* in MüKo-BGB, § 80, Rn. 258 m.w.N.

Frage des Innenverhältnisses und somit ohnehin vom Stiftungsstatut umfasst. Das Schenkungsstatut wäre allein auf das im Außenverhältnis der Stiftung mit dem Zustifter begründete Rechtsverhältnis anwendbar. Betrachtet man die Zustiftung genauer, kann festgestellt werden, dass diese Vermögenszuwendung gerade keine echten organisationsrechtlichen Konsequenzen nach sich zieht. Insbesondere erlangt der Zustifter durch die Zustiftung keine nachträgliche Stifterstellung,[1796] oder andere rechtliche Einflussmöglichkeiten auf die Stiftung. Wie *Spickhoff* feststellt, unterscheidet sich die Zustiftung daher im Wesentlichen nur insoweit von den sonstigen Zuwendungen an die Stiftung, als dass letztere regelmäßig einer konkreten Zweckbindung unterliegen.[1797] Aufgrund des fehlenden organisationsrechtlichen Bezugs sind daher auch Zustiftungen nicht vom Stiftungsstatut umfasst.[1798]

Da dies nur gilt, soweit es sich tatsächlich um eine Zustiftung handelt, kommt der Abgrenzung zwischen Vermögensausstattung und Zustiftung eine besondere Bedeutung zu. Im Einzelfall muss genau überprüft werden, ob es sich um eine Zustiftung oder eine zeitlich gestreckte ursprüngliche Vermögensausstattung handelt. Nur begrenzt relevant ist hingegen die Abgrenzung zu einer unselbstständigen Stiftung. Denn soweit diese dem Schuldrecht zugeordnet wird,[1799] finden ohnehin die entsprechenden Regeln des Internationalen Schuldvertragsrechts Anwendung und es wird nicht an das Stiftungsstatut angeknüpft.[1800]

Soweit es sich bei nachträglichen Rechtsgeschäften um Rechtsverhältnisse handelt, deren Anknüpfung sich nach dem Internationalen Schuldrecht richtet, steht den Parteien jedoch die Rechtswahl offen, Art. 3 Abs. 1 Rom I-VO. Grundsätzlich könnte im Rahmen von nachträglichen Vermögenszuwendungen über eine konkludente Rechtswahl zugunsten des Rechts des Stiftungsstatuts nachgedacht werden.[1801] Eine Rechtswahl muss gemäß Art. 3 Abs. 1 S. 2 Rom I-VO „ausdrücklich erfolgen oder sich eindeutig aus den Bestimmungen des Vertrags oder aus den Umständen des Falles ergeben". An dem dafür erforderlichen „aktuellen Erklärungsbewusstsein" wird es letztlich jedenfalls bei Zuwendungen

1796 *Jakob*, Schutz der Stiftung, S. 153.

1797 *Spickhoff* in FS Werner, Internat. Privatrecht, S. 252 f.

1798 Vgl. *Spickhoff* in FS Werner, Internat. Privatrecht, S. 252 f.; a.A. *Naumann zu Grünberg* in ZEV 2012, 569, 574.

1799 *Weitemeyer* in MüKo-BGB, § 80, Rn. 1.

1800 *Spickhoff* in FS Werner, Internat. Privatrecht, S. 250 f.

1801 *Spickhoff* in FS Werner, Internat. Privatrecht, S. 253.

Dritter häufig fehlen.[1802] Ist der Zuwendende jedoch der ursprüngliche Stifter, kann über die – zumindest aus Parteiperspektive – bestehende enge Verknüpfung zwischen Stiftungsgeschäft und nachträglicher Zuwendung ein Erklärungsbewusstsein angenommen werden.[1803]

2. Liechtenstein

a. Bestimmung des Personalstatuts

Die Frage des Personalstatuts einer Stiftung fällt im liechtensteinischen Recht vergleichsweise leicht, denn dieses ist in Bezug auf das Personalstatut von juristischen Personen besonders liberal. Gemäß Art. 232 Abs. 1 PGR ist entweder das Recht anwendbar, das in den Statuten für anwendbar erklärt wird, oder das Recht des Staates, in dem Publizitäts- oder Registriervorschriften erfüllt werden, oder das Recht, nach dem sich die juristische Person organisiert hat. Liechtenstein folgt damit der Gründungstheorie. Subsidiär ist nach Art. 232 Abs. 2 PGR die Sitztheorie anwendbar.[1804] Da liechtensteinische Stiftungen regelmäßig ihren Sitz in Liechtenstein haben, ist auf eine nach liechtensteinischem Recht errichtete Stiftung daher liechtensteinisches Recht anzuwenden.

Für den unwahrscheinlichen Fall, in dem eine deutsche Stiftung nach Liechtenstein zieht, blieben bei Anwendung der Gründungstheorie wesentliche Fragen offen.[1805] Ohnehin ist aber fraglich, ob die Stiftung tatsächlich nach Liechtenstein ziehen könnte. Denn der Wegzug stellt aus deutscher Perspektive einen Auflösungstatbestand dar.[1806] Auf diesen in der Praxis kaum relevanten Fall ist daher nicht weiter einzugehen.

1802 *Spickhoff* in FS Werner, Internat. Privatrecht, S. 253 zum konkreten Fall. Allgemein zur konkludenten Rechtswahl je m.w.N., *Spickhoff* in BeckOK-BGB, Art. 3 Rom I-VO, Rn. 22; *Thorn* in Grüneberg, Art. 3 Rom I-VO, Rn. 8.

1803 Vgl. zur konkludenten Erklärung bei enger Verbindung zwischen zwei Verträgen BGH, Urt. v. 7.12.2000 – VII ZR 404/99, NJW 2001, 1936, juris Rn. 24; *Thorn* in Grüneberg, Art. 3 Rom I-VO, Rn. 7.

1804 „Liechtenstein folgt im Bereich des Internationalen Privat- und Gesellschaftsrechts grundsätzlich der Gründungstheorie und nur ersatzweise der Sitztheorie (Art. 232 Abs. 1 und 2 PGR)" BuA Nr. 30/2007, S. 27; vgl. auch *Gasser* in Gasser/StiftR, Vor Art. 552 § 1, Rn. 1.

1805 Zum deutschen Recht, aber mit struktureller Aussagekraft *Weitemeyer* in MüKo-BGB, § 80, Rn. 314 ff.

1806 *Weitemeyer* in MüKo-BGB, § 80, Rn. 314.

b. Umfang des Personalstatuts

Das Personalstatut der Stiftung umfasst auch in Liechtenstein grundsätzlich sowohl den organisationsrechtlichen Akt der Stiftungserrichtung als auch den vermögensrechtlichen Akt.[1807] Gegen eine Anwendung des Schenkungsstatuts auf die Vermögensausstattung spricht auch in Liechtenstein, dass sie eine von zwei wesentlichen Komponenten des Stiftungsgeschäfts darstellt und wegen der Mindestkapitalaufbringung als „essentialia negotii der Stiftungserrichtung" in konkreter Höhe erforderlich ist.[1808]

Ferner stellt sich auch hier die Frage, ob nachträgliche Zuwendungen, also Nachstiftungen und Zustiftungen,[1809] dem Stiftungsstatut oder dem Schenkungsstatut unterfallen. Scheinbar unstrittig ist dabei die Einordnung von Zustiftungen, also Vermögenszuwendungen durch Dritte, als nicht vom Personalstatut der Stiftung umfasst und damit auch im IPR wie eine Schenkung zu behandeln.[1810] Weniger einheitlich ist die Meinung in Bezug auf Nachstiftungen, also nachträgliche Zuwendungen durch den Stifter. Dabei kommt dieser Frage gerade in Liechtenstein besondere Bedeutung zu, da die Stiftung regelmäßig nur mit dem Mindestkapital errichtet wird und die wesentlichen Vermögenswerte erst im Wege von Nachstiftungen übertragen werden. *Heiss* lehnt dabei eine Subsumtion der Nachstiftung unter das Stiftungsstatut ab, da es sich nicht um organisationsrechtliche Geschäfte handele.[1811] *Lorenz*[1812] und *Gasser*[1813] gehen hingegen davon aus, dass Nachstiftungen aufgrund der Nähe zum Stiftungsgeschäft auch dem Stiftungsstatut unterfallen sollen. Wenngleich aufgrund des fehlenden Bezugs grundsätzlich eine Anwendung des Schenkungsstatuts sachgerechter scheint, geht der Gesetzgeber in der Gesetzesbegründung explizit von der Subsumtion der Nachstiftung unter das Stiftungsstatut aus.[1814] Aus

1807 *Gasser* in Gasser/StiftR, Art. 552 § 13, Rn. 3; *Heiss* in Liechtensteinisches Stiftungsrecht, Art. 552 § 38, Rn. 54.

1808 *Gasser* in Gasser/StiftR, Art. 552 § 13, Rn. 3; *Heiss* in Liechtensteinisches Stiftungsrecht, Art. 552 § 38, Rn. 54 f.

1809 Zu den Begriffen ausführlich oben S. 225 f.

1810 *Heiss* in Liechtensteinisches Stiftungsrecht, Art. 552 § 38, Rn. 56.

1811 *Heiss* in Liechtensteinisches Stiftungsrecht, Art. 552 § 38, Rn. 56.

1812 *Lorenz* in Liechtensteinisches Stiftungsrecht, Art. 552 § 13, Rn. 3.

1813 *Gasser* in Gasser/StiftR, Art. 552 § 13, Rn. 3. Entgegen des Zitats von *Gasser* vertritt *Heiss* diese Ansicht nicht, *Heiss* in Liechtensteinisches Stiftungsrecht, Art. 552 § 38, Rn. 56.

1814 BuA Nr. 13/2008, S. 140 f.; *Gasser* in Gasser/StiftR, Art. 552 § 13, Rn. 3; *Lorenz* in Liechtensteinisches Stiftungsrecht, Art. 552 § 13, Rn. 3.

liechtensteinischer Sicht ist daher eine umfassende Wirkung des Stiftungsstatuts anzunehmen.

Auch wenn man von der Anwendung des Schenkungsstatuts ausginge, könnten die Parteien jedenfalls von der Möglichkeit zur Rechtswahl Gebrauch machen. Dabei liegt es zumindest bei Nachstiftungen aufgrund der engen Verbundenheit zwischen Ausstattung und Nachstiftung nahe, dass die Parteien konkludent liechtensteinisches Recht gewählt haben, § 39 Abs. 1 IPRG.[1815] Im Gegensatz zu Art. 3 Abs. 1 S. 2 Rom I-VO genügt es dem Wortlaut nach, wenn sich die Rechtswahl aus den Umständen ergibt, eine Eindeutigkeit ist nicht erforderlich. Die Hemmschwelle ist im Vergleich also etwas niedriger und eine konkludente Rechtswahl leichter anzunehmen.

3. *Fazit*

Beide Rechtsordnungen wählen in Bezug auf das Stiftungsstatut unterschiedliche Herangehensweisen. Während das deutsche Recht der Sitztheorie folgt, wendet das liechtensteinische Recht die Gründungstheorie an. Für die hier behandelte Fallgruppe liechtensteinische Stiftungen wirft diese Unterscheidung jedoch kaum Probleme auf. Denn es ist davon auszugehen, dass die allermeisten liechtensteinischen Stiftungen nach liechtensteinischem Recht gegründet worden sind und auch ihren Sitz dort haben. Das Personalstatut der Stiftung richtet sich daher fast immer nach liechtensteinischem Recht.

Das Personalstatut umfasst in beiden Rechtsordnungen grundsätzlich sowohl den Organisationsakt als auch die Vermögenszuwendung. Weniger eindeutig ist hingegen die Einordnung von nachträglichen Zuwendungen. In Deutschland werden sämtliche nachträgliche Zuwendungen nicht unter das Stiftungsstatut, sondern das Schenkungsstatut subsumiert. In Liechtenstein sind Nachstiftungen hingegen aufgrund eines eindeutigen Willens des Gesetzgebers vom Stiftungsstatut umfasst. Zustiftungen unterfallen hingegen nach allen Ansichten dem Schenkungsstatut.

Soweit Zuwendungen dem Schenkungsstatut unterfallen, handelt es sich in beiden Rechtsordnungen um vertragliche Beziehungen, die der Rechtswahl

---

1815 *Lorenz* in Liechtensteinisches Stiftungsrecht, Art. 552 § 13, Rn. 3; dem folgend *Gasser* in Gasser/StiftR, Art. 552 § 13, Rn. 3. Entgegen *Lorenz*, der auf *Schwimann*, Internationales Privatrecht, S. 117 ff. abstellt, kann das österreichische Recht zur vermuteten Rechtswahl nicht mehr uneingeschränkt als Vergleichsmaßstab dienen, da dort mittlerweile – wie in Deutschland – die hohen Anforderungen des Art. 3 Abs. 1 S. 2 Rom I-VO gelten.

zugänglich sind. Dabei ist jeweils auch eine konkludente Rechtswahl möglich, wobei die Anforderungen in Deutschland aufgrund des Eindeutigkeitserfordernisses nach Art. 3 Abs. 1 S. 2 Rom I-VO höher sind. Da liechtensteinische Stiftungen jedoch – insbesondere in Hinblick auf die zwingende Beteiligung eines Treuhänders[1816] – kaum ohne die Inanspruchnahme professioneller Hilfe errichtet werden, dürfte im Regelfall ohnehin eine explizite Regelung bestehen.

Im Ergebnis bedeutet dies, dass im Normalfall auf sämtliche Zuwendungen an liechtensteinische Stiftungen auch liechtensteinisches Recht anwendbar ist. Dies bedeutet jedoch nicht, dass Ansprüche, die auf anderen Rechtsgrundlagen beruhen, etwa Pflichtteilsansprüche, ebenfalls nach liechtensteinischem Recht zu bewerten sind.

II. Ansprüche der Destinatäre

In Bezug auf Ansprüche der Destinatäre gegen die Stiftung wird lediglich die Konstellation überprüft, in der deutsche Destinatäre Ansprüche gegen eine liechtensteinische Stiftung auf Destinatärsleistungen oder Auskunftsrechte geltend machen.

1. Deutschland

a. Anwendbares Recht

Für die Frage nach dem anwendbaren Recht kommt es darauf an, ob es sich bei den Leistungen um solche aus der Stiftungssatzung oder aus einem schuldrechtlichen Vertrag handelt.[1817] Im ersten Fall wäre unstrittig das für die Stiftungssatzung maßgebliche Recht anwendbar.[1818] Handelt es sich hingegen um schuldrechtliche Leistungen, richtet sich das anwendbare Recht nach dem Vertragsstatut, das aus deutscher Perspektive nach den Vorschriften der Rom I-VO zu bestimmen ist.[1819]

1816 Zum Errichtungsprozess siehe ausführlich oben, S. 203 ff.

1817 Grundsätzlich eine Leistung aufgrund des Stiftungsstatuts befürwortend, BGH, Urt. v. 7.10.2009 – Xa ZR 8/08, ZIP 2009, 2393, juris Rn. 12 ff.; *Weitemeyer* in MüKo-BGB, § 85, Rn. 43 m.w.N. Die Gegenansicht von *Settels*, Destinatsleistungen, S. 91 ff. und ihr folgend *Hüttemann/Rawert* in Staudinger-BGB, § 85, Rn. 43 f. will zwar Schenkungsrecht (analog) anwenden, hält aber nicht alle Schenkungsvorschriften für anwendbar und qualifiziert im Ergebnis nur einige Leistungen der Stiftung als Schenkung.

1818 BGH, Urt. v. 8.9.2016 – III ZR 7/15, ZIP 2016, 2060, juris Rn. 14; *Hüttemann/Rawert* in Staudinger-BGB, Vor §§ 80–88, Rn. 419; *Weitemeyer* in MüKo-BGB, § 80, Rn. 312.

1819 *Geisler*, Selbständige Stiftung, S. 249 ff.

Dabei lässt sich grundsätzlich zwischen bereits in der Satzung bestimmten Leistungen und durch die Stiftungsorgane zugesprochenen Leistungen trennen. Sind die Leistungen bereits in der Satzung konkretisiert, handelt es sich jedenfalls nicht um vertragliche Leistungen.[1820] Daher ist für die Ansprüche der Destinatäre parallel zu mitgliedschaftlichen Ansprüchen aus dem Gesellschaftsrecht das Stiftungsstatut maßgeblich.[1821] Umstrittener ist grundsätzlich die Qualifikation von Ansprüchen, die erst aufgrund einer Ermessensausübung der Stiftungsorgane begründet wird. Der BGH trennt an dieser Stelle zwischen einseitig durch die Stiftungsorgane zugesprochenen Leistungen und vertraglich begründeten Leistungen.[1822] Bleibt man bei dem durch den BGH aufgestellten Grundsatz, dass „das Rechtsverhältnis zwischen Stiftung und (potenziellem) Destinatär dem Personalstatut der Stiftung zuzuordnen" ist,[1823] dann müssen sich auch die einseitig zuerkannten Leistungen rein nach dem Stiftungsstatut richten. Dies kann auf Ebene des IPR auch unabhängig davon gelten, ob gegebenenfalls das Schenkungsrecht analog auf diese Ansprüche anzuwenden wäre, denn es liegt kein eigenständiger Vertrag vor.[1824] Soweit sich Leistungen aus der Stiftungssatzung ergeben, ist damit regelmäßig liechtensteinisches Recht anzuwenden.

Damit verbleiben vertraglich von der Stiftung mit dem Destinatär vereinbarte Stiftungsleistungen.[1825] Im Gegensatz zu gemeinnützigen Stiftungen, bei denen es regelmäßig vorkommen kann, dass Stiftungsleistungen vertraglich vereinbart werden, um die Leistung an bestimmte Auflagen zu knüpfen, dürfte bei privatnützigen und insbesondere bei vorbehaltlos leistenden Stiftungen die einseitige Zuerkennung von Leistungen der Regelfall sein. Gleichwohl sind Fälle der vertraglich vereinbarten Leistung vorstellbar, da auch im Rahmen vorbehaltloser Unterhaltsstiftungen ausnahmsweise die Leistung an bestimmte Voraussetzungen, etwa eine Unternehmensgründung, gekoppelt werden kann. Der BGH hat zwar klargestellt, dass es sich bei diesen Verträgen – auch wenn die Leistung unentgeltlich erfolgt – nicht um Schenkungen handelt, gleichzeitig jedoch einen

---

1820 BGH, Urt. v. 8.9.2016 – III ZR 7/15, ZIP 2016, 2060, juris Rn. 14; besonders deutlich BGH, Urt. v. 7.10.2009 – Xa ZR 8/08, ZIP 2009, 2393, juris Rn. 12; BGH, Urt. v. 16.1.1957 – IV ZR 221/56, NJW 1957, 708, 708; vgl. auch *Hüttemann/Rawert* in Staudinger-BGB, § 85, Rn. 43; *Geisler*, Selbständige Stiftung, S. 249 ff.

1821 BGH, Urt. v. 8.9.2016 – III ZR 7/15, ZIP 2016, 2060, juris Rn. 14.

1822 BGH, Urt. v. 7.10.2009 – Xa ZR 8/08, ZIP 2009, 2393, juris Rn. 12 ff.

1823 BGH, Urt. v. 8.9.2016 – III ZR 7/15, ZIP 2016, 2060, juris Rn. 14.

1824 So *Hüttemann/Rawert* in Staudinger-BGB, § 85, Rn. 43; *Settels*, Destinatsleistungen, S. 91 ff.

1825 Ausführlich zu diesen Leistungen *Weitemeyer* in MüKo-BGB, § 85, Rn. 42 ff.

eigenständigen Vertrag angenommen.[1826] Auch wenn der BGH den Rechtsgrund dieses Vertrages weiterhin im Stiftungszweck sieht,[1827] handelt es sich für die Bestimmung des anwendbaren Rechts damit grundsätzlich um ein separates Vertragsverhältnis. Denn im Gegensatz zu der einseitigen Zuerkennung des Anspruchs durch die Stiftungsorgane besteht in diesem Fall eine vertragliche Abrede. Ob diese nun eine Schenkung,[1828] ein Rechtsgeschäft sui generis[1829] oder ein anderes Rechtsgeschäft darstellt, ist für die Einordnung im IPR unerheblich, da es sich jedenfalls um ein eigenes Vertragsverhältnis handelt.[1830] Dies ist nur dann einzuschränken, wenn sich die Abrede allein auf die Auszahlungsmodalitäten beschränkt, da es sich dann um eine Ausgestaltung des durch die Satzung begründeten Leistungsanspruchs und keinen eigenen vertraglichen Leistungsanspruch handelt.

Entsprechend wäre das anwendbare Recht nach der Rom I-VO zu bestimmen. Dieses Ergebnis lässt sich auch mit der Rechtsprechung zur parallelen Behandlung von Ansprüchen der Destinatäre und gesellschaftsrechtlichen Ansprüchen im IPR[1831] vereinbaren. Denn im Gegensatz zu den satzungsmäßigen Ansprüchen ähneln vertraglich vereinbarte nicht den Sozialansprüchen der Gesellschafter, sondern eigenständigen Vertragsverhältnissen zwischen Gesellschaft und Gesellschafter, die sich nicht nach der Satzung der Gesellschaft richten. Das Argument *Geislers*, dass eine Unterwerfung sämtlicher Ansprüche gegen die Stiftung unter das Stiftungsstatut notwendig sei, um eine „Statutenspaltung“ zu verhindern,[1832] kann im Hinblick auf diesen Vergleich gerade nicht tragen. Zwar ist ihr zuzustimmen, dass die Leistung der Stiftung durch den Stiftungszweck motiviert und gegebenenfalls auch geboten ist,[1833] allerdings bedeutet dies nicht, dass es sich nicht um ein separates Rechtsverhältnis handeln kann. So würde zum Beispiel auch die zwingend notwendige Anmietung eines Gebäudes durch eine Stiftung, die ein Museum betreiben soll, auch als

1826 BGH, Urt. v. 7.10.2009 – Xa ZR 8/08, ZIP 2009, 2393, juris Rn. 13 ff.

1827 BGH, Urt. v. 7.10.2009 – Xa ZR 8/08, ZIP 2009, 2393, juris Rn. 12 ff.

1828 *Settels*, Destinatsleistungen, S. 91 ff.

1829 *Weitemeyer* in MüKo-BGB, § 85, Rn. 41 f.; *Geisler*, Selbständige Stiftung, S. 249 ff.

1830 BGH, Urt. v. 7.10.2009 – Xa ZR 8/08, ZIP 2009, 2393, juris Rn. 13 ff.; entschieden a.A. *Geisler*, Selbständige Stiftung, S. 249 ff.; wie hier ebenfalls ein separates Rechtsgeschäft im Rahmen der Vereinbarung einer Schiedsklausel annehmend *Stumpf* in SchiedsVZ, 266, 268 dazu ausführlich im nächsten Abschnitt.

1831 BGH, Urt. v. 8.9.2016 – III ZR 7/15, ZIP 2016, 2060, juris Rn. 14.

1832 *Geisler*, Selbständige Stiftung, S. 251.

1833 *Geisler*, Selbständige Stiftung, S. 250 f.

eigenständiges Rechtsgeschäft und nicht als von der Stiftungssatzung umfasst gewertet werden. Zudem ist – wie sogleich gezeigt wird – auch auf vertragliche Leistungsansprüche gegen die Stiftung aus deutscher Perspektive regelmäßig das am Sitz der Stiftung geltende Recht anwendbar. Daher kommt der Trennung zwischen Stiftungsstatut und eigenem Vertrag nur im Falle einer Rechtswahl oder einer Gerichtsstands- oder Schiedsklausel eine eigene Bedeutung zu. Bei einer getrennten Betrachtung könnten die Parteien das jeweils am besten geeignete Recht oder Verfahren wählen. Dies ist eine adäquatere Lösung, als der Stiftungssatzung eine erweiterte Bindungswirkung in Bezug auf sämtliche Stiftungsleistungen zuzusprechen.

Werden Verträge über Stiftungsleistungen separat betrachtet, bestimmt sich das anzuwendende Recht nach Art. 4 Rom I-VO. Dies gilt nur dann, wenn die Parteien keine – unproblematisch mögliche – Rechtswahl nach Art. 3 Rom I-VO getroffen haben. Die regelmäßig unentgeltliche Leistung der Stiftung an die Destinatäre stellt keinen der in Abs. 1 aufgeführten Fälle dar. Entsprechend ist das anwendbare Recht nach Abs. 2 zu bestimmen. Danach kommt das Recht des Staates zur Anwendung, „in dem die Partei, welche die für den Vertrag charakteristische Leistung zu erbringen hat, ihren gewöhnlichen Aufenthalt hat". In diesem Rahmen ist unstrittig, dass bei einseitig verpflichtenden Schuldverträgen die charakteristische Leistung notwendigerweise von der verpflichteten Partei erbracht wird.[1834] Bei Verträgen über Stiftungsleistungen dürfte es sich jedoch nur selten um allein einseitig verpflichtende Schuldverträge handeln. Denn wenn die Destinatäre die Leistung ohne besondere Auflagen erhalten sollen, würde auch eine einseitige Zuerkennung der Leistung durch die Stiftungsorgane genügen.

Stattdessen führt die Auflage grundsätzlich zu einer gewissen Gegenseitigkeit. Die Auflage wird als Nebenabrede allerdings gerade nicht als Gegenleistung für die Stiftungsleistungen erbracht. Daher handelt es sich um sogenannte unvollkommene zweiseitige Verträge, bei denen die charakteristische Leistung ebenfalls bei demjenigen verortet wird, der die Hauptleistung erbringt.[1835] Entsprechend wird auch in diesem Fall die charakteristische Leistung von der Stiftung erbracht. Gleiches gilt, wenn man mit der nicht unumstrittenen h.M. die

---

1834 *Ferrari* in Ferrari-Internationales Vertragsrecht, Art. 4 Rom I-VO, Rn. 63; *Magnus* in Staudinger, Art. 4 Rom I-VO, Rn. 117; *Thorn* in Rauscher-EuZPR/EuIPR, Art. 4 Rom I-VO, Rn. 79.

1835 *Ferrari* in Ferrari-Internationales Vertragsrecht, Art. 4 Rom I-VO, Rn. 63; *Thorn* in Rauscher-EuZPR/EuIPR, Art. 4 Rom I-VO, Rn. 79.

charakteristische Leistung bei sämtlichen unentgeltlichen Verträgen bei der Partei verortet, welche die Hauptleistung erbringt.[1836]

Im Ergebnis ist das auf Leistungsansprüche gegen eine liechtensteinische Stiftung anwendbare Recht damit regelmäßig liechtensteinisches Recht – unabhängig davon, ob es sich um einen Anspruch aus der Stiftungssatzung oder aus einem eigenen Vertrag handelt. Dies gilt nur dann nicht, wenn in der Satzung oder dem Vertrag ein anderes Recht gewählt wurde.

b. Gerichtsstand und Schiedsgerichtsbarkeit

Wie bereits eingangs dargelegt, richtet sich der Gerichtsstand im Verhältnis zu Liechtenstein nicht nach der Brüssel Ia-VO, sondern nach nationalem Recht. In Deutschland könnte daher nach § 29 Abs. 1 ZPO das „Gericht des Ortes zuständig [sein], an dem die streitige Verpflichtung zu erfüllen ist". Die Vorschrift fordert darüber hinaus, dass es sich bei der Leistung der Stiftung an die Destinatäre um eine Streitigkeit aus einem Schuldverhältnis handelt. Wie im letzten Abschnitt dargestellt, ist jedoch umstritten, ob und wann die Leistungen durch einen Vertrag begründet werden. Dieser Streit muss an dieser Stelle jedoch nicht aufgearbeitet werden. Zwar knüpft § 29 Abs. 1 ZPO im Gegensatz zu Art. 4 Abs. 2 Rom I-VO nicht an die Partei an, welche die charakteristische Leistung erbringt, sondern an den Erfüllungsort der Leistung, das Ergebnis bleibt jedoch gleich. Der eigentlich von § 29 ZPO gemeinte Leistungsort[1837] liegt bei unentgeltlichen Geschäften regelmäßig aufgrund der Natur des Rechtsverhältnisses beim Schuldner[1838] oder wird dort jedenfalls nach der Zweifelsregel des § 269 Abs. 1 BGB verortet. Der Leistungsort liegt somit bei unentgeltlichen Leistungen der Stiftung in Liechtenstein. § 29 ZPO begründet damit regelmäßig keinen Gerichtsstand in Deutschland.

Es verbleibt die Anwendung von § 23 ZPO. Danach ist „für Klagen wegen vermögensrechtlicher Ansprüche gegen eine Person, die im Inland keinen Wohnsitz hat, [...] das Gericht zuständig, in dessen Bezirk sich Vermögen derselben oder der mit der Klage in Anspruch genommene Gegenstand befindet". Für die Bewertung der Zuständigkeit eines deutschen Gerichts kommt es somit auf den Einzelfall an.

1836 *Magnus* in Staudinger, Art. 4 Rom I-VO, Rn. 116; *Thorn* in Rauscher-EuZPR/EuIPR, Art. 4 Rom I-VO, Rn. 79; a.A. *Ferrari* in Ferrari-Internationales Vertragsrecht, Art. 4 Rom I-VO, Rn. 63.

1837 *Toussaint* in BeckOK-ZPO, § 29, Rn. 31 m.w.N.

1838 *Krüger* in MüKo-BGB, § 269, Rn. 39.

Es ist grundsätzlich vorstellbar, dass das gestiftete Vermögen sich in einem Geldbetrag erschöpft und dieser nicht in Deutschland investiert wurde, sodass die liechtensteinische Stiftung in Deutschland kein Vermögen besitzt und deutsche Gerichte nicht für einfache Leistungsansprüche zuständig sind. Gleiches gilt in anderen Konstellationen, in denen die Stiftung kein aus deutscher Perspektive inländisches Vermögen besitzt, weil etwa die Anteile an einer ausländischen Holdinggesellschaft gestiftet wurden.

In vielen Fällen dürfte die Stiftung bei einem deutschen Stifter jedoch mit deutschem Vermögen ausgestattet worden sein. Für diese Voraussetzung genügt es, wenn der Sache oder dem Recht ein Vermögenswert zukommt.[1839] In Betracht kommen somit vor allem Immobilien, Anteile an einer deutschen Gesellschaft oder Bankguthaben. Soweit es sich bei dem anspruchstellenden Destinatär um einen Inländer handelt, ist ein hinreichender Inlandsbezug gegeben,[1840] sodass der Anspruch bei einem deutschen Gericht geltend gemacht werden kann.

In beiden Fällen kann jedoch durch eine Gerichtsstandsvereinbarung im Sinne von § 38 ZPO ein ausschließlicher oder alternativer Gerichtsstand gewählt, oder die Klage durch Schiedsvereinbarung im Sinne der §§ 1029 ff. ZPO dem ordentlichen Gerichtsweg entzogen werden.

Wenn es für die Wirksamkeit der Gerichtsstandsvereinbarung auf die Vorschriften des IPR ankommt, gilt, dass sämtliche statuarischen und regelmäßig auch vertragliche Leistungsansprüche der Destinatäre gegen die Stiftung nach dem Recht des Staates zu beurteilen sind, in dem die Stiftung ihren Sitz hat.[1841] Bei einer liechtensteinischen Stiftung mit Sitz in Liechtenstein ist die Zulässigkeit einer Gerichtsstandsanordnung daher im Regelfall an liechtensteinischem Recht zu messen. Nach liechtensteinischem Recht können solche Anordnungen in der Stiftungssatzung einseitig und mit Bindungswirkung für die Begünstigten durch den Stifter festgeschrieben werden.[1842] Handelt es sich um einen vertraglichen Anspruch, kann der Gerichtsstand durch die Parteien vereinbart werden, § 38 Abs. 2 ZPO.

Abgesehen von dem ordentlichen Gerichtsweg können Streitigkeiten über die Ansprüche der Destinatäre gegen die Stiftung auch vor einem Schiedsgericht verhandelt werden. Schiedsfähig ist nach § 1030 Abs. 1 S. 1 ZPO „jeder

---

1839 *Patzina* in MüKo-ZPO, § 23, Rn. 16.

1840 Vgl. zu diesem ungeschriebenen Tatbestandsmerkmal, *Patzina* in MüKo-ZPO, § 23, Rn. 15.

1841 Dazu ausführlich oben S. 472 f.

1842 *Schumacher* in Wandel im Stiftungsrecht, Schiedsgerichtsbarkeit, S. 148 f. m.w.N.

vermögensrechtliche Anspruch". Konkrete Leistungsansprüche sind daher schiedsfähig. Aber auch Informationsansprüche, soweit man sie anerkennt, können der Schiedsgerichtsbarkeit unterfallen. Denn entweder werden sie als akzessorisch zu potenziellen Leistungsansprüchen bewertet und unterfallen daher § 1030 Abs. 1 S. 1 ZPO,[1843] oder sie stellen nicht vermögensrechtliche Ansprüche dar. In diesem Fall könnte über sie aber ein Vergleich geschlossen werden, sodass sie nach § 1030 Abs. 1 S. 2 ZPO schiedsfähig sind. Nach § 1029 Abs. 1 ZPO können die Parteien bei einer vertraglichen Stiftungsleistung die Schiedsgerichtsbarkeit vereinbaren. Gemäß § 1066 ZPO kann eine Schiedsanordnung bei einseitigen Rechtsgeschäften auch einseitig getroffen werden, sodass sie auch wirksam in einer Stiftungssatzung vorgenommen werden kann.[1844]

Eine Gerichtsstands- oder Schiedsvereinbarung in der Stiftungssatzung ist somit möglich und kann zu Abweichungen von den gesetzlichen Regelungen führen. Einseitige Anordnungen des Gerichtsstands[1845] oder der Schiedsgerichtsbarkeit[1846] wären überdies auch in Deutschland bei einem Anspruch aus der Stiftungssatzung möglich. Auch wenn ein Anspruch in der Satzung fehlt und die Leistung in das Ermessen der Stiftungsorgane gestellt ist, ließe sich die Zulässigkeit der einseitigen Festlegung in der Satzung – wie in Liechtenstein[1847] – parallel zu der einseitigen Anordnung bei Verträgen zugunsten Dritter[1848] begründen. Es kann daher nicht davon ausgegangen werden, dass das liechtensteinische Recht an dieser Stelle „mit wesentlichen Grundsätzen des deutschen Rechts offensichtlich unvereinbar ist", Art. 6 S. 1 EGBGB. Die Anordnung von Gerichtsstand oder Schiedsgerichtsbarkeit löst damit in Hinblick auf diese Vorschriften keinen deutschen *ordre public*-Vorbehalt nach Art. 6 EGBGB aus.[1849]

1843 *Münch* in MüKo-ZPO, § 1030, Rn. 13.

1844 Nur *Münch* in MüKo-ZPO, § 1066, Rn. 3 m.w.N.

1845 Vgl. zu satzungsmäßigen Gerichtsstandsbestimmungen *Patzina* in MüKo-ZPO, § 38, Rn. 34.

1846 *Stumpf* in SchiedsVZ, 266, 268.

1847 *Schumacher* in Wandel im Stiftungsrecht, Schiedsgerichtsbarkeit, S. 148 f. m.w.N.

1848 Zur Zulässigkeit von Gerichtsstandsvereinbarungen in Verträgen zugunsten Dritter *Patzina* in MüKo-ZPO, § 38, Rn. 40.

1849 Zu den Einzelheiten des *ordre public*-Vorbehalts noch im Detail unten, S. 506 ff.

2. *Liechtenstein*

a. *Anwendbares Recht*

Auch in Liechtenstein stellt sich die Frage, inwieweit Ansprüche der Destinatäre dem Stiftungsstatut unterfallen oder auf einer eigenen vertraglichen Grundlage beruhen. Soweit sie vom Stiftungsstatut umfasst sind, gilt – wie oben gezeigt – liechtensteinisches Recht. Im Falle einer eigenen vertraglichen Vereinbarung richtet sich die Beurteilung hingegen nach der Regelung des Art. 39 IPRG. Fehlt es an einer Rechtswahl, muss das anwendbare Recht nach den Art. 40 ff. IPRG bestimmt werden. Bei Leistungsansprüchen der Destinatäre wird es sich regelmäßig um einseitige Rechtsgeschäfte handeln. Daher ist gemäß Art. 41 IPRG das Recht des Staates anwendbar, in dem der Schuldner seinen gewöhnlichen Aufenthalt, bei einer juristischen Person also ihren Sitz, hat. Somit wäre auch bei einem vertraglichen Rechtsgeschäft im Grunde liechtensteinisches Recht anwendbar. Dies gilt selbst dann, wenn man bei einem Vertrag mit umfangreichen Auflagen von einer unvollkommenen Zweiseitigkeit und damit nicht von einem einseitigen Geschäft ausginge. Denn entweder könnte Art. 41 PGR analog angewandt werden, da es sich nicht um ein vollkommenes zweiseitiges Geschäft handelt und der Anwendungsbereich von Art. 40 IPRG nicht eröffnet ist. Alternativ könnte bei solchen Geschäften davon ausgegangen werden, dass es sich im Sinne von Art. 39 Abs. 1 PGR aus den Umständen ergibt, dass das Recht der Stiftung als Schuldnerin anwendbar ist.

Der im deutschen Recht ausgeführte Streit zwischen der Abgrenzung dieser beiden Varianten muss an dieser Stelle nicht noch einmal aufgerollt werden. Zwei Anmerkungen sind jedoch trotzdem erforderlich: Wie von *Nueber* und *Konzett* festgestellt, unterfallen sämtliche Ansprüche aus der Stiftungssatzung auch dem Stiftungsstatut. Dies gilt unabhängig davon, ob es sich um vermögensrechtliche Ansprüche oder um Informations- und Auskunftsansprüche handelt.[1850] Zudem regelt Art. 552 § 7 Abs. 2 PGR deutlich die Entstehung des Leistungsanspruchs eines Ermessensbegünstigten, welcher als einseitige Zuerkennung durch die Stiftungsorgane ebenfalls als Anspruch aus der Stiftungssatzung zählt. Dies bedeutet, dass die Gewährung einer Leistung an einen Ermessensbegünstigten nicht automatisch zu einem separaten Vertragsverhältnis führt.

1850 *Nueber/Konzett* in Hübner/Schauer-Vermögensplanung, Schiedsgerichtsbarkeit, S. 104.

Im Ergebnis ist daher – immer dann, wenn keine Rechtswahl getroffen wurde – auf sämtliche Ansprüche der Destinatäre gegen die Stiftung liechtensteinisches Recht anwendbar.

b. Gerichtsstand und Schiedsgerichtsbarkeit

In Liechtenstein richtet sich der Gerichtsstand nach den §§ 30 ff. JN. Gemäß § 30 JN ist das Landesgericht in Liechtenstein für alle Klagen zuständig, wenn der Beklagte seinen allgemeinen Gerichtsstand in Liechtenstein hat. Für juristische Personen, inklusive der Stiftung, richtet sich der allgemeine Gerichtsstand gemäß § 36 JN nach ihrem Sitz, der im Zweifel am Verwaltungssitz anzunehmen ist. Der Gerichtsstand einer liechtensteinischen Stiftung ist somit regelmäßig in Liechtenstein und das liechtensteinische Landgericht ist zuständig. Auch die Regelung der Art. 114 PGR, nach welcher sich der Gerichtsstand einer juristischen Person ebenfalls an ihrem Sitz befindet, kommt zu keinem anderen Ergebnis. Gleiches ergäbe sich zuletzt auch dann, wenn man annähme, die Stiftungsleistungen stellten Schenkungen dar. Denn auch wenn nach § 43 JN am Gerichtsstand des Erfüllungsorts geklagt würde, wäre dieser bei einem unentgeltlichen Geschäft der Gerichtsstand des Schuldners.

Der Gerichtsstand liegt damit regelmäßig in Liechtenstein. Eine Gerichtsstandvereinbarung mit dem Ziel, das liechtensteinische Landesgericht anzurufen, ist damit grundsätzlich nicht erforderlich. Zudem sind Gerichtsstandsvereinbarungen zwar prinzipiell nach § 53 JN möglich, sie können jedoch nicht dazu genutzt werden, einen ausschließlichen Gerichtsstand zu begründen, da der Gerichtsstand nach § 36 JN nur dann entfällt, wenn „in allgemein verbindlicher Weise" – also durch Gesetz oder Verordnung – etwas anderes festgelegt wurde.[1851] Es ist daher nicht möglich, dass der Gerichtsstand im Wege einer Vereinbarung allein in Deutschland liegt. Auch wenn man annähme, dass eine solche ausschließliche Gerichtsstandsvereinbarung zugunsten eines deutschen Gerichts möglich wäre, bliebe doch die eingeschränkte Durchsetzbarkeit als Problem bestehen.[1852] Allerdings sind nach den §§ 598 ff. FL-ZPO Schiedsvereinbarungen möglich und erlauben es, bestimmte Fragen exklusiv der Schiedsgerichtsbarkeit zu unterwerfen.[1853]

1851 *Motal*, Grundfragen, S. 346 f.

1852 *Frick* in LJ 2010, 106, 107.

1853 Vgl. für bestimmte Ansprüche *Gasser* in Gasser/StiftR, Art. 552 § 5 PGR, Rn. 20; zur objektiven Reichweite und damit der Reichweite der Exklusivität sogleich.

Obwohl Gerichtsstandsvereinbarungen aufgrund der fehlenden Ausschließbarkeit der liechtensteinischen Gerichte für die weitere Betrachtung ihre Relevanz grundsätzlich verloren haben, ist trotzdem auf die Voraussetzungen für eine wirksame Vereinbarung einzugehen. Denn diese Vereinbarungen, beziehungsweise Anordnungen, sind nicht nur für die Beurteilung der Wirksamkeit aus liechtensteinischer Perspektive bedeutsam, sondern auch aufgrund der Anknüpfung des IPR für die Beurteilung durch deutsche Gerichte. Auf die Voraussetzungen kommt es also dann an, wenn der Gerichtsstand ausschließlich in Liechtenstein verortet und ein etwaiger deutscher Gerichtsstand ausgeschlossen werden soll.

Grundsätzlich sind die Voraussetzungen an eine Gerichtsstandsvereinbarung nach § 53 JN gering: Im Gegensatz zur alten Rechtslage (§ 53a Abs. 1 JN a.F.[1854]) ist eine öffentliche Beurkundung der Vereinbarung nicht mehr erforderlich. Stattdessen genügt gemäß § 53 Abs. 1 JN ein urkundlicher Nachweis. Der Begriff des urkundlichen Nachweises ist jedoch sehr weit gefasst und es genügt eine klare und beweisbare Willenserklärung der Parteien. Eine besondere Schriftform oder digitale Signatur ist nicht erforderlich.[1855] Bei den in Frage stehenden Stiftungen ist der Gerichtsstand regelmäßig in der Stiftungssatzung angeordnet, welche in der nach Art. 552 § 14 Abs. 1 PGR notwendigen Schriftform die Formerfordernisse des § 53 Abs. 1 JN erfüllt. Überdies muss sich die Vereinbarung nach § 53 Abs. 2 JN „auf einen bestimmten Rechtsstreit oder auf die aus einem bestimmten Rechtsverhältnis entspringenden Rechtsstreitigkeiten" beziehen. Zwar kommt es hier auf den Einzelfall an, im Regelfall sollte eine Konkretisierung auf die Leistungen an die Destinatäre aber möglich sein.

Ähnliches gilt nach § 598 FL-ZPO auch für Schiedsklauseln.[1856] Für die wirksame Vereinbarung einer solchen genügt es, wenn die potenziell der Schiedsgerichtsbarkeit unterworfenen Streitigkeiten in einer selbstständigen Vereinbarung oder Klausel im Vertrag bestimmt werden, § 598 Abs. 1 FL-ZPO.[1857] Auch

1854 Mit ausführlichen Hintergründen zur Änderung Vernehmlassungsbericht RA 2012/1513, S. 8 ff.

1855 StGH, Urt. v. 27.3.2017 – 2017/110, LJZ 2017, 119, 119 f.

1856 Der liechtensteinische Gesetzgeber hat sich bei der Revision des liechtensteinischen Schiedsrechts an der österreichischen Vorlage orientiert, sodass auch an dieser Stelle auf Quellen zum teils wortgleichen österreichischen Recht zurückgegriffen wird. Dazu BuA Nr. 151/2008, S. 10. Siehe dazu auch *Gasser* in PSR 2012, 109, 111.

1857 Auch für Schiedsklauseln ist keine öffentliche Beurkundung mehr erforderlich, Vernehmlassungsbericht RA 2012/1513, S. 9.

diesen Anforderungen dürfte eine Regelung in der Stiftungssatzung regelmäßig genügen.

Problematisch ist, dass die Vorschriften der § 53 JN und § 598 FL-ZPO dem Wortlaut nach nur für Verträge, also zweiseitige Rechtsgeschäfte, gelten. Bei der Stiftungserklärung als einseitigem Rechtsgeschäft ist nun fraglich, ob auch einseitige Anordnungen einem besonderen Gerichtsstand oder der Schiedsgerichtsbarkeit unterworfen werden können und wie weit eine solche Anordnung wirkt.

Grundsätzlich kann von einer sinngemäßen Anwendung der beiden Vorschriften auf einseitige Rechtsgeschäfte ausgegangen werden – insbesondere bei Schiedsvereinbarungen ist diese in § 598 Abs. 2 FL-ZPO ausdrücklich geregelt.[1858] Der Stifter kann somit prinzipiell Regelungen zur Streitbeilegung in der Stiftungssatzung festlegen.[1859]

Für die Anordnung eines Gerichtsstands bestehen im Weiteren keine besonderen Einschränkungen, da der allgemeine Gerichtsstand stets in Liechtenstein sein muss und als einzige Option der Ausschluss eines deutschen Gerichts möglich ist. Denn selbst wenn § 114 Abs. 2 PGR – auf den im Folgenden detaillierter einzugehen ist – ebenfalls einen Zwangsgerichtsstand in Liechtenstein begründet, stünde dies nicht in Konflikt mit einer Anordnung in der Satzung.

Damit verbleiben Schiedsanordnungen und ihre inhaltlichen Voraussetzungen. Dabei stellen sich im Hinblick auf Leistungen der Stiftung an die Destinatäre drei Fragen: Zum einen, wie weit die objektive Schiedsfähigkeit einer Schiedsanordnung reicht. Zum anderen, wann und gegenüber wem eine einseitige Anordnung in der Satzung Bindungswirkung entfalten kann.

aa. Objektive Schiedsfähigkeit und Bindungswirkung einer Schiedsanordnung

Nach § 599 Abs. 1 S. 1 FL-ZPO kann „jeder vermögensrechtliche Anspruch, über den von den ordentlichen Gerichten zu entscheiden ist, […] Gegenstand einer Schiedsvereinbarung sein". Leistungen einer Stiftung an ihre Destinatäre sind damit grundsätzlich schiedsfähig. Ebenfalls schiedsfähig sind aber auch

---

1858 Zur Schiedsgerichtsbarkeit *Schumacher* in Wandel im Stiftungsrecht, Schiedsgerichtsbarkeit, S. 147 ff.; *Nueber/Konzett* in Hübner/Schauer-Vermögensplanung, Schiedsgerichtsbarkeit, S. 101 f. und zur wortgleichen Vorschrift in der öZPO *Hausmaniger* in Fasching/Konecny-öZPO, § 581, Rn. 295 f.

1859 Im Folgenden wird daher grundsätzlich der Begriff Anordnung verwendet. Dies schließt aber nicht aus, dass die Stiftung und die Destinatäre später eine Schiedsvereinbarung abschließen.

Informations- und Auskunftsansprüche der Begünstigten: Dies ließe sich grundsätzlich daraus begründen, dass sie letztlich auf die Geltendmachung von Leistungsansprüchen abzielen und somit akzessorisch zu den vermögensrechtlichen Ansprüchen sind.[1860] Ein solcher Umweg ist jedoch nicht erforderlich, da nicht vermögensrechtliche Ansprüche nach § 599 Abs. 1 S. 2 FL-ZPO schiedsfähig sind, wenn die Parteien über den Gegenstand des Streits einen Vergleich abschließen könnten und Informations- und Auskunftsrechte jedenfalls nach dieser Vorschrift umfasst sind.[1861]

Allerdings könnte die Möglichkeit, diese Ansprüche dem Schiedsverfahren zu unterwerfen oder jedenfalls das Schiedsgericht frei zu wählen, durch einen in Art. 114 Abs. 2 PGR angeordneten Zwangsgerichtsstand am Sitz der Stiftung eingeschränkt werden. Entgegen dem Wortlaut des Art. 114 Abs. 2 PGR, nach dem der „Gerichtsstand am Orte des Sitzes der Verbandsperson [gilt], auch wenn die Statuten im Übrigen ein Schiedsgericht vorsehen", kommt es nach herrschender Ansicht jedoch nicht zu einem Ausschluss der Schiedsfähigkeit. Stattdessen müsse das Schiedsgericht zwingend in Liechtenstein liegen.[1862] Sollte aber durch die Wahl eines Schiedsgerichts außerhalb von Liechtenstein gegen diese Vorschrift verstoßen werden, sind die Rechtsfolgen unklar, da durch den Beitritt Liechtensteins zum New Yorker Schiedsgerichtsübereinkommen grundsätzlich auch Urteile ausländischer Schiedsgerichte vollstreckbar sind.[1863]

bb. Bindungswirkung einer Schiedsanordnung

Nachdem Ansprüche der Destinatäre grundsätzlich schiedsfähig sind, stellt sich die Frage, wann die Destinatäre an eine Schiedsklausel gebunden sind. Unstreitig kann eine Bindungswirkung bestehen, wenn die Stiftung und die Destinatäre eine Schiedsvereinbarung nach § 598 Abs. 1 FL-ZPO getroffen haben. Im Regelfall dürfte es jedoch an der beidseitigen Vereinbarung fehlen, wenn der Stifter die Schiedsgerichtsbarkeit einseitig in der Stiftungssatzung anordnet.[1864] Allerdings kann die Schiedsgerichtsbarkeit nach § 598 Abs. 2 FL-ZPO ausdrücklich auch

---

1860 *Nueber/Konzett* in Hübner/Schauer-Vermögensplanung, Schiedsgerichtsbarkeit, S. 108.

1861 OGH, Beschl. v. 5.2.2016 – 5 HG.2015.123, LES 2016, 66, 68 m.w.N.; *Gasser* in Gasser/StiftR, § 9, Rn. 8 f.; StGH, Urt. v. 4.2.2013 – StGH 2012/094, Begründung Rn. 2.2.

1862 Zu den Rechtsfolgen von § 114 Abs. 2 PGR, *Motal*, Grundfragen, S. 349 f.; *Schumacher* in LJZ 2011, 105, 108; *Czernich* in LJZ 2012, 59, 60; *Gasser* in PSR 2012, 109, 114.

1863 *Czernich* in LJZ 2012, 59, 60.

1864 *Czernich* in LJZ 2012, 59, 62.

durch „letztwillige Verfügung oder andere nicht auf Vereinbarung der Parteien beruhende Rechtsgeschäfte", also einseitige Rechtsgeschäfte, angeordnet werden. Davon ist grundsätzlich auch die Stiftungserklärung erfasst.[1865] Eine solche Anordnung muss dann eine entsprechende Bindungswirkung erzeugen, die sich im Fall der Stiftungssatzung auch auf Ansprüche aus der Satzung erstreckt.

Denn würde man der Schiedsanordnung in der Stiftungssatzung keine Bindungswirkung zusprechen, könnte sie zwar angeordnet werden; ob ein Schiedsverfahren durchgeführt wird, hinge aber letztlich vom Willen der Streitparteien ab. Würden die Parteien trotz fehlender Bindung dann trotzdem ein Schiedsverfahren durchführen, wäre darin eine streitbezogene Schiedsvereinbarung nach § 598 Abs. 1 FL-ZPO zu sehen. Dann hätte § 598 Abs. 2 FL-ZPO bezogen auf Ansprüche der Destinatäre Stiftungen keinen Anwendungsbereich und könnte stattdessen nur die internen Organisationsstreitigkeiten einer Stiftung dem Schiedsverfahren unterwerfen – die jedoch selbst nur begrenzt schiedsfähig sind.[1866] Dies würde im Ergebnis dazu führen, dass § 598 Abs. 2 FL-ZPO bei Stiftungen einen gänzlich anderen Anwendungsbereich erhielte als bei den anderen umfassten einseitigen Geschäften, der letztwilligen Verfügung und der Auslobung, bei denen gerade Streitigkeiten über den einseitig begründeten Anspruch der Schiedsgerichtsbarkeit unterworfen werden.[1867] Dass eine solche Verschiebung der Anwendungsbereiche vom Gesetzgeber intendiert war, lässt sich jedoch nicht ausmachen – und so geht der OGH von einer Bindungswirkung aus, ohne sie näher zu thematisieren.[1868] Entsprechend führt die Vorschrift zu einer Bindungswirkung, ohne dass auf weitere Institute wie den Vertrag zugunsten Dritter oder eine konkludente Zustimmung der Destinatäre abgestellt werden muss.[1869] Entgegen *Nueber* und *Konzett* dürfte auch die

1865 Zum österreichischen Recht *Hausmaniger* in Fasching/Konecny-öZPO, § 581, Rn. 296 zum liechtensteinischen Recht im Grunde auch *Nueber/Konzett* in Hübner/Schauer-Vermögensplanung, Schiedsgerichtsbarkeit, S. 103.

1866 Zur Einschränkung der Schiedsfähigkeit von Organisationsstreitigkeiten *Hausmaniger* in Fasching/Konecny-öZPO, § 582, Rn. 46/2.

1867 Vgl. *Hausmaniger* in Fasching/Konecny-öZPO, § 581, Rn. 297 ff.

1868 OGH, Beschl. v. 5.2.2016 – 5 HG.2015.123, LES 2016, 66, 68.

1869 So aber und damit a.A. *Czernich* in LJZ 2012, 59, 62 zum liechtensteinischen Recht und vergleichend zum österreichischen Recht *Nueber/Konzett* in Hübner/Schauer-Vermögensplanung, Schiedsgerichtsbarkeit, S. 104; *Gasser/Nueber* in Austrian Yearbook on International Arbitration 2018, Arbitration Of Foundation And Trust Disputes In Liechtenstein, S. 35.

fehlende förmliche Unterwerfung des Destinatärs zu keinem anderen Ergebnis führen.[1870] Denn wenn § 598 Abs. 2 FL-ZPO gerade eine einseitige Anordnung der Schiedsgerichtsbarkeit bei nicht auf Vereinbarung der Parteien beruhenden Rechtsgeschäften erlaubt, dann kann sich eine entsprechende Anordnung nur auf die Form der Anordnung beziehen.[1871] Eine besondere Form für die ohnehin nicht erforderliche Unterwerfungserklärung ist daher entsprechend auch nicht notwendig. Der Vergleich mit der Bindungswirkung im Vertrag zugunsten Dritter erlaubt auf teleologischer Ebene eine Rechtfertigung des durch die Anwendung des § 598 Abs. 2 FL-ZPO erzielten Ergebnisses.[1872]

Damit erstreckt sich die Bindungswirkung der Schiedsanordnung auf Ansprüche aus der Stiftungssatzung. Jedenfalls an das Schiedsverfahren gebunden sind daher Ansprüche der Destinatäre, die bereits im Stiftungsgeschäft begründet wurden. Fehlt es an dem konkreten Anspruch aus der Satzung, sind – parallel zu der Frage nach dem anwendbaren Recht[1873] – zwei Konstellationen zu unterscheiden:[1874] Zum einen, wenn die Ermessensbegünstigten von ihren Informations- und Auskunftsrechten gemäß Art. 552 § 9 PGR Gebrauch machen, und zum anderen, wenn die Stiftungsorgane bereits den Ermessensbegünstigten einen Anspruch eingeräumt haben.

In der ersten Variante ergeben sich die Ansprüche aus dem Stiftungsgeschäft und sind daher wie die direkt aus dem Stiftungsgeschäft stammenden Leistungsansprüche automatisch der Bindungswirkung der satzungsmäßigen Schiedsanordnung unterworfen.[1875] Im zweiten Fall ist wiederum zu differenzieren. Haben die Stiftungsorgane einseitig dem Begünstigten einen Anspruch eingeräumt, ohne dass es zu einem Kontakt mit dem Destinatär oder einer Auszahlung gekommen ist, beruht dieser letztlich ebenso wie der in der Satzung eingeräumte Anspruch auf dem Stiftungsgeschäft und unterläge der entsprechenden Bindungswirkung. Bei der rein internen Entscheidung der Stiftungsorgane handelt es sich auch aus der Perspektive des Destinatärs grundsätzlich um ein einseitiges

---

1870 *Nueber/Konzett* in Hübner/Schauer-Vermögensplanung, Schiedsgerichtsbarkeit, S. 103.

1871 Vgl. *Hausmaniger* in Fasching/Konecny-öZPO, § 582, Rn. 295 ff.

1872 *Hausmaniger* in Fasching/Konecny-öZPO, § 582, Rn. 46/2; *Schumacher* in Wandel im Stiftungsrecht, Schiedsgerichtsbarkeit, S. 148 f.

1873 Dazu bereits oben S. 479.

1874 Zu dieser Aufteilung im deutschen Recht und mit vergleichbaren Ergebnissen *Stumpf* in SchiedsVZ, 266, 268 f.

1875 Mit gleichem Ergebnis auch *Nueber/Konzett* in Hübner/Schauer-Vermögensplanung, Schiedsgerichtsbarkeit, S. 104.

Rechtsgeschäft, das konkludent mit einer Schiedsanordnung verbunden wurde, wenn die Satzung eine Schiedsanordnung enthält. Wurde die Auszahlung der Leistungen hingegen mit dem Destinatär vereinbart, handelt es sich um ein eigenes Auszahlungsgeschäft. In diesem Fall besteht keine Bindungswirkung aus der Stiftungssatzung. Unabhängig von der konkreten Rechtsnatur dieses Geschäfts können die Stiftungsorgane bei einem einseitigen Geschäft die Schiedsgerichtsbarkeit anordnen oder bei einem zweiseitigen Geschäft eine Schiedsvereinbarung abschließen.[1876] Das Beharren der Stiftungsorgane auf einer Schiedsklausel sollte jedenfalls vom Willen des Stifters gedeckt sein, wenn er eine Schiedsanordnung in der Satzung getroffen hat. Die Musterklausel der liechtensteinischen Industrie- und Handelskammer schlägt in diesem Zusammenhang vor, den Stiftungsorganen zu ermöglichen, die Begünstigung gänzlich zu verweigern, wenn der Begünstigte die Schiedsgerichtsbarkeit nicht ausdrücklich anerkennt.[1877]

Zusammenfassend lässt sich festhalten, dass die Schiedsgerichtsbarkeit für alle Leistungsansprüche der Destinatäre festgelegt werden kann. Ansprüche aus der Stiftungssatzung können regelmäßig durch eine Schiedsanordnung in der Satzung der Schiedsgerichtsbarkeit unterworfen werden. Falls Leistungsansprüche der Begünstigten hingegen erst mit Abschluss eines neuen Rechtsverhältnisses entstehen, greift die Schiedsanordnung zwar nicht. Die Stiftungsorgane können die Unterwerfung unter die Schiedsgerichtsbarkeit jedoch zur Voraussetzung für die Einräumung des Leistungsanspruchs machen.

3. *Fazit*

Auf Ansprüche der Destinatäre gegen die liechtensteinische Stiftung findet – sofern keine Rechtswahl stattgefunden hat – liechtensteinisches Recht Anwendung. Wenngleich die rechtliche Begründung davon abhängt, ob es sich um einen Anspruch aus der Stiftungssatzung oder aus einem Vertrag handelt, bleibt das Ergebnis in beiden Fällen das gleiche.

Die Ansprüche können grundsätzlich in Liechtenstein vor Gericht geltend gemacht werden. Hat die Stiftung Vermögen in Deutschland, ist jedoch auch ein deutscher Gerichtsstand möglich. Aufgrund der sehr eingeschränkten Durchsetzbarkeit eines deutschen Urteils in Liechtenstein ist der Gang vor ein

---

1876 Zur parallelen Interessenlage in Deutschland *Stumpf* in SchiedsVZ, 266, 268 f.

1877 „[…] Die Stiftung kann den Begünstigten anhalten, dies unterschriftlich zu bestätigen. Verweigerung der Bestätigung gilt als Verzicht auf die Begünstigung." Abrufbar unter https://www.lihk.li/wp-content/uploads/Musterschiedsklauseln-pdf.pdf zuletzt abgerufen am 30.10.2023.

deutsches Gericht nur zielführend, wenn sinnvoll in ein in Deutschland belegenes Vermögen vollstreckt werden kann.

Sämtliche Ansprüche der Destinatäre gegen die Stiftung können allerdings der Schiedsgerichtsbarkeit unterworfen werden, bei der eine Vollstreckung auch in Liechtenstein möglich ist. Wie bereits zur Durchsetzung von Schiedssprüchen ausgeführt, dürfte die Schiedsgerichtsbarkeit ohnehin verstärkt dem Interesse des Stifters entsprechen. Gleichzeitig nehmen jedoch die öffentlichen Kontrollmöglichkeiten für diese Stiftungen ab, wodurch die Kontrolldichte für die, ohnehin schwer zu überwachenden, Stiftungsorgane weiter abnimmt.[1878]

III. Ansprüche von Pflichtteilsberechtigten

Neben den bereits behandelten Ansprüchen der (potenziellen) Destinatäre gegen die Stiftung stellen die Ansprüche von Pflichtteilsberechtigten die andere besonders relevante Fallgruppe dar. Dies gilt umso mehr, wenn der hier vertretenen, besonders ausgeprägten Vermögensopfertheorie in beiden Rechtsordnungen gefolgt wird. Denn bei einer Verlagerung des Zeitpunkts der Vermögensaufgabe dürfte bei vielen Stiftungen erst mit dem Tod des Stifters von einer vollständigen Vermögensaufgabe auszugehen sein, sodass die Hinzurechnungsfristen in beiden Staaten ebenfalls erst mit dem Ableben des Stifters beginnen.

1. Deutschland

a. Anwendbares Recht

In grenzüberschreitenden Sachverhalten bestimmt sich das anwendbare Recht in Deutschland nach der EuErbVO. Diese gilt als *loi uniforme* auch gegenüber Drittstaaten.[1879] Nach Art. 21 Abs. 1 EuErbVO ist dasjenige Recht des Staates anwendbar, in dem der Erblasser im Zeitpunkt seines Todes seinen gewöhnlichen Aufenthalt hatte. Soweit in diesem Abschnitt ein deutscher Stifter, der in Deutschland gelebt hat und gestorben ist, als Beispiel dient, wäre damit deutsches Recht anwendbar. Dies gilt nur dann nicht, wenn der Erblasser nach Art. 21 Abs. 2 EuErbVO ausnahmsweise eine offensichtlich engere Verbindung zum Recht eines anderen Staates hatte. Gemäß Art. 23 Abs. 2 lit. h) EuErbVO umfasst das anzuwendende Recht explizit auch das Pflichtteilsrecht.

Die EuErbVO regelt darüber hinaus in Art. 22 EuErbVO auch die Möglichkeit einer Rechtswahl, welche nach Art. 5 EuErbVO eine Gerichtsstandsvereinbarung

---

1878 Dazu oben S. 449 f.

1879 *Schmidt* in BeckOGK, Art. 20 EuErbVO, Rn. 18.

zugunsten des Mitgliedstaats, dessen Recht gewählt wurde, zulässt. Da der Erblasser jedoch in seiner Wahl des Rechts auf das Recht des Staates, dem er im Zeitpunkt der Rechtswahl oder des Todes angehört, beschränkt ist, dürfte die Rechtswahl zumindest im Verhältnis Deutschland-Liechtenstein selten zu abweichenden Ergebnissen führen. Diese Rechtswahlbeschränkung ist nach Erwägungsgrund Nr. 38 EuErbVO gerade auf Befürchtungen zurückzuführen, „dass ein Recht mit der Absicht gewählt wird, die berechtigten Erwartungen der Pflichtteilsberechtigten zu vereiteln".

Aus deutscher Perspektive ist daher immer deutsches Erbrecht anwendbar, wenn der Erblasser seinen gewöhnlichen Aufenthalt in Deutschland hatte.

b. Gerichtsstand und Schiedsgerichtsbarkeit

In Deutschland richtet sich die Zuständigkeit in Erbsachen grundsätzlich nach den §§ 27, 28 ZPO. Nach § 27 Abs. 1 ZPO können Klagen wegen Pflichtteilsansprüchen vor dem Gericht erhoben werden, bei dem der Erblasser zur Zeit seines Todes den allgemeinen Gerichtsstand gehabt hat. Sollte der Erblasser zwar Deutscher gewesen sein, aber zur Zeit seines Todes im Inland keinen allgemeinen Gerichtsstand gehabt haben, „so können die im Absatz 1 bezeichneten Klagen vor dem Gericht erhoben werden, in dessen Bezirk der Erblasser seinen letzten inländischen Wohnsitz hatte", § 27 Abs. 2 ZPO. In grenzüberschreitenden Fällen werden die Vorschriften jedoch durch die auch gegenüber Drittstaaten geltende EuErbVO[1880] verdrängt.[1881] Inhaltlich führt diese Regelung kaum zu anderen Ergebnissen, da auch nach Art. 4 EuErbVO das Gericht des „Mitgliedstaats zuständig [ist], in dessen Hoheitsgebiet der Erblasser im Zeitpunkt seines Todes seinen gewöhnlichen Aufenthalt hatte". Ergänzend knüpft Art. 10 Abs. 1 lit. a) EuErbVO subsidiär ebenfalls an die Staatsangehörigkeit an, sodass bei einem deutschen Erblasser regelmäßig deutsche Gerichte zuständig sind.

Auch Streitigkeiten über die Erbschaft sind nach den §§ 1029, 1066 ZPO grundsätzlich schiedsfähig, sofern der Erblasser dies testamentarisch angeordnet hat. Umstritten und den Rahmen dieser Arbeit sprengend ist allerdings die

---

1880 Verordnung (EU) Nr. 650/2012 des Europäischen Parlaments und des Rates vom 4. Juli 2012 über die Zuständigkeit, das anzuwendende Recht, die Anerkennung und Vollstreckung von Entscheidungen und die Annahme und Vollstreckung öffentlicher Urkunden in Erbsachen sowie zur Einführung eines Europäischen Nachlasszeugnisses.

1881 *Gierl* in Burandt/Rojahn-ZPO, § 27, Rn. 18.

Frage, ob auch Pflichtteilsansprüche von einer solchen Anordnung umfasst sein können.[1882] Da Streitigkeiten über den Pflichtteil jedoch immer dann auftreten dürften, wenn der Erblasser einem Pflichtteilsberechtigten weniger zugesprochen hat, als ihm gesetzlich zusteht, wirkt es widersprüchlich, wenn der insoweit befangene Erblasser in diesem Fall den Gerichtsweg bestimmen dürfte. Trotz aller Unabhängigkeitsgebote für die Schiedsrichter ist daher dem BGH zu folgen, der eine Erstreckung der Schiedsanordnung auf Pflichtteilsansprüche ablehnt.[1883] Dabei ist mit *Kröll* davon auszugehen, dass es sich um eine Frage der Schiedsbindung handelt, die der Erblasser „mangels materieller Verfügungsbefugnis über die Ansprüche" nicht einseitig festlegen kann.[1884] Wenn der Pflichtteilsberechtigte und der Schuldner eines Pflichtteilsergänzungsanspruchs eine Schiedsvereinbarung treffen, wäre dies aufgrund einer Verfügungsberechtigung des Pflichtteilsberechtigten entsprechend möglich.

Zusammenfassend sind bei einem deutschen Erblasser regelmäßig deutsche Gerichte für Pflichtteilsergänzungsansprüche zuständig.

2. Liechtenstein

a. Anwendbares Recht

In Liechtenstein bestimmt sich das anzuwendende Recht bei Erbfällen nach Art. 29 IPRG. Danach kommt es gemäß Abs. 1 auf das Personalstatut des Erblassers im Todeszeitpunkt an. Gemäß Art. 10 Abs. 1 IPRG ist das Personalstatut einer natürlichen Person das Recht des Staates, dem die Person angehört. Im Gegensatz zum deutschen Recht richtet sich das anwendbare Erbrecht in Liechtenstein daher nach der Staatsangehörigkeit und nicht dem gewöhnlichen Aufenthalt. Bei vielen deutschen Erblassern, die in Deutschland versterben, dürfte zwar sowohl ein gewöhnlicher Aufenthalt in Deutschland als auch eine deutsche Staatsangehörigkeit gegeben sein, Ausnahmen sind jedoch möglich. Liechtensteinisches Recht wäre jedenfalls nur dann anwendbar, wenn der Erblasser auch die liechtensteinische Staatsbürgerschaft besessen hat. Dies dürfte bei deutschen Stiftern nur den Ausnahmefall darstellen. Im Grunde ist auch in Liechtenstein eine Rechtswahl nach Art. 29 Abs. 3 IPRG möglich, allerdings kann auch hier

1882 *Saenger* in Saenger-ZPO, § 1066, Rn. 3 m.w.N.

1883 BGH, Beschl. v. 16.3.2017 – I ZB 50/16, NJW 2017, 2115, juris Rn. 19 f. m.w.N. So auch die h.M. *Saenger* in Saenger-ZPO, § 1066, Rn. 3 m.w.N. a.A. *Werner* in ZEV 2011, 506, 508 m.w.N.

1884 *Kröll* in SchiedsVZ 2018, 201, 211 f.

nur das Heimatrecht des Erblassers oder das Recht seines letzten gewöhnlichen Aufenthalts gewählt werden.

In fast allen Fällen dürfte damit auf die Rechtsnachfolge von Todes wegen bei einem deutschen Erblasser auch aus liechtensteinischer Perspektive deutsches Recht anwendbar sein.[1885]

Das liechtensteinische Recht sieht in Art. 29 Abs. 5 IPRG jedoch eine wesentliche Einschränkung für Pflichtteilsergänzungsansprüche vor. Gemäß Art. 29 Abs. 5 S. 1 IPRG ist grundsätzlich auch auf Pflichtteilsergänzungsansprüche das Recht anwendbar, dem die Rechtsnachfolge von Todes wegen insgesamt unterliegt.[1886] Nach S. 2 darf ein Ergänzungsanspruch allerdings nur dann erhoben werden, wenn „auch nach dem für den Erwerbsvorgang maßgeblichen Recht" die Erhebung zulässig ist. Der Erwerbsvorgang ist derjenige Vorgang, durch den der Dritte, gegen den der Pflichtteilsergänzungsanspruch geltend gemacht werden soll, ursprünglich das Vermögen vom Erblasser erhalten hat. Bei der Stiftung ist der Erwerbsvorgang daher regelmäßig entweder die ursprüngliche Vermögensausstattung oder eine spätere Nachstiftung. Während sich die ursprüngliche Vermögensausstattung als Teil des Errichtungsaktes der Stiftung zwingend nach dem Stiftungsstatut und damit liechtensteinischem Recht richtet, wäre bei Nachstiftungen auch eine andere Anknüpfung vorstellbar.[1887] Wie bereits oben genauer gezeigt, ist der Wille des liechtensteinischen Gesetzgebers insoweit aber unmissverständlich und ordnet auch Nachstiftungen unter das Stiftungsstatut.[1888] Somit findet auf alle Vermögenszuwendungen an die Stiftung durch den Stifter liechtensteinisches Recht Anwendung.

Gemäß Art. 29 Abs. 5 IPRG kann ein Pflichtteilsergänzungsanspruch gegen eine liechtensteinische Stiftung daher nur geltend gemacht werden, wenn er auch nach liechtensteinischem Recht zulässig wäre.[1889] Das liechtensteinische Pflichtteilsrecht unterscheidet sich jedoch in Bezug auf die Anrechnungsfristen wesentlich von dem deutschen Recht. Während es keine Begrenzung der Anrechnung für unentgeltliche Zuwendungen an Pflichtteilsberechtigte

---

1885 Vgl. OGH, 5.7.2013 - 10 CG.2010.152, PSR 2013, 187, 189.

1886 *Gasser* in Gasser/StiftR, § 38, Rn. 8; *Becker* in ZEV, 177, 178 f.; *Mathauer*, Unternehmensstiftung zur Nachfolgeplanung, S. 70 ff.

1887 Dazu oben S. 469 f.

1888 BuA Nr. 13/2008, S. 140 f.; *Gasser* in Gasser/StiftR, Art. 552 § 13, Rn. 3; *Lorenz* in Liechtensteinisches Stiftungsrecht, Art. 552 § 13, Rn. 3.

1889 *Heiss* in Liechtensteinisches Stiftungsrecht, Art. 552 § 38, Rn. 31; *Bauer*, Vermögensverwaltung, S. 139 ff.; Zum Pflichtteilsergänzungsanspruch im liechtensteinischen Recht oben, S. 363 ff.

vorsieht, ist die Anrechnung bei Zuwendungen an Nicht-Pflichtteilsberechtigte gemäß § 785 Abs. 3 ABGB auf zwei Jahre begrenzt. Da die Stiftung selbst nicht zum Kreis der Pflichtteilsberechtigten gehört, ist die zweijährige Anrechnungsfrist regelmäßig anwendbar.[1890]

In Verbindung mit Art. 29 Abs. 5 IPRG können bei der Berechnung eines Pflichtteilsergänzungsanspruchs somit nur solche Zuwendungen einbezogen werden, die in den letzten zwei Jahren vor dem Erbfall durchgeführt wurden.[1891] Damit wird zwar das Ziel der „Asset Protection" verwirklicht,[1892] im Vergleich mit der zehnjährigen Anrechnungsfrist in Deutschland ist der potenzielle Umfang eines Pflichtteilsanspruchs aber deutlich limitierter. In diese Richtung hatte bereits die liechtensteinische Staatsanwaltschaft bei der Reform des Stiftungsrechts die Befürchtung geäußert, dass der liechtensteinische Staat durch diese Regelung „Hand zur Umgehung der entsprechenden Bestimmungen in den Herkunftsstaaten" bieten würde.[1893]

Dabei ist der liechtensteinischen Staatsanwaltschaft grundsätzlich zuzustimmen. Allerdings hat etwa ein Urteil des OGH gezeigt, dass die tatsächliche Gefahr einer Umgehung fremder Pflichtteilsrechte nur dann besteht, wenn der Stifter sich sämtlicher Einflussmöglichkeiten auf die Stiftung begeben hat.[1894] Denn kann der Stifter noch Einfluss nehmen, ist im Sinne der Vermögensopfertheorie erst dann eine Zuwendung an die Stiftung erfolgt, wenn der Stifter – regelmäßig durch seinen Tod – diesen Einfluss aufgegeben hat. In den meisten Fällen beginnt die zweijährige Anrechnungsfrist damit erst mit dem Tod und sämtliche Zuwendungen des Stifters können bei der Berechnung des Pflichtteils einbezogen werden.

Da sich die Errichtung einer liechtensteinischen Stiftung für einen deutschen Stifter auch dann lohnen kann, wenn er keine Einflussmöglichkeiten auf die Stiftung hat, ist es aber vorstellbar, dass Art. 29 Abs. 5 IPRG die Geltendmachung von Pflichtteilsansprüchen im Einzelfall deutlich einschränkt. Dieser für das „estate planning […] interessante […] Gestaltungsmechanismus"[1895] wird zwar

---

1890 So auch *Becker* in ZEV, 177, 179 f.; s. aber auch die Ausführungen zu der Gefahr missbräuchlicher Gestaltungen und den entsprechenden Folgen einer Stiftung, die Pflichtteilsberechtigte fördert, S. 363 f.

1891 Vgl. *Heiss* in Liechtensteinisches Stiftungsrecht, Art. 552 § 38, Rn. 31.

1892 *Heiss* in Liechtensteinisches Stiftungsrecht, Art. 552 § 38, Rn. 30.

1893 BuA Nr. 13/2008, S. 141; *Bauer*, Vermögensverwaltung, S. 139 ff.; vgl. auch *Becker* in ZEV, 177, 179.

1894 OGH, 5.7.2013 – 10 CG.2010.152, PSR 2013, 187; vgl. auch *Gasser* in Gasser/StiftR, § 38, Rn. 15 ff.; *Bauer*, Vermögensverwaltung, S. 139 ff.

1895 *Gasser* in Gasser/StiftR, § 38, Rn. 12.

zum Teil positiv betrachtet, wirft aus deutscher Perspektive aber zugleich die – am Ende dieses Abschnitts zu beantwortende – Frage auf, ob die Umgehung des deutschen Pflichtteilsrechts nicht die Annahme eines *ordre public*-Vorbehalts rechtfertigt.[1896]

b. Gerichtsstand und Schiedsgerichtsbarkeit

Nach liechtensteinischem Recht richtet sich der Gerichtsstand für die dort als „Verlassenschaftsangelegenheiten" bezeichneten Streitigkeiten nach dem Gerichtsstand, an dem die Verlassenschaftsabhandlung anhängig ist, § 37 Abs. 1 JN. Die Verlassenschaftsabhandlung wird nach § 54 JN jedoch im Wesentlichen nur dann bei einem liechtensteinischen Gericht durchgeführt, wenn der Erblasser liechtensteinischer Staatsbürger war oder dort seinen gewöhnlichen Aufenthalt hatte oder in Liechtenstein unbewegliches Vermögen besessen hat. Bei einem deutschen Erblasser dürfte dies jedoch nur selten der Fall sein.

Pflichtteilsergänzungsansprüche gegen eine liechtensteinische Stiftung mit Sitz in Liechtenstein können gleichwohl am allgemeinen Gerichtsstand der Stiftung (§§ 30, 36 JN) erhoben werden, sodass eine Zuständigkeit liechtensteinischer Gerichte gegeben ist.

Nach § 598 Abs. 2 ABGB ist es in Liechtenstein zudem möglich, in einer letztwilligen Verfügung die Schiedsgerichtsbarkeit anzuordnen. Dabei steht zwar grundsätzlich nicht in Frage, dass jedenfalls ein bestehender Pflichtteilsergänzungsanspruch der Schiedsgerichtsbarkeit unterworfen werden kann.[1897] Eine solche Anordnung kann ein Erblasser allerdings nicht bindend einseitig in der letztwilligen Verfügung regeln. Dies ist wie in Deutschland entweder aufgrund einer fehlenden Dispositionsbefugnis des Erblassers – so auch *Hausmaniger* im österreichischen Recht, mit Verweis auf die Entscheidung des OLG München[1898] – oder wegen einer fehlenden Bindungswirkung[1899] anzunehmen. Selbst wenn aus liechtensteinischer Perspektive eine Bindungswirkung bestehen könnte, wäre die objektive Schiedsfähigkeit im Rahmen einer Prüfung der Schiedsklausel vor einem deutschen Gericht nach der *lex fori* zu bewerten.[1900]

1896 Vgl. insoweit *Gierhake*, Vermögensschutz, S. 323 f.

1897 *Hausmaniger* in Fasching/Konecny-öZPO, § 582, Rn. 46/1 m.w.N.; insb. mit Verweis auf Beschl. v. 25.4.2016 – 34 Sch 13/15, SchiedsVZ 2016, 233, juris Rn. 25.

1898 Beschl. v. 25.4.2016 – 34 Sch 13/15, SchiedsVZ 2016, 233, juris Rn. 25 ff.; bestätigt durch BGH, Beschl. v. 16.3.2017 – I ZB 50/16, NJW 2017, 2115, juris Rn. 19; *Hausmaniger* in Fasching/Konecny-öZPO, § 582, Rn. 46/1.

1899 *Kröll* in SchiedsVZ 2018, 201, 211 f.

1900 Dazu oben S. 453 f.

Würde also bei einem deutschen Gericht beantragt, ein Schiedsurteil in einer Pflichtteilssache nach § 1059 ZPO aufzuheben, müsste dies die Schiedsfähigkeit ablehnen.

Da die Frage nach dem Bestehen von Pflichtteilsansprüchen auch in Liechtenstein wohl nicht der Schiedsgerichtsbarkeit unterworfen werden kann und eine etwaige Anordnung jedenfalls keine Wirkung vor deutschen Gerichten entfaltet, scheidet die einseitig bindende Anordnung der Schiedsgerichtsbarkeit für Pflichtteilsansprüche in der hier behandelten Konstellation aus.

3. Fazit

Die grenzüberschreitende Geltendmachung von Pflichtteilsergänzungsansprüchen ist eines der wenigen Felder, in denen das deutsche und liechtensteinische Recht eine einheitliche Anknüpfung vorsehen. Denn soweit für das anwendbare Erbrecht auf das Personalstatut des Erblassers abgestellt wird, richtet sich das Pflichtteilsrecht bei einem deutschen Erblasser jeweils nach deutschem Recht. Eine Rechtswahl wäre zwar im Grundsatz möglich, in den hier behandelten Konstellationen kann jedoch meist nur deutsches Recht gewählt werden.

Da beide Rechtsordnungen an das gleiche materielle Recht anknüpfen, könnte die Frage, vor welchem Gericht ein Verfahren anhängig gemacht wird, jedoch – zumindest in der Theorie – ihre Relevanz verlieren. Trotz der einheitlichen Anknüpfung führt die Regelung des Art. 29 Abs. 5 IPRG im Ergebnis allerdings zu großen Unterschieden. Denn Pflichtteilsergänzungsansprüche können in Liechtenstein nur dann erhoben werden, wenn sie nicht nur nach dem Erbstatut, sondern auch nach liechtensteinischem Recht bestehen. Die in Liechtenstein bestehende zweijährige Anrechnungsfrist kann daher – wie gezeigt – in Fällen, in denen die Vermögensopfertheorie nicht greift, zu gravierenden Einschränkungen führen.

IV. Ansprüche von eherechtlichen Berechtigten

Strukturell vergleichbar mit dem Pflichtteilsergänzungsanspruch sind ebenfalls Fälle vorstellbar, in denen die Errichtung einer Stiftung in Liechtenstein durch einen deutschen Stifter im Spannungsverhältnis zu den Regelungen des Ehegüterrechts steht. Soweit ein Ehegatte dem anderen Ehegatten bei Auflösung der Ehe einen Zugewinn oder einen vergleichbaren Betrag ausgleichen muss, besteht die Gefahr, dass sich der Ehegatte vorsätzlich entreichert, um diesen Anspruch nicht begleichen zu müssen. Im Gegensatz zum Pflichtteilsrecht dürfte diese Situation jedoch nur selten auftreten, da Ehegatten, die den umständlichen Weg einer Stiftungserrichtung zur Umgehung dieser Ansprüche beschreiten, in vielen Fällen einen Ehevertrag geschlossen haben dürften.

An dieser Stelle kann vorweggenommen werden, dass das auf den Güterstand anwendbare Recht unter anderem von der Nationalität der Ehegatten abhängt. Daraus ergibt sich eine fast unüberschaubare Anzahl an möglichen Konstellationen. Zugunsten der Übersichtlichkeit wird in diesem Abschnitt daher davon ausgegangen, dass es sich bei beiden Ehegatten um deutsche Staatsbürger mit gewöhnlichem Aufenthalt in Deutschland handelt.

1. Deutschland

In Deutschland ist der gesetzlich vorgesehene Güterstand gemäß § 1363 BGB die Zugewinngemeinschaft. Bei der Auflösung dieses Güterstandes kann zwischen den Ehegatten nach § 1378 BGB eine Ausgleichsforderung bestehen, wenn der eine Ehegatte einen überproportional großen Zugewinn während der Ehe erzielt hat. Um zu verhindern, dass der zur Zahlung verpflichtete Ehegatte den Anspruch durch unentgeltliche Vermögensverschiebungen an Dritte vorsätzlich vereitelt, räumt § 1390 BGB dem berechtigten Ehegatten einen Anspruch gegen den Dritten ein. Eine solche unentgeltliche Zuwendung kann – wie gezeigt – auch in der Errichtung einer Stiftung liegen.[1901] Welches Recht auf diesen Anspruch anwendbar ist und vor welchem Gericht er geltend gemacht werden kann, ist Gegenstand des folgenden Abschnitts.

a. Anwendbares Recht

Die international privatrechtliche Anknüpfung bei Fragen des Ehegüterrechts wird in Deutschland zurzeit von zwei verschiedenen Gesetzen geregelt. Parallel zu der europaweit harmonisierten Anknüpfung im Bereich des Erbrechts besteht auch für das Ehegüterrecht mit der EuGüVO eine gemeinsame Regelung. Diese ist gemäß Art. 20 EuGüVO auch in Sachverhalten mit Drittstaatsbezug anwendbar. Da die EuGüVO jedoch keine Rückwirkung entfaltet – dazu sogleich noch ausführlich – sind die nationalen Regelungen der Art. 13–16 EGBGB a.F. für Altfälle weiterhin anwendbar.

In einem ersten Schritt muss überprüft werden, ob der in § 1390 BGB geregelte Anspruch überhaupt dem Ehestatut oder stattdessen dem Stiftungs- beziehungsweise Vertragsstatut der unentgeltlichen Zuwendung unterfällt. Im Anwendungsbereich der EuGüVO stellt Art. 3 Abs. 1 lit. a) klar, dass der eheliche

1901 Dazu bereits oben S. 369 f.

Güterstand „sämtliche vermögensrechtlichen Regelungen, die zwischen den Ehegatten und in ihren Beziehungen zu Dritten aufgrund der Ehe oder der Auflösung der Ehe gelten", umfasst. Art. 27 lit. f) EuGüVO bestätigt, dass sich die Vorschriften zum anwendbaren Recht ebenfalls auf derartige Beziehungen zu Dritten erstrecken. Wenngleich eine unentgeltliche Zuwendung daher originär einem Stiftungs- oder Vertragsstatut unterliegen kann, sind die Auswirkungen des Güterrechts und daraus resultierende Ansprüche im Anwendungsbereich der EuGüVO nach dem Ehestatut zu bewerten.[1902] Das für den ehelichen Güterstand maßgebende Recht kann dem Dritten gemäß Art. 28 Abs. 1 EuGüVO allerdings nur dann entgegengehalten werden, wenn dieser Kenntnis von dem Recht hatte oder hätte haben müssen. Wie bereits mehrfach in dieser Arbeit ausgeführt, bedarf es bei einseitigen Rechtsgeschäften wie der Stiftungserrichtung der Kenntnis des anderen Teils aber grundsätzlich nicht. Selbst dann, wenn sich Stifter und Stiftung im Rahmen eines Übertragungsvorgangs kurz nach der Errichtung als unterschiedliche Personen gegenüberstehen, kann außerdem davon ausgegangen werden, dass die Kenntnis des Stifters die Stiftung infiziert hat. Soweit also Ausgleichsansprüche gegen die Stiftung geltend gemacht werden sollen, kann diese sich somit nicht nach Art. 28 EuGüVO auf die Unkenntnis berufen. Gleiches gilt im Ergebnis auch bei der Anwendung der Vorschriften des EGBGB. Denn auch in diesem Rahmen umfasst der Güterstand die besonderen Regelungen und Beschränkungen in Bezug auf Rechtsgeschäfte der Ehegatten mit Dritten.[1903]

In einem zweiten Schritt kann nun das tatsächlich anwendbare Recht überprüft werden: Gemäß Art. 21 EuGüVO kommt es darauf an, ob die Ehegatten eine Rechtswahl getroffen haben. Eine Rechtswahl dürfte in den hier einschlägigen Konstellationen jedoch nur selten vorkommen. Denn wenn die Ehegatten den Schritt gegangen sind, ihren ehelichen Güterstand einer Rechtswahl zu unterwerfen, ist es wahrscheinlich, dass sie ebenfalls konkrete Regelungen über mögliche Ausgleichsansprüche getroffen haben. Daher genügt es in diesem Zusammenhang, zur Rechtswahl festzustellen, dass diese nur insoweit möglich ist, als das Recht der Staaten gewählt werden kann, in denen zumindest einer der Ehegatten seinen gewöhnlichen Aufenthalt hat oder dessen Staatsangehörigkeit einer von ihnen besitzt, Art. 22 Abs. 1 EuGüVO.

1902 Ausdrücklich *Mayer* in MüKo-FamFG, Art. 3 EuGüVO, Rn. 16; vgl. auch *Wiedemann* in BeckOK-BGB, Art. 3 EuGüVO, Rn. 7.

1903 Vgl. *Looschelders* in MüKo-BGB, Art. 15 EGBGB, Rn. 36.

Hat keine Rechtswahl stattgefunden, richtet sich das anwendbare Recht hingegen nach Art. 26 EuGüVO. Dieser sieht in Abs. 1 eine sogenannte Anknüpfungsleiter vor.[1904] Soweit die Ehegatten einen gemeinsamen gewöhnlichen Aufenthalt haben, soll nach lit. a) an das Recht dieses Staates angeknüpft werden. Fehlt es an einem solchen, ist gemäß lit. b) eine gemeinsame Staatsangehörigkeit maßgeblich. Wenn es auch an dieser fehlt, muss in einem letzten Schritt an das Recht des Staates angeknüpft werden, mit dem die Ehegatten zum Zeitpunkt der Eheschließung am engsten verbunden waren.

Geht man also im Rahmen der anfangs skizzierten Konstellation von zwei in Deutschland lebenden deutschen Staatsbürgern aus, findet nach der EuGüVO in jedem Fall deutsches Recht Anwendung, da auch bei einer Rechtswahl kein anderes Recht vereinbart werden könnte.

Die behandelten Art. 20 ff. EuGüVO sind sämtlich in Kapitel III der Verordnung geregelt. Gemäß Art. 69 Abs. 3 EuGüVO ist Kapitel III allerdings nur dann anzuwenden, wenn eine Rechtswahl getroffen oder die Ehe nach dem 29.1.2019 eingegangen wurde. Für Ehen, die vor diesem Zeitpunkt geschlossen wurden, ist das anwendbare Recht hingegen nach nationalen Vorschriften zu bestimmen.[1905] In Deutschland sind dies die Art. 13–16 EGBGB a.F. Nach Art. 15 Abs. 1 i.V.m. Art. 14 EGBGB jeweils a.F. richtet sich das auf den Güterstand anwendbare Recht grundsätzlich nach der Wahl der Parteien.[1906] Fehlt es an einer solchen, gilt nach Art. 14 Abs. 1 EGBGB a.F. ebenfalls eine Anknüpfungsleiter.[1907] Diese Anknüpfungsleiter vertauscht im Vergleich zu der europarechtlichen Version die ersten beiden Sprossen und stellt primär auf die Staatsangehörigkeit der Ehegatten (Abs. 1 Nr. 1) und erst sekundär auf ihren gewöhnlichen Aufenthalt (Abs. 1 Nr. 2) ab. Scheitert eine Anknüpfung an einer dieser beiden Voraussetzungen, ist auch nach Art. 14 Abs. 1 Nr. 3 EGBGB a.F. das Recht des Staates anwendbar, mit dem die Ehegatten auf andere Weise gemeinsam am engsten verbunden sind.

1904 *Hausmann* in FamilienR, 1. Teil-B, Rn. 350 ff.

1905 *Looschelders* in MüKo-BGB, Art. 15 EGBGB, Rn. 5.

1906 Zeitgleich mit dem Wirkungsbeginn der EuGüVO hat der deutsche Gesetzgeber Art. 15 EGBGB aufgehoben. Da die EuGüVO jedoch erst ab dem 29.1.2019 anwendbar ist, regelt Art. 229 § 47 Abs. 1, 2 EGBGB, die Fortgeltung der Art. 14 und 15 EGBGB in der bis einschließlich 28.1.2019 geltenden Fassung. Dazu auch *Campbell* in NJW-Spezial 2019, 708, 709. Soweit die Art. 14 und 15 EGBGB hier als a.F. zitiert werden, ist also die Fassung gemeint, auf die Art. 229 § 47 EGBGB Bezug nimmt.

1907 *Looschelders* in MüKo-BGB, Art. 14 EGBGB, Rn. 82.

Im Ergebnis bedeutet dies, dass auch für Ehen, die noch unter der alten Rechtslage geschlossen wurden, im obigen Beispielsfall deutsches Recht anwendbar wäre.

b. Gerichtsstand und Schiedsgerichtsbarkeit

Im Gegensatz zum anwendbaren Recht sieht Art. 69 EuGüVO in Bezug auf die Zuständigkeit von Gerichten und die Zulässigkeit von Gerichtsstandsvereinbarungen keine zeitlichen Einschränkungen vor, sodass die EuGüVO exklusiv anwendbar ist. Aufgrund der weiten Definition des Güterstands in der EuGüVO ist die VO auch für die Zuständigkeit bei Ansprüchen gegen Dritte maßgeblich.[1908] Allerdings richtet sich die Zuständigkeit nur dann nach der EuGüVO, wenn nicht aufgrund einer Annexzuständigkeit bereits eine anderweitige Zuständigkeit aufgrund eines anderen EU-Rechtsakts gegeben ist. Gemäß Art. 4 EuGüVO besteht zum einen eine Annexzuständigkeit im Fall des Todes eines Ehegatten, sofern ein Gericht bereits aufgrund der EuErbVO angerufen wurde.

Ferner besteht nach Art. 5 Abs. 1 EuGüVO ebenfalls eine Annexzuständigkeit, wenn im Rahmen der Ehescheidung ein Gericht eines Mitgliedstaats auf Grundlage der Brüssel IIa-VO angerufen wird. Letzteres setzt zwar im Grunde nach Art. 5 Abs. 2 EuGüVO eine Vereinbarung der Parteien voraus, eine solche ist jedoch entbehrlich, wenn die Zuständigkeit des Gerichts auf dem gewöhnlichen Aufenthalt der Ehegatten oder einer gemeinsamen Staatsangehörigkeit beruht.[1909] Wenn eine Annexzuständigkeit vorliegt, handelt es sich um eine ausschließliche Zuständigkeit, sodass keine Rechtswahl möglich ist.[1910]

In allen anderen Fällen richtet sich die Zuständigkeit nach Art. 6 EuGüVO. Dieser sieht eine Zuständigkeitsleiter vor, die primär an den gewöhnlichen Aufenthalt beider oder jedenfalls einer Partei anknüpft.[1911] Subsidiär richtet sich die Zuständigkeit nach der Staatsangehörigkeit der Ehegatten. Soweit eine Zuständigkeit nach Art. 6 EuGüVO gegeben wäre, ist gemäß Art. 7 EuGüVO auch eine Gerichtsstandsvereinbarung möglich. Eine solche Vereinbarung ist jedoch nur zugunsten der Gerichte des Staates zulässig, dessen Recht im Rahmen der Rechtswahl gewählt wurde, oder in dem die Ehe geschlossen wurde.

Im Hinblick auf die Beschränkungen bei der Rechtswahl sowie die Prävalenz der Anknüpfung an den gewöhnlichen Aufenthalt sind bei deutschen Ehegatten

---

1908 Vgl. in MüKo-FamFG, Art. 6 EuGüVO, Rn. 1.

1909 *Hausmann* in FamilienR, 1. Teil-B, Rn. 71.

1910 *Hausmann* in FamilienR, 1. Teil-B, Rn. 72.

1911 *Andrae*, Internat. FamilienR, Rn. 51.

im Sinne der hier behandelten Konstellation deutsche Gerichte zuständig und eine abweichende Rechtswahl ist kaum möglich.

Im Grunde könnten reine Güterrechtssachen als vermögensrechtliche Ansprüche schiedsfähig sein und mithin der Schiedsgerichtsbarkeit unterworfen werden, wenngleich eine entsprechende Abrede unwahrscheinlich ist. Dies ist jedoch insoweit einzuschränken, als bei anhängigen Scheidungsangelegenheiten ein sogenannter Entscheidungsverbund besteht.[1912] Dieser verbindet den an sich vermögensrechtlichen Anspruch untrennbar mit der statusrechtlichen Entscheidung in der Ehesache. In der Konsequenz wird daher über den Anspruch durch das Familiengericht entschieden und eine Schiedsgerichtsbarkeit kommt nicht in Betracht.[1913] Eine mögliche Schiedsgerichtsbarkeit ist damit regelmäßig auf nachträgliche Vereinbarungen in Bezug auf den Anspruch, also das „Wie" und nicht das „Ob" beschränkt. Entsprechend kann auch eine Schiedsabrede in dem Zuwendungsverhältnis des einen Ehegatten mit dem Dritten in der Güterrechtssache keine Bindungswirkung gegenüber dem anderen Ehegatten entfalten.

2. *Liechtenstein*

Das liechtensteinische Recht kennt ebenfalls Mechanismen zur Aufteilung des während der Ehe erzielten Vermögenszuwachses. Diese sind grundsätzlich in den Art. 73 ff. EheG geregelt. Nach Art. 84 EheG sind bei der Berechnung eines möglichen Ausgleichs insbesondere unentgeltliche Zuwendungen zu berücksichtigen. Im Gegensatz zum deutschen Recht fehlt es an einem im Eherecht geregelten Anspruch gegen Dritte, wenn sich ein Ehegatte zulasten des anderen vorsätzlich entreichert. Wie oben bereits ausführlich dargelegt, ist in diesen Fällen jedoch bei einer Gläubigerschädigungsabsicht regelmäßig eine Anfechtung nach Art. 67 RSO möglich.[1914] Soweit aus liechtensteinischer Perspektive jedoch deutsches Recht anwendbar ist und nach diesem ein Anspruch aus § 1390 BGB besteht, kann die Anfechtung auch vor einem liechtensteinischen Gericht vorgebracht gemacht werden.

a. *Anwendbares Recht*

Gemäß Art. 21 IPRG sind „die Wirkungen der Ehetrennung und Ehescheidung nach dem für die persönliche Rechtswirkung der Ehe maßgebenden Recht im

1912 *Münch* in MüKo-ZPO, § 1030, Rn. 18.

1913 *Münch* in MüKo-ZPO, § 1030, Rn. 18.

1914 Dazu im Detail oben S. 372 f.

Zeitpunkt der Ehetrennung oder Ehescheidung zu beurteilen." Die persönlichen Rechtswirkungen der Ehe sind wiederum im Art. 19 IPRG geregelt. Danach kommt es primär darauf an, wo beide Ehegatten ihren gewöhnlichen Aufenthalt haben. Fehlt es an einem gemeinsamen gewöhnlichen Aufenthalt, ist der letzte gemeinsame gewöhnliche Aufenthalt maßgeblich, wenn zumindest ein Ehegatte ihn beibehalten hat. Bei einer Subsumtion unter den eingangs angesprochen Sachverhalt ist damit auch aus liechtensteinischer Perspektive deutsches Recht anwendbar. Dieser Schluss setzt voraus, dass die vermögensrechtlichen Wirkungen der Scheidung gegenüber Dritten ebenfalls in den Anwendungsbereich der Art. 19 und 21 IPRG fallen. Dies lässt sich bei einer weiten Auslegung des Wortlauts von Art. 21 IPRG gut vertreten. Da es in Liechtenstein jedoch an einem originär eherechtlichen Anspruch fehlt und stattdessen auf die allgemeine Anfechtung wegen Gläubigerbenachteiligungsabsicht abgestellt werden muss, wäre es ebenfalls denkbar, die vermögensrechtlichen Wirkungen auf solche zwischen den Ehegatten zu beschränken.

Selbst dann, wenn auf dieser Grundlage nicht an das deutsche, sondern das liechtensteinische Recht anzuknüpfen wäre, bliebe das Ergebnis aber beinahe gleich. Denn sowohl § 1390 BGB als auch Art. 67 RSO setzen eine Benachteiligungsabsicht zulasten des anderen Ehegatten voraus. Beide Vorschriften sind zudem im Wesentlichen nur dann anwendbar, wenn das sonstige Vermögen des verpflichteten Ehegatten erschöpft ist. Eine vertiefte Auseinandersetzung kann daher dahinstehen.

Soweit man der weiten Auslegung von Art. 21 IPRG folgt, ist auch aus liechtensteinischer Perspektive deutsches Recht anwendbar.

b. Gerichtsstand und Schiedsgerichtsbarkeit

Für den in Rede stehenden Anspruch besteht in der JN keine gesonderte Zuständigkeit. Denn es handelt sich weder um die eigentliche Scheidung im Sinne von § 60 JN, noch um eine nicht rein vermögensrechtliche Streitigkeit aus dem Eheverhältnis im Sinne von § 51 Abs. 1 JN. Stattdessen ist, soweit eine liechtensteinische Stiftung in Anspruch genommen werden soll, auf den allgemeinen Gerichtsstand der Stiftung nach § 36 JN abzustellen.

Das Gerichtsverfahren kann somit auch in Liechtenstein anhängig gemacht werden und das Bestehen eines Anspruchs wäre dabei nach Maßgabe deutschen Rechts zu bewerten.

Die Frage nach der Schiedsgerichtsbarkeit kann vorliegend dahinstehen. Denn regelmäßig wird es an einer Abrede zwischen dem ausgleichsberechtigten Ehegatten und der Stiftung fehlen. Wie zum deutschen Recht gezeigt, kann eine

Abrede zwischen Stifter und Stiftung zudem keine Bindungswirkung im Verhältnis zum anderen Ehegatten begründen.

3. Fazit

Im Ergebnis sind eherechtliche Ansprüche – ebenso wie Pflichtteilsansprüche – grundsätzlich untrennbar mit den betroffenen natürlichen Personen verbunden. Begründet das Eherecht besondere Ansprüche, sind diese daher nach den Regeln zu beurteilen, die auch auf die Ehe beziehungsweise den Güterstand anwendbar sind. Bei deutschen Ehegatten ist damit im Ergebnis regelmäßig deutsches Recht maßgeblich, unabhängig davon, ob vor einem deutschen oder einem liechtensteinischen Gericht geklagt wird. Eine besondere einschränkende Vorschrift wie den Art. 29 Abs. 5 IPRG gibt es im Rahmen des Güterstandes nicht. Die Verfolgung von Ansprüchen des Ausgleichsberechtigten gegen Dritte sollte daher in beiden Rechtsordnungen gleich erfolgreich sein.

V. Ansprüche bei Gläubigeranfechtung

Nachdem in den vorangegangenen Abschnitten bereits die speziellen drittschützenden Vorschriften im Erb- und Eherecht behandelt wurden, folgen nun zum Abschluss die ebenfalls drittschützenden Regelungen zur allgemeinen Gläubigeranfechtung. Im Rahmen der Frage nach der Gefahr einer Haftungsexklave des Stifters war die Gläubigeranfechtung ein entscheidender Argumentationsbestandteil. Ob sie die angepriesene Schutzfunktion aber auch tatsächlich in grenzüberschreitenden Sachverhalten erfüllen kann, wird im Folgenden aufgearbeitet. Da es dementsprechend auf eine potenzielle Gläubigerbenachteiligung durch einen deutschen Stifter ankommt, wird nur die Konstellation überprüft, in der ein in Deutschland wohnhafter Stifter seinen Verpflichtungen gegenüber seinen Gläubigern nicht mehr nachkommen kann.

1. Deutschland

In Deutschland richtet sich die Gläubigeranfechtung in der Insolvenz nach den §§ 129 ff. InsO. Soweit das Insolvenzverfahren noch nicht eröffnet ist, können Gläubiger zudem einzelne Rechtsgeschäfte des Schuldners nach den §§ 3, 4 AnfG anfechten.

a. Anwendbares Recht

In Bezug auf das anwendbare Recht kann grundsätzlich zwischen der allgemeinen Insolvenzanfechtung im Rahmen der InsO und der Gläubigeranfechtung aufgrund des AnfG unterschieden werden.

aa. Insolvenzanfechtung

Im Rahmen des Insolvenzrechts bestimmt sich das anwendbare Recht grundsätzlich nach der EuInsVO.[1915] Diese ist universell anwendbar, soweit in einem europäischen Mitgliedstaat ein Insolvenzverfahren eröffnet wird.[1916]

Die Verordnung sieht in Art. 7 Abs. 1 vor, dass grundsätzlich das Recht des Mitgliedstaats anwendbar ist, in dem das Verfahren eröffnet wurde. Dabei erstreckt sich die Anknüpfung nach Art. 7 Abs. 2 lit. m) EuInsVO explizit auf die Anfechtung von Rechtshandlungen, die die Gesamtheit der Gläubiger benachteiligen. Wird also das Insolvenzverfahren über das Vermögen eines deutschen Stifters in Deutschland eröffnet, richtet sich die Anfechtbarkeit gemäß Art. 7 EuInsVO grundsätzlich nach dem deutschen Recht. Aus einem systematischen Vergleich mit Art. 16 EuInsVO wird jedoch abgeleitet, dass Art. 7 Abs. 2 lit. m) EuInsVO einen qualifizierten Binnenmarktbezug benötigt.[1917] Dieser besteht nur dann, wenn auf die zugrunde liegende Rechtshandlung ebenfalls das Recht eines Mitgliedstaats anwendbar ist. Wie oben bereits gezeigt, trifft dies – vorbehaltlich einer Rechtswahl – aus deutscher Perspektive aber nur für nachträgliche Zuwendungen zu, die dem Vertragsstatut, und nicht wie die ursprüngliche Vermögenszuwendung dem Stiftungsstatut, unterfallen. Im Ergebnis ist daher nach Art. 7 Abs. 1 EuInsVO auf die Anfechtung nachträglicher Zuwendungen im Regelfall deutsches Recht anwendbar.

Für die Stiftungserrichtung fehlt es an diesem qualifizierten Binnenmarktbezug, sodass das nationale Recht für die Bestimmung maßgeblich ist. In Deutschland ist dies § 339 InsO. Dieser sieht vor, dass sich die Anfechtung einer Rechtshandlung nach dem Recht des Konkursortes richtet, also die *lex fori concursus* entscheidend sind.[1918] Bei einem Insolvenzverfahren in Deutschland wäre dies entsprechend deutsches Recht. § 339 InsO enthält jedoch – parallel zu Art. 16 EuInsVO – eine Rückausnahme, wenn der Anfechtungsgegner

---

1915 Verordnung (EU) 2015/848 des Europäischen Parlaments und des Rates vom 20. Mai 2015 über Insolvenzverfahren.

1916 *Mock* in BeckOK-InsO, Art. 1 EuInsVO, Rn. 4 und 18. m.w.N.

1917 *Mock* in BeckOK-InsO, Art. 7 EuInsVO, Rn. 64.

1918 Vgl. ausführlich *Martini/Beck* in BeckOK-InsO, § 339, Rn. 11 ff.

nachweisen kann, „dass für die Rechtshandlung das Recht eines anderen Staates maßgebend und die Rechtshandlung nach diesem Recht in keiner Weise angreifbar ist". Für die Vermögensausstattung im Rahmen der Stiftungserrichtung ist zwar liechtensteinisches Recht maßgebend, die Stiftung wird jedoch nicht nachweisen können, dass die Errichtung nach liechtensteinischem Recht nicht angreifbar ist. Denn Zuwendungen an eine Stiftung können auch in Liechtenstein gemäß Art. 552 § 38 Abs. 1 PGR gleich einer Schenkung angefochten werden.[1919] Dies gilt sowohl für die Schenkungsanfechtung nach Art. 65 RSO als auch die Absichtsanfechtung nach Art. 67 RSO. Somit unterfällt auch die insolvenzrechtliche Anfechtung der Stiftungserrichtung dem deutschen Recht.

Da es sich um einen gesetzlichen Anspruch handelt, kommt eine Rechtswahl nicht in Betracht. Eine etwaige Rechtswahl in dem angefochtenen Geschäft kann jedoch, wie im vorherigen Absatz gezeigt, im Rahmen von § 339 InsO Einfluss auf das anwendbare Recht haben.

bb. Gläubigeranfechtung

Die international privatrechtliche Anknüpfung stellt einen der wesentlichen Unterschiede zwischen der Anfechtung nach dem AnfG und der InsO dar. Denn während die InsO bei der Anfechtung an das Recht des Staates anknüpft, in dem das Insolvenzverfahren anhängig ist, fehlt es im Rahmen des AnfG an einem solchen Verfahren, an das angeknüpft werden könnte. Stattdessen regelt § 19 AnfG, dass das Wirkungsstatut der angefochtenen Rechtshandlung maßgeblich ist.

Bei der Bestimmung dieses Wirkungsstatuts muss grundsätzlich zwischen Verpflichtungs- und Verfügungsgeschäft unterschieden werden. Als Verpflichtungsgeschäft kommt sowohl die Vermögensausstattung im Rahmen der Stiftungserrichtung als auch das spätere Zuwendungsgeschäft in Betracht. Im Fall des deutschen Stifters kann – wie oben bereits gezeigt vorbehaltlich einer Rechtswahl – bei der Errichtung von einer Geltung liechtensteinischen Rechts und bei späteren Zuwendungen von der Geltung deutschen Rechts ausgegangen werden. Wird hingegen das Verfügungsgeschäft angefochten, ist regelmäßig das Recht des Lageorts der Sache entscheidend.[1920] Welches Recht dies ist, kann grundsätzlich nur im Einzelfall entschieden werden. Da es aber auf den Ort bei

1919 Damit ist auch die Gläubigeranfechtung in der Insolvenz gemeint, vgl. *Heiss* in Liechtensteinisches Stiftungsrecht, Art. 552 § 38, Rn. 11.

1920 *Huber* in Huber-AnfG, § 19, Rn. 9; *Weinland* in MüKo-AnfG, § 19, Rn. 10.

Verfügung ankommt,[1921] kann dies in vielen Fällen bei einem deutschen Stifter auch deutsches Recht sein.

Eine Rechtswahl ist auch im Rahmen der Anfechtung nach AnfG nicht möglich.

b. Gerichtsstand und Schiedsgerichtsbarkeit

aa. Insolvenzanfechtung

Die Zuständigkeit der Gerichte richtet sich im Anwendungsbereich der EuInsVO nach Art. 6 Abs. 1 EuInsVO. Danach sind die Gerichte des Mitgliedstaates, in dem das Insolvenzverfahren eröffnet wurde, für alle Klagen im Zusammenhang mit dem Verfahren, insbesondere Anfechtungsklagen, zuständig.

Außerhalb des Anwendungsbereichs der EuInsVO ist die Zuständigkeit umstritten. Dabei ist die Zuständigkeit nach den §§ 12 ff. ZPO bestimmen. Zum Teil wird aus der Rechtsprechung des EuGH[1922] abgeleitet, dass auch im Rahmen des nationalen Rechts eine Zuständigkeit des Mitgliedstaates besteht, in dessen Gebiet das Verfahren eröffnet wurde.[1923] Lehnt man diese Ansicht ab und stellt rein auf die nationalen Vorschriften ab,[1924] besteht eine Zuständigkeit deutscher Gerichte nur dann, wenn die liechtensteinische Stiftung aufgrund der §§ 12 ff. ZPO überhaupt einen Gerichtsstand in Deutschland hat.[1925] Wie bereits gezeigt, kann dies im Rahmen des § 23 ZPO der Fall sein. Dies ist jedoch nicht zwingend.

Im Ergebnis besteht – vorbehaltlich einer Rechtswahl – in Bezug auf nachträgliche Zuwendungen eine Zuständigkeit deutscher Gerichte. Hinsichtlich der Stiftungserrichtung jedoch nur dann, wenn ein besonderer Gerichtsstand begründet ist, oder der Ansicht gefolgt wird, die sich auch bei der Anwendung des nationalen Rechts an den europarechtlichen Grundsätzen orientiert.

Eine Gerichtsstandsvereinbarung ist im Grunde nach § 38 Abs. 2 ZPO möglich, wenn der Insolvenzverwalter und die Stiftung eine solche Vereinbarung

---

1921 *Weinland* in MüKo-AnfG, § 19, Rn. 10.

1922 EuGH, Urt. v. 12.2.2009 – C-339/07, Slg. 2009, I-767-802.

1923 *Kindler* in MüKo-BGB, § 339, Rn. 8 m.w.N.; *Martini/Beck* in BeckOK-InsO, § 339, Rn. 27 m.w.N.

1924 *Brinkmann* in Schmidt-InsO, § 339, Rn. 6 m.w.N.; u.a. gestützt auf BGH, Urt. v. 20.12.2012 – IX ZR 130/10, ZIP 2013, 374, juris Rn. 13; OLG Frankfurt, Urt. v. 17.12.2012 – 1 U 17/11, ZIP 2013, 277, juris Rn. 20 ff.

1925 Vgl. insbesondere OLG Frankfurt, Urt. v. 17.12.2012 – 1 U 17/11, ZIP 2013, 277, juris Rn. 20 ff.

treffen. Eine Vereinbarung zwischen Stifter und Stiftung bei der Vermögenszuwendung schlägt jedoch nicht auf die Insolvenzanfechtung durch. Gleiches gilt für die Vereinbarung der Schiedsgerichtsbarkeit.

bb. Gläubigeranfechtung

Der Gerichtsstand ist grundsätzlich nach den allgemeinen Regeln der ZPO zu bestimmen.[1926] Insoweit kann auf die Ausführungen zum Insolvenzrecht verwiesen werden. Ebenso sind parallel nachträgliche Gerichtsstands- oder Schiedsvereinbarungen zwischen den Beteiligten möglich. Eine Bindungswirkung kann aber eine entsprechende Vereinbarung im angefochtenen Geschäft selbst nicht begründen.

2. Liechtenstein

In Liechtenstein wird nicht zwischen der Anfechtung vor und während der Insolvenz unterschieden. Stattdessen besteht nur eine allgemeine Anfechtungsmöglichkeit in Art. 67 RSO.

a. Anwendbares Recht

Bei der international privatrechtlichen Anknüpfung ist daher allein Art. 75 RSO maßgeblich. Danach richtet sich die Anfechtung von Rechtshandlungen nach dem Recht des Wohnsitzes oder Sitzes des Schuldners.[1927] In der hier überprüften Konstellation ist bei einem deutschen Stifter regelmäßig nur deutsches und nicht liechtensteinisches Recht maßgeblich. Klarstellend regelt Art. 75 Abs. 5 RSO, dass Anfechtungen, die nicht auf der RSO beruhen, entsprechend der jeweiligen für das Rechtsgeschäft geltenden Anknüpfung zu behandeln sind. Damit sind etwa die Einrede eines Scheingeschäfts oder auch die Schenkungsanfechtung gemeint.

b. Gerichtsstand und Schiedsgerichtsbarkeit

Hinsichtlich des Gerichtsstands ergeben sich in Bezug auf die Anfechtung keine Besonderheiten, sodass auf den allgemeinen Gerichtsstand der Stiftung nach § 36 JN abzustellen ist. Parallel zum deutschen Recht dürfte im Grunde auch in Liechtenstein eine nachträgliche Vereinbarung des Gerichtsstands oder der Schiedsgerichtsbarkeit möglich sein. Eine etwaige Regelung aus dem infrage

1926 *Weinland* in MüKo-AnfG, § 13, Rn. 12 ff.
1927 Vgl. dazu auch BuA Nr. 13/2008, S. 140.

stehenden Rechtsgeschäft entfaltet jedoch keine Bindungswirkung für die Anfechtung.

3. *Fazit*

In den allermeisten Fällen dürfte damit auch die Anfechtung gläubigerschädigender Rechtsgeschäfte allein nach deutschem Recht zu bewerten sein. Nur in seltenen Fällen wäre bei einer Anfechtung nach dem AnfG liechtensteinisches Recht anwendbar. Im Ergebnis macht es zudem kaum einen Unterschied, ob deutsches oder liechtensteinisches Recht angewandt wird, da die Gläubigeranfechtung beinahe identisch ausgestaltet ist. Die einzige wesentliche Unterscheidung zwischen den Rechtsordnungen liegt darin, dass in Liechtenstein keine Anfechtungsfrist für die Gläubigerschädigungsanfechtung besteht, gleichzeitig die Schenkungsanfechtung nur innerhalb eines Jahres statt innerhalb von vier Jahren in Deutschland möglich ist. Da eine Schädigungsabsicht nach einem Ablauf von über zehn Jahren jedoch kaum nachweisbar sein dürfte, ist nicht davon auszugehen, dass in der Praxis häufig abweichende Ergebnisse erzielt werden. In Bezug auf die Schenkungsanfechtung könnte dieses Ergebnis hinzunehmen sein, da durch die Anwendung der Vermögensopfertheorie die Frist in vielen Fällen nicht zu laufen beginnt. Zudem können in fragwürdigen Stiftungskonstellationen – etwa bei der reinen Stiftung für den Stifter – die Anforderungen an den Nachweis einer Schädigungsabsicht, beispielsweise durch eine Beweisfiktion,[1928] erleichtert werden.

Das Verfahren kann im Ergebnis in beiden Rechtsordnungen anhängig gemacht werden, wobei ein Verfahren in Liechtenstein aufgrund der Vollstreckbarkeit vorzugswürdig erscheint.

VI. Fazit

Die Ausführungen haben gezeigt, dass das deutsche und das liechtensteinische IPR an vielen Punkten zum gleichen Ergebnis gelangen. Parallel verläuft dabei die Anknüpfung bei eherechtlichen Ansprüchen, bei der Anfechtung gläubigerschädigender Rechtshandlungen sowie bei Ansprüchen der Destinatäre. Eine ebenfalls identische Anknüpfung besteht im Rahmen des Erbrechts, genauer bei der Bewertung von Pflichtteilsansprüchen. Hier liegt jedoch, trotz einer gleichen Anknüpfung, der wesentliche Unterschied darin, dass vor einem liechtensteinischen Gericht nach Art. 29 Abs. 5 IPRG Ansprüche nur in dem Maße anerkannt werden, wie sie auch nach liechtensteinischem Recht bestehen würden. Da die

---

1928 Dazu ausführlich oben S. 390 f für Deutschland und S. 399 f. für Liechtenstein.

Anrechnungsfrist nach liechtensteinischem Recht nur zwei Jahre beträgt, kann dies im Vergleich mit der zehnjährigen Frist in Deutschland zu einer schnellen „Enterbung“ führen. Als letzter Aspekt verbleibt damit die Anknüpfung des Personalstatuts der Stiftung. Auch hier halten beide Rechtsordnungen grundsätzlich liechtensteinisches Recht für maßgeblich, jedoch wird der Umfang des Stiftungsstatuts unterschiedlich weit gesehen. Insbesondere bei der Frage, ob nachträgliche Zuwendungen des Stifters an die Stiftung noch von dem Stiftungsstatut umfasst sind oder dem Vertragsstatut unterliegen, besteht Uneinigkeit. Da im Rahmen des Vertragsstatuts jedoch regelmäßig eine Rechtswahl möglich ist, kann davon ausgegangen werden, dass der Stifter und die Stiftung liechtensteinisches Recht zur Anwendung bringen können, wenn sie dies wollen.

Es macht aufgrund der in vielerlei Hinsicht gleichen Anknüpfung in der Sache kaum einen Unterschied, ob ein Verfahren vor einem deutschen oder einem liechtensteinischen Gericht anhängig gemacht wird. Da es jedoch kein Vollstreckungsabkommen zwischen Deutschland und Liechtenstein gibt, können Ansprüche, die vor einem deutschen Gericht erstritten werden, in Liechtenstein nicht direkt durchgesetzt werden. Es erscheint daher im Ergebnis zielführender, die Klage vor einem liechtensteinischen Gericht zu erheben. Dies zieht allerdings in den begrenzten Fällen der materiellen Abweichung aus deutscher Perspektive Probleme nach sich, wenn etwa faktisch deutsches Pflichtteilsrecht umgangen wird. Darauf wird im nächsten Abschnitt noch genauer einzugehen sein.

Zuletzt sei angemerkt, dass für sämtliche vertraglichen Rechtsverhältnisse sowie die Stiftungserrichtung außerdem die Schiedsgerichtsbarkeit eine Alternative darstellen kann, da die Parteien bei der Wahl des Schiedsgerichts relativ frei sind und die Schiedssprüche auch in Liechtenstein vollstreckbar sind.

C. *ordre public*-Vorbehalt als Grenze der Anerkennung

Wie bereits festgestellt, ist für das Personalstatut – und damit für die Anerkennung – liechtensteinischer Stiftungen im Regelfall liechtensteinisches Recht maßgeblich.[1929] Geht man davon aus, dass die Stiftung nach diesem Recht wirksam gegründet worden ist, muss aus deutscher Perspektive ihre eigene Rechtspersönlichkeit anerkannt werden. In Einzelfällen kann die Anerkennung der liechtensteinischen Stiftung jedoch zu unbilligen Ergebnissen führen. Die Vorzüge eines separaten Rechtsträgers zu gewähren, scheint insbesondere dann zweifelhaft, wenn die Stiftung nur einen anderen Rechtsträger für das Vermögen eines

1929 Dazu oben S. 460 ff.

deutschen Stifters darstellt und dieser über das Vermögen der Stiftung wie über sein eigenes Konto verfügen kann. Dies kann auf steuerrechtlicher Ebene Konflikte hervorrufen, aber auch im Zivilrecht führt „asset protection" letztlich dazu, dass Gläubigern der Zugriff auf Vermögenswerte des Schuldners entzogen wird.

Im Steuerrecht hat der Gesetzgeber der Finanzverwaltung mit den §§ 39, 42 AO Werkzeuge zur Verfügung gestellt, mit denen eine adäquate Abbildung der tatsächlichen Situation bei der steuerlichen Betrachtung erreicht werden kann. Die Finanzverwaltung kann auf diese Weise, auch wenn die zivilrechtliche Anerkennung der Stiftung zu vermeintlich unsachgemäßen Ergebnissen führen würde, eine sachgemäße Besteuerung erreichen. Dazu im nächsten Kapitel noch ausführlich.

Im Zivilrecht fehlt es hingegen an einer Möglichkeit, Probleme, die sich aus der Anerkennung ausländischer juristischer Personen ergeben, im Wege einer wirtschaftlichen Betrachtungsweise zu beheben. Erst dann, wenn die Anerkennung zu Ergebnissen führt, die mit wesentlichen Grundsätzen deutschen Rechts unvereinbar sind, kann eine Anwendung des ausländischen Rechts im Wege des *ordre public*-Vorbehalts (Art. 6 EGBGB) unterbleiben. Die konkreten Voraussetzungen für eine Unvereinbarkeit werden im Folgenden aufgearbeitet und anschließend mit Gestaltungsvarianten der liechtensteinischen Stiftung verglichen.

I. Grundsätzliches zum *ordre public*-Vorbehalt

Der in Art. 6 EGBGB geschaffene *ordre public*-Vorbehalt „bezweckt allgemein, durch Kollisionsnormen berufenes fremdes Recht abzuwehren, sofern dessen Anwendung im Einzelfall zu Ergebnissen führen würde, die den Kernbestand der inländischen Rechtsordnung antasten."[1930] Mit dieser Begründung stellt der Gesetzgeber von 1986 bereits die, über den Wortlaut der Norm hinausgehende, wichtigste Voraussetzung des Vorbehalts auf: Neben der Unvereinbarkeit mit wesentlichen Grundsätzen deutschen Rechts (insbesondere den Grundrechten Art. 6 S. 1 und 2 EGBGB) kommt es gerade auf die Unvereinbarkeit im Einzelfall an. Gemeint ist damit die konkrete Unvereinbarkeit des Ergebnisses der Rechtsanwendung – eine abstrakte Gefahr durch die ausländische Norm genügt somit nicht.[1931]

1930 BT-Drucks. 10/504, S. 42.

1931 BGH, Urt. v. 20.3.1963 – VIII ZR 130/61, BGHZ 39, 173, juris Rn. 6; BGH, Urt. v. 4.6.1992 – IX ZR 149/91, BGHZ 118, 312, juris Rn. 38; BGH, Urt. v. 6.10.2004 – XII ZR 225/01, BGHZ 160, 332, juris Rn. 41; BGH, Beschl. v. 3.12.2014 – IV ZB 9/14, NJW 2015, 623, juris Rn. 26; *Baetge* in jurisPK-BGB, Art. 6 EGBGB, Rn. 65; *Thorn*

Die Gesetzesbegründung und das Erfordernis einer konkreten Unvereinbarkeit des Ergebnisses im Einzelfall deuten bereits auf den Ausnahmecharakter des *ordre public*-Vorbehalts im System des internationalen Privatrechts hin. Entsprechend wird davon ausgegangen, dass der *ordre public*-Vorbehalt nur einen *ultima ratio* Charakter haben kann.[1932] Ohne eine derartige Einschränkung stünde es den deutschen Gerichten regelmäßig frei, die Anwendung fremder Vorschriften über Art. 6 EGBGB auszuschließen, wenn das fremde Recht zu einem anderen Ergebnis als das deutsche Recht käme.[1933] Faktisch würde dann im Ergebnis doch immer nur deutsches Recht angewendet.

Das Verständnis des *ordre public*-Vorbehalts als Ausnahmevorschrift skizziert auch seine inhaltliche Reichweite. Denn ganz herrschend wird dem Vorbehalt vorrangig eine negative beziehungsweise defensive Wirkung zugeschrieben.[1934] Dies bedeutet, dass bei der grundsätzlichen Anwendung fremden Rechts die deutsche Rechtsordnung derart verteidigt wird, als dass bei offensichtlichen Verstößen das fremde Recht nicht angewendet wird. Im Gegensatz dazu würde ein *ordre public*-Vorbehalt mit positiver beziehungsweise offensiver Wirkung dazu führen, dass einige nationale Vorschriften unabhängig von der konkreten Ausgestaltung des anzuwendenden fremden Rechts anzuwenden wären.[1935] Die Verbindung von Ausnahmecharakter und negativer Wirkung bedeutet letztlich, dass etwa das Bestehen eines Anspruchs nach deutschem Recht, der in der anderen Rechtsordnung nicht vorgesehen ist, nicht automatisch zu einem *ordre public*-Vorbehalt führt.

---

in Grüneberg, Art. 6 EGBGB, Rn. 5; *Voltz* in Staudinger, Art. 6 EGBGB, Rn. 124; kritisch *Hemler* in Erman-BGB, Art. 6 EGBGB, Rn. 17.

1932 *Voltz* in Staudinger, Art. 6 EGBGB, Rn. 20 m.w.N.; andere Autoren sprechen nicht von einem *ultima ratio* Charakter, gehen jedoch i.E. ähnlich von einer Anwendung unter großer Zurückhaltung aus, *Baetge* in jurisPK-BGB, Art. 6 EGBGB, Rn. 11; v. *Hein* in MüKo-BGB, Art. 6 EGBGB, Rn. 13 f.; *Stürner* in BeckOGK, Art. 6 EGBGB, Rn. 182 ff.; *Thorn* in Grüneberg, Art. 6 EGBGB, Rn. 6; *Serick* in RabelsZ 23 (1958), 624, 631.

1933 *Voltz* in Staudinger, Art. 6 EGBGB, Rn. 153.

1934 *Baetge* in jurisPK-BGB, Art. 6 EGBGB, Rn. 12 ff.; v. *Hein* in MüKo-BGB, Art. 6 EGBGB, Rn. 4; *Stürner* in BeckOGK, Art. 6 EGBGB, Rn. 177; *Thorn* in Grüneberg, Art. 6 EGBGB, Rn. 3; *Voltz* in Staudinger, Art. 6 EGBGB, Rn. 10 ff.; von einer notwendigerweise ebenfalls positiven Funktion ausgehend *Hemler* in Erman-BGB, Art. 6 EGBGB, Rn. 3 f.

1935 *Stürner* in BeckOGK, Art. 6 EGBGB, Rn. 177; *Voltz* in Staudinger, Art. 6 EGBGB, Rn. 9.

Begreift man den *ordre public*-Vorbehalt letztlich primär als Abwehrmechanismus, folgt daraus auch seine Relativität: Für den Vorbehalt bedeutet dies, „dass in einem bestimmten Zeitpunkt, bei bestimmten Inlandsbeziehungen und bestimmten Zusammenhängen der ausländische Rechtssatz vom inländischen Gericht nicht angewandt wird".[1936] Damit eine gewisse Abwehr durch den *ordre public* notwendig ist, bedarf es daher in erster Linie zwingend einer Inlandsbeziehung.[1937] Denn nur dann, wenn eine „Störung der inländischen öffentlichen Ordnung" vorliegt, ist die Anwendung von Art. 6 EGBGB überhaupt gerechtfertigt.[1938] Insoweit handelt es sich um ein ungeschriebenes Tatbestandsmerkmal.[1939] Eine Inlandsbeziehung liegt vor, soweit personale, sachliche oder rechtliche Umstände des konkreten Sachverhalts einen Bezug zu Deutschland begründen.[1940] Dabei lassen sich insbesondere die Faktoren heranziehen, die auch zur kollisionsrechtlichen Anknüpfung genutzt werden.[1941] Allerdings muss die Beziehung nur hinreichend sein und bedarf gerade nicht der engsten Verbindung, auf die sonst im IPR abgestellt wird.[1942] Neben der Inlandsbeziehung als räumlichem Anknüpfungspunkt ist auf zeitlicher Ebene eine Gegenwartsbeziehung erforderlich.[1943] Inhaltlich ist zudem eine sachliche Beziehung notwendig, was jedoch nicht bedeutet, dass der ordre public nur auf Hauptfragen anwendbar ist.[1944] Stattdessen ist für die Bewertung des Einzelfalls entscheidend, wie ausgeprägt die Beziehung ist. Denn die Relativität des *ordre public* erschöpft sich nicht in der Notwendigkeit der räumlichen, zeitlichen und sachlichen Beziehung, sondern setzt auch den Rahmen für die inhaltliche Bewertung: Abhängig von der

---

1936 So wörtlich *Voltz* in Staudinger, Art. 6 EGBGB, Rn. 155 m.w.N.

1937 Ausdrücklich BT-Drucks. 10/504, S. 43; vgl. auch BGH, Urt. v. 30.10.1974 – IV ZR 18/73, BGHZ 1975 63, 219, juris Rn. 17; BayObLG, Entscheidung v. 21.2.1969 – BReg 1b Z 95/68, BayObLGZ 1969, 70, 81; v. *Hein* in MüKo-BGB, Art. 6 EGBGB, Rn. 199; *Hemler* in Erman-BGB, Art. 6 EGBGB, Rn. 20 f.; *Thorn* in Grüneberg, Art. 6 EGBGB, Rn. 6; *Voltz* in Staudinger, Art. 6 EGBGB, Rn. 156 ff. m.w.N.

1938 *v. Hein* in MüKo-BGB, Art. 6 EGBGB, Rn. 199 f.; *Voltz* in Staudinger, Art. 6 EGBGB, Rn. 158 m.w.N.

1939 *Voltz* in Staudinger, Art. 6 EGBGB, Rn. 158 m.w.N.

1940 *Voltz* in Staudinger, Art. 6 EGBGB, Rn. 158 m.w.N.

1941 *v. Hein* in MüKo-BGB, Art. 6 EGBGB, Rn. 201; vgl. auch *Thorn* in Grüneberg, Art. 6 EGBGB, Rn. 6; *Voltz* in Staudinger, Art. 6 EGBGB, Rn. 158 ff.

1942 *v. Hein* in MüKo-BGB, Art. 6 EGBGB, Rn. 201.

1943 *v. Hein* in MüKo-BGB, Art. 6 EGBGB, Rn. 218 ff.; *Voltz* in Staudinger, Art. 6 EGBGB, Rn. 165 je m.w.N.

1944 *v. Hein* in MüKo-BGB, Art. 6 EGBGB, Rn. 128; *Voltz* in Staudinger, Art. 6 EGBGB, Rn. 166 je m.w.N.

Intensität der jeweiligen Beziehung ist damit auch die Schwelle, ab der ein *ordre public*-Vorbehalt angenommen werden kann.[1945] Bei einer besonders ausgeprägten Beziehung sind daher die Hürden für die Anwendung des Art. 6 EGBGB geringer. Umgekehrt muss die Unvereinbarkeit noch über das normale Maß hinaus gehen, wenn die Beziehung nur schwach ist.

Im Hinblick auf den Ausnahmecharakter des *ordre public*-Vorbehalts muss der Verstoß gegen wesentliche Grundsätze deutschen Rechts außerdem „untragbar"[1946] sein.[1947] Kommt es auf die Unvereinbarkeit mit den Grundrechten an, bedarf es aufgrund der Relevanz der Grundrechte zwar keiner besonderen „Untragbarkeit", da jeglicher Verstoß gegen die Grundrechte ohnehin nicht hinnehmbar ist,[1948] jedoch muss das Grundrecht auf den Sachverhalt mit Auslandsbezug überhaupt anwendbar sein.[1949] Da es sich bei dem Begriff der „wesentlichen Grundsätze deutschen Rechts" um eine Generalklausel handelt, ist eine klare Definition kaum möglich.[1950] Die Gesetzesbegründung definiert in Anlehnung an die Vorgängervorschrift des Art. 30 EGBGB die wesentlichen Grundsätze immerhin insoweit, als sie die „guten Sitten" und den „Zweck eines deutschen Gesetzes" umfassen sollen.[1951] Dabei kann zur Auslegung der guten Sitten auf die nationale Rechtsprechung Bezug genommen werden. Was ein „Zweck eines deutschen" Gesetzes im Sinne des *ordre public* ist, wird dahingehend konkretisiert, als dass diesem widersprochen wird, wenn „das Ergebnis der Anwendung des ausländischen Rechts zu den Grundgedanken der deutschen Regelung und der in ihnen liegenden Gerechtigkeitsvorstellungen in so starkem Widerspruch steht, daß es von uns für untragbar gehalten wird".[1952] Ob das

---

1945 Ganz h.M. BVerfG, Beschl. v. 18.7.2006 – 1 BvL 1/04, 1 BvL 12/04, BVerfGE 116, 243, juris Rn. 72; BGH, Urt. v. 4.6.1992 – IX ZR 149/91, BGHZ 118, 312, juris Rn. 102 f.; *Thorn* in Grüneberg, Art. 6 EGBGB, Rn. 6; *Baetge* in jurisPK-BGB, Art. 6 EGBGB, Rn. 78; v. *Hein* in MüKo-BGB, Art. 6 EGBGB, Rn. 205; *Hemler* in Erman-BGB, Art. 6 EGBGB, Rn. 20 f.; *Stürner* in BeckOGK, Art. 6 EGBGB, Rn. 266 ff.; *Voltz* in Staudinger, Art. 6 EGBGB, Rn. 161.

1946 Exemplarisch BGH, Beschl. v. 17.9.1968 – IV ZB 501/68, BGHZ, 370, juris Rn. 13.

1947 *v. Hein* in MüKo-BGB, Art. 6 EGBGB, Rn. 197 f. m.w.N.

1948 BVerfG, Beschl. v. 4.5.1971 „Spanier-Entscheidung", BVerfGE 31, 58, juris Rn. 67; v. *Hein* in MüKo-BGB, Art. 6 EGBGB, Rn. 198; *Voltz* in Staudinger, Art. 6 EGBGB, Rn. 138.

1949 *v. Hein* in MüKo-BGB, Art. 6 EGBGB, Rn. 148 ff.

1950 *Voltz* in Staudinger, Art. 6 EGBGB, Rn. 133 ff. m.w.N.

1951 BT-Drucks. 10/504, S. 43; vgl. *Voltz* in Staudinger, Art. 6 EGBGB, Rn. 133 f.

1952 BGH, Beschl. v. 17.9.1968 – IV ZB 501/68, BGHZ, 370, juris Rn. 13 m.w.N.

Ergebnis der Anwendung liechtensteinischen Rechts offensichtlich gegen diese Grundsätze oder die deutschen Grundrechte verstößt, wird in den nächsten Abschnitten überprüft.

Der Widerspruch des Ergebnisses der Anwendung einer ausländischen Norm mit wesentlichen Grundsätzen deutschen Rechts ist im Einzelfall zu überprüfen. Dabei muss in einem ersten Schritt notwendigerweise das Ergebnis bei Anwendung des ausländischen Rechts und das hypothetische Ergebnis bei Anwendung deutschen Rechts ermittelt werden.[1953] In einem nächsten Schritt müssen diese Ergebnisse verglichen werden. Grundsätzlich kommt ein *ordre public*-Vorbehalt nur dann in Frage, wenn sich die Ergebnisse unterscheiden.[1954] Liegt ein Unterschied vor, muss in einem dritten Schritt überprüft werden, ob dieser „offensichtlich unvereinbar" mit wesentlichen Grundsätzen deutschen Rechts ist (Art. 6 S. 1 EGBGB), oder sich nicht mit den Grundrechten vereinbaren lässt (Art. 6 S. 2 EGBGB).

Einen teilweise anderen Ansatz wählt *Jayme*, der in Anlehnung an eine Entscheidung des BGH[1955] zur Adoption eines Kindes von einer Ermittlung des *ordre public* anhand von fünf Schritten ausgeht.[1956] Dabei sei zuerst Sinn und Zweck des ausländischen Rechts zu ermitteln. Danach sei zu überprüfen, ob der ausländische Rechtssatz „rechtspolitisch erschüttert" sei. Drittens sei ein Rechtsvergleich – auch unter Einbeziehung dritter Rechtsordnungen – vorzunehmen, bevor viertens die Wesentlichkeit des deutschen Rechtssatzes ermittelt und fünftens die Inlandsbeziehung überprüft werden kann. Wenngleich strukturell unterschiedlich finden sich die meisten der Prüfungspunkte auch in dem oben dargestellten dreistufigen System wieder.[1957] Denn die Punkte 1–3 nach *Jayme* lassen sich inhaltlich sowohl im Rahmen der Ermittlung fremden Rechts als auch bei der Begründung der Wesentlichkeit des deutschen Rechts unterbringen. Die Punkte 4–5 sind hingegen auch dem dreistufigen System immanent. Die von *Jayme* herausgearbeiteten Aspekte zeigen jedoch anschaulich, dass, wenngleich

1953 *Voltz* in Staudinger, Art. 6 EGBGB, Rn. 121 m.w.N.

1954 *Stürner* in BeckOGK, Art. 6 EGBGB, Rn. 185; allgemein *Jayme*, Konkretisierung des ordre public im IPR, S. 33 m.w.N.; vgl. auch *Basedow* in JZ 2016, 269, 278 f. Ein gleiches Ergebnis kann nur bei besonderen Verwerfungsklauseln einen *ordre public* begründen, die aber in Bezug auf die hier überprüften Konstellationen nicht vorliegen, zum Vergleich des ausländischen und des deutschen Rechts *Stürner* in BeckOGK, Art. 6 EGBGB, Rn. 185.

1955 BGH, Beschl. v. 17.9.1968 – IV ZB 501/68, BGHZ, 370, juris Rn. 14 ff.

1956 *Jayme*, Konkretisierung des ordre public im IPR, S. 41 ff.

1957 *Voltz* in Staudinger, Art. 6 EGBGB, Rn. 151.

nicht vom Wortlaut des Art. 6 EGBGB gedeckt, auch der Stellenwert, den das fremde Recht dem ermittelten Ergebnis beimisst, in der Abwägung berücksichtigt werden muss. Denn wenn der ausländische Rechtssatz bereits „im dortigen System [...] angegriffen ist", ist der Begründungsaufbau für die Anwendung des *ordre public* geringer.[1958]

Da bei der Ermittlung des deutschen Rechts ebenfalls auf die guten Sitten und den Zweck deutscher Gesetze abzustellen ist, wird in diesem Abschnitt – um Dopplungen zu vermeiden – regelmäßig vorweg zu überprüfen sein, ob der vermeintlich verletzte Grundsatz überhaupt ein wesentlicher Grundsatz im Sinne des Art. 6 EGBGB ist.

Sollte im Einzelfall von einer Unvereinbarkeit ausgegangen werden, führt die Anwendung von Art. 6 EGBGB jedoch nur insoweit zu einer Nichtanwendung des ausländischen Rechts, wie es für die Herstellung einer Vereinbarkeit erforderlich ist. Im Weiteren bleiben die *lex causae*, also das Recht des anderen Staates, weiterhin anwendbar.[1959]

II. *ordre public*-Vorbehalt und europäisches Gemeinschaftsrecht

Betrachtet man den deutschen *ordre public*-Vorbehalt innerhalb des Rechts der Europäischen Union, so wird dieser im Regelfall durch die meist spezielleren und vorrangig anzuwendenden gemeinschaftsrechtlichen Vorschriften (bspw. Art. 35 EuErbVO, Rom I-VO und II-VO) verdrängt.[1960] Die für vertragliche Schuldverhältnisse grundsätzlich anwendbare Rom I-Verordnung ist jedoch auf die Anerkennung juristischer Personen gemäß Art. 1 Abs. 2 lit. f Rom I-VO nicht anwendbar. Damit scheidet ein Vorrang des in Art. 21 Rom I-VO vorgesehenen europarechtlichen *ordre public*-Vorbehalts aus. Art. 6 EGBGB bleibt somit anwendbar.

Trotz einer fehlenden eigenen und allgemeingültigen gemeinschaftsrechtlichen Regelung der Materie ist der *ordre public*-Vorbehalt nach Art. 6 EGBGB in großem Maße von der europäischen Rechtsordnung geprägt.[1961] Als Teil des nationalen Rechts ist die Vorschrift nur in den Grenzen des Gemeinschaftsrechts,

---

1958 *Jayme*, Konkretisierung des ordre public im IPR, S. 43.

1959 *Thorn* in Grüneberg, Art. 6 EGBGB, Rn. 13; statt vieler auch *Voltz* in Staudinger, Art. 6 EGBGB, Rn. 205 f. m.w.N.

1960 Allerdings gleichen sich die inhaltlichen Vorgaben für den nationalen sowie die gemeinschaftsrechtlichen *ordre public*-Vorbehalte, *Voltz* in Staudinger, Art. 6 EGBGB, Rn. 43 f.

1961 Vgl. *v. Hein* in MüKo-BGB, Art. 6 EGBGB, Rn. 168 ff.

insbesondere der Grundfreiheiten, anzuwenden.[1962] Dem EuGH steht ein entsprechendes Kontrollrecht zu, welches er auch aktiv nutzt, um die Reichweite der mitgliedstaatlichen *ordre public*-Vorbehalte einzuschränken.[1963] Dennoch ist die Geltendmachung eines *ordre public*-Vorbehalts grundsätzlich möglich. Soweit diese aber das Gemeinschaftsrecht verletzt, ist entsprechend immer eine potenzielle Rechtfertigung zu prüfen.[1964]

Letztlich entfaltet das europäische Recht jedoch kaum eine direkte Wirkung im Verhältnis zu liechtensteinischen Stiftungen, denn – wie oben festgestellt – die Anerkennung der Stiftung fällt nicht unter das Gemeinschaftsrecht. Allerdings wird vorgebracht, dass im Verhältnis zu anderen EU-Mitgliedsstaaten (und daher auch im EWR) nur ein abgeschwächter *ordre public* gelten könnte.[1965] Dieser Streit kann im Rahmen dieser Arbeit aber dahinstehen. Denn für eine abgeschwächte Wirkung wird im Wesentlichen vorgebracht, dass durch die Geltendmachung eines *ordre public*-Vorbehalts im Ergebnis einem anderen Mitgliedstaat eine untragbare Wertordnung vorgeworfen wird und dieser Vorwurf der Idee der gemeinschaftlichen Ordnung zuwiderläuft.[1966] In den hier behandelten Fällen – so viel kann an dieser Stelle vorweggenommen werden – beruht der Vorbehalt jedoch regelmäßig nicht auf einer Anwendung fremden Rechts, die mit den Grundrechten unvereinbar ist. Stattdessen stehen Unvereinbarkeiten im Raum, die auf systematischen Brüchen und Umgehungsgeschäften beruhen. Daher wäre selbst bei einer gemeinschaftsrechtlichen Rücksichtnahme keine Einschränkung des *ordre public* vorzunehmen, da dem anderen Mitgliedstaat nicht der Vorwurf eines mangelnden Wertestandards gemacht wird. Dies lässt sich auch mit der EuGH-Rechtsprechung vereinbaren, nach der Einschränkungen der Grundfreiheiten gerechtfertigt sind, wenn Rechtsgeschäfte künstlich und missbräuchlich sind.[1967]

1962 *v. Hein* in MüKo-BGB, Art. 6 EGBGB, Rn. 185 f.

1963 *Voltz* in Staudinger, Art. 6 EGBGB, Rn. 45 m.w.N.

1964 Vgl. zum Prüfungsmaßstab und -umfang, v. *Hein* in MüKo-BGB, Art. 6 EGBGB, Rn. 187 ff.

1965 Maßgeblich v. *Brunn* in NJW 1962, 985, 988 f.; zur Diskussion je m.w.N. v. *Hein* in MüKo-BGB, Art. 6 EGBGB, Rn. 188; *Stürner* in BeckOGK, Art. 6 EGBGB, Rn. 230 ff.

1966 *v. Brunn* in NJW 1962, 985, 988; vgl. zur heutigen Argumentation ausführlich v. *Hein* in MüKo-BGB, Art. 6 EGBGB, Rn. 173 m.w.N.

1967 EuGH, Urt. v. 12.9.2006 – C-196/04 „Cadburry Schweppes", Slg. 2006, I-7995-8054, insb. Rn. 55 ff. Da Art. 6 EGBGB nicht nur typisierend und allgemein missbräuchliche Gestaltungen verhindern will, sondern nur im Einzelfall – wie auch § 42 AO – untragbare Ergebnisse verhindert, steht seine grundsätzlich allgemeine Ausrichtung

Eine europarechtliche Modifikation des *ordre public*-Vorbehalts ist daher nicht vorzunehmen.

III. Anwendung des *ordre public*-Vorbehalts auf liechtensteinische Stiftungen

Deutsche Gerichte haben in verschiedenen Fällen den *ordre public*-Vorbehalt gegen eine liechtensteinische Stiftung vorgebracht.[1968] Im Folgenden werden einige relevante Konstellationen im Zusammenhang mit der liechtensteinischen Stiftung darauf überprüft, ob die Anwendung liechtensteinischen Rechts bei einer typischen Fallgestaltung zu Ergebnissen führt, die einen *ordre public*-Vorbehalt rechtfertigen. Als Grundlage dient also auch hier jeweils ein deutscher Stifter, der eine liechtensteinische Stiftung errichtet, die im Wesentlichen vermögensverwaltend tätig ist.

Da der zivilrechtliche *ordre public* nicht nur von Zivilgerichten[1969] erhoben wird, sondern auch in finanzgerichtlichen Entscheidungen angewandt wird,[1970] werden Entscheidungen beider Rechtswege berücksichtigt.

1. Körperschaftlich organisierte Stiftung

Wenngleich das Ergebnis nach den bisherigen Ausführungen bereits offensichtlich erscheint, wird in einem ersten Schritt überprüft, ob strukturelle

---

nicht der Europarechtskonformität entgegen. Vgl. parallel zu § 42 AO *Ratschow* in Klein-AO, § 42, Rn. 140.

1968 Bspw. OLG Düsseldorf, Teilurteil v. 30.4.2010 – I-22 U 126/06, ZEV 2010, 528, juris Rn. 62 f.; OLG Düsseldorf, Urt. v. 27.3.2015 – I-16 U 108/14, WM 2016, 1488, juris Rn. 62 ff.

1969 Einen *ordre public* annehmend: OLG Düsseldorf, Teilurteil v. 30.4.2010 – I-22 U 126/06, ZEV 2010, 528, juris Rn. 62 f.; OLG Düsseldorf, Urt. v. 27.3.2015 – I-16 U 108/14, WM 2016, 1488, juris Rn. 62 ff. Ablehnend hingegen: BGH, Beschl. v. 3.12.2014 – IV ZB 9/14, NJW 2015, 623, juris Rn. 26; BGH, Urt. v. 23.3.1979 – V ZR 81/77, WM 1979, 692, juris Rn. 17 ff.

1970 Einen *ordre public* explizit annehmend: FG Düsseldorf, Urt. v. 25.1.2017 – 4 K 2319/15 Erb, EFG 2017, 581, juris Rn. 22 ff.; zu einer Schweizer Stiftung FG Köln, Urt. v. 13.12.2018 – 7 K 131/17, EFG 2019, 779, juris Rn. 31 f. Ohne Nennung von Art. 6 EGBGB, aber wohl trotzdem von einem *ordre public* ausgehend: FG München, Urt. v. 19.8.2015 – 4 K 1647/13, EFG 2015, 1824, juris Rn. 19. Ablehnend hingegen: FG Düsseldorf, Urt. v. 2.4.2014 – 4 K 3718/12 Erb, EFG 2014, 855, juris Rn. 30; FG Köln, Urt. v. 27.2.2019 – 7 K 3002/16, EFG 2020, 52, juris Rn. 65 f.; FG Münster, Urt. v. 14.8.2019 – 13 K 3170/17 K, EFG 2019, 1705, juris Rn. 56 f.

Besonderheiten der liechtensteinischen Stiftung allein dazu genügen können, einen *ordre public* zu begründen. Der Rechtsvergleich in Teil I hat gezeigt, dass das liechtensteinische Recht im Grunde eine körperschaftliche Ausgestaltung der Stiftung ermöglicht. Auch wenn im Rahmen dieser Arbeit grundsätzlich davon ausgegangen wird, dass das deutsche Recht nach heutiger Gesetzesauslegung ebenfalls viele körperschaftliche Elemente bei einer Stiftung zulässt, ist die Gesetzeslage in Liechtenstein bei weitem klarer. Die konkrete Ausgestaltung und Nutzung einiger liechtensteinischer Stiftungen dürfte entsprechend gerade konservativeren Rechtsanwendern in der deutschen Praxis als unbillig erscheinen.

Bei einer strikten Beachtung der Grundsätze des *ordre public* bedarf es aber einer konkreten und erheblichen Unvereinbarkeit im Einzelfall. Eine bloß körperschaftliche Ausgestaltung der Stiftung im Ausland kann daher allein keinen *ordre public* begründen.[1971] Etwas zweifelhaft ist insoweit das IPG Gutachten Nr. 2 von 1970[1972] formuliert: Dort werden die drei wesensbestimmenden Merkmale der Stiftung, also der Zweck, das Vermögen und die Organisation, als unverzichtbare Grundsätze des deutschen (Stiftungs-)Rechts bezeichnet. Folgt man dem Gutachter und subsumiert die Stiftungsorganisation unter den Begriff des wesentlichen Grundsatzes im Sinne des *ordre public*, dann ist das Ergebnis des Gutachtens beinahe zwingend: Denn danach führt eine fortlaufende Konkretisierung des Stiftungszwecks durch den Stifter zu einem Fehlen einer selbstständigen Stiftungsorganisation und damit zu einem *ordre public*.[1973]

Weder dem IPG-Gutachten[1974] noch *Grossfeld*[1975] oder *Kronke*,[1976] die dem Gutachten letztlich folgen, kann aber bei diesem Ergebnis zugestimmt werden.[1977] Denn Art. 6 EGBGB setzt gerade voraus, dass die Rechtsanwendung im Einzelfall zu einem konkreten Verstoß gegen zwingende Grundsätze führt. Das bedeutet, dass ein Verstoß gegen abstrakte Grundsätze – wie etwa die Stiftungsorganisation – gerade nicht zu einem *ordre public*-Vorbehalt führen kann. Vielmehr ist *Geisler* darin zuzustimmen, dass Art. 6 EGBGB nur dann vorgebracht werden kann, wenn die Teilnahme am Rechtsverkehr konkret zu einer

1971 Siehe dazu auch *Geisler*, Selbständige Stiftung, S. 90 ff.
1972 IPG 1970, Nr. 2 [München], S. 14 ff.
1973 IPG 1970, Nr. 2 [München], S. 14 ff.
1974 IPG 1970, Nr. 2 [München], S. 14 ff.
1975 *Großfeld* in Staudinger, IntGesR, Rn. 174.
1976 *Kronke* in Stiftungen in Deutschland und Europa, Stiftung im IPR und IZVR, S. 376.
1977 *Geisler*, Selbständige Stiftung, S. 90 ff.

Unvereinbarkeit führt.[1978] Dies könnte bei den im Folgenden auszuwertenden Fallgruppen, der Steuerhinterziehung oder der Schädigung von Gläubigern und Pflichtteilsberechtigten, in Betracht kommen. Dafür ist aber die Unvereinbarkeit der Rechtsanwendung im Einzelfall zwingend erforderlich. Denn im IPR findet bei der Betrachtung ausländischer juristischer Personen mit Sitz im Ausland – im Gegensatz zum Steuerrecht – grundsätzlich kein „Typenvergleich" statt. Es kommt daher nicht auf die Vergleichbarkeit mit deutschen juristischen Personen an.[1979] Die reine körperschaftliche Organisation der Stiftung könnte damit zwar in Verbindung mit anderen Vorschriften der Grund für die Unvereinbarkeit im konkreten Fall sein, genügt aber allein nicht für die Anwendung von Art. 6 EGBGB.[1980]

2. *Liechtensteinische Stiftung als Vehikel der Steuerhinterziehung*

Die Frage, ob liechtensteinische Stiftungen aufgrund eines *ordre public*-Vorbehalts nicht anerkannt werden können, wenn sie der Steuerhinterziehung gedient haben, ist wohl die bekannteste im Rahmen der Anerkennung der Stiftung. Im Folgenden wird untersucht, ob und gegebenenfalls wann einer liechtensteinischen Stiftung als Vehikel der Steuerhinterziehung die Anerkennung nach Art. 6 EGBGB zu versagen ist.

Erforderlich ist dafür, dass eine konkrete Unvereinbarkeit mit wesentlichen Grundsätzen deutschen Rechts vorliegt. Die Steuerhinterziehung müsste also den „Kernbestand der inländischen Rechtsordnung" verletzen, beziehungsweise konkret gegen die guten Sitten oder den Zweck eines deutschen Gesetzes verstoßen.[1981] Die Subsumtion fällt insoweit leicht, als dass die Rechtsprechung deutlich festgestellt hat, dass „Verträge, mit denen eine Steuerhinterziehung verbunden ist, nicht ohne Weiteres nach den §§ 134, 138 BGB nichtig [sind], wenn nicht die Steuerhinterziehung der Hauptzweck des Vertrages ist."[1982] Diese Rechtsprechung wurde explizit auch im Anwendungsbereich des *ordre public* übernommen[1983] und kann für die folgende Bearbeitung als Maßstab

---

1978 *Geisler*, Selbständige Stiftung, S. 91; so auch allgemein *Mäsch* in BeckOK-BGB, Art. 12 EGBGB, Rn. 14.

1979 So eigentlich auch im Grunde *Großfeld* in Staudinger, IntGesR, Rn. 195.

1980 So auch *Geisler*, Selbständige Stiftung, S. 90 ff.

1981 BT-Drucks. 10/504, S. 42 f.

1982 St. Rspr. BGH, Urt. v. 9.6.1954 – II ZR 70/53, BGHZ 14, 25, juris Rn. 15 m.w.N.; zuletzt BGH, Urt. v. 14.12.2016 – IV ZR 7/15, WM 2017, 1573, juris Rn. 35 m.w.N.

1983 BGH, Urt. v. 23.3.1979 – V ZR 81/77, WM 1979, 692, juris Rn. 17; BGH, Beschl. v. 3.12.2014 – IV ZB 9/14, NJW 2015, 623, juris Rn. 26; OLG Düsseldorf,

dienen. Insoweit lässt sich außerdem die relevante Fallgestaltung konkretisieren, als dass nur solche Stiftungserrichtungen überhaupt infrage stehen, bei denen die Steuerhinterziehung nicht nur ein Zweck, sondern Hauptzweck der Stiftungserrichtung war. Denn unterhalb dieser Schwelle fehlt es nach ebendieser Rechtsprechung jedenfalls an der Verletzung eines wesentlichen Grundsatzes. Im Folgenden liegt der Betrachtung der einleitend dargestellte Grundsachverhalt einer in Liechtenstein errichteten Stiftung zugrunde, deren Tätigkeit sich im Wesentlichen auf die Vermögensverwaltung beschränkt, hier aber mit dem Hauptzweck der Steuerhinterziehung errichtet wurde.

Im Ergebnis unstreitig ist, dass eine Stiftung, die im Hauptzweck der Steuerhinterziehung dient, abstrakt nicht mit wesentlichen Grundsätzen deutschen Rechts vereinbar ist. Ein *ordre public*-Vorbehalt im Sinne des Art. 6 EGBGB setzt jedoch nicht nur eine allgemeine Unvereinbarkeit mit dem deutschen Recht voraus, sondern eine konkrete Unvereinbarkeit des Ergebnisses der Anwendung des ausländischen Rechts im Einzelfall. Dafür muss – und dies ist in der Rechtsprechung bisher nicht ausreichend geschehen – in gewissem Maße abgeschichtet werden. Zuerst muss das Ergebnis unter der Anwendung fremden Rechts sowie unter der hypothetischen Anwendung nationalen Rechts ermittelt werden. Dann kann untersucht werden, ob Unterschiede zwischen der Anwendung deutschen und liechtensteinischen Rechts bestehen. Nur dann, wenn das Ergebnis der Anwendung des liechtensteinischen Rechts von demjenigen bei Anwendung deutschen Rechts abweicht, kann insoweit überprüft werden, ob im konkreten Fall wesentliche Grundsätze deutschen Rechts verletzt sind.[1984]

Hierbei zeigt sich, dass zwischen verschiedenen rechtlichen Blickwinkeln unterschieden werden muss. Auf der einen Seite steht – soweit es um die Steuerhinterziehung geht – immer die Ebene des Steuerrechts, auf der eigene Regeln, insbesondere zur transparenten Behandlung juristischer Personen, vorgesehen sind. Auf der zivilrechtlichen Seite muss nicht nur das deutsche Recht, sondern auch das ausländische genau ausgewertet werden.

a. Hypothetische Anwendung deutschen Rechts

Legt man eine rein deutsche Situation zugrunde, ist die Bewertung verhältnismäßig einfach: nach der Rechtsprechung des BGH ist ein Rechtsgeschäft,

---

Teilurteil v. 30.4.2010 – I-22 U 126/06, ZEV 2010, 528, juris Rn. 62 f.; OLG Düsseldorf, Urt. v. 27.3.2015 – I-16 U 108/14, WM 2016, 1488, juris Rn. 62 ff.

1984 Vgl. zum Aufbau bereits oben S. 507 f. sowie *Voltz* in Staudinger, Art. 6 EGBGB, Rn. 121 m.w.N.

dessen Hauptzweck die Steuerhinterziehung ist, nichtig.[1985] Entsprechend wäre die Stiftung von vornherein nicht durch die Stiftungsbehörden anzuerkennen. Da im Regelfall die Steuerhinterziehungsabsicht nicht offensichtlich sein wird, ist gleichwohl im Regelfall von einer Anerkennung auszugehen. Diese Stiftung müsste dann im Nachhinein nach § 87 BGB aufgelöst oder ihr Zweck geändert werden.[1986]

Auf steuerrechtlicher Ebene kommt es auf die konkrete Ausgestaltung an. Dabei sind vornehmlich zwei Möglichkeiten denkbar: Entweder werden Einkünfte bei der Stiftung oder bei dem Stifter unvollständig angegeben. Ersteres ist in der überprüften Konstellation möglich, aber nicht typisch. Stattdessen dürfte der Einfluss des Stifters auf die Stiftung regelmäßig entweder zu einer Hinzurechnungsbesteuerung nach § 15 AStG beim Stifter führen, oder – wenn die Stiftung selbst keine eigenen Entscheidungen treffen kann – dazu, dass die Stiftung transparent betrachtet wird. Dann gilt der Stifter und nicht die Stiftung als wirtschaftlicher Eigentümer nach § 39 Abs. 2 AO und ihm müssen die Einkünfte der Stiftung ähnlich einem Treugeber zugerechnet werden.[1987] Da er diese Einkünfte regelmäßig nicht angegeben haben wird, muss er diese bei Aufdeckung der Falschangaben im Nachhinein versteuern.

b. Anwendung liechtensteinischen Rechts

aa. Zivilrechtliches Ergebnis

Die zivilrechtliche Situation Liechtenstein ähnelt derjenigen in Deutschland. Auch im Fürstentum sind Rechtsgeschäfte, die gegen geltendes Recht verstoßen, grundsätzlich nichtig.[1988]

Wie bereits festgestellt, kann die Errichtung einer Stiftung in Liechtenstein mit Geldern, die aus einer Steuerhinterziehung stammen, den Tatbestand der Geldwäsche nach § 165 FL-StGB erfüllen. Abgesehen von der Geldwäsche dürfte die Stiftung beziehungsweise ihre Organe jedoch keine Täterin einer selbstständigen Straftat sein. Stattdessen wird die Steuerhinterziehung regelmäßig von den deutschen Begünstigten oder wirtschaftlichen Berechtigten, denen jeweils die

---

1985 St. Rspr. BGH, Urt. v. 9.6.1954 – II ZR 70/53, BGHZ 14, 25, juris Rn. 15 m.w.N.; zuletzt BGH, Urt. v. 14.12.2016 – IV ZR 7/15, WM 2017, 1573, juris Rn. 35 m.w.N.

1986 Vgl. dazu oben S. 291 ff. und *Weitemeyer* in MüKo-BGB, § 87, Rn. 9.

1987 Dazu noch ausführlich unten S. 582 ff.; vgl. auch BFH, Urt. v. 22.12.2010 – I R 84/09, BStBl II 2014, 361, juris Rn. 12; BFH, Urt. v. 8.2.2017 – I R 55/14, BFH/NV 2017, 1588, juris Rn. 18; *Lüdicke/Oppel* in Lüdicke/Sistermann, § 16, Rn. 214.

1988 Siehe dazu ausführlich oben S. 97 f.

Einkünfte der Stiftung zuzurechnen wären, begangen, indem sie die Einkünfte aus der Stiftung nicht angeben. Auch wenn die Stiftung und ihre Organe möglicherweise nicht in die Steuerhinterziehung auf deutscher Seite eingeweiht sind, kann die geplante Steuerhinterziehung aber der Hauptzweck der Stiftung sein. Soweit dies der Fall ist, wird auch im liechtensteinischen Recht von einer Nichtigkeit des Stiftungsgeschäfts ausgegangen. Wenngleich das Stiftungsgeschäft damit grundsätzlich nichtig ist, gilt dies wie in Deutschland nur *ex nunc* und die Stiftung kann durch Erklärung des Stifters errichtet werden und besteht bis zu ihrer Auflösung.[1989] Nach den aufgestellten Grundsätzen des IPR ist ihre eigene Rechtspersönlichkeit in Deutschland vorerst anzuerkennen.

bb. Steuerrechtliche Bewertung in Deutschland

Die steuerrechtliche Behandlung der Stiftung ist jedoch nicht an die zivilrechtliche Bewertung gebunden. Soweit eine Familienstiftung im Ausland besteht, können ihre Erträge gemäß § 15 AStG den deutschen Begünstigten zugerechnet werden. Ebenso kann eine Zurechnung an den Stifter oder Begünstigte einer Stiftung, deren Erträge nicht nach § 15 AStG zu besteuern sind, erfolgen. Eine solche transparente Behandlung setzt voraus, dass diese Personen derart viel Einfluss auf die Stiftung nehmen können, dass es steuerrechtlich nicht zu einem Vermögensübergang an die Stiftung gekommen ist und die Einflussnehmenden als eigentliche wirtschaftliche Berechtigte im Sinne von § 39 Abs. 2 Nr. 1 AO gelten.[1990] Diese beiden Wege der Einkünftezurechnung setzen nicht voraus, dass der Hauptzweck der Stiftung in der Steuerhinterziehung liegt, sondern sind allgemein anwendbar. Sollten weder § 15 AStG noch § 39 AO anwendbar sein, erlaubt § 42 Abs. 1 AO den deutschen Steuerbehörden, bei einem Missbrauch rechtlicher Gestaltungsmacht eine den wirtschaftlichen Vorgängen angemessene Besteuerung durchzuführen.

1989 Dazu ausführlich oben S. 212 sowie in der deutschen Rechtsprechung OLG Düsseldorf, Teilurteil v. 30.4.2010 – I-22 U 126/06, ZEV 2010, 528, juris Rn. 47; OLG Stuttgart, Urt. v. 29.6.2009 – 5 U 40/09, ZErb 2010, 1, juris Rn. 75; kritisch gegenüber der deutschen Rechtsprechung *Butterstein* in Privatautonomie und ihre Grenzen, S. 11 ff.

1990 Dazu ausführlich unten S. 560 ff.; sowie *Lüdicke/Oppel* in Lüdicke/Sistermann, § 16, Rn. 214.

c. *Vergleich des Ergebnisses*

Die Ergebnisse der Anwendung des deutschen und des liechtensteinischen Rechts zeigen, dass kaum Unterschiede bei einem rechtswidrigen Stiftungszweck bestehen. In beiden Rechtsordnungen kann die Stiftung wirksam errichtet werden und ist erst *ex nunc* aufzulösen. Während in Liechtenstein die Errichtung allein aufgrund der Erklärung des Stifters möglich ist, bedarf es in Deutschland allerdings der Anerkennung durch die Stiftungsbehörden. Das Anerkennungserfordernis könnte grundsätzlich als Abwehrmechanismus gegen Stiftungen mit rechtswidrigem Stiftungszweck dienen. Ein Stifter, der plant, mit der Stiftung eine Steuerhinterziehung zu begehen, wird dies jedoch nicht der Stiftungsbehörde gegenüber offenlegen. Vielmehr ist es naheliegend, dass er die Behörden aktiv über sein Vorhaben täuschen wird. Dementsprechend unwahrscheinlich ist es, dass die Stiftungsbehörden die Anerkennung verweigern werden. Im Fall der geplanten Steuerhinterziehung dürfte die Notwendigkeit der Anerkennung eine Stiftungserrichtung also kaum verhindern. Bei einem vorsätzlich handelnden Stifter kann somit davon ausgegangen werden, dass die Stiftung in beiden Rechtsordnungen errichtet werden kann.

Damit verbleibt als einziger zivilrechtlicher Unterschied für den *ordre public*-Vorbehalt die allgemeine Konzeption der Einflussnahmemöglichkeiten und Rechte des Stifters in Liechtenstein. Wenngleich der Stifter nach hier vertretener Ansicht auch in Deutschland weitgehende Einflussmöglichkeiten auf die deutsche Stiftung hat,[1991] ist diesen Möglichkeiten in Liechtenstein doch eine klarere Gesetzesgrundlage gegeben.[1992] Zudem erlauben die Gestaltungsrechte des Stifters nach Art. 552 § 30 PGR eine besonders intensive Einflussnahme.[1993]

Auch bei der steuerlichen Behandlung durch die deutschen Finanzbehörden bestehen kaum Unterschiede. Rechtlich wird allein der Handlungsspielraum der Finanzverwaltung gegenüber ausländischen Stiftungen durch § 15 AStG erweitert. Im Ergebnis können die deutschen Steuerbehörden die Besteuerung der deutschen Steuerpflichtigen über § 15 AStG und bei einer fehlenden steuerrechtlichen Zuwendung über §§ 39 Abs. 2, 42 AO unabhängig davon vornehmen, ob in Liechtenstein eine zivilrechtliche Rechtspersönlichkeit der Stiftung besteht. Die praktischen Schwierigkeiten durch die Belegenheit der Stiftung im Ausland können nicht zu einer Unvereinbarkeit führen, da diese nicht das Ergebnis der

---

1991 Dazu oben S. 173 ff.

1992 Dazu oben S. 239 ff.

1993 Dazu oben S. 333 ff.

Anwendung fremden Rechts sind, sondern ebenso bestünden, wenn deutsches Recht angewandt würde.

Die Unterschiede zwischen der Anwendung liechtensteinischen und deutschen Rechts sind damit auf den Errichtungsvorgang und die Einflussnahmemöglichkeiten begrenzt.

d. *Verstoß gegen wesentliche Grundsätze deutschen Rechts*

Ob die Anwendung liechtensteinischen Rechts mit wesentlichen Grundsätzen deutschen Rechts unvereinbar ist und eine ausreichende räumliche, zeitliche und sachliche Beziehung der Unvereinbarkeit zum Streitgegenstand besteht, muss grundsätzlich nur in Bezug auf diejenigen Punkte überprüft werden, bei denen tatsächlich ein Unterschied im Ergebnis vorliegt. Zudem ist an dieser Stelle mit Blick auf die Rechtsfolgen des Art. 6 EGBGB, die grundsätzlich nur einen minimalinvasiven Eingriff[1994] vorsehen, bereits zu berücksichtigen, gegen welche Bestimmung des fremden Rechts sich der *ordre public* richtet, da im Regelfall nicht das gesamte fremde Recht unanwendbar ist.

Nach den bisherigen Ausführungen dürfte es regelmäßig bereits an einem Unterschied bei der Anwendung liechtensteinischen Rechts fehlen. Denn es ist beinahe gleichgültig, ob deutsches oder liechtensteinisches Recht angewendet wird, da eine zur Steuerhinterziehung errichtete Stiftung nach beiden Rechtsordnungen grundsätzlich entstehen kann und jeweils erst *ex nunc* aufzulösen ist. Ein Unterschied kann nur dann künstlich erzeugt werden, wenn auf eine hypothetische Anerkennung der Stiftung in Deutschland abgestellt wird, die aufgrund des Hauptzwecks der Steuerhinterziehung verweigert worden wäre. Wie im vorherigen Abschnitt gezeigt, wäre es jedoch auch bei einem vorsätzlich täuschenden Stifter unwahrscheinlich, dass die deutschen Stiftungsbehörden eine Anerkennung verweigert hätten. Da die Errichtung der Stiftung jedoch die einzige Vorschrift ist, deren Nicht-Anwendung überhaupt die Nichtanerkennung begründen könnte, ist sie nichtsdestotrotz auf eine mögliche Unvereinbarkeit im Einzelfall zu überprüfen.

Einer hypothetischen Anerkennung in Deutschland könnten außerdem wesentliche, in der Satzung festgeschriebene Rechte des Stifters – etwa der Widerruf der Stiftung – entgegenstehen, die nach deutschem Recht nicht zulässig sind. Zwar sind derartige Einflussnahmemöglichkeiten bei zur Steuerhinterziehung errichteten Stiftungen wahrscheinlich, sie sind jedoch kein zwingend

---

1994 Dazu bereits oben S. 507 sowie *Voltz* in Staudinger, Art. 6 EGBGB, Rn. 205 m.w.N.

notwendiger Bestandteil, sodass sie vorerst bei der Bewertung ausgeklammert werden.

Daher ist zuerst eine Stiftung zu betrachten, die zur Steuerhinterziehung errichtet wurde, bei der der Stifter jedoch keine wesentlichen Einflussrechte hat. Auch ohne konkret Einfluss zu nehmen, kann der Stifter Einkünfte aus der Stiftung erzielen und diese bei seiner deutschen Steuererklärung verschweigen. Da die Stiftung selbst durch die deutschen Steuerbehörden nicht überwacht wird, ist es möglich, dass sie in diesem Fall als Mittel zur Steuerhinterziehung dient. Wie auch vom BGH angedeutet, „käme […] die Nichtanerkennung der Rechtsfähigkeit einer ausländischen juristischen Person nach Art. 30 EGBGB[1995] in Betracht", wenn die Steuerhinterziehung Hauptzweck des Rechtsgeschäfts ist.[1996] Allerdings ist fraglich, ob diese Aussage bei einer genauen Betrachtung des *ordre public* überhaupt eine allgemeine Gültigkeit beanspruchen kann. Denn die Unvereinbarkeit muss an dem konkreten Ergebnis gemessen werden und kann nicht, wie vom OLG Düsseldorf angenommen, nach der Feststellung der Unvereinbarkeit von Steuerhinterziehung mit dem deutschen Recht enden.[1997] Stattdessen muss überprüft werden, ob die Unvereinbarkeit im Hinblick auf die Relativität des *ordre public* auch im konkreten Fall die Nichtanwendung fremden Rechts gebietet. Dabei ist eine absolute Antwort auf diese Frage nicht möglich. Die folgenden Ausführungen können daher nur grundsätzliche Gedanken zur Anwendung des Art. 6 EGBGB darstellen und beanspruchen keine allgemeine Gültigkeit. Zudem liegt der einleitend dargestellte Grundsachverhalt einer in Liechtenstein zur Steuerhinterziehung errichteten Stiftung zugrunde, deren Tätigkeit sich im Wesentlichen auf die Vermögensverwaltung beschränkt.

In einem ersten Zugriff ist dabei bereits fraglich, ob bei einer aufgedeckten Steuerhinterziehung – bei der notwendigen restriktiven Auslegung – überhaupt die notwendige Inlandsbeziehung im Sinne einer Störung der inländischen Ordnung besteht: Denn sobald die Finanzbehörden die Steuerhinterziehung mittels einer liechtensteinischen Stiftung aufdecken und die Einkünfte dem Stifter oder den Destinatären zurechnen, ist die Einkünfteerzielung durch den deutschen Staat nicht mehr gefährdet. Durch die Besteuerung beim Stifter oder den Destinatären kann der Staat schließlich die hinterzogenen Beträge erlangen. Die

---

1995 Nun mit vergleichbarem Inhalt in Art. 6 EGBGB geregelt.

1996 BGH, Urt. v. 23.3.1979 – V ZR 81/77, WM 1979, 692, juris Rn. 15.

1997 OLG Düsseldorf, Teilurteil v. 30.4.2010 – I-22 U 126/06, ZEV 2010, 528, juris Rn. 62 ff.; OLG Düsseldorf, Urt. v. 27.3.2015 – I-16 U 108/14, WM 2016, 1488, juris Rn. 63.

Stiftung kann nun – unabhängig von ihrer zivilrechtlichen Anerkennung – nicht mehr zur Steuerhinterziehung dienen und konnte dies auch nur insoweit, wie keine Verjährung für vergangene Veranlagungszeiträume eingetreten ist. Dem Staat wurde für alle offenen Fälle und wird für alle zukünftigen Fälle durch die Stiftung in Liechtenstein also keine Einkommensquelle entzogen und die inländische öffentliche Ordnung nicht gestört.[1998] Damit mangelt es im Grunde – vorbehaltlich der Zahlungsunfähigkeit der deutschen Steuerpflichtigen[1999] – an der für Art. 6 EGBGB erforderlichen Inlandsbeziehung, da das konkrete Ergebnis der Auslegung nicht mehr zu der eigentlichen Störung der inländischen Ordnung führt. In Bezug auf Zeiträume, in denen bereits eine Verjährung eingetreten ist, kann entsprechend der Verjährungsregelung davon ausgegangen werden, dass auch die Störung der öffentlichen Ordnung verjährt ist.

Dieser Argumentation ließe sich entgegenhalten, dass auch bei rein nationalen Sachverhalten die Nichtigkeit eines Rechtsgeschäfts nicht zwingend dadurch begründet ist, dass die Besteuerung durchgeführt werden kann, sondern sich allgemein aus den §§ 134, 138 BGB ergibt. Im Anwendungsbereich des *ordre public* genügt eine solche allgemeine Nichtigkeit jedoch gerade nicht. Betrachtet man die zugrundeliegende Störung der öffentlichen Ordnung durch die Steuerhinterziehung, besteht sie in aufgedeckten Fällen der Steuerhinterziehung nur noch im Prinzip. Selbst, wenn man den Schwerpunkt nicht auf die konkrete Steuererhebung legt, sondern die allgemeine Gesetzestreue auch in Auslandssachverhalten – entgegen den Grundsätzen des *ordre public*, der gerade abweichendes Recht zulässt – zum Dogma erklärt, besteht jedenfalls nur noch eine sehr schwache Intensität der Inlandsbeziehung.

Dies führt zu der abstrakten Frage, ob ein *ordre public*-Vorbehalt im Falle einer Steuerhinterziehung überhaupt einschlägig sein kann. Denn für die Feststellung einer Steuerhinterziehung ist regelmäßig eine Aufdeckung durch die Finanzbehörden erforderlich. Wenn diese dann für eine angemessene Besteuerung des Sachverhalts sorgen, bedeutet dies aber gleichzeitig, dass eine Unvereinbarkeit mit ausreichendem Inlandsbezug faktisch nicht mehr besteht. Dabei ist in besonderem Maße wieder der *ultima ratio* Charakter des *ordre public*-Vorbehalts hervorzuheben. Denn im Steuerrecht kann eine Unvereinbarkeit regelmäßig auf anderem Wege als durch Art. 6 EGBGB gelöst werden können – etwa durch eine wirtschaftliche Betrachtung nach § 39 AO oder andere

1998 Vgl. dazu bereits oben S. 507 ff. sowie *Voltz* in Staudinger, Art. 6 EGBGB, Rn. 156 ff.
1999 Dazu sogleich.

Missbrauchsvermeidungsvorschriften des Steuerrechts wie § 42 AO.[2000] Die nationale Wertung, Rechtsgeschäfte mit der Steuerhinterziehung als Hauptzweck nach den §§ 134, 138 BGB als nichtig zu behandeln,[2001] kann nicht ohne Weiteres auf das Ausland ausgedehnt werden, ohne dass ein konkreter Inlandsbezug besteht. An einem solchen fehlt es jedoch, da die Einkünfteerzielung des deutschen Staates nicht durch das zivilrechtliche Geschäft tangiert ist, weil im Steuerrecht ohnehin eine eigene Wertung vorgenommen werden kann. Für die Anwendung des Art. 6 EGBGB besteht daher kein Bedarf und sie ist aufgrund der Korrekturfunktion der Vorschrift im Ausnahmefall abzulehnen.[2002] Aufgrund der Relativität des *ordre public* ist ein anderes Ergebnis jedoch bei einem konkreten Inlandsbezug (und gegebenenfalls Sachbezug) vorstellbar – etwa, wenn der deutsche Steuerpflichtige zahlungsunfähig ist oder wenn die juristische Person in Deutschland ein Gewerbe betreibt oder anderweitig in großem Umfang tätig ist.

Das Problem eines fehlenden Inlands- und darüber hinaus auch Sachbezugs können die beiden maßgeblichen Urteile des OLG Düsseldorf[2003] illustrieren: In einem Verfahren aus dem Jahr 2010 verklagte ein „enterbter“ Sohn eines deutschen Stifters die Begünstigten einer liechtensteinischen Stiftung auf die Rückgewähr rechtsgrundlos erfolgter Zahlungen.[2004] Die Stiftung war von seinem Vater errichtet worden und lediglich die Kinder eines Freundes, nicht aber sein eigener Sohn, waren Begünstigte der Stiftung geworden. Nachdem der Stifter verstorben war, erhielten die Begünstigten jeweils hohe Einmalzahlungen, die der Sohn des Erblassers nun herausverlangte. Denn die Stiftung sei entweder nicht wirksam errichtet worden, weil sie allein zur Steuerhinterziehung dienen sollte, oder jedenfalls wegen eines *ordre public* Vorbehalts nicht anzuerkennen.

2000 Vgl. dazu aber i.E. trotzdem der Ansicht des BGH in der Sache BGH, Urt. v. 23.3.1979 – V ZR 81/77, WM 1979, 692, juris Rn. 15 folgend *Jakob/Uhl* in BeckOGK, § 80 BGB, Rn. 794; *Jakob* in Richter-StiftR, § 30, Rn. 44. Vgl. auch *Schurr* in Stiftung und Familie, Liechtensteinische Vermögensstrukturen, S. 118 f.; *Butterstein* in ZStV 2018, 45, 53; *Ulmer* in WuB 2016, 754, 758.

2001 St. Rspr. BGH, Urt. v. 9.6.1954 – II ZR 70/53, BGHZ 14, 25, juris Rn. 15 m.w.N.; zuletzt BGH, Urt. v. 14.12.2016 – IV ZR 7/15, WM 2017, 1573, juris Rn. 35 m.w.N.

2002 Vgl. auch eine dementsprechende Anwendung des schweizerischen *ordre public*-Vorbehalts in der Schweiz im Verhältnis zu liechtensteinischen Stiftungen, *Sturm* in IPRax 2012, 188, 190 m.w.N.

2003 OLG Düsseldorf, Teilurteil v. 30.4.2010 – I-22 U 126/06, ZEV 2010, 528; OLG Düsseldorf, Urt. v. 27.3.2015 – I-16 U 108/14, WM 2016, 1488.

2004 OLG Düsseldorf, Teilurteil v. 30.4.2010 – I-22 U 126/06, ZEV 2010, 528.

In dem Sachverhalt, der dem Urteil aus dem Jahr 2015 zugrunde lag, stritten eine liechtensteinische Stiftung und die Finanzbehörde um die Herausgabe eines beim Amtsgericht hinterlegten Betrages, nachdem Vollstreckungsmaßnahmen bei dem Stifter erfolglos geblieben waren.[2005] Der Stifter hatte in Anbetracht hoher Steuerschulden seine Ansprüche gegenüber einer Lebensversicherung an eine neu gegründete liechtensteinische Stiftung übertragen. Nach der Überzeugung des Gerichts sollte dies allein dazu dienen, die Vollstreckung der Finanzbehörden zu vereiteln,[2006] was wiederum selbst eine Steuerhinterziehung darstellen kann.[2007]

Das Urteil aus 2015[2008] zeigt, dass die Steuerhinterziehung nicht immer nur eine allgemeine Unvereinbarkeit begründet. Denn aufgrund der fehlgeschlagenen Vollstreckungsmaßnahmen konnte der Steuerhinterziehung nicht auf andere Weise als durch einen Durchgriff auf die Stiftung begegnet werden. Dadurch entsteht eine konkrete Inlands- und Sachbeziehung, sodass ein *ordre public* statthaft sein kann.[2009]

Im Gegensatz dazu fehlt es im Sachverhalt des Urteils aus 2010[2010] an einer ausreichenden Inlands- und Sachbeziehung, denn die Steuerhinterziehung weist im Rahmen einer Erbstreitigkeit als Streitgegenstand keine oder jedenfalls nur eine sehr eingeschränkte Verbindung zum Inland auf. Sachlich handelt es sich nur um eine Vor- und nicht um eine Hauptfrage. Bei der Würdigung der relativen Anwendung des *ordre public* ist die Störung der inländischen öffentlichen Ordnung nur so schwach ausgeprägt, dass Unvereinbarkeit nicht angenommen werden kann.[2011]

Dieses Ergebnis gleicht der Wertung aus dem im IPR geläufigen Beispiel der Vermögensfragen bei Mehrehen:[2012] Auch wenn die Mehrehe mit dem

2005 OLG Düsseldorf, Urt. v. 27.3.2015 – I-16 U 108/14, WM 2016, 1488.
2006 OLG Düsseldorf, Urt. v. 27.3.2015 – I-16 U 108/14, WM 2016, 1488, juris Rn. 63.
2007 FG Münster, Beschl. v. 18.2.1998 – 8 V 8438/97, EFG 1998, 1240, juris Rn. 45: „Im Zusammenhang mit der Vollstreckung kann Steuerhinterziehung durch jedes täuschende Verhalten begangen werden, das darauf abzielt, die zwangsweise Einziehung einer fälligen Steuer zu vermeiden, das Zwangsverfahren zu verzögern oder das Vollstreckungsergebnis zu schmälern.".
2008 OLG Düsseldorf, Urt. v. 27.3.2015 – I-16 U 108/14, WM 2016, 1488.
2009 Zu diesem Urteil sogleich noch einmal im Rahmen der geeigneten Maßnahme.
2010 OLG Düsseldorf, Teilurteil v. 30.4.2010 – I-22 U 126/06, ZEV 2010, 528.
2011 Vgl. i.E. auch *Jakob/Uhl* in BeckOGK, § 80 BGB, Rn. 794.
2012 BT-Drucks. 10/504, S. 43; v. *Hoffmann/Thorn*, IPR, § 6 Rn. 153; v. *Hein* in MüKo-BGB, Art. 6 EGBGB, Rn. 205.

deutschen (Verfassungs-)Recht unvereinbar ist, wird eine nach fremden Recht wirksam geschlossene Mehrehe bei der Berechnung von Unterhalts- oder Erbansprüchen berücksichtigt.[2013] Da es sich bei der Wirksamkeit der Ehe um eine Vorfrage handelt, genügt die Unvereinbarkeit der Mehrehe für den relativ anzuwendenden *ordre public* nicht. Im Wege eines Erst-Recht-Schlusses fehlt es bei der Steuerhinterziehung dann regelmäßig an einer hinreichenden Inlands- und Sachbeziehung bei Erbstreitigkeiten. Denn während die Ehe noch ursächlich für den Unterhaltsanspruch ist und somit eine Verbindung dem Grunde nach besteht, beschränkt sich die Verbindung in Erbsachen auf die Höhe der Erbmasse. Wenn aber eine anspruchsbegründende Verbindung schon nicht genügt, einen *ordre public* zu begründen, dann fehlt es bei einer bloß verbundenen Vorfrage regelmäßig erst recht an dem hinreichenden Inlands- und Sachbezug.[2014] In diesen Fällen kann die Umgehung erbrechtlicher Regelungen allerdings selbst Grund für einen *ordre public* sein,[2015] die Frage kann dann aber nicht – wie vom OLG Düsseldorf angenommen – offengelassen werden.[2016]

Geht man entgegen den bisherigen Ausführungen davon aus, dass ein hinreichender Inlands- und Sachbezug auch dann vorliegen kann, wenn die Stiftung nicht die Betreibung der Steuerforderungen hindert, bleibt fraglich, in welchem Verhältnis das Auslösungsmoment des Vorbehalts und die Rechtsfolge stehen. Grundsätzlich wäre es erforderlich, eine konkrete Norm des ausländischen Rechts zu bestimmen und diese gegebenenfalls in einem eingeschränkten Umfang nicht anzuwenden. Regelmäßig wird jedoch keine Vorschrift genannt, sondern allgemein darauf abgestellt, dass „die Anerkennung zu versagen sei".[2017] Gemeint sein dürfte damit, dass die Anerkennung der liechtensteinischen Stiftung als Rechtspersönlichkeit zu versagen sei. Dies kann dann angemessen sein, wenn die Unvereinbarkeit mit dem deutschen

---

2013 Zu Unterhaltsstreitigkeiten explizit schon in der Gesetzesbegründung BT-Drucks. 10/504, S. 43.

2014 I.E. auch *Jakob/Uhl* in BeckOGK, § 80 BGB, Rn. 794.

2015 Dazu unten S. 533 ff.

2016 OLG Düsseldorf, Teilurteil v. 30.4.2010 – I-22 U 126/06, ZEV 2010, 528, juris Rn. 79.

2017 OLG Düsseldorf, Urt. v. 27.3.2015 – I-16 U 108/14, WM 2016, 1488, juris Rn. 61; OLG Düsseldorf, Teilurteil v. 30.4.2010 – I-22 U 126/06, ZEV 2010, 528, juris Rn. 61. Im Ergebnis aber einen *ordre public* ablehnend, aber auch auf die Anerkennung abstrakt abstellend BGH, Beschl. v. 3.12.2014 – IV ZB 9/14, NJW 2015, 623, juris Rn. 26.

Recht gerade aus der Existenz der Rechtspersönlichkeit herrührt.[2018] Im Umkehrschluss ist die Versagung der Anerkennung der Rechtspersönlichkeit aber – bei der gebotenen zurückhaltenden Auslegung des *ordre public* – nicht angemessen, wenn die Nicht-Anwendung fremden Rechts nicht erforderlich oder gar ungeeignet ist, die Unvereinbarkeit zu beseitigen.

Ein solcher Fall liegt aber bei einer liechtensteinischen Stiftung, die zur Steuerhinterziehung errichtet wurde, vor. Denn wie bereits dargestellt, können die Finanzbehörden eine angemessene Besteuerung unabhängig davon vornehmen, ob die liechtensteinische Stiftung eine zivilrechtliche Rechtspersönlichkeit erlangt. Zudem tritt die Steuerhinterziehung regelmäßig nicht auf Ebene der Stiftung, sondern auf Ebene des Stifters oder der Destinatäre auf. Damit ist die Nichtanerkennung der Stiftung grundsätzlich nicht geeignet, die Steuerhinterziehung und damit die Unvereinbarkeit zu verhindern. Eine Nichtanerkennung aufgrund des *ordre public*-Vorbehalts ist damit nicht statthaft. Im Ergebnis bleibt die Rechtspersönlichkeit einer zur Steuerhinterziehung errichteten Stiftung – zumindest bis zu ihrer Auflösung durch die liechtensteinischen Behörden – bestehen. Dieses Ergebnis könnte zwar als unbillig empfunden werden, liegt aber in der Natur des *ordre public*-Vorbehalts, wenn dieser fordert, dass eine konkrete Unvereinbarkeit besteht und abstrakte Widersprüche mit dem deutschen Recht nicht genügen lässt.

Nur in einem Fall kann bei einer zur Steuerhinterziehung errichteten Stiftung eine Nichtanerkennung aufgrund des *ordre public* statthaft sein: Wenngleich die Nichtanerkennung regelmäßig nicht dazu geeignet ist, die Steuerhinterziehung selbst zu verhindern, kann sie im Einzelfall jedoch notwendig sein, um die Konsequenzen der Steuerhinterziehung auszugleichen. Dies ist dann der Fall, wenn – wie in dem bereits behandelten Verfahren vor dem OLG Düsseldorf[2019] – die deutschen Steuerbehörden die hinterzogenen Steuern nicht bei den jeweiligen deutschen Steuerpflichtigen erheben können, beispielsweise weil diese zahlungsunfähig sind. Wird der liechtensteinischen Stiftung in diesem Fall die Rechtspersönlichkeit nicht zugestanden, befindet sich das Vermögen der Stiftung weiterhin im Eigentum des Stifters oder im Nachlass und kann jeweils herausverlangt werden. Aus liechtensteinischer Perspektive ist das Vermögen zwar immer noch im Eigentum einer liechtensteinischen Stiftung, allerdings dürfte die nach liechtensteinischem

2018 Dazu noch unten 514 ff. Zur liechtensteinischen Anstalt *Großfeld* in IPRax 1981, 116, 116 f.; zur liechtensteinischen Treuhand *Serick* in RabelsZ 23 (1958), 624, 639–640.

2019 OLG Düsseldorf, Urt. v. 27.3.2015 – I-16 U 108/14, WM 2016, 1488.

Recht notwendige Missbrauchsabsicht[2020] vorliegen und trotz fehlendes Vollstreckungsabkommens ein Haftungsdurchgriff in Liechtenstein möglich sein.

Liechtensteinische[2021] und schweizerische[2022] Autoren bemängeln zwar die Entscheidungen des OLG Düsseldorf,[2023] da sie die Voraussetzungen der liechtensteinischen Durchgriffshaftung verkennen würden, dem kann aber nicht gefolgt werden. Denn der OGH stellt fest, dass es „also bei der Aufhebung der durch die Rechtspersönlichkeit vorgegebenen Trennung zwischen juristischer Person einerseits und natürlicher Person andererseits massgeblich darauf an[kommt], ob der Gründer bzw. wirtschaftlich Berechtigte die juristische Person in subjektiv missbräuchlicher Weise eingesetzt hat bzw. ob mit Hilfe der juristischen Person ein Gesetz umgangen, vertragliche Verpflichtungen verletzt oder Dritte fraudulös geschädigt werden sollen. Die objektiv zweckwidrige Verwendung der juristischen Person darf zwar gleichfalls nicht ausser Acht gelassen werden, begründet für sich allein aber noch nicht die Durchbrechung der durch die juristische Person vorgegebenen Form.“[2024]

Das OLG subsumiert unter diesen durch den OGH gebildeten Obersatz und stellt zum einen heraus, wie die Stiftung objektiv zur Steuerhinterziehung dient. Zum anderen leitet es aus den zeitlichen Umständen – die Abtretung der Ansprüche gegen die Lebensversicherung erfolgte kurz nach Errichtung der Stiftung – sowie der Tatsache, dass der Stiftungszweck einzig darauf ausgelegt war, Vermögen zu verwalten und Zuwendungen an die Begünstigten zu tätigen,

---

2020 OGH, Beschl. v. 2.6.2005 – 11 UR 2005.48-92, LES 2006, 373, 376.

2021 *Butterstein*, Anerkennung der liechtensteinischen Stiftung in Deutschland, S. 17; *Blum/Lennert* in ErbR 2011, 41, 42; mit gleichem Tenor noch einmal *Lennert/Blum* in IStR 2011, 492, 492 ff.; zurückhaltender *Butterstein* in ZStV 2018, 45, 52 f. dort wird argumentiert, dass „unberücksichtigt blieb, dass die Stiftung mit bereits unversteuerten Vermögenswerten ausgestattet wurde und somit keine erneute Steuerhinterziehung mit ihrer Errichtung begangen worden war. Somit konnte die Steuerhinterziehung nicht die alleinige Absicht des Stifters sein.“ Entsprechend könne der Hauptzweck der Stiftung nicht in der Steuerhinterziehung gelegen haben. Werden jedoch erkennbar durch Steuerhinterziehung erlangte Gelder durch die Stiftung verwaltet, liegt eine Geldwäscherei i.S.v. § 165 FL-StGB vor. Es kann davon ausgegangen werden, dass auch eine Stiftung, deren wesentliche Zwecke die Geldwäsche und die fortgesetzte Steuerhinterziehung sind, auch dann nicht mit wesentlichen Grundsätzen deutschen Rechts vereinbar ist, wenn keiner der beiden Zwecke überwiegt.

2022 *Sturm* in IPRax 2012, 188, Fn. 35 spricht von „unhaltbar, geradezu abwegig“.

2023 OLG Düsseldorf, Teilurteil v. 30.4.2010 – I-22 U 126/06, ZEV 2010, 528, juris Rn. 55; OLG Düsseldorf, Urt. v. 27.3.2015 – I-16 U 108/14, WM 2016, 1488, juris Rn. 61.

2024 OGH, Beschl. v. 2.6.2005 – 11 UR 2005.48-92, LES 2006, 373, 376.

ab, dass der vermeintliche Zweck der Nachlassplanung nur vorgeschoben war. Stattdessen sei die Stiftungserrichtung auch subjektiv missbräuchlich errichtet worden, um die Steuervollstreckung zu verhindern.[2025]

Daraus kann abgeleitet werden, dass wenn aus deutscher Perspektive durch ein Gericht festgestellt wird, dass die Stiftung mit dem Hauptzweck der Steuerhinterziehung errichtet wird, auch die liechtensteinischen Voraussetzungen für eine Durchbrechung des Trennungsprinzips gegeben sind. Denn zum einen liegt die besonders hervorgehobene Missbrauchsabsicht[2026] in Form der Steuerhinterziehungsabsicht vor. Zum anderen wird die Stiftung auch objektiv zweckwidrig[2027] verwendet, wenn sie dazu dient, Gesetzesverstöße zu ermöglichen. Die Auslegung nach *Blum/Lennert*, die fordern, dass die Stiftungsmittel entgegen dem in der Satzung festgelegten Stiftungszweck verwendet wurden,[2028] überzeugt nicht. Denn der OGH stellt nicht auf die zweckwidrige Verwendung der Mittel, sondern die „objektiv zweckwidrige Verwendung der juristischen Person" ab.[2029]

Im Ergebnis kann daher in dem Fall der Vermögenslosigkeit des deutschen Steuerpflichtigen ein *ordre public*-Vorbehalt statthaft sein.

Die bisherige Auseinandersetzung hat gezeigt, dass die Frage nach einem *ordre public* wegen des Hauptzwecks der Steuerhinterziehung grundsätzlich unabhängig davon beantwortet werden kann, ob der Stifter oder ein Begünstigter Einfluss auf die Stiftung nehmen. Regelmäßig werden allerdings Einfluss und Steuerhinterziehung zusammenfallen, etwa weil der eigentliche wirtschaftliche Berechtigte nach § 39 Abs. 2 AO die ihm zuzurechnenden Einkünfte in Deutschland nicht versteuert oder Einkünfte einer Familienstiftung nach § 15 AStG in Deutschland nicht versteuert werden.

e. Fazit

Indem sowohl das deutsche als auch das liechtensteinische Recht Stiftungen mit dem Hauptzweck der Steuerhinterziehung als rechtswidrig und *ex nunc*

2025 OLG Düsseldorf, Urt. v. 27.3.2015 – I-16 U 108/14, WM 2016, 1488, juris Rn. 61.

2026 StGH, Entscheidung v. 16.9.2002 – StGH 2002/17, Rn. 2.7; OGH, Beschl. v. 2.6.2005 – 11 UR 2005.48-92, LES 2006, 373, 376.

2027 OGH, Beschl. v. 2.6.2005 – 11 UR 2005.48-92, LES 2006, 373, 376.

2028 *Blum/Lennert* in ErbR 2011, 41, 42: „Dementsprechend würde ein liechtensteinisches Gericht prüfen, ob die Stiftungsmittel entgegen dem in der Satzung festgelegten Stiftungszweck verwendet wurden".

2029 OGH, Beschl. v. 2.6.2005 – 11 UR 2005.48-92, LES 2006, 373, 376.

auflösbar ansehen, kommt es trotz der unterschiedlichen Gründungsvoraussetzungen schon grundsätzlich nicht zu dem für den *ordre public* erforderlichen Unterschied. Selbst wenn man in dem Gründungsvorgang und den Einflussmöglichkeiten ausreichende Unterschiede sieht, fehlt es in einem zweiten Schritt aber an einer inlands- und sachbezogenen Unvereinbarkeit des konkreten Ergebnisses mit dem deutschen Recht. Drittens ist jedenfalls aber die Nichtanerkennung einer zivilrechtlichen Rechtspersönlichkeit kein geeignetes Mittel, um die Unvereinbarkeit im Hinblick auf den höchstens eingeschränkt bestehenden Inlandsbezug zu beheben. Denn die Steuerhinterziehung ist unabhängig von dieser zivilrechtlichen Rechtspersönlichkeit und wird durch eine Nichtanerkennung nicht verhindert. Allein im Fall einer Zahlungsunfähigkeit der deutschen Steuerpflichtigen kann sowohl ein hinreichender Inlands- und Sachbezug bestehen und eine Nichtanerkennung der liechtensteinischen Stiftung notwendig sein, um einen Vermögensabfluss zu verhindern.

3. *Gläubigerbenachteiligung*

Eine Nichtanerkennung der Stiftung könnte außerdem immer dann angedacht werden, wenn die Stiftung mit der Absicht errichtet wurde, die Gläubiger des Stifters zu benachteiligen, oder auch dann, wenn es an einer vorsätzlichen Schädigung fehlt, faktisch aber ein gravierender Nachteil eintritt. Vor der Prüfung eines *ordre public*-Vorbehalts kann allerdings noch einmal auf das Ergebnis zur grenzüberschreitenden Geltendmachung der Anfechtung verwiesen werden:[2030] Denn im Rahmen des Insolvenzverfahrens eines deutschen Stifters ist vor deutschen Gerichten regelmäßig deutsches Recht anwendbar. Parallel gilt bei der Gläubigeranfechtung im Rahmen des AnfG bei der Anfechtung nachträglicher Zuwendungen das Recht des Zuwendenden. Letztlich lässt sich auch bei der Stiftungserrichtung durch die Anfechtung des dinglichen Geschäfts die Anwendbarkeit deutschen Rechts herbeiführen. Es kommt damit nur im Ausnahmefall zur Anwendung liechtensteinischen Rechts vor deutschen Gerichten – etwa bei der Anfechtung des vermögensrechtlichen Teils des Stiftungsgeschäfts und bei der Anfechtung des Verpflichtungsgeschäfts bei nachträglichen Zuwendungen, wenn eine entsprechende Rechtswahl vorlag. Dies kommt insbesondere dann in Betracht, wenn keine Anknüpfung des dinglichen Geschäfts über den Belegenheitsort der Sache möglich ist, weil die auf die Stiftung übertragenen Vermögenswerte nicht in Deutschland belegen waren.

2030 Siehe dazu oben S. 500 ff.

a. Absichtsanfechtung

Im Gegensatz zu dem Themenkomplex der Nichtanerkennung aufgrund der Errichtung zur Steuerhinterziehung lässt sich die Frage nach der Nichtanerkennung wegen einer Nutzung der Stiftung zur vorsätzlichen Gläubigerbenachteiligung schneller beantworten. Denn in Bezug auf die absichtliche Gläubigerbenachteiligung fehlt es an einem Unterschied zwischen dem deutschen und dem liechtensteinischen Recht, der einen *ordre public* begründen könnte. In beiden Rechtsordnungen sind gläubigerschädigende Rechtsgeschäfte nicht automatisch nichtig, sondern unter den gleichen Voraussetzungen anfechtbar.[2031] Damit spielt die – bereits im Rahmen der Steuerhinterziehung für nicht überzeugend gehaltene – Anknüpfung an die Errichtung der Stiftung in Liechtenstein keine Rolle mehr. Denn auch in Deutschland würde eine Stiftung vorerst errichtet und müsste im Nachhinein angefochten werden. Zuwendungsgeschäfte werden zudem in beiden Staaten auf identische Weise angefochten. Die einzige Abweichung zwischen den beiden Rechtsordnungen liegt darin, dass die Absichtsanfechtung in Liechtenstein zeitlich unbefristet möglich ist. Dies kann aber im Rahmen der Gläubigeranfechtung keine Unvereinbarkeit mit den Grundsätzen deutschen Rechts begründen.

b. Schenkungsanfechtung

Während ein *ordre public*-Vorbehalt bei einer Absichtsanfechtung nicht in Betracht kommt, weil es an dem erforderlichen Unterschied fehlt, liegt ein solcher bei der Schenkungsanfechtung vor. Nach Art. 65 RSO[2032] sind nur solche Rechtshandlungen anfechtbar, die innerhalb eines Jahres vor der Bewilligung einer (nicht erfolgreichen) Zwangsvollstreckung gegen den Schuldner erfolgt sind. Im Gegensatz dazu erlaubt das deutsche Recht sowohl in § 4 AnfG als auch in § 134 InsO die Anfechtung innerhalb eines Vierjahreszeitraums. Dieser Unterschied müsste mit wesentlichen Grundsätzen des deutschen Rechts – bei Berücksichtigung der relativen Anwendung des *ordre public*-Vorbehalts – unvereinbar sein:

Der räumliche und sachliche Bezug im Verhältnis zur deutschen öffentlichen Ordnung ist, soweit es überhaupt zu der Anwendung liechtensteinischen Rechts vor deutschen Gerichten bei einer Schenkungsanfechtung kommt, grundsätzlich gering. Zwar erlaubt ein deutscher Stifter-Schuldner dabei regelmäßig die

---

2031 Dazu bereits ausführlich oben S. 173 ff. und S. 346 ff. für das deutsche Recht und S. 214 ff., S. 239 ff. und S. 350 für Liechtenstein.

2032 Dazu oben S. 214 ff.

Anfechtung vor einem deutschen Gericht: die Tatsache, dass liechtensteinisches Recht angewandt wird, legt jedoch bereits nahe, dass nur ein sehr beschränkter Inlandsbezug besteht. Denn im Rahmen der Anfechtung in einem Insolvenzverfahren gegen einen deutschen Schuldner oder bei einer Belegenheit der Sache in Deutschland wäre deutsches Recht anwendbar.

Im Hinblick auf die nur schwach ausgeprägte Verbindung zur deutschen öffentlichen Ordnung bedarf es einer besonders prägnanten Unvereinbarkeit. Diese könnte sich nur aus der um drei Jahre kürzeren Frist bei einer Anfechtung nach liechtensteinischem Recht ergeben. Allerdings ist es nur schwer vorstellbar, dass die Unvereinbarkeit im Ergebnis tatsächlich die Schwelle der Offensichtlichkeit überschreitet. Denn die Verlagerung des Fristbeginns im Rahmen der Vermögensopfertheorie dürfte in vielen Einflussfällen die Anfechtung auch nach liechtensteinischem Recht bei länger als einem Jahr zurückliegenden Rechtsgeschäften ermöglichen.[2033] In anderweitig unbillig erscheinenden Fällen kann die Nähe zur Absichtsanfechtung berücksichtigt werden, bei Stiftungen für den Stifter eine Beweislastumkehr genutzt und insbesondere bei Familienstiftungen mit entsprechendem Augenmaß vorgegangen werden.

Auch in der Sache ist fraglich, ob die tatsächliche Gläubigerschädigung – im Gegensatz zu der absichtlichen Gläubigerschädigung[2034] – überhaupt mit wesentlichen Grundsätzen deutschen Rechts unvereinbar ist. Zum einen setzt dies voraus, dass man der Ansicht folgt, die für die Sittenwidrigkeit im Rahmen des § 138 Abs. 1 BGB eine rein objektive Sittenwidrigkeit genügen lässt.[2035] Denn falls ein subjektives sittenwidriges Element gefordert wird, wäre dies hier wohl zwingend die Gläubigerschädigung, die durch die Absichtsanfechtung bereits abgedeckt ist. Ohne das subjektive Element einer Schädigungsabsicht oder jedenfalls einer Umgehungsabsicht, die in dieser Konstellation wohl ebenfalls eine Schädigungsabsicht darstellt, kann aber eine sittenwidrige unentgeltliche Zuwendung kaum von einer sittenkonformen unterschieden werden. So tut sich auch die Literatur schwer, Beispiele für objektiv sittenwidrige Schenkungen zu

2033 Dazu oben S. 227 ff.

2034 *Schulz* in NJW 2003, 2705, 2707; *Ulmer* in JZ 1999, 662, 665. Insbesondere entfalten die Anfechtungsvorschriften in dieser Hinsicht keine Sperrwirkung gegenüber der Sittenwidrigkeit gemäß § 138 BGB, da es sich in erster Linie um einen erweiterten Anwendungsvorrang handelt, der eine Sperrwirkung mit sich führt, aber die allgemeine Bewertung nicht aufhebt. Vgl. *Armbrüster* in FS Canaris, Anfechtbarkeit oder Nichtigkeit von Rechtshandlungen mit Gläubigerbenachteiligungsvorsatz, S. 42.

2035 Zu diesem Streit statt vieler *Armbrüster* in MüKo-BGB, § 138, Rn. 253 ff. m.w.N.

finden.[2036] Dies führt aber dazu, dass weitere Umstände wie die Schädigungsabsicht oder die Einflussnahme auf die Stiftung hinzutreten müssen, um eine mögliche Sittenwidrigkeit zu begründen. Dann kann aber jeweils die Absichtsanfechtung beziehungsweise die Vermögensopfertheorie Abhilfe schaffen. Es fehlt damit im Regelfall an einer Unvereinbarkeit des Ergebnisses der Anwendung liechtensteinischen Rechts mit wesentlichen Grundsätzen deutschen Rechts.

c. Fazit

Soweit durch eine Stiftungserrichtung Gläubiger des Stifters benachteiligt wurden, ist es im Regelfall kaum vorstellbar, dass die Anwendung liechtensteinischen Rechts durch einen *ordre public*-Vorbehalt verhindert werden müsste. Denn im Fall der absichtlichen Gläubigerschädigung fehlt es an dem *ordre public* begründenden Unterschied und im Fall der nur objektiv gläubigerschädigenden Zuwendung letztlich an der Unvereinbarkeit mit wesentlichen Grundsätzen deutschen Rechts. Nur dann, wenn es sich um eine besondere Gläubigerbenachteiligung handelt, etwa wenn Gelder aus einer Steuerhinterziehung dem Staat durch Verlagerung ins Ausland entzogen werden sollen,[2037] oder spezielle Schutzvorschriften zugunsten besonderer Gläubiger bestehen – dazu im nächsten Abschnitt – kann ein anderes Ergebnis naheliegen.[2038]

4. Umgehung des dt. Pflichtteilsrechts

Wie bereits vom OLG Düsseldorf[2039] angedacht, im Ergebnis aber offengelassen, wird in diesem Abschnitt überprüft, ob die Umgehung deutschen Pflichtteilsrechts einen *ordre public*-Vorbehalt begründen kann.

Vor der eigentlichen Prüfung der Voraussetzungen des *ordre public*-Vorbehalts ist in Kürze jedoch das in diesem Fall anwendbare IPR zu rekapitulieren: Soweit der Erbe eines deutschen Erblassers eine Pflichtteilsergänzung von einer liechtensteinischen Stiftung fordert, ist unabhängig, ob er vor einem deutschen oder einem liechtensteinischen Gericht klagt, grundsätzlich das Personalstatut des Erblassers anwendbar und damit deutsches Recht.[2040] Dabei gilt jedoch in Liechtenstein die Besonderheit des Art. 29 Abs. 5 IPRG, nach dem auch immer

---

2036 Etwa wenn die Schenkung zum Nachteil des Sozialhilfeträgers erfolgt, eingehend *Günther* in NZS 1994, 66, 69 f.

2037 OLG Düsseldorf, Urt. v. 27.3.2015 – I-16 U 108/14, WM 2016, 1488, 63.

2038 Dazu sogleich.

2039 OLG Düsseldorf, Teilurteil v. 30.4.2010 – I-22 U 126/06, ZEV 2010, 528, juris Rn. 79.

2040 Dazu ausführlich oben S. 487 ff.

kumulativ liechtensteinisches Recht angewandt werden muss. Dies bedeutet, dass nur solche Ansprüche gewährt werden, die auch nach liechtensteinischem Recht bestünden. Dort ist eine Hinzurechnung von verschenktem Vermögen nach § 785 ABGB jedoch nur innerhalb von zwei statt von zehn Jahren möglich.[2041] Soweit der Anspruch also vor einem liechtensteinischen Gericht geltend gemacht wird, können nur Zuwendungen berücksichtigt werden, die zwei Jahre vor dem Ableben des Erblassers gemacht wurden. Wird der Pflichtteilsergänzungsanspruch stattdessen vor einem deutschen Gericht erhoben, kann das Gericht zwar uneingeschränkt deutsches Recht anwenden, eine Vollstreckung gegen die Stiftung ist jedoch nur in deutsches Vermögen und nicht in Liechtenstein selbst möglich.

Diese Ausgangslage eröffnet nun den Rahmen für die Nichtanerkennung der beschenkten Stiftung. Denn wenn der Stiftung aus deutscher Perspektive die Rechtsfähigkeit genommen wird, befindet sich ihr Vermögen noch in der Erbmasse, sodass über die Erbmasse und die anderen Erben auf das Vermögen der vermeintlichen Stiftung zugegriffen werden könnte. Die Prüfung des *ordre public*-Vorbehalts ist insoweit aus dieser Perspektive vorzunehmen:

Spielt der gesamte Sachverhalt in Deutschland, wird also eine deutsche Stiftung mit der Absicht der Umgehung des Pflichtteilsrechts errichtet, liegt regelmäßig keine Sittenwidrigkeit nach § 138 BGB vor, da die Pflichtteilsberechtigten durch das besondere Pflichtteilsrecht bereits ausreichend geschützt sind.[2042] Daher spricht viel dafür, dass die Stiftung durch die Stiftungsbehörde anerkannt wird. In der Folge wäre uneingeschränkt deutsches Pflichtteilsrecht anwendbar und sämtliche Zuwendungen an die Stiftung unterlägen als Schenkungen der Pflichtteilsergänzung nach § 2325 BGB.

Soweit vor einem deutschen Gericht verhandelt wird, wäre das einzige anwendbare liechtensteinische Recht das Stiftungsrecht. Da auch das liechtensteinische Recht Pflichtteilsergänzungsansprüche grundsätzlich kennt, geht die dortige Rechtsprechung davon aus, dass eine Stiftungserrichtung mit der Absicht der Enterbung ohne das Hinzutreten besonderer Umstände nicht sittenwidrig ist.[2043]

Im Ergebnis fehlt es damit aber eigentlich an dem für einen *ordre public*-Vorbehalt erforderlichen wesentlichen Unterschied. Ein solcher besteht nur in Bezug auf die Fristen bei der Hinzurechnung für die Pflichtteilsberechnung,

2041 Dazu ausführlich oben S. 363 ff.

2042 Dazu bereits oben S. 393 f.

2043 StGH, Entscheidung v. 16.9.2002 – StGH 2002/17, Rn. 2.7; dazu bereits oben S. 97 f.

die nur für solche Schenkungen möglich ist, die zwei Jahre vor dem Tod des Erblassers erfolgt sind. Diese Vorschrift würde durch ein deutsches Gericht bei einem deutschen Erblasser aber ohnehin nicht angewandt. Anknüpfungspunkt kann daher nur das Ergebnis bei einer Klageerhebung in Liechtenstein sein. Da das Urteil eines deutschen Gerichts in Liechtenstein aber nicht vollstreckbar ist, kann der deutsche Erbe daher möglicherweise gezwungen sein, Pflichtteilsergänzungsansprüche in Liechtenstein geltend zu machen. Dann wäre er aber zwangsläufig dem Unterschied der Hinzurechnungsfrist ausgesetzt und faktisch in seinem deutschen Pflichtteilsrecht eingeschränkt. Daher kann in diesem Fall von einer Fernwirkung des eigentlich nicht von deutschen Gerichten angewendeten liechtensteinischen Erbrechts auf das Stiftungsrecht ausgegangen werden.

Somit kommt es an dieser Stelle darauf an, ob die Verkürzung der pflichtteilsrechtlichen Hinzurechnung im Sinne von Art. 6 EGBGB mit einem wesentlichen Grundsatz oder den Grundrechten unvereinbar ist. Bei der faktischen Umgehung des Pflichtteilsrechts könnte insbesondere eine Unvereinbarkeit mit den Grundrechten vorliegen: Das Bundesverfassungsgericht hat die bedarfsunabhängige wirtschaftliche Mindestbeteiligung der Nachkommen des Erblassers an der Erbmasse als durch die Erbrechtsgarantie nach Art. 14 Abs. 1 S. 1 i.V.m. Art. 6 Abs. 1 GG geschützt angesehen und damit neben der Testierfreiheit des Erblassers eine weitere grundrechtlich geschützte Position anerkannt.[2044] Soweit das Pflichtteilsrecht eingeschränkt wird, bedeutet dies jedoch nicht zwangsläufig, dass eine Grundrechtsverletzung vorliegt. Zum einen gibt die Verfassung nur vor, dass es ein Pflichtteilsrecht gibt, jedoch nicht, dass dieses mit einer zehnjährigen gestuften Hinzurechnung realisiert wird.[2045] Zum anderen muss, da jede festgestellte Grundrechtsverletzung einen *ordre public* begründet, besonderer Wert auf den Sach- und Inlandsbezug gelegt werden.[2046] In den Worten des Bundesverfassungsgerichts bedeutet dies, dass genau überprüft

---

2044 BVerfG, Beschl. v. 19.4.2005 – 1 BvR 1644/00, BVerfGE 112, 332, juris Rn. 64 ff.; die Entscheidung des BVerfG wird zwar in der Begründung kritisch gesehen, ist i.E. jedoch auf Zustimmung gestoßen. Der Status als Grundrechtsposition wird somit nicht mehr in Frage gestellt, einzig die Ausgestaltung ist weiterhin Bestandteil der Diskussion. Dazu *Röthel* in Erman-BGB, Vor § 2303, Rn. 2; vgl. auch *Papier/Shirvani* in Dürig/Herzog/Scholz-GG, Art. 14, Rn. 411.

2045 Vgl. *Papier/Shirvani* in Dürig/Herzog/Scholz-GG, Art. 14, Rn. 411; vgl. konkret zum *ordre public*-Vorbehalt *Voltz* in Staudinger, Art. 6 EGBGB, Rn. 190; *Merkle*, Pflichtteilsrecht, S. 540 ff.

2046 *Voltz* in Staudinger, Art. 6 EGBGB, Rn. 134 ff.; BVerfG, Beschl. v. 4.5.1971 „Spanier-Entscheidung", BVerfGE 31, 58, juris Rn. 67.

werden muss, ob und inwieweit das Grundrecht „nach Wortlaut, Inhalt und Funktion unter Berücksichtigung der Gleichstellung anderer Staaten und der Eigenständigkeit ihrer Rechtsordnungen für auslandsbezogene Sachverhalte Geltung erlangt."[2047] Daher ist eine Abwägung zwischen der Testierfreiheit des Erblassers und dem Familienerbrecht der Erben unter Berücksichtigung anderer Staaten im Einzelfall notwendig.

Betrachtet man dabei zu Vergleichszwecken zuerst die Extremsituation, in der sämtliche Pflichtteilsansprüche der deutschen Erben ausgeschlossen werden, ist das Vorliegen eines Grundrechtseingriffs deutlich.[2048] Durch den Eingriff ist die Anwendung des *ordre public* grundsätzlich indiziert, soweit die Einschränkung der Grundrechte nicht einen derart schwachen Inlandsbezug aufweist, als dass die Eigenständigkeit der fremden Rechtsordnung vorrangig betrachtet werden müsste. Bei einem gänzlichen Ausschluss ist die Eingriffsintensität jedoch sehr hoch und ein nur schwacher Inlandsbezug genügt – dieser sollte beim deutschen Erblasser immer gegeben sein. Insoweit wird auch im Rahmen der EuErbVO ein *ordre public* angenommen, wenn das Pflichtteilsrecht gänzlich ausgeschlossen wird.[2049]

Das Pflichtteilsrecht wird durch die Errichtung einer liechtensteinischen Stiftung jedoch nicht zur Gänze ausgeschlossen. Nur für Zuwendungen an nicht pflichtteilsberechtigte Personen ist die Hinzurechnung zum Pflichtteil auf zwei Jahre beschränkt. Wie bereits oben angedeutet, könnte nach hier vertretener Ansicht eine Umgehung des Pflichtteilsrechts anzunehmen sein, wenn eine Stiftung, die selbst nicht pflichtteilsberechtigt ist, aber pflichtteilsberechtigte Begünstigte hat, missbräuchlich zwischengeschaltet wird. Dem könnte zum einen durch eine analoge Anwendung des § 785 Abs. 3 ABGB begegnet werden: Dann wird die Stiftung – soweit sie andere Pflichtteilsberechtigte fördert – entweder selbst als Pflichtteilsberechtigte gewertet oder zumindest eine Hinzurechnung der Beträge vorgenommen, die von der Stiftung an andere Pflichtteilsberechtigte geleistet werden. Zum anderen kann bei besonders missbräuchlichen Konstellationen der allgemeine Durchgriff durch die Stiftung auch nach liechtensteinischem Recht einschlägig sein. Eine Beschränkung der Hinzurechnung auf zwei

---

2047 BVerfG, Beschl. v. 4.5.1971 „Spanier-Entscheidung", BVerfGE 31, 58, juris Rn. 67.

2048 Vgl. BVerfG, Beschl. v. 19.4.2005 – 1 BvR 1644/00, BVerfGE 112, 332, juris Rn. 64 ff.

2049 *Thorn* in Grüneberg, Art. 35 EuErbVO, Rn. 2 m.w.N.; *Dörner* in ZEV 2010, 221, 227; *Mansel/Thorn/Wagner* in IPRax 2013, 1, 7; *Stürner* in GPR 2014, 317, 322 f.; mit Einschränkungen für andere Pflichtteilsbrechtigte als die Kinder des Erblassers *Merkle*, Pflichtteilsrecht, S. 541.

Jahre läge dann nicht vor.[2050] Solange dies aber nicht Teil der liechtensteinischen Rechtsprechung wird, muss davon ausgegangen werden, dass Stiftungen nicht Pflichtteilsberechtigte im Sinne des § 785 Abs. 3 ABGB sind und nicht automatisch ein Missbrauch vorliegt.

Ergänzend zu den bestehenden und den potenziellen Hinzurechnungsmöglichkeiten kommt entscheidend hinzu, dass in Liechtenstein uneingeschränkt die Vermögensopfertheorie gilt. Durch die Verlagerung des Zeitpunkts der Vermögensaufgabe kann all denjenigen Fällen begegnet werden, in denen der Stifter weiterhin Einfluss auf die Stiftung nehmen kann. Auch sei an dieser Stelle zum wiederholten Male darauf hingewiesen, dass deutsche Gerichte eine liechtensteinische Stiftung mit Vermögenswerten in Deutschland auf Grundlage des deutschen Pflichtteilsrechts verurteilen können und auch eine Vollstreckung in die deutschen Vermögenswerte möglich ist.

Das liechtensteinische Recht kommt somit nur dann zu einem anderen Ergebnis als das deutsche Recht, wenn der Stifter jeglichen Einfluss auf die Stiftung aufgegeben hat und die Zuwendungen mehr als zwei Jahre zurückliegen. Ist seit der Zuwendung mehr Zeit vergangen, sind hier außerdem Wege aufgezeigt worden, mit denen der Situation begegnet werden kann. Letztlich ist damit die Schnittmenge, in der im Vergleich zum deutschen Recht eine missbräuchliche Umgehung möglich ist, sehr gering. Insoweit stellt sich die Frage, ob das Grundrecht auf Teilhabe an der Erbschaft „nach Wortlaut, Inhalt und Funktion unter Berücksichtigung der Gleichstellung anderer Staaten und der Eigenständigkeit ihrer Rechtsordnungen“[2051] hier Geltung erlangt. In der Begrifflichkeit des IPR müsste die Relativität des *ordre public* gewahrt sein.[2052] Ein grundsätzlicher Inlandsbezug des Grundrechts besteht aufgrund des deutschen Erblassers zwar weiterhin, eine Geltung ist damit aber nicht automatisch indiziert: Dies zeigt der Vergleich der Beschränkung der Pflichtteilshinzurechnung auf zwei Jahre mit dem gänzlichen Ausschluss der Hinzurechnung. In letzterem Fall wird auch das Grundrecht vollständig ausgesetzt. Daher muss – auch unter Berücksichtigung der Rechtsordnung anderer Staaten – das deutsche Grundrecht notwendigerweise durch den *ordre public* durchgesetzt werden. Denn sonst könnte die deutsche Grundrechtsordnung unterlaufen werden. Im Fall der Beschränkung nach liechtensteinischem Recht ist das deutsche Grundrecht bei Berücksichtigung aller Sonderregelungen der liechtensteinischen Rechtsordnung jedoch nicht

---

2050 Dazu jeweils ausführlich oben S. 363 ff.

2051 BVerfG, Beschl. v. 4.5.1971 „Spanier-Entscheidung“, BVerfGE 31, 58, juris Rn. 67.

2052 *Voltz* in Staudinger, Art. 6 EGBGB, Rn. 190.

ausgesetzt. Stattdessen wird der grundrechtliche Teilhabeanspruch an der Erbmasse durch eine andere zivilrechtliche Ausgestaltung als die deutsche gewahrt. Da es – wie oben gezeigt – an einer deutschen verfassungsrechtlichen Vorgabe für das „Wie" eines solchen Anspruchs fehlt, kann in dieser Konstellation nicht davon ausgegangen werden, dass das deutsche Grundrecht durch die Errichtung einer liechtensteinischen Stiftung verletzt wird.[2053]

Ein *ordre public*-Vorbehalt kann daher im Regelfall bei der Errichtung einer liechtensteinischen Stiftung nicht geltend gemacht werden. In besonders missbräuchlichen Fällen wird das liechtensteinische Recht stattdessen in der Regel ausreichende Maßnahmen zur adäquaten Adressierung des Missbrauchs bereithalten. Der *ordre public* ist daher nur in besonders atypischen Situationen vorstellbar.

Ein Pflichtteilsergänzungsanspruch kann darüber hinaus faktisch dadurch umgangen werden, dass eine Vollstreckung oder auch eine Klageerhebung gegen die Stiftung in Liechtenstein aus Deutschland heraus schwierig gemacht wird. Insbesondere im Hinblick auf die frühere gänzliche Anonymität des Stifters bei einer Stiftungserrichtung in Liechtenstein konnte ein Stifter eine Stiftung errichten, die für einen deutschen Pflichtteilsberechtigten möglicherweise kaum als Klagegegner ausgemacht werden konnte.[2054] Jedoch kann eine Person, die vermutet, Begünstigte einer Familienstiftung zu sein, nunmehr gemäß Art. 955a Abs. 1 PGR von dem Amt der Justiz sowohl eine Bestätigung über die Existenz der Stiftung, als auch die nach Art. 552 § 20 Abs. 2 Nr. 1, 7 und 10 PGR erforderlichen Angaben verlangen. Aufgrund dieser Möglichkeit und der damit verbundenen verbesserten Rechtsschutzmöglichkeiten in Liechtenstein[2055] sind die faktischen Hürden einer Geltendmachung von Ansprüchen gesunken.

2053 Vgl. auch zu „Abweichungen" im Pflichtteilsrecht, die im Rahmen der EuErbVO keinen *ordre public* begründen sollen, *Dutta* in MüKo-BGB, [6. Auflage] Art. 35 EuErbVO, Rn. 2. Ebenfalls aufgrund der fehlenden inhaltlichen verfassungsrechtlichen Vorgaben in Deutschland kritisch gegenüber eines *ordre public*-Vorbehalts bei anders ausgestaltetem Pflichtteilsrecht, *Voltz* in Staudinger, Art. 6 EGBGB, Rn. 190; *Merkle*, Pflichtteilsrecht, S. 522 ff., 541 ff.

2054 Konkret zu den Schwierigkeiten der Durchsetzung von Ansprüchen gegen diese hinterlegten (vgl. oben S. 49) Stiftungen, *Becker* in ZEV, 177, 178 f.; zu dieser Art der Stiftungserrichtung auch *Bösch*, Liechtensteinisches StiftR, S. 733 ff.; vgl. auch unten zu Auskunftsansprüchen gegen eine Stiftung S. 275 ff.; allgemein zu Informationsdefiziten gegenüber liechtensteinischen Rechtsformen OGH, 1.4.2016 – 05 CG.2014.306, PSR 2017, 192; *Auer* in PSR 2017, 163, 167 f.; *Gasser* in Gasser/StiftR, § 1, Rn. 34 f.

2055 Siehe dazu unten, S. 280 ff.

5. *Umgehung eherechtlicher Ansprüche*

Ein *ordre public* aufgrund einer Umgehung eherechtlicher Ansprüche, etwa im Rahmen des Zugewinnausgleichs, kommt nach der Auswertung der Anknüpfung im Rahmen des IPR[2056] nicht in Betracht: Denn nach dem IPR beider Rechtsordnungen findet bei deutschen Ehepartnern regelmäßig deutsches Güterstandsrecht Anwendung. Eine Bereichsausnahme in der Form des Art. 29 Abs. 5 IPRG gibt es nach liechtensteinischem IPR nicht. Da uneingeschränkt deutsches Recht anwendbar ist, kann nicht wie im Pflichtteilsrecht auf Probleme bei der Durchsetzbarkeit verwiesen werden und es fehlt jedenfalls bereits an dem Anknüpfungspunkt für einen *ordre public*-Vorbehalt.

IV. Fazit

Die Auswertung hat gezeigt, dass ein *ordre public*-Vorbehalt nur in besonderen Ausnahmefällen gegenüber liechtensteinischen Stiftungen überhaupt vorstellbar ist. Dies begründet sich zum einen daraus, dass die Anwendung liechtensteinischen Rechts regelmäßig zu keinem anderen Ergebnis als die Anwendung deutschen Rechts führt. Selbst wenn man einen restriktiveren Ansatz in Bezug auf die Zulässigkeit körperschaftlicher Elemente im deutschen Stiftungsrecht wählt, als es in dieser Arbeit der Fall ist, fehlt es jedenfalls an einer Unvereinbarkeit des liechtensteinischen Stiftungsrechts mit wesentlichen Grundsätzen des deutschen Rechts. Eine Unvereinbarkeit kann sich daher nur aus dem Zusammenspiel der Akzeptanz der liechtensteinischen Stiftung als Rechtssubjekt in Verbindung mit einem anderen Anknüpfungspunkt ergeben.

Dies wurde in Bezug auf die Errichtung der Stiftung zur Steuerhinterziehung aus verschiedenen Gründen abgelehnt und scheitert regelmäßig daran, dass das Steuerrecht eigene und adäquatere Mechanismen zur Bekämpfung der Steuerhinterziehung bietet. Dem Ausnahmecharakter des *ordre public*-Vorbehalts würde es nicht gerecht, wenn dieser trotzdem in jedem Fall der Errichtung zur Steuerhinterziehung angewandt würde. Nur dann, wenn das Steuerrecht keine Lösungen zur Verfügung stellt, kann – wie im Fall der Insolvenz des deutschen Steuerschuldners – ein Durchgriff auf die Stiftung erforderlich sein.

Bezüglich der Gläubigerschädigung lässt sich aufgrund der Rechtswahlmöglichkeiten und der unterschiedlichen Anknüpfungsmöglichkeiten bei der Vermögensausstattung der Stiftung zwar kein einheitlich anwendbares Recht feststellen, häufig ist jedoch entweder deutsches Recht anwendbar oder das

2056 Siehe dazu oben, S. 493 ff.

liechtensteinische Recht gewährt vergleichbare Ansprüche, sodass ein *ordre public* nicht einschlägig ist.

Im Pflichtteilsrecht führen Durchsetzungsprobleme und die kumulative Anwendung liechtensteinischen Pflichtteilsrechts grundsätzlich zu einem *ordre public* relevanten Unterschied. Da das liechtensteinische Recht jedoch ebenfalls Pflichtteilsergänzungsansprüche vorsieht und eine ausgeprägte Rechtsprechung zur Vermögensopfertheorie besteht, fehlt es letztlich an einer hinreichend relativen Wesentlichkeit der rechtlichen Unterschiede und somit an einer Unvereinbarkeit mit dem deutschen Recht.

Zuletzt konnte festgestellt werden, dass eherechtliche Ansprüche bei deutschen Ehepartnern gleichermaßen vor deutschen und liechtensteinischen Gerichten durchgesetzt werden können und die Existenz der Stiftung und das insoweit anwendbare liechtensteinische Recht nicht zu einem relevanten Unterschied führen.

Der *ordre public*-Vorbehalt kann daher gegenüber der Anwendung liechtensteinischen Stiftungsrechts nur im absoluten Ausnahmefall vorgebracht werden.

D. Fazit

Die liechtensteinische Stiftung kann nach Auswertung des IPR und IZVR grundsätzlich uneingeschränkt als zivilrechtliches Rechtssubjekt betrachtet werden. Auch wenn das Fürstentum Liechtenstein vielen internationalen Abkommen zur Durchsetzung von Ansprüchen nicht beigetreten ist, muss die liechtensteinische Stiftung auf Grundlage der Sitztheorie – unabhängig von einem Schutz durch europäische Grundfreiheiten – immer dann anerkannt werden, wenn sie ihren Sitz in Liechtenstein hat. Eine Rückausnahme von dieser Anerkennung aufgrund eines *ordre public*-Vorbehalts ist entgegen der deutschen Rechtsprechung regelmäßig nicht einschlägig. Denn das deutsche Recht bietet hinreichende Möglichkeiten, um der missbräuchlichen Verwendung einer liechtensteinischen Stiftung vorzubeugen. Die absolute *ultima ratio* Vorschrift des Art. 6 EGBGB muss daher mit wenigen Ausnahmen regelmäßig nicht angewandt werden.

Teil III – Konsequenzen für die steuerrechtliche Behandlung liechtensteinischer Stiftungen

Die bisherige Analyse hat gezeigt, dass die zivilrechtlichen Ausgestaltungsmöglichkeiten der deutschen und der liechtensteinischen Stiftung nur geringe Unterschiede aufweisen. Warum sehen deutsche Stifter dennoch einen Vorteil im Standort Liechtenstein? Der entscheidende Faktor liegt in der vorteilhafteren Besteuerung der Stiftung.

Im letzten Jahrhundert bestand dieser „Vorteil" vorwiegend in der Verwirklichung einer Steuerhinterziehung, indem in Liechtenstein erzielte Einkünfte in Deutschland nicht angegeben wurden. Lange Zeit war dies vermeintlich gefahrlos möglich, weil in Liechtenstein Stiftungen anonym gegründet werden konnten und es keinen Informationsaustausch zwischen den beiden Staaten gab.

Als prominentestes Beispiel für eine solche Stiftungserrichtung kann der Fall des ehemaligen Vorstandsvorsitzenden der Deutschen Post, Klaus Zumwinkel, dienen: Mit den Stiftungsräten der zu seinen Gunsten errichteten liechtensteinischen Stiftung vereinbarte er, dass „eine Namensnennung am Telefon [...] unter allen Umständen zu unterbleiben" habe und vereinbarte für den Fall einer Kontaktaufnahme Codewörter, um nicht identifiziert zu werden.[2057] Bei der Stiftungserrichtung „war sämtlichen Beteiligten [...] bewusst, dass eine Besteuerung der im Ausland erzielten Mehreinkünfte nur dann vermieden werden kann, wenn die entsprechenden Gewinne im Rahmen der jährlichen Einkommensteuererklärung nicht angegeben werden".[2058]

Zweifellos dürfte die Steuerhinterziehung als Motivation ausgedient haben, nachdem der deutsche Bundesnachrichtendienst im Jahr 2008 die Daten CD aus Liechtenstein ankaufte.[2059] Medienwirksame Durchsuchungen, unter anderem

2057 LG Bochum, Urt. v. 26.1.2009 – 12 KLs 350 Js 1/08, BeckRS 2009, 9039, juris Rn. 60.
2058 LG Bochum, Urt. v. 26.1.2009 – 12 KLs 350 Js 1/08, BeckRS 2009, 9039, juris Rn. 20.
2059 *Leyendecker*, Süddeutsche Zeitung 6.4.2010, Liechtenstein-CD beschert Staat 807 Millionen Euro, abrufbar unter https://www.sueddeutsche.de/geld/steuereinnahmen-liechtenstein-cd-beschert-staat-807-millionen-euro-1.10558 zuletzt abgerufen am 30.10.2023; vgl. auch BVerfG, Nichtannahmebeschluss v. 9.11.2010 – 2 BvR 2101/09, NJW 2011, 2417.

bei Klaus Zumwinkel,[2060] sowie ein verstärkter Informationsaustausch zwischen Liechtenstein und Deutschland führten zudem zu zahlreichen Selbstanzeigen, wodurch viele missbräuchliche Stiftungsstrukturen aufgedeckt wurden. Typisch für diese Stiftungen war, dass Stifter über das Stiftungskonto „wie über ein eigenes Bankkonto verfügen"[2061] konnten und Stiftungsorgane verpflichtet wurden, im Rahmen von Mandatsverträgen, ihr „Mandat ausschließlich nach den Instruktionen des Auftraggebers auszuüben".[2062] Diese Altfälle beschäftigen die Rechtsprechung auch weiterhin und können einen guten Ausgangspunkt für die Bewertung moderner Stiftungsstrukturen bieten.

In der heutigen Zeit kann die Errichtung einer liechtensteinischen Stiftung auch für den gesetzestreuen Steuerpflichtigen Sinn ergeben. Zum einen kann die laufende Besteuerung günstiger sein,[2063] zum anderen – und besonders entscheidend – gibt es in Liechtenstein keine Erbersatzbesteuerung im Sinne von § 1 Abs. 1 Nr. 4 i.V.m. § 9 Abs. 1 Nr. 4 ErbStG, nach der das gesamte Vermögen einer Familienstiftung alle 30 Jahre neu zu besteuern wäre. Mögliche Nachteile einer Wegzugsbesteuerung gemäß § 6 Abs. 1 S. 1 Nr. 2 AStG und des Wegfalls des Steuerklassenprivilegs bei der Stiftungserrichtung nach § 15 Abs. 2 ErbStG[2064] können durch die fehlende Erbersatzbesteuerung langfristig kompensiert werden.

Aufgrund dieser Vorteile wird die liechtensteinische Stiftung auch in Zukunft attraktiv für deutsche Stifter bleiben. Im Gegensatz zu den missbräuchlichen Stiftungen weisen die neu errichteten Stiftungen sowie jene, deren Satzung überarbeitet wurde, eine größere Verselbstständigung und Unabhängigkeit vom Stifter auf. Stiftungen, die wie ein Konto genutzt werden, und vollumfängliche Mandatsverträge entsprechen nicht mehr der herrschenden Praxis.

Wie diese neuen Ausgestaltungen steuerrechtlich zu bewerten sind, ist Gegenstand der folgenden Untersuchung. Dabei wird allerdings nicht das gesamte Steuerrecht im Kontext der liechtensteinischen Stiftung aufgearbeitet.[2065] Im

---

2060 *Schmid*, Spiegel 14.2.2008, Zumwinkel von Polizei abgeholt, abrufbar unter https://www.spiegel.de/wirtschaft/verdacht-auf-steuerhinterziehung-zumwinkel-von-polizei-abgeholt-a-535211.html, zuletzt abgerufen am 30.10.2023.

2061 Bspw. FG München, Bescheid v. 18.8.2015 – 4 K 2442/12, EFG 2016, 40, juris Rn. 23.

2062 FG Bremen, Urt. v. 16.6.2010 – 1 K 18/10 (5), EFG 2010, 1801, juris Rn. 9.

2063 *Kühne* in PSR 2015, 68, 70.

2064 Vgl. dazu und zu Gestaltungen zur Begrenzung dieser Nachteile, *Lüdicke/Oppel* in BB 2017, 2646, 2647.

2065 Siehe zur allgemeinen Besteuerung ausländischer Familienstiftungen etwa mit konkretem Bezug zu Liechtenstein *Adam*, Besteuerung ausländischer Familienstiftungen; *Hallerbach*, Besteuerung ausländischer Familienstiftungen; *Schulz*, Die

Fokus stehen stattdessen die Auswirkungen von Einflussmöglichkeiten auf privatnützige Stiftungen.

Der Einfluss wird in einem ersten Schritt bereits im Rahmen des sogenannten Typenvergleichs[2066] relevant, bei dem die liechtensteinische Stiftung mit deutschen Rechtsformen verglichen wird, um sie in Deutschland adäquat berücksichtigen zu können (A.).

Soweit der Typenvergleich zu dem Ergebnis gelangt, dass die liechtensteinische Stiftung wie eine deutsche Stiftung zu behandeln ist, kann sich der Einfluss des Stifters auf die Stiftung aber auch auf einzelne Aspekte der Besteuerung auswirken (B.).

A. Typenvergleich

Im deutschen Steuerrecht kommt es bei der Besteuerung einer (ausländischen) juristischen Person im Wesentlichen darauf an, ob diese als eigenes Steuersubjekt nach § 1 Abs. 1 und § 2 Nr. 1 KStG betrachtet werden kann. Ist dies der Fall, entfaltet sie im Rahmen des Trennungsprinzips eine Abschirmwirkung und ist selbst steuerpflichtig.[2067] Wird sie hingegen nicht als Steuersubjekt im Sinne des KStG anerkannt, kommt es zu einer transparenten Besteuerung und die Einkünfte werden den dahinterstehenden Personen zugerechnet. In welche dieser beiden Kategorien eine ausländische juristische Person fällt, wird durch einen sog. Typenvergleich der ausländischen mit inländischen Rechtsformen ermittelt.[2068]

Lange Zeit wurde die liechtensteinische Stiftung sowohl durch die deutschen Finanzgerichte[2069] als auch durch die Finanzbehörden[2070] sowie die Literatur[2071]

Besteuerung ausländischer Familienstiftungen jeweils mit umfangreichen Ausführungen zu § 15 AStG; *Kutac* in IStR 2021, 409, 409 ff.; außerdem *Wassermeyer* in FR 2015, 149.

2066 RFH, Urt. v. 12.2.1930 – VI A 899/27, RFHE 27, 73, 75.

2067 *Hey* in Tipke/Lang, § 11, 11.2 ff.; *Schaumburg*, Internationales StR, Rn. 13.1 m.w.N.

2068 RFH, Urt. v. 12.2.1930 – VI A 899/27, RFHE 27, 73, 75.

2069 BFH, Urt. v. 25.4.2001 – II R 14/98, BFH/NV 2001, 589, juris Rn. 23; FG Hessen, Urt. v. 14.11.2012 – 10 K 625/08, DStR 2013, 1011, juris Rn. 93; FG Düsseldorf, Urt. v. 2.4.2014 – 4 K 3718/12 Erb, EFG 2014, 855, juris Rn. 24; FG Münster, Urt. v. 3.6.2014 – 9 K 5/08 K, EFG 2014, 2076, juris Rn. 32; wohl auch FG Münster, Urt. v. 11.12.2014 – 3 K 764/12, DStRE 2016, 1311, juris Rn. 29; FG Düsseldorf, Urt. v. 22.1.2015 – 16 K 2858/13 F, EFG 2015, 629, juris Rn. 19.

2070 BMF, Schreiben v. 24.12.1999 – IV B 4-S 1300-111/99, BStBl I 1999, 1076, Tabelle 1: Rechtsformen internationaler Unternehmen.

2071 *Mutter* in DStR 2004, 893, 898.

grundsätzlich als Körperschaftsteuersubjekt eingeordnet. Zuletzt wurde dies jedoch durch den BFH mit Urteil vom 8.2.2017 in Frage gestellt, der die nicht näher begründete Einordnung einer liechtensteinischen Stiftung als Vermögensmasse durch das FG Münster[2072] kritisiert hatte.[2073] Vielmehr seien „tragfähige Feststellungen sowohl zu der rechtlichen Struktur der Klägerin selbst wie zu den einschlägigen ausländischen Rechtsnormen“ erforderlich.[2074] Der BFH ging – wohl unter dem Eindruck der zur Steuerhinterziehung errichteten Stiftungen – davon aus, dass „der Stiftungsrat [bei liechtensteinischen Stiftungen] regelmäßig an die Anweisungen des Stifters gebunden“ sei.[2075] Als Konsequenz könnte es jedoch nicht nur zu einer abweichenden Einkünftezurechnung nach § 39 Abs. 2 Nr. 1 AO kommen,[2076] sondern die Stiftung im Einzelfall auch als Treuhandstiftung und damit als unselbstständige Stiftung einzuordnen sein. Diese Rechtsprechung wird im Folgenden zum Anlass genommen, um auszuwerten, ob und gegebenenfalls in welchen Umfang sich der Einfluss auf den Typenvergleich einer liechtensteinischen Stiftung auswirkt.

Die körperschaftsteuerliche Subjektqualität der Stiftung kann insbesondere im Rahmen von drei Regelungen überprüft werden. Zum einen könnte sie als unbeschränkt steuerpflichtig im Sinne des § 1 KStG gelten, wenn sie ihre Geschäftsleitung oder ihren Sitz im Inland hat. Zum anderen kann sie nach § 2 KStG mit ihren inländischen Einkünften beschränkt steuerpflichtig sein, wenn es an einem Sitz und einer Geschäftsleitung im Inland fehlt. Letztlich wird unabhängig von der Quelle der Einkünfte auch dann ein Typenvergleich durchgeführt, wenn ermittelt werden soll, ob es sich bei einer Rechtsform um eine Stiftung oder eine ähnliche Rechtsform im Sinne des § 15 AStG handelt. Mittelbar wirkt sich das Ergebnis aber beispielsweise auch darauf aus, ob die Stiftung Ziel einer Schenkung sein kann, denn wäre sie transparent zu behandeln, wäre ein anderes Steuersubjekt Beschenkter.[2077]

2072 FG Münster, Urt. v. 3.6.2014 – 9 K 5/08 K, EFG 2014, 2076, juris Rn. 32.

2073 BFH, Urt. v. 8.2.2017 – I R 55/14, BFH/NV 2017, 1588, juris Rn. 14; das FG Münster kam im Rahmen der Zurückverweisung zu dem Ergebnis, dass die liechtensteinische Stiftung einer Körperschaft i.S.d. § 2 Nr. 1 KStG entspricht, FG Münster, Urt. v. 14.8.2019 – 13 K 3170/17 K, EFG 2019, 1705, juris Rn. 46 ff.

2074 BFH, Urt. v. 8.2.2017 – I R 55/14, BFH/NV 2017, 1588, juris Rn. 16.

2075 BFH, Urt. v. 8.2.2017 – I R 55/14, BFH/NV 2017, 1588, juris Rn. 18.

2076 BFH, Urt. v. 8.2.2017 – I R 55/14, BFH/NV 2017, 1588, juris Rn. 18.

2077 Vgl. etwa zur parallelen Behandlung von Personengesellschaften BFH, Urt. v. 14.9.1994 – II R 95/92, BStBl II 1995, 81, juris Rn. 12 ff.

Im Folgenden werden aufgrund der größeren Praxisrelevanz vorwiegend die beschränkte Steuerpflicht einer liechtensteinischen Stiftung nach § 2 Nr. 1 KStG und im Rahmen der laufenden Besteuerung auch ihre Qualifikation als Familienstiftung im Sinne von § 15 AStG im Fokus stehen. Zwar ist es grundsätzlich vorstellbar, dass eine liechtensteinische Stiftung – geplant oder aufgrund von Unachtsamkeit – ihren Verwaltungssitz nach Deutschland verlegt. Dadurch könnte sie in Deutschland unbeschränkt steuerpflichtig werden[2078] und der Typenvergleich wäre nach § 1 Abs. 1 KStG durchzuführen. Eine bewusste Sitzverlegung widerspricht jedoch regelmäßig der steuerlichen Motivation für die Errichtung der Stiftung in Liechtenstein.[2079] Zudem ist die Gefahr einer faktischen und ungeplanten Sitzverlegung nach Deutschland gering, da der Stiftungsrat zwingend mit einem liechtensteinischen Treuhänder besetzt sein muss.[2080] Die in diesem Zusammenhang auftretende Frage, ob ein Mandatsvertrag mit dem Stiftungsrat – wie in einem Fall zu einer liechtensteinischen AG entschieden[2081] – zu einem Verwaltungssitz in Deutschland führen kann, wird zusammen mit den allgemeinen steuerlichen Auswirkungen von Mandatsverträgen aufgearbeitet.[2082]

Soweit es auf die beschränkte Steuerpflicht der Stiftung nach § 2 Nr. 1 KStG ankommt, sind die dort verwendeten Begriffe der Körperschaften, Personenvereinigungen und Vermögensmassen zwar weiter als diejenigen des § 1 Abs. 1 KStG zu verstehen.[2083] Nichtsdestotrotz werden die Kategorien des § 1 Abs. 1 KStG als Ausgangspunkt für den Typenvergleich genutzt,[2084] weswegen sie auch im Folgenden Erwähnung finden.

2078 Ein Umzug der Stiftung von Liechtenstein nach Deutschland ist nicht nur steuerrechtlich ein Problem, sondern auch zivilrechtlich, da die Stiftung nach h.M. nicht rechtsformwahrend nach Deutschland umziehen kann. Stattdessen müsste sie in Deutschland erst ein Anerkennungsverfahren durchlaufen. Dazu auch oben S. 465 und *Weitemeyer* in MüKo-BGB, § 80, Rn. 314 ff. m.w.N.; teilweise werden aber steuerliche Gestaltungen mit einer liechtensteinischen Stiftung, die nach Deutschland zieht, für möglich gehalten, durchaus mit Bedenken in Bezug auf die Zivilrechtslage dazu etwa *Werner* in IStR 2020, 130, 135 m.w.N.

2079 Vgl. dazu *Meinecke* in ZStV 2022, 172, 186 f.

2080 Dazu oben S. 142 f.

2081 BFH, Urt. v. 23.6.1992 – IX R 182/87, BFHE 168, 285.

2082 Dazu unten S. 566 f.

2083 *Witt* in H/H/R-KStG, § 2, Rn. 41.

2084 Statt vieler BFH, Urt. v. 20.8.2008 – I R 34/08, BStBl II 2009, 263, juris Rn. 19 m.w.N.; kritisch *Martini* in IStR 2012, 441, 441 ff.

I. Elemente des Typenvergleichs

Der Typenvergleich wird auf Grundlage der Rechtsprechung des RFH und des BFH in zwei Stufen durchgeführt: Zuerst müssen die gesellschaftsrechtlichen Eigenschaften der ausländischen Rechtsform ermittelt und mit den Rechtsformen des deutschen Rechts verglichen werden. Im zweiten Schritt wird die konkrete ausländische Rechtsform dann „nach Maßgabe des rechtlichen Aufbaus und der wirtschaftlichen Struktur" den deutschen steuerrechtlichen Organisationstypen, also der Körperschaft im weiteren Sinne, der Personengesellschaft und dem Einzelunternehmer zugeordnet.[2085]

Der erste Schritt ist im Rahmen des ersten Teils dieser Arbeit bereits erfolgt, sodass die Ergebnisse nur in Kürze rekapituliert werden (1.). Der zweite Schritt wird an dieser Stelle in zwei Stufen vorgenommen. Zunächst wird die liechtensteinische Stiftung abstrakt in ihrer gesetzlich vorgesehenen Grundform betrachtet (2.). Anschließend wird aufgearbeitet, wie sich die einzelnen Einflussmöglichkeiten in einem konkreten Typenvergleich auswirken können und inwieweit die abweichende Zurechnung des wirtschaftlichen Eigentums im Sinne von § 39 AO im Rahmen des Typenvergleichs zu berücksichtigen ist (3.).

1. Zivilrechtliche Ebene

Auf der zivilrechtlichen Ebene ist davon auszugehen, dass die liechtensteinische Stiftung ihren Sitz in Liechtenstein hat und daher nach den Grundsätzen des internationalen Privatrechts liechtensteinisches Recht anwendbar ist. Sodann lassen sich die wesentlichen Merkmale der Stiftung wie folgt zusammenfassen: Bei der Stiftung handelt es sich um eine eigene eigentümerlose juristische Person, mit einem Zweck, einer Organisation und einem eigenen Vermögen. Zu ihrer Errichtung ist zwar keine konstitutive staatliche Mitwirkung erforderlich, jedoch bedarf es einer zwingenden Hinterlegung der Gründungsanzeige und einer Überprüfung der Angaben durch einen ordentlichen Treuhänder gemäß

2085 RFH, Urt. v. 12.2.1930 – VI A 899/27, RFHE 27, 73, 77 ff.; BFH, Urt. v. 17.7.1968 – I 121/64, BStBl II 1968, 695, juris Rn. 16 ff.; BFH, Urt. v. 6.11.1980 – IV R 182/77, BStBl II 1981, 220, juris Rn. 16 f.; BFH, Urt. v. 3.2.1988 – I R 134/84, BStBl II 1988, 588, juris Rn. 20 ff.; BFH, Urt. v. 23.6.1992 – IX R 182/87, BStBl II 1992, 285, juris Rn. 14 ff.; BFH, Urt. v. 16.12.1992 – I R 32/92, BStBl II 1993, 399, juris Rn. 18; BFH, Urt. v. 25.10.2016 – I R 54/14, BStBl II 256, 66, juris Rn. 9 ff.; BFH, Urt. v. 8.2.2017 – I R 55/14, BFH/NV 2017, 1588, juris Rn. 14 f.; OFD Frankfurt S 2241 A – 107 – St 213, Rn. 9; *Endres/Spengel/Jacobs*, Int. Unternehmensbesteuerung, S. 393 ff.; *Lampert* in Gosch-KStG, § 1, Rn. 108.

Art. 552 § 20 Abs. 1 PGR.[2086] Die Stiftung erhält ihr Vermögen durch die Vermögensausstattung bei der Stiftungserrichtung oder durch Nach- oder Zustiftungen.[2087] Sie wird durch den Stiftungsrat vertreten und kann weitere optionale Organe haben. Der Stiftungsrat muss mit einem Treuhänder besetzt sein, kann aber darüber hinaus mit frei wählbaren Personen, insbesondere auch dem Stifter oder den Destinatären, besetzt werden.[2088] Die Stiftung verfolgt mit den Erträgen aus dem Stiftungsvermögen ihren Stiftungszweck.[2089] Dabei ist die Selbstzweckstiftung unzulässig, Stiftungen für den Stifter sind hingegen zumindest in der gemischten Form ebenso wie reine Unterhaltsstiftungen grundsätzlich zulässig.[2090] Je nach Satzungsgestaltung unterliegt der Stiftungsrat bei seiner Arbeit der Aufsicht durch den Stifter oder die Destinatäre, eine staatliche laufende Aufsicht findet hingegen regelmäßig nicht statt.[2091]

Eine Besonderheit des liechtensteinischen Stiftungsrechts liegt in den Gestaltungsrechten des Stifters, also dem Widerrufs- und dem Änderungsrecht nach Art. 552 § 30 Abs. 1 PGR.[2092] Zum einen kann der Stifter durch das „Damoklesschwert" dieser Rechte faktisch einen großen Einfluss auf die Stiftungsorgane ausüben. Zum anderen kann er durch das Widerrufsrecht in Verbindung mit einer Anfallberechtigung sein Vermögen zurückerhalten.

2. *Abstrakter Rechtsvergleich*

In einem zweiten Schritt wird die ausländische Rechtsform in das System der deutschen Ertragsbesteuerung eingeordnet. Dabei kennt das Gesetz in §§ 1 Abs. 1, 2 Abs. 1 KStG grundsätzlich die Kategorien der Körperschaften, Personenvereinigungen und Vermögensmassen. In § 1 Abs. 1 KStG werden bei der unbeschränkten Steuerpflicht neben der Trias der Körperschaften, Personenvereinigungen und Vermögensmassen in Nr. 4 auch sonstige juristische Personen des privaten Rechts erfasst, womit auch die Stiftung gemeint ist.[2093] Im

2086 Dazu oben S. 249 ff.
2087 Dazu oben S. 205 ff.
2088 Dazu oben S. 141 ff.
2089 Dazu oben S. 96 ff.
2090 Zur Stiftung für den Stifter S. 395 ff., zur Unterhaltsstiftung S. 412 ff., zur Selbstzweckstiftung S. 423 ff.
2091 Dazu oben S. 252 ff.
2092 Dazu oben S. 333 ff.
2093 Vgl. mittlerweile deutlich BFH, Urt. v. 17.9.2003 – I R 85/02, BStBl II 2005, 149, juris Rn. 8; vorher noch offen lassend, ob nach Nr. 4 oder Nr. 5 BFH, Urt. v. 12.12.1990 – I R 43/89, BStBl II 1990, 427, juris Rn. 15. Eine Einordnung unter § 1 Abs. 1 Nr. 4 KStG

Wesentlichen ist dabei auf der ersten Ebene zwischen Körperschaften im weiteren Sinne, bei denen die Körperschaft selbst Steuersubjekt ist, und Personengesellschaften, Einzelunternehmern und nichtrechtsfähige Zweckvermögen, bei denen nicht die Rechtsform, sondern die dahinterstehenden Personen besteuert werden, zu unterscheiden. Innerhalb dieser Aufteilung wird die (deutsche) selbstständige Stiftung als juristische Person und damit als Körperschaft und im Gegensatz zu der nichtselbstständigen Stiftung nicht als Vermögensmasse gewertet.[2094]

Bei der Einordnung der liechtensteinischen Stiftung liegt es aufgrund der auf zivilrechtlicher Ebene erzielten Ergebnisse nahe, die liechtensteinische Stiftung in erster Linie an der deutschen Stiftung zu messen und sie als juristische Person zu betrachten.[2095] Möglich wäre aber auch eine Einordnung als nichtrechtsfähige Stiftung oder Zweckvermögen, also als nichtrechtsfähige Vermögensmasse.[2096] Der Typenvergleich ist jedoch vorrangig mit der deutschen selbstständigen Stiftung vorzunehmen, weil eine subjektive Steuerpflicht als juristische Person zu einer Abschirmwirkung gegenüber dahinterstehenden Personen führt.[2097]

Da es sich bei der eigentümerlosen Stiftung weder um eine Kapitalgesellschaft noch um eine Personengesellschaft handelt, kann nur eingeschränkt auf Kriterien zum Typenvergleich bei Gesellschaften[2098] zurückgegriffen werden.

---

ist auch in der Literatur herrschend *Lampert* in Gosch-KStG, § 1, Rn. 83; *Rengers* in Brandis/Heuermann, § 1 KStG, Rn. 90 ff. je m.w.N.

2094 *Levedag* in R/H/N-KStG, § 2, Rn. 57; FG Münster, Urt. v. 14.8.2019 – 13 K 3170/17 K, EFG 2019, 1705, juris Rn. 46 ff.

2095 Vgl. BFH, Urt. v. 25.4.2001 – II R 14/98, BFH/NV 2001, 589, juris Rn. 23; FG Hessen, Urt. v. 14.11.2012 – 10 K 625/08, DStR 2013, 1011, juris Rn. 93; FG Düsseldorf, Urt. v. 2.4.2014 – 4 K 3718/12 Erb, EFG 2014, 855, juris Rn. 24; FG Düsseldorf, Urt. v. 22.1.2015 – 16 K 2858/13 F, EFG 2015, 629, juris Rn. 19; FG Münster, Urt. v. 14.8.2019 – 13 K 3170/17 K, EFG 2019, 1705, juris Rn. 46 ff. wohl auch FG Münster, Urt. v. 11.12.2014 – 3 K 764/12, DStRE 2016, 1311, juris Rn. 29; BMF, Schreiben v. 24.12.1999 – IV B 4-S 1300-111/99, BStBl I 1999, 1076, 1116, Anhang Anlage IV Tabelle 1.

2096 Vgl. zum synonymen Verständnis von Zweckvermögen und Vermögensmasse, *Rengers* in Brandis/Heuermann, § 1 KStG, Rn. 107 m.w.N.

2097 Vgl. zur Abschirmwirkung *Lampert* in Gosch-KStG, § 1, Rn. 1.

2098 RFH, Urt. v. 12.2.1930 – VI A 899/27, RFHE 27, 73, 77 ff.; BFH, Urt. v. 17.7.1968 – I 121/64, BStBl II 1968, 695, juris Rn. 16 ff.; BFH, Urt. v. 6.11.1980 – IV R 182/77, BStBl II 1981, 220, juris Rn. 16 f.; BFH, Urt. v. 3.2.1988 – I R 134/84, BStBl II 1988, 588, juris Rn. 20 ff.; BFH, Urt. v. 23.6.1992 – IX R 182/87, BStBl II 1992, 285, juris Rn. 14 ff.; BFH, Urt. v. 16.12.1992 – I R 32/92, BStBl II 1993, 399, juris Rn. 18; BFH, Urt. v. 25.10.2016 – I R 54/14, BStBl II 256, 66, juris Rn. 9 ff.; BFH, Urt. v. 8.2.2017 –

Stattdessen richtet sich die Beurteilung als Stiftung danach, „ob ein ausländisches Rechtsgebilde nach seiner inneren und äußeren rechtlichen Ausgestaltung mit einer Stiftung deutschen Rechts vergleichbar ist".[2099] Dieser Rechtsvergleich wurde aus zivilrechtlicher Perspektive bereits in Teil I dieser Arbeit anhand der einzelnen Wesensmerkmale der Stiftung durchgeführt, sodass für die Einzelheiten auf diese Ausführungen verwiesen werden kann.

Eine Stiftung im Sinne einer juristischen Person ist nach deutschem Verständnis „eine mit Rechtsfähigkeit ausgestattete, nicht verbandsmäßig organisierte Einrichtung, die einen vom Stifter bestimmten Zweck mit Hilfe eines dazu gewidmeten Vermögens dauernd fördern soll".[2100] Wesentliche Merkmale einer selbstständigen Stiftung sind danach ihre eigene Rechtsfähigkeit sowie Stiftungszweck (a.), Stiftungsvermögen (b.) und Stiftungsorganisation (c.).

a. *Rechtsfähigkeit und Stiftungszweck*

Die liechtensteinische Stiftung wird gemäß Art. 552 § 1 Abs. 1 S. 1 PGR als Verbandsperson (juristische Person)" errichtet und besitzt damit eine eigene Rechtsfähigkeit. Sie ist ein „rechtlich und wirtschaftlich verselbständigtes Zweckvermögen", Art. 552 § 1 Abs. 1 S. 1 PGR, und verfolgt mit dem ihr vom Stifter gewidmeten Vermögen den vom Stifter festgelegten Zweck, Art. 552 § 1 Abs. 1 S. 2 PGR. Die Ausführungen haben gezeigt, dass die zulässigen Stiftungszwecke in beiden Rechtsordnungen weitgehend deckungsgleich sind. Da auch in Deutschland vorbehaltlose Unterhaltsstiftungen zulässig sind und (Teil-)Stiftungen für den Stifter existieren, hindern die Vorschriften über den Stiftungszweck die Vergleichbarkeit nicht. In Hinblick auf die Eigenschaft als juristische Person und die verfolgbaren Stiftungszwecke gleicht die liechtensteinische insoweit der deutschen Stiftung.[2101]

I R 55/14, BFH/NV 2017, 1588, juris Rn. 14 f.; OFD Frankfurt S 2241 A – 107 – St 213, Rn. 9; *Endres/Spengel/Jacobs*, Int. Unternehmensbesteuerung, S. 393 ff.; *Lampert* in Gosch-KStG, § 1, Rn. 108.

2099 BFH, Urt. v. 25.4.2001 – II R 14/98, BFH/NV 2001, 589, juris Rn. 23.

2100 BFH, Urt. v. 25.4.2001 – II R 14/98, BFH/NV 2001, 589, juris Rn. 22 unter Verweis auf *Ellenberger* in Grüneberg, Vor §§ 80–88, Rn. 5.

2101 Im Ergebnis so auch FG Münster, Urt. v. 14.8.2019 – 13 K 3170/17 K, EFG 2019, 1705, juris Rn. 47.

b. *Stiftungsvermögen*

Auch in Bezug auf das Stiftungsvermögen hat sich gezeigt, dass die Rechtslage vergleichbar ist, da das Vermögen der Stiftung getrennt von demjenigen des Stifters und der Destinatäre ist.[2102] Die Tatsache, dass im Rahmen des Steuerskandals[2103] Stiftungen aufgetaucht sind, die mangels einer eigenen Entscheidungsbefugnis über das Vermögen nicht wirksam bereichert wurden, führt insofern nicht zu einer anderen Bewertung. Denn Defizite bei der Durchführung der Vermögensübertragung sind kein Strukturmerkmal der Stiftung, das den Rechtsvergleich beeinflussen könnte. Stattdessen kann und muss diesen Defiziten im Rahmen des Zuwendungsvorgangs Rechnung getragen werden.[2104]

c. *Stiftungsorganisation*

Die liechtensteinische Stiftung könnte darüber hinaus auch hinsichtlich der Stiftungsorganisation mit der deutschen Stiftung vergleichbar sein. Im Rahmen des Typenvergleichs bei Kapitalgesellschaften bedarf es für eine Körperschaft der Verselbstständigung in Organisation und Struktur gegenüber ihren Mitgliedern.[2105] Diese Voraussetzung lässt sich entsprechend als Emanzipation der Stiftung gegenüber Stifter und Destinatären auch auf die Bewertung selbstständiger Stiftungen übertragen. Insbesondere erlaubt das Merkmal der Verselbstständigung die Abgrenzung von der unselbstständigen Stiftung. Die Verselbstständigung wird durch den liechtensteinischen Stiftungsrat im Sinne des Art. 552 § 24 Abs. 1 PGR grundsätzlich auf die gleiche Art und Weise erreicht wie mit dem deutschen Stiftungsvorstand.[2106] Denn beide erfüllen die

---

2102 Vgl. auch FG Münster, Urt. v. 14.8.2019 – 13 K 3170/17 K, EFG 2019, 1705, juris Rn. 49.

2103 Vgl. bereits oben S. 31, sowie *Amann/Kröger*, Spiegel 15.2.2008, Riesen-Skandal um Fürstenbank – reiche Deutsche bunkerten bis zu vier Milliarden Euro, abrufbar unter https://www.spiegel.de/wirtschaft/zwergstaat-im-zwielicht-riesen-skandal-um-fuerstenbank-reiche-deutsche-bunkerten-bis-zu-vier-milliarden-euro-a-535558.html zuletzt abgerufen am 30.10.2023.

2104 Dazu unten S. 560 ff.

2105 Vgl. zur Abgrenzung bei Kapital- und Personengesellschaften RFH, Urt. v. 12.2.1930 – VI A 899/27, RFHE 27, 73, 79 ff.; BFH, Urt. v. 6.11.1980 – IV R 182/77, BStBl II 1981, 220, juris Rn. 16 f.; BFH, Urt. v. 20.8.2008 – I R 34/08, BStBl II 2009, 263, juris Rn. 20 ff.; *Endres/Spengel/Jacobs*, Int. Unternehmensbesteuerung, S. 393 ff.; *Lampert* in Gosch-KStG, § 1, Rn. 108 f.

2106 Vgl. im Ergebnis FG Münster, Urt. v. 14.8.2019 – 13 K 3170/17 K, EFG 2019, 1705, juris Rn. 48.

gleichen Funktionen und haben die gleichen Befugnisse. Insbesondere führt der Stiftungsrat die Geschäfte der Stiftung und vertritt die Stiftung nach außen, Art. 552 § 24 Abs. 1 PGR. Bei der Verfolgung des Stiftungszwecks ist er – wie ein deutscher Stiftungsvorstand – grundsätzlich frei und nur an die Stiftungssatzung gebunden.

Auch in seiner Besetzung ähnelt der Stiftungsrat dem Stiftungsvorstand. Dabei ist die nicht unproblematische Besetzung der Stiftungsorgane mit dem Stifter oder den Destinatären in beiden Rechtsordnungen zulässig[2107] und hindert die Vergleichbarkeit entsprechend nicht. Mit Blick auf die Verselbstständigungsfunktion ist es zudem unschädlich, wenn nicht gar förderlich, dass in Liechtenstein die Besetzung des Stiftungsrats mit einem Treuhänder erforderlich ist.[2108]

In Bezug auf die Verselbstständigung der Stiftung in Organisation und Struktur könnte jedoch ein wesentlicher struktureller Unterschied in den Gestaltungsrechten des Art. 552 § 30 Abs. 1 PGR liegen. Im Gegensatz zu anderen Einflussmöglichkeiten, beispielsweise Mandatsverträgen, sind die Gestaltungsrechte aufgrund ihrer Verankerung im Gesetz schon im abstrakten Vergleich zu berücksichtigen. Die Tatsache, dass die Stiftung durch den Vorbehalt eines Widerrufsrechts kein auf die Ewigkeit ausgelegtes Rechtsinstitut mehr ist und das Vermögen nach einer Auflösung an den Stifter oder die Begünstigten ausgekehrt wird, steht der strukturellen Vergleichbarkeit nicht entgegen. Denn auch die deutsche Stiftung ist aufgrund der zulässigen Verbrauchsstiftung nicht mehr notwendigerweise auf die Ewigkeit ausgerichtet.[2109]

Anders als im deutschen Recht ermöglichen das Änderungsrecht und der Widerruf es dem Stifter jedoch, die Stiftung in ihrem Kern zu verändern, indem ihr Zweck ausgetauscht oder sie insgesamt widerrufen wird. Dadurch könnte die Stiftung einen wesentlichen Teil ihrer Verselbstständigung verlieren. Allerdings zeigt der Vergleich mit Kapitalgesellschaften, dass diese Möglichkeiten nicht automatisch zu einem Verlust der körperschaftlichen Selbstständigkeit führen müssen: Denn Kapitalgesellschaften werden als Körperschaften eingeordnet, obwohl es den Gesellschaftern grundsätzlich möglich ist, die Auflösung (z.B. § 60 Abs. 1 Nr. 2 GmbHG) oder eine Änderung des Zwecks beziehungsweise Gegenstands der Gesellschaft (z.B. § 53 Abs. 1 GmbHG) zu beschließen.

2107 Dazu oben S. 151 f.
2108 Dazu oben S. 142 ff.
2109 Dazu oben S. 85 ff.

Ob diese Erwägung auf die eigentümerlose Stiftung übertragen werden kann, hängt davon ab, warum eine körperschaftliche Organisation bei Kapitalgesellschaften angenommen wird, obwohl sie aufgelöst oder ihre Zwecke geändert werden können. Die Rechtsprechung geht davon aus, dass es gerechtfertigt ist, Einkünfte einer Gesellschaft anstelle den dahinterstehenden Eigentümern zuzurechnen, wenn die Gesellschaft diejenige ist, die tatsächlich den Einkünftetatbestand verwirklicht und es sich nicht lediglich um mitunternehmerisch tätige Gesellschafter handelt.[2110] Dies ist nur dann der Fall, wenn die Gesellschaft so weit verselbstständigt ist, dass ihr beziehungsweise ihren Organen die Entscheidungen im alltäglichen Geschäftsverkehr zuzuschreiben sind und sie daher die Einkünfte erzielt. Treffen hingegen die Gesellschafter – wie bei der für Personengesellschaften typischen Selbstorganschaft – die Entscheidungen, liegt stattdessen ein mitunternehmerisches Handeln vor.

Übertragen auf die Stiftung bedeutet dies, dass es für eine Verselbstständigung der Stiftung erforderlich, aber auch ausreichend ist, wenn die Stiftungsorgane die alltäglichen Geschäfte führen und Entscheidungen treffen können und diese nicht dem Stifter obliegen. Davon kann trotz eines Widerrufs- oder Änderungsrechts ausgegangen werden. Gegen die Übernahme von Erwägungen zu Kapitalgesellschaften spricht nicht, dass die Stiftung als eigentümerlose juristische Person gerade keine dahinterstehenden Gesellschafter hat. Denn in der Praxis treten korporativ ausgestaltete Stiftungen auch in Deutschland auf. Dabei geht die deutsche Finanzrechtsprechung im Hinblick auf deutsche Stiftungen, bei denen die Stellung der Destinatäre „derjenigen eines Anteilseigners entspricht“,[2111] von einer körperschaftsteuerlichen Subjektqualität aus.[2112] Daraus kann gefolgert werden, dass Einflussnahmemöglichkeiten bei einer ausreichenden Entscheidungsmacht der Organe eine Verselbstständigung nicht ausschließen.

Als letzter Anknüpfungspunkt könnte, wie auch bei der Frage nach der hinreichenden Eigenständigkeit der Organisation bei der Abgrenzung von körperschaftlich organisierten Gesellschaften und Personengesellschaften, ein formaler

---

2110 BVerfG, Beschl. v. 21.6.2006 – 2 BvL 2/99, BVerfGE 116, 164, juris Rn. 117; BVerfG, Beschl. v. 29.3.2017 – 2 BvL 6/11, I 2017, 1289, juris Rn. 110; zur Leistungsfähigkeit als Kriterium der Subjektfähigkeit im Detail *Rehr*, Ertragsteuerliche Subjektfähigkeit, S. 65 ff.

2111 BFH, Urt. v. 3.11.2010 – I R 98/09, BFHE 232, 22, juris Rn. 15.

2112 FG Schl. Hol., Urt. v. 7.5.2009 – 5 K 277/06, EFG 2009, 1558, juris Rn. 23 ff.; BFH, Urt. v. 3.11.2010 – I R 98/09, BFHE 232, 22, juris Rn. 12 ff. m.w.N.

Gründungsakt dienen.[2113] Ein strukturierter Gründungsprozess und eine staatliche Mitwirkung an diesem Prozess führen zu einer klaren – auch nach außen sichtbaren – Trennung der Stiftung von den anderen Beteiligten und sprechen für die Einordnung als Körperschaft. In Liechtenstein wird die Stiftung durch eine Stiftungserklärung errichtet, Art. 552 § 14 Abs. 1 PGR. Dabei muss eine Stiftungsurkunde unterzeichnet werden, die detaillierte Regelungen zu der Stiftung, insbesondere ihrer Organisation und ihrem Zweck, enthalten muss, die den notwendigen Inhalt eines Schuldvertrages überschreiten. Letztlich ist zwar keine Anerkennung der Stiftung erforderlich, eine Kontrolle und staatliche Mitwirkung erfolgt jedoch bei der Hinterlegung der Gründungsanzeige nach Art 552 § 20 PGR.[2114] Das liechtensteinische Amt für Justiz kann dann insbesondere eine hinreichende Stiftungsorganisation, den Stiftungszweck und die Bereitstellung des Mindestkapitals der Stiftung überprüfen. Durch dieses, wenngleich nicht konstitutive, aber doch zwingende Mitwirken des Staates sowie das Auftreten der Stiftung im Rechtsverkehr nach außen verselbstständigt sich die Stiftung.

Der Anwendung dieses Kriteriums steht nicht entgegen, dass der BFH es für die Vergleichbarkeit für bedeutungslos hielt, dass eine liechtensteinische Familienstiftung keiner Eintragung in das Öffentlichkeitsregister bedurfte.[2115] Dies könnte vor dem Hintergrund der Regelung der Art. 557 Abs. 1 und Abs. 2 PGR a.F., nach der bestimmte Stiftungen erst mit Eintragung in das Öffentlichkeitsregister entstehen konnten und entsprechend ein staatlicher Mitwirkungsakt erforderlich war, im Umkehrschluss so verstanden werden, als dass die staatliche Beteiligung an der Stiftungserrichtung unerheblich ist. Allerdings steht dieser Satz in Zusammenhang mit Aussagen zur Bedeutungslosigkeit einer Stiftungsaufsicht für die Vergleichbarkeit, weswegen die Aussage nur in Bezug auf die Stiftungsaufsicht und nicht abstrakt zur Errichtung gemeint sein dürfte.

2113 Vgl. zur Abgrenzung bei Kapital- und Personengesellschaften RFH, Urt. v. 12.2.1930 – VI A 899/27, RFHE 27, 73, 79 ff.; BFH, Urt. v. 6.11.1980 – IV R 182/77, BStBl II 1981, 220, juris Rn. 16 f.; BFH, Urt. v. 20.8.2008 – I R 34/08, BStBl II 2009, 263, juris Rn. 20 ff.; *Endres/Spengel/Jacobs*, Int. Unternehmensbesteuerung, S. 393 ff.; *Lampert* in Gosch-KStG, § 1, Rn. 108 f.; konkret auch auf eine Stiftung angewandt in FG Münster, Urt. v. 14.8.2019 – 13 K 3170/17 K, EFG 2019, 1705, juris Rn. 47.

2114 Dazu auch ausführlich oben S. 249 f.

2115 BFH, Urt. v. 25.4.2001 – II R 14/98, BFH/NV 2001, 589, juris Rn. 23. Die Entscheidung erging zwar zu dem alten liechtensteinischen Stiftungsrecht – in dieser Hinsicht kam es jedoch zu keiner entscheidenden Änderung durch die Reform von 2008.

d. *Zwischenfazit*

Im Ergebnis ist die liechtensteinische Stiftung in ihrer gesetzlichen Grundform mit der deutschen Stiftung vergleichbar. Entsprechend ordnete die Finanzverwaltung[2116] die liechtensteinische Stiftung bereits 1999 als juristische Person ein. Auch der 2. Senat des BFH ging 2001 davon aus, dass die liechtensteinische Stiftung „in ihrer Funktion und Ausgestaltung [mit] einer deutschen Stiftung vergleichbar" ist.[2117] Dieser Bewertung schlossen sich in der Folge die Finanzgerichte an.[2118] Die Reform des liechtensteinischen Stiftungsrechts 2008 kann hier nicht zu einer abweichenden Bewertung führen, da die Anforderungen an Struktur und Organisation durch die Reform eher erhöht wurden, sodass der Vergleich umso klarer ausfällt.

Vor dem Hintergrund der bisherigen Ausführungen und des deutlichen Ergebnisses kann auch die eingangs erwähnte Revisionsentscheidung des 1. Senats des BFH vom 8.2.2017,[2119] in einem anderen Licht gesehen werden. In dieser hinterfragte er zwar die Einordnung der liechtensteinischen Stiftung als Körperschaftsteuersubjekt durch das FG Münster in der Vorinstanz[2120] und äußert sich kritisch zu den Gestaltungen mit liechtensteinischen Stiftungen.[2121] Jedoch hatte das FG Münster die streitgegenständliche liechtensteinische Stiftung ohne nähere Feststellungen oder rechtliche Begründung als Vermögensmasse im Sinne des § 2 Nr. 1 Var. 3 KStG – und nicht als juristische Person und damit nicht als Körperschaft, § 2 Nr. 1 Var. 1 KStG – eingeordnet.[2122] Setzt man die Forderung nach detaillierteren Feststellungen zum liechtensteinischen Recht, welche zumindest nach dem Urteil des BFH aus dem Jahr 2001[2123] nicht mehr erforderlich schienen,[2124] in diesen Kontext, kann sie auch als Kritik an der

---

2116 BMF, Schreiben v. 24.12.1999 – IV B 4-S 1300-111/99, BStBl I 1999, 1076, 1116, Anhang Anlage IV Tabelle 1.

2117 BFH, Urt. v. 25.4.2001 – II R 14/98, BFH/NV 2001, 589, juris Rn. 23.

2118 FG Hessen, Urt. v. 14.11.2012 – 10 K 625/08, DStR 2013, 1011, juris Rn. 93; FG Düsseldorf, Urt. v. 2.4.2014 – 4 K 3718/12 Erb, EFG 2014, 855, juris Rn. 24; FG Münster, Urt. v. 3.6.2014 – 9 K 5/08 K, EFG 2014, 2076, juris Rn. 32; wohl auch FG Münster, Urt. v. 11.12.2014 – 3 K 764/12, DStRE 2016, 1311, juris Rn. 29; FG Düsseldorf, Urt. v. 22.1.2015 – 16 K 2858/13 F, EFG 2015, 629, juris Rn. 19.

2119 BFH, Urt. v. 8.2.2017 – I R 55/14, BFH/NV 2017, 1588, juris Rn. 14 f.

2120 FG Münster, Urt. v. 3.6.2014 – 9 K 5/08 K, EFG 2014, 2076, juris Rn. 32.

2121 BFH, Urt. v. 8.2.2017 – I R 55/14, BFH/NV 2017, 1588, juris Rn. 14 ff.

2122 FG Münster, Urt. v. 3.6.2014 – 9 K 5/08 K, EFG 2014, 2076, juris Rn. 32.

2123 BFH, Urt. v. 25.4.2001 – II R 14/98, BFH/NV 2001, 589, juris Rn. 23.

2124 Vgl. etwa den Verweis des FG Hessen auf das BFH Urteil vom 25.4.2001, FG Hessen, Urt. v. 14.11.2012 – 10 K 625/08, DStR 2013, 1011, juris Rn. 93.

unüblichen Qualifikation als Vermögensmasse gesehen werden. Damit würde der BFH die Einordnung der liechtensteinischen Stiftung als Körperschaftsteuersubjekt nicht insgesamt in Frage stellen.

Infolge der Zurückverweisung holte das FG Münster die geforderten Feststellungen nach und kam in der bereits mehrfach zitierten Entscheidung vom 14.8.2019 zu dem gleichen Ergebnis wie der 2. Senat des BFH im Jahr 2001 und entschied, dass die streitgegenständliche liechtensteinische Stiftung einer Körperschaft im Sinne des § 2 Nr. 1 Var. 1 KStG entspricht.[2125] Im Ergebnis kann daher weiterhin davon ausgegangen werden, dass die liechtensteinische Stiftung „in ihrer Funktion und Ausgestaltung [mit] einer deutschen Stiftung vergleichbar“[2126] ist und entsprechend im Rahmen des abstrakten Rechtsvergleichs als selbstständige Stiftung und somit als juristische Person einzuordnen ist.

3. Konkreter Rechtsvergleich und Verhältnis zu § 39 Abs. 2 AO

Wenngleich die selbstständige liechtensteinische Stiftung abstrakt die gleichen strukturellen Merkmale wie die deutsche selbstständige Stiftung aufweist, bleibt der Typenvergleich auch immer eine Einzelfallentscheidung.[2127]

Die liechtensteinische Stiftung muss also auch im konkreten Fall mit einer deutschen Stiftung vergleichbar sein. Insofern ist es vorstellbar, dass es einer entsprechenden Einordnung im Ausnahmefall entgegensteht, wenn die Stiftung durch Stifter und Destinatäre derart beeinflusst wird, dass nicht mehr von einer Verselbstständigung der Stiftung und damit gegebenenfalls nicht mehr von einer juristischen Person gesprochen werden kann. Bevor darauf eingegangen werden kann, ob und gegebenenfalls unter welchen Voraussetzungen ein solcher Schluss möglich ist, sind an dieser Stelle zwei Vorüberlegungen notwendig:

Zum einen ist klarzustellen, dass im Spannungsfeld um die Auswirkungen des Einflusses auf eine liechtensteinische Stiftung letztlich drei verschiedene Fragen auftreten können. Neben der Steuersubjektqualität der Stiftung sind dies die im nächsten Abschnitt zu behandelnden Fragen, ob ein steuerlich relevanter Zuwendungsvorgang im Sinne des § 7 Abs. 1 ErbStG bei Vermögensübertragungen auf die Stiftung stattgefunden hat, und – falls es zu einem solchen gekommen ist – ob die Einkünfte der Stiftung aufgrund von § 15 AStG oder § 39 Abs. 2 AO dem Stifter oder den Destinatären zuzurechnen sind. Da sich diese Fragestellungen

2125 FG Münster, Urt. v. 14.8.2019 – 13 K 3170/17 K, EFG 2019, 1705, juris Rn. 46 ff.
2126 BFH, Urt. v. 25.4.2001 – II R 14/98, BFH/NV 2001, 589, juris Rn. 23.
2127 Vgl. BFH, Urt. v. 8.2.2017 – I R 55/14, BFH/NV 2017, 1588, juris Rn. 15; sowie BFH, Urt. v. 20.8.2008 – I R 34/08, BStBl II 2009, 263, juris Rn. 19.

sämtlich mit dem Phänomen des Einflusses auseinandersetzen, ist es nicht überraschend, dass sich viele inhaltliche Aspekte bei der Beantwortung überschneiden. Aufgrund der unterschiedlichen Blickwinkel müssen jedoch jeweils andere Schwerpunkte gesetzt werden und die Antworten können sich entsprechend unterscheiden. Insofern ist es nicht per se widersprüchlich, wenn auf der Ebene des konkreten Typenvergleichs ein anderes Ergebnis als etwa bei der Bewertung einer Zuwendung erzielt wird.

Vor diesem Hintergrund muss zum anderen der Typenvergleich ins Verhältnis zur Zurechnung des wirtschaftlichen Eigentums nach § 39 Abs. 2 AO gesetzt werden. Denn die Einflussmöglichkeiten – wie die Änderung des Stiftungszwecks oder Mandatsverträge – können dazu führen, dass nicht die Stiftung, sondern dahinterstehende Stifter oder Destinatäre die wirtschaftlichen Eigentümer des Stiftungsvermögens sind. Da das Vermögen von der Stiftung gehalten und von den Stiftungsorganen verwaltet wird, könnte dann steuerrechtlich eine verdeckte Treuhand anzunehmen sein.[2128] Weil sich das wirtschaftliche Eigentum regelmäßig nicht auf ein einzelnes Wirtschaftsgut, sondern das gesamte Vermögen der Stiftung beziehen dürfte, wäre dann wiederum fraglich, ob die Stiftung nicht vorzugswürdig insgesamt als unselbstständige Stiftung zu qualifizieren wäre.

a. Allgemeiner Anwendungsbereich des § 39 Abs. 2 AO

Dabei muss vorweggenommen werden, dass § 39 Abs. 2 AO grundsätzlich in Bezug auf einmal steuerrechtlich „anerkannte" Körperschaftssubjekte angewandt werden kann. Bei einem Finanzierungsleasingvertrag zwischen einer Gesellschaft und einem Gesellschafter wäre etwa das wirtschaftliche Eigentum beim Leasingnehmer und nicht beim zivilrechtlichen Eigentümer zu verorten.[2129] Allerdings gilt dies nur in Bezug auf einzelne Vermögensgegenstände. Bei der Anwendung im Hinblick auf die allgemeine Verwaltungsteilhabe des Gesellschafters an der Vermögens- und Verwaltungsteilhabe der juristischen Person ist stattdessen Zurückhaltung geboten. Denn der Gesellschafterstellung sind sowohl Bezugsrechte[2130] als auch Einflussrechte[2131] immanent. Da sie

---

2128 Vgl. BMF, Schreiben v. 16.9.2004, IV A 4-S 1928-120/04, Rn. 20; *Werner* in IStR 2020, 130, 131.

2129 Vgl. zum Finanzierungsleasing allgemein etwa BFH, Urt. v. 26.1.1970 – IV R 144/66, BStBl II 1970, 264, juris Rn. 66 ff.; *Koenig* in Koenig-AO, § 39, Rn. 34.

2130 Z.B. § 29 Abs. 1 GmbHG.

2131 Z.B. § 37 Abs. 1 GmbHG. Zum Weisungsrecht der GmbH-Gesellschafter gegenüber dem Geschäftsführer ausführlich OLG Düsseldorf, Urt. v. 15.11.1984 – 8 U 22/84, ZIP 1984, 1476, juris Rn. 121 f.

jedoch auf gesellschaftsrechtlichen Vorschriften beruhen, führen solche Rechte nach Ansicht des BFH weder zu einer Treuhand zwischen Gesellschaft und Gesellschafter, noch dazu, dass den Gesellschaftern das wirtschaftliche Eigentum an den Vermögenswerten der Gesellschaft zugerechnet wird.[2132] Ein anderer Schluss „wäre mit der Anerkennung der GmbH als Gesellschaft mit eigener Rechtspersönlichkeit nicht vereinbar".[2133] Nur im besonderen Ausnahmefall könne ein Gesellschaftsvertrag ein Scheingeschäft darstellen, mit dem eine Treuhand verdeckt werden solle.[2134]

b. Anwendungsbereich des § 39 Abs. 2 AO bei beeinflussten Stiftungen

In Bezug auf die Stiftung geht es um die Frage, ob die Einflussnahme des Stifters oder der Destinatäre, die eine abweichende Zuordnung des wirtschaftlichen Eigentums nach § 39 Abs. 2 AO begründen würde, der Stiftung im Rahmen des konkreten Typenvergleichs auch ihre steuerliche Subjektqualität nehmen kann. Denn bei einer Beeinflussung der Stiftung – beispielsweise durch Mandatsverträge oder die Gestaltungsrechte nach Art. 552 § 30 PGR – steht dem Einflussnehmenden regelmäßig ein wesentlicher Teil der Verwaltungsteilhabe sowie gegebenenfalls auch die finanzielle Teilhabe an dem gesamten Stiftungsvermögen zu. Aufgrund der vollumfänglichen Verschiebung des wirtschaftlichen Eigentums könnte wiederum die Verselbstständigung der Stiftung abzulehnen sein.

Nichts anderes ist die Konsequenz, wenn man wie etwa *Martini* bei der Durchführung des Typenvergleichs einer selbstständigen Stiftung auf die Kriterien abstellt, die zur Beurteilung der Körperschaftssubjektivität von nichtrechtsfähigen Zweckvermögen genutzt werden, und fordert, „dass kein anderes eigenständiges Steuersubjekt [über das Vermögen] wie ein Eigentümer verfügen und die Zweckbindung auch nicht einseitig aufheben kann".[2135] Ähnlich ist die Folge, wenn man wie das FG Münster im Rahmen des Typenvergleichs darauf abstellt, dass die Stiftungsorgane keinem äußeren Einfluss unterliegen und der

---

2132 BFH, Urt. v. 29.1.1975 – I R 135/70, BStBl II 1975, 553, juris Rn. 36 f.

2133 BFH, Urt. v. 29.1.1975 – I R 135/70, BStBl II 1975, 553, juris Rn. 36.

2134 BFH, Urt. v. 29.1.1975 – I R 135/70, BStBl II 1975, 553, juris Rn. 40 mit Hinweis zu einer Entscheidung des 3. Senats, der eine Treuhand in einem anderen Fall angenommen hatte, dessen Tatbestand allerdings nicht alle relevanten Umstände widergibt BFH, Urt. v. 21.5.1971 – III R 125/70, III R 126/70, III R 127/70, III R 125-127/70, BFHE 102, 555, juris Rn. 20 ff.

2135 *Martini* in Winheller/Geibel/Jachmann, § 1 KStG, 91; zu den Voraussetzungen für nichtselbständige Vermögensmassen siehe auch BFH, Urt. v. 5.11.1992 – I R 39/92, BStBl II 1993, 388, juris Rn. 10.

Stifter der Stiftung nicht die Selbstständigkeit entziehen kann.[2136] Denn würde man diese Fragen jeweils zulasten der Stiftung beantworten, dann müsste es ihr bereits an der Körperschaftsqualität fehlen.

Es spricht jedoch einiges dagegen, das wirtschaftliche Eigentum in die Subjektqualität einzubeziehen: Denn zum einen werden deutsche Stiftungen keiner vergleichbaren Prüfung unterworfen. Zwar sind die Einflussmöglichkeiten auf deutsche Stiftungen nicht derart umfangreich wie in Liechtenstein. Der Rechtsvergleich hat jedoch gezeigt, dass eine umfängliche Beeinflussung der Stiftung auch in Deutschland möglich ist, wenn etwa der Vorstand einer vorbehaltlosen Unterhaltsstiftung mit den Destinatären besetzt wird.

Zum anderen – und auch bei größerer Zurückhaltung im Hinblick auf die Ausgestaltung deutscher Stiftungen – würde die Einbeziehung des wirtschaftlichen Eigentums dazu führen, dass Stiftungen anders behandelt würden als Kapitalgesellschaften. Zwar bestehen gravierende Unterschiede zwischen Stiftungen und Kapitalgesellschaften, jedoch handelt es sich bei beiden grundsätzlich um Körperschaftsteuersubjekte. Insoweit ist fraglich, warum eine Beeinflussung bei einer der beiden juristischen Personen zum Verlust der Körperschaftsteuersubjektivität führen, bei der anderen jedoch unschädlich sein soll. Denn obwohl ein Gesellschafter mittelbar am Vermögen der Gesellschaft partizipiert und durch seine Aufsichtsrechte die Verwaltung der Gesellschaft beeinflussen kann, sieht das Trennungsprinzip bei Kapitalgesellschaften eine strikte Trennung zwischen der Sphäre der Körperschaft und der Sphäre dahinterstehender Personen vor.[2137]

Besonders deutlich wird diese Trennung im Vergleich mit einer Ein-Mann-GmbH: Ist der einzige Gesellschafter ebenfalls Geschäftsführer der GmbH, kann er durch die Kombination von Gesellschafter- und Geschäftsführerstellung über das Vermögen der GmbH im Wesentlichen (mittelbar) wie über sein eigenes Eigentum verfügen. Die Gesellschaft verliert dadurch jedoch nicht ihre steuerrechtliche Subjektqualität. Stattdessen werden die Rechtsverhältnisse von Gesellschaft und Gesellschafter besonders genau betrachtet und Rechtsinstitute wie die verdeckte Gewinnausschüttung sind notwendig. Ebenfalls keine Auswirkungen auf die Anwendung des Trennungsprinzips hat die Tatsache, dass der Gesellschafter den Zweck der Gesellschaft ändern (vgl. § 33 Abs. 1 S. 2 BGB)[2138]

2136 FG Münster, Urt. v. 14.8.2019 – 13 K 3170/17 K, EFG 2019, 1705, juris Rn. 48 ff.

2137 Zu dem Prinzip im Detail, BVerfG, Beschl. v. 21.6.2006 – 2 BvL 2/99, BVerfGE 116, 164, juris Rn. 117; BVerfG, Beschl. v. 29.3.2017 – 2 BvL 6/11, I 2017, 1289, juris Rn. 110; *Hey* in Tipke/Lang, § 11, S. 1 ff.; *Lampert* in Gosch-KStG, § 1, Rn. 1; *Schaumburg*, Internationales StR, Rn. 13.1 je m.w.N.

2138 Vgl. zur Änderung des Gesellschaftszwecks, *Fleischer* in MüKo-GmbHG, § 1, Rn. 15.

oder ihr die juristische Selbstständigkeit entziehen kann,[2139] indem er sie auflöst (etwa auf nationaler Ebene § 60 Abs. 1 Nr. 2 GmbHG).

Der Vergleich zeigt, wie umfangreich die Einflussnahmemöglichkeiten des Gesellschafter-Geschäftsführers sein können, ohne dass die Subjektqualität der Gesellschaft entfällt. Für die Qualifikation als Körperschaft ist die Beeinflussung der juristischen Person damit nicht schädlich. Zugunsten einer einheitlichen Behandlung von Körperschaftsteuersubjekten sollte Gleiches daher auch für die Qualifikation von Stiftungen gelten. Denn soweit einmal die Entscheidung getroffen wurde, dass juristische Personen von ihren Gesellschaftern oder anderweitig verbundenen Personen zu trennen sind, muss dies auch konsequent durchgehalten werden.[2140]

Im Ergebnis zeigt sich daher, dass die inhaltlichen Kriterien für eine möglicherweise abweichende Zuordnung des wirtschaftlichen Eigentums nach § 39 Abs. 2 AO nicht bereits auf Ebene des Typenvergleichs bemüht werden sollten, wenn der Rechtsvergleich zu dem Ergebnis einer Vergleichbarkeit gelangt ist. Ansonsten könnten an inländische und ausländische Körperschaften unterschiedliche Anforderungen gestellt werden und identisch ausgestaltete Körperschaften würden unterschiedlich behandelt. Dies widerspricht jedoch dem Grundgedanken des Typenvergleichs, nach dem gerade gleiche Körperschaften auch entsprechend eingeordnet werden sollen.

Im Hinblick auf die liechtensteinische Stiftung lässt sich dieser Schluss auch mit den Resultaten des zivilrechtlichen Rechtsvergleichs stärken: Denn dieser hat ergeben, dass auch in Deutschland wesentliche rechtliche und vor allem faktische Einflussnahmemöglichkeiten auf die Stiftung bestehen. Diese gehen so weit, dass in der öffentlichen Wahrnehmung teilweise von einem Eigentum der Destinatäre gesprochen wird.[2141] Bei der deutschen selbstständigen Stiftung wird die Körperschaftsqualität aber nicht in Frage gestellt. Ein abweichendes Ergebnis für ausländische Rechtsträger ist gegebenenfalls fiskalpolitisch verständlich, da der Staat bei deutschen Stiftungen über die Körperschaftsteuer an den Erträgen partizipieren kann – was allerdings bei beschränkt steuerpflichtigen Stiftungen

---

2139 Zur Anwendung dieses Kriteriums im Rahmen des Typenvergleichs mit einer Stiftung aber FG Münster, Urt. v. 14.8.2019 – 13 K 3170/17 K, EFG 2019, 1705, juris Rn. 48 ff.

2140 BVerfG, Beschl. v. 21.6.2006 – 2 BvL 2/99, BVerfGE 116, 164, juris Rn. 117; BVerfG, Beschl. v. 29.3.2017 – 2 BvL 6/11, I 2017, 1289, juris Rn. 110.

2141 So der Wikipedia Artikel zur Albrecht Familie, https://de.wikipedia.org/wiki/Albrecht_(Unternehmerfamilie) zuletzt abgerufen am 30.9.2022.

auch der Fall wäre. Derartige Ziele lassen sich jedoch auf anderen Wegen, etwa der Hinzurechnungsbesteuerung nach § 15 AStG, verwirklichen und sollten den Typenvergleich als rein rechtlichen Vergleich nicht beeinflussen.

II. Zwischenfazit

Der zivilrechtliche Typenvergleich hat ergeben, dass die liechtensteinische Stiftung der deutschen Stiftung in ihrer Struktur gleicht. Auch bei der körperschaftsteuerlichen Einordnung hat sich gezeigt, dass die liechtensteinische Stiftung, insbesondere aufgrund ihrer Rechtsfähigkeit und der formalen Gründung, als juristische Person und somit wie eine deutsche Stiftung als Körperschaft im Sinne des § 1 Abs. 4 KStG und bei Sitz und Geschäftsleitung im Ausland, im Sinne des § 2 Abs. 1 KStG, behandelt werden kann. Etwaige Bedenken hinsichtlich des Einflusses Dritter auf die Stiftung sind in einem zweiten Schritt, unabhängig von der körperschaftsteuerlichen Subjektqualität, zu bewerten.

B. Steuerliche Auswirkungen von Einflussmöglichkeiten auf die Stiftung

Nachdem festgestellt wurde, dass die liechtensteinische Stiftung grundsätzlich als Körperschaftsteuersubjekt betrachtet werden kann, muss nun die Frage beantwortet werden, wie sich ein Einfluss auf die Stiftung in Bezug auf die Besteuerung von Stiftung und Einflussnehmenden auswirkt.

Diese lässt sich im Wesentlichen in zwei Themenkomplexe aufspalten. Zum einen, ob eine steuerrechtlich anzuerkennende Vermögensübertragung im Sinne des § 7 Abs. 1 Nr. 1 und Nr. 8 ErbStG auf die Stiftung stattgefunden hat (I.). Sollte dies aufgrund des Einflusses abgelehnt werden, wäre das Stiftungsvermögen über § 39 Abs. 2 Nr. 1 S. 2 AO weiterhin dem Stifter zuzurechnen.

Zum anderen können Vermögen und Einkünfte der Stiftung auch bei einer steuerwirksamen Vermögensübertragung dem Stifter oder den Destinatären zugerechnet werden. Die laufende Besteuerung wäre dann nach §§ 39, 41, 42 AO oder § 15 AStG vorzunehmen (II.).

I. Besteuerung von Vermögenszuwendungen an die Stiftung

§ 7 Abs. 1 ErbStG unterwirft in Verbindung mit § 1 Abs. 1 Nr. 2 ErbStG sowohl die Stiftungserrichtung (§ 7 Abs. 1 Nr. 8 ErbStG) als auch nachträgliche Zuwendungen (§ 7 Abs. 1 Nr. 1 ErbStG) der Erbschaft- und Schenkungsteuer.[2142]

2142 *Gebel* in T/G/J/G-ErbStG, § 7, Rn. 332.

Im Hinblick auf die zur Steuerhinterziehung errichteten liechtensteinischen Stiftungen kam es naturgemäß nicht zu einer Erklärung der Zuwendung und einer entsprechenden Besteuerung. Als diese Geschäfte durch den Ankauf der Daten-CD aufgedeckt wurden, waren sie jedoch regelmäßig verjährt, was der Gesetzgeber zum Anlass nahm, die Verjährungsfrist für die besonders schwere Steuerhinterziehung in § 376 AO a.F. von fünf auf zehn Jahre zu erhöhen.[2143] Meist wollten die Stifter solcher Stiftungen das zugewendete Vermögen weiter nutzen und schufen Stiftungskonstruktionen, in denen sie über das Konto der Stiftung wie über ein eigenes verfügen konnten.[2144] In diesen Fällen war es fraglich, ob überhaupt eine steuerwirksame Vermögensübertragung auf die Stiftung stattgefunden hat, oder ob das Vermögen weiterhin steuerrechtlich bei dem Stifter zu verorten war. Diese Frage lässt sich dahingehend abstrahieren, ob ein Einfluss des Stifters, der Destinatäre oder Dritter auf die Stiftung dazu führen kann, dass es an einem tatsächlichen Vermögensübergang und damit an einem erbschaft- und schenkungsteuerlich relevanten Vorgang fehlt. Zu diesem Zweck werden im Folgenden die Tatbestandsvoraussetzungen für eine Vermögenszuwendung im Sinne des § 7 Abs. 1 ErbStG analysiert und im Anschluss überprüft, wann ein Einfluss auf die Stiftung ihr Eintreten verhindern kann.

Da es sich bei der Schenkungsteuer nach der insofern maßgebenden Ansicht des 2. Senats des BFH um eine Verkehrsteuer handelt, kommt es primär darauf an, ob auf zivilrechtlicher Ebene die Voraussetzungen für einen Verkehrsakt erfüllt wurden.[2145] Die allgemeine Frage der Auslegung zivilrechtlicher Begriffe im Steuerrecht und einer möglichen Zivilrechtsakzessorität[2146] kann an dieser Stelle dahinstehen. Denn der BFH hat in ständiger Rechtsprechung[2147] jedenfalls die ihm vom BVerfG aufgegebene „Interpretation nach dem Zweck des

2143 *Schaefer* in NJW-Spezial 2008, 408, 408; vgl. auch BT-Drucks. 16/10189, S. 82.

2144 So z.B. im Fall des FG München, Gerichtsbescheid v. 24.8.2015 – 4 K 3124/12, EFG 2015, 2189, juris Rn. 26.

2145 BFH, Urt. v. 22.9.1982 – II R 61/80, BFHE 137, 188, juris Rn. 12; BFH, Urt. v. 25.1.2001 – II R 39/98, BFH/NV 2001, 908, juris Rn. 13; BFH, Urt. v. 28.6.2007 – II R 21/05, BStBl II 2007, 669, juris Rn. 16; BFH, Urt. v. 9.12.2009 – II R 22/08, BStBl II 2010, 363, juris Rn. 13; *Gottschalk* in T/G/J/G-ErbStG, Einführung, Rn. 28 ff.

2146 Vgl. dazu *Folttmann* in ZErb 2021, 4, 4 ff. m.w.N.

2147 BFH, Urt. v. 22.9.1982 – II R 61/80, BFHE 137, 188, juris Rn. 12; BFH, Urt. v. 25.1.2001 – II R 39/98, BFH/NV 2001, 908, juris Rn. 13; BFH, Urt. v. 28.6.2007 – II R 21/05, BStBl II 2007, 669, juris Rn. 16; BFH, Urt. v. 9.12.2009 – II R 22/08, BStBl II 2010, 363, juris Rn. 13; *Gottschalk* in T/G/J/G-ErbStG, Einführung, Rn. 28 ff.

jeweiligen Steuergesetzes und dem Inhalt der einschlägigen Einzelregelung"[2148] derart vorgenommen, als dass im Anwendungsbereich des § 7 Abs. 1 ErbStG an den zivilrechtlichen Verkehrsakt anzuknüpfen ist. Dies führt in der Konsequenz dazu, dass es für erbschaft- und schenkungsteuerliche Zwecke grundsätzlich dahinstehen kann, ob dem ursprünglichen Eigentümer weiterhin das steuerliche wirtschaftliche Eigentum im Sinne von § 39 AO an der zugewendeten Sache zusteht.[2149] Es kommt stattdessen allein darauf an, dass der Empfänger zivilrechtlich Eigentümer geworden ist.

Verkehrsakte im Sinne des § 7 Abs. 1 ErbStG sind entgegen der missverständlichen Überschrift der Vorschrift „Schenkungen unter Lebenden" jedoch nicht nur zivilrechtliche Schenkungen im Sinne der §§ 516 ff. BGB, sondern sämtliche in § 7 Abs. 1 ErbStG aufgeführte Zuwendungen.[2150] Der Zuwendungsbegriff des § 7 Abs. 1 ErbStG geht damit über denjenigen der Schenkung hinaus.[2151] Dies bedeutet regelmäßig, dass eine Zuwendung im erbschaftsteuerlichen Sinne vorliegen kann, obwohl es an den Voraussetzungen einer zivilrechtlichen Schenkung nach den §§ 516 ff. BGB fehlt.[2152] Es genügt, dass die Voraussetzungen einer der Nummern des § 7 Abs. 1 ErbStG erfüllt werden. Der Vorschrift kommt damit eine Auffangfunktion zu.[2153]

Eine Zuwendung nach Nr. 1 ist „eine freigebige Zuwendung unter Lebenden, soweit der Bedachte durch sie auf Kosten des Zuwendenden bereichert

---

2148 BVerfG, Kammerbeschluss v. 27.12.1991 – 2 BvR 72/90, BStBl II 1992, 212, juris Rn. 11.

2149 BFH, Urt. v. 22.9.1982 – II R 61/80, BFHE 137, 188, juris Rn. 11 f.; BFH, Urt. v. 13.9.1989 – II R 67/86, BStBl II 1989, 1034, juris Rn. 15; BFH, Urt. v. 25.1.2001 – II R 39/98, BFH/NV 2001, 908, juris Rn. 13; *Gebel* in T/G/J/G-ErbStG, § 7, Rn. 54; *Gottschalk* in T/G/J/G-ErbStG, § 9, Rn. 92; *Jülicher* in DStR 2001, 2177, 2177 f. Explizit so zur liechtensteinischen Stiftung auch BFH, Urt. v. 28.6.2007 – II R 21/05, BStBl II 2007, 669, juris Rn. 23; *Demuth* in BB 2007, 2386, 2388; *Jülicher* in ZErb 2007, 361, 361 f.; dazu aber kritisch unten S. 582. Zur Anwendbarkeit auf § 7 Abs. 1 Nr. 8 ErbStG *Gebel* in T/G/J/G-ErbStG, § 7, Rn. 332 vgl. auch BFH, Urt. v. 28.6.2007 – II R 21/05, BStBl II 2007, 669, juris Rn. 17, dabei komme der Abgrenzung zur nur treuhänderischen Übertragung eine große Bedeutung zu.

2150 Ausführlich und mit historischer Erklärung *Gebel* in T/G/J/G-ErbStG, § 7, Rn. 2 m.w.N.

2151 Zum erbschaftsteuerlichen Zuwendungsbegriff ausführlich *Gebel* in T/G/J/G-ErbStG, § 7, Rn. 2 m.w.N.; *Hannes/Holtz* in M/H/H-ErbStG, § 7, Rn. 10 f.

2152 BFH, Urt. v. 27.11.2013 – II R 25/12, BFH/NV 2014, 537, juris Rn. 10; BFH, Urt. v. 13.9.2017 – II R 42/16, BStBl II 2018, 299, juris Rn. 14.

2153 *Gebel* in T/G/J/G-ErbStG, § 7, Rn. 15.

wird". Wie bei der Schenkung sind daher eine Entreicherung des Zuwendenden, eine Bereicherung des Zuwendungsempfängers und eine Unentgeltlichkeit des Rechtsgeschäfts erforderlich.[2154] Unter diese Definition lassen sich ohne Weiteres auch nachträgliche Zuwendungen an die Stiftung subsumieren.[2155] Die Stiftungsausstattung bei der Errichtung ist darüber hinaus in Nr. 8 als „Übergang von Vermögen auf Grund eines Stiftungsgeschäfts unter Lebenden" explizit erfasst.

Sowohl im Rahmen der Bereicherung nach § 7 Abs. 1 Nr. 1 ErbStG[2156] als auch bei der Stiftungsausstattung[2157] ist es nach der Rechtsprechung erforderlich, dass der „Empfänger über das Zugewendete im Verhältnis zum Leistenden tatsächlich und rechtlich frei verfügen kann". Diese Voraussetzung stimmt inhaltlich mit den zivilrechtlichen Anforderungen an die Bereicherung der Stiftung im Rahmen anfänglicher und nachträglicher Zuwendungen an die Stiftung überein.[2158] Denn auch zivilrechtlich ist es erforderlich, dass die Stiftung über die erhaltenen Vermögenswerte verfügen kann.[2159] Der inhaltliche Gleichlauf der zivil- und steuerlichen Voraussetzungen scheint auch im Hinblick auf die Bedeutung des zivilrechtlichen Verkehrsakts geboten. Andernfalls wäre der von der Rechtsprechung regelmäßig wiederholte Grundsatz, es käme bei der Betrachtung der Zuwendung ausschließlich auf die Zivilrechtslage und nicht auf das wirtschaftliche Eigentum an,[2160] überflüssig. Auch könnte die wirtschaftliche Betrachtungsweise über eine steuerrechtlich geprägte Auslegung des

---

2154 Vgl. *Gebel* in T/G/J/G-ErbStG, § 7, Rn. 14 ff.

2155 BFH, Urt. v. 28.6.2007 – II R 21/05, BStBl II 2007, 669, juris Rn. 14 m.w.N.; *Gebel* in T/G/J/G-ErbStG, § 7, Rn. 332; *Hannes/Holtz* in M/H/H-ErbStG, § 7, Rn. 122.

2156 St. Rspr. BFH, Urt. v. 26.9.1990 – II R 50/88, BStBl II 1991, 32, juris Rn. 10; BFH, Urt. v. 25.1.2001 – II R 39/98, BFH/NV 2001, 908, juris Rn. 11; BFH, Urt. v. 28.6.2007 – II R 21/05, BStBl II 2007, 669, juris Rn. 15 je m.w.N.

2157 BFH, Urt. v. 28.6.2007 – II R 21/05, BStBl II 2007, 669, juris Rn. 17; BFH, Urt. v. 5.12.2018 – II R 9/15, BFHE 263, 283, juris Rn. 22; *Gebel* in T/G/J/G-ErbStG, § 7, Rn. 332; kritisch *Hannes/Holtz* in M/H/H-ErbStG, § 7, Rn. 121.

2158 Vgl. im Ergebnis zum Verhältnis Schenkung und freigiebige Zuwendung *Hannes/Holtz* in M/H/H-ErbStG, § 7, Rn. 11.

2159 Dazu siehe jeweils oben, S. 156 ff. für die Vermögensausstattung und S. 198 ff. für nachträgliche Zuwendungen.

2160 Vgl. BFH, Urt. v. 22.9.1982 – II R 61/80, BFHE 137, 188, juris Rn. 11 f.; BFH, Urt. v. 13.9.1989 – II R 67/86, BStBl II 1989, 1034, juris Rn. 15; BFH, Urt. v. 25.1.2001 – II R 39/98, BFH/NV 2001, 908, juris Rn. 13; *Gebel* in T/G/J/G-ErbStG, § 7, Rn. 54; *Gottschalk* in T/G/J/G-ErbStG, § 9, Rn. 92; *Jülicher* in DStR 2001, 2177, 2177 f.

Merkmals der Bereicherung durch „die Hintertür“ die Interpretation bestimmen.[2161] Zudem könnten die Anforderungen an das Merkmal der tatsächlichen und rechtlichen freien Verfügbarkeit in der Praxis überdehnt werden. Schließlich kann der Empfänger einer Zuwendung nicht im Wortsinne frei über diese verfügen, wenn ihm nur die geringste Einschränkung gemacht wird. So würde es sich bei einer strengen Wortlautauslegung zum Beispiel nicht um eine steuerrechtliche Zuwendung handeln, wenn Eltern ihrem Kind einen Geldbetrag zur Verfügung stellen, um mit diesem ein Kfz zu erwerben. Denn das Kind wäre nicht tatsächlich frei in seiner Verfügung über das erhaltene Geld.

Neben dem sinnvollen Gleichlauf mit den zivilrechtlichen Zuwendungsvoraussetzungen ist die Voraussetzung der freien Verfügbarkeit zugleich eine Ausprägung der Tatsache, dass die Erbschafts- und Schenkungsteuer nicht nur Verkehrsteuer, sondern auch Ertragsteuer ist und eine Besteuerung insofern eine entsprechende Leistungsfähigkeit erfordert.[2162]

Dieses Verhältnis von § 7 Abs. 1 ErbStG zu den zivilrechtlichen Tatbeständen führt dazu, dass die Tatbestände des § 7 Abs. 1 Nr. 1 und Nr. 8 ErbStG im Wesentlichen an die zivilrechtliche Wirksamkeit der Zuwendung an die Stiftung gekoppelt sind. Liegt eine zivilrechtlich wirksame Zuwendung vor, kommt es immer zu einer Besteuerung nach § 7 Abs. 1 ErbStG, weil mit den zivilrechtlichen notwendigerweise auch die steuerrechtlichen Voraussetzungen erfüllt sind. § 7 Abs. 1 ErbStG ist hingegen nie einschlägig, wenn die Zuwendung zivilrechtlich unwirksam ist, weil der Stifter nicht entreichert oder die Stiftung nicht bereichert ist. Die Auffangfunktion von § 7 Abs. 1 Nr. 1 ErbStG[2163] greift in diesen Fällen nicht, da die fehlende zivilrechtlich zu betrachtende Ent- oder Bereicherung auch zu einem Fehlen der steuerrechtlichen Voraussetzungen führt. Diese Herangehensweise entspricht im Ergebnis auch der Rechtsprechung des BFH in zwei noch näher zu behandelnden Urteilen zu liechtensteinischen Stiftungen, in denen der Ablehnung einer Zuwendung nach § 7 Abs. 1 ErbStG auch immer eine zivilrechtlich unwirksame Zuwendung zugrunde lag.[2164] Dabei wäre grundsätzlich eine klarere Anknüpfung an die maßgebliche Zivilrechtslage wünschenswert

---

2161 Vgl. in diese Richtung auch *Hannes/Holtz* in M/H/H-ErbStG, § 7, Rn. 121.

2162 Zur Einordnung der Erbschaft- und Schenkungsteuer als Ertragsteuer, BVerfG, Beschl. v. 21.6.2006 – 2 BvL 2/99, BVerfGE 116, 164, juris Rn. 95; BFH, Urt. v. 1.7.2008 – II R 2/07, BFHE 222, 68, juris Rn. 9; *Gebel* in T/G/J/G-ErbStG, § 7, Rn. 34 ff. je m.w.N.

2163 *Gebel* in T/G/J/G-ErbStG, § 7, Rn. 15.

2164 BFH, Urt. v. 28.6.2007 – II R 21/05, BStBl II 2007, 669, juris Rn. 22; BFH, Urt. v. 5.12.2018 – II R 9/15, BFHE 263, 283, juris Rn. 22.

und der Fokus der Rechtsprechung auf eine steuerrechtliche Betrachtung ist entsprechend zu Recht auf Kritik aus der Literatur gestoßen.[2165] Allerdings bringt eine zivilrechtlich unwirksame Zuwendung meist die Schwierigkeit mit sich, dass die tatsächlich erfolgte Vermögensverschiebung rechtlich eingeordnet werden muss. Die konkrete Frage, ob eine zivilrechtlich gescheiterte Zuwendung an eine liechtensteinische Stiftung eine Treuhänderschaft darstellt,[2166] trat derart regelmäßig auf, dass das BMF dazu Stellung genommen hat.[2167] Wie auch das BMF in dem Schreiben betont, muss dabei zuerst beurteilt werden, ob es zivilrechtlich zu einer Zuwendung gekommen ist, und erst wenn dies abgelehnt wird, ist zu untersuchen, um was es sich stattdessen handelt.[2168]

Entscheidend ist somit die zivilrechtliche Unwirksamkeit des Zuwendungsgeschäfts. Sie kann sich grundsätzlich daraus ergeben, dass der Stifter nicht entreichert oder die Stiftung nicht bereichert ist. Wie im zivilrechtlichen Teil dieser Arbeit aufgearbeitet wurde, führt aber die mittelbare Vermögenspartizipation des Stifters oder der Destinatäre für sich genommen nicht zu einer fehlenden Entreicherung oder Bereicherung.[2169] Vielmehr hat sich gezeigt, dass stattdessen der Einfluss auf die Stiftung der Grund dafür sein kann, aus dem die Stiftung selbst nicht über das Vermögen verfügen kann. Dabei führt jedoch nicht jeder Einfluss zu einer Unwirksamkeit der zivilrechtlichen Zuwendung. Wenn der Stifter etwa als Stiftungsorgan und Begünstigter sowohl im Sinne einer Nutzungs- als auch einer Verwaltungsteilhabe von dem Stiftungsvermögen profitiert, hindert dies die zivilrechtliche Zuwendung nicht, sondern führt lediglich dazu, dass die Fristen für drittschützende Vorschriften nicht oder nur verzögert beginnen.[2170] Insofern irreführend ist der Verweis des BFH[2171] auf *Bösch*, der zwar bei Stiftungen – die durch den Vorbehalt der Gestaltungsrechte nach Art. 552 § 30 PGR oder Mandatsverträge wie eine Körperschaft beherrscht werden können – grundsätzlich von dem Fehlen der für „eine Schenkung wesentlichen Vermögensentäusserung" spricht.[2172] Die Konsequenz für ihn ist jedoch gerade nicht das Scheitern des eigentlichen Übertragungsvorgangs, sondern die

2165 *Hannes/Holtz* in M/H/H-ErbStG, § 7, Rn. 121.
2166 Ausführlich *Jülicher* in DStR 2001, 2177, 2177 ff.; außerdem *Bauer*, Vermögensverwaltung, S. 189 f.
2167 BMF, Schreiben v. 16.9.2004, IV A 4-S 1928-120/04, Rn. 20.
2168 BMF, Schreiben v. 16.9.2004, IV A 4-S 1928-120/04, Rn. 20.
2169 Dazu oben S. 153 ff.
2170 Dazu ausführlich oben S. 153 ff.
2171 BFH, Urt. v. 28.6.2007 – II R 21/05, BStBl II 2007, 669, juris Rn. 22.
2172 *Bösch*, Liechtensteinisches StiftR, S. 700.

Anwendung der Vermögensopfertheorie, wodurch die Gläubiger des Zuwendenden ausreichend geschützt werden.[2173]

Die Abgrenzung zwischen Zuwendungen, die trotz eines Einflusses auf die Stiftung wirksam sind, und solchen, die gerade wegen dieses Einflusses zivilrechtlich unwirksam sind, bleibt somit schwierig. Um sie zu erleichtern, werden im Folgenden – auf Grundlage der Erkenntnisse aus dem ersten Teil der Arbeit – typisierte[2174] Einflussnahmekonstellationen aus der Rechtsprechung zu liechtensteinischen Stiftungen aufgearbeitet und im Hinblick auf die steuerrechtlichen Folgen überprüft:

1. Mandatsvertrag

Eines der eindrücklichsten Beispiele für eine fehlende Bereicherung der Stiftung und damit eine unwirksame Vermögenszuwendung stellen Mandatsverträge dar, die der Einflussnehmer – meist der Stifter – mit den Mitgliedern des Stiftungsrats abschließt.

In diesen Verträgen verpflichtet sich der Stiftungsrat, sein Mandat nach dem aktuellen Willen des Stifters oder der Destinatäre auszuüben. Entsprechende Feststellungen lagen etwa dem Urteil des BFH vom 28.6.2007 zugrunde.[2175] In dem Sachverhalt war eine liechtensteinische Stiftung errichtet und gleichzeitig ein Mandatsvertrag zwischen Stifter und dem als Stiftungsrat eingesetzten Treuhänder abgeschlossen worden. Inhalt des Mandatsvertrages war, dass sich der Treuhänder „verpflichtete […], das Mandat ausschließlich nach den Instruktionen des [Stifters] auszuüben und es jederzeit auf dessen Verlangen niederzulegen".[2176]

Die Ausführungen zur Zivilrechtslage haben gezeigt, dass derartige Mandatsverträge grundsätzlich in beiden Rechtsordnungen unzulässig sind.[2177] Soweit sie aber abgeschlossen und durchgeführt werden, kann die Stiftung aufgrund der

2173 *Bösch*, Liechtensteinisches StiftR, S. 700 ff.; ausführlich hier auch oben auf S. 203 ff.

2174 Eine hinreichende Entscheidungsfreiheit der Stiftung kann letztlich jedoch nur im Einzelfall beurteilt werden.

2175 BFH, Urt. v. 28.6.2007 – II R 21/05, BStBl II 2007, 669.

2176 BFH, Urt. v. 28.6.2007 – II R 21/05, BStBl II 2007, 669, juris Rn. 3; ähnliche Formulierungen finden sich auch in weiteren Entscheidungen, z.B. FG Bremen, Urt. v. 16.6.2010 – 1 K 18/10 (5), EFG 2010, 1801, juris Rn. 9; FG Düsseldorf, Urt. v. 25.1.2017 – 4 K 2319/15 Erb, EFG 2017, 581, juris Rn. 4; FG Münster, Urt. v. 11.12.2014 – 3 K 764/12, DStRE 2016, 1311, juris Rn. 5.

2177 Dazu oben S. 138 und S. 146 f.

treuwidrigen Verpflichtung ihrer Organe nicht als bereichert angesehen werden. Solange der Mandatsverpflichtete Mitglied des Stiftungsrats ist, kommt es damit weder nach liechtensteinischem noch nach deutschem Recht zu einer zivilrechtlich wirksamen Vermögensausstattung oder einer wirksamen nachträglichen Zuwendung.[2178] Denn auch im Zivilrecht ist eine objektiv feststellbare, nicht nur formale, sondern materiell beständige Vermögensmehrung erforderlich[2179] und eine Mandatsvereinbarung lässt die Bereicherung der Stiftung nur formal werden.

Für die Prüfung des § 7 Abs. 1 ErbStG bedeutet die zivilrechtliche Unwirksamkeit, dass weder eine Schenkung nach § 7 Abs. 1 Nr. 1 ErbStG noch eine Vermögensausstattung nach Nr. 8 vorliegen kann. Nach dem oben bereits dargelegten Verhältnis des § 7 Abs. 1 ErbStG zu der Zivilrechtslage führt die fehlende Bereicherung zugleich dazu, dass die Voraussetzungen einer steuerrechtlichen freigiebigen Zuwendung nach § 7 Abs. 1 Nr. 1 ErbStG nicht erfüllt sein können.

Zu diesem Ergebnis gelangte auch der BFH in der Entscheidung zu dem zitierten Mandatsvertrag:[2180] Die Vorinstanz hatte die Stiftung noch als ausreichend bereichert bewertet, da die Stiftung selbst rechtlich nicht in der Verfügung über das Stiftungsvermögen eingeschränkt war.[2181] Der BFH lehnte eine Bereicherung hingegen ab, da zwischen Stifter und dem eingesetzten Stiftungsrat ein Mandatsvertrag abgeschlossen wurde. Weil sich der Vertragspartner dazu verpflichtete, sein Mandat rein nach dem Willen des Stifters und unabhängig von dem Zweck und den Interessen der Stiftung auszuüben, konnte die Stiftung über das „übertragene Vermögen im Verhältnis zu [dem Stifter] nicht tatsächlich und rechtlich frei verfügen“[2182] und daher nicht als bereichert im Sinne von § 7 Abs. 1 Nr. 1 und Nr. 8 ErbStG angesehen werden.[2183]

Dieses Ergebnis lässt sich konsequenterweise auf sämtliche Mandatsverträge übertragen, welche den Destinatären die endgültige Entscheidungsmacht übertragen. Denn auch in diesen Fällen ist die Stiftung nicht in der Lage, durch ihre eigenen Organe einen Willen zu bilden und kann entsprechend nicht frei über

2178 Dazu oben S. 234 ff.

2179 Zur den zivilrechtlichen Voraussetzungen *Chiusi* in Staudinger-BGB, § 516, Rn. 29 m.w.N. sowie oben S. 153 ff.

2180 BFH, Urt. v. 28.6.2007 – II R 21/05, BStBl II 2007, 669.

2181 FG Rheinland-Pfalz, Urt. v. 14.3.2005 – 4 K 1590/03, DStR 2005, 738, juris Rn. 50 ff.

2182 BFH, Urt. v. 28.6.2007 – II R 21/05, BStBl II 2007, 669, juris Rn. 18; a.A. noch die Vorinstanz FG Rheinland-Pfalz, Urt. v. 14.3.2005 – 4 K 1590/03, DStR 2005, 738, juris Rn. 49 ff.

2183 Dazu bereits ausführlich m.w.N. S. 234 f.

das vermeintlich erhaltene Vermögen verfügen. Das Gleiche muss außerdem gelten, wenn kein separater Mandatsvertrag abgeschlossen wurde, sondern sich entsprechende Regelungen in der Satzung finden.[2184] Diese Wertung ist auch dann anzuwenden, wenn das Handeln der Stiftungsorgane nicht aufgrund einer Satzungsregelung beziehungsweise eines Mandatsvertrages an den Willen des Stifters oder der Destinatäre gekoppelt ist, die Satzung aber derart eng ausgestaltet ist, dass den Stiftungsorganen kein Handlungsspielraum verbleibt. Ein solcher Fall kann beispielsweise vorliegen, wenn die Stiftung sowohl in der Vermögensverwaltung (das gesamte Stiftungsvermögen muss in einer Gesellschaft investiert bleiben) als auch in der Ertragsverwendung (jedes Jahr sind X an die Destinatäre A und B auszuzahlen) gebunden ist.[2185]

Nach diesem Ergebnis kann regelmäßig auch die Frage dahinstehen, ob Mandatsverträge dazu führen können, dass die Geschäftsleitung der Stiftung, § 10 AO, statt in Liechtenstein in Deutschland zu verorten ist, wenn der Mandatierende in Deutschland lebt. Denn dadurch, dass die Stiftung aufgrund des Mandatsvertrages keine Zuwendung erhalten hat, ist das vermeintlich übertragene Vermögen nach § 39 Abs. 2 Nr. 1 S. 2 AO ohnehin dem Stifter zuzurechnen.

2. *Änderungs- und Widerrufsrechte*

Als zweite Einflussnahmemöglichkeit können die Gestaltungsrechte des Art. 552 § 30 PGR, also der Widerruf der Stiftung und die Änderung des Zwecks,[2186] betrachtet werden.

Wie bereits zum Zivilrecht ausgeführt, kann der Vorbehalt des Widerrufs oder der Zweckänderung die Bereicherung der Stiftung nicht verhindern.[2187] Denn die Stiftung kann über ihr Vermögen durch ihre Organe im Rahmen ihres Zwecks verfügen. Dass der Zweck änderbar ist, ist insoweit unerheblich, als der Zweck selbst ohnehin nicht zur freien Disposition der Stiftung steht, sondern allein die konkrete Zweckverfolgung, soweit in der Satzung keine konkreten Vorgaben vorhanden sind. Wird nun die Stiftung widerrufen oder ihr Zweck geändert, hindert dies die ursprüngliche Bereicherung nicht, denn die

---

2184 Vgl. zum liechtensteinischen Recht *Gasser* in Gasser/StiftR, § 25, Rn. 10.

2185 Möglicherweise lag letztere Konstellation der Entscheidung FG München, Urt. v. 19.8.2015 – 4 K 1647/13, EFG 2015, 1824 zugrunde, zu dem Urteil noch detailliert im Abschnitt Singulärer Stiftungszweck und die Stiftung für den Stifter, S. 573 f.

2186 Vgl. oben S. 333 ff.

2187 Dazu oben S. 234 f.

Zweckverfolgung ist ihr im Grunde unbeschränkt möglich gewesen, beziehungsweise im Hinblick auf den neuen Zweck weiterhin möglich. Allein der Vorbehalt eines Gestaltungsrechts steht der Bereicherung damit nicht entgegen.

In der parallelen Fragestellung, wie sich ein freier Widerrufsvorbehalt auf eine Schenkung auswirkt, geht der BFH ebenfalls davon aus, dass gleichwohl eine Bereicherung des Beschenkten vorliegt.[2188] Der BFH hat diesen Grundsatz im Zusammenhang mit einer liechtensteinischen Stiftung auch durch ein *obiter dictum* bestätigt.[2189] Zwar ist die Aussage nicht auf eines der Gestaltungsrechte des Art. 552 § 30 PGR bezogen, aber sie grenzt eine fehlende Bereicherung aufgrund eines Mandatsvertrags zu einer hypothetisch möglichen Bereicherung bei einem freien Widerrufsvorbehalt ab.[2190]

Jedoch kann die Widerruflichkeit der Stiftung nicht ohne Weiteres der Widerruflichkeit der Vermögenszuwendung an die Stiftung gleichgestellt werden; der Grundsatz, nachdem ein „[...] vereinbarter Widerrufsvorbehalt [...] den Bedachten nicht an der freien Verfügung über das auf ihn schenkweise übertragene Vermögen [hindert]",[2191] kann aber auch auf die Gestaltungsrechte des Art. 552 § 30 PGR im Wege eines Erst-Rechts-Schlusses übertragen werden. Denn durch den Vorbehalt eines Widerrufs nach Art. 552 § 30 PGR wird die Stiftung weniger in ihrer Verfügung eingeschränkt, als wenn die gesamte Vermögensausstattung einem freien Widerrufsvorbehalt unterliegen würde. Dieser Unterschied ergibt sich aus dem Inhalt des auf den Widerruf folgenden Anspruchs. Während der Anspruch, der aus einem Widerruf einer Zuwendung folgt, im Grunde deckungsgleich mit der Zuwendung ist, führen die Rechtsfolgen der Gestaltungsrechte des Art. 552 § 30 Abs. 1 PGR nicht zu einem deckungsgleichen Anspruch. Stattdessen ist der Anspruch des Letztbegünstigten auf das nach Durchführung der Liquidation verbleibende Vermögen beschränkt (Art. 552 § 8 Abs. 1 PGR). Der Letztbegünstigte unterliegt damit dem Risiko, dass die Stiftung bereits wesentliche Teile des Vermögens anderweitig verwendet hat, und erhält dann nur einen Anspruch auf ein geringeres Vermögen. Gleichzeitig ist es aber auch möglich, dass das Stiftungsvermögen – aufgrund

---

2188 BFH, Urt. v. 22.9.1982 – II R 61/80, BFHE 137, 188, juris Rn. 11 f.; BFH, Urt. v. 13.9.1989 – II R 67/86, BStBl II 1989, 1034, juris Rn. 15; *Gebel* in T/G/J/G-ErbStG, § 7, Rn. 54.

2189 BFH, Urt. v. 28.6.2007 – II R 21/05, BStBl II 2007, 669, juris Rn. 23; *Demuth* in BB 2007, 2386, 2388.

2190 BFH, Urt. v. 28.6.2007 – II R 21/05, BStBl II 2007, 669, juris Rn. 23.

2191 BFH, Urt. v. 28.6.2007 – II R 21/05, BStBl II 2007, 669, juris Rn. 23.

von Thesaurierungen[2192] – gewachsen ist. Im Hinblick auf die Bereicherung der Stiftung ist hierbei aber entscheidend, dass die Stiftung freier über das erhaltene Vermögen verfügen kann, wenn der Anspruch auf das Vermögen nach der Liquidation beschränkt ist und nicht die Möglichkeit besteht, dass sie vorher einen deckungsgleichen Anspruch begleichen muss. Was für die frei widerrufbare Schenkung gilt, ist daher erst recht auch auf die nach Art. 552 § 30 PGR widerrufbare Schenkung zu übertragen.

Das gleiche Ergebnis kann im Hinblick auf die eingangs dargelegte Trennung zwischen Zweck und Zweckverfolgung auch für ein Änderungsrecht gelten. Wenn der gesamte Widerruf der Stiftung eine Bereicherung nicht verhindert, dann steht ihr auch ein Änderungsrecht nicht entgegen. Zwar ist die Änderung nicht zwingend ein Minus zum Widerruf, sie ist in ihrer Intensität jedoch zumeist schwächer als der Widerruf und hindert die freie Verfolgung des (jeweiligen und möglicherweise ausgetauschten) Stiftungszwecks nicht.

Insoweit lässt sich festhalten, dass die Gestaltungsrechte selbst eine Bereicherung nicht verhindern. Ein anderes Ergebnis ist auch nicht aufgrund der faktischen Einflusswirkung der Gestaltungsrechte erforderlich. Zwar können sie im Sinne eines „Damoklesschwerts"[2193] die Entscheidung der Stiftungsorgane wesentlich beeinflussen. Ein solcher Effekt ist jedoch jedem freien Widerrufsvorbehalt inhärent. Wenn etwa eine Grundstücksschenkung der Eltern an die Tochter jederzeit durch die Eltern rückgängig gemacht werden kann,[2194] dürfte die faktische Freiheit der Verfügungsmöglichkeiten der Tochter stark eingeschränkt sein. Einen Vermögensübergang nahm der BFH dennoch an.[2195] Dies überzeugt, da es bei der Bewertung rein faktischer Einflüsse andernfalls zu unüberwindbaren Abgrenzungsschwierigkeiten kommen dürfte. Der faktische Einfluss kann daher so lange unberücksichtigt bleiben, wie die Vermögensübertragung nicht als Scheingeschäft ein anderes Geschäft verdecken soll.[2196]

Im Ergebnis kommt es bei der Frage nach der erbschaftsteuerlichen Zuwendung nicht auf den Vorbehalt der Gestaltungsrechte des Art. 552 § 30 PGR an,[2197] denn sie verhindern eine steuerrechtliche Zuwendung so lange nicht, wie

---

2192 Vgl. die Abgrenzung zur unzulässigen Selbstzweckstiftung oben S. 423 ff.

2193 Vgl. dazu bereits oben S. 208 f.

2194 So im Fall BFH, Urt. v. 16.5.1989 – VIII R 196/84, BStBl II 1989, 877, juris Rn. 5 ff.

2195 BFH, Urt. v. 16.5.1989 – VIII R 196/84, BStBl II 1989, 877, juris Rn. 15.

2196 Explizit in Abgrenzung zum Scheingeschäft nach § 117 BGB, BFH, Urt. v. 16.5.1989 – VIII R 196/84, BStBl II 1989, 877, juris Rn. 15.

2197 A.A. *Linn/Schmitz* in DStR 2014, 2541, 2542 f.

auf der zivilrechtlichen Ebene noch von einer Bereicherung ausgegangen werden kann.[2198]

3. *Freie Abberufungsrechte*

Eine weitere Einflussnahmemöglichkeit ist die voraussetzungslose Abberufung der Stiftungsorgane durch den Stifter oder die Destinatäre. Die zivilrechtliche Frage, ob die unbeschränkte Abberufung in Liechtenstein gänzlich unzulässig, nur unter den gleichen Voraussetzungen wie die Gestaltungsrechte des Art. 552 § 30 PGR, oder uneingeschränkt zulässig ist,[2199] kann an dieser Stelle dahinstehen. Denn die Rechtsprechung zeigt, dass sie jedenfalls in der Praxis regelmäßig – und meist in Verbindung mit Mandatsverträgen – vereinbart wurde.[2200]

Bei der Bewertung des Zuwendungsgeschäfts kann das freie Abberufungsrecht nicht mit Mandatsverträgen gleichgesetzt werden, da es nicht zu einer direkten Beeinflussung der Zweckverfolgung kommt. Weil sich die Abberufung eines Organs nicht auf die übergeordnete Ebene des Zwecks auswirkt, kann ebenso wenig die Wertung zu den Gestaltungsrechten übernommen werden. Stattdessen stellt die Abberufung dem Grunde nach nur eine Regelung zur Organisation der Stiftung dar und hindert die freie Verfügung der Stiftung über ihr Vermögen auf rechtlicher Ebene nicht.

Allerdings erlaubt ein freies Abberufungsrecht eine wesentlich größere faktische Macht über die Zweckverfolgung durch die Organe als die Gestaltungsrechte. Denn zum einen besteht eine höhere Hemmschwelle für die einschneidenden Rechte des Widerrufs und der Zweckänderung. Zum anderen sind die Stiftungsorgane bei der Abberufung in ihrem Amt betroffen. Bei der Zweckänderung wäre dies hingegen nicht zwingend der Fall.

Trotz dieser großen faktischen Einflussnahmemöglichkeit verhindert ein freies Abberufungsrecht eine Bereicherung im Ergebnis nicht.[2201] Denn anders

---

2198 Vgl. zur Bereicherung der Stiftung auf zivilrechtlicher Ebene ausführlich S. 203 ff.

2199 Zu den Abberufungsrechten in Liechtenstein oben S. 145 f.

2200 BFH, Urt. v. 28.6.2007 – II R 21/05, BStBl II 2007, 669, juris Rn. 3; FG Bremen, Urt. v. 16.6.2010 – 1 K 18/10 (5), EFG 2010, 1801, juris Rn. 9; FG Düsseldorf, Urt. v. 25.1.2017 – 4 K 2319/15 Erb, EFG 2017, 581, juris Rn. 4.

2201 I.E. ebenso, aber ohne nähere Begründung auch FG Hamburg, Urt. v. 17.12.2020 – 6 K 307/19, EFG 2021, 1003, juris Rn. 82. Das freie Abberufungsrecht (Rn. 52) stand in diesem Fall dem Kuratorium zu, welches mit den Destinatären besetzt war, beziehungsweise allein von den Destinatären beherrscht werden konnte (Rn. 102).

als bei einem Mandatsvertrag ist die Freiheit der Verfügung weder dauerhaft noch rechtlich eingeschränkt. Wenn jedoch das Abberufungsrecht als Druckmittel genutzt wird oder dazu führt, dass regelmäßig unliebsame Organmitglieder ausgetauscht werden, kann dies ein Anzeichen dafür sein, dass eigentlich ein anderes Geschäft als eine Zuwendung an eine Stiftung gewollt war. In diesem Falle läge der Schluss nahe, dass es sich bei dem Zuwendungsgeschäft um ein Scheingeschäft handelt und tatsächlich ein Treuhandverhältnis gewollt war.

4. *Organstellung von Stifter oder Destinatären*

Eine Organstellung des Stifters oder der Destinatäre, durch die sie faktisch umfangreiche Herrschaftsmöglichkeiten über das Stiftungsvermögen erhalten,[2202] führt ohne das Hinzutreten weiterer Umstände[2203] ebenfalls nicht dazu, dass die Stiftung nicht bereichert ist.[2204] Denn soweit der Einfluss allein auf einer organschaftlichen Stellung beruht, sind die Organwalter in ihrem Amt dem Interesse der Stiftung verpflichtet und gegebenenfalls schadensersatzpflichtig. Da Stifter und Destinatäre ihre Eigeninteressen dabei nicht vor diejenigen der Stiftung stellen dürfen, ist die Stiftung in ihrer Verfügungsfreiheit nicht eingeschränkt. Zwar ist die Auslegung des Stiftungszwecks und die konkrete Zweckverfolgung in diesen Fällen von der Vorstellung der Destinatäre beziehungsweise des Stifters geprägt, aber das Eigeninteresse des Organwalters[2205] ist ein typisches Merkmal bei der Besetzung von Organen juristischer Personen und führt regelmäßig nicht dazu, dass eine juristische Person nicht bereichert sein kann.

Dies läuft parallel mit der Argumentation des BFH, der trotz der „starken Stellung" der Gesellschafter einer GmbH die Vorschriften zur Kapitalbindung zum Anlass genommen hat, das Trennungsprinzip zwischen Gesellschaft und Gesellschaftern aufrechtzuerhalten.[2206] Obgleich wesentliche Unterschiede zwischen der GmbH und der Stiftung bestehen und auch Gesellschafter und Destinatäre sehr verschieden sind, kann die Wertung des Urteils übertragen werden,

---

2202 Dazu oben S. 142 f.

2203 Vgl. das Urteil FG München, Gerichtsbescheid v. 24.8.2015 – 4 K 3124/12, EFG 2015, 2189, juris Rn. 26, in dem die Kombination aus einer beherrschenden Organstellung und einem faktischen Zugriff auf die Konten der Stiftung „wie über eigene Bankkonten".

2204 I.E. auch FG Hamburg, Urt. v. 17.12.2020 – 6 K 307/19, EFG 2021, 1003, Rn. 82 f. und Rn. 102.

2205 Vgl. dazu oben zum Prinzipal-Agenten-Problem, S. 430 ff.

2206 BFH, Urt. v. 29.1.1975 – I R 135/70, BStBl II 1975, 553, juris Rn. 36 ff.

da in beiden Fällen Regelungen vorhanden sind, die verhindern, dass Gesellschafter oder Destinatäre nach freiem Belieben über das Vermögen der juristischen Person verfügen.

Diesem Resultat liegt jedoch ein sehr striktes Verständnis des Trennungsprinzips zugrunde. Die lockeren Anforderungen an den Stiftungszweck können aber faktisch – sowohl in Liechtenstein als auch in Deutschland – dazu führen, dass der Stiftungszweck und die privaten Zwecke der Stiftungsorgane schwer abgrenzbar sind. Wenn sich im Einzelfall zeigt, dass nicht strikt zwischen den Sphären der Stiftung und den Destinatären getrennt wird, ist ein anderes Ergebnis durchaus vorstellbar,[2207] wobei der Fall aber vorrangig auf ein Scheingeschäft hin zu überprüfen ist.[2208]

5. *Singulärer Stiftungszweck und die Stiftung für den Stifter*

Eine Bereicherung der Stiftung könnte auch dann in Frage gestellt sein, wenn die Stiftung einen sehr eng umgrenzten Stiftungszweck verfolgt. Die reine Stiftung für den Stifter[2209] stellt insoweit ein anschauliches Beispiel dar. Durch einen sehr engen Zweck – im Beispiel allein der Unterhalt des Stifters – ist die Stiftung schließlich in der Verfügung über das ihr zugewendete Vermögen stark eingeschränkt.

Nach den bisherigen Ausführungen dürfte es allerdings keine Überraschung darstellen, dass Einschränkungen auf der Zweckebene grundsätzlich nicht zu einem Fehlen der Bereicherung führen können. Denn unabhängig davon, wie eng der Stiftungszweck gefasst ist, wird die Stiftung bereichert, wenn sie ihr Vermögen für die Zweckerfüllung einsetzen kann.

Anders hat es möglicherweise das FG München gesehen.[2210] Verfahrensgegenstand war eine liechtensteinische Stiftung, deren Stifterin „bis zu ihrem Lebensende alleinige wirtschaftlich Begünstigte des Stiftungsvermögens und dessen Erträgen" war.[2211] In den Entscheidungsgründen führt das Gericht weiter

---

2207 Zur Durchbrechung des Trennungsprinzip zur Missbrauchsverhinderung *Böhmer* in StuW 2012, 33, 39. Zum faktischen Zugriff auf das Vermögen auch noch unten S. 575 f.

2208 Im Ergebnis geht auch der BFH in Bezug auf Kapitalgesellschaften davon aus, dass in besonderen Ausnahmefällen ein Scheingeschäft statt eines Gesellschaftsvertrags vorliegen kann, BFH, Urt. v. 29.7.1976 – VIII R 142/73, BStBl II 1977, 263, 12 ff.

2209 Zur Problematik dieses Stiftungszwecks, S. 395 ff.

2210 FG München, Urt. v. 19.8.2015 – 4 K 1647/13, EFG 2015, 1824.

2211 FG München, Urt. v. 19.8.2015 – 4 K 1647/13, EFG 2015, 1824, juris Rn. 2.

aus: „Unstreitig haben die Rechte am Stiftungsvermögen und an deren Erträgen bis zu deren Tode der [Stifterin] […] zugestanden. Dem Stiftungsrat ist nach den Statuten kein Entscheidungsspielraum eingeräumt worden, der auch nur im Ansatz eine von der [Stifterin] unabhängige Verfügungsbefugnis bedeuten hätte können. Die Entscheidung über die Verwendung des formal auf die Stiftung übertragenen Kapitals ist auch nach Errichtung der Stiftung ausschließlich in den Händen von [der Stifterin] gelegen."[2212] In der Revision sah sich der BFH an die tatsächlichen Feststellungen gebunden (§ 118 Abs. 2 FGO) und ging ebenfalls davon aus, dass die Stiftung nicht über das erhaltene Vermögen habe verfügen können.[2213]

Da sich die Sachverhaltsangaben darauf beschränken, dass die Stifterin alleinige wirtschaftlich Begünstigte des Stiftungsvermögens und dessen Erträgen war,[2214] ist eine abschließende Bewertung nicht möglich. Die in der veröffentlichten Fassung enthaltenen tatsächlichen Feststellungen tragen die rechtliche Bewertung einer fehlenden Verfügungsmacht der Stiftung jedoch nicht. Denn die alleinige wirtschaftliche Berechtigung der Stifterin kann ohne das Hinzutreten weiterer Umstände die Bereicherung nicht verhindern. Stattdessen führen die gleichlaufenden Interessen von Stifterin und Stiftung dazu, dass die Stiftung auch dann bereichert ist, wenn sie ihr Vermögen und ihre Erträge zugunsten ihrer Stifterin verwenden soll. Dass aber auch eine Entscheidungsmacht der Stiftung in jeder Hinsicht ausgeschlossen war, ergibt sich nicht aus den Feststellungen. Soweit der BFH in seiner Revisionsentscheidung[2215] auf sein Urteil vom 28.7.2007 verweist, geht diese Verweisung fehl, da diesem Urteil eine Stiftung mit Mandatsvertrag zugrunde lag.[2216]

Nach den tatsächlichen Feststellungen des FG München hätte sich eine zivilrechtliche Unwirksamkeit der Zuwendungen möglicherweise daraus ergeben können, dass es sich um eine Variante der reinen Stiftung für den Stifter handelte, die nach hier vertretener Ansicht allein der Gläubigerschädigung dienen könnte und daher auch nach liechtensteinischem Recht sittenwidrig gewesen sein könnte.[2217] Zudem hätten die Vermögenszuwendungen – wie in dem Urteil auch angedeutet[2218] – unwirksam sein können, weil sie und die Stiftung rein dem

2212 FG München, Urt. v. 19.8.2015 – 4 K 1647/13, EFG 2015, 1824, juris Rn. 19.
2213 BFH, Urt. v. 14.11.2018 – II R 8/16, BFHE 262, 498, juris Rn. 18.
2214 FG München, Urt. v. 19.8.2015 – 4 K 1647/13, EFG 2015, 1824, juris Rn. 2.
2215 BFH, Urt. v. 14.11.2018 – II R 8/16, BFHE 262, 498, juris Rn. 18.
2216 BFH, Urt. v. 28.6.2007 – II R 21/05, BStBl II 2007, 669, juris Rn. 3.
2217 Dazu oben S. 402.
2218 FG München, Urt. v. 19.8.2015 – 4 K 1647/13, EFG 2015, 1824, juris Rn. 19.

Hauptzweck der Steuerhinterziehung gedient haben.[2219] Vorstellbar kann in dem konkreten Fall auch sein, dass es sich bei der Nachstiftung um ein Scheingeschäft gehandelt hat, mit dem eine Treuhand verdeckt wurde.[2220]

Im Ergebnis lässt sich festhalten, dass sich eine fehlende freie Verfügbarkeit über das Stiftungsvermögen und das daraus folgende Scheitern der Vermögensübertragung nicht aus dem Stiftungszweck allein ergeben kann. Im Zusammenspiel mit anderen Faktoren wie Mandatsverträgen, detailliertesten Vorgaben zur Vermögensverwaltung und Ertragsverwendung oder dem noch zu behandelnden faktischen Zugriff auf das Stiftungsvermögen kann im Einzelfall jedoch die Grenze zu einem Scheingeschäft überschritten werden. Nur in diesem Fall fehlt es an der freien Verfügbarkeit über das Stiftungsvermögen.

6. *Faktischer Zugriff auf das Stiftungsvermögen*

In den bisherigen Abschnitten hat sich gezeigt, dass die üblichen rechtlichen Gestaltungsmöglichkeiten – mit Ausnahme der Mandatsverträge – für sich genommen eine freie Verfügung der Stiftung und damit eine Bereicherung nicht verhindern. Neben der rechtlichen Freiheit in ihrer Verfügung muss die Stiftung zudem aber auch tatsächlich frei über das zugewendete Vermögen verfügen können.

Auch an dieser Stelle ist die Besonderheit hervorzuheben, dass sich bei privatnützigen Stiftungen die Interessen von Stiftung und Destinatären häufig weitgehend überschneiden. Aus Handlungen zugunsten der Destinatäre kann daher nicht auf eine tatsächliche Beschränkung der Verfügungsfähigkeit der Stiftung geschlossen werden. Stattdessen kommt es in diesem Abschnitt rein auf die Bereicherung der Stiftung und nicht auf die Entreicherung des Stifters, das wirtschaftliche Eigentum oder eine tatsächliche Trennung des Vermögens von den Destinatären an.

Im Regelfall dürfte bei liechtensteinischen Stiftungen die tatsächliche Verfügungsmöglichkeit an dem erhaltenen Vermögen aus der rechtlichen folgen. Denn liechtensteinische Stiftungen erhalten in der Praxis vorwiegend Rechte und keine Sachen als Vermögen. Die freie Verfügbarkeit über Rechte – konkret

2219 Dazu oben S. 101 f.

2220 Vgl. dazu zwei weitere Entscheidungen des FG München aus dem gleichen Monat, in denen jeweils ein Scheingeschäft vorgelegen haben dürfte (dazu auch im nächsten Abschnitt), FG München, Bescheid v. 18.8.2015 – 4 K 2442/12, EFG 2016, 40, juris Rn. 23; FG München, Gerichtsbescheid v. 24.8.2015 – 4 K 3124/12, EFG 2015, 2189, juris Rn. 26.

die beiden typischen Vermögenswerte Geld, meist in Form von Forderungen gegen eine Bank, und Unternehmensanteile – lässt sich auf tatsächlicher Ebene aber kaum einschränken, wenn sie rechtlich unbeschränkt ist.

Ein Beispiel, in dem ausnahmsweise eine Einschränkung der tatsächlichen Verfügungsmacht vorlag, bietet die Entscheidung des FG München vom 24.8.2015. Dort waren die wirtschaftlichen[2221] Stifter-Eheleute als einzige Destinatäre der Stiftung eingesetzt und beide zudem die einzigen Mitglieder eines besonderen Stiftungsorgans zur Verwaltung des Stiftungsvermögens.[2222] Das FG schloss daraus, dass die Stiftung „nach den gesamten Regelungen des Stiftungskonstrukts den Weisungen [der wirtschaftlichen Stifter] unterworfen war, die über das Stiftungsvermögen in Gestalt ihrer Konten bei schweizerischen Banken letztlich wie über eigene Bankkonten verfügen konnten."[2223] Entsprechend war die Stiftung „in schenkungsteuerlicher Hinsicht nicht als eigenständige Rechtsperson anzusehen, sondern vielmehr transparent zu beurteilen."[2224] Auf zivilrechtlicher Ebene könnte in diesem Fall ein Scheingeschäft vorgelegen haben und ein Treuhandverhältnis verdeckt worden sein. Aber auch unabhängig von der Geltung des eigentlich gewollten Geschäfts fehlte es in diesem Fall jedenfalls an der Bereicherung der Stiftung. Denn auch dann, wenn man das Zuwendungsgeschäft nicht als Scheingeschäft qualifiziert, fehlt es an der tatsächlichen Verfügungsmöglichkeit der Stiftung:

Die Stiftung könnte nur dann über das Vermögen verfügen, wenn ihre Organe, insbesondere der Stiftungsrat, in ihrer Entscheidung über die Verwaltung frei sind. Grundsätzlich steht es dem nicht entgegen, wenn im Sinne von Art. 552 § 28 Abs. 1 PGR bestimmte Verwaltungsfunktionen auf andere Organe ausgegliedert werden und ihnen rechtsgeschäftlich auch eine Vertretungsvollmacht erteilt wird.[2225] Soweit dieses Organ dann jedoch mit den Destinatären besetzt ist und diese nach freiem Belieben über das Vermögen durch Nutzung der Konten verfügen können, ist es fraglich, ob eine Bereicherung der Stiftung stattgefunden hat. Während die Organstellung der Destinatäre für sich

---

2221 Die Stiftung selbst wurde treuhänderisch errichtet, FG München, Gerichtsbescheid v. 24.8.2015 – 4 K 3124/12, EFG 2015, 2189, juris Rn. 4.

2222 FG München, Gerichtsbescheid v. 24.8.2015 – 4 K 3124/12, EFG 2015, 2189, juris Rn. 4.

2223 FG München, Gerichtsbescheid v. 24.8.2015 – 4 K 3124/12, EFG 2015, 2189, juris Rn. 26.

2224 FG München, Gerichtsbescheid v. 24.8.2015 – 4 K 3124/12, EFG 2015, 2189, juris Rn. 26.

2225 Vgl. dazu *Gasser* in Gasser/StiftR, § 28, Rn. 2.

genommen die Bereicherung nicht verhindert hat, liegt es bei einer alleinigen Entscheidungsmacht verbunden mit der faktischen Zugriffsmöglichkeit nahe, dass nicht die Stiftung durch ihre Organe verfügt, sondern die Organe für sich selbst. Dies muss jedenfalls dann gelten, wenn die Kontovollmacht – wie in dem Fall vor dem FG München – dazu führt, dass über das Konto wie über ein eigenes verfügt wird.[2226]

Allerdings schließt eine Organstellung eines Destinatärs verbunden mit einer Kontovollmacht nicht zwingend eine Bereicherung der Stiftung aus. Sonst könnten etwa Stiftungen, in denen ein Destinatär als alleiniger Stiftungsvorstand fungiert und damit zwingend auch über das Konto der Stiftung waltet, nie Ziel einer Vermögenszuwendung sein. Stattdessen kommt es entscheidend darauf an, dass ein Organ-Destinatär klar zwischen den Vermögenssphären trennt. Für eine solche Trennung dürften etwa dokumentierte Zuwendungsbeschlüsse und Zahlungen an den Destinatär statt der direkten Begleichung seiner Verbindlichkeiten sprechen.

Letztlich lassen sich die Auswirkungen auf das Tatbestandsmerkmal der Bereicherung aufgrund der vielfältigen Möglichkeiten, wie ein faktischer Einfluss auf die Stiftung ausgestaltet werden kann, nicht pauschal bewerten. Jedenfalls kommt es in Fällen, in denen keine Trennung zwischen der Vermögenssphäre der Stiftung und der des Destinatärs besteht und dieser das Vermögen der Stiftung wie ein eigenes Bankguthaben nutzt, jedoch nicht zu einer Bereicherung der Stiftung.

7. Zwischenfazit

Die Untersuchung zeigt, dass ein zu großer Einfluss des Stifters einen erbschaft- und schenkungsteuerlichen Vermögenstransfer verhindern kann. Dies ist jedoch nur dann der Fall, wenn der Einfluss so umfangreich ist, dass bereits das zivilrechtliche Zuwendungsgeschäft an der fehlenden Bereicherung scheitert und damit zugleich auch der Tatbestand des § 7 Abs. 1 ErbStG nicht erfüllt ist.

Es kann davon ausgegangen werden, dass eine derart intensive Einflussnahme bei Stiftungen, die nach 2008 errichtet wurden, selten ist. Denn zum einen ist der Abschluss von Mandatsverträgen aufgrund der steuerlichen Folgen nicht mehr üblich. Zum anderen ist die neue Generation von Stiftungen nicht mehr auf die Funktion als verstecktes „Konto" im Ausland beschränkt. Stattdessen dient sie

2226 FG München, Gerichtsbescheid v. 24.8.2015 – 4 K 3124/12, EFG 2015, 2189, juris Rn. 26.

regelmäßig der Verwaltung des Familienvermögens. Dies schließt eine – die Bereicherung verhindernde – Einflussnahme zwar nicht grundsätzlich aus, sie ist jedoch nicht mehr erforderlich: Im Gegenteil kann eine größere Unabhängigkeit der Stiftung sowie ein eigener Entscheidungsspielraum der Stiftungsorgane gerade gewollt sein. Dass sich die Interessen der Stiftung und der Destinatäre bei einer entsprechenden Zwecksetzung decken,[2227] steht einer Bereicherung der Stiftung dann allerdings nicht entgegen.

II. Laufende Besteuerung

Soweit das Vermögen einmal auf die Stiftung übertragen wurde, stellt sich in einem zweiten Schritt die Frage, wie sich ein Einfluss auf die Stiftung auf die laufende Besteuerung auswirkt. Dazu werden im Folgenden die einzelnen in Betracht kommenden Vorschriften kurz vorgestellt, bevor im Detail auf ihre Anwendung auf die Stiftung eingegangen wird.

Aus dem allgemeinen Steuerrecht können insbesondere die §§ 39 Abs. 2, 41, 42 AO angewendet werden. Über § 39 Abs. 2 AO kann das wirtschaftliche Eigentum an einem Vermögensgegenstand statt dem zivilrechtlichen dem wirtschaftlichen Eigentümer zugerechnet werden. Entsprechend erzielt letzterer dann auch die Einkünfte aus beziehungsweise mit dem wirtschaftlichen Eigentum.[2228] Angewandt auf die Stiftung bedeutet dies eine Zurechnung bei dem Einflussnehmenden, wenn dieser wirtschaftlicher Eigentümer ist. § 41 AO erlaubt es, Rechtsgeschäfte unabhängig von ihrer zivilrechtlichen Wirksamkeit zu bewerten, kommt also möglicherweise im Rahmen der Scheingeschäfte zum Tragen. Zuletzt ermöglicht § 42 AO es der Finanzverwaltung, in Fällen einer missbräuchlichen Verwendung rechtlicher Gestaltungsmöglichkeiten durch den Steuerpflichtigen, eine an der angemessenen Gestaltung orientierte Besteuerung herbeizuführen. Diese Vorschriften der Abgabenordnung differenzieren nicht zwischen deutschen und liechtensteinischen Stiftungen und sind sowohl in rein deutschen als auch in grenzüberschreitenden Sachverhalten anwendbar.

Im Außensteuerrecht führt die Vorschrift des § 15 AStG[2229] dazu, dass sämtliche Einkünfte und das Vermögen einer ausländischen Familienstiftung dem Stifter oder den Destinatären zugerechnet werden. Einzig für Zwecke der Erbschaftsteuer wird nach Abs. 1 S. 2 keine Hinzurechnung durchgeführt. In Abs. 6

2227 Dazu ausführlich oben S. 157 f. und S. 206 f.

2228 Vgl. *Koenig* in Koenig-AO, § 39, Rn. 6.

2229 Weiterführend zu § 15 AStG und den Einzelheiten der Anwendung insbesondere *Kirchhain*, Zurechnungsbesteuerung bei ausländischen Familienstiftungen, S. 93 ff.

wird von der Hinzurechnung eine entscheidende Ausnahme gemacht, wenn die Familienstiftung ihre Geschäftsleitung oder ihren Sitz in einem EU/EWR Staat hat, der eine Amtshilfevereinbarung mit Deutschland abgeschlossen hat, Nr. 2, und sie kumulativ nachweisen kann, dass „das Stiftungsvermögen der Verfügungsmacht der in den Absätzen 2 und 3 genannten Personen rechtlich und tatsächlich entzogen ist", Nr. 1.

Bevor konkret auf die einzelnen Regelungen eingegangen werden kann, ist als Erstes das Verhältnis der speziellen Vorschrift des § 15 AStG zu den Vorschriften der Abgabenordnung zu untersuchen (1.). Darauf folgt eine Analyse des § 39 AO (2.), des § 41 AO (3.) sowie des § 42 AO (4.). Abschließend wird die Besteuerung der Stiftung im Außensteuerrecht untersucht (5.).

1. *Verhältnis des § 15 AStG zu den §§ 39 Abs. 2, 41, 42 AO*

Die vier aufgezählten Vorschriften des AStG und der AO könnten – wie oben dargestellt – im Ergebnis alle dazu führen, dass die Erträge einer Stiftung nicht (nur) in Liechtenstein als solche besteuert werden, sondern einem deutschen Steuerpflichtigen, regelmäßig dem Stifter oder einem Destinatär, zugeordnet werden. Während sich das Verhältnis der Vorschriften der Abgabenordnung untereinander weitgehend aus der inneren Systematik des Gesetzes ergibt, stellt sich im Verhältnis des § 15 AStG zu den Vorschriften der Abgabenordnung die Frage, welches der beiden Gesetze vorrangig anzuwenden ist.

Die Rechtsprechung geht dabei grundsätzlich davon aus, dass die Vorschriften der Abgabenordnung, also §§ 39 Abs. 2, 41, 42 AO, aufgrund eines logischen Vorrangs vor denjenigen der Hinzurechnungsbesteuerung, bei der Familienstiftung also § 15 AStG, anzuwenden sind.[2230] Weite Teile der Literatur folgen dieser Rechtsprechung, da das AStG grundsätzlich nur eine Zurechnung der Einkünfte einer ausländischen Rechtsform vorsehe.[2231] Dies setzt voraus, wie

---

2230 Allgemein zum „logischen Vorrang" des § 42 AO vor den §§ 7 ff. AStG, BFH, Urt. v. 23.10.1991 – I R 40/89, BStBl II 1992, 1026, juris Rn. 29 ff.; BFH, Urt. v. 10.6.1992 – I R 105/89, BStBl II 1992, 1029, juris Rn. 23 ff.; konkret zum Vorrang vor § 15 AStG BFH, Urt. v. 22.12.2010 – I R 84/09, BStBl II 2014, 361, juris Rn. 11; BFH, Urt. v. 8.2.2017 – I R 55/14, BFH/NV 2017, 1588, juris Rn. 18; FG München, Urt. v. 17.9.1997 – 1 K 3239/96, EFG 1998, 612, juris Rn. 23; FG Hamburg, Urt. v. 17.12.2020 – 6 K 307/19, EFG 2021, 1003, juris Rn. 65 f.

2231 Diese von der in der vorherigen FN genannten Rechtsprechung zu den §§ 7–14 AStG entwickelte Argumentation gilt im Wesentlichen auch für § 15 AStG. Dieser spricht zwar in Abs. 1 S. 1 nicht nur von Einkünften, sondern auch von der Hinzurechnung von Vermögen. Da die Zurechnung nach § 15 Abs. 1 S. 2 AStG nicht für die

von *Rundshagen* geschildert, dass die Stiftung selbst mit ihren Wirtschaftsgütern Einkünfte erzielt und diese nicht schon über § 39 Abs. 2 AO einem anderen Rechtsträger zugerechnet werden.[2232] Aufgrund dieser Funktionsweise gilt der Anwendungsvorrang des § 39 Abs. 2 AO nicht nur im Verhältnis zu dem sehr weiten Anwendungsbereich des § 15 Abs. 1 AStG, sondern auch gegenüber dem deutlich enger gefassten und mehr Überschneidungen mit § 39 Abs. 2 AO aufweisenden § 15 Abs. 6 AStG. Von dem Anwendungsvorrang der allgemeinen Vorschriften geht auch die Gesetzesbegründung aus, in der es zu § 15 Abs. 6 AStG heißt, dass „eine Stiftung im Sinne des § 15 AStG nur vorliegt, wenn der betreffende Rechtsträger ohne die Vorschrift des § 15 AStG gegenüber einem deutschen Steuerzugriff ‚Abschirmwirkung' entfaltet, d.h. wenn das Einkommen nach deutschem Steuerrecht keiner anderen Person zuzurechnen ist".[2233]

Zwar ist fraglich, ob die bisherige Rechtsprechung zu dem Vorrang der AO aufgrund der Einfügung des § 15 Abs. 6 AStG[2234] sowie der Änderung des Wortlauts des Abs. 1 von der Zurechnung des „Einkommens" hin zu der Zurechnung der „Einkünfte" weiterhin Gültigkeit beanspruchen kann. Im Hinblick auf die liechtensteinische Stiftung handelt es sich jedoch im Wesentlichen um ein theoretisches Problem. Denn seit der Änderung des § 15 Abs. 1 AStG, mit welcher der Gesetzgeber eine systematische Anpassung des § 15 AStG an die §§ 7–14 AStG bezweckte, kommt es zu einer Einkünftezurechnung beim Einflussnehmenden.[2235] Sofern der Einflussnehmer eine in § 15 Abs. 2 oder Abs. 3 AStG aufgeführte Person ist, gleicht die Rechtsfolge von § 15 Abs. 1 AStG somit derjenigen der Zurechnung des wirtschaftlichen Eigentums nach § 39 Abs. 2 AO. Da zudem

---

Erbschaftsteuer gilt und die Vermögensteuer nicht mehr erhoben wird, beschränkt sich der Anwendungsbereich der Norm bis auf einige Sonderkonstellationen mit ausländischen Zwischengesellschaften nur auf die Einkünftezurechnung, *Rundshagen* in S/S/K-AStG/DBA, § 15 AStG, Rn. 23; *Kirchhain/Kühn* in Fuhrmann-AStG, § 15, Rn. 42 ff.; *Wassermeyer* in F/W/B/S-AStR, § 15 AStG, Rn. 5; in Bezug auf § 39 AO auch *Adam*, Besteuerung ausländischer Familienstiftungen, S. 125 ff.; *Kirchhain*, Zurechnungsbesteuerung bei ausländischen Familienstiftungen, S. 101.

2232 *Rundshagen* in S/S/K-AStG/DBA, § 15 AStG, Rn. 23.

2233 BT-Drucks. 16/10189, S. 78.

2234 So schon andeutend, aber dahinstehend lassend BFH, Urt. v. 22.12.2010 – I R 84/09, BStBl II 2014, 361, juris Rn. 11. Zur Änderung der Hinzurechnung auf die Einkünfte statt wie bisher des Einkommens auch FG Hessen, Urt. v. 14.11.2012 – 10 K 625/08, DStR 2013, 1011, juris Rn. 97 f.

2235 BT-Drucks. 17/10000, S. 66 f.; *Kraft* in Kraft-AStG, § 15, Rn. 10.

keine der Vorschriften eine Zurechnung des Vermögens auf erbschaftsteuerlicher Ebene vorsieht, ist das Ergebnis auch insgesamt identisch.

Auch auf Tatbestandsebene wird das potenzielle Vorrangverhältnis nicht relevant: Denn wenn der Einfluss auf die Stiftung durch den Stifter, die Destinatäre oder bestimmte nahestehende Personen im Sinne des § 15 Abs. 2 und 3 AStG derart groß ist, dass das wirtschaftliche Eigentum gemäß § 39 Abs. 2 AO nicht mehr bei der Stiftung, sondern den Einflussnehmern gesehen wird,[2236] sind regelmäßig auch die Voraussetzungen des § 15 AStG erfüllt. In diesem Fall kann die Stiftung zwangsläufig nicht den Beweis des tatsächlich entzogenen Vermögens nach § 15 Abs. 6 Nr. 1 AStG erbringen.

Liegt aus der umgekehrten Perspektive ein Fall vor, in dem die Stiftung im Sinne von § 15 Abs. 6 AStG nachweisen kann, dass keine der relevanten Personengruppen Einfluss auf sie nehmen kann, dürfte in aller Regel auch das wirtschaftliche Eigentum bei der Stiftung verortet werden, sodass im Ergebnis weder nach dem AStG noch nach der AO eine Zurechnung eintritt.[2237]

Ein unterschiedliches Ergebnis bei der Anwendung der beiden Vorschriften könnte damit nur in dem Fall eintreten, in dem die Familienstiftung zwar wirtschaftliche Eigentümerin des Stiftungsvermögens ist und es gleichzeitig aber zu einer Hinzurechnung nach § 15 AStG kommt, weil es sich entweder um eine außereuropäische Stiftung handelt oder aber die Voraussetzungen von § 15 Abs. 6 AStG nicht erfüllt sind. Unabhängig von der noch zu behandelnden Frage, ob § 15 Abs. 6 AStG auf EU/EWR-Stiftungen dann anwendbar ist,[2238]

2236 Vgl. zu dieser Konstellation im Hinblick auf eine nachgelagerte Anwendung des § 15 AStG und eine entsprechend vorrangige Anwendung des § 39 Abs. 2 AO auch *Kirchhain*, Zurechnungsbesteuerung bei ausländischen Familienstiftungen, S. 101 f.; dem folgend *Adam*, Besteuerung ausländischer Familienstiftungen, S. 128 f.; allgemein auch *Hey* in IStR 2009, 181, 185.

2237 Vgl. *Kirchhain*, Zurechnungsbesteuerung bei ausländischen Familienstiftungen, S. 101 f.; dem folgend *Adam*, Besteuerung ausländischer Familienstiftungen, S. 128 f., die jedoch mit der Hypothese arbeiten, dass § 39 Abs. 2 AO vorrangig anwendbar ist. *Kirchhain* kommt daher zu dem Schluss, dass wenn die Voraussetzungen des § 39 Abs. 2 AO nicht gegeben sind, regelmäßig auch eine Entlastung nach § 15 Abs. 6 AStG möglich ist. Diese Wertung liegt grundsätzlich nahe – im Rahmen der hier noch zu begründenden restriktiven Anwendung von § 39 Abs. 2 AO auf selbstständige Stiftungen dürfte aber ein deutlicher Anwendungsbereich von § 15 Abs. 1 AStG verbleiben. Dieser zeigt sich klarer, wenn das Verhältnis der Vorschriften ohne den Vorrang der Anwendung des § 39 Abs. 2 AO betrachtet wird.

2238 Dazu noch unten S. 587 ff.

stellt sich das Problem des Verhältnisses der Vorschriften in dieser Konstellation nicht. Denn wenn die Voraussetzungen des § 39 Abs. 2 AO nicht erfüllt sind, stehen die Vorschriften jedenfalls nicht in einem Anwendungskonflikt und es liegen keine Anhaltspunkte vor, warum § 39 Abs. 2 AO gegenüber dem AStG eine Sperrwirkung entfalten sollte.

2. *§ 39 Abs. 2 AO*

Weil die Abgabenordnung vorrangig anzuwenden ist, kommt es bei der steuerrechtlichen Betrachtung der liechtensteinischen Stiftung vor allem darauf an, ob und wann der Einfluss auf die Stiftung im Rahmen des § 39 Abs. 2 AO zu einer Zurechnung des Vermögens bei dem Einflussnehmenden führen kann und die Stiftung somit als transparent behandelt wird.[2239] Dabei kann zwischen der Zurechnung aufgrund eines Treuhandverhältnisses nach § 39 Abs. 2 Nr. 1 S. 2 AO und einer Zurechnung der Wirtschaftsgüter beim wirtschaftlichen Eigentümer gemäß § 39 Abs. 2 Nr. 1 S. 1 AO unterschieden werden:

Soweit im Rahmen der Vermögensübertragung das Ergebnis erreicht wurde, dass es an einer steuerlichen Vermögenszuwendung fehlt und stattdessen eine verdeckte und nach § 41 Abs. 2 S. 2 AO maßgebende Treuhänderschaft vorliegt, können die treuhänderisch übertragenen Wirtschaftsgüter dem Treugeber unstrittig über § 39 Abs. 2 Nr. 1 S. 2 AO zugerechnet werden.[2240] Abhängig von den Umständen des Einzelfalls halten die Stiftung oder die Mitglieder des Stiftungsrats in diesem Fall die zugewendeten Vermögensgegenstände treuhänderisch für den (Zu-)Stifter.

Wurde hingegen das Ergebnis erzielt, dass die Stiftung Empfängerin einer steuerwirksamen Zuwendung geworden ist, kann bei einem Einfluss der Destinatäre oder des Stifters überprüft werden, ob die Voraussetzungen des § 39 Abs. 2 Nr. 1 S. 1 AO erfüllt sind. Da sich der Einfluss meist auf die Stiftung insgesamt bezieht, wäre dann nicht nur ein einzelnes Wirtschaftsgut, sondern das gesamte Vermögen der Stiftung, als zivilrechtlicher Eigentümerin, dem wirtschaftlichen Eigentümer zuzurechnen.[2241] Eine solche Zurechnung setzt voraus, dass „ein anderer als der Eigentümer

---

2239 Vgl. BFH, Urt. v. 13.9.2017 – II R 42/16, BStBl II 2018, 299, juris Rn. 18; FG Münster, Urt. v. 14.8.2019 – 13 K 3170/17 K, EFG 2019, 1705, juris Rn. 57.

2240 Vgl. zur Anwendung des § 39 Abs. 2 Nr. 1 AO bei Treuhandverhältnissen statt vieler *Fu* in Gosch AO/FGO, § 39 AO, Rn. 152 ff. m.w.N.; konkret zu der Anwendung bei einer liechtensteinischen Stiftung auch *Schütz* in DB 2008, 603, 605.

2241 Dies für möglich haltend: *Bauer*, Vermögensverwaltung, S. 192 ff.; v. *Löwe* in Int. Handb. StiftR, § 24, Rn. 15 jeweils unter Berufung auf einen Aufsatz zum Trust *Habammer* in DStR 2002, 425, 427 f.

die tatsächliche Herrschaft über ein Wirtschaftsgut in der Weise [ausübt], dass er den Eigentümer im Regelfall für die gewöhnliche Nutzungsdauer von der Einwirkung auf das Wirtschaftsgut wirtschaftlich ausschließen kann". Der BFH nimmt einen solchen wirtschaftlichen Ausschluss an, „wenn aufgrund der vertraglichen Gestaltung die Substanz und der Ertrag einer Sache vollständig und auf Dauer einem anderen als dem bürgerlich-rechtlichen Eigentümer zustehen."[2242]

Grundsätzlich stehen bei einer Familienstiftung Ertrag und Substanz ganz im Sinne des Trennungsprinzips[2243] der Stiftung zu. Die Destinatäre erhalten diese Erträge nur mittelbar über entsprechende Ausschüttungen der Stiftung, können aber weder direkt auf die Erträge noch auf die Substanz der Stiftung zugreifen. Da die Stiftung mit den Ausschüttungen an die Destinatäre ihren Zweck erfüllt, nutzt sie Ertrag und Substanz ihres Vermögens selbst und kann damit auch wirtschaftliche Eigentümerin des Vermögens sein.[2244]

Ist die Stiftung an dieser Vermögensnutzung gehindert, weil etwa der Stiftungsrat durch einen Mandatsvertrag gebunden ist und den Stiftungszweck nicht frei verfolgen kann, ist es demjenigen, dem das Vermögen aus diesem Grund faktisch zusteht, möglich, auf Substanz und Erträge der Stiftung zuzugreifen.[2245] Damit wären zwar die Voraussetzungen für einen wirtschaftlichen Ausschluss des zivilrechtlichen Eigentümers gemäß § 39 Abs. 2 Nr. 1 S. 1 AO erfüllt. In diesen Fällen fehlt es jedoch, wie oben gezeigt, regelmäßig bereits an einer steuerrechtlich relevanten Zuwendung und es liegt eine Treuhand nach § 39 Abs. 2 Nr. 1 S. 2 AO vor.

2242 BFH, Urt. v. 30.5.1984 – I R 146/81, BStBl II 1984, 825, juris Rn. 26; *Fu* in Gosch AO/FGO, § 39 AO, Rn. 45; zu der Definition ausführlich auch *Döllerer* in BB 1971, 535, 535 ff.

2243 BVerfG, Beschl. v. 29.3.2017 – 2 BvL 6/11, I 2017, 1289, juris Rn. 111; *Hey* in Tipke/Lang, § 11, Rn. 1 ff.; *Lampert* in Gosch-KStG, § 1, Rn. 1; *Schaumburg*, Internationales StR, Rn. 13.1 m.w.N.; *Böhmer* in StuW 2012, 33, 33 ff.

2244 Vgl. zur Nutzung des Vermögens im eigenen Interesse als Kriterium des wirtschaftlichen Eigentums, BFH, Urt. v. 27.9.1988 – VIII R 193/83, BStBl II 1989, 414, juris Rn. 15.

2245 Vgl. dazu auch den Fall BFH, Urt. v. 29.1.1975 – I R 135/70, BStBl II 1975, 553, juris Rn. 34 ff., danach ist eine Gesellschaft nicht Treuhänderin ihrer Gesellschafter, solange sie innerhalb ihres Zwecks handelt. Ganz h.M. *Fu* in Gosch AO/FGO, § 39 AO, Rn. 156; *Drüen* in Tipke/Kruse, § 39 AO, Rn. 36; *Fischer* in H/H/S-AO/FGO, § 39 AO, Rn. 276; *Ratschow* in Klein-AO, § 39 AO, Rn. 66. Wenn – so wie im Fall von Mandatsverträgen – dauerhaft außerhalb des Zwecks gehandelt wird, stehen organschaftliche Verhältnisse einer abweichenden Zurechnung nicht im Wege.

Fraglich ist nun, ob es Fälle geben kann, in denen eine steuerwirksame Vermögenszuwendung vorliegt, gleichzeitig aber der Einfluss auf die Stiftung dazu führt, dass das wirtschaftliche Eigentum am (gesamten) Stiftungsvermögen nach § 39 Abs. 2 Nr. 1 S. 1 AO dem wirtschaftlichen Eigentümer zugerechnet werden muss. Falls ein solches Delta zwischen einer wirksamen Vermögenszuwendung und einer intransparenten Behandlung der Stiftung nicht besteht, bliebe – im Hinblick auf das gesamte Stiftungsvermögen – kein Anwendungsbereich für § 39 Abs. 2 Nr. 1 S. 1 AO.

Dass § 39 Abs. 2 Nr. 1 S. 1 AO grundsätzlich auch nach einer erfolgten Vermögensübertragung im Sinne des § 7 Abs. 1 ErbStG anwendbar ist, zeigt die bereits behandelte Rechtsprechung.[2246] Diese geht davon aus, dass der Zurückbehalt des wirtschaftlichen Eigentums den Eintritt einer Vermögenszuwendung nicht hindert. Im Umkehrschluss soll daher die notwendige Bereicherung eines Zuwendungsempfängers vorliegen können, obwohl dem Zuwendenden „Substanz und der Ertrag [der] Sache vollständig und auf Dauer“[2247] zustehen.

Allerdings könnte eine andere Bewertung bei einer Stiftung als Zuwendungsempfängerin immer dann erforderlich sein, wenn das wirtschaftliche Eigentum aufgrund der faktischen Kontrolle über die gesamte Stiftung bei dem Stifter verbleibt und nicht aufgrund von Regelungen, die auf dem einzelnen Zuwendungsvorgang beruhen – wie etwa dinglichen Belastungen eines zugewendeten Grundstücks. Denn auch wenn sich die erbschaftsteuerliche Betrachtung vorrangig am Zivilrecht und nicht an der wirtschaftlichen Betrachtungsweise des § 39 Abs. 2 AO orientiert,[2248] kommen beide Perspektiven zum gleichen Ergebnis: Zum einen führt die Notwendigkeit der freien Verfügbarkeit der Stiftung über ihr Vermögen dazu, dass ein Einfluss Dritter auf die Stiftung, der die Stiftung von der Einwirkung auf ihr Vermögen ausschließt, regelmäßig auch ihre Bereicherung verhindert. Zum anderen kann ein Einfluss, der unter dieser Schwelle bleibt, regelmäßig die Voraussetzungen des § 39 Abs. 2 Nr. 1 S. 1 AO nicht erfüllen:

Denn sofern eine Bereicherung vorliegt, hat die Stiftung notwendigerweise die direkte Vermögensteilhabe an Substanz und Ertrag. Ihre Destinatäre können nur

2246 BFH, Urt. v. 22.9.1982 – II R 61/80, BFHE 137, 188, juris Rn. 12; BFH, Urt. v. 25.1.2001 – II R 39/98, BFH/NV 2001, 908, juris Rn. 13; *Fischer* in H/H/S-AO/FGO, § 39 AO, Rn. 63; außerdem wohl auch FG Köln, Urt. v. 24.2.2021 – 4 K 1184/18, ErbStB 2021, 245, 34 ff.

2247 BFH, Urt. v. 30.5.1984 – I R 146/81, BStBl II 1984, 825, juris Rn. 26; *Fu* in Gosch AO/FGO, § 39 AO, Rn. 45.

2248 BFH, Urt. v. 22.9.1982 – II R 61/80, BFHE 137, 188, juris Rn. 12.

mittelbar an den Erträgen und gegebenenfalls auch an der Substanz der Stiftung partizipieren. Für einen Ausschluss der Stiftung von Substanz und Ertrag durch einen anderen wirtschaftlichen Eigentümer kommt es daher entscheidend auf die Verwaltungsteilhabe an.[2249] Es müsste also eine Konstellation geben, in der die Verwaltungsteilhabe der Stiftung derart eingeschränkt ist, dass ihr die Herrschaft trotz der direkten Substanz und Ertragsnutzung nicht mehr zugerechnet werden kann. Wenn die Stiftung jedoch gänzlich von der Verwaltung ihres Vermögens ausgeschlossen ist, muss es ihr notwendigerweise auch an der freien Verfügbarkeit über das erhaltene Vermögen und damit der Bereicherung fehlen.

Dieses Ergebnis lässt sich in Abgrenzung zu einer Entscheidung des BFH bezüglich eines unentgeltlich zugewendeten Anteils an einer Kommanditgesellschaft bestätigen.[2250] Der Entscheidung lag ein Sachverhalt zugrunde, bei dem Anteile an einer Kommanditgesellschaft unentgeltlich und unter freiem Widerrufsvorbehalt von den Gesellschaftern auf ihre Ehefrauen übertragen worden waren. Aufgrund der Widerrufsmöglichkeit ging der BFH davon aus, dass die Ehemänner „tatsächlich (wirtschaftlich) in der Lage [gewesen seien], ihren Ehefrauen eine Einwirkung auf den Kommanditanteil zu verwehren."[2251] Zwar zweifelte er an der zivilrechtlichen Wirksamkeit der Anteilsübertragung, er ging aufgrund der vollumfänglichen Ausschlussmöglichkeit aber jedenfalls davon aus, dass die Voraussetzungen des § 39 Abs. 2 Nr. 1 S. 1 AO erfüllt gewesen seien und das wirtschaftliche Eigentum bei den Ehegatten zu verorten sei.[2252] Entscheidend ist, ob die „Einwirkung [auf das Wirtschaftsgut] verwehrt" wird.[2253] Bezogen auf ein Einzelwirtschaftsgut zeigt diese Entscheidung die Möglichkeit auf, dass eine Zuwendung vorliegt, gleichzeitig aber durch eine vertragliche Gestaltung das wirtschaftliche Eigentum beim Zuwendenden bleibt. Bei der Zuwendung an eine Stiftung wird ihr die Einwirkung auf das erhaltene Vermögen jedoch regelmäßig nicht aufgrund einer vertraglichen Regelung im Zuwendungsgeschäft verwehrt.

Stattdessen stammen sämtliche Einflussmöglichkeiten auf die Stiftung aus der Stiftungssatzung oder Verträgen, die das gesamte Stiftungsvermögen betreffen. Als solche betreffen sie nicht ein Einzelwirtschaftsgut, sondern die gesamte Entscheidungsfindung der Stiftung. Wenn eine einflussvermittelnde Regelung der Stiftung

---

2249 In dem Ausnahmefall des faktischen Zugriffs der Destinatäre auf das Stiftungsvermögen fehlt es bereits an einer steuerlichen Vermögensübertragung, S. 575.

2250 BFH, Urt. v. 16.5.1989 – VIII R 196/84, BStBl II 1989, 877, juris Rn. 12.

2251 BFH, Urt. v. 16.5.1989 – VIII R 196/84, BStBl II 1989, 877, juris Rn. 12.

2252 BFH, Urt. v. 16.5.1989 – VIII R 196/84, BStBl II 1989, 877, juris Rn. 12 f.

2253 BFH, Urt. v. 16.5.1989 – VIII R 196/84, BStBl II 1989, 877, juris Rn. 12.

aber die Einwirkung auf das Wirtschaftsgut verwehrt,[2254] kann die Stiftung nicht über das Erhaltene verfügen und es fehlt an der Vermögensübertragung an die Stiftung.

Zusammenfassend kann eine fehlende Bereicherung der Stiftung dazu führen, dass das wirtschaftliche Eigentum dem Treugeber nach § 39 Abs. 2 Nr. 1 S. 2 AO zugerechnet wird. Soweit man von einem wirksamen Vermögensübergang auf die Stiftung ausgeht, verbleibt jedoch – in Bezug auf das gesamte Stiftungsvermögen – kein Raum für die Anwendung von § 39 Abs. 2 Nr. 1 S. 1 AO.

Im Ergebnis fügt sich dieses Resultat in das Gesamtbild der Besteuerung von Stiftungen. Denn bei ausländischen Stiftungen führt jegliche Form von Einfluss prinzipiell zu einer Hinzurechnungsbesteuerung nach § 15 AStG. Bei inländischen Stiftungen entfaltet die Stiftung die für juristische Personen übliche Abschirmwirkung. Aufgrund der Besteuerung als inländisches Körperschaftsteuersubjekt entgeht dem Fiskus insoweit keine Steuerquelle, sodass eine anderweitige Zurechnung auch nicht erforderlich wäre. Die einzige Lücke in dem System der Zurechnung besteht darin, dass es bei der Stiftung an Anteilen mangelt, sodass der Übergang der Destinatärsstellung nicht besteuert wird. Auf nationaler Ebene wird durch die Erbersatzbesteuerung zwar Abhilfe geschaffen, bei Stiftungen im Ausland ist dies jedoch nicht der Fall. Allerdings würde die Anwendung des § 39 Abs. 2 Nr. 1 S. 1 AO diesem Problem ohnehin nicht begegnen, da der Übergang der Einflussnahmemöglichkeiten mangels zivilrechtlicher Anknüpfung und des Verbleibs des Vermögens bei der Stiftung keine erbschaftsteuerlichen Folgen auslöst.[2255]

3. § 41 AO

Die Vorschrift des § 41 AO, nach der unwirksame Rechtsgeschäfte für die Besteuerung unerheblich sind, „soweit und solange die Beteiligten das wirtschaftliche Ergebnis dieses Rechtsgeschäfts gleichwohl eintreten und bestehen lassen", ergänzt den bisher skizzierten Anwendungsbereich des § 39 Abs. 2 AO. Soweit Vermögenszuwendungen an die Stiftung zivilrechtlich als Scheingeschäfte unwirksam sind, ist nach § 41 Abs. 2 AO das verdeckte Geschäft, also regelmäßig die Treuhänderschaft, maßgebend. Die Besteuerung richtet sich dann nach § 39 Abs. 2 Nr. 1 S. 2 AO.[2256] Beruht die Unwirksamkeit hingegen darauf, dass die Stiftung allein mit dem Zweck der Steuerhinterziehung errichtet wurde, richtet sich die Besteuerung nach

2254 BFH, Urt. v. 16.5.1989 – VIII R 196/84, BStBl II 1989, 877, juris Rn. 12.

2255 Vgl. zur wirtschaftlichen Betrachtungsweise und der Einräumung einer Destinatärsstellung BFH, Urt. v. 9.7.2009 – II R 47/07, BFHE 226, 399, juris Rn. 12 ff.

2256 Vgl. *Ratschow* in Klein-AO, § 41, Rn. 45.

§ 42 AO.[2257] Auf der erbschaftsteuerlichen Ebene ist § 41 AO im Ergebnis häufig nicht anwendbar, da die Regelung keine Anwendung findet, wenn die zivilrechtliche Wirksamkeit des Rechtsgeschäfts ein Tatbestandsmerkmal der steuerrechtlichen Vorschrift ist.[2258]

4. *§ 42 AO*

Die Vorschrift des § 42 AO ermöglicht als allgemeine Anti-Missbrauchsvorschrift den deutschen Finanzbehörden bei unangemessenen rechtlichen Gestaltungen, die Besteuerung herbeizuführen, die bei einer den wirtschaftlichen Vorgängen angemessenen rechtlichen Gestaltung entsteht. Soweit ihre Voraussetzungen vorliegen, kann sie auch auf liechtensteinische Stiftungen angewandt werden.[2259] Da die Nutzung einer liechtensteinischen Stiftung grundsätzlich von der Privatautonomie des Stifters gedeckt ist, führt die Errichtung der Stiftung nicht per se zu einer unangemessenen Gestaltung.[2260] Ob letztlich Umstände hinzutreten, die zu der Annahme eines Missbrauchs führen, ist vom Einzelfall abhängig und lässt sich an dieser Stelle nicht typisierend einordnen. Diejenigen Konstellationen, in denen der Einfluss auf die Stiftung den Verdacht eines Missbrauchs rechtlicher Gestaltungen hervorruft, werden zudem – wie gezeigt – regelmäßig über eine fehlende Bereicherung der Stiftung und Zurechnung der Wirtschaftsgüter bei dem Treugeber nach dem systematisch vorrangigen[2261] § 39 Abs. 2 Nr. 1 S. 2 AO gelöst, sodass der tatsächliche Anwendungsbereich des § 42 AO begrenzt sein dürfte.

5. *Hinzurechnungsbesteuerung nach § 15 AStG*

Wenn der Einfluss auf die Stiftung nach den bisher behandelten Vorschriften nicht zu einer transparenten Behandlung der Stiftung geführt hat, können

---

2257 Vgl. auch *Ratschow* in Klein-AO, § 41, Rn. 44.

2258 *Koenig* in Koenig-AO, § 41, Rn. 32.

2259 So etwa FG BaWü, Urt. v. 30.3.2011 – 4 K 1723/09, DStRE 2012, 315, juris Rn. 95 ff.; in der Revision zwar die Entscheidung dahinstehend lassend, jedoch ohne die Anwendbarkeit von § 42 AO in Frage zu stellen, BFH, Beschl. v. 13.5.2013 – I R 39/11, BFHE 241, 1, juris Rn. 24; vgl. auch *Wassermeyer* in F/W/B/S-AStR, § 15 AStG, Rn. 205.

2260 Vgl. FG BaWü, Urt. v. 30.3.2011 – 4 K 1723/09, DStRE 2012, 315, juris Rn. 95 ff.; vgl. abstrakt auch *Fischer* in H/H/S-AO/FGO, § 42, Rn. 223 ff.

2261 So zuletzt bestätigt durch die Rechtsprechung zu den sog. Cum/Ex Geschäften, BFH, Urt. v. 2.2.2022 – I R 22/20, BStBl II 2022, 324, juris Rn. 50.

Einkünfte und Vermögen einer ausländischen Stiftung dem unbeschränkt steuerpflichtigen Stifter oder den Destinatären zuletzt auch nach § 15 AStG[2262] zugerechnet werden. Die Hinzurechnung erfolgt dabei gemäß § 15 Abs. 1 S. 1 AStG vorrangig bei dem unbeschränkt steuerpflichtigen Stifter. Nur falls es an einem solchen fehlt, kommt es zu einer Hinzurechnung bei den unbeschränkt steuerpflichtigen Destinatären. Gemäß Abs. 1 S. 2 gilt die Hinzurechnung jedoch nicht für die Erbschaftsteuer. Die Familienstiftung ist in Abs. 2 der Vorschrift legaldefiniert, wenn „der Stifter, seine Angehörigen und deren Abkömmlinge zu mehr als der Hälfte bezugsberechtigt oder anfallsberechtigt sind". In Abs. 3 wird die Definition um bestimmte, durch Unternehmen errichtete Stiftungen erweitert. Von der Hinzurechnung wird wiederum in Abs. 6 eine entscheidende Ausnahme gemacht, wenn die Familienstiftung ihre Geschäftsleitung oder ihren Sitz in einem EU/EWR-Staat hat, der eine Amtshilfevereinbarung mit Deutschland abgeschlossen hat (Nr. 2), und wenn die Stiftung nachweisen kann, dass „das Stiftungsvermögen der Verfügungsmacht der in den Absätzen 2 und 3 genannten Personen rechtlich und tatsächlich entzogen ist" (Nr. 1).

Die Vorschrift und insbesondere die Ausnahme in Abs. 6 haben eine lange Vorgeschichte.[2263] Dabei ist der Wille des Gesetzgebers seit 1931[2264] klar: Unbeschränkt steuerpflichtige Inländer sollen ihr Vermögen nicht steuergünstig oder gar steuerfrei im Ausland anlegen und mehren können.[2265] Der bundesdeutsche Gesetzgeber hat sich dieser Zielsetzung nicht nur nach 1945 angeschlossen,[2266]

2262 Weiterführend zu § 15 AStG und den Einzelheiten der Anwendung insbesondere *Kirchhain*, Zurechnungsbesteuerung bei ausländischen Familienstiftungen, S. 93 ff.

2263 Neben der Kommentarliteratur *Kirchhain/Kühn* in Fuhrmann-AStG, § 15; *Kraft* in Kraft-AStG, § 15; *Rundshagen* in F/W/B/S-AStR, [Stand 2014] § 15; *Wassermeyer* in F/W/B/S-AStR, § 15 AStG; und insbesondere zu Abs. 6 *Schönfeld* in F/W/B/S-AStR, § 15, Rn. 151 ff.; sei insbesondere auf einige zu der Besteuerung ausländischer Familienstiftungen erschienene Monographien verwiesen: *Adam*, Besteuerung ausländischer Familienstiftungen, S. 76 ff.; *Hallerbach*, Besteuerung ausländischer Familienstiftungen, S. 107 ff.; *Kirchhain*, Zurechnungsbesteuerung bei ausländischen Familienstiftungen, S. 93 ff.; *Moser*, Hinzurechnungsbesteuerung, S. 155 ff.; *Schulz*, Die Besteuerung ausländischer Familienstiftungen, S. 23 ff.; konkret im Verhältnis zur österreichischen Privatstiftung *Oppel*, Familienstiftungen, S. 193 ff. Außerdem kritisch *Hey* in IStR 2009, 181, 181 ff.; *Wassermeyer* in IStR 2009, 191, 191 ff.

2264 RStBl. 1931, 597, 603. Zur Entstehungsgeschichte der Norm auch *Kirchhain*, Zurechnungsbesteuerung bei ausländischen Familienstiftungen, S. 94 ff.; *Wassermeyer* in F/W/B/S-AStR, § 15 AStG, Rn. 1 ff.

2265 RStBl. 1931, 597, 597 ff.

2266 BGBl. I 1972, 1713.

sondern verfolgt sie explizit weiter.[2267] Im Hinblick auf die Möglichkeiten zur Umgehung der Erbersatzsteuer durch Errichtung einer ausländischen Stiftung[2268] ist die Hinzurechnung mittlerweile notwendiger denn je. Denn weil im Ausland steuerfreie Generationenwechsel im Destinatärsbestand möglich sind und Stiftungen oft vergleichsweise günstig besteuert werden, ist die Attraktivität ausländischer Stiftungen weiterhin groß und ihre Erträge würden ohne die Hinzurechnungsbesteuerung nur im Rahmen von Destinatärsleistungen berücksichtigt. Dies bedeutet, dass der Gesetzgeber mit großer Wahrscheinlichkeit – unabhängig von den möglichen rechtlichen Mängeln der heutigen Fassung des § 15 AStG, auf die sogleich eingegangen wird – an dem Regelungsgehalt der Hinzurechnungsbesteuerung festhalten wird.

Die Ausgestaltung der Regelung wurde vielfach kritisiert und insbesondere im Hinblick auf ihre Verfassungs- und Europarechtskonformität[2269] in Frage gestellt. Da die europäischen Grundfreiheiten auch in Bezug auf Liechtenstein als Mitglied des EWR Anwendung finden, ist die Vereinbarkeit des § 15 AStG mit dem Europarecht hier von besonderer Bedeutung. Ursprünglich enthielt § 15 AStG keine Ausnahme von der Hinzurechnungsbesteuerung für EU/EWR-Stiftungen. Die Europäische Kommission sah darin eine Verletzung der Kapitalverkehrsfreiheit aus Art. 63 AEUV und leitete nach der Cadbury Schweppes Rechtsprechung des EuGH zu Missbrauchsbekämpfungsvorschriften[2270] ein Vertragsverletzungsverfahren gegen Deutschland ein.[2271] Der deutsche Gesetzgeber reagierte mit der Einführung des § 15 Abs. 6 AStG,[2272] woraufhin die Kommission das Verfahren einstellte.[2273]

Ob diese Änderung aber tatsächlich genügt, um die Hinzurechnungsbesteuerung europarechtskonform werden zu lassen, wird vielfach bezweifelt.[2274] Denn wie *Hey* ausführlich gezeigt hat, führt § 15 AStG n.F. zu einer Schlechterstellung

---

2267 Entwurf eines Jahressteuergesetzes 2009 (JStG 2009), BT-Drucks. 16/10189, S. 78.

2268 Vgl. *Wassermeyer* in F/W/B/S-AStR, § 15 AStG, Rn. 11.

2269 Dazu insbesondere *Wassermeyer* in F/W/B/S-AStR, § 15 AStG, Rn. 27 m.w.N.; *Schulz/Stefan Werz* in ErbStB 2008, 177, 178 f.; BMF, Schreiben v. 14.5.2008, IV B 4 – S 1361/07/0001.

2270 EuGH, Urt. v. 12.9.2006 – C-196/04 „Cadburry Schweppes“, Slg. 2006, I-7995-8054.

2271 Pressemitteilung der Europäischen Kommission vom 23.7.2007, IP/07/1151.

2272 BT-Drucks. 16/10189, S. 78.

2273 List of infringements, Stand Mai 2022, abrufbar auf der Website der Europäische Kommission, https://ec.europa.eu.

2274 Je m.w.N. *Kirchhain/Kühn* in Fuhrmann-AStG, § 15, Rn. 80 ff.; *Schönfeld* in F/W/B/S-AStR, § 15 AStG, Rn. 27 sowie insbesondere *Hey* in IStR 2009, 181.

ausländischer Stiftungen:[2275] Bei einer Einschaltung einer ausländischen Stiftung werden – anders als bei einer inländischen Stiftung – die Einkünfte der Stiftung immer dem Stifter oder den Destinatären zugerechnet, unabhängig davon, ob sie diese tatsächlich erhalten haben.[2276] Die eingefügte Regelung des Abs. 6 hebt diese Schlechterstellung nicht vollständig für EU/EWR-Stiftungen auf, da sie u.a. für eine Nichtanwendung voraussetzt, dass das Stiftungsvermögen rechtlich und tatsächlich entzogen ist.[2277]

Selbst, wenn man den Anwendungsbereich der Niederlassungsfreiheit, Art. 49 AEUV, bei Familienstiftungen nicht für eröffnet hält,[2278] fällt diese Ungleichbehandlung jedenfalls in den Anwendungsbereich der Kapitalverkehrsfreiheit nach Art. 63 Abs. 1 AEUV.[2279] Denn die Entscheidung, eine Stiftung im Ausland zu errichten und sie mit Kapital auszustatten, wird durch die nachteilige laufende Besteuerung der Stiftung beeinflusst.[2280]

Zur Rechtfertigung dieser Beschränkung kommen – über den Wortlaut des Art. 65 Abs. 1 AEUV hinaus und wie bei der Niederlassungsfreiheit – zwingende Gründe des öffentlichen Interesses in Betracht.[2281] Ein solcher zwingender Grund kann die Verhinderung von missbräuchlichen Steuerumgehungen sein.[2282] In seiner Cadbury Schweppes Entscheidung konkretisiert der EuGH dies insoweit, als eine Rechtfertigung nur dann möglich ist, „wenn das spezifische Ziel der Beschränkung darin liegt, Verhaltensweisen zu verhindern, die darin bestehen, rein künstliche, jeder wirtschaftlichen Realität bare Gestaltungen zu dem Zweck zu errichten, der Steuer zu entgehen, die normalerweise für durch Tätigkeiten im Inland erzielte Gewinne geschuldet wird".[2283]

Ein Versuch, § 15 AStG als Missbrauchsverhinderungsvorschrift zu rechtfertigen, scheitert nach *Hey* grundsätzlich schon daran, dass die Grundregel des § 15 Abs. 1 AStG jegliche Form von Stiftung erfasse – unabhängig von ihrer

---

2275 *Hey* in IStR 2009, 181, 183 ff.

2276 *Hey* in IStR 2009, 181, 183 ff.

2277 *Hey* in IStR 2009, 181, 183 ff.

2278 Dazu bereits oben, S. 461 f.

2279 So auch die Bedenken der Europäischen Kommission zu § 15 AStG a.F., Pressemitteilung der Europäischen Kommission vom 23.7.2007, IP/07/1151.

2280 *Hey* in IStR 2009, 181, 183 ff.

2281 Statt vieler *Ukrow/Ress* in Grabitz/Hilf/Nettesheim-Recht der EU, Art. 63 AEUV, 271 m.w.N.

2282 *Ukrow/Ress* in Grabitz/Hilf/Nettesheim-Recht der EU, Art. 63 AEUV, 288 mit umfangreichen Nachweisen aus der Rechtsprechung.

2283 EuGH, Urt. v. 12.9.2006 – C-196/04 „Cadburry Schweppes", Slg. 2006, I-7995-8054, 55.

Besteuerung im Ausland. Dadurch greife die Norm unabhängig davon, ob die Gestaltung überhaupt eine Steuer umgehe. Zudem fehle es an der erforderlichen Typisierung künstlicher Gestaltungen, sodass eine Rechtfertigung als Missbrauchsverhinderung nicht möglich sei.[2284]

Diese Mängel seien auch nicht durch die Einfügung von Abs. 6 behoben worden. Denn zum einen greife dieser ebenfalls unabhängig davon, ob die Gestaltung zu einem Steuervorteil führe. Zum anderen könne – selbst wenn man alle Stiftungen, die die Voraussetzungen des Abs. 6 Nr. 1 nicht erfüllen, für missbräuchlich halte – der Steuerpflichtige keine außersteuerlichen Gründe für eine Errichtung der Stiftung im Ausland vorbringen.[2285]

Die Regelung des § 15 AStG würde damit gegen Unionsrecht verstoßen.[2286] Anderer Ansicht war zuletzt jedoch das FG Hamburg, welches davon ausgeht, dass Abs. 6 ausreiche, um den europarechtlichen Bedenken zu begegnen, da die „ausnahmslose Zurechnung des Einkommens der Stiftung für eine Würdigung im Einzelfall geöffnet"[2287] würde. Konkludent setzt das FG damit auch voraus, dass das Zusammenspiel aus Abs. 1 und Abs. 6 Nr. 1 die erforderliche Typisierung einer missbräuchlichen Gestaltung erreicht. Im Umkehrschluss bedeutet dies, dass jede Stiftung, deren Vermögen nicht tatsächlich und rechtlich der Verfügungsmacht von Stiftern und Destinatären entzogen ist, als missbräuchlich zu bewerten wäre.

In diesem Zusammenhang stellt sich die Frage, wann die Tatbestandsvoraussetzungen des § 15 Abs. 6 AStG erfüllt sind, insbesondere, wann ein rechtlicher und tatsächlicher Entzug der Verfügungsmacht vorliegt. Erst abhängig davon kann beurteilt werden, ob es sich bei Abs. 1 und Abs. 6 um eine zulässige Typisierung handelt, und je nach Ergebnis auch, ob eine hinreichende Berücksichtigung außersteuerlicher Beweggründe möglich ist.[2288] Die beiden Tatbestandsvoraussetzungen des § 15 Abs. 6 AStG werden daher im Folgenden aufgearbeitet, bevor zu der Unionsrechtskonformität der Norm Stellung genommen werden kann.

2284 *Hey* in IStR 2009, 181, 184.

2285 *Hey* in IStR 2009, 181, 185.

2286 *Hey* in IStR 2009, 181, 185; so auch je m.w.N. *Kirchhain/Kühn* in Fuhrmann-AStG, § 15, Rn. 80 ff.; *Schönfeld* in F/W/B/S-AStR, § 15 AStG, Rn. 27.

2287 FG Hamburg, Urt. v. 17.12.2020 – 6 K 307/19, EFG 2021, 1003, juris Rn. 115 f.

2288 Vgl. zu dem Problem des dann fehlenden Anwendungsbereichs des § 15 AStG, *Wenz/Linn* in Haase-AStG, § 15, Rn. 155; *Schulz*, Die Besteuerung ausländischer Familienstiftungen, S. 94 f.; vorsichtiger *Kirchhain*, Zurechnungsbesteuerung bei ausländischen Familienstiftungen, S. 133 f.

a. Aufgabe der Verfügungsmacht

§ 15 Abs. 6 Nr. 1 AStG setzt den Nachweis voraus, dass „das Stiftungsvermögen der Verfügungsmacht der in den Absätzen 2 und 3 genannten Personen rechtlich und tatsächlich entzogen ist". Wann ein solcher rechtlicher und tatsächlicher Entzug vorliegt, ist jedoch umstritten:

Die Gesetzesbegründung zum Jahressteuergesetz 2009[2289] verweist zur Einführung des Abs. 6 ohne weitere Ausführungen auf das Urteil des BFH vom 28.6.2007.[2290] Dieser Verweis ist bei der Suche nach dem Maßstab für ein „rechtlich und tatsächlich entzogen"-Sein auf den ersten Blick nur schwerlich geeignet: Zum einen stellt § 15 Abs. 6 AStG durch die Anknüpfung an den tatsächlichen Entzug der Verfügungsmacht zumindest auch eine wirtschaftliche Betrachtung an. In dem Urteil ging es im Wesentlichen jedoch um die Voraussetzungen einer erbschaftsteuerlichen Zuwendung. Bei einer erbschaftsteuerlichen Betrachtung kommt es allerdings primär auf die Zivilrechtslage an und ein etwaiges wirtschaftliches Eigentum hat explizit keinen Einfluss.[2291]

Zum anderen – und viel entscheidender – stellt der BFH, anders als die Zitierungen in der Gesetzesbegründung es vermuten lassen,[2292] zu keinem Zeitpunkt in dem Urteil auf den Entzug der Verfügungsmacht ab. Rechtlicher Maßstab ist hingegen, ob die Stiftung im Verhältnis zum Stifter „tatsächlich und rechtlich frei verfügen" kann.[2293] Wie bereits gezeigt, liegt der Schwerpunkt der Entscheidung damit gerade auf der Bereicherung der Stiftung als Zuwendungsempfängerin und nicht der Aufgabe des Vermögens durch den Stifter.[2294] Bei der insofern erforderlichen umgekehrten Anwendung des in der Entscheidung entwickelten Maßstabs stellt sich wiederum das Problem, dass es für ein tatsächlich und rechtlich freies Verfügen der Stiftung nicht erforderlich ist, dass Stiftung oder Destinatäre sämtliche Einflussmöglichkeiten aufgegeben haben. Während der Wortlaut des freien Verfügens einen Einfluss nicht zwingend ausschließt, lässt der Gesetzeswortlaut „rechtlich und tatsächlich entzogen" aber nur wenig Raum für einen verbleibenden Einfluss beim Stifter oder den Destinatären.

2289 BT-Drucks. 16/10189, S. 78.

2290 BFH, Urt. v. 28.6.2007 – II R 21/05, BStBl II 2007, 669. Dazu ausführlich bereits oben S. 566 f.

2291 BFH, Urt. v. 28.6.2007 – II R 21/05, BStBl II 2007, 669, juris Rn. 16.

2292 BT-Drucks. 16/10189, S. 78.

2293 BFH, Urt. v. 28.6.2007 – II R 21/05, BStBl II 2007, 669, juris Rn. 18.

2294 Dazu oben S. 566 f.

Vor diesem Hintergrund kann der Schwerpunkt des § 15 Abs. 6 Nr. 1 AStG nur auf dem Merkmal der Verfügungsmacht liegen. Denn wenn man dieses eng auslegt, also allein auf den Akt der Verfügung bezogen, ist eine spiegelbildliche Anwendung des BFH-Urteils möglich. Danach genügt es für eine Bereicherung der Stiftung, dass sie rechtlich frei über das erhaltene Vermögen verfügen und nicht tatsächlich durch Mandatsverträge o.Ä. zu einer bestimmten Verfügung gezwungen werden kann. Wenn diese beiden Voraussetzungen erfüllt sind, wäre mithin zwingend auch Stiftern und Destinatären die rechtliche Verfügungsmacht genommen. Denn auch wenn diese möglicherweise einen Einfluss auf die Stiftung ausüben können, ist ihnen die direkte Verfügung über das Stiftungsvermögen verwehrt.[2295]

Nach dieser von *Kirchhain* als Exklusivitätslösung bezeichneten Auslegung[2296] kommt es entweder zu einem erbschaftsteuerlichen Vermögensübergang oder zu einer Anwendung des § 15 Abs. 6 AStG. Liegt ein Einfluss vor, der einen Übergang des Vermögens im Sinne von § 7 Abs. 1 ErbStG auf die Stiftung verhindert, führt dieser gleichzeitig dazu, dass das Stiftungsvermögen nicht nach § 15 Abs. 6 Nr. 1 AStG der Verfügungsmacht des Stifters oder der Destinatäre entzogen ist. In diesen Konstellationen dürfte aber regelmäßig eine verdeckte Treuhand[2297] vorliegen, sodass § 39 Abs. 2 AO einschlägig ist und der nachrangige § 15 AStG nicht zur Anwendung kommt.[2298] Ist der Einfluss hingegen nicht derart ausgeprägt, dass er den Vermögensübergang hindern kann, sind die Voraussetzungen des § 15 Abs. 6 Nr. 1 AStG erfüllt und die Stiftung unterliegt vorbehaltlich von Abs. 6 Nr. 2 nicht der Hinzurechnungsbesteuerung. Dieses Ergebnis ist wohl zur insoweit herrschenden Meinung geworden,[2299] wobei sich jedoch kein gänzlich klares Meinungsbild ausmachen lässt, da die Voraussetzungen an den Vermögensübergang unterschiedlich eng bewertet werden.

2295 *Kirchhain*, Zurechnungsbesteuerung bei ausländischen Familienstiftungen, S. 131 f.; *Schulz*, Die Besteuerung ausländischer Familienstiftungen, S. 94 f.

2296 *Kirchhain*, Zurechnungsbesteuerung bei ausländischen Familienstiftungen, S. 131 f.

2297 Dazu oben S. 560 ff.

2298 So bereits *Hey* in IStR 2009, 181, 183.

2299 Ebenso. *Vogt* in Brandis/Heuermann, § 15 AStG, Rn. 85; *Wenz/Linn* in Haase-AStG, § 15, Rn. 155; *Kirchhain*, Zurechnungsbesteuerung bei ausländischen Familienstiftungen, S. 131 f.; *Schulz*, Die Besteuerung ausländischer Familienstiftungen, S. 94; *Oppel*, Familienstiftungen, S. 196 f.; *Hey* in IStR 2009, 181, 182 f.; a.A. wohl *Rundshagen* in S/S/K-AStG/DBA, § 15 AStG, Rn. 74; *Schönfeld* in F/W/B/S-AStR, § 15 AStG, Rn. 188; *Adam*, Besteuerung ausländischer Familienstiftungen, S. 176 ff.; *Kalenberg/Reichert* in IStR 2016, 140, 142 f.

Im Ergebnis bedeutet eine derartige Auslegung, dass § 15 AStG eines wesentlichen Teils seines Anwendungsbereichs beraubt wäre. Denn soweit eine Stiftung als Vermögensträger auftritt, wäre die Ausnahme des Abs. 6 Nr. 1 immer gegeben. Die Voraussetzungen der Nr. 2 sind innerhalb der EU durch die EU-Amtshilferichtlinie[2300] erfüllt, dürften aber mittlerweile aufgrund des immer intensiver werdenden Automatischen Informationsaustauschs auch von den Staaten des EWR realisiert werden.[2301] Dieses Resultat passt insoweit zur Intention des Gesetzgebers, die Rechtsprechung des EuGH zur Kapitalverkehrsfreiheit zu berücksichtigen und auf das von der EU-Kommission begonnene Vertragsverletzungsverfahren zu reagieren.[2302]

Dennoch wirkt dieses Ergebnis vor dem Telos des AStG – die Kapitalflucht ins Ausland zu verhindern[2303] – fragwürdig, da der Gesetzgeber so eine sehr niedrige Schwelle für das Eingreifen der Ausnahme des § 15 Abs. 6 AStG gesetzt hätte.[2304] Außerdem hieße dies letztlich auch, dass der gesamte Schwerpunkt des § 15 AStG in Europa auf der Amtshilfe nach Abs. 6 läge. Denn soweit eine Stiftung entstanden ist, wäre ihr Vermögen auch zwingend den relevanten Personen entzogen, sodass es für die Besteuerung lediglich darauf ankäme, ob die Amtshilfevoraussetzungen Abs. 6 Nr. 2 erfüllt sind und somit mittlerweile innerhalb der EU und des EWR ausländische Stiftungen nicht mehr der Hinzurechnungsbesteuerung unterlägen.[2305] Selbst die Nachweisvoraussetzung würde damit in großen Teilen gegenstandslos, da ihr Inhalt bereits bei der Besteuerung der Zuwendung mitgeprüft werden müsste. Dass ein derartiger Systemwechsel geplant war, lässt sich aus den Gesetzesmaterialien nicht ableiten.[2306]

Stattdessen könnte die Gesetzesbegründung im Hinblick auf den Wortlaut der tatsächlichen Verfügungsmacht auch weiter ausgelegt werden:[2307] Vergleicht

2300 Richtlinie 2011/16/EU des Rates vom 15. Februar 2011 über die Zusammenarbeit der Verwaltungsbehörden im Bereich der Besteuerung und zur Aufhebung der Richtlinie 77/799/EWG.

2301 Vgl. zu Liechtenstein noch unten S. 599.

2302 BT-Drucks. 16/10189, S. 78; *Wassermeyer* in F/W/B/S-AStR, § 15 AStG, Rn. 6 m.w.N.

2303 RStBl. 1931, 597, S. 597.

2304 Vgl. in diese Richtung auch FG Hamburg, Urt. v. 17.12.2020 – 6 K 307/19, EFG 2021, 1003, juris Rn. 132.

2305 I.E. auch FG Hamburg, Urt. v. 17.12.2020 – 6 K 307/19, EFG 2021, 1003, juris Rn. 138.

2306 Vgl. zu den letzten beiden – in der Hinsicht relevanten – Gesetzesänderungen: BT-Drucks. 16/10189, S. 78; BT-Drucks. 17/12375, S. 43.

2307 Vgl. zu einer weiten Auslegung des Wortlauts FG Hamburg, Urt. v. 17.12.2020 – 6 K 307/19, EFG 2021, 1003, juris Rn. 134.

man den Wortlaut des § 15 Abs. 6 Nr. 1 AStG mit dem BFH-Urteil,[2308] zeigt sich, dass zwar beide „rechtlich und tatsächlich" als Maßstab nehmen, jedoch an unterschiedliche Perspektiven anknüpfen. Für den BFH kommt es darauf an, dass die Stiftung als Zuwendungsempfängerin im Verhältnis zum Zuwendenden frei verfügen kann.[2309] Der Gesetzeswortlaut stellt hingegen darauf ab, dass die Verfügungsmacht über das Vermögen entzogen ist. Geht man davon aus, dass ein Einfluss auf die Stiftung nicht zwangsläufig ihre freie Verfügungsmacht verhindert,[2310] führt dieser Unterschied zu einem Spielraum, in dem die Stiftung rechtlich und tatsächlich verfügen kann, gleichzeitig aber die Verfügungsmacht dem Stifter oder den Destinatären nicht vollständig entzogen ist, sodass die Voraussetzung des § 15 Abs. 6 Nr. 1 AStG nicht erfüllt wäre. Im Gegensatz zu der Exklusivitätslösung[2311] wäre § 15 Abs. 6 Nr. 1 AStG nicht bei jeder wirksamen Vermögensübertragung auf die Stiftung automatisch mitverwirklicht, sondern die Vorschrift hätte einen wesentlichen eigenen Anwendungsbereich.[2312]

Legt man die Vorschrift auf diese Weise aus, ist damit allerdings noch immer nicht die Frage beantwortet, wann ein tatsächlicher und rechtlicher Entzug der Verfügungsmacht vorliegt. Spiegelbildlich zu den hier vertretenen (verhältnismäßig) geringen Voraussetzungen für die Bereicherung der Stiftung sind die Voraussetzungen an eine Entreicherung hoch. Wenn die Schwelle der Verfügungsmacht der Stiftung auch dann überschritten wird, solange gleichzeitig noch ein Einfluss vorliegt, führt umgekehrt auch jeglicher Einfluss dazu, dass die Verfügungsmacht des Stifters oder der Destinatäre jedenfalls auf tatsächlicher Ebene noch nicht aufgegeben ist. Dies betrifft sämtliche dargestellten Einflussmöglichkeiten, insbesondere die Organstellung, aber auch Abberufungs- oder Bestellungsrechte und Weisungsrechte innerhalb der Satzung, da regelmäßig die Verfügungsmacht nicht entzogen ist. Es kann dabei nicht darauf ankommen, dass der Stifter oder die Destinatäre ihre Organstellung im persönlichen Interesse ausüben,[2313] oder dass andere Einflussrechte nicht ausgeübt werden und

---

2308 BFH, Urt. v. 28.6.2007 – II R 21/05, BStBl II 2007, 669.

2309 BFH, Urt. v. 28.6.2007 – II R 21/05, BStBl II 2007, 669, juris Rn. 15.

2310 S. 560 f.

2311 *Kirchhain*, Zurechnungsbesteuerung bei ausländischen Familienstiftungen, S. 131 f.

2312 Vgl. auch *Kalenberg/Reichert* in IStR 2016, 140, 143 f., die einen Indizienkatalog für die Verfügungsmacht und eine Übersicht für Konstellationen aufstellen, in denen Stifter, Destinatäre und Einflussnehmern auseinanderfallen.

2313 A.A. *Schönfeld* in F/W/B/S-AStR, § 15 AStG, Rn. 186; ähnlich *Rundshagen*, der eine Mitwirkung der Destinatäre oder des Stifters für unschädlich hält, soweit keine

die Stiftung satzungskonform handelt. Denn zum einen stellt der Wortlaut auf den Entzug der Einflussmöglichkeiten abstrakt ab und nicht auf deren persönlich motivierte Ausübung im Einzelfall.[2314] Zum anderen spricht auch das Telos gerade dafür, dass die abstrakte Einflussmöglichkeit für eine tatsächliche Verfügungsmacht im Sinne der Norm genügt, denn bei geschickt gestalteten Stiftungssatzungen dürfte regelmäßig keine aktive Einflussnahme notwendig sein.[2315] Es kommt dann gerade darauf an, dass im Notfall noch die Möglichkeit besteht, Entscheidungen zu diktieren – solange derartige Optionen bestehen, ist die tatsächliche Verfügungsmacht aber nicht entzogen. Zu diesem Ergebnis kommt auch das FG Hamburg.[2316] Das Urteil erging zu einer liechtensteinischen Stiftung, bei der sich die Destinatäre ohne Weiteres die Stimmrechtsmehrheit in dem, den Stiftungsrat kontrollierenden und mit Weisungsbefugnissen ausgestatteten, Kuratorium der Stiftung verschaffen konnten.

Sofern es auf die Möglichkeit der Einflussnahme ankommt, ist gleichermaßen das Ergebnis für die Behandlung der Gestaltungsrechte des Art. 552 § 30 Abs. 1 PGR vorgegeben: Zwar hindern sie weder – auch nach Ansicht der Rechtsprechung[2317] – den erbschaftsteuerlichen Vermögensübergang auf die Stiftung, noch begründen sie nach hier vertretener Ansicht zwingend ein wirtschaftliches Eigentum auf Seiten des Stifters.[2318] Der durch sie vermittelte Einfluss auf die Stiftung und die Möglichkeit, im Notfall einzugreifen, führt jedoch im Rahmen der außensteuerrechtlichen Betrachtung dazu, dass die Verfügungsmacht über das Vermögen der Stiftung tatsächlich nicht aufgegeben ist.[2319]

---

weiteren (unabhängigen) Personen bei der Verwaltung der Stiftung mitwirken, *Rundshagen* in S/S/K-AStG/DBA, § 15 AStG, Rn. 74.

2314 So auch FG Hamburg, Urt. v. 17.12.2020 – 6 K 307/19, EFG 2021, 1003, juris Rn. 144.

2315 Ebenso FG Hamburg, Urt. v. 17.12.2020 – 6 K 307/19, EFG 2021, 1003, juris Rn. 143 ff.

2316 FG Hamburg, Urt. v. 17.12.2020 – 6 K 307/19, EFG 2021, 1003, juris Rn. 135 f.

2317 BFH, Urt. v. 22.9.1982 – II R 61/80, BFHE 137, 188, juris Rn. 11 f.; BFH, Urt. v. 13.9.1989 – II R 67/86, BStBl II 1989, 1034, juris Rn. 15; *Gebel* in T/G/J/G-ErbStG, § 7, Rn. 54. Explizit so auch zur liechtensteinischen Stiftung auch BFH, Urt. v. 28.6.2007 – II R 21/05, BStBl II 2007, 669, juris Rn. 23; *Demuth* in BB 2007, 2386, 2388.

2318 A.A. *Kirchhain/Kühn* in Fuhrmann-AStG, § 15, Rn. 173; *Schönfeld* in F/W/B/S-AStR, § 15 AStG, Rn. 190.

2319 Insoweit im Ergebnis. gleich, aber mit einer anderen Begründungen über § 39 Abs. 2 AO *Kirchhain/Kühn* in Fuhrmann-AStG, § 15 AStG, Rn. 173; *Schönfeld* in F/W/B/S-AStR, § 15, Rn. 190; *Adam*, Besteuerung ausländischer Familienstiftungen, S. 178 f.; a.A. *Schulz*, Die Besteuerung ausländischer Familienstiftungen, S. 94 f.

Während die Gestaltungsrechte des Art. 552 § 30 Abs. 1 PGR in dieser Arbeit meist als unschädlich betrachtet wurden, ergibt sich der Unterschied bei der außersteuerlichen Bewertung aus dem anderen Telos. Denn zivilrechtlich[2320] und erbschaftsteuerlich[2321] und im Rahmen der AO[2322] ging es zumeist um die Bereicherung der Stiftung. Auf der Bereicherungsebene sind diese Rechte aber weniger problematisch, da sie die Bereicherung der Stiftung nicht zwingend verhindern. In Bezug auf den Gläubigerschutz wurde eine Entreicherung hingegen relevant und mit der Vermögensopfertheorie eine passende Behandlungsmöglichkeit gefunden. Soweit es hier nun im außensteuerlichen Sinne um die Entreicherung geht und der Hintergrund der Vorschrift die Verhinderung der Kapitalflucht ins Ausland durch eigentümerlose, aber beherrschbare Sondervermögen ist, muss daher ein vergleichbarer Maßstab wie zum Gläubigerschutz angelegt werden. Im Ergebnis bedeutet dies, dass jeglicher Einfluss auf die Stiftung einen Entzug der Verfügungsmacht im Sinne des § 15 Abs. 6 Nr. 1 AStG hindert. Da es auf die tatsächliche Verfügungsmöglichkeit ankommt, muss dies auch in den Fällen der Doppelprivatstiftung[2323] gelten, wenn das Stiftungsvermögen mittelbar durch eine zweite Stiftung beherrscht wird.

Einzig Satzungsbestimmungen, mit denen – möglicherweise auch im Detail – die Begünstigung der Destinatäre geregelt wird, können nicht als Verfügungsmacht vermittelnder Einfluss im Sinne des Abs. 6 gelten. Denn diese Regelungen begründen zum einen regelmäßig überhaupt die Anwendung von § 15 AStG und können in dieser Funktion nicht doppelt verwertet werden. Zum anderen sind diese Bestimmungen – vorbehaltlich eines Änderungsrechts nach Art. 552 § 30 Abs. 1 PGR – mit Errichtung der Stiftung festgeschrieben worden und insoweit hat sich der Stifter seiner Verfügungsmöglichkeiten begeben.

Bei der Entscheidung, welche der beiden Auslegungsvarianten vorzugswürdig ist, kann an dieser Stelle die eingangs dargestellte Unionsrechtskonformität des § 15 Abs. 6 Nr. 1 AStG den Ausschlag geben: Folgt man der Exklusivitätslösung,[2324] verliert § 15 AStG innerhalb von Europa zwar seinen

2320 Oben S. 243 ff.

2321 Oben S. 560 f.

2322 Oben S. 582 f.

2323 Dazu oben S. 245 f.

2324 *Kirchhain*, Zurechnungsbesteuerung bei ausländischen Familienstiftungen, S. 131 f.; *Schulz*, Die Besteuerung ausländischer Familienstiftungen, S. 94 f.

Anwendungsbereich, dadurch würde eine Schlechterstellung ausländischer Stiftungen jedoch gänzlich vermieden.[2325]

Legt man den Tatbestand, wie etwa das FG Hamburg,[2326] hingegen weit aus, kommt es zu einer Schlechterstellung. Eine Rechtfertigung würde voraussetzen, dass „das spezifische Ziel der Beschränkung darin liegt, Verhaltensweisen zu verhindern, die darin bestehen, rein künstliche, jeder wirtschaftlichen Realität bare Gestaltungen zu dem Zweck zu errichten, der Steuer zu entgehen, die normalerweise für durch Tätigkeiten im Inland erzielte Gewinne geschuldet wird."[2327] § 15 AStG müsste also rein künstliche, jeder wirtschaftlichen Realität bare Gestaltungen verhindern wollen. Diese Gestaltung läge dann in einer Stiftung, die in irgendeiner Form noch von ihrem Stifter oder ihren Destinatären beeinflusst werden kann. Auch wenn Kritik an Familienstiftungen durchaus gerechtfertigt sein kann,[2328] so entsprechen beeinflusste oder beeinflussbare Familienstiftungen doch jedenfalls der wirtschaftlichen Realität. Zudem werden sie – im Gegensatz zu früher – nicht allein zur Auslagerung des Vermögens zur Steuerersparnis, sondern vor allem zur Nachfolgeplanung eingesetzt, sodass sie auch aus diesem Grund nicht rein künstlich sind. Aber selbst dann, wenn man sämtliche beeinflussbaren Familienstiftungen für missbräuchlich hielte, bleibt das bereits angesprochene Problem, dass es der Vorschrift an der erforderlichen Escapeklausel fehlt, um im Einzelfall außersteuerliche Gründe für die Stiftungsnutzung vorzubringen.[2329] Überdies sieht die Norm keine Überprüfung dahingehend vor, ob überhaupt ein Steuervorteil durch die Nutzung der Stiftung entsteht, obwohl dies nach der EuGH Rechtsprechung erforderlich wäre.[2330] Die Regelung des § 15 Abs. 6 AStG ist bei einer weiten Auslegung daher nicht zur Rechtfertigung geeignet.[2331]

Soweit man § 15 AStG auf EU/EWR Stiftungen faktisch nicht anwendet, ist damit am ehesten den europarechtlichen Vorgaben Genüge getan.[2332] Im

2325 Die mögliche Schlechterstellung aufgrund der Nachweispflicht der Steuerpflichtigen sei hier außer Acht gelassen, da dieses Problem bei beiden Auslegungsvarianten bestünde.

2326 FG Hamburg, Urt. v. 17.12.2020 – 6 K 307/19, EFG 2021, 1003, juris Rn. 128 ff.

2327 EuGH, Urt. v. 12.9.2006 – C-196/04 „Cadburry Schweppes", Slg. 2006, I-7995-8054, Rn. 51.

2328 Dazu oben S. 403 ff.

2329 *Hey* in IStR 2009, 181, 183 ff.

2330 *Hey* in IStR 2009, 181, 183 ff.

2331 *Hey* in IStR 2009, 181, 184.

2332 Noch offenlassend FG Hessen, Gerichtsbescheid v. 7.3.2019 – 10 K 541/17, EFG 2019, 930, juris Rn. 70.

Ergebnis ist davon auszugehen, dass § 15 Abs. 6 Nr. 1 AStG keinen selbstständigen Anwendungsbereich hat, da die Stiftung entweder aufgrund einer abweichenden Zurechnung nach § 39 Abs. 2 AO bereits keine eigenen Einkünfte erzielt, oder seine Anforderungen automatisch als erfüllt angesehen werden müssen, um eine Ungleichbehandlung zu verhindern.

b. Bestehen eines automatischen Informationsaustauschs

Gemäß § 15 Abs. 6 Nr. 2 AStG ist außerdem erforderlich, dass „zwischen der Bundesrepublik Deutschland und dem Staat, in dem die Familienstiftung Geschäftsleitung oder Sitz hat, aufgrund der EU-Amtshilferichtlinie gemäß § 2 Abs. 2 des EU-Amtshilfegesetzes oder einer vergleichbaren zwei- oder mehrseitigen Vereinbarung Auskünfte erteilt werden, die erforderlich sind, um die Besteuerung durchzuführen." In § 2 Abs. 2 des EU-Amtshilfegesetzes (EUAHiG) ist der automatische Austausch von Informationen als „die systematische Übermittlung zuvor festgelegter Informationen an einen anderen Mitgliedstaat der Europäischen Union ohne dessen vorheriges Ersuchen in regelmäßigen, im Voraus bestimmten Abständen" definiert.

Ursprünglich bestanden lediglich ein sog. Tax Information Exchange Agreement (TIEA)[2333] und ein Doppelbesteuerungsabkommen (DBA) zwischen Deutschland und Liechtenstein.[2334] Das TIEA sieht in Art. 5 und das DBA in Art. 26 jeweils einen Informationsaustausch vor; ob diese Austauschmöglichkeiten aber den Voraussetzungen § 2 Abs. 2 des EUAHiG genügen, ist fraglich und wurde vom FG Düsseldorf verneint.[2335] Das FG wurde für diese Entscheidung kritisiert, da es eine Begründung schuldig blieb und einige Stimmen in der Literatur die Austauschregelungen als ausreichend betrachtet haben.[2336] Stein

2333 Gesetz zu dem Abkommen vom 2. September 2009 zwischen der Regierung der Bundesrepublik Deutschland und der Regierung des Fürstentums Liechtenstein über die Zusammenarbeit und den Informationsaustausch in Steuersachen, BGBl. 2010, 950.

2334 Gesetz zu dem Abkommen vom 17. November 2011 zwischen der Bundesrepublik Deutschland und dem Fürstentum Liechtenstein zur Vermeidung der Doppelbesteuerung und der Steuerverkürzung auf dem Gebiet der Steuern vom Einkommen und vom Vermögen, BGBl. 2012, 1462. Vgl. auch zur damaligen Bewertung der Frage, ob das DBA den Anforderungen des § 15 Abs. 6 Nr. 2 AStG genügte, *Birnbaum* in ZEV 2014, 482, 484 f. m.w.N.

2335 FG Düsseldorf, Urt. v. 22.1.2015 – 16 K 2858/13 F, EFG 2015, 629, juris Rn. 24.

2336 Zu dem Urt. ausführlich *Lüdicke/Oppel* in ISR 2015, 265, 266 ff.; vgl. auch *Feldner* in ErbStB 2015, 158, 159; konkret in Bezug zu den Voraussetzungen des Abs. 6 *Kirchhain/Kühn* in Fuhrmann-AStG, § 15, Rn. 186 f.; *Schönfeld* in F/W/B/S-AStR, § 15 AStG, Rn. 194; *Kirchhain*, Zurechnungsbesteuerung bei ausländischen

des Anstoßes dürfte gewesen sein, dass das EUAHiG einen automatischen Informationsaustausch vorsieht und es sowohl im TIEA als auch im DBA an einer ausdrücklichen automatischen Übermittlung fehlt.[2337] Mittlerweile kann diese Frage aber dahinstehen, da Liechtenstein seit dem 1.1.2016 am internationalen automatischen Informationsaustausch in Steuersachen teilnimmt[2338] und überdies einen weiteren automatischen Austausch mit den EU-Mitgliedstaaten[2339] durchführt.[2340] Angesichts der Tatsache, dass dadurch nun umfangreiche Datensätze ausgetauscht werden, wird allgemein davon ausgegangen, dass nun ein Informationsaustausch ohne vorheriges Ersuchen in regelmäßigen, im Voraus bestimmten Abständen möglich ist und daher die Voraussetzungen des § 15 Abs. 6 Nr. 2 AStG erfüllt sind.[2341]

III. Zwischenfazit

Im Ergebnis kann das Steuerrecht dem Einfluss auf die Stiftung nicht ausreichend Rechnung tragen. Dies liegt im Wesentlichen daran, dass § 39 Abs. 2 AO nicht auf Fälle ausgelegt ist, in denen es bei zwei potenziellen wirtschaftlichen Eigentümern nicht zu einem Ausschluss des Eigentums kommt, weil sich die Interessen der Stiftung regelmäßig mehrheitlich mit denjenigen der Begünstigten decken. Auf der nationalen Ebene wird der Auslagerung des Vermögens in

---

Familienstiftungen, S. 137; *Daragan* in PSR 2012, 21, 23 f.; insgesamt auch *Adam*, Besteuerung ausländischer Familienstiftungen, S. 185 f.

2337 Ausführlich zu der Problematik *Lüdicke/Oppel* in ISR 2015, 265, 268; vgl. auch *Hosp/Langer* in ZfS 2012, 119, 123 f.

2338 Gesetz vom 5. November 2015 über den internationalen automatischen Informationsaustausch in Steuersachen (AIA-Gesetz), LGBl 2015, Nr. 355.

2339 Abkommen zwischen dem Fürstentum Liechtenstein und der Europäischen Union über den automatischen Austausch von Informationen über Finanzkonten zur Förderung der Steuerehrlichkeit bei internationalen Sachverhalten vom 7.12.2004, LGBl 2005 Nr. 111; modifiziert durch das Änderungsprotokoll zu dem Abkommen zwischen dem Fürstentum Liechtenstein und der Europäischen Gemeinschaft über Regelungen, die den in der Richtlinie 2003/48/EG des Rates im Bereich der Besteuerung von Zinserträgen festgelegten Regelungen gleichwertig sind vom 28.5.2015, LGBl 2015, Nr. 354.

2340 Vgl. ausführlich zu dem Entstehungsprozess *Hosp* in ZfS 2016, 103; außerdem *Vogt* in Brandis/Heuermann, § 15 AStG, Rn. 85.

2341 *Wenz/Linn* in Haase-AStG, § 15, Rn. 148; *Adam*, Besteuerung ausländischer Familienstiftungen, S. 184 ff.; *Scherer/Bregulla-Weber* in NJW 2016, 382, 383; *Schienke-Ohletz/Mehren* in ZStV 2022, 51, 57.

die Stiftung durch die Besteuerung der Stiftung als Körperschaft und die Erbersatzsteuer begegnet. Bei der Besteuerung grenzüberschreitender Sachverhalte sollte die Regelung des § 15 AStG Abhilfe schaffen, was jedoch innerhalb der EU und des EWR nicht mehr möglich ist, da die Erträge ausländischer Stiftungen auf diskriminierende Weise nicht (nur) bei der Stiftung, sondern auch bei den Destinatären besteuert werden sollen. Da auch auf deutsche Stiftungen umfangreich Einfluss genommen werden kann, dürfte eine Hinzurechnungsbesteuerung ausländischer Stiftungen auch langfristig nicht europarechtskonform werden, solange nicht auch innerhalb Deutschlands Familienstiftungen einer Hinzurechnungsbesteuerung unterliegen, beziehungsweise allgemein transparent behandelt werden, oder jedenfalls eine deutlichere Typisierung für missbräuchliche Fälle geschaffen wird.

C. Fazit

Aus steuerlicher Perspektive sind deutsche und liechtensteinische Stiftungen im Ergebnis regelmäßig eigene Körperschaftsteuersubjekte. Der Einfluss auf die Stiftung kann ihre steuerrechtliche Subjektqualität nach hier vertretener Ansicht nicht verhindern. Im Ausnahmefall kann der Einfluss jedoch zu einer transparenten Behandlung der Stiftung führen, wenn es bereits zivilrechtlich an einer Vermögenszuwendung fehlt, weil die Stiftung nicht bereichert, und steuerrechtlich von einer verdeckten Treuhand auszugehen ist. Soweit der Einfluss auf die Stiftung nicht derart ausgeprägt ist, dass es an einer Bereicherung fehlt, wäre grundsätzlich eine Hinzurechnungsbesteuerung nach § 15 AStG bei dem Stifter oder den Destinatären möglich. Aufgrund der Pauschalität der Regelung in ihrer jetzigen Form, die jede Familienstiftung als missbräuchlich wertet, kann die Benachteiligung von EU/EWR Stiftungen jedoch nicht durch einen europarechtlichen Missbrauchsvorbehalt gerechtfertigt werden.

Fazit

Die Untersuchung hat gezeigt, dass die Kombination aus liberalen Satzungsgestaltungen, fehlenden Einschränkungen bei der Besetzung von Stiftungsorganen sowie einer beschränkten Aufsicht über privatnützige Stiftungen zu umfangreichen Einflussmöglichkeiten auf Stiftungen in Deutschland führen kann. Trotz der immer wieder dargestellten Bedenken der Wissenschaft gilt im Wesentlichen das von *Rawert* mit Bedauern festgestellte „Anything goes".[2342] Dieser Einfluss ist mit zahlreichen Risiken im Hinblick auf den Schutz von Gläubigern des Stifters und der Destinatäre verbunden. Außerdem werden Stiftungen vor allem durch diesen Einfluss interessant für die Familiennachfolge und damit Teil der ausführlich von *Dutta*[2343] kritisierten und gesellschaftspolitisch problematischen privaten Erbrechtssetzung.

Eine solche, körperschaftlich orientierte, Ausgestaltung der Stiftung ist in Liechtenstein nicht nur in der Praxis möglich, sondern konkreter im Gesetz vorgesehen. Der Vorteil der expliziten Regelung zeigt sich darin, dass Gesetzgeber und Rechtsprechung klare Anknüpfungspunkte zur Verfügung stehen, um auf die Risiken der fehlenden Aufsicht, der Gläubigerbenachteiligung und der privaten Erbrechtssetzung einzugehen. Besonders hervor sticht dabei die sog. Vermögensopfertheorie, die dem Einfluss des Stifters auf die Stiftung Rechnung trägt.

Die Aufarbeitung und dogmatische Anknüpfung dieser Theorie hat gezeigt, dass sie auch im deutschen Recht eine Grundlage findet und eine ausgezeichnete Möglichkeit bietet, den Schutz von Gläubigern und Pflichtteilsberechtigten sicherzustellen. Die Vermögensopfertheorie verhindert damit eine missbräuchliche Nutzung der Stiftung im konkreten Einzelfall, ohne durch einen einschränkenden Stiftungsbegriff die Privatautonomie des Stifters zu beschränken. Insbesondere so lange Stiftungen für den Stifter, (verdeckte) Selbstzweckstiftungen und vorbehaltlose Unterhaltsstiftungen in der Praxis aufgrund einer fehlenden Aufsicht gelebt werden (können), erlaubt die Vermögensopfertheorie es, diesen Gestaltungen wirksam zu begegnen. Denn die Attraktivität dieser Gestaltungen basiert regelmäßig auf umfangreichen Einflussmöglichkeiten. Bis zu einem klaren – aber unwahrscheinlichen – Bekenntnis des deutschen Gesetzgebers gegen korporativ ausgestaltete Stiftungen kann sie einen wichtigen Baustein für ein ausgeglichenes Stiftungsrecht darstellen.

2342 *Rawert* in ZGR 2018, 835, 864; das Zitat stammt aus *Feyerabend*, Against method, S. 7.
2343 *Dutta*, Warum Erbrecht, S. 47 ff.

Wie im zweiten Teil der Arbeit gezeigt wurde, kann auch in grenzüberschreitenden Sachverhalten bei Einbindung einer liechtensteinischen Stiftung ein hinreichender Schutz von Gläubigern und Pflichtteilsberechtigten gewährleistet werden. Daher kann der liechtensteinischen Stiftung, die im Rahmen der Sitztheorie als eigenes Rechtssubjekt behandelt wird, regelmäßig nicht aufgrund eines *ordre public* Vorbehalts die Anerkennung versagt werden. Der Vorwurf der Steuerhinterziehung und der in diesem Zusammenhang im Raum stehende *ordre public* Vorbehalt kann im Normalfall ebenfalls nicht durchgreifen, da es an dem erforderlichen fortgesetzten Inlandsbezug fehlt.

Auf steuerrechtlicher Ebene ist der Einfluss auf Stiftungen in Deutschland grundsätzlich kaum problematisch. Denn die Stiftung kann durch das Zusammenspiel aus der Besteuerung als Körperschaft und der Erbschaftsteuer, insbesondere der Erbersatzbesteuerung, ohne Systembrüche erfasst werden. Große Lücken zeigen sich hingegen bei der Besteuerung ausländischer Stiftungen. Neben der europarechtlichen – und damit auch für den EWR-Staat Liechtenstein relevanten – Problematik des § 15 AStG gilt dies vor allem im Hinblick auf die fehlende Erbersatzbesteuerung bei ausländischen Stiftungen. Soweit die Erbschaftsteuer dazu dienen kann, die durch private Erbrechtssetzung geschaffenen Risiken von Vermögenskonzentrationen zu senken, verliert sie diese Funktion bei ausländischen Stiftungen.

Dieser letzte Punkt führt, ähnlich der Anwendung der Vermögensopfertheorie und nicht nur auf der Ebene des Steuerrechts, zu dem Schluss, dass Lösungen für die zahlreichen mit korporativen Stiftungen verbundenen Probleme ohnehin nicht durch eine Verengung des deutschen Stiftungsrechts gefunden werden können. Stattdessen dürfte eine Anknüpfung an die (wirtschaftlich) hinter der Stiftung stehenden Personen zielführender sein, da diese auch in internationalen Sachverhalten funktionieren kann.

Auf zivilrechtlicher Ebene bietet diese Arbeit einen Lösungsansatz für den Einfluss des Stifters auf die Stiftung. Dieser lässt sich aufgrund des notwendigen Schutzes von Gläubigern und Pflichtteilsberechtigten rechtlich verankern. In Bezug auf den Einfluss von Destinatären auf die Stiftung fehlt es hingegen an rechtlich zwingenden Gründen, diesen Einfluss zu verhindern oder ihm zu begegnen. Die gesellschaftlichen Bedenken vermögen es nicht, Einschränkungen ohne rechtliche Grundlage zu begründen. Sollte der Einfluss der Destinatäre auf die Stiftung begrenzt werden, ist es Aufgabe des Gesetzgebers, dies durch stiftungsrechtliche Regelungen, etwa durch Beschränkungen bei der Besetzung des Stiftungsvorstands wie in Österreich, festzuschreiben oder den Einfluss durch steuerrechtliche Vorschriften, wie einer umfassenden Hinzurechnungsbesteuerung, unattraktiv werden zu lassen.

Literaturverzeichnis

Adam, Sebastian — Die Besteuerung ausländischer Familienstiftungen unter besonderer Beachtung des § 15 AStG, Ein Besteuerungsvergleich am Beispiel der liechtensteinischen Stiftung 2018 (zit.: *Adam*, Besteuerung ausländischer Familienstiftungen).

Amann, Susanne; Kröger, Michael — Riesen-Skandal um Fürstenbank – reiche Deutsche bunkerten bis zu vier Milliarden Euro, Spiegel Online, 15.2.2008.

Andrae, Marianne — Internationales Familienrecht, 4. Auflage 2019 (zit.: *Andrae*, Internat. FamilienR).

Andrick, Bernd — Die Entwicklung zum modernisierten Stiftungsrecht, ZSt 2003, 3 (zit.: *Andrick* in ZSt 2003).

Andrick, Bernd; Suerbaum, Joachim — Stiftung und Aufsicht, Dogmatik – Stiftungspraxis – Reformbestrebungen, München 2001 (zit.: *Andrick/Suerbaum*, Stiftung und Aufsicht).

dies. — Das Gesetz zur Modernisierung des Stiftungsrechts, NJW 2002, 2905 (zit.: *Andrick/Suerbaum* in NJW 2002).

dies. — Stiftungsgesetz für das Land Nordrhein-Westfalen, StiftG NRW; Kommentar, 1. Auflage, München 2016 (zit.: *Bearbeiter* in Andrick/Suerbaum-StiftGNRW).

Annerl, Andrew, et al. — Kommentar zu den Zivilprozessgesetzen, 3. Auflage, Wien 2015 (zit.: *Bearbeiter* in Fasching/Konecny-öZPO).

Arnold, Arnd — Die zivil- und steuerrechtlichen Schranken der Rücklagenbildung bei Stiftungen, NZG 2007, 805 (zit.: *Arnold* in NZG 2007).

ders. — Teil 3: Die Rechtsstellung der Organe und das Stiftungsregister, npoR 2021, 84 (zit.: *Arnold* in npoR 2021).

Arnold, Arnd; Burgard, Ulrich; Droege, Michael, et al. Professorenentwurf zur Stiftungsrechtsreform 2020, ZIP 2020, Sonderheft, Beilage zu Heft 10, S. 3 (zit.: *Arnold*, et al. in ZIP).

Arnold, Arnd; Burgard, Ulrich; Jakob, Dominique, et al. Stellungnahme zum Referentenentwurf eines Gesetzes zur Vereinheitlichung des Stiftungsrechts vom 28.9.2020 zur Fussnote, npoR 2020, 294 (zit.: *Arnold*, et al. in npoR 2020).

dies. Hamburger Erklärung zur Stiftungsrechtsreform anlässlich der Hamburger Tage des Stiftungs- und Non-Profit-Rechts 2020, npoR 2021, 41 (zit.: *Arnold*, et al. in npoR 2021).

Arnold, Nikolaus Privatstiftungsgesetz, Kommentar, 2. Auflage, Wien 2007 (zit.: *Bearbeiter* in Arnold-PSG).

Auer, Sebastian Informationsdefizite und wirksame Rechtsdurchsetzung, PSR 2017, 163 (zit.: *Auer* in PSR 2017).

Bachmann, Gregor; Mock, Sebastian; Windbichler, Christine Aktiengesetz, Großkommentar, 5., neu bearbeitete Auflage, Saarbrücken 2017 (zit.: *Bearbeiter* in Großkomm-AktienR).

Ballerstedt, Kurt; Salzwedel, Jürgen Soll das Stiftungsrecht bundesgesetzlich vereinheitlicht und reformiert werden, gegebenenfalls mit welchen Grundzügen?, Gutachten für den 44. Deutschen Juristentag, veröffentlicht in Verhandlungen des vierundvierzigsten Deutschen Juristentages, herausgegen von der ständigen Deputation des Deutschen Juristentages, Tübingen 1962 (zit.: *Ballerstedt/Salzwedel*, Gutachten zum Stiftungsrecht für den 44. Dt. Juristentag).

Balzli, Beat; Bott, Hermann „Die bluten alle ganz böse", Dank großzügiger Steuergeschenke pumpten Anleger 80 Milliarden Mark in geschlossene Immobilienfonds der neuen Bundesländer. Nun droht die große Pleitewelle, Der Spiegel 2003, 78 (zit.: *Balzli/Bott* in Der Spiegel).

Bamberger, Heinz Georg; Roth, Herbert Beck'scher Online Kommentar BGB (Bamberger/Roth), 67. Edition, München 2023 (zit.: *Bearbeiter* in BeckOK-BGB).

Basedow, Jürgen Hundert Jahre Rechtsvergleichung, Von wissenschaftlicher Erkenntnisquelle zur obligatorischen Methode der Rechtsanwendung, JZ 2016, 269 (zit.: *Basedow* in JZ 2016).

Baßler, Johannes; Stöffler, Ann-Sophie; Blecher, Eva Die unternehmensverbundene Familienstiftung nach dem Gesetz zur Vereinheitlichung des Stiftungsrechts, GmbHR 2021, 1125 (zit.: *Baßler/Stöffler/Blecher* in GmbHR 2021).

Bauer, Dorthe Christina Vermögensverwaltung mittels Privatstiftungen und anderer Strukturen, Eine rechtsvergleichende steuer- und zivilrechtliche Analyse am Beispiel von Deutschland, Österreich, Luxemburg und Lichtenstein, 1. Auflage, Baden-Baden 2013 (zit.: *Bauer*, Vermögensverwaltung).

Bauer, Hartmut; Brosius-Gersdorf, Frauke Grundgesetz, Kommentar, 3. Auflage, Tübingen 2018 (zit.: *Bauer/Brosius-Gersdorf* in Dreier-GG).

Becker, Niels Auskunftsansprüche des Pflichtteilsberechtigten gegenüber liechtensteinischen Stiftungen, ZEV 2009, 177 (zit.: *Becker* in ZEV).

Berg, Wilfried Entwicklung und Grundstrukturen der Eigentumsgarantie, JuS 2005, 961 (zit.: *Berg* in JuS 2005).

Bethge, Herbert; Isensee, Josef; Kirchhof, Paul Handbuch des Staatsrechts der Bundesrepublik Deutschland, 3., neubearbeitete Auflage, Heidelberg, Hamburg 2011 (zit.: *Bearbeiter* in HStR Bd. IX).

Beuthien, Volker; Gummert, Hans; Schöpflin, Martin Münchener Handbuch des Gesellschaftsrecht Band V, Verein, Stiftung bürgerlichen Rechts, 4. Auflage, München 2016 (zit.: *Bearbeiter* in Münch. HdB GesR Bd. V).

Beyer, Benjamin Satzungsänderungen und Stifterwille – Eine Analyse des neuen Stiftungsrechts, ZStV 2021, 161 (zit.: *Beyer* in ZStV 2021).

Bieniek, Tina Leistungen an Destinatäre der Stiftung – auf die richtige Gestaltung achten, SB 2021, 76 (zit.: *Bieniek* in SB 2021).

Binz, Mark; Sorg, Martin Die Doppelstiftung im Steuerrecht, ZEV 2005, 520 (zit.: *Binz/Sorg* in ZEV 2005).

Blum, Hans Christian; Lennert, Philipp Liechtensteinische Stiftung – Unwirksame Zuwendungen an Begünstigte?, ErbR 2011, 41 (zit.: *Blum/Lennert* in ErbR 2011).

Blume, Jakob Neues Interesse an Liechtenstein-Stiftungen, Handelsblatt vom 1.7.2021, Ausgabe Nr. 124/21, S. 26–27 (zit.: *Blume* in Handelsblatt vom 1.7.2021).

ders. Angst vor der Vermögensteuer: Der neue Run auf Stiftungen in Liechtenstein, Handelsblatt Online 30.6.2021 (zit.: *Blume* in Handelsblatt Online 30.6.2021).

Bluntschli, Johann Caspar Privatrechtliches Gesetzbuch für den Kanton Zürich, Zürich 1856 (zit.: *Bluntschli*, PVG).

Böhler, Elisabeth Die Stiftung in Österreich, Wien 1996 (zit.: *Böhler*, Stiftung in Österreich).

Böhmer, Julian Das Trennungsprinzip im Körperschaftsteuerrecht – Grundsatz ohne Zukunft?, StuW 2012, 33 (zit.: *Böhmer* in StuW 2012).

Borgolte, Michael Stiftung und Memoria, Berlin/Boston 2012 (zit.: *Borgolte*, Stiftung und Memoria).

ders. Enzyklopädie des Stiftungswesens in mittelalterlichen Gesellschaften, Band 1: Grundlagen, Berlin 2014 (zit.: *Borgolte*, Enzyklopädie des Stiftungswesens Bd. 1).

ders. Weltgeschichte als Stiftungsgeschichte, Eine Menschheitsidee durchdringt Religionen, Reiche und Kulturen, Darmstadt 2018 (zit.: *Borgolte*, Weltgeschichte als Stiftungsgeschichte).

Bösch, Harald Auskunfts- und Rechnungslegungsanspruch des Pflichtteilsberechtigten gegenüber einer liechtensteinischen Stiftung, LJZ 2003, 55 (zit.: *Bösch* in LJZ 2003).

ders. Liechtensteinisches Stiftungsrecht, Bern 2005 (zit.: *Bösch*, Liechtensteinisches StiftR).

ders. Vermögensopfer und liechtensteinische Stiftung, Zugleich eine Besprechung von FL OGH 7.12.2012, 03 CG.2011.93, PSR 2013, 52 (zit.: *Bösch* in PSR 2013).

ders. Vermögensopfer und Stiftung – eine Replik auf Hermann Böckle, Die Unternehmensstiftung im Spannungsfeld zum Pflichtteilsrecht, LJZ 2013, 141, LJZ 2014, 15 (zit.: *Bösch* in LJZ 2014).

ders. Beeinträchtigung pflichtteilsrechtlicher Ansprüche mittels liechtensteinischer Anstalten und Stiftungen, Zugleich eine Nachlese zu BGH, Beschl. v. 3.12.2014 – IV ZB 9/14, ZStV 2016, 18 (zit.: *Bösch* in ZStV 2016).

Brandis, Peter; Heuermann, Bernd Ertragsteuerrecht, Kommentar zum Einkommensteuergesetz, Körperschaftsteuergesetz, Gewerbesteuergesetz, Außensteuergesetz, Investmentsteuergesetz, Umwandlungsteuergesetz und Nebengesetze, 168. EGL, München 2023 (zit.: *Bearbeiter* in Brandis/Heuermann).

Breuer, Rüdiger; Isensee, Josef; Kirchhof, Paul Handbuch des Staatsrechts der Bundesrepublik Deutschland, Band VII – Freiheitsrechte, 3. Auflage, Heidelberg, Hamburg 2009 (zit.: *Bearbeiter* in HStR Bd. VII).

Brunn, Johann Heinrich von Der europäische ordre public, NJW 1962, 985 (zit.: *v. Brunn* in NJW 1962).

Bruns, Patrick Kommentar zum Stiftungsgesetz für Baden-Württemberg, 6. Auflage, Essen 2009 (zit.: *Bearbeiter* in StiftG BaWü).

Büch, Markus Die wirksame Errichtung einer Stiftung liechtensteinischen Rechts, Eine Anmerkung zum Urt. des OLG Stuttgart vom 29.6.2009 – 5 U 40/09, ZStV 2010, 176 (zit.: *Büch* in ZStV 2010).

ders. Durchgriff und Stiftung, Eine Untersuchung der Rechtsfigur des Haftungsdurchgriffs im liechtensteinischen Recht im Kontext der Rechtsform Stiftung, Schaan 2015 (zit.: *Büch*, Durchgriff).

ders. Exekution des Widerrufsrechts des Stifters und Drittzustimmungsvorbehalt, PSR 2016, 129 (zit.: *Büch* in PSR 2016).

Büchler, Andrea; Jakob, Dominique Schweizerisches Zivilgesetzbuch, ZGB, Basel 2012 (zit.: *Bearbeiter* in KUKO-ZGB).

Bumke, Christian; Röthel, Anne Autonomie im Recht, Gegenwartsdebatten über einen rechtlichen Grundbegriff, Tübingen 2017 (zit.: *Bearbeiter* in Autonomie im Recht).

Bundesverband Deutscher Stiftungen e.V. Zahlen, Daten, Fakten zum deutschen Stiftungswesen, Berlin 2017 (zit.: Bundesverband Deutscher Stiftungen e.V., Zahlen, Daten, Fakten zum deutschen Stiftungswesen 2017).

ders. Zahlen, Daten, Fakten zum deutschen Stiftungswesen, Berlin 2021 (zit.: Bundesverband Deutscher Stiftungen e.V., Zahlen, Daten, Fakten zum deutschen Stiftungswesen 2021).

Burandt, Wolfgang, et al. Erbrecht, 4. Auflage, München 2022 (zit.: *Bearbeiter* in Burandt/Rojahn-ZPO).

Burgard, Ulrich Gestaltungsfreiheit im Stiftungsrecht, Zur Einführung korporativer Strukturen bei der Stiftung, Berlin, Köln 2006 (zit.: *Burgard*, Gestaltungsfreiheit).

ders. Foundation Governance, ZStV 2015, 1 (zit.: *Burgard* in ZStV 2015).

ders. Grundfragen des Stiftungsrechts, npoR 2019, 106 (zit.: *Burgard* in npoR 2019).

ders. Der Stand der Stiftungsrechtsreform nach dem Regierungsentwurf, ZStV 2021, 45 (zit.: *Burgard* in ZStV 2021).

ders. Die Kritik an dem Referentenentwurf eines Gesetzes zur Vereinheitlichung des Stiftungsrechts im Überblick mit Fallstudien, npoR 2021, 1 (zit.: *Burgard* in npoR 2021).

ders. Synoptische Darstellung des Referentenentwurfs zur Vereinheitlichung des Stiftungsrechts, des geltenden Rechts und des Professorenentwurfs, npoR 2021, 11 (zit.: *Burgard* in npoR 2021).

Butterstein, Alexandra Die zivilrechtliche Anerkennung der liechtensteinischen Stiftung in Deutschland, Eine Untersuchung der deutschen Zivilrechtsprechung unter Beachtung der liechtensteinischen Rechtsprechung sowie des ordre public im Lichte der Harmonisierung des internationalen Gesellschaftsrechts, Schaan 2015 (zit.: *Butterstein*, Anerkennung der liechtensteinischen Stiftung in Deutschland).

dies. Der aktuelle Stand der Anerkennung liechtensteinischer Rechtsträger in Deutschland, ZStV 2018, 45 (zit.: *Butterstein* in ZStV 2018).

Campbell, Claudia Neuregelungen im Internationalen Güterrecht, NJW-Spezial 2019, 708 (zit.: *Campbell* in NJW-Spezial 2019).

Campenhausen, Axel von; Kronke, Herbert; Werner, Olaf Stiftungen in Deutschland und Europa, Mit Beiträgen zur Geschichte, zum Zivil-, Steuer- und Öffentlichen Recht sowie zur Rechtsvergleichung, Düsseldorf 1998 (zit.: *Bearbeiter* in Stiftungen in Deutschland und Europa).

Carstensen, Carsten Vermögensverwaltung, Vermögenserhaltung und Rechnungslegung gemeinnütziger Stiftungen, 2. Auflage, Frankfurt am Main, Wien u.a. 1996 (zit.: *Carstensen*, Vermögensverwaltung).

Clavora, Selena Zur Exekution in Stifterrechte, PSR 2012, 152 (zit.: *Clavora* in PSR 2012).

Csoklich, Peter PSG-Novelle 2017 – neue Governance für die Privatstiftung, PSR 2017, 114 (zit.: *Csoklich* in PSR 2017).

Cube, Nicolai von Die liechtensteinische Stiftung im Visier der deutschen Rechtsprechung, NZG 2010, 17 (zit.: *v. Cube* in NZG 2010).

Czernich, Dietmar Das New Yorker Schiedsgerichtsübereinkommen und die Schiedsgerichtsbarkeit in Stiftungssachen, LJZ 2012, 59 (zit.: *Czernich* in LJZ 2012).

Daragan, Hanspeter Wem sind das Vermögen und die Erträge einer kontrollierten Liechtensteiner Stiftung zuzurechnen?, PSR 2012, 21 (zit.: *Daragan* in PSR 2012).

Dauner-Lieb, Barbara; Grziwotz, Herbert Pflichtteilsrecht, 3. Auflage, Baden-Baden 2022 (zit.: *Bearbeiter* in Dauner-Lieb/Grziwotz).

Dauner-Lieb, Barbara, et al. Nomos Kommentar zum Bürgerlichen Gesetzbuch, 4. Auflage, Bonn 2021 (zit.: *Bearbeiter* in NK-BGB).

Deixler-Hübner, Astrid; Schauer, Martin Vermögensplanung – national und international, Wien 2019 (zit.: *Bearbeiter* in Hübner/Schauer-Vermögensplanung).

Demuth, Björn Anmerkung zum BFH Urt. II R 21/05 vom 28.6.2007, BB 2007, 2386 (zit.: *Demuth* in BB 2007).

Döllerer, Georg Leasing – wirtschaftliches Eigentum oder Nutzungsrecht?, BB 1971, 535 (zit.: *Döllerer* in BB 1971).

Doralt, Peter; Kalss, Susanne Aktuelle Fragen des Privatstiftungsrechts, Eine Bilanz nach sieben Jahren, Wien 2001 (zit.: *Bearbeiter* in Aktuelle Fragen (2001)).

Dörner, Heinrich Der Entwurf einer europäischen Verordnung zum Internationalen Erb- und Erbverfahrensrecht, Überblick und ausgewählte Probleme, ZEV 2010, 221 (zit.: *Dörner* in ZEV 2010).

Dörner, Heinrich, et al. Bürgerliches Gesetzbuch, Handkommentar, 11. Auflage, Baden-Baden 2021 (zit.: *Bearbeiter* in Schulze-BGB).

Dürig, Günter; Herzog, Roman; Scholz, Rupert Grundgesetz, Kommentar, Stand Mai 2023, München 2023 (zit.: *Bearbeiter* in Dürig/Herzog/Scholz-GG).

Dutta, Anatol Warum Erbrecht?, Das Vermögensrecht des Generationenwechsels in funktionaler Betrachtung, Tübingen 2014 (zit.: *Dutta*, Warum Erbrecht).

Dylla, Philip Die Weisungsfunktion des Stiftungszwecks, 1. Auflage, Baden-Baden 2015 (zit.: *Dylla*, Weisungsfunktion).

Ebersbach, Harri Handbuch des deutschen Stiftungsrechts, Göttingen 1972 (zit.: *Ebersbach*, Handbuch des dt. Stiftungsrechts).

Eckstein, Philipp; Strozyk, Jan Lukas; Strunz, Benedikt Die Deutschen in dem Leak, tagesschau.de 6.11.2017 (zit.: *Eckstein/Strozyk/Strunz* in tagesschau.de 6.11.2017).

Ellenberger, Jürgen, et al. Grüneberg – Bürgerliches Gesetzbuch, Mit Nebengesetzen insbesondere mit Einführungsgesetz (Auszug) einschließlich Rom I-, Rom II- und Rom III-Verordnungen sowie Haager Unterhaltsprotokoll und EU-Erbrechtsverordnung, Allgemeines Gleichbehandlungsgesetz (Auszug), Wohn- und Betreuungsvertragsgesetz, BGB-Informationspflichten-Verordnung, Unterlassungsklagengesetz, Produkthaftungsgesetz, Erbbaurechtsgesetz, Wohnungseigentumsgesetz, Versorgungsausgleichsgesetz, Lebenspartnerschaftsgesetz, Gewaltschutzgesetz, 82. Auflage, München 2023 (zit.: *Bearbeiter* in Grüneberg).

Endres, Dieter; Spengel, Christoph; Jacobs, Otto H. Internationale Unternehmensbesteuerung, Deutsche Investitionen im Ausland, ausländische Investitionen im Inland, 8. Auflage, München 2016 (zit.: *Endres/Spengel/Jacobs*, Int. Unternehmensbesteuerung).

Epping, Manja Die Schiedsvereinbarung im internationalen privaten Rechtsverkehr nach der Reform des deutschen Schiedsverfahrensrechts 1999 (zit.: *Epping*, Schiedsvereinbarung).

Epping, Volker; Hillgruber, Christian BeckOK Grundgesetz, 56. Edition, München 2023 (zit.: *Bearbeiter* in BeckOK-GG).

Europarat; MONEYVAL Report on Fourth Assessment Visit, Anti-Money Laundering and Combating the Financing of Terrorism, Executive Summary, Principality of Liechtenstein (zit.: Europarat/MONEYVAL in Report on Fourth Assessment Visit, Executive Summary).

Financial Action Task Force on Money Laundering (FATF) Annual Report 1999–2000.

FAZ Bargeld durch eine geheime Stahltür, FAZ, 22.7.2011.

Feick, Martin; Arnsperger, Jan Philipp; Fischer, Daniel J. Stiftung als Nachfolgeinstrument, München 2015 (zit.: *Bearbeiter* in Stiftung als Nachfolgeinstrument).

Feick, Martin; Schwalm, Julian Der identitätswahrende Zuzug von EU- und EWR-Stiftungen, Zur endgültigen Anerkennung der Gründungstheorie im europäischen Stiftungskollisionsrecht, NZG 2021, 334 (zit.: *Feick/Schwalm* in NZG 2021).

dies. Kurskorrektur bei der Stiftungsreform – Gibt es noch ein Happy End?, Reformupdate durch den Regierungsentwurf eines Gesetzes zur Vereinheitlichung des Stiftungsrechts, NZG 2021, 525 (zit.: *Feick/Schwalm* in NZG 2021).

Feick, Martin; Thon, Leopold Schutz des Vermögens von Familienstiftungen vor dem Zugriff von Gläubigern der Begünstigten, ZEV 2011, 404 (zit.: *Feick/Thon* in ZEV 2011).

Feldner, Michael Informationsaustausch mit Liechtenstein: Abkommen genügt nicht den Anforderungen des § 15 Abs. 6 AStG, ErbStB 2015, 158 (zit.: *Feldner* in ErbStB 2015).

Ferid, Murad Internationales Erbrecht, Quellensammlung mit systematischen Darstellungen des materiellen Erbrechts sowie des Kollisionsrechts der wichtigsten Staaten, Losebl.-Ausg, Stand 2007, München 2007 (zit.: *Bearbeiter* in Internat. Erbrecht).

Ferid, Murad; Kegel, Gerhard; Zweigert, Konrad Gutachten zum internationalen und ausländischen Privatrecht, Ferid, Murad, Gerhard Kegel [u.] Konrad Zweigert; Veröffentlicht im Auftr. d. Dt. Rates f. internat. Privatrecht. 1970 1971 (zit.: *Bearbeiter* in IPG 1970).

Ferid, Murad; Kegel, Gerhard; Zweigert, Konrad Gutachten zum internationalen und ausländischen Privatrecht, Ferid, Murad, Gerhard Kegel [u.] Konrad Zweigert; Veröffentlicht im Auftr. d. Dt. Rates f. internat. Privatrecht. 1975, Tübingen 1976 (zit.: *Bearbeiter* in IPG 1975).

Ferrari, Franco, et al. Internationales Vertragsrecht, Rom I-VO – CISG – CMR – FactÜ: Kommentar, 3. Auflage, München 2018 (zit.: *Bearbeiter* in Ferrari-Internationales Vertragsrecht).

Feyerabend, Paul K. Against method, Reprint der 3. ed. 1993, London 2002 (zit.: *Feyerabend*, Against method).

Fleischer, Holger Münchener Kommentar zum Gesetz betreffend die Gesellschaften mit beschränkter Haftung, (GmbHG), 4. Auflage, München 2022 (zit.: *Bearbeiter* in MüKo-GmbHG).

Flues, Thomas Die Zustiftung, Im Zivilrecht, im Steuerrecht und in der Rechnungslegung unter Berücksichtigung der Rechtslage in Österreich und der Schweiz, 1. Auflage, Hamburg 2015 (zit.: *Flues*, Zustiftung).

Folttmann, Benedikt Wirtschaftliche Betrachtung der Steuerbefreiung für Familienheime (Teil 1), ZErb 2021, 4 (zit.: *Folttmann* in ZErb 2021).

Frick, Mario Anerkennung und Vollstreckung ausländischer Urteile in Liechtenstein – Ein Überblick, LJ 2010, 106 (zit.: *Frick* in LJ 2010).

Fridgen, Alexander; Geiwitz, Arndt; Göpfert, Burkard BeckOK InsO, mit InsVV, EuInsVO und Spezialthemen, 33. Edition, München 2023 (zit.: *Bearbeiter* in BeckOK-InsO).

Friedrich, Till Die Anlage des Stiftungsvermögens, 1. Auflage, Baden-Baden 2012 (zit.: *Friedrich*, Anlage des Stiftungsvermögens).

Fritsche, Stefan Die Stiftungssatzung im Spannungsfeld zwischen Stifterfreiheit, Stiftungsautonomie und staatlicher Stiftungsaufsicht, ZSt 2009, 21 (zit.: *Fritsche* in ZSt 2009).

Fröhlich, Nicola Eva Die selbständige Stiftung im Erbrecht, Familienstiftung, Pflichtteilsergänzung, Erbvertrag, Vor- und Nacherbfolge, 1. Auflage, Baden-Baden 2004 (zit.: *Fröhlich*, Die selbständige Stiftung im Erbrecht).

Frommhold, Georg Die Familienstiftung, AcP 1919 (1919), 87 (zit.: *Frommhold* in AcP 1919).

Frowein, Jochen Abraham Grundrecht auf Stiftung: Dokumentation einer Vortragsveranstaltung anläßlich der Mitgliederversammlung des Stifterverbandes am 27. April 1976 in München, Essen 1976 (zit.: *Frowein*, Grundrecht auf Stiftung).

Fuhrmann, Sven; Mössner, Jörg Manfred Außensteuergesetz Kommentar, 4. Auflage, Herne 2023 (zit.: *Bearbeiter* in Fuhrmann-AStG).

Gasser, Johannes Das neue Schiedsverfahren in Liechtenstein und die Auswirkungen in der Stiftungspraxis, PSR 2012, 109 (zit.: *Gasser* in PSR 2012).

ders. Liechtensteinisches Stiftungsrecht, Praxiskommentar, 2. Auflage 2019 (zit.: *Bearbeiter* in Gasser/StiftR).

Gasser, Johannes; Thun-Hohenstein, Ulrich Informations- und Auskunftsansprüche, Aktuelle und teils unveröffentlichte Judikatur zum Informations- und Auskunftsrecht bei liechtensteinischen Stiftungen, PSR 2019, 103 (zit.: *Gasser/Thun-Hohenstein* in PSR 2019).

Gebel, Dieter; Troll, Max; Jülicher, Marc — Erbschaftsteuer- und Schenkungsteuergesetz, Kommentar, 66. Ergänzungslieferung, München 2023 (zit.: *Bearbeiter* in T/G/J/G-ErbStG).

Geisler, Christine — Die selbständige Stiftung im internationalen Privatrecht, Köln 2008 (zit.: *Geisler*, Selbständige Stiftung).

Gersch, Eva-Maria, et al. — Abgabenordnung, Einschließlich Steuerstrafrecht, 16. Auflage, München 2022 (zit.: *Bearbeiter* in Klein-AO).

Gierhake, Olaf — Rechtliche Fragen der Vermögensnachfolge für deutsche Unternehmer mit deutschen, österreichischen und liechtensteinischen Stiftungen, Zürich 2013 (zit.: *Gierhake*, Rechtliche Fragen der Vermögensnachfolge).

ders. — Vermögensschutz durch privat- und gemeinnützige Stiftungen in Deutschland, Österreich und Liechtenstein, 1. Auflage, Norderstedt 2014 (zit.: *Gierhake*, Vermögensschutz).

Gosch, Dietmar — Abgabenordnung Finanzgerichtsordnung, Kommentar mit Nebengesetzen, EuGH-Verfahrensrecht, 178. Ergänzungslieferung, Bonn 2022 (zit.: *Bearbeiter* in Gosch AO/FGO).

Gosch, Dietmar; Bauschatz, Peter; Förster, Guido — Körperschaftsteuergesetz, 4. Auflage 2020 (zit.: *Bearbeiter* in Gosch-KStG).

Grabitz, Eberhard; Hilf, Meinhard; Nettesheim, Martin — Das Recht der Europäischen Union, 80. Ergänzungslieferung, München 2023 (zit.: *Bearbeiter* in Grabitz/Hilf/Nettesheim-Recht der EU).

Großfeld, Bernhard — Gläubigeranfechtung und Durchgriff: Das Problem der liechtensteinischen Anstalt, IPRax 1981, 116 (zit.: *Großfeld* in IPRax 1981).

Gsell, Beate, et al. — beck-online.GROSSKOMMENTAR, Werksstand 2023, München 2023 (zit.: *Bearbeiter* in BeckOGK).

Günther, Dirk-Carsten — Schenkungen zu Lasten der Sozialhilfe, NZS 1994, 66 (zit.: *Günther* in NZS 1994).

Haase, Florian — Außensteuergesetz Doppelbesteuerungsabkommen, 3. Auflage, Heidelberg 2016 (zit.: *Bearbeiter* in Haase-AStG).

Habammer, Christoph Der ausländische Trust im deutschen Ertrag- und Erbschaft-/Schenkungsteuerrecht, DStR 2002, 425 (zit.: *Habammer* in DStR 2002).

Hallerbach, Christian Besteuerung ausländischer Familienstiftungen, Die deutschen Regelungen über die Besteuerung von Stiftungen, insbesondere von ausländischen Familienstiftungen, vor dem Hintergrund des deutschen Verfassungsrechts und des europäischen Gemeinschaftsrechts, Saarbrücken 2009 (zit.: *Hallerbach*, Besteuerung ausländischer Familienstiftungen).

Happ, Annette Stifterwille und Zweckänderung, Möglichkeiten und Grenzen einer Änderung des Stiftungszwecks durch Organbeschluss, Köln 2007 (zit.: *Happ*, Stifterwille und Zweckänderung).

Harke, Jan Dirk Freigiebigkeit und Haftung, Würzburg 2006 (zit.: *Harke*, Freigiebigkeit und Haftung).

Hausmann, Rainer Internationales und Europäisches Familienrecht, EU-Verordnungen (EuEheVO, EuGüVO, EuPartVO, EuSchutzMVO, EuUntVO, Rom III-VO) und Staatsverträge (ErwSÜ, EuSorgeRÜ, HAdoptÜ, HKÜ, HKUntÜ, HKUntVÜ, HUntÜ, HUntVÜ, HUP, HUÜ 2007, KSÜ, LugÜ 2007, MSA, UNUntGÜ) mit AdÜbAG, AdVermiG, AdWirkG, AUG, EGBGB, ErwSÜAG, EuGewSchVG, FamFG, IntFamRVG, VFGüterstG, ZPO, 2. Auflage, München 2018 (zit.: *Bearbeiter* in FamilienR).

Hausmann, Rainer; Odersky, Felix Internationales Privatrecht in der Notar- und Gestaltungspraxis, Personenrecht und Rechtsgeschäfte, Familienrecht, Erbrecht, Schuldvertrags- und Sachenrecht, Gesellschaftsrecht, 4. Auflage, München 2021 (zit.: *Bearbeiter* in Hausmann/Odersky).

Heiss, Helmut, et al. Kommentar zum liechtensteinischen Stiftungsrecht, Unter Berücksichtigung der allgemeinen Bestimmungen des Personen- und Gesellschaftsrechts (PGR), 2. Auflage, Basel, Wien, München 2022 (zit.: *Bearbeiter* in Liechtensteinisches Stiftungsrecht).

Heldrich, Andreas Recht im Spannungsfeld von Theorie und Praxis, Festschrift für Helmut Heinrichs zum 70. Geburtstag, München 1998 (zit.: *Bearbeiter* in FS Heinrich).

Heldrich, Andreas; Heldrich-Prölss-Koller Festschrift für Claus-Wilhelm Canaris zum 70. Geburtstag, München 2007 (zit.: *Bearbeiter* in FS Canaris).

Herrmann, Carl; Heuer, Gerhard; Raupach, Arndt Einkommensteuer- und Körperschaftsteuergesetz, Kommentar, 321. Ergänzungslieferung, Köln 2023 (zit.: *Bearbeiter* in H/H/R-KStG).

Hey, Johanna Hinzurechnungsbesteuerung bei ausländischen Familienstiftungen gemäß § 15 AStG i.d.F. des JStG 2009 – europa- und verfassungswidrig!, IStR 2009, 181 (zit.: *Hey* in IStR 2009).

Hier, Karl Josef Die Unternehmensstiftung in Liechtenstein, Vaduz 1995 (zit.: *Hier*, Unternehmensstiftung).

Hinz, Michael Die Haftung der Stiftung für Verbindlichkeiten des Stifters, 1. Auflage, Baden-Baden 1996 (zit.: *Hinz*, Haftung der Stiftung für Verbindlichkeiten des Stifters).

Hippel, Thomas von Grundprobleme von Nonprofit-Organisationen, Eine zivilrechtsdogmatische, steuerrechtliche und rechtsvergleichende Untersuchung über Strukturen, Pflichten, Kontrollen und wirtschaftliche Tätigkeit von Vereinen und Stiftungen, Tübingen 2007 (zit.: *v. Hippel*, Grundprobleme).

Hoffmann, Bernd von; Thorn, Karsten Internationales Privatrecht, Einschließlich der Grundzüge des internationalen Zivilverfahrensrechts, 9. Auflage, München 2007 (zit.: *v. Hoffmann/Thorn* in IPR).

Honsell, Heinrich Basler Kommentar, 5. Auflage, Basel 2014 (zit.: *Bearbeiter* in BSK-ZGB).

Hoppe, Konstantin Die abhängige Stiftung, Grenzen der Stiftungsautonomie, Berlin 2004 (zit.: *Hoppe*, Die abhängige Stiftung).

Hopt, Klaus J. Nonprofit-Organisationen in Recht, Wirtschaft und Gesellschaft, Theorien – Analysen – Corporate Governance, Tübingen 2005 (zit.: *Bearbeiter* in Nonprofit-Organisationen).

Hopt, Klaus J.; Reuter, Dieter Stiftungsrecht in Europa, Stiftungsrecht und Stiftungsrechtsreform in Deutschland, den Mitgliedstaaten der Europäischen Union, der Schweiz, Liechtenstein und den USA, Köln 2001 (zit.: *Bearbeiter* in Stiftungsrecht in Europa).

Hosp, Thomas Internationale Amtshilfe in Steuersachen: Übersicht über die liechtensteinische Rechtsprechung, ZfS 2016, 103 (zit.: *Hosp* in ZfS 2016).

Hosp, Thomas; Langer, Matthias Die Neufassung des § 15 AStG durch den Entwurf zum Jahressteuergesetz 2013: Auswirkungen für liechtensteinische Familienstiftungen, ZfS 2012, 119 (zit.: *Hosp/Langer* in ZfS 2012).

Hosp, Thomas; Moosbrugger, Martin Die Ermittlung der wirtschaftlich berechtigten Person nach den Bestimmungen der liechtensteinischen Sorgfaltspflichten zur Verhinderung von Geldwäsche, ZfS 2017, 12 (zit.: *Hosp/Moosbrugger* in ZfS 2017).

Hoyer, Andreas, et al. Gedächtnisschrift für Jörn Eckert, 15. Mai 1954 bis 21. März 2006, 1. Auflage, Baden-Baden 2008 (zit.: *Bearbeiter* in GS Eckert).

Huber, Michael; Böhle-Stamschräder, Aloys; Kilger, Joachim Anfechtungsgesetz (AnfG), Gesetz über die Anfechtung von Rechtshandlungen eines Schuldners außerhalb des Insolvenzverfahrens, 12. Auflage, München 2021 (zit.: *Bearbeiter* in Huber-AnfG).

Hübschmann, Walter, et al. Abgabenordnung, Finanzgerichtsordnung, Kommentar, 277. Ergänzungslieferung, Köln 2023 (zit.: *Bearbeiter* in H/H/S-AO/FGO).

Hushahn, Johannes Unternehmensverbundene Stiftungen im deutschen und schwedischen Recht, Ein Rechtsvergleich zur Behandlung der Konstellation verdeckter Unternehmensselbstzweckstiftungen, Köln 2009 (zit.: *Hushahn*, Unternehmensv. Stiftungen).

Hüttemann, Rainer Das Gesetz zur Modernisierung des Stiftungsrechts, ZHR 2003, 35 (zit.: *Hüttemann* in ZHR 2003).

ders. Gemeinnützigkeits- und Spendenrecht, 4. Auflage, Köln 2018 (zit.: *Hüttemann*, Gemeinnützigkeits- und Spendenrecht).

Hüttemann, Rainer; Rawert, Peter Die notleidende Stiftung, ZIP 2013, 2136 (zit.: *Hüttemann/Rawert* in ZIP 2013).

dies. Das neue Bundesstiftungsrecht – Darstellung und Analyse sowie Vorschläge für notwendige Reformen der Landesstiftungsgesetze, ZIP 2021, 3 (zit.: *Hüttemann/Rawert* in ZIP 2021).

Ihle, Jörg Stiftungen als Instrument der Unternehmens- und Vermögensnachfolge – Teil 2 – (Fortsetzung von RNotZ 2009, 557), RNotZ 2009, 621 (zit.: *Ihle* in RNotZ 2009).

International Consortium of Investigative Journalists Pandora Papers: An offshore data tsunami (zit.: International Consortium of Investigative Journalists in Pandora Papers).

Isensee, Josef; Lecheler, Helmut Freiheit und Eigentum, Festschrift für Walter Leisner zum 70. Geburtstag, Berlin 1999 (zit.: *Bearbeiter* in FS Leisner).

Jakob, Dominique Stiftung und Familie, Basel 2015 (zit.: *Bearbeiter* in Stiftung und Familie).

ders. (Insolvenz-)Anfechtung und Stiftungsrecht, ZSt 2005, 99 (zit.: *Jakob* in ZSt 2005).

ders. Schutz der Stiftung, Die Stiftung und ihre Rechtsverhältnisse im Widerstreit der Interessen, Tübingen 2006 (zit.: *Jakob*, Schutz der Stiftung).

ders. Die liechtensteinische Stiftung, Eine strukturelle Darstellung des Stiftungsrechts nach der Totalrevision vom 26. Juni 2008, 1. Auflage, Vaduz 2009 (zit.: *Jakob*, Liechtensteinische Stiftung).

Jakob, Dominique; Studen, Goran Die liechtensteinische Stiftung in der aktuellen deutschen Zivilrechtsprechung, zugleich Besprechung von OLG Düsseldorf, Urt. v. 30.4.2010 – I-22 U 126/06, npoR 2011, S. 22 ff., npoR 2011, 4 (zit.: *Jakob/Studen* in npoR 2011).

Jakobs, Horst Heinrich Festgabe für Werner Flume zum 90. Geburtstag, Berlin 1998 (zit.: *Bearbeiter* in FG Flume).

Jayme, Erik Methoden der Konkretisierung des ordre public im Internationalen Privatrecht, Vortrag 21. Januar 1988, Heidelberg 1989 (zit.: *Jayme*, Konkretisierung des ordre public im IPR).

Jensen, Michael; Meckling, William Theory of the firm. Managerial behavior, agency costs, and ownership structure, Journal of Financial Economics 1976, 305 (zit.: *Jensen/Meckling* in Journal of Financial Economics 1976).

Jeß, Kay Das Verhältnis des lebenden Stifters zur Stiftung, Unter besonderer Berücksichtigung der Gestaltungsmöglichkeiten der Stiftungsverfassung und des Rechtsschutzes der Stiftung vor Übergriffen des Stifters, Ammersbek bei Hamburg 1991 (zit.: *Jeß*, Verhältnis des lebenden Stifters zur Stiftung).

Jhering, Rudolf von Geist des römischen Rechts auf den verschiedenen Stufen seiner Entwicklung. Teil 3, Bd. 1, Leipzig 1865 (zit.: *v. Jhering*, Geist des römischen Rechts Teil 3).

Jülicher, Marc — Treuhandverhältnisse im Erbschaftsteuerrecht, DStR 2001, 2177 (zit.: *Jülicher* in DStR 2001).

ders. — Ausländische Familienstiftungen und Trusts, Chancen und Risiken durch die neue BFH-Rechtsprechung, ZErb 2007, 361 (zit.: *Jülicher* in ZErb 2007).

Kalenberg, Hans-Peter; Reichert, Thorsten — Die Neuregelung des § 15 Abs. 6 Nr. 1 AStG und seine Auswirkung auf ausländische Familienstiftungen, IStR 2016, 140 (zit.: *Kalenberg/Reichert* in IStR 2016).

Kalss, Susanne — Festschrift Peter Doralt, Zum 65. Geburtstag, Wien 2004 (zit.: *Bearbeiter* in FS Doralt).

Kalss, Susanne — Aktuelle Fragen des Stiftungsrechts, Acht wesentliche Kernthemen, Wien 2014 (zit.: *Bearbeiter* in Aktuelle Fragen (2014)).

Kämmerer, Jörn Axel — Privatisierung, Typologie – Determinanten – Rechtspraxis – Folgen, Tübingen 2001 (zit.: *Kämmerer*, Privatisierung).

Kindhäuser, Urs; Neumann, Ulfrid; Paeffgen, Hans-Ullrich — Strafgesetzbuch, 5. Auflage, Baden-Baden 2017 (zit.: *Bearbeiter* in Kindhäuser/Neumann/Paeffgen-StGB).

Kindl, Johann; Meller-Hannich, Caroline; Wolf, Hans-Joachim — Gesamtes Recht der Zwangsvollstreckung, ZPO, ZVG, Nebengesetze, Europäische Regelungen, Kosten; Handkommentar, 4. Auflage, Baden-Baden 2021 (zit.: *Bearbeiter* in Kindl/Meller-Hannich/Wolf).

Kindler, Peter — Die Auslandsstiftung mit inländischen Destinatären Bestimmung und Geltungsbereich des anzuwendenden Rechts, NZG 2016, 1335 (zit.: *Kindler* in NZG 2016).

Kirchhain, Christian — Die Familienstiftung im Außensteuerrecht, Zurechnungsbesteuerung bei ausländischen Familienstiftungen und Trusts nach § 15 AStG, 1. Auflage, Herne 2010 (zit.: *Kirchhain*, Zurechnungsbesteuerung bei ausländischen Familienstiftungen).

Kirchhof, Hans-Peter; Eidenmüller, Horst; Stürner, Rolf Münchener Kommentar zur Insolvenzordnung, 4. Auflage, München 2019 (zit.: *Bearbeiter* in MüKo-InsO).

Klausegger, Christian, et al. Austrian Yearbook on International Arbitration 2018, Wien 2018 (zit.: *Bearbeiter* in Austrian Yearbook on International Arbitration 2018).

Kley, Andreas; Vallender, Klaus A. Grundrechtspraxis in Liechtenstein, Schaan 2012 (zit.: *Bearbeiter* in Grundrechtspraxis).

Kodek, Georg E.; Schwimann, Michael ABGB-Praxiskommentar, 4. Auflage, Wien 2014 (zit.: *Bearbeiter* in Kodek/Schwimann-öABGB).

Koenig, Ulrich; Cöster, Thilo Abgabenordnung, §§ 1 bis 368, Kommentar, 4. Auflage, München 2021 (zit.: *Bearbeiter* in Koenig-AO).

König, Christian M. Die Stiftung als Instrument der Nachlassplanung, Eine Untersuchung de lege lata zur Stellung der Stiftung im Kontext des deutschen Pflichtteilsrechts mit Überlegungen de lege ferenda im Lichte des novellierten österreichischen Pflichtteilsrechts, 1. Auflage, Tübingen 2019 (zit.: *König*, Stiftung als Instrument der Nachlassplanung).

Körner, Adrian; Schwarz, Stephan Wem gehört das Vermögen steuerlich transparenter liechtensteinischer Stiftungen?, Vermögenszuordnung im Streitfall zwischen Erben des Stifters und Stiftungsbegünstigten, DStR 2015, 2501 (zit.: *Körner/Schwarz* in DStR 2015).

Kötz, Hein, et al. Non Profit Law Yearbook 2001, 1. Auflage, Köln u.a. 2002 (zit.: *Bearbeiter* in NPLY 2001).

Kötz, Hein, et al. Non Profit Law Yearbook 2003, 1. Auflage, Köln u.a. 2004 (zit.: *Bearbeiter* in NPLY 2003).

Kötz, Hein, et al. Non Profit Law Yearbook 2002, 1. Auflage, Köln u.a. 2005 (zit.: *Bearbeiter* in NPLY 2002).

Koziol, Helmut; Bydlinski, Peter; Bollenberger, Raimund — Kurzkommentar zum öABGB, Allgemeines bürgerliches Gesetzbuch, Ehegesetz, Konsumentenschutzgesetz, IPR-Gesetz und Europäisches Vertragsstatutübereinkommen, 2. Auflage, Vienna 2007 (zit.: *Bearbeiter* in Koziol-öABGB).

Koziol, Helmut; Welser, Rudolf; Kletečka, Andreas — Grundriss des bürgerlichen Rechts: Allgemeiner Teil, Sachenrecht, Familienrecht, 14. Auflage, Wien 2014 (zit.: *Koziol/Welser/Kletečka*, Grundriss des bürgerlichen Rechts).

Kraft, Gerhard; Edelmann, Georg S.; Krause, Martin — Außensteuergesetz, 2. Auflage 2019 (zit.: *Bearbeiter* in Kraft-AStG).

Kroiß, Ludwig, et al. — Erbrecht, §§ 1922–2385, 6. Auflage, Baden-Baden 2022 (zit.: *Bearbeiter* in Kroiß/Ann/Mayer).

Kröll, Stefan — Die schiedsrechtliche Rechtsprechung 2016 und 2017, SchiedsVZ 2018, 201 (zit.: *Kröll* in SchiedsVZ 2018).

Kronke, Herbert — Stiftungstypus und Unternehmensträgerstiftung, Eine rechtsvergleichende Untersuchung, Tübingen 1988 (zit.: *Kronke*, Stiftungstypus).

Krüger, Wolfgang; Rauscher, Thomas — Münchener Kommentar zur Zivilprozessordnung, Mit Gerichtsverfassungsgesetz und Nebengesetzen, 6. Auflage, München 2022 (zit.: *Bearbeiter* in MüKo-ZPO).

Kühne, Renatus — Die Besteuerung der liechtensteinischen Stiftung in Liechtenstein, PSR 2015, 68 (zit.: *Kühne* in PSR 2015).

Kutac, Kimberley — Die Familienstiftung in Deutschland und Liechtenstein, Ein Besteuerungsvergleich, IStR 2021, 409 (zit.: *Kutac* in IStR 2021).

Leisner, Walter — Stiftungen in der Rechtsprechung, Band II, Heidelberg 1982 (zit.: *Leisner*, StiftRspr II).

ders. — Stiftungen in der Rechtsprechung, Band III, Heidelberg 1985 (zit.: *Leisner*, StiftRspr III).

Lennert, Philipp; Blum, Hans Christian — Der Durchgriff durch ausländische Stiftungen aufgrund des deutschen ordre public, IStR 2011, 492 (zit.: *Lennert/Blum* in IStR 2011).

Leyendecker, Hans Liechtenstein-CD beschert Staat 807 Millionen Euro, Süddeutsche Zeitung, 6.4.2010.

Liechtenstein Institut 25 Jahre Liechtenstein-Institut (1986–2011), Schaan 2011 (zit.: *Bearbeiter* in 25 Jahre Liechtenstein-Institut).

Liermann, Hans Geschichte des Stiftungsrechts, 2. Auflage, Tübingen 2002 (zit.: *Bearbeiter* in Geschichte des Stiftungsrechts).

Limberg, Clemens Privatstiftung und Erbrecht, Wien 2006 (zit.: *Limberg*, Privatstiftung und Erbrecht).

Linn, Alexander; Schmitz, Markus Offene Fragen bei der steuerlichen Behandlung liechtensteinischer Familienstiftungen, DStR 2014, 2541 (zit.: *Linn/Schmitz* in DStR 2014).

Löwe, Christian von Familienstiftung und Nachfolgegestaltung, Deutschland, Österreich, Schweiz, Liechtenstein, 2. Auflage, München, Basel, Wien 2016 (zit.: *v. Löwe*, Familienstiftung).

Löwe, Christian von; Pelz, Christian Die liechtensteinische Stiftung – Bermuda-Dreieck zwischen Schenkungsteuer, Steueramnestie und Steuerstrafrecht, BB 2005, 1601 (zit.: *v. Löwe/Pelz* in BB 2005).

Lüdicke, Jochen; Oppel, Florian Informationsaustausch in Steuersachen mit Liechtenstein: Die Voraussetzungen von § 15 Abs. 6 Nr. 2 AStG sind seit 2010 erfüllt!, ISR 2015, 265 (zit.: *Lüdicke/Oppel* in ISR 2015).

Lüdicke, Jochen; Sistermann, Christian; Beutel, David Unternehmensteuerrecht, Gründung, Finanzierung, Umstrukturierung, Übertragung, Liquidation, 2. Auflage, München 2018 (zit.: *Bearbeiter* in Lüdicke/Sistermann).

Mansel, Heinz-Peter; Thorn, Karsten; Wagner, Rolf Europäisches Kollisionsrecht 2012, Voranschreiten des Kodifikationsprozesses – Flickenteppich des Einheitsrechts, IPRax 2013, 1 (zit.: *Mansel/Thorn/Wagner* in IPRax 2013).

Manssen, Gerrit Privatrechtsgestaltung durch Hoheitsakt, Verfassungsrechtliche und verwaltungsrechtliche Grundfragen, Tübingen 1994 (zit.: *Manssen*, Privatrechtsgestaltung).

Markworth, David — Das Stiftungsrecht am Scheideweg, Der Entwurf eines Gesetzes zur Vereinheitlichung des Stiftungsrechts aus unternehmensrechtlicher Perspektive, NZG 2021, 100 (zit.: *Markworth* in NZG 2021).

Martinek, Michael — Festschrift für Dieter Reuter zum 70. Geburtstag am 16. Oktober 2010, Berlin 2010 (zit.: *Bearbeiter* in FS Reuter).

Martini, Ruben — Der Typenvergleich bei beschränkter Steuerpflicht, IStR 2012, 441 (zit.: *Martini* in IStR 2012).

Marx, Karl; Engels, Friedrich — Das Kapital, Band 1, neu verlegt, Erstauflage 1867, Berlin 1962 (zit.: *Marx/Engels*, Das Kapital Bd. 1).

Marxer, Florian — Streifzug durch das liechtensteinische Privatrecht, insbesondere das Stiftungs- und Gesellschaftsrecht, ZEuP 2004, 477 (zit.: *Marxer* in ZEuP 2004).

Marxer, Peter — Liechtensteinisches Wirtschaftsrecht, Stand der Bearb.: 1. Oktober 2009, Vaduz/Liechtenstein 2009 (zit.: *Marxer*, Wirtschaftsrecht).

Mathauer, Mathias — Unternehmensstiftung zur Nachfolgeplanung, Ein Rechtsvergleich zwischen Deutschland und Liechtenstein, Vaduz 2016 (zit.: *Mathauer*, Unternehmensstiftung zur Nachfolgeplanung).

Maunz, Theodor; Dürig, Günter — Grundgesetz, Kommentar, München 2013 (zit.: *Bearbeiter* in Maunz/Düring).

Mehren, Judith; Lorenz, Karsten — Der Referentenentwurf zur Vereinheitlichung des Stiftungsrechts, Eine eingehende Analyse unter Berücksichtigung des Steuerrechts und des Transparenzregisters, DStR 2020, 2547 (zit.: *Mehren/Lorenz* in DStR 2020).

Meincke, Jens Peter — Erbschaftsteuer- und Schenkungsteuergesetz, Kommentar, 18. Auflage, München 2021 (zit.: *Bearbeiter* in M/H/H-ErbStG).

Meinecke, Peter Grundzüge liechtensteinischer Stiftungen unter besonderer Berücksichtigung der Familienstiftung, Teil 2: Aufbau liechtensteinischer Stiftungen und deren Anerkennung in Deutschland, ZStV 2022, 172 (zit.: *Meinecke* in ZStV 2022).

Merkle, Rüdiger Pflichtteilsrecht und Pflichtteilsverzicht im internationalen Erbrecht 2008 (zit.: *Merkle*, Pflichtteilsrecht).

Meyn, Barbara Stiftung und Vermögensverzehr, Zivil- und spendenrechtliche Auswirkungen des Ehrenamtsstärkungsgesetzes für Verbrauchsstiftung & Co., Rote Seiten 2013 Nr. 3 (zit.: *Meyn* in Rote Seiten 2013 Nr. 3).

Moser, Till Die Hinzurechnungsbesteuerung nach den §§ 7–14 AStG und die Besteuerung ausländischer Familienstiftungen nach § 15 AStG, Systematischer Vergleich, Gestaltungspotenzial und Reformüberlegungen, 1. Auflage, Lohmar 2015 (zit.: *Moser*, Hinzurechnungsbesteuerung).

Motal, Bernhard Grundfragen des liechtensteinischen Personen- und Gesellschaftsrechts, Die allgemeinen Vorschriften für juristische Personen und ihre Anwendung auf die Stiftung, Wien 2016 (zit.: *Motal*, Grundfragen).

Müller, Beate Die privatnützige Stiftung zwischen Staatsaufsicht und Deregulierung, Eine Untersuchung des Verhältnisses privatnütziger Stiftungen zu staatlicher Aufsicht und alternativen Kontrollmechanismen, unter anderem der Foundation Governance, 1. Auflage, Baden-Baden 2009 (zit.: *Müller*, Staatsaufsicht und Deregulierung).

Muscheler, Karlheinz Das vertragliche Stiftungsgeschäft, ZEV 2003 (2003), 41 (zit.: *Muscheler* in ZEV 2003).

ders. Die Rechtsstellung der Stiftungsdestinatäre, WM 2003, 2213 (zit.: *Muscheler* in WM 2003).

ders. Stiftung und Gemeinwohlgefährdung, NJW 2003, 3161 (zit.: *Muscheler* in NJW 2003).

ders. Stiftung und Schenkung, Zum Kausalverhältnis in den Beziehungen zwischen Stifter, Stiftung, Destinatären, Anfallberechtigten, AcP 2003, 469 (zit.: *Muscheler* in AcP 2003).

ders. Stiftungsautonomie und Stiftereinfluss in Stiftungen der öffentlichen Hand, ZSt 2003, 67 (zit.: *Muscheler* in ZSt 2003).

ders. Das Wesen der Zustiftung, WM 2008, 1669 (zit.: *Muscheler* in WM 2008).

ders. Stiftungsrecht, Gesammelte Beiträge, 2. Auflage, Baden-Baden 2011 (zit.: *Muscheler*, Stiftungsrecht).

ders. Der Widerruf des Stiftungsgeschäfts, ZStV 2017, 172 (zit.: *Muscheler* in ZStV 2017).

Mutius, Albert von Zur Grundrechtssubjektivität privatrechtlicher Stiftungen, Verwaltungsarchiv 1974, 87 (zit.: *v. Mutius* in Verwaltungsarchiv 1974).

Mutter, Christoph Steueramnestie für hinterzogene Schenkungsteuer bei Trust und Stiftung im Ausland, DStR 2004, 893 (zit.: *Mutter* in DStR 2004).

Naumann zu Grünberg, Klaus-Dieter Die Stiftung in der Unternehmensnachfolge mit Auslandsbezug: Einsatzmöglichkeiten und Stiftungsstatut, ZEV 2012, 569 (zit.: *Naumann zu Grünberg* in ZEV 2012).

Neßhöver, Christoph; Bornefeld, Andreas Die 1001 größten Vermögen 2018, Manager Magazin 4.10.2018 (zit.: *Neßhöver/Bornefeld* in Manager Magazin 4.10.2018).

Neuhoff, Klaus Um der juridical correctness willen: Spende, keine Schenkung!, ZSt 2004, 90 (zit.: *Neuhoff* in ZSt 2004).

ders. Stiftung auf Zeit: Ein moderner Irrweg der Dogmatik im Stiftungsrecht, ZStV 2014, 10 (zit.: *Neuhoff* in ZStV 2014).

Neumann, Karl-Alexander Die reine Unterhaltsstiftung, Unter Berücksichtigung der Rechtslage in der Schweiz, Liechtenstein, Österreich, England sowie den USA, Frankfurt 2014 (zit.: *Neumann*, Unterhaltsstiftung).

Nueber, Michael; Przeszlowska, Dominika; Zwirchmayr, Michael Privatautonomie und ihre Grenzen im Wandel, Sammlung, Wien 2015 (zit.: *Bearbeiter* in Privatautonomie und ihre Grenzen).

Oertzen, Christian von; Hosser, Marcus Asset Protection mit inländischen Familienstiftungen, ZEV 2010, 168 (zit.: *v. Oertzen/Hosser* in ZEV 2010).

Oppel, Florian Die österreichische Privatstiftung und die deutsche Familienstiftung als Instrumente der Nachfolgegestaltung, Hamburg 2014 (zit.: *Oppel*, Familienstiftungen).

Pohley, Hans G.; Backert, Wolfram Bayerisches Stiftungsgesetz (BayStG), Kommentar, 4. Auflage, Wiesbaden 2002 (zit.: *Bearbeiter* in Pohley/Backert-BayStG).

Prange, Sven „Der Mann, der die Steuerdaten klaute", Handelsblatt, 25.2.2008.

Rauscher, Thomas Europäisches Zivilprozess- und Kollisionsrecht EuZPR/EuIPR, 4. Auflage, Köln, Saarbrücken 2015 (zit.: *Bearbeiter* in Rauscher-EuZPR/EuIPR).

Rauscher, Thomas Münchener Kommentar zum FamFG, Gesetz über das Verfahren in Familiensachen und in den Angelegenheiten der freiwilligen Gerichtsbarkeit (FamFG) mit Internationalem und Europäischem Zivilverfahrensrecht in Familiensachen (IZVR, EuZVR), 3. Auflage 2019 (zit.: *Bearbeiter* in MüKo-FamFG).

Rawert, Peter Die Genehmigungsfähigkeit der unternehmensverbundenen Stiftung, Frankfurt am Main 1990 (zit.: *Rawert*, Genehmigungsfähigkeit).

ders. Beilage zu Heft 6, S. 13, BB 1991, Beilage zu Heft 6, 13 (zit.: *Rawert* in BB 1991).

ders. Charitable Correctness – Das OLG Dresden zu Spenden und Pflichtteilsergänzung, NJW 2002, 3151 (zit.: *Rawert* in NJW 2002).

ders. Kapitalerhöhung zu guten Zwecken, Die Zustiftung in der Gestaltungspraxis, DNotZ 2008, 5 (zit.: *Rawert* in DNotZ 2008).

ders. Die Stiftung auf Zeit – insbesondere die Verbrauchsstiftung – in der zivilrechtlichen Gestaltungspraxis, npoR 2014, 1 (zit.: *Rawert* in npoR 2014).

ders. Die Stiftung als Familiengesellschaft (?), Zur Virtualisierung gesellschaftsrechtlicher Strukturen durch das Stiftungsrecht, ZGR 2018, 835 (zit.: *Rawert* in ZGR 2018).

Rehr, Ruben Ertragsteuerliche Subjektfähigkeit von Vermögensmassen und Zweckvermögen, Dissertation Bucerius Law School, im Erscheinen 2022 (zit.: *Rehr*, Ertragsteuerliche Subjektfähigkeit).

Reuter, Dieter Stiftungsrechtliche Vorgaben für die Verwaltung des Stiftungsvermögens, NZG 2005, 649 (zit.: *Reuter* in NZG 2005).

ders. Stiftungsform, Stiftungsstruktur und Stiftungszweck, Zu neueren Thesen über die Gestaltungsfreiheit im Stiftungsrecht, AcP 2007 (2007), 1 (zit.: *Reuter* in AcP 2007).

ders. Änderungen des Vereins- und Stiftungsrechts durch das Ehrenamtsstärkungsgesetz, npoR 2013, 41 (zit.: *Reuter* in npoR 2013).

Richter, Andreas Stiftungsrecht, Stand der Rechtslage der Bearbeitung entspricht dem November 2018, München 2019 (zit.: *Bearbeiter* in Richter-StiftR).

Richter, Andreas; Seifart, Werner; v. Campenhausen, Axel von Stiftungsrechts-Handbuch, 4., aktualisierte und erg. Aufl., München 2014 (zit.: *Bearbeiter* in v. Campenhausen/Richter).

Richter, Andreas; Wachter, Thomas Handbuch des internationalen Stiftungsrechts, 1. Auflage, Angelbachtal 2007 (zit.: *Bearbeiter* in Int. Handb. StiftR).

Ritzer, Uwe Deutschlands Superreiche zieht es wieder nach Liechtenstein, Süddeutsche Zeitung 29.9.2021 (zit.: *Ritzer* in Süddeutsche Zeitung 29.9.2021).

Rödder, Thomas; Berninghaus, Holger; Neumann, Ralf Körperschaftsteuergesetz, Kommentar, 2. Auflage, Köln 2023 (zit.: *Bearbeiter* in R/H/N-KStG).

Roth, Patrick Grundriss des neuen liechtensteinischen Steuerrechts, Schaan 2011 (zit.: *Roth* in Grundriss des neuen liechtensteinischen Steuerrechts).

Röthel, Anne Umgehung des Pflichtteilsrechts, AcP 2012, 157 (zit.: *Röthel* in AcP 2012).

Säcker, Franz Jürgen, et al. Münchener Kommentar zum Bürgerlichen Gesetzbuch, München (zit.: *Bearbeiter* in MüKo-BGB).
- Band: 1 Allgemeiner Teil §§ 1–240, AllgPersönlR, ProstG, AGG, 9. Auflage, 2021.
- Band 2: Schuldrecht – Allgemeiner Teil I §§ 241–310, 9. Auflage, 2022.
- Band 3: Schuldrecht – Allgemeiner Teil II, 9. Auflage, 2022.
- Band 4: Schuldrecht – Besonderer Teil I §§ 433–534, Finanzierungsleasing, CISG, 8. Auflage, 2019.
- Band 9: Familienrecht I, §§ 1297–1588, Versorgungsausgleichsgesetz, Gewaltschutzgesetz, Lebenspartnerschaftsgesetz, 9. Auflage 2022.
- Band 11: Erbrecht, §§ 1922–2385, §§ 27–35 BeurkG, 9. Auflage 2022.
- Band 12: Internationales Privatrecht I, Europäisches Kollisionsrecht, Einführungsgesetz zum Bürgerlichen Gesetzbuche (Art. 1–26), 8. Auflage, 2020.
- Band 13: Internationales Privatrecht II, IntWR, Art. 50–253 EGBGB, 8. Auflage, 2021.

Saenger, Ingo, et al. Gründen und Stiften, Festschrift zum 70. Geburtstag des Jenaer Gründungsdekans und Stiftungsrechtlers Olaf Werner, 1. Auflage, Baden-Baden 2009 (zit.: *Bearbeiter* in FS Werner).

Saenger, Ingo; Bendtsen, Ralf Zivilprozessordnung, Familienverfahren, Gerichtsverfassung, Europäisches Verfahrensrecht: Handkommentar, 10. Auflage Baden-Baden 2023 (zit.: *Bearbeiter* in Saenger-ZPO).

Sandrock, Otto Festschrift für Günther Beitzke zum 70. Geburtstag am 26. April 1979, Berlin u.a. 1979 (zit.: *Bearbeiter* in FS Beitzke).

Santo-Passo, Rolf Die liechtensteinische Stiftung, Hausgemachte Problematik im Lichte der Stiftungsrechtsreform?, LJZ 2005, 1 (zit.: *Santo-Passo* in LJZ 2005).

Savigny, Friedrich Carl von System des heutigen Römischen Rechts, Vierter Band, 1. Auflage, Berlin 1841 (zit.: *v. Savigny*, System d. heutigen Röm. Rechts IV).

Schaefer, Torsten Geplante Verfolgungsverjährung bei Steuerstraftaten, NJW-Spezial 2008, 408 (zit.: *Schaefer* in NJW-Spezial 2008).

Schauer, Martin Privatstiftung und Pflichtteilsrecht, NZ 1993, 251 (zit.: *Schauer* in NZ 1993).

Schauer, Martin Kurzkommentar zum liechtensteinischen Stiftungsrecht, Basel 2009 (zit.: *Bearbeiter* in Kurzkommentar Stiftungsrecht).

Schauer, Dirk Die Zusammenführung rechtsfähiger Stiftungen, 1. Auflage 2016 (zit.: *Schauer*, Zusammenführung rechtsfähiger Stiftungen).

ders. Pflichtteilsergänzungsansprüche bei Zuwendungen an Stiftungen, npoR 2018, 49 (zit.: *Schauer* in npoR 2018).

Schaumburg, Harald Internationales Steuerrecht, 4. Auflage, Köln 2017 (zit.: *Schaumburg*, Internationales StR).

Scherer, Stephan Unternehmensnachfolge, 6. Auflage, München 2020 (zit.: *Bearbeiter* in Unternehmensnachfolge).

Scherer, Stephan; Bregulla-Weber, Janina Liechtensteinische Familienstiftungen im Lichte des deutschen Pflichtteilsrechts, NJW 2016, 382 (zit.: *Scherer/Bregulla-Weber* in NJW 2016).

Schienke-Ohletz, Tanja; Mehren, Judith Familienstiftungen in Liechtenstein und anderem europäischen Ausland, ZStV 2022, 51 (zit.: *Schienke-Ohletz/Mehren* in ZStV 2022).

Schiffer, K. Jan Die Stiftung in der Beraterpraxis, 4. Auflage, Bonn 2016 (zit.: *Bearbeiter* in Stiftung in der Beraterpraxis).

ders. Fortsetzung der Diskussion zur unternehmensverbundenen Stiftung trotz des neuen Stiftungszivilrechts? – Ein Ruf aus der Praxis, ZSt 2003, 252 (zit.: *Schiffer* in ZSt 2003).

Schlüter, Andreas Stiftungsrecht zwischen Privatautonomie und Gemeinwohlbindung, Ein Rechtsvergleich Deutschland, Frankreich, Italien, England, USA, München 2004 (zit.: *Schlüter*, Stiftungsrecht).

Schlüter, Andreas; Stolte, Stefan Stiftungsrecht, Erscheinungsformen und Errichtung der Stiftung, Stiftungsaufsicht, Verwaltung des Stiftungsvermögens, Stiftungssteuerrecht, Rechnungslegung und Publizität, Internationales Stiftungsrecht; mit Mustern, 3. Auflage, München 2016 (zit.: *Bearbeiter* in Stiftungsrecht).

Schmid, Barbara Zumwinkel von Polizei abgeholt, Spiegel, 14.2.2008.

Schmid, Cornelia Stiftungsrechtliche Zuwendungen im Erb- und Familienrecht, Pflichtteilsergänzungen und Zugewinnausgleich, Berlin 2007 (zit.: *Schmid*, Stiftungsrechtliche Zuwendungen).

Schmidt, Karsten Insolvenzordnung, InsO mit EuInsVO, 20. Auflage, München 2023 (zit.: *Bearbeiter* in Schmidt-InsO).

ders. Münchener Kommentar zum Handelsgesetzbuch, 5. Auflage, München 2021 (zit.: *Bearbeiter* in MüKoHGB).

ders. Gesellschaftsrecht, 4. Auflage, Köln 2002 (zit.: *Schmidt*, Gesellschaftsrecht).

Schmiese, Wulf; Schäfers, Manfred Steueroase Liechtenstein, FAZ, 21.2.2008.

Schneider, Egon; Schnapp, Friedrich E. Logik für Juristen, Die Grundlagen der Denklehre und der Rechtsanwendung, 6. Auflage, München 2006 (zit.: *Schneider/ Schnapp*, Logik).

Schneider, Zacharias-Alexis; Gstöhl-Wachter, Myriam Auf dem Prüfstand: Die grenzüberschreitende Vermögensnachfolge auf ausländische Stiftungsstrukturen, UVR 2022, 89 (zit.: *Schneider/ Gstöhl-Wachter* in UVR 2022).

Schönle, Herbert Die Anerkennung liechtensteinischer juristischer Personen in Deutschland, NJW 1965, 1112 (zit.: *Schönle* in NJW 1965).

Schulte, Martin Staat und Stiftung, Verfassungsrechtliche Grundlagen und Grenzen des Stiftungsrechts und der Stiftungsaufsicht, Heidelberg 1989 (zit.: *Schulte*, Staat und Stiftung).

Schulz, Martin (Schein-)Auslandsgesellschaften in Europa – Ein Schein-Problem?, NJW 2003, 2705 (zit.: *Schulz* in NJW 2003).

Schulz, Kay Alexander Die Besteuerung ausländischer Familienstiftungen nach dem Außensteuergesetz, Analyse und Perspektiven, Wiesbaden 2010 (zit.: *Schulz*, Die Besteuerung ausländischer Familienstiftungen).

Schulz, Peter; Stefan Werz, Ralf Ausländische Familienstiftungen, ErbStB 2008, 177 (zit.: *Schulz/Stefan Werz* in ErbStB 2008).

Schumacher, Hubertus Das neue Schiedsverfahren, LJZ 2011, 105 (zit.: *Schumacher* in LJZ 2011).

Schurr, Francesco A. Das neue liechtensteinische Stiftungsrecht, Anwendung, Auslegung und Alternativen – Band des 3. Liechtensteinischen Stiftungsrechtstages 2010, Zürich, Basel, Genf 2012 (zit.: *Bearbeiter* in Das neue liechtensteinische Stiftungsrecht).

ders. Der Generationenwechsel in der Stiftungslandschaft – Band des 4. Liechtensteinischen Stiftungsrechtstages 2011, Zürich 2012 (zit.: *Bearbeiter* in Generationenwechsel).

ders. Wandel im materiellen Stiftungsrecht und grenzüberschreitende Rechtsdurchsetzung durch Schiedsgerichte – Band des 5. Liechtensteinischen Stiftungsrechtstages 2012, Zürich u.a. 2013 (zit.: *Bearbeiter* in Wandel im Stiftungsrecht).

ders. Zivil- und gesellschaftsrechtliche Fragen zur Führung und Abwicklung von Stiftungen – Band des 6. Liechtensteinischen Stiftungsrechtstages 2013, Zürich u.a. 2015 (zit.: *Bearbeiter* in Abwicklung von Stiftungen).

ders. Zur Umwandlung einer Familienstiftung in eine gemeinnützige Stiftung, zugleich eine Besprechung des Beschlusses des OGH vom 3.12.2010, 10.HG.2009.247-55, LES 2011, 21, LJZ 2011, 68 (zit.: *Schurr* in LJZ 2011).

Schütte, Florian Vermögensveranlagung – Haftung der Stiftungsorgane – Begünstigtenrechte – Philanthropie – Geldwäschereiprävention, Bericht zum 10. Liechtensteinischen Stiftungsrechtstag 2017, npoR 2018, 91 (zit.: *Schütte* in npoR 2018).

Schütz, Robert Die Besteuerung ausländischer, insbesondere liechtensteinischer Familienstiftungen und ihrer Begünstigten in Deutschland, DB 2008, 603 (zit.: *Schütz* in DB 2008).

Schwake, Johannes Kapital und Zweckerfüllung bei Unternehmensstiftungen, Hamburg 2008 (zit.: *Schwake*, Unternehmensstiftungen).

Schwarz, Günter Christian Zur Zulässigkeit landesrechtlicher Vorschriften über die Familien- und Unternehmensstiftung, ZEV 2003, 306 (zit.: *Schwarz* in ZEV 2003).

Schwarze, Jürgen, et al. EU-Kommentar, 4. Auflage, Baden-Baden 2019 (zit.: *Bearbeiter* in EU-Kommentar).

Schwärzler, Helmut; Hermann, Martin; Sahranavard, Sara Vertrauensverlust in Stiftungsräte, Änderungen der Standesrichtlinien der Liechtensteinischen Treuhandkammer, PSR 2019, 93 (zit.: *Schwärzler/Hermann/Sahranavard* in PSR 2019).

Schwimann, Michael Internationales Privatrecht, Einschließlich Europarecht, 3. Auflage, Wien 2001 (zit.: *Schwimann*, Internationales Privatrecht).

Schwintek, Sebastian Vorstandskontrolle in rechtsfähigen Stiftungen bürgerlichen Rechts, Eine Untersuchung zu Pflichten und Kontrolle von Leitungsorganen im Stiftungsrecht – insbesondere in Unternehmensträgerstiftungen, 1. Auflage, Baden-Baden 2001 (zit.: *Schwintek*, Vorstandskontrolle).

Seifart, Werner Vermögensverwaltung bei Stiftungen, BB 1987, 1889 (zit.: *Seifart* in BB 1987).

Serick, Rolf Zur Anerkennung der liechtensteinischen Treuunternehmen in Deutschland, Ein Beitrag zur Frage der Anerkennung ausländischer juristischer Personen, RabelsZ 23 (1958), 624 (zit.: *Serick* in RabelsZ 23 (1958)).

Settels, Marion Destinatsleistungen und andere satzungsmäßige Zuwendungen als Schenkungen, 1. Auflage, Baden-Baden 2016 (zit.: *Settels*, Destinatsleistungen).

Sitkoff, Robert H. The Lurking Rule Against Accumulations of Income, Northwestern School of Law, Law and Economics Papers, Nw. U. L. Rev (2006) Vol. 100 No. 1 (zit.: *Sitkoff* in Nw. U. L. Rev (2006) Vol. 100 No. 1).

Soergel, Theodor Bürgerliches Gesetzbuch, Mit Einführungsgesetz und Nebengesetzen, Band 1, 13. Auflage, Stuttgart 2000 (zit.: *Bearbeiter* in Soergel-BGB).

Söffing, Matthias Die transparente liechtensteinische Stiftung, LJ 2010, 76 (zit.: *Söffing* in LJ 2010).

Staudinger, Julius von (Begr.) J. von Staudingers Kommentar zum Bürgerlichen Gesetzbuch, Berlin (zit.: *Bearbeiter* in Staudinger-BGB).
Buch 1: Allgemeiner Teil – Mit Einführungsgesetz und Nebengesetzen, Buch 1: Allgemeiner Teil: §§ 80–88 (Stiftungsrecht), 16. Auflage, 2017.
Buch 1: Allgemeiner Teil: §§ 90–124; §§ 130–133, 17. Auflage, 2022.
Buch 2: Recht der Schuldverhältnisse: BGB §§ 255–304, Neubearbeitung 2019, 2019.
Buch 2: Recht der Schuldverhältnisse: §§ 516–534 (Schenkungsrecht), 16. Auflage, 2021.
Buch 4: Familienrecht, 16. Auflage, 2017
Buch 5: Erbrecht: §§ 2303–2345 (Pflichtteil, Erbunwürdigkeit), Neubearbeitung, 2022.
EGBGB/IPR, EGBGB/IPR: Art. 3–6 EGBGB (Internationales Privatrecht – Allgemeiner Teil) – EGBGB/IPR, 15. Auflage, 2013.
EGBGB/IPR: Art. 1–10 Rom I-VO (Internationales Vertragsrecht 1), Neubearbeitung, 2021.
Internationales Gesellschaftsrecht, Neubearbeitung, 1998.

Stern, Klaus; Becker, Florian Grundrechte-Kommentar, die Grundrechte des Grundgesetzes mit ihren europäischen Bezügen, 2. Auflage, Köln 2016 (zit.: *Bearbeiter* in Stern/Becker).

Stern, Klaus; Sachs, Michael; Dietlein, Johannes Das Staatsrecht der Bundesrepublik Deutschland, Band IV/1: Die einzelnen Grundrechte, Grundzüge des Staatsrechts der Länder, München 2006 (zit.: *Bearbeiter* in Staatsrecht Bd. 4/1 [1. Auflage]).

Strunk, Günther; Kaminski, Bert; Köhler, Stefan Außensteuergesetz, Doppelbesteuerungsabkommen, Kommentar, Bonn 2014 (zit.: *Bearbeiter* in S/S/K-AStG/DBA).

Stumpf, Christoph Schiedsgerichtsbarkeit in Stiftungen, SchiedsVZ, 266 (zit.: *Stumpf* in SchiedsVZ).

Stumpf, Christoph, et al. Stiftungsrecht, Kommentar; BGB-Stiftungsrecht, Landesstiftungsgesetze, Stiftungssteuerrecht, 3. Auflage, München 2018 (zit.: *Bearbeiter* in S/S/S/P).

Sturm, Fritz Schweizer Familiengut in Liechtensteiner Stiftungshut, IPRax 2012, 188 (zit.: *Sturm* in IPRax 2012).

Stürner, Michael Die Bedeutung des ordre public in der EuErbVO, GPR 2014, 317 (zit.: *Stürner* in GPR 2014).

Thiel, Jochen Die zeitnahe Mittelverwendung – Aufgabe und Bürde gemeinnütziger Körperschaften, DB 1992, 1900 (zit.: *Thiel* in DB 1992).

Thymm, Niels Das Kontrollproblem der Stiftung und die Rechtsstellung der Destinatäre, Köln 2007 (zit.: *Thymm*, Kontrollproblem).

Tielmann, Jörgen Die Familienverbrauchsstiftung, NJW 2013, 2934 (zit.: *Tielmann* in NJW 2013).

Tipke, Klaus; Kruse, Heinrich Wilhelm Abgabenordnung, Finanzgerichtsordnung, Kommentar, 178. Ergänzungslieferung, Köln 2023 (zit.: *Bearbeiter* in Tipke/Kruse).

Tipke, Klaus, et al. Steuerrecht, 24. Auflage, Köln 2021 (zit.: *Bearbeiter* in Tipke/Lang).

Tocqueville, Alexis de Democracy in America, Translated by Henry Reeve, Volume 1, London 1835 (zit.: *Tocqueville*, Democracy in America).

Tolksdorf, Georg Stiftungsgeschäftliche Vermögensausstattung und Schenkung, Zur (analogen) Anwendung des Schenkungs-, Pflichtteils- und Anfechtungsrechts auf die Errichtung einer selbständigen Stiftung unter Lebenden, 1. Auflage, Baden-Baden 2006 (zit.: *Tolksdorf*, Vermögensausstattung).

Uhlenbruck, Wilhelm; Hirte, Heribert; Vallender, Heinz Insolvenzordnung, Kommentar, 15. Auflage, München 2019 (zit.: *Bearbeiter* in Uhlenbruck-InsO).

Ulmer, Peter Schutzinstrumente gegen die Gefahren aus der Geschäftstätigkeit inländischer Zweigniederlassungen von Kapitalgesellschaften g mit fiktivem Auslandssitz, JZ 1999, 662 (zit.: *Ulmer* in JZ 1999).

Ulmer, Michael J. Anerkennung ausländischer juristischer Personen; Ordre Public; versicherungsvertragliche Bezugsrechte, WuB 2016, 754 (zit.: *Ulmer* in WuB 2016).

Viedebæk Munkholm, Natalie Arbeitnehmermitbestimmung in Europa: Ein Überblick, Ein themenbezogenes Arbeitspapier für die Jahreskonferenz des europäischen Kompetenzzentrums für Arbeitsrecht, Beschäftigung und arbeitsmarktpolitische Maßnahmen: „Herausforderungen und Perspektiven kollektiver Rechte in Europa" 2018 (zit.: *Viedebæk Munkholm* in Arbeitnehmermitbestimmung in Europa).

Vieweg, Klaus, et al. Juris Praxiskommentar BGB, 10. Auflage, Saarbrücken 2023 (zit.: *Bearbeiter* in jurisPK-BGB).

Viskorf, Hermann-Ulrich Erbschaftsteuer- und Schenkungsteuergesetz, Bewertungsgesetz (Auszug), Kommentar, 6. Auflage, Herne 2020 (zit.: *Bearbeiter* in).

Volkholz, Torsten Geltung und Reichweite der Privatautonomie bei der Errichtung von Stiftungen, Die Weiterentwicklung des Stiftungsrechts nach Neufassung der §§ 80 bis 88 BGB durch das Gesetz zur Modernisierung des Stiftungsrechts zum 1. September 2002, Frankfurt a. M. 2008 (zit.: *Volkholz*, Privatautonomie).

Voll, Otto; Voll, Josef; Störle, Johann Bayerisches Stiftungsgesetz, Kommentar, 5. Auflage, Stuttgart 2009 (zit.: *Bearbeiter* in Voll/Störle-BayStG).

Vorwerk, Volkert; Wolf, Christian BeckOK ZPO, 50. Edition, München 2023 (zit.: *Bearbeiter* in BeckOK-ZPO).

Wagner, Franz W.; Walz, Wolfgang Rainer — Zweckerfüllung gemeinnütziger Stiftungen durch zeitnahe Mittelverwendung und Vermögenserhaltung, Eine ökonomische und rechtliche Analyse, 1. Auflage, Baden-Baden 1997 (zit.: *Wagner/Walz*, Zweckerfüllung gemeinnütziger Stiftungen).

Walz, Wolfgang Rainer — Grundrecht oder Menschenrecht auf Anerkennung der gemeinwohlkonformen Allzweckstiftung?, ZSt 2005, 133 (zit.: *Walz* in ZSt 2005).

Walz, Wolfgang Rainer; Kötz, Hein — Non Profit Law Yearbook 2004, Köln 2005 (zit.: *Bearbeiter* in NPLY 2004).

Wanger, Markus H. — Liechtensteinisches Stiftungsrecht, Ein Kompendium für Richter, Staatsanwälte, Beamte und Praktiker, 6. Auflage, Berlin 2010 (zit.: *Wanger*, Liechtensteinisches Stiftungsrecht).

Wassermeyer, Franz — Einkommenszurechnung nach § 15 AStG, IStR 2009, 191 (zit.: *Wassermeyer* in IStR 2009).

Wassermeyer, Franz, et al. — Außensteuerrecht, Kommentar, 101. Lieferung, Köln 2022 (zit.: *Bearbeiter* in F/W/B/S-AStR).

Wassermeyer, Wolf — Die Besteuerung ausländischer Familienstiftungen und Trusts aus deutscher Sicht, FR 2015, 149 (zit.: *Wassermeyer* in FR 2015).

Weinland, Alexander — Münchener Kommentar zum Anfechtungsgesetz, §§ 1–20, 2. Auflage, München 2022 (zit.: *Bearbeiter* in MüKo-AnfG).

Weise, Stefan; Krauß, Hans-Frieder — Beck'sche Online-Formulare Vertrag, 66. Edition, München 2023 (zit.: *Bearbeiter* in Beck'sche Online-Formulare Vertrag).

Weitemeyer, Birgit — Reformbedarf im Stiftungsrecht aus rechtsvergleichender Perspektive, Stellungnahme zum Bericht der Bund-Länder-Arbeitsgruppe „Stiftungsrecht“ an die Ständige Konferenz der Innenminister und -senatoren der Länder, AcP 2017, 431 (zit.: *Weitemeyer* in AcP 2017).

dies. — Professorenentwurf zur Stiftungsrechtsreform 2020, NZG 2020, 569 (zit.: *Weitemeyer* in NZG 2020).

dies. Rechtsgutachten, Auflösungsmöglichkeiten der „Stiftung Klima- und Umweltschutz MV“ 2022 (zit.: *Weitemeyer* in Rechtsgutachten zu Auflösungsmöglichkeiten der „Stiftung Klima- und Umweltschutz MV“).

Weitemeyer, Birgit; Richter, Andreas; Hüttemann, Rainer Landesstiftungsrecht, Berlin, Köln 2011 (zit.: *Bearbeiter* in Landesstiftungsrecht).

Weller, Marc-Phillipe; Benz, Nina; Zimmermann, Anton Klagen gegen ausländische Konzerngesellschaften im Inland: Der Vermögensgerichtsstand des § 23 ZPO als Konzerntochtergerichtsstand, NZG 2019, 1121 (zit.: *Weller/Benz/Zimmermann* in NZG 2019).

Wenz, Martin Das neue liechtensteinische Stiftungsrecht – Band des 1. Liechtensteinischen Stiftungsrechtstages 2008, Zürich 2008 (zit.: *Bearbeiter* in Neues Stiftungsrecht).

Werner, Olaf Stiftungen und Pflichtteilsrecht, Rechtliche Überlegungen, ZSt 2005, 83 (zit.: *Werner* in ZSt 2005).

Werner, Rüdiger Das Schiedsverfahren als Instrument zur Lösung erbrechtlicher Streitigkeiten, ZEV 2011, 506 (zit.: *Werner* in ZEV 2011).

ders. Die Doppelstiftung, ZEV 2012, 244 (zit.: *Werner* in ZEV 2012).

ders. Die liechtensteinische Familienstiftung, IStR 2020, 130 (zit.: *Werner* in IStR 2020).

Werner, Olaf; Saenger, Ingo Die Stiftung, Recht, Steuern, Wirtschaft, Berlin 2008 (zit.: *Werner/Saenger*, Stiftung).

Wernicke, Thomas Vorstandskontrolle in der Stiftung, ZEV 2003, 301 (zit.: *Wernicke* in ZEV 2003).

Westermann, Harm Peter; Erman, Walter; Aderhold, Lutz Bürgerliches Gesetzbuch, Handkommentar mit AGG, EGBGB (Auszug), ErbbauRG, LPartG, ProdHaftG, VBVG, VersAusglG und WEG, 16. Auflage, Köln 2020 (zit.: *Bearbeiter* in Erman-BGB).

Wiesner, Jens Korporative Strukturen bei der Stiftung bürgerlichen Rechts, Zu den Möglichkeiten und Grenzen von Satzungsänderungen durch Organbeschluss, 1. Auflage, Hamburg 2012 (zit.: *Wiesner*, Korporative Strukturen bei der Stiftung).

Wilhelm, Alexandra Die Anfechtung von Stiftungen, Erb-, ehe- und andere zivilrechtliche Aspekte im Vergleich Österreich – Liechtenstein, Wien 2012 (zit.: *Wilhelm*, Anfechtung von Stiftungen).

Winheller, Stefan; Geibel, Stefan J.; Jachmann-Michel, Monika Gesamtes Gemeinnützigkeitsrecht, AO, KStG, GewStG, EStG, UmwStG, ErbStG, GrStG, GrEStG, UStG, MwStSystRL, Rechnungslegung, Nebengesetze, 2. Auflage, Baden-Baden 2020 (zit.: *Bearbeiter* in Winheller/Geibel/Jachmann).

Winkler, Angelo Endlich: Die Stiftungsrechtsreform kommt, ZStV 2021, 121 (zit.: *Winkler* in ZStV 2021).

Wohlgenannt, Ines Verbot von Selbstzweckstiftungen in Österreich und Liechtenstein unter besonderer Berücksichtigung der Unternehmensträgerstiftung, Wien 2015 (zit.: *Wohlgenannt*, Selbstzweckstiftungen).

Wolf, Thomas Das Gesetz des Schweigens, Focus 2000 (zit.: *Wolf* in Focus 2000/23).

www.ingramcontent.com/pod-product-compliance
Ingram Content Group UK Ltd.
Pitfield, Milton Keynes, MK11 3LW, UK
UKHW021922290926
8980IPUK00016B/1418

9 783631 918050